정역 중국정사 조선·동이전 4

우|리|국|학|총|서|11

《구당서》가 전하는 삼국 흥망사의 **놀라운 진실들!**

正譯 中國正史 朝鮮·東夷傳 4
정역 중국정사
조선·동이전 4

문성재 역주

우리역사연구재단

〈우리국학총서〉를 펴내며

　국학(國學)은 전통문화의 정수(精粹)입니다. 국학은 과거 우리 조상들의 정신문화적 정화(精華)이자 고전(古典)들의 결집체(結集體)이며, 동아시아 공통의 인문학적 에센스인 문사철(文史哲)의 향훈(香薰) 또한 감지(感知)할 수 있는 열린 장(場)이기도 합니다. 아울러 현대를 살아가는 우리 모두에게 꼭 필요한 전통의 지혜안(智慧眼)과 미래에의 예지를 듬뿍 담고 있는 크나큰 생명양식의 곳간이라 할 수 있습니다.

　21세기 벽두부터 우리에게 불어닥치고 있는 안팎으로의 거센 광풍(狂風)과 갖가지 도전들이 대한민국의 위상을 위태롭게 하고 있는 가운데 특히 인문학(人文學)의 위기는 그간 물질적 풍요만을 추구하고 민족문화의 뿌리인 국학정신을 소홀히 해온 데서 비롯하였다고 봅니다. 이러한 국학정신의 부재는 전반적으로 정신문화계의 질적 저하와 혼란을 초래하고 있습니다.

　그리하여 우리는 다시금 인문부흥(人文復興)의 기치가 필요함을 절감합니다. 우리 국학은 그 대안(代案)입니다. 그간 우리는 국학을 너무 홀대해 왔습니다. 〈우리역사연구재단〉은 이에 우리 국학의 소외된 명작들을 새로이 발굴해 내고, 국학의 형성에 상호 영향을 주고받았던 외국의 고전들까지 그 발굴 영역을 확장하여 깊이 있고 폭넓은 열린 국학의 정수를 〈우리국학총서〉에 담아 내고자 합니다.

2007년 재단법인 〈우리역사연구재단〉을 설립하고, 2008년 육당(六堂) 최남선(崔南善)의 《불함문화론(不咸文化論)》을 역주(譯註), 출간한 이래 올해까지 15년간 총 20권의 한국사 관련 전문도서들을 펴내 왔습니다.

이번에 우리 재단에서는 〈우리국학총서〉 11번째 책으로 《정역 중국 정사 조선.동이전 4》 《구당서(舊唐書)》의 〈동이전(東夷傳)〉을 역주하였습니다. 그동안 3년에 걸쳐 《사기》,《한서》,《삼국지》,《후한서》,《진서》,《송서》,《남제서》,《위서》,《양서》,《주서》,《남사》,《수서》,《북사》의 동이전에 소개한 우리 고대사 관련 열전들을 역주하였고, 이번에는 940년 ~945년에 집필된 당(唐)나라의 역사서 《구당서(舊唐書)》의 〈동이열전(東夷列傳)〉과 〈북적열전(北狄列傳)〉을 선보이게 되었습니다. 이번 책은 기존의 역주에서 잘못된 점을 바로잡고, 《구당서》 외에도 다양한 중국 사서(史書) 문헌들을 함께 대조하면서 새로운 역사적 사실들을 발굴하였으며, 그에 따른 새로운 해석으로 한국고대사의 지평을 확장하는 데에 역점을 두었습니다.

《구당서(舊唐書)》는 중국 이십오사(二十五史) 중에서도 가장 대표적인 정사(正史)입니다. 고구려, 백제, 신라, 발해 등의 연혁, 습속, 언어에 관한 다양한 민족지(民族誌)적 정보들이 중국 역대 정사들 가운데 가장 상세히 다루어져 있습니다. 특히 7세기 동아시아의 가장 큰 변고점인 고구려와 당나라 전쟁을 세밀하게 기록하고 있어 전쟁사 측면에서도 대단히 중요한 사료(史料)로 인정받고 있습니다. 책의 후반부에서는 북송(北宋)의 사마광(司馬光, 1019-1086)이 지은 《자치통감(資治通鑑)》의 〈당기(唐紀: 당나라 역사)〉 부분을 역주하여 실었습니다. 문성재 박사의 새로운 역주로서 기존의 열전 본문 역주와 함께 대조하면 한층 더 유익한 참고가 될 것입니다.

역주자 문성재 박사는 이번 책에서 당나라와 고구려, 백제, 신라, 발해 사이에 일어난 전쟁의 현장들에 대한 고증(考證)을 시도하는 과정에서, 기존에 알려진 요택(遼澤), 개모성, 요동성, 백암성, 안시성, 임존성, 주류성, 취리산, 득물도, 당은포, 동모산, 천문령 등 《구당서》에 언급된 중요한 전쟁 현장 지명의 위치가 지금도 오리무중에 가려져 있다고 보았습니다. 특히 요동전쟁의 핵심 지역인 〈요택(遼澤)〉은 현재 알려져 있는 요동반도의 요하(遼河) 유역이 아니라 하북성의 평천현 일대 택주(澤州)라는 사실을 지도와 함께 새로이 발견해 내었습니다. 문성재 박사는 이를 계기로 다른 전쟁의 현장들도 재고(再考)와 재구(再構)를 통해 우리 고대사를 원점에서부터 새로 재조명할 필요성을 역설하고 있습니다.

아무쪼록 〈우리국학총서〉의 11번째 책으로 선보이는 이번 《정역 중국정사 조선·동이전 4》에도 독자 여러분의 지속적인 관심과 격려가 있으시길 기원합니다.

2023년 12월 30일
우리역사연구재단 이사장 이세용(李世鏞)

서문

중국의 이른바 '25사(二十五史)' 중에서도 대표적인 정사로는 단연 《구당서(舊唐書)》를 꼽을 수 있다. 중국 역사에서 가장 찬란한 시대를 일구었고, 그 큰 족적을 아시아사에까지 남긴 이씨 당나라[李唐]의 역사를 다루었기 때문이다. 같은 맥락에서 《구당서》는 우리 고대사를 재발견하고 재구성하는 데에도 대단히 중요한 사서이다. 고구려·백제·신라·발해의 연혁·문화·습속·언어에 관한 민족지(民族誌)적 정보들을 역대 정사들 중에서 가장 상세하게 다루었기 때문이다. 당나라가 고구려·백제·신라·발해와 차례로 벌인 여러 차례의 전쟁과 그 이후의 상황들을 자세하게 기록해 놓아서 '전쟁사'라는 측면에서도 대단히 중요한 것은 물론이다.

물론, 이렇듯 풍부하고 중요한 정보들을 담고 있음에도 불구하고, 우리가 《구당서》를 읽을 때 유념해야 할 점이 없지는 않다. 그것은 편찬 주체가 우리가 아닌 상대방, 즉 당나라이기 때문이다. 어디까지나 당나라(중국)의 시각에서 자신들을 미화할 목적으로 지은 것이지 남의 나라(한국)의 시각에서 우리를 미화하기 위하여 지은 것이 아니라는 뜻이다. 전쟁·조공·교역·귀화 등, 어떤 방식으로든 중원 왕조의 이해관계와 연결되어 있는 집단들을 주된 기록 대상으로 삼는다는 중국 정사의 전통적인 편찬 원칙에 충실한 사서인 것이다. 그렇다 보니 당시 중국인들의 입장에서는 자국의 역사와는 상관이 없는 데다가 서로 적대하는 상황도 많이 발생했던 탓에 우리에게는 대단히 중요한 사건이나 인물들이 편찬 과정에서 생략되거나 부정되는 경우가 적지 않았다. 김부식(金富軾)의 《삼국사기

《三國史記》에는 황산(黃山) 전투, 기벌포(伎伐浦) 해전 등, 백제·신라가 당나라와 벌인 전쟁이 대단히 자세하고 생생하게 다루어져 있다. 그러나 《구당서》에는 그 유명한 전투나 영웅들이 한두 줄로 간략하게 다루어지거나 아예 언급조차 되지 않은 경우가 적지 않았다. 신라 문무왕(文武王)이 당나라 장수 설인귀에게 보낸 〈설인귀에게 답하는 글[答薛仁貴書]〉은 그 대표적인 사례라고 할 수 있다. 그 편지는 한·중 양국의 전쟁사뿐만 아니라 영토사 연구에도 대단히 중요한 문헌적 증거이다. 그럼에도 불구하고 정작 중국에서는 역대 정사와 야사를 막론하고 단 한 줄도 소개된 일이 없던 것이다. 그나마 불행 중 다행으로 김부식이 《삼국사기》에 소개한 덕분에 우리 역사에 큰 족적을 남긴 위인들이나 중요한 사건들이 오늘날까지도 우리 뇌리에 선명하게 살아남을 수 있었다. 이처럼 《구당서》에는 우리 고대사에서 대단히 중요한 왕조인 고구려·백제·신라·발해의 역사와 정보들이 다양한 형태로 소개되어 있지만 5,000년이라는 유구한 역사의 일각만 다루거나, 그조차도 수박의 겉만 살피다 만 듯한 아쉬움이 남는 경우도 많은 것이다.

《구당서》를 읽는 과정에서 유념해야 할 점은 또 있다. 역대 중국 정사들이 다 그러하듯이, 역사를 기록하는 과정에서 이른바 '춘추필법(春秋筆法)'으로 최고통치자인 황제를 미화하기 위하여 의례적으로 안배한 기술상의 장치들에 주의해야 한다는 점이다. 그 같은 경향은 '거룩한 군주[聖君]'로 추앙된 태종 이세민(李世民) 관련 기사들에서 특히 두드러지게 드러난다. 고구려와의 요동전쟁 과정에서 요동성(遼東城) 함락 직전에 고구려인들에 대한 약탈을 막고자 내탕고의 자금으로 이적(李勣)의 군대에 하사금을 내리는 대목이나, 안시성(安市城) 전투가 고구려군의 철통같은 방어로 장기전으로 전환되자 군량이 바닥나고 장병들이 추위에 시달리는 것을 피한다는 핑계로 회군 명령을 내리는 대목, 안시성 전투에서 장병들의 짐을 나누어 지고 장수의 고름을 빨아 주는 대목, 고구려·신라에서 바친 미인들을 본국으로 돌려보내는 대목, 신라와의 전쟁에서 당나라 군이 연전연승한 것으로 기술한 대목, 이 모든 장면은 어김없이 모두 '거룩한 군주'의 모습으로 제시되는 황제를 미화하기 위하여 치밀하게 안배된 기술 장치들이다. 역설적인 이야기이지만, '양만춘(梁萬春)'이라는 전쟁 영웅의 탄생은 그 같은 미화의 하이라이트라고 해도 과언이 아니다. 《구당서》에는 태종 이세민이 안시성의 성주에게 비단 100필을 하사하고 그 애국심을 치하했다고 기술되어 있다. 그러나 자신의 고구려 정벌 야심을 꺾은 장본인에게 큰 상을 내리고 심지어 칭찬까지 아끼지 않았다는 스토리텔링을 역사적 진실로 그대로 받아들여서는 곤란하다. 자국 통치자에 대한 미화나 상대국 장수를 그 같은 미화의 도구로 활용하는 것은 본질적으로 통치자의 실책이나 자국의 역사적 손실을 덮고 감추기 위하여 특별히 고안된 '춘추필법'의 전형적인 기술장치들이기 때문이다.

역사적으로 고구려와 당나라의 요동전쟁은 모두 세 차례에 걸쳐 진행되었다. 그 전쟁의 현장들이 어디인지에 관해서는 고증이 제대로 이루어지지 않은 탓에 지금까지도 국내외적으로 이설이 분분하다. 조선시대에 '반도사관'을 토대로, 일제시대에 황국사관을 근거로, 그리고 현재는 동북공정에 휘둘려서 전혀 엉뚱한 자리를 역사의 현장이라고 주장하는 일이 비일비재하다. 《구당서》가 고구려·백제·신라·발해와의 전쟁을 주로 다루어 '전쟁사'라고 해도 과언이 아니라는 점을 감안할 때, 우리가 또 하나 진지하게 고민해야 할 문제는 주요한 전쟁 현장들에 대한 지리적 고증일 것이다. 요택(遼澤)이나 개모(蓋牟)·요동·백애(白崖, 백암)·안시 등의 성들과 함께, 백제의 임존성(任存城)·주류성(周留城)·취리산(就利山), 신라의 득물도(得物島)·당은포(唐恩浦), 발해의 동모산(東牟山)·천문령(天門嶺) 등, 《구당서》에 언급된 전쟁의 현장들은 지금도 그 위치가 미궁(迷宮) 속에 감추어져 있는 것이 현실이다. 이 중에서도 요택은 특히 그러하다.

요택은 요동전쟁을 재구성하는 과정에서 대단히 중요한 연결고리일 뿐만 아니라 주요한 전쟁 현장들의 좌표들을 찾아내는 데에 결정적인 단서를 제공하는 열쇠이기도 하다. 이 첫 단추가 제대로 끼워져야 요동전쟁 당시 고구려의 주요 성들의 좌표들을 정확하게 찾아낼 수가 있고, 나아가 고구려와 중원 왕조(당나라)의 국경선을 제대로 그을 수가 있는 것이다.

국내외 학계는 7세기의 고구려와 중원왕조의 국경선이 중국 요동반도(遼東半島)의 요하(遼河) 유역을 중심으로 형성되어 있었다는 관념에 지배되어 왔다. 그 같은 관념은 이른바 '요동 정벌'이라는 명목으로 고구려와 당나라 사이에 치러진 일련의 전쟁들 역시 요하 유역을 중심으로 치러졌다고 굳게 믿게 만들었다. 그러나 관념은 관념일 뿐이다. 학자들의 자의적인 해석일 뿐 역사적 진실과는 괴리(乖離)가 크다는 뜻이다. 중국의 대표적인 인터넷 검색 사이트 빠이뚜[百度]에서는 요택을 이렇게 소개해 놓았다.

【요택】 지금의 요녕성 요하 하류의 저습지 지역을 가리킨다. 《신당서》〈태종기〉 "정관 19년(645)"조에서 "요택에 멈추어 수나라 전몰자들을 수습하였다"고 한 곳이 바로 이곳이다. 수·당대에 고구려를 정벌한 길은 모두 이곳을 경유하였다.

【遼澤】 指今遼寧遼河下游河網低洼地區.《新唐書·太宗紀》: 貞觀十九

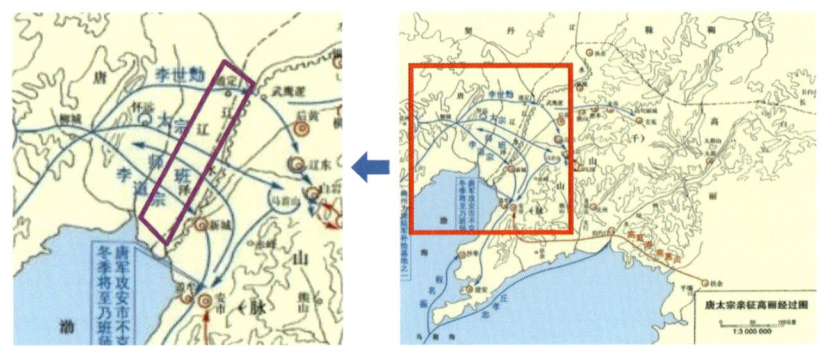

중국에서 기존 학계 주장들을 토대로 제작된 고-당 전쟁도 속의 요택. 그러나 실제의 요택은 그쪽이 아니었다.

年(645) "次遼澤, 瘞隋人戰亡者", 即此。隋·唐征高麗路皆由此。

최근의 역주서인 〈동북아판2〉 주108(제194쪽)에서는 국내외 학계의 주장들을 인용하여 요택을 이렇게 소개하였다.

"[요녕성] 북진시(北鎭市) 여양(閭陽) 동쪽으로부터 서사하(西沙河)와 요양하(繞陽河)로 진입하여 곧바로 요하 우안에 이르는 여러 지류가 모여 형성된 약 200여 리의 얕은 웅덩이와 소택지대"

실제로 한·중·일 세 나라에서 제작된 고-당 전쟁 지도를 보면 요택이 바로 그 자리에 그려져 있는 것을 확인할 수 있다. 그러나 그것은 '반도사관'이 만들어 낸 허상(虛像)일 뿐이다. 역사적으로 당나라 태종의 대군은 그곳을 통하여 요수를 건넌 적이 없기 때문이다.

그 같은 고증이 진실과는 거리가 멀다는 증거는 《구당서》·《신당서》와 같은 시기에 저술된 당·송대의 각종 사서·문헌들에서도 확인된다.

① 북송 학자 왕부(王溥, 922~982)가 961년에 편찬한 《오대회요(五代會

要》〈거란전〉에는 이렇게 소개되어 있다.

"거란은 본래 선비의 족속이다. 요택 가운데 및 황수 남안에 산다. 요택은 유관으로부터 1,220리 떨어져 있는데 … 그곳에는 소나무·버드나무가 많고 소택에는 부들·갈대가 무성하다."

契丹, 本鮮卑之種也。居遼澤之中潢水之南, 遼澤, 去榆關一千一百二十里, 榆關, 去幽州七百十四里。… 地多松栁, 澤饒蒲葦。

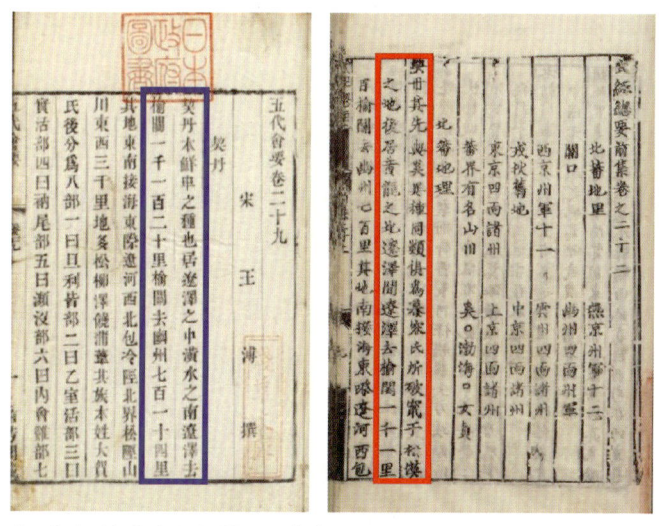

《오대회요》(좌)와 《태평환우기》(우)의 요택 소개 대목. 임유관에서 요택까지의 거리를 각각 1,100리와 1,200리로 소개해 놓았다.

② 북송 학사 악사(樂史, 930~1007)가 983년에 저술한 연혁지인 《대평환우기(太平寰宇記)》〈사이(四夷)〉에는 이렇게 소개되어 있다.

"거란은 … 나중에는 화룡 북쪽의 요택 사이에서 살았다. 요택은 유관으로부터 1,100리 떨어져 있으며, 유관은 유주로부터 700리 떨어져 있다."

契丹, … 後居和龍之北遼澤間。遼澤, 去榆關一千一百里, 榆關, 去幽州七百里。

이로써 당대에 거란 부락들이 분포하던 요택이 북쪽으로 유관으로부터 1,100리(1,220리?), 유주로부터 1,800리(1,920리?) 떨어진 구역임을 알 수 있는 셈이다. 보다 더 구체적인 요택의 좌표는 역시 북송대 관찬(官撰) 병서에 보인다.

③ 1044년에 편찬된 《무경총요(武經總要)》의 〈북번지리(北番地里)〉 "중경 4면 제주(中京四面諸州)"조에는 이런 대목이 눈길을 끈다.

"【택주】 송정관 북쪽으로, 요택 지역이다. 동으로는 이주까지 100리, 북으로 중경까지는 100리, 서로 북안주까지는 200리, 남으로 평주까지는 250리, 서로 송정관까지는 200리이다."

【澤州】松亭關北, 遼澤之地。東至利州百里, 北至中京百里, 西至北安州二百里, 南至平州二百五十里, 西至松亭關二百里。

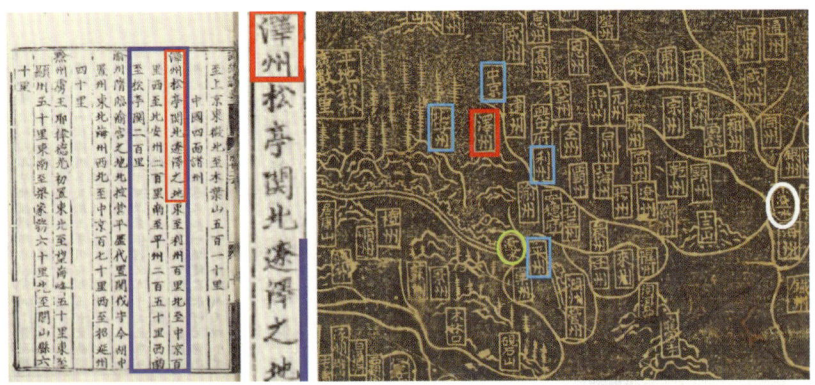

《무경총요》의 "택주(澤州)" 대목과 황상 《지리도》 속의 택주. 요택 자리인 택주를 중심으로 중경(북)-이주(동)-평주(남)-북안주(서)가 보인다. 평주 옆으로 요수(연두색), 건너편에는 요하(흰색)가 보인다.

빠이뚜에 따르면, 북쪽의 중경은 내몽고자치구의 영성현(寧城縣) 대성자촌(大城子村), 동쪽의 이주는 요녕성 조양시(朝陽市) 객랍심 좌익(喀啦沁左翼), 서북쪽의 북안주는 하북성 승덕시(承德市) 난하진(灤河鎭, 서남방), 남쪽의 송정관은 하북성 천서시(遷西市) 희봉구(喜峰口)에 해당한다. 그리고 남쪽의 평주는 역대 중국 정사에 수시로 등장하던 바로 그곳으로, 하북성 동북부의 노룡현(盧龍縣) 일대이다. 이를 지도에 동서남북으로 연결하면 그 좌표들이 만나는 축이 바로 택주(澤州)인 것이다.

그렇다면 송·요 시기에 택주가 설치된 구역이 바로 수·당대 요동전쟁의 현장인 요택의 자리인 셈이다. 지금까지 국내외 학계에서 의심조차 하지 않았던 요녕성 중부의 저지대는 요동전쟁의 서막을 열었던 요택과는 전혀 상관이 없는 곳이라는 뜻이다.

④ 이 사실을 지리적·시각적으로 최종적으로 확인시켜 주는 것은 남송대 지리학자 황상(黃裳)이 제작한《지리도(墜理圖)》이다.

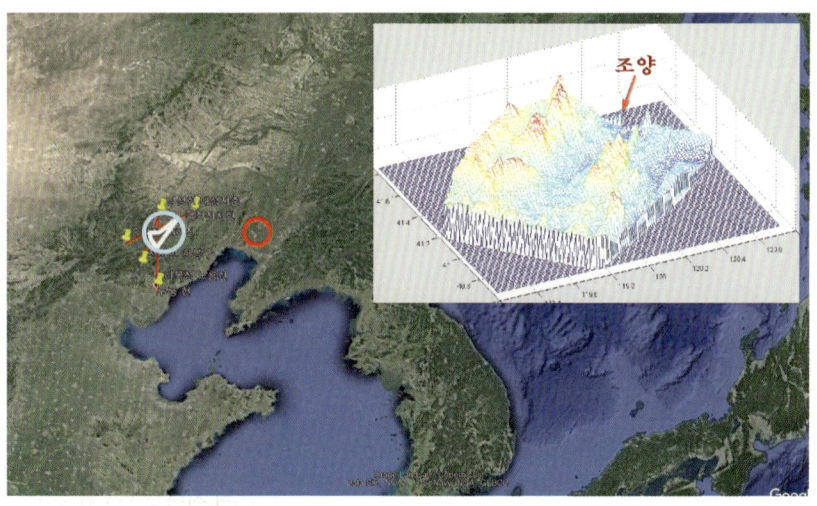

구글 어스를 통하여 확정한 택주의 좌표와 3D 구현도. 이 구역 안에 요택이 자리잡고 있었을 것으로 보인다. 빨간 동그라미는 기존의 요택 좌표

그리고 이상의 당·송대 사서·문헌의 기록들을 3차원으로 구현하면 대체로 위와 같은 시각적 데이터를 얻을 수 있는 것이다.

황상의 《지리도》와 3차원 구현도를 통하여 택주가 상대적으로 고도가 높은 이주·북안주·송정관·평주에 둘러싸여 있는 것을 확인할 수 있다. 그리고 주위의 고지대로부터 흘러내린 하천이 그릇같이 오목한 택주에 고이면서 물이 많고 질척거리는 저습지가 크게 발달되어 있었을 것임을 과학적으로 확인할 수가 있다. 택주의 오목한 구역은 그 규모가 동서로 100km 정도여서 "동서로 200리 넘게 진창이 펼쳐져 있어서 사람과 말이 다닐 수 없었다(東西二百餘里泥淖, 人馬不通)"고 한 《구당서》〈염립덕전(閻立德傳)〉의 기록과도 완벽하게 일치한다. 이 구역 안에는 실제로 크고 작은 물줄기가 다수 확인되는데 그중 하나가 《자치통감(資治通鑑)》에 소개된 발조수(勃錯水)이다.

이상의 당·송대의 다양한 사서·연혁지 및 수십억 년 전에 조성된 입지 환경은 한결같이 지금의 서요하가 시작되는 충적평원(沖積平原)에 펼쳐져 있는 광대한 저습지야말로 진정한 고대의 '요택'이라고 웅변하고 있다. 그렇다면 당 태종이 이끄는 당나라군이 요수를 건넌 지점은 아마 이쯤이었을 것이다.

이렇듯 진정한 요택의 좌표, 그리고 태종 이세민의 당나라군이 요수를 건넌 지점이 새로 확인된 이상 그 뒤로 차례로 전투가 치러진 요동성·백애성·신성·안시성 등의 고구려 성들의 좌표 역시 그 첫 단추인 요택을 축으로 차례로 정밀하게 검토·수정해 나가야 옳다고 본다.

새로 그리는 고·당 요동전쟁 지도, 파란 동그라미 부분이 요택 자리이다.

역자는 7세기 중엽부터 고구려가 당나라와 세 차례에 걸쳐 벌인 요동전쟁은 물론이고, 그 이후로 백제·신라·발해가 당나라와 차례로 벌인 전쟁의 시말을 복기하고 그 상황들을 보다 정확하고 생생하게 재구성해 보고자 하는 독자들의 지적 호기심을 충족시켜 드리고자 몇 가지 장치를 설정하였다.

우선, 《구당서》〈동이전〉의 고려전·백제전·신라전과 〈북적전(北狄傳)〉의 말갈전·발해말갈전에 대한 원문과 번역문을 본체로 삼았다. 이와 함께 《구당서》 기사에 대한 연도별 대조·분석을 돕기 위하여 그로부터 200여 년 뒤에 사마광(司馬光)의 《자치통감》〈당기〉에서 당나라 고조 이연(李淵)의 무덕(武德) 원년(618)으로부터 현종 이융기(李隆基)의 개원(開元) 29년(741)까지 123년 동안의 기사들에 대한 번역문을 원문과 함께 부록하였다. 기전체 사서인 《구당서》가 기술대상들을 중심으로 역사를 설명했다면 편년체 사서인 《자치통감》은 각종 역사 사건들을 연대순으로 역사를 나열한 셈이다. 독자들은 이번《조선·동이전 4》한 권으로 기전체와 편년체 두 체제의 묘미를 동시에 경험하고 즐길 수 있을 것이다. 그래서 역자는 독자들께서 역사적으로 발생한 중요 사건들을 검색·파악하는 작업을 돕기 위하여 음력으로 소개된 일자들을 일률적으로 현재 통용되는 양력으로 수정하고 보충 설명을 더하였다. 아울러,《구당서》·《자치통감》의 관련 기사들에는 인명·지명·관직명 등을 소개하는 주석들과 함께, 주요 대목마다 해당 상황들을 이해하는 데에 유용한 설명·고증이나, 두 사서에 누락된 사실을 다룬 제3의 사서·자료들의 기사들도 원문과 함께 배치하였다. 다만, 국내 사서인《삼국사기》와《삼국유사》의 경우, 특별히 중요한 사건이나 논란이 되는 경우가 아닌 이상 가급적 인용을 자제하였다. 이는 우리 책의 취지가 중국 측 정사·사서·문헌들을 소개하는 데에 주안점(主眼點)을 두고 있기 때문이다. 그리고 무엇보다도 두 사서는 이미 국내에 다양한 종류의 역주서들이 유통되고 있어서 독자들이 언제나 얼마든지 손쉽게 구해 읽을 수 있다는 판단 때문이다. 역시 우리 고대사 고찰에 중요한 단서들을 담고 있는〈예의지(禮儀志)〉·〈음악지(音樂志)〉·〈지리지(地理志)〉와, 이세적(李世勣)·이도종(李度宗)·소정방(蘇定方)·설인귀(薛仁貴)·유인궤(劉仁軌)·계필하력(契苾何力)·고선지(高仙芝)·흑치상지(黑齒常之)·이정기(李正己) 등의 장수들의 열전, 당나라 황제들이 내린 조서나 저수량(褚遂良)·적인걸(狄仁傑) 등이 올린 표, 천남생(泉男生)·천남산(泉南産)·천헌성(泉獻誠)·부여융(扶餘隆) 등의 묘지명 등은 당초에 함께 소개할 계획이었으나 지면상의 문제로 일률적으로 다음 책《조선·동이전 5》(신당서권)으로 미루기로 하였다.

독자들께서는 이번 책을 통하여 7~8세기 당시 당나라 사람들의 시각에서 한·중 전쟁사를 하나하나 복기하고 검증하는 기회를 가질 수 있을 것이다. 그 과정에서 기존 역주서들과의 비교를 통하여 국내외 학계가 중국 정사 기사와 고대사의 쟁점들을 어떤 식으로 오독·오해·오역했는 지 되돌아보고, 관념화되어 버린 우리 역사를 재발견하는 데에 조금이라도 보탬이 된다면 역자도 더 이상 바랄 것이 없을 것이다.

끝으로 이 자리를 빌려 여러모로 부족함이 많은 역자가 이번 책을 '국학총서'의 이름으로 펴낼 수 있도록 배려해 주신 우리역사연구재단의 이세용 이사장님께 진심으로 감사의 말씀을 올린다. 또, 이번 책을 준비하고 원고를 다듬는 과정에서 논란이 되는 문제들에 대하여 남다른 혜안과 문제의식으로 지적과 자문을 아끼지 않으신 우리역사연구재단의 정재승 편집이사님과 동서문명교류연구소의 송강호 선생, 그리고 우리 역사 재발견에 뜻을 함께하며 이런저런 지적과 도움을 아끼지 않으신 여러분들께도 감사의 마음을 전한다. 독자들에게 좋은 책을 선보이고자 정성을 다해 주신 배규호 부장님과 배경태 실장님에게도 고맙다는 말씀을 드려야 함을 물론이다.

2023년 11월 30일
서교동 조허헌에서
문성재

일러 두기

1. 본서에서는 오대(五代) 후진(後晉)의 유후 등이 편찬한 기전체 사서 《구당서(舊唐書)》에서 〈동이열전〉의 고구려·백제·신라 및 〈북적열전전〉의 말갈·발해 관련 열전에 차례로 일련번호를 매기고 '역문 ⇒ 원문'의 순서로 배치한 후, 각주(脚註)를 추가하였다.

2. 그 뒤에는 북송(北宋)의 사마광 등이 편찬한 편년체 사서 《자치통감》의 고조 무덕 원년부터 현종 개원 년까지의 기사들에 대하여 역시 같은 방식으로 역문·원문·각주를 부록하였다.

3. 《구당서》와 《자치통감》 기사들에 대한 번역·주석에는 일본의 국립공문서관(國立公文書館)에서 공유하는 송·원대 백납본(百衲本), 명대 남감본(南監本)·북감본(北監本)·급고각본(汲古閣本), 청대 '사고전서(四庫全書)' 무영전본(武英殿本) 등의 판본을 참조하였다. 또, 국내 역주서로는 국사편찬위원회에서 운영하는 '한국사 데이터베이스'판 《중국 정사 조선전 역주》(이하 '인터넷 〈국편위판〉')와 동북아역사재단에서 펴낸 《역주 중국정사 동이전》(2~4, 이하 〈동북아판〉')을 참조하였다.

4. 본서의 번역은 고대 한문(고문)의 문법에 근거하여 현대 한국어에 최대한 가깝게 직역하는 것을 원칙으로 하되 상황에 따라 의역을 병행했으며, 독자들에게 의미를 보다 정확하게 전달하기 위하여 영어도 활용하였다.

5. 번역문에서는 한자나 한자어의 사용을 가급적 최소화하였다. 다만, 인명·지명·관직명 등의 고유명사나 각주에서 다루어지지 않은 생소한 표현들에 대해서는 '방환(放還)·와인(倭人)' 식으로 그 뒤에 한자를 추가하였다.

6. 정사 원문의 교열 및 구두(끊어읽기)는 〈국편위판〉 등 기존의 역주서들을 참조하되, 기존의 해석에 오류나 착오가 발견될 경우 역자의 판단에 따라 임

의로 바로잡았다.

7. 원문에는 없더라도 독자가 그 의미나 문맥을 정확히 이해하는 것을 돕기 위하여 접속사·조사·주어·목적어 등을 위첨자 중괄호('[ ]')로, 같은 의미를 가지는 다른 표현은 소괄호('( )')로 각각 표시하였다.

8. 각주에서 논거의 출처를 표시해야 할 경우, 중요한 것들은 출처를 명시하되, 부차적인 것들은 〈국편위판〉·〈동북아판2~4〉을 참고하여 소략하게 소개하였다. 또,《구당서》와《자치통감》의 각주가 중복될 때에는 공간을 효율적으로 활용하여 지면의 가독성을 높이기 위하여 가급적《구당서》에는 간략하게,《자치통감》에는 상세하게 붙였다.

9. 원문에 언급되는 지명·인명 등에 사용된 한자 고대음 표기에는 북경대학교 중문과의 곽석량(郭錫良) 교수가 펴낸《한자고음수책(漢字古音手册)》(1986)을 주로 활용하고 한글 발음을 덧붙였다. 다만, 재구된 고대음은 절대적인 것이 아니며 학자마다 편차를 보이므로 기존 어원 연구를 검증하는 데에 참고용으로만 활용할 것을 권한다.

10. 본서에 사용된 도판들은 문화재청·국립중앙박물관이 제공한 것들을 주로 사용했으며, 기타 도판들 중에서도 출처가 확인된 것들은 가급적 출처를 명시하였다. 지도의 경우, 1,500년 전의 지형 상황을 반영한 바탕 지도는 미국 우주항공국(NASA) 위성사진에 기반을 둔 플러드 맵(flood map)·토포그래픽 맵(topographic-map) 사이트를 활용했으며, 통상적인 지도는 구글 어스(gougle earth)·빠이뚜 맵(baidu map)의 것을 활용하고 출처를 밝혔다.

〈우리국학총서〉를 펴내며 /5
서문 /8

구당서-동이열전

고려전(高麗傳)

- 001 /36
- 002 /37
- 003 /37
- 004 /39
- 005 /40
- 006 /41
- 007 /42
- 008 /42
- 009 /43
- 010 /44
- 011 /45
- 012 /47
- 013 /47
- 014 /48
- 015 /49
- 016 /50
- 017 /50
- 018 /52
- 019 /52
- 020 /52
- 021 /53
- 022 /54
- 023 /55
- 024 /56
- 025 /56
- 026 /58
- 027 /59
- 028 /59
- 029 /60
- 030 /61
- 031 /61
- 032 /62
- 033 /63
- 034 /63
- 035 /64
- 036 /65
- 037 /65
- 038 /66
- 039 /67
- 040 /67
- 041 /69
- 042 /70
- 043 /70
- 044 /71
- 045 /73
- 046 /74
- 047 /76
- 048 /78
- 049 /79
- 050 /81
- 051 /82
- 052 /83
- 053 /84
- 054 /85
- 055 /86
- 056 /88
- 057 /88
- 058 /88
- 059 /89
- 060 /91
- 061 /92
- 062 /92
- 063 /93
- 064 /94
- 065 /95
- 066 /96
- 067 /98
- 068 /99
- 069 /100

•070 /101	•071 /102	•072 /103
•073 /104	•074 /106	•075 /106
•076 /107	•077 /108	•078 /109
•079 /109	•080 /110	•081 /111
•082 /112	•083 /113	•084 /114
•085 /114	•086 /115	•087 /115
•088 /116	•089 /116	•090 /117
•091 /117	•092 /118	•093 /119
•094 /120	•095 /120	•096 /121
•097 /121	•098 /122	•099 /122
•100 /123	•101 /124	•102 /124
•103 /125	•104 /125	•105 /126
•106 /127	•107 /128	•108 /129
•109 /130	•110 /131	•111 /132
•112 /133	•113 /133	•114 /134
•115 /134	•116 /135	•117 /136
•118 /136	•119 /137	•120 /137
•121 /138	•122 /138	•123 /138
•124 /139	•125 /139	•126 /140
•127 /142	•128 /142	•129 /142
•130 /143	•131 /146	•132 /148
•133 /149	•134 /149	•135 /150
•136 /151	•137 /152	•138 /153
•139 /154	•140 /155	•141 /157
•142 /157	•143 /158	•144 /159
•145 /160	•146 /160	•147 /161
•148 /162	•149 /163	•150 /163
•151 /165	•152 /165	•153 /167
•154 /167	•155 /168	•156 /169
•157 /170	•158 /170	•159 /171

•160 /171　　•161 /173　　•162 /174
•163 /177　　•164 /178　　•165 /179
•166 /181　　•167 /181　　•168 /182

백제전(百濟傳)

•001 /185　　•002 /185　　•003 /186
•004 /186　　•005 /188　　•006 /189
•007 /190　　•008 /190　　•009 /191
•010 /191　　•011 /191　　•012 /192
•013 /193　　•014 /194　　•015 /196
•016 /197　　•017 /197　　•018 /198
•019 /198　　•020 /199　　•021 /199
•022 /200　　•023 /201　　•024 /202
•025 /203　　•026 /204　　•027 /205
•028 /206　　•029 /207　　•030 /208
•031 /208　　•032 /209　　•033 /210
•034 /211　　•035 /211　　•036 /212
•037 /213　　•038 /213　　•039 /214
•040 /215　　•041 /216　　•042 /217
•043 /218　　•044 /219　　•045 /219
•046 /220　　•047 /221　　•048 /223
•049 /223　　•050 /224　　•051 /225
•052 /226　　•053 /226　　•054 /227
•055 /228　　•056 /228　　•057 /229
•058 /229　　•059 /230　　•060 /231
•061 /232　　•062 /232　　•063 /234
•064 /235　　•065 /236　　•066 /237
•067 /238　　•068 /240　　•069 /241
•070 /243　　•071 /244　　•072 /244
•073 /246　　•074 /247　　•075 /248

- 076 /248
- 077 /250
- 078 /251
- 079 /253
- 080 /254
- 081 /255
- 082 /256
- 083 /257
- 084 /258
- 085 /259

신라전(新羅傳)

- 001 /263
- 002 /264
- 003 /264
- 004 /264
- 005 /265
- 006 /266
- 007 /266
- 008 /267
- 009 /268
- 010 /269
- 011 /270
- 012 /270
- 013 /271
- 014 /271
- 015 /272
- 016 /272
- 017 /273
- 018 /274
- 019 /274
- 020 /275
- 021 /276
- 022 /276
- 023 /277
- 024 /277
- 025 /278
- 026 /279
- 027 /279
- 028 /280
- 029 /281
- 030 /282
- 031 /283
- 032 /283
- 033 /284
- 034 /285
- 035 /287
- 036 /288
- 037 /289
- 038 /290
- 039 /291
- 040 /292
- 041 /294
- 042 /294
- 043 /295
- 044 /296
- 045 /298
- 046 /299
- 047 /299
- 048 /301
- 049 /301
- 050 /302
- 051 /305
- 052 /306
- 053 /306
- 054 /307
- 055 /308
- 056 /309
- 057 /310
- 058 /311
- 059 /313
- 060 /313
- 061 /315
- 062 /315
- 063 /317
- 064 /318
- 065 /318
- 066 /319
- 067 /320
- 068 /321
- 069 /322
- 070 /322
- 071 /324
- 072 /325

•073 /326 •074 /327 •075 /328
•076 /329 •077 /331 •078 /332
•079 /333 •080 /334 •081 /335
•082 /337 •083 /338

구당서-북적열전

말갈전(靺鞨傳)

•001 /343 •002 /344 •003 /345
•004 /345 •005 /346 •006 /346
•007 /347 •008 /348 •009 /348
•010 /349 •011 /350 •012 /350
•013 /352 •014 /354 •015 /355
•016 /355 •017 /355 •018 /356
•019 /357 •020 /357 •021 /359
•022 /359 •023 /360 •024 /360
•025 /362 •026 /364 •027 /365
•028 /366

발해말갈전(渤海靺鞨傳)

•001 /369 •002 /369 •003 /370
•004 /372 •005 /372 •006 /373
•007 /373 •008 /374 •009 /376
•010 /376 •011 /376 •012 /377
•013 /378 •014 /379 •015 /380
•016 /380 •017 /381 •018 /382
•019 /384 •020 /385 •021 /386
•022 /387 •023 /388 •024 /390
•025 /390 •026 /391 •027 /391
•028 /392 •029 /392 •030 /393

•031　/393　　•032　/394　　•033　/394
•034　/395　　•035　/397　　•036　/398
•037　/399　　•038　/400　　•039　/400
•040　/401　　•041　/403　　•042　/404
•043　/404　　•044　/405　　•045　/406
•046　/407　　•047　/408　　•048　/409
•049　/411　　•050　/411　　•051　/412
•052　/413　　•053　/414　　•054　/414
•055　/415　　•056　/416　　•057　/416
•058　/417　　•059　/417　　•060　/418
•061　/418　　•062　/419　　•063　/420

찬자평(撰者評)

•001　/422　　•002　/423　　•003　/424
•004　/424　　•005　/425　　•006　/425

자치통감-당기

《자치통감(資治通鑑)》〈당기(唐紀)〉
고조 신요대성광효황제(高祖神堯大聖光孝皇帝)

•001　/429　　•002　/430　　•003　/431
•004　/432　　•005　/434

《자치통감(資治通鑑)》〈당기(唐紀)〉
태종 문무대성대광효황제(太宗文武大聖大廣孝皇帝)

•001　/438　　•002　/438　　•003　/439
•004　/439　　•005　/441　　•006　/443
•007　/444　　•008　/445　　•009　/445
•010　/446　　•011　/446　　•012　/446
•013　/448　　•014　/449　　•015　/451

•016 /452	•017 /452	•018 /453
•019 /454	•020 /455	•021 /456
•022 /457	•023 /457	•024 /459
•025 /460	•026 /461	•027 /462
•028 /462	•029 /463	•030 /464
•031 /464	•032 /465	•033 /466
•034 /468	•035 /469	•036 /470
•037 /471	•038 /471	•039 /472
•040 /473	•041 /476	•042 /476
•043 /477	•044 /478	•045 /478
•046 /480	•047 /481	•048 /482
•049 /483	•050 /483	•051 /484
•052 /484	•053 /485	•054 /485
•055 /486	•056 /488	•057 /489
•058 /490	•059 /491	•060 /492
•061 /493	•062 /493	•063 /494
•064 /494	•065 /495	•066 /495
•067 /497	•068 /499	•069 /500
•070 /502	•071 /503	•072 /505
•073 /507	•074 /509	•075 /510
•076 /511	•077 /512	•078 /512
•079 /513	•080 /514	•081 /514
•082 /516	•083 /517	•084 /519
•085 /519	•086 /520	•087 /520
•088 /521	•089 /521	•090 /522
•091 /523	•092 /523	•093 /524
•094 /525	•095 /526	•096 /528
•097 /529	•098 /529	•099 /531
•100 /532	•101 /532	•102 /533
•103 /533	•104 /534	•105 /534

- 106 /535
- 107 /535
- 108 /536
- 109 /537
- 110 /537
- 111 /539
- 112 /541
- 113 /542
- 114 /543
- 115 /545
- 116 /547
- 117 /548
- 118 /548
- 119 /549
- 120 /550
- 121 /550
- 122 /552
- 123 /552
- 124 /553
- 125 /553
- 126 /555
- 127 /556
- 128 /556
- 129 /557
- 130 /557
- 131 /558
- 132 /558
- 133 /559
- 134 /560
- 135 /560
- 136 /561
- 137 /562
- 138 /563
- 139 /564
- 140 /565
- 141 /567
- 142 /568
- 143 /569
- 144 /569
- 145 /570
- 146 /571
- 147 /572
- 148 /572
- 149 /575
- 150 /575
- 151 /575
- 152 /577
- 153 /577
- 154 /577
- 155 /578
- 156 /580
- 157 /582
- 158 /584
- 159 /585
- 160 /586
- 161 /586
- 162 /587
- 163 /587
- 164 /589
- 165 /589
- 166 /590
- 167 /591
- 168 /592
- 169 /593
- 170 /593
- 171 /594
- 172 /597
- 173 /597
- 174 /599
- 175 /599
- 176 /600
- 177 /601
- 178 /603
- 179 /604
- 180 /605
- 181 /606
- 182 /606
- 183 /608
- 184 /608
- 185 /610
- 186 /610
- 187 /611

《자치통감(資治通鑑)》〈당기(唐紀)〉
고종 천황대성대홍효황제(高宗天皇大聖大弘孝皇帝)

- 001 /612
- 002 /612
- 003 /613
- 004 /613
- 005 /616
- 006 /616
- 007 /617
- 008 /618
- 009 /618
- 010 /620
- 011 /621
- 012 /621
- 013 /623
- 014 /624
- 015 /625
- 016 /626
- 017 /626
- 018 /628
- 019 /629
- 020 /631
- 021 /634
- 022 /635
- 023 /637
- 024 /638
- 025 /641
- 026 /641
- 027 /642
- 028 /643
- 029 /645
- 030 /645
- 031 /646
- 032 /646
- 033 /648
- 034 /649
- 035 /650
- 036 /650
- 037 /652
- 038 /653
- 039 /654
- 040 /654
- 041 /655
- 042 /655
- 043 /656
- 044 /656
- 045 /658
- 046 /658
- 047 /659
- 048 /661
- 049 /661
- 050 /662
- 051 /663
- 052 /663
- 053 /665
- 054 /665
- 055 /666
- 056 /668
- 057 /669
- 058 /671
- 059 /672
- 060 /672
- 061 /673
- 062 /673
- 063 /673
- 064 /674
- 065 /674
- 066 /675
- 067 /675
- 068 /676
- 069 /677
- 070 /677
- 071 /678
- 072 /678
- 073 /679
- 074 /679
- 075 /680
- 076 /681
- 077 /681
- 078 /682
- 079 /682
- 080 /683
- 081 /683
- 082 /684
- 083 /684
- 084 /685

- •085 /686
- •086 /688
- •087 /689
- •088 /691
- •089 /691
- •090 /692
- •091 /693
- •092 /694
- •093 /695
- •094 /695
- •095 /696
- •096 /697
- •097 /697
- •098 /698
- •099 /699
- •100 /700
- •101 /701
- •102 /701
- •103 /702
- •104 /702
- •105 /703
- •106 /704
- •107 /705
- •108 /706
- •109 /706
- •110 /708
- •111 /708
- •112 /709
- •113 /709
- •114 /710
- •115 /710
- •116 /712
- •117 /714
- •118 /714
- •119 /714
- •120 /715
- •121 /716
- •122 /716
- •123 /716
- •124 /718
- •125 /719
- •126 /720
- •127 /724
- •128 /724
- •129 /725
- •130 /725
- •131 /727
- •132 /728
- •133 /729
- •134 /730
- •135 /731
- •136 /732
- •137 /732
- •138 /734
- •139 /735
- •140 /736
- •141 /737
- •142 /737
- •143 /738
- •144 /739
- •145 /739
- •146 /741
- •147 /743
- •148 /743
- •149 /745
- •150 /746
- •151 /747
- •152 /748
- •153 /749
- •154 /749
- •155 /750
- •156 /751
- •157 /752
- •158 /753
- •159 /754
- •160 /755
- •161 /756

《자치통감(資治通鑑)》〈당기(唐紀)〉
측천 순성황후(則天順聖皇后)

- •001 /758
- •002 /759
- •003 /760

•004　/760　　•005　/761　　•006　/763
•007　/764

《자치통감(資治通鑑)》〈당기(唐紀)〉
중종 대화대성대소효황제(中宗大和大聖大昭孝皇帝)

•001　/765

《자치통감(資治通鑑)》〈당기(唐紀)〉
예종 현진대성대흥효황제(睿宗玄眞大聖大興孝皇帝)

•001　/766

《자치통감(資治通鑑)》〈당기(唐紀)〉
현종 지도대성대명효황제(玄宗至道大聖大明孝皇帝)

•001　/768	•002　/770	•003　/774
•004　/775	•005　/776	•006　/777
•007　/778	•008　/778	•009　/779
•010　/781	•011　/781	•012　/782
•013　/782	•014　/783	•015　/784
•016　/785	•017　/786	•018　/789
•019　/789	•020　/790	•021　/791
•022　/792	•023　/793	•024　/793
•025　/794	•026　/795	•027　/795

찾아보기　　　　　　　　　　　　　　　　/797

구당서-동이열전

석진(石晉) 감수국사추성수절보운공신(監修國史推誠守節保運功臣)

유휴(劉煦) 등찬(等撰)

주명(朱明) 소주부유학훈도(蘇州府儒學訓導) 심동(沈桐) 동교(同校)

개국군주인 고조(高祖) 이연(李淵)의 무덕(武德) 원년(618)으로부터 마지막 황제인 애제(哀帝) 이축(李柷)의 천우(天祐) 4년(907)에 이르기까지 총 21대 290년에 걸친 이당(李唐) 왕조의 역사를 다룬 기전체 단대사. 오대(五代) 후진(後晉)의 천복(天福) 6년(941), 고조 석경당(石敬瑭)의 명령으로 작업이 시작되었다. 초기에는 재상이던 조영(趙瑩)이 작업을 총괄했으며, 후반에는 출제(出帝)의 개운(開運) 원년(944)에 유후(劉煦, 887~946)가 작업을 마무리하여 5년 만에 완성하였다. 유후는 자가 요원(耀遠)으로, 탁주(涿州) 귀의(歸義) 사람이며, 사공(司空)·평장사(平章事)를 거쳐 재상으로 있을 때 '집정자가 국사 편찬의 총책임자를 맡는' 관례에 따라 편찬자로 이름을 남겼다. '이당 왕조의 역사'라는 뜻으로 제목을 《이씨서(李氏書)》로 정했으나, 북송 초기부터 《당서》로 일컬어졌으며, 구양수(歐陽修) 등의 《신당서(新唐書)》가 편찬된 뒤로는 그 '전작'이라는 뜻에서 《구당서》로 불리기 시작하였다.

본기 20권, 지 30권, 열전 150권 등 총 200권으로 구성되어 있다. 편찬 시점이 당나라의 멸망으로부터 멀지 않아 내용이 상세한 편이다. 특히 당대 초기 부분은 역대 실록(實錄)들을 참조한 오긍(吳兢)·위술(韋述)의 《당서》(총 65권)를 토대로 작성되어 사료로서의 가치가 높아 사마광이 《자치통감》을 편찬할 때 《신당서》가 아닌 《구당서》를 주요 사료로 사용할 정도였다. 그러나 후기 부분은 잦은 전란으로 관련 자료가 소실된 경우가 많아 체제가 엉성하고 내용이 부실한 편이다.

《구당서》의 〈동이전〉에는 고[구]려·백제·신라·와국(倭國) 등의 나라들의 연혁·지리·풍속 및 당나라와의 교섭·책봉·전쟁이 비교적 자세히 다루어져 있다. 반면에 말갈과 발해국 관련 내용들은 철륵(鐵勒, 튀르크)·거란(契丹) 등 중국 북방의 족속들을 다룬 〈북적전(北狄傳)〉에 소개되어 있다.

주요 판본으로는 연대가 가장 오래된 북송 인종(仁宗) 천성(天聖) 2년(1024)의 천성본을 위시하여 원대의 십행본(十行本)·구행본(九行本), 명대의 국자감본(國子監本)·급고각본(汲古閣本), 청대의 무영전본(武英殿本, 전본)·백납본(百衲本), 현대(1975)의 중화서국본(中華書局本) 등이 있다.

고려전(高麗傳)
해제

　　당나라 고조의 무덕 2년(619, 영류왕 2)으로부터 무측천(측천무후)의 대족 원년(701, 멸망 후 32)까지의 82년 동안의 당나라와 고구려의 교섭사를 소개하고 있는 이 열전은 크게 세 부분으로 구성되어 있다. ① 전반부에서는 고씨 고구려국의 내력·지리·제도·풍습·문화·법제·종교·학술을 소개하였다. ② 중반부에서는 고구려의 대신이던 연개소문이 무덕 2년부터 당나라와 우호관계를 이어 온 영류왕을 살해한 것은 물론 백제와 제휴하여 신라를 공격하자 '국왕 시해'를 빌미로 정관 19년(645), 22년(648), 고종의 용삭 원년(661), 그리고 연개소문 사후인 건봉 원년(666) 등 모두 4차에 걸쳐 고구려를 침공하고 총장 원년(668) 12월에 보장왕과 조정 요인들의 당나라 압송으로 전쟁이 마무리되는 과정을 소상하게 소개하였다. ③ 후반부에서는 고종의 의봉 2년(677)에 죄를 사면 받고 당나라에 머물던 보장왕을 '조선군왕'으로 봉하고 안동(옛 평양성)으로 돌아가 고구려 백성들을 다스리게 한 일을 시작으로 예종의 수공 2년(686)에 그 손자 고보원을 재차 '조선군왕'으로 봉하고, 무씨 주나라의 성력 원년(698)에 무측천이 보장왕의 아들 고덕무를 안동도독으로 제수하여 본국으로 돌아가 백성들을 다스리게 한 일을 자세하게 소개하였다. 이 열전은 고구려와 당나라 사이의 요동전쟁과 전후 처리, 그리고 고씨 왕가의 운명을 연구하는 데에 유용한 정보들을 제공해 준다.

　　참고로, '고려'는 고구려를 중국식으로 일컬은 이름이다. 인터넷 〈국편위판〉 주004에서는 돌궐 퀼테긴 비문의 '뵈클리(Bökli)'와 당대의 산스크리트어 해석서 《범어잡명(梵語雜名)》의 '무구리(畝俱里)'를 '고구려'로 해석하고 고구려 토착어 '구려' 앞에 좋은 뜻을 담은 '고'나 종족명인 '맥'을 덧씌운 것으로 소개하였다. 그러나 '뵈클리'와 '무구리'가 '고구려'와 관련이 있다는 근거는 역사적으로도 언어적으로도 찾을 수 없다.

고려전(高麗傳)

• 001

고려[1]라는 나라는 부여[2]로부터 나온 또 다른 갈래[3]이다.

○ 高麗者, 出自扶餘之別種也。

---

1) 고려(高麗): '위대한 구려' 또는 '고씨의 구려'라는 의미를 지닌 '고구려(高句麗)'를 중국식으로 두 글자로 축약해 일컬은 이름. 원대 학자 호삼성(胡三省, 230~1302)이 《자치통감(資治通鑑)》〈당기(唐紀)〉 "고조 무덕 4년(621)"조에 붙인 주석에 따르면, "구는 발음이 '구', 려는 '린과 지'의 반절(句, 音駒, 麗, 鄰知翻)"이므로 '[고]구리'로 읽혔던 셈이다. 다만, '뵈클리'나 '무구리'가 '고구려(고구리)'와 같은 말이라는 학계 일각의 주장은 근거가 없다. '고구려'에 대한 어원학적 분석은 《정역 중국정사 조선·동이전2》의 해당 주석을 참조하기 바란다.

2) 부여(夫餘): 한민족의 한 갈래인 부여족이 기원전 1세기경에 세운 나라. 자세한 소개는 〈백제전〉의 해당 주석(제183쪽)을 참조하기 바란다.

3) 또 다른 갈래[別種]: '별종(別種)'은 글자 그대로 풀면 '갈라져 나온 집단' 정도의 뜻으로, 같은 조상에게서 갈라져 나온 분파를 말한다. 쉽게 말하자면, 경주 이씨(본류)에 대한 전주 이씨(분파), 또는 김해 김씨(본류)에 대한 김해 허씨 또는 인천 이씨(분파)와 비슷한 경우이다. 후한대 문자학자허신(許愼, 58?~147?)은《설문해자(說文解字)》에서 "'별'은 쪼갠다는 뜻(別, 分解也)"이라고 설명하였다. 《고훈회찬(古訓匯纂)》에서는 '별'의 첫 번째 의미로 "나눈다는 뜻(分也)"이라고 소개하면서 원대 학자 호삼성이《자치통감》〈송기7(宋紀七)〉에서 "호와는 시조가 같지만 파가 나누어진다(與浩同宗而別族)"라고 한 말을 예로 들었다. 그 의미가 '다르다(different)'가 아니라 '나누[어지]다(divide)'라는 뜻이다. 실제로 빠이두(百度) 등 중국의 사이트들도 '별종'을 "동일한 종족의 갈래(同一種族的分支)"로 소개하고 있다. 그것 말고는 다른 의미가 없다는 뜻이다. 역사적으로도 고구려와 관련하여 "동이들 사이에서는 예전부터 '부여의 또 다른 갈래'라고 전해져 왔다. 언어나 제반 사항들은 부여와 같은 것이 많다(東夷舊語以爲夫餘別種, 言語諸事, 多與夫餘同)"라고 한 진수(陳壽)《삼국지》〈고구려전〉의 기사는 아주 좋은 예이다. 한민족이 정치적으로 대한민국과 북한으로 갈라지고 70년이 넘도록 각자 다른 길을 가고 언어와 습속이 서로 많이 달라졌어도 같은 민족이라는 사실을 모르는 이는 없다. 처음에는 같다가 나중에 갈라져 서로 달라졌다고 해서 다른 족속으로 간주하는 것은 어불성설이라는 뜻이다.

• 002

그 나라는 평양성⁴⁾에 도읍을 두었는데, 곧 한나라 낙랑군⁵⁾의 옛 땅이다.

○ 其國都於平壤城, 卽漢樂浪郡之故地。

• 003

[평양성은 우리] 도성⁶⁾에서 동쪽으로 오천일백 리 떨어져 있다.⁷⁾

---

4) 평양성(平壤城): 고구려 제20대 국왕 장수왕(長壽王, 재위 413~490) 이래의 고구려 도읍. 자세한 소개는《자치통감》의 해당 주석(제363쪽)을 참조하기 바란다.

5) 낙랑군(樂浪郡): 중국 전한대 이래로 하북성 동북부에 설치되었던 군 이름. 인터넷〈국편위판〉주008에서는 그 위치와 관련하여 이렇게 소개하였다. "在半島說·在滿洲說 등이 있으나, 일반적으로 韓半島 안에 비정하는 것이 通說이다. … 李丙燾는 大同江 유역을 중심으로 平安南北道 일대와 黃海島 북단에 걸쳐 있었던 것으로 비정하였다" 그러나 낙랑 유물 진위에 대한 정인보의 금석학적 소견들(《조선사연구》), 낙랑 유물을 중국(북경)에서 들여 왔다고 밝힌 세키노의 일기(《한사군은 중국에 있었다》), 일제강점기 일본인 학자들의 각종 고고 조작 의혹들(《한국고대사와 한중일의 역사왜곡》) 등의 증거들을 종합해 볼 때, 기존의 '낙랑평양설'은 설득력이 부족해 보인다. 그 정확한 좌표가 이미 5~6세기 북위의 역사를 다룬《위서(魏書)》〈지형지(地形志)〉"낙랑군"조에 분명히 명시되어 있기 때문이다. "【낙랑군】전한의 무제가 설치하였다. 전한·후한·진대에는 '낙랑'으로 부르다가 나중에 ['낙랑'으로] 고치고 감축했으며 정광 연간 말기에 도로 복원되었다. 치소는 연성이다.(【樂良郡】前漢武帝置. 二漢晉曰樂浪, 後改罷, 正光末復, 治連城)" 이 소개대로라면, 한나라 무제가 '한4군'을 설치할 때부터 북위에 이를 때까지 낙랑군은 평양시가 아닌 지금의 하북성 동북부를 한 번도 떠난 적이 없었던 셈이다. 낙랑군 소멸 시기도 마찬가지이다. 기존의 통설에서는 미천왕 14년(313)에 고구려에 의해 소멸되었다는 입장이지만, 이 역시〈지형지〉를 통하여 북위 당시까지 존속되고 있었음을 확인할 수 있다. 그 관할 영역이 시대에 따라 늘거나 줄었을지언정 200여 년 뒤인 5~6세기까지 그 자리를 지키고 있었던 셈이다. '낙랑 교치(樂浪僑置)'는 상상의 산물로, 애초부터 사실무근이라는 뜻이다. 덧붙여, 이 대목에서 "고구려는 … 한나라 낙랑군의 옛 땅"이라고 한 것은 고구려 건국 초기의 발상지를 두고 한 말임에 유념할 필요가 있다. 전성기를 구가하고 있던 수·당대(7세기)의 고구려 강역을 두고 한 말이 아니라는 뜻이다.

6) 도성[京師]: '경사(京師)'는 중국 고대에 황제가 머무는 도성, 즉 서울을 높여 부른

황해도 덕흥리 고구려 고분 벽화에 그려진 유주 13군(幽州十三郡) 태수의 알현 모습. 묘주인 진(鎭)은 서진(西晉) 왕조에서 유주자사를 지내다가 포로가 되면서 고구려 후방에 안치되었을 가능성이 있다. (문화재청 사진)

○ 在京師東五千一百里。

이름이다. 중국 춘추시대의 사서인 《공양전(公羊傳)》 "환공 9년(桓公九年)"조에서는 "'경사'란 무엇인가? 천자께서 계시는 곳이다. '경'이란 무엇인가? 땅이 크다는 뜻이다. '사'란 무엇인가? 사람이 많다는 뜻이다. 천하께서 계시는 곳이기에 사람이 많고 땅이 크다는 말로 표현할 수밖에 없는 것이다(京師者何? 天子之居也. 京者何? 大也. 師者何? 衆也. 天子之居, 必以衆大之辭言之)"라고 하였다. 여기서는 당나라의 도성이던 장안(長安, 지금의 섬서성 서안시)을 가리킨다.

7) 도성에서 동쪽으로 오천일백 리 떨어져 있다[在京師東五千一百里]: 이 부분은 7세기 고구려 평양성의 좌표를 찾는 데에 중요한 단서를 제공한다. 평양성이 당나라 장안에서 동쪽으로 5,100리 떨어진 지점에 있다고 명시했기 때문이다. 중국 학자 곽성파(郭聲波)에 따르면, 당대에는 1리가 0.44km 남짓이었다. 그렇다면 5,100리라면 직선거리로는 대체로 2,244km 정도에 해당하는 셈이다. 한대 학자 신찬(臣瓚)

• 004

[그 나라는] 동쪽으로는 바다8)를 건너 신라에 이르고 서북쪽으로는 요수9)를 건너 영주10)에 이르며, 남쪽으로는 바다를 건너 백제에 이르고

은《한서》〈무제기(武帝紀)〉에 다음과 같은 주석을 붙였다. "《무릉서》에서는 '임둔군의 치소인 동이현은 장안으로부터 6,138리 거리로, 15개 현을 거느리고 있으며, 진번군의 치소인 삽현은 장안으로부터 7,640리 거리로, 15개 현을 거느리고 있다'고 하였다.(茂陵書臨屯郡治東暆縣, 去長安六千一百三十八里, 十五縣. 眞番郡治霅縣, 去長安七千六百四十里, 十五縣.)" 신찬의 주장대로라면 임둔군의 치소 동이현은 장안으로부터 6,138리 떨어져 있었던 셈이다. 실제로 2014~2017년에 요녕성의 태집둔(邰集屯) 소황지촌(小荒地村)에서 '임둔태수장' 봉니와 한대 토성이 발견되었다. '낙랑 봉니와 토성이 발견되었으니 평양시가 낙랑군(조선현)'이라는 학계의 논리대로라면, 임둔의 봉니와 토성이 발견된 소황지촌은 당연히 임둔군의 치소(동이현) 자리로 보아야 옳다. 그렇다면 그보다 더 장안과 가까이 있었던 낙랑군의 좌표는 당연히 그보다 서쪽에서 찾아야 옳을 것이다.

8) 바다[海]: 여기서는 중국의 동북방에 있는 바다인 발해(渤海)를 가리킨다. 발해는 역사적으로 그 물이 맑다고 해서 '창해(蒼海·滄海)', 중국의 동쪽에 위치해 있다고 해서 '동해(東海)'로 일컬어졌다. 이와 관련하여 당대의 학자 서견(徐堅, 660~729)은 서진(西晉)의 학자 장화(張華, 232~300)의 《박물지(博物志)》를 인용하여 "동해에는 따로 '발해'가 있다. 따라서 '동해'라는 이름으로 발해까지 함께 일컬으며, 때로는 이를 통틀어 '창해'라고 부르기도 하였다(東海之別有渤澥, 故東海共稱渤海, 又通謂之滄海)"라고 소개한 바 있다. 중국인들의 이 같은 발해 인식은 그로부터 1000여 년이 지난 뒤에도 크게 달라진 것이 없었다. 청대 초기 지리학자 호위(胡謂, 1633~1714)는 "대체로 청주·내주 이북으로부터 유주·평주 이남까지는 모두 바다를 마주하고 있는데, 그 바다를 통틀어서 '발해'라고 한다(蓋自靑萊以北, 幽平以南, 皆濱於海, 其海通謂之渤海)"라고 하면서 그 범위를 보다 구체적으로 설명하였다.(이상 문성재,《한사군은 중국에 있었다》, 제57~60쪽)

9) 요수(遼水): 중국 고대사에 등장하는 하천. 중국 검색 사이트 빠이뚜의 백과사전에서는 "【요수】바로 지금의 요하의 옛 이름이다【遼水】卽今遼河的古稱"라고 소개했으나 잘못된 설명이다. 자세한 설명은《자치통감》의 해당 주석(제471~472쪽)을 참조하기 바란다.

10) 영주(營州): 중국 고대의 지역명. 자세한 소개는《자치통감》의 해당 주석(제771~772쪽)을 참조하기 바란다.

출처	연대	고구려 강역 규모		증감여부
		동서	남북	
삼국지	289	2,000	1,000	
후한서	445	방 2,000		+
양서	636	방 2,000		+
위서	554	2,000	1,000	
수서	636	2,000	1,000	
북사	659	2,000	1,000	
통전	801	방 2,000		+
		2,000	1,000	
		6,000	?	+
구당서	945	3,100	2,000	+
신당서	1060	?	?	?

역대 중국 정사 고구려 강역 대조표

북쪽으로는 말갈[11]에 이른다.

○ 東渡海至于新羅, 西北渡遼水至于營州, 南渡海至于百濟, 北至靺鞨。

• 005

[그 강역은] 동서로는 삼천일백 리이며 남북으로는 이천 리이다.[12]

---

11) 말갈(靺鞨): 고대의 북방민족의 한 갈래. 북위 시기까지는 '물길(勿吉)'로 불렸으며 수나라에 이르러 '말갈'로 불리기 시작하였다. 자세한 소개와 어원 고증은 《자치통감》의 해당 주석(제443~444쪽)을 참조하기 바란다.

12) 동서로는 삼천이백 리이며 남북으로는 이천 리이다[東西三千二百里, 南北二千里]: 고구려 강역의 경우, 역대 중국 정사에 소개된 규모와는 다소 차이를 보인다. 당대 초기에 편찬된 북조계 정사 《위서》·《수서》·《북사》에서는 "동서로 2,000리, 남북으로는 1,000리가 넘는다(東西二千里, 南北千餘里)"고 하였다. 반면에 그보다 수백 년 앞서 편찬된 《양서》 등 남조계 정사에서는 "사방으로 2,000 [정도](地方[可]

○ 東西三千一百里, 南北二千里。

•006

그 나라 벼슬들 중에서 가장 높은 것은 대대로[13]이다. [중국의] 일품[14]에 해당되는데, 나랏일을 총괄한다. 삼 년마다 한 번씩 바꾸는데, 직무를 무난히 수행하면 [임기의] 연한에 얽매이지 않는다.

○ 其官大者號大對盧, 比一品, 總知國事, 三年一代, 若稱職者, 不拘年限。

二千里)"로 소개하였다. 또, 8세기 당나라의 역사가 두우(杜佑)의 《통전(通典)》 및 13세기 남송 학자 마단림(馬端臨)의 《문헌통고(文獻通考)》 등에서는 이렇게 소개하였다. "그 땅은 후한대에는 사방 2,000리였다. 위나라에 이르러 남북으로는 차츰 축소되어 겨우 1,000리를 넘을 정도이다가 수나라에 이르러 차츰 커져서 동서만 해도 6,000리나 되었다.(其地後漢時方二千里. 至魏南北漸狹, 才千餘里, 至隋漸大, 東西六千里)" 건국 초기는 논외로 치더라도 '사방 2,000리(후한) ⇒ 동서 2,000리, 남북 1,000리(삼국) ⇒ 동서 6,000리(수당)'로 그 강역이 확장된 셈이다.

13) 대대로(大對盧): 고구려의 관직명. 두우의 《통전》에는 "대당 무덕 4년, … 그 나라는 관직이 9등으로 나뉘어 있는데, 그 으뜸이 토졸로, 옛 이름은 대대구인데, 나랏일을 총괄하였다(大唐武德四年 , … 其國建官有九等. 其一曰吐捽, 舊名大對胊, 總知國事)"라고 하였다. 7세기 당나라의 장금초(張金楚)의 《한원(翰苑)》 역시 《고려기(高麗記)》를 인용하여 "토졸은 [중국의] 1품에 해당하는데 예전에는 '대대로'라고 불렀다(吐捽, 比一品, 舊名大對盧)"라고 소개하였다. 그렇다면 품계가 중국의 1품에 해당하며, 원래는 '토졸'로 불렸던 셈이다.

14) 일품(一品): 중국 고대 관료제도에서 최고위 관원에게 부여되었던 품계. 연강(延康) 원년(220)에 위나라의 조조(曹操)가 관원의 임용에 '9품 중정제(九品中正制)'를 도입한 이래로 최고 품계에 해당한다. 북위에 이르러 1품은 정(正) 1품과 종(從) 1품으로 나뉘는데, 《구당서》 〈직관지(職官志)〉에 따르면, 당대에는 태사·태부·태보·태위(太尉)·사도(司徒)·사공(司空)·왕(王)은 정1품, 개부의동삼사(開府儀同三司)·태자태사(太子太師)·태자태부(太子太傅)·태자태보(太子太保)·표기대장군(驃騎大將軍)·사왕(嗣王)·군왕(郡王)·국공(國公) 등은 종2품에 해당되었다고 한다.

• **007**

[그 전임자가] 교체되는 날에는 더러 [그 명령을] 받들어 따르지 않고 한결같이 군대를 이끌고 [신임자와] 서로 공격하여 [그 싸움에서] 이긴 쪽이 그 자리를 차지하게 된다.15) […] 그 경우 그 나라 왕은 궁궐 문을 닫고 자신을 지킬 뿐으로 [그들을] 제어하지 못한다.

○ 交替之日, 或不相祗服, 皆勒兵相攻, 勝者爲之。其王但閉宮自守, 不能制禦。

• **008**

[대대로의] 다음은 태대형16)으로, [중국의] 정이품17)에 해당한다.

---

15) 군대를 이끌고 서로 공격하여 이긴 쪽이 그 자리를 차지하게 된다[勒兵相攻, 勝者爲之]: 이 대목에 소개된 내용은 고구려의 보편적인 현상이라고 보기 어렵다. '고구려[현]'의 이름이 언급된 최초의 사서인 《한서》 이래로 《수서》, 《북사》에 이르기까지 그 어떤 정사나 대목에서도 이처럼 살벌한 무력 충돌을 소개한 일이 없다. 그러다가 당대 중기 이후에 저술된 《한원》과 그 뒤인 북송 초기에 편찬된 《구당서》에서 처음으로 이 같은 내용이 보이기 시작한다. 이 기사는 고구려 말기에 신진 귀족이던 연개소문(淵蓋蘇文, 594~666)이 영류왕(榮留王)과 기존 귀족들을 살해하고 보장왕(寶藏王)을 옹립한 642년 정변 전후의 고구려 상황들을 근거로 작성되었을 가능성이 높다는 뜻이다.

16) 태대형(太大兄): 고구려의 관직명.《한원》에 인용된《고려기》에 따르면, 품계는 2품이며, '막하하라지(莫何何羅支)'로 불리기도 했다고 한다. '태대형'이 '막하하라지'로도 불렸다면 '막하'는 의미상으로 '태'에 대응되므로 '크다(great)'라는 의미를 나타내는 셈이다. 여기서 흥미로운 것은 고구려의 관직명에 산스크리트어가 등장한다는 사실이다. 그 발음과 의미를 따져 볼 때, 여기서의 '막하(莫何)'는 '모허(mohe)'로, '크다'라는 뜻을 나타내는 산스크리트어 '마하(maha)'를 그 발음에 가까운 한자로 표기한 것임이 분명하다. 산스크리트어 '마하'는 당대 이래로 한자로는 '마가(摩訶, moge), 마합(摩哈, moha)' 등으로 표기되기도 하였다. 불교에서 '대승[불교](大乘)'이 산스크리트어 '마하 야나(Mahāyāna)'를, 불경《마가반야바라밀다심경(摩訶般若波羅蜜多心經)》의 '마가(마하)'가 산스크리트어의 '마하'를 각각 한자로 표기한 경우인 것이 그 증거이다. 그렇다면 '막하하라지', 또는 적어도

[대]대로 아래로는 벼슬이 모두 열두 등급이 있다.

○ 次日太大兄, 比正二品。對盧以下官, 總十二級。

• 009

[도성] 밖에는 주·현에 예순 군데가 넘는 성을 설치하였다. 큰 성에는 녹살[18]을 한 명 두는데, [중국의] 도독[19]에 해당한다. [이 예순 군데가 넘는] 성들에는 도사[20]를 두는데, [중국의] 자사[21]에 해당한다. 그 밑에는 각자 요

'막하-'는 고구려어일 수 없는 것이다.

17) 정이품(正二品): 중국 고대 관료제도에서 1품 다음의 품계. 《구당서》〈직관지〉에 따르면, 당대에는 특진(特進)·보국대장군(輔國大將軍)·개국군공(開國郡公)·상주국(上柱國) 등이 이에 해당하였다.

18) 녹살(傉薩): 고구려의 관직명. 선행 정사인 《주서》·《수사》에는 '욕살(褥薩)', 《구당서》에는 '녹살(傉薩)', 《한원》에는 '욕살(辱薩)'로 소개되어 있으며, 《신당서》에는 '녹살(傉薩)'과 '누살(耨薩)'이 함께 사용되었다. 이처럼 시대나 사서에 따라서 첫 글자가 '욕(褥)·녹(傉)·누(耨)·욕(辱)' 식으로 소개되었지만 사실상 고구려어의 같은 발음['루(ru)']을 각자 다른 한자로 달리 표기한 경우로 보아야 옳다. 호삼성은 《자치통감》에 붙인 주석에서 "《북사》에 따르면 고려의 다섯 부에는 저마다 누살이 있었다고 하는바, 그 [다섯 부의] 추장을 일컫는 칭호가 아닌가 싶다(據北史, 高麗五部各有耨薩, 蓋其酋長之稱也)"고 추정하였다. 녹살을 일종의 족장급 관직으로 해석한 셈이다.

19) 도독(都督): 중국 고대의 관직명. 특정한 방면·지역의 군사를 관할하면서 정벌·수비 등의 군사 업무 전반을 총괄하였다. 자세한 소개는 부록 《자치통감》의 해당 주석(제630쪽)을 참조하기 바란다.

20) 도사(道使): 고구려의 관직명. 이 명칭과 관련하여, 두우 《통전》에는 "성마다 처려근지를 두었는데, [중국의] 자사에 해당하며, '도사'로 일컫기도 한다(諸城置處閭近支, 比刺史, 亦謂之道使)"고 소개되어 있다. 이로써 정식 명칭은 '처려근지'라는 고구려어로 불렀으며, '도사'는 일종의 중국식 의역임을 알 수 있다. 이와 함께, 《한원》에서는 "도사의 치소는 '비'라고 부른다(道使治所, 名之曰備)"고 소개하였다. 《한원》은 이보다 규모가 더 작은 성의 책임자들에 대해서도 "작은 성들에는 '가라달'을 두는데, [중국의] 장사에 해당한다. 또, [그보다 더 작은?] 어떤 성에는 '누초'를 두는데, [중국의] 현령에 해당한다(諸小城置可邏達, 比長史, 又城置婁肖, 比

좌22)를 두는데, 각자 분담하여 소관 업무들을 관장한다.

○ 外置州縣六十餘城。大城置傉薩一, 比都督, 諸城置道使, 比刺史。其下各有僚佐, 分掌曹事。

• 010

의복과 장식의 경우, 국왕만 [옷에] 다섯 가지 색23)을 쓸 수가 있다. [왕은] 흰 비단으로 관을 짓고 흰 가죽으로 [폭이] 작은 띠를 짓는데, 그 관과 띠는 모두 금으로 꾸민다.

縣令)"고 하였다. 고구려에서 각 방면의 성을 지키는 책임자들을 '녹살 ⇒ 처려근지 ⇒ 가라달 ⇒ 누초'의 서열에 따라 배치한 셈이다.

21) 자사(刺史): 중국 고대의 관직명. 전한의 무제(武帝) 때에 전국 13개 부(部, 주)에 설치하고 해당 지역의 감독관으로 삼은 데서 비롯되었는데, 나중에는 '주목(州牧)'으로 대체되기도 하였다. 삼국시대로부터 남북조시대까지는 주마다 자사를 설치했으며, 수나라에 이르러서는 주의 행정 수장을 '자사'로 일컬었다. 그 뒤로는 주의 자사는 사실상 이전의 군 태수(郡太守)의 직무를 수행하였다.

22) 요좌(僚佐): 이 부분의 경우, 《신당서》에는 "참모들을 두어 업무를 분담해 처리하게 하였다(有參佐, 分干)"고 하여 '참좌(參佐)'로 소개되어 있다. 인터넷 〈국편위판〉 주018에서는 "道使 아래로 可邏達·婁肖 등의 지방관직명이 더 보이고 있는데, 이것을 가리키는 것이 아닌가 추측된다"는 식으로 '가라달'과 '누초'를 처려근지(도사)의 요좌로 보았으나 착오로 보인다. 성의 규모가 작기는 하지만 지휘계통을 따져 보면 가라달과 누초는 처려근지의 속관이 아니라 엄연히 중앙정부의 지휘를 받았다고 보아야 옳다.

23) 다섯 가지 색[五綵]: '오채(五綵)'는 '오채(五彩)'와 같은 뜻으로, 파랑[靑]·노랑[黃]·빨강[赤]·하양[白]·검정[黑]의 다섯 가지 색깔, 나아가 여러 가지 색깔을 뜻한다. 국왕은 자신의 옷에 다양한 색깔을 사용할 수 있었던 셈이다. 참고로, '바탕 소(素)'는 일반적으로 직물을 짜고 나서 염색하기 직전의 원래의 바탕색을 가리킨다. 그 색깔은 누렇거나 상아색을 띠는 것이 보통이지만 염색한 색깔과 비교하여 색이 없는 것으로 인식했으므로 유념할 필요가 있다. '소'의 개념에 관해서는 문성재,《처음부터 새로 읽는 노자도덕경》, 제192쪽의 설명을 참조하기 바란다.

강서 대묘 북벽에 그려진 현무(玄武)의 모습. 서로 뒤얽힌 거북과 뱀이 생생하게 묘사되어 있다. (문화재청 사진)

○ 衣裳服飾, 唯王五綵, 以白羅爲冠, 白皮小帶. 其冠及帶, 咸以金飾.

• 011

관리들 중에 [지체가] 존귀한 경우에는 푸른 비단으로 관을 짓고, [그보다 지체가 낮은] 다음은 진홍색 비단으로 관을 짓는다. [이들은 모자에] 새깃을 두 대 꽂으며24), 금과 은으로 꾸미기도 한다.25)

---

24) 새깃을 두 대 꽂으며[揷二鳥羽]: 고구려의 전통적인 모자 장식법.《위서》에서는 "머리에 절풍을 쓰는데, 그 모양이 변을 닮았으며, 옆에는 새 깃을 꽂는다(頭著折風, 其形如弁, 旁揷鳥羽)",《북사》에서는 "병사들은 거기에 추가로 새깃을 2개 꽂았고, 존귀한 자의 경우는 그 모자를 '소골'이라고 한다(士人加揷二鳥羽, 貴者, 其冠曰蘇骨)"고 하였다. 이와 관련하여, 7세기 당나라 승려 의정(義靜)은 《대당서역구법고승전(大唐西域求法高僧傳)》"아난야발마(阿難耶跋摩)"조에 이런 주석을 붙였다. "'계귀'란 산스크리트어로 '쿡쿠때쉬바라(Kukkuṭeśvara)'이다. '쿡쿠따(kukkuṭa)'는 [수]탉, '이쉬바라(Īśvara)'는 귀인(수장)으로, 바로 고려국을 말한다. 전하는 말에 따르면, 그 나라는 닭의 신을 경외하며 존귀하게 여겨서 깃을 꽂아

남당(南唐) 고덕겸(高德謙)의 《번객입공도(蕃客入貢圖)》(대만국립박물관소장)와 당대 염립본(閻立本)의 《직공도(職貢圖)》에 그려진 고구려(좌)와 백제(우)의 사신. 두 나라는 의복 양식이 같았다.

○ 官之貴者, 則靑羅爲冠, 次以緋羅. 揷二鳥羽, 及金銀爲飾.

장식으로 삼는다고 한다. … 서역에서는 고려를 쿠쿠때쉬바라라고 부른다.(雞貴者, 梵云矩矩吒䃜說羅. 矩矩吒是雞, 䃜說羅是貴, 卽高麗國也. 相傳云, 彼國敬雞神而取尊, 故戴翎羽而表飾矣. … 西方喚高麗爲矩矩吒䃜說羅也)" 인도를 포함한 서역에서 고구려를 '쿠쿠때쉬바라(쿠쿠따+ㅣ+쉬바라)'라고 부른 것은 고구려에서 닭의 신을 숭배해서라기보다는 수탉의 깃을 모자에 꽂고 다녔기 때문이다. 다음 세기인 8세기에 두우는 《통전》〈악지(樂志)〉에서 고구려의 악공은 새깃으로 장식한 자주색 비단모자와, 노란색 큰 소매의 옷과 자주색 비단 띠에 통 넓은 바지를 입었으며, 붉은 가죽신을 신고 오색의 끈을 매었다고 소개하였다. 고구려인이 절풍을 착용할 때 새깃과 함께 때로는 금 등의 귀금속으로 만든 꽃 등을 꽂아 멋을 부렸음을 알 수 있다. 참고로, 《주서》와 《북사》의 〈백제전〉에서는 조정의 의례나 제사가 있을 때에는 그들의 관[모] 양쪽 옆에 새 깃을 꽂는데, 전시에는 그렇게 하지 않는다고 하였다. 이를 통하여 고구려와 백제의 남성 복장 예법이 대체로 동일했음을 알 수 있다.

25) 금과 은으로 꾸미기도 한다[飾以金銀]: 인터넷 〈국편위판〉에서는 "새깃 두 개를 꽂고, 金과 銀으로 장식한다" 부분을 그 앞의 문장과 연결시켜 푸른 비단 관을 쓰는 관리보다 등급이 낮은 진홍색 비단 관의 관리가 그렇게 착용하는 것처럼 번역하였다. 그러나 기존의 사서들에 충분히 소개된 것처럼 그것은 고구려 고위 관리들의 전형적인 복장 스타일이므로, 푸른 비단 모자를 착용하는 관리에게도 당연히 해당된다고 보아야 한다.

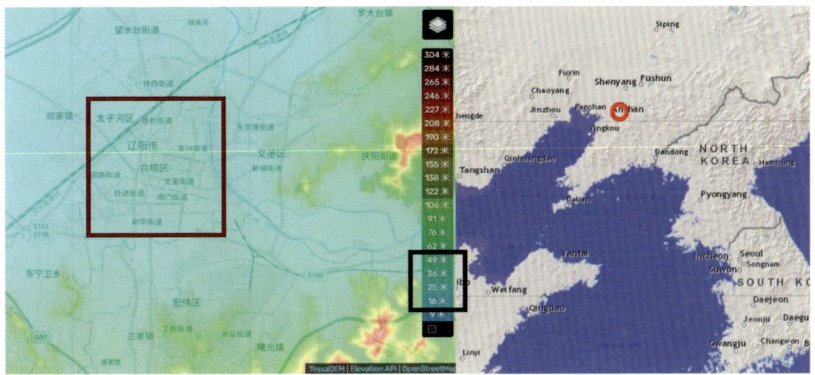

플러드맵(Floodmap)의 요양시 노성구(老城區) 지도. 학계에서는 이 일대를 고구려 요동성 자리로 비정하고 있다. 그러나 이 구역은 해발 20~30m 수준의 평지로, 어디에도 산지는 없다. 요양시는 요동성이 아니라는 뜻이다.

• 012

[그들의] 저고리는 통소매이고 바지는 통이 넓으며[26), 흰 가죽 띠에 누런 가죽 신을 착용한다.

○ 衫筒袖, 袴大口, 白韋帶, 黃韋履.

• 013

나랏사람들[27)은 올이 거친 베옷[28)을 입고 변을 쓰며, 부녀자는 머리

---

26) 저고리는 통소매이고 바지는 통이 넓으며[衫筒袖, 袴大口]: 《주서》〈고려전〉에는 "사내는 소매가 긴 저고리에 통 넓은 바지 … 를 착용한다(丈夫衣同袖衫, 大口袴)"고 소개되어 있다.

27) 나랏사람들[國人]: '국인(國人)'은 글자 그대로 풀면 '나랏사람' 즉 국민이라는 뜻이다. 그러나 고대에는 이 뜻과 함께 '도성에 사는 사람들'이라는 뜻으로 사용되기도 하였다. 여기서도 고구려의 서울 평양성에 사는 사람들을 가리키는 말로 보아야 옳다. 자세한 소개는 부록《자치통감》의 해당 주석(제441쪽)을 참조하기 바란다.

28) 올이 거친 베옷[褐]: '갈(褐)'의 경우, 인터넷〈국편위판〉주021에서는 "굵은 베로 만든 옷",〈동북아판2〉(제182쪽)에서는 "베옷"으로 각각 번역하였다. 그러나 '갈'은 전통적으로 재질·기술 등의 문제로 올이 굵고 성기게 짠 천이나 그런 천으로 지

쌍영총(雙楹冢) 벽화에 그려진 두건을 쓴 고구려 여인들과 확대한 모습

에 여성용 두건29)을 두른다.

○ 國人衣褐戴弁, 婦人首加巾幗.

• 014

바둑·투호30) 같은 놀이들을 즐기며, 사람들은 축국31)도 잘 한다.

○ 好圍棊投壺之戱, 人能蹴鞠.

은 옷을 뜻하는 글자이다.

29) 여성용 두건[巾幗]: '건괵(巾幗)'은 중국 고대에 여성들이 모자 대신 착용하던 두건을 말한다. 인터넷 〈국편위판〉 주023에서는 "三室塚 제1실 南壁 女人圖·角觝塚 主室 女人圖"를 그 예로 들었다.

30) 투호(投壺): 중국 고대의 놀이의 일종. 글자 그대로 풀면 '항아리에 던져 넣는다' 정도로 번역된다. 술자리에 참석한 손님과 주인이 차례로 항아리에 화살을 던져 그 안에 들어간 화살의 개수로 승부를 겨루었으며, 이긴 사람이 술을 따르면 진 사람이 벌로 그것을 마셨다고 한다. 고대에는 투호가 놀이인 동시에 술자리 예절로 인식되었다. 노는 방법과 절차는 《예기(禮記)》〈투호(投壺)〉에 비교적 상세하게 소개되어 있다.

31) 축국(蹴鞠): 중국 고대의 공놀이. 가죽으로 만든 공을 발로 차며 노는데, 지금의 축구와는 달리 허공에 차 올린 공을 땅에 떨어뜨리지 않은 채 계속 돌려 차는 식으로 놀이가 진행되었다고 한다. 다만, 여기서의 '축국'이 고구려의 전통적인 공놀이를 중국식으로 표현한 것인지 당시 중국에서 고구려로 전래된 '축국' 그 자체를 말하는지는 알 길이 없다.

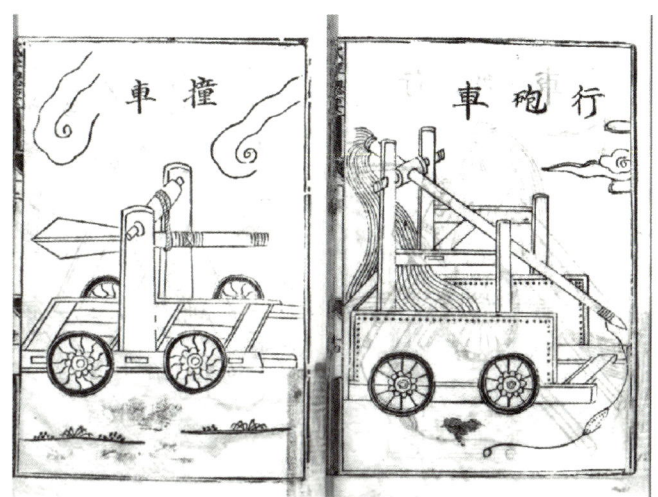

송대의 병서 《무경총요(武經總要)》에 소개된 당거(좌)와 포거(우). 당거는 때로는 '충거(衝車)'로 불리기도 하였다.

• 015

음식을 먹을 때에는 변두32)・보궤33)・준조34)・뇌세35)[따위를 쓰는

---

32) 변두(籩豆): 중국 고대에 제물이나 음식을 담던 그릇. '두'는 식혜 등 국물이 있는 음식을 담는 데에 사용되었는데, 보통은 나무로 만들어졌다. 대나무・나무로 만들어진 '변'은 육포나 과일을 담는 데에 사용되었으며, '두'보다는 높이가 낮았다고 한다.

33) 보궤(簠簋): 중국 고대에 제사나 연회에서 벼・기장 등의 곡식을 담던 대나무 그릇. 당대 학자 육덕명(陸德明)의 경전 해설서 《석문(釋文)》에 따르면 "안쪽은 모나고 바깥쪽은 둥근 그릇을 '궤'라 하는데 수수・기장을 담으며, 바깥쪽은 모나고 안쪽은 둥근 그릇은 '보'라 하는데 벼・기장을 저장하는 데에 썼다.(內方外圓曰簋, 以盛黍稷. 外方內圓曰簠, 用貯稻粱)"

34) 준조(罇俎): 중국 고대에 제사나 연회에서 술이나 음식을 담던 그릇. 통상적으로 술을 담는 것을 '준(罇)', 육류를 담는 것을 '조(俎)'로 불렀다.

35) 뇌세(罍洗): 중국 고대에 제사나 식사 자리에서 제물이나 음식을 다루기 전에 손을 씻는 물을 담던 그릇의 일종.

데, 기자36) 때부터의 유풍이 제법 남아 있다.

○ 食用籩豆·簠簋·罇俎·罍洗, 頗有箕子之遺風。

• 016
그 나라 사람들이 사는 곳은 어김없이 [산세를 따라] 산골짜기에 기대어 있는데, 한결같이 띠풀로 [지붕을 덮은] 초가이다. 오로지 불교 사찰이나 신을 모신 사당, 그리고 왕궁이나 관청에서만 기와를 사용한다.

○ 其所居必依山谷, 皆以茅草葺舍, 唯佛寺·神廟及王宮·官府乃用瓦。

• 017
그 나라 민간에는 가난하고 헐벗은 사람이 많다. 겨울철에는 한결같이 긴 구덩이를 만들고 밑에서 [나무를] 때어 뜨거운 불[연기]로 난방을 한다.37)

---

36) 기자(箕子): 중국 고대의 현자. 은(殷)나라 주왕(紂王, BC1105~BC1046) 시기에 태사(太師)를 지냈다. 《사기》〈미자세가(微子世家)〉와 《한서》〈지리지〉, 복승(伏勝)의 《상서대전(尙書大傳)》 등에 근거할 때 기자가 조선에 왔다는 설화는 한대부터 민간에 전승되기 시작한 것으로 보인다. 그러나 ① 그 내용에 허구적인 설화의 요소들이 다분한 데다가, ② 앞서의 한대 문헌들에서 기자가 망명했다는 '동방(조선)' 역시 한반도가 아닌 요동에 있다. 더욱이 ③ 중국의 역대 지리서·연혁지들에서는 전통적으로 기자의 묘가 하남성의 몽현(蒙縣) 또는 조현(朝縣)에 있다고 소개해 왔다. ④ 기자가 한반도까지 왔다는 주장은 역사적 진실이 아니라는 뜻이다.

37) 긴 구덩이를 만들고 밑에서 때어 뜨거운 불로 난방을 한다[作長坑, 下燃熅火以取暖]: 이 부분은 고구려의 난방 방식을 소개한 것으로, 우리나라 고유의 난방 설비인 온돌(구들)에 관한 최초의 역사 기록이다. 허신의 《설문해자》에서는 "'온'은 짙은 연기이다(熅, 郁煙也)", 《옥편(玉篇)》에서는 "짙은 연기다. 공기이며, 따뜻하다(熅也, 氣也, 煥也)"고 설명하였다. 불이 아니라 뜨거운 연기(김)인 셈이다. 실제로 청대 학자 고염무(顧炎武, 1613~1682)는 《일지록(日知錄)》〈토항(土炕)〉에는 이

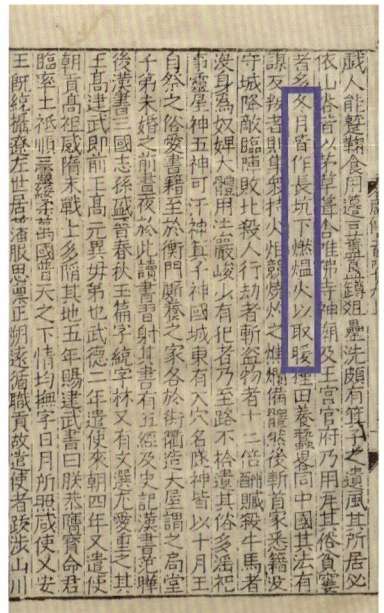 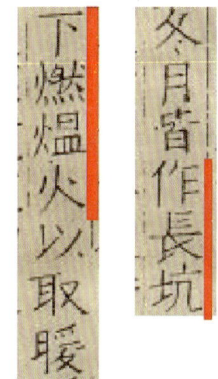

《구당서》〈고려전〉은 중국의 역대 정사들 중에서는 최초로 고구려의 난방 방식을 소개하였다. 이 구절을 통하여 고구려에서 온돌을 사용했음을 확인할 수 있다.

○ 其俗貧寠者多, 冬月皆作長坑, 下燃熅火以取暖。

렇게 소개되어 있다. "《구당서》〈동이전·고려전〉에서는 '겨울철에는 한결같이 긴 구덩이를 만들고 밑에서 뜨거운 불을 지펴 난방을 한다'고 했는데, 이것이 바로 지금의 [중국 북방의] '흙구들(토항)'이다.(舊唐書東夷高麗傳, '冬月皆作長坑, 下燃熅火以取暖', 此卽今之土坑也)" 그래서 중국 학자 장국경(張國慶)의 〈'북인상항' 습속의 유래('北人尙炕'習俗的由來)〉(1987)라는 논문에서는 고구려인이 온돌을 발명하고 주변 종족들이 차츰 그 난방 방식을 받아들이면서 "차츰 중원 북부지역(황하에서 진령 이북)까지 전파되었다"고 보았다. 인터넷 〈국편위판〉과 〈동북아판2〉(제183쪽)에서는 이 부분을 "숯불을 지펴 방을 덥힌다"라고 번역했으나 오역이다. ① 원문에는 '긴 구덩이를 판다'고 되어 있지 '숯'을 사용한다는 말이 없다. ② 한증막처럼 구들에 장작불을 지펴 그 뜨거운 연기를 순환시켜 방을 덥히는 간접난방 방식이라는 뜻이다. ③ 두 역주서가 설명한 것은 화로에 숯불을 지펴 방을 덥히는 직접난방인 데다가, 숯불이 꺼지면 금방 방이 식어 난방·보온 효율이 상당히 낮다.

• 018

밭에 씨를 뿌리거나 누에를 치는 방식은 대체로 중국과 같다.

○ 種田養蠶, 略同中國。

• 019

그 나라 법률의 경우, 반란 및 반역을 꾀하는 자가 있으면 사람들을 모아 놓고 횃불을 들고 앞다투어 그를 [불로] 태우고 지지게 해서 온몸이 타서 문드러지게 만든다. 그러고 나서 목을 베고 그 가솔들은 호적을 박탈한다.

○ 其法, 有謀反叛者, 則集衆持火炬競燒灼之, 燋爛備體。然後斬首, 家悉籍沒。

• 020

성을 지키다가 적에게 항복하거나 전장에서 패하고 달아나거나 사람을 죽이고 약탈을 벌인 경우[38)]에는 [어김없이] 목을 벤다.

[남의] 물건을 훔친 경우에는 [그 물건의] 열두 갑절[39)]로 장물 값을 변상한

---

38) 약탈을 벌인 경우[行劫]: '행겁(行劫)'을 인터넷 〈국편위판〉에서는 "겁탈하다"로 번역하였다. 물론, 국내에서 '겁탈'은 주로 '강간(rape)'의 의미에 한정되어 사용되는 경향이 강하다. 그러나 전후 맥락을 따져 볼 때, 여기서의 '겁(劫)'은 '약탈하다(plunder)'로 해석해야 옳다. 허신은《설문해자》에서 "사람이 [그 자리를] 벗어나려 하는 것을 완력으로 가로막아 멈추게 하는 것을 '겁'이라 한다(人欲去, 以力脅止, 曰劫)"고 설명했으며, 실제로 고대 한문에서도 ① 가로막다, ② 위협하다, ③ 강탈하다, ④ 재난 등의 의미만 보일 뿐이다. 중국의 역대 정사 기사들에서는 대부분 '약탈하다'의 의미만 확인된다. 여기서 죄인이 단순히 약탈을 벌였을 뿐인데 목까지 벤 것은 그 과정에서 사람을 죽였기 때문이다.

39) 열두 갑절[十二倍]: 이 부분은 사서마다 조금씩 편차를 보인다. 선행 정사인《주서》에는 '열 갑절 넘게(十餘倍)',《수서》·《북사》및 나중의《신당서》에는 '열 갑절

장천(長川) 1호 고분 전실에 그려진 고구려 여인들 (중국 길림성 집안시)

다. 소나 말을 죽인 경우에는 호적을 박탈하고 노비로 삼는다.
○ 守城降敵, 臨陣敗北, 殺人行劫者斬. 盜物者, 十二倍酬贓, 殺牛馬者, 沒身爲奴婢.

• 021

[그 나라에서는] 대체로 형벌을 엄하고 매섭게 적용한다. 그래서 [국법을] 어기는 경우가 적으며, 길가에서도 남이 떨어뜨린 물건을 줍지 않을 정도이다.
○ 大體用法嚴峻, 少有犯者, 乃至路不拾遺.

(十倍)'로 소개되어 있다.《구당서》에만 '열두 갑절'로 소개되어 있는 셈이다. 인터넷〈국편위판〉 주032에서는 "여기의 12배 배상은 '十倍'의 오류"라고 보았으나 어쩌면《구당서》 편찬자가 "열 갑절 넘게"와 "열 갑절"을 절충하여 "열두 갑절"로 소개했을 가능성도 없지 않다.

• 022

그 나라 민간에는 법도를 벗어난 제사⁴⁰⁾가 많다. [나라에서는] 영성신⁴¹⁾
· 일신⁴²⁾ · 가한신⁴³⁾ · 기자신을 섬긴다.⁴⁴⁾

---

40) 법도를 벗어난 제사[淫祀]:《예기(禮記)》〈곡례(曲禮)〉에서는 "제사를 지낼 대상이 아닌데도 제사를 지내는 것을 '음사'라고 한다. 음사로는 복 받을 일이 없다(非其所祭而祭之, 名曰淫祀, 淫祀無福)"고 하였다. 말하자면 나라에서 국법으로 규정하여 천지·사직에 지내는 공적인 제사의식이나 조상에 대한 제사를 제외한 제사 행위들을 두루 일컫는 셈이다.

41) 영성신(靈星神): '영성(靈星)'은 고구려의 농민들이 신으로 숭배한 신령스러운 별이다. 당대의 장회태자(章懷太子) 이현(李賢)은《후한서》〈고구려전〉에 주석을 붙여《한서음의》에서는 용성 왼쪽 꼭대기의 별을 '천전'이라고 하는데 농부들이 상서롭게 여기는 별이다. 용의 날이 되면 소를 제물 삼아 제사를 지내서 '영성'이라고 부른다고 하였다(前書音義, 龍星左角曰天田, 則農祥也. 辰日, 祀以牛, 號曰零星)"고 소개하였다. 또, 후한 학자 응소(應劭)는《풍속통(風俗通)》에서 "용의 신이 '영성'이어서 용의 날에 동남쪽에서 제사를 지낸다(辰之神, 爲零星, 故以辰日, 祠於東南也)"고 하였다.

42) 일신(日神): 해의 신, 태양신. 고구려에서는 시조 추모(주몽)가 태양의 정기를 받아 태어났다고 믿었으므로 태양신(일신) 숭배가 민간에서 널리 이루어졌을 것이다. 아마 당나라 사관들이 고구려의 이 같은 태양신 숭배를 접하고 여기에 소개했을 것이다.

43) 가한신(可汗神): 고구려에서 섬긴 북방계 신. 선행 정사《주서(周書)》에는 고구려에서 섬기는 신으로 부여신(扶餘神)과 등고신(登高神)만 소개된 것을 보면 후기에 새로 '가한신'이 추가된 것이 아닌가 싶다. '가한'은 돌궐계 족속이 사용한 존칭이다. 이에 대한 어원학적 분석은 부록《자치통감》의 해당 주석(제553~554쪽)을 참조하기 바란다.

44) 기자신(箕子神): 중국 은나라의 현자인 기자(箕子)를 신격화하여 숭배한 신. 인터넷〈국편위판〉주033에 따르면, "李丙燾는 '可汗'을 滿蒙語의 Ka-khan 즉, 大人君長의 뜻으로 보아 箕子可汗을 箕子大王이란 뜻으로 해석하였다." '가한'에 대한 해석에는 큰 문제가 없어 보인다. 그러나《구당서》와《신당서》에 모두 "가한신·기자신"으로 소개된 것을 순서를 무시하고 '기자가한(箕子可汗)'이라는 단일신으로 단정하고 "箕子朝鮮 시대의 始祖 假飾說에서 숭배되어 온 遺習"이라고 본 것은 지나친 논리적 비약이다.

'곧을 정(貞)'과 '참 진(眞)'은 모양이 비슷하여 혼동되는 경우가 많았다.

• 023

도성 동쪽에는 큰 굴이 있는데[45] '신수'[46]라고 한다. 해마다 시월이 되면 국왕이 직접 그곳에서 제사를 지낸다.

---

45) 도성 동쪽에는 큰 굴이 있는데[國城東有大穴]: 이 대목은 진수가 편찬한 《삼국지》〈고구려전〉의 기사를 차용한 것이다. 《삼국지》에는 "그 나라 동쪽에는 큰 굴이 있는데 '수혈'이라고 부른다. 시월이 되면 나라에서 큰 모임이 열리고, 수신을 맞이하여 도읍의 동쪽으로 모시고 돌아와 제사를 지내고 나서, 나무로 만든 수신의 형상을 신의 자리에 모신다(其國東有大穴, 名隧穴. 十月國中大會, 迎隧神還于國東上, 祭之, 置木隧于神坐)"고 되어 있다. 여기에는 굴의 위치가 '도성 동쪽[國城東]'으로 소개되어 있지만 《삼국지》에는 '나라 동쪽[國東]', 《구당서》보다 다소 늦게 편찬된 《신당서》에는 '나라의 왼편(동쪽)[國左]'으로 소개되어 있다. 그렇다면 여기서의 '도성 동쪽' 즉 국성동(國城東)'은 '국동(國東)' 즉 '나라의 동쪽'으로 새겨야 옳다.

46) 신수(神隧): 글자 그대로 풀면 '거룩한 굴'이라는 뜻이다. 이 부분의 경우, 진수 《삼국지》에는 '수신(隧神, 굴의 신)'으로 소개되어 있다. 인터넷 〈국편위판〉 제1권(제250쪽 주26)에서는 이병도의 주장에 근거하여 "檀君神話에 나타나는 穴神"으로, 웅녀와 하백(河伯)의 딸이 이름만 다를 뿐 성격은 동일한 신격이라고 보았다. 그러나 후한대의 허신은 《설문해자》〈혈부(穴部)〉에서 "'혈'은 흙으로 된 방을 말한다(穴, 土室也)"고 소개하였다. 적어도 한대에는 '구멍 혈'이 '동굴(cave)'이 아니라 '움집(dugout hut)'이나 '토방(earth-floored room)'의 의미로 사용된 셈이다. 또, 고대 한문에서 '수(隧)'는, 천연의 동굴을 뜻하는 '굴(窟)'과는 달리, 기본적으로 평지나 산지에 나거나 터널에 인공으로 낸 '길(way)'이나 '도로(road)'라는 의미도 사용되었다. '수신'에 동굴의 신이라는 의미를 부여한 것은 그렇다 치더라도 단군신화의 웅녀와 결부시키는 것은 지나친 논리의 비약이다.

○ 其俗多淫祀, 事靈星神·日神·可汗神·箕子神。國城東有大穴, 名神隧, 皆以十月, 王自祭之。

• 024

민간에서는 서적을 아낀다. 벼슬을 하지 않거나 머슴을 사는 집안에서 조차[47] 저마다 거리에 큰 집 건물을 짓고 그것을 '경당'[48]이라고 부른다. [그런 집안의] 자제들은 혼인을 하기 전에는 밤낮으로 이곳에서 책을 읽고 활쏘기를 익힌다.

○ 俗愛書籍, 至於衡門廝養之家, 各於街衢造大屋, 謂之扃堂。子弟未婚之前, 晝夜於此讀書習射。

• 025

그 나라에는 책으로는 '오경'[49] 및 《사기》[50] ·《한서》[51] · 범엽 《후한

---

47) 벼슬을 하지 않거나 머슴을 사는 집안들에서조차[衡門廝養之家]: 고구려의 경당은 《구당서》에서 처음 소개하였다. 인터넷 〈국편위판〉에서는 이 부분을 "문지기·말먹이 따위의 [가장 미천한] 집"이라고 번역하였다. 그러나 '형문(衡門)'은 [벼슬을 살지 않는] 은자가 은둔한 집 또는 누추한 집, '시양(廝養)'은 노복이 기거하는 집을 말한다. '문지기·말먹이'는 앞의 '문'과 '시'를 번역한 것으로 보이는데, 잘못된 풀이이다. 여기서는 "상하·귀천을 막론하고"의 의미로 이해해야 옳다.

48) 경당(扃堂): 고구려의 사설 학교. 고구려의 교육제도의 경우, 《삼국사기》〈고구려본기〉 "소수림왕(小獸林王) 2년(372)"조에서 "태학을 세워 자제들을 가르치고 기르게 하였다(立大學, 敎育子弟)"고 한 것을 보면, 이미 4세기부터 왕립(또는 공립) 학교를 세워 왕실이나 귀족의 자제들을 교육시켰음을 알 수 있다. 반면에, 경당은 미혼의 평민 자제들을 교육할 목적으로 세운 사설 학교이므로, 그 위상이나 교과목에서 적지 않은 차이가 있었을 것이다.

49) 오경(五經): 중국 고대 유가(儒家)의 대표적인 경전들을 아울러 일컫는 이름. 시대에 따라 조금씩 차이가 있지만, 대체로 《역경(易經)》·《서경(書經)》·《시경(詩經)》·《예기(禮記)》·《춘추(春秋)》의 다섯 가지를 가리킨다.

서》[52]·《삼국지》[53]·손성 《진춘추》[54]·《옥편》[55]·《자통》[56]·《자

---

50) 《사기(史記)》: 전한대 역사가 사마천(司馬遷, BC145?~?)이 편찬한 중국 최초의 기전체(紀傳體) 통사. 전설 속의 황제(黃帝, BC3,000) 때부터 전한의 무제 원수(元狩) 원년(BC122)까지 3,000여 년의 정치·경제·군사·문화 등 다양한 사건·현상들을 상세하게 기록하였다. 자세한 소개는 문성재,《정역 중국정사 조선·동이전1》, 해제(제30쪽)를 참조하기 바란다.

51) 《한서(漢書)》: 후한대 역사가 반고(班固, 32~92)가 편찬한 중국 최초의 기전체(紀傳體) 단대사(斷代史). 한나라 고조(高祖) 유방(劉邦) 원년(BC206)으로부터 신(新)나라의 왕망(王莽)이 패망한 지황(地皇) 4년(AD23)까지 전한대 229년의 역사를 다루었다. 문성재,《정역 중국정사 조선·동이전1》, 해제(제82쪽)를 참조하기 바란다.

52) 《후한서(後漢書)》: 남조 유송(劉宋)의 역사가 범엽(范曄, 398~445)이 선성태수(宣城太守)로 있을 때《동관한기(東觀漢記)》와 역대 역사가들이 편찬한 후한의 역사서들을 참조하여 편찬한 기전체 사서. 문성재,《정역 중국정사 조선·동이전1》, 해제(제384쪽)를 참조하기 바란다.

53) 《삼국지(三國志)》: 서진(西晉)의 역사가 진수(陳壽, 233~297)가 편찬한 위(魏)·촉(蜀)·오(吳) 세 나라의 역사와 주변국들의 풍물을 소개한 기전체 사서. 자세한 소개는 문성재,《정역 중국정사 조선·동이전1》, 해제(제122쪽)를 참조하기 바란다.

54) 《진 춘추(晉春秋)》: 사마씨 진(晉)나라의 왕조사를 다룬 편년체 단대사. 총 32권으로 동진(東晉)의 역사가 손성(孫盛, 302?~374?)이 편찬하였다. 서진과 그가 생존해 있을 때인 동진 애제(哀帝) 사마비(司馬丕, 341~365)까지의 역사를 기술하였다. 원래의 제목은《진 춘추》였으나 그 나라 사람들이 자국의 선정태후(宣鄭太后)의 어릴 적 이름인 아춘(阿春)을 피하기 위하여 '춘'과 의미가 비슷한 '볕 양(陽)'으로 고쳤다고 한다. 손성은 자가 안국(安國)으로, 태원(太原) 중도(中都), 즉 지금의 산서성 평요(平遙) 사람이다. 조부 손초(孫楚)는 풍익태수(馮翊太守), 부친 손순(孫恂)은 영천태수(穎川太守)를 지낸 명문가 출신으로, 여러 관직을 거쳐 장사태수(長沙太守) 비서감 가급사중(秘書監加給事中)에 이르렀다.

55) 《옥편(玉篇)》: 남조 양(梁)나라의 고야왕(顧野王, 519~581)이 저술한 자전. 후한의 허신이 저술한 선행 자전인《설문해자》의 체제를 모방하여 한자의 형태에 따라 총 542부(部)로 나누고 글자마다 발음과 의미를 설명하였다. 당대에 이르러 손강(孫强)이 새로운 글자들을 추가하고, 송대에 진팽년(陳彭年) 등이 차례로 내용을 보완하였다. 지금 우리가 접하는 옥편은 고야왕 당시의《옥편》과는 내용·체제가 상당히 달라졌다는 뜻이다.

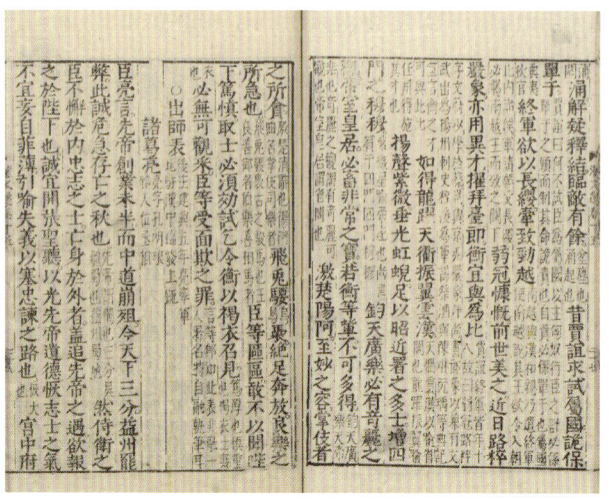

《소명 문선(昭明文選)》의 제갈량(諸葛亮) 〈출사표(出師表)〉 대목

림》[57)]이 있다.

O 其書有五經及史記·漢書·范曄後漢書·三國志·孫盛晉春秋·玉篇·字統·字林.

• 026

《문선》[58)]도 있는데 [사람들이] 특히 아끼고 소중하게 여긴다.

---

56) 《자통(字統)》: 북위의 학자 양승경(陽承慶)이 저술한 자전. 허신의 《설문해자》보다 4,381자가 많은 13,734자가 수록되어 있다. 기본적으로 《설문해자》의 체제를 모방했으나 글자에 대한 설명은 다른 경우가 많다.

57) 《자림(字林)》: 서진의 학자 여침(呂忱)이 저술한 자전. 《설문해자》와 고야왕 《옥편》의 연결고리라는 평가를 받는다. 《설문해자》의 체제를 따르면서 그보다 많은 12,824자를 소개해 놓았다. 예서(隸書)를 중심으로 전서(篆書)도 반영하고 있어서 당대 이전에는 북위의 역도원(酈道元) 《수경주(水經注)》, 북제(北齊)의 안지추(顏之推) 《안씨가훈(顏氏家訓)》, 당대의 이현(李賢) 《후한서》, 이선(李善) 《문선(文選)》, 당·송대의 각종 자전·백과전서 등에도 자주 인용될 정도로 영향력이 컸다.

○ 又有文選, 尤愛重之。

• 027

그 나라의 왕은 고건무59)로, 바로 전대의 왕 고원의 배 다른 아우이다.

○ 其王高建武, 卽前王高元異母弟也。

• 028

[당나라 고조의] 무덕60) 이년에 사신을 파견하여61) [중국으로] 와서 입조하였다.
[무덕] 사년에 다시 사신을 파견하여62) [조정에] 입조하고 공물을 바쳤다.

○ 武德二年, 遣使來朝。四年, 又遣使朝貢。

---

58) 《문선(文選)》: 남조 양나라 무제(武帝)의 장자인 소명태자(昭明太子) 소통(蕭統, 501~531)이 엮은 시문집. 시호가 '소명'이었기 때문에 일반적으로 《소명 문선》으로 일컬어진다. 중국에 현존하는 시문집들 중에서 연대가 가장 오래 되었으며, 선진시대로부터 양나라까지의 역대 문장가들이 지은 시·산문·가사만 총 38개 유형 700여 편을 엄선하였다. 당대에 이선(李善, ?~689)이 처음으로 주석을 붙였으며, 당대 중기인 개원(開元) 연간에도 여연제(呂延濟) 등 5명의 대신이 주석을 붙인 이른바 '5신주(五臣注)'도 시도되었으나 이선의 것을 더 높이 평가한다.

59) 고건무(高建武): 고구려의 제27대 국왕인 영류왕(榮留王)을 말한다. 자세한 내용은 부록 《자치통감》의 주석(제432쪽)을 참조하기 바란다.

60) 무덕(武德): 당나라의 개국군주 이연(李淵)이 건국 직후인 618~626년까지 9년 동안 사용한 연호. "무덕 2년"은 서기 619년으로, 고구려 영류왕 2년에 해당하며, "무덕 5년"은 622년으로, 영류왕 5년에 해당한다.

61) 사신을 파견하여[遣使]: 북송의 역사가 사마광(司馬光, 1019~1086)이 저술한 《자치통감》의 "고조 무덕 4년(619)"조에서는 "7월 … 을축일에 고구려왕 건무가 사신을 파견하여 중국에 들어와 공물을 바쳤다"(원문은 해당 대목 참조 바람)고 소개하였다. 그러나 중국에서 출판된 《고구려 역사편년》(제266쪽)에서는 무덕 4년 7월에는 을축일이 없으며 2월에 '기축일(己丑日)'이 있다는 점에 착안하여 '7월 을축(七月乙丑)'을 무덕 2년 '2월 기축(二月己丑)'의 착오로 보았다.

62) 다시 사신을 파견하여[又遣使]: 《자치통감》 "무덕 4년"조에는 영류왕이 파견한 사신이 당나라에 입조한 시점이 "가을 7월의 을축일(양력 8월 2일)"로 소개되어 있다.

안악 1호 고구려 고분에 그려진 기린. 기린이 하늘을 나는 천상의 동물임을 날개로 표현했는데 이는 페르시아 등 서역의 영향을 받았음을 시사한다. 중국의 기린에서는 날개를 달지 않는 것이 보통이다.

• 029

[당나라] 고조[63]는 수나라 말기[64]에 전사들 다수가 [전사해] 그 나라 땅에 묻힌 일을 마음에 두고 있었다. [그래서 무덕] 오년에 [고]건무에게 국서를 내려[65] 이렇게 말하였다.

○ 高祖感隋末戰士多陷其地。五年, 賜建武書曰,

---

63) 고조(高祖): 이당(李唐) 왕조의 개국군주인 이연(565~635)의 묘호.
64) 수나라 말기[隋末]: 수나라의 제2대 황제인 양제(煬帝) 양광(楊廣, 569~618)이 두 차례에 걸쳐 고구려 침공에 나섰던 시기를 가리킨다.
65) 건무에게 국서를 내려[賜建武書]: 이때 고조 이연이 고구려 영류왕에게 보낸 국서는 《신당서》〈고려전〉에 "고조 황제가 고려왕 건무에게 보낸 국서(高祖皇帝與高麗王建武書)"라는 제목으로 전문이 수록되어 있다.

• 030

"짐은 고귀한 천명을 삼가 받들어 군왕의 신분으로 온 누리를 다스리면서 삼령66)에 순종하고 만국을 보살피고 있소. 이 넓은 하늘 아래에서 고르게 애정을 기울이며 어루만지고 기르매 해와 달이 비치는 곳이라면 한결같이 편안하게 만들었소.

○ "朕恭膺寶命, 君臨率土, 祇順三靈, 綏柔萬國. 普天之下, 情均撫字, 日月所照, 咸使乂安.

• 031

[그대 고구려 국]왕은 그동안 요동67)을 통치하면서 대대로 '[중국의] 변방을

---

66) 삼령(三靈): 때로는 해[日]·달[月]·별[星], 때로는 하늘[天]·땅[地]·사람[人] 식으로 시대마다 가리키는 대상에 조금씩 편차를 보인다. 그러나 《자치통감》〈후진기(後晉紀)〉 "고조 천복 3년(高祖天福三年)"조의 "국가를 다스릴 때에는 참으로 신용이 없으면 안 되는 법이다. 그러나 언순의 악행은 삼령조차 용납하지 않으신다. 진 고조가 군주에게 반기를 든 그의 허물을 사면하고 모친을 죽인 그의 죄를 다스린들 신용에 무슨 손실이 있겠는가?(治國家者固不可無信. 然彦珣之惡, 三靈所不容, 晉高祖赦其叛君之愆, 治其殺母之罪, 何損於信哉)"에서 보듯이, 하늘의 신[天神]·땅의 신[地祇]·사람 귀신[人鬼]을 아울러 일컫는 대명사로 해석된다.

67) 요동[遼左]: '요좌(遼左)'는 중국 고대의 지역명인 요동을 달리 일컫은 표현이다. 중국의 검색 사이트 빠이뚜에서는 이렇게 소개하였다. "【요동】 전국시대에 연나라가 군을 설치하였다. 치소는 양평(지금의 요양시)였으며, 관할지역은 지금의 요령성 대릉하 이동지역 및 장성 이남지역에 해당한다. 요수는 우리나라의 고대 6대 하천의 하나였다. 서진대에는 [요동]국으로 격상되기도 하였다.(【遼東】戰國燕置郡. 治所在襄平[今遼陽市], 轄境相當今遼寧大凌河以東地區·長城以南地區. 遼水爲我國古代六川之一. 西晉改爲國.)" 또, '요수(遼水)'에 관해서는 "바로 지금의 요하의 옛 이름이다. 요수는 우리나라 고대의 6대 하천의 하나로서, 그 이름은 《산해경》〈해내동경〉에서 가장 먼저 보인다(卽今遼河之古稱, 遼水爲我國古代六川之一, 其名最早見於山海經海內東經)"고 하였다. 그러나 그것은 역사적 진실이 아니다. 이 문제에 관해서는 《정역 중국정사 조선·동이전3》의 해당 주석(제52~53쪽)을 참조하기 바란다.

지키는 신하의 나라임'을 자처하면서 ^[중원의] 역법을 받들고자 하여⁶⁸⁾ 멀리서부터 ^[신하로서의] 조공의 소임을 준수해 왔소. 사자를 파견하여 산과 물을 넘고 건너 와서 충성된 마음을 피력하니 짐이 그것을 무척 가상하게 여기는 바이오.

○ 王旣統攝遼左, 世居藩服, 思稟正朔, 遠循職貢。故遣使者, 跋涉山川, 申布誠懇, 朕甚嘉焉。

• 032

바야흐로 이제 온 누리⁶⁹⁾가 편안하고 조용해지는 한편 사해가 맑고 태평해지매 옥백⁷⁰⁾이 오갈 뿐만 아니라 길도 막히는 곳이 없을 정도요. 이제 바야흐로 ^[양국이] 친목을 도모하고자 하는 뜻을 펴고 영원토록 우호를 두텁게 쌓으며 각자 강역을 보전하고 있으니 어찌 지극히 아름다운 일이 아니겠소?

○ 方今六合寧晏, 四海淸平, 玉帛旣通, 道路無壅。方申輯睦, 永敦聘好, 各保疆場, 豈非盛美。

---

68) 역법을 받들고자 하여[奉正朔]: 고대 한문에서 '정(正)'은 한 해의 시작, '삭(朔)'은 한 달의 시작을 각각 뜻한다. 따라서 '정삭(正朔)'은 한 해의 첫 날, 즉 정월 초하루를 말하는데, 일반적으로 황제가 새로 반포하는 역법(曆法)이라는 의미로 사용되곤 하였다. 인터넷 〈국편위판〉에서는 "정삭을 받아 가고자 하여"라고 번역했으나 이 부분은 "[중원의] 정삭(역법)을 받들어 따르고자 하여" 정도로 이해해야 옳다.

69) 온 누리[六合]: '육합(六合)'은 일반적으로 하늘[天]과 땅[地], 그리고 [하늘과 땅의] 동·서·남·북을 아울러 일컫는 말로, '세상, 천하' 등의 의미로 사용되기도 하였다. 편의상 여기서는 "온 누리"로 번역하였다.

70) 옥백(玉帛): 옥으로 만들어진 제기와 물을 들이지 않은 바탕색 그대로의 명주 천을 아울러 일컬을 표현이다. 고대 중국에서는 '제후들이 형제처럼 가깝게 지내면서 다 함께 천자를 받들어 모신다(諸侯親如兄弟, 大家共尊天子)'는 뜻에서 제후와 천자 또는 제후국들이 서로 회동할 때마다 옥기와 명주 천을 예물로 주고받곤 하였다.

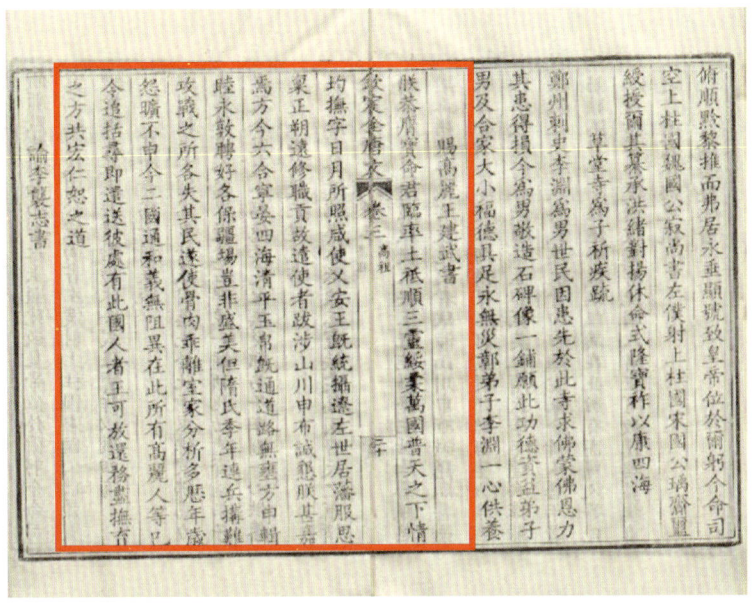

《전당문(全唐文)》에 수록된 〈고조 황제가 고려 왕 건무에게 보낸 국서(高祖皇帝與高麗王建武書)〉. 당 고조가 고구려 국왕 영류왕(榮留王)에게 보낸 새서이다.

• 033

다만 수나라 말기에 [수나라가] 잇따라 군사를 일으켜 원한을 품는 바람에 공격하고 싸우는 곳마다 저마다 그 백성들을 잃으매 결국에는 피붙이가 서로 헤어져 여의고 집안이 쪼개지고 흩어지게 만들었소. [그리하여] 세월을 오랫동안 거쳤건만 [양국의] 원한은 오래된 채 풀지 못하고 있구려!

○ 但隋氏季年, 連兵構難, 攻戰之所, 各失其民。遂使骨肉乖離, 室家分析, 多歷年歲, 怨曠不申。

• 034

이제 두 나라가 서로 교류하고 사이좋게 지내고 있으니 이치상으로 가로막히거나 다르게 지낼 이유가 없소. [그래서] 이곳에서 소유한 고려 사람들을 이미 찾고 모아서 바로 [본국으로] 송환시키도록 명령을 내렸소. [그러니] 그곳에 우리나라 사람들이 있다면 왕이 석방하여 귀환시켜 주되 아무쪼록 어루만지고 기르는 방책을 다하여 함께 큰 사랑과 관용을 베푸는 법도를 [우리] 같이 발전시키도록 합시다!"

○ 今二國通和, 義無阻異, 在此所有高麗人等, 已令追括, 尋卽遣送. 彼處有此國人者, 王可放還, 務盡撫育之方, 共弘仁恕之道."

• 035

이리하여 [고]건무가 중국 사람들[71]을 모두 찾아 모은 다음 예의를 갖추어 송환시켜 주니, 그 전후로 [중국에] 생환된 이가 만 명에 이르렀다.[72] [그러자] 고조가 몹시 기뻐하였다.

○ 於是, 建武悉搜括華人, 以禮賓送, 前後至者萬數. 高祖大喜.

---

71) 중국 사람들[華人]: '화인(華人)'은 '중국 사람'을 미화한 표현이다. 유념해야 할 것은 여기서 '중화(中華)' 또는 '중국(中國)'은 한족을 뜻하는 종족 개념이 아니라 국가 개념이라는 점이다. 따라서 여기서의 "중국 사람들" 역시 수나라 문제·양제 양 대에 걸쳐 고구려를 침공했다가 고구려에 생포되고 억류된 한족은 물론이고 선비·거란·토번 등의 이민족들까지 아울러 일컬은 표현으로 이해해야 옳다.

72) 그 전후로 [중국에] 생환된 이가 만 명에 이르렀다[前後至者萬數]: 《자치통감》 "고조 무덕 5년"조에 따르면, 고조는 이때 고구려의 영류왕에게 친서를 보내어 수나라 대업 연간의 요동전쟁 당시에 고구려에 억류되었던 수나라 장병들의 송환을 요구하면서 그 반대급부로 자신도 "마찬가지로 [당나라의 각] 주·현으로 하여금 중원 땅에 억류된 고려인들을 찾아내어 그 나라로 돌려보내 주었다(원문은 해당 대목 참조 바람)"고 한다.

• 036

[무덕] 칠년에 전임 형부상서인 심숙안[73]을 파견하여 [고]건무를 상주국·요동군왕[74]·고려왕에 책봉하였다. [*[75]]

○ 七年, 遣前刑部尙書沈叔安往册建武爲上柱國·遼東郡王·高麗王。

• 037

아울러 천존상[76] 및 도사를 데리고 그 땅으로 가서 그들에게 《노자》[77]

---

73) 심숙안(沈叔安, 7세기): 당대 초기의 대신. 오흥(吳興) 무강(武康, 지금의 절강성 덕청현) 사람이다. 형부상서로 제수되고 오흥군공에 봉해졌다. 무덕 7년에 고구려에 사신으로 파견되었으며, 나중에 담주도독(潭州都督)에 임명되고 생전에 세운 공로로 그 영정이 당나라 공신들을 기리는 능연각(凌煙閣)에 봉안되었다.

74) 요동군왕(遼東郡王): 이 부분이 《구당서》〈고조본기〉 "무덕 7년(624)"조에는 이렇게 기술되어 있다. "봄 정월, … 기유일에 고려왕 고[건]무를 요동군왕에, 백제왕 부여장을 대방군왕에, 신라왕 김진평을 낙랑군왕에 봉하였다.(春正月己酉, 封高麗王高武爲遼東郡王, 百濟王扶餘璋爲帶方郡王, 新羅王金眞平爲樂浪郡王)" 날짜는 명시되지 않았지만 《자치통감》 "무덕 7년 2월"조와 《책부원구》〈봉책2(封冊二)〉 "무덕 7년 정월"조에도 같은 내용이 확인된다. 이로써 고조 이연이 영류왕을 요동군왕에 봉한 같은 날(정월 기유일)에 백제왕과 신라왕에게도 각각 대방군왕·낙랑군왕 책봉도 함께 이루어졌음을 알 수가 있다.

75) *: 《삼국유사》〈흥법 제3(興法第三)〉 "보장봉로(寶藏奉老, 보장왕이 노자를 받들다)"조에서는 고구려가 당나라의 도교를 수입하게 된 시말을 다음과 같이 소개해 놓았다. "보장왕은 자신이 즉위할 때에 이르러 [본인] 역시 세 종교를 함께 일으키고자 하였다. 당시에 신임하던 재상 연개소문은 왕에게 '유교와 불교는 한결같이 왕성하건만 도교는 아직 번성하지 못하고 있다' 하여 특별히 사신을 당나라에 파견하게 도교[수입]를 요청하자고 설득하였다.(及寶藏王卽位, 亦欲幷興三敎. 時, 寵相蓋蘇文說王以儒釋並熾而黃冠未盛, 特使於唐求道敎)" 그런데 여기서는 고구려가 당나라의 도교와 도사들을 도입한 시점을 보장왕(642~668) 이전인 영류왕(618~642) 대로 소개하고 있다. 연대상으로 40~50년의 시차가 생기는 셈이다.

76) 천존상(天尊像): 도교에서 신봉하는 천신의 형상을 깎아 만든 신상. 여기서 '천존'은 '원시천존(元始天尊)'을 가리킨다. 남조의 양나라 학자인 도홍경(陶弘景, 456~536)은 도교의 천신을 일곱 등급으로 나누고 가장 서열이 높은 신을 '상청허황도군(上淸虛黃道君)'이라고 명명하는 한편 그 호를 '원시천존'으로 정했다고 한다.

를 강의하게 하였다. [이리하여] 그 나라 왕으로부터 도가·속인 등에 이르기까지 그 강의를 보고 듣는 이가 몇천 명이나 되었다.[78)]

○ 仍將天尊像及道士往彼, 爲之講老子, 其王及道俗等觀聽者數千人。

백자로 제작된 천존 신상

• 038

[이와 관련하여] 고조는 일찍이 [자신의] 시중을 드는 신하들에게 이렇게 말하였다.

"명분과 현실 사이에서 이치는 서로 부합되어야 옳다. 고려가 수나라에 대하여 신하를 자처했으나 나중에는 양제에게 맞섰으니 이런 신하가 대체 어디에 있단 말인가?

○ 高祖嘗謂侍臣曰, "名實之間, 理須相副。高麗稱臣於隋, 終拒煬帝,

---

77) 《노자(老子)》: 중국 춘추시대의 사상가 노자(老子, BC571?~BC471)가 저술한 《도덕경(道德經)》의 또 다른 제목. 노자가 춘추시대의 혼란을 개탄하며 서방으로 은둔하기 위하여 푸른 소를 타고 산관(散關)을 나가다가 그 관문의 관리이던 윤희(尹喜)의 부탁으로 저술했다고 한다. 한·중·일 세 나라에서는 100년 전까지만 해도 진대의 학자 왕필(王弼, 226~249)의 주석본이 가장 권위 있는 노자 판본으로 간주되었다. 그러나 1960년대에 호남성 장사시(長沙市) 마왕퇴(馬王堆)에서 전한대 백서본(帛書本), 1990년대에 곽점(郭店)에서 전국시대의 죽간본(竹簡本)이 각각 출토됨으로써 그 체재와 내용이 왕필본과는 판이하다는 사실이 밝혀졌다. 이에 관해서는 문성재, 《처음부터 새로 읽는 노자도덕경》 "해제" 부분을 참조하기 바란다.

78) 그 강의를 보고 듣는 이가 몇천 명이나 되었다[觀聽者數千人]: 8세기 두우(杜佑)의 《통전(通典)》〈변방2(邊防二)〉 "고구려"조에는 이 부분이 "현묘한 종교의 이치를 해석해 주매 이리하여 비로소 도교를 숭상하고 중시하기 시작하여 나라에 교화가 이루어지니 [그 정도가] 불교 의식을 능가할 정도였다(開釋玄宗, 自是始崇重之, 化行於國, 有踰釋典)"고 소개되어 있다. 이로써 보장왕 재위 기간을 전후하여 당나라의 도교와 의식들이 고구려에서 확산되기 시작했음을 알 수 있는 셈이다.

此亦何臣之有。

• 039

짐은 만물로부터 존경을 받건만 [스스로] 교만하거나 존귀하려 하지 않으며, 그저 [우리] 나라를 영유하면서 백성들을 편안하게 살 수 있도록 함께 힘쓸 따름이니 굳이 저들로 하여금 신하로 일컫게 하면서 [내] 자신을 존귀하고 위대하게 포장할 필요야 어디 있겠는가? [그러니] 즉시 짐의 이 마음을 조서에서 반영하도록 하라!"

○ 朕敬於萬物, 不欲驕貴, 但據有土宇, 務共安人, 何必令其稱臣, 以自尊大。卽爲詔述朕此懷也。"

• 040

[그러자] 시중79) 배구80)와 중서시랑81) 온언박82)이 말하였다.83)

---

79) 시중(侍中): 중국 고대의 관직명. 자세한 소개는 《자치통감》의 해당 주석(제587쪽)을 참조하기 바란다.

80) 배구(裴矩, 547~627): 당대 초기의 대신. 하동(河東) 문희(聞喜, 지금의 산서성 문희현) 사람으로, 자는 홍대(弘大)이다. 본래 이름은 '세구(世矩)'였지만 이세민의 이름자를 피하여 '구'로 고쳤다. 처음에는 북제에서 벼슬을 살다가 나중에 수나라에 귀순하여 문제(文帝) 양견(楊堅)을 수행하여 전장을 누볐다. 양제가 즉위한 뒤에는 서역을 편력하고 지리와 풍물을 소개한 《서역도기(西域圖記)》를 저술했으며, 양제가 그 책을 참고하여 영토를 수천 리나 개척했다고 한다. 당대에는 《길흉서의(吉凶書儀)》·《개업평진기(開業平陳記)》 등을 저술했으며, 사후에 강주자사(絳州刺史)에 추증되고 '경(敬)'이라는 시호를 받았다.

81) 중서시랑(中書侍郎): 중국 고대의 관직명. 중서성의 수장인 중서감(中書監)·중서령(中書令)의 업무를 보좌했으며, 진(晉)대에 설치되었다. 당대 초기에는 서대시랑(西臺侍郎)·봉각시랑(鳳閣侍郎)으로 개칭되었다. 당·송대에는 중서시랑·동중서문하평장사(中書侍郎同中書門下平章事)를 재상의 직함으로 사용하기도 하였다. 중서령은 아무에게나 내리는 관직이 아니었기 때문에 보통은 중서시랑이 중서성의 수장으로 예우 받곤 하였다.

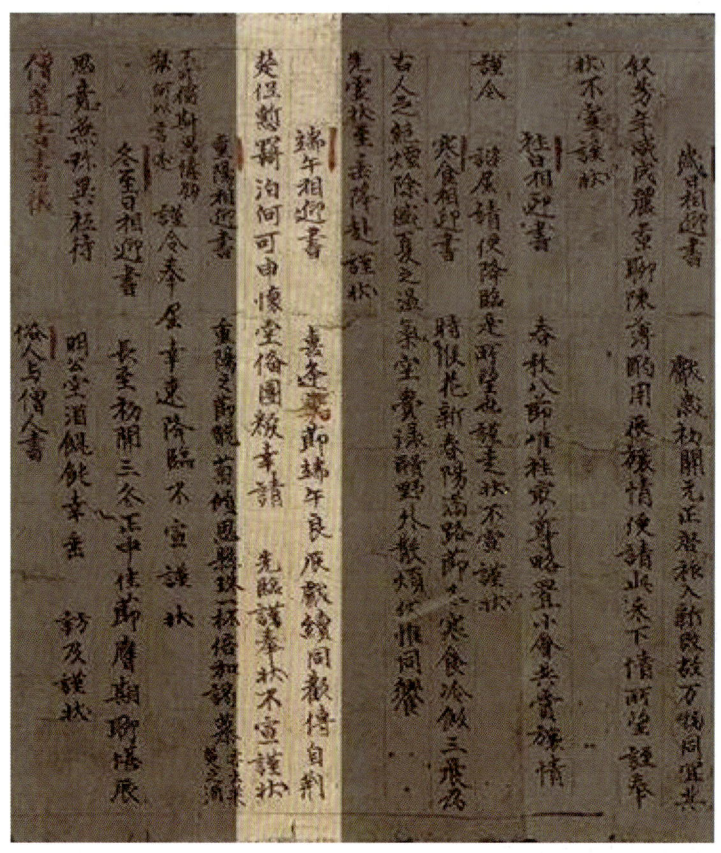

사진은 배구가 저술한 《길흉서의》를 모방한 돈황본 《신집 길흉서의(新集吉凶書儀)》. 단오절에 지켜야 할 주의사항들이 소개되어 있다.

○ 侍中裴矩·中書侍郎溫彦博曰,

82) 온언박(溫彦博, 574~637): 당대 초기의 대신. 병주(幷州) 기현(祁縣, 산서성 기현 동남쪽) 사람으로, 자는 대림(大臨)이다. 수나라 말기에 군벌 나예(羅藝, 588~627) 휘하에서 사마(司馬)를 지내다가 당나라에 귀순하고 중서시랑으로 발탁되었다. 무덕 8년(625)에 행군장사(行軍長史)로 돌궐을 침공했다가 포로가 되었으며 정관 연간에 생환되어 중서령이 되었다.

83) 시중 배구와 중서시랑 온언박이 말하였다[侍中裴矩中書侍郎溫彦博曰]: 이 대목과 《책부원구》 등에는 뒤의 내용을 배구와 온언박이 차례로 말한 것으로 소개되어 있

• 041

"요수 동쪽 땅은 주나라 때에는 기자의 나라였으며[84] 한나라 때에는 현토군[85]이었습니다. 위·진 두 왕조 이전에는 [천자의 책봉을 받는 우리] 강역 안에 가까이 있었사오니 [그들이] 신하로 일컫지 않는 것을 허용해서

다. 《신당서》〈온언박전〉에는 온언박이 한 말로 소개되어 있다. "[그러자 온]언박이 한사코 안 된다면서 말하였다. '요동은 본래 주나라 기자의 나라였고 한대의 현토군이었습니다. [고구려로 하여금] 복종하게 하지 않는다면 사방의 오랑캐들이 어찌 [폐하를] 우러러 받들겠나이까!(彦博執不可, 曰, 遼東本周箕子國, 漢玄菟郡, 不使北面, 則四夷何所瞻仰)" 이 문답을 통하여 고조 이연은 원래 이웃나라인 고구려·백제·신라와 평등한 외교관계를 맺으려 했으나 신하들이 주종관계로 대해야 한다는 입장을 관철시켰음을 알 수 있다.

84) 주나라 때에는 기자의 나라였으며[周爲箕子之國]: "기자의 나라"는 곧 기자 당시의 조선을 뜻한다. 이를 통하여 당나라 사람들이 기자조선의 위치를 요수 동쪽, 즉 요동, 또는 한대의 현토군 자리로 인식하고 있었음을 알 수 있다. 현토군의 좌표를 요동에서 찾아야 한다는 뜻이다.

85) 현토군(玄菟郡): 한나라 무제가 위만조선을 침공한 뒤에 설치한 군의 하나. 인터넷〈국편위판〉제1권(제262쪽 주석6)에 따르면, 그 좌표는 크게 ①《삼국지》〈동옥저전〉에 근거하여 오늘날의 함흥을 중심으로 한 함경도 일대로 본 주장(한진서·안정복·정약용·김정호·이케우치 히로시), ② 압록강 중류에서 함흥에 이르는 교통로를 따라 동서로 길게 설치되었다는 주장(와타 기요시·양수경), ③ 압록강 중류 일대에 설치되고 고구려를 군의 치소로 삼았다는 주장(이병도) 등으로 제안되었다. 인터넷〈국편위판〉(주050) 역시 "玄菟郡은 鴨綠江 방면으로부터 渾河(蘇子河) 상류 지방인 興京·老城 부근으로 이동하였다(B.C.75)"고 보았다. 그러나 이 주장들은 조선시대부터 유행한 '반도사관'에 입각해 이루어진 고증이어서 재고가 필요하다. 현토의 위치와 관련하여 주목할 것은 "현토는 본래의 진번국(玄菟本眞番國)"이라는 후한대 학자 응소(應劭, 153~196)의《사기》〈조선열전〉주석이다. 응소 당시의 현토군이 곧 진번국의 자리라는 뜻이다. 이 주석은 현토군이 존재하고 있던 후한대의 기록이자 진번의 좌표에 관한 가장 오래된 기록이어서 사료적 가치가 대단히 높다. 그동안 국내외 학계에서는 현토군과 진번군의 좌표를 각자 다르게 인식하고 있었다. 그러나 응소의 주장이 역사적 사실에 근거한 것임을 전제할 때, 현토군과 진번군은 한 자리 또는 서로 가까운 위치에 있었던 셈이다.〈동북아판〉(제018쪽)에서는 해당 주석에서 '略二國以屬己'를 "2國을 침략하여 다스렸다"라고 번역했으나 오역이다. 연나라가 두 나라를 침략해 그 땅을 점거한 일만 언급했을 뿐 다스렸다고 한 것은 아니기 때문이다.

안악 3호분 벽화에 그려진 고구려의 군대. 중무장을 하고 방패를 든 창병(좌), 중무장 한 말을 탄 기병(우), 환두대도와 도끼를 멘 경무장 전투병(하)이 좌우로 줄 지어 행진하고 있다.

는 안 될 것입니다!

○ "遼東之地, 周爲箕子之國, 漢家玄菟郡耳。魏·晉已前, 近在提封之內, 不可許以不臣。

• 042

게다가 오랑캐들에게 있어 중국은 마치 태양이 뭇 별들을 마주하고 있는 것과 같사옵니다. [그러니] 이치상으로 존귀하신 격을 낮추어 번국들과 동급으로 낮아지게 할 이유가 없나이다!"
고조가 그제야 [그 논의를] 멈추었다.

○ 且中國之於夷狄, 猶太陽之對列星, 理無降尊, 俯同藩服。" 高祖乃止。

• 043

[무덕] 구년86)에 신라와 백제가 [차례로] 사신을 파견하여87) [고]건무와 관

---

86) 구년(九年): "무덕 9년"은 서기 626년이며, 고구려 기년으로는 영류왕 9년에 해당한다.

련하여 시비를 다투며 '[고구려가] 그 나라 길을 폐쇄하는 바람에 [당나라에] 입조할 수가 없습니다'88) 하고 호소하는 것이었다.

O 九年, 新羅·百濟遣使訟建武。云, 閉其道路, 不得入朝。

•044
그러더니 [두 나라도] 나중에는89) 서로 [감정에] 틈이 생겨서 여러 차례나

---

87) 신라와 백제가 사신을 파견하여[新羅百濟遣使]: 김부식의 《삼국사기》에 따르면, 이때 백제와 신라는 같은 날이 아니라 약간의 시차를 두고 차례로 사신을 파견한 것으로 보인다. 〈신라본기〉 "진평왕 47년"조에는 "겨울 11월(양력 626년 12월)에 사신을 대당에 파견하여 조공하였다. 그 기회에 고구려가 길을 막아 사신이 입조할 수 없는 데다가 번번이 침입한 일을 하소연하였다(冬十一月, 遣使大唐朝貢. 因訟高句麗塞路, 使不得朝, 且數侵入)"고 소개한 반면, 〈백제본기〉 "무왕 27년"조에는 "겨울 12월(양력 626년 1월)에 사신을 파견하여 당나라로 들어가 조공하게 하였다(冬十二月, 遣使入唐朝貢)"고 소개했기 때문이다. "무왕 27년"은 626년인 반면 "진평왕 47년"은 625년이어서 한두 달의 시차가 생긴다. 무엇보다도 이 무렵 백제와 신라는 서로 적대하는 상황이었고, 이 대목 다음에 백제가 고구려와 연합하여 신라를 공격한 사건이 기술되고 있다. 집필자가 양국이 사신을 파견한 목적이 비슷하고 시차가 크지 않아서 두 일을 통합해 한 기사로 묶었다는 뜻이다.

88) 그 나라 길을 폐쇄하는 바람에 입조할 수가 없습니다[閉其道路, 不得入朝]: 고구려가 그 남쪽의 백제와 신라에서 당나라로 파견된 사신들을 고구려 영해에서 가로막은 일을 두고 한 말이다. 국내외 학계에서는 7세기는 물론 그 이전에도 백제가 한반도 서부로부터 서해를 횡단하고 산동반도를 거쳐 당나라에 입조한 것으로 인식하고 있다. 그러나 이 기사를 통하여 당시(7세기 초)까지도 육로를 통한 당나라 입국이 가능한 고구려를 제외하면, 백제와 신라는 모두 바닷길로만 중원 왕조와 사신을 주고받았음을 확인할 수 있다. 아울러, 이 부분을 통하여 두 나라가 바닷길로 사신을 파견할 때마다 해안선을 따라 항해하는 연안항법(沿岸航法)에 절대적으로 의존하고 있었음을 알 수가 있다.

89) 나중에는[又]: 이 부분은 '또 우(又)'가 사용된 탓에 고구려가 백제·신라 사신들의 사행 길을 막은 사건과 서로가 침범하고 전쟁을 벌인 사건이 같은 해에 얼마 지나지 않아 잇따라 발생한 것 같은 착각을 유발한다. 그러나 원문을 확인해 보면 전자는 무덕 9년(626)의 일인 반면에, "나중에" 다음에 기술된 서로간의 침범과 전쟁은 그로부터 한 해가 지난 "정관 연간 초기", 즉 정관 원년(627)의 일이므로 당시

태종 이세민이 백제 무왕에게 보낸 〈백제왕 [부여]장에게 내리는 새서[賜百濟王璋璽書]〉. 신라와 분쟁을 일으키지 말고 사이 좋게 지낼 것을 권유하는 내용으로 이루어져 있다. (청대,《흠정 전당문(欽定全唐文)》)

[양국의 지경을] 침범하고 약탈을 벌이곤 하였다.[90)]

○ 又相與有隙, 屢相侵掠。

상황을 이해하는 과정에서 주의가 필요하다.

90) 서로 틈이 생겨서 여러 차례나 침범하고 약탈하곤 하였다[相與有隙, 屢相侵掠]: 〈동북아판2〉(제188쪽)에서는 이 부분을 앞부분과 연결시켜 "신라·백제가 사신을 보내어 [고]건무의 잘못을 아뢰기를, 그 나라가 도로를 막고 입조할 수 없게 한다고 하였고, 또한 서로 틈이 생겨서 여러 차례 서로 침략하고 약탈해 갔다고 하였다"라고 번역하였다. 그러나 이 두 부분은 행위주체가 서로 다른 데다가, 그 사이에 한두 달의 시차까지 존재하므로 원문을 이해하는 데에 각별히 주의해야 한다. 뒷부분의 경우, ①《구당서》·《신당서》의 〈주자서전〉에는 "고려·백제가 함께 신라를 정벌하여(高麗百濟同伐新羅)", ②《구당서》·《신당서》의 〈백제전〉에는 "나중에는 [두 나라는] 서로 신라와 대대로 원수가 되어 번번이 서로 침범하고 정벌하였다(又相與新羅世爲仇敵, 數相侵伐)", ③《자치통감》"고조 무덕 9년"조에는 "신라·백제·고구려 세 나라가 오랜 원한이 있어서 번갈아 서로 공격하였다. … 세 나라는 모두 표를 올리고 사죄하였다" 식으로 사서마다 주체와 객체가 조금씩 다르게 소개되어 있다.

•045

[그래서] 원외 산기시랑[91]이던 주자사[92]에게 조서를 내리고 가서 그들을 화해시키게 하였다. [*[93]] [그러자 고]건무가 표를 올려 사죄하고 '신라와 [사신 대] 사신끼리 회동을 가지고 [상호불가침을] 맹세할 것'을 자청하였다.[94]

---

91) 원외 산기시랑(員外散騎侍郎): 북위의 관직명. 서진(西晉) 초기에 설치된 것을 시작으로 남조는 물론이고 북조의 전진·북위·북제에서도 인습되었다. 북위 당시에서는 산기성(散騎省)에 소속되었으며, 주로 귀족·공신의 자제들로 충원되었다. 참고로, '원외(員外)'는 나라에서 정한 인원과는 별도로 상황에 따라 발탁하던 추가 인원을 가리킨다. 따라서 '원외 산기시랑'을 글자 그대로 풀면 '정원 이외의 산기시랑'이라는 뜻이 된다.

92) 주자사(朱子奢, 7세기): 수·당대의 정치가. 오군(吳郡) 오현(吳縣, 지금의 강소성 소주시) 사람이다. 당나라 무덕 4년(621)에 국자 조교(國子助敎)에 제수되었다. 태종의 정관 연간 초기에는 고구려·백제와 신라 사이의 분쟁 중재를 목적으로 파견된 길에 신라에서 《춘추(春秋)》를 강의하기도 하였다. 〈동북아판2〉 주54(제188쪽)에서는 《자치통감》 기사를 인용하여 이 일이 "12월에 발생한 것"으로 보았으나 원문을 오독한 것이다. 황제의 언행을 중심으로 사건을 기술하는 중국 정사에서 제3자나 외국이 주체로 다루어질 때에는 그해 기사 맨 마지막 단원에 상황이 발생한 시점과는 상관없이 "이해에(是歲)~"라고 표시하고 한 곳에 몰아 놓는 경우가 많다. 주자서에 관한 자세한 소개는 《자치통감》의 해당 주석(제437쪽)을 참조하기 바란다.

93) *: 《책부원구》〈제왕부·내원(帝王部·來遠)〉 및 《삼국사기》〈백제본기〉 "무왕 28년 가을 8월"조에 따르면, 이 사이인 정관 원년(627)에 백제 사신의 당나라 입국이 고구려의 방해로 좌절된 일과 신라와 각축을 벌인 일을 하소연하자 태종 이세민이 옥새와 함께 다음과 같은 조서를 내리고 화해를 종용했다고 한다. "… 짐이 이미 [백제]왕의 조카 복신 및 고구려·신라 사신을 접견해 조칙을 갖추어 화해하고 모두 사이좋게 지내도록 일렀소. 왕은 그들(고구려·신라)의 옛 원한을 잊고 짐의 마음을 깨우쳐 함께 이웃과의 정을 돈독히 하여 즉각 전쟁을 멈추시오.(… 朕已對王姪福信及高句麗新羅使, 令具敕通和, 咸許輯睦. 王必須妄彼前怨, 識朕本懷, 共篤鄰情, 卽停兵革)"

94) '신라와 사신끼리 회동을 가지고 맹세할 것'을 자청하였다[請與新羅對使會盟]: 인터넷〈국편위판〉에서는 이 부분을 "新羅의 使臣과 對坐시켜 [新羅와] 會盟할 것을 청하였다"고 번역했으나 오역이다. 이 대목은 영류왕이 신라 사신과 대면하는 것

○ 詔員外散騎侍郞朱子奢往和解之。建武奉表謝罪, 請與新羅對使會盟。

•046

[당나라 태종의 정관] 이년[95)]에 돌궐[96)]의 힐리 가한[97)]을 격파하였다.[98)] [이

이 아니라 고구려 사신과 신라 사신이 각자 자국의 국왕을 대표하여 회동하고 상호불가침을 맹세하는 것을 가리키기 때문이다. 또, 〈동북아판2〉 주57(제188쪽)에서는 영류왕 등 삼국의 국왕이 사죄의 표를 올린 시점을 "12월"이라고 보았으나 착오이다. 이에 관해서는 앞의 "주자사" 주석을 참조하기 바란다.

95) 이년(二年): "정관 2년"은 서기 628년으로, 고구려 기년으로는 영류왕 11년이다.

96) 돌궐(突厥): 중국 고대 북방민족의 하나. '돌궐'은 '튀르크(Türk)'를 한자로 표기한 것이다. 때로는 '정령(丁零)·철륵(鐵勒)' 등으로 적기도 한다. 6세기 중엽에 알타이산 지역의 유목부락에서 시작되었으며, 그 뒤로 중국의 북방·서북방에서 튀르크어를 사용하는 종족을 일컬었다. 552년에 유연(柔然)을 멸망시키고 돌궐 한국(突厥汗國, 튀르크 칸의 나라)을 세웠으며, 알타이산을 경계로 동·서 한국으로 구분되었다. 그러나 630년에 동돌궐한국을 격파한 당나라가 657년에 위구르[回紇]와, 연합하여 서돌궐한국을 멸망시키고 그 판도를 장악하였다. 682년에는 북방에 안치되었던 동돌궐의 무리가 당나라에 반기를 들고 후돌궐한국을 세웠다가 평정되고 당나라로부터 회인가한(懷仁可汗)으로 봉해진 위구르 지도자 골력배라(骨力裴羅)가 그 자리에 위구르 한국을 세웠다. 8세기 중후기에 와해된 돌궐은 서쪽의 중앙아시아로 이동하는 과정에서 현지 민족들과의 융합을 통하여 지금의 백인계 튀르키예 민족으로 거듭났다. 따라서 종족적으로 본다면 초기의 튀르크는 지금의 튀르키예와는 상당한 거리가 있음에 유념할 필요가 있다.

97) 힐리 가한(頡利可汗, ?~634): 동돌궐의 제13대이자 마지막 칸인 일릭 카간(Ilig qaɣan)의 중국식 표기. 성은 아사나(阿史那, 아시나), 이름은 돌필(咄苾)이며, 계민가한(啓民可汗)의 셋째 아들이자 시필가한(始畢可汗)·처라가한(處羅可汗)의 동생이다. 처음에는 막하돌설(莫賀咄設), 즉 바가투르 샤드(Baghatur Shad, 총독)가 되어 제국의 동부를 다스리다가 처라가 죽자 칸으로 추대되었다. 여러 차례 군사를 이끌고 당나라 변경을 공격했으며 그 도읍인 장안 인근까지 공략하기도 하였다. 세력이 강할 때에는 유흑달(劉黑闥) 등 당나라 반란군들을 조종하기도 하였다. 나중에 추장들의 배신으로 당나라군에게 생포되어 장안으로 압송되자 태종 이세민이 그 죄를 용서하고 우위대장군(右衛大將軍)에 제수하였다. 사후에는 이세민이 돌궐의 전통에 따라 그 시신을 패수(灞水) 동쪽에서 화장해 주는 한편, '귀의왕(歸

호남성 장사시(長沙市) 마왕퇴(馬王堆)에서 출토된 한대의 강역도 《장사 남부지형도(長沙南部地形圖)》(부분). 세계에서 연대가 가장 이른 군사지도로 알려져 있다.

때 괴]건무는 사신을 파견하여 [그 일을] 축하하는 한편[99)] [자국의] 강역도[100)]를 올렸다.

義王)'으로 추증하고 '황(荒, 거칠다)'이라는 시호를 내렸다.

98) 격파하였다[破]: 인터넷 〈국편위판〉에서는 '파(破)'를 '무너뜨렸다(overthrowed)'라고 번역했으나 지나친 확대 해석이다. 글자 자체만으로는 '격파하다, 무찌르다(defeat)' 정도의 의미만 담고 있기 때문이다.

99) 사신을 파견하여 축하하는 한편[遣使奉賀]: 인터넷 〈국편위판〉 주054에서는 "…《舊唐書》〈突厥列傳〉에 의하면 頡利可汗이 사로잡힌 것은 2년 후인 貞觀 4년(630)"이라고 하였다. 힐리가한이 당나라군에게 생포된 시점이 정관 4년인 것은 사실이다. 그러나 인터넷 〈국편위판〉의 이 주석은 《구당서》 원문을 제대로 이해하지 못한 데서 비롯된 착오이다. ① "태종이 돌궐의 힐리를 사로잡자 건무가 사자를 파견해 축하하는 한편 봉역도를 진상하였다"고 한 대목은 〈고려전〉의 기사로, 애초부터 시점을 언급한 일이 없다. ② 《구당서》 원문에도 그저 "[정관 2년에 당나라군이] 돌궐의 힐리가한의 군대를 '격파했다'(破突厥頡利可汗)" 정도로 기술되어 있을

○ 貞觀二年, 破突厥頡利可汗, 建武遣使奉賀, 并上封域圖。

• 047
[정관] 오년101)에 조서를 내려102) 광주도독부103)의 사마104) 장손사105)

뿐이다. 정관 2년에 힐리가한[의 군대]을 격파하기는 했지만 정작 본인을 사로잡는 데에는 실패했다는 뜻이다. ③ 그러다가 당나라군이 2년 뒤인 정관 4년에 힐리가한을 생포하는 데에 성공했고, 바로 이때에 고구려의 영류왕이 사신을 보내어 힐리가한 생포를 축하한 것이다.

100) 강역도[封域圖]: '봉역(封域)'은 글자 그대로 풀면 '[황제로부터] 책봉 받은 강역' 정도의 뜻이다. 중원 왕조로부터 봉작(封爵)을 받기 위하여 형식적으로 번국(藩國)을 자처하면서 자국의 강역을 낮추어 표현한 것이다. 따라서 여기서의 '봉역'은 역사를 기록하는 당나라에서 임의로 사용한 표현일 가능성이 높다. 고구려 국왕이 스스로 그렇게 표현했다고 이해해서는 곤란하다는 뜻이다. 고구려의 영류왕이 자국의 강역을 그린 지도를 당나라에 보낸 것은 아마 당나라에 대한 충성심을 보여 줌으로써 우호관계를 다지고 외교적 실리를 모색하려는 의도였을 것이다.

101) 오년(五年): 태종의 정관 5년(631)을 말한다. 《구당서》 및 《신당서》의 〈태종본기〉에는 그 시점을 "가을 8월 갑진일(秋八月甲辰, 양력 9월 18일)"로 밝혀 놓았다.

102) 조서를 내려[詔]: 《책부원구(册府元龜)》 〈제왕부·인자(仁慈)〉 "정관 5년"조에 따르면, 태종은 이때 내린 조서에서 "무릇 주마다 경관이 있는 곳은 새것이든 옛것이든 따질 것 없이 모조리 철거하고 흙을 덮어 무덤을 만들어 유해들을 덮는 것이 마땅하며, [유해들이] 드러나지 않도록 할 것이며 거기다가 술과 육포를 올려 제사를 지내 주도록 하라(但是諸州有京觀處 無問新舊, 宜悉剗削, 加土爲墳, 掩蔽枯朽, 勿令暴露, 仍以酒脯, 致祭奠焉)"고 당부했다고 한다.

103) 광주도독부(廣州都督府): 당대에 설치된 도독부들 중의 하나. 무덕 4년(621)에 광주(廣州)에 총관부(總管府)를 설치하고 지금의 광동지역 일대를 관할하게 하였다. 무덕 7년에는 그 지위를 도독부로 격상시켰으며 정관 연간부터는 광주 등 14개 주를 관할하게 하였다. 당나라 숙종(肅宗)의 지덕(至德) 연간(756~758) 이후로 절도사(節度使)로 개편되었다.

104) 사마(司馬): 중국 고대의 관직명. 서주(西周) 때에 처음 설치되고 춘추·전국시대에도 그대로 인습되었는데, 군정과 군부(軍賦, 군사 목적의 부역)를 관장하였다. 한나라 무제 때 태위(太尉)를 폐지하고 대사마(大司馬)를 설치하여 궁정의 실권을 장악하게 하였다.

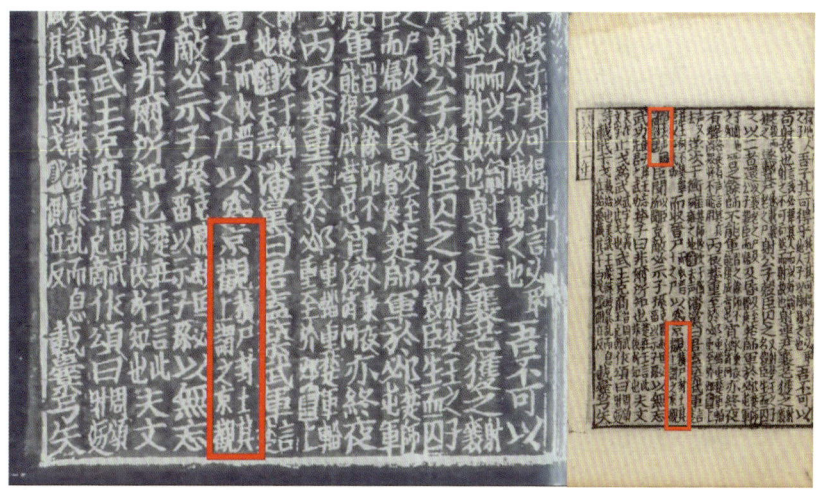

고려본 《좌전(左傳)》 "선공(宣公) 12년"조의 '경관(京觀)' 관련 주석

를 파견하여 [고구려로] 가서 수나라 때에 전장에서 전사한 [용사들의] 유해를 거두어 묻어 주고 고려가 [전승 기념으로] 세운 경관106)을 헐게 하였

---

105) 장손사(長孫師, 7세기): 당대 초기의 정치가. 하남(河南) 낙양(洛陽, 지금의 하남성 낙양시) 사람이다. 정관 5년에 광주도독부 사마가 되었으며 나중에는 치수 관련 업무를 관장하는 도수사자(都水使者)를 거쳐 황문시랑(黃門侍郞)에 이르렀다.

106) 경관(京觀): 중국 고대에 전쟁에서 승리한 쪽이 전공을 과시할 목적으로 적군의 시신들을 쌓아 만든 큰 무덤. 때로는 '경관(鯨觀)·경구(京丘)' 또는 '무군(武軍)'으로 불리기도 하였다. 그 이름인 '경관'은 고구려어가 아니라 중국식 표현이므로 유념할 필요가 있다. 그 의미의 경우, ① 우선, 위·진대 학자 두예(杜預, 222~285)는 《좌전(左傳)》 "선공 12년(宣公十二年)"조 기사에 주석을 붙여 "시신을 쌓고 흙을 그 위에 덮은 것을 '경관'이라고 한다(積尸封土其上, 謂之京觀)"라고 설명하였다. ② 당대 초기의 학자 안사고(顏師古, 581~645) 역시 《한서》〈적방진전(翟方進傳)〉에 붙인 주석에서 "'경'이란 높은 무덤이며, '관'이란 문궐의 형태를 닮은 것을 말한다(京, 高丘也. 觀, 謂如闕形也)"라고 소개하였다. 안사고는 마침 정관 연간에 활동한 학자이므로 그가 설명한 '경관'의 의미가 여기에 언급된 고구려의 '경관'과 동일한 것임을 알 수 있다. 참고로, 〈적방진전〉에서 전하는 바에 따르면, 신나라를 세운 왕망(王莽)이 적의(翟義)를 무찌르고 나서 그 3족을 도륙하고 무군을 세웠는데, 사방이 6장(丈), 높이가 6척(尺)이었으며 거기에

다.107)

○ 五年, 詔遣廣州都督府司馬長孫師往收瘞隋時戰亡骸骨, 毀高麗所立京觀。

• 048
[이때 건너온 당나라군을 본 고]건무는 [태종이] 그 나라를 정벌할까 두려워서 긴 성[벽]을 쌓았다.108) [그 성은] 동북쪽으로는 부여성109)으로부터 서남쪽으

"반역을 저지른 오랑캐 역적들의 시체들[反虜逆賊鱷鯢]"이라는 글귀를 적은 푯말을 세워 두었다고 한다. ③《후한서》〈황보숭전(皇甫嵩傳)〉에도 "10만 명이 넘는 시신을 거두어 성 남쪽에 경관을 쌓았다(首獲十餘萬人, 築京觀於城南)"라고 하였다. 이상의 사례들을 종합해 볼 때, 고구려에서 수나라 군의 시신들을 제대로 매장도 하지 않은 채 높이 쌓아 볼거리로 삼은 것은 확실해 보인다.

107) 고려가 세운 경관을 헐게 하였다[毀高麗所立京觀]: 《구당서》〈태종본기〉"정관 5년"조에는 이렇게 기술되어 있다. "가을 8월 갑진일(양력 9월 18일)에 사신을 파견해 고구려가 세운 경관을 헐어 수나라 사람의 해골을 수습하고 나서 제사를 지내고 그들을 안장해 주었다(秋八月甲辰, 遣使毀高麗所立京觀, 收隋人骸骨, 祭而葬之)." 이로써 태종이 장손사를 파견한 시점이 8월, 즉 양력 9~10월 가을이었음을 확인할 수 있다. 아울러, 이 두 기사를 통하여 시신에 흙을 덮어 무덤처럼 만드는 통상적인 중국식 경관과는 달리, 고구려에서는 시신이나 해골을 차곡차곡 포개서 망루처럼 쌓아 두었다는 것도 알 수 있다.

108) 긴 성[벽]을 쌓았다[築長城]: 여기서 '긴 성[長城]'은 원형 또는 사각형으로 축조된 성채(castle)가 아니라 만리장성(萬里長城)처럼 양쪽으로 길게 세운 장벽(wall)을 말한다. 고구려가 천리장성을 쌓은 시점을 인터넷〈국편위판〉주058에서는 "《三國史記》榮留王條에 의하면 長城築造는 同王 14年 春2月의 일", 〈동북아판2〉주66(제189쪽)에서는 "고구려가 장성을 쌓기 시작한 것은 631년 2월《삼국사기》영류왕14"이라고 보았다. 그러나 그것은 원문을 이해하지 못한 데서 빚어진 오해이다. 천리장성 축조를 소개한 "봄 2월"조 기사는, 전후 맥락을 따져 볼 때, 영류왕 15년에 일어난 일이기 때문이다. ① 당나라가 장손사를 보내어 고구려의 경관을 해체한 시점이 영류왕 14년 8월이다. 이 사실은《신당서》에도 분명히 언급되어 있으니 착오가 있을 수 없다. 게다가, ② 중국 정사는 기전체를 기본으로 편년체로 사건을 소개하므로 "여름 8월"의 기사가 "봄 2월" 기사 앞에 올 수는 없는 것이다. "8월 … 2월"의 순서로 기술되었다면 뒤의 "봄 2월" 기사는

로 바다110)에 이르기까지 천 리가 넘었다. [*111)]

○ 建武懼伐其國, 乃築長城。東北自扶餘城, 西南至海, 千有餘里。

• 049

[*112)] [정관] 십사년113)에 그 나라의 태자 [고]환권114)을 파견해 [중국에

당연히 그다음 해의 것일 수밖에 없다는 뜻이다. ③ 즉위 이래 일관되게 친당 정책을 고수하던 영류왕이 갑자기 천리장성을 쌓게 된 결정적인 동기는 경관 철거를 목적으로 파견된 장손사의 군대에게서 느낀 위압감에서 찾을 수밖에 없다. ④ 그렇다면 경관 철거는 영류왕 14년 8월의 일인 반면에, 천리장성 축조의 시작은 그 이듬해인 영류왕 15년 봄 2월의 일이 될 수밖에 없는 것이다.

109) 부여성(扶餘城): 고구려의 성 이름. 그 위치의 경우, ① 인터넷〈국편위판〉주059에서는 "北滿洲 農安", 즉 지금의 길림성 장춘시(長春市) 관할의 농안현, ② 부여의 초기 도읍인 지금의 길림시, 또는 ③ 길림성 유하현(柳河縣)의 나통산성(羅通山城) 등으로 비정했으나 단정하기는 어렵다. 자세한 소개와 고증은《자치통감》의 해당 주석(제708~709쪽)을 참조하기 바란다.

110) 바다[海]: 중국 하북성 동북부에서 요동반도까지 펼쳐져 있는 발해(渤海)를 가리킨다. 천리장성과 바다의 방향과 관련하여,《구당서》·《책부원구》·《삼국유사》등의 사서들에는 모두 "서남쪽으로 바다에 이른다(西南至海)"고 기술되어 있다. 그러나《삼국사기》·《조선사략》등에는 "동남쪽으로 바다에 이른다(東南至海)"고 기술되어 있다. 방향이 정반대로 소개되어 있는 것이다. 그러나 여기서 "동남쪽"은 "서남쪽"을 잘못 쓴 결과로 보아야 옳다. ① 편찬 연대를 놓고 볼 때,《구당서》·《책부원구》는 기점을 "동남쪽"으로 소개한《삼국사기》보다 100년 이상 앞서는 데다가, ② 마찬가지로《삼국사기》를 편찬한 김부식이 참고한 자료들이며, ③ 같은 고려에서 저술된《삼국유사》역시 "서남쪽"으로 소개한 것이 그 증거이다.

111) *: 송대의 불교 문헌인《불조통기(佛祖統記)》에는 이런 사실이 소개되어 있다. "고려 등 세 나라가 사람을 파견해 중국에 가서 불법을 배우게 하려 하니 [당나라 태종] 그 뜻을 따랐다.(高麗等三國欲遣人至中國學佛法, 從之)"

112) *: 8세기 두우(杜佑)의《통전》〈례13(禮十三)〉에서는 태종 이세민이 국자감(國子監)을 방문한 일을 기술하고 나서 다음 내용을 소개하였다. "…고려·백제·신라·고창·토번 등의 나라들의 추장(군주)들까지 자제들을 파견하여 '[당나라의] 국학에 들어가게 해 줄 것'을 요청하니, 국학의 학생이 8천여 명이나 되었다.(高麗百濟新羅高昌吐蕃諸國酋長, 亦遣子弟請入國學, 之內八千餘人)"

'푯말 환(桓)'은 쓰거나 보기에 따라서는 '서로 상(相)'으로 보이기도 한다.

와서 입조하는 동시에 특산물을 바쳤다. [그러자] 태종이 [그들을] 격려하고 위로함이 아주 극진하였다. [*115)]

113) 십사년(十四年): "정관 14년"은 서기 640년이며, 고구려의 영류왕 23년에 해당한다.

114) 환권(桓權): 영류왕의 세자 이름. 《책부원구》의 〈외신부·조공3〉과 〈외신부·포이1(褒異一)〉에도 "태자 환권(太子桓權)", 《삼국사기》〈고구려본기〉"영류왕 23년" 조에도 "세자 환권(世子桓權)"으로 소개되어 있다. 반면에, 같은 《구당서》의 〈태종기(太宗紀)〉에는 '상권(相權)'으로 되어 있어서 어느 쪽이 옳은 지 알 수가 없다. 다만, ① '환(桓)'과 '상(相)'은 얼핏 보기에 서로 모양이 비슷한 데다가, ② 복수의 사서들에 '환권'으로 소개되어 있고, ③ 의미상으로도 '환권' 쪽이 더 자연스럽다.

115) *: 《신당서》〈고려전〉에는 이 뒤에 이런 내용이 새로 추가되어 있다. "[태종은] 조서를 내려 사자 진대덕에게 부절을 지니고 답례로 사행을 가고 겸사겸사 [고구려 쪽] 정세를 염탐하도록 일렀다. 대덕이 그 나라로 들어가서 넉넉한 군량과 관청·요새 등 그 나라의 상황들을 모두 확보하였다. [그는] 객지(고구려)를 떠도는 중국인들을 발견했는데 [그들이] 친척의 존망을 전해 듣더니 저마다 눈물을 흘렸다. 그래서 가는 곳마다 남녀들이 길가에 늘어서서 구경하는 것이었다. 건무는 건무대로 군사를 성대하게 도열시켜 놓고 [그 모습을] 사자에게 보여 주었다. 대덕이 귀환하여 [태종에게] 고하니 황제가 기뻐하였다. 대덕이 이어서 '고창이 멸망한 소식을 듣더니 그 나라의 대대로가 세 번이나 관사로 찾아와 예의를 갖추더이다' 하니 황제가 말하는 것이었다. '고려는 고작 네 군에 지나지 않는다. 내가 군사 수만을 일으켜 요동을 공격하면 성들을 함락시킬 수 있을 것이요, 내가 수군으로 동래로부터 돛을 높이 달고 바다를 건너 평양성으로 달려가는 것도 아주 쉬운 일이다. 그렇기는 하나 천하가 이제 막 안정된 시점이기에 백성들을 수고롭게 하고 싶지 않을 뿐이다.'(詔使者陳大德持節答勞, 且觀釁. 大德入其國, 厚飼官守, 悉得其纖曲. 見華人流客者, 爲道親戚存亡, 人人垂涕, 故所至士女夾道觀. 建武

사서 제목	통전	구당서	태평어람	책부원구	신당서	자치통감	삼국사기	통지	계륵편	문헌통고	진요지	독사방여기요
연도	801	945	983	1005	1060	1084	1145	1161	12세기	1317	1565	1678
호칭 서부		○	○	○								
호칭 동부	○				○	○	○	○	○	○	○	○

연개소문의 내력과 관련하여 중국의 사서 문헌들을 대조해 보면 대부분 '동부'대인(東部大人)으로 소개되어 있다. 이 중에서도 연대가 가장 이른 《통전(通典)》(801)에 따를 때 연개소문은 '서부'가 아닌 '동부'의 대인이었던 것으로 보아야 옳다.

○ 十四年, 遣其太子桓權來朝, 幷貢方物, 太宗優勞甚至.

• 050

[정관] 십육년에 [고구려] 서부116)의 대인117)이던 [천]개소문118)이 [대대로의]

盛陳兵見使者. 大德還奏, 帝悅. 大德又言, '聞高昌滅, 其大對盧三至館, 有加禮焉'. 帝曰, '高麗地止四郡, 我發卒數萬攻遼東, 諸城必救, 我以舟師自東萊帆海趨平壤, 固易. 然天下甫平, 不欲勞人耳.')"《책부원구》〈제왕부·미병(弭兵)〉에는 태종이 직방낭중(職方郞中) 진대덕을 고구려에 파견한 시점이 "정관 15년 8월"로 소개되어 있다.

116) 서부(西部): 고구려의 지방 행정체제인 '5부(五部)'의 하나. 《구당서》와 함께 《삼국사기》·《책부원구》·《태평어람》에는 "고려의 서부 대인(高麗西部大人)"으로 소개되어 있다. 그러나 ①《삼국사기》의 〈개소문전(蓋蘇文傳)〉은 물론이고 그보다 연대가 앞선 《통전》·《신당서》·《자치통감》·《문헌통고》·《통지》·《계륵편(鷄肋編)》·《전료지》·《함빈록(咸賓錄)》·《독사방여기요》·《성경강역고(盛京彊域考)》 등 다수의 사서·문헌들에는 "동부 대인"으로 소개되어 있다. 특히, ②《자치통감》"태종 정관 16년"조에는 "11월 … 정사일, 영주도독 장검이 '고려의 동부 대인 천개소문이 그 왕 [건]무를 시해했다'고 보고하였다"고 기술되어 있다. ③ 이 부분은 영주도독이 황제에게 올린 장계이므로 착오가 있을 가능성이 낮다. 게다가 ④ 앞의 사서들 중 연대가 가장 이르며 송대 사서들보다 최소한 200년이 앞선 8세기

직책을 대리하면서 하극상을 범하였다. [그러자] 대신들은 [고]건무와 함께[119] 의논하여 그를 죽이려 하였다.

○ 十六年, 西部大人蓋蘇文攝職有犯, 諸大臣與建武議欲誅之.

• 051

[그러나 사전에 그] 일이 누설되고 말았다. [천개]소문은 이에 자기 휘하의 군사를 모두 소집하더니 '사열을 하려 한다'고 둘러대는 한편[120] [도]성 남

당대의 두우가 저술한 《통전》에도 '동부 대인'으로 소개되어 있다. 이상의 문헌 기록들을 종합해 볼 때 연개소문은 동부 대인으로 보아야 한다는 뜻이다.

117) 대인(大人): 고구려의 존칭. 자세한 소개는 《자치통감》의 해당 주석(제450~451쪽)을 참조하기 바란다.

118) 개소문(蓋蘇文): 고구려 말기의 권신인 연개소문(603~666)을 말한다. 조부는 [천]자유(子遊), 부친은 [천]태조(太祚)로 모두 막리지를 지냈다고 한다. 1922년에 중국 낙양에서 발굴된 《천남생묘지(泉男生墓誌)》에서 "아비 개금은 태대대로를 지냈다(父盍金, 任太大對盧)", 《천헌성묘지(泉獻誠墓誌)》에서 "조부 개금은 본국에서 태대대로에 임명되어 병마(군권)를 쥐고 있었다(祖盍金, 本國任太大對盧, 捉兵馬)"고 한 것을 보면 최종적인 직함은 '태대대로'였던 셈이다. 《정관정요(貞觀政要)》의 주석에는 "개는 발음이 '합'이다(蓋音盍)"라고 소개되어 있다. 《정관정요》를 저술한 오긍(吳兢, 670~749)은 고구려 멸망 직후에 태어났지만 천남생 일족과는 시대가 같다. 그가 소개한 한자음 고증을 믿지 않을 이유가 없다는 뜻이다. 그렇다면 실제의 이름은 '개소문'이 아니라 '갑소문' 또는 '합소문'이었던 셈이다. 자세한 소개 및 고증은 《자치통감》의 해당 주석(제452~453쪽)을 참조하기 바란다.

119) 고건무와 함께[與建武]: 여기서 '더불어 여(與)'의 경우, 고대 한문에서 '~와(and)'의 의미로 사용되지만 때로는 '~와 함께(with)'의 의미를 나타내기도 한다. 행위 주체가 복수일 경우 일반적으로 지체가 높은 인물을 가장 먼저 제시하기 마련인데 여기에는 국왕보다 대신들이 먼저 제시되어 있다. '~와~'가 아니라 '~와 함께'의 의미로 사용된 것이다. 연개소문 제거를 대신들이 먼저 제안하고 영류왕이 그 제안을 받아들였을 것이라는 뜻이다.

120) 둘러대는 한편[幷]: 청대의 무영전본(武英殿本) 《구당서》에는 '아우를 병(幷)'이 '고깔 변(弁)'으로 나와 있다. 그러나 글자 모양이나 전후 맥락을 따져 볼 때 '병'

쪽에 술과 음식들을 성대하게 차려 놓았다. [이에] 대신들이 빠짐없이 와서 [그 자리에] 참석해 구경하자 [천개]소문이 군사를 동원하여 그들을 모조리 죽였다. [이때] 죽은 이가 백 명이 넘었다.

○ 事洩, 蘇文乃悉召部兵, 云將校閱, 幷盛陳酒饌於城南。諸大臣皆來臨視, 蘇文勒兵盡殺之, 死者百餘人。

• 052

[천개소문은 이어서] 창고를 불태우고 내친 김에 말을 몰아 왕궁으로 들어갔다. [그러고는 고]건무를 죽이고 나서121) [고]건무의 아우이던 [고]대양의 아들 [고]장122)을 왕으로 옹립하였다.123)

이 옳다.

121) 건무를 죽이고 나서[殺建武]: 영류왕 살해 시점과 관련하여 《삼국사기》 "영류왕 25년(642)"조에는 "겨울 10월에 개소문이 왕을 시해하였다(冬十月, 蓋蘇文弑王)"고 기술되어 있다. 그러나 일본 측 사서인 《일본서기》 "황극천황(皇極天皇) 원년"조에는 이렇게 기술되어 있다. "작년 … 사신은 공물을 바치고 난 다음 이렇게 고하였다. '… 가을 9월에 대신 이리가수미가 대왕을 시해하고, 이리거세사 등 180여 명을 모조리 죽였습니다.'(去年, … 使人貢獻旣訖, 而諮云, … 秋九月, 大臣伊梨柯須彌弑大王, 幷殺伊梨渠世斯等百八十餘人)" 영류왕이 살해된 시점을 "작년(641) 가을 9월"로 기술한 셈이다. 그러나 《구당서》는 물론 《신당서》·《통전》·《자치통감》·《책부원구》 등에서는 모두 "정관 16년(642)"의 사건으로 소개하였다. 《일본서기》 기사에 문제가 있다는 뜻이다. 참고로, 청대 학자 조익(趙翼, 1727~1814)은 《해여총고(陔餘叢考)》 권10에서 이렇게 지적하였다. "이해에 고려의 대신 [연]개소문이 그 임금 고[건]무를 시해하였다. 이는 [당나라가] 고려를 정벌하는 명분이 되었는데도 《신당서》에서는 전혀 기술하지 않았다.(是歲, 高麗大臣蓋蘇文弑其君高武, 此爲征高麗之由, 新書皆不書)"

122) 장(藏): 고구려 제28대 국왕 보장왕(寶藏王) 고장(高臧, ?~682)을 말한다. 그 이름자의 경우, 《구당서》·《신당서》 등 중국 정사 및 이를 참조한 것으로 보이는 《삼국유사》에는 모두 '거둘 장(藏)'으로 소개되어 있다. 반면에, 김부식 《삼국사기》 "보장왕"조에서 "왕의 이름은 장으로, 어떤 이는 '보장'이라고 한다. 나라를 잃은 까닭에 시호가 없다. 건무왕의 아우인 대양왕의 아들이다(王諱臧, 或云寶

고려전(高麗傳) 83

○ 焚倉庫, 因馳入王宮, 殺建武, 立建武弟大陽子藏爲王。

• 053

[이어서] 자신을 막리지[124]로 추대했는데, [이는] 중국에서 병부 상서[125]가 중서령의 직책을 겸한 경우에 해당한다.[126] [천개소문은] 이때부터[127]

藏. 以失國故, 無諡. 建武王弟大陽王之子也)"라고 소개하였다. 그 이름이 '거둘 장(藏)'이 아니라 '두터울 장(臧)'이라는 것이다. 의미의 무게를 놓고 보면, 김부식의 해석처럼, 그 이름자는 '거둘 장'이 아닌 '두터울 장'이었다고 보아야 옳다. 전자보다는 후자가 지닌 긍정적인 의미가 훨씬 크기 때문이다.

123) 건무의 아우이던 대양의 아들 장을 왕으로 옹립하였다[立建武弟大大陽子藏爲王]: 인터넷 〈국편위판〉 주065에서는 《일본서기》 "황극천황(皇極天皇) 원년"의 같은 기사에서 "대신 이리가수미가 대왕을 시해하고 이리거세사 등 180여 명을 모조리 죽였습니다. 이어서 왕제 왕자의 아들을 왕으로 삼고 자신과 성씨가 같은 도수류금류를 대신으로 삼았습니다(大臣伊梨柯須彌弑大王, 幷殺伊梨渠世斯等百八十餘人, 仍以弟王子兒爲王, 以己同姓都須流金流爲大臣)"라고 한 점에 주목하여 "伊梨渠世斯는 伊梨柯須彌와 同姓이 틀림없은 즉 都須流金流와 서로 뒤바뀐 것"으로 해석하였다. 그러나 ① '가수미'는 음운상 '개소문'과 서로 대응되지만 '이리'는 그 성씨 '연' 또는 '천'과 대응된다는 증거가 없다. ② 실제로 '이리'를 몽골어·만주어·튀르크어·일본어 등 알타이어들과 대조한 결과 '샘'이나 '물'과 대응되는 단어는 존재하지 않았다. ③ 그런 의미에서 이리가수미와 이리거세사가 다른 성씨라는 전제하에서, '이리'는 일종의 직함일 개연성도 배제할 수 없다. 또, ④ '가수미'가 이름이듯이 '도수류금류' 역시 이름일 가능성도 있다.

124) 막리지(莫離支): 고구려의 관직명. 국편위 주125에서는 그 명칭이 《주서》에 처음 등장한 점에 주목하여 "6세기 후반 또는 그 이전"부터 존재했다고 보았다. 그러나 1922년에 발견된 《천남생묘지》에서 연개소문의 부친과 조부가 "나란히 막리지를 지냈다(幷任莫離支)"고 한 것을 보면 그 출현 시점은 연개소문 조부의 활동 시기에 해당하는 6세기 전반 또는 5세기 후반까지 상향 조정할 수 있는 셈이다. 자세한 소개는 《자치통감》의 해당 주석(제463~464쪽)을 참조하기 바란다.

125) 병부상서(兵部尙書): 지금의 국방부에 해당하는 중국 고대의 중앙 관서인 병부(兵部)의 수장. '상서(尙書)'는 중국 고대의 관직명으로, '문서[書]를 관장[尙]하다'라는 뜻인데, 궁중에서 문서·상소문을 담당한 일종의 서리 또는 비서였다.

126) 병부상서가 중서령의 직책을 겸한 경우[兵部尙書兼中書令職也]: 《자치통감》 "정관 16년 11월 정사일(양력 12월 2일)"조에는 "그 관직이 중국의 이부가 병부상

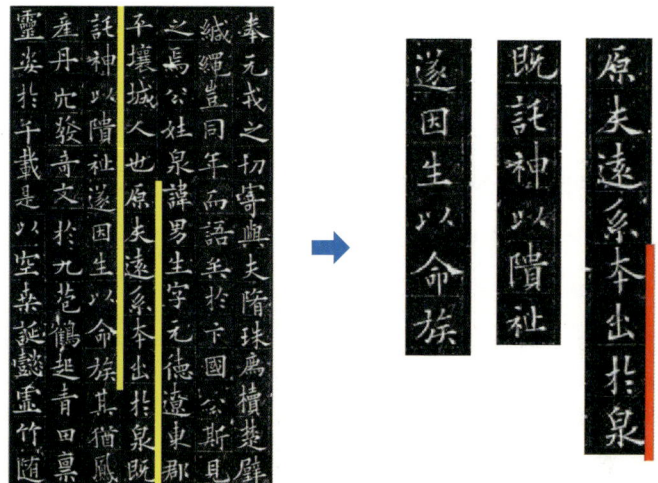

《천남생묘지명(泉男生墓誌銘)》에서 천씨의 유래를 소개한 대목. 시조가 샘에서 태어나서 '샘 천(泉)'을 성씨로 삼았다고 소개되어 있다.

나라의 정사를 혼자서 농단[하기 시작]하였다.

○ 自立爲莫離支, 猶中國兵部尙書兼中書令職也, 自是專國政.

• 054

[개]소문은 성이 천씨였다.[128)]

서를 겸한 경우와 비슷하다"고 소개되어 있다. 여기서의 '이부'는 곧 이부의 수장인 이부상서(吏部尙書)를 말한다. 엄밀하게 따지자면, 중서령(中書令)은 지금의 국무총리에 해당하므로, 《구당서》와 《자치통감》 중에서 보다 정확하게 설명한 쪽은 《구당서》가 아닌가 싶다.

127) 이때부터[自是]: 고대 한문에서 '자시(自是)'는 '이때부터(from this time on), 이로부터(henceforth)' 등의 의미로 사용되었다. 《한서》〈지리지〉에 소개된 고조선 '왕험성(王險城)'과 관련하여 안사고(顔師古, 581~645)가 붙인 "신찬은 '왕험성은 낙랑군 패수의 동쪽에 있다'고 하였다. 이곳은 이때부터 '험독'으로 불리기 시작하였다(臣瓚曰, '王險城, 在樂浪郡浿水之東'. 此, 自是險瀆也)"라는 주석의 '자시'가 그 예이다.

고려전(高麗傳) **85**

○ 蘇文, 姓泉氏。

• 055

[그는] 수염을 기른 모습이 무척 위엄 있고[129] 체구도 우람하고 튼튼하였다. 몸에는 칼을 다섯 자루나 차고 [*130)] 다녔기 때문에[131] 주위

---

128) 소문은 성이 천씨였다[蘇文姓泉]: 개소문의 성씨의 경우, 《구당서》·《책부원구》·《문헌통고》 등에는 '개소문(蓋蘇文)', 《정관정요》·《자치통감》·《성씨급취편(姓氏急就篇)》 등에는 '천개소문(泉蓋蘇文)', 《신당서》 등에는 '전개소문(錢蓋蘇文)' 식으로 서로 다르게 소개되어 있다. 다만, ① "'물 속에서 태어났다'고 스스로 말하면서 사람들을 현혹시켰다"는 기사를 볼 때, '천'은, '고주몽'의 경우처럼, 개소문이 새로 만든 성씨일 가능성도 배제할 수 없다. ② 인터넷 〈국편위판〉 주063에서는 《동사강목(東史綱目)》〈고이(考異)〉를 근거로 원래는 연씨인데 고조 이연의 이름을 피하기 위하여 남생이 투항한 뒤에 성씨를 '연 ⇒ 천'으로 바꾸었다고 보았다. 물론, 그랬을 가능성이 없지 않으나 그런 주장을 뒷받침할 근거가 부족하다. ③ 실제로 낙양에서 잇따라 출토된 《천남생묘지》·《천헌성묘지(泉獻誠墓誌)》·《천남산묘지(泉男山墓誌)》·《천비묘지(泉毖墓誌)》 등 8세기 금석 자료들에는 일률적으로 "공은 성이 천으로, … 먼 조상까지 거슬러 올라가 보면 본래 샘에서 나왔다. 신에 의탁하여 복을 받으매 드디어 그 일을 계기로 태어나는 이마다 일족의 성으로 삼았다(公姓泉, … 原夫遠系, 本出於泉, 既托神以隤祉, 遂因生以命族)" 식으로 소개되어 있다. 성씨의 유래를 못이 아닌 샘에서 찾고 있는 것이다. ④ 성이 '연(淵)'이라는 유일한 근거는 국내 사서 《삼국사기》〈신라본기〉에 언급된 고구려 대신 연정토(淵淨土)의 사례뿐이다. 그러나 이 경우는 거꾸로 성씨를 '천 ⇒ 연'으로 바꾸었을 가능성도 고려할 필요가 있다. 게다가, ⑤ 고구려인의 성씨는 원래 한자가 아닌 고구려어로 지어졌음을 감안할 때 '물'이라는 의미를 임시방편으로 비슷한 뜻의 한자인 '연(淵)' 또는 '천(泉)'으로 병용하다가 최종적으로 '천'으로 굳어졌을 가능성도 있다.

129) 위엄 있고[偉]: 인터넷 〈국편위판〉에는 '위(偉)'를 "준수하다"라고 번역하였다. 그러나 그것은 바로 앞에 나오는 '수모(鬚貌)'를 '수염을 기른 모습(bearded face)'으로 이해하지 않고 '수염과 외모(beard and face)'로 이해한 데서 빚어진 오역이다. 고대 한문에서 '위(偉)'는 '크다(great)' 또는 '성대하다(magnificent)', '남다르다(extraordinary)' 등의 의미를 나타낸다. 준수하다거나 정돈된 느낌을 나타내기보다는 풍채나 체격에서 상대방을 압도할 정도로 늠름하다거나 위엄이 있다는 의미를 나타내는 경향이 강하다는 뜻이다.

전국시대 월(越)나라 왕 구천(勾踐)의 검과 경남 합천 옥전(玉田) 고분군에서 출토된 환두대도. 일반적으로 날이 양쪽으로 난 칼을 '검(劍)', 한쪽으로 난 칼을 '도(刀)'라고 부른다. 중국에서는 한대부터 전통적인 검이 지양되고 도가 널리 사용되기 시작한다. 도가 외부(흉노)로부터 유입되었을 가능성이 높다는 뜻이다.

사람들 치고 [고개를 들고] 우러러 쳐다볼 엄두를 내는 이가 없[을 정도]었다.
○ 鬚貌甚偉, 形體魁傑。身佩五刀, 左右莫敢仰視。

130) *: 두우의 《통전》 〈변방2〉 "고려"조에는 이 자리에 "늘 팔을 저으며 성큼 걸음을 걸었으며 기질이 호탕하고 거리낌이 없어서(常挑臂高步, 意氣豪逸)"라는 내용이 추가되어 있다.

131) 몸에 칼을 다섯 자루나 차고 다녔기 때문에[身佩五刀]: 이 부분에서 동사로 '찰 패(佩)'를 쓴 것을 보면 다섯 자루를 허리에 차고 다녔음을 알 수가 있다. 고대 한문에서 '패(佩)'는 긴 물건을 허리에 차거나(belt) 드리우는(hang) 것을 뜻하는 타동사로 주로 사용된다. 인터넷 〈국편위판〉 주069에서는 "양나라 원제의 《직공도》에서는 '고려에서는 … 남자는 … 허리에 은제 띠를 두르며, 왼편에는 숫돌을 차고 오른편에는 오자도를 찬다(梁元帝職貢圖云, 高驪 … 男子 … 腰有銀帶, 左佩礪而右佩五子刀)'라고 한 《한원》 〈번이부(蕃夷部)·고려〉 기사를 근거로 "高句麗 貴族層은 대개 이러한 복장을 하였던 것 같다"고 보았다. 그러나 ① '오도'와 '오자도'는 각각 '칼 다섯 자루'와 '새끼칼이 다섯 개 달린 칼' 식으로 번역된다. 양자가 동일한 의미로 사용되었다는 근거가 없다는 뜻이다. 게다가 ②《한원》에서 허리 '오른편에 오자도를 찬다'고 했는데 칼 다섯 자루를 모두 허리 한쪽에 몰아서 차는 것은 현실적으로 불가능하다.

• 056

[천개소문은] 언제나 그 휘하의 관리로 하여금 땅바닥에 엎드리게 해서 그 [의 등]를 밟고 말에 오르곤 했으며, 말에서 내릴 때에도 마찬가지로 앞서와 똑같이 하였다.

○ 恒令其屬官俯伏於地, 踐之上馬。及下馬, 亦如之。

• 057

[그가 집을] 나설 때에는 어김없이 의장대를 배치하였다. [이때] 길잡이는 길게 구령을 먹이면서 오가는 사람들이 [그 행차를] 비키게 하였다.[132)] [그러면] 백성들은 [그를] 두려워하여 [그 자리를] 비켜서 한결같이 스스로 구덩이로 뛰어들곤 하였다.

○ 出必先布隊仗, 導者長呼以辟行人, 百姓畏避, 皆自投坑谷。

• 058

태종은 [나중에 고]건무가 죽었다는 소식을 듣고 그를 위하여 추도 의식을 거행하였다. [＊133)] [그리고] 사신으로 하여금 정절을 지니고[134)][고구려로

---

132) 길게 구령을 먹이면서 오가는 사람들이 비키게 하였다[長呼以辟行人]: 이 부분을 인터넷 〈국편위판〉에서는 "先導者가 큰 소리로 行人을 辟除하는데", 〈동북아판2〉(제191쪽)에서는 "이끄는 사람이 크게 외쳐서 길을 가는 사람이 피하게 하였다"로 번역하였다. 그러나 '장호(長呼)'는 소리를 크게 지르는 것을 뜻하는 것이 아니라 길잡이들이나 의장대가 벽제(辟除) 구령을 길게 먹이는 것을 두고 한 말이므로 유념할 필요가 있다.

133) ＊: 《삼국사기》〈고구려본기〉 "영류왕 25년(642)"조에는 이 부분에 "[부의로] 비단 300단을 전달하도록 조서를 내리고(詔贈物三百段)"라는 구절이 추가되어 있다.

134) 정절을 지니고[持節]: '지절(持節)'은 글자 그대로 풀면 '정절(旌節)을 지니다' 정도로 해석된다. 《주례(周禮)》〈지관·장절(地官·掌節)〉에서 "하사품으로는 옥새와 정절을 쓰고 사절을 파견할 때는 정절을 쓴다(貨賄用璽節, 道路用旌節)"라고 한

가서] 조문하게 하였다.135) [*136]

○ 太宗聞建武死, 爲之擧哀, 使持節弔祭。

• 059

[정관] 십칠년137)에 [*138)] 그[의 왕위]를 계승한 왕인 [고]장을 요동군왕·고려왕으로 봉하였다.139)

것을 보면, '정절'이란 깃대 형태로 제작하여 황제의 사자가 지니는 상징물을 말한다. 후한의 유학자 정현(鄭玄, 127~200)은 《주례》〈지관·장절〉에 단 주석에서 "'정절'이란 오늘날 사자들이 지니는 신표가 그것이다(旌節, 今使者所擁節是也)"라고 설명하였다. 또, 당대 초기 학자인 안사고(顏師古)는 《한서》에 붙인 주석에서 "부절의 경우, 털로 그것을 만드는데 위아래가 서로 포개져 있는 것이 대나무 마디에서 형상을 땄기 때문에 그것(대나무)으로 이름을 붙인 것이다(節, 以毛爲之, 上下相重, 取象竹節, 因以爲名)"라고 소개하였다. 정절을 지니는 것[지절]은 황제가 파견하는 칙사의 특권이었다. 삼국시대에는 황제가 사신에게 정절을 내리는 방식과 지위가 사지절(使持節)·지절(持節)·가절(假節)의 세 가지로 세분화되었다.

135) 조문하게 하였다[弔祭]: 이와 관련하여 《책부원구》〈외신부·포이1(褒異一)〉에서는 이렇게 기술하였다. "정관 16년 11월 갑신일()에 황제가 고려왕 고무를 위하여 어용 정원에서 애도의식을 거행하였다. 부의로 비단 300단을 전달하라는 조서를 내리고 사신을 파견하여 정절을 지니고 가서 조문하게 하였다.(貞觀十六年, 十一月甲申, 帝爲高麗王高武擧哀於苑中, 詔贈物三百段, 遣使持節往弔祭焉)"

136) *: 《자치통감》 "태종 정관 16년"조에는 이 자리에 박주자사 배행장이 상소를 올려 고려에 국상이 난 틈에 침공할 것을 건의한 내용이 추가되어 있다.

137) 십칠년(十七年): "정관 17년"은 서기 643년이며, 고구려의 보장왕 원년에 해당한다.

138) *: 《자치통감》 "정관 17년"조에는 이 자리에 연개소문의 영류왕 시해에 분노한 태종 이세민이 장손무기의 건의에 따라 국상기간이 끝나기를 기다려 고구려를 침공하기로 결심하는 내용이 추가되어 있다. 원대 학자 호삼성은 이 기사에 주석을 붙이고 "이를 보면 황제의 야심이 하루도 고려를 떠난 적이 없음을 알게 된다(觀此則知帝之雄心, 未嘗一日不在高麗也)"고 해석하였다. 당대에 저술된 《정관정요》에는 태종에게 조언을 한 인물이 또 다른 대신인 방현령(房玄齡)으로 소개되어 있다.

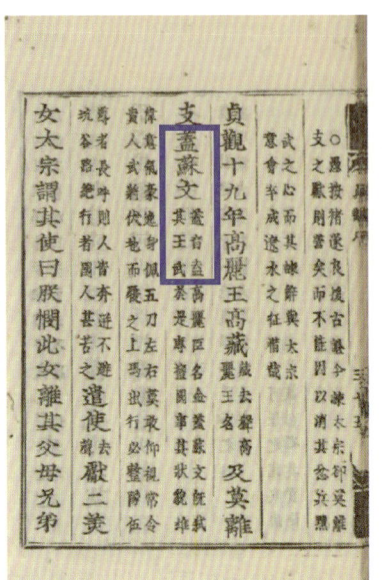

태종 이세민의 치세를 다룬 제왕학의 교과서라고 할 수 있는 《정관정요(貞觀政要)》의 〈공부 제33(貢賦第三十三)〉에 소개된 연개소문의 내력. 주석에서는 '개는 발음이 합[蓋音盍]'이라고 소개해 놓았다. 개소문이 아니라 '합'소문이라는 것이다. 709년에 완성되어 연개소문으로부터 시간적으로 멀지 않으므로 실제로 '합소문'으로 불렀을 가능성이 높다.

그리고 나서140) 사농승141)이던 상리현장142)을 파견하여 새서143)를 지

139) 장을 요동군왕·고려왕으로 봉하였다[封其嗣王藏爲遼東郡王·高麗王]: 《책부원구》〈외신부·봉책2(外臣部·封冊二)〉 "윤6월"조에는 〈고구려왕의 계승자 [고]장을 책봉하는 조서(封高麗王嗣子藏詔)〉가 수록되어 있다. 그 대목에는 태종이 이때 보장왕에게 '상주국·요동군공·고려왕(上柱國遼東郡公高麗王)'이라는 작호를 내린 것으로 되어 있다.

140) 그리고 나서[又]: '또 우(又)'의 경우, 고대 한문에서는 앞에서 기술한 상황이 일단 종결되고 새로운 상황이 출현하는 것을 나타내는 부사로 사용된다. 새로 즉위한 고구려 보장왕에게 봉작을 내린 일과 그 뒤에 이어지는 사농승 상리현장을 고구려로 파견한 일 사이에는 일정한 시간적 간격이 존재한다는 뜻이다.

141) 사농승(司農丞): 중국 당대의 관직명. 양곡을 비축하고 창고를 관리하는 한편 도성의 조정 관원들이 녹봉으로 받는 쌀을 공급하는 등의 업무를 관장한 '사농시(司農寺)'의 속관이다. 정식 명칭은 사농시 승(司農寺丞)으로, 사농시의 주요 관

니고 가서144)고려[왕]을 설득하여 '[왕이 막리지에게] 신라를 공격하지 말도록' 이르게 하였다.

○ 十七年, 封其嗣王藏爲遼東郡王·高麗王。又遣司農丞相里玄獎齎璽書往說諭高麗, 令勿攻新羅。

• 060

[그러자 천]개소문이 현장에게 말하였다.

"고려와 신라는 [서로가] 원한을 품은 지가 이미 오래 되었소. 과거에 수나라가 [우리나라를] 침공해 왔을 때145) 신라는 그 틈을 타서 고려의 오백리나 되는 땅을 빼앗는가 하면 성읍들조차 신라가 모조리 점거해 차지

원인 시경(寺卿)과 소경(少卿)의 직무를 보좌하였다.
142) 상리현장(相里玄奬): 당대 초기의 관원. 위주(魏州) 관지(冠氏) 사람으로, 사농승의 신분으로 고구려에 파견되어 신라 공격을 중단할 것을 요구하였다. 귀환한 뒤에는 전중승(殿中丞)을 거쳐 벼슬이 태주자사(棣州刺史)에 이르렀다.
143) 새서(璽書): 중국 고대의 공문 양식. 춘추전국시대에는 제후·대부(大夫)의 서신을 밀봉하고 그 위에 인장을 찍은 문서를 두루 일컫는 말이었으며, 진(秦)·한(漢)대 이후로는 천자가 내린 조서(詔書)를 밀봉하고 옥새를 찍은 문서를 가리키는 표현으로 전용되었다.
144) 새서를 지니고 가서[齎璽書往]:《자치통감》"태종 정관 18년(644)"조에는 이 뒤에 상리현장이 평양성에 도착했을 때 연개소문이 신라의 성 두 곳을 함락시켰다가 돌려준 일이 기술되어 있다. 연개소문과 김춘추, 연개소문과 상리삼장의 협상이 차례로 결렬됐다는 것은 역으로 신라가 과거에 확보한 40개의 성을 이때까지도 고구려에 반환하지 않고 그대로 점유하고 있었음을 방증해 준다.
145) 과거에 수나라가 침공해 왔을 때[往者隋室相侵]: 수나라의 고구려 침공은 크게 네 차례에 걸쳐 이루어졌다. ① 문제 개황 연간의 제1차 침공(588), ② 양제 대업 연간의 제2차 침공(612), ③ 제3차 침공(613), ④ 제4차 침공(614)이 그것이다. 제1, 제3, 제4차 침공은 대체로 쌍방의 전방에서 벌인 소규모의 국지전에서 그쳤다. 반면에, 제2차 침공 때에는 양국이 총력전을 펼치는 바람에 피해가 가장 컸다.

해 버렸소.[146) [신라가] 자신들의 잘못을 반성하고 그 땅과 성[읍]들을 되돌려 주지 않는다면 이 전쟁은 아마 그치기 어려울 것이오!"

○ 蓋蘇文謂玄奬曰, "高麗·新羅, 怨隙已久。往者隋室相侵, 新羅乘釁奪高麗五百里之地, 城邑新羅皆據有之。自非反地還城, 此兵恐未能已。"

• 061

[그래서] 현장이 말하였다. "지나간 일을 어찌 돌이켜 따질 수가 있겠소?" 그러나 [천개]소문은 끝까지 [그의 말을] 따르지 않았다. [*147)]

○ 玄奬曰, "旣往之事, 焉可追論。蘇文竟不從。"

• 062

[*148)] [나중에 현장의 보고를 들은] 태종은 시중을 드는 신하들을 돌아보면서

---

146) 고려의 오백 리나 되는 땅을 빼앗는가 하면[奪高麗五百里之地]: 당대에는 1리가 0.44km였으므로 500리라면 220km에 해당한다. 참고로 서울에서 대전까지가 140km, 강릉까지가 170km 정도이다. 신라의 북쪽 지경은 아마 이 무렵 압록강 인근까지 확장되었을 가능성이 높다. 이 문제에 관해서는 《자치통감》의 "우리 땅 오백 리[我地五百里]" 주석(제464~465쪽)을 참조하기 바란다.

147) *: 《책부원구》〈외신부·비어4(備禦四)〉에는 이런 내용이 소개되어 있다. "정관 18년 9월 을사일(644년 11월 9일)에 상리현장이 고려에 사행을 갔다가 귀환하였다. 현장이 막 평양성에 당도했을 즈음에는 개소문이 신라의 성 두 곳을 함락시켰다.(十八年九月乙巳, 相里玄奬使高麗還, 玄奬初至平壤, 蓋蘇文破新羅兩城。)"

148) *: 원래 이 자리에는 정관 18년(644)의 기사가 들어가 있어야 하는데 《구당서》에는 이해의 내용이 상당 부분 누락되어 있다. 《책부원구》〈외신부·비어4〉에 소개된 누락 내용은 다음과 같다. "태종이 정관 18년 6월에 조서를 내려 일렀다. '백제와 고려가 그들이 외지고 먼 것을 믿고 번번이 군사를 일으켜 신라를 핍박하매 신라가 나날이 위축되고 백성들은 도탄에 빠져 있다. [이에 신라가] 사신을 보내 지원을 요청하고 길에까지 나와 기별을 기다리누나. 짐은 실로 그 사정을 딱하게 여겨 사자에게 이르기를 저 두 나라가 전쟁을 멈추고 사이좋게 지내라는 조서

당 태종 이세민이 고구려 침공에 앞서 내린 〈고려를 친히 정벌하면서 직접 작성한 조서[親征高麗手詔]〉. 침공의 가장 큰 명분으로 연개소문이 영류왕을 시해한 일을 들었다.

말하였다.

○ 太宗顧謂侍臣曰,

• 063

"막리지놈은 그 주군을 시해하고 대신들을 모조리 죽였다. [그 놈은] 형를 내렸다. 그런데 고려는 간특하고 아둔하게도 아직도 공격을 멈추지 않는구나. [그러니 신라를] 구하러 가지 않으면 어찌 [그들의] 재난을 구해 줄 수 있겠는가? 마땅히 영주도독 장검으로 하여금 좌종위를 지키는 한편, 고이행 등을 이끄는 동시에 유주·영주 두 군의 도독부 병마와 거란·해·말갈[기병]을 이끌고 요동으로 가서 그 죄를 따지게 하였다. [그러나] 마침 요수가 범람하는 바람에 [장]검 등의 군사가 [결국 요수를] 건너지 못하였다.(六月, 詔曰, 百濟高麗恃其僻遠, 每動兵甲, 便逼新羅. 新羅日蹙, 百姓塗炭, 遣使請援, 道路相望. 朕情深愍念, 爰命使者, 詔彼兩蕃, 戢兵敦好. 而高麗姦惑, 攻擊未已. 若不拯救, 豈濟倒懸. 宜令營州都督張儉守左宗衛率高履行等率幽營二都督府兵馬及契丹奚靺鞨, 往遼東問罪. 屬遼水泛溢, 儉等兵不得濟.)"

고려전(高麗傳) 93

'가질 취(取)'는 쓰거나 보기에 따라서는 '질 패(敗)'와 혼동되기 쉽다.

벌을 쓰는 일도 함정 같은 경향이 있어서 백성들은 [몸을] 움직이기만 해도 죽으니 속으로 원통하게 여기면서도 거리에서는 눈짓만 주고받을 뿐이다.

○ "莫離支賊弑其主, 盡殺大臣, 用刑有同坑穽, 百姓轉動輒死, 怨痛在心, 道路以目。

• 064

무릇 군사를 내어 [그 백성을] 위로하고 [죄인을] 정벌하자면 거기에 걸맞은 명분이 있어야 하는 법이다. [그 높은] 주군을 시해하고 아랫사람들을 학대하므로 놈을 무너뜨리는 것은 무척 쉬운 일이다.149)" [*150)]

○ 夫出師弔伐, 須有其名, 因其弑君虐下, 敗之甚易也。

---

149) 놈을 무너뜨리는 것은 무척 쉬운 일이다[敗之甚易]: 《책부원구》〈외신부·비어4〉에는 이 부분이 "그 나라를 가지는 것은 쉬운 일일 것이다(取之爲易)"로 되어 있다. '무너뜨릴 패(敗)'는 '가질 취(取)'와 모양이 비슷한 것을 감안할 때 이 두 글자 중의 한쪽은 필사하는 과정에서 글자를 잘못 적은 것으로 보인다. 여기서는 그 대상이 연개소문이므로 전후 맥락을 따져볼 때 '패'로 써야 옳다.

150) *: 《문관사림(文館詞林)》 권662에는 정관 18년 6월에 내린 조서〈태종문황제 벌요수조(太宗文皇帝伐遼手詔)〉전문이 소개되어 있다.

• 065

[정관] 십구년¹⁵¹⁾에 형부상서이던 장량¹⁵²⁾을 평양도 행군대총관¹⁵³⁾으로 임명하였다. [그는] 장군 상하¹⁵⁴⁾ 등을 거느리고 강·회·영·협의 막강한 병사 사만 명과 전선 오백 척¹⁵⁵⁾을 이끌고 내주¹⁵⁶⁾로부터 바다를

---

151) 십구년(十九年): "정관 19년"은 645년에 해당한다. 《구당서》〈태종기〉에는 이 대목이 그 전 해(644) 일로 소개되어 있다. "정관 18년 10월 갑인일(11월 18일)에 [태종이] 낙양궁에 행차하였다. 11월 임인일(645년 1월 5일)에 어가가 낙양궁에 이르렀다. 경자일(1월 3일)에는 명령을 내려 태자첨사·영국공 이적을 요동도 행군총관으로 삼고 유성을 나서게 하고, 예부상서·강하군왕 [이]도종이 보좌하게 하는 한편, 형부상서·운국공 장량을 평양도 행군총관으로 삼고, 수군으로 내주를 나서게 했으며, 좌영군 상하와 노주도독 좌난당이 보좌하게 하였다. [이렇게] 천하의 병사들을 징발하여 10만을 징집하여 평양[성]으로 달려가 고려를 정벌하게 하였다.(貞觀十八年十月, 甲寅, 幸洛陽宮. 十一月壬寅, 車駕至洛陽宮. 庚子, 命太子詹事英國公李勣爲遼東道行軍總管, 出柳城, 禮部尙書江夏郡王道宗副之; 刑部尙書鄖國公張亮爲平壤道行軍總管, 以舟師出萊州, 左領軍常何, 瀘州都督左難當副之. 發天下甲士, 召募十萬, 并趣平壤, 以伐高麗.)"

152) 장량(張亮): 당대 초기의 장수·대신. 자세한 소개는 《자치통감》의 해당 주석(제480~481쪽)을 참조하기 바란다.

153) 행군대총관(行軍大總管): 당대 초기의 최고 군사지휘관 명칭. 북주·수·당대에 비상시(전시)에 임시로 군사를 통솔하는 총지휘관을 말하는데, 지금의 총사령관에 해당한다. 당대의 경우, 행군대총관은 대부분 초기인 태종 때에 임명되었다. 자세한 소개는 《자치통감》의 해당 주석(제597쪽)을 참조하기 바란다.

154) 상하(常何): 당대 초기의 장수. 《구당서》·《신당서》에는 〈마주전(馬周傳)〉·〈고려전〉 등에 이름만 소개되어 있을 뿐이다. 1990년대에 감숙성(甘肅省) 돈황(敦煌)에서 발견된 〈상하묘비(常何墓碑)〉에 따르면, 그는 서족(庶族, 평민) 지주 출신으로 수나라 말기에는 이밀의 와강군(瓦崗軍)으로 활동하였다. 나중에는 이밀에게 당나라에 귀순하도록 설득한 공으로 고조 이연으로부터 청의부(淸義府)·표기장군(驃騎將軍)·상주국(上柱國)·뇌택공(雷澤公)에 제수되었다. 당나라가 중원을 통일하는 과정에서 이연의 아들 이건성(李建成)·이세민을 따라 종군했으며 이세민이 현무문(玄武門)에서 정변을 일으키는 데에도 가담하였다.

155) 전선 오백 척[戰船五百艘]: '수(艘)'는 고대 한문에서 중·대형 선박을 세는 데에 사용한 수량사이다. 이 대목을 통하여 당나라 조정이 강·회·영·협 등지에서 군사를 징용한 이유를 알 수가 있다. 이 네 지역은 장강·회수 등 대형 하천이 흐르는

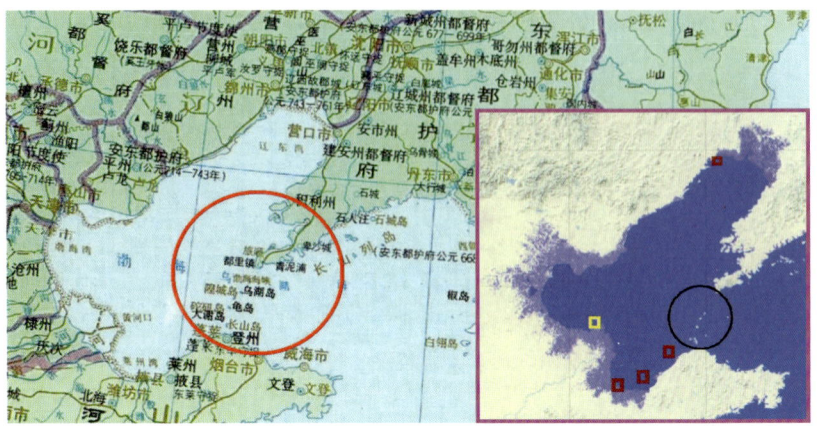

중국의 역사지리학자 담기양(譚其驤) 등 국내외 학계가 추정하는 대사도·구도·오호도·도리진·청니포의 위치. 모두 동그라미 안에 몰아 놓았으나 《주해도편》 등 당·송·명대 사서·문헌들을 비교해 재구성하면 모두가 동그라미 밖에 있는 섬들이다. 노란 네모가 도리진. 이로써 이때만 해도 횡단이 아니라 연안항법에 따라 산동 ⇒ 하북 ⇒ 요동으로 이동했음을 확인할 수 있다.

항해하여 서둘러 평양[성]으로 달려가게 하였다.

○ 十九年, 命刑部尙書張亮爲平壤道行軍大總管, 領將軍常何等率江·淮·嶺·硤勁卒四萬, 戰船五百艘, 自萊州汎海趨平壤.

• 066
이어서 특진157)·영국공 이적158)을 요동도 행군대총관으로 삼고 예부

유역에 자리잡고 있어서 단시일 내에 다수의 대형 선박을 징발하는 데에 유리했기 때문이다. 여기서는 편의상 '수'를 우리에게 익숙한 '척(隻)'으로 번역하였다.
156) 내주(萊州): 중국 고대의 지명. 지금의 산동성 청도(靑島)·유방(濰坊)·즉묵(卽墨)·교남(膠南)·교주(膠州) 등지에 해당한다.
157) 특진(特進): 중국 고대의 관직명. 한대에 처음 설치되었으며, 제후 중에서 공덕이 특히 탁월하여 조정의 추앙을 받는 이에게 내렸는데 그 지위는 삼공(三公) 다음이었다.

상서159)이던 강하왕 [이]도종160)을 부총관161)으로 삼아 장군 장사귀162) 등을 거느리고 보병·기병 육만을 이끌고 요동으로 달려가게 하였다. [그리고 나중에] 양군이 합세하면 태종이 육군163)을 직접 통솔하여 그들과 합류하기로 하였다. [*164)]

158) 이적(李勣, 594~669): 당대 초기의 명장. 성은 서(徐), 이름은 세적(世勣), 자는 무공(懋功)으로, 조주(曹州) 이호(離狐, 지금의 산동성 하택) 사람이다. 이밀과 함께 당나라에 귀순하고 큰 공로를 세워 황제로부터 국성(國姓)을 하사 받아 이(李)씨가 되었으며, 이세민이 황제로 즉위하자 그 이름을 피하여 적(勣)으로 개명하였다. 자세한 소개는 "이세적" 주석(제468~469쪽)을 참조하기 바란다.

159) 예부상서(禮部尚書): 중국 고대의 관직명. '5례(五禮)'의 의전·제사 및 교육·과거 관련 직무를 관장한 관서인 예부(禮部)의 수장으로, 지금의 문화교육부 장관에 해당한다.

160) 이도종(李道宗): 당대 초기의 황족·대신. 자는 승범(承范)이며, 개국군주 이연의 조카이다. 17세 때에 이세민과 함께 각종 전쟁에 종군하기 시작했으며 무덕 5년(622)에는 영주총관(靈州總管)에 임명되어 여러 차례 돌궐을 무찔러 임성왕(任城王)에 봉해졌다. 이세민이 황제로 즉위한 뒤에는 돌궐의 힐리기한을 생포한 공로로 형부상서를 거쳐 예부상서에 임명되고 강하왕(江夏王)에 봉해졌다. 자세한 소개는 해당 주석(제501~502쪽)을 참조하기 바란다.

161) 부총관(副總管): 당대의 관직명. 사령관 격인 총관의 직무를 보좌하였다. 이와 함께 필요에 따라서는 총관의 직무 수행을 감독하는 행군총관 감군(行軍總管監軍)도 운영되었다.

162) 장사귀(張士貴, 586~657): 당대 초기의 장수. 본명은 홀률(忽峍), 자는 무안(武安)으로, 괵주(虢州) 노지(盧氏, 하남성 노지현) 사람이다. 수나라 대도독 장화(張和)의 아들로, 어려서부터 무예를 익혀 말타기와 활쏘기에 능하였다. 수나라 말기에 조정에 반기를 들었으며, 당국공(唐國公)이던 이연에게 귀순한 뒤에는 그 아들 이세민을 도와 중원 통일을 이루었다. 여러 차례 전공을 세워 좌영군 대장군(左領軍大將軍)·괵국공(虢國公)이 되었으며, 고구려 침공에도 종군하였다. 사후에는 괵국대장군·형주도독(荊州都督)에 추증되었다.

163) 육군(六軍): 중국 고대의 군대 편제. '6군(六軍)'은 황제가 직접 지휘하며 평소에 황제를 경호하고 황궁의 경비를 담당한 금군(禁軍, 금위부대)을 말한다. 당대의 경우, 금군은 남아(南衙)와 북아(北衙)로 편성되었다.

164) *:《구당서》〈태종기〉에는 이와 관련하여 "[정관] 19년 봄 2월 경술일에 주상이 몸소 육군을 통솔하여 낙양을 출발하였다. …(十九年春二月庚戌, 上親統六軍發

○ 又以特進英國公李勣爲遼東道行軍大總管, 禮部尙書江夏王道宗爲副, 領將軍張士貴等率步騎六萬趨遼東。兩軍合勢, 太宗親御六軍以會之。

• 067
[정관 십구년] 여름 사월[165]에 이적의 군대가 요수를 건너[166] 진군하여 개모성[167]을 공격하였다.[168] [그리고] 그 성을 확보하고 나서 포로[169] 이만

洛陽. …)"고 기술되어 있다.

165) 여름 사월[夏四月]: 《자치통감》의 "태종 정관 19년(645)"조에는 그 시점이 "여름 4월 무술일 초하루"로 명시되어 있다. 4월의 첫 날에 개모성에 당도했다는 뜻이다.

166) 요수를 건너[渡遼]: 인터넷 〈국편위판〉과 〈동북아판2〉(제194쪽)에는 이 구절이 "遼河를 건너서"로 번역되어 있다. 그러나 여기서의 '요(遼)'는 하북성 동북부에서 요녕성 서부에 걸쳐 흐르는 요수(遼水)로 보아야 옳다. 요녕성 중부를 흐르는 하천인 지금의 요하(遼河)와는 다른 물줄기라는 뜻이다. 이 점은 《구당서》〈위정전(韋挺傳)〉에서 고구려 침공을 준비하던 태종 이세민이 위정에게 군량 수송의 책임을 맡기면서 "유주 이북 요수 2,000여 리에는 주나 현이 없어서 행군에 소요되는 물자·군량을 공급 받을 길이 없소(幽州以北, 遼水二千餘里, 無州縣)"라고 한 데서도 증명된다. 당나라 도읍 장안(지금의 서안)에서 보았을 때 요수가 유주(지금의 북경·천진 일대)보다 동북방에 있다는 말이 되기 때문이다. 반면에, 요하가 흐르는 요동반도는 유주의 동쪽에 해당하므로 방향이 맞지 않다.

167) 개모성(蓋牟城): 고구려 서부의 성 이름. 당나라군에게 함락된 뒤에 그 자리에 개주(蓋州)가 설치되었다. 이 기사를 보면 동쪽으로 요수를 건너 얼마 멀지 않은 곳에 자리잡고 있었던 것으로 보인다. 그 좌표와 관련하여 인터넷 〈국편위판〉 주082에서는 "撫順 千金寨의 西쪽 古城子 露天堀"로 비정한 소노다 카즈미(園田一龜)의 주장을, 〈동북아판2〉 주104(제194쪽)에서는 "심양시 蘇家屯 陳相屯鎭 동쪽에 있는 塔山山城"이라는 중국 학자 손진기(孫進己) 등의 주장을 각각 소개하였다. 명대의 관찬 연혁지 《요동지(遼東志)》의 〈개주위(蓋州衛)〉 "개모(蓋牟)"조에는 "정관 연간에 개소문이 그 땅에 할거하였다(貞觀中, 蓋蘇文據守其地)"고 소개되어 있다. 그러나 이는 명대에 민간에 전승되던 설화로 보이며, 일단 지리적 좌표부터가 일치하지 않는다. 위의 내용이 사실이라면 고구려의 개모성은 현토 땅에 있었다는 뜻이 된다.

명을 사로잡고[170] 그 성을 개주로 삼았다.

○ 夏四月, 李勣軍渡遼, 進攻蓋牟城。拔之, 獲生口二萬, 以其城置蓋州。

• 068

[정관 십구년] 오월에는 장량의 부장인 정명진[171]이 사비성[172]을 공격하여 그 성을 확보하고[173] 그 성의 남녀 팔천 명을 포로로 삼았다. 이날,

---

168) 요수를 건너 진군하여 개모성을 공격하였다[渡遼, 進攻蓋牟城]: 여기서 주목해야 할 것은 이세적의 행군 경로이다. 마지막 종착지인 현토는 통정진과 요수의 자리가 지금의 하북성 동북부에 있음을 보여 주는 일종의 랜드마크로 간주되기 때문이다. 호삼성은 '통정진'과 관련하여 "【통정진】 요수 서쪽에 있다. 수나라 대업 8년에 요동을 정벌할 때 설치되었다.(【通定鎭】 在遼水西. 隋大業八年, 伐遼所置)", '현토'에 관해서는 "… 서북쪽에 요산이 있는데 요수가 발원하는 산이다(… 西北有遼山, 遼水所出)"라고 소개하였다. 그렇다면 통정진은 요수를 건너기 전인 요수 서안에 있었다는 말이 된다. 그 좌표를 요서 땅에서 찾아야 한다는 뜻이다. 또, 요수를 건너면 현토 땅인데 그 서북쪽에 요산이 있다면 요수는 동남쪽으로 흐르는 물줄기여야 정상이다.

169) 포로[生口]: 중국 고대사에서 '생구(生口)'는 원래 전시에 사로잡은 포로를 가리키는 표현이다. 고대에는 포로를 노예로 부리는 경우가 많았기 때문이다. 나중에는 단순한 '노예'를 가리키는 표현으로 그 의미가 확장되었다.

170) 포로 이만 명을 사로잡고[獲生口二萬]: 이 대목과 관련하여《자치통감》"태종 정관 19년(645)"조에는 "4월 계해일(양력 5월 26일)에 2만이 넘는 포로 및 십수만 석의 군량을 획득하였다"고 기술되어 있다. 이로써 이 일이 발생한 시점이 4월 계해일(癸亥日, 양력 5월 26일)이었음을 알 수 있다. 이 대목과 비교할 때《자치통감》에는 "십수만 석의 군량"이라는 내용이 추가되었다.

171) 정명진(程名振, ?~662): 당대 초기의 장수. 명주(洺州) 평은(平恩, 지금의 하북성 곡주현 동남방) 사람이다. 자세한 소개는 부록《자치통감》의 해당 주석(제508~509쪽)을 참조하기 바란다.

172) 사비성(沙卑城): 고구려의 성 이름. 문헌에 따라서는 그 이름이 '사비(奢卑)'나 '비사(卑沙, 또는 畢奢)'로 소개되기도 하였다. 자세한 소개와 고증은 부록《자치통감》의 "비사성" 주석(제507~508쪽)을 참조하기 바란다.

이적이 군사를 요동성까지 진격시켰다.

○ 五月, 張亮副將程名振攻沙卑城。拔之, 虜其男女八千口。是日, 李勣進軍於遼東城。

•069

황제가 요택174)에 행차를 멈추었다.175)[그리고] 이렇게 조서를 내렸다.

○ 帝次遼澤。詔曰,

---

173) 공격하여 그 성을 확보하고[拔之]:《신당서》"정관 19년"조에서는 "5월 기사일에 평양도 행군총관 정명진이 사비성을 함락시켰다(五月己巳, 平壤道行軍總管程名振克沙卑城)"라고 소개하였다. 사비성이 5월 기사일(6월 1일)에 함락되었다는 뜻이다. 이 일과 관련하여 18세기 청대에 저술된《흠정 일하구문고(欽定日下舊聞考)》에서는 이렇게 추정하였다. "신 등이 삼가 따져 보옵건대,《당 대조령집》에 정관 19년 4월에 수나라의 요동 정벌군의 유해를 거두어 매장했다는 기사가 있으나 조서에는 그 자리가 유주에 있다고 말한 바 없습니다.《신당서》에서는 정관 19년에 고려 정벌에 나서 4월에 유주에서 출병식을 가지고 5월 기사일에 사비성을 함락시켰으며 경오일에 요택에서 멈추어 수나라 전몰자들을 수습했고 갑신일(6월 16일)에 요동성을 함락시켰다고 했습니다. 글의 맥락을 자세히 따져 볼 때 요동 정벌과정에서 전몰한 장병들의 무덤은 요동도에 있었다고 보아야 옳겠습니다.(臣等謹按, 唐大詔令載有貞觀十九年四月, 收葬隋征遼軍士骸骨, 詔不言地在幽州. 新唐書云, 貞觀十九年伐高麗, 四月誓西于幽州, 五月己巳克沙卑城, 庚午次遼澤, 瘞隋人戰亡者, 甲申克遼東城. 以文義詳之, 征遼將士冢, 當在遼東道上)"

174) 요택(遼澤): 중국 고대에 요수 인근에 형성되어 있던 소택지(沼澤地, 습지). 〈동북아판2〉 주108(제194쪽)에서는 그 좌표로 요녕성 "北鎭市 閭陽 동쪽으로부터 西沙河와 繞陽河로 진입하여 곧바로 요하 우안에 이르는 여러 지류가 모여 형성된 약 200여 리의 얕은 웅덩이와 소택지대"로 비정한 왕면후(王綿厚) 등 국내외 학계의 주장들을 소개하였다. 그러나 그 같은 결론은 역사적 진실과는 거리가 멀다. 자세한 소개와 고증은 이 책의 〈서문〉을 참조하기 바란다.

175) 황제가 요택에 행차를 멈추었다[帝次遼澤]: 태종 이세민이 요택에 도착한 시점과 관련하여《신당서》〈태종본기〉"정관 19년"조에는 "5월 … 경오일 초사흘에 요택에 멈추어서 수나라 전몰자들의 유해들을 안장해 주었다.(五月, … 庚午, 次遼澤, 瘞隋人戰亡者)",《자치통감》"정관 19년"조에는 "이세적이 진군하여 요동성 아래까지 이르렀다. 경오일 초사흘에, 어가가 요택에 이르렀다. 흙탕이 200여 리나

요택의 상상도. 사진은 중국 청해성(靑海省) 삼강원(三江源)의 거대한 저습지. 고대의 요택도 이런 모습을 가지고 있었을 것이다.

• 070

"지난날 수나라 군사가 요수를 건넜으나 당시는 하늘이 보우하지 않은 때였다. [결국 당시] 종군했던 병졸들은 해골이 서로를 마주 본 채로 온 들판에 널려 있[는 신세가 되었]으니176) 참으로 슬퍼서 한숨이 다 나올 지경

되어 인마가 오갈 수가 없었다. [그래서] 장작대장인 염입덕이 베를 땅에 깔고 다리를 지음으로써 군사가 멈추지 않고 행군을 이어갈 수 있었다. 임신일 초닷새에 요택 동쪽으로 건너갔다"고 각각 소개되어 있다. 당대에는 '1리=0.44km'이므로 200리라면 직선거리 88km로, 서울에서 원주까지의 거리에 해당한다. 이 두 기사가 정확한 것이라면 당나라군은 양력 7월 3일에 요택에 도착하고 이틀 만인 7월 5일에서야 요택을 건넌 셈이다.

176) 해골이 서로를 마주 본 채로 온 들판에 널려 있으니[骸骨相望, 徧於原野]: 수나라가 고구려 침공에 나섰다가 악천후와 돌림병 때문에 고전을 면치 못하고 엄청난 사상자를 낳았던 일을 두고 한 말이다. 이와 관련하여 《자치통감》〈수기〉 "개황 18년(598)"조에는 이렇게 기술되어 있다. "6월 병인일(양력 8월 4일), 조서를 내려 고려왕 [고]원의 관작을 박탈하였다. 한왕 [양]량의 군사가 임유관을 나갔다. [그러나] 때마침 큰 물이 부는 바람에 군량 수송이 원활치 못하여 군영에 식량이 부족했으며, 거기다가 돌림병까지 만나고 말았다. 주라후는 동래로부터 바다를 건너 평양성으로 달려갔는데 공교롭게도 바람을 만나 배가 떠내려가거나 침몰된 경우가 많았다. 가을 9월 기축일(10월 26일)에 군사를 되돌렸다.(六月丙

이다. [그] 해골들을 안장하는 의리는 실로 선황의 약속이니177) 그들을 일률적으로 거두어 안장해 주도록 하라."

○ "頃者隋師渡遼, 時非天贊, 從軍士卒, 骸骨相望, 徧於原野, 良可哀歎。掩骼之義, 誠爲先典, 其令並收瘞之。"

• 071
[이때] 국내[성]178) 및 신성179)의 보병·기병 사만이 달려와 요동[성]을 구

寅, 下詔黜高麗王元官爵. 漢王諒軍出臨渝關. 値水潦, 餽運不繼, 軍中乏食, 復遇疾疫. 周羅睺自東萊泛海, 趣平壤城, 赤遭風, 船多飄沒. 秋九月己丑, 師還)"

177) 선황의 약속[先典]: 이 부분을 인터넷 〈국편위판〉에서는 "무엇보다 우선되어야 하니", 〈동북아판2〉(제194쪽)에서는 "진실로 우선해야 할 상도이다"로 번역하였다. 고대 한문에서 '선전(先典)'은 '선황이 약속한 은혜'를 뜻하는 표현이다. 이세민의 부친이자 당나라의 개국군주인 이연(李淵)이 생전에 지키겠다고 다짐했던 약속을 가리키는 것이다. 여기서는 수나라 양제가 고구려를 침공할 때 전사한 장병들의 유해를 수습하는 일을 두고 한 말이다.

178) 국내(國內): 고구려의 성 이름. 고구려 건국 초기의 도읍이며, 나중에도 '3경(三京)' 중의 하나로 일컬어질 정도로 중요한 성이었다. 국내외 학계에서는 그 위치를 "지금의 輯安縣 通溝" 또는 집안현 현성(縣城)으로 비정하는 것이 통설이다 그러나 그 같은 결론은 대부분 반도사관에 대입해 도출된 것이어서 정확하다고 단정하기 어렵다.

179) 신성(新城): 고구려의 성 이름. 그 위치의 경우, ① 인터넷 〈국편위판〉 주089에서 이케우치 히로시(池內宏)의 주장을 근거로 요녕성 "撫順 北關山城", ② 〈동북아판2〉 주109(제195쪽)에서 중국 학자 왕면후·이건재(李健才) 등의 주장을 근거로 그 인근인 "撫順市 渾河 북쪽에 있는 高爾山城"으로 각각 비정하였다. 그러나 두 결론 모두 반도사관에 대입해 도출해 낸 것이어서 재고가 필요하다. 참고로, 《자치통감》〈진기(晉紀)〉 "함강(咸康) 5년(339)"조의 "모용황이 고구려를 공격하여 그 군사가 신성에까지 이르렀다.(䶂擊高句麗, 兵及新城)" 기사에 대하여 원대 학자 호삼성은 "신성은 고구려의 서쪽 변방으로, 서남면은 산을 끼고 동북으로는 남소·목저 등의 성들을 접하고 있었다(新城, 高句麗之西鄙, 西南傍山, 東北接南蘇木底等城)"고 소개하였다. 학계에서 주장하는 무순(撫順)은 고도가 높은 산지여서 호삼성이 주장한 곳과는 지형적인 편차가 크다.

원하려 하였다. [*180)] 강하왕 [이]도종이 기병 사천을 이끌고 맞서 공격하여 그들을 크게 무찌르고 [적의] 머리를 천 급 넘게 베었다.

○ 國內及新城步騎四萬來援遼東。江夏王道宗率騎四千逆擊, 大破之, 斬首千餘級。

• 072
황제가 요수를 건넜다.181) [이어서] 조서를 내려 부교를 헒으로써182) 병졸들이 결전의 의지를 다지게 하였다. [*183)]

---

180) *:《자치통감》"태종 정관 19년"조에는 이 대목이 비교적 상세하게 기술되어 있다.
181) 황제가 요수를 건넜다[帝渡遼水]:《구당서》〈태종기〉에는 "5월 정축일에 어가가 요수를 건넜다(五月丁丑, 車駕渡遼)"라고 기술되어 있다. '5월 정축일'이라면 양력으로는 6월 9일에 해당한다. 이와 관련하여 당대 중기의 시인 왕건(王建, 765~830)은 〈요수를 건너다[渡遼水]〉라는 시에서 이렇게 노래하였다. "요수를 건너고 보니 이곳이 함양에서 5,000리나 떨어진 곳이로구나!(渡遼水, 此去咸陽五千里)" 이를 통하여 함양(서안시 인근의 함양시 동북 20리 지점)으로부터 동북 쪽으로 5,000리(2,200km) 떨어진 곳에 요수가 자리잡고 있었음을 알 수 있는 셈이다.
182) 교량을 헒으로써[撤橋梁]: 태종 이세민의 당나라군이 배수진(背水陣)을 친 것을 가리킨다. 중국 고대의《손자병법(孫子兵法)》에서는 하천을 끼고 작전을 벌일 경우 물가에 진을 치는 것을 금기로 여겼다. 그러나 유방(劉邦)과 항우(項羽)가 천하를 놓고 각축을 벌일 때에 유방의 사령관인 한신(韓信)은 강물을 등지고 진을 쳐서 진퇴양난의 형세를 만듦으로써 군사들이 필사적으로 싸워 결국 승리를 거두었다. 이세민도 이때 한신의 배수진을 흉내내어 장병들에게 죽음을 무릅쓰고 전쟁에 임하도록 유도한 것으로 보인다.
183) *:《자치통감》"태종 정관 19년"조에는 이 자리에 이런 내용이 보인다. "마수산에 군영을 세우고 강하왕 [이]도종의 노고를 치하하고 마문거를 파격적으로 중랑장에 배수하는 한편 장군예를 참수형에 처하였다." 그렇다면 마수산은 '요동성 아래' 쪽에 있었던 셈이다.

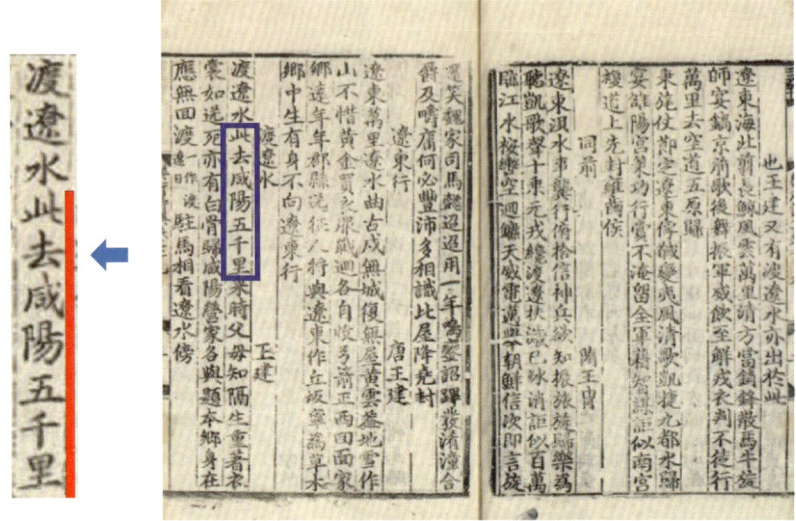

8~9세기 시인 왕건(王建)은 자신의 시 〈요수를 건너다[渡遼水]〉에서 요수가 함양으로부터 5,000리 떨어져 있다고 증언하였다. 흥미로운 사실은 〈거란전〉에는 거란이 도성(장안)으로부터 5,300리 떨어져 있다고 소개되어 있다는 사실이다. 고대의 요수는 지금의 요하일 수 없다는 뜻이다.

○ 帝渡遼水。詔撤橋梁, 以堅士卒志。

• 073

황제가 요동성 아래에 이르렀다. 184) [황제는] 병졸들이 짐을 지고 [성채로

184) 황제가 요동성 아래에 이르렀다[帝至遼東城下]:《자치통감》"정관 19년"조에서는 이 일을 이렇게 기술하였다. "[5월 을사일 초이틀] … 이세적이 진군하여 요동성 아래까지 이르렀다. 경오일(초사흘)에 어가가 요택까지 이르렀는데 … 군사가 멈추지 않고 계속 행군하였다. 임신일(초닷새)에 요택 동쪽으로 건너갔다. 을해일(초여드레)에 고구려의 보병·기병 4만이 요동성을 구하려 했으나 … 고구려가 크게 패하고 1천 급이 넘게 목에 베었다. 정축일(초열흘)에 어가가 요수를 건너고 나서 다리를 헒으로써 병사들의 의지를 다지게 한 다음 마수산에 주둔하였다." 다리를 헒고 배수진을 친 시점이 5월 정축일임을 알 수 있다. 중국 학계에서는 요동성을 지금의 요녕성 요양시(遼陽市) 시내의 노성구(老城區) 일대로 비정

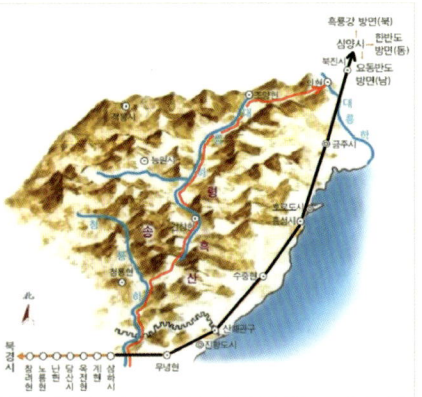

중국의 고당전쟁 경로도(좌). 당나라군이 해안도로를 통해 요동으로 출격한 것으로 그려져 있다. 그러나 같은 중국의 지구과학계에서는 요동과의 교통에는 당대까지도 내륙도로(빨강)만 사용되었으며 이 해안도로(검정)는 수레만 다닐 정도로 좁았다는 것이 정설이다. 해안도로가 본격적으로 사용되기 시작한 것은 12~13세기부터이다.

접근하는 적을 저지하기 위하여 파 놓은) 해자185)를 메우는 광경을 발견하였다.

○ 帝至遼東城下。見士卒負擔以塡塹者。

하고 있다. 그러나 여기서 "황제가 요동성 '아래'에 이르렀다"고 한 것은 그 같은 고증이 잘못되었다는 분명한 증거이다. '아래[下]'라는 표현 자체가 요동성과 당나라군의 위치를 고(요동성)와 저(당나라군)로 설정하기 때문이다. 태종 이세민의 군영과 관련하여 《자치통감》에서는 평지가 아닌 마수산이라고 하였다. 그렇다면 요동성은 그보다 고도가 높은 산지에 자리잡고 있었다는 뜻이 된다. 그러나 지금의 요양시, 특히 노성구 일대는 해발 고도 20~30m 수준의 평지로 이루어져 있으며 어디에도 산지는 보이지 않는다.

185) 해자를 메우는 광경[塡塹]: 인터넷 〈국편위판〉에서는 '참(塹)'을 '구덩이', 즉 참호(塹壕)로 해석하였다. 그러나 여기서는 적군들로부터 성채를 지키기 위하여 성채를 둘러싸고 설치한 구덩이를 가리키므로 물을 주입한 '해자(垓字)'로도 해석이 가능하다. 실제로 온라인 사전인 《한전(漢典)》에서는 '참'을 "방어에 쓰는 구덩이, 호성하(해자)(防禦用的壕溝, 護城河)"로 소개하였다. 요동성 성벽 주변으로 방어용 해자가 둘러싸고 있었을 가능성이 높다는 뜻이다.

· 074

황제는 그중에서도 유난히 무거워 보이는 짐을 나누어서 직접 말 위에서 그것을 들어 주었다. [그러자 황제를] 수행하던 관원들은 모두 황공해하며 앞 다투어 [그 짐을] 날라 성 아래로 보내었다. [＊186)]
이때 이적은 이미 군사를 이끌고 요동성을 공격하고 있었다. [＊187)]

○ 帝分其尤重者, 親於馬上持之。從官悚動, 爭齎以送城下。時, 李勣已率兵攻遼東城。

· 075

고려는 아군에게 '삼백 근의 돌을 한 리 너머까지 날릴 수 있는 포거188)를 보유하고 있다'는 소식을 듣고 그 일을 몹시 두려워하였다. 그래

---

186) ＊:《신당서》〈고려전〉에는 이 사이에 이런 내용이 보인다. "[요동]성에는 주몽의 사당이 있고 그 사당에는 쇄미늘갑옷과 가지창이 있었다. [고구려인들은] '전연 당시에 하늘에서 내려 주신 것들'이라고 망령된 말을 하였다. [그러다가 성이] 포위되어 전황이 급박해지자 미녀를 여신으로 꾸미면서 '주몽께서 기뻐하시면 성이 기필코 온전해질 것이다'라고 떠들어 대었다.(城有朱蒙祠, 祠有鎖甲銛矛, 妄言前燕世天所降. 方圍急, 飾美女以婦神, 誣言'朱蒙悅, 城必完'.)" 그렇다면 7세기 고구려에서 시조 주몽(추모)의 사당은 국성(평양성)뿐만 아니라 주요한 성마다 모두 갖추어져 있었으며, 여신 숭배와 빙의를 통한 예언 등의 샤머니즘이 유행하고 있었음을 짐작할 수 있는 셈이다.
187) ＊:《자치통감》"정관 19년"조에는 이와 관련하여 "이세적은 요동성을 공격하기를 밤낮도 쉬지 않고 열흘 하고도 이틀이나 계속하였다(원문은 해당 대목을 참조 바람)"는 내용이 추가되어 있다. 그렇다면 요동성 공략에 12일[이상]이 소요된 셈이다.
188) 포거(拋車): 중국 고대의 군사 장비. 일종의 투석기로, 무겁고 큰 돌을 얹어 적군의 진지·성채에 쏘아서 피해를 입히거나 적군을 살상하는 데에 사용되었다. 나중에는 '포(礮)'로 불리기도 하였다.《신당서》〈고려전〉에는 "[이]적이 포거를 늘어놓고 큰 돌을 300보 넘게 날렸다(勣列拋車, 飛大石過三百步)"고 기술되어 있다. 고대에는 300보를 1리로 쳤으므로 454m 정도 되는 셈이다

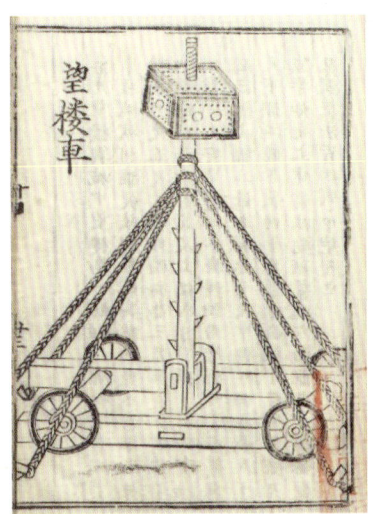

송대의 병서 《무경총요》에 소개된 '망루거(望樓車)'

서 성 위에 나무를 쌓아 전[투용 망]루189)를 만들고 날아오는 돌에 맞섰다.

○ 高麗聞我有抛車, 飛三百觔石於一里之外者, 甚懼之。乃於城上積木爲戰樓以拒飛石。

• 076

[이]적이 [여러 대의] 포거들을 늘어놓고 돌을 쏘아 그 성을 공격하니 [돌을] 맞은 데는 맞는 족족 무너져 내렸다. [이적이] 이번에는 당거190)를 밀고 와서 그 성의 누각을 들이받으니 무너지지 않는 데가 없을 정도였다.

---

189) 전루(戰樓): 중국 고대의 군사 장비. 성 위에 나무를 재어서 누각처럼 짓고 날아오는 화살이나 돌을 막거나 접근하는 적군으로부터 몸을 은폐하는 데에 사용된 것으로 보인다.

190) 당거(撞車): 중국 고대의 군사 장비. 여러 사람이 눕힌 큰 나무를 멘 채로 적진의 성문을 들이받아 그 문을 부수는 데에 사용되었다.

[＊191)]

○ 勣列車發石以擊其城, 所遇盡潰。又推撞車撞其樓閣, 無不傾倒。

•077

황제는 일만이 넘는 [종]무장한 기병을 직접 이끌고 이적과 합류하고 나서 그 성을 포위하였다.192) 이윽고 남풍이 무척 거세게 불자193) 불을 놓도록 명령하여194) [＊195)] 그 성의 서남쪽 누각을 불 태웠다. [그 불이]

---

191) ＊：《신당서》〈고려전〉에는 이 자리에 이런 내용이 보인다. "이때 백제에서는 금휴개를 바쳤다. 이어서 현금으로 산오문개를 지어서 병사들이 그것을 입고 종군하였다. [그래서] 황제가 이적과 회합했을 때 그 갑옷의 빛 때문에 눈이 다 부실 지경이었다.(時百濟上金髤鎧, 又以玄金爲山五文鎧, 士被以從. 帝與勣會, 甲光炫日)" 여기서 '현금(玄金)'은 쇠[鐵]를 말한다. 백제에서 지어 바쳤다는 '금휴개(金髤鎧)'는 쇠로 된 찰갑에 검붉은 옻을 칠해서 만든 갑옷을 말한다. 2011년에 공주 공산성에서는 '정관' 19년(645)' 등 붉은 글자 명문이 적히고 전체적으로 검은색 옻이 칠해진 갑옷이 출토되었다. ① 연대가 좀 **빠르고** ② 재질이 쇠가 아닌 가죽인 점, ③ 수량이 한 점에 그치는 점 등을 감안할 때, ④ 고구려와의 요동전쟁을 위하여 백제에 금휴개를 지원해 줄 것을 요청하면서 일종의 견본(sample)으로 보낸 것일 가능성도 배제할 수 없다.
192) 그 성을 포위하였다[圍其城]：《자치통감》 "정관 19년"조에는 이 대목이 이렇게 기술되어 있다. "그 성을 몇백 겹이나 포위하여, 북과 고함 소리로 온 천지가 다 울릴 정도였다."
193) 남풍이 무척 세게 불자[南風甚勁]: 여기에는 날짜를 명시하지 않았으나 《자치통감》 "정관 19년"조에 따르면, 당나라군이 요동성에 화공을 펼친 날은 갑신일(甲申日, 열이레)이었다. 이해 5월은 양력으로는 6~7월이므로 5월 갑신일은 양력 6월 16일에 해당한다. 당나라군이 요동성을 공략할 무렵에 태풍이 북상하면서 강한 남풍이 불었던 것으로 보인다.
194) 불을 놓도록 명령하여[命縱火]: 이를 통하여 요동성의 지리적 위치를 추정해 볼 수가 있다. 5월(양력 6~7월 태풍철) 전후에 남쪽으로부터 불어오는 바람(남풍)을 빌어 화공을 펼쳤다고 전제할 경우, 당나라군이 불을 놓은 쪽은 요동성의 동면(東面)이었을 것이다. 또, 불을 놓자 서남쪽 누각과 건물들이 소진되었다면 남풍이 '남 ⇒ 북'으로 불므로 당나라군은 요동성의 남면이나 동면에서 불을 놓았을 것이다.

성 안에까지 번지는 바람에 [성 안의] 건물들이 모조리 타 버리고 말았다.
- ○ 帝親率甲騎萬餘, 與李勣會, 圍其城。 俄而南風甚勁, 命縱火焚其西南樓, 延燒城中, 屋宇皆盡。

• 078

[이윽고 사다리 등으로?] 전사들이 성으로 올라가매 적이 비로소 크게 무너졌다. [이때 불에] 타 죽은 적이 만 명이 넘었으며, 그 성의 정예 병력을 만 명 넘게 포로로 삼았다.¹⁹⁶⁾
- ○ 戰士登城, 賊乃大潰, 燒死者萬餘人, 俘其勝兵萬餘口。

• 079

그 성을 요주¹⁹⁷⁾로 삼았다.

---

195) * :《자치통감》"정관 19년"조에는 이 자리에 "주상이 정예병들을 파견하여 충간 끝에 올라타고"라는 내용이 추가되어 있다. '충간(衝竿)'은 성을 공격하는 도구의 일종으로, 글자 그대로 풀면 '돌격용 장대' 정도로 해석된다. 아마 병사들이 그 장대 끝에 매달린 채 성벽 위로 올라가 성을 지키는 고구려군과 전투를 벌였을 것이다.

196) 그 성의 정예 병력을 만 명 넘게 포로로 삼았다[俘其勝兵萬餘口]:《자치통감》"정관 19년"조에서는 "죽인 것이 만여 명이나 되고, 정예병을 만여 명, 남녀를 4만 명이나 사로잡았다"고 하였다. 이 기사와는 달리《자치통감》에는 "남녀 4만 명"을 사로잡은 일이 추가된 셈이다.

197) 요주(遼州): 당나라가 고구려 요동성에 설치한 주. 호삼성은《자치통감》"정관 19년"조에 주석을 붙이고 "지금의 대원제국 요양부(今大元遼陽府)"라고 하였다. 이 '요양[부]'을 인터넷 〈국편위판〉 주094에서는 "지금의 遼陽"이라고 소개했으나 고증이 잘못되었다. 작명의 기준이 되는 대상이 하천('요수')이므로, 요양을 글자 그대로 풀면 '요수 북쪽 땅'을 가리키는 셈이다. 문제는 현재의 요양시는 학계에서 요수로 비정하는 요하의 북안(北岸)이 아니라 태자하(太子河) 북안에 자리잡고 있다는 데에 있다. 요양이 아니라 '태[자]음(太陰)'으로 불러야 옳은 것이다. 남송 학자 황상(黃裳, 13세기)이 제작한 〈지리도(墜理圖)〉에는 요주가 지금의 요

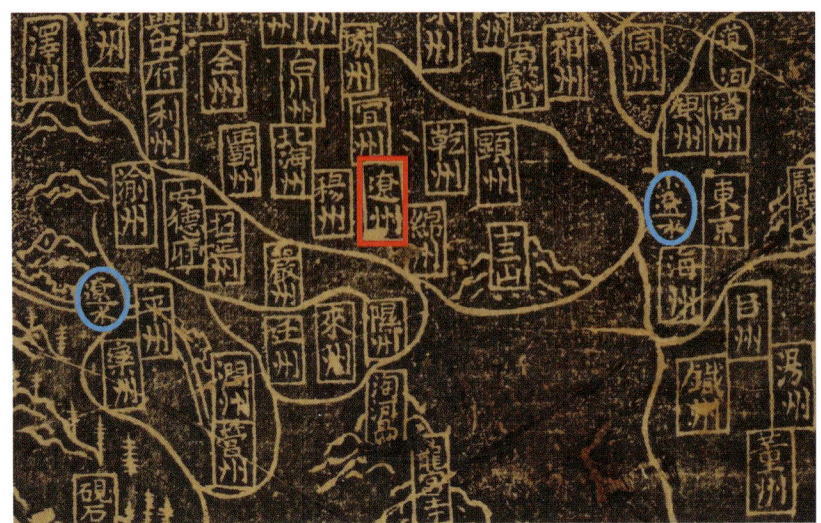

남송 황상(黃裳)의 《지리도(墜理圖)》에 그려진 요주(遼州). 그 왼쪽에 요수, 건너편 오른쪽에 소요수(요하)가 보인다.

○ 以其城爲遼州。

• 080

당초에[198] 황제가 정주[199]에 있을 때 [요동성까지] 몇십 리마다 봉화대를 하나씩 설치하여 [그 봉화대를] 요[동]성까지 연결하라는 명령을 내리고 태자와 약속하여 '요동[성]을 함락시키면 봉화를 올리라'고 일렀었다. [그리

서지역에 그려져 있다. 자세한 소개 및 고증은 부록 《자치통감》의 해당 주석(제 517~518쪽)을 참조하기 바란다.

198) 당초에[初]: 《구당서》〈태종본기〉에 따르면 "[정관] 19년, … 3월 임진일(壬辰日)에 주상이 정주를 출발하였다(十九年, … 三月壬辰, 上發定州)"고 한다. 그렇다면 여기서 태종이 봉화대 설치를 명령한 시점은 정주 출발을 앞두고 있던 3월 임진일(양력 4월 25일) 전후였던 셈이다.

199) 정주(定州): 중국 고대의 지명. 북위의 천흥(天興) 3년(400)에 안주(安州)를 고쳐 설치했으며, 치소는 노노(盧奴, 지금의 하북성 정주시)였다.

고] 이날, 황제는 명령을 내려 봉화를 올려 [승전보를 중원의] 노룡새 안으로 알리게 하였다.

○ 初, 帝自定州命每數十里置一烽, 屬于遼城, 與太子約, 克遼東, 當擧烽。是日, 帝命擧烽, 傳入塞。

• 081

[당나라] 군사가 백애성[200]까지 진주했을 때[201]] [황제가 그] 성을 공격하라는 명령을 내렸다. [이때] 우위대장군[202]이던 이사마[203]가 노궁 화살에 맞았다. [이에] 황제가 직접 [입으로] 피를 빨아 주니 장병들이 그 소식을 듣고 감격하며 분발하지 않는 이가 없을 정도였다. [* 204)]

○ 師次白崖城, 命攻之。右衛大將軍李思摩中弩矢, 帝親爲吮血, 將士

---

200) 백애성(白崖城): 고구려의 성 이름.《자치통감》"정관 19년"조 및《신당서》〈태종본기〉에는 '백암성(白巖城)'으로 소개되어 있다. 국내외 학자들은 그 위치를 지금의 요녕성 등탑시(燈塔市)에 있는 연주성(燕州城)으로 비정하고 있다. 그러나 ① 그 같은 주장들은 모두 '요동'이 요동반도로부터 시작된다고 잘못 인식한 데 따른 결과이다. 더욱이 ② '백애'와 '백암'은 글자 그대로 풀면 '흰 벼랑' 또는 '흰 바위'라는 뜻이므로 그 이름을 통하여 그 일대에 흰 바위층이 발달되어 있었음을 짐작할 수 있다. 그러나 ③ 태자하 북안의 연주성 일대는 그 같은 지형·지질적 특징이 거의 보이지 않아서 기존 고증에 의문을 품게 한다.

201) 백애성까지 진주했을 때[次白崖城]:《자치통감》"정관 19년"조에는 "을미일에 백암성까지 진군하였다"고 기술되어 있다. 당나라군이 백암성(백애성)까지 진군한 시점이 5월 을미일(양력 6월 27일)이었던 셈이다.

202) 우위대장군(右衛大將軍): 중국 고대의 관직명. 자세한 소개는《자치통감》의 해당 주석(제519쪽)을 참조하기 바란다.

203) 이사마(李思摩, ?~647): 당대 초기의 돌궐계 장수. 본래의 성은 아사나(阿史那, 아시나)이며, 동돌궐에서 캅 테긴(qap tegin, 夾畢特勤)을 지냈다. 자세한 소개는《자치통감》의 해당 주석(제519쪽)을 참조하기 바란다.

204) *:《자치통감》"정관 19년"조에는 이 자리에 오골성에 대한 비교적 자세한 소개가 추가되어 있다.

백애성의 후보지로 간주되는 요양시 인근의 연주성. 그러나 이름이나 입지조건을 육안으로 따져 보더라도 의구심을 갖게 한다.

聞之, 莫不感勵。

•082

그 [백애]성은 산을 등진 채 물을 마주하고 있는 데다가[205] 사면이 험준하고 고립된 곳이었다. [그래서] 이적이 당거로 그 성벽을 들이받는 한편 돌을 날리고 화살을 쏘아 성 안으로 빗발처럼 쏟아부었다.[206]

---

205) 산을 등진 채 물을 마주하고 있는 데다가[因山臨水]: 이 부분을 인터넷 〈국편위판〉에서는 "그 城은 산을 등지고 물가에 바짝 닿아 있는 데" 식으로 번역하였다. 그러나 '인산(因山)'은 산의 형세를 따라 성을 쌓았다는 의미로 이해해야 한다. 평지성이 아니라 산성이라는 뜻이다. '애(崖)'라는 이름자나 뒤에 이어지는 '사면험절(四面險絶)' 역시 그 표현 자체만으로도 백애성이 고도가 높고 험한 산지에 지어진 산성임을 분명히 확인시켜 준다. 지형을 놓고 볼 때 학자들이 지금 백애성으로 비정하는 자리(연주성)는 아닐 가능성이 높다는 뜻이다.

206) 성 안으로 빗발처럼 쏟아부었다[雨集城中]: 인터넷 〈국편위판〉에서는 "城中에서 빗발치듯 쏟아졌다"고 번역하였다. 그러나 돌과 화살을 쏜 쪽은 고구려군이 아니라 당나라군으로 해석해야 옳다. 이 구절은 문법적으로 「부사(雨)+동사(集)+보어(城中)」 구조를 이루고 있어서 그 의미 역시 자연히 '비처럼 성 안에 집중되었다' 식으로 해석될 수밖에 없기 때문이다. 게다가 당거로 고구려 성문을 들이받으면서 돌과 화살을 쏘아 당나라군의 진격을 엄호했다고 보는 편이 합리적이다. 실제로 중국의 대역판 《구당서》에서도 "나는 돌과 화살이 마치 빗방울처럼 성 안으

왕조	성 이름		
	백암성	백애성	연주성
사서·문헌	당	정관정요, 통전, 병전, 당회요	이사마묘지명(정관 21), 대당신어	-
	오대·송	구당서, 신당서, 책부원구, 자치통감, 삼국사기, 문헌통고, 무경총요, 태평어람	책부원구, 직관분기, 삼국사기, 태평어람	-
	원·명	조선사략, 요동지, 당서지전, 수당야사, 수당양조지전	함빈록	-
	청	만주원류고, 독사방여기요, 열하일기, 성경통지	대청일통지, 패문운부	-

역대 중국 사서들의 백애성 이름 비교표. 백애성과 백암성은 시대를 불문하고 대체로 비슷한 비율로 확인된다. 그러나 성을 함락시킨 뒤에 '암주(巖州)'를 설치한 것을 보면 원래 이름은 백암성이었다고 보아야 옳다.

○ 其城因山臨水, 四面險絶。李勣以撞車撞之, 飛石流矢, 雨集城中。

• 083

[정관 십구년] 유월에 황제가 그 성 서북쪽에 행차하였다. [그러자] 성주이던 손벌음이 남몰래 사신을 파견하여 항복하기를 요청하면서 [*207)] 말하였다.

"신은 진작부터 항복하기를 바라고 있었사오나 성 안에 두 마음을 가진 자가 있나이다."

○ 六月, 帝臨其西北。城主孫伐音潛遣使請降, 曰, "臣已願降, 其中有

　　　로 떨어졌다(飛石流箭, 如同雨點一般落到城中)"고 번역해 놓았다.
207) *：《자치통감》 "정관 19년"조에는 이 자리에 "성에 나타나 칼과 도끼를 던지는 것을 신호로 삼기로 하였다. 그러면서 … "라는 내용이 추가되어 있다.

貳者."

•084

[그러자 황제는 그에게] '기치를 하사하라'는 조서를 내리고 일렀다.

"꼭 항복할 작정이라면 성 위에 그것을 꽂도록 하라."

[그래서 손]벌음이 성 위에 기치를 꽂으매 고려는 당나라 군사가 [성으로] 올라온 것으로 여기고 결국 모두 항복하였다.[208]

○ 詔賜以旗幟, 曰. "必降, 建之城上." 伐音擧幟於城上, 高麗以爲唐兵登也, 乃悉降。

•085

당초에 요동[성]이 함락될 무렵에 [손]벌음은 항복하기를 간청했었다. 그랬다가 도중에 후회하[고 입장을 번복하]자 황제는 그가 [입장을] 번복한 일에 분노하여 '성 안의 사람과 물건들을 나누어 전사들에게 내리겠다'고 약속하였다. [그런데] 이때에 이르러[209] 이적이 황제에게 말하였다.[210]

---

208) 결국 모두 항복하였다[乃悉降]: 남송 학자 왕응린(王應麟, 1223~1296)의 백과전서《옥해(玉海)》에는 당시의 상황이 이렇게 소개되어 있다. "백애성으로 진군하여 공격하고【을미일】, 오랑캐 추장 손벌음이 성을 들어 항복하매【6월 정유일】, 남녀 1만과 병사 2천을 얻고 그 땅을 '암주'로 삼은 다음 안시성에서 행차를 멈추었다【병진일】(進攻白崖【乙未】虜酋孫伐音以城降【六月丁酉】獲男女凡萬兵二千, 以其地爲巖州, 次安市【丙辰】)" 당나라군의 백애성(백암성) 공격을 5월 을미일(6월 27일), 성이 함락된 날을 6월 정유일(6월 29일), 태종의 어가가 안시성에 도착한 날을 6월 병진일(7월 18일)로 본 셈이다.

209) 이때에 이르러[及是]: '이때[是]'는 손벌음이 망설임 끝에 결국 성 위에 깃대를 꽂자 태종 이세민이 '성 안의 사람과 물건들을 나누어 전사들에게 내리겠다'고 한 당초의 결정을 철회한 일을 가리킨다.

210) 이적이 황제에게 말하였다[李勣言於帝曰]:《자치통감》"정관 19년"조에는 이 부

○ 初, 遼東之陷也, 伐音乞降, 旣而中悔。帝怒其反覆, 許以城中人物分賜戰士。及是, 李勣言於帝曰,

• 086

"전사들이 분발하여 선두를 다투면서 화살과 돌[의 위험]을 돌아보지 않는 것은 [자신들이] 사로잡고 챙길 사람과 물건들을 탐내기 때문입니다. 지금 [이] 성은 함락되기 직전인데 그 자가 항복하는 것을 이번에도 윤허하시다니요! [그 결정은] 장병들의 마음을 저버리신 격이 아닙니까?"

○ "戰士奮厲爭先, 不顧矢石者, 貪虜獲耳。今城垂拔, 奈何更許其降, 無乃辜將士之心乎。"

• 087

[그래서] 황제가 말하였다.211)

"장군의 말이 옳소. 그렇기는 하나 군사를 풀어 살륙을 벌이고 저들의 처자식을 사로잡는 일은 짐이 [인정상] 참을 수 없는 일이오. 장군의 부하들이 공을 세운다면 짐이 내탕고의 물건들을 그들에게 상으로 내리리다. 그렇게 하면 장군에게서 이 성 하나를 갚는 셈이 아니겠소."

○ 帝曰, "將軍言是也。然縱兵殺戮, 虜其妻孥, 朕所不忍也。將軍麾下有功者, 朕以庫物賞之, 庶因將軍贖此一城。"

분이 이렇게 기술되어 있다. "이세적은 주상이 그 나라의 투항자들을 받아들이려 하자 무장을 한 병사 수십 명을 거느리고 이렇게 요청하였다. …"

211) 황제가 말하였다[帝曰]:《자치통감》"정관 19년"조에는 이 부분이 "주상이 말에서 내려 사과하면서 말하였다(上下馬謝曰)" 식으로 '말을 내린 다음 사과하면서'라는 내용이 추가되어 있다.

•088

[이리하여 손벌음으로부터] 마침내 항복을 받아 성인 남녀 일만 명과 정예 병력 이천사백 명212)을 사로잡았다. [＊213)] 그 성으로 암주214)를 설치하고 손벌음을 암주자사에 제수하였다. [＊215)]

○ 遂受降, 獲士女一萬, 勝兵二千四百。以其城置巖州, 授孫伐音爲巖州刺史。

•089

아군이 요수216)를 건널 즈음이었다. 막리지가 가시성217)의 [병력] 칠백

---

212) 성인 남녀 일만 명과 정예 병력 이천사백 명[士女一萬, 勝兵二千四百]:《자치통감》"정관 19년"조에는 이 부분이 "남녀 만여 명[男女萬餘口]"으로 기술되어 있다. 참고로, 고대 한문에서 '사녀(士女)'는 일반적으로 '성인 남녀'를 가리키는 표현으로 사용되었다.

213) ＊:《자치통감》"정관 19년"조에는 백애성의 성주 손벌음(손대음)의 항복과 당나라군의 수습 과정이 비교적 상세하게 기술되어 있다. 해당 대목을 참조 바란다.

214) 암주(巖州): 태종이 백애성을 함락시킨 뒤에 설치한 행정 구역. 이 이름('암주')은 그 직전의 고구려 성의 이름이 백애성이 아니라 '백암성'이었다는 결정적인 증거이다.《자치통감》"정관 20년(646)"조에 따르면, "윤[3]월 … 무술일(양력 4월 26일)에 요주도독부와 함께 암주가 철폐되었다." 그리고 400년 뒤인 요나라 때에 다시 설치되었다. 중국 학계에서는 그 위치를 지금의 요녕성 등탑현(燈塔縣) 동남쪽의 서대요진(西大窯鎭) 남쪽 및 태자하 북안의 관둔(官屯) 부근으로 비정하고 있다. 그러나 그 같은 결론은 요동반도를 '요동'의 시작으로 본 데서 비롯된 오류로 역사적 실제와 부합된다고 보기 어렵다.

215) ＊:《자치통감》"정관 19년"조에는 태종 이세민의 '성군(聖君)' 이미지를 부각시키기 위하여 계필하력에게 약을 발라 주고 고돌발의 처분을 맡긴 일화가 길게 소개되어 있다.

216) 요수[遼]: 인터넷〈국편위판〉및〈동북아판2〉(제197쪽)에서는 '요(遼)'를 '요하'로 번역하였다. 그러나 요하는 고대의 요수와 엄연히 다른 물줄기이므로 오역이다. 이 문제에 관해서는 앞의 "요수" 주석(제471~472쪽)을 참조하기 바란다.

217) 가시성(加尸城): 고구려의 성 이름. 자세한 소개는《자치통감》의 해당 주석(제

명을 파견하여 개모성을 지키게 하였다. 이적이 그들을 모두 사로잡자 그 사람들이 한결같이 아군을 따르며 '충성을 보이겠다'고 자청하였다.

○ 我軍之渡遼也, 莫離支遣加尸城七百人戍蓋牟城。李勣盡虜之, 其人並請隨軍自効。

•090
[그래서 그들에게] 황제가 일렀다.

"누군들 너희들이 돕는 것을 바라지 않을 리 있겠는가? [그러나] 너희는 집이 모두 가시에 있다. 너희들이 나를 위하여 싸운다면 저들이 [너희 가솔들을] 살육할 것이니라. 한 집의 처자식을 파멸시키면서 [고작] 한 사람의 힘만 빌어 쓸 거라면218) 내 [그것만은] 참을 수가 없느니라."
[그러고는] 모두 풀어 주어 돌아가게 해 주도록 하였다. [*219)]

○ 太宗謂曰, "誰不欲爾之力, 爾家悉在加尸, 爾爲吾戰, 彼將爲戮矣。破一家之妻子, 求一人之力用, 吾不忍也。" 悉令放還。

•091
어가가 안시성220) 북쪽에 진주하였다.221) [이때] 병영을 펼치고 군사를

526쪽)을 참조하기 바란다.
218) 한 집의 처자식을 파멸시키면서~[破一家之妻子]:《자치통감》"정관 19년"조에는 이 부분이 "한 사람의 힘을 얻으면서 한 집안을 파멸시킨다면" 식으로 기술되어 있다. 또, "모두 풀어 주어 돌아가게 해 주도록 하였다" 부분은 "기해일(양력 7월 1일)에 모두에게 곳간을 열어 물건을 내리고 보내 주었다"고 기술되어 있다.
219) *:《자치통감》"정관 19년"조에는 이 자리에 "기해일에 개모성을 개주로 삼았다"는 부분이 추가되어 있다.
220) 안시성(安市城): 고구려의 성 이름. 반고(班固)의《한서》〈지리지〉"요동군"조에 따르면, 원래 한나라의 요동군에 속한 현이었다. 나중에 고구려가 요동군을 점유

진격시켜 [안시]성을 공격하였다.[222]

○ 車駕進次安市城北。列營進兵以攻之。

•092
[이때[223]] 고려의 북부 녹살[224] 고연수와 남부 누살 고혜정이[225] 고려

하고 국왕이 중원 왕조로부터 '요동군공'으로 봉해지면서 사실상 고구려의 영토로 귀속되었다. 상세한 소개와 고증은《자치통감》의 해당 주석(제529쪽)을 참조하기 바란다.

221) 어가가 안시성 북쪽에 진주하였다[車駕進次安市城]:《구당서》〈태종본기〉에는 태종의 당나라군이 안시성에 도착한 시점이 "6월 병진일[六月丙辰]"이라고 하였다. 《자치통감》"태종 정관 19년(645)"조에는 이 부분이 이렇게 소개되어 있다. "6월, … 정미일에 어가가 요동성을 출발하여, 병진일에 안시성까지 이르렀다. 군사를 진격시켜 안시성을 공격하였다." 당나라군과 고구려군의 안시성 대치가 6월 병진일, 즉 양력 7월 18일 무렵이라는 뜻이다. 정미일(9일)에 요동성을 출발하여 병진일(18일)에 안시성에 도착했다면 두 구간을 열흘 만에 이동한 셈이다. 요동성과 안시성이 지리적으로 상당한 거리를 두고 있었음을 짐작할 수 있는 것이다. 아울러, 당나라군이 '북쪽 ⇒ 남쪽'으로 진군하고 있었으며, 고구려군은 그 남쪽에 방어선을 구축했음을 알 수 있다.

222) 군사를 진격시켜 [안시]성을 공격하였다[進兵以攻之]: 이와 관련하여《구당서》〈태종본기〉에는 이렇게 기술되어 있다. "가을 7월에 이적이 군사를 진격시켜 안시성을 공격했으나 9월이 다 되도록 함락시키지 못하였다.(秋七月, 李勣進軍攻安市城, 至九月不克)"

223) [이때]:《구당서》〈태종본기〉에는 "6월 정사일[六月丁巳]"에 고구려 별장 고연수와 고혜진이 군사 15만을 이끌고 와 안시성을 지원함으로써 황제의 군사에 맞섰다고 기술되어 있다. '6월 정사일(丁巳日)'은 양력으로는 7월 19일에 해당한다.

224) 녹살(傉薩): 고구려의 관직명. 여기서의 '녹살' 및 그 뒤에 제시된 고혜정의 직함인 '누살'은 ① 그 몸글자('傉'), ② 그다음 글자('薩'), 그리고 ③ 전후 맥락과 상황을 따져 볼 때 나란히 '욕살(褥薩)'의 또 다른 표기법이다. 곽석량《한자고음수책》에 따르면, '요 욕(褥)'은 '일과 옥의 반절[日屋切, nʲiwŏk]', '보살 살(薩)'은 '상과 할의 반절[桑割切, sat]'이어서 '녹삿' 정도로 재구된다. 다만, '녹삿'의 경우, 두 글자의 종성인 '-ㄱ'과 '-ㅅ'가 약화/탈락되면서 '뇨사' 식으로 변형되었을 수도 있다.《책부원구》권117에 고연수가 "[고려위두대형리대부]후부 군주(後部軍主)", 고혜진이 "[대형]전부 군주(前部軍主)"로 소개된 것을 보면, '녹살(욕살)'은

· 말갈의 무리(기병) 십오만을 이끌고 와서²²⁶⁾ 안시성을 구원하려 하였다.

○ 高麗北部傉薩高延壽·南部耨薩高惠貞率高麗·靺鞨之衆十五萬來援安市城。

• 093
[＊²²⁷⁾] 적진에는 대로²²⁸⁾가 [한 명] 있었는데 나이가 많고 사리에 밝았

'군주', 즉 지방의 군정장관(사령관?)에 해당하는 관직이었던 셈이다. 고연수와 고혜정이 각각 북부와 남부의 군정장관이었다는 뜻이다.

225) 고려의 북부 녹살 고연수와 남부 누살 고혜정이[高麗北部傉薩高延壽與南部耨薩高惠貞]: 이 구절을 통하여 요동성 및 안시성이 고구려 강역에서 서부[및 중서부]에 자리잡고 있었으며, 두 사람이 '북/남 ⇒ [중]서'로 군사를 이동시켰음을 알 수가 있다. … 남부 녹살(누살)의 이름자가 여기에는 '곧을 정(貞)'으로 소개되어 있다. 그러나 ①《신당서》와《책부원구》에는 '참 진(眞)', ②《책부원구》다른 대목(권117)에도 "高麗位頭大兄里大夫後部軍主高延壽, 大兄前部軍主高惠眞"으로 소개되어 있다. ③ 실제로 고대에는 '정'과 '진'의 글자 모양이 비슷하여 혼용되는 경우가 많았다. 남부 녹살의 이름은 고혜정이 아니라 고혜진이라는 뜻이다.

226) 고려·말갈의 무리 십오만을 이끌고 와서[率高麗靺鞨之衆十五萬來]: 두 장수가 인솔한 군사 규모는 사서마다 편차를 보인다. ① 여기서는 15만, ②《신당서》〈설인귀전〉에는 "고려의 막리지가 장수 고연수 등을 파견하여 20만 병력을 이끌고 맞서 싸우게 하였다(高麗莫離支遣將高延壽等率兵二十萬拒戰)" 식으로 15만보다 5만이 많게 소개되어 있다. ③《당유인원기공비(唐劉仁願紀功碑)》에는 "그 나라 대장 [고]연수와 [고]혜진을 사로잡고 그 무장병 16만을 포로로 삼았다(虜其大將延壽惠眞, 俘其甲卒一十六萬)" 식으로 1만이 더 많은 16만으로 밝혀 놓았다. 이 비석은 서기 663년에 제작된 것으로 연대상으로《신당서》보다 수백 년이나 앞선다. 이 비석이 진품이라고 전제할 때, 고연수와 고혜진이 거느리고 온 군사는 16만이었다고 보는 편이 합리적일 듯하다.

227) ＊:《자치통감》"정관 19년"조에는 태종 이세민이 고구려군의 계책을 세 가지로 분석한 일화가 소개되어 있는데 '성군' 이미지를 부각시키기 위한 장치로 해석된다.

228) 대로(對盧): 고구려의 관직명. 진수《삼국지》와 범엽《후한서》의 〈고구려전〉에 재상으로 보이는 '상가(相加)' 다음으로 소개된 것을 보면 그 지위가 대단히 높은

다. [그가 괴]연수에게 일러 말하는 것이었다.
○ 賊中有對盧, 年老習事, 謂延壽曰,

• 094
"내가 듣자 하니, '중국이 크게 어지러워져 영웅들이 일제히 궐기했다'고 한다. [그런데] 진왕229)은 신묘한 무덕을 갖추어 이르는 곳마다 [상대할] 적이 없어서 마침내 천하를 평정하고 남쪽을 바라보고 황제가 되었다. [이에] 북쪽 오랑캐들이 항복하기를 요청하고 서쪽 오랑캐들이 [황제에게] 귀순했다고 한다.
○ "吾聞中國大亂, 英雄並起。秦王神武, 所向無敵, 遂平天下, 南面爲帝, 北夷請服, 西戎獻款。

• 095
이번에 국력을 다 기울여 달려와서 용맹스러운 장수와 정예 병력이 모두 이곳으로 집결했으니 그 예봉은 감당할 수가 없을 것이다. 지금으로서는 계책이라면 차라리 군사를 주둔시켜 맞서 싸우지 않고 시간을 끌면서 오랫동안 [그들을] 붙잡아 놓은 채 [아군의] 용맹스러운 군사들을 쪼개어 파견해서 그들의 군량 수송을 차단하는 방법만한 것이 없다.
○ 今者傾國而至, 猛將銳卒, 悉萃於此, 其鋒不可當也。今爲計者, 莫

조정 대신이었음을 짐작할 수 있다. 자세한 소개는 《자치통감》의 해당 주석을 참조하기 바란다.
229) 진왕(秦王): 당나라 제2대 황제가 되기 직전에 이세민에게 부여된 왕호(王號). 인터넷 〈국편위판〉 주099 및 〈동북아판2〉 주120(제198쪽)에서는 그 유래를 수나라를 멸망시킨 의녕(義寧) 원년(617)에 하사받은 '진국공(秦國公)'에서 찾았으나 오해이다. 자세한 소개와 고증은 부록 《자치통감》의 해당 주석(제531~532쪽)을 참조하기 바란다.

若頓兵不戰, 曠日持久, 分遣驍雄, 斷其饋運。

•096

[그렇게만 하면] 열흘도 되지 않아 군량이 떨어질 것이 분명하다. [그때 가서는] 싸우려 해도 그렇게 할 수 없고 귀환하려 해도 그렇게 할 길이 없게 될 것이다. 이것이야말로 싸우지 않고도 승리하는 방법이다."[230)]
[그러나 고]연수는 [그 말에] 따르지 않고 군사를 이끌고 그대로 진격하였다. [*231)]

○ 不過旬日, 軍糧必盡, 求戰不得, 欲歸無路, 此不戰而取勝也。"延壽不從, 引軍直進。

•097

[*232)] 태종은 밤에 장수들을 소집하고 직접 지휘를 맡았다. [그리고] 이적을 파견하여 보병·기병 일만오천을 이끌고 적측의 서쪽의 고개에 진을 치게 하였다.[233)]

---

230) 군량이 떨어질 것이 분명하니~[軍糧必盡]: 호삼성은 《자치통감》의 이 대목에 주석을 붙이고 "이것이 바로 황제(태종)가 언급한 '상책'이다"라고 해석하였다.
231) *: 《자치통감》 "정관 19년"조에는 태종 이세민이 안시성을 공략하는 과정이 비교적 상세하게 기술되어 있다. 해당 대목을 참조하기 바란다.
232) *: 《자치통감》 "정관 19년"조에는 이세민이 장수들을 소집하고 현장을 답사하면서 안시성을 공략할 계책을 논의하는 과정이 대단히 상세하게 기술되어 있다.
233) 적측의 서쪽 고개에 진을 치게 하였다[於賊西嶺爲陣]: 인터넷 〈국편위판〉에서는 이 부분의 '성 성(城)'에 대하여 "〈百衲本〉에는 '賊'으로 되어 있다"라는 고감기(048)을 붙이고 "城西嶺"을 "城 서쪽 산고개에"라고 번역하였다. 〈동북아판2〉(제199쪽) 역시 같은 맥락에서 "안시성의 서쪽 고개에"라고 번역하였다. 그러나 백납본뿐 아니라 명대의 국자감본 등의 《구당서》는 물론이고 《책부원구》나 《어정자사정화(御定子史精華)》 등 복수의 문헌들에는 '성 성'이 한결같이 '도적 적(賊)'

○ 太宗夜召諸將, 躬自指麾. 遣李勣率步騎一萬五千於賊西嶺爲陣.

• 098

[또] 장손무기234)[에게]는 우진달235) 등을 이끌고 정예 병력 일만이천을 기습병으로 삼아 산 북쪽으로부터 좁은 골짜기에서 나와 그 후미를 돌파하게 하였다.

○ 長孫無忌率牛進達等精兵一萬一千以爲奇兵, 自山北於狹谷出, 以 衝其後.

• 099

[그리고] 태종은 스스로 보병·기병 사천을 데리고 북과 호각236)을 감추고 기치들을 눕힌 채로 적 진영에 있는 북쪽 높은 봉우리 위까지 신속하게 이동하였다. [그리고 나서] 전군으로 하여금 북과 호각 소리를 듣자

으로 되어 있다. 여기서도 그 의미를 그대로 살려 "적측의 서쪽 고개에"로 번역하였다. 이를 통하여 당나라군이 '서 ⇒ 동'으로 진격하는 중이었음을 알 수가 있다.

234) 장손무기(長孫無忌, 594~659): 당대 초기의 대신이자 외척. 자세한 소개는《자치통감》의 해당 주석(제459쪽)을 참조하기 바란다.

235) 우진달(牛進達): 당대 초기의 장수. 처음에는 진왕부(秦王府)의 총관(總管)을 지냈다. 정관 12년(638)에 우무위장군(右武衛將軍)에 임명된 이래로 토번·고창을 격파하고 21년에는 청구도(靑丘道) 행군대총관(行軍大總管)에 임명되어 요동전쟁에 종군하였다. 자세한 소개는《자치통감》의 해당 주석(제596~597쪽)을 참조하기 바란다.

236) 호각[角]: 중국 고대의 악기. 서강(西羌)에서 전래된 것으로, 부는 쪽은 가늘고 소리가 나는 쪽은 커서 그 모양이 소나 양의 뿔을 닮았다. 대나무·가죽·구리 등으로 만들었으며 겉은 화려한 문양으로 장식하였다. 소리가 웅장하여 군대에서 사기를 북돋우거나 경계·전령·지휘 등의 용도로 사용했으며, 때로는 제왕의 행차에 앞세우기도 하였다.

명대 후기 희곡 《이탁오선생비평 옥합기(李卓吾先生批評玉盒記)》에 묘사된 호각(胡角)을 부는 북방인의 모습

마자 일제히 돌격하도록 일렀다.

○ 太宗自將步騎四千, 潛鼓角, 偃旌幟, 趨賊營北高峯之上。令諸軍聞鼓角聲而齊縱。

• 100

이어서 담당 관원에게 항복을 받을 장막을 조당237)의 옆쪽에 치게 한 다음에 말하였다.

"내일 오시238)에 여기에서 투항하는 오랑캐들을 거둘 것이다!" [그리고

---

237) 조당(朝堂): 중국 고대에 조정의 관원들이 국정을 의논하던 장소. 호삼성이 《자치통감》 "정관 19년"조에 붙인 주석에 따르면 "출정 중인 병영에도 궁궐의 체제를 갖춘지라 마찬가지로 조당이 있었다."

238) 오시(午時): 고대 중국에서는 시간을 나타내는 데에 '12지지(十二地支)'의 원리를 적용하여 자시(子時)는 밤 23시~01시, 축시(丑時)는 밤 01~03시, 인시(寅時)는 밤 03~05시, 묘시(卯時)는 새벽 05시~07시, 진시(辰時)는 아침 07시~09시, 사시(巳時)는 오전 09시~11시, 오시(午時)는 정오인 11시~13시 등으로 구분하였다.

늰 드디어 군사를 이끌고 진군하였다.
- 因令所司張受降幕於朝堂之側, 曰, "明日午時, 納降虜於此矣." 遂率軍而進。

•101

이튿날[239], [고]연수는 이적의 군사만 보이자 [그들을] 맞아 싸우려 하였다. [그러자] 태종은 멀리 [장손]무기의 군사 쪽에서 먼지가 이는 것을 보고 [군사들에게] 북과 호각을 동시에 울리고 기치들을 일제히 들게 하였다. [그러자] 적의 무리는 몹시 두려워하면서 군사를 나누어 [아군을] 막으려 했으나 그 진영은 이미 흐트러진 뒤였다.

- 明日, 延壽獨見李勣兵, 欲與戰。太宗遙望無忌軍塵起, 令鼓角並作, 旗幟齊擧。賊衆大懼, 將分兵禦之, 而其陣已亂。

•102

[이에] 이적이 보병들 중 장창 부대 일만으로 그들을 공격하니 [고]연수의 무리가 패하였다. [그래서 장손]무기가 군사를 풀어 그 후미를 쳤다. 태종은 태종대로 산 위에서 내려와 군사를 이끌고 그들 앞에 나타나니 적들이 그 바람에 크게 무너져서 벤 [적군의] 머리가 만 급[240]이 넘을 정도였다.

---

239) 이튿날[明日]:《자치통감》"정관 19년"조에는 '무오일[戊午]'로 명시되어 있다. 무오일(戊午日)은 양력으로는 7월 20에 해당한다.

240) 급(級): 중국 고대에 사람의 머리를 세는 데에 사용한 단위사. 진·한대에는 전장에서 적의 머리를 베면 1계급을 승진시켜 주었는데, 머리 하나에 한 계급씩 올라간다는 뜻에서 '계단 급(級)'을 단위사로 사용했다고 한다. 명사로 사용할 때는 '수급(首級)'으로 부르는 것이 보통이다.

일본 전국시대의 군벌 우에스기 겐신(上杉謙信) 휘하의 장창 부대

○ 李勣以步卒長槍一萬擊之, 延壽衆敗。無忌縱兵乘其後, 太宗又自山而下, 引軍臨之, 賊因大潰, 斬首萬餘級。

•103
[고]연수 등은 그 남은 무리를 이끌고 산에 의지해 자기 세력을 지켰다. [황제는] 그래서 [장손]무기·이적 등에게 명령하여 병력을 이끌고 그들을 포위하는 한편 동쪽 시내의 다리를 헐어[241] [고구려군이 본진으로] 돌아가는 길을 차단하였다.
○ 延壽等率其餘寇, 依山自保。於是, 命無忌·勣等引兵圍之, 撤東川梁以斷歸路。

•104
태종은 말고삐를 잡고 천천히 가다가 적의 군영과 보루들을 보더니 시

---
241) 다리를 헐어[撤梁]: 여기서의 '헐 철(撤)'이 청대의 무영전본·백납본에는 '통할 철(徹)'로 되어 있다. 두 글자는 모양이 비슷하지만 전후 맥락을 따져 볼 때 전자로 써야 옳다.

당 고종 인덕 원년에 지어진 정인태(鄭仁泰) 묘에서 출토된 무인상과 문인상 (중국 석안원 씨물어(夕顔源氏物語) 블로그)

중을 드는 신하에게 말하였다.

"고려가 국력을 기울여 달려 온 것은 [나라의] 존망이 걸려 있기 때문이었다. [그런데 짐이 대장기를] 한 번 흔들기가 무섭게 패하고 말았으니 하늘께서 나를 도우신 것이다!"

그러고는 말에서 내려 두 번 절함으로써 하늘[의 도움]에 감사의 뜻을 표하였다.

○ 太宗按轡徐行, 觀賊營壘。謂侍臣曰, "高麗傾國而來, 存亡所繫, 一麾而敗, 天佑我也。"因下馬再拜以謝天。

• 105

[이윽고 고]연수와 [고]혜진이 십오만 육천팔백 명을 데리고 항복하기를 요청하였다.242) [그러자] 태종이 [두 장수를] 안내하여 원문243) 안으로 들어오

---

242) 항복하기를 요청하매[請降]:《자치통감》"정관 19년"조에는 이 부분이 이렇게 기

게 하였다.

○ 延壽·惠眞率十五萬六千八百人請降, 太宗引入轅門。

•106
[그러자 괴]연수 등은 무릎걸음으로 앞으로 오더니244) 손을 모은 채 머리

술되어 있다. "6월 … 기미일(7월 21일)에 고연수·고혜진이 그 무리 3만 6,800명을 이끌고 항복하기를 요청하였다." 이들이 항복한 날을 '기미일'로 명시한 것을 볼 수 있다. 투항 규모의 경우, 《구당서》·《책부원구》에는 '15만 6,800명', 《통전》·《당회요》·《자치통감》·《문헌통고》·《삼국사기》 등에는 '3만 6,800명'으로 소개되어 있다. 양자 사이에 거의 12만의 편차를 보이고 있는 셈이다. 《통전》이 8세기 당대에 저술된 자료인 점에 주목하면 후자가 역사적 진실에 가까울 가능성이 없지는 않지만 단정하기는 어렵다. 이 대목과 관련하여 호삼성은 이런 주석을 붙였다. "《자치통감 고이》에는 이렇게 전한다. '실록에서 이르기를 「이적이 상소하여 '만약 폐하께서 몸소 가지 않으시고 신과 도종이 수만 명을 거느리고 안시성을 공격했다가 함락시키지 못한다면 [고]연수 등 10여 만이 창을 뽑아 들고 일제히 밀어닥치고 [그때] 성 안의 병사들까지 대문을 열고 나올 것입니다. [그렇게 되면] 신은 전군을 구하고 후미를 구하려다 금세 패하고 말 테니, [신들에 고]연수 등에 의해 결박된 채 평양으로 끌려가서 막리지 등에게 비웃음을 당할 것이 분명합니다! 이제 신이 외람되게도 폐하께서 목숨을 살려 주신 은혜에 감사드려야겠나이다' 하였다. 황제는 평소 이적과 농담을 주고받는 사이였던지라 웃으면서 그에게 고개를 끄덕였다」고 하였다. 따져 보건대, 이적은 나중에 혼자서 군사를 거느리고 고구려를 취하러 갔으니 어찌 꼭 태종이 몸소 가야만 했겠는가? 이 일화는 사관이 괜히 미사여구를 쓴 것이 아니라 이적이 [황제에게] 아부하는 말이었을 것이다. 여기서는 반영하지 않기로 하였다.(考異曰, "實錄云, '李勣奏曰, 向若陛下不自親行, 臣與道宗將數萬人攻安市城未克, 延壽等十餘萬抽戈齊至, 城內兵士復應開門而出, 臣救首救尾, 旋踵卽敗, 必爲延壽等縛送向平壤, 爲莫離支等所笑. 今日臣敢謝陛下性命恩澤. 帝素狎勣, 笑而頷之.' 按勣後獨將兵取高麗, 豈必太宗親行邪! 此非史官虛美, 乃責諛辭耳." 今不取)

243) 원문(轅門): 중국 고대의 군영 출입문. 고대에는 황제가 영토를 둘러보거나 사냥을 나갔을 때에는 행궁 주위에 수레들을 늘어놓아 울타리로 삼았는데, 출입구 쪽에는 수레 두 대를 하늘을 바라보도록 뒤집어 놓고 '원문'이라고 불렀다고 한다.

244) 무릎걸음으로 앞으로 오더니[膝行而降]: '슬행(膝行)'은 상대방에게 굴복하거나 애걸하는 뜻에서 양쪽 무릎을 꿇은 채로 앞으로 기어가는 것을 가리킨다. 《장자

를 조아리며245) [황제가 자신들에 대한 처분의] 명령을 내려 주기를 요청하였다.

○ 延壽等膝行而前, 拜手請命。

• 107

[＊246)] 태종은 녹살 이하의 추장 삼천오백 명을 추려서 무관의 관직을 내리고 그들을 [중원] 내지로 이주시켰다. [＊247)] [그리고] 말갈의 무리 삼천삼백 명을 거두어 모조리 구덩이에 파묻고248) [그] 나머지 무리는 풀어 주고 평양[성]으로 귀환하게 해 주었다.

○ 太宗簡傉薩以下酋長三千五百人, 授以戎秩, 遷之內地。收靺鞨三千三百, 盡坑之, 餘衆放還平壤。

《莊子》〈재유(在宥)〉나 《사기》〈항우본기(項羽本紀)〉에도 같은 표현이 보이는 것을 보면 중국에서도 예로부터 복종의 뜻으로 행해졌던 것으로 보인다.
245) 손을 모은 채 머리를 조아리며[拜手]: '배수(拜手)'는 중국 고대의 인사 예절로, 무릎을 꿇은 상태에서 두 손을 모으고 고개를 숙여 머리 높이를 뻗은 두 손과 나란히 오게 하는 식으로 예의를 갖추었다. 때로는 큰 절과 비교할 때 머리로만 절을 한다는 뜻에서 '배수(拜首)' 또는 '공수(空手)' 등으로 부르기도 하였다.
246) ＊: 《자치통감》"정관 19년"조에는 태종이 고구려에 이긴다고 호언장담한 대목이 비교적 상세하게 기술되어 있다.
247) ＊: 《자치통감》"정관 19년"조에는 요동전쟁 직후에 태종이 진행한 전후 수습과정이 비교적 상세하게 기술되어 있다. 《구당서》에는 이 부분이 말갈 무리를 생매장했다는 내용 다음에 나오는데, 전후 맥락을 따져 볼 때 《자치통감》의 처치가 더 합리적으로 보인다. 고구려의 욕살 이하 추장급 지도자들은 포섭해서 중국으로 안치하고 남은 고구려인들만 석방해 평양성으로 귀환시켰을 것이라는 뜻이다.
248) 말갈의 무리 삼천삼백 명을 거두어 모조리 구덩이에 파묻고[收靺鞨三千三百, 盡坑之]: 《자치통감》"정관 19년"조에는 이 부분이 말갈의 무리를 생매장했다는 내용 다음으로 배치되어 있다. 호삼성은 주석을 붙여 태종 이세민이 말갈 용사 3,300명을 생매장한 이유를 "말갈이 [황제인 태종의] 진지를 침범했기 때문(以靺鞨犯陣也)"이라고 보았다. 요동전쟁 과정에서 말갈 기병의 일부가 자신의 진지로 뛰어든 것을 괘씸하게 여겨 가혹한 처벌을 내린 것이다.

충남 공주의 공산성(公山城)에서 수습된 당나라 갑옷. 찰갑에 "정관 19년 4월 21일(貞觀十九年四月廿一日, 양력 645년 5월 21일)"이라는 글자가 보인다. 이날은 고구려 침공에 나선 태종 이세민이 북평(北平)에 머물고 있던 때이다.

• 108

[이때] 노획한 물자들로는 말이 삼만 필249), 소가 오만 두, 명광갑[옷]250)이 오천 벌이었으며, 그 밖의 병기와 군사 장비들도 그 정도에 맞먹[는 규모]었다.

---

249) 말이 삼만 필[馬三萬疋]:《자치통감》"정관 19년"조에는 "말이 오만 필[馬五萬疋]"로 소개되어 있다.

250) 명광갑(明光甲): 고구려의 갑옷 이름. 글자 그대로 풀면 '밝게 빛이 나는 갑옷' 정도의 뜻이다. 이 이름 때문에 황금으로 특별히 제작한 갑옷으로 해석하는 학자도 있지만 여러 정황상 '철갑에 옻칠을 한 갑옷'으로 보아야 옳다. ① 안시성 한 곳에서 명광갑이 5,000벌이나 노획되었다면 장수들뿐만 아니라 사병들까지 두루 착용했던 말이 된다. 그렇다면 다른 재질의 찰갑(紮甲)에 옻칠을 하여 번쩍이도록 제작했다고 보아야 옳다. 실제로 ② 당대의 법제를 소개한《당육전(唐六典)》에는 당시에 사용된 갑옷이 13가지나 소개되어 있는데, 그중에서 첫 번째로 명광갑을 꼽으면서 "지금의 명광·광요·세린·산문·오추·쇄자는 모두 철갑이다(今明光光要細鱗山文烏鎚鎖子皆鐵甲也)"라고 하였다. ③《자치통감》에서 이 부분을 "철갑 만

> 注釋
> 【明光甲】一种闪闪发光的金属甲衣。
> 【后黃城】《东北历史地理》认为此城可能是本溪县的李家堡山城，位于本溪县南部草河乡李家堡村的北山上，城墙是石砌的，沿山脊修筑，周长十一里。按：<u>城名为"后黃城"，应是与"前"黃城相对而言的，前黃城即平壤东之黃城。南为前，北为后。</u>后黃城在《资治通鉴》卷198 贞观十九年条中亦有记载。
> 【銀城】《东北历史地理》认为可能是今岫岩县东北黄花甸乡松树沟山城。此山城周长五里，沿山脊修筑而成。
> 【駐蹕山】駐蹕即指帝王出行、中途暂住的意思。

유자민(劉子敏) 등 중국 학자들은 후황성의 '후'를 '뒤 후(後)'로 새기고 이 이름이 '앞 전(前)'의 고구려 전황성의 상대개념으로 사용된 것으로 해석하였다. 나아가 이를 근거로 전황성을 평양성 동쪽의 황성으로 추정했다. 그러나 이 '후'는 '임금 후(后)'이기 때문에 이같은 해석과 추정은 논리적 비약일 뿐이다.

○ 獲馬三萬疋·牛五萬頭·明光甲五千領, 他器械稱是。

• **109**

[이 패전으로] 고려는 나라 전체가 크게 놀라서 후황성251) 및 은성252)이 나란히 저절로 함락되는 바람에 [그 일대] 몇백 리 안에서 인가의 [밥 짓는] 연기를 더 이상 찾아 볼 수 없게 되었다. [*253)]

○ 高麗國振駭, 后黃城及銀城並自拔, 數百里無復人烟。

벌[鐵甲萬領]"로 소개한 것도 그 증거이다.

251) 후황성(后黃城): 고구려의 성 이름. 중국에서는 그 좌표를 지금의 요녕성 본계현(本溪縣) 서남부의 마권구(馬圈溝) 산성 또는 이가보(李家堡) 산성에서 찾고 있다. 그러나 그 고증이 정확하다고 단언하기는 어렵다. 자세한 소개와 고증은《자치통감》의 해당 주석(제545~546쪽)을 참조하기 바란다.

252) 은성(銀城): 고구려의 성 이름. 태종 이세민이 정관 19년 10월에 내린 조서인〈고려반사조(高麗班師詔)〉에는 '은산(銀山)[성]'으로 소개되어 있다. 자세한 소개와 고증은《자치통감》의 해당 주석(제546쪽)을 참조하기 바란다.

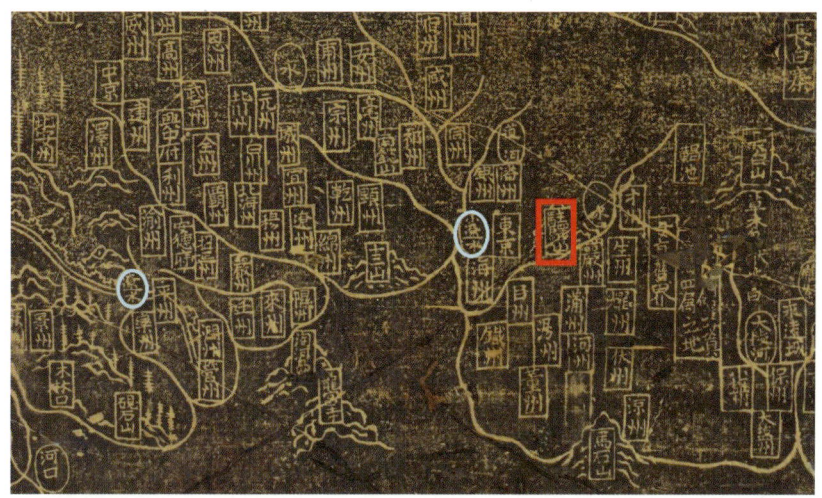

황상 《지리도》 속에 등장하는 주필산(빨간색 네모). 지금의 요동반도에 그려져 있다.

• 110

[*254)] [황제는] 이리하여 자신이 행차했던 산을 '주필산'255)이라고 부르고, 명령을 내려 [자신이] 고구려군의 진영을 무너뜨리는 그림을 제작하게 하였다.

253) *:《자치통감》"정관 19년"조에는 8월 병오일(양력 9월 6일) 기사 다음에 8월 기사의 총평이 이렇게 작성되어 있다. "고구려가 주필산에서 패했을 때에 막리지(연개소문)는 말갈인을 사자로 보내어 진주가한을 설득하게 했는데 상당한 재물로 유혹했으나 진주가한은 [당 태종의 엄포에] 겁을 먹고 군사를 움직일 엄두를 내지 못하였다." '진주가한'은 당시 돌궐의 통치자이던 인추 빌게 카간(Inchü Bilge Qaghan)을 말한다.

254) *:《자치통감》"정관 19년"조에는 이세민이 자신의 무용을 뽐내는 대목이 상세하게 기술되어 있다. 호삼성은 여기에 주석을 붙여 "사관은 '태종께는 [자신이] 공을 세운 것을 자랑하려는 마음이 있으셨다'고 하였다(史言太宗有矜功之心)"라고 보았다.

255) 주필산(駐蹕山): 중국 고대의 산 이름. 남송 학자 황상은 자신이 제작한 〈지리도〉에서 그 위치를 요동반도 방면으로 비정하였다. 자세한 소개와 고증은 부록《자치통감》의 해당 주석(제547~548쪽)을 참조하기 바란다.

○ 因名所幸山爲駐蹕山。令將作造破陣圖。

• 111

[또] 중서시랑256) 허경종257)에게 명령을 내려 글을 지어 돌에 새김으로써 그 공적을 기념하게 하였다. [＊258)] 고연수에게 홍려경259)을, 고혜진은 사농경260)을 [각각] 제수하였다.

○ 命中書侍郞許敬宗爲文勒石以紀其功。授高延壽鴻臚卿, 高惠眞司農卿。

256) 중서시랑(中書侍郞): 중국 고대의 관직명. 중서성(中書省)의 수장인 중서감(中書監)·중서령(中書令)의 업무를 보좌했으며, 진(晉)대에 처음으로 설치되었다. 당대 초기에는 서대 시랑(西臺侍郞)·봉각 시랑(鳳閣侍郞)으로 개칭되었으며, '중서시랑·동중서문하평장사(中書侍郞同中書門下平章事)'가 재상의 직함으로 사용되기도 하였다. 중서령은 아무한테나 내리는 예사로운 관직은 아니어서 보통은 중서시랑이 중서성의 수장으로 예우받곤 하였다.

257) 허경종(許敬宗, 592~672): 당대 초기의 대신. 자는 연족(延族)으로, 항주(杭州) 신성(新城, 지금의 절강성 부양현 서남쪽) 사람이다. 수나라 대업 연간에 과거에 급제하여 수재(秀才)가 되었고, 이밀의 기실(記室, 비서)로 있다가 얼마 후에 진왕(秦王)이던 이세민의 학사(學士)로 발탁되었다. 이세민이 황제로 즉위한 뒤에는 중서시랑이 되었으며 고종 때에는 예부상서로 기용되었다. 선황(태종)의 후궁이던 무측천을 황후로 격상시키려는 고종을 지지하여 시중(侍中)으로 중용되더니 나중에는 중서령(中書令)이 되어 권력을 독점하였다.

258) ＊: 《구당서》〈태종본기〉에는 이 뒤에 "천하 사람들에게 이틀 동안 고기를 내렸다(賜天下大脯二日)"는 내용이 소개되어 있다. 《자치통감》 "정관 19년"조에도 이 자리에 안시성 공략 당시 태종 이세민의 동정이 추가되어 있다.

259) 홍려경(鴻臚卿): 당대의 관직명. 정식 명칭은 홍려시 경(鴻臚寺卿)이며, 의례나 외교를 관장하였다.

260) 사농경(司農卿): 당대의 관직명. 양식을 비축하거나 창고를 관리하는 등의 업무를 관장하였다.

• 112

장량이 이번에는 고려와 건안성[261] 아래에서 또다시 싸웠는데 [고구려군을] 모두 무찔렀다.[262] 이리하여 포위망을 길게 펼치고 그 성을 공격하였다.

○ 張亮又與高麗再戰於建安城下。皆破之, 於是列長圍以攻焉。

• 113

[정관 십구년] 팔월에 군영을 안시성 동쪽으로 옮겼다.[263] [이리하여] 이적이 드디어 안시[성]를 공격하였다. [그리고 고]연수 등 [앞서] 항복한 무리를 불러 모아 그 [안시]성 아래에 군영을 세우고 그들을 귀순시키게 하였다.

○ 八月, 移營安市城東。李勣遂攻安市, 擁延壽等降衆營其城下以招之。

---

261) 건안성(建安城): 고구려의 성 이름. 중국 학자들은 건안성의 소재지 평곽현(平郭縣)을 요녕성 개주시(蓋州市) 일대로 비정하고 있다. 그래서 인터넷 〈국편위판〉 주106에서도 "蓋平 東北의 石城山. 一名 高麗城子"이라고 소개하였다. 문제는 두 도시까지는 직선거리로도 거의 400km나 된다는 데에 있다. 안동도호부와 건안성의 지리 고증이 잘못되었다는 뜻이다. 자세한 소개와 고증은 《자치통감》의 해당 주석(제502~503쪽)을 참조하기 바란다.

262) 모두 무찔렀다[皆破之]: 《자치통감》 "정관 19년"조의 해당 대목에는 고구려군과 당나라군 사이에서 벌어진 건안성 전투가 좀 다르게 기술되어 있다.

263) 군영을 안시성 동쪽으로 옮겼다[移營安市城東]: 《자치통감》 "정관 19년"조에는 이 부분이 "병오일(양력 9월 6일)에 군영을 안시성 남쪽으로 옮겼다"고 기술되어 있다. 《신당서》〈고려전〉에 따르면, 태종 이세민이 처음에는 건안성이 지세가 험하고 깎아지른 곳에 있는 것을 믿고 경계를 늦추고 있다고 여겨 건안성을 먼저 공격하려 하였다. 그러나 이적이 "서쪽으로 건안성을 친다면 적들이 우리 귀로를 차단할 것입니다. 차라리 안시성을 먼저 공략하심이 옳겠습니다(西擊建安, 賊將梗我歸路, 不如先攻安市)" 하고 만류하자 건의를 받아들여 공략 대상을 안시성으로 바꾸었다고 한다. 군영을 안시성 동쪽으로 옮긴 것은 이 때문이었다.

약수리 고구려 고분의 벽면에 그려진 휘날리는 번을 든 의장대의 모습 (문화재청)

•114

[그러나] 성 안의 사람들은 굳게 지키고 꼼짝도 하지 않았으며, 태종의 원수기를 볼 때마다 어김없이 성 위로 올라가 북을 치고 소리를 지르면서 거기에 맞서는 것이었다.

○ 城中人堅守不動, 每見太宗旄麾, 必乘城鼓譟以拒焉。

•115

[그 광경에] 황제가 몹시 성을 내자 이적이 말하였다.

"[성을] 함락시키는 날 남자는 모조리 도륙하게 해 주시기를 바라나이다!"

그러자 성 안에서 그 말을 듣고 [고구려] 사람들이 저마다 죽음을 무릅쓰고 싸웠다.

○ 帝甚怒, 李勣曰, "請破之日, 男子盡誅。" 城中聞之, 人皆死戰。

중국 만화에 그려진 연개소문의 모습(가운데). 위엄이나 풍채가 만인을 압도하는 호걸로 묘사되어 있다. 왼쪽 구석에 당 태종(이세민)이 서 있는 모습이 보인다.

• 116

[황제는] 이에 강하왕 [이]도종에게 명령을 내려 흙산을 쌓아 올려 그 성의 동남면을 공격하게 하였다. 그러자 고려는 고려대로 성벽을 높이고 여장을 늘리면서264) 저항하였다.265)

---

264) 성벽을 높이고 여장을 늘리면서[埤城增雉]: 인터넷 〈국편위판〉에서는 이 부분을 "埤城에다 雉堞을 증설하여" 식으로 고유명사(비성)로 해석하였다. 그러나 ① 허신의 《설문해자》에서는 "'비'란 늘린다는 뜻이다(埤, 增也)"라고 하였다. '비(埤)'는 '늘이다(increase)'라는 뜻의 동사인 것이다. '성' 역시 성채가 아니라 성벽 또는 여장(女牆)으로 이해해야 옳다. ② 문법적으로 보더라도, 이 네 글자는 「동+목+동+목」 구조를 이루고 있다. 인터넷 〈국편위판〉처럼 '비성'을 고유명사로 보면 주어로 작동하여 "비성증치"가 '비성이 치첩을 증설하여'라는 뜻으로 왜곡되어 버린다. '꿩 치(雉)'의 경우, 여기서는 성벽을 뜻하는 명사 또는 성벽의 면적을 재는 단위사로 해석된다. '증치(增雉)'는 성벽의 면적을 늘린다는 뜻인 셈이다.

265) 이에 강하왕 도종에게 명령을 내려~[乃令江夏王道宗]: 이 대목의 경우, 《자치통

○ 乃令江夏王道宗築土山, 攻其城東南隅。高麗亦埤城增雉以相抗。

• 117

[그래서] 이적이 그 성의 서면을 공격하여 돌을 날리고 당거를 부딪치면서[266] 그 성 누각의 치첩을 허물게 하였다. [그러나] 성 안에서는 그것들이 주저앉고 허물어질 때마다 즉시 나무를 세워 목책으로 삼는 것이었다.

○ 李勣攻其西面, 令拋石撞車壞其樓雉。城中隨其崩壞, 卽立木爲柵。

• 118

[그래서 이]도종이 나뭇가지로 땅을 덮어(진흙을 싸서) 흙으로 삼으면서 [차곡차곡] 낟가리처럼 쌓아올려 산을 만들었다. [그리고] 그 사이로는 다섯 갈래로 나무를 덧대고 그 위에 흙을 입혔다. [그렇게 하기를] 밤낮을 가리지 않으매 차츰 [고구려군의] 성채를 밀어붙이기에 이르렀다.[267]

○ 道宗以樹條苞壤爲土, 屯積以爲山。其中間五道加木, 被土於其上, 不捨晝夜, 漸以逼城。

감》"정관 19년"조에는 이도종이 태종 이세민의 지시를 거치지 않고 스스로 그 같은 계책을 시도한 것으로 기술되어 있다.

266) 돌을 날리고 당거를 부딪치면서[拋石撞車]: 인터넷 〈국편위판〉과 〈동북아판2〉(제202쪽)에서는 이 네 글자를 「명사+명사」 구조로 보아 "拋石과 撞車로" 식으로 번역하였다. 그러나 '포석'과 '당거'는 명사가 아니라 둘 다 「동사+목적어」 구조의 구(phrase)이다. 따라서 "돌을 날리다"와 "당거를 부딪치다"의 두 구가 병렬적으로 연결된 것으로 이해해야 옳다.

267) 그렇게 하기를 밤낮을 가리지 않으매 차츰 성채를 밀어 붙이기에 이르렀다[不捨晝夜, 漸以逼城]: 《자치통감》 "정관 19년"조에는 이 대목이 묘사되어 있다. 자세한 내용은 해당 대목을 참조하기 바란다.

• 119

[이]도종은 과의도위[268]이던 부복애를 파견하여 부대 병력을 데리고 산꼭대기에서 [주둔하면서] 적을 막게 하였다. [그렇게] 흙산이 높아져 감에 따라서 [그 하중으로] 그 성채를 밀어붙이면서 성채가 무너지기 시작하였다.

○ 道宗遣果毅都尉傅伏愛領隊兵於山頂以防敵。土山自高而陊, 排其城, 城崩。

• 120

[그런데] 공교롭게도 그때 마침 [부]복애가 [황제의 명령도 없는데] 자신이 속한 부대를 멋대로 이탈하였다. [그러자] 고려 [특공대] 백 명[269]이 허물어진 성틈으로 싸움을 벌이더니 급기야 흙산을 점거하고 길목마다 참호를 파고 [길을] 차단한 다음, 횃불들을 쌓고 방패들을 둘러서 자체의 방어를 굳히는 것이었다.

○ 會伏愛私離所部, 高麗百人自頹城而戰。遂據有土山而塹斷之, 積火縈盾以自固。

---

268) 과의도위(果毅都尉): 당대의 관직명. 수나라 양제 때에 좌·우 비신부(備身府)에 절충낭장(折衝郞將)과 과의낭장을 3명씩 두었는데, 이때 종4품 품계의 과의낭장은 절충낭장을 보좌하여 군사를 통솔하였다. 당나라의 무덕 7년(624)에 이 둘을 통군(統軍)과 별장(別將)으로 개칭했고, 정관 10년(636)에는 다시 절충도위와 좌·우 과의도위로 개칭되었다.

269) 백명[百人]: 이때 파견된 고구려 특공대의 규모는 사서마다 편차를 보인다. 《자치통감》 "정관 19년"조에는 "몇백 명[數百人]"으로 되어 있다. 반면에, 《책부원구》의 경우, 〈제왕부·호변공(好邊功)〉에는 "100명[百人]", 〈장수부·공취2(將帥部·攻取二)〉에는 "몇백 명[數百人]", 《신당서》 "정관 19년"조에는 그저 '오랑캐 병사들[虜兵]' 식으로 조금씩 다르게 기술되어 있다. 어느 쪽이 정확한 지는 확인할 길이 없으나 기민한 처치와 귀환을 고려한다면 100명 정도의 소수 인원이 파견된 것으로 보는 편이 합리적이지 않을까 싶다.

•121

[이에] 태종은 크게 성을 내면서 [부]복애의 목을 베어 [전군에] 조리돌림을 시켰다. [태종은] 장수들에게 명령하여 그들을 공격하게 했으나 사흘이 되도록 탈환하지 못하였다.

O 太宗大怒, 斬伏愛以徇。命諸將擊之, 三日不能克。

•122

[*270)] [그러다가] 태종은 요동 쪽 곳간에 비축해 놓았던 군량이 거의 바닥나고 병졸들이 혹한의 날씨에 동상에 시달리매 결국 군사를 돌리라는 조서를 내렸다.271) [*272)]

O 太宗以遼東倉儲無幾, 士卒寒凍, 乃詔班師。

•123

[퇴군하는 길에] 그 성을 지나자273) 성 안에서는 한결같이 소리를 죽이고

---

270) *:《자치통감》"태종 정관 19년"조에는 이도종이 대장기 아래에서 태종에게 사죄하는 장면이 자세하게 다루어져 있다.

271) 결국 군사를 돌리라는 조서를 내렸다[乃詔班師]: 군사를 돌린 시점과 관련하여《자치통감》"정관 19년"조에서는 "9월 … 계미일에 군사를 돌리라는 어명을 내렸다"고 하였다. 불리한 상황을 인지한 날과 군사를 돌리라는 명령을 내린 날이 다르다는 뜻이다. 9월 계미일이라면 양력으로는 10월 13일에 해당한다.

272) *:《대당신어》〈지미(知微)〉에는 태종 이세민이 군사를 돌린 이유와 관련하여 한 가지 일화가 소개되어 있다. 자세한 내용은《자치통감》의 해당 주석(제566쪽)을 참조하기 바란다.

273) 그 성을 지나자[歷其城]: 동사 '역(歷)'의 경우, 고대 한문에서는 '거쳐 가다(pass)'라는 뜻으로 주로 사용되었다.《자치통감》"태종 정관 19년"조에는 다음의 내용이 추가되어 있다. "먼저 요주와 개주 두 고을의 호구를 끌고 요수를 건너서 안시성 아래에서 군대를 사열한 다음 회군하였다."

기치를 눕힌 채로 성주274)가 성루에 올라 두 손을 모으고 절을 하면서 작별 인사를 하는 것이었다.

○ 歷其城, 城中皆屛聲偃幟, 城主登城拜手奉辭。

•124

[그러자] 태종은 그가 [성을] 굳게 지킨 일을 갸륵하게 여기고 명주 천 일백 필을 하사하여 [그가] 주군을 섬기는 절개를 치하하였다.275)

○ 太宗嘉其堅守, 賜絹百疋, 以勵事君之節。

•125

당초 [태종이] 요동성을 공격해 함락시켰을 때에는 그 [무리] 중에서 황제의 군사에 저항하여 맞선 까닭에 호적을 박탈하고 노비로 삼아야 할 사람들이 일만사천 명이나 되는지라 그들을 모두 [내지로] 파견하여 일단 유주276)에 집결시킨 다음 [그들을] 장병들에게 상으로 나누어 주려 했

---

274) 성주(城主): 안시성 성주의 신분에 대한 소개는 사서마다 편차를 보인다.《구당서》및《삼국사기》에는 '성주',《신당서》에는 '추장(酋長)'으로 각각 소개되어 있다. '성주'나 '추장'은 중국식 표현이고, 고구려어로는 아마 '누살(욕살)'에 해당하는 인물이었을 것이다. 다만, 성주의 이름은 당·송대 이래의 국내외 정사에 소개된 적이 없었다. 그러다가 '양만춘(梁萬春)'이라는 이름이 처음 등장한 것은 고구려와 당나라 사이의 요동전쟁 이래로 1,000여 년이 지난 16세기 중국에서였다. 자세한 소개와 고증은《자치통감》의 해당 주석(제567~568쪽)을 참조하기 바란다.

275) 주군을 섬기는 절개를 치하하였다[勵事君之節]:《신당서》에도 같은 내용이 소개되어 있으나 날짜는 언급되어 있지 않다. 반면에《자치통감》"태종 정관 19년(645)"조에서는 "9월 … 계미일에 회군하라는 칙명이 내려졌다"고 날짜를 밝혀 놓았다. 안시성에서 철군하던 이세민이 성주에게 상을 내린 시점을 9월 계미일, 즉 양력 10월 13일로 본 셈이다.

276) 유주(幽州): 중국 고대 이래의 지방 행정 구역 이름. 치소는 계현(薊縣)으로, 지금의 북경시 서남쪽에 해당한다. 위·진대에는 관할 군·국이 23개까지 증가했으나

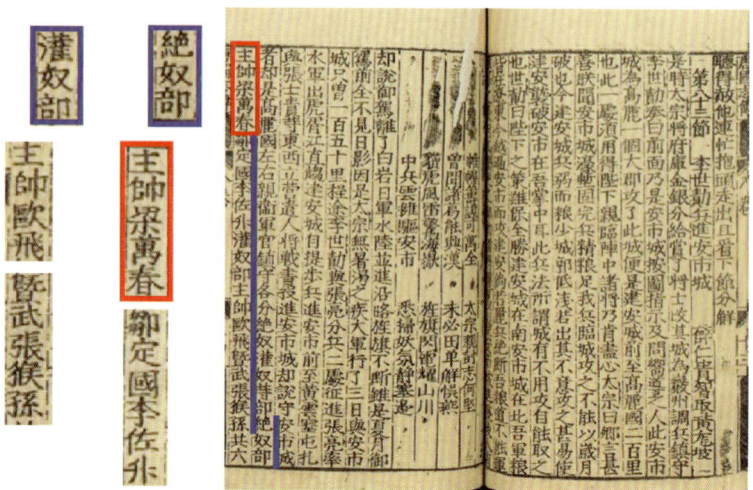

명대에 지어진 역사소설 《당서지전 통속연의(唐書志傳通俗演義)》의 안시성 전투 대목. 왼쪽 끝에 '양만춘(梁萬春)'이라는 이름과 고구려 장수들의 이름이 보인다. 안시성주 양만춘에 관한 모든 전승은 이 소설에서 비롯되었다.

었다.

○ 初, 攻陷遼東城, 其中抗拒王師, 應沒爲奴婢者一萬四千人, 並遣先集幽州, 將分賞將士.

• 126

[그러나] 태종은 그들이 부모·처자식과 하루아침에 헤어져 [가족을] 여의게 된 처지를 딱하게 여기고 해당 관청으로 하여금 그[들의 몸] 값을 따져서 베나 명주 천으로 그 값을 치르게 하는 식으로 사면하여 [자국의] 백성으로 삼게 하였다. [그러자] 그 무리가 환호하는 소리가 사흘 동안 그치지 않았다. [*277)] [*278)]

군벌의 발호와 북방민족들의 남하로 그 영역이 차츰 축소되었다. 자세한 소개는 《자치통감》의 해당 주석(제474쪽)을 참조하기 바란다.

당 태종이 내린 〈고연수와 고혜진에게 관작을 내리는 조서[授高延壽高惠眞官爵詔]〉(《흠정 전당문》)

○ 太宗愍其父母妻子一朝分散, 令有司準其直, 以布帛贖之, 赦爲百姓。其衆歡呼之聲, 三日不息。

277) *:《자치통감》"태종 정관 19년"조에는 태종 이세민과 당나라군이 요택을 건너는 장면이 생생하게 다루어져 있다. 원대의 호삼성은 이 대목에 주석을 붙이고 '발조수'의 위치와 관련하여 "포구와 발조수는 모두 요택 안에 있었던 것이다", 영주(營州)의 위치에 대해서도 "영주에서 낙양까지는 2,910리(1,280km)"라고 소개하였다.

278) *:《구당서》〈태종본기〉에서는 "겨울 10월의 병진일(11월 15일)에 임유관으로 들어왔다(冬十月, 丙辰, 入臨渝關)"고 하였다.《자치통감》"정관 19년"조에는 이 대목이 이렇게 기술되어 있다. "병진일에 주상은 태자가 영접하러 곧 온다는 말을 듣고 날쌘 기병 3,000명을 따라 신속히 임유관으로 들어갔다." 호삼성은 이 대목에서 임유관의 좌표와 관련하여 다음과 같은 주석을 붙였다. "한대의 요서군에 임유현이 있었다.《당서》〈지리지〉에서는 '영주에 유관수착성이 있다'고 한 것에 대하여 두우는 '임유관은 평주 노룡현 현성 동쪽으로 180리 지점에 있다(漢遼西郡有臨渝縣. 唐志, 營州有渝關守捉城. 杜佑曰, 臨渝關在平州盧龍縣城東百八十里)" 임유관의 좌표를 노룡현 동쪽 180리 지점에서 찾아야 한다는 것이다.

•127

[나중에] 고연수는 항복한 뒤로 늘 한숨만 쉬면서 지내더니 얼마 지나지 않아 시름 끝에 죽고 말았다.

[그리고 고]혜진은 마침내 장안까지 왔다. [＊279)]

○ 高延壽自降後, 常積歎, 尋以憂死。惠眞竟至長安。

•128

[정관] 이십년280)에 고려에서 사신을 파견하여 [왕이] 사죄하면서 미인 두 명을 바쳤다.281) [그러자] 태종이 그 사신에게 일러 말하였다.

○ 二十年, 高麗遣使來謝罪, 并獻二美女。太宗謂其使曰,

•129

"돌아가서 너희 임금에게 전하라. 아름다운 용모라는 것은 사람들이 소중하게 여기는 것이다. 너희가 바친 여인들은 참으로 아름답다. 그러나 이들이 본국의 부모·형제를 여의고 온 것을 딱하게 여기며, 그 몸을 붙잡아 둠으로써 그 어버이를 잊어버리게 만들고 그 용모를 사랑하여 이들의 마음을 상하게 만드는 짓은 내가 [차마] 하지 않겠다."

[그러고는] 두 사람 다 고구려로 돌려보내었다.282)

---

279) ＊:《자치통감》"정관 19년"조에는 태종 이세민이 고구려와의 요동전쟁을 마무리하면서 고구려와 전쟁을 벌인 일을 후회하는 장면이 소개되어 있다.

280) 이십년(二十年): "정관 20년"은 서기 646년이며, 고구려 기년으로는 보장왕 5년이다.

281) 사죄하면서 미인 두 명을 바쳤다[謝罪, 并獻二美女]: 여기에는 사죄의 주체가 분명하게 나와 있지 않다. 그러나《자치통감》"정관 20년"조에는 "5월 갑인일(양력 7월 11일)에 고구려왕 고장 및 막리지 개금(개소문)이 사신을 파견하여 사죄하였다"고 기술되어 있다. 그 주체를 보장왕과 연개소문으로 명시해 놓은 것이다.

○ "歸謂爾主, 美色者, 人之所重. 爾之所獻, 信爲美麗. 憫其離父母兄弟於本國, 留其身而忘其親, 愛其色而傷其心, 我不取也." 並還之.

• 130

[＊283)] [＊284)] [정관] 이십이년285)에 또다시 우무위장군286) 설만철287) 등을 파견하여 청구도288)를 통하여 가서289)고구려를 정벌하게 하였

---

282) 두 사람 다 고구려로 돌려보내었다[並還之]: 두 미녀의 고구려 귀환 시점은 사서마다 미묘한 편차를 보인다. 《구당서》·《태평어람》·《신당서》·《자치통감》·《책부원구》·《삼국사기》는 "정관 20년(646)"으로 소개한 반면, 태종 이세민보다 100여 년 뒤에 오긍(吳兢, 670~749)이 저술한《정관정요(貞觀政要)》와 명대 초기의 양사기(楊士奇, 1365~1444)가 저술한 《역대명신주의(歷代名臣奏議)》에는 그 전해인 "정관 19년"으로 소개되어 있다. 편찬 연대만 놓고 본다면《정관정요》의 "정관 19년"이 그보다 몇백 년 뒤의 송대 이래의 사서들의 "정관 20년"보다 신뢰도가 높다고 보아야 한다.

283) 《자치통감》 "정관 20년"조에는 요동전쟁을 마무리하고 귀환한 뒤에 연개소문이 사사건건 당나라와 반목하자 태종 이세민이 다시 고구려 침공을 논의하는 장면이 자세하게 다루어져 있다. 이를 통하여 이세민이 고구려에 대한 제2차 침공을 결심한 것이 이보다 앞선 정관 20년 9월 임신일(646년 양력 10월 27일)임을 확인할 수 있다.

284) ＊:《자치통감》 "정관 21년(647)"조에는 이세민이 다시 고구려를 침공하여 제2차 요동전쟁을 벌이게 되는 전말이 상세하게 소개되어 있다.

285) 이십이년(二十二年): "정관 22년"은 서기 648년이며, 고구려의 보장왕 7년에 해당한다.

286) 우무위장군(右武威將軍): 당대의 관직명. 정식 명칭은 우교위장군(右驍衛將軍)이다. 당나라 예종 이단(李旦)의 광택(光宅) 원년(684)에 우무위장군으로 개칭되었다가 중종(中宗)의 신룡(神龍) 원년(705)에 도로 우교위장군으로 개칭되었다. 우교위장군의 경우, 수나라 양제의 대업 3년(607)에 우비신부(右備身府)를 우교위(右驍衛)로 개칭하고 정3품의 '12위 대장군(十二衛大將軍)'의 하나인 우교위대장군 아래에 종3품 품계의 우교위장군을 두고 대장군의 업무를 보좌하게 하였다.

287) 설만철(薛萬徹, ?~653): 당대 초기의 장수. 고구려를 침공할 때에는 청구도(靑丘道) 행군총관(行軍總管)으로 3만의 군사를 이끌고 대행성(大行城)을 점령하였다. 자세한 소개는 《자치통감》의 해당 주석(제584쪽)을 참조하기 바란다.

다. [이에 설]만철은 바다를 건너 압록수290)로 진입하여 [계속] 진군하여 그 나라의 박작성291)을 함락시키고 포로를 무척 많이 사로잡았다.

---

288) 청구도(靑丘道): 후한대 학자 복건(服虔, 2세기)은《자허부(子虛賦)》의 "가을에는 청구에서 사냥을 하지(秋獵于靑丘)" 부분에 "청구국은 바다 동쪽 300리 지점에 있다(靑丘國, 在海東三百里)"고 주석을 붙였다. 인터넷〈국편위판〉주114에서는 "靑丘道는 平壤道와 같은 海路"라고 보았으나 경로가 중복된다고 단정할 근거는 없다. 자세한 소개와 고증은《자치통감》의 해당 주석(제597쪽)을 참조하기 바란다.

289) 청구도를 통하여 가서[往靑丘道]: 이 부분을 인터넷〈국편위판〉에서는 "청구도로 가서",〈동북아판2〉(제204쪽)에서는 "청구도로 나아가"라고 번역하였다. 여기에 언급된 '청구도'는 최종 목적지(고구려)로 가는 과정에서 거치는 경유지이지 종착지가 아니다. 이 부분을 "청구도를 통하여(via Qingqiu Route)"로 번역해야 옳다는 뜻이다.

290) 압록수(鴨綠水): 중국 고대의 하천 이름. 국내외 학계에서는 한·중 국경선을 흐르는 지금의 압록강(鴨綠江)으로 비정하고 있다. 그러나 이는 반도사관이 만들어 낸 일종의 착각이며, 실제로는 양자가 역사적·지리적으로 서로 다른 물줄기이다. 자세한 소개와 고증은《자치통감》의 해당 주석(제509~511쪽)을 참조하기 바란다.

291) 박작성(泊汋城): 고구려의 성 이름.《신당서》〈지리지〉에는 이렇게 소개되어 있다. "[안동도호]부는 옛 한대의 양평성이다. … 남으로 압록강 북쪽의 박작성까지 700리를 가면 옛 안평현이다. 도호부로부터 동북쪽으로 옛 개모·신성을 거치고 다시 발해의 장령부를 거쳐 1,500리를 가면 발해 왕성에 이른다.(府, 故漢襄平城也. … 南至鴨綠江北泊汋城七百里, 故安平縣也. 自都護府東北經古蓋牟新城, 又經渤海長嶺府, 千五百里至渤海王城)" 이를 통하여 박작성이 압록수 북쪽에 있으며, 안동도호부에서 박작성까지의 거리가 700리였음을 알 수 있다. 당대에는 1리가 0.44km였다는 곽성파의 주장을 따른다면 안동도호부에서 박작성까지의 거리는 308km 정도에 해당되는 셈이다. '박작'의 두 번째 글자의 경우,《구당서》를 위시하여《신당서》·《책부원구》·《삼국사기》·《대청일통지》·《독사방여기요》·《성경강역고(盛京疆域考)》·《발해국기(渤海國記)》 등에서는 '구울 작(灼)'과 '물소리 작(汋)'이 혼용되어 있다. 그러나《신당서》〈지리지〉에서 "작은 배로 동북쪽으로 30리를 거슬러 올라가 박작[수? 성?] 어귀에 이르면 발해 강역이다(自鴨淥江口舟行百餘里, 乃小舫溯流東北三十里至泊汋口, 得渤海之境)"라고 한 데서 볼 수 있듯이, ① 배로 이동하고 ② 통상적으로 강어귀를 나타내는 '입 구(口)'가 붙은 것을 보면 ③ '박작'은 하천 이름에서 유래한 것이며 ④ 따라서 한자 역시 '물소리 작'이 맞다고 보아야 한다. 중국 학계에서는 그 위치를 요녕성 단동시(丹東市) 구련

《삼재도회(三才圖會)》에 수록된 명대 지도 《삼대간룡총람지도(三大幹龍總覽之圖)》. 압록강이 요동과 여진(女眞) 사이에 끼어 있고 조선은 멀리 떨어져 있다. 지도 속의 압록강은 지금의 압록강이 아니라는 증거이다.

○ 二十二年, 又遣右武衛將軍薛萬徹等往靑丘道伐之。 萬徹渡海入鴨綠水, 進破其泊灼城, 俘獲甚衆。

<hr />

성(九連城) 옛 성, 인터넷 〈국편위판〉 주115에서는 "大蒲石河의 河口인 鼓樓子 부근", 〈동북아판2〉 주145(제204쪽)에서는 "丹東市에서 동쪽으로 靉河와 鴨綠江이 합류하는 지점에 돌출한 구릉지대에 세워진 虎山山城" 등의 주장을 소개하였다. 그러나 이 결론은 본질적으로 '압록수'를 반도사관에 대입하여 도출된 것이어서 실제와 부합된다고 단정하기 어렵다. 참고로, 중국의 《중국정사 고구려전 상주 및 연구》(제241쪽)에서는 "금대에는 파속부가 있었고 원대에는 파사로가 있었는데, 이는 '박작'성의 발음이 변형된 경우이다(金有婆速府, 元有婆娑路, 此系泊汋城一音之轉)"라고 추정했는데 참고할 만하다. 《금사》와 《원사》를 대조해 보면, '파속'부와 '파사'로는 모두 요동 내원성(來遠城) 인근에 설치되었던 행정구역임을 확인할 수 있다. 《원사(元史)》〈병지(兵志)〉 "고려국에 둔전을 설치하다[高麗國立屯]"조에는 "세조 지원 7년(1270)에 창립되었는데 … 파사부와 함평부의 군사 각 1,000명을 통합하여 …(世祖至元七年創立 , … 合婆娑府咸平府軍各一千人, …)" 식으로 소개되어 있다. 중국의 역사사전에 따르면, 함평부는 "치소는 평곽현[지금의 요녕성 개원시 동북방 노성진]에 있었고 … 관할 지역은 지금의 요녕성 북부인 개원·철령·창도 등지에 해당한다.(治所在平郭縣[今遼寧開原市東北老城鎭] … 轄境相當今遼寧北部開原鐵嶺昌圖等市縣地)" 그렇다면 파사부, 즉 박작성의 좌표 역시 적어도 요녕성의 개원–철령 라인 인근까지는 올라가서 찾아야 옳은 것이다.}

• 131

태종은 이어서 명령을 내려 강남²⁹²⁾에서 큰 배를 건조하게 하였다.²⁹³⁾ [그리고] 섭주²⁹⁴⁾자사 손복가²⁹⁵⁾를 파견하여 용감한 병사들을 불러 모으고 내주²⁹⁶⁾자사 이도유²⁹⁷⁾를 파견하여 군량 및 군사 장비들을 수송하여 오호도²⁹⁸⁾에 비축하게 함으로써 장차 대규모로 군사를 일으켜 고

292) 강남(江南): 중국 고대의 지역명. 글자 그대로 풀면 '장강 남쪽'이라는 뜻이다. 때로는 하천의 남쪽 땅을 가리키는 '응달 음(陰)'을 써서 '강음(江陰)'으로 불리기도 하였다. 중국에서는 일반적으로 남안에서 장강과 마주보고 있는 중국 강소성(江蘇省) 지역을 가리킨다.

293) 강남에서 큰 배를 건조하게 하였다[命江南造大船]: 이 부분을 인터넷 〈국편위판〉에서는 "江南에 命하여 큰 배를 건조하게 하는 한편", 〈동북아판4〉(제204쪽)에서는 "강남에 대선 축조를 명하고"로 각각 번역하였다. 그러나 여기서 '강남'은 태종의 명령을 받는 당사자가 아니라 그 당사자의 지시에 따라 전선을 건조하는 지점으로 기술되어 있으므로 유념할 필요가 있다. 그 증거는 《자치통감》 "정관 22년(648)"조에서 확인할 수 있다. 실제로는 장강 상류인 사천지역에서 배를 건조한 뒤에 장강 물줄기를 따라 하류인 강남까지 내려 보낸 다음 다시 바닷길로 수군 발진기지인 내주까지 군량과 물자들을 수송한 셈이다.

294) 섭주(陝州): 중국 고대의 지명. 《구당서》 〈지리지〉에는 "【섭주】 대도독부. 수나라 때에는 하남군의 섬현이다(【陝州】 大都督府. 隋, 河南郡之陝縣)"라고 소개되어 있다. 지금의 하남성 삼문협시(三門峽市) 일대에 해당한다.

295) 손복가(孫伏加, ?~658): 당대 초기의 대신. 자는 '복가(伏伽)'이며, 패주(貝州) 무성(武城, 지금의 하북성 무성현) 사람이다. 중국 기록상 최초의 장원(狀元) 급제자로, 수나라 말기에 만년현(萬年縣)의 법조(法曹)로 임용되었다. 당나라가 건국된 뒤로는 여러 차례의 간언으로 고조·태종의 신임을 얻었고 정관 연간에는 벼슬이 대리경(大理卿)·섭주자사에 이르렀다.

296) 내주(萊州): 중국 당대의 지명. 지금의 산동성 청도(靑島)·유방(濰坊)·즉묵(卽墨)·교남(膠南)·교주(膠州) 등지에 해당한다.

297) 이도유(李道裕, ?~?): 당대 초기의 대신. 경조(京兆) 경양(涇陽, 지금의 섬서성 경양현 일대) 사람이다. 수나라에서 삭주자사(朔州刺史)를 지낸 이충절(李充節)의 손자로, 나중에 포주자사(蒲州刺史)·대리시경(大理寺卿)을 역임하고 적도공(狄道公)에 봉해졌다.

298) 오호도(烏胡島): 중국 고대의 지명. 《신당서》 〈지리지〉에는 그 위치가 이렇게 소

16세기 명대 가정(嘉靖) 연간에 제작된 《만리해방도설(萬里海防圖說)》의 하북-요동 구간. 산해관과 악정현(樂亭縣) 사이의 직고구(直沽口)에 "여기서부터 요동에 속한다(自此屬遼東, 파란색 네모)"는 문구가 보인다. 요동이 산해관에서부터 시작된다는 사실을 보여주는 물적 증거이다.

려를 정벌하려 하였다. [그러나 정벌을] 실천에 옮기기도 전에 황제가 세상을 떠나고 말았다.

○ 太宗又命江南造大船, 遣陝州刺史孫伏伽召募勇敢之士, 萊州刺史李道裕運糧及器械, 貯於烏胡島, 將欲大擧以伐高麗。未行而帝崩。

개되어 있다. "등주 동북방으로 바닷길로 가되 대사도를 지나 구흠도·말도·오호도까지 300리(132km)를 가며, 북쪽으로 오호해를 건너 마석산 동쪽의 도리진까지 200리(88km)를 간다.(登州東北海行, 過大謝島, 龜歆島末島烏湖島三百里. 北渡烏湖海, 至馬石山東之都里鎭二百里)" 인터넷 〈국편위판〉 주118에서는 "遼東半島 남단"에 있다고 보았으며, 〈동북아판2〉 주150에서는 중국 학계와 마찬가지로 "山東省 煙臺市 北隍城島"로 비정하였다. 그러나 보다 신중한 고증이 필요할 듯하다.

고려전(高麗傳) **147**

• **132**

[나중에] 고종299)이 [태종의] 제위를 계승하였다.

[그런데 고종] 또한 명령을 내려 병부상서 임아상300) · 좌무위대장군 소정방301) · 좌교위대장군302) 계필하력303) 등에게 차례로 고구려를 토벌하게 하였다.304) [그러나] 한결같이 큰 공도 세우지 못한 채 귀환하였다.

○ 高宗嗣位。又命兵部尙書任雅相·左武衛大將軍蘇定方·左驍衛大將軍契苾何力等前後討之，皆無大功而還。

---

299) 고종(高宗): 당나라 제3대 황제 이치(李治, 628~683)의 묘호. 태종 이세민의 9번째 아들로, 정관 17년(643)에 외숙인 장손무기(長孫無忌)의 도움으로 황태자로 책립되었다. 즉위한 뒤로는 장손무기·저수량의 보필로 태종의 정책을 계승하면서 돌궐·고구려 등 주변 민족들과 빈번히 전쟁을 벌였다. 아버지의 후궁이던 무측천을 황후로 봉하고 수렴청정을 허용함으로써 무씨 전횡의 단초를 제공하였다.

300) 임아상(任雅相, ?~662): 당대 초기의 재상. 위남(渭南, 지금의 섬서성 위남 동남쪽) 사람이다. 고종의 용삭(龍朔) 원년(661)에 패강도 대총관(浿江道大總管)에 임명되어 제3차 요동전쟁에 종군했다가 이듬해에 전장에서 병사하였다.

301) 소정방(蘇定方, 592~667): 당대 초기의 장수. 기주(冀州) 무읍(武邑) 사람으로, 본명은 열(烈)이며 '정방'은 자이다. 정관 연간 초기에는 동돌궐 공략에 이어 고구려 침공에 공을 세워 우둔위장군(右屯衛將軍)·임청현공(臨淸縣公)에 임명되었다. 자세한 소개는 《자치통감》의 해당 주석(제618쪽)을 참조하기 바란다.

302) 좌교위대장군(左驍衛大將軍): 수·당대의 관직명. 수나라 대업 3년(607)에 좌비신부(左備身府)를 좌교위(左驍衛)로 개칭하고 정3품의 '12위 대장군(十二衛大將軍)'의 하나로 설치되었다. 당대에도 그대로 인습되었다. 자세한 소개는 《자치통감》의 해당 주석(제404~405쪽)을 참조하기 바란다.

303) 계필하력(契苾何力, ?~677): 당대 초기의 돌궐계 장수. 정관 6년(632)에 좌영군장군(左領軍將軍)에 임명되었다. 나중에 고종이 즉위하자 고구려를 침공하고 진군대장군(鎭軍大將軍)·양국공(涼國公)이 되었다. 사후에는 보국대장군(輔國大將軍)·병주도독(幷州都督)에 추증되고 '열(烈)'이라는 시호를 받았다.

304) 차례로 토벌하게 했으나[前後討之]: 고종의 명령으로 임아상과 소정방과 계필하력이 고구려 침공에 나선 것은 용삭(龍朔) 원년(661)의 일이다. 바로 앞에 이치가 황제로 즉위한 일이 기술되어 있으나 두 사건은 같은 해에 발생한 것이 아니다. 이치는 태종 이세민이 죽은 정관 23년(649)에 즉위했으니 13년의 시차가 생

- **133**

건봉305) 원년에 고장이 그의 아들을 파견하여 [중국에] 입조했기에 태산306) 아래에서 [봉선 의식을 거행할 때 황제] 곁에 배석하게 하였다.307)

○ 乾封元年, 高藏遣其子入朝, 陪位於太山之下。

- **134**

그 해에 [천]개소문이 죽었다.308)

○ 其年, 蓋蘇文死。

긴다. 서로 별개의 기사를 이 대목에서 하나로 합친 셈이다. 여기서 "차례로[前後]"라는 표현이 사용된 것을 보면 용삭 원년에 세 사람이 동시에 출병한 것이 아니라 순차적으로 출병한 것으로 이해해야 옳다. 실제로 이치는 황제로 즉위한 뒤로 영휘(永徽) 6년(655), 현경 3년(658)·4년(659)·5년(660)과 용삭 원년(661) 등, 모두 5차에 걸쳐 고구려 침공을 시도하였다.

305) 건봉(乾封): 고종 이치가 666~668년까지 2년 동안 사용한 5번째 연호. "건봉 원년"은 서기 666년이며, 고구려 기년으로는 보장왕 25년에 해당한다.

306) 태산(泰山): 중국의 산 이름. 산동성 곡부(曲阜)에 자리잡고 있으며, 고대에는 제왕들이 제천의식을 거행하며 '거룩한 산[聖山]'으로 숭배하였다.

307) 태산 아래에서 곁에 배석하게 하였다[陪位於太山之下]: 이 대목에는 봉선의식이 거행된 시점이 명시되어 있지 않다. 그러나 〈고종본기〉와 《자치통감》에는 단계별로 날짜가 분명하게 제시되어 있다. 봉선의식 시점과 과정에 관한 자세한 소개는 부록 《자치통감》의 해당 주석(제663쪽)을 참조하기 바란다.

308) 그해에 개소문이 죽었다[其年, 蓋蘇文死]: 연개소문의 사망 시점은 사서마다 편차를 보인다. ①《일본서기》"천지천황 3년(664)"조에는 ""겨울, 10월, … 이 달에 고려 대신 개금이 그 나라에서 임종을 맞았다(冬, 十月, … 是月, 高麗大臣蓋金, 終於其國)"고 하였다. ② 인터넷 〈국편위판〉 주123에서는 이케우치 히로시의 주장을 근거로 "淵蓋蘇文의 죽음은 寶藏王 24년(665) 末(10월)로 봄이 타당할 것"이라고 보았다. ③《구당서》·《신당서》·《자치통감》·《삼국사기》·《문헌통고》에서는 "건봉 원년(666, 보장왕 25)"으로 보았다. 여기서는 "건봉 원년"에 죽은 것으로 보아야 옳다. 그 이유는《자치통감》의 해당 주석(제691쪽)을 참조하기 바란다.

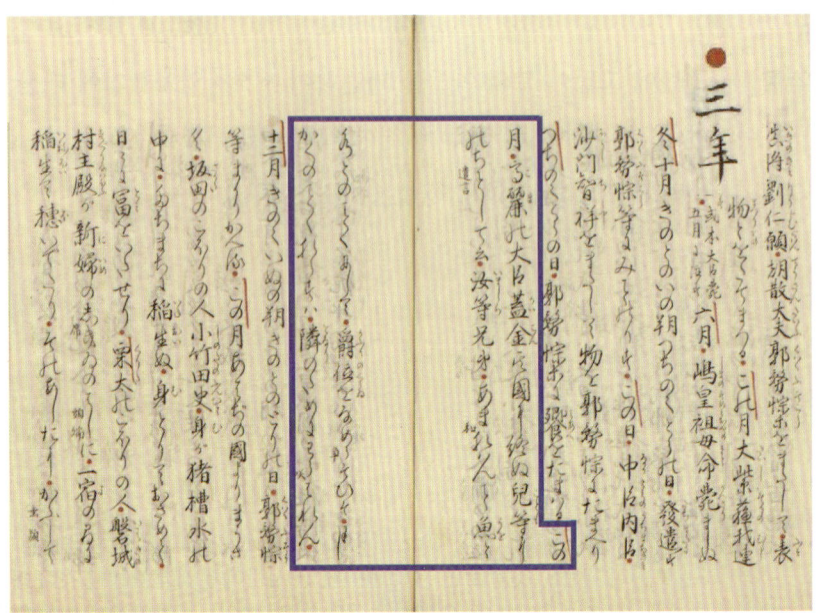

《일본서기》 "천지천황 3년(664)"조의 연개소문 임종 관련 기사. 이 기사에서는 연개소문이 이해 겨울 10월(664년 11월)에 죽었다고 소개하였다. 그러나 《구당서》·《신당서》·《자치통감》·《삼국사기》·《문헌통고》 등 복수의 중국 사서들에는 한결같이 건봉 원년(666, 보장왕 25)에 죽었다고 기술되어 있다. 《일본서기》의 기록에 문제가 있다는 뜻이다.

• 135

그의 아들 [천]남생309)이 대신 막리지가 되었다. [그러나] 그의 아우 [천]남

---

309) 남생(男生, 634~679): 연개소문의 맏아들. 고종의 건봉 원년(666)에 연개소문의 막리지(莫離支)를 세습했으나 사이가 나빴던 둘째 남건(男建), 셋째 남산(男産) 두 동생이 정변을 일으키는 바람에 국외로 추방되었다. 우여곡절을 거쳐 당나라에 투항하고 평양도 행군대총관(平壤道行軍大總管)·안무요동대사(安撫遼東大使)·지절(持節)에 제수되었다. 얼마 뒤에 고구려 침공에 앞장을 선 공로로 요동대도독(遼東大都督)·현토군공(玄免郡公)을 거쳐 나중에는 우위대장군(右衛大將軍)·변국공(卞國公)에 봉해졌다. 자세한 소개는 《자치통감》의 해당 주석(제650~651쪽)을 참조하기 바란다.

건310) · [천]남산311)과 사이가 좋지 못하여 각자 패를 지어 서로를 공격하였다. [＊312)]

○ 其子男生代爲莫離支, 與其弟男建·男産不睦, 各樹朋黨, 以相攻擊。

• **136**

[그러다가] 남생은 두 아우에게 쫓겨나자 국내성으로 달아나 할거하며 [그 성을] 죽기를 각오하고 지켰다.313) [그리고] 그의 아들 [천]헌성314)은 [고종의

---

310) 남건(男建, ?~?): 연개소문의 둘째아들. 건봉 원년에 동생 남산과 모의하여 막리지이던 형 남생을 축출하고 그 자리를 차지하였다. 고종의 총장(總章) 원년(668)에 평양성에서 농성하며 당나라군에 맞서 싸우다가 승려 신성(信誠)의 배신으로 성을 빼앗기고 당나라군에게 사로잡혔다. 보장왕과 함께 당나라에 압송되자 고종이 사형에 처하려 했으나 남생의 요청으로 검주(黔州)에 유배되었다가 죽었다.

311) 남산(男産, 639~701): 연개소문의 셋째 아들. 남건과 합세하여 남생을 추방하고 남건을 막리지로 추대하였다. 총장 원년에 당나라가 신라와 함께 고구려를 침공하자 보장왕의 명령에 따라 수령 98명과 함께 이적에게 투항하였다.

312) ＊:《자치통감》"건봉 원년"조에는 남생과 두 동생의 사이가 벌어져 반목하게 된 경위가 자세하게 다루어져 있다(기사 참조). 그 기사가 사실이라면 남생의 시찰을 전후하여 주위 사람들의 이간질로 사이가 나빠져 상잔을 벌였던 셈이다.

313) 국내성으로 달아나 할거하며 죽기를 각오하고 지켰다[走據國內城死守]:《자치통감》"건봉 원년"조에는 이 부분이 "남생은 다른 성으로 달아나 지켰다"고 기술되어 있다. 인터넷〈국편위판〉주129에서는 "〈泉男生墓誌〉에 의하면 이때 男生은 國內城에서 平壤으로 進功하기 위하여 烏骨城(지금의 鳳凰城)을 功破하고 大兄 弗德을 唐에 파견하여 救援을 청하였으나, 男生을 모반하는 자의 방해로 실패하고 玄菟城(지금의 撫順)에 옮겨 재차 大兄 冉有를 唐에 파견하였으며 아들 獻誠을 보낸 것은 그 뒤였다"고 소개하였다. 그러나 전체적으로 오독과 오역이 많다. 묘지명 원문에는 ① 평양성 탈환을 목적으로 오골성 외곽에 이르러 대형 불덕 등을 파견하여 ② 황제에게 고구려에 모반이 있었음을 알리게 하고, ③ 본인은 요동으로 복귀하여 재기를 노리면서 이번에는 대형 염유를 파견해 황제에게 상황을 보고하고, ④ 건봉 원년에 최종적으로 아들 천헌성을 당나라에 입조시켰다고 되어 있기 때문이다.

고려전(高麗傳) **151**

대궐을 예방하고 [자신들을] 불쌍히 여겨 [도와] 줄 것을 간청하였다. [*315)]

○ 男生爲二弟所逐, 走據國內城死守, 其子獻誠詣闕求哀。

• 137

[그래서 고종은] 조서를 내려 좌교위대장군 계필하력으로 하여금316) 군사를 이끌고 가서 남생과 합류하고 [그를] 맞이하게 하였다.317)

---

314) [천]헌성(獻誠, 651~692): 연남생의 아들. 남생과 함께 당나라에 귀순하고 우무위장군(右武衛將軍)에 제수되었다. 자세한 소개는《자치통감》의 해당 주석(제694쪽)을 참조하기 바란다.

315) *:《신당서》〈고려전〉에는 앞 구절에 이어 다음의 내용이 추가되어 있다. "개소문의 동생 정토 역시 땅을 할양하면서 항복하기를 간청하였다.(蓋蘇文弟淨土亦請割地降)" 이 기사의 내용이 사실이라고 전제할 때, 남생이 아들 헌성과 함께 숙부 정토를 당나라에 딸려 보냈고, 정토는 정토대로 자신의 영지를 바치면서까지 당나라에 군사 지원을 요청했음을 알 수 있는 셈이다. 김부식《삼국사기》에 따르면, 연정토는 문무왕(文武王) 6년(666)에 신라에 잠시 귀순했다가 2년 뒤 요동전쟁이 끝나는 문무왕 8년(668) 봄에 신라를 떠나 당나라에 정착했다고 한다.

316) 좌교위대장군 계필하력으로 하여금[令左驍衛大將軍契苾何力]: 이 부분이《신당서》의 〈고종본기〉 "건봉 원년"조 및 〈고려전〉에는 이렇게 기술되어 있다. "우교위대장군 계필하력을 요동안무대사로 삼아 군사를 이끌고 지원하게 하고, 좌금오위장군 방동선과 영주도독 고간을 요동도 행군총관으로 삼고, 좌무위장군 설인귀와 좌감문위장군 이근행을 후발대로 삼았다.(右驍衛大將軍契苾何力爲遼東安撫大使, 率兵援之. 左金吾衛將軍龐同善, 營州都督高侃爲遼東道行軍總管, 左武衛將軍薛仁貴, 左監門衛將軍李謹行爲後援)" 직함·이름에서《구당서》의 이 기사와는 편차를 보이는 셈이다. 이 같은 편차는《자치통감》"건봉 원년(666)"조에서도 확인할 수 있다. "[6월 임인일에 천]헌성을 우무위장군으로 임명하여 그를 길잡이로 삼았다. 이어서 우금오위 장군 방동선과 영주도독 고간을 행군총관으로 임명하여 함께 고구려를 토벌하게 하였다."

317) 남생과 호응하여 맞이하게 하였다[應接之]:《신당서》〈고려전〉에는 이 부분이 이렇게 기술되어 있다. "9월에 방동선이 고구려 군사를 무찌르자 남생이 군사를 이끌고 와서 회합하였다.(九月, 同善破高麗兵, 男生率師來會)"

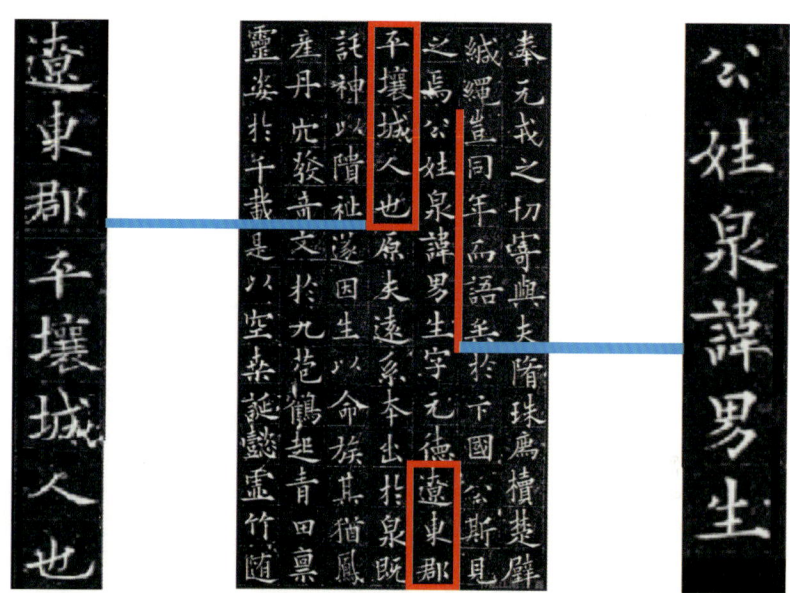

《천남생묘지명》. 천남생이 '요동군'의 평양성 사람으로 소개되어 있다. 고구려의 평양성이 요동에 있었다는 사실을 방증해 주는 중요한 금석적 증거이다.

○ 詔令左驍衛大將軍契苾何力率兵應接之。

• 138

[그러자] 남생이 [국내성을] 빠져나와 [당나라군 쪽으로] 도망쳐 왔다. [고종은] 조서를 내려 [그를] 특진318) · 요동대도독319) 겸 평양도 안무대사320)에 제수

---

318) 특진(特進): 중국 고대의 관직명. 공덕이 특히 탁월하여 조정의 추앙을 받는 제후에게 내렸는데 그 지위는 삼공(三公) 다음이었다. 수·당대에는 정2품에 해당하는 문관 산관(散官, 명예직)으로 예우되었다.

319) 대도독(大都督): 중국 고대의 관직명. 전란이 빈번하던 삼국시대에 임시로 설치되었다가 나중에 상설직으로 굳어졌다. 서진·남조 등 역대 왕조에 인습되었으며, 전봉(前鋒, 선봉)대도독·북토(北討, 북벌)대도독 식으로, 직함 앞에 필요에 따라 명목이 추가되곤 하였다. 수·당대에는 직무가 겹치는 총관(總管)이 새로 설치되

고려전(高麗傳) 153

하는 한편 현토군공321)에 봉하였다. [＊322)]

○ 男生脫身來奔, 詔授特進·遼東大都督兼平壤道安撫大使, 封玄菟郡公。

•139

[그 해] 십일월에323) 사공324)·영국공이던 이적을 요동도 행군대총관으로 임명하였다. [＊325)] [그는] 비장326) 곽대봉327) 등을 거느리고 고려

면서 실권이 없는 명예직으로 굳어졌다.
320) 안무대사(安撫大使): 당대의 관직명. 민심을 수습하고 백성들을 안정시키기 위하여 파견하였다. 수나라 문제의 인수(仁壽) 4년(604)에 한왕(漢王) 양량(楊諒)을 토벌할 때 대신이던 양소(楊素)를 하북도(河北道) 안무대사로 임명하면서 처음 설치되었다. 당나라 고종의 현경 4년(659)에는 서역 침공을 위하여 좌교위대장군이던 소정방(蘇定方)을 안무대사로 임명하기도 하였다.
321) 현토군공(玄菟郡公): 현토군을 식읍(영지)으로 하사받은 제후(공). '군공(郡公)'에 관한 자세한 소개는 부록《자치통감》의 해당 주석(제699쪽)을 참조하기 바란다.
322) ＊:《신당서》〈고려전〉에는 이 뒤에 새로운 내용이 추가되어 있다. 자세한 내용은 《자치통감》의 해당 대목을 참조하기 바란다.
323) 십일월에[十一月]: 고종 이치가 이적과 곽대봉에게 고구려 침공을 명령한 시점은 사서마다 편차를 보인다. ① 여기에는 '11월'로 되어 있으나《신당서》〈고려전〉에서는 "이어서[又]"라고 표현했을 뿐 시점을 밝히지 않았다. ② 같은《구당서》의 〈고종본기〉및《자치통감》의 "건봉 원년(666)"조에는 '겨울 12월 기유일(양력 667년 1월 17일)[冬十二月己酉]'로 되어 있다.
324) 사공(司空): 중국 고대의 관직명. 주로 수공업·토목공사 등의 업무를 관장하였다. 북위·북제·수·당·오대에는 태위(太尉)·사도(司徒)와 함께 '삼공(三公)'으로 일컬어졌으며, 직함을 추가하거나 추증할 때에 독자적인 직무가 없이 명예직으로 내려졌다.
325) ＊:《신당서》〈고려전〉에는 이 부분이 다르게 기술되어 있다. "또한, 이적을 요동도 행군대총관 및 안무대사로 삼아 계필하력·방동선과 힘을 모으게 하였다. [이어서] 조서를 내려 독고경운은 압록도로, 곽대봉은 적리도로, 유인원은 필렬도로, 김대문은 해곡도로 진군하게 하되, 모두 행군총관으로 삼고 [이]적의 지휘를 받게 하여 연·조 땅의 식량을 요동으로 옮겨 비축하게 하였다. 이듬해 정월에는

정벌에 나섰다.328)

○ 十一月, 命司空·英國公李勣爲遼東道行軍大總管, 率裨將郭待封
等以征高麗。

•140
[전봉] 이년 이월329)에 [이]적이 요수를 건너 [＊330)] 신성에 이르렀을 때

[이]적이 길을 안내하여 신성에서 멈추었다.(又以李勣爲遼東道行軍大總管兼安撫大使, 與契苾何力龐同善幷力. 詔, 獨孤卿雲由鴨淥道, 郭待封積利道, 劉仁願畢列道, 金待問海谷道, 並爲行軍總管, 受勣節度. 轉燕趙食廬遼東. 明年正月, 勣引道次新城)" 이 기사에서는 처음이 "또한[又]"으로 시작되어서 9월 이후의 일인 것만 알 수 있을 뿐 몇 월인지는 밝히지 않았다. 그러나 《신당서》〈고종본기〉·《자치통감》〈당기〉·《책부원구》〈외신부·정토5(征討五)〉·《삼국사기》"보장왕 26년"조에는 모두 '12월 기유일(양력 667년 1월 17일)'로 날짜가 명시되어 있다.

326) 비장(裨將): 중국 고대의 관직명. 정식 명칭은 비장군(裨將軍)이며, 주장(主將, 장군)의 직무를 보좌한다는 뜻에서 '부장(副將)'으로 부르기도 하였다. 나중에는 하급 장군을 일컫는 이름으로 사용되었다. 품계는 북위 효문제(孝文帝) 때에 '9품상 ⇒ 종9품상'으로 조정되고, 북제·수나라에서 종9품으로 운영되다가 양제의 대업 3년(607)에 철폐되었다.

327) 곽대봉(郭待封): 당대 초기의 장수. 허주(許州) 양적(陽翟, 지금의 하남성 우현) 사람이다. 고종 때에 좌표도위장군(左豹韜衛將軍)을 지냈으며 함형(咸亨) 연간(670~674)에는 거란계 장수 설인귀(薛仁貴)와 함께 토번(吐蕃)을 침공했다가 대비천(大非川, 지금의 청해 회족자치구) 싸움에서 패하고 관직을 박탈당하였다.

328) 비장 곽대봉 등을 거느리고 고려 정벌에 나섰다[率裨將郭待封等以征高麗]:《자치통감》"건봉 원년"조에는 고종이 이적을 요동도 행군대총관으로 삼아 고구려를 침공하게 한 일이 자세하게 기술되어 있다. 《구당서》와는 달리 《자치통감》에는 당나라군이 출정한 시점이 11월이 아닌 "겨울 12월 기유일(667년 1월 17일)"로 소개되어 있다.

329) 이년 이월[二年二月]: "2년"은 건봉 2년(667)을 말한다. 인터넷〈국편위판〉주 132에서는 이적이 요수를 건넌 시점을 "《新唐書》〈高宗本紀〉·《資治通鑑》乾封 2年條에는 9月 辛未(14일)로 되어 있다"고 하였다. 그러나 이는 원문을 오독한 데서 빚어진 착오이다. 두 사서의 "건봉 2년 9월"조에는 "[이세]적이 처음에 요수를 건넜을 때[勣初度遼]"라는 식으로 '처음에[初]'라는 단서를 달고 있다. 이적이 신

중국 학계에서 고구려 신성으로 비정한 사르후(빨간색)의 위치. 신성이 요수 동쪽에 있었다는 점에 착안하여 요하 동쪽의 사르후로 비정한 것이다. 그러나 요하는 요수가 아니므로 신성이 사르후라는 이 가설은 저절로 무너지는 셈이다. 신성의 좌표는 요동반도 서쪽에서 찾아야 옳다.

장수들에게 일러 말하였다.

"신성은 고려 서쪽 지경의 진성[331)]으로 [전략적으로] 대단히 중요하다.[332)] 만약 먼저 도모하지 않는다면 나머지 성들도 쉽게 함락된다고 장담할 수

    성을 함락시킨 것은 9월이지만 요수를 건넌 것은 그 이전(정월? 2월?)이라고 분명하게 구분했다는 뜻이다. 이 문제는 《자치통감》 "건봉 2년"조의 해당 주석(제701쪽)을 참조하기 바란다.

330) *: 《신당서》〈계필하력전〉에는 이렇게 기술되어 있다. "이때 고려는 병력 15만을 요수에 주둔시키고 말갈 무리 수만을 이끌고 남소성을 거점으로 삼고 있었다.(時, 高麗兵十五萬屯遼水, 引靺鞨數萬衆據南蘇城)"

331) 진성(鎭城): 외적의 침입을 막는 군사가 주둔하는 군사기지 역할을 하는 성. 때로는 해당 성의 방비를 담당하는 장수를 높여 부르는 호칭으로 사용되기도 하였다.

332) 중요하다[要害]: '요해(要害)'는 글자 그대로 직역하며 '[전략적으로] 중요하면서도 치명적인 곳' 정도로 번역되는데, 일반적으로 '급소'와도 같은 의미를 나타낸다고 할 수 있다.

없다."

○ 二年二月, 勣度遼至新城. 謂諸將日, "新城是高麗西境鎭城, 最爲要害, 若不先圖, 餘城未易可下."

•141

[이적은] 마침내 신성 서남쪽으로 군사를 이끌고 가서 산에 자리를 잡고 성책을 쌓은 다음 공격을 하기도 하고 방어를 하기도 하였다. [그러자 신]성 안에서는 궁지로 몰리자 수시로 항복하는 자가 생겼다. [이리하여 이적은] 이때부터 진군하는 곳마다 승리를 거두었다.333)

○ 遂引兵於新城西南, 據山築柵, 且攻且守, 城中窘迫, 數有降者, 自此所向克捷.

•142

[결국334)] 고장 및 [천]남건은 태대형이던 [천]남산을 파견하여 수령 아흔

---

333) 이때부터 진군하는 곳마다 승리를 거두었다[自此所向克捷]: "이때부터[自是]"의 '이때[是]'는 이적이 요수를 건넌 때(2월)가 아니라 신성을 함락시킨 때(9월)이므로 맥락을 이해하는 데에 주의할 필요가 있다. 《신당서》〈고려전〉과《자치통감》"건봉 2년"조에서는 이적이 신성을 함락시킨 9월부터 당초에 장담한 대로 16성을 차례로 함락시켰다고 기술하고 있다.

334) 결국: 인터넷〈국편위판〉주134에서는 보장왕의 항복과 남건의 농성을 이해(건봉 2년) 기사로 다루어 놓았다. 그러나 두 사건은 그해 9월부터 이듬해인 건봉 3년(총장 원년, 668) 9월까지 대략 한 해 사이에 시차를 두고 순차적으로 발생하였다. 이 "결국" 앞의 기사와 뒤의 기사 사이에는 적어도 몇 달의 시차가 생기면서 다음해(건봉 3년)로 넘어가며, 그 3월에 연호를 바꾸었기 때문에 "총장 원년"조에서 다루어야 한다는 뜻이다. 두 사건이 총장 원년에 발생한 사실은《구당서》·《신당서》·《통전》·《자치통감》·《책부원구》등에도 소개되어 있다. 심지어《당회요(唐會要)》"안동도호부"조에는 "9월 14일(양력 10월 24일)에 … 이적이 요동을 평정하였다(九月十四日 … 李勣平遼東)"고 일자까지 분명히 밝혀 놓았다.

여덟 명을 거느리고 명주천 번[335)]을 들고 [성을] 나가서 항복하였다. 그러면서 [당나라에] 입조하기를 요청하는지라 [*336)] 이적이 예의를 갖추어 [그들을] 영접하였다. [그러나 천]남건은 그래도 성문을 닫은 채 굳게 지킬 뿐이었다.

○ 高藏及男建遣太大兄男産將首領九十八人, 持帛幡出降。且請入朝, 勣以禮延接。男建猶閉門固守。

• 143

총장[337)] 원년 구월에 [이]적이 이번에는 평양성 남쪽으로 군영을 옮겼다.
[이에 천]남건이 수시로 군사를 파견하여 [성을] 나가서 싸우게 했지만 그

---

335) 명주천 번[帛幡]: '백번(帛幡)'을 글자 그대로 풀면 '명주천으로 만들어진 번'이라는 뜻이다. 일반적으로 염색하기 전의 명주천은 흰색을 띤다. 그래서 《자치통감》의 해당 대목에서는 '흰 번[白幡]'으로 소개하였다.

336) *: 《구당서》〈고종본기 하〉에는 이 자리에 다음 내용이 기술되어 있다. "9월 계사일(양력 10월 22일)에 사공·영국공 [이]적이 고려를 무찌르고 평양성을 함락시킨 다음 그 왕 고장 및 그 나라 대신 남건 등을 사로잡아 귀환하니 [고구려] 경내에서 모조리 항복하였다. 그 나라는 성이 170곳, 민호가 69만 7천 호였는데 그 땅[의 평양성]을 안동도호부로 삼고 [땅을] 쪼개어 42개 주를 설치하였다.(九月癸巳, 司空英國公勣破高麗, 拔平壤城, 擒其王高藏及其大臣男建等以歸. 境內盡降, 其城一百七十, 戶六十九萬七千, 以其地爲安東都護府, 分置四十二州)" 이와 관련하여 《신당서》〈지리지〉"안동"조에는 이렇게 소개되어 있다. "이적이 고려국을 평정하고 성 176곳을 얻었는데 그 나라 땅을 쪼개어 9개의 도독부, 42개의 주, 100개의 현으로 삼았다. [그리고] 안동도호부를 평양성에 설치하여 그 나라를 다스리면서 그 나라의 추장들을 등용하여 도독·자사·현령으로 삼았다.(李勣平高麗國, 得城百七十六, 分其地爲都督府九, 州四十二, 縣一百, 置安東都護府于平壤城以統之, 用其酋渠爲都督刺史縣令)"

337) 총장(總章): 당나라 고종 이치가 668~670년까지 2년 남짓 사용한 6번째 연호. "총장 원년"은 고구려 기년으로는 보장왕 27년에 해당한다.

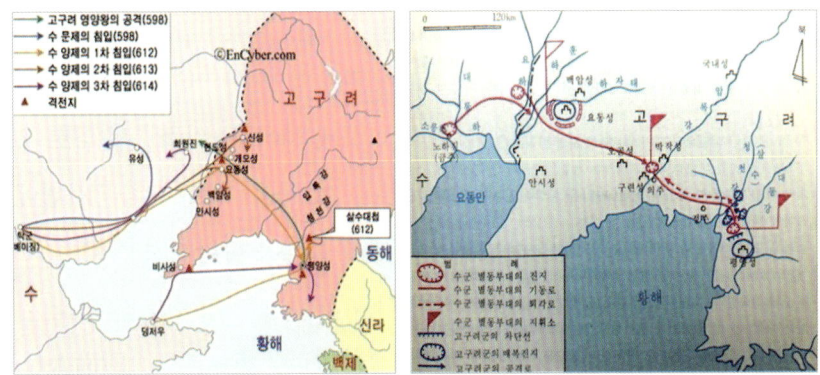

국내 국사 교과서와 국방부에서 펴낸 《고구려 대수당전쟁사》에 소개된 수 양제의 고구려 정벌 경로도. 국내 주류 학자들은 거의 모두 고구려 영토가 요동반도에서 시작되고 수·당은 그 맞은편까지 진출해 있었다고 믿고 있다.

때마다 크게 패하였다.

○ 總章元年九月, 勣又移營於平壤城南。男建頻遣兵出戰, 皆大敗。

• 144

[나중에 천]남건 휘하의 착병총관338)이던 승려 신성은 비밀리에 [이적의] 군영으로 사람을 파견하여 '성문을 열고 [당나라군과] 성 안에서 호응하기'로 약속하였다.

○ 男建下捉兵總管僧信誠密遣人詣軍中, 許開城門爲內應。

---

338) 착병총관(捉兵總管): 고구려의 관직명. 군사통제권을 가진 총관 급 관원 정도로 이해된다. 고대 한문에서 '잡을 착(捉)'은 '사로잡다(arrest)'라는 의미로 주로 사용되지만 당대를 전후한 시기에는 군사적으로는 '장악하다(dominate)' 또는 '통제하다(control)'라는 의미를 나타내기도 하였다. 여기서도 '착병(捉兵)'은 병권을 쥐었다는 의미로 해석된다. 고구려의 관등제도에는 '총관'이라는 관직은 사용된 적이 없다. 여기서의 '착병총관'은 당나라의 입장에서 총관 급으로 유추해 기술한 것일 가능성이 높다는 뜻이다.

• **145**

[그렇게] 닷새가 지나자 신성이 정말로 성문을 열었다.

[그래서 이]적이 군사를 풀어 [성 안으로] 진입하게 하여 [당나라군이] 성 위로 올라가 북을 요란하게 울리고 성의 문루339)에 불을 지르니 [성의] 사면에서 불길이 일어났다. [이에 천]남건은 궁지에 몰리자 다급해져 [자결하기 위하여 칼로] 자기 몸을 찔렀으나 죽지 않았다.

○ 經五日, 信誠果開門。勣從兵入, 登城鼓譟, 燒城門樓, 四面火起。男建窘急自刺, 不死。

• **146**

[같은 해] 십일월에 평양성을 확보하고340) 고장 · [천]남건 등을 사로잡았다. [그리고] 십이월에 도성에 이르러 함원궁341)에서 포로를 바치는 의식342)을 거행하였다.

---

339) 문루(門樓): 중국 고대에 성문 위에 세운 누각을 말한다.

340) 십일월에 평양성을 확보하고[十一月, 拔平壤城]: 평양성이 함락된 시점은 사서마다 편차를 보인다. ① 여기에는 "11월"로 되어 있으나, ②《당회요》 권95에는 "9월", ③《당회요》 권73 "안동도호부"조에는 "9월 14일(을미, 양력 10월 24일)", ④《구당서》〈고종본기 하〉에는 "9월 계사일(12일, 양력 10월 22일) … [이]적이 고려를 무찌르고 평양성을 함락시켰다(九月癸巳, … 勣破高麗, 拔平壤城)"고 날짜를 명시해 놓았다. 다만, ⑤《신당서》〈고종본기〉에는 "9월 계사일에 이적이 고려왕 고장을 무찌르고 그를 사로잡았다(九月癸巳, 李勣敗高麗王高藏, 執之)"고 다소 다르게 소개해 놓았다. ⑥ 표현이 조금씩 다르나 복수의 기록들에 근거할 때 함락 시점은 11월이 아닌 9월 계사일~을미일(양력 10월 22~24일) 전후였던 셈이다.

341) 함원궁(含元宮): 당대의 궁궐 이름. 때로는 '함원전(含元殿)'으로 불리기도 하였다.

342) 포로를 바치는 의식[獻俘]: '헌부(獻俘)'란 중국 고대에 전쟁을 마치고 본국으로 개선한 장병들이 끌고 온 포로들을 태묘에 바치던 의식을 가리킨다.

조립식 모형으로 재현된 함원궁(含元宮)의 모습

○ 十一月, 拔平壤城, 虜高藏·男建等。十二月, 至京師, 獻俘於含元宮。

• 147

[고종은] 조서를 내리고 '[그동안 고구려 국왕] 고장이 정사를 자신의 의지대로 할 수가 없었다' 하여 사평태상백343)을 제수하고, [천]남산은 먼저 항복했다 하여 사재소경344)을 제수하였다. [그러나 천]남건은 검주345)로 유배

---

343) 사평태상백(司平太常伯): 당대의 관직명. 용삭 2년(662)부터 함형 원년(670)까지 고종 당시에 공부상서(工部尙書)를 부르던 이름으로, 당대 이후에는 공부상서의 별칭으로 사용되었다.

344) 사재소경(司宰少卿): 당대의 관직명. '사재(司宰)'는 용삭 2년(662)으로부터 함형 원년(670)까지 고종 당시에 광록시(光祿寺)를 일컫던 이름이다.《자치통감》"총장 원년 12월"조에서 호삼성은 "사재소경은 바로 광록소경"이라고 하였다. 광록소경은 황제의 음식이나 궁정에 사용되는 장막·기물 등을 관장하는 광록시의 수장 광록경(光祿卿)을 보좌하였다.

345) 검주(黔州): 당대의 지명. 정식 명칭은 검주도독부(黔州都督府)이다. 태종의 정관 4년(630)에 설치되었으며, 대체로 지금의 호북성 청강(淸江) 상류, 사천성 중경시(重慶市) 기강현(綦江縣) 이남, 귀주성(貴州省) 대부분 지역 및 광서성(廣西省)

본국으로 귀환하자 고구려 부흥을 꿈꾸었던 보장왕(고장)이 말년을 보낸 검주(黔州). 지금의 사천성 팽수(彭水) 묘족(苗族) 자치현에 해당한다. 학계 일각에서는 묘족의 습속들 중 일부가 고구려와 유사한 점을 들어 묘족을 고구려의 후예로 주장하지만 우연의 일치일 뿐 문헌적·고고적 근거는 보이지 않는다.

하였다.

○ 詔以高藏政不由己, 授司平太常伯。男産先降, 授司宰少卿, 男建配流黔州。

• 148

[또 천]남생은 길잡이로서 공이 있었다 하여 우위대장군346)에 제수하고 변국공347)에 책봉하는 한편, 특진은 이전 그대로 인정해 주었다.

장족 자치구(壯族自治區), 호남성 일부 지역을 관할하였다.
346) 우위대장군(右衛大將軍): 중국 고대의 관직명. '우위(右衛)'는 중국 고대의 군사 편제. 황제가 기거하는 궁궐의 경비를 서는 숙위(宿衛) 기구를 관장하였다. 서진 대에 좌·우위로 분리되면서 좌·우 각 1명의 장군을 두었다. 당대에는 좌·우위에 정3품의 대장군과 종3품의 장군을 각각 1명씩 두었다.
347) 변국공(汴國公): 당나라에서 연개소문의 아들 연남생에게 내린 봉호. '변(汴)'은

○ 男生以鄕導有功, 授右衛大將軍, 封汴國公, 特進如故。

• 149

고려국은 과거에 다섯 부[348]로 나뉘어 있었으며, 성을 일백칠십육 개, 민호를 육십구만 칠천 호[349] 보유하고 있었다.

○ 高麗國舊分爲五部, 有城百七十六, 戶六十九萬七千。

• 150

[그런데] 이때에 이르러[350] 그 나라 땅을 쪼개어 [당나라가 관할하는] 도독부

원래 중국 하남성의 개봉시(開封市) 일대를 흐르는 하천의 이름이다. 그래서 얼핏 개봉시 일대의 제후로 봉한 것처럼 보인다. 그러나 ①《신당서》·《자치통감》등 나머지 사서들에는 모두 '변 변(卞)'으로 소개되어 있고, ② 당시에 제작된《천남생 묘지명》에는 '변(卞)'으로 새겨져 있다. ③ 역시 비슷한 시기에 발견된《고덕 묘지명》에서 고구려 왕족 고덕(高德)을 "이름은 덕이며, 변국의 동부 출신(諱德, 卞國東部人也)"이라고 소개하였다. ④ 당대 문헌·금석 자료들에서 고구려를 언급할 때 '삼한(三韓)'을 거론하는 경우가 많은 점을 감안하면, '변국'은 고구려 또는 '변한(卞韓)'을 염두에 둔 표현일 수도 있다.

348) 다섯 부[五部]: 고구려의 지방 행정체제. 자세한 소개는《자치통감》의 "다섯 부" 주석(제722쪽)을 참조하기 바란다.

349) 호(戶): 중국 고대의 편제 단위. 다소 불완전한 통계이기는 하지만, 이 수치들에 근거할 때, 고대 중국에서 '1호'는 평균 5~6명 정도로 수렴되는 것을 알 수 있다. 그 규모는 시대·환경·밀도에 따라 편차를 보인다. 자세한 소개는《자치통감》의 해당 주석(제722~723쪽)을 참조하기 바란다.

350) 이때에 이르러[乃]: 고구려에 중국식 주·군·현을 설치한 시점과 관련하여《삼국사기》의〈지리지〉에는 이렇게 소개되어 있다. "총장 2년(669)에 영국공 이적이 칙명을 받들어 고구려의 성들마다 도독부 및 주·현을 설치하였다.(總章二年, 英國公李勣奉勅, 以高句麗諸城置都督府及州縣)" 그러나 중국 사서들에서는 조금씩 시차를 보인다. 자세한 소개는《자치통감》"고종 총장 원년"조의 "[이어서]" 주석(제721~722쪽)을 참조하기 바란다.

351)를 아홉 개352)), 주를 마흔두 개, 현을 일백 개 설치하였다. 거기다가 [추가로] 안동도호부353)를 설치하여 그들을 통치하였다. [*354)]

○ 乃分其地置都督府九·州四十二·縣一百, 又置安東都護府以統之.

---

351) 도독부(都督府): 당대에 군사적으로 중요한 지역에 설치하던 지방행정기구. 정식 명칭은 '도독□주제군사부(都督□州軍事府)'이며, 그 수장을 '도독'이라고 불렀다. 자세한 소개는《자치통감》의 해당 주석(제723쪽)을 참조하기 바란다.

352) 도독부를 아홉 개[都督府九]:《신당서》〈지리지〉에 따르면 안동도호부(안동도독부)를 위시하여 요성주도독부(遼城州都督府)·가물주도독부(哥勿州都督府)·위락주도독부(衛樂州都督府)·사리주도독부(舍利州都督府)·거소주도독부(居素州都督府)·월희주도독부(越喜州都督府)·거단주도독부(去旦州都督府)·건안주도독부(建安州都督府) 등 총 9개의 도독부를 가리킨다.

353) 안동도호부(安東都護府): 당대에 고구려에 대한 기미(羈縻)통치를 목적으로 설치된 변방 행정기관.《구당서》〈지리지〉 "안동도호부"조에는 이렇게 소개되어 있다. "… 상원 3년(676) 2월에 안동부를 옮겨 요동군의 옛 성에 설치하였다. 의봉 2년(677)에는 다시 옮겨 신성에 설치하였다. … 개원 2년(714)에는 안동도호[부]를 옮겨 평주에 설치하였다. 천보 2년(743)에는 옮겨 요서군의 옛 군성에 설치했다가 지덕 연간에 철폐되었다. … 도성으로부터 4,625리 떨어져 있으며, 동도(낙양)까지는 3,820리이다.(總章元年 … 十二月, 分高麗地爲九都督府·四十二州·一百縣, 置安東都護府於平壤城以統之. … 上元三年二月, 移安東府於遼東郡故城置. 儀鳳二年, 又移置於新城. … 開元二年, 移安東都護於平州置. 天寶二年, 移於遼西故郡城置. 至德後廢. … 去京師四千六百二十五里, 至東都三千八百二十里.)" 이것이 사실이라면 안동도호부는 역사적으로 그 자리가 '평양성 ⇒ 요동군성 ⇒ 신성 ⇒ 평주 ⇒ 요서군성'으로 차례로 옮겨진 셈이다. 물론, 여기서의 '평양성'이 평안도 평양시와 다른 곳임은 두말할 필요도 없다. '안동(安東)'은 글자 그대로 풀면 '요동(동방)을 안정시키다' 정도의 뜻이다. 그 이름 자체가 그 최초의 자리(평양성)가 처음부터 요동에 있었음을 방증한다는 뜻이다. 그 이유는《자치통감》의 "안동도호부를 평양에 설치하고" 주석(제723~724쪽)을 참조하기 바란다.

354) *:《삼국유사》〈흥법편(興法篇)〉 "보덕이암(普德移庵, 보덕이 암자를 옮기다)"조에는 이런 내용이 소개되어 있다. "[보장]왕을 사로잡아 당나라로 귀환하니 보장왕의 서자가 4,000가가 넘는 무리를 데리고 신라에 귀순하였다.(擒王歸唐, 寶藏王庶子率四千餘家, 投於新羅)" 이로써 고구려 멸망을 전후하여 고구려 유민이 신라로 이주하는 일이 많았음을 짐작할 수 있다.

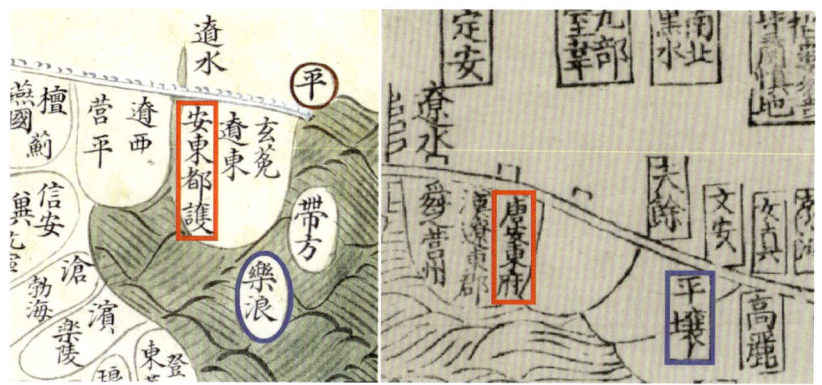

중국 고지도 속의 안동도호부. 《서진군국도(西晉郡國圖)》와 《역대지리지장도(歷代地理指掌圖)》에는 안동도호부가 요동에 그려져 있고, 낙랑(좌) 또는 평양(우)과 별개의 공간으로 그려져 있다. 지금의 평양시와는 무관한 곳이라는 뜻이다. (국립중앙박물관 소장)

• 151

[그리고] 그 나라의 추장들 가운데에서 [정벌에] 공로가 있는 자들을 발탁하여 [고구려 강역내의] 도독·자사355) 및 현령을 제수하고 중국인356)과 함께 백성들을 다스리게 하였다.

○ 擢其酋渠有功者授都督·刺史及縣令, 與華人參理百姓。

• 152

[그리고] 이어서 좌무위장군357) 설인귀358)를 파견하여 군사를 총괄하면

---

355) 자사(刺史): 중국 고대의 관직명. 한나라 무제 때에 전국을 13개 부(部, 주)로 나누고 해당 지역의 감독관으로 삼은 데서 비롯되었다. 삼국시대로부터 남북조시대까지는 각 주마다 설치되었으며 수나라에 이르러서는 주의 행정 수장을 뜻하였다. 그 뒤로는 사실상 이전의 군 태수(郡太守)의 직무를 수행했다고 한다.
356) 중국인[華人]: '화인(華人)'은 통상적으로 '중국인'을 뜻하는 한족만 가리키는 것이 아니라 당시(당나라 고종 재위 시기)까지 '당나라' 국적을 가지고 있던 한족과 이민족들을 아울러 일컫는 표현으로 사용되었다.
357) 좌무위장군(左武威將軍): 당대의 관직명. 정식 명칭은 좌교위장군(左驍衛將軍)이

명대 희곡집 '육십종곡(六十種曲)'에 수록된 《홍불기(紅拂記)》 삽화. 남녀 주인공 앞의 인물은 연개소문을 모델로 허구로 만든 호걸 규염객(虬髥客)이다.

서 그 나라를 안정시키게 하였다. [그러나] 그 뒤로 도망쳐 흩어지는 이들이 제법 생겼다.

○ 乃遣左武衛將軍薛仁貴總兵鎭之, 其後頗有逃散。

다.《자치통감》"총장 원년"조에는 "우위위대장군 설인귀가 안동도호를 감독하며 …" 식으로 설인귀의 직함이 다르게 소개되어 있다. 자세한 소개는《자치통감》의 해당 주석(제398쪽)을 참조하기 바란다.

358) 설인귀(薛仁貴, 614~683): 당대 초기의 거란계 장수. 출신이 빈천하여 농사를 생업으로 삼았으나 말타기와 활쏘기에 능통하여 정관 연간에 고구려를 침공할 때에 유격장군(遊擊將軍)·우영군중랑장(右領軍中郎將) 등을 역임하였다. 고종의 현경 연간에는 거란의 추장을 생포한 공으로 좌무위장군(左武衛將軍)·하동현남(河東縣男)에 봉해졌으며, 나중에는 철륵(鐵勒, 튀르크) 침공에도 큰 공을 세웠다. 자세한 소개는《자치통감》의 해당 주석(제539~540쪽)을 참조하기 바란다.

• **153**

의봉359) 연간에360) 고종이 고장에게 개부의동삼사361) · 요동도독을 제수하였다.

○ 儀鳳中, 高宗授高藏開府儀同三司·遼東都督。

• **154**

[그리고] 조선왕362)에 봉하여 안동에 머물며 자기 나라를 안정시키고 [백성들을] 다스리면서 [그들의] 군주로 지내게 해 주었다.363)

---

359) 의봉(儀鳳): 당나라 고종 이치가 676~679년까지 4년 동안 사용한 9번째 연호.
360) 의봉 연간에[儀鳳中]: 여기에는 "의봉 연간[儀鳳中]"으로 되어 있지만 《신당서》〈고려전〉에는 "의봉 2년(儀鳳二年)", 《구당서》〈고종본기〉에는 "의봉 2년 … 2월 정사일에 공부상서이던 고장을 요동주 도독으로 제수하고 조선왕으로 봉하였다. …(儀鳳二年 … 二月, 丁巳, 以工部尚書高藏爲遼東州都督, 封朝鮮王 …)"라고 기술되어 있다. 그 시점이 의봉 2년(677)의 2월 정사일(양력 4월 2일)이었음을 알 수 있는 셈이다. 이 기사를 통하여 보장왕이 의봉 연간에 당나라에서 공부상서의 직함을 가지고 있었음을 알 수 있다.
361) 개부의동삼사(開府儀同三司): 위·진·남북조 시기의 고위 훈작. 글자대로 풀면 '독자적인 집무 관청과 함께 3사에 준하는 의전 특혜를 누린다'는 뜻이다. 엄밀하게 말하면 관직이라기보다는 의전의 범위를 설정한 경우인 셈이다. 지정된 지점에 독자적인 관청을 개설하는 것이 허용되었는데 그 등급이나 의전은 동삼사(同三司), 즉 '3사(三司)에 준하는' 수준이었다. 품계가 정1품인 '3사'는 태위(太尉)·사도(司徒)·사공(司空)의 '3공(三公)'과 태사(太師)·태부(太傅)·태보(太保)의 '3사(三師)'를 가리킨다. 황제가 스승으로 예우한 '3사'는 고유한 직무가 없었으며 적임자가 없으면 임명하지 않는 경우도 많았다.
362) 조선왕(朝鮮王): 당대 초기의 봉호. 학계에서는 '조선[군]'을 평안도 평양지역으로 비정하지만 역사적 진실이 아니다. 그렇게 비정하면 지리적 좌표가 완전히 뒤틀어져 버리고 말기 때문이다. 자세한 소개는 《자치통감》의 해당 주석(제745~746쪽)을 참조하기 바란다.
363) 안동에 머물며 자기 나라를 안정시키고 다스리면서 군주로 지내게 해 주었다[居安東, 鎭本蕃爲主]: 《구당서》〈고종본기〉 "의봉 2년(677)"조에는 이 부분이 이렇게 기술되어 있다. "봄 … 2월 정사일(양력 4월 2일)에 공부상서 고장을 요동도

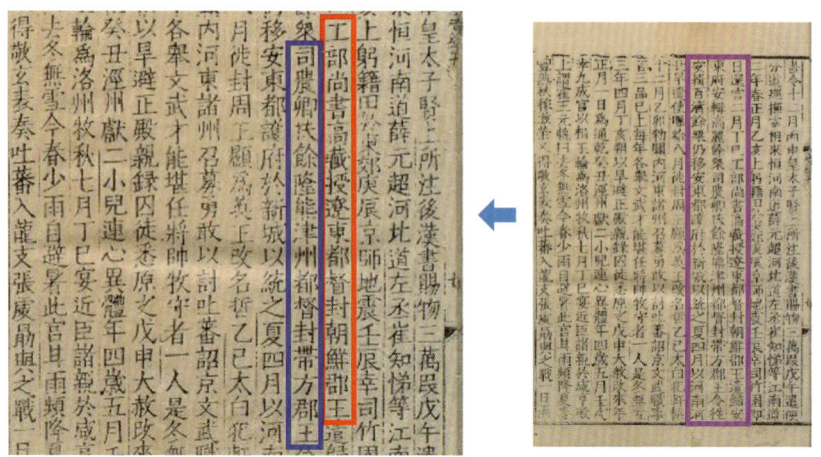

당나라 고종이 고장에게 개부의동삼사 · 요동도독 · 조선군왕, 부여융에게 웅진주도독 · 대방군왕에 각각 봉하고 귀국시키려 한 일은 〈고종본기하〉에도 소개되어 있다.

○ 封朝鮮王, 居安東, 鎭本蕃爲主.

•155

[그러나] 고장은 안동에 이르자 남몰래 말갈과 내통하면서 [당나라에 대한] 반란을 도모하였다. [그러다가 사전에 그] 일이 발각되매 [당나라 조정에서 그를] 소

독에 제수하고 조선군왕에 봉한 다음 파견해 안동[도호]부로 돌려보내고 고구려의 유민들을 안무하고 불러 모으게 하였다. 아울러 사농경 부여융을 웅진도독에 제수하고 대방군왕에 봉한 다음 가서 백제의 유민들을 안무하고 불러 모으게 하였다. 이어서 안동도호부는 신성으로 이전하여 그들을 다스리게 하였다.(春, … 二月, 丁巳, 以工部尙書高藏爲遼東州都督, 封朝鮮王, 遣歸遼東, 安輯高麗餘衆. 高麗先在諸州者, 皆遣與藏俱歸. 又以司農卿扶餘隆爲熊津都督, 封帶方王, 亦遣歸安輯百濟餘衆, 仍移安東都護府於新城以統之.)" 고장 관련 내용에서 안동[도호]부로 "돌려보냈다[歸]"고 한 것을 볼 때 여기서의 안동도호부는 고구려 도성(평양성)에 설치되어 있었음을 알 수가 있다. 아울러, 역사적 진실과는 별개로, 적어도 기록상으로는 당나라 황제(고종)가 고장을 본국으로 귀환시켜 '요동도독·조선군왕'의 직함으로 통치하게 해 주었음을 확인할 수 있는 셈이다.

농우지역(빨간 동그라미 부분). 오른쪽에 당나라 도읍 장안(長安, 지금의 서안시)이 보인다.

환하여 공주364)로 귀양을 보내었다.

○ 高藏至安東, 潛與靺鞨相通謀叛。事覺, 召還, 配流邛州。

• 156

이와 동시에 그 무리를 각자 따로 이주시켜 하남365) · 농우366)의 여러 주로 흩어지게 하고, 그들 중 가난하거나 병약한 자들만367) 안동성 인근에 남아 머물게 해 주었다.

---

364) 공주(邛州): 중국 고대의 지명. 지금의 사천성 공래(邛崍)·포강(蒲江)·대읍(大邑) 등지를 관할하였다. 자세한 소개는 《자치통감》의 해당 주석(제749쪽)을 참조하기 바란다.

365) 하남(河南): 당대의 지방 행정 구역 이름. 대략 지금의 산동·하남 두 성의 황하(黃河) 고도(故道) 이남, 산서성 중조산(中條山) 이남, 그리고 강소·안휘 두 성의 회하(淮河) 이북 지역을 관할하였다.

366) 농우(隴右): 당대의 지방 행정 구역 이름. 정식 명칭은 '농우도(隴右道)'이다. 태종 정관 원년(627)에 전국의 주·군·현에 대한 대규모 개편을 통하여 농산(隴山)을 기준으로 이서지역은 '농우도', 이동지역은 '관내도(關內道)'로 분할되었다.

367) 가난하거나 병약한 자들만[貧弱者]: 이 부분을 바꿔서 생각해 보면, 경제를 성장시키거나 국력을 강화시키는 원동력이 되는 부유한 재력가나 튼튼한 장정들은 대부분 당나라로 끌려갔다는 뜻으로 해석된다.

몽골 공화국 오르혼 강변에 세워져 있는 돌궐제국 장군 퀼 테긴(Kül Tigin) 비석의 앞면(좌)과 뒷면(우). 앞면에는 한문으로, 뒷면에는 돌궐문자로 비문이 새겨져 있다.

○ 并分徙其人, 散向河南·隴右諸州。其貧弱者留在安東城傍。

• 157

고장이 영순[368] 연간 초기에 죽었다. [그러자 고종은 그에게] 위위경[369]을 추증하는 한편, 조서를 내려 [그 시신을] 도성으로 보내게 하여 힐리의 묘 왼쪽에 안장할 땅을 하사하는 한편 비석도 세워 주었다.

○ 高藏以永淳初卒。贈衛尉卿, 詔送至京師, 於頡利墓左賜以葬地, 兼爲樹碑。

• 158

수공[370] 이년에 이번에는 고장의 손자인 [고]보원[371]을 조선군왕에 봉

---

368) 영순(永淳): 고종 이치가 682~683년까지 2년 동안 사용한 13번째 연호. 여기서는 고장이 죽은 시점을 "영순 연간 초기"라고 했으나 실제로는 영순 원년이다.

369) 위위경(衛尉卿): 중국 고대의 관직명. 정식 명칭은 '위위시경(衛尉寺卿)'으로, 북제(北齊) 때에 처음으로 위위시를 설치했으며, 수·당대에도 그 제도가 그대로 인습되었다. 자세한 소개는 《자치통감》의 해당 주석(제738쪽)을 참조하기 바란다.

370) 수공(垂拱): 당나라 제5대 황제인 예종(睿宗) 이단(李旦, 662~716)이 685~688

하였다.

○ 垂拱二年, 又封高藏孫寶元爲朝鮮郡王。

• 159

[무씨 주나라의] 성력372) 원년에는 [고보원을] 승진시켜 좌응양위대장군373)에 제수하고 충성국왕374)에 봉하였다.

○ 聖曆元年, 進授左鷹揚衛大將軍, 封爲忠誠國王。

• 160

[… 나중에375)] 안동의 옛 민호들을 통섭하는 일을 그에게 맡기려 했으나

년까지 4년 동안 사용한 3번째 연호. 그러나 실제로는 그 모후 무측천이 국정을 농단하는 바람에 뜻을 제대로 펼치지 못하였다. "수공 2년"은 서기 686년에 해당한다.

371) 보원(寶元): 고구려의 마지막 왕인 보장왕(고장)의 손자 고보원(660~682)을 말한다. 보장왕 사후에 그 시신을 장안에 안장한 뒤인 수공 2년(686)에 당 고종에 의하여 '조선군왕'에 봉해졌다. 무씨 주나라의 성력(聖曆) 원년(698)에는 무측천이 좌응양위대장군(左鷹揚衛大將軍)·충성국왕(忠誠國王)에 봉하고 안동(옛 평양성)으로 돌아가 고구려 유민들을 다스리게 했으나 끝내 가지 않았다.

372) 성력(聖曆): 무측천이 무씨 주나라를 세우고 '제후(帝后)'로 일컬은 뒤인 698~700년까지 2년 반 동안 사용한 10번째 연호. "성력 2년"은 서기 699년에 해당한다.

373) 좌응양위대장군(左鷹揚衛大將軍): 당대의 무관직인 좌무위대장군(左武衛大將軍)의 다른 이름. 품계는 정3품이며, 그 아래에는 종3품의 장군을 2명 두어 대장군을 보좌하게 하였다. 중종의 신룡(神龍) 원년(705)에 본래의 이름('좌무위대장군')으로 환원되었다.

374) 충성국왕(忠誠國王): 당대의 봉호. 글자 그대로 풀면 '당나라에 충성을 다하는 국왕'이라는 뜻이다. 중국 고대의 왕호는 통상적으로 그 앞에 영지를 나타내는 지역명이 오게 되어 있으나 고보원은 연고지인 옛 고구려 평양성(안동)으로 돌아가지 않았기 때문에 지역명 대신 '충성국'으로 부른 것으로 보인다.

375) [… 나중에]: 이 부분을 이해하는 데에 유념할 필요가 있다. 무측천이 고보원에게

두우의 《통전》에 소개된 적인걸(狄仁傑)의 상소문. 무측천에게 고구려 백제에 대한 직접통치를 포기할 것을 건의하는 내용으로 이루어져 있다.

안동(옛 평양성)의 고구려 유민들을 다스리도록 위임한 일과 고보원이 가기를 거부한 일은 성력 원년에 일어난 사건이 아니기 때문이다. 무측천이 고보원을 안동으로 귀환시키려 한 것은 무측천의 신공(神功) 2년(698)에 신임하던 중신 적인걸(狄仁傑, 630~700)의 상소를 받아들이면서 이루어진 일이다. 앞서 보았듯이 고종 당시의 당나라는 가난하거나 병약한 자들만 남기고 부유하고 건강한 이들은 모두 중원으로 강제 이주시키는 등 고구려의 국력을 약화시키고 그 강역을 직접 통치하려는 야심을 노골적으로 드러내었다. 그러나 무측천 조정에 이르러서는 중원에서 너무 먼 고구려와 백제에 대한 통치가 국가 재정 등 당나라에 현실적으로 도움이 되기는커녕 오히려 시간이 흐를수록 재정 부담을 가중시킨다는 사실을 깨달았을 것이다. 그 증거가 바로 적인걸의 상소문이다. 무측천은 적인걸의 상소를 계기로 친당파로 길들여진 고구려 왕족 고보원·고덕무와 백제왕족 부여융 등을 본국으로 귀환시켜 그들이 자국 백성들을 다스리게 하는 간접통치(기미통치)로 정책을 전환시키는 방법을 모색한 것으로 보인다. 그러나 이 같은 당나라 조정의 의도는 이미 당나라 생활에 익숙해지거나 강대해진 신라에 위협을 느낀 당사자들이 귀국을 거부함으로써 무산되고 말았다. 그 결과 두 나라는 최종적으로 완전히 역사의 저편으로 사라지고 만다.

[…] 그 일을 끝내 이루지 못하였다.376)

○ 委其統攝安東舊戶, 事竟不行。

• 161

[*377)] [무씨 주나라의 성력] 이년에 다시378) 고장의 아들 [고]덕무379)를 안동도독에 제수하고 본국 백성들을 다스리게 하였다.380)

---

376) 그 일을 끝내 이루지 못하였다[事竟不行]: 여기서의 행위 주체는 고보원이 아니라 당나라 조정이다. 《신당서》〈고려전〉에는 이렇게 기술되어 있다. "성력 연간 초기에 좌응양위대장군으로 진급시키고 추가로 충성국왕에 봉하여 [고구려 옛 땅인] 안동의 옛 무리를 통치하게 배려해 주었으나 [그 일은] 이루지 못하였다.(聖曆初, 進左鷹揚衛大將軍, 更封忠誠國王, 使統安東舊部, 不行)" 여기에 '추가로[更]'라는 표현이 사용된 것은 그 직전에 고보원이 '조선[군]왕'에 봉해졌기 때문이다.

377) *: 《당회요》"안동도호부"조에는 이렇게 기술되어 있다. "성력 원년(698) 6월 30일에 안동도호부를 안동도독부로 개칭하고 우무위대장군 고덕무를 [초대] 도독으로 삼았다.(至聖曆元年六月三十日, 改安東都護府爲安東都督府, 以右武衛大將軍高德武爲都督)" '안동도호부 ⇒ 안동도독부'의 개칭이 성력 원년 6월 30일(양력 8월 11일)에 이루어졌다는 뜻이다. 무측천이 성력 원년에 고보원을 안동도호로 임명했지만 귀국하지 않은 점을 감안할 때, 같은 해 6월에 당나라가 기미통치 기구 명칭을 '안동도독부'로 개칭한 것은 고보원이 본국 귀환을 거부한 뒤에 일어난 일이라고 보아야 옳다.

378) 다시[又]: 앞서 고장이 고종의 의봉 2년(677)에 처음으로 안동도독·조선왕에 봉해진 일을 염두에 둔 표현이다.

379) 덕무(德武): 고구려 보장왕 고장의 셋째아들. 무측천의 조카인 건안왕(建安王) 무유의(武攸宜)의 외조카로, 성력 2년(699)에 안동도독에 제수되었다. 고장이 본국으로의 귀환을 거부하고 아들 고덕무까지 정치적 구심력을 상실하면서 고구려의 옛 백성들은 말갈·돌궐 등 주변 정치집단들에 차츰 흡수되는 바람에 결국 본국에서 고씨 왕가의 명맥이 단절되고 만다. 《당회요》"안동도호부"조에 "우무위대장군 고덕무를 [안동]도독으로 삼았다(以右武衛大將軍高德武爲都督)"고 기술되어 있는 것을 보면 안동도독으로 임명되기 직전의 고덕무의 직함은 우무위대장군이었던 것으로 보인다.

380) 안동도독으로 제수하고 본국 백성들을 통솔하게 하였다[爲安東都督, 以領本蕃]:

○ 二年, 又授高藏男德武爲安東都督, 以領本蕃。

•162
[*381)] 이때부터382) 고려의 옛 민호들 중에서 안동에 있는 자들은 [그

> 인터넷〈국편위판〉주150에서는 고덕무가 안동도독에 임명된 일과 관련하여 "前年(聖曆 元年, 698)에 都護府는 이미 폐지되었으므로 이 安東都督은 그것을 계승한 것"이라고 보았다. 다만, 정작 어째서 안동도호가 폐지되고 안동도독으로 개칭되었는지에 대한 설명은 빠져 있다. 결론적으로 말하자면, '안동도호 ⇒ 안동도독' 개칭의 원인을 제공한 것은 고장의 손자 고보원이었다. 당나라 조정에서는 패망한 고구려를 효율적으로 기미통치 할 목적으로 장기간의 당나라 생활로 '친당파로 길들여진' 고보원을 안동도호로 임명해 본국(고구려)으로 귀환시키려 하였다. 그러나 정작 고보원 본인은 당나라 생활에 익숙해져 있었던 데다가 당시 국력이 강대해진 신라의 위협을 우려한 나머지 귀국을 거부하였다. 부임 당사자가 부임하지 않으니 안동도호부 역시 자연히 더 이상 존재할 명분이 없었던 것이다. 그 사이에 당나라에서 변방 국가들에 대한 기미정책의 변경과 기미통치 기구의 개편이 이루어지면서 안동도독부가 새로 설치되고 이번에는 고장의 아들이자 고보원의 숙부인 고덕무를 초대 도독으로 귀환시키려 한 것이다.

381) *: 두우(735~812)《통전》의 〈변방2〉 "고구려"조에는 패망한 뒤의 고구려의 상황이 소개되어 있다. "함형 원년(670) 4월에 그 나라의 남은 부류들 중 추장으로 검모잠이라는 자가 있었다. [그는] 무리를 이끌고 반란을 일으켜 고장의 외손 안순을 왕으로 옹립하였다. [이에] 조서를 내려 좌위대장군 고간으로 하여금 그들을 토벌해 평정하게 하였다. 그 뒤로, 남은 무리는 [세력을] 보전하기 어렵자 흩어져 신라·말갈(발해)로 귀순하니 옛 강역과 나라가 모두 말갈로 흡수되었다. [이리하여] 고씨 성의 군장은 마침내 명맥이 끊어지고 말았다.(四月, 其餘類有酋長劍牟岑者, 率家叛, 立高藏外孫安舜爲王. 令左衛大將軍高侃討平之. 其後, 餘衆不能自保, 散投新羅靺鞨, 舊土國盡入於靺鞨. 高氏君長遂絶)" 이 내용은 북송대에 편찬된《신당서》〈고려전〉 및 악사(樂史, 930~1007)가 저술한 연혁지《태평환우기(太平寰宇記)》〈동이〉 "고구려"조에도 소개되어 있다.

382) 이때부터[自是]: 여기서 "이때[是]"는 무측천으로부터 귀국해 고구려 백성들을 다스리라는 명령을 받은 고보원이 본국으로의 귀환을 거부하는 바람에 고구려가 끝내 무주공산으로 변한 시점을 가리킨다.《신당서》〈고려전〉에는 이 대목이 보장왕 고장이 죽은 시점, 즉 "영순 연간 초기[永淳初]"의 일로 소개되어 있다. '영순'은 고종 이치가 서기 682~683년의 2년 동안 사용한 연호이다. 그렇다면 고보원이 귀국을 거부하면서 고구려가 무주공산으로 변한 시점은 대략 682년 전후

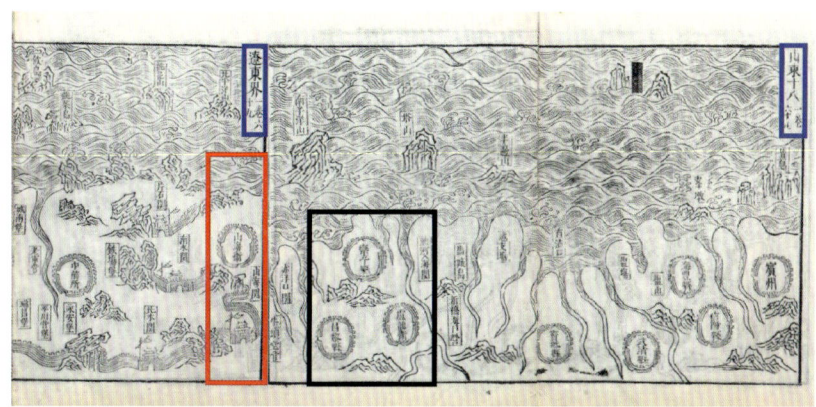

16세기 《주해도편》의 명나라 해상방어체제 지도. 산해관(빨간 네모) 앞바다부터 '요동(遼東)'으로 표기해 놓았다. 검은네모에 창려·노룡·악정 등의 하북지역 현들이 보인다. 이로써 요동반도 이동지역만 '요동'으로 인식한 것은 근대 이후의 일임을 확인할 수 있다.

[수개] 차츰 줄어들면서 돌궐이나 말갈 등으로 뿔뿔이 귀순[하기 시작]하였다. 그 바람에 [고구려 왕족] 고씨 성을 가진 군장은 마침내 [명맥이] 끊어지고 말았다.383) [*384)]

인 것으로 보인다. 고구려가 패망하고 14년이 더 지난 뒤의 일인 셈이다.

383) 고씨 성을 가진 군장은 마침내 명맥이 끊어지고 말았다[高氏君長遂絶矣]: 고구려에서 고씨 왕가의 왕통이 단절된 것을 두고 한 말이다. 여기서는 그 시점이 언제인지 밝히지 않았지만 고구려가 멸망한 해로 알려져 있는 668년보다 나중이었을 가능성이 높다. 그 증거는 중국의 사서 기록들을 통하여 확인할 수 있다. ①《신당서》〈외국전〉과 《당회요》(권99) 등 당대 이래의 중국 사서들에서 "함형 원년(670) 3월에 [외국에서] 사신을 파견하여 [당나라가] 고려[의 반당 세력]를 평정한 일을 축하하였다(咸亨元年三月, 遣使賀平高麗)"고 한 것이 그 증거이다. '고구려를 멸망시켰다[滅高麗]'가 아니라 '고구려를 평정했다[平高麗]'라고 표현한 것이다. '평정하다(suppress)'는 사전적 의미에서 '멸망시키다(collapse)'와는 엄연히 다른 표현이다. ②《당회요》(권95) 등의 사서들에서 "고씨 성을 가진 군장은 마침내 명맥이 끊어져 버렸다"고 한 기사 바로 뒤에 "원화 13년 4월에 그 나라에서 음악과 악기 두 조를 진상하였다(元和十三年四月, 其國進樂物兩部)"고 소개한 것 역시 또 다른 증거라고 하겠다. "원화 13년"은 서기 818년으로, 고구려의 마

고려전(高麗傳) 175

"안동(평양성)의 고구려인들이 돌궐이나 말갈로 뿔뿔이 귀순했다"는 기록이 사실이라면 안동의 좌표는 요양시(보라)와 평양시(빨강) 둘 중 어느 쪽이 더 합리적일까? 위치로 본다면 고구려인들이 돌궐이나 말갈로 이동하기에는 요양시 정도가 이상적으로 보인다. 반면에 평양시는 돌궐·말갈로부터 너무 멀어서 오히려 신라로 이동하는 편이 훨씬 자연스러워 보인다.

지막 왕 고장 일행이 당나라로 끌려간 668년으로부터 150년 뒤이다. 이 기록은 '고려'라는 나라가 9세기에도 존재했을 개연성을 시사해 준다. ③ 고구려가 나라를 회복한 일은 복수의 중국 사서들에서 확인된다.《신당서》〈고려전〉과《문헌통고》〈사예고2〉에는 이렇게 소개되어 있다. "[고]장의 아들 덕무를 안동도독으로 삼았는데 나중에 차츰 자주적으로 나라를 일구더니 원화 연간 말기에 이르러 사자를 파견하고 악공들을 바쳤다고 한다.(以藏子德武爲安東都督, 後稍自國. 至元和末, 遣使者獻樂工云)" ④ 이와 비슷한 기록은 북송 초기 사서인《속자치통감 장편(續資治通鑑長編)》"원풍(元豊) 5년(1082)"조에서도 확인할 수 있다. "한대를 거쳐 당나라 고종 때에 이르러 그 나라 왕 고장은 나라를 잃고 국내(당나라)로 이주했나이다. [나중에 고]장의 아들 덕무는 안동도독이 되었으며 그 뒤로 차츰 자주적으로 나라를 다스렸습니다. 원화 연간 말기에는 악공들을 바친 적도 있으나 이때 이후로는 다시는 중국[의 사서기록]에 보이지 않았습니다.(歷漢至唐高宗時, 其王高藏失國內徙. 聖曆中, 藏子德武安東都督, 其後稍自爲國. 元和之末, 嘗獻樂工, 自此不復見於中國)" ⑤ 김부식 역시《신당서》의 기사를 근거로《삼국사기》

○ 自是, 高麗舊戶在安東者漸寡少, 分投突厥及靺鞨等, 高氏君長遂絶矣。

•163

[천]남생이 의봉 연간 초기에 장안에서 죽었기에[385] [이에] 병주대도독을

"보장왕"조 맨 끝에서 같은 내용을 기술한 바 있다. 이상의 기록들을 종합해 볼 때, 보장왕의 아들 고덕무가 실제로 안동도독의 신분으로 옛 고구려 땅에 귀환하고, 과거와는 비교할 수 없을 정도로 국력이 약해지기는 했으나 그 뒤로 어떤 방식으로든 9세기 원화 연간까지는 존속되었을 가능성도 없지는 않다.

384) *: 인터넷 〈국편위판〉 주151에서도 설명해 놓은 것처럼, 실제로 《삼국사기》 "보장왕"조의 마지막 기사에서 "이해에 '德武를 安東都督으로 삼았는데, 뒤에 스스로 나라를 세우고 元和 13년(818)에는 使臣을 唐에 보내어 樂工을 바치었다'고 한다"라고 한 것이 그 증거이다. 우리 정사 기록에서 9세기 초반까지만 해도 당나라의 손에 이미 멸망한 줄로만 알고 있었던 고구려의 존재가 여전히 확인되고 있는 것이다. 당나라는 애초부터 고구려를 멸망시키려는 의도가 없었을 뿐만 아니라, 고구려 역시 애초부터 멸망당한 적도 없었다는 뜻이다. 그런데 당사자인 고씨 왕가가 스스로 고구려 왕통의 단절을 선택한 것이다. 게다가 엎친 데 덮치는 격으로, 신라·발해·거란·돌궐 등 주변 국가·민족까지 강성해지는 등, 주변 정세의 추이가 고구려의 국운이 사그라들고, 결국 그들에게 흡수되는 일에 부채질을 하였다. 이 같은 양상은 고구려뿐만 아니라 나-당과의 전쟁 이후의 백제의 경우에도 똑같이 재연되었다. 그리고 아쉽게도 그 결론은 똑같았다.

385) 의봉 연간 초기에 장안에서 죽었기에(儀鳳初卒於長安): '의봉'은 고종 이치가 676~679년의 4년 동안 사용한 연호이므로, "의봉 연간 초기"라면 676~677년 사이인 셈이다. 그러나 1921년에 중국 낙양시에서 출토된 《천남생 묘지》에는 남생이 "의봉 4년 정월 29일에 병을 만나 안동[도호]부의 관사에서 세상을 떠나니 춘추가 마흔 하고도 여섯이셨다(以儀鳳四年正月/卄九日遘疾薨於安東府之官舍, 春秋卌有六)"고 소개되어 있다. "의봉 4년(679)"은 의봉 연간의 마지막 해에 해당한다. 정사 기록과는 미묘한 편차를 보이는 셈이다. 묘지명이 조로(調露) 원년(679)에 제작된 진품이라고 전제할 때, 역사적으로 서기 679년에 연호가 '의봉 ⇒ 조로'로 변경되므로, 묘지명은 남생이 사망한 직후에 제작된 셈이다. 묘지명보다 266년 뒤에 편찬된 《구당서》의 이 기사가 제시한 연대가 틀릴 가능성이 높다는 뜻이다.

추증하였다.386)

○ 男生以儀鳳初卒於長安, 贈幷州大都督。

• 164

[나중에 그의] 아들 [천]헌성에게는 우위대장군 겸 영우림위상하387)388)를 제수해 주었다.

○ 子獻誠, 授右衛大將軍, 兼令羽林衛上下。

---

386) 병주대도독을 추증하였다[贈幷州大都督]: 앞의 《천남생 묘지》에는 고종이 죽은 남생에게 '사지절대도독(使持節大都督)·병분기람 4주제군사(幷汾箕嵐四州諸軍事)·병주자사(幷州刺史)'로 추증하는 한편, 그가 생전에 유지했던 '특진(特進)·행우위대장군(行右衛大將軍)·상주국(上柱國)·변국공(卞國公)' 등의 관작들도 그대로 인정해 준 것으로 나와 있다. '병주대도독'은 지금의 산서성 태원시(太原市) 일대를 관할하는 군정장관을 가리킨다. 여기에 '큰 대(大)'가 추가된 것을 보면 도독들 중에서도 으뜸가는 도독으로 예우한 셈이다.

387) 영우림위상하(令羽林衛上下): 당대의 관직명. 글자 그대로 풀면 '우림위의 상하(전원)를 영도하다' 정도의 뜻이다. '우림위(羽林衛)'는 당대의 금위군인 우림군(羽林軍)을 가리킨다. 좌·우 우림군으로 편성되었고, 대장군 1명과 장군 2명이 배치되었다. 고종의 용삭 2년(662)에 기존의 좌·우 둔영(左右屯營)의 토대 위에서 월기(越騎)·보사(步射)를 부병(府兵)의 정예 병력으로 보강하고 황제의 의장을 담당하였다.

388) 우림위 상하(羽林衛上下): 이 다섯 글자의 해석과 관련하여, 인터넷 〈국편위판〉 주154에서는 "《舊唐書》〈職官志〉 등에는 보이지 않으나, 〈泉獻誠墓誌〉에 의거하면 光宅 元年(684) 10月 29일에 제수되었다는 점 등으로 보아 官職임이 확실하다고 하겠다. 또 《新唐書》〈泉男生列傳〉 附 〈獻誠列傳〉에도 '天授中에 右武衛大將軍으로 羽林衛를 겸하게 하였다'는 기사가 보인다"라면서 '령우림위상하'를 "羽林衛上下를 겸임시켰다"로 번역했으나 오역이다. 《신당서》〈후비전(后妃傳)〉의 "각자 좌우둔영·우림·비기·만기를 영도하였다(分領左右屯營羽林飛騎萬騎)"에서 '이끌 령(領)'은 '~를 이끌다, ~를 영도하다'라는 뜻을 나타내는 타동사로 사용되었다. 그런데 이 대목의 '명령 령(令)'은 앞서의 '이끌 령'의 약자 또는 차용자로 이해해야 옳다. '령우림위상하'를 '우림위 상하를 [모두] 영도한다'는 뜻으로 해석해야 한다는 뜻이다.

•165

[무씨 주나라의] 천수389) 연간에 [무]측천390)은 일찍이 내탕고에서 금·은·보물을 내어 재상 및 남·북아391)의 문무 관원들 중에서 [활을] 잘 쏘는 사람 다섯 명을 선발하여 [그들의 활쏘기를] 함께 구경하도록 일렀다. [이때

---

389) 천수(天授): 무씨 주나라의 개국군주 무측천이 690~692년까지 3년 동안 사용한 첫 번째 연호. 여기서는 무측천이 총애하는 천헌성 등의 신하들에게 활쏘기 시합을 하게 한 시점을 "천수 연간[天授中]"으로 소개해 놓았다. 그러나 《책부원구》〈총록부·양(總錄部·讓)〉에는 이렇게 기술되어 있다. "[무]측천의 천수 원년에 [우위대장군 천헌성을] 좌위대장군으로 삼았다. 이때 [태후는] 내탕고에서 금은·보물을 내고 재상에게 명령하여 남·북아에서 활을 잘 쏘는 이를 다섯 명 선발해서 실력을 겨루게 하였다.(則天天授元年, 遷左衛大將軍. 時, 內出金銀寶物, 令宰相於南北衙文武官內擇能射者五人, 共賭之)" 《자치통감》 역시 "[무]측천 천수 원년"조 맨 뒤 기사에서 "이해에[是歲]" 활쏘기 시합이 있었다고 소개하였다. 이로써 무측천이 주재한 활쏘기 시합과 좌위대장군 임명이 천수 원년, 즉 서기 690년에 이루어졌다는 뜻이다.

390) 측천(則天): 중국 역사상 최초의 여황제 무측천(武則天, 624~705)을 말한다. 이름은 조(曌)이며, 병주(幷州) 문수(文水, 지금의 산서성 문수현) 사람이다. 자세한 소개는 《자치통감》의 해당 주석(제632쪽)을 참조하기 바란다.

391) 남북아(南北衙): 당대의 금위군에 대한 다른 이름. 《신당서》〈병지(兵志)〉에는 이렇게 소개되어 있다. "이른바 '천자의 금군'이라고 하는 것은 남아와 북아의 병력을 가리킨다. 남아는 각종 위병들을 말하며, 북아라는 것은 금군을 말한다.(夫所謂天子禁軍者, 南北衙兵也. 南衙, 諸衛兵是也, 北衙者, 禁軍也)" 여기서 '위병'은 도읍을 경비하는 군대, '금군'은 황궁을 지키는 군대를 말한다. 남아에 소속된 위병으로는 좌우위(左右衛)·좌우교위(左右驍衛)·좌우무위(左右武衛)·좌우위위(左右威衛)·좌우영군위(左右領軍衛)·좌우금오위(左右金吾衛)·좌우감문위(左右監門衛)·좌우천우위(左右千牛衛)의 16개 위가 있었는데, 장안 궁성 남쪽의 황성, 황성 좌우 양쪽에 각각 배치되어서 '남군 16위(南軍十六衛)'로 불렸다. 북아는 좌우우림군(左右羽林軍)·좌우용무군(左右龍武軍)·좌우신무군(左右神武軍)·좌우신책군(左右神策軍)·좌우신위군(左右神威軍)의 10개 군으로 이루어져 있었는데, 장안 궁성의 북면 및 황궁을 지켰기 때문에 '북군 10군(北軍十軍)'으로 일컬어졌다.

당대에 지어진 낙양의 용문 석굴(龍門石窟). 정면에 보이는 본존불과 확대 사진. 무측천을 모델로 삼은 이 본존불의 통통한 이미지는 당대 이후로 동아시아 불상의 전형으로 자리잡게 된다.

내사392)이던 장광보393)가 먼저 [천]헌성에게 일등을 양보하니 [천]헌성이 다시 우옥검위대장군394)인 설토마지395)에게 양보하였다. [그래서 설

---

392) 내사(內史): 중국 고대의 관직명. 칙명·법령을 관장하고 문서를 작성하거나 작록(爵祿)의 폐치(廢置)를 담당하였다. 수나라 때에는 중서성(中書省)을 내사성으로, 중서령(中書令)을 내사령(內史令)으로 개칭하였다. 당대에도 이를 인습하여 내사를 두었으며, 나중에는 정3품의 중서령으로 개편하고 재상이 중서성을 주재하게 하였다.

393) 장광보(張光輔, ?~689): 무씨 주나라의 대신. 경조(京兆) 사람으로, 언변과 정무 능력이 뛰어나 사농소경(司農少卿)·문창우승(文昌右丞)을 역임하였다. 무측천의 수공(垂拱) 3년(687)에 월왕(越王) 이정(李貞)의 반란을 평정한 공으로 봉각시랑(鳳閣侍郎)·지정사(知政事)에 제수되었다. 영창(永昌) 원년(689)에도 납언(納言)·내사(內史)에 제수되어 업적을 많이 이루었으나 나중에 낙양령(洛陽令) 장사명(張嗣明)의 무고로 죽음을 당하였다.

394) 우옥검위대장군(右玉鈐衛大將軍): 당대의 무관직인 우영군위대장군(右領軍衛大將軍)의 또 다른 명칭. 황궁 서면과 도성 대문들에 대한 경비와 황제 경호를 담당한 금군(禁軍) 지휘관들 중의 하나로, 정3품의 대장군과 그를 보좌하는 종3품의 장군 2명을 두었다.

395) 설토마지(薛吐摩支): 원대 학자 호삼성은 이와 관련하여 《자치통감》"측천무후 천수 원년"조 맨 뒤 기사에 "설돌마는 설연타의 종족이다(薛咄摩, 薛延陀之種)"라는 주석을 붙였다. '설돌마(薛咄摩)'는 음운상으로 '설토마(薛吐摩)'와 대응되

토]마지가 도로 [천]헌성에게 양보하였다.

○ 天授中, 則天嘗內出金銀寶物, 令宰相及南北衙文武官內擇善射者五人共賭之。內史張光輔先讓獻誠爲第一, 獻誠復讓右玉鈐衛大將軍薛吐摩支, 摩支又讓獻誠。

• 166

그러고 나서 [천]헌성이 [무측천에게] 아뢰었다.
"폐하께서 활을 잘 쏘는 사람 다섯 명을 고르라고 하셨는데 뽑힌 사람은 대부분 한족 출신의 관원이 아닙니다. 신은 이 뒤로는 한족 출신 관원들에게 활을 잘 쏜다는 명예가 없어질까 걱정입니다. [엎드려] 이번 활쏘기 시합은 멈추어 주시기를 바라나이다!"
[무]측천은 그의 건의를 갸륵하게 여겨 [그 말을] 따랐다.

○ 旣而獻誠奏曰, "陛下令簡能射者五人, 所得者多非漢官。臣恐自此已後, 無漢官工射之名, 伏望停寢此射。" 則天嘉而從之。

• 167

당시에 [무측천의] 악명 높은 신하이던 내준신396)이 [천]헌성에게 재물을 요구한 일이 있었는데 [그 요구에 천]헌성은 거절하고 받아들이지 않았다.

므로 같은 사람이라고 본다면 돌궐 설연타의 후예였던 셈이다.
396) 내준신(來俊臣, 651~697): 무씨 주나라의 탐관오리. 옹주(雍州) 만년(萬年, 지금의 섬서성 서안시) 사람이다. 원래는 무뢰한 출신이었으나 밀고로 무측천의 눈에 들어 시어사(侍御史)·좌대어사중승(左臺御史中丞)에 제수되었다. 그 뒤로 추사원(推事院)을 설치하고 밀고의 지침서인《고밀나직경(告密羅織經)》까지 만들어 무측천에 반대하는 당나라 종실과 관원들을 탄압하였다. 죄인을 다루는 형벌이 워낙 혹독하여 무고하게 주살된 사람이 1,000가(家)를 넘었다고 한다. 나중에는 권력 실세이던 무씨와 태평공주(太平公主)에게 밉보여 모반죄로 주살되었다.

결국 [내]준신이 원한을 품고 '그가 반란을 도모한다'는 모함을 하는 바람에 [무측천이?] 그를 목 졸라 죽이게 하였다.[397]

○ 時, 酷吏來俊臣嘗求貨於獻誠. 獻誠拒而不答, 遂爲俊臣所構, 誣其謀反, 縊殺之.

• 168

[무]측천은 나중에 그의 억울함을 알고 우우림위대장군[398]을 추증하고 예의를 갖추어 [이미 매장되었던 그의 관을 꺼내어] 새로 안장해 주었다.[399]

---

397) 그를 목 졸라 죽였다[縊殺之]: 연헌성이 교살된 시점과 관련하여 《자치통감》 "장수(長壽) 원년(692)"조에는 이렇게 기술되어 있다. "갑술일(甲戌日)에 … 내준신이 좌우대장군이던 천헌성에게 황금을 요구했으나 받지 못하자 모반죄로 무고하여 하옥시키고 을해일(乙亥日, 초아흐래)에 목을 졸라 죽였다." 그렇다면 1월 8일에 모반죄로 체포되고 다음날인 1월 9일에 제대로 된 재판도 없이 전격적으로 교살형에 처해진 셈이다. 그가 죽은 연도는 역사 기록과 금석 자료에서 다소 편차를 보인다. 여기서는 무씨 주나라의 "장수 원년 정월"로 기술되어 있다. 그러나 《천헌성묘지(泉獻誠墓誌)》에는 다음과 같이 소개되어 있다. "2년 2월에 [무씨 주나라 무측천의] 칙명을 받들어 검교천구자래사에 충원되는 한편 현무북문압운대의동등사를 겸하였다. 그러나 일을 마치기도 전에 공교롭게도 역적 내준신이 형옥을 남용하고 권세를 믿고 은밀히 공에게서 황금·명주 등의 보물을 요구하였다. 그래서 공이 뇌물 바치는 것을 혐오하여 문을 닫고 승낙하지 않았다. 이에 [내준신이] 다른 죄를 걸어 무고하매 결국 비명에 돌아가셨다.(二年二月, 奉敕充檢校天樞子來使, 兼於玄武北門押運大儀銅等事. 未畢, 會逆賊來俊臣秉弄刑獄, 恃搖威勢, 乃密於公處求金帛寶物. 公惡以賄交, 杜而不許, 因誣陷他罪, 卒以非命)" 무측천이 사용한 연호들 중에서 장수 연간 이전의 '재초(載初)' 및 '여의(如意)'나 그 이후의 것들은 거의가 한 해 정도 사용된 데서 그쳤다. 그렇다면 여기서의 "2년"에 해당하는 해는 장수 2년, 즉 서기 693년이라고 보아야 한다.

398) 우우림위대장군(右羽林衛大將軍): 당대의 관직명. 좌·우 비기(飛騎)의 의장을 담당한 금군(禁軍) 지휘관들 중의 하나이다. 《신당서》 〈백관지(百官志)〉에 따르면 정3품의 대장군과 그를 보좌하는 종3품의 장군 2명을 두었으며, 북아(北衙)의 금군을 통솔하였다.

399) 예의를 갖추어 새로 안장해 주었다[以禮改葬]: 묻혀 있던 관을 꺼내어 다른 장소

○ 則天後知其冤, 贈右羽林衛大將軍, 以禮改葬。

에 다시 묻어 준 것을 보면 그 사이에 어느 정도 시차가 존재한다는 것을 짐작할 수 있다.《천헌성묘지》에 따르면, 무씨 주나라의 구시(久視) 원년(700) 8월에 개국군주 무측천이 내린 명령에 따라 "대족 원년(701) 2월(갑진월)의 17일(경신일, 양력 3월 27일)에 망산 선영에 안장해 주었다(大足元年歲次辛丑二月甲辰朔十七日庚申, 葬於芒山之舊塋)"고 한다. 그렇다면 연헌성이 억울한 죽음을 맞은 장수 2년(693)으로부터 7년 뒤의 일인 셈이다. '대족(大足) 원년'은 무측천이 이장 명령을 내린 이듬해이다. '망산(芒山)'은 하남성 낙양시 북쪽에 있다고 해서 '북망산(北邙山)'으로 불렸는데, 고대에 왕족이나 고관대작들이 묫자리로 많이 사용하였다. "망산 선영"이라고 한 것을 보면 7~8세기에 이미 연씨의 가족묘지가 북망산에 조성되어 있었던 셈이다.

백제전(百濟傳)
해제

　이 열전은 크게 두 부분으로 구성되어 있다. ① 앞부분에서는 《주서(周書)》 등의 기사를 참조하여 백제의 내력과 지정학적 위치, 행정제도·의복·풍습·형벌 등을 소개하였다. ② 전체 분량의 대부분을 차지하는 뒷부분에서는 백제 무왕이 처음으로 사신을 보낸 고조의 무덕 4년(621)으로부터 백제의 명맥이 완전히 단절되는 고종의 홍도 원년(683)까지 총 63년 동안 이루어진 백제와의 교류·책봉·전쟁·전후 수습 등을 상세하게 기술하였다. 여기서 우리의 이목을 끄는 대목은 현경 5년(660)의 당나라·신라와의 전쟁 이후의 백제 부여씨 왕가의 향배(向背) 및 백제·신라의 '취리산 맹약(就利山盟約)'일 것이다.

　전쟁 직후에 의자왕과 부여융 등 백제의 왕족들은 포로가 되어 당나라 도읍까지 끌려갔으나 고종의 사면으로 왕통은 단절되지 않았다. 실제로 당나라는 백제에 대한 직접 통치가 현실적으로 불가능하다는 것을 깨닫고 부여융을 웅진도독으로 제수하고 본국으로 도로 귀국시켜 계속 자국을 통치하게 해 준 것으로 보인다. 그 결정적인 증거가 바로 '취리산 맹약'이다. 당나라 고종은 이 맹약에서 백제를 멸망시키고 그 통치권을 신라에 인계한 것이 아니라 앞으로 양국이 화친을 맺으며 오래도록 사이좋게 지낼 것을 맹세하도록 중재하였다. 그러나 실제로 백제의 부여씨 왕가의 명맥이 단절된 것은 부여융이 자국에 대한 통치권을 포기하고 당나라로 되돌아간 홍도(弘道) 원년(683)이었다.

백제전(百濟傳)

• 001

백제국은 본래 [고구려와] 마찬가지로 부여400)의 또 다른 갈래이다.401)

○ 百濟國, 本亦扶餘之別種。

• 002

일찍이 마한의 옛 땅402)으로, [당나라] 도성으로부터 동쪽으로 육천이백

---

400) 부여(夫餘): 한민족의 한 갈래인 부여족이 기원전 1세기경에 세운 나라. 때로는 '부여(扶餘)'로 적기도 한다. 그 위치는 지금의 중국 길림성과 흑룡강성 일대라는 것이 기존 학계의 통설이다. 그런데 사마천(司馬遷, BC145?~?)이 편찬한 《사기(史記)》의 〈화식열전(貨殖列傳)〉에서는 이렇게 소개하였다. "대체로 연국 또한 발해·갈석 사이의 도회지이다. 남으로는 제국·조국과 연결되고 동북으로는 흉노와 접하고 있다. … 북으로는 오환·부여와 이웃하면서 동으로는 예맥·조선·진번의 이익들을 주무른다.(夫燕亦勃碣之間一都會也. 南通齊趙, 東北邊胡. … 北鄰烏桓夫餘, 東綰穢貉朝鮮眞番之利.)" 그렇다면 부여의 좌표는 예맥·조선·진번 방면(동북)이 아닌 오환 방면(정북)에서 구해야 하는 셈이다. 자세한 소개는 문성재, 《정역 중국정사 조선·동이전1》의 해당 주석(제134쪽)을 참조하기 바란다.

401) 백제국은 본래 마찬가지로 부여의 또 다른 갈래이다[百濟國, 本亦扶餘之別種]: 이 부분에서 '또 역(亦)'이라는 부사를 쓴 것은 바로 앞 〈고려전〉의 "고려라는 나라는 부여로부터 갈라져 나온 또 다른 갈래이다(高麗者, 出自扶餘之別種)"를 염두에 둔 표현이다. 고구려와 마찬가지로 백제 '역시' 그 내력이 부여에서 비롯되었다는 뜻인 것이다. "별종"의 의미에 관한 자세한 설명은 〈고려전〉의 "또 다른 갈래[別種]" 주석(제34쪽)을 참조하기 바란다.

402) 마한의 옛 땅[馬韓故地]: 이 부분은 마한 전체가 백제라는 뜻으로 한 말이 아니다. 실제로 백제 내력의 경우, 《주서》에서는 "나라가 대방 땅에서 시작되었다(始國於帶方)", 그 뒤의 《북사》에서도 "비로소 그 나라를 대방의 옛 땅에서 세웠다(始立其國于帶方故地)"라고 하였다. 그런데 《수서》부터 "마한의 옛 땅"으로 소개하기 시작했고 《구당서》가 그 뒤를 이었다. 그래서 얼핏 "마한=대방=백제"로 생각하기 쉽다. 그러나 사실은 '대방과 초기의 백제가 마한 영역의 일부였다'고 설

리⁴⁰³⁾ 떨어진 곳에 있었다.

○ 嘗爲馬韓故地, 在京師東六千貳百里。

• 003
[지금은] 큰 바다의 북쪽, 작은 바다의 남쪽⁴⁰⁴⁾에 자리잡고 있다.

○ 處大海之北, 小海之南。

• 004
[그 나라는] 동북쪽으로는 신라에 이르고⁴⁰⁵⁾ 서쪽으로는 바다를 건너 월

명한 것으로 이해하는 편이 합리적이다. 《삼국지》 등의 중국 정사에서 마한으로부터 영토를 할양받은 정치집단들로 위만[조선]을 시작으로 진한에 이어 [대방과] 백제까지 언급한 것이 그 증거이다.

403) 도성으로부터 동쪽으로 육천이백 리[在京師東六千貳百里]: "경사(京師)"는 당나라의 도성으로, 지금의 섬서성 서안시(西安市) 일대에 해당한다. 이 구절대로라면 서안에서 동쪽으로 6,200리 떨어진 곳에 마한이 있었다는 뜻으로 해석된다. 중국 학자 곽성파에 따르면, 당대의 1리는 0.44km이므로, 직선으로 6,200리라면 서안에서 대략 2,728km 정도 떨어진 곳인 셈이다.

404) 작은 바다의 남쪽[小海之南]: 이 부분의 경우, 《위서》〈백제전〉에는 "작은 바다의 남쪽에 자리잡고 있다(處小海之南)", 《주서》〈백제전〉에는 "서쪽과 남쪽이 모두 큰 바다에 막혀 있다.(西南俱限大海)", 《북사》〈백제전〉에는 "서쪽과 남쪽 모두 큰 바다에 막혀 있고, 작은 바다 남쪽에 자리잡고 있다(西南俱限大海, 處小海南)"고 소개되어 있다. 국내 학계에서는 "小海는 京畿灣"이라는 사카모토 요시타네(坂元義種) 등의 주장을 근거로 '작은 바다'를 경기만 또는 아산만 앞바다로 보는 경향이 있다. 그러나 《구당서》에 소개된 이 좌표가 당대 초기인 7세기 태종의 정관 연간의 백제에 해당하는 것이라고 전제할 때, "큰 바다"는 남해, "작은 바다"는 서해로 해석하는 편이 훨씬 합리적이라고 본다.

405) 동북쪽으로는 신라에 이르고[東北至新羅]: 선행 정사인 《주서》와 《북사》의 〈백제전〉에는 "동쪽으로 신라에 이른다(東至新羅)"고 소개되어 있다. 반면에, 그 이후의 《구당서》나 《당회요》 등의 사서들에는 "동북쪽으로 신라에 이른다"로 소개되어 있다. '동북쪽'이라는 표현은 7세기 백제와 신라의 강역을 추정하는 데에 중요한 단서를 제공한다. 《구당서》의 '동북'이 '동'을 잘못 적은 것이 아니라는 전제하

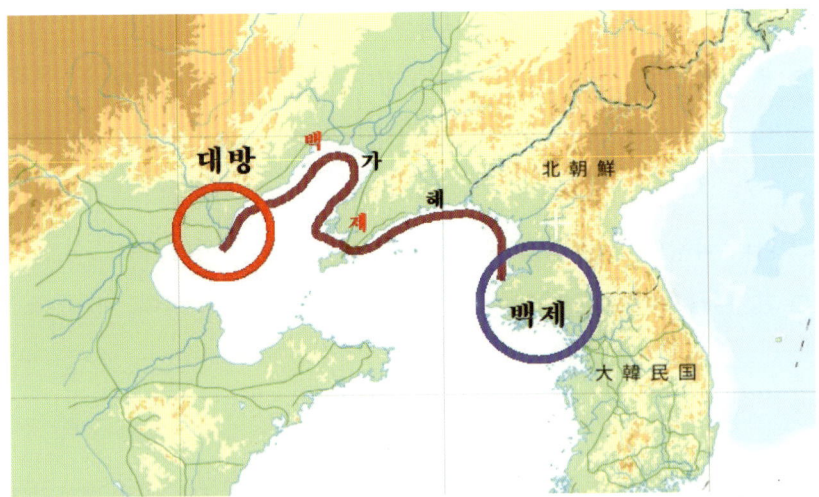

백제는 발상지와 정착지가 다르다는 점에 유념해야 한다. 대방은 한반도가 아닌 하북성 동북방의 평주이다. 백가가 바다를 건넌 것이 지금의 경기·충청·전라의 백제 땅인 것이다.

주406)에 이른다. [또.] 남쪽으로는 바다를 건너 왜국407)에 이르고 북쪽

에서 말하자면, 이를 근거로 그 이전과 비교할 때 신라의 영토가 백제보다 상대적으로 북쪽으로 크게 확장되었음을 알 수 있는 셈이다.

406) 월주(越州): 중국 고대의 지명. 지금의 절강성 소흥시(紹興市) 일대에 해당하는 지역으로, 전통적으로 '월(越)'로 줄여 부르기도 하였다. 수나라의 대업 연간 초기에는 오주(吳州)를 고쳐 설치했으며, 치소는 회계(會稽)였다. 백제 강역에서 배를 타고 서남쪽으로 남하하면 닿는 곳이다.

407) 왜국(倭國): 일본의 옛 이름. 당대 역사가 두우는 《통전》 〈변방1〉에서 이렇게 소개하였다. "왜는 대방 동남방의 큰 바다에 자리잡고 있다. 요동으로부터 12,000리 떨어져 있어서 대체로 민천·회계의 동쪽에 해당하며, 마찬가지로 주애·담이와도 가깝다. … '일본'이라고도 부르는데 자기들끼리는 '나라가 해 옆에 있어서 그렇게 일컫는다'고 한다.(倭在帶方東南大海中, 去遼東萬二千里, 大較在閩川·會稽之東, 亦與朱崖·儋耳相近°… 一名日本, 自云國在日邊, 因以爲稱)" 원대 학자 호삼성이 《자치통감》 〈수기〉 "양제 대업 8년(612)" 조에 붙인 주석에 따르면 "'왜'[의 소리]는 오와 화의 반절['와']이다.(倭, 烏禾翻)" 200여 년 전의 조선 옥편에도 그 한자음은 '와'로 소개되어 있다. 우리에게 익숙한 '왜'는 명사(와)에 주격조사(~이)를 붙인 경우이므로 엄밀하게 따진다면 잘못된 용법인 셈이다.

으로는 바다를 건너 고려에 이른다.[408]

○ 東北至新羅, 西渡海至越州, 南渡海至倭國, 北渡海至高麗。

• 005
그 나라 국왕이 사는 도읍에는 동성과 서성 두 성이 있다.[409]

○ 其王所居有東西兩城。

---

408) 북쪽으로는 바다를 건너 고구려에 이른다[北渡海至高麗]: 지리적으로 백제 강역에서 배를 타고 서북쪽으로 이동하면 고구려로 갈 수 있었다. 여기서 주목할 점은 7세기의 고구려로의 교통을 소개하면서 바다를 건너는 해로만 소개해 놓았다는 사실이다. 이 표현은 우회적으로 당시의 백제는 한강 유역 진출을 계기로 영토를 크게 확장한 신라에 가로막혀 육로로는 고구려와 왕래할 수 없었음을 시사해 준다.

409) 동성과 서성 두 성이 있다[有東西兩城]: 구문이 '동서유양성(東西有兩城)'이라면 '동서'가 부사로 작동하여 "동서로 성이 두 곳 있다"로 해석되지만 이 구문에서는 '동서'가 일종의 명사로 충당되어 '동성과 서성' 식으로 해석된다. 물론, '동성'이나 '서성'은, 동해나 서해 식의 표현이므로, 정식으로 부르는 이름(고유명사)도 있었을 것이다. 사카모토 요시타네(坂本義種, 1978)는 선행 정사인 《주서》에서는 "치소는 고마성이다(治固麻城)"라고 했으나 《수서》에서는 "그 도읍은 거발성이라고 한다(其都曰居拔城)"고 한 점에 착안하여 각각 웅진성(공주)과 사비성(부여)으로 해석한 바 있다. 반면에, 김주성(2009)은 진짜 도성(부여)과 임시 도성(익산), 윤선태(2007)는 공주와 부여, 부여와 익산은 '남북'으로 연결되어 있다 하여 사비성 동서의 우이성(嵎夷城)과 신구성(神丘城)으로 해석하였다. 인터넷 〈국편위판〉에서는 "《周書》百濟傳에서의 '治固麻城'·《隋書》百濟傳의 '其都曰居拔城'·《北史》百濟傳에서의 '其都曰居拔城 亦曰固麻城'이라는 부분에 이르러 고심끝에 '兩城'이라 하였는지 그 여부는 명확하지 않다"고 유보적인 입장을 취하였다. 그러나 '고마'와 '거발'은 '도성, 서울'을 뜻하는 백제어를 각자 다른 한자로 표기한 경우일 뿐이다. 한 장소의 두 이름일 뿐이므로 '거발'과 '고마'를 서로 별개의 두 성으로 인식하는 것은 잘못이라는 뜻이다. '고마'와 '거발'에 대한 어원 분석은 문성재, 《정역 중국정사 조선·동이전3》의 해당 주석(제537쪽)을 참조하기 바란다.

관직명	한자명	직무 내용
내신좌평	內臣佐平	왕명 출납
내두좌평	內頭佐平	국고 관장
내법좌평	內法佐平	의례 관장
위사좌평	衛士佐平	숙위 업무
조정좌평	朝廷佐平	형옥 업무
병관좌평	兵官佐平	군사 업무

백제 '6좌평'의 직무 비교표. 전후 맥락을 따져 볼 때 '좌평'은 궁내부처럼 백제 왕궁에서 제반 업무를 관장하는 일종의 내관(내시)였던 것으로 보인다. 여기서의 좌평이 환관과는 성격이 다른 것은 물론이다.

• 006

[그 나라 왕궁에] 설치된 내관410)을 '내신좌평'이라고 하는데 [왕명을] 출납하는 일을 관장하며411) 내두좌평은 나라의 곳간에 관한 일을 관장한다. 내법좌평은 예절과 의례에 관한 일을 관장하며, 위사좌평은 숙위병에 관한 일을 관장한다. 조정좌평은 형옥에 관한 일을 관장하며, 병관좌

---

410) 내관(內官): 사비백제의 행정조직 명칭. 궁내의 업무를 관장하는 관청들을 두루 일컬은 것으로 추정된다. 인터넷 〈국편위판〉 주067에서는 "內官 12部, 外官 10部의 行政官署에서 內官은 宮中事務를, 外官은 府中의 一般庶政을 담당"한 것으로 이해하였다. 그러나 뒤에서 내관으로 소개하는 관서들을 보면, 외략부(外掠部)·마부(馬部)·도부(刀部)·약부(藥部)·목부(木部)·법부(法部) 등과 같이 단순한 궁중 나인들보다는 그 성격이 복잡하고 직무의 범위도 광범한 것을 알 수 있다.

411) 출납하는 일을 관장하며[掌宣納事]: 이 부분의 경우, 《신당서》〈백제전〉에는 "[국왕의] 호령을 출납한다(宣納號令)"고 소개되어 있는데, 여기에는 목적어('호령')가 빠져 있다. 참고로, '펼 선(宣)'은 원래 황제가 명령을 내리는 장소인 선실(宣室)에서 비롯된 표현으로, 동사로 사용될 때에는 칙명을 [관원/백성들에게] 전달하다'의 의미를 나타낸다. '들일 납(納)'은 관원/백성들의 의사를 [황제를 대신하여] 받아들인다'는 의미로 사용되었다. '선납' 또는 '출납(出納)' 또는 '출입(出入)'은 황제의 칙명을 전달하고 관원의 상소를 받아들이는 것을 가리킨다는 뜻이다.

평은 [도성] 외부의 군사 및 군마에 관한 일을 관장한다.

○ 所置內官曰內臣佐平, 掌宣納事, 內頭佐平, 掌庫藏事。內法佐平, 掌禮儀事, 衛士佐平, 掌宿衛兵事, 朝廷佐平, 掌刑獄事, 兵官佐平, 掌在外兵馬事。

•007

아울러 [도성] 외부에는 여섯 대방을 설치하여[412] 열 개의 군을 관리하게 하였다.

○ 又外置六帶方, 管十郡。

•008

그 나라에서 형법을 적용할 경우, 반역을 저지른 경우에는 죽이고 그 가솔들의 호적을 박탈한다. 사람을 죽인 경우에는 노비 세 명으로 [그] 죄를 갚는다. 관리의 신분으로 뇌물을 받거나 [물건을] 훔치면 [훔친] 장물의 세 갑절을 추징하며, 나아가 목숨이 다할 때까지 [감옥에] 가두어 둔다.

---

412) 여섯 대방[六帶方]: 이 부분은 《당회요》·《구당서》, 그리고 청대 연혁지 《독사방여기요》에만 '육대방(六帶方)'으로 소개되어 있다. 이와 관련하여 인터넷 〈국편위 판〉 주167에서는 "千寬宇는 '六帶方'을 '六方'의 誤記, … 坂元義種은 《周書》 百濟傳의 記事대로 '五方'과 관련시켰다". 〈동북아판4〉(제136쪽)에서는 "《주서》 백제전에는 '5방'으로 되어 있다"고 보았다. '6대방'과 '5방'을 같은 것으로 본 셈이다. 그러나 ①《주서》·《수서》·《북사》 등, 선행 정사들에는 '대방'이라는 지방 행정관청이 소개된 일이 없다. 게다가 ② "열 개의 군을 관리한다(管十郡)"는 직무는 기존 정사들에서 '저마다 열 개의 군이 있다(方有十郡)'는 '오방'의 직무와도 비슷한 모습을 보여 준다. 따라서 ③ '오방' 또는 '육방(六方)'을 '육대방'으로 잘못 소개했을 가능성도 없지 않다.

○ 其用法, 叛逆者死, 籍沒其家, 殺人者, 以奴婢三贖罪。官人受財及盜者, 三倍追贓, 仍終身禁錮。

• 009
무릇 각종 부세 및 풍토·물산 등은 고구려와 동일한 경우가 많다.
○ 凡諸賦稅及風土所産, 多與高麗同。

• 010
그 나라의 국왕은 소매가 큰 자주색 두루마기에 검푸른 비단 [통]바지를 입으며, 검은 비단으로 만든 관은 금[으로 만든] 꽃으로 장식한다. [그리고] 물을 들이지 않은 가죽띠413)에 검은 가죽신을 신는다.
○ 其王服大袖紫袍, 靑錦袴, 烏羅冠, 金花爲飾, 素皮帶, 烏革履。

• 011
관원들은 일률적으로 진홍색 비단으로 옷을 지어 입으며414) 은[으로 만든] 꽃으로 관모를 장식한다. 그러나 [벼슬을 살지 않는] 평민은 진홍색이나 자주색으로 옷을 지어 입을 수가 없다.

---

413) 물을 들이지 않은 가죽 허리띠[素皮帶]: '바탕 소(素)'의 경우, 후대에는 '희다(white)'의 의미로 해석하는 경향이 강하다. 그러나 고대 한문에서는 염색을 하기 전의 본래의 바탕색(natural color)을 뜻하였다. 여기서도 그 원래의 의미에 따라 번역하였다.
414) 관원들은 일률적으로 진홍색 비단으로 옷을 지어 입으며[官人盡緋爲衣]: 이로써 백제의 관원들이 진홍색 또는 자주색 비단으로 관복을 지어 입었음을 알 수가 있다. 바로 뒤에서 "평민은 진홍색이나 자주색으로 옷을 지어 입을 수가 없다"고 한 것을 보면 평민은 염색하지 않은 옷[素服]을 주로 입고 염색한 옷은 입을 수 없었던 것으로 보인다.

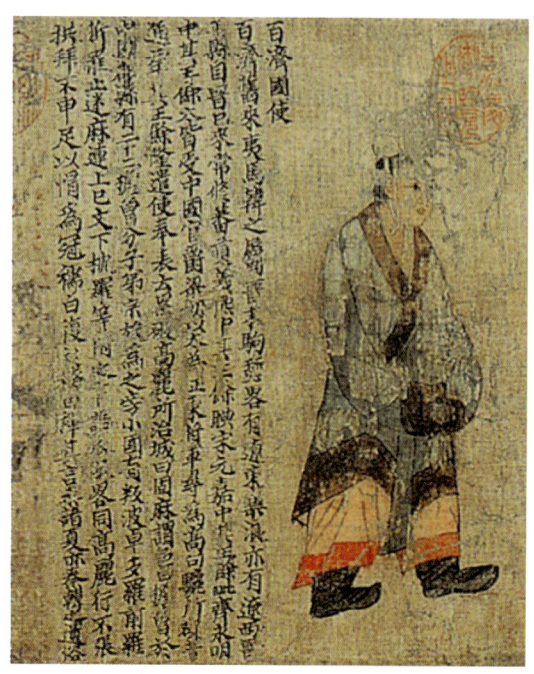

양나라 원제(元帝) 소역(蕭繹, 526~539)이 《직공도(職貢圖)》에 그린 백제 사신의 복장

○ 官人盡緋爲衣, 銀花飾冠. 庶人不得衣緋紫.

• 012

세시 절기나 삼복·섣달은 중국과 동일하다.[415]

그 나라에서 서적으로는 '오경'과 제자·사서들이 갖추어져 있으며, 아울러 [조정에서 사용하는] 표나 소[등의 문체][416]도 일률적으로 중국의 법도를

---

415) 중국과 동일하다(同於中國): 전후 맥락을 따져 볼 때 여기서의 "중국"은 7세기 당대의 중국을 가리키는 말로 사용되었다고 보아야 합리적일 듯하다. 그 이전에는 삼국과 중국의 절기가 동일할 수가 없기 때문이다.

416) 표나 소[表疏]: '표(表)'와 '소(疏)'는 중국 고대의 공문 양식. 신하가 군주에게 올리는 글로, 전국시대에는 '서(書)'라고 부르다가 진(秦)나라가 중원을 통일한 뒤

따른다.

○ 歲時伏臘, 同於中國。其書籍有五經·子·史, 又表疏並依中華之法。

• 013

무덕[417] 사년에 그 나라의 국왕 부여장이 사신을 파견하여 [중국에] 와서 과하마를 바쳤다.[418] [무덕] 칠년에는 이어서 대신을 파견하여 표를 받들고 [중국에] 입조하여 공물을 바쳤다.

로 '주(奏)'로 부르기 시작하였다. 한대부터는 용도에 따라 장(章)·주(奏)·표·소의 네 가지로 세분되었다. 남북조시대 학자 유협(劉勰, 465~?)은 《문심조룡(文心雕龍)》〈장표(章表)〉에서 이렇게 설명하였다. "'장'은 황제의 은혜에 고마워 할 때에, '주'는 관원을 탄핵할 때에, '표'는 관원의 의사를 개진할 때에, '의'는 황제와 다른 의견을 가지고 있을 때에 올렸다.(章以謝恩, 奏以按劾, 表以陳情, 議以執異)" 이로써 백제가 6~7세기에 공문 양식 등, 중국에서 도입한 각종 전장제도를 따르고 있었음을 짐작할 수 있다.

417) 무덕(武德): 당나라의 개국군주인 고조(高祖) 이연(李淵)이 당나라를 건국한 직후인 618~626년까지 9년 동안 처음으로 사용한 연호. "무덕 4년"은 서기 621년으로, 백제 무왕 22년에 해당하며, "무덕 7년"은 624년으로, 무왕 25년에 해당한다.

418) 과하마를 바쳤다[獻果下馬]: '과하마(果下馬)'에 관한 소개는 서진의 역사가 진수(233~297)의 《삼국지》〈위지·동이전〉 "예(濊)"조에서 처음으로 이루어졌다. 유송의 배송지(裴松之, 372~451)는 해당 대목에 이런 주석을 붙였다. "높이가 세 자여서, 말을 타더라도 과일나무 아래를 지나갈 수가 있을 정도이다.(高三尺, 乘之可於果樹下行)" 당나라 고종의 아들 장회태자 이현도 《후한서》 주석에서 배송지의 주석을 반영하였다. 이로써 고구려 특산물로서의 과하마의 명성과 인식이 2~3세기부터 7세기까지 전승되고 있었음을 알 수가 있다. 그런데 여기서 백제가 당나라에 과하마를 바쳤다고 한 것은 곧 백제 건국집단이 고구려에서 갈라져 나오면서 과하마가 백제 땅에 유입·전파되었을 가능성을 상정한다. 이 기사뿐 아니라 《신당서》·《당회요》·《태평어람》·《책부원구》·《태평환우기》·《삼국사기》 등 복수의 사서·연혁지들에도 잇따라 소개되었다는 것은 백제에서 과하마를 바친 일이 단순한 오기나 우연의 일치가 아님을 의미한다.

○ 武德四年, 其王扶餘璋遣使來獻果下馬。七年, 又遣大臣奉表朝貢。七年, 又遣大臣奉表朝貢。

• 014

[그래서419)] 고조는 그의 정성을 갸륵하게 여겨 사신을 파견하고 책서에 의거하여420) [그를] 대방군왕421) · 백제왕으로 삼았다.

---

419) [그래서]: 세 나라 국왕들에 대한 책봉은 고구려 ⇒ 백제 ⇒ 신라의 순서로 이루어진 것으로 보인다. 그 책봉 시점은 사서마다 편차를 보여서, ①《구당서》〈고조본기〉에서는 "봄, 정월의 기유일[春正月, 己酉]", ②《자치통감》"고조 무덕 7년" 조에는 "[2월의] 정미일(3월 1일)[二月, 丁未]"의 일로 각각 소개되어 있다.

420) 책서에 의거하여[就冊]: 황제가 내린 책서(冊書)에 적혀 있는 대로 백제국왕에 대한 역대 중원 왕조의 책봉의 경우, '사지절·시중·거기대장군·대방군공·백제왕(使持節侍中車騎大將軍帶方郡公百濟王)'(북제) ⇒ '상개부·의동삼사·대방군공(上開府儀同三司帶方郡公)'을 거쳐 무왕은 '대방군왕·백제왕(帶方郡王百濟王)', 아들 의자왕은 '주국·대방군왕·백제왕(柱國帶方郡王百濟王)'에 봉해졌다. 백제가 패망한 뒤인 고종의 의봉 2년(677)에도 의자왕의 아들 부여융이 '광록대부·태상원외경겸웅진도독·대방군왕(光祿大夫太常員外卿兼熊津都督帶方郡王)', 무측천(武則天) 재위 기간에는 그 손자 부여경이 '대방군왕'에 봉해졌다. 이 일과 관련하여 정약용은《아방강역고》〈대방고(帶方考)〉에서 이렇게 주장하였다. "백제가 한강 이북에 있을 때 대방 옛 땅에 나라를 세웠다. 그래서 그들이 [한강 이남으로] 남하한 뒤에도 계속 '대방군공'에 봉해진 것이다. 수나라 문제 때에는 백제 위덕왕을 봉하여 '대방군공'으로 삼았고, 그 뒤로는 백제 무왕을 대방군왕으로, 의자왕을 대방군왕으로, 부여융을 대방군왕으로 삼았다. '대방'이라는 호칭이 이미 백제의 또 다른 이름이 된 셈이다.(百濟在漢北時, 立國於帶方故地, 故及其南遷之後, 猶封帶方郡公. 隋文帝時, 封百濟威德王爲帶方郡公, 其後百濟武王爲帶方郡王, 義慈王爲帶方郡王 扶餘隆爲帶方郡王. 帶方之號, 旣爲百濟之一名)" 반도사관이라는 틀 속에서 백제와 대방의 관계를 분석하려 한 것은 아쉽지만 이 같은 추론은 상당히 논리적이고 설득력이 높다.

421) 대방군왕(帶方郡王): 당나라의 봉호. 인터넷 〈국편위판〉 주173에서는 이해(무덕 7)에 당나라가 고구려왕에게는 요동군왕, 백제왕에게는 대방군왕, 신라왕에게는 주국·낙랑군공의 봉호를 부여한 일과 관련하여 "唐이 三國을 政治·外交的으로 견제시키려는 의도"로 해석하였다. 그러나 그것은 너무 자의적인 해석이 아닌가

중국에서 제작된 7세기 당나라와 백제·고구려 전쟁 지도. 당나라 수군이 산동에서 바로 황해를 횡단한 것으로 그려져 있다. 그러나 7세기까지만 해도 기술적으로 횡단은 원천적으로 불가능하였다.

이때부터[422] 해마다 [사신을] 파견하여 입조하고 공물을 바치매 고조가

싶다. 세 나라 국왕에게 동일한 봉호를 부여했다면 서로를 견제·대립하게 하려 했다는 추론이 가능하지만 실제로는 각자 다른 봉호를 부여하여 서로 견제·대립할 이유가 없기 때문이다. 여기서 주목해야 할 부분은 오히려 신라왕을 '낙랑군공'에 봉한 일이다. '낙랑군공' 또는 '낙랑군왕'은 원래 고구려 국왕에게 부여된 봉호였기 때문이다. 이 문제에 관해서는 "낙랑군공"(제265쪽)이나 "낙랑군왕"(제604쪽) 주석을 참조하기 바란다.

422) 이때부터[自是]: '자시(自是)'에서 '스스로 자(自)'는 상황의 시작을 나타내는 전치사로 사용되었다. 당대 학자 안사고(顔師古)가 붙인 주석 "왕험성 … 이곳은 이때부터 '험독'으로 불리기 시작하였다(王險城, … 此, 自是險瀆也)"에서의 '자시'와 용법·의미가 동일하다. 여기서 '시(是)'는 백제가 처음으로 당나라에 사신을

백제전(百濟傳) 195

[그들의] 수고로움을 매우 두텁게 위로해 주었다.

○ 高祖嘉其誠款, 遣使就册爲帶方郡王·百濟王. 自是, 歲遣朝貢, 高祖撫勞甚厚.

• 015

[나중에?] 고려가 그들이 조공하는 길을 닫고 중국과 내왕하는 것을 허용해 주지 않은 일[423)을 놓고 [신라 사신과 함께] 쟁송을 벌였다.424) [그래서] 조서를 내려 주자사425)를 파견하여 [고구려로] 가서 그들을 화해시키게 하

파견한 무덕 7년(627)을 가리킨다.
423) 중국과 내왕하는 것을 허용해 주지 않은 일[不許來通中國]: 《구당서》〈고조본기〉 "무덕 9년"조 및 《삼국사기》의 〈고구려본기〉 "영류왕 9년"조, 〈백제본기〉 "무왕 27년"조 등을 종합해 볼 때, 당나라 초기인 7세기 초까지만 해도 백제나 신라가 중원 왕조와 교류할 때에는 ① 거의 언제나 황해 횡단이 아닌 '연안항법(沿岸航法)'으로 해안선을 따라 이동했으며, ② 그때마다 어김없이 고구려의 영해를 통과해야 했던 것으로 보인다. 이때 고구려 영해를 거치지 않고 직접 중국으로 이동할 수 있는 '제2의' 경로가 있었다면 두 나라가 오랜만에 만나는 중국 황제에게 굳이 이 문제를 제기할 이유가 없기 때문이다. 그런 점에서 볼 때, 이때까지만 해도 '서해안 ⇒ 산동반도' 식으로 황해를 횡단하는 해로는 개척되지 않았다고 보아야 옳다.
424) 쟁송을 벌였다[因訟]: '쟁송할 송(訟)'은 [법정에서] 시비를 가리는 것을 뜻하므로 '따지다(argue)'로 해석된다. 이 부분을 인터넷 〈국편위판〉에서는 "이어서 高[句]麗가 길을 막고 中國과의 來往을 허락하지 않는다고 호소하므로", 〈동북아판3〉(제138쪽)에서는 "이로 인해 고구려와 다투었는데, [고구려는] 그 도로를 막고 중국과 왕래하는 것을 허락하지 않았다"로 각각 번역하였다. 내용상으로는 대체로 부합되지만 문법적으로는 두 쪽 다 오역이다. 〈동북아판3〉에서는 '말미암을 인(因)'을 "이로 인해"로 번역함으로써 또 다른 이유를 상정하였다. 그러나 여기서는 그 이유가 그다음에 나오는 "그들이 조공하는 길을 닫고 중국과 내왕하는 것을 허락하지 않은 일"이고 거기에 대응되는 결과가 바로 "조(詔)~"로 시작되는 상황이기 때문이다.
425) 주자서(朱子奢, ?~641): 수·당대의 대신. 자세한 소개는 부록 《자치통감》의 주석(제437쪽)을 참조하기 바란다.

였다.

○ 因訟高麗閉其道路, 不許來通中國, 詔遣朱子奢往和之。

• 016

나중에는 [백제가] 신라와 대대로 서로 원수가 되어 수시로 서로를 침략하곤 하였다.[426]

○ 又相與新羅世爲讎敵, 數相侵伐。

• 017

정관[427] 원년에 태종은 그 나라의 국왕에게 새서를 내려 말하였다. "[그대 백제]왕은 대대로 통치자로 있으면서 [당나라] 동쪽의 변방을 다독여 영유해 왔소. 바다 끝자락 머나먼 곳에서 바람과 파도가 아무리 가로막아도 [우리 왕조에 대한] 충심과 정성이 지극하여 조공의 직무를 지키며 [중국을] 찾아오니 그 훌륭한 마음을 생각하노라면 무척 갸륵하게 여겨져 위안이 되는구려.

---

426) 신라와 대대로 원수가 되어 수시로 서로를 침략하곤 하였다[相與新羅世爲讎敵, 數相侵伐]: 427년의 평양성 천도를 계기로 장수왕이 남진정책을 펼치자 백제와 신라는 433년(비유왕 7, 눌지왕 17)에 우호관계를 맺고 고구려에 함께 맞서기 시작한다. 그러나 그로부터 120여 년이 지난 551년 진흥왕은 한강 상류를 확보한 데서 멈추지 않고 553년에 백제가 확보한 한강 하류지역을 차지하고 554년에는 관산성(管山城)에서 백제군을 상대로 대승을 거둔다. 신라의 한강 유역 점유를 기정사실화한 것이다. 이로부터 당나라의 무덕 연간까지 80여 년 동안 두 나라는 앙숙으로 변하였다. 두 나라는 5세기 이전부터 경쟁관계에 있었으나 "대대로 원수가 된 것"은 553년 진흥왕이 백제의 한강 하류지역을 차지한 때부터라는 뜻이다.

427) 정관(貞觀): 당나라 제2대 황제인 태종(太宗) 이세민(李世民)이 627~649년까지 23년 동안 사용한 연호.

○ 貞觀元年, 太宗賜其王璽書曰, "王世爲君長, 撫有東蕃。海隅遐曠, 風濤艱阻, 忠款之至, 職貢相尋, 尙想徽猷, 甚以嘉慰。

• 018

짐이 삼가 [하늘께서 짐을] 아끼시어 내리신 천명을 받들어 군왕으로서 천하를 다스리게 된 이래로 [오로지] 왕도를 넓히는 데에만 마음을 쓰며 백성들을 아끼고 길러 왔소. 배·수레가 다니는 곳이나 바람·비가 닿는 곳이라면 [어디든지] 하늘이 내리신 본성을 이루기만을 소망하매 [만물이] 한결같이 평안해지기에 이르렀소.

○ 朕自祇承寵命, 君臨區宇, 思弘王道, 愛育黎元。舟車所通, 風雨所及, 期之遂性, 咸使乂安。

• 019

신라의 왕 김진평⁴²⁸⁾은 짐의 변방을 지키는 번신일 뿐 아니라 [백제]왕의 이웃나라요. [그런데] 매번 듣자 하니 '[서로가] 군사를 보내어 정벌을 그치지 않으면서 군사력만 믿고 잔인한 짓에만 안주하고 있다'고 하니 [그것은 짐이] 바라는 바와 너무도 어긋나는 일이오.⁴²⁹⁾

○ 新羅王金眞平, 朕之藩臣, 王之鄰國。每聞遣師, 征討不息, 阻兵安

---

428) 김진평(金眞平, ?~632): 신라의 제26대 국왕. 재위 기간(579~632) 동안 불교를 진흥시키는 데에 전념했으며, 대외적으로는 609년에 수나라와, 그 뒤로는 당나라와 우호적인 관계를 유지하면서 신라를 침공하려는 고구려에 대항하였다.

429) 바라는 바와 너무도 어긋나는 일이오[殊乖所望]: 〈동북아판4〉(제139쪽)에서는 "[짐의 뜻에] 어긋나기를 바라는 것이오?" 식으로 번역했으나 문법적으로는 명백한 오역이다. 「부사(殊)+동사(乖)+보어(所望)」 구조인 이 부분은 '바라는 바와는 크게 동떨어져 있다' 식으로 이해해야 옳다.

忍, 殊乖所望。

• 020

짐은 이미 왕의 조카인 [부여]신복430) 및 고려・신라의 사신을 접견하고 모두에게 '사이좋게 오갈 것'을 일렀으며 [그들은] 모두가 '화목하게 어울릴 것'을 다짐하였소. [그러니] 왕은 반드시 그들과의 왕년의 원한을 잊고 짐의 본심을 깨달아 [신라와] 이웃[나라]으로서의 정리를 함께 돈독히 하여 즉시 전쟁을 멈추어야 할 것이오!"

○ 朕已對王姪信福及高麗・新羅使人, 具勅通和, 咸許輯睦。王必須忘彼前怨, 識朕本懷, 共篤鄰情, 卽停兵革。"

• 021

[그러자 백제 무왕 부여]장은 사신을 파견하여 표를 바치고 [자신의] 죄를 빌었다. [그러나] 아무리 겉으로는 '[황제의] 명령에 순종하겠다'고 다짐했지만 속으로 사실상 서로 원수로 대하기는 전과 마찬가지였다.431)

○ 璋因遣使奉表陳謝, 雖外稱順命, 內實相仇如故。

---

430) 신복(信福): 백제 제30대 국왕이던 무왕(武王) 부여장의 조카.《삼국사기》〈백제본기〉 "무왕 28년"조에는 "가을 8월에 왕의 조카 [부여]복신을 파견하여 당나라로 들어가 입조하고 공물을 바치게 하였다(秋八月, 遣王姪福信, 入唐朝貢)" 하여 이름자가 '복신'으로 나와 있다. 그러나 연대가 앞선《책부원구》〈제왕부・내원(來遠)〉에도 '신복'으로 소개된 것을 보면 '복신'은 ① 필사하는 과정에서 잘못 옮겼거나 ② 뒤에 등장하는 백제 부흥군의 지도자 복신과 혼동했을 가능성이 높다.

431) 서로 원수로 대하기는 전과 마찬가지였다[相仇如故]: 실제로《삼국사기》의〈신라본기〉와〈백제본기〉에 따르면, 무왕은 태종 이세민에게 사죄하는 표를 올린 다음 해인 정관 2년(628, 무왕 29) 2월에 다시 가봉성(椵峯城)을 공격하는 등, 신라에 대한 공세를 멈추지 않았다.

당대의 갑옷을 소개한 《당육전(唐六典)》. 이 대목에 총 13가지 갑옷의 명칭과 제원이 소개되어 있다. 맨앞에 명광갑(明光甲)의 이름이 보인다.

•022

[정관] 십일년[432)]에 [백제에서] 사신을 파견하여 [중국으로] 와서 입조하고 철제 갑옷[433)]과 화려한 문양을 새긴 도끼를 바쳤다. [그러자] 태종은 [중국까

---

432) 십일년(十一年): "정관 11년"은 서기로는 637년이며, 백제의 무왕 38년에 해당한다.

433) 철제 갑옷[鐵甲]: 찰갑(札甲)에 옻칠을 하여 만든 백제의 '명광갑(明光甲)'으로 보인다. 《책부원구》〈외신부·조공3〉에서 "[정관 19년] … 처음에, 태종이 사신을 백제국에 보내어 금칠을 구해서 철갑에 바르는 데에 사용하였다(初, 太宗遣使於百濟國中採取金漆, 用途鐵甲)"고 한 것이 그 증거이다. 〈태종본기〉"정관 12년"조에는 "금빛 갑옷[金甲]"으로 소개되어 있다. 참고로, 공주시 공산성 안 마을에서는 2011년에 당나라 태종의 재위 시기인 '정관 19년(645)'이라는 붉은색 명문이 들어 있는 가죽 갑옷이 출토되었다. 옻칠을 한 이 갑옷에서는 2014년에 '익주

[지 사행을 나온] 그들을 각별하게 위로하고 화려하게 염색한 명주 천 삼천 단434) 및 화려한 비단 두루마기 같은 것들을 하사하였다.

○ 十一年, 遣使來朝, 獻鐵甲雕斧。太宗優勞之, 賜綵帛三千段并錦袍等。

• 023

[정관] 십오년에 [부여]장이 죽었다.435) 그의 아들 의자가 사신을 파견하

(益州)', '왕무감(王武監)', '사호군(史護軍)', '참군사(參軍事)', '작배융부(作陪戎副)', '지이행좌(支二行左)', '근조량(近趙良)' 등의 글자들이 추가로 확인되었다. 학계에서는 이를 백제에서 태종에게 바친 진상품 또는 태종이 백제왕에게 내린 하사품으로 해석하는 경향이 있다. 그러나 ① '왕무감'은 관서 이름이 아니라 '왕무가 □□를 감독하다'로 해석되고, ② '사호군'의 첫 글자는 '사'가 아닌 '부(夫)'일 개연성이 있으며, ③ 익주(사천지역)는 이세민의 주군제(州郡制) 폐지로 정관 원년(627)부터 내내 '검남도'로 불렸고, ④ '배융부위(陪戎副尉)'는 당대의 무관 명예직함으로, 종9품하의 미관말직에 불과했다는 점 등에 유념할 필요가 있다. ⑤ 세공이나 실용성 면에서 진상품으로 훨씬 고급스러운 철제 갑옷을 놓아두고 하찮은 가죽 갑옷을 바칠 이유가 없다는 뜻이다. 따라서 공산성에서 발견된 가죽 갑옷은 Ⓐ 당나라 사신들을 수행해 백제를 방문한 참군사가 모종의 이유로 백제에 남겨 놓았거나, Ⓑ 당나라에서 백제의 명성이 높은 '명광갑'을 주문하면서 견본으로 백제에 보냈거나 Ⓒ 660년 이래로 당나라가 백제와 전쟁을 벌이는 과정에서 버려진 것일 가능성이 오히려 더 높다. 백제의 진상품이나 당나라의 하사품과는 무관하다는 뜻이다.

434) 단(段): 중국 고대에 포목 등 긴 물건을 일정하게 잘라 낸 것을 세는 단위사. 그 잘라 낸 길이가 정확하게 어느 정도 되었는지는 확인할 길이 없다.

435) 장이 죽었다[璋卒]: 사카모토 요시타네는 무왕의 죽음을 '졸(卒)'로 표현한 데 대하여 "中國史書 百濟傳에서는 줄곧 百濟王의 죽음에 대해 '死'로 표기하였는데, 여기에서만 '卒'로 표기하고 있다"고 특별한 의미를 부여하였다. 그러나 ① '졸'과 '사'는 똑같이 '죽다(dead)'라는 뜻이다. 또, ② 중국의 역대 정사에서 외국 군주·귀족의 죽음을 '졸'로 표현한 사례는 대단히 많다. 굳이 양자를 구분을 하자면, ③ "'졸'은 [수명이] 끝나는 것이다, 다한 것이다(卒, 終也, 盡也)"고 한《광운(廣韻)》의 설명처럼, 천수를 다하고 자연사 한 것을 가리키며, '사'는 자연사·사고사 등 모든 죽음을 두루 일컬은 표현으로 해석할 수 있을 것이다.

여 표를 올리고 그 부음을 알리매 태종이 소복 차림으로[436] 그의 죽음에 곡을 하고 나서 광록대부[437]를 추증하고 부의로 이백 단의 명주 천을 하사하였다.

○ 十五年, 璋卒。其子義慈遣使奉表告哀。太宗素服哭之, 贈光祿大夫, 賻物二百。

• 024

[그래서 황제가] 사신을 파견하여 책명으로 의자를 주국[438]으로 삼고 대방군왕 · 백제왕에 봉하였다.

○ 遣使册命義慈爲柱國, 封帶方郡王·百濟王。

---

436) 태종은 소복 차림으로[太宗素服]: 이 부분의 경우, 《삼국사기》〈백제본기〉 "무왕 42년"조에는 "봄 3월에 왕이 세상을 떠나자 … 사신이 당나라로 들어가 소복 차림으로 표를 바치고 '주군인 외신 부여장이 세상을 떠났습니다!'라고 말하였다(春三月, 王薨. 諡曰武. 使者入唐, 素服奉表曰, 君外臣扶餘璋卒)"고 소개되어 있다. 소복을 입은 주체가 이세민이 아니라 백제 사신이라는 것이다. 그러나 ① 문법적으로 따져 보면 이 부분은 「주어+보어+동사+보어」 구조이다. ② '소복(素服)' 역시 상복의 의미 말고도 무늬나 화사함이 없는 소박한 옷차림의 두 가지로 해석이 가능하다. ③ 소복을 착용하거나 통곡하는 행위의 주체는 백제 사신이 아니라 태종 이세민임에 의심의 여지가 없다는 뜻이다.

437) 광록대부(光祿大夫): 중국 고대의 관직명. 황제의 고문을 담당하거나 조정에서의 의논을 관장하게 하였다. 한나라 무제 때에 전국시대의 중대부(中大夫)를 고쳐 설치했는데, 곽광(霍光)·김일제(金日磾)처럼, 황실의 국척이나 대신에게 일종의 명예직으로 부여되었으며 고정된 직무는 없었다. 당대 초기에는 좌·우 두 가지로 구분해 부여하다가 정관 연간 이후로는 종2품의 품계를 부여하고 광록대부·금자(金紫)광록대부·은청(銀靑)광록대부만 두었다.

438) 주국(柱國): 중국 고대의 관직명. 수나라에 이르러 상주국과 주국을 설치하고 측근 중신의 공로를 치하하는 일종의 명예직함으로 부여되었으며, 당대에는 상주국에 정2품, 주국에 종2품의 품계를 각각 부여하였다.

신라와 백제가 각축을 벌이는 현장이었던 대야성(大耶城)에서 출토된 토기들과 성터. 강 오른쪽(서쪽)이 백제 방향 (합천군청 사진)

• 025

[정관] 십육년에 [부여]의자가 군사를 일으켜 신라의 성을 마흔 곳 넘게 정벌하였다.439) 이어서 군대를 보내어 그곳들을 지키게 하였다.

439) 의자가 군사를 일으켜 신라의 성을 마흔 곳 넘게 정벌하였다[義慈興兵伐新羅四十餘城]: 의자왕은 즉위하자 당나라와는 우호관계를 다지면서도 신라와는 치열한 공방을 벌였다. 《삼국사기》 "의자왕 2년(642)"조를 살펴보면, 가을 7월(양력 9월경), 왕이 직접 군사를 이끌고 신라를 침공하여 미후성 등 마흔 곳이 넘는 성을 함락시킨다. 그리고 다음 달인 "8월"조에는 장군 윤충을 파견하여 군사 1만을 이끌고 신라의 대야성(大耶城, 지금의 합천읍내)을 공격한다. 이때 성주 김품석이 처자식과 함께 성을 나와 항복했으나 윤충은 그들을 모두 죽이고 그 머리를 베어 백제로 보낸다. 그리고 1천 명이 넘는 남녀를 사로잡아 백제의 서쪽 주·현으로 소개시켜 살게 하고 대야성에는 백제군을 주둔시켜 지키게 한다. 역사적으로 대야성은 신라가 백제로 진출하거나 백제에 맞서는 데에 중요한 전략적 요충지였다. 게다가 그 성을 지키는 성주는 같은 김씨이자 조정의 유력 인물인 김춘추의 딸 고타소(古陁炤)와 혼인한 김품석(金品釋, ? ~ 642)이었다. 그런데 백제 장수 윤충이 무모하게도 김춘추의 딸과 사위·손주들을 모조리 참살하고, 비보를 접한 김춘추와 김법민은 그 사건을 계기로 결국 백제 토멸의 각오를 다진다. 인터넷 〈국편위판〉 주184에서는 신라의 백제 멸망 결심이 "大耶城 함락" 때문이라고 보았다. 그러나 그보다 결정적인 원인은 윤충이 저항 없이 항복한 김춘추의 사위 김품석과 그 일가를 몰살시키고, 그 머리까지 백제로 보내 조리돌림으로 능욕한 일에서 찾아야 옳다. 이 같은 정황은 《삼국사기》 "태종 무열왕 7년 7월 13일(양력 660년 8월 24일)"조의 기사만 봐도 쉽게 눈치챌 수 있다. "의자왕의 아들 [부여]

○ 十六年, 義慈興兵伐新羅四十餘城. 又發兵以守之.

• 026

[의자는] 고려와 화친을 맺고 사이좋게 내왕하면서 [고구려와] 함께 모의하더니 당항성440)을 장악함으로써 신라가 [당나라로] 입조하는 길을 끊으려

융이 대좌평 천복 등과 함께 [성을] 나와 항복하였다. [그러자] 법민은 융을 말 앞에 꿇어앉히고 얼굴에 침을 뱉더니 욕을 퍼부었다. '예전에 네 아비가 내 누이를 억울하게 죽인 것으로도 모자라 시신을 [좋은 자리에 제대로 장례 지내 주지도 않고 아무렇게나] 감옥 안에 묻어 버렸지! [그 일이] 나를 스무 해 동안이나 괴로워 머리가 다 아프게 만들더니 이제는 네놈 목숨이 내 손에 달려 있구나!(義慈子隆與大佐平千福等出降, 法敏跪隆於馬前, 唾面罵曰, 向者, 汝父枉殺我妹, 埋之獄中. 使我二十年間, 痛心疾首, 今日汝命在吾手中)" 이를 통하여 백제인들의 김품석 일족 참살과 사후 모독에 신라인들이 얼마나 절치부심했는지 알 수 있다. 자신의 딸과 사위·손주들을 잃은 김춘추는 결국 이 사건을 계기로 백제 토멸을 목표로 고구려로 향한다.

440) 당항성(黨項城): 신라의 성 이름. 국내 학계에서는 "現在의 京畿道 華城郡 南陽(灣) 부근"으로 비정하고 있으나 확실한 것은 아니다. 청대의 연혁지《독사방여기요》·《대청일통지》에서는 "당항성은 전주 동북방에 있었다(黨項城, 在全州東北)"고 했으나 당시의 정황상 좌표가 너무 동떨어져 있다. 인터넷〈국편위판〉주185 및〈동북아판4〉주27(제140쪽)에서는 "百濟와 高句麗가 和親을 맺고 黨項城을 탈취한 것은 貞觀 16년의 일로 해석되나,《三國史記》에는 義慈王 3년 冬11月의 일"이라고 하였다. 두 역주서에서는 정관 16년(642)에 백제·고구려 연합군이 당항성을 탈취했다는 기사를 기정사실로 보아《삼국사기》에서 "의자왕 3년(643) 겨울 11월"의 일로 혼동했다고 보았으나 원문 오독으로 빚어진 착오이다. ① 백제·고구려의 화친 및 내왕까지는 실제로 발생한 역사적 사실이다. 그러나 ② 당항성 탈취는 공격하는 단계에서 그쳤다. 그 증거는 원문의 "謀[欲取(黨項城)以絶(新羅入朝之路)]"에 있다. 해당 부분을 문법에 맞추어 풀면 "[당항성을 취함으로써 신라가 입조할 길을 끊는 일]을 모의하였다"가 되기 때문이다. 실제로《삼국사기》"의자왕 3년"조에도 이렇게 기술되어 있다. "[겨울 11월] 왕이 고구려와 화친을 맺었는데 신라의 당항성을 취함으로써 [신라가 당나라에] 입조하는 길을 막으려고 모의하였다. 드디어 군사를 내어 그 성을 공격했으나 신라왕 덕만이 사신을 보내 당나라에 구원을 요청하매 [의자]왕이 그 소식을 듣고 공략을 멈추었다." 그렇다면 ③ 두 나라의 당항성 공략은 최초의 모의가 있었던 642년보다 늦게 이

하였다.

○ 與高麗和親通好, 謀欲取黨項城以絶新羅入朝之路.

• 027

[이에 당나라에] 신라가 사신을 파견하여 급박한 상황을 알리고[441] 구해 줄 것을 요청하였다. [그러자] 태종은 사농승[442]이던 상리현장[443]을 파견하여 조서를 지니고 가서[444] 두 나라 왕에게 일러 깨우치고 [그들이 맞을 장

루어졌으며, ④ 그조차 신라가 당나라에 급보를 알리면서 미처 함락시키지 못한 상태에서 중단된 셈이다.

441) 신라가 사신을 파견하고 급박한 상황을 알리고[遣使告急]: 이와 관련하여 《고운선생문집(孤雲先生文集)》에 수록된 최치원의 〈유당신라국고량조국사교익대랑혜화상백월보광지탑비명(有唐新羅國故兩朝國師敎謚大朗慧和尙白月葆光之塔碑銘)〉에는 이렇게 소개되어 있다. "예전에 무열대왕이 을찬(이찬)으로 계실 때 예맥(고구려)을 토멸하고자 원군을 요청할 생각으로 진덕여왕의 명령을 지니고 소릉황제(태종)를 알현하고 '[중국의] 역법을 따르고 [신라의] 관복과 제도를 바꾸겠다'는 뜻을 밝혔다. 그러자 천자는 가상하게 여겨 허락하고 궁정에서 화려한 복장을 하사하는 한편 '특진' 벼슬을 내렸다.(昔武烈大王爲乙粲時, 爲屠獩貊乞師計, 將眞德女君命, 陛覲昭陵皇帝陳, 願奉正朔, 易服章. 天子嘉許, 庭賜華裝, 受位特進)" 이와 관련하여 《삼국사기》〈최치원전〉에서는 "나중에 고구려·백제가 전처럼 못된 일을 벌이자 무열왕은 [당나라에] 입조하여 길잡이가 되기를 자청하였다"고 하였다.
442) 사농승(司農丞): 중국 고대의 관직명. 그 지위는 사농경·사농소경(司農少卿) 다음으로, 품계는 7품이었다. 자세한 소개는 《자치통감》의 해당 주석을 참조하기 바란다.
443) 상리현장(相里玄奬): 당대 초기의 정치가. 위주(魏州) 관저(冠氏) 사람으로, '상리'는 성이다. 사농승으로 있던 정관 17년에 고구려에 사신으로 파견되었으며, 나중에는 전중승(殿中丞)을 거쳐 벼슬이 체주자사(棣州刺史)에 이르렀다.
444) 조서를 지니고 가서[齎書]: 《문관사림(文館詞林)》 권664에는 당시에 태종 이세민이 백제왕에게 내린 〈정관년중 무위백제왕조(貞觀年中撫慰百濟王詔)〉와 신라왕에게 내린 〈정관년중 무위신라왕조(貞觀年中撫慰新羅王詔)〉가 수록되어 있다.

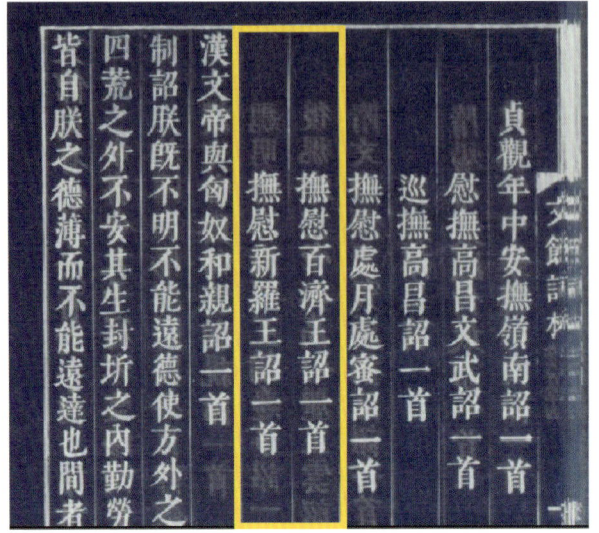

《문관사림》에 소개된 당 태종 명의의 조서. 일본 국립공문서관 소장본에는 제목만 소개되어 있으나 제목으로 유추해 볼 때 두 조서는 고구려의 방해로 당나라 조공이 불발된 뒤에 작성된 것으로 보인다.

래의] 불행과 행복의 이치로 경고하였다.[445)]

○ 新羅遣使告急請救。太宗遣司農丞相里玄奬齎書告諭兩蕃, 示以禍福。

• 028

[그런데] 태종이 고려를 직접 정벌할 때에 이르러서는 백제가 두 마음을 품고 그 틈을 타서 신라의 성 열 곳을 습격하여 [신라군을] 격파하였다.

---

445) 태종이 고려를 직접 정벌할 때에 이르러서는[及太宗親征高麗]: 이세민이 상리현장을 파견하여 신라 공략을 중단할 것을 요구했으나 고구려가 그 말을 듣지 않고 계속 분쟁을 일으키자 직접 정벌에 나선 일을 가리킨다. 중국 정사 쪽에는 관련 사실이 언급되어 있지 않다. 그러나 《삼국사기》 "보장왕 3년(644) 11월"조에는 이세민이 보장왕에게 보낸 국서가 소개되어 있다. 결국 이듬해인 정관 19년(645) 4월 당나라군이 요수로 진군하면서 고구려와의 전쟁이 시작된다.

[이어서 정관] 이십이년에도 다시 그 나라의 열 곳 넘는 성을 격파하면서[446] 몇 해 동안은 [백제에서] 입조하고 공물을 바치는 사신이 결국 끊어지고 말았다.[447]

○ 及太宗親征高麗, 百濟懷二, 乘虛襲破新羅十城。二十二年, 又破其十餘城. 數年之中, 朝貢遂絶。

•029

고종이 [태종의] 제위를 계승하고 영휘[448] 이년에 비로소 다시 사신을 파견하여 [중국에] 입조하고 공물을 바치기 시작하였다. 사신이 [본국으로] 귀환할 때 [고종은] 새서를 내려 [부여]의자에게 일렀다.[449]

---

446) 다시 그 나라의 열 곳 넘는 성을 격파하매[又破其十餘城]:《자치통감》"정관 22년(648)"조 및《책부원구》〈외신부·교침(交侵)〉에서는 이렇게 기술하였다. "[9월] 기축일(양력 10월 3일)에 신라가 백제의 공격으로 그 나라 13개 성이 격파되었다는 글을 올렸다." 이와 관련하여《삼국사기》"진덕왕 2년(648)"조에는 "3월에 … 백제 장군인 의직이 [신라] 서쪽 변경을 침공하여 요거 등 10곳이 넘는 성을 함락시켰다",〈백제본기〉"의자왕 8년(648)"에는 "봄, 3월에 의직이 신라 서쪽 변경을 기습해 요거 등 10곳이 넘는 성을 장악하였다"고 기술되어 있다.《삼국사기》에는 그 시점·공격자·함락지가 구체적으로 소개되어 있는 셈이다. 정관 22년 3월에 백제 장수 의직이 신라의 성 13곳을 점령했다는 뜻이다. 이로써 백제가 공략한 지역이 신라의 서쪽 지경이며, 요거성은 그중 하나였음을 알 수 있다.

447) 몇 해 동안은 조공이 결국 끊어지고 말았다[數年之中, 朝貢遂絶]: 북송대 연혁지《태평환우기(太平寰宇記)》〈사이부(四夷部)·동이1〉"백제"조에는 이 부분이 이렇게 기술되어 있다. "태종이 막 고려 정벌에 나서자 백제가 두 마음을 품더니 몇 년 사이에 조공이 결국 끊어졌다.(太宗新征高麗, 百濟懷二, 數年之間, 朝貢遂絶)"

448) 영휘(永徽): 당나라 고종 이치(李治)가 650~655년까지 6년 동안 사용한 첫 번째 연호. "영휘 2년(651)"은 백제 기년으로는 의자왕 10년에 해당한다.

449) 새서를 내려 의자에게 일렀다[降璽書與義慈曰]: 여기에는 고종 이치가 내린 새서의 주요 부분만 발췌해 놓았으나《삼국사기》〈백제본기〉"의자왕 11년"조에는 이보다 훨씬 상세하게 소개되어 있다. 여기에 번역된 국서 내용에서 '말 줄임표[…]'로 표시된 부분은《삼국사기》에 소개된 새서에서 확인하기 바란다.

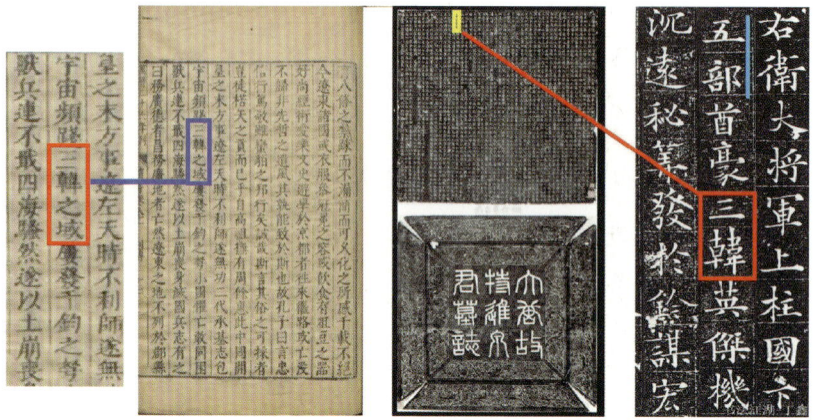

'삼한'의 좌표에 대한 기존의 고증은 재고되어야 할 것인가? 수·당대에는 '삼한(三韓)'을 '5부'와 함께 고구려의 강역을 일컫는 말로 사용한 사례를 수시로 찾아볼 수 있다.

○ 高宗嗣位, 永徽二年, 始又遣使朝貢。使還, 降璽書與義慈曰,

• 030

"[우리] 바다 동쪽의 세 나라의 경우로 말하자면, 그 왕업을 연 지가 유구한 데다가 강역과 경계가 나란히 연결되어 그 지경이 참으로 [지그재그 맞닿아 있는] 개의 이빨을 닮았소.

○ "至如海東三國, 開基自久, 並列疆界, 地實犬牙。

• 031

[그러나] 근래에 이르러 결국 원한과 틈이 생기면서 전쟁이 번갈아 일어나매 거의 편안한 해가 없을 지경이었소. 급기야 삼한450)의 백성들로

---

450) 삼한(三韓): 원래는 고구려·백제·신라에 앞서 존재했던 고대 국가인 마한·진한·변한을 아울러 부르는 이름이지만 여기서는 '삼국'을 일컫는 표현으로 사용되

하여금 목숨이 칼과 도마 위에 놓이게 만드는가 하면, 창을 찾아 분노를 풀고자 하는 일이 아침저녁으로 서로 잇따르는구려. 짐은 하늘을 대신하여 만물을 다스리는 몸이기에 [그 일을] 깊이 안타깝고 딱하게 여기는 바이오.

○ 近代已來, 遂構嫌隙, 戰爭交起, 略無寧歲。遂令三韓之氓, 命懸刀俎, 尋戈肆憤, 朝夕相仍。朕代天理物, 載深矜愍。

• 032

지난해에[451] 왕 및 고려·신라 등의 나라의 사신이 나란히 [중국에] 와서 입조했을 때에 짐은 '그 같은 원한을 풀고 [서로가] 다시금 우호를 돈독하게 다지라'고 일렀었소. [그러자] 신라의 사신 김법민[452]은 국서를 바치고 이렇게 말했소.

○ 去歲, 王及高麗·新羅等使並來入朝。朕命釋茲讎怨, 更敦款穆。新

었다. 1921년에 중국 낙양시에서 발견된 천남생 등 고구려 유민들의 묘지명에는 '삼한'이 고구려 강역을 뜻하는 또 다른 표현으로 사용되고 있어서 이목을 끈다.

451) 지난해에[去歲]: 영휘 원년(650)을 말한다. '거세(去歲)'를 〈동북아판4〉(제140쪽)에서는 "지난날", 인터넷 〈국편위판〉에서는 "지난해"로 각각 번역하였다. 글자 그대로 풀면 '지나간 해'라는 뜻이므로, 그 시점을 '작년(last year)'으로 한정해야 옳다. "고구려·신라 등의 나라의 사신이 나란히 입조했다"고 한 것을 보면 세 나라가 의례적인 신년 하례를 목적으로 당나라에 사신을 보낸 것으로 보인다. 다른 기사에서도 마찬가지이지만, 여기서의 "나란히[並]"는 고구려와 신라의 사신이 같은 날이 아니라 시차를 두고 차례로 입조했다는 뜻으로도 해석이 가능하므로 각별히 유념할 필요가 있다.

452) 김법민(金法敏, 626~681): 나중의 제30대 국왕 문무왕(文武王)의 이름. 당나라 군과 함께 백제와의 전쟁에 이어 백제 부흥군을 평정하고 고구려와의 전쟁에도 참여함으로써 삼한 통일을 이룩하였다. 나중에는 당나라가 신라까지 넘보자 옛 백제·고구려 유민들과 합세하여 그 세력을 완전히 축출하는 데에 성공하였다.

문무왕 비석 (경주국립박물관 소장)

羅使金法敏奏書,

• 033

'고려와 백제는 입술과 이처럼 서로 의지하면서 앞다투어 군사를 일으켜 침범과 압박을 번갈아 자행하고 있습니다. [그리하여 신라의] 큰 성과 중요한 [군사]거점들이 모조리 백제에 병합되니[453] 강역은 날로 쪼그라들고 위엄과 국력도 나란히 시들고 있나이다.

○ "高麗・百濟, 脣齒相依, 競擧兵戈, 侵逼交至。大城重鎭, 並爲百濟所倂, 疆宇日蹙, 威力並謝。

---

453) 큰 성과 중요한 거점들이 모조리 백제에 병합되매[大城重鎭竝爲百濟所倂]: 이 부분의 경우, 여기에 소개된 것만 따져 보더라도, 정관 16년(642)에 의자왕이 신라의 40곳이 넘는 성을 침공한 일, 태종이 고구려를 침공할 때 신라의 성 10곳을 격파한 일, 정관 22년(648)에 다시 10곳이 넘는 신라의 성을 격파한 일 등이 소개되었다. 탈환 여부는 논외로 치더라도, 정관 16년으로부터 영휘 2년(651)까지 10년 사이에 거의 60곳이나 되는 신라의 성이 백제로 넘어간 셈이다.

• 034

모쪼록 백제에 조서를 내리사 침범한 성들을 모두 돌려주도록 이르시기를 간청하나이다. 만약 [저들이 황제의] 명령을 받들지 않는다면 즉시 스스로 군사를 일으켜 공격하고 탈환하되 옛 땅만 되찾으면 즉시 [다시] 내왕하며 사이좋게 지낼 것을 요청하겠나이다!'

○ 乞詔百濟, 令歸所侵之城。若不奉詔, 卽自興兵打取. 但得故地, 卽請交和."

• 035

짐으로서는 그 말이 [이치에] 맞기에 윤허하지 않을 수가 없었소. 옛날에 제나라의 환공454)은 제후455)에게 땅을 쪼개어 주고 [심지어] 망해 가는 나라까지 살아남게 해 주었소.456) 하물며 짐은 만국의

제나라 환공 초상

---

454) 제나라의 환공[齊桓公]: 중국 춘추시대 제(齊)나라의 군주였던 강소백(姜小白, ?~BC643)을 말한다. 형 양공(襄公)이 죽음을 당하자 거(莒, 산동성 거현)에서 귀환하여 정권을 장악하였다. 군주로 즉위한 뒤에는 신임하던 포숙아(鮑叔牙)와 동생의 책사 관중(管仲)을 재상으로 중용하여 부국강병을 도모하였다. 대외적으로는 '존왕양이(尊王攘夷)'를 표방하고 주나라 천자를 섬기면서 북방민족들을 격퇴하는 한편, 맹주의 자격으로 여러 차례 제후들을 소집해 맹약을 맺으면서 춘추시대의 첫 번째 패권자가 되었다. 여기서는 이세민이 자신을 환공에 빗대어 한 말이다.

455) 제후(諸侯): 고대 중국에서 '후(侯)'는 중앙 정부(조정)로부터 특정한 지역을 하사받고 해당 지역을 위임통치하는 지방 영주를 말한다.

456) 제나라 환공은 제후에게 땅을 쪼개어 주고[齊桓列土諸侯]: 이 부분에 대한 해석을 놓고 인터넷 〈국편위판〉 주192에서는 "'옛날에 齊桓公은 오히려 諸侯에게 땅을 주어가며 …'라고 할 수 있으며, '옛날에 齊桓公은 諸侯의 자리에 있었으나 오히려 …'라고도 해석할 수 있다. 여기서의 해석은 前後文脈과 연결지어 보면 候者

당 태종의 능 소릉(昭陵)의 위귀비묘(韋貴妃墓) 벽면에 그려진 당나라 근위병들의 모습. 당대 초기의 다양한 갑옷들을 엿볼 수 있다. (중국 석안원씨물어(夕顏源氏物語) 블로그)

주인이거늘 어찌 위태로운 번신의 나라를 딱하게 여기지 않을 수가 있겠소?

○ 朕以其言旣順, 不可不許。昔齊桓列土諸侯, 尙存亡國。況朕萬國之主, 豈可不卹危藩。

• 036

왕은 합병한 신라의 성들을 일률적으로 그 본국에 반환함이 마땅하오. 신라가 사로잡은 백제의 포로들 역시 귀환시켜야 옳을 것이오. 그렇게

가 더 타당할 것 같다"면서 후자가 맞다고 보았다. 그러나 '열토(列土)'의 '열'은 '늘어놓다(arrange)'의 뜻이 아니라 '쪼개다(split)'의 뜻을 나타내는 동사 '열(裂)'의 의미로 사용되었다. 그러므로 다음 구절과 병렬 구조를 이루면서 "제나라 환공은 제후들에게 땅을 쪼개어 주는가 하면 심지어 망하는 나라조차 살아남게 해 주었다" 식으로 번역해야 옳다.

하고 나면 시름을 풀고 다툼을 멈추어 창을 감추고 무기를 내려놓음으로써 백성들은 전쟁에서 벗어나고자 하는 소망을 이루어 세 번국에서 전쟁의 수고로움이 사라지게 될 것이오.

○ 王所兼新羅之城, 並宜還其本國。新羅所獲百濟俘虜, 亦遣還王。然後解患釋紛, 韜戈偃革, 百姓獲息肩之願, 三蕃無戰爭之勞。

• 037

변방에서 피를 흘리고 전장에 시체가 쌓이는 일이나 농사와 실잣기가 나란히 중단되고 성인 남녀457)가 생계가 막막해지는 일을 예로 들어 봅시다. [그런 경우들과] 어찌 같다고 말할 수가 있겠소?

○ 比夫流血邊亭, 積屍疆場, 耕織並廢, 士女無聊, 豈可同年而語矣。

• 038

왕이 만약 [짐의 충고를] 따라서 진퇴를 결정하지 않는다면 짐은 [김]법민이 요청한 대로458) 그가 [그대 백제]왕과 결전을 벌이도록 내버려둘 것이오.459)

---

457) 성인 남녀[士女]: 인터넷 〈국편위판〉 및 〈동북아판4〉(제142쪽) 모두 "士女"로 그대로 옮겨 놓았다. 그러나 고대 한문에서 '사녀(士女)'는 일반적으로 '성인 남녀'를 가리키는 표현으로 사용되었다.

458) 법민이 요청한 대로[依法敏所請]: 앞서 사신으로 파견된 김법민이 '황제의 중재가 성사되지 않는다면 나라의 명운을 걸고 백제와 죽든지 살든지 결단을 내겠다'고 맹세한 일을 가리킨다.

459) 그가 왕과 결전을 벌이도록 내버려둘 것이오[任其與王決戰]: 이와 관련하여《신당서》〈일본전〉에는 이렇게 기술되어 있다. "영휘 연간 초기, … 당시 신라가 고구려와 백제에게 시달리자 고종은 새서를 내려 [일본이] 군사를 내어 신라를 지원하도록 일렀다.(永徽初, … 時新羅爲高麗百濟所暴, 高宗賜璽書, 令出兵援新羅)" 또,《당회요(唐會要)》"와국(倭國)"조에는 이렇게 소개되어 있다. "영휘 5년

○ 王若不從進止, 朕已依法敏所請, 任其與王決戰。

• 039

[짐은] 마찬가지로 고려를 만류하여⁴⁶⁰⁾ [그들이] 멀리서 곤경에 처한 백제를 구원하는 것을 용납하지 않을 것이오. 고려가 만약 [그래도 짐의] 명령을 받들지 않는다면 즉시 거란의 부족들에게 명령하여 요택을 건너 [고구려로] 쳐들어가서⁴⁶¹⁾ 노략질을 벌이게 할 것이오. [그러니] 왕은 부디 짐의 말을 깊이 심사숙고하여 스스로 많은 행복을 모색하고 좋은 방책을 도모함으로써 뒤늦게 뉘우치는 어리석음을 남기는 일이 없도록 하는 것이 좋겠소."

○ 亦令約束高麗, 不許遠相救恤。高麗若不承命, 卽令契丹諸蕃渡遼澤入抄掠。王可深思朕言, 自求多福, 審圖良策, 無貽後悔。

12월, … 이어서 이르기를, '왕의 나라는 신라와 가깝게 접해 있소. 신라가 평소 고구려·백제의 침공을 받고 있으니 만약 위급한 사태가 발생하면 왕이 군사를 보내 그 나라를 구해 줌이 옳소.'(永徽五年十二月, … 仍云, '王國與新羅接近. 新羅素爲高麗百濟所侵. 若有危急, 王宜遣兵救之.')" 이로써 고종 이치가 영휘 5년(654) 12월에 신라를 지원하라는 국서를 왜국(일본)에 보냈음을 알 수 있다.

460) 고려를 만류하여[約束高麗]: 이 부분을 인터넷 〈국편위판〉에서는 "고려와 약속하여", 〈동북아판4〉(제142쪽)에서는 "고려에 약속하도록 해서"로 번역했으나 오역이다. '약속(約束)'의 경우, 한자는 같지만 그 의미·용법은 지금과 크게 다르다. '방임(放任)'의 반대말로, '제약하고 구속하다(restrain and fetter)'라는 뜻을 나타내기 때문이다. "약속고려"를 돌출 행동을 하거나 백제를 비호하지 못하도록 '고구려[의 손발]을 묶는다'는 뜻으로 해석해야 한다는 뜻이다. '약속'이 '장담하다(promise)' 또는 '동의하다(agree)' 식으로 사용된 것은 일본식 한자어의 영향을 강하게 받는 근대부터이다.

461) 요택을 건너[渡遼澤]: 이 부분의 존재는 곧 7세기 중기에 요택(遼澤)이 고구려의 서쪽 지경과 거란의 동쪽 지경 사이에 자리잡고 있었음을 확인시켜 주는 결정적인 단서이다. 중국 사서의 요택 관련 기록들과 그 좌표에 관해서는 이 책의 〈서문〉을 참조하기 바란다.

《당회요》의 와국(倭國)조 기사. 영휘 5년(654)에 와국 사신이 특산물을 지니고 조공을 오자 당 고종 이치는 그 사신을 통하여 천황에게 신라가 백제와 고구려의 침공을 받으면 군사를 보내어 신라를 지원하라고 당부한 일이 기술되어 있다.

•040

[영휘] 육년[462]에 신라의 왕 김춘추가 이때에도 표를 올리고 '백제가 고려·말갈과 함께 그 나라의 북쪽 지경을 침공하여 벌써 서른 곳이 넘는 성이 함락되었다[463]'고 주장하였다.[464]

---

462) 육년(六年): 고종의 영휘 6년(655)을 가리킨다. 백제 기년으로는 의자왕 15년에 해당한다. 김춘추가 표를 올린 연도를 〈동북아판4〉(제142쪽)에서는 "[정관] 6년(655)"으로 소개했으나 잘못된 소개이다. '정관(貞觀)'은 태종 이세민이 재위할 때에 사용한 연호이며, "정관 6년"은 서기로는 632년에 해당하기 때문이다.

463) 북쪽 지경을 침공하여 벌써 서른 곳이 넘는 성이 함락되었다[侵其北界, 已沒三十餘城]: 이 대목을 통하여 정관 6년(655)에 백제·고구려·말갈의 대공세로 신라가 북쪽 지경의 성을 30곳 이상 빼앗겼음을 알 수 있다. 이때의 함락 규모가 ①《구당서》의 〈백제전〉과 〈신라전〉에는 "30곳이 넘는 성", ②《신당서》의 〈백제전〉과

○ 六年, 新羅王金春秋又表稱百濟與高麗·靺鞨侵其北界, 已沒三十餘城。

• 041
[*⁴⁶⁵⁾] 현경⁴⁶⁶⁾ 오년에 [고종은] 좌위대장군⁴⁶⁷⁾ 소정방에게 명령하여 군사를 통솔해서 백제를 토벌하게 하였다. [*⁴⁶⁸⁾]

〈신라전〉에는 "30곳의 성(三十城)", ③《자치통감》"영휘 6년"조 및《책부원구》〈외신부·교침〉《삼국사기》"태종무열왕 2년"조〉에는 "그 나라 북쪽 지경을 침공하여 벌써 33곳의 성을 취했다고 하였다(侵其北境, 已奪三十三城)"고 각각 소개되어 있다.《구당서》의 "30곳 이상"이 곧 33곳임을 확인할 수 있는 셈이다.

464) 주장하였다[稱]: '칭(稱)'은 고대 한문에서 '일컫다(term)'의 의미를 나타내지만 때로는 사실 여부와는 상관없이 어느 한쪽이 객관적으로 검증되지 않은 사실을 일방적으로 '주장하다(insist)'라는 의미의 동사로 사용되기도 한다. 여기서도 그런 어감을 내포한다는 점에 유념할 필요가 있다.

465) *:《당회요》권95의 "신라"조에는 이 자리에 다음 내용이 소개되어 있다. "현경 원년(656) 3월, [신라에서] '다시 백제군을 무찔렀다'고 사신을 파견해 [당나라로] 와서 고하였다.(顯慶元年三月. 又破百濟兵, 遣使來告)"《책부원구》도 마찬가지이다. 〈외신부·교침〉"현경 원년 3월"조에 이렇게 기술되어 있다. "이에 앞서, 백제는 군사를 내어 신라를 정벌하였다. 신라가 맞서 싸워 무찌르고 3,000명이 넘게 죽였다. 이때에 이르러 신라왕 김춘추가 사신을 파견하여 와서 이긴 사실을 알렸다.(先是, 百濟發兵伐新羅. 新羅拒戰, 破之, 殺三千餘人. 至是, 新羅王金春秋遣使, 來告捷)"

466) 현경(顯慶): 당나라 고종 이치가 656~661년까지 6년 동안 사용한 2번째 연호. "현경 5년"은 서기 660년이며, 백제 기년으로는 의자왕 20년에 해당한다. 이 연호는 제4대 황제인 중종(中宗) 이현(李顯, 656~710)의 이름을 피하여 '명경(明慶)'으로 불리기도 하였다.

467) 좌위대장군(左衛大將軍): 중국 수·당대의 관직명. 황궁의 경비를 관장하는 한편 섭장위(攝仗衛)를 감독했으며, 품계는 정3품이다. 자세한 소개는《자치통감》의 해당 주석(제534쪽)을 참조하기 바란다.

468) *: 국내 사서인《삼국사기》"태종무열왕 7년(660)"조에는 "가을 7월 9일(양력 8월 20일)에 김유신 등이 황산의 들판까지 진군하니 백제 장군 계백이 군사를 거느리고 와서 먼저 험한 곳을 거점으로 삼아 진을 세 군데에 친 채 기다리고 있었

○ 顯慶五年, 命左衛大將軍蘇定方統兵討之。

• 042
[이에 소정방은] 그 나라를 크게 파괴하고469) [부여]의자 및 태자 [부여]융·소왕470) [부여]효·연·가짜 장수471) 쉬흔여덟 명 등을 사로잡아 [당나라] 도성으로 압송하였다.472)
[그러자] 주상은 그들을 꾸짖고 나서 [그 죄를] 용서해 주었다.

○ 大破其國, 虜義慈及太子隆·小王孝演·僞將五十八人等送於京師。上責而宥之。

다"로 시작하여 그 유명한 황산벌 전투의 시말이 소상하게 소개되어 있다.
469) 그 나라를 크게 파괴하고[大破其國]: 당시의 상황은《삼국사기》의〈백제본기〉"의자왕 20년"조 및〈신라본기〉"태종무열왕 7년"조에 소상하게 기술되어 있다. 여기서 '나라 국(國)'은 그 전후 맥락을 따져 볼 때 '나라'의 의미와 함께 도읍, 즉 '국성(國城)'의 의미로도 해석이 가능해 보인다.
470) 소왕(小王): 글자 그대로 풀면 '작은 왕'이라는 뜻이 된다. 잘못 쓴 표현이 아니라면 당시 국왕이던 의자왕과 상대적인 개념으로 사용된 것으로 보인다. 이 대목에서는 부여효와 부여연을 '소왕'으로 소개했는데, 그 위상은 태자보다 높았을 것이다.《신당서》〈백제전〉에서 "[소]정방이 그 성을 포위하자 [의자왕의] 둘째아들 [부여]태가 스스로를 왕으로 세웠다(定方圍之, 次子泰自立爲王)"고 한 것이 그 증거이다.
471) 가짜 장수[僞將]: '위장(僞將)'은 백제가 당나라의 추인을 받지 않고 임의로 임명한 장군을 가리킨다. 중국에서는 전통적으로 그 정통성을 자국으로부터 인정받지 못한 적국의 통치자나 장수들에게는 그 관직이나 작호 앞에 '거짓 위(僞)-'를 붙여 격하하곤 하였다. 백제는 당시에 엄연한 주권국가로 무신들에 대한 임명권을 가지고 있었고 당나라도 이를 묵인하는 것이 관례였다. 그러나 양국이 적대관계로 치달으면서 백제의 정통성을 폄훼하기 위하여 당나라로부터 정식으로 임명되지 않은 점을 부각시켜 '거짓 장수[위장]'라고 일컬은 것이다.
472) 도성으로 압송하였다[送於京師]: 소정방이 당나라 장안으로 압송한 백제인들의 성격과 인원은 사서마다 조금씩 편차를 보인다. 자세한 내용은《자치통감》의 "백제의 포로를 인계받았으나" 주석(제631쪽)을 참조하기 바란다.

《흠정 전당문》에 소개된 태종 이세민의 〈백제왕[부여] 의자에게 주는 새서[與百濟王義慈璽書]〉. 세상을 떠난 무왕(부여장)에게 광록대부를 추증하고 그 아들 의자가 왕위를 잇는 것을 허락한다는 내용으로 구성되어 있다.

•043

그 나라는 [패망하기 전] 예전에 다섯 부473)로 나뉘어져 있었으며, 군은 서른일곱 개, 성은 이백 곳474), 민호는 칠십육만 호였다.475)

○ 其國舊分爲五部, 統郡三十七, 城二百, 戶七十六萬。

---

473) 다섯 부[五部]: 백제의 지방 행정단위인 '5방(五方)'을 가리킨다. 만약 이 이름을 중앙 정부(수도)의 행정 관서로서의 '5부(五部)'로 해석하면 이 문장 자체가 성립되지 않는다.

474) 성은 이백 곳[城二百]: 이 숫자가 의자왕이 즉위한 뒤로 신라로부터 빼앗았다는 60곳 넘는 성들까지 포함한 것인지 제외한 것인지는 분명하지 않다.

475) 민호는 칠십육만 호[戶七十六萬]: 인터넷 〈국편위판〉 주198에서는 "戶當 약 8名"으로 추정하였다. 그렇게 되면 백제의 인구는 '76 × 8 = 608만 명' 정도였던 것이 된다. 참고로, 《당평백제국비명(唐平百濟國碑銘)》에는 "민호가 24만 호, 인구는 620만이었다(戶二十四萬, 人口六百二十萬)"고 소개되어 있다. 620만을 24만으로 나누면 세대마다 평균 25명이 되므로 민호 수에 문제가 있는 것이 분명하다 그러나 총 인구수 620만은 이 《구당서》의 계산과 얼추 맞아 떨어진다. 국내 사서인 《삼국유사》 "변한·백제(卞韓·百濟)"조에서는 "백제의 전성기에는 [인구가] 15만 2,300호였다(百濟全盛之時, 十五萬二千三百戶)"고 했는데 그 근거는 알 길이 없다.

• 044

[그러나 패망한] 이때[476])에 이르러 비로소 그 땅을 나누어 웅진·마한·동명 등 다섯 개의 도독부[477])를 설치하고 [이 도독부들이] 각자 [관할] 주·현들을 통솔하게 하였다.

○ 至是, 乃以其地分置熊津·馬韓·東明等五都督府, 各統州縣。

• 045

[그리고] 그 나라의 추장들을 세워 도독·자사[478]) 및 현령으로 삼았다. [이어서] 우위[479]) 낭장[480]) 왕문도를[481]) 웅진도독으로 임명하여 군사를

---

476) 이때[是]: 백제가 패망한 해(660년)를 가리킨다. 이와 관련하여 《삼국사기》〈연표 하(年表下)〉에서는 "[재위] 20년, … 왕 의자가 항복하니 백제는 31왕 678년 만에 멸망하였다.(二十, … 王義慈降, 百濟三十一王六百七十八年而滅)",《삼국유사》〈왕력1(王曆一)〉에서도 "온조왕의 계묘년(BC18)으로부터 [의자왕의] 경신년까지 678년(自溫祚癸卯至庚申, 六百七十八年)"이라고 소개하였다.

477) 다섯 개의 도독부[五都督府]: 여기에는 웅진·마한·동명의 3개 도독부만 소개되어 있으나 《신당서》〈지리지〉에는 "그 땅에 웅진·마한·동명·금련·덕안의 다섯 도독부를 설치하였다(以其地置熊津馬韓東明金連德安五都督府)"고 소개되어 있다. 《자치통감》의 해당 주석(제630쪽)을 참조하기 바란다.

478) 자사(刺史): 중국 고대의 관직명. '자사(刺使)'로 적기도 한다. 한대에 무제가 전국을 13개 주(州)로 나누고 각기 한 명의 자사가 해당 지역의 행정을 감찰하게 하였다. 나중에는 명칭이 '주목(州牧)·태수(太守)' 등으로 바뀌었다가 되돌려지기를 반복하였다. 송대에는 조정의 문신이 '지주(知州)'로 파견되면서 자사는 무신에게 부여되는 일종의 명예직으로 변하였다.

479) 우위(右衛): 중국 고대의 군사 편제. 황제가 기거하는 궁궐의 경비를 서는 숙위(宿衛) 기구를 관장하였다. 서진대에 이르러 좌·우위로 분리되어 운영되었고 좌·우위장군을 두었다.

480) 낭장(郎將): 중국 고대의 관직명. 진(秦)나라 때 처음 설치되었으며, 숙위나 수레·말 등의 직무를 관장하였다.

481) 왕문도(王文度, ?~660): 당대 초기의 장수로, 태원(太原) 기현(祁縣) 사람이다. 정관 19년에 이세민이 고구려를 침공할 때 수군부도독(水軍副都督)에 배수되어

거느리고 그 나라[백성들]를 안정시키게 하였다. [＊482)]

○ 立其酋渠爲都督·刺史及縣令。命右衛郎將王文度爲熊津都督, 總兵以鎭之。

• 046

[한편 부여]의자는 효성으로 어버이를 섬기는 것으로 널리 알려져 있는 데다가 형제와도 우애가 각별하여 당시 사람들이 '해동의 증자·민자'483)라고 부를 정도였다.

평양도 행군대총관 장량(張亮)을 따라 해로로 종군하고, 고종의 영휘 6년에는 행군부총관으로 낙주자사(洛州刺史) 정명진(程名振)을 따라 비사성(卑沙城)을 공략하는 한편 백제군을 대파한 공으로 우무위장군(右武衛將軍)에 발탁되었다.《자치통감》의 해당 주석(제639쪽)을 참조하기 바란다.

482) ＊:《일본서기》의 "제명천황 6년"조 주석에 따르면, 고구려 승려 도현(道顯, 7세기)은《일본세기》에서 백제 멸망의 원인을 이렇게 진단하였다. "7월에, … 춘추공[春秋智]이 대장군 소정방의 도움을 얻어 백제를 협공하여 멸망시켰다. 어떤 이들은 '백제는 스스로 멸망한 셈이다. 그 나라 임금의 대부인(왕비)인 요망한 여인이 무도하여 국권을 농단하며 현명하고 어진 이들을 주살한 탓에 이 같은 불행을 부른 것이다. 삼가지 않을 수 있겠는가, 삼가지 않을 수 있겠는가?'라고 하였다.(七月, … 春秋智, 借大將軍蘇定方之手, 挾擊百濟亡之. 或曰, 百濟自亡, 由君大夫人妖女之無道, 擅奪國柄, 誅殺賢良故, 召斯禍矣. 可不愼歟. 可不愼歟.)"

483) 해동의 증자·민자[海東曾閔]: 증자(曾子)는 춘추시대 말기의 사상가인 증삼(曾參, BC505~BC436)을 말한다. 공자의 제자인 증삼은 효성이 극진하여 나중에 역대 왕조에서 '종성(宗聖)'으로 추앙되면서 신격화되었다. 민자(閔子)는 춘추시대의 사상가인 민손(閔損, BC536~BC487)을 말한다. 역시 공자의 제자이며 공자 문하의 '10명의 철인[十哲]'으로도 유명하다. 계모의 학대에도 효도를 다하여 공자가 "효성스럽구나 자건아! 남들이 그가 부모형제에 대해 하는 말에서 빌미를 잡지 못할 정도이니!(孝哉, 閔子騫, 人不間于其父母昆弟之言)"라고 칭찬할 정도였다. 이 일은《구당서》·《당회요》·《책부원구》·《흠정만주원류고》에도 소개되어 있으며,《신당서》〈백제전〉과《삼국사기》에는 "해동의 증자[海東曾子]"로 언급되었다. 당시 적국이던 당나라 사람들이 증삼·민손에 빗대며 극찬한 것을 보면 의자왕의 효성이 얼마나 극진했는지 짐작할 수 있다.

북송대 무명씨의 《공자 제자상 전권(孔子弟子像全卷)》에 그려진 증자와 민자의 초상 (북경고궁박물원 소장)

○ 義慈事親以孝行聞, 友于兄弟, 時人號海東曾·閔。

• 047

[그런데 당나라] 도성에 당도한 지 며칠 만에 죽고 말았다. [이에 황제가 그에게] 금자광록대부[484]·위위경[485]을 추증하고 그의 옛 신하들이 [빈소로] 가

---

484) 금자 광록대부(金紫光祿大夫): 중국 고대의 관직명.《당육전(唐六典)》에 따르면, "한대의 광록대부에서 비롯되었으며, 위·진대에 이르러 황금 인장과 자주색 인끈을 하사하는 경우를 '금자 광록대부'로 부르기 시작하였다. 진대에는 금자·[은제 인장과 푸른색 인끈을 하사하는]은청·좌·우의 네 관직이 나란히 설치되었다. … 진대 이후로는 모두 겸임직으로 단독으로 제수하는 경우는 드물었다.(本兩漢光祿大夫也, 至魏晉有加金章紫綬者, 則謂爲金紫光祿大夫. 晉則金紫銀靑左右四職幷置. … 自晉以後, 皆爲兼官, 少有正授)" 다만, 남제(南齊)에서는 금자 광록대부가 은청 광록대부보다 지위가 더 높았으나 북위에서는 금자 광록대부의 품계가 종1품하로 좌·우 광록대부보다 지위가 낮았다.
485) 위위경(衛尉卿): 중국 고대의 관직명. 정식 명칭은 '위위시 경(衛尉寺卿)'이다. 북제 때에 처음으로 위위시를 설치하고 경(卿)을 그 수장으로 삼았는데 수·당대까지 인습되었다.

서 애도하는 것을 특별히 허락해 주었다.486) [그리고 그 관을] 손호487)·진숙보488)의 묘 옆으로 운구하여 그를 안장해 주고489) 아울러 비석까지 세워 주었다.

○ 及至京, 數日而卒. 贈金紫光祿大夫·衛尉卿, 特許其舊臣赴哭. 送就孫晧·陳叔寶墓側葬之, 幷爲豎碑.

진(陳)나라 후주 숙보(叔寶)의 초상

---

486) 가서 애도하는 것을 특별히 허락해 주었다[特許赴哭]: '부곡(赴哭)'은 글자 그대로 풀면 '[빈소로] 달려가서 [애도의] 눈물을 흘리다' 정도의 뜻이다. 이로써 의자왕 등 나라를 잃고 만리 이역 땅까지 끌려온 백제의 왕족·귀족들이 한동안 가택에 연금된 채 지냈음을 짐작할 수 있다.

487) 손호(孫晧, 242~284): 삼국시대 오(吳)나라의 마지막 황제. 자는 원종(元宗)으로, 오군(吳郡) 부춘(富春) 사람이다. 잔혹하고 방탕한 성격으로 사치와 향락을 일삼으며 폭정을 일삼다가 오나라 천기(天紀) 4년(280)에 진나라 무제(武帝) 사마염(司馬炎)이 파견한 대장(大將) 왕준(王濬)이 파죽지세로 오나라를 공격하자 결국 항복하였다. 진나라로부터 귀명후(歸命侯)로 봉해져 낙양에서 살다가 북망산에 묻혔다.

488) 진숙보(陳叔寶, 553~604): 남조 진(陳)나라의 제5대이자 마지막 군주. 폭정과 향락으로 국운이 기울자 북조를 통일한 수나라 문제 양견(楊堅)이 대군을 동원하여 광릉(廣陵)·경구(京口)에 이어 도성인 건강(建康)까지 함락시키자 결국 항복하였다. 나라가 망한 뒤에는 수나라 도읍(장안)까지 끌려가 여생을 보내다가 북망산에 묻혔다.

489) 손호·진숙보의 묘 옆으로 운구하여 그를 안장해 주고[送就孫晧·陳叔寶墓側]: 손호와 진숙보는 사후에 낙양 북망산에 안장되었다. 따라서 이 구절을 통하여 의자왕 역시 같은 산에 안장되었음을 알 수 있다. 북망산은 지금의 하남성 낙양시 북쪽에 자리잡고 있는 해발 300m 정도의 낮은 황토 구릉지로, 역사적으로 '북망·망산·겹산(郟山)·평봉산(平逢山)·태평산(太平山)' 등으로 불렸다. 역대 제왕이나 명사들 중에 이곳에 묻힌 사람이 많았기 때문에 명당으로 여겨져 '살아서는 소주·항주에서 지내고 묻혀서는 북망에서 지낸다(生在蘇杭, 葬在北邙)"는 말이 유행할 정도였다.

• 048

[웅진도독이던 왕]문도는 바다를 건너가 있다가 [백제 땅에서] 죽었다.[490]

○ 文度濟海而卒。

• 049

백제의 승려인 도침[491]과 옛 장수 복신이 무리를 거느리고 주류성[492]을 거점으로 삼아[493] 반란을 일으켰다. [그러고는] 사신을 파견하여 왜국으로 가서 왕년의 왕자인 부여풍[494]을 맞이하고 [자신들의] 왕으로 옹립하였다. [이에] 그 나라의 서부와 북부[495]가 나란히 [그] 성들을 뒤엎고

---

490) 문도는 바다를 건너 가 있다가 죽었다[文度濟海而卒]: 이 부분을 〈동북아판4〉(제144쪽)에서는 "[왕]문도가 바다를 건너다가 죽었다"고 번역했으나 오역으로 사실이 아니다. 자세한 소개는 《자치통감》의 해당 주석을 참조하기 바란다.

491) 도침(道琛): 백제의 승려이자 부흥군의 지도자. 신채호는 도침이 중국 정사에 등장하는 백제왕족 부여자진(扶餘自進)인 것으로 보았다. 자세한 소개는 《자치통감》의 해당 주석(제640~641쪽)을 참조하기 바란다.

492) 주류성(周留城): 백제의 성 이름. 그 위치와 관련하여 인터넷 〈국편위판〉 주203에서는 ① 한산설(韓山邑, 쓰다 소키치, 이케우치 히로시), ② 부안설(전영래, 노도양), ③ 고부설(이마니시 류), ④ 부여(충화)설(가루베 지온) 등의 주장을 소개했으나 확실한 것은 아니다. 《일본서기》 "천지천황(天智天皇) 원년"조에는 '소류성(疏留城)'으로 소개되어 있다.

493) 주류성을 거점으로 삼아[據周留城]: 이 문제에 관해서는 《자치통감》의 해당 주석(제641쪽)을 참조하기 바란다.

494) 부여풍(扶餘豊): 백제의 왕자. 연대가 가장 빠른 《일본서기》는 그 이름을 '풍장(豊章/豊璋)'으로 소개했으나 '장'은 그 부왕(무왕)의 이름자를 잘못 끼워 넣었을 가능성이 높다. 자세한 소개는 《자치통감》의 해당 주석(제641~642쪽)을 참조하기 바란다.

495) 서부와 북부[西部北部]: 사비백제의 지방행정체제를 감안할 때, 서부라면 도선성(刀先城), 북부는 웅진성이 있는 지역일 가능성이 있다. 《신당서》 〈백제전〉에는 이 부분이 "서부가 한결같이 호응하였다(西部皆應)"로 되어 있다. 그러나 ① 고대 한문에서 《신당서》에 사용된 부사 '모두 개(皆)'는 그 앞의 행위 주체나 상황이 복

그들에게 호응하였다.

○ 百濟僧道琛·舊將福信率衆據周留城以叛。遣使往倭國, 迎故王子扶餘豊, 立爲王。其西部·北部並翻城應之。

•050

이때에 낭장496) 유인원497)은 백제의 [도독]부성498)에 주둔하고 있었다. [그래서] 도침 등은 군사를 이끌고 그 성을 포위하였다.499)

○ 時, 郞將劉仁願留鎭於百濟府城, 道琛等引兵圍之。

수일 경우에만 사용된다. 문법적으로 이미 단일한 주체('서부')보다는 복수의 주체('서부와 북부')로 볼 수밖에 없다는 뜻이다. 게다가 ②《구당서》및《삼국사기》"의자왕 20년"조에도 "외국에 볼모로 있던 옛 왕자 부여풍을 맞이하여 왕으로 옹립하니 서부와 북부가 모두 호응하였다(迎古王子扶餘豊, 嘗質於倭國者, 立之爲王, 西北部皆應)"고 되어 있다.《구당서》가 옳고《신당서》에서 '북'자가 누락된 것임을 알 수 있다는 뜻이다. 참고로, ③ 국편위판《삼국사기》에서는 원문의 "西北部皆應"을 "서북부가 모두 호응하였다" 식으로 번역했으나, '개'가 복수의 주체를 상정하는 부사인 이상 서부와 북부, 즉 '서·북부'로 이해해야 옳다.

496) 낭장(郞將): 당대의 관직명. 품계는 정5품상으로 알려져 있으나《신당서》〈백관지〉에는 '정5품하(正五品下)'로 소개되어 있다. 당나라의 중앙 친위조직인 '16위(十六衛)'에는 각기 좌·우 낭장(左右郞將)이 1명씩 배치되었는데, 중랑장(中郞將)의 차관으로서, 중랑장이 없을 때 그 직무를 대리하였다.

497) 유인원(劉仁願, ?~?): 당나라 초기의 장수. 태종 이세민이 고구려를 침공할 때에 상주국(上柱國)·여양현공(黎陽縣公)에 제수되었으며, 이적(李勣)을 따라 설연타(薛延陀) 토벌에, 정지절(程知節)을 따라 아사나하로 토벌에 종군하였다. 고종 이치가 즉위하자 소정방을 따라 백제를 침공하고 백제 부흥운동을 진압하였다. 자세한 소개는《자치통감》의 해당 주석(제474쪽)을 참조하기 바란다.

498) 부성(府城): 도독부가 설치된 성. 이 대목에서 '부(府)'에 해당하는 행정 관청은 '도독부(都督府)'이므로 '부성'은 웅진성으로 보아야 옳다.

499) 그 성을 포위하였다[圍之]:《삼국사기》"태종무열왕 7년(660)"조에는 "9월 … 23일(양력 11월 1일)에 백제의 남은 적들이 사비[성] 안으로 침입하였다(九月, … 二十三日, 百濟餘賊入泗沘)"고 기술되어 있다.

당대의 병부(兵符). 진·한대 이래로 범을 모티브로 제작했으나 당대에는 범을 피하여 물고기(좌), 무주 시기에는 주로 거북(우) 모양으로 제작되었다.

• 051

대방주500) 자사 유인궤501)는 [사망한 왕]문도 대신502) 무리를 통솔하여 지름길로 신라 병력을 출동시켰다. [그러고는] 병부를 맞추어 보고503) [유]인원을 구하고 나서 도처에서 싸움을 벌이며 전진하니 이르는 곳마다 한결같이 함락되었다.

---

500) 대방주(帶方州): 당대 초기의 지역명. '대방'과 '대방주'는 서로 다른 지역을 가리킨다. 자세한 소개는 《자치통감》의 해당 주석(제642~643쪽)을 참조하기 바란다.
501) 유인궤(劉仁軌, 601~685): 당대 초기의 장수. 자는 정칙(正則)으로, 변주(汴州) 위지(尉氏) 사람이다. 태종의 정관 연간에는 급사중(給事中)을 거쳐 청주자사(靑州刺史)가 되었다. 고종의 현경 5년(660)에 백제를 침공하여 검교대방주자사(檢校帶方州刺史)에 임명되고, 나중에 백제 부흥군을 평정한 공로로 6계급을 승진하여 정식으로 대방주자사에 임명되었다. 자세한 소개는 《자치통감》의 해당 주석(제634쪽)을 참조하기 바란다.
502) 왕문도 대신[代文度]: 웅진도독이던 왕문도가 급사했기 때문이다. 자세한 내막은 앞의 "왕문도" 주석(제639쪽)을 참조하기 바란다.
503) 병부를 맞추어 보고[對合符契]: 중국에서는 고대에 군사권을 가진 지휘관이 황제로부터 부여받은 군사권을 상징하는 병부(兵符)를 둘로 쪼개어 한쪽은 본인이 한쪽은 조정에서 보관하다가 유사시에는 따로 보관하던 두 쪽을 하나로 맞추어 진짜임을 확인하고 나서 군사를 징발하곤 하였다. 우리에게 익숙한 '부합(符合)'은 원래 '병부를 맞추다'라는 뜻이다. 여기서도 그런 확인 절차를 이야기한 것이다.

○ 帶方州刺史劉仁軌代文度統衆, 便道發新羅兵合契以救仁願, 轉鬪而前, 所向皆下。

•052
[이에] 도침 등이 웅진의 강[504] 어귀에 목책을 두 군데에 세우고[505] 당나라군에 맞섰다.

○ 道琛等於熊津江口立兩柵以拒官軍。

•053
[유]인궤는 신라 병력과 함께 사면에서 그들을 협공하였다. [그러자] 적의 무리는 퇴주하여 목책 안으로 들어가다가 물에 막히고 다리도 [폭이] 좁은 탓에[506] 물에 빠지거나 싸우다 죽은 이들이 만 명이 넘었다.

○ 仁軌與新羅兵四面夾擊之, 賊衆退走入柵, 阻水橋狭, 墮水及戰死萬餘人。

---

504) 웅진의 강[熊津江]: 이 하천을 인터넷 〈국편위판〉 주209 및 〈동북아판4〉(제145쪽)에서는 모두 "지금의 금강"으로 추정하였다. 다만, 지금의 공주 지역을 흐르는 물줄기가 금강인 점에 주목할 때 원문의 '웅진강(熊津江)'은 금강 물줄기에서 웅진 지역을 흐르는 구간을 가리키는 것으로 이해하는 것이 옳다.

505) 목책을 두 군데에 세우고[立兩柵]: '양책(兩柵)'을 〈동북아판4〉 주48(제145쪽)에서는 "두 겹의 목책"으로 보았으나 '2개의 목책', '2군데의 목책' 식으로 해석해야 옳다. 그 근거는 《자치통감》의 해당 주석(제644쪽)을 참조하기 바란다.

506) 물에 막히고 다리도 좁은 탓에[阻水橋狭]: 이를 통하여 백제 부흥군이 세운 목책(책성)의 출입구에 다리가 설치되고, 그 목책을 둘러싸고 큰 해자(垓字)가 흐르고 있었음을 짐작할 수 있다. 허둥지둥 다리를 건너 목책 안으로 퇴각하다가 다리 밖의 해자로 떨어져 물에 빠졌을 것이라는 뜻이다.

 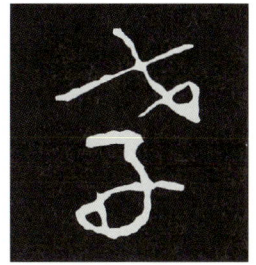

'남을 존(存)'은 형태가 '효도 효(孝)'와 비슷하다.

• 054

도침 등은 이에 [유]인원에 대한 포위를 풀고 물러나 임존성[507]을 보전하였다. [그리고] 신라 병사들은 군량이 바닥나자[508] [군사를] 이끌고 [본국으로] 귀환하였다. 이때가 용삭[509] 원년의 삼월이었다.[510]

○ 道琛等乃釋仁願之圍, 退保任存城. 新羅兵士以糧盡引還. 時, 龍朔元年三月也.

---

507) 임존성(任存城): 백제 부흥군의 근거지.《신당서》에는 '임효성(任孝城)'으로 소개되어 있으나, 사관들이 필사할 때 '존(存)'을 모양이 비슷한 '효(孝)'로 잘못 베꼈을 가능성이 높다. 자세한 소개와 고증은 부록《자치통감》의 해당 주석(제645쪽)을 참조하기 바란다.
508) 신라 병사들은 군량이 바닥나자[新羅兵士以糧盡]: 이 부분을 통하여 백제 부흥군을 평정하는 과정에서 신라군이 군량(병참)을 현지에서 직접 조달하기보다는 본국에서 직접 수송해 와서 조달받는 방식으로 작전을 수행했음을 짐작할 수 있다.
509) 용삭(龍朔): 당나라 고종 이치가 661~663년까지 3년 동안 사용한 3번째 연호.
510) 이때가 용삭 원년 삼월이었다[時龍朔元年三月也]: 이 일과 관련하여《삼국사기》"태종무열왕 8년"조에는 이렇게 기술되어 있다. "3월 5일(양력 4월 9일)에 도중에 이르러서 품일이 휘하의 군사를 나누어 먼저 출발하였다. 두량윤['이'로도 썼다]성 남쪽으로 가서 군영을 세울 땅을 살폈다. 백제군은 [신라군의] 진영이 정돈되지 않은 것을 멀리서 확인하고 갑자기 [성을] 나와 예상치 못한 신라군을 급습하니, 우리 군사(신라군)가 놀라 흩어져 달아났다.(三月五日, 至中路, 品日分麾下軍, 先行. 往豆良尹[一作伊]城南, 相營地. 百濟人望陣不整, 猝出急擊不意, 我軍驚駭潰北)"

이리하여 도침은 '영군장군'[511]을 자처하고 복신은 '상잠장군'을 자처하면서 [당나라에] 반란을 일으키거나 도망친 무리를 부르고 부추기면서 그 세력이 갈수록 커져 갔다.
[그들은 유]인궤에게 사자를 보내어 말하였다.

○ 於是, 道琛自稱領軍將軍, 福信自稱霜岑將軍, 招誘叛亡, 其勢益張。使告仁軌曰,

• 055

"듣자 하니 대국인 당나라가 신라와 '백제 사람은 늙고 젊고를 가리지 않고 모조리 죽이겠다. 그러고 나서 나라를 신라에 넘겨주겠다'고 맹세했다고 하오. [앉아서] 죽음을 당하는 것을 어찌 싸우다가 죽는 것에 견줄 수 있겠소? 그렇기 때문에 [무리를] 모으고 뭉쳐서 스스로 굳게 지키는 것이오!"

○ "聞大唐與新羅約誓, 百濟無問老少, 一切殺之, 然後以國付新羅。與其受死, 豈若戰亡, 所以聚結自固守耳。"

• 056

[그러자 유]인궤는 서신을 작성하여 [도침 등이 맞이할] 불행과 행복들을 소상하게 기술하고 사자를 파견하여 그들을 설득[하려]하였다. [그러나] 도침 등은 [자신들이] 무리가 많은 것만 믿고 교만하고 방자하게 행동하면서 [유]인궤의 사자를 [성채] 바깥의 객관[512]에 내버려두었다.

---

511) 영군장군(領軍將軍): 중국 고대의 관직명. 당대에는 좌·우영군위(左右領軍衛)를 금위군으로 삼고 상장군(上將軍)·대장군·장군을 설치하였다.
512) 바깥의 객관[外館]: '외관(外館)'은 도침이 점거한 성채(목책?) 바깥에 임시로 지

○ 仁軌作書, 具陳禍福, 遣使諭之。道琛等恃衆驕倨, 置仁軌之使於外館。

• 057

[그러더니 나중에 자신들의] 말을 전하여 이렇게 말하였다. "[이번에 보낸] 사자는 관직이 하찮다. 나는 일국의 대장군이니 직접 상대하는 것은 옳지 않다.513)"

[그리고는 유인궤에게] 답신도 주지 않은 채로 그를 돌려보내었다.

○ 傳語謂曰, "使人官職小, 我是一國大將, 不合自參。" 不答書遣之。

• 058

[그러나] 얼마 되지 않아 복신이 도침을 죽이고 그의 군사들을 [자신의 병력으로] 합쳤다. [그러자] 부여풍은 고작 [나라의] 제사를 주재하는 정도에서 그쳤다. [*514)]

은 숙소를 가리키는 것으로 보인다. 성채 대문을 열고 예의를 갖추어 유인궤의 사자를 영접하지 않고 문전박대했다는 뜻에서 이 말을 쓴 것이다.

513) 직접 상대하는 것은 옳지 않다[不合自參]: 이 부분을 인터넷 〈국편위판〉에서는 "스스로 참견함은 합당하지 않다", 〈동북아판4〉(제146쪽)에서는 "몸소 만나기에 합당하지 않다"로 번역하였다. 고대 한문에서 '참견(參見)'은 상대를 예의를 갖추고 접견하는 것을 말한다. 인터넷 〈국편위판〉에서는 발음만 따서 '참견하다'로 번역했으나 우리나라에서는 "남의 일이나 말에 간섭하여 나서다"(《표준국어대사전》)의 의미로 새기는 경향이 있으므로 유념할 필요가 있다.

514) [*]:《삼국사기》 '의자왕 21년 3월'조에는 이 자리에 이런 내용이 추가되어 있다. "복신 등은 인원 등이 고립된 성에서 지원을 받지 못하자 사람을 보내 위로하며 말하기를, '대사 일행은 언제 서쪽으로 돌아가는가? 사람을 보내어 배웅해 줌이 도리일 것이다'라고 하였다." 이 내용이 어느 사서를 참조한 것인지는 확인할 길이 없지만, 《구당서》·《신당서》에 이 내용이 보이지 않는 것을 보면 제3의 사서를 참조한 듯하다. 실제로 북송 초기《자치통감》의 "고종 용삭 2년(662) 가을 7

○ 尋而福信殺道琛, 併其兵衆, 扶餘豐但主祭而已.

•059

[용삭] 이년 칠월에 [유]인원·[유]인궤 등이 [그동안 웅진에] 주둔하고 있던 군사들을 거느리고 웅진의 동쪽[515)에서 복신의 남은 무리를 크게 무찌르고 그들의 지라성[516) 및 윤성[517), [그리고] 대산[518)·사정[519) 등의 성책들을 확보하였다. [그 과정에서] 죽이거나 사로잡은 무리가 매우 많았다. [그런 다음에] 내친 김에 병력을 나누어 그 땅들에 주둔시켜 지키게 하

월"조에는 같은 내용이 언급되어 있다. 참고로, 여기서의 '대사(大使)'는 백제가 패망한 뒤에도 도호(都護)로 사비성에 주둔하면서 백제 부흥군을 평정하는 역할을 수행한 유인원을 말한다.

515) 웅진의 동쪽[熊津之東]: 이 네 글자를 통하여 ① 웅진성을 축으로 그 동쪽에 도침·복신의 백제 부흥군이, 그 서쪽에 유인원·유인궤의 당나라군이 각각 포진하고 있었으며, ② 전투가 '웅진 서 ⇒ 웅진 동'으로 이루어졌음을 짐작할 수 있다. 앞서 바다를 건너온 소정방이 웅진 강 동쪽 기슭으로 상륙했다는 내용 역시 쌍방의 공수 양상을 유추할 수 있게 해 준다.

516) 지라성(支羅城): 백제의 성 이름. 그 위치를 인터넷 〈국편위판〉 주212에서는 "忠南 大德郡 鎭岑面으로 … 比定하는 것이 通說"이라고 했으나 정확한 위치는 알 수 없다. 자세한 소개와 고증은 부록《자치통감》의 해당 주석(제658쪽)을 참조하기 바란다.

517) 윤성(尹城): 백제의 성 이름. 인터넷 〈국편위판〉 주212에서는 "忠南 靑陽郡 定山에 比定하는 것이 通說"이라고 했으나 정확한 위치는 알 수가 없다.《자치통감》의 해당 주석(제658~659쪽)을 참조하기 바란다.

518) 대산(大山): 백제의 산 이름. 정구복(2012)은 한중연판《역주 삼국사기3》(주석편 상)에서 "지금의 충남 부여군 홍산(鴻山)"으로 비정했으나 확실한 위치는 알 수가 없다.《자치통감》의 해당 주석(제659쪽)을 참조하기 바란다.

519) 사정(沙井): 백제의 지명. 그 위치의 경우, 국편위판《삼국사기》"의자왕 22년 7월"조 주004에서는 대전시내의 ① 사정동산성(성주탁, 심정보), ② 유성산성(이케우치 히로시), ③ 사정리(지헌영) 등의 주장을 소개했으나 정확한 위치는 알 수가 없다.《자치통감》의 해당 주석(제659쪽)을 참조하기 바란다.

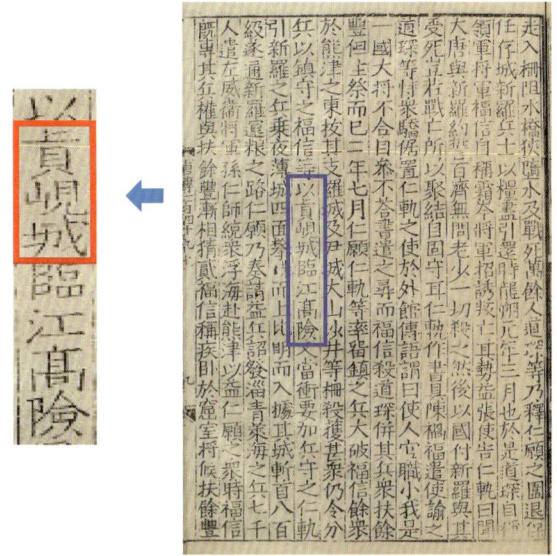

〈백제전〉의 진현성 대목. 첫 글자가 '참 진(眞)' 같기도 하고 '곧을 정(貞)' 같기도 해 보인다. 강을 마주한 높고 험한 이 산성의 이름은 진현이었을까? 정현이었을까?

였다.

○ 二年七月, 仁願·仁軌等率留鎮之兵, 大破福信餘衆於熊津之東, 拔其支羅城及尹城·大山·沙井等柵, 殺獲甚衆, 仍令分兵以鎮守之。

• 060

[그러자] 복신 등은 '진현성520)이 강을 마주한 데다가 높고 험하다'고 여

---

520) 진현성(眞峴城): 백제의 성 이름. 여기서 "강을 마주한 데다가 높고 험하다"고 한 것이나 성의 이름('진현')을 보면 하천을 마주보고 해발 고도가 높은 산 위에 지어진 산성임을 알 수가 있다. 《자치통감》의 해당 주석(제654~655쪽)을 참조하기 바란다.

졌다. 그래서 [군사적인] 요충지로 삼고 병력을 추가하여 그곳을 지켰다.
○ 福信等以眞峴城臨江高險, 又當衝要, 加兵守之。

• 061

[*521)] [유]인궤는 신라의 병력을 불러들여 [어두운] 밤을 틈타 [진현]성으로 접근하여 사면에서 성벽을 타고 올라갔다. [이윽고] 동이 틀 때에 이르러 [안으로] 들어가서 그 성을 장악하고 [적의] 머리를 팔백 개나 베었다. [이리하여] 마침내 신라가 [당나라군이 주둔한 곳으로] 군량을 수송할 길이 열린 것이었다.

○ 仁軌引新羅之兵乘夜薄城, 四面攀堞而上。比明而入據其城, 斬首八百級, 遂通新羅運糧之路。

• 062

[유]인원이 이에 [조정에] 상소를 올려 군사를 추가해 줄 것을 요청하였다.

---

521) *:《신당서》〈유인궤전〉에는 이 자리에 이런 내용이 추가되어 있다. "이때 소정방은 고구려 정벌에 나서 평양성을 포위한 채 함락시키지 못하고 있었다. 그래서 고종은 조서를 내려 유인궤에게 군사를 철수시켜 신라로 가서 김법민과 거취를 의논하게 하였다. 이에 장병들이 모두 돌아가려 하자 유인궤가 말하였다. '… 지금 평양에서 이기지 못하는 마당에 웅진에서까지 군사를 철수시킨다면 백제의 꺼져 가던 불씨가 되살아나 고구려를 멸망시키는 일까지 기약이 없게 될 것이다. 우리가 신라로 들어간다 한들 손님 취급이나 받을 테니 여의치 못한 구석이 생길 텐데 그때 후회한들 돌이킬 수 있겠는가? … 굳게 지키면서 동태를 엿보다가 그들을 도모함이 옳지 가볍게 움직여서는 안 된다.' … 무리들은 그 주장을 따라 [조정에] 군사를 증파해 줄 것을 요청하였다.(時, 定方伐高麗, 圍平壤不克. 高宗詔仁軌拔軍就新羅與金法敏議去留計. 將士咸欲還, 仁軌曰, '… 今平壤不勝, 熊津又拔, 則百濟之燼復炎, 高麗之滅無期. 吾等雖入新羅, 正似坐客, 有不如志, 悔可得邪. … 宜堅守伺變以圖之, 不可輕動.' 衆從其議, 乃請益兵)"

담기양 역사지도 속의 치주·청주·내주·해주의 위치. 징용한 군사를 태운 전선들은 연안 항법으로 연안을 따라 산동·하북·요동을 거쳐 웅진까지 항해했을 것이다.

[그러자 고종은] 조서를 내려 치[주]522) · 청[주]523) · 래[주]524) · 해[주]525)의 병력[가운데] 칠천 명526)을 징발하고 좌위위장군527)이던 손인사를 파견

---

522) 치(淄): 당대의 지역명. 지금의 산동성 치박시(淄博市) 치천구(淄川區)에 해당한다. 인터넷 〈국편위판〉과 〈동북아판〉에 언급된 '제남부(濟南府)'는 명·청대에 사용된 지역명으로, 현재와는 그 관할 지역에 편차를 보이므로 유념할 필요가 있다.

523) 청(靑): 당대의 지역명. 지금의 산동성 유방시(濰坊市)가 관할하는 청주시(靑州市) 일대에 해당한다. '교동(膠東)'은 근대까지 사용된 지역명이므로 유념할 필요가 있다.

524) 래(萊): 당대의 지역명. 지금의 산동성 연대시(烟臺市)가 관할하는 내주시(萊州市) 일대에 해당한다.

525) 해(海): 당대의 지역명. 지금의 산동성 남쪽인 강소성 연운항시(連雲港市)의 해주구(海州區)에 해당한다. '회안(淮安)'은 명·청대에 사용된 지역명으로 현재와는 그 관할 지역에 편차를 보이므로 유념할 필요가 있다.

526) 칠천명[七千人]: 이와 관련하여 《삼국사기》 "문무왕 3년(663)"조에는 이렇게 기술되어 있다. "[황제가] 조서를 내려 우위위장군 손인사를 파견해 군사 40만을 이끌게 하매 덕물도에 이르러 웅진부성에 입성하였다.(詔遣右威衛將軍孫仁師,

하여 그 무리를 이끌고 바다를 건너 웅진으로 달려가서 [유]인원의 무리에 충원하게 하였다.

○ 仁願乃奏請益兵, 詔發淄·青·萊·海之兵七千人, 遣左威衛將軍孫仁師統衆浮海赴熊津, 以益仁願之衆。

• 063

이때 복신은 그 병권을 독차지했을 뿐만 아니라 부여풍과도 차츰 서로 의심하면서 두 마음을 품기528) 시작하였다. [급기야] 복신은 병을 핑계로 지하에 만든 방529)에 누워 있었다. [그러고는] 부여풍이 병문안 오는 것

率兵四十萬, 至德物島, 就熊津府城)" 국편위판 《삼국사기》 "문무왕 3년"조 주016에서는 "후자의 병사 수가 정황상 믿을 만하다"고 하여 《구당서》의 "7천 명설"을 지지하였다. 물론, 《삼국사기》의 40만 명이 너무 많기는 하지만 7천 명도 너무 적은 것이 아닌가 싶다.

527) 좌위위 장군(左威衛將軍): 당대의 관직명. '16위 장군(十六衛將軍)'의 하나로, 고종 용삭 2년(662)에 좌둔위장군(左屯衛將軍)을 고쳐 설치했는데, 정원은 2명이며 품계는 3품이었다. 손인사의 직함의 경우, 이 기사와는 달리, 《신당서》 〈백제전〉에는 '우위장군', 《자치통감》 "용삭 3년 9월 무오일"조에도 "웅진도행군총관·우위장군"으로 나와 있다. 그러나 ① 고대 한자에서 '좌(左)'와 '우(右)'는 글자 모양이 비슷해서 혼동되는 경우가 많았고, ② 복수의 사서에 '우우위장군'으로 소개된 것을 보면 ③ 여기서의 '좌위위장군'은 착오일 가능성이 있다.

528) 서로 의심하면서[相猜]: '상시(相猜)'를 〈동북아판4〉(제147쪽)에서는 "서로 시기하여"라고 번역하였다. 《표준국어대사전》에서는 '시기'에 관하여 "남이 잘되는 것을 샘하다(envy)"라고 설명하고 있다. 우리나라에서는 '시샘할 시(猜)'를 대체로 이와 같은 의미로 이해하는 것이 보통이다. 그러나 고대 한문에서는 '시'가 '의심하다(doubt)'라는 의미를 나타내는 것이 보통이다. 따라서 여기서도 '상시'는 '서로 시기하면서'가 아니라 '서로 의심하면서'로 번역해야 옳다.

529) 지하에 만든 방[窟室]: '굴실(窟室)'을 인터넷 〈국편위판〉에서는 '굴방', 〈동북아판4〉(제147쪽)에서는 '깊숙한 내실'로 각각 번역하였다. 그러나 고대 한문에서 '굴실'은 옆으로 깊숙이 뚫어 만든 방이 아니라 밑으로 깊이 파서 만든 방을 말한다. 《자치통감》의 해당 주석(제661~662쪽)을 참조하기 바란다.

을 기다려 그를 습격해 죽이기로 모의하였다.

○ 時, 福信旣專其兵權, 與扶餘豊漸相猜貳。福信稱疾, 臥於窟室, 將候扶餘豊問疾, 謀襲殺之。

• 064

부여풍은 [그 일을] 눈치채고 그의 심복들을 거느리고 가서 방심한 틈을 타서[530] 복신을 죽였다.[531] 그리고 나서 사자를 파견하여 고려 및 왜국에 가서 군사를 불러와 관군에 맞섰다.[532]

[이에] 손인사가 도중에 [그들을] 맞아 공격해 그들을 무찌르고 마침내 [유]인원의 무리와 합세하니 그 군사의 사기를 크게 떨치기에 이르렀다.

○ 扶餘豊覺而率其親信掩殺福信。又遣使往高麗及倭國請兵以拒官軍。

---

530) 방심한 틈을 타서[掩]: '엄(掩)'을 인터넷 〈국편위판〉과 〈동북아판4〉(제147쪽)은 모두 "덮쳐[죽였다]"로 번역하였다. 고대 한문에서 '엄(掩)'은 일반적으로 동사로 사용되어 '덮다(cover)'라는 뜻을 나타낸다. 그러나 때로는 부사로 사용되어 '갑자기, 불시에(by surprise)'라는 뜻을 나타내기도 하는데, '엄습(掩襲)'이 그 증거이다. 일본의 권위 있는 《모로바시 대한화사전(諸橋大漢和辭典)》에서 "【엄살】상대가 방심한 틈을 타서 죽이다(【掩殺】相手の不意に乘じて殺す)"라고 한 것도 같은 부사 용법이다.

531) 복신을 죽였다[殺福信]: 《일본서기》 "천지천황 2년(663) 6월"조에는 복신의 죽음을 비교적 상세하게 소개해 놓았다. 자세한 내용은 《자치통감》의 해당 주석(제662쪽)을 참조하기 바란다.

532) 와국에 가서 군사를 불러와 관군에 맞섰다[及倭國請兵以拒官軍]: 와국의 당시 상황은 《일본서기》 "천지천황 2년 3월"조에 반영되어 있다. "전장군인 상모야군 치자·간인련 대개, 중장군인 거세신전신 역어·삼륜군 근마려, 후장군인 아배인전신 비라부·대댁신 겸병을 파견하여 2만 7천 명을 이끌고 신라를 치게 하였다.(遣前將軍上毛野君稚子·間人連大蓋, 中將軍巨勢神前臣譯語·三輪君根麻呂, 後將軍阿倍引田臣比邏夫·大宅臣鎌柄, 率二萬七千人, 打新羅)" 백제 부흥군은 고구려에도 원군을 요청하였다. 그러나 고구려는 당시 당나라와 군사적으로 대치하고 있는 상황이었으므로 자국의 병력을 차출해 따로 백제를 지원할 여력이 없었을 것이다.

《대동여지도(大東輿地圖)》에 그려진 금강 물줄기. 동북방으로부터 흘러 공주 북쪽을 지나는 금강은 공주 일대에서는 '웅진강', 부여 일대에서는 '백강'으로 일컬어졌다.

孫仁師中路迎擊, 破之, 遂與仁願之衆相合, 兵勢大振。

• 065

이리하여 [손]인사 · [유]인원 및 신라 [문무]왕 김법민은 육상의 병력을 이끌고 진군하고, 유인궤 및 별수 두상533) · 부여융534)은 [그들대로] 수군 및 군량을 실은 배들을 거느리고535) 웅진[의]강으로부터 [옛 도읍 부여의]

---

533) 별수(別帥): 주력부대가 아닌 지원부대의 지휘관.《구당서》〈백제본기〉에서는 그 지휘관의 이름을 '사상(社爽)'으로 소개하였다. 그러나 같은《구당서》의 〈유인궤전〉이나《자치통감》"고종 용삭 3년(663)"조 및《신당서》·《책부원구》에는 '두상(杜爽)'으로 소개되어 있다. 중국 성씨에서 '두'씨는 많지만 '사'씨가 드문 데다가 복수의 사서 기록에 따르더라도 '두상'으로 보아야 옳다.

534) 부여융(扶餘隆, 614~682): 백제 의자왕의 아들. 자세한 소개는《자치통감》의 해당 주석(제627쪽)을 참조하기 바란다.

535) 수군 및 군량을 실은 배들을 거느리고[率水軍及糧船]: 이와 관련하여 당대 중기

백강으로 가서[536] 육상의 병력과 합류한 다음 함께 주류성으로 달려갔다.

○ 於是, 仁師·仁願及新羅王金法敏帥陸軍進, 劉仁軌及別帥杜爽·扶餘隆率水軍及糧船, 自熊津江往白江以會陸軍, 同趨周留城.

• 066
[얼마 뒤에 유]인궤는 백강 어귀[537]에서 부여풍의 무리와 마주치자 네 차례 전투를 벌여 모두 [크게] 이기고[538] 그들의 배 사백 척을 불살랐다. [이에] 적의 무리가 크게 무너지는 바람에 부여풍은 [가까스로 그곳을] 빠져나

의 장작(張鷟, 660~740)은 《조야첨재(朝野僉載)》에서 이렇게 소개하였다. "청주자사 유인궤는 해상 운송을 담당했으나 배를 너무 많이 잃는 바람에 관작이 박탈되고 평민이 되어 요동전쟁에 종군하였다.(靑州刺史劉仁軌知海運, 失船極多, 除名爲民, 遂遼東効力)" 이에 관한 보다 자세한 소개는 《자치통감》의 해당 주석(제636쪽)을 참조하기 바란다.

536) 웅진강으로부터 백강으로 가서[自熊津江往白江]: 《자치통감》에는 '웅진강'에서 '강'이 빠진 '웅진'으로 소개되어 있다. "웅진강으로부터 백강으로" 갔다고 한 것을 보면 사실상 같은 물줄기(지금의 금강)에 속한 하천임을 짐작할 수 있다. 그렇다면 전자는 이름대로 웅진(공주시) 구간을 흐르는 금강 중류, 후자는 사비(부여읍) 지역을 흐르는 금강 하류에 대한 이름이었을 것이다. 《백제역사편년》(제329쪽)에서도 "유인궤가 사비에서 출발한 것"으로 보아 웅진강을 금강 중상류, 백강을 금강 하류로 해석하였다. 공주에서 부여 쪽으로 남하한 것이다.

537) 백강 어귀[白江口]: '백강구(白江口)'는 글자 그대로 풀면 '백강 어귀'라는 뜻이다. 백강은 부여 지역을 흐르는 금강 하류 구간을 가리킨다. 그런데 금강 중류 쪽에서 백강 어귀라면 웅진강 구간에서 백강 구간으로 진입하는 지역(사비성 인근?), 지금의 청남면 근방이 아니었을까 싶다. '백강'은 《일본서기》 등 일본 쪽에는 '백촌강(白村江)'으로 소개되어 있으며, 또 다른 이름인 '백마강(白馬江)'은 민간에 소정방 관련 전설이 전승되면서 후대에 붙여진 것으로 보인다.

538) 네 차례 전투를 벌여 모두 이기고[四戰皆捷]: 이 전쟁의 시말은 중국 측 사서·문헌들에 상세하게 묘사되어 있다. 자세한 소개는 《자치통감》의 해당 주석(제669~670쪽)을 참조하기 바란다.

와 도주하였다.[539]

○ 仁軌遇扶餘豊之衆於白江之口, 四戰皆捷, 焚其舟四百艘, 賊衆大潰, 扶餘豊脫身而走.

• 067

가짜 왕자[540] 부여충승 · [부여]충지[541] 등이 성인 남녀[542] 및 와[543]의

---

539) 부여풍은 빠져 나와 도주하였다[扶餘豊脫身而走]: 《삼국사기》 "의자왕 20년"조에서는 부여풍의 행적과 관련하여 "행방을 알 수가 없다. 어떤 사람은 '고구려로 달아났다'고 말하기도 하였다(不知所在, 或云奔高句麗)"고 하였다. 그러나 그의 고구려 망명을 뒷받침해 주는 증거는 많다. ①《일본서기》 "천지천황 2년(663)" 조에 따르면 "8월, … 이때에 백제왕 [부여]풍장이 몇 사람과 함께 배를 타고 도망쳐 고구려로 갔다.(八月, … 是時, 百濟王豊璋與數人乘船逃去高麗)" ②《구당서》〈유인궤전〉에서는 "[부]여풍은 북쪽(고구려)에 있고 [부]여용은 남쪽(백제)에 있습니다. 백제와 고려는 예전부터 서로 작당하여 지원하곤 했습니다(餘豊在北, 餘勇在南, 百濟高麗, 舊相黨援)"라고 하였다. 결정적으로 ③《자치통감》"용삭 3년(663)"조에서는 "백제왕 풍은 혼자 빠져 나와 고려로 도주하고 …(百濟王豊脫身奔高麗)", 고구려 멸망을 다룬 "총장 원년(668)"조에서는 "천남건은 검중 땅으로 유배하고 부여풍은 영남으로 유배하였다(泉男建流黔中, 扶餘豊流嶺南)"고 하였다. 그렇다면 부여풍은 663년 8월에 배로 고구려에 망명하고 668년에 고구려 패망과 함께 당나라로 압송되었다가 다시 영남으로 유배된 셈이다.

540) 가짜 왕자[僞王子]: 중국에서는 역사적으로 특정 인물의 관직이나 작호 앞에 '거짓 위(僞)-'를 붙임으로써 중원 왕조가 해당 관직·작호의 정통성을 인정하지 않음을 나타내곤 하였다. 여기서도 백제 본국에서는 왕자로 추대되었으나 당나라의 추인을 거치지 않았기 때문에 '위왕자(僞王子)'라고 표현한 것이다.

541) 부여충승·충지(扶餘忠勝忠志): 부여충승의 경우, 《일본서기》의 "좌·우대신이 이에 백관 및 백제군 풍장, 그 아우 새성·충승, 고려 시의 모신, 신라 시학사 등을 데리고 중정에 이르렀다(左右大臣, 乃率百官及百濟君豊璋·其弟塞城·忠勝·高麗侍醫毛治·新羅侍學士等, 至中庭)"는 "효덕(孝德)천황 백치(白雉) 원년"조 기사, "왕자 풍장 및 처자식, 그리고 그 숙부인 충승 등을 보냈다(送王子豊璋及妻子, 與其叔父忠勝等)"는 "제명천황 6년 10월" 기사 등을 통하여 그가 부여풍의 숙부임을 확인할 수 있다. 부여충지는 이름에 '충'자가 들어간 것을 볼 때 부여충승과 한 형제였을 것이다. 부여풍의 또 다른 숙부이었을 가능성이 높다는 뜻이다.

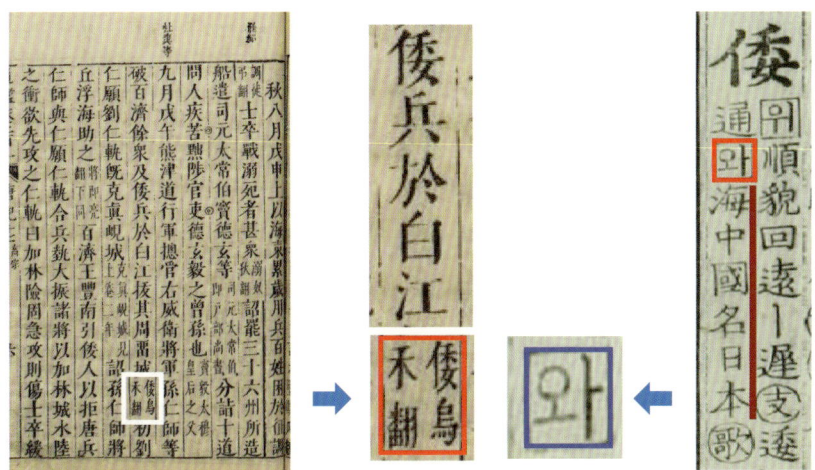

'倭'의 한자음은 '왜'가 아니라 '와'이다. 이 대목에서 호삼성은 발음이 '오와 화의 반절(와)'이라고 소개하였다. 18세기 조선에서 간행된 《전운옥편(全韻玉篇)》에도 '바다 가운데의 나라 이름'이라는 설명과 함께 발음을 '와'로 소개해 놓았다.

무리를 거느리고 나란히 항복하였다.544) [그러자] 백제의 성들이 모두 도

542) 성인 남녀[士女]: 인터넷〈국편위판〉에서는 '士女',〈동북아판4〉(제148쪽)에서는 '사녀'로 각각 번역하였다. 그러나 그 같은 해석은 '여관(女官)'이나 궁녀를 뜻하는 '사녀(仕女)'와 혼동한 결과로 보인다.《시경(詩經)》〈소아·보전(小雅·甫田)〉의 "내 곡식 잘 길러서 내 남녀 식솔을 먹인다네(以介我稷黍, 以穀我士女)",《초사(楚辭)》〈초혼(招魂)〉의 "남녀가 섞여 앉았으니 어지럽고 가림이 없구나!(士女雜坐 , 亂而不分些)"에서 보듯이, 고대에는 성년이 된 남녀를 가리키는 표현으로 주로 사용되었다.

543) 와(倭): 일반적으로 일본 열도의 원주민을 가리킨다. 이 글자는 현대 중국어에서 발음이 '워(wo)'이지만 고대의 발음은 '와(wa)'였다. 일본 역시 마찬가지로 '와(wa)'로 읽고 있다. 국내에서는 그동안 이 한자의 발음을 '왜'로 새겼으나, 일종의 와전이다. 100년 전까지만 해도 조선의《옥편(玉篇)》이나 한문 서적들에는 명사로 사용된 '倭'의 발음이 모두 '와'로 소개되어 있기 때문이다. '왜'는 문법적으로「와+ㅣ」구조로, 명사에 목적격 조사('의')가 붙은 '와의~(~of Was)'라는 의미로 사용될 경우에만 해당되었다. 그러다가 일제 강점기 이후로 한자 사용이 차츰 줄어들면서 그 발음이 '와 ⇒ 와+ㅣ ⇒ 왜'로 굳어져 '와'의 자리를 대체한 것이다.

로 [조정에] 귀순하였다. [이에] 손인사·유인원 등은 군대를 정비하여545) [당나라로] 귀환하였다.

○ 僞王子扶餘忠勝·忠志等率士女及倭衆並降, 百濟諸城皆復歸順, 孫仁師與劉仁願等振旅而還.

• 068

[그러자 황제는] 조서를 내려 [유]인궤로 하여금 [유]인원을 대신하여 군사를 거느리고 [그곳에] 주둔하며 지키게 하였다. 이어서 부여융을 웅진도독에 제수하고546) 본국으로 돌려보내어 신라와 화친547)을 맺고 [본국(백제)

---

544) 나란히 항복하였다[並降]:《삼국사기》"의자왕 20년"조에 따르면, 주류성 함락은 이해의 9월 8일(양력 10월 17일)이지만 지수신이 홀로 농성한 임존성은 3개월 남짓 지난 11월이 되어서야 최종적으로 함락되었다고 한다. 몇 개월의 시차가 발생하지만 백제가 패망한 연도에는 변함이 없는 셈이다. 여기서도 주류성의 항복 시점과 임존성의 함락 시점에 시차가 있지만 집필자가 두 사건을 뭉뚱그려서 한 기사로 작성한 셈이다.

545) 군대를 정비하여[振旅]: '진려(振旅)'란 전투를 벌이는 진법(陣法)이나 출·입·진·퇴할 때의 동작을 훈련하는 것을 말한다.《곡량전(穀梁傳)》"장공 8년(莊公八年)"조에는 이렇게 소개하였다. "출동시키는 것을 '치병'이라고 하는데 전투를 익히는 것이다. 거두는 것을 '진려'라고 하는데, 전투를 익히는 것이다.(出曰治兵, 習戰也. 入曰振旅, 習戰也)" 동진의 유학자 범녕(范寧, 339?-401?)은 주석을 붙이고 "'진'은 정비하는 것을 뜻하고 '려'는 무리를 뜻한다(振, 整也. 旅, 衆也)"라고 해석하였다.

546) 부여융을 웅진도독에 제수하고[授扶餘隆熊津都督]: 부여융을 웅진도독에 제수한 시점과 관련하여〈동북아판3〉주66(제148쪽)에서는 부임한 시점은 665년 7월이지만, 임명된 시점은 664년 10월(박지현)이나 665년 3월(김영관)이라는 최근의 주장들을 소개하였다. 그러나 그 같은 주장들은 원문을 제대로 이해하지 못한 데서 비롯된 착오가 아닌가 싶다.

547) 화친(和親): 중국의 역대 왕조가 주변 이민족과, 또는 서로 적대하는 국가·집단이 대등한 정치관계를 수립하고 공동의 이익을 모색하기 위하여 맺던 정략결혼. 글자 그대로 풀면 '사이좋고[和] 가깝게[親] 지내다' 정도의 뜻이다.《좌전》"양공 23년(襄公二十三年)"조의 "중항씨가 진나라 정벌의 노역으로 란씨를 미워하여

의] 남은 무리들을 불러 모으게 하였다.

○ 詔劉仁軌代仁願率兵鎭守。乃授扶餘隆熊津都督, 遣還本國, 共新羅和親, 以招輯其餘衆。

• 069

[*548)] 인덕549) 이년 팔월에 [*550)] [부여]융이 웅진성에 당도하였

한사코 범씨와 사이좋고 가깝게 지내려 하였다(中行氏以伐秦之役怨欒氏, 而固與范氏和親)"라고 한 것이 그 예이다. 나중에는 정략에 따라 혼인관계를 맺는 것을 뜻하는 말로 사용되기도 하였다. 유방(劉邦) 이래로 무제 직전까지 국력이 약하던 한나라가 군사강국이던 흉노와 화친을 맺은 것은 그 대표적인 예이다. 비공식적인 통계에 따르면, 한대에 이민족과 화친을 맺은 사례는 13건이나 되며, 그중 6건은 공주, 7건은 궁녀를 출가시켰다. 위진남북조시대 역시 총 30건의 화친 사례들 중에서 한족과 이민족 사이의 화친이 5건, 이민족 간의 화친이 25건에 이른다. 대제국을 건설한 당나라도 예외가 아니어서, 문성공주(文成公主)와 송첸캄포[松贊干布]의 경우처럼, 이민족과 화친을 맺은 사례가 25건이나 확인된다. 이 대목 역시 신라와 백제가 공동의 이익을 도모하는 매개로 정략결혼을 맺은 것으로 이해할 수 있을 것이다.

548) *:《삼국사기》"문무왕 4년(664)"조에는 백제와 신라의 첫 번째 회맹이 이렇게 기술되어 있다. "[2월,] 각간 김인문과 이찬 천존이 당나라 칙사 유인원, 백제의 부여융과 함께 웅진에서 다 같이 회맹하였다.(角干金仁問·伊湌天存, 與唐勅使劉仁願·百濟扶餘隆, 同盟于熊津)" 또, "문무왕 11년 7월 26일(양력 671년 9월 4일)"조에는 문무왕이 당나라 총관 설인귀에게 보내는 답장에 당시 상황이 이렇게 언급되어 있다. "인덕 원년(664)에 이르러 다시 엄한 칙명을 내려 맹약을 맺지 않은 것을 책망하셨기에 곧 웅령에 사람을 파견해 제단을 쌓고 함께 서로 회맹한 다음 이어서 맹약을 맺은 곳을 마침내 양국의 경계로 삼았습니다.(至麟德元年, 復降嚴勅, 責不盟誓, 卽遣人於熊嶺, 築壇共相盟會, 仍於盟處, 遂爲兩界)" 그렇다면 664년에 전후 백제와 신라의 최초의 회맹이 웅령(熊嶺)에서 이루어졌으며, 바로 이때 이 웅령을 백제와 신라의 영토를 나누는 국경선으로 합의한 셈이다.

549) 인덕(麟德): 당나라 고종 이치가 664~665년까지 2년 동안 사용한 4번째 연호. "인덕 2년"은 서기 665년에 해당한다. 참고로,《구당서》와《신당서》에는 나란히 용삭 3년(663) "12월 경자일(양력 664년 1월 24일)에 황제의 명령에 따라 다음 해 정월 초하루를 '인덕 원년'으로 삼았다(十二月庚子, 詔改來年正月一日爲麟德

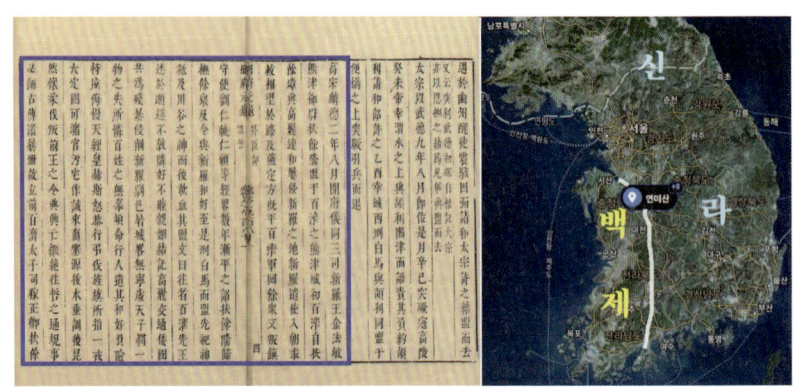

《책부원구》의 취리산 회맹 대목. 오른쪽은 취리산이 대전 연미산이라고 보았을 때 665년의 나·제 영역 추정도. 이 맹약을 통하여 취리산 일대가 백제와 신라의 국경선으로 결정된 셈이다.

다.551)

元年)"고 소개되어 있다. 그러나 신강(新疆)의 트루판[吐魯番]에서 출토된 《당기원초(唐紀元鈔)》에는 그보다 5개월 늦은 "용삭 4년 6월 1일(양력 664년 6월 29일)에 개칭하다(龍朔四年六月一日改)"라고 기재되어 있어서 연도 계산에 주의가 필요하다.

550) *: 7세기 후기의 신라인 살수진(薩守眞)이 저술한 《천지서상지(天地瑞祥志)》의 〈맹서(盟誓)〉에는 맹약문 앞에 서문이 들어 있다. 내용이 이날의 맹약 자체보다는 중국의 고사들 위주로 장황하게 소개되어 있어서 여기서는 생략하였다. 그 내용은 김용천·최현화 역주(2007), 《천지서상지》(제314~317쪽)를 참조하기 바란다.

551) 웅진성에 당도하였다[到熊津城]: 이 부분을 통하여 여기서 '웅진성'은 '웅진성 안'이 아니라 '웅진성에서 관할하는 지역'이라는 포괄적인 의미로 이해해야 옳다. 부여융과 김법민이 맹약을 맺은 장소에 관한 최초의 기록은 맹약이 이루어진 다음해, 즉 인덕 3년(666) 4월에 신라인 살수진이 저술한 《천지서상지》에서 찾아볼 수 있다. 살수진은 이 책 〈맹서(盟誓)〉의 본문에서 "취리산에서 맹약을 맺었다(盟于就利山)"고 소개하고, 이런 주석을 덧붙였다. "【취리산】 백제 땅이다. 맹약을 계기로 난산을 고쳐 '취리산'이라고 하였다. 지마현에 있다.(【就利山】百齊地也. 由盟改亂山爲就利山. 在只馬縣也)" 말하자면, 백제에서 원래 '난산'으로 불리던 산의 이름을 이 맹약을 계기로 '이익을 얻는다'라는 상서로운 의미를 담아 '취리산'으로 바꾼 셈이다. 그로부터 500여 년 뒤인 1145년에 편찬된 김부식의 《삼국사기》에서도 맹약이 이루어진 장소로 '웅진 취리산(熊津就利山)'으로 소개해 놓

○ 麟德二年八月, 隆到熊津城.

•070

[그는] 신라왕 [김]법민과 백마를 잡아552) 맹약을 맺었다. [＊553)]

앞다. 이 두 기록을 통하여 유인궤를 증인 삼아 백제와 신라가 맹약을 맺은 장소가 웅진성이 아니라 웅진성 인근의 속현('지마현')에 자리잡은 산임을 확인할 수 있는 셈이다.

552) 백마를 잡아[刑白馬]: '형마(刑馬)'는 말을 죽여 제물로 올리는 것을 말한다. 중국에서는 선진(先秦)시대 이래로 제후들이 동맹을 맺을 때에 거행하던 의식의 하나로, 전통적으로 '형생삽혈(刑牲歃血)', '살생삽혈(殺牲歃血)' 등으로 불렸다. 중국에서 제물로 일반 가축이 아닌 흰 말을 바친 것은 한대부터인 것으로 보인다. 《사기》〈여태후본기(呂太后本紀)〉에서 "[여]태후가 우승상 왕릉(王陵)에게 자기 집안사람들을 왕으로 세울 방법을 묻자 왕릉이 "고제께서 백마를 잡아 맹세하시길 유씨가 아니면서 왕이 된다면 천하가 다함께 공격하라고 하셨습니다. 지금 여씨들이 왕이 된다면 맹약을 저버리는 격입니다(高帝刑白馬盟曰'非劉氏而王, 天下共擊之', 今王呂氏, 非約也)"라고 한 것이 그 증거이다. 또, "[한나라의] 한창과 장맹이 선우 및 대신들과 같이 흉노의 낙수 동쪽 산에 올라 흰 말을 잡고 … 노상선우가 격파한 월지의 국왕 두개골을 술잔 삼아 다함께 피를 마시고 맹세하였다(昌猛與單于及大臣俱登匈奴諾水東山, 刑白馬, 單于以徑路刀金留犁撓酒, 以老上單于所破月氏王頭爲飮器者共飮血盟)"는 《한서》〈흉노전〉 기사나, "진릉이 흰 말을 잡아 바닷신에게 제사를 지냈다(棱刑白馬以祭海神)"는 《수서》〈진릉전(陳棱傳)〉 기사, 태종이 "흰 말을 잡아 힐리가한과 편교 위에서 동맹을 맺었다(刑白馬與頡利同盟於便橋之上)"는 《구당서》〈돌궐전〉 기사 역시 또 다른 증거들이다. 이상의 기록들이 대부분 흉노·거란 등 북방민족의 풍속에 관한 것임을 보면 [흰]말을 제물로 올리는 것은 북방민족과 관련이 있을 가능성이 높다. 실제로 살수진은 《천지서상지》의 〈맹서〉에서 이렇게 주석을 붙였다. "수가 말씀드립니다. '흰 말을 바치는 것'은 아마도 은나라의 예법일 것입니다. 하나라는 제물로 검은 말을 쓰고 주나라는 제물로 붉은 말을 썼습니다. 태고 적에는 털도 없애지 않은 채 날로 먹고 피까지 마셨습니다. 그래서 [맹약에서도] 제사를 지내면서 옛 전통을 잊지 않은 것입니다. 《좌전》에서도 '[하늘에] 털로써 온전함을 고하고 피로써 죽였음을 고하는 것입니다'라고 하였다.(守曰, 白馬, 蓋殷之禮也. 夏牲用玄, 周牲用騂. 大古茹毛飮血, 故祭不忘古也. 左傳'毛以告純, 血以告殺之也')" 여기에 언급된 "은나라"는 한족이 아닌 동이계 왕조이다. 제사에 흰 말을 바치는 것은 한족이 아닌 북방민족의 습속이라는 뜻이다.

○ 與新羅王法敏刑白馬而盟。

• 071

[부여융과 김법민은] 먼저 천지 및 산천의 신명들에게 제사를 지냈다. 그런 다음에 [백마의] 피를 마셨는데, 그 맹약의 내용은 다음과 같았다.[554]

○ 先祀神祇及川谷之神, 而後歃血。其盟文曰,

• 072

"[*555] 예전에 백제[556]의 선왕(의자왕)이 [신하로서의] 역리와 순리에 어

553) *: 이때 부여융과 김법민이 백마의 맹약을 맺은 장소의 경우, 중국의 당·송대 정사에는 맹약을 맺은 사실과 맹약문만 소개해 놓았을 뿐 정작 맹약의 장소에 관한 언급은 보이지 않는다. 반면에, 7세기 살수진의 《천지서상지》와 12세기 김부식의 《삼국사기》에만 '취리산(就利山)'이라는 이름으로 소개되어 있다. 자세한 소개와 고증은 《자치통감》의 해당 주석(제689~690쪽)을 참조하기 바란다.

554) 그 맹약의 내용은 다음과 같았다[其盟文曰]: 당시의 맹약문은 《구당서》와 《삼국사기》 "문무왕 5년(665)"조뿐만 아니라 살수진 《천지서상지》〈맹서〉, 《당대조령집(唐大詔令集)》〈맹문(盟文)〉 "부여여신라맹문(扶餘與新羅盟文)", 《전당문(全唐文)》권158 "맹신라백제문(盟新羅百濟文)", 《책부원구》〈외신부·맹서(外臣部·盟誓)〉, 청대 강희 연간의 《어정 연감유함(御定淵鑒類函)》〈백제1(百濟一)〉 등 다수의 사서·문헌들에 소개되어 있다. 이 중에서 《구당서》·《삼국사기》·《책부원구》·《어정 연감유함》에는 맹약문 앞의 서문과 그 뒤의 상황까지 소개되어 있다. 부분적으로 그 문구나 글자에서 편차를 보이기는 하지만 내용은 대체로 동일하다.

555) *: 살수진 《천지서상지》의 첫머리에는 다음의 내용이 수록되어 있다. "대당 인덕 2년 기축년 8월 경자 삭월 13일 임자일에 계림주대도독·좌위대장군·개부의동삼사·상주국·신라왕인 김법민과 사가정경·행웅진주도독인 부여융 등이 삼가 황천후토(천지)와 산천의 신명께 분명하게 고하나이다.(維大唐麟德二年歲次己丑八月庚子朔十三日壬子, 鷄林州大都督左衛大將軍開府儀同三司上柱國新羅王金法敏·司稼正卿行熊州都督扶餘隆等, 敢昭告于皇天后土山谷神祇)" 인덕 2년은 서기로는 665년이며, 음력 8월 13일은 양력으로 10월 7일에 해당한다.

556) 백제(百濟): 《천지서상지》 필사본에는 두 번째 글자가 '건널 제(濟)'가 아닌 '가지런할 제(齊)'로 적혀 있다.

두운 탓에 이웃나라와의 우호를 돈독하게 하지 못하고 [양국이] 친척557)과 인척으로서도 사이가 좋지 못하였다.558) [그는] 고려와 결탁하고 왜국과 내통하면서 [그들과] 함께559) 잔인하고 포학한 짓들을 자행하였다. [급기야] 신라를 침공하여 [그 영토를] 잠식하고 성읍을 파괴하고560) 성 안 사람들을 도륙하매 평안한 해가 거의 없을 지경이었다. [＊561)]

557) 친척과 인척[親姻]: 고대 한문에서 '친인(親姻)'은 혼인으로 맺어지는 친속관계를 가리키는데, '친(親)'은 부계 혈통의 친척, '인(姻)'은 모계 혈통의 인척을 말한다. 이 대목에서는 백제와 신라가 의자왕 이전에 정략결혼, 즉 화친(和親)을 맺은 일을 가리킨다. 《삼국사기》에 따르면, 백제와 신라는 서기 493년에는 백제 동성왕(東城王, 15)과 신라 소지왕(炤知王, 15)이, 553년에는 백제 성왕(聖王, 31)과 신라 진흥왕(眞興王, 14)이 화친을 맺었다.

558) 사이가 좋지 못하였다[不睦]: 이 부분을 인터넷 〈국편위판〉에서는 "이웃과 우호가 돈독하지 못했으며, 친척과 화목하게 지내지 못하였다", 〈동북아판4〉(제148쪽)에서는 "이웃나라와 돈독하지 못하며 친척·인척과 화목하지 못했다"로 각각 번역하였다. 그러나 여기서는 백제와 신라가 정략결혼(화친)을 맺고도 사이좋게 지내지 못한 일을 두고 한 말이다. 《천지서상지》 필사본에는 이 부분이 '불효신인(不曉新姻)'으로 되어 있다. 살수진이 맹약문 원문을 필사하는 과정에서 두 번째 글자 '화목할 목(睦)'과 세 번째 글자 '친할 친(親)'을 모양이 비슷한 '새벽 효(曉)'와 '새 신(新)'으로 잘못 보고 글자를 잘못 적은 것으로 보인다.

559) 함께[共]: 《삼국사기》의 정덕본·을해목활자본·《삼국사절요》 등 국내 판본들에는 이 글자가 '군사 병(兵)'으로 새겨져 있다. 그러나 전후 맥락을 따져 볼 때 '병(兵)'은 글자 모양이 비슷한 '함께 공(共)'을 잘못 적은 것이다. 실제로 《삼국사기》를 제외한 앞서의 모든 사서·문헌에는 일률적으로 '공'으로 나와 있다.

560) 성읍을 파괴하고[破邑]: 여기서 동사로 작동하는 앞 글자의 경우, 《천지서상지》·《삼국사기》·《당대조령집》·《전당문》·《책부원구》에는 '공격할 표(剽)'로 되어 있는 반면에 '무찌를 파(破)'로 표기된 사서는 《구당서》와 《어정 연감유함(御定淵鑒類函)》뿐이다. 연대가 가장 빠른 《천지서상지》 필사본을 포함한 복수의 사서에 '표'로 되어 있으니 맹약문 원문에는 '표'를 사용했다고 보아야 옳다.

561) ＊: 살수진 《천지서상지》의 맹약문에는 이 자리에 다음의 내용이 추가되어 있다. "건장한 이들은 정벌의 노역에 시달리고 노약자들은 이리저리 수송하느라 지치는가 하면 백성들의 고혈이 들풀을 적시고 마른 시체들이 길바닥에 즐비할 정도였다.(丁壯苦於征役, 老弱疲於轉輸, 脂膏潤於野草, 僵屍遍於道路)"

'나란할 병(并)'은 쓰거나 보기에 따라서는 '함께 공(共)'과 혼동하기 쉽다.

○ "往者百濟先王, 迷於逆順, 不敦鄰好, 不睦親姻。結託高麗, 交通倭國, 共爲殘暴, 侵削新羅, 破邑屠城, 略無寧歲。

• 073

[중국의] 천자께서는 하나의 물건이라도 제자리를 잃는 것[562)]을 딱하게 여기고 백성들이 아무 죄도 없[이 고통 받]는 것을 불쌍히 여기시어 몇 번이나 사신에게 명령하여 그로 하여금 [양국이] 우호를 이어가도록 이르셨다. [그러나 선왕은 자국의] 지형이 험하고[563)] [당나라로부터] 거리가 먼 것만 믿고 하늘의 법도를 소홀히 여기고 거만하게 처신하였다.

---

562) 제자리를 잃는 것[失所]: '실소(失所)'를 인터넷 〈국편위판〉에서는 "하나의 물건이라도 없어지는 것", 〈동북아판3〉(제149쪽)에서는 "물건 하나라도 없어지는 것"으로 각각 번역하였다. 그러나 전후 맥락을 따져 볼 때, 두 글자는 특정한 물건이 있어야 할 곳에 없는 것을 두고 한 말이므로 "[있을] 자리를 잃다" 식으로 번역해야 옳다.

563) 지형이 험하고[負險]: '부험(負險)'은 글자 그대로 풀면 '[지형이] 험한 것을 믿고' 정도의 뜻이다. '부험'은 바로 뒤에 이어지는 '시원(恃遠)'과 짝을 이루므로 문법 구조가 동일한 셈이다. 〈동북아판4〉(제149쪽)에서는 이 부분을 "[오가는 길이] 험하고~" 식으로 번역했으나 길(road)이 험한 것보다는 지형(topography)이 높고 험한 것을 가리키므로 그 의미를 새길 때에 유념할 필요가 있다. 《삼국사기》 "문무왕 5년 8월"조에서 '험할 험'을 '높을 험(嶮)'으로 쓴 것도 바로 그 이유 때문이다.

○ 天子憫一物之失所, 憐百姓之無辜, 頻命行人, 遣其和好. 負險恃遠, 侮慢天經.

• 074
황제께서는 이에 분노하시어 [백제 백성들을] 다독이고 [국왕을] 정벌하는 소임을 삼가 실천하시니564) [황제의] 깃발이 가리키는 곳마다 한 번의 출정으로 모두 평정되었다. 565)

[백제왕의 죄는] 참으로 [그] 왕궁을 못으로 만들고 [그] 집을 더럽힘으로써566) [그] 후예들에게 경계로 삼고, [그 물의] 근원을 막고 [그 독초의] 뿌리를

---

564) 다독이고 정벌하는 소임을 삼가 실천하시니[恭行弔伐]: 이 부분을 인터넷 〈국편위판〉에서는 "[죄인을] 치고 [백성을] 위로하는 일을 삼가 거행하니", 〈동북아판3〉(제149쪽)에서는 "삼가 내키지 않는 정벌을 행하니" 식으로 번역하였다. 여기서는 하늘의 뜻을 받들어 공손하게 정벌을 임했다는 뜻으로 해석해야 옳다. 첫 번째 글자의 경우, 《삼국사기》의 정덕본·을해목활자본에는 '받들 공(龏)', 한국정신문화연구원본에는 '함께 공(共)'으로 나와 있다. 반면에, 《삼국사기》를 제외한 앞서의 사서·문헌에는 모두 '공손할 공(恭)'으로 되어 있는데, 전후 맥락을 따져 볼 때 '함께 공'은 잘못 들어간 글자이다. 《천지서상지》 필사본에는 이 부분이 "공행여벌(龏行予伐)"로 되어 있는데 의미상으로는 큰 차이가 없다. 김용천·최현화의 《천지서상지》 역주본(제327쪽)에서는 앞 글자 '공(龏)'을 쪼개어 '용공(龍共)' 두 글자로 새겼는데 착오이다.

565) 한 번의 출정으로 모두 평정되었다[一戎大定]: 살수진 《천지서상지》에는 이 부분이 상당히 다르게 소개되어 있다. "마치 불길이 온 들판을 다 태우고 번개가 쓸고 바람이 치닫듯이 한 번의 출정으로 불이 진압되었다. [이에] 위엄과 업적은 바다 너머까지 이르고 말씀과 가르침은 다른 나라에까지 미치는도다.(若火燎原, 電掃風駎, 一戎火定. 威積載於海外, 聲敎被於殊方)"

566) 참으로 왕궁은 못으로 만들고 집을 더럽힘으로써[固潴宮汚宅]: 이 부분을 인터넷 〈국편위판〉에서는 "진실로 궁궐은 못을 파고 집은 웅덩이를 파서 뒷날의 경계를 삼고[폐단의 근원을 뿌리째 뽑아 다음 사람에게 훈계를 남겨야 될 일이다]", 〈동북아판3〉(제149쪽)에서는 "실로 물속에 잠겨 버린 궁궐과 집은 후세의 경계가 되고[발본색원한 것은 자손들에게 교훈이 될 것이다]" 식으로 번역하였다. 그러나 이 부분은 문법적으로 「동사+목적어+동사+목적어」 구조에 해당한다. "왕궁은

뽑음으로써 [그] 후손들에게 교훈을 남김이 마땅하다.567)

○ 皇赫斯怒, 恭行弔伐, 旌旗所指, 一戎大定。固可潴宮汚宅, 作誡來裔, 塞源拔本, 垂訓後昆。

•075

그렇기는 하나 순종하는 이는 보듬어 주고 거역하는 자는 응징하는 것이야말로 옛 군왕들이 정한 법도요, 망한 나라는 일으키고 끊어진 왕통은 이어 주는 것이야말로 옛 성인들의 공통된 원칙이다. [이렇듯] 매사에서 반드시 옛 전통을 본받아야 한다는 것은 그동안의 서책들에 [두루] 전해져 온 바이다.

○ 然懷柔伐叛, 前王之令典。興亡繼絶, 往哲之通規。事必師古, 傳諸囊册。

•076

그래서 왕년의 백제 태자인 사가정경568) 부여융을 세워569) 웅진 도독

못으로 만들고 집은 더럽히다" 식으로 번역해야 옳다는 뜻이다. 국내의 《삼국사기》 판본들에는 세 번째 글자 '더럽힐 오(汚)'가 '들개 안(犴)'으로 되어 있는데 글자를 잘못 읽으면서 빚어진 착오이다. 《천지서상지》에는 첫 글자 '굳을 고(固)'가 '나라 국(國)'으로 적혀 있는데, 전후 맥락을 따져 볼 때 잘못 베낀 것으로 보인다.

567) 후손들에게 교훈을 남김이 마땅하다[作誡來裔]: 《천지서상지》 필사본에는 이 부분의 목적어가 '경계할 계(誡)'가 아니라 '본 범(範)'으로 되어 있다. 글자 그대로 풀면 "후손들에게 본보기를 남김이 마땅하다" 정도의 뜻이다.

568) 사가정경(司稼正卿): 당대의 관직명. 정식 명칭은 사가시 정경(司稼寺正卿)으로, 사농시 경(司農寺卿)의 또 다른 이름이다. 《당육전(唐六典)》 및 《구당서》 〈직관지〉에는 "【사농시】 경 1명, 종3품. 용삭 2년(662)에 '사가시 정경'으로 개칭했다가 함형 연간에 원래대로 환원되었다(【司農寺】卿一人, 從三品。龍朔二年改司稼

570)으로 삼음으로써 그 [나라의] 제사를 [온전히] 유지하고 그의 고장571)을 보전하게 해 주고자 한다. [웅진 도독 부여융은] 신라와 [서로] 의지하며 영원토록 혈맹의 나라로 [사이좋게] 지내면서 각자 묵은 감정[의 응어리들]을 없애고 좋은 관계를 맺어 사이좋고 가깝게 지내며 [천자가] 조서로 내린 명령을 공손히 받으며572) 영원토록 [중국의] 번국으로 남아 주기를573) 바라

寺正卿, 咸亨中復舊)"고 한다. '사농시(司農寺)'는 양곡을 비축하고 창고를 관리하는 한편 도성의 조정 관원들이 녹봉으로 받는 쌀을 공급하는 등의 업무를 관장하였다.

569) 세워[立]: '세우다, 옹립하다'의 뜻을 나타내는 '설 립(立)'이 《천지서상지》 필사본에는 '벼슬 내릴 제(除)'로 적혀 있어 어감에 약간 차이가 있지만 맥락에는 큰 변동이 없다.

570) 웅진도독(熊津都督): 《책부원구》의 경우, 맹약문 본문과는 달리 해제에서는 '웅진도위(熊津都尉)'로 소개되어 있는데, '도독'을 '도위'로 잘못 적은 것이 아닌가 싶다. 《책부원구》 해제에는 부여융의 직함이 '백제왕(百濟王)'으로 소개되어 있다. 이를 통하여 당나라가 백제를 자국 영토로 편입시키는 대신, 적어도 표면적으로는 왕족인 부여융에게 통치를 위임함으로써 기존의 기미정책(羈縻政策)의 기조를 유지하면서 백제를 간접통치하는 방식을 택했음을 확인할 수 있다. 당나라 영토로 편입된 백제와 고구려가 워낙 지리적인 거리가 멀어서 제국의 경제에 보탬이 되기는커녕 오히려 부담만 가중되고 있으니 차라리 양국 왕족들을 귀국시켜 계속 통치하게 하자는 저수량(褚遂良, 596~659)의 상소문이 그 증거이다.

571) 그의 고장을 보전하게 해 주고자 한다[保其桑梓]: '상자(桑梓)'는 원래 각각 뽕나무와 가래나무를 뜻한다. 중국에서는 고대에 집 주변에 뽕나무와 가래나무를 심었기 때문에, 주로 '고향'을 뜻하는 표현으로 사용하곤 하였다. 여기서도 "그의 고장[其桑梓]"은 부여융의 고국인 백제를 가리킨다.

572) 공손히 받으며[恭承詔命]: 첫 번째 글자의 경우, 《삼국사기》 판본들에는 '공손할 공'이 아닌 '저마다 각(各)'으로 새겨져 있다. 전후 맥락에는 큰 문제가 없으나 복수의 사서·문헌들을 참조할 때 원문의 글자는 '공'이었던 것으로 보인다. 청대의 《어정연감유함》에는 '삼갈 각(恪)'으로 적혀 있지만 나머지 사서·문헌들에는 한결같이 '공손할 공'으로 되어 있다. 국내 판본들의 '저마다 각'은 '삼갈 각'을 잘못 썼거나 약자일 가능성이 높다는 뜻이다.

573) 영원토록 번국으로 남아 주기를[永爲藩服]: 이 부분을 인터넷 〈국편위판〉에서는 "詔命을 공손히 받들고 영원한 藩國이 되라", 〈동북아판3〉(제149쪽)에서는 "영

부여 정림사지(定林寺址) 백제 5층 석탑과 하단 4면에 둘러 세운 《대당평백제비명(大唐平百濟碑銘)》(부분, 국립문화재연구원 탁본)

는 바이다.

○ 故立前百濟太子司稼正卿扶餘隆爲熊津都督, 守其祭祀, 保其桑梓. 依倚新羅, 長爲與國, 各除宿憾, 結好和親. 恭承詔命, 永爲藩服.

• 077

[그래서] 나아가 사자인 좌위위장군·노성현공 유인원[574]을 파견하여

원히 신국이 되어 복속해야 할 것이다"로 번역하였다. 그러나 여기서의 '복(服)'은 '복속하다(obey)'의 의미로 새겨서는 곤란하다. 고대에 제왕이 직접 다스리는 구역인 '왕기(王畿)'의 범위를 넘어서는 '먼 땅(faraway land)'을 막연히 부르는 이름으로 사용되었기 때문이다.

574) 사자인 좌위위장군·노성현공 유인원[使人右威衛將軍魯城縣公劉仁願] : 인터넷 〈국편위판〉에서는 유인원의 직함을 "使臣 左威衛將軍 魯城縣公"으로 소개하였다. 그러나 《천지서상지》에는 '우위위장군·상주국·노성현개국공(右威衛將軍上柱國魯城縣開國公)', 《구당서》〈백제전〉, 《전당문(全唐文)》〈맹신라백제문(盟新羅百濟文)〉, 《당대조령집(唐大詔令集)》〈부여신라맹문(扶餘新羅盟文)〉, 《책부원구》〈외신부·맹서(盟誓)〉, 《삼국사기》〈신라본기〉, 《삼국유사》〈왕력편〉, 《어정 연감유함》〈백제〉 등에는 모두 "사인·우위위장군·노성현공(使人右威衛將軍魯城縣公)"으로 소개되어 있다. '좌'가 아니라 '우'로 써야 맞다는 뜻이다. 또, 〈동북아판4〉

직접 [맹약] 현장에 나가 [두 사람을] 달래고 깨우치는 한편575) [짐의] 당초의 뜻을 소상하게 알리도록 일렀노라.576) [*577)] [그러니 서로가] 혼인으로 약속을 하고 맹세로서 [두 사람의 동의의 뜻을] 펴 보이도록 하라. 희생을 잡아 [그] 피를 마시는 것은 [두 나라가 우호관계를] 함께 처음부터 끝까지 돈독하게 하며 불행은 나누고 우환은 서로 도우면서 그 은덕이 형제 같기를 바라노라.

○ 仍遣使人右威衛將軍魯城縣公劉仁願親臨勸諭, 具宣成旨, 約之以婚姻, 申之以盟誓。刑牲歃血, 共敦終始, 分災恤患, 恩若弟兄。

• 078

황제의 조언을 삼가 받들어 [신뢰를] 잃지 않아야 할 것이며, 맹약을 맺은 뒤에는 추운 겨울[의 소나무 잣나무]처럼 변하지 않는 절개를 지키도록 하라.

만약 [어느 쪽이든] 신의를 버리고 항상심을 잃은 채578) 그 [베푸는] 은덕을

(제150쪽)에서는 이 부분을 "사신을 보내 우위위장군·노성현공 유인원이 친히 임석하여 권고하고 …" 식으로 《구당서》의 본문으로 해석하였다. 그러나 이 부분은 고종이 제3자를 따로 사자로 파견한 것이 아니라 유인원을 전권 대사로 파견했다는 뜻이므로 전후 맥락을 이해하는 데에 유념할 필요가 있다.

575) 달래고 깨우치는 한편[勸諭]: 두 번째 글자가 정덕본(1512)·옥산서원본(1573) 등, 《삼국사기》 판본들에는 '꼬드길 유(誘)', 《천지서상지》에는 '깨우칠 유(喩)'로 되어 있다. 전후 맥락을 따져 볼 때 후자의 의미로 새겨야 옳다.

576) 당초의 뜻을 소상하게 알리도록 일렀다[具宣成旨]: 첫 번째 글자를 《삼국사기》 판본들에서는 '갖출 구(具)'가 아닌 '이 식(寔)'으로, 《천지서상지》에서는 '그 기(其)'로 적었다. 그러나 전후 맥락을 따져 볼 때 문법적으로는 전자가 옳다. 《삼국사기》를 제외한 사서·문헌들에는 '구'로 되어 있는 것을 보면, '식'은 그다음 글자인 '펼 선(宣)'과 혼동하여 잘못 베낀 것으로 보인다.

577) *: 〈동북아판〉에서는 유인궤의 말이 여기서부터 시작되는 것으로 파악하였다.

578) 만약 신의를 버리고 항상심을 잃은 채[若有棄信不恒]: 이 부분이 《삼국사기》·《전

뒤집고 군사를 일으키고 무리를 움직여 [상대국의] 변경을 침범하는 일이 생긴다면579) 천지신명께서 그 일들을 살피시고580) 온갖 재앙들581)을 다 내리시어 자손이 번창하지 않아582) [그 나라의] 사직조차 지킬 이가 없

- 당문》·《책부원구》 등에는 "만약 맹약을 저버린 채(若有背盟)"로 되어 있다. 반면에, 《구당서》와 《어정 연감유함》에는 "만약 신의를 버리고 항상심을 잃은 채", 《당대조령집》에는 "만약 배반하여 항상심을 잃은 채(背叛不恒)"로 나와 있다. 《천지서상지》 필사본에는 이 부분이 "약유괴개불항(若有乖不恒)"으로 되어 있다. 그러나 '등질 배(背) ⇒ 어그러질 괴(乖)' 식으로 모양이 비슷한 글자들을 잘못 베끼면서 전혀 엉뚱한 의미를 담게 된 것으로 보인다.
- 579) 변경을 침범하는 일이 생긴다면[侵犯邊陲]: 여기서 목적어 '변수(邊陲)'가 청대의 《어정 연감유함》에는 '하늘 끝'을 뜻하는 '천수(天陲)'로, 《천지서상지》에는 '드리울 수(垂)'로 나와 있으나, 둘 다 필사하는 과정에서 발생한 착오로 보인다.
- 580) 천지신명께서 그 일들을 살피시고[明神鑒之]: 세 번째 글자가 《구당서》·《당대조령집》·《전당문》에는 '살필 감(鑒)', 《삼국사기》·《책부원구》에는 '볼 감(監)'으로 되어 있는 반면, 《어정 연감유함》에는 '죽일 극(殛)'으로 나와 있어서 이채를 띤다. 《삼국사기》 판본들에는 '살필 감'이 아닌 '볼 감'으로 통일되어 있는 것을 보면 김부식이 편찬과정에서 《책부원구》를 많이 참조했음을 눈치챌 수 있다. 물론, 원래의 글자는 '살필 감'이었겠지만 문법·문자학적으로는 '볼 감'으로 새겨도 큰 차이가 없다.
- 581) 온갖 재앙들[百殃]: '백앙(百殃)'은 유가의 경전인 《서경(書經)》〈이훈(伊訓)〉의 "좋은 일을 하면 그 사람에게 온갖 행운을 내려지며 좋지 않은 일을 하면 그 사람에게 온갖 재앙이 내려지는 법이다(作善, 降之百祥. 作不善, 降之百殃)"에서 유래한 말이다. 국판위판에서는 이를 '온갖 재앙으로', 〈동북아판3〉(제150쪽)에서는 '100가지 재앙'으로 각각 번역하였다. 고대 한문에서 '백앙'처럼 「百+명사」식으로 사용되는 표현들은 실제의 숫자가 아니라 막연히 많은 숫자를 가리키는 것이 보통이다.
- 582) 자손이 번창하지 않아[子孫不昌]: 마지막 글자의 경우, 《구당서》·《어정 연감유함》에만 '창성할 창(昌)'으로 되어 있으며, 《삼국사기》·《당대조령집》·《전당문》·《책부원구》 등에는 모두 '낳을 육(育)'으로 되어 있다. '자손불육(子孫不育)'은 자손을 낳지 못하는 것, 즉 대가 끊기는 것을 뜻하므로 표현이 훨씬 극단적이다. 《천지서상지》에는 이 네 글자 앞에 '사기(使其)' 두 글자가 추가되어 구문 전체가 사역형으로 전환되었다. 그래서 "법통을 이어갈 유족조차 남지 않게 된다"까지가 사역형으로 전환되면서 "그들로 하여금 자손이 번창하지 않게, ~ 법통을 이어갈 유족조차 남지 않게, 만드실 것이다" 식으로 훨씬 강한 금지의 어감을 나타낸다.

게 될 것이요 종묘의 제사는 [명맥이] 끊기어 법통을 이어갈 유족조차 남지 않게 될 것이다.

○ 祇奉綸言, 不敢失墜, 旣盟之後, 共保歲寒。若有棄信不恒, 二三其德, 興兵動衆, 侵犯邊陲, 明神鑒之。百殃是降, 子孫不昌, 社稷無守, 禋祀磨滅, 罔有遺餘。

• 079

그래서 금서와 철계583)를 만들고 그것을 종묘에 간직하며 자손만대에 이르도록 혹시라도 경솔하게 [전날의 맹약을] 어기는 일이 없도록 해야 할 것이다.584) 그것을 거룩하게 여기며 그것을 따른다면585) 그로써 풍족

---

583) 금서와 철계[金書鐵契]: 중국 고대에 제왕이 대신·공신에게 부여한 특권을 적은 증표. 글자 그대로 풀면 '금빛(붉은) 글자로 쓴 글과 쇠로 된 부절(符節)' 정도의 뜻으로, '단서금계(丹書金契)·단서금권(丹書金券)' 식으로 사용되기도 한다. 《구당서》와 《어정 연감유함》을 제외한 《삼국사기》·《당대조령집》·《전당문》·《책부원구》에는 '금서철권(金書鐵券)'으로 되어 있다. 한나라의 개국군주인 고조(高祖) 유방(劉邦)은 공신들을 회유하고 통치 기반을 다질 목적으로 '특권을 대대로 세습하게 해 주겠다'거나 '죄를 사면한다'는 맹세 내용을 쇠널에 붉은 글씨로 적었다. 그런 다음에 부절처럼 둘로 쪼개어 한쪽은 공신이 보관하고 한쪽은 금제 상자에 담아 종묘의 석실에 보관함으로써 군신 간의 증표로 삼았다. 후대에 민간의 연극·소설들에서는 이를 '죽음을 면하게 해 준다' 하여 '면사금패(免死金牌), 면사패'로 부르기까지 하였다. 그러나 처음에는 단순히 봉작을 받을 일을 증명하는 증표일 뿐 [죽을] 죄를 사면하는 등의 특권을 부여한 것은 아니었다.

584) 혹시라도 경솔하게 어기는 일이 없도록 해야 할 것이다[無或敢犯]: 이 부분의 경우, 《천지서상지》에는 "감히 어기는 일이 없다면(無敢犯)", 《삼국사기》(정덕본·옥산서원본)에는 "감히 제사를 어기는 일이 없도록 해야 할 것이다(無敢違祀)", 《전당문》·《책부원구》에는 "감히 어기는 일이 없어야 할 것이다(無敢違犯)", 《당대조령집》에는 "감히 혹시라도 어기는 일이 없도록 해야 할 것이다(無敢或犯)" 등으로 서로 다르게 나와 있다. 이 중에서 《삼국사기》 판본들의 '제사 사(祀)'는 '범할 범(犯)'을 잘못 적은 것이다. 해당 대목을 목판에 새기던 판각공이 '범할 범'을 그 다음 구절의 첫 글자 '귀신 신(神)'과 결부시켜 이해하면서 모양이 비슷한 '제사

금서철계 예시. 당나라 소종(昭宗) 건녕(乾寧) 4년에 팽성군왕(彭城郡王) 전무(錢繆)에게 내린 것으로 전해진다. (중국 역사백과망 사진)

해지고 그로써 복을 누리게 되리라!"

○ 故作金書鐵契, 藏之宗廟, 子孫萬代, 無或敢犯。神之聽之, 是饗是福。"

• 080

[이상은] 유인궤가 지은 글이다. 586)

사'로 잘못 새긴 것으로 보인다.

585) 그것을 거룩하게 여기며 그것을 따른다면[神之聽之]: 이 부분을 인터넷 〈국편위판〉에서는 "신명이 듣고 있으니 이로서 누릴 복이 결정되리라", 〈동북아판4〉(제150쪽)에서는 "신령께서 이를 받아 주시어 복을 누릴 것이라"로 각각 번역하였다. 그러나 이 부분은 문법적으로 「동+목+동+목」 구조로, 그 뒤에 이어지는 「보+동+보+동」 구조의 '시향시복(是饗是福)'과 대비된다. 동어반복이 많아 다소 어색하기는 하지만 여기서는 문법에 맞추어 번역하였다.

586) 유인궤가 지은 글이다[劉仁軌之辭也]: 이 구절을 인터넷 〈국편위판〉에서는 "유인

○ 劉仁軌之辭也。

•081
[두 사람은 백마의] 피를 마시고 나서 제단 아래의 좋은 자리[587]에 폐백을 묻고[588], 그 맹약의 글은 신라의 종묘[589]에 간직하였다.
○ 歃訖, 埋幣帛於壇下之吉地, 藏其盟書於新羅之廟。

궤가 지은 글", 〈동북아판3〉(제150쪽)에서는 "유인궤가 말하였다"로 번역했는데, 전후 맥락을 따져 볼 때 전자가 옳다. 이 구절을 통하여 이날의 맹약 당사자인 웅진도독(부여융)과 신라 문무왕(김법민)의 맹약에 맞추어 유인궤가 맹약문을 작성했음을 알 수 있다. 그리고 그것을 관례상 회맹 주재자로 현장에 입회해야 할 본국 황제(고종)를 대리하여 전권사자로 파견된 유인원이 현장(취리산)에서 낭독한 것이다. 이 구절도 처음에는 맹약문과 《구당서》 기사가 혼동되지 않도록 구분하기 위하여 주석으로 붙여 놓았던 것을 후대의 누군가가 본문으로 잘못 끼워 넣은 것으로 보인다. 실제로 《당대조령집》·《전당문》과 《어정 연감유함》에는 이 구절이 빠져 있다. 참고로 《당대조령집》에는 이 맹약문의 작성 시점이 "인덕 2년 8월(麟德二年八月, 양력 665년 9월)"로 소개되어 있다.

587) 제단 아래의 좋은 자리[壇下之吉地]: 이 부분의 경우, 《책부원구》와 《삼국사기》에는 "제단의 임지(壇之壬地)"로 되어 있다. 고대 중국에서 '10간(十干)'의 하나인 '임(壬)'은 방위상으로 '북쪽'을 나타낸다. 따라서 '제단의 임지'는 제단의 북쪽 방향의 땅을 말하는 셈이다. 《수서》·《대당개원례(大唐開元禮)》·《당회요》·《구조편년비요(九朝編年備要)》 등에는 모두 '임지(壬地)'로 되어 있으며 '길지(吉地)'로 되어 있는 것은 《구당서》가 유일하다.

588) 폐백을 묻고[埋幣帛]: 땅에 묻는 물건의 경우, 《구당서》에는 "폐백(幣帛)", 《책부원구》에는 "맹약문·희생(제물)·폐백(書牲幣)", 《삼국사기》에는 "희생·폐백(牲幣)"으로 서로 다르게 소개되어 있다. 어느 쪽이 당초의 원문에 가까운지는 확인할 길이 없다. 다만, 그 뒤에서 "그 맹약의 글은 신라의 종묘에 간직하였다"고 한 것을 보면 《책부원구》의 '서(書)'자는 잘못 들어간 것이 확실하다.

589) 신라의 종묘[新羅之廟]: 《삼국사기》 "문무왕"조에는 이 부분이 "우리 종묘(我之宗廟)"로 되어 있다. 김부식이 중국의 사서·문헌에 언급된 표현을 차용하는 과정에서 당시 고려의 실정에 맞추어 적절하게 수정한 것으로 보인다.

• **082**

[양국의 맹약을 참관하고 나서] [유]인원 · [유]인궤 등이 [당나라로] 귀환하자 590) [부여]융은 신라[의 해코지]를 두려워하여 얼마 지나지 않아 [결국] 도성으로 되돌아오고 말았다. 591)

---

590) 인원·인궤 등이 귀환하자[仁願仁軌等旣還]: 《자치통감》과 《책부원구》〈외신부·맹서(盟誓)〉에는 이 부분이 이렇게 소개되어 있다. "이리하여 [유]인궤는 신라·백제·탐라·왜국 네 나라의 사신을 데리고 바다를 건너 서쪽(본국)으로 귀환한 다음 태산 아래로 달려갔다.(於是, 仁軌領新羅百濟眈羅倭人四國使, 浮海西還, 以赴太山之下)" 《삼국사기》에서는 '신라'를 '우리 사자[我使者]'로 바꾸고 이렇게 기술해 놓았다. "유인궤가 우리 사자 및 백제·탐라·와 등 네 나라의 사신을 데리고 바다를 건너 서쪽(당나라)으로 귀환하고 [조정의 군신들과] 태산에서 합류하여 제사에 참여하였다." 유인궤·유인원이 신라·백제·탐라·와국의 사신들을 당나라로 데려간 것은 그들을 태산에서 거행되는 봉선(封禪) 의식에 참석시키고 황제를 알현하게 하기 위해서였을 것이다.

591) 신라를 두려워하여 얼마 지나지 않아 도성으로 되돌아오고 말았다[懼新羅, 尋歸京師]: 《삼국사기》 "의자왕 20년"조에는 이 대목이 좀 다르게 기술되어 있다. "인덕 2년(665) 부여융이 무리가 두 마음을 품고 뿔뿔이 흩어질까 두려워 자신도 도성으로 귀환하였다.(隆畏衆攜散, 亦歸京師)" 여기서 '휴산(攜散)'은 '두 마음(딴 마음)을 품고 흩어지는 것[有二心而散去]'을 가리킨다. 자기 나라가 패망하고 신라에 귀순한 백제의 백성들이 더 이상 부여융을 따르지 않게 된 것을 두고 한 말로 보인다. 그런데 이 구절은 한국 고대사에서 대단히 중요한 내용을 담고 있다. 역사적 진실을 확인할 방법은 없지만, 이 구절만 보고 판단하자면, ① 당나라 측이 부여씨의 백제로의 귀환 및 통치를 보장해 주었으나 ② 부여씨가 백제를 떠나 당나라에서 활동하는 사이에 신라가 차츰 백제 땅을 잠식한 것은 물론이고 ③ 백제 유민들의 민심까지 얻으면서 부여씨의 입지가 차츰 좁아졌으며, ④ 이에 위기감을 느낀 부여융이 백제에 대한 통치권을 스스로 포기하고 도로 당나라로 돌아갔음을 짐작할 수 있기 때문이다. 바로 뒤에 이어지는 기사를 살펴보건대, 당나라에서는 의봉(儀鳳) 2년(677)에 부여융에게 웅진도독·대방군왕의 작호를 내리고 본국을 계속 통치할 수 있도록 허용해 주었다. 이 사실은 《신당서》《자치통감》 등에서 백제가 패망한 뒤에도 당나라가 부여융이나 부여풍을 '백제왕(百濟王)'으로 소개한 것을 보아도 알 수가 있다. ⑤ 그러나 그들은 당나라의 작호만 받았을 뿐 죽을 때까지 백제 땅을 밟지 않았다. 이로써 엄연히 영지가 존재하던

○ 仁願·仁軌等旣還, 隆懼新羅, 尋歸京師。

•083

의봉 이년592)에 [고종은 부여융에게] 광록대부·태상원외경·겸웅진도독·대방군왕을 제수하였다. 593) [그러고 나서] 본국으로 돌아가서 [백제의] 남은 무리들을 안정시키고 불러들이도록 일렀다. [*594)]

웅진도독 및 대방군왕의 작호는 이때에 이르러 결국 영토(백제)는 사라지고 작호만 남은 유명무실한 명예직으로 굳어졌을 것이다.

592) 의봉 2년(儀鳳二年): 서기 677년이며, 신라 기년으로는 문무왕 17년에 해당한다.

593) 대방군왕을 제수하였다[拜 … 帶方郡王]: 청대 학자 조익(趙翼, 1727~1814)은 《해여총고(陔餘叢考)》권10에서 이 부분과 관련하여 다음과 같이 일침을 놓았다. "의봉 2년에 고려왕 [고]장을 파견해 조선군왕으로 삼고, 부여융을 대방군왕으로 삼아 각자 본국으로 돌아가 [본국의] 남은 무리들을 안정시키고 모아들이게 해주었다. 이 두 사람은 본래 고려와 백제의 군주로서 [당나라와의 전쟁이 끝나자] 사로잡혀 [당나라에] 입조했으나 이때에 이르러 귀환하면서 마침내 대대로 그 나라를 가지게 되었으니 이 또한 하나의 중대한 사건이었던 셈이다. 그럼에도 불구하고 [이처럼 중대한 사실을] 《신당서》에서는 기록하지 않았다.(儀鳳二年, 遣高麗王藏爲朝鮮郡王, 扶餘隆爲帶方郡王, 各歸國安輯餘衆. 此二人本高麗百濟之君, 被擄入朝, 至是遣還, 遂世有其國, 則亦一大事也, 而新書不書)"

594) *:《구당서》의 〈고종본기〉 "의봉 2년"조에는 이 자리에 보장왕 고장에 대한 처분도 추가되어 있다. "2월 정사일에 공부상서이던 고장에게 요동도독을 제수하고 조선군왕으로 봉한 다음 [그를] 파견하여 안동[도호]부로 돌아가서 고려의 남은 무리를 안무하고 모아들이도록 일렀다. [이와 함께] 사농경 부여융에게는 웅진주도독을 제수하고 대방군왕에 봉한 다음 [역시 백제로] 가서 백제의 남은 무리를 안무하고 모아들이도록 일렀다. 이어서 안동도호부를 신성으로 옮기고 그를 통솔하게 [하려] 하였다.(二月丁巳, 工部尙書高藏授遼東都督, 封朝鮮郡王, 遣歸安東府, 安輯高麗餘衆. 司農卿扶餘隆熊津州都督, 封帶方郡王, 令往安輯百濟餘衆. 仍移安東都護府於新城, 以統之)" 이를 통하여 당나라가 고장을 요동도독·조선군왕으로 봉한 다음 귀국시켜 고구려를 재건하게 하는 한편 자국이 기존에 설치했던 안동도호부를 [안동(평양성)]에서 신성으로 옮겨 그를 통솔(감독)하게 했음을 확인할 수 있다. 무측천 당시의 당나라의 이 같은 조치는 곧 고구려를 직접 통치하

[그러나] 이때에 백제 본국은 황량해지고 허물어져서 차츰 신라에게 점거되는595) 지경에 이르고 말았다. [이에 부여]융은 결국 옛 나라로 귀환할 엄두를 내지 못하다가 죽었다.

○ 儀鳳二年, 拜光祿大夫·太常員外卿兼熊津都督·帶方郡王, 令歸本蕃, 安輯餘衆。時, 百濟本地荒毀, 漸爲新羅所據。隆竟不敢還舊國而卒。

• 084
그의 손자 [부여]경은 [무]측천이 재위할 때596) 대방군왕의 작호를 세습하는 한편 위위경에 제수되었다. [＊597)]

려던 고종 당시의 계획을 포기하고 그 지배권을 고장에게 넘김으로써 고장을 통한 기미통치(간접통치)를 모색하는 데에 그 의도가 있었을 것이다. 도호부를 안동(옛 평양성)에서 신성으로 물린 것도 그 같은 조치의 일환이었을 것이다.

595) 차츰 신라에 점거되는[漸爲新羅所據]: 이 부분은 신라가 백제와 당나라의 전쟁 직후에 무주공산으로 변한 백제 영토를 일거에 완전히 장악한 것이 아니라 취리산의 맹약을 맺은 이후에도 오랜 기간에 걸쳐 조금씩 잠식해 들어간 끝에 최종적으로 전역을 흡수했음을 시사해 준다. 즉, 전쟁을 통한 탈취·점유라기보다는 ① 백제왕족의 통치권 포기 및 ② 백제 강역에 대한 신라의 지속적인 선무작업과 ③ 부여씨 왕가에 대한 백제 유민들의 민심 이반 등의 과정을 거쳐 최종적으로 신라에 통일되었다는 뜻이다.

596) [무]측천이 재위할 때[則天朝]: 《구당서》의 〈고려전〉과 〈신라전〉에 따르면, 부여경이 대방군왕의 작호를 세습한 시점은 무측천이 무씨 주나라[武周]를 세우기 전인 당나라의 "수공 2년(垂拱二年)", 즉 서기 686년이었다.

597) ＊: 《신당서》〈백제전〉에는 이 부분에 "[측천]무후가 재차 그 손자인 [부여]경으로 하여금 [백제의] 왕을 세습하게 하였다(武后又以其孫敬襲王)"는 내용이 추가되어 있다. 집필자가 그 기사에 "재차[又]"라는 표현을 쓴 것을 보면 수공 2년(686) 이전에도 부여경 등 백제왕족에게 백제의 왕통을 계승할 것을 종용한 것으로 보인다. 그러나 〈고려전〉의 고보원의 사례에서 보았듯이, 본인이 백제 귀환을 거부하면서 백제 부여씨의 왕통도 결국 단절되고 만다. 여기서 백제를 침공한 황제가 고종이었는데 무측천이 부여경으로 하여금 백제왕을 세습하게 했다는 것

○ 其孫敬, 則天朝襲封帶方郡王, 授衛尉卿。

• **085**

[그러나] 그 땅은 이때부터 신라 및 발해말갈⁵⁹⁸⁾이 나누어 점유하게 되니

은 그 시점이 고종 사후라는 뜻이다. 고종이 죽은 해는 홍도(弘道) 원년으로, 서기로는 683년에 해당한다. 고종이 죽자 아들 이현(李顯)이 그 뒤를 이어 황제(중종)로 즉위하였다. 그러나 황태후의 자격으로 수렴청정을 하던 무측천이 곧 중종을 폐위하고 넷째아들 이단(李旦)을 황제(예종)로 즉위시킨다. … 다만, 여기에 "발해말갈"이 등장하는 것을 보면 무측천이 부여경에게 백제왕을 세습하게 한 시점은 대체로 대조영이 진국(震國)을 세운 698년(백제 침공 이후 38년) 이후였던 것으로 보인다.

598) 발해말갈(渤海靺鞨): 당나라가 고구려 유민 대조영(大祚榮)이 세운 발해국(渤海國)을 낮추어 부른 이름. 글자 그대로 풀면 "발해 지역에 분포하는 말갈 집단"이라는 뜻이다. 원래 '발해'는 중국 동북방에 있는 바다를 말한다. 여기서 '발해'라는 키워드는 발해국의 지리적인 좌표와 강역을 정확하게 파악하는 데에 결정적인 단서를 제공한다. 현재 국내외 학계에서는 발해국의 강역을 지금의 요동반도 이동으로 보고 있는 것이 통설이다. 그러나 ① 중국 역대 왕조의 군명·봉호들 중에서 '발해'가 들어간 이름들은 어김없이 발해를 거점으로 삼았다. 따라서 ② '발해'라는 어원의 무게에 주목할 때 대조영이 고구려 유민 및 속말부 말갈과 함께 세운 발해국은 자연히 발해 바다를 끼고 있어야 정상이다. ③ 발해국의 동쪽 지경은 몰라도 서쪽 지경은 요동반도를 넘어 요서까지 확장되어 있어야 논리적으로 모순되지 않는다는 뜻이다. ④ 고구려의 당초 강역이 산해관 이동(지금의 요서지역)에서부터 시작되고, ⑤《수서》·《북사》·《구당서》등에서 공통적으로 수·당대에 속말부가 지리적으로 중원에서 가장 가까이에 있었다고 밝히고 있는 점 등을 종합적으로 따져 볼 때, 발해국 좌표에 대한 기존의 주장들은 재고되어야 옳다. 대씨 발해국의 국호의 경우,《구당서》에는 '발해말갈',《신당서》에는 '발해국'으로 각각 소개되어 있다. 중국 학계에서는《구당서》의 '흑수말갈'을 근거로 발해국의 주도적인 건국세력을 말갈족으로 단정하려는 경향을 보인다. 그러나 중국 학자들은 Ⓐ '발해말갈'이라는 당대의 명칭이 사실은 고구려 유민 대조영이 세운 나라의 정통성을 부정하기 위하여 일부러 격을 낮추어 그렇게 불렀다는 사실을 간과하는 듯하다. Ⓑ《구당서》에서 이미 "대조영이 본래 고구려의 별종"이라고 분명히 밝힌 점을 보더라도 발해국의 건국을 주도한 집단은 대씨를 주축으로 한 고구려 유민들로 보는 것이 합리적이다. 또, Ⓒ 당나라 역사를 다룬 사서들에서 대조영이 세운 나라에 대한 인식이 '발해말갈 ⇒ 발해국'으로 변하는 것은 당나라 조정이

599) 백제의 종족600)도 마침내 [이로써 명맥이] 끊어지고 말았다.

당초에 대조영의 나라를 단순히 당나라에 붙어 지내다가 반란을 도모한 말갈(속말)의 일개 부락으로 폄하하다가 나중에는 정치적으로 중원 왕조에서 독립된 독자적인 중앙집권국가임을 최종적으로 인정했음을 방증한다. ⓓ《신당서》〈발해말갈전〉에서 대조영이 당나라로부터 '발해군왕'으로 책봉된 일을 기술하면서 "이때부터 비로소 '말갈'이라는 호칭을 없애고 오로지 '발해'로만 부르기 시작하였다(自是始去靺鞨號, 專稱渤海)"고 한 것 역시 그 증거이다. ⓔ '발해말갈'은 애초부터 당나라가 대씨 발해국을 폄하한 표현인데, 그런 표현을 근거로 발해국을 '말갈족이 세운 나라'라고 주장하는 것은 이율배반이라는 뜻이다. 이와 관련하여, 〈동북아판2〉 주3(제216쪽)에서는 "새롭게 발견된 '僕固乙突' 묘지명에 '[東打]靺鞨'이라는 단어가 나온 것을 계기로 발해'말갈' 국명설을 강조하는 추세"라며 중국 학계의 주장을 지지하는 듯한 모습을 보였다. 그러나 ⓕ '박고을돌'은 생몰연대가 635~678년인 반면 대조영이 발해국을 세운 시점은 성력 원년 즉 698년이다. '박고을돌' 묘지명의 '말갈'은 대조영 이전 부족사회 단계의 말갈을 두고 한 말로 이미 고대국가로 성장한 대씨 발해국과는 아무 상관도 없다는 뜻이다.

599) 그 땅은 이때부터 신라 및 발해말갈이 나누어 점유하게 되니[其地自此爲新羅及渤海靺鞨所分]: 이 구절은 《구당서》뿐만 아니라 《신당서》·《문헌통고》·《전료지(全遼志)》·《요동지》·《흠정 만주원류고》·《대청일통지》 등에도 모두 소개되어 있다. 그 진위에 대한 학술적 검증은 기본적으로 이루어졌다고 보아도 무방하다는 뜻이다. 신라는 역사적으로 문무왕 11년(671)에 백제 유민들에 대한 포섭과 당나라와의 전쟁 끝에 웅진도독부(사비성)를 함락시키고 그 자리에 소부리주(所夫里州)를 설치함으로써 최종적으로 백제의 강역을 완전히 통일하였다. 여기까지는 누구나 다 아는 역사적 사실이다. 문제는 '과연 발해 역시 백제의 영토를 점유했는가?' 하는 것이다. 이와 관련하여 조선 학자 정약용은 《아방강역고》〈발해고〉(이민수 역, 제245쪽)에서 이렇게 주장하였다. "온조왕 초기에 국경을 그어 북으로는 패하에 이르고 동으로는 주양까지 닿았다. [그러나] 쇠약해지면서부터는 한수 이북을 잃은 지 오래되었다. 하물며 발해가 얻은 것은 동쪽은 위로는 온성으로부터 아래로는 양양에 이르는 영동 땅에서 그쳤고, 서쪽은 살수요 북쪽은 압록강에 이르는 땅만 영토로 삼았을 뿐이었다. [그런데] 백제의 옛 땅을 어떻게 얻는단 말인가? …《당서》의 이 기록은 큰 잘못이다." 반도사관을 신봉하는 그의 입장에서는 ① 사비 시기의 백제는 충청·전라 두 지역으로 축소되어 있는 상황이었고 ② 발해는 지리적으로 그보다 훨씬 북쪽에 자리잡고 있었다. ③ 그런데 어떻게 물리적으로 백제의 땅을 자국 영토로 삼을 수 있느냐는 것이다. ④ 아마 그는 '발해는 옛 고구려, 즉 평양 이북에 있었다'는 기존의 발해인식에 입각하여 이 같은 결론을 내렸을 것이다. 20세기 초의 일본인 식민사학자들이나 이병도 등의 국내 학

○ 其地自此爲新羅及渤海靺鞨所分, 百濟之種遂絶。

자들 역시, 정약용과 마찬가지로, 발해의 백제 영토 분할은 있을 수 없다고 일축하였다. 그러나 여기서 반드시 참고해야 할 것이 8세기 당대의 두우가 저술한 《통전》의 기록이다. 〈주군2·서목하(州郡二·序目下)〉에는 이런 내용이 보인다. "고종이 고려·백제를 평정하고 바다(발해) 동쪽의 수천 리를 얻었으나 얼마 뒤에 신라·말갈(발해)에게 침공당하여 그 땅들을 상실하였다.(高宗平高麗百濟, 得海東數千里, 旋爲新羅靺鞨所侵, 失之)" 이 기사를 보면 백제와 함께 고구려가 언급된 것을 볼 수 있다. 그렇다면 말갈이 점유한 것은 백제 땅이 아니라 고구려의 땅이라고 해석해야 옳은 셈이다. 《통전》(801)은 《구당서》(945)보다 150년 앞서 저술되었다. 〈백제전〉 집필자들이 《통전》의 기사를 반영하는 과정에서 착오가 생겼을 가능성이 높다는 뜻이다.

600) 백제의 종족[百濟之種]: 여기서 "백제의 종족"은 백제국의 지배자와 피지배자들을 아울러 일컬은 것이 아니라 과거 백제를 통치한 왕가인 부여씨(扶餘氏) 집단만 따로 가리키는 말로 보아야 옳다.

신라전(新羅傳)
해제

이 열전은 크게 두 부분으로 구성되어 있다. ① 전반부에서는 당나라가 존립하는 7~9세기 동안 열전 집필자들 눈에 포착된 신라의 내력·제도·풍습·지리를 집중적으로 소개하였다. ② 후반부에서는 진평왕이 처음으로 사신을 파견한 고조(高祖)의 무덕(武德) 4년(621)으로부터 신라 출신의 김운경(金雲卿)이 치주장사(淄州長史)로 배수된 무종(武宗)의 회창(會昌) 원년(841)까지 221년이라는 오랜 기간 이루어진 각종 조공·책봉·숙위·유학·문물 수용 등의 교섭사를 당나라의 시점에서 소상하게 다루고 있다. 사신의 성격만 놓고 보더라도, 의례적인 신년 하례·조공·책봉은 물론이고 원군 요청·숙위 파견·유학생 파견 등으로 다양한 방향으로 발전되고 있다. 이 점만으로도 7~8세기 신라가 동 시대의 고구려·백제보다 긴밀한 관계를 유지하고 있었음을 유추할 수 있다. 그중에서도 집필자가 공을 들인 부분은 백제와 고구려로부터 교대로 침공을 당하며 하루도 편안할 날이 없던 신라가 진평왕·선덕여왕·진덕여왕·김춘추 등의 거국적인 노력과 투자 속에서 두 나라와 갈등관계에 있던 당나라와 급속도로 밀착되면서 최종적으로 삼한의 패권자로 부상하는 과정이다.

《삼국사기》에서는 신라가 고구려·백제의 부흥 세력과 제휴하여 삼한을 지배하려던 당나라의 야심을 분쇄시키고 마침내 외세를 몰아낸 것으로 기술하고 있다. 그러나 《구당서》에서는 이에 대한 소개 없이 신라가 백제·고구려와의 전쟁 이후로 무주공산으로 남아 있던 두 나라 영토를 잠식하자 그 움직임에 제동을 걸기 위하여 군사를 파견한 것으로 기술되어 있다.

신라전(新羅傳)

• 001

신라국601)은 본래 변한602)의 후예이다. 603)

---

601) 신라국(新羅國): 삼한시기 변·진한 24개국의 하나인 사로국(斯盧國)에서 유래한 나라. 역사적으로 '사로(斯盧)·사라(斯羅)·신라(新羅)·서나(徐那)·서나벌(徐那伐)·서라(徐羅)·서라벌(徐羅伐)' 등, 다양한 발음과 한자로 표기되었으나 사실은 모두가 '시라(sira)' 또는 '실라(sila)'라는 이름을 서로 다른 한자와 방식으로 표기한 것이다. '시라' 또는 '실라'에 대한 한자 표기가 '新羅'로 통일된 것은 지증마립간(智證麻立干, 437~514) 때이다. 그 문헌적 증거가 《삼국사기》〈신라본기〉 "지증마립간 4년(503)"조의 "'신'이란 덕업이 날로 새로워진다는 뜻이요, '라'란 온 누리의 백성들을 다 끌어안는다는 뜻이다(新者, 德業日新. 羅者, 網羅四方之民)"라는 기사이다. 이상적인 유교국가를 건설하고자 하는 지증왕의 염원을 매력적인 의미(슬로건)를 담은 '신라'라는 국호에 함축해 놓은 것이다.

602) 변한(弁韓): 한국 고대 삼한의 한 갈래. 정약용은 《아방강역고》〈변한고〉에서 변한을 가락(駕洛), 즉 가야(伽倻)로 보았다. "… 대체로 [중국의] 한·위 때에 신라와 가락이 영남에서 400~500년을 함께 있었다. … 가락은 신라와 같이 있던 나라이다. 신라가 진한이므로 가락은 당연히 변한일 것이라는 데에는 어려운 말이 필요하지 않을 것이다. 《한서》와 [《삼국지》]〈위지〉에는 '변진이 진한과 함께 섞여 살았다'고 했고, 《신라사》와 《고려지》에는 '변진이 진한과 함께 섞여 살았다'고 했다. 따라서 … 가락이 변진(변한)임에는 의심의 여지가 없다."(이민수 역, 제118쪽)

603) 신라국은 본래 변한의 후예이다[新羅國本弁韓之苗裔也]: '묘예(苗裔)'는 글자 그대로 풀면 '[뿌리에서 뻗어나간] 새싹 같은 후손'이라는 뜻이다. 중국 정사들 중에서 신라를 변한의 후예로 본 사서는 《구당서》가 처음이다. 인터넷 〈국편위판〉 주229에서는 신라의 내력과 관련하여 ① 진나라의 모진 노역(군역)을 피해 이주했다는 《삼국지》〈위지·한전〉, ② 관구검의 침공 때 '고구려 ⇒ 옥저 ⇒ 신라'로 이주했다는 《수서》·《북사》, ③ 변한의 후손이라는 《구당서》·《신당서》·《책부원구》의 세 가지 가설을 소개하였다. 그러나 초기 '신라인들에게는 문자가 없다'는 기사 하나만으로도 그 선조가 [한자를 사용하는] 진나라에서 왔다는 주장은 자동으로 논파된다. 《구당서》 편찬자도 아마 이를 근거로 기사를 작성했을 것이다. 이 같은 신라인식은 "신라라는 나라는 그 선조가 본래 진한의 종족이었다(新羅者,

신라전(新羅傳) **263**

○ 新羅國, 本弁韓之苗裔也。

• 002
그 나라는 [처음에]604) 한나라 때의 낙랑[군]의 땅에 있[었]다.
○ 其國在漢時樂浪之地。

• 003
동쪽 및 남쪽으로는 모두 큰 바다로 가로막혀 있고 서쪽으로는 백제와 [국경이] 맞닿아 있으며 북쪽으로는 고려와 이웃해 있다.
○ 東及南方俱限大海, 西接百濟, 北鄰高麗。

• 004
[그 나라의 강역은] 동서로는 일천 리, 남북으로는 이천 리이다.605)

其先本辰韓種也)"고 한 《양서》〈신라전〉과도 그 궤를 같이 한다. 그러나 이 같은 주장은 신라인들이 원래 낙랑 땅에 살다가 관구검의 침공을 계기로 '고구려 ⇒ 옥저 ⇒ 신라'로 정착했다는 《수서》〈신라전〉 및 '고구려 ⇒ 백제 ⇒ 가라 ⇒ 신라'로 정착했다는 《북사》〈신라전〉의 소개와는 편차를 보인다.

604) [처음에]: 여기서는 신라가 건국된 경상도 지역이 한대의 낙랑 땅인 것처럼 소개해 놓았다. 그러나 이에 앞선 《수서》와 《북사》에서는 "한나라 때의 낙랑 땅에서 살았[었]다(居漢時樂浪之地)"고 소개했고, 위나라 장수 관구검의 고구려 침공 때 남하했다고 밝혔다. "낙랑 땅"은 신라가 발상한 곳을 가리키는 것이지 6~7세기 현재의 신라 땅을 두고 한 말이 아닌 것이다. 이 점은 반도사관을 신봉한 조선 학자 정약용조차 "경주를 낙랑이라고 한 것은 아니다"(《아방강역고》, 이민수 역, 제40쪽)라고 확인해 주고 있다. 낙랑 땅과 경상도는 지리적으로 엄연히 좌표가 다른 두 공간이라는 뜻이다. 이는 대방 땅에서 발상한 백제가 바다를 건너 한반도에 정착한 것과 비슷한 경우이다.

605) 동서로는 일천 리, 남북으로는 이천 리이다[東西千里, 南北二千里]: 《중국행정구획통사(中國行政區劃通史)》에서 1당리(唐里)가 0.44km라고 한 중국 학자 곽성파의 주장을 따른다면 1,000리는 440km이다. 그렇다면 신라의 강역은 동서로 440km, 남북 880km였던 셈이다. 흥미로운 것은 《신당서》에는 신라의 강역이

[그 나라에는] 성읍과 마을이 있다.

〇 東西千里, 南北二千里。有城邑村落。

• 005

국왕이 사는 곳을 '금성606)'이라고 하는데, 둘레가 칠팔 리이다.607) [도읍을] 지키는 병력은 삼천 명이며608), [정예병으로 편성된] 사자대609)를 설치

"가로로는 일천 리, 세로로는 삼천 리이다(橫千里, 縱三千里)"라고 소개되어 있다는 점이다. 신라 강역이《구당서》의 규모보다 북쪽으로 1,000리나 더 확장된 셈이다. 3,000리라면 남북으로 1,320km나 된다. 그렇다면《구당서》와《신당서》의 편찬을 전후한 시점에 신라의 강역이 북쪽으로 440km 이상 확장된 셈이다.

606) 금성(金城): 신라의 도읍 이름. 글자 그대로 푼다면 ① '금성'으로 읽고 '황금의 도시'라는 의미로 새기거나 ② '김성'으로 읽고 '김씨의 도시'로 새기는 두 가지 해석이 가능해진다. 다만,《삼국사기》〈신라본기〉"시조 혁거세"조에서 "[혁거세] 21년(BC37)에 도읍에 성을 쌓고 '금성'이라고 불렀다"고 했으니 박씨가 이미 건국 당시부터 그렇게 부른 셈이다. 참고로, 선행 정사인《양서(梁書)》·《남사(南史)》에서는 "그 나라 민간에서는 '성'을 '건모라'라고 부른다(其俗呼城曰健牟羅)"고 하였다. 이로써 '으뜸가는 성', 즉 도성(都城, capital)'을 뜻하는 신라어가 '건모라'임을 유추할 수 있다. 울진(蔚津)〈봉평리 신라비(鳳坪里新羅碑)〉에 등장하는 '거벌모라남미지(居伐牟羅男彌只)·거벌모라도사(居伐牟羅道使)·거벌모라이지(居伐牟羅異知)' 등의 관직명의 '거벌모라[꺄뱟뮤라]'는 음운상으로 '건모라[갼뮤라]'와 대응된다.

607) 둘레가 칠팔 리이다[周七八里]: 신라 금성의 규모. 앞서 보았듯이, 당대의 '1리'는 440m 정도로 추산된다. 따라서 금성의 둘레가 7~8리라면 대략 3,080~3,520m 이므로 3~4km 정도로 추산할 수 있는 셈이다. 다만,《삼국사기》〈신라본기〉에서 "왕도는 길이가 3,075보, 너비가 3,018보이다(王都, 長三千七十五步, 廣三千一十八步)"라고 한 것을 보면 실제로는 둘레가 10리(4.4km)를 넘었던 것으로 보인다.

608) 도읍을 지키는 병력은 삼천 명이며[衛兵三千人]: 인터넷〈국편위판〉주232에서는 "대개 王宮 및 王城守備軍에는 侍衛府(180명)·大幢(107명)·9誓幢(1,186명)·漢山停(통일 후는 南山停, 骨乃斤停으로 200명 정도·漢山州誓(20명) 등 1,700명 정도의 군인이 있었다"고 하였다. 그런데 여기서는 "삼천 명"이라고 했으니 실제로는 그보다 갑절이나 되는 병력이 도성을 지켰던 셈이다. 물론, 이 숫

하였다.

○ 王之所居曰金城, 周七八里。衛兵三千人, 設獅子隊。

• 006

문 · 무관에는 일반적으로 열일곱 개 관등이 있다.[610]

○ 文武官凡有十七等。

• 007

그 나라의 왕인 김진평[611]은 수나라 문제 때에 상개부[612] · 낙랑군공

자('삼천명')는 수 · 당대, 즉 서기 6~7세기의 상황으로 이해해야 옳다.
609) 사자대(獅子隊): 신라의 정예부대. 인터넷 〈국편위판〉 주233에서는 "獅子隊라는 軍號는 없다. 《三國史記》에 의하면 獅子衿幢主는 王都에 3人을 비롯하여 9州에 3인씩 두었고, 그 아래 獅子衿幢監 30人이 있었다"고 보았다. 사자대를 사자금당(獅子衿幢)과 무관한 집단으로 본 셈이다. 그러나 '당(幢)'이 '[군]대'를 뜻하는 신라어라고 볼 때, '사자금당'이 의미상으로 '사자대'와 대응될 것은 분명하다. 금성의 사자금당(사자대)은 당주(幢主, 3人)와, 그 휘하에서 군사 지휘를 감독하는 당감(幢監, 중국식으로는 감군) 30명으로 구성되어 있었던 셈이다.
610) 문 · 무관에는 일반적으로 열일곱 개 관등이 있다[文武官凡有十七等]: "17개 관등[十七等]"이란 《수서》 · 《북사》에 소개된 제1등 이벌간(伊罰干), 제2등 이척간(伊尺干), 제3등 잡간(迊干), 제4등 파미간(破彌干), 제5등 대아척간(大阿尺干), 제6등 아척간(阿尺干), 제7등 을길간(乙吉干), 제8등 사돌간(沙咄干), 제9등 급복간(及伏干), 제10등 대내마간(大奈摩干), 제11등 내마(奈摩), 제12등 대사(大舍), 제13등 소사(小舍), 제14등 길사(吉士), 제15등 대오(大烏), 제16등 소오(小烏), 제17등 조위(造位)를 말한다. 이 관등들에 관한 상세한 설명은 문성재, 《정역 중국정사 조선 · 동이전3》의 해당 주석들을 참조하기 바란다.
611) 김진평(金眞平): 신라 제26대 국왕의 이름. 《수서》 · 《북사》에는 '진평'으로만 소개되어 있다. 그러나 《구당서》에 '김진평'으로 나와 있고, 8세기 당대의 학자 두우의 《통전》에도 "성은 김이고 이름은 진평이다(姓金, 名眞平)"라고 나와 있어서 이로써 수 · 당대부터 이미 '김'을 성씨로 사용하고 있었음을 확인할 수가 있다.
612) 상 · 개부(上開府): 중국 고대의 관직명. 정식 명칭은 '상 · 개부 · 의동대장군(上開府府儀同大將軍)'이며, 그 지위는 '개부 · 의동대장군'보다 더 높았다. 북주(北周) 무

613)·신라왕에 제수되었다.

〇 其王金眞平, 隋文帝時授上開府·樂浪郡公·新羅王。

• 008

[그리고 우리 왕조에 들어와서는] 무덕 사년에 사신을 파견하여 [중국에] 입조하고 공물을 바쳤다. [그래서] 고조614)가 직접 [그 사신들의] 노고를 위로하고 안부를 물었으며, 통직산기시랑615)이던 유문소를 파견하여 [그 나라에] 사

제(武帝)의 건덕(建德) 4년(575)에 설치되었으며, 공신이나 북제에서 귀순한 대신들에게 일종의 명예직으로 부여되었다.

613) 낙랑군공(樂浪郡公): 중국 고대의 작호. '낙랑군을 영지로 하사받은 공작'이라는 뜻으로, '낙랑공(樂浪公)'으로 일컫기도 하였다. 중원 왕조에서 그 동쪽에 위치한 동이 국가의 국왕이나 지도자에게 부여하여 처음에는 장수왕·문자명왕 등 고구려 국왕에게 내려졌다. 그러나 나중에는 고구려 국왕에 대한 작호는 '요동군공' 또는 '요동국왕'으로 변경되고 '낙랑군공'은 신라 국왕에게만 독점되었다. 《북제서(北齊書)》〈무성제기(武成帝紀)〉의 기사가 그 증거이다. "하청(河淸) 4년(565)"조에는 "2월 갑인일(양력 3월 18일)에 조서를 내려 신라 국왕 김진흥을 사지절·동이교위·낙랑군공·신라왕으로 삼게 하였다.(二月甲寅, 詔以新羅國王金眞興爲使持節東夷校尉樂浪郡公新羅王)" 이렇게 진흥왕 이래로 진지왕·무열왕·효소왕을 제외하고는 성덕왕까지의 7명의 신라 국왕이 '낙랑군공' 또는 '낙랑군왕'의 작호를 부여받았다. 인터넷 〈국편위판〉 주010에서는 이를 "낙랑군이 소멸된 후에도 중국의 여러 왕조가 낙랑을 그들의 동방 영역의 개념으로 사용한 데에서 온 것"으로 보아 "고구려왕에 대한 낙랑공의 봉작은 당대에 이르러 고구려의 수도였던 평양에 낙랑군의 중심지가 있었다는 설이 성립되는 것과 일정한 상관관계가 있는 것"으로 해석하였다. 그러나 그렇게 볼 경우 진흥왕 등, 삼국을 통일하기 전의 신라 국왕들이 '낙랑공'의 작호를 부여받은 일은 제대로 해명되지 않는다. 그때는 평양이 신라 영토가 아닌 고구려의 영토였기 때문이다. '낙랑'은 지금의 평안도가 아니라 중국 하북성 동북부에 있었다는 뜻이다.

614) 고조(高祖): 당나라의 개국군주 이연(李淵, 566~635)의 묘호(廟號). 이연에 관해서는 앞의 〈고려전〉 "고조" 주석을 참조하기 바란다.

615) 통직 산기시랑(通直散騎侍郞): 중국 고대의 관직명. 동진(東晉) 원제(元帝)의 태흥(太興) 원년(318)에 원외 산기시랑(員外散騎侍郞) 2명으로 하여금 산기시랑과 함께 당직을 세운 데서 유래하였다. 나중에는 4명으로 증원되면서 산기성(散騎

신으로 가게 하였다. [이때] 새서 및 그림 병풍·화려한 비단 삼백 단616)을 하사하였다.

[그 나라는] 이때부터 [당나라에] 입조하여 공물을 바치는 사신의 행렬이 끊이지 않게 되었다.617)

○ 武德四年, 遣使朝貢。高祖親勞問之, 遣通直散騎侍郞庾文素往使焉, 賜以璽書及畫屛風·錦綵三百段。自此, 朝貢不絶。

• 009

그 나라의 풍속·형법·의복은 고려나 백제와 대체로 동일한 편이다. 그러나 조복의 경우에는 흰색을 높게 친다.618)

省)에 배속되었다. 직무는 산기시랑과 같아서 황제의 측근에서 시중을 들거나 간언을 맡았으며, 출행할 때에는 말을 타고 수행하는 등 지위가 비교적 높았다. 당나라 고조의 무덕 7년(624)에는 품계가 종5품상으로 조정되었다가 태종의 정관 원년(627)에 철폐되었다.《삼국사기》에는 유문소의 직함이 '통직 산기상시(通直散騎常侍)'로 소개되어 있다.

616) 단(段): 중국 고대에 포목 등 긴 물건을 일정하게 잘라 낸 것을 세는 단위사. 그 길이가 정확하게 몇 m나 되었는지는 확인할 길이 없다.

617) 입조하여 공물을 바치는 사신의 행렬이 끊이지 않았다[朝貢不絶]: 이와 관련하여 인터넷 〈국편위판〉 주236의 통계에 따르면, 신라는 당나라에 처음으로 사신을 파견한 진평왕 43년(621) 이래로 "眞平王은 8회, 善德王은 10회, … 그리하여 敬順王代까지 300여 년 동안 150여 회의 朝貢使가 파견되었다."

618) 조복의 경우에는 흰색을 높게 친다[朝服尙白]: '조복(朝服)'은 조정에서 착용하는 관복(예복)을 말한다. 선행 정사인《수서》·《북사》에서는 "[신라에서는 나랏사람들의] 의복 색깔로는 무색을 높게 친다(服色尙素)"고 하였다. 그런데 여기서 고관들의 조복으로 흰색을 높게 친다고 한 것을 보면 평민은 염색을 하지 않고 무색[素]으로 입었으나 조복을 입는 고위 관원들은 흰색[白]으로 염색하여 입었을 가능성이 있다. 참고로, 국내외 한문에서는 '바탕 소(素)'를 '흰 백(白)'과 혼용하는 경향이 있으나 문자학적으로 따지자면, '소'는 염색을 하지 않은 맨바탕[본질적인] 색깔(raw colour)을 뜻한다. (문성재,《처음부터 새로 읽는 노자도덕경》, 제192쪽의 설명 참조) 백제와는 달리, 신라에서는 조복의 색상을 품계별로 구분했

남당의 화가 고덕겸의 《번객입공도(蕃客入貢圖)》(좌, 대만 국립박물원)와 당대 염립본의 《직공도(職貢圖)》(우)에 묘사된 신라 사신의 모습

○ 其風俗·刑法·衣服, 與高麗·百濟略同, 而朝服尙白。

• 010

산신에게 제사 지내기를 좋아한다.

그 나라에서는 식기로 [주로] 버드나무 그릇을 쓰는데 구리 및 질그릇619)을 쓰기도 한다.

○ 好祭山神。其食器用柳桮, 亦以銅及瓦。

다는 기록이 보이지 않는다.
619) 질그릇[瓦]: 여기서의 '기와 와(瓦)'는 기왓장을 식기 대신 사용했다는 뜻이 아니라 흙을 빚어 만든 질그릇의 의미로 이해하는 편이 합리적일 듯하다.

• 011

[그 나라] 나랏사람들 중에는 김·박 두 성씨가 많은데620) [그들은?] 다른 성씨와는 혼인을 하지 않는다.621)

○ 國人多金·朴兩姓, 異姓不爲婚。

• 012

[새해] 초하루를 중요하게 여겨서622) [이날은] 서로가 [새해를] 축하하며 잔치를 벌이고 대접한다. 해마다 이날이면 일신·월신에게 절을 드린다.

○ 重元日, 相慶賀燕饗, 每以其日拜日月神。

---

620) 나랏사람들 중에는 김·박 두 성씨가 많은데[國人多金朴兩姓]: '국인(國人)'은 글자 그대로 풀면 '나랏사람들'이지만, 〈고려전〉의 해당 주석(제603~604쪽)에서 보았듯이, '국왕이 사는 도성의 주민들'을 가리킨다. 여기서도 신라 도성, 즉 '금성에 사는 사람들'의 의미로 이해하는 것이 합리적이다. 그렇다면 진평왕이 재위하던 6~7세기 금성에서는 김씨와 박씨가 각각 왕족과 귀족으로 상류 지배집단을 형성하고 집단 거주하고 있었다는 뜻이 된다.

621) 다른 성씨와는 혼인하지 않는다[異姓不爲婚]: 인터넷 〈국편위판〉 주237에서는 이와 관련하여 "柰勿王·實聖王·訥祗王·炤知王 등이 上古末에 同姓婚을 보이고 있으며, 中古代에는 거의가 朴氏의 妃를 택하고 있었다. 統一後에는 新金氏를 위시하여 金氏王妃가 압도적"이라고 보았다. 김씨 왕가의 경우, 왕권을 독점하기 위하여 동성동본 간의 혼인을 선호하는 경향이 지배적이었다. 다만, ① 때로는 박씨를 왕비로 삼았던 것도 엄연한 역사적 사실이다. 게다가 ② 이 구절 바로 앞에서 "김·박 두 성씨가 많다"는 단서를 붙인 것을 보더라도 ③ 금성에 거주하는 신라왕족 또는 귀족 사이의 통혼(通婚)이 김씨와 박씨 사이에 주로 이루어졌다는 뜻으로 받아들여진다. ④ 김씨와 박씨의 '왕-왕비' 식의 독특한 역할 분담은 '황제-황후'로 권력을 공유한 거란(요)의 야율씨(耶律氏)와 소씨(蕭氏)의 통혼 관계와도 상당히 유사한 양상을 보여 준다.

622) 초하루를 중요하게 여겨[重元日]: 이 부분의 경우, 《수서》에는 "매년 정월 초하루에는 서로 축하해 준다(每正月旦相賀)"라고 소개된 반면에, 《북사》에는 "매달 초하루에는 서로 축하해 준다(每月旦相賀)"고 되어 있다. 그러나 이 기사를 통하여 《북사》의 "매달"이 "매년 정월"의 착오임을 확인할 수 있다.

일본 헤이안[平安]시대의 〈신서고악도(信西古樂圖)〉에 소개된 신라의 사자춤 '신라박(新羅狛)'

• 013

또한 팔월 열닷새를 중요하게 여겨서 풍악을 울리며 연회를 베풀고 술을 마신다. [이날이 되면 국왕은] 신하들을 모아 놓고 그 나라 왕궁 뜰에서 활쏘기를 한다.

○ 又重八月十五日, 設樂飮宴, 賚群臣, 射其庭。

• 014

[그 나라에서] 부녀자는 머리[카락]를 머리에 두르고[623] 비단띠 및 구슬로 [아름답게] 꾸미는데 머리[카락]가 매우 길고 아름답다.

○ 婦人髮繞頭, 以綵及珠爲飾, 髮甚長美。

---

623) 머리에 두르고[繞頭]: 이 부분을 인터넷 〈국편위판〉과 〈동북아판4〉(제88쪽)에서는 "머리를 틀어 올려서"라고 번역하였다. 그러나 고대 한문에서 '요(繞)'는 '두르다(wrap round)' 또는 '감다(wind)'라는 의미를 나타내는 반면, '틀어 올리다(coil up)'라는 의미를 나타낼 때에는 일반적으로 '반(盤)'을 쓴다. 중국의 대역본(제4589쪽)에도 "머리 위에 두르다(繞在頭上)"로 번역되어 있다.

• 015

고조는 '[발]해동[쪽]624)의 세 나라가 예전부터 원한이 맺혀 번갈아 서로 공격하고 토벌한다'는 이야기를 이미 듣고 있던 터였다. [그래서] '그들이 모두 [같은 중국의] 울타리를 지켜 주는 나라들이니 [서로] 사이좋게 지내는 데에 힘써야 한다'고 여겼다. 그래서 원한을 품게 된 까닭을 그 나라 사신에게 물었더니 [그 사신이 이렇게] 대답하였다.

○ 高祖旣聞海東三國舊結怨隙, 遞相攻伐。以其俱爲藩附, 務在和睦。乃問其使爲怨所由, 對曰,

• 016

"이에 앞서 백제가 가서 고려를 정벌할 때에 신라에 찾아 가서 지원을 요청했는데625) [뜻밖에도] 신라가 군사를 동원하여 백제국을 크게 무찌른 일이 있었지요.626) 그 일로 [두 나라가] 원한을 품고 번번이 서로 공격하

---

624) 해동(海東): 글자 그대로 풀면 '바다 동쪽' 정도로 번역된다. 학계에서는 이를 황해 동쪽 또는 한반도를 가리키는 말로 사용된다. 반대로 중국에서 자국을 일컬을 때에는 '해내(海內)'라는 표현이 사용되었다.

625) 백제가 가서 고려를 정벌할 때에 신라에 찾아 가서 지원을 요청했는데[百濟往伐高麗, 詣新羅請救]: 백제와 신라가 남하하는 고구려를 견제할 목적으로 4세기 중엽부터 동맹을 맺은 일을 두고 한 말이다. 백제의 근초고왕(近肖古王, 346~375)은 366년에 신라에 사신을 파견하여 화친을 맺기를 요청하였다. 당시 오랜 고구려의 간섭에서 벗어나려는 의지를 가지고 있던 신라의 내물왕(奈勿王, 356~402)은 백제와 동맹을 맺고 공동으로 고구려에 맞서기로 약속하였다. 이에 근초고왕은 내물왕과 맺은 동맹에 힘입어 고구려에 맞서고, 371년에는 평양성에서 고구려의 고국원왕(故國原王, 331~371)을 전사시키고 승리를 거둔다.

626) 신라가 군사를 동원하여 백제국을 크게 무찌른 일이 있었지요[新羅發兵大破百濟國]: 신라의 진흥왕이 재위 14년(553)에 군사를 동원하여 백제가 고구려로부터 수복한 한강 하류 지역을 빼앗고 그 자리에 신주(新州)를 설치한 일을 두고 한 말이다. 이 사건을 계기로 신라는 중원 왕조와 직접 교류할 수 있는 통로를 확보하는 데에 성공하였다. 그러나 양국이 200년 가까이 지켜 왔던 동맹은 이로써 사실

고 정벌하기에 이르렀사옵니다. [그리고 그 뒤에] 신라가 백제왕을 사로잡았는데 그를 죽였답니다.[627] [양국의] 원한은 이로부터 비롯되었지요.[628]"

○ '先是, 百濟往伐高麗, 詣新羅請救, 新羅發兵大破百濟國。因此爲怨, 每相攻伐。新羅得百濟王, 殺之, 怨由此始。'

• 017

[무덕] 칠년에 사신을 파견하여 김진평에게 책서를 내려 주국에 배수하고 낙랑군왕[629]·신라왕으로 책봉하였다.

○ 七年, 遣使册拜金眞平爲柱國, 封樂浪郡王·新羅王。

상 파기되고, 이때부터 100여 년 동안 서로가 지루한 공방전을 주고받는 적대관계로 전환된다.

627) 백제왕을 사로잡았는데[得百濟王]: 신라의 관산성(管山城)을 공격한 백제의 성왕이 전사한 일을 두고 한 말이다.《삼국사기》"진흥왕 15년(554)"조에 따르면, "백제왕 명농이 가량(가야)와 함께 와서 관산성을 공격하였다. 군주이던 각간 우덕과 이찬 탐지 등이 맞서 싸웠으나 패하였다. [이에] 신주의 군주 김무력이 주의 군사를 이끌고 달려왔고, 교전을 벌일 때 비장으로 삼년산군의 고간이던 도도가 급습하여 백제왕을 죽였다. 이리하여 군대들은 승세를 타고 크게 이겨 좌평 4명과 병사 29,600명의 목을 베니 말 한 필조차 돌아간 것이 없었다.(百濟王明禮與加良來攻管山城。軍主角干于德·伊湌耽知等逆戰失利。新州軍主金武力以州兵赴之, 及交戰, 裨將三年山郡高干都刀急擊, 殺百濟王。於是, 諸軍乘勝大克之, 斬佐平四人·士卒二萬九千六百人, 匹馬無反者)" 이 전투를 계기로 백제는 군사적인 손실은 물론이고 국왕까지 죽음을 당하면서 신라에 대한 감정이 돌이킬 수 없을 정도로 악화되었다.

628) 원한은 이로부터 비롯되었지요[怨由此始]: 이 구절을 통하여〈신라전〉집필자는 백제가 신라에 원한을 품게 된 결정적인 원인이 신라군이 백제의 성왕을 죽인 데에 있었다고 인식하고 있었음을 알 수 있다.

629) 낙랑군왕(樂浪郡王): 당대의 봉호. 주로 신라 국왕에게 부여되었다. 자세한 소개는《자치통감》의 해당 주석(제604쪽)을 참조하기 바란다.

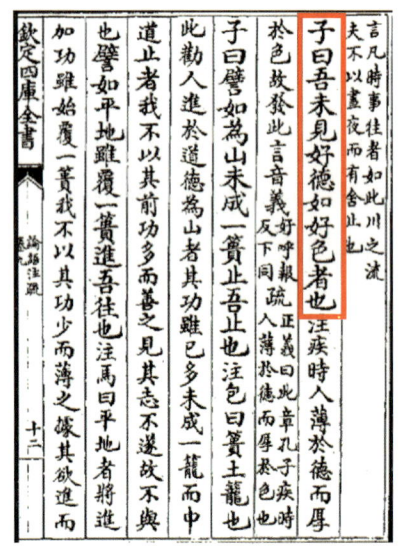

덕행의 중요성을 역설한 《논어》〈자한(子罕)〉의 해당 대목

• 018

정관 오년에 사신을 파견하여 여자 악공 두 명을 바쳤는데, [두 여인이] 한결같이 머리카락이 새까맣고630) 얼굴도 아름다웠다. [그래서] 태종이 [자신의] 시중을 드는 신하에게 일러 말하였다.

○ 貞觀五年, 遣使獻女樂二人, 皆鬒髮美色。太宗謂侍臣曰,

• 019

"짐은 '음악과 여색의 즐거움은 덕행을 즐기는 것만 못하다631)'고 들었

---

630) 머리숱이 많고[鬒髮]: '진발(鬒髮)'은 머리숱이 많은 것을 가리킨다. 허신의 《설문해지》에 따르면, "【鬒】 본래 '진'으로 쓰며, 숱이 많은 머리를 말한다.(【鬒】本作 㐱, 稠髮也)". 숱이 많으면 머리카락이 검고 윤이 나는 것처럼 보이기 때문에 고대에는 때로 '검은 머리, 고운 머리'를 뜻하는 표현으로 사용되기도 하였다.

631) 음악과 여색의 즐거움은 덕행을 즐기는 것만 못하다[聲色之娛, 不如好德]: 《논어》

다. 거기다가 산과 강들이 가로막히고 [거리가] 머니 [두 여인이] 고향 땅을 그리워하리라는 것은 알 수 있는 셈이다.

○ '朕聞聲色之娛, 不如好德。且山川阻遠, 懷土可知。

• 020
얼마 전에 임읍632)에서 바친 흰 앵무새조차 고향을 그리워할 줄 아는지 '본국으로 돌려보내 달라'고 사정했었지. 새도 이러할진대 하물며 감정을 가진 인간에 있어서랴633)?

○ 近日林邑獻白鸚鵡, 尙解思鄕, 訴請還國。鳥猶如此, 況人情乎。

〈자한(子罕)〉의 "공 선생님께서 '나는 여태껏 여색을 좋아하는 것만큼 덕을 좋아하는 이를 본 적이 없다'고 하셨다.(吾未見好德如好色者也)" 부분을 풀어서 언급한 것이다. 군자(제왕)에게는 세상 만물에 덕행을 베푸는 것이 음악이나 여색을 즐기는 일보다 훨씬 중요하다는 뜻으로 한 말이다.

632) 임읍(林邑): 중국 고대의 지명. 참(Cham) 족의 본거지로, 지금의 베트남 중남부에 해당한다. 한대에 일남군(日南郡) 상림현(象林邑)이 설치되었는데 '상림읍'의 첫 글자를 줄여 일컬은 것이다. 그 뒤로 대업 연간에 수나라 장수 유방(劉方)이 그 지역을 정복하고 임읍군을 설치하였다. 당대 중기 이후에는 왕을 자처하고 참탄(Chamtanh)으로 천도하면서 그 일대를 중심으로 점성(占城)·첨파(瞻波, Champa)·점파(占婆/占波)·점부로(占不勞, Cham-pura) 등으로 부르기 시작하였다. 《구당서》〈남만열전(南蠻列傳)〉에는 이 일이 다음과 같이 소개되어 있다. "[정관] 5년에 다시 오색의 앵무새를 바쳤다. 태종이 신기하게 여겨 조서를 내리고 태자우서자이던 이백약에게 그 새에 관한 노래를 짓게 하였다. 나중에는 흰 앵무새를 바쳤는데 똑똑하고 말재주가 비상하여 응답을 잘 하였다. 태종은 그것이 딱했던지 두 마리 다 그 나라 사신에게 넘겨주고 숲으로 돌려보내도록 일렀다(五年, 又獻五色鸚鵡. 太宗異之, 詔太子右庶子李百藥爲之賦. 又獻白鸚鵡, 精識辯慧, 善於應答. 太宗憫之, 幷付其使, 令放還於林藪)" 이를 통하여 태종 이세민이 앵무새를 언급한 시점이 그 직후임을 알 수 있다.

633) 감정을 가진 인간에 있어서랴[人情乎]: 〈동북아판4〉(제90쪽)에서는 "인정에 있어서랴"라고 번역하였다. 그러나 여기서 '인정(人情)'은 통상적으로 사용되는 '인정미(humanity)'가 아닌 '인간의 감정(emotion)'을 뜻한다. 전후 맥락을 따져 볼 때 이 경우는 "감정을 가진 인간"으로 해석할 수 있겠다.

• 021

짐은 그들이 멀리서 온 것을 딱하게 여긴다. [두 여인은] 분명히 친척을 그리워할 테니 [이번에 같이 온] 사자에게 인계하고 [짐의] 명령을 따라 제 집으로 돌려보냄이 옳도다."634)

○ 朕愍其遠來, 必思親戚, 宜付使者, 聽遣還家.'

• 022

이해에 [김]진평이 죽었다.

[그에게는] 아들이 없어서 그의 딸 선덕635)을 세워 국왕으로 삼고636) 종

---

634) 사자에게 인계하고 명령을 따라 제 집으로 돌려보냄이 옳도다[宜付使者, 聽遣還家]: 이 대목에서는 두 미녀 악공을 신라로 돌려보낸 것이 태종 이세민의 의지에 따른 결정인 것으로 기술되어 있다. 그러나 《삼국사기》 "진평왕 53년"조에는 이렇게 기술되어 있다. "위징이 '받아들이는 것은 옳지 않다'고 여겼다. 그러자 황상이 기뻐하며 말하였다.(魏徵以爲不宜受, 上喜曰)" 조정 중신인 위징(魏徵, 580~643)의 간언을 받아들여 미녀들을 돌려보낸 것을 '춘추필법(春秋筆法)'에 따라 이세민의 의지로 미화한 셈이다. 《삼국사기》에는 "음악과 여색의 즐거움은 덕행을 즐기는 것만 못하다.(聲色之娛, 不如好德)" 부분은 빠져 있는데, 장황한 내용을 간단히 요약해 소개하기 위하여 김부식이 임의로 생략했을 것이다.

635) 선덕(善德): 신라 제27대 국왕이자 한국 역사상 최초의 여왕인 선덕여왕을 말한다. 자세한 소개는 《자치통감》의 해당 주석(제603~604쪽)을 참조하기 바란다.

636) 국왕으로 삼고[爲王]: 인터넷 〈국편위판〉 주242에서는 덕만공주가 국왕으로 추대된 경위를 이렇게 설명하였다. "王位는 큰딸인 善德이 계승하였으며, 次女인 天明은 龍春(眞智王의 子)에게 出嫁시켜 眞智王系의 반발을 무마하려고 하였다. 따라서 善德女王 다음의 王位繼承權者인 天明은 出嫁하였으므로 제외되고, 두 사람의 葛文王(眞正·眞安) 역시 제외될 수밖에 없기 때문에 王位는 眞德女王에게로 넘어갔다." 중국의 전통적인 사서 기사 작성 원칙에 따르면, 기사의 첫 번째 문장이 주제이고 그 뒤에 이어지는 문장은 그 주제를 부연하는 내용인 경우가 많다. 첫 번째 문장과 그 뒤의 문장은 주체나 시점에서 일치하지 않는 경우가 많다는 뜻이다. 여기서도 김덕만을 왕으로 세우고 김을제에게 국정을 보좌하게 한 결정자는 진평왕이라는 점에 유념할 필요가 있다.

실 출신으로 대신이던 [김]을제가 국정을 모두 전담하게 하였다.⁶³⁷⁾

[이에 태종이] 조서를 내려 [죽은 김]진평에게 좌광록대부⁶³⁸⁾를 추증하고 부의로 [비단] 이백 단을 하사하였다.

○ 是歲, 眞平卒。無子, 立其女善德爲王, 宗室大臣乙祭總知國政。詔贈眞平左光祿大夫, 賻物二百段。

• 023

[정관] 구년에 사신을 파견하여 [황제의 권위를 상징하는] 부절을 지니고⁶³⁹⁾ 책서를 내려 선덕을 주국으로 임명하고 낙랑군왕·신라왕에 책봉하게 하였다.

○ 九年, 遣使持節册命善德柱國, 封樂浪郡王·新羅王。

• 024

[정관] 십칠년에 사신을 파견하여 이렇게 간언하였다.

"고려와 백제가 몇 번이나 번갈아 공격하고 기습하는 바람에 수십 개

---

637) 국정을 모두 전담하게 하였다[總知國政]: 고대 한문에서 자동사 '알 지(知)'는 때로는 '담당하다, 맡다(preside)'라는 의미의 타동사로 사용되기도 했는데, '지사(知事)·지주(知州)·지현(知縣)' 등이 그 예이다. 여기서 김을제가 신라의 국정을 총괄했다는 것은 그가 당시에 국왕의 대리자, 즉 신라의 재상(갈문왕?)이었음을 시사해 준다.

638) 좌광록대부(左光祿大夫): 중국 고대의 관직명. 한대에는 황실 국척이나 조정 대신에게 일종의 명예직으로 내려지다가 당대 초기에 이르러 좌광록대부와 우광록대부로 구분되었다. 정관 연간 이후로는 광록대부·금자(金紫)광록대부·은청(銀靑)광록대부로 구분되고, 품계는 종2품으로 조정되었다.

639) 부절을 지니고[持節]: '지절(持節)'은 글자 그대로 풀면 '정절(旌節)을 지니다' 정도로 해석된다. 자세한 소개는 《자치통감》의 해당 주석(제460~461쪽)을 참조하기 바란다.

의 성을 잃었사옵니다. 두 나라가 군대를 연합한 것은 신의 사직을 없애는 데에 그 의도가 있나이다. 삼가 [신을] 보필하는 신하를 파견하여 대국에 보고 드리오니 약간의 군사라도 보내시어 [신을] 구원하고 도와주시기 바랍니다!"

○ 十七年, 遣使上言, "高麗·百濟, 累相攻襲, 亡失數十城, 兩國連兵, 意在滅臣社稷. 謹遣陪臣, 歸命大國, 乞偏師救助."

• 025

[*640)] [그러자] 태종은 상리현장641)을 파견하여 새서를 지니고 가서 고려[왕]에게 내리고 이렇게 이르게 하였다.

640) *: 이세민은 당시의 신라 국왕이 여자라는 사실을 상당히 못마땅하게 여겼다. 《삼국사기》"선덕여왕 14년 9월"조에 따르면, 선덕여왕이 김춘추를 당나라에 파견하여 원군을 요청하자 이세민은 위기를 타개할 계책을 세 가지 들면서 이렇게 말했다고 한다. "… 그대의 나라는 여자를 임금으로 삼는 바람에 이웃 나라로부터 업신여김을 당하고 임금의 체통을 잃어 도둑이 잇따라 일어나고 해마다 편안할 날이 없는 것이다. 내가 [당나라의] 종친을 한 사람 보내어 너희 나라의 왕으로 삼겠다. 혼자서는 다스릴 수가 없을 테니 군사까지 보내어 군영을 세우고 [종친을] 보호하다가 너희 나라가 안정되면 너희가 스스로 지키게 해 줄까 한다." 남존여비사상에 지배되었던 이세민이 그 기회에 선덕여왕을 제치고 도호부를 설치한 다음에 신라를 직접 지배하려는 야심을 드러낸 셈이다. 그러나 '등잔 밑이 어둡다'는 말이 있듯이, 얼마 지나지 않아 다른 나라도 아닌 자신의 당나라, 그것도 자신의 아들인 고종(이치)으로 말미암아 그의 이 같은 극언을 무색하게 만드는 역사의 아이러니가 연출되었다. 이세민의 후궁들 중의 하나로 그의 명복을 빌기 위해 비구니가 된 14세의 무조(武曌, 624~705)는 우연히 고종 이치의 눈에 들면서 정치적 재기에 성공하였다. 고종 사후에는 자신의 아들을 차례로 황제로 즉위시키며 수렴청정을 하더니 690년에는 급기야 역성혁명을 일으켜 이씨 당나라[李唐]의 명맥을 끊고 무씨 주나라[武周]를 세움으로써 5,000년 중국 역사상 전무후무한 여황제 '무측천(武則天)'으로 등극한다.

641) 상리현장(相里玄奬): 당대 초기의 정치가. 자세한 내용은 〈고려전〉의 해당 주석(제88~89쪽)을 참조하기 바란다.

○ 太宗遣相里玄奬齎璽書賜高麗曰,

• 026

"신라는 [우리] 나라에 명운을 맡기고[642] [우리] 조정에 대한 조공[643]도 빠뜨린 적이 없었다. 너[희 나라][644]와 백제는 즉시 무기를 거두어들임이 마땅하다. 만약에 그 나라를 또다시 공격한다면 내년에는 기필코 군사를 내어 너희 나라를 칠 것이다!"

○ "新羅委命國家, 不闕朝獻。爾與百濟, 宜卽戢兵。若更攻之, 明年當出師擊爾國矣。"

• 027

태종은 직접 고려를 정벌하고자 하여 신라에 조서를 내리고 군사와 군마를 끌어모아 [당나라의] 대군을 맞이하도록 일렀다. [그러자] 신라는 대신

---

[642] 신라는 나라에 명운을 맡기고[新羅委命國家]: 인터넷 〈국편위판〉 주246 및 〈동북아판4〉 주36(제91쪽)에서는 "전자의 경우는 '新羅가 國家(唐)에 命令(生命·依託)한 것'으로 文脈上 거슬림이 나타나니 굳이 國家라고 한 표현이 그것"이라고 해석하고 "新羅는 나의 명령에 따르는 나라로서"로 번역하였다. 그러나 이 부분은 문법적으로 「주어+동사+목적어(+전치사)+보어」 구조에 해당하며, 목적어인 '목숨 명(命)'도 여기서는 '명령(command)'이 아니라 '운명(destiny)'이라는 뜻이다. 따라서 번역 역시 "신라가 [당]나라에 명운을 맡기다" 식으로 해야 옳다.

[643] 조공[朝獻]: '조헌(朝獻)'은 '[황제의 조정에] 입조하고 [특산물을] 바친다'는 뜻으로, 의미상으로 조공(朝貢)과 같은 표현이다.

[644] 너[爾]: '너 이(爾)'는 고대 한문에서 사용되는 2인칭 대명사이다. 고대 중국에서 황제가 주변 국가의 통치자를 부를 때 사용하는 표현은 '경(卿)'이었다. '경'은 상대방에 대한 호의와 예의를 담아 높여 부르는 일종의 존칭으로, 우리말로는 '그대, 귀하' 정도에 해당한다. 반면에 '이(爾)'는 상대방에게 격식이나 예의를 갖추지 않고 직설적으로 낮추어 부르는 표현으로, 일반적으로 상대방을 질책하거나 공격할 때에 주로 사용하였다.

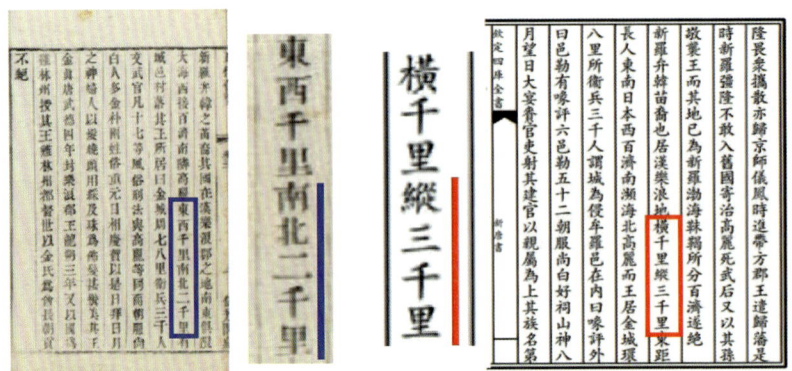

《오대회요》의 〈신라전〉 대목(좌). "신라 강역이 동서 1,000리, 남북 2,000리"라고 소개되어 있다. 《신당서》(우)에는 심지어 당대 초기의 신라 강역이 "동서 1,000리, 남북 3,000리"로 소개되어 있다. 이런 점에 착안할 때 수구성(水口城)의 위치는 학계에서 그동안 주장해 온 위치보다 훨씬 위쪽에서 찾아야 옳다.

을 파견하여 군사 오만 명을 거느리고 고려의 남쪽 지경으로 들어가 다음에 수구성645)을 공격하고 그들을 항복시켰다.

○ 太宗將親伐高麗, 詔新羅纂集士馬, 應接大軍. 新羅遣大臣領兵五萬人, 入高麗南界, 攻水口城, 降之.

• 028

[정관] 이십일년에 [김]선덕이 죽었다.

[황제는 여왕에게] 광록대부를 추증하고 나머지 관작들은 일률적으로 이전

---

645) 수구성(水口城): 고구려 남쪽 지경의 성 이름. 인터넷 〈국편위판〉 주249에서는 "文武王 11년 신라군의 北上時에 일시 머물렀던 水谷城(平山 또는 新溪 일대)일 가능성이 크다. 이곳은 濟·麗간의 전술적 요지로서, 近仇首王 원년(375), 阿莘王 3년(394), 武寧王 원년(501)에도 양국 간의 激戰이 있었다"고 설명하면서 지금의 황해도 평산군 또는 신계군으로 비정하였다. 그러나 그것은 반도사관에 입각한 추정으로, 그 정확한 위치는 알 수가 없다. 다만, 《신당서》에서 신라의 강역을 "동서로 1,000리, 남북으로 3,000리"라고 한 점에 착안할 때 수구성의 좌표는 그보다 훨씬 위쪽에서 찾아야 옳다고 본다.

과 같이 [사용하도록] 해 주었다. [그 나라에서] 그의 누이동생인 [김]진덕을 국왕으로 옹립하매 추가로 주국으로 제수하는 한편 낙랑군왕에 봉하였다.

○ 二十一年, 善德卒。贈光祿大夫, 餘官竝如故。因立其妹眞德爲王, 加授柱國, 封樂浪郡王。

• 029

[정관] 이십이년에 [김]진덕이 그의 아우로 국상이던 이찬간[646] 김춘추[647] 및 그의 아들 문왕을 파견하여 [중국으로] 와서 입조하게 하였다. [태종은 이에] 조서를 내려 [김]춘추에게는 특진[648]을 제수하고, 문왕에게는 좌무위장군[649]을 제수하였다.

---

646) 이찬간(伊贊干): 신라의 관직명. 17개 관등 중에서 제2등에 해당하는 관직으로, 이 밖에도 이척간(伊尺干)·일척간(一尺干)·이간(伊干)·이찬(夷粲/伊飡)·일한지(壹旱支) 등으로 표기되기도 하지만 글자만 다를 뿐 사실상 같은 이름이다. 인터넷 〈국편위판〉 주253 및 〈동북아판4〉 주46(제93쪽)에는 '이벌간(伊罰干)'도 이찬간으로 소개되어 있다. 그러나 '이벌간'은 제1등에 해당하는 이벌찬(伊伐飡)의 다른 표기이므로 주의가 필요하다. 자세한 설명은 문성재,《정역 중국정사 조선·동이전3》의 "이척간" 주석(제182쪽)을 참조하기 바란다.
647) 김춘추(金春秋, 603~661): 신라 제29대 국왕인 태종무열왕의 이름. 진덕여왕의 뒤를 이어 최초의 진골(眞骨) 출신 국왕이 되자 외교는 아들 김법민, 군사는 매부 김유신에게 일임함으로써 삼국통일의 기초를 다졌다.《자치통감》의 해당 주석(제611쪽)을 참조하기 바란다.
648) 특진(特進): 중국 고대의 작호. 한대에 공덕이 특히 탁월하여 조정의 추앙을 받는 제후에게 부여했는데, 그 지위는 삼공(三公) 다음이었다. 수·당대에는 문관 산관(散官, 명예직) 제2계(第二階)로, 품계는 정2품이었다.
649) 좌무위장군(左武威將軍): 당대의 관직명. 정식 명칭은 좌교위장군(左驍衛將軍)이다. 예종의 광택(光宅) 원년(684)에 좌무위장군으로 개칭했으며, 중종의 신룡(神龍) 원년(705)에 다시 좌교위장군으로 개칭되었다.《자치통감》의 해당 주석(제612쪽)을 참조하기 바란다.

○ 二十二年, 眞德遣其弟國相·伊贊干金春秋及其子文王來朝。詔授春秋爲特進, 文王爲左武衛將軍。

• 030

[이때 김]춘추가 국학650)을 방문하여 석전[제]651) 및 강론652)을 구경하겠다고 요청하였다. 태종은 그래서 자신이 쓴 《온탕》653) · 《진사비》654) 및 [당시에 사관들이] 새로 편찬한 《진서》655)를 하사하였다.

---

650) 국학(國學): 중국 고대의 국립 학교인 '국자학(國子學)'을 말한다. 자세한 소개는 《자치통감》의 해당 주석(제443쪽)을 참조하기 바란다.
651) 석전(釋奠): 중국 고대에 관립 학교에서 거행하던 의식의 하나. 자세한 소개는 《자치통감》의 해당 주석(제442쪽)을 참조하기 바란다.
652) 강론(講論): 중국 고대에 여러 사람이 모여 유가 경전을 강의하고 특정한 대목이나 주제로 토론하는 것을 말한다. 조선시대의 '경연(經筵)'과 비슷한 행사였다.
653) 《온탕(溫湯)》: 당대에 섬서성 서안시에 있는 여산(驪山)의 온천을 주제로 지은 글의 일종. 여산 온천의 연혁을 소개한 비문으로는 북주(北周)의 문장가 왕포(王褒)와 유신(庾信)의 작품이 유명하다. 여기에 언급된 《온탕》은 이들의 작품을 비문으로 새기거나 태종 이세민이 짓거나 필사한 것을 다시 비문으로 새긴 것 중의 하나였을 것이다. "태종이 직접 썼다"고 한 것을 보면 후자일 가능성이 높다. 〈동북아판4〉 주51(제94쪽)에서는 《신당서》 "무덕 6년(623) 2월"조의 기사를 근거로 그 내용이 당시 고조의 활동을 다룬 것으로 보았다. 그러나 ① 그 글 작성자도 그 아들 이세민인 데다가 ② 여산 온천은 당나라의 어용 온천이어서 이세민이 황제가 된 뒤로도 수시로 드나들었다. ③ 이 기사가 작성되는 정관 22년만 해도 정월 "무술일(戊戌日)에 온탕에 행차하고 11일 동안이나 머무르고 있다. ④ 무덕 6년 2월의 일을 적은 것이라고 단정하기 어렵다는 뜻이다.
654) 《진사비(晉祠碑)》: 중국 산서성 태원시(太原市)에 있는 사당인 진사(晉祠)를 주제로 지은 글을 새긴 비석. 정식 명칭은 '진사명비(晉祠銘碑)'로, 정관 20년 정월 26일에 제작되었다. 태원에서 처음 군사를 일으켜 마침내 당나라를 건국한 이연·이세민 부자가 춘추시대 진(晉)나라의 시조 당숙우(唐叔虞)의 업적을 칭송하고 자신들이 세운 당나라의 안녕을 기원하는 것을 주된 내용으로 삼았다.
655) 《진서(晉書)》: 중국 역대 왕조의 정사인 '25사(二十五史)'의 하나. 서진(西晉)의 태시(泰始) 원년(265)으로부터 유유(劉裕)가 새 왕조인 유송(劉宋)을 세우는 동

○ 春秋請詣國學觀釋奠及講論, 太宗因賜以所制溫湯及晉祠碑幷新撰晉書。

• 031

[아울러 그들이] 본국으로 귀환하게 되었을 때에는 [품계가] 삼품 이상인 [당상] 관원들656)로 하여금 연회를 베풀고 그들을 전송해 주게 이르는 등 [신라에 대한] 예우가 무척 각별하였다.

○ 將歸國, 令三品以上宴餞之, 優禮甚稱。

• 032

영휘657) 원년에 [김]진덕이 백제의 무리를 크게 무찌르고 나서658) 그

진(東晉)의 원희(元熙) 2년(420)까지 156년간의 사마씨(司馬氏) 진(晉) 왕조의 역사를 다룬 기전체(紀傳體) 단대사(斷代史)이다. 자세한 소개는 문성재, 《정역 중국정사 조선·동이전2》의 해제(제28쪽)를 참조하기 바란다.

656) 삼품 이상인 관원들[三品以上]: 3품 이상의 관직명은 당나라의 전장(典章) 제도를 소개한 《당 육전(唐六典)》 및 《구당서》 〈직관지1(職官志一)〉에 자세하게 소개되어 있다. 〈직관지〉에 따르면, 품계가 3품 이상인 대신들로는 개부·의동삼사(종1품), 특진(정2품), 광록대부(종2품), 금자광록대부(정3품), 은청광록대부(종3품) 등이 있었다.

657) 영휘(永徽): 당나라의 제3대 황제인 고종 이치(李治)가 650~655년까지 6년 동안 사용한 연호.

658) 진덕이 백제의 무리를 크게 무찌르고 나서[眞德大破百濟之衆]: 이 부분은 진덕왕 3년(649) 가을 8월(양력 10)에 벌어진 백제와의 전투를 말한다. 《삼국사기》 "진덕왕 3년 가을 8월"조에 따르면, "백제 장군 은상이 … 석토 등 7개 성을 공격해 함락시키자(百濟將軍殷相 … 攻陷石吐等七城)", "[김]유신 등이 진격해 대패시키고 장사 100명을 죽이거나 생포하고 군졸 8,980명의 목을 베고 전마 1만 필을 노획하였다.(庾信等進擊, 大敗之殺虜將士一百人, 斬軍卒八千九百八十級, 獲戰馬一萬匹)". 1년 전의 일을 여기서는 영휘 원년(650)의 기사로 다룬 셈이다. 《삼국사기》 "진덕왕 4년 6월"조에서 "대당에 사신을 보내 백제의 무리를 깨뜨린 일을

아우 [김]법민659)을 파견하여 [그 일을 태종에게] 보고하였다.

○ 永徽元年, 眞德大破百濟之衆, 遣其弟法敏以聞。

• 033

[김]진덕은 이에 [여러 색의] 비단을 짜서 태평성대를 비는 오언의 노래를 지어 바쳤다.660) 그 가사는 다음과 같았다.661)

○ 眞德乃織錦作五言太平頌以獻之。其詞曰,

알렸다(遣使大唐, 告破百濟之衆)"고 기술한 것을 보면 이 기사는 신라 사신의 전언을 토대로 작성되었을 가능성이 높다.
659) 법민(法敏): 나중의 제30대 국왕 문무왕(文武王) 김법민을 말한다. 여기에는 "기제(其弟)"라 하여 진덕여왕의 남동생으로 소개되어 있으나 〈신라전〉 집필자의 착오이다. 선덕여왕과 진덕여왕이 사촌 자매이고 김춘추가 선덕여왕의 조카이므로 그 아들 김법민은 항렬상 '동생'이 아니라 손자에 해당한다.
660) 태평성대를 비는 오언의 노래를 지어 바쳤다[作五言太平頌以獻之]:《삼국사기》"진덕왕 4년(650)"조에서는 "이해부터 '영휘'라는 중국의 연호를 사용하기 시작하였다(是歲, 始行中國永徽年號)"고 하면서 이렇게 부연하고 있다. "법흥왕이 스스로 연호를 일컬은 것은 [신하들에게] 미혹된 탓이다. 그 후에도 그 허물을 이어받아 여러 해 동안 잘못을 저질렀다. 그 일을 접한 [당나라 태종의 책망에도 기어이 계속 [그 관행을] 답습하더니 이때에 이르러서야 당나라의 연호를 받들어 따르기에 이르렀다.(法興自稱年號, 惑矣. 厥後承愆襲, 繆多歷年. 所聞太宗之誚讓, 猶且因循, 至是然後, 奉行唐號)" 김부식은 이 발언을 통하여 신라가 중국의 연호를 따르지 않은 일을 비판하였다. 그러나 이 발언은 역설적으로 신라가 법흥왕(?~540) 이래로 진덕왕 4년(650)까지 110년이 넘도록 독자적인 연호 체제를 고수해 왔음을 우회적으로 시사해 준다. 그랬던 신라가 진덕여왕 4년부터 중국의 연호를 따르기 시작한 것은, 태평성대를 비는 노래를 바친 것에서도 볼 수 있듯이, 당시 신라가 직면한 국가적 위기를 타개하기 위한 자구책의 일환이었던 것으로 보인다. 백제와 고구려의 군사 침탈로부터 활로를 모색하는 과정에서 당나라의 지원을 끌어내기 위한 불가피한 선택이었다는 뜻이다.
661) 그 가사는 다음과 같았다[其詞曰]: 가사가 소개된 국내외 사서·문헌으로는 7세기 신라의 문헌인《천지서상지》(필사본)를 위시하여 고려·북송대의《구당서》·《책부원구》·《삼국사기》, 명대의《전료지(全遼志)》·《시녀사찬(詩女史纂)》, 청대의《어정 자사정화(御定子史精華)》·《어정 연감유함(御定淵鑒類函)》·《흠정 만주원류고》

황남대총(皇南大冢) 남분(南墳)에서 출토된 5세기 신라의 토우. 춤추는 무희를 역동적으로 형상화해 놓았다. (경주국립박물관)

• 034

"위대한 당나라 큰 왕업을 여니	大唐開洪業,
높고도 높다 황제의 훌륭한 교화!	巍巍皇猷昌。
창 멈추고 갑옷 내려놓은 채	止戈戎衣定,
문치 닦으며662) 옛 제왕들[위업] 이으시네.663)	修文繼百王。
천하 이끌 제 은혜 베푸는 일 중시하시고	統天崇雨施,
만물 다스릴 제 미덕 담는 일 실천하시니	理物體含章。

·《흠정 성경통지》, 근대의《당문습유(唐文拾遺)》등이 있다. 일부 문구에서 편차를 보이지만 그 내용은 대체로 동일하다.

662) 문치를 닦으며[修文]: 동사인 첫 번째 글자가 원문에는 '닦을 수(修)'로 적혀 있다. 그러나 명대의 《전료지》에서 청대의 《만주원류고》·《성경통지》까지는 '일어날 흥(興)'으로 바뀌어 있어서 "문치가 일어나니"로 해석된다.

663) 옛 제왕들을 이으시다[繼百王]: 동사인 첫 번째 글자가 원문에는 '이을 계(繼)'로 적혀 있다. 《만주원류고》·《성경통지》등 청대 문헌에는 '모을 총(總)'으로 되어 있는데, 모양이 비슷한 '계(繼)'를 '총(總)'으로 착각한 결과로 보아야 한다.

깊은 인덕은 해 · 달과 견줄 만하고[664]	深仁偕日月,
천운에 순응하는 모습 도당[665]을 뛰어넘네.	撫運邁陶唐。
깃발부터가 빛이 나거니와[666]	幡旗旣赫赫,
징과 북은 어찌 그리도 우렁찬고![667]	鉦鼓何鍠鍠。
오랑캐들 중 천명을 어긴 자들은	外夷違命者,
응징하여 천벌을 받게 하시고	翦覆被天殃。
순박한 풍속 저승과 이승서 두드러지니	淳風凝幽顯,
멀고 가까운 곳서 상서로운 조짐 잇따르네!	遐邇競呈祥。
사계절은 옥촉[668]처럼 어우러지고	四時和玉燭,

664) 해·달과 견줄 만하고[偕日月]: 동사인 첫 번째 글자는 '짝 할 해(偕)'이다. 북송·고려의 《책부원구》·《삼국사기》, 명대의 《전료지》·《시녀사찬》, 청대의 《성경통지》·《당문습유》에는 '어울릴 해(諧)'로 되어 있어서 "해·달과 어울리고" 정도로 해석된다.

665) 도당(陶唐): 중국 고대 전설에 등장하는 '5제(五帝)'의 한 사람인 요(堯)를 가리킨다. 제곡(帝嚳)의 아들로, 성은 이기(伊祁), 이름은 방훈(放勳)이며, '요'는 시호이다. 나중에는 '당요(唐堯)·제요(帝堯)'로 불리기도 하였다. 사마천 《사기(史記)》 등에 의하면, 희화(羲和) 등에게 명하여 역법을 정하고, 효행으로 명성이 높았던 순을 중용했으며, 나중에는 아들을 제치고 왕위를 순(舜)에게 양보하여 성인의 치세로 칭송되는 이른바 '요·순의 치세(堯舜之治)'를 이끌어내었다. 《책부원구》·《삼국사기》·《만주원류고》·《성경통지》에는 이 부분이 '시강(時康)'으로 되어 있는데, 문법에 어긋난 것을 보면 '도당'을 잘못 옮겼을 것이다.

666) 혁혁하거니와[旣赫赫]: 이 구절의 경우, 《책부원구》·《삼국사기》·《시녀사찬》·《자사정화》·《연감유함》에는 원문의 '이미 기(旣)'가 '어찌 하(何)'로 되어 있어서 "어찌 그리도 빛이 나며" 정도로 해석된다.

667) 떠들썩하였던가[鍠鍠]: 여기서 형용사인 '북종소리 굉(鍠)'이 청대의 《흠정 만주원류고》에는 '빛날 황(煌)'으로 바뀌어 있다. 전후 맥락을 따져 볼 때 글자 모양이 비슷하여 잘못 베낀 것으로 보인다.

668) 옥촉(玉燭): 글자 그대로 풀면 '옥으로 만든 초' 정도의 뜻으로, 일반적으로 태평성대를 뜻하는 표현으로 사용된다. 〈동북아판4〉(제95쪽)에서는 《이아(爾雅)》 〈석천(釋天)〉을 인용하면서 이 구절을 "옥촉이 매끈하게 빛나는 모습을 가리킨

칠요669)는 온 누리에 감도누나.	七曜巡萬方。
[성스러운] 산은 재상을 내리시고	維岳降宰輔,
황제는 충신을 등용하시는구나.	維帝任忠良。
오제·삼왕670)을 한 덕으로 받드시며	五三成一德,
우리 당나라 빛나게671) 밝혀 주소서."	昭我唐家光。

• 035

황제는 이를 갸륵하게 여겨 [김]법민에게 태부경672)을 배수하였다.

다"고 보았으나 오해이다. 그 원문에서는 "봄은 '청양'이라 하고 여름은 '주명'이라 하며 가을은 '백장'이라 하고 겨울은 '현영'이라 한다. [이 사계절의] 네 기운이 어우러지는 것을 '옥촉'이라고 한다(春爲靑陽, 夏爲朱明, 秋爲白藏, 冬爲玄英, 四氣和謂之玉燭)"라고 했기 때문이다. '옥촉'은 사계절의 기운이 조화로와져 태평성대를 이룬 것을 비유하는 표현인 것이다.

669) 칠요(七曜): 중국 고대의 천문 용어. '칠정(七政)·칠위(七緯)·칠요(七耀)'로 쓰기도 한다. 고대 중국인들은 형혹성(熒惑星, 화성), 진성(辰星, 수성), 세성(歲星, 목성), 태백성(太白星, 금성), 진성(鎭星, 토성)을 아울러 '5성(五星)' 또는 '5요(五曜)'라고 불렀다. 여기에 새로 태양성(太陽星, 해)과 태음성(太陰星, 달)을 추가하여 일컬은 것이 '7요'이다. 〈동북아판4〉 주57에서는 "日·月·火·水·木·金·土의 五星을 가리킨다"고 했는데, 착오로 보인다.

670) 오제삼왕(五帝三王): 중국 고대 전설에 등장하는 성군인 '3황 5제(三皇五帝)'를 말한다. 일반적으로 '3황'은 복희(伏羲)·신농(神農)·황제(黃帝), '5제'는 소호(少昊)·전욱(顓頊)·제곡(帝嚳)·요(堯)·순(舜)을 각각 말한다. 이 부분의 경우, 명대 중기의 연혁지《전요지(全遼志)》로부터 청대의《만주원류고》·《성경통지》까지는 '오제·삼왕(五三)'이 '삼왕·오제(三五)'로 순서가 뒤바뀌어 있는데 의미상으로는 큰 차이가 없다.

671) 우리 당나라 빛나게[唐家光]: 마지막 글자의 경우, 앞서의 사서·문헌들에는 모두 '빛날 광(光)'으로 되어 있으나 국내 사서인《삼국사기》에서는 정덕본·옥산서원본 두 판본 모두 '임금 황(皇)'으로 되어 있다. 아마 그 뒤에 이어지는 단어인 '고종(高宗)' 때문에 '당 왕조의 황제 고종' 식으로 새기면서 잘못 바꾸었을 것이다.

672) 태부경(太府卿): 중국 고대의 관직명.《주례(周禮)》에 따르면, 천관(天官) 태재(太宰)의 속관인 태부(太府)의 수장으로, 전국의 공물·조세의 수지와 보관을 담

○ 帝嘉之, 拜法敏爲太府卿。

• 036

[영휘] 삼년에 [김]진덕이 죽었다.673)

[고종은 여왕을 위하여] 애도 의식을 베풀어 주었다. [그리고] 조서를 내려 [김]춘추로 하여금 [그 왕위를] 계승하여 신라왕으로 옹립하게 하는 한편, 개부의동삼사674)를 추가로 제수하고 낙랑군왕으로 봉하였다.

○ 三年, 眞德卒。爲擧哀。詔以春秋嗣, 立爲新羅王, 加授開府儀同三

당하였다. 남북조 시대의 양나라와 북위에서는 그 지위가 제경(諸卿)의 반열까지 이르러 '태부경(太府卿)'으로 일컬어졌다. '태부시(太府寺)'로 개칭한 북제 시기에는 태부시경(太府寺卿)과 그를 보좌하는 태부소경(太府少卿)을 두고 좌중우삼상방(左中右三尙方)·좌우장(左右藏)·사염(司染)·제야동서도(諸冶東西道)·황장(黃藏)·세작(細作)·좌교(左校)·견관(甄官) 등의 분과별 분서들을 설치하고 야금·주조·염색·세공·수공업 등의 업무들까지 관장하였다.

673) 삼년에 진덕이 죽었다[三年, 眞德卒]: 진덕여왕의 사망 연도를 인터넷 〈국편위판〉 주259에서는 "《舊唐書》에는 眞德女王의 卒年이 永徽 3년"이라 하여 서기 652년으로 보았다. 그러나 《삼국사기》 "진덕왕 5년"조의 소개는 다르다. "8년(654) 봄 3월에 왕이 돌아가셨다. … 당나라의 고종이 〔소식을〕 듣고 영광문에서 애도를 표하고 태상승 장문수를 사신으로 보내서 부절을 가지고 조문하게 하였으며, 개부의동삼사를 추증하고 비단 300단을 내려 주었다.(八年, 春三月, 王薨. … 唐高宗聞之, 爲擧哀於永光門, 使大常丞張文收, 持節吊祭, 贈開府儀同三司, 賜綵段三百.)" 그렇다면 실제로 여왕이 사망한 시점은 그보다 2년 뒤인 영휘 5년, 즉 서기 654년의 3월인 셈이다. 고대 중국에서는 외국의 통치자가 죽고 일정 기간이 지난 뒤에 뒤늦게 정사 기사에 반영되는 것은 흔한 일이었다. 그러나 죽지도 않은 사람을 '2년 전에 사망했다'고 소개했다는 것은 사초를 실록으로 옮기는 과정에서 그 사실을 기술하는 사관의 착오에서 비롯되었을 가능성도 있다.

674) 개부·의동삼사(開府儀同三司): 중국 고대의 작호. 글자대로 풀면 "독자적인 집무 관청과 함께 '삼사'에 준하는 의전 특혜를 누린다"는 뜻으로, 엄밀하게 말하면 관직이라기보다는 의전의 범위를 설정한 표현인 셈이다. 고구려에 대해서도 보장왕 고장에게 같은 작호가 내려지기도 하였다. 자세한 소개는 《자치통감》의 해당 주석(제489쪽)을 참조하기 바란다.

사서	구당서	신당서		자치통감	삼국사기		
연대	10세기	11세기		12세기	13세기		
대목	백제전	고려전	백제전	신라전	고종본기	고구려본기	백제본기	신라본기
빼앗긴 성	30여 성	36성	30성	30성	33성	33성	30여 성	33성

신라가 고구려와 백제의 공격에 빼앗긴 성의 규모 비교표

司, 封樂浪郡王。

• 037

[영휘] 육년에 백제가 고려·말갈과 함께[675] 군사를 이끌고 그 나라의 북쪽 지경을 침공하였다. [그 결과] 서른 곳이 넘는 성을 공격하여 함락시키니[676] [김]춘추가 사신을 파견하여 [고종에게] 표를 올리고 도와줄 것을 요

---

675) 백제가 고려·말갈과 함께[百濟與高麗靺鞨]: 고구려 및 그 경내의 말갈은 신라와 남북으로 국경을 맞대고 있었으므로 직접 침공하는 일이 가능했을 것이다. 반면에 백제는 지리적으로 신라 서쪽에 자리잡고 있었다. 따라서 자력으로 신라의 북쪽 지경을 침공한다는 것은 물리적으로 불가능하다. 이 구절만으로는 백제가 고구려·말갈과 동시에 공격한 것인지 단독으로 작전에 임한 것인지 단정하기 어렵다는 뜻이다. 다만, 《삼국사기》"태종무열왕 2년"조에서 "고구려와 백제·말갈이 군사를 합쳐 우리 북쪽 지경을 침탈하였다(高句麗與百濟靺鞨連兵, 侵軼我北境)"고 한 것을 보면, 고구려·말갈·백제가 합세하여 한 방향에서 일제히 공격한 것으로 볼 수밖에 없다. 말갈은 당시에 대부분 고구려에 복속하고 있었으므로 고구려를 두고 한 말로 보아도 충분하다. 그러나 당나라는 말갈을 고구려와는 별개의 군사집단으로 인식했던 것으로 보인다. 여기서 말갈을 고구려와 나란히 언급한 것이 그 증거이다. 아마 고구려의 하부 군사조직으로서 그 지휘와 통제하에서 이 같은 작전에 동참했을 것이다.

676) 서른 곳이 넘는 성을 공격하여 함락시키니[攻陷三十餘城]: 이 대목은 사서마다 기술 방식과 내용에서 조금씩 편차를 보인다. ①《신당서》의 경우, 〈고려전〉에서

청하였다.

○ 六年, 百濟與高麗·靺鞨率兵侵其北界, 攻陷三十餘城。春秋遣使上表求救。

• 038

현경[677] 오년에 좌무위대장군[678]이던 소정방[679]을 웅진도 [행군]대총관[680]에 임명하여 수군·육군 십만[681]을 거느리게 하였다.

는 "신라가 고려·말갈이 36곳의 성을 빼앗아갔다고 호소하였다(新羅訴高麗靺鞨奪三十六城)", 〈백제전〉에서는 "신라가 백제·고려·말갈이 [그] 북쪽 지경의 성 30곳을 장악한 일을 호소하였다(新羅訴百濟高麗靺鞨取北境三十城)", 〈신라전〉에서는 "백제·고려·말갈이 함께 정벌에 나서 그 나라의 성 30곳을 장악하였다(百濟高麗靺鞨共伐取其三十城)"고 한 것이 그 증거이다. 또, ②《자치통감》"고종 영휘 6년"조에는 "봄 정월 … 경인일에 … 고구려가 백제·말갈과 군사를 합쳐 신라 북쪽 지경을 침범하여 33곳의 성을 장악하였다"고 기술되어 있다. ③ 국내 사서 《삼국사기》의 경우, 〈고구려본기〉에는 "신라의 북쪽 지경을 침범하여 33곳의 성을 장악하였다(侵新羅北境, 取三十三城)", 〈백제본기〉에는 "신라의 30곳이 넘는 성을 공격해 무찔렀다(攻破新羅三十餘城)", 〈신라본기〉에는 "우리(신라)의 북쪽 지경을 침범하여 33곳의 성을 장악하였다(侵軼我北境, 取三十三城)"로 소개되어 있다. 이 세 기사를 대조해 볼 때 김부식은 이 대목을 기술하는 과정에서 《자치통감》 기사를 주로 차용한 것으로 보인다.

677) 현경(顯慶): 당나라 고종 이치가 656~661년까지 6년 동안 사용한 2번째 연호.
678) 좌무위대장군(左武威大將軍): 중국 수·당대의 무관직인 좌교위대장군(左驍衛大將軍)을 말한다. 자세한 소개는 《자치통감》의 "좌교위대장군" 주석(제404~405쪽)을 참조하기 바란다.
679) 소정방(蘇定方, 592~667): 당대 초기의 장수. 기주(冀州) 무읍(武邑) 사람으로, 본명은 열(烈)이며 '정방'은 자이다. 수나라 말기에 농민 봉기를 진압하고 당나라 태종의 정관 연간 초기에는 동돌궐을 공략하는가 하면 고구려 침공에도 공을 세웠다. 자세한 소개는 《자치통감》의 해당 주석(제618쪽)을 참조하기 바란다.
680) 대총관(大總管): 당대의 관직명. 고조의 무덕 연간 초기에 관중(關中) 지역을 12개 도(道, 방면)로 나누고 도마다 대장군(大將軍)을 1명씩 '대총관'으로 배치하였다. 태종 이세민 때에는 원래 부임한 지역에서는 '대도독(大都督)'으로 불렸으나

○ 顯慶五年, 命左武衛大將軍蘇定方爲熊津道大總管, 統水陸十萬。

• 039
나아가 [김]춘추를 우이682)도 행군총관683)에 임명하여 [소]정방과 함께 684) 토벌에 나서 백제를 평정하게 하였다. 685) [결국] 그 나라(백제)의 왕

반란을 평정하거나 외국을 침공할 목적으로 군사를 외부 지역으로 이동시켰을 때에는 '대총관'으로 일컬었다. 자세한 소개는 《자치통감》 "건봉 원년" 조의 해당 주석(제700쪽)을 참조하기 바란다.

681) 수군·육군 십만[水陸十萬]: 이때에 발진한 당나라군의 규모와 관련하여 《삼국사기》 "의자왕 20년" 조 및 〈김유신전〉에는 "13만(十三萬)"으로 소개되어 있다. 《삼국유사》 역시 〈기이(紀異)〉 "태종춘추공" 조에는 "13만(十三萬)"이지만 주석에는 이렇게 설명해 놓았다. "국내 사서에는 '군사가 12만 2,711명, 배는 1,900척'이라고 나와 있다. 그러나 당사(당서)에서는 그 규모를 상세하게 언급하지 않았다.(鄕記云, 軍十二万二千七百十一人, 舡一千九百隻. 而唐史不詳言之)" 이로써 중국 측 사서에는 10만 명으로 기록된 반면 국내 사서에는 공통적으로 그보다 3만이 많은 13만 명으로 전해졌음을 알 수 있다.

682) 우이(嵎夷): 백제의 지명. 《삼국사기》 〈지리지4〉에서는 "【[웅진]도독부 13현】우이현 …(【都督府一十三縣】嵎夷縣 …)"이라고 소개하였다. 이로써 우이현이 웅진도독부가 관할하는 13개 현 중의 하나였음을 알 수 있다. 그렇다면 그 좌표는 당시 백제의 도읍이던 사비성(지금의 부여읍) 인근에서 찾아야 하는 셈이다.

683) 행군총관(行軍總管): 당대의 관직명. 북주·수·당대에 비상시(전시)에 일정 기간 군사를 통솔하는 지휘관을 가리키는데, 지금의 사령관에 해당한다.

684) 소정방과 함께[與定方]: 여기에는 총사령관인 소정방만 간단히 언급되어 있다. 그러나 《삼국사기》 "태종무열왕 7년" 조에는 '당나라에 들어가 군사를 요청한 파진찬 김인문(入唐請師波珍湌金仁問)'과 유백영(劉伯英)이 소정방을 수행하여 "군사 13만을 거느리고 바다를 건넜다(領兵十三萬過海)"고 상세하게 소개되어 있다. 실제로, 《신당서》 〈백제전〉에는 이렇게 기술되어 있다. "현경 5년(660)에 좌위대장군 소정방을 신구도 행군대총관으로 삼아 좌위장군 유백영, 우무위장군 풍사귀, 좌교위장군 방효태를 거느리고, 신라 군사를 징용하여 백제를 토벌하였다.(顯慶五年, 乃詔左衛大將軍蘇定方爲神丘道行軍大總管, 率左衛將軍劉伯英·右武衛將軍馮士貴·左驍衛將軍龐孝泰, 發新羅兵討之)" 그것이 사실임을 확인할 수 있는 것이다.

이던 부여의자를 사로잡아 대궐 아래에 [끌고 와서] 바쳤다.686)

○ 仍令春秋爲嵎夷道行軍總管, 與定方討平百濟, 俘其王扶餘義慈, 獻于闕下。

• 040
이때부터 신라는 차츰 고려와 백제의 영토를 점유하기 시작하여687)

---

685) 토벌에 나서 백제를 평정하게 하였다[討平百濟]: 중국 정사들은 자국의 인물·사건들을 중심으로 역사를 기록하였다. 따라서 나·당 연합군의 백제 침공과정처럼, 외국의 인물·사건들은 상대적으로 소략하게 처리하는 경향이 강하였다. 반면에 김부식《삼국사기》의 경우, 〈백제본기〉와 〈신라본기〉에는 그 과정과 장면들이 아주 상세하고 구체적으로 기술되어 있다. 그 내용을 일자별로 간단히 정리해 보면 다음과 같다. 3월(양력 4월)에 당나라군이 본국에서 발진 ⇒ 5월 26일(양력 7월 9일)에 김유신의 본대가 출발 ⇒ 3개월만인 6월 21일(양력 8월 2일)에 태자 김법민과 덕적도에서 합류 ⇒ 7월 1일(8월 11일)에 백제 침공의 D-day를 확정 ⇒ 기벌포에 도착 ⇒ 7월 9일(8월 20일)에 김유신의 본대가 황산벌에서 계백의 저항을 만나는 바람에 사흘을 지체 ⇒ 7월 13일(8월 24일)이 되어서야 태자 부여융이 항복 ⇒ 4개월 만인 7월 18일(8월 29일)에 도주했던 의자왕이 태자 부여효 등과 함께 항복 ⇒ 8월 2일(9월 11일)에 태종무열왕이 소정방 일행에게 주연을 베풀고 격려 ⇒ 5개월 만인 9월 3일(10월 12일)에 소장방이 의자왕과 대소 신료 93명, 포로 1,200명을 끌고 당나라로 귀환.

686) 대궐 아래에 바쳤다[獻于闕下]: 여기서 "대궐 아래"는 당시의 당나라 고종 이치가 기거하고 있던 대궐 대문 밖을 말한다.

687) 이때부터 신라는 차츰 고구려와 백제의 영토를 점유하기 시작하여[自是, 新羅漸有高麗百濟之地]: "이때[是]"는 현경 5년(660)을 가리킨다. 이 부분은 무주공산(無主空山)이 된 두 나라의 영토를 신라가 현경 5년부터 차츰 자국의 판도로 편입해 갔다는 의미로 해석된다. 여기서 유념해야 할 점은 "이때(660)"는 고구려가 아직 건재한 상황이었다는 사실이다. 여기서 '신라가 점유했다'고 한 고구려의 영토는 그 강역의 전부가 아니라 그 일부, 즉 고구려의 남쪽 지경을 두고 한 말로 이해해야 한다는 뜻이다. 같은 맥락에서, 이 부분은 신라의 백제 영토 잠식 역시 백제가 패망한 660년부터가 아니라 그 이후로 오랜 기간에 걸쳐 서서히 이루어졌음을 시사해 준다. 우리나라가 일제 강점에서 해방된 초기에 미 군정(軍政)이 그랬듯이, 백제 멸망 초기에는 당나라가 웅진도독부를 설치하고 백제의 영토를 직접 관

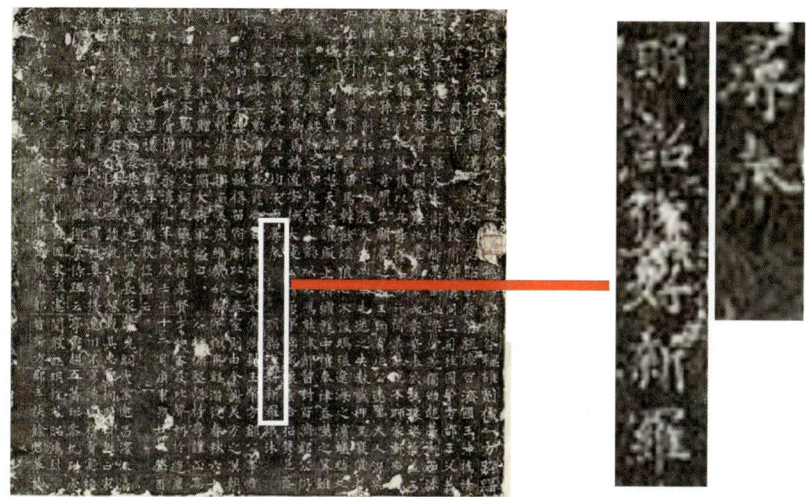

청대 말기의 학자 심증식(沈曾植, 1850~1922)이 뜬 《부여융 묘지명》 탁본. 정식 명칭은 《대당 광록대부·행태상경·사지절·웅진도독·대방군왕 부여군 묘지명(大唐故光祿大夫行太常卿使持節熊津都督帶方郡王扶餘君墓誌銘)》이다. 비문에 "얼마 뒤 [당 고종의] 칙명에 따라 신라와 우호관계를 맺었다(尋奉明詔,修好新羅)"는 내용이 보인다. 이 탁본은 현재 족자 형태로 중국 절강성 박물관에 소장되어 있다.

그 나라의 지경이 갈수록 넓어지더니 [급기야] 서쪽으로[도] 바다688)까지 닿기에 이르렀다. [＊689)]

리했기 때문이다. 신라의 백제 영토 잠식이 본격화된 것은 문무왕 김법민과 웅진도독 부여융의 맹약을 중재한 유인궤가 자국으로 철수하면서부터였을 것이다.

688) 바다[海]: 서해 바다를 가리킨다. "그 나라의 지경이 … 바다까지 닿기에 이르렀다"는 것은 신라의 백제 강역 편입이 최종적으로 완료된 것을 완곡하게 표현한 것이다. 신라의 서쪽 지경이 최초로 서해 바다까지 이른 것은 한강 하류지역을 점유한 진흥왕 때였다. 다만, 그것이 백제의 중부에 한정된 불완전한 편입이었던 반면, 이때에는 백제의 서부와 남부가 모두 완벽하게 신라의 영역으로 흡수된 셈이다.

689) ＊: 이와 관련하여 8세기 당대의 두우는 《통전》의 〈주군2·서목하(州郡二·序目下)〉에서 이렇게 소개하였다. "고종은 고구려·백제를 평정하고 나서 바다(발해) 동쪽 수천 리가 넘는 땅을 얻었다. [그러나] 이내 신라·말갈의 침공으로 그 땅을

○ 自是, 新羅漸有高麗·百濟之地, 其界益大, 西至于海。

• 041

용삭[690] 원년에 [김]춘추가 죽었다.

[고종은] 조서를 내려 그의 아들인 태부경 [김]법민이 왕위를 계승하게 하고 개부의동삼사·상주국[691]·낙랑군왕·신라왕으로 삼았다.

○ 龍朔元年, 春秋卒。詔其子太府卿法敏嗣位, 爲開府儀同三司·上柱國·樂浪郡王·新羅王。

• 042

[용삭] 삼년에 조서를 내려 그 나라를 계림주 도독부로 삼고 [김]법민에게 계림주 도독[692]을 제수하였다.[693]

상실하고 말았다.(高宗平高麗百濟, 得海東數千餘里, 旋爲新羅靺鞨所侵, 失之)" 여기서 '말갈'은 두말할 것도 없이 '발해말갈' 즉 대씨 발해국을 말한다. 이 기사를 통하여 고구려의 옛 영토 수천 리를 발해와 신라가 각각 분할해 점유했음을 확인할 수 있는 셈이다.

690) 용삭(龍朔): 고종 이치가 661~663년까지 3년 동안 사용한 연호. "용삭 원년"은 서기로는 661년이며, 신라 기년으로는 문무왕 원년에 해당한다.

691) 상주국(上柱國): 중국 고대의 관직명. 전공이 혁혁한 장수에게는 그보다 지위를 높여 '상주국'으로 예우하였다.《자치통감》의 해당 주석을 참조하기 바란다.

692) 도독(都督): 중국 고대의 관직명. 특정 방면·지역의 군사를 관할하면서 정벌·수비 등의 군사 업무 전반을 총괄하였다.《자치통감》의 해당 주석을 참조하기 바란다.

693) 법민에게 계림주 도독을 제수하였다[授法敏爲雞林州都督]: 인터넷 〈국편위판〉 주264에서는 "龍朔 3년에 신라를 雞林州都督府로 삼고 왕을 雞林大都督으로 임명한 것은 唐의 영토적 야심의 표시"라고 보았다. 그러나 태종 이세민이 삼국을 차지할 야욕을 처음으로 드러낸 것은 선덕여왕이 재위할 때부터였다. 당시 신라 국왕이 여자임을 빌미 삼아 당나라의 종친을 도호(都護)로 파견하여 신라를 직접 지배하려는 속내를 내비쳤기 때문이다. 그 일에 관해서는《삼국사기》"선덕왕 14

[김]법민이 개요⁶⁹⁴⁾ 원년에 죽으매 그의 아들 [김]정명이 왕위를 계승하였다.

○ 三年, 詔以其國爲鷄林州都督府, 授法敏爲鷄林州都督。法敏以開耀元年卒, 其子政明嗣位。

• 043

수공⁶⁹⁵⁾ 이년에 [김]정명⁶⁹⁶⁾이 사신을 파견하여 [중국으로] 입조하였다. 그 길에 표를 올리고 당나라의 예법에 관한 책⁶⁹⁷⁾ 한 부⁶⁹⁸⁾와 여러 가

년 9월"조 기사를 참조하기 바란다. 참고로, 현대 중국의 한자음에서 계림은 '지린(Jilin)'으로 '길림(吉林)'과 동일하다. 중국의 일부 고지도에는 길림성에 해당하는 지역을 '계림'으로 표기한 사례들이 보인다.

694) 개요(開耀): 고종 이치가 681~682까지 1년 남짓 사용한 11번째 연호. 〈동북아판4〉(제99쪽)에서는 '개휘(開輝)'로 소개했는데, 착오이다.

695) 수공(垂拱): 당나라 제4대 황제인 예종 이단(李旦, 662~716)이 685~688년까지 4년 동안 사용한 연호. "수공 2년"은 서기로는 686년이며, 신라 신문왕 6년에 해당한다.

696) 정명(政明, ?~692): 신라 제31대 국왕인 신문왕(神文王)의 이름. 문무왕의 아들로, 자는 일조(日照)이다.

697) 당나라의 예법에 관한 책[唐禮]: 인터넷 〈국편위판〉 및 〈동북아판4〉(제99쪽)에서는 여기서의 '당례(唐禮)'를 책 제목(고유명사)으로 보아 《唐禮》 1部"라고 번역하였다. 그러나 '당례'는 책 제목이 아니라 당나라 초기·중기에 제정된 정관·현경·개원 연간의 3대 의례 법전을 아울러 일컬은 통칭(보통명사)이다. 당시 당나라의 실질적인 통치자이던 무측천이 신문왕의 요청에 따라 "해당 관청에 명령하여 길흉사에서 중요한 예법들을 필사하게 하는 동시에 《문관사림》의 내용들을 추려서 50권으로 엮어서 하사하도록 일렀다"고 한 것이 그 증거이다. 당나라 제2대 황제인 태종은 당시 조정 대신이던 방현령(房玄齡) 등에게 수나라의 의례 법전인 《개황례(開皇禮)》를 참조하여 《정관례(貞觀禮)》를 편찬하게 하였다. 다음 황제인 고종은 선대에 제정된 새로운 예법들을 추가하여 《정관례》를 보완하고 직접 서문을 쓴 《현경례(顯慶禮)》를 완성하였다. 그러나 부실한 부분이 많이 발견되자 도로 《정관례》로 환원시키고 재위 기간 내내 국가 중대사를 치를 때마다 두 법전을 병용하였다. 그렇다면 여기에 언급된 '당례'는 《정관례》와 《현경례》를 아울러 일

당나라 현종(玄宗) 치세의 예법을 소개한 《개원례(開元禮)》의 한 대목

지 문장들을 보내 줄 것을 요청하였다.

○ 垂拱二年, 政明遣使來朝。因上表請唐禮一部并雜文章。

• 044

[이에 뮈측천은 해당 관청에 명령하여 길흉사에서 중요한 예법들[699)]을

컬은 말로 보아야 옳은 것이다.

698) 부(部): 고대 한문에서 전체 중의 일부를 세는 데에 사용하는 단위사(單位辭).

699) 길흉사에서 중요한 예법들[吉凶要禮]: 인터넷 〈국편위판〉 및 〈동북아판4〉에서는 이를 "《吉凶要禮》" 식으로 책 제목(고유명사)으로 해석했으나 이 역시 보통명사로 이해해야 옳다. 〈동북아판4〉 주79(제99쪽)에 따르면, 하마다 코사쿠(濱田耕策, 1984)는 이와 관련하여 "五禮 가운데 양국의 사정이나 풍속이 다른 까닭에 바로 적용하기 어려운 軍禮·賓禮·嘉禮를 제외하고 吉禮와 凶禮 가운데 긴요한 부분만을 가려내어 편찬한 책"이라고 보았다. 그러나 7세기라면 삼국 모두 이미 고대의 예법을 다룬 《예기(禮記)》 정도는 이미 갖추고 있었을 것이다. 신문왕이 이때 호기심을 가진 것은 당대에 새로 제정된 예법이었다고 보아야 옳다는 뜻이

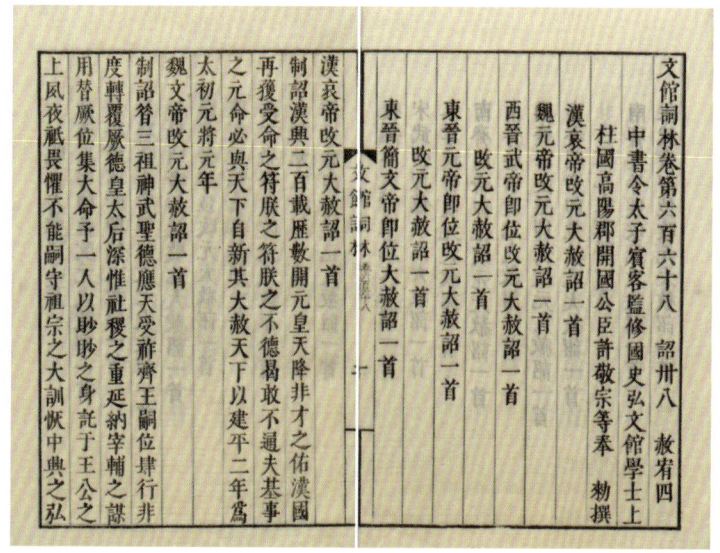

《문관사림》의 의례(儀禮) 관련 대목

필사하게 하는 동시에 《문관사림》700)의 내용들 중에서 그 글이 경계로 삼을 만한 작품들만 골라701) 쉰 권으로 엮어서 하사하였다.

다. 실제로 남송대의 왕응린(王應麟, 1223~1296)은 이 문제와 관련하여 《옥해(玉海)》에서 이렇게 소개하였다. "수공 2년【3월 14일】에 사신을 파견하여 입조하고 당나라의 예법 및 그 밖의 문장들을 요청하였다. 무후는 길흉사에 사용하는 예법 및 문장 50편을 하사하였다.【어떤 판본에는 '길흉사에서 주요한 예법들을 필사하게 하는 동시에 《문관사림》에서 그 문사에 경계의 의미를 담은 문장들을 50권으로 엮어서 하사하였다'라고 하였다.】(垂拱二年【三月十四日】遣使朝丐唐禮及它文辭. 武后賜吉凶禮及文辭五十篇【一本云, 寫吉凶要禮幷文館詞林, 採其辭涉規誡者, 勒成五十卷賜之】)"

700) 《문관사림(文館詞林)》: 당대의 고대 시문집. 재상 허경종(許敬宗, 592~672) 등이 한대로부터 당나라 태종 당시까지 지어진 각종 시·산문 작품들을 유형별로 분류하여 총 1,000권으로 엮었다. 그 작품들 중에는 역대 사서나 당시까지 유명하던 《문선(文選)》, 당대의 시문집에는 소개되지 않은 작품들이 많아서 대단히 중요한 역사적·학술적 가치를 지닌다. 원서는 송대 초기에 이미 실전되고 현재는 일본에 몇십 권 정도가 남아 있을 뿐이다.

○ 則天令所司寫吉凶要禮, 幷於文館詞林採其詞涉規誡者, 勒成五十卷以賜之。

• 045

천수702) 삼년에 [김]정명이 죽었다.

[이에 무]측천은 그를 위하여 애도의식을 베풀어 주었다. [그리고 신라로] 사신을 파견하여 조문하는 한편, 책서로 그의 아들 [김]이홍703)을 세워 신라 국왕으로 삼게 했으며, 나아가 [선왕의] 보국대장군704)·행표도위대장군705)·계림주도독을 세습하게 하였다.

---

701) 그 글이 경계로 삼을 만한 작품들만 골라[採其詞涉規誡者]: 인터넷 〈국편위판〉은 이 부분을 "해당 관사에 명하여 《吉凶要禮》와 《文館詞林》 가운데 規誡가 될 만한 것을 골라 쓰게 하여" 식으로 다소 혼란스럽게 번역하였다. 그러나 앞서 설명한 대로 전자는 고유명사(책 제목)가 아니라 보통명사이므로 "길흉사에서 중요한 예법들" 식으로 번역해야 옳다.

702) 천수(天授): 무측천이 무씨 주나라[武周]를 세우고 690~692년까지 3년 동안 사용한 연호. "천수 3년"은 서기로는 692년이며, 신라 기년으로는 효소왕(孝昭王) 원년에 해당한다.

703) 이홍(理洪): 신라의 제 32대 국왕인 효소왕 김이홍을 말한다. 《삼국사기》에 따르면 때로는 그 이름을 '리공(理恭)'으로 적기도 한 것으로 보인다. 자세한 소개는 《자치통감》의 해당 주석(제762쪽)을 참조하기 바란다.

704) 보국대장군(輔國大將軍): 당대의 관직명. 왕망(王莽)의 신(新)나라 말기에 할거하던 군벌 유영(劉永, 3세기)이 처음으로 설치하였다. 삼국시대의 촉(蜀)나라를 거쳐 위·진·남북조에서 2품으로 인습되었으며, 당대에는 무관직 명예직으로 굳어졌다. 처음에는 품계가 정2품이었으나 태종의 정관 연간에 종2품으로 조정되었다.

705) 행표도위대장군(行豹韜衛大將軍): 당대의 무관직인 위위대장군(威衛大將軍)의 다른 이름. 예종의 광택 원년(684)에 명칭을 개정하면서 좌·우로 구분되었다가 중종의 신룡 원년(705)에 원래대로 환원되었다. 참고로, '행표도위대장군'은, 다른 관직을 가진 무관이 표도위대장군의 직함을 대행 또는 겸임한 경우로, '표도위대장군 대행' 정도로 해석된다. 중국 관등제도에서의 '행-'의 의미에 관한 상세한

○ 天授三年, 政明卒。則天爲之擧哀。遣使弔祭, 册立其子理洪爲新羅王, 仍令襲父輔國大將軍·行豹韜衛大將軍·雞林州都督。

•046
[김]이홍이 장안706) 이년에 죽었다.707)
[무]측천이 그를 위하여 애도 의식을 베풀고 이틀 동안 조회를 중지하였다.708)

○ 理洪以長安二年卒, 則天爲之擧哀, 輟朝二日。

•047
[그리고] 그의 아우 [김]흥광709)을 파견하여 신라왕으로 옹립하고 형[김이

설명은 문성재, 《정역 중국정사 조선·동이전2》, 제157쪽을 참조하기 바란다.
706) 장안(長安): 무씨 주나라의 개국군주 무측천이 701~704년까지 4년 동안 사용한 연호. "장안 2년"은 서기로 702년이며, 신라 효소왕 11년에 해당한다.
707) 이홍이 장안 2년에 죽었다[理洪以長安二年卒]: 《자치통감》〈당기〉에는 이 일이 그보다 한 해 늦은 "[무]측천 장안 3년(703)"조에 기술되어 있다. 그러나 해당 기사에서는 "4월 …기묘일에 … 신라 국왕 김이홍이 죽은 일로 사신을 파견하여 그 아우 숭기를 세워 왕으로 삼았다(四月 … 己卯, 新羅王金理洪卒. 遣使立其弟崇基爲王)"고 하였다. 그렇다면 효소왕이 장안 2년에 죽자 다음해(장안 3년)에 신라에서 사신을 보내어 왕의 부고를 알렸고, 이에 4월 기묘일(양력 4월 31일)에 당나라에서 성덕왕을 책립하는 사신을 신라에 파견한 셈이다.
708) 조회를 중지하였다[輟朝]: '철조(輟朝)'란 중국의 궁중 용어로, 제왕이 정사를 논하는 조회를 중지하고 근신하는 것을 가리킨다. 고대에는 일반적으로 황제 본인과 가깝게 지내던 외국의 군주나 자국의 대신이 죽으면 애도 의식을 거행하였으며, 그보다 더 막역한 사람이 죽으면 애도 의식과 함께 조회를 중지함으로써 망자에 대한 예의를 갖추었다. 이 기사를 통하여 효소왕(김이홍)이 생전에 당나라에 머물 때에 무측천과 관계가 각별했음을 짐작할 수 있다.
709) 흥광(興光, ?~737): 신라 제33대 국왕인 성덕왕(聖德王) 김흥광을 말한다. 자세한 소개는 《자치통감》의 해당 주석(제796쪽)을 참조하기 바란다.

휘]의 장군·도독의 작호를 그대로 세습하게 하였다.

[김]흥광은 본명이 태종과 같아서710) [피휘하기 위하여] 선천711) 연간에 [무]측천이 [그 이름을] 바꾸어 준 것이다.712)

○ 遣立其弟興光爲新羅王, 仍襲兄將軍·都督之號. 興光本名與太宗同, 先天中則天改焉.

---

710) 본명이 태종과 같아서[本名與太宗同]: 《삼국사기》 "성덕왕 원년(702)" 조에서는 "본래 이름은 융기였는데 현종과 이름이 같아서 선천 연간에 개명하였다"고 하였다. 반면에 그보다 61년 전에 편찬된 《자치통감》 "[무]측천 구시(久視) 3년(703)" 조에는 이름이 '숭기(崇基)'로 소개되어 있어서 편차를 보인다. 이 문제에 관해서는 《자치통감》의 해당 주석(제766쪽)을 참조하기 바란다.

711) 선천(先天): 당나라의 제7대 황제인 현종 이융기가 712~713년까지 2년 가까이 사용한 연호.

712) 측천이 그 이름을 바꾸어 준 것이다[則天改焉]: 이 부분은 역사적 사실과 다르다. 선천 연간이라면 서기로는 712~713년에 해당하는데 무측천은 705년에 이미 죽었기 때문이다. 실제로 《삼국사기》 "성덕왕 11년" 조에는 이렇게 기술되어 있다. "대당에서 노원민을 사신으로 파견하고 칙명으로 왕의 이름을 고치게 하였다.(大唐遣使盧元敏, 勅改王名)" 성덕왕 11년이라면 서기로는 712년 3월이다. 또, 《당회요》 권95에도 "선천 원년에 '흥광'으로 이름을 바꾸었다(先天元年, 改名興光)"고 되어 있다. 무측천이 죽은 지 7년이나 지난 뒤의 일인 것이다. 물론, 당나라의 입장에서는 성덕왕에게 이름을 고칠 것을 요구한 데에는 그럴 만한 이유가 있었다. 이융기는 황족이었지만 제위 계승 서열은 낮아 황제가 될 가망이 없었다. 그런데 당륭(唐隆) 원년(710)에 태평공주(太平公主)와 합세해 정변을 일으켰고, 이어서 당시 실권을 장악하고 있던 위황후(韋皇后) 세력을 제거함으로써 태자로 옹립되는 데에 성공하였다. 황제 즉위가 기정의 사실로 굳어진 셈이다. 실제로 《자치통감》에 따르면, 노원민이 신라를 다녀간 뒤 몇 달 지나지 않은 "8월 경자일(양력 9월 8일)에 현종이 즉위하고 예종을 태상황으로 높여 주고 … 갑진일(9월 12일)에 천하에 사면을 내리고 연호를 바꾸었다(八月, 庚子, 玄宗卽位, 尊睿宗爲太上皇 … 甲辰, 赦天下, 改元)" 그렇다면 이융기가 태자로 있을 때에 신라에 사신을 파견한 것도 사실은 자신이 정식으로 황제로 즉위하기 전에 신라의 성덕왕과 '피휘(避諱)' 문제를 매듭 짓는 데에 그 목적이 있었을 가능성이 높은 셈이다.

• 048

개원713) 십육년에 사신을 파견하여 [중국으로] 와서 특산물을 바쳤다. [나중에] 다시 표를 올려 '[신라] 사람들이 중국으로 와서 [도교의] 경전과 가르침을 배우고 문의할 수 있게 해 달라'고 요청하였다. [그러자] 주상이 그 요청을 윤허해 주었다.

○ 開元十六年, 遣使來獻方物。又上表請令人就中國學問經敎。上許之。

• 049

[개원] 이십일년에 발해말갈714)이 바다를 넘어 [산동의] 등주715)로 들어와 노략질을 벌였다.716)

---

713) 개원(開元): 당나라 현종 이융기가 713~741년까지 29년 동안 사용한 연호. 역사적으로 태종 이세민의 정관 연간에 버금가는 태평성대를 이루었다 하여 '개원성세(開元盛世)'로 칭송되었다. "개원 16년"은 서기 728년이며, 신라 성덕왕 27년에 해당한다.

714) 발해말갈(渤海靺鞨): 고구려 유민 대조영(大祚榮, ?~719)이 세운 대씨 발해국을 말한다. 당나라에서는 초기만 해도 대조영 일족을 영주(營州)에서 반란을 일으킨 자국의 반역자로 간주하였다. 게다가 이해에 공교롭게도 발해가 당나라의 해군 기지인 등주(登州)까지 쳐들어가는 사건까지 발생하였다. 당나라는 이 같은 이유들 때문에 발해를 정식 국호('발해')로 부르지 않고 그보다 격을 낮추어 종족명을 붙여 '발해말갈'로 불렀을 것이다.

715) 등주(登州): 중국 고대의 지명. 무씨 주나라의 여의(如意) 원년(692)에 설치되었으며, 치소는 모평(牟平, 지금의 연대시 모평구)이다. 얼마 뒤에 당나라를 중흥시킨 중종(中宗)의 신룡 연간(705~707)에는 치소가 봉래(蓬萊, 지금의 연대시내)로 이전되었다. 그 관할 지역은 지금의 산동성 봉래·용구(龍口)·서하(棲霞)·해양(海陽) 이동지역에 해당한다.

716) 등주로 들어와 노략질을 벌였다[入寇登州]: 《신당서》〈현종본기〉 "개원 20년"조에는 "9월 을사일에 발해말갈이 등주에서 노략질을 벌였다(九月乙巳, 渤海靺鞨寇登州)"고 기술되어 있다. 발해 무왕이 등주까지 침공한 시점이 "9월 을사일",

발해의 좌표와 발해 무왕 대무예의 등주(登州)·도산(都山) 작전 행동 반경. 산동성 등주에 대한 공략이 가능해지려면 발해 서계가 적어도 요동반도까지는 나가 있어야 옳다. 하북성 도산에 대한 작전 역시 마찬가지이다. 기존의 강역 비정이 잘못되었다는 뜻이다.

○ 二十一年, 渤海靺鞨越海入寇登州。

• 050

당시에 [김]흥광의 문중 사람인 김사란[717]이 먼저 입조 차 [우리] 도성에

즉 양력 732년 9월 28일이었던 셈이다.

717) 김사란(金思蘭): 신라왕족. 《당회요》 권95에 따르면 "사란은 본래 신라의 사신이었다.(思蘭, 本新羅之行人)" 그런데 당나라에 입조했다가 공손하고 예법에 밝다 하여 현종 이융기의 숙위(宿衛)로 있다가 발해가 등주를 공략하자 신라에 원군을 요청하기 위하여 귀국하였다. 《자치통감》 "현종 개원 21년"조에서 "봄, 정월 … 경신일에 태복원외경 김사란을 신라에 사신으로 보냈다"고 한 것을 보면 그가 현종의 명령으로 신라에 파견된 시점은 정월 경신일(양력 733년 2월 10일)인 셈이다. 호삼성은 이 대목에 주석을 붙이고 김사란을 "신라왕의 시자(新羅王之侍子)"로 소개했는데, '시자(侍子)'란 '[황제를] 모시는 [국왕의] 아들'이라는 뜻으로, 외

체류하면서 태복원외경718)을 지내고 있었다. [그래서] 이때에 이르러 [사신으로] 파견하여 본국으로 돌아가 군사를 차출하여 말갈을 토벌하게 했으며719) 이어서 [김]흥광에게는 개부의동삼사·영해군사720)를 추가로 제수하였다.721) [*722)]

국의 통치자가 '숙위'의 명목으로 당나라에 보내던 질자(質子, 볼모)를 말한다.

718) 태복원외경(太僕員外卿): 당대의 관직명. 태복시(太僕寺)는 고대로부터 황제의 어용 마차·의장·군마(軍馬) 관련 업무를 관장하던 관청으로, 그 수장을 태복[시]경(太僕寺卿), 그를 보좌하는 관원을 태복[시]소경으로 불렀다. '원외경(員外卿)'은 글자 그대로 풀면 '정원 이외의 태복경'이라는 뜻이므로, 정규 인원과는 별도로 특별히 임용한 일종의 명예직함으로 이해할 수 있다. 《당회요》 권95에서는 "태복경 원외치동정원 김사란으로 하여금 신라에 칙사로 가게 하였다(命太僕卿員外置同正員金思蘭, 使於新羅)"고 하여 김사란의 직함을 '태복경 원외치동정원'으로 소개하였다. 글자 그대로 풀면 '태복경 정원 외로 두되 정식 관원과 동등하게 예우하는 이' 정도의 뜻이다.

719) 본국으로 돌아가 군사를 차출하여 말갈을 토벌하게 했으며[歸國發兵以討靺鞨]: 《삼국사기》 "성덕왕 32년"조에는 김사란 및 김흥광(성덕왕)과 관련하여 이렇게 기술되어 있다. "태복원외경 김사란을 파견하여 본국으로 돌아가게 하고, 이어서 왕에게는 추가로 개부의동삼사·영해군사를 제수하였다. 그리고 군사를 내어 말갈(발해)의 남쪽 변경을 공격하게 하였다.(遣大僕員外卿金思蘭歸國, 仍加授王爲開府儀同三司寧海軍使. 發兵擊靺鞨南鄙)"

720) 영해군사(寧海軍使): 당대의 관직명. '영해(寧海)'는 글자 그대로 풀면 '바다를 평안하게 만든다'는 뜻이다. 여기서 '바다'란 발해국이 있는 바다인 발해(渤海), 보다 정확하게 말하면 발해 동북향 바다를 가리키는 것으로 보인다. 당나라에서 이 관직은 성덕왕(김중광)을 시작으로 선덕왕(김양상)·헌덕왕(김언승)·흥덕왕(김경휘) 등, 신라 국왕에게만 제수되었다.

721) 추가로 제수하였다[加授]: 《삼국사기》 "성덕왕 32년(733)"조에서는 이 사건과 관련하여 이렇게 소개하였다. "가을, 7월에 당나라 현종은 발해말갈이 바다를 건너 [중국으로] 들어와 등주를 침범하매 태복원외경 김사란을 귀국시켰다. 이어서 [신라]왕에게는 추가로 개부의동삼사·영해군사로 삼고 군사를 일으켜 말갈 남쪽 변경을 치게 하였다. [그러나] 공교롭게도 때마침 눈이 많이 내려 한 장 남짓 쌓여 산길이 막히고, 군사 가운데 죽는 자가 절반이 넘어 아무런 공도 없이 돌아왔다.(秋七月, 唐玄宗以渤海靺鞨越海入寇登州, 遣太僕員外卿金思蘭歸國, 仍加授王爲開府儀同三司·寧海軍使, 發兵擊靺鞨南鄙. 會大雪丈餘, 山路阻隘, 士卒死者過

《삼국사기》의 기록이 사실이라면 신라군이 상당히 북쪽까지 진군했던 셈이다. 3.3m나 눈이 쌓일 정도면 혹한의 땅이기 때문이다. 실제로 인하대고조선연구소의 복기대, 허우범은 통일신라의 북계가 최대 B선까지 확장되었다는 주장을 내놓았다. (인천일보 2022년 3월 22일 사진)

○ 時, 興光族人金思蘭先因入朝留京師, 拜爲太僕員外卿. 至是遣歸國發兵以討靺鞨, 仍加授興光爲開府儀同三司·寧海軍使.

率, 無功而還)"〈최치원전〉에는 성덕왕에게 제수된 관직이 "정태위·지절·충녕해군사·계림주대도독(正太尉·持節·充寧海軍事·鷄林州大都督)"으로, 약간 다르게 소개되어 있다.

722) *:《책부원구》〈외신부·조공제4〉에는 개원 24년(736)에 신라 흥덕왕(김흥광)이 현종 이융기에게 올린 표가 다음과 같이 소개되어 있다. "[개원 24년] 6월, 신라왕 김흥광이 사신을 파견하여 축하의 인사와 함께 특산물을 진상하였다. 그 표는 다음과 같았다. 「패강 이남의 땅은 신라로 하여금 [뜻대로] 안치하게 함이 옳다」는 칙명을 내리신 [폐하의] 황은을 받잡나이다. 신은 바다 너머에 태어나고 살면서 거룩한 [당나라] 조정의 교화를 받으면서도 아무리 일편단심이기는 하나 보답할 공이 없었고 충직함을 일로 삼으면서도 수고는 거론하기조차 부족했나이다. [그럼에도 불구하고] 폐하께서 [단] 비 [단] 이슬과도 같은 은혜를 내리시고 [밝디밝은] 해나 달과도 같은 조명을 내리시어 신에게 토지를 내리시고 신에게 영토를 넓혀 주시어 마침내 변경 개척을 기대하고 농업과 양잠을 베풀 장소가 생기게 해 주셨습니다. [이렇듯] 신이 명주실 같고 비단실 같은 칙명을 받잡고 영광스러운 총애를 깊이 입으니 뼈가 가루가 되고 몸이 스러질 때까지도 보답할 길이 없나이다!(六月, 新羅王金興光遣使賀獻. 表曰, '伏奉恩敕浿江以南宜令新羅安置. 臣

• 051

[개원] 이십오년에 [김]흥광이 죽었다.

[황제는] 조서를 내려 [그에게] 태자태보[723)]를 추증하고 이어서 좌찬선대부[724)]이던 형숙[725)]을 파견하여 홍려소경[726)]의 직무를 대행하여 신라로 가서 조문을 하게 하였다. [*727)]

生居海裔, 沐化聖朝, 雖丹素爲心而功無可效, 以忠正爲事而勞不足賞. 陛下降雨露之恩, 發日月之詔, 錫臣土境, 廣臣邑居, 遂使墾辟有期, 農桑得所. 臣奉絲綸之旨, 荷榮寵之深, 粉骨糜身, 無繇上答.')" 이 내용은 당대의 명문장들을 모아 놓은《전당문(全唐文)》권1000 "신라왕 김흥광"조에는 〈땅을 내려 주신 일에 감사하며 올리는 표[賜土地謝表]〉라는 제목으로 똑같이 소개되어 있다. 이처럼 중국 문헌을 통하여 신라가 개원 21년(733)에 발해의 무왕(대무예)이 당나라를 공략할 즈음에 지원군을 보내어 당나라를 도운 대가로 옛 고구려의 패강 이남의 영토에 대한 영유권을 개원 24년 이전에 당나라 황제 현종으로부터 정식으로 인정받았고, 개원 24년에 그 칙명에 대한 감사의 뜻으로 표를 올렸음을 확인할 수 있는 셈이다.

723) 태자태보(太子太保): 중국 고대의 관직명. 진(晉)나라 때에 태자태사(太子太師)·태자태부(太子太傅)·태자소부(太子少傅)·태자소사(太子少師)·태자소보(太子少保)와 함께 '동궁 6부(東宮六傅)'로 설치되었다. 태자의 교육을 담당하였다.

724) 좌찬선대부(左贊善大夫): 당대의 관직명. 정식 명칭은 '태자좌찬선대부(太子左贊善大夫)'이다. 고종의 용삭 2년(662)에 태자중윤(太子中允)을 '태자좌찬선대부', 태자중사인(太子中舍人)을 '태자우찬선대부'로 각각 개칭하고, 함형 원년(670)에 중윤과 중사인으로 환원했다가 별도의 관직으로 독립시켰다. 태자의 시중을 들었으며 품계는 정5품상으로 간의대부(諫議大夫)와 맞먹었다. 의봉 4년(679)에 인원이 각각 10명으로 늘면서 각 왕들의 자제들을 임명했으나 경운(景雲) 2년(711)부터는 평민도 발탁하였다.

725) 형숙(邢璹, ?~752?): 당대의 정치가. 현종 때에 사문조교(四門助敎)를 지냈으며, 벼슬이 홍려소경(鴻臚少卿)에 이르렀다. 저서로는《주역약례소(周易略例疏)》가 있다.

726) 홍려소경(鴻臚少卿): 중국 고대의 관직명. 정식 명칭은 '홍려시 소경(鴻臚寺少卿)'으로, 품계는 종4품상(從四品上)이었으며, 국가의 경조사·의전·외국의 조공 등을 관장하는 관청인 홍려시의 수장을 보좌하였다. 북위 때에 처음으로 설치되고 북제에 이르러 홍려시 소경으로 일컫기 시작하면서 역대 왕조에서 인습되었다. 당대에는 정원이 1명, 품계는 정4품이었다.

○ 二十五年, 興光卒。詔贈太子太保, 仍遣左贊善大夫邢璹攝鴻臚少卿, 往新羅弔祭。

• 052

이와 함께 책서로 그의 아들 [김]승경728)을 세워 부왕의 작호인 개부의동삼사·신라왕을 세습하게 하였다. [형]숙이 길을 나서려 하자 주상이 [송별]시와 서[문]729)를 짓고 태자 이하 및 [문·무] 백관들로 하여금 모두가 시를 읊으며 그를 전송해 주게 하였다.

○ 并册立其子承慶襲父開府儀同三司·新羅王。璹將進發, 上製詩序, 太子以下及百僚咸賦詩以送之。

• 053

[이때] 주상이 [형]숙에게 일러 말하였다.

"신라는 '군자의 나라'로 불리며, 서적과 기록들에 관하여 제법 잘 알아서 중국과 비슷한 점이 있소. 경의 학술이라면 [그들과도] 강의와 토론도 잘 할 수 있을 테지. 그래서 사신을 선발하는 김에 이렇게 충원시킨 것

---

727) ＊: 이와 관련하여 《책부원구》〈외신부·포이 3(褒異三)〉에는 이렇게 기술되어 있다. "[개원 25년] 2월 무진일(양력 3월 29일)에 신라국의 김흥광이 죽었다. … 그가 죽자 황제(현종)가 그를 애도하며 한참 동안 애석해 하였다.(二月戊辰日, 新羅國金興光卒. … 及卒, 帝悼惜久之)."

728) 승경(承慶): 신라 제34대 국왕인 효성왕(孝成王) 김승경을 말한다. 성덕왕의 둘째아들로, 처음에 태자로 책립되었던 맏아들 김중경(金重慶)이 일찍 죽는 바람에 성덕왕 23년에 태자가 되었다. 국왕으로 즉위한 지 6년 만에 죽었다.

729) 서(序): 중국 고대 문체의 일종. 지금의 해제(解題)처럼, 시나 산문의 장르에서 해당 작품을 저술하게 된 동기를 간단히 설명할 용도로 제목과 본문 사이에 사용되었다.

신라에서 바둑은 경주 쪽샘 44호분 바둑돌(왼쪽)에서 보듯이 5세기부터 상층부에서 유행했으나 7~8세기에 당나라와의 교류를 통하여 본격적인 오락으로 정착된 것으로 보인다. 오른쪽은 신강 트루판 소재 아스타나 187호묘의 8세기 당대 벽화 《혁기사녀도(弈棋仕女圖)》

이오. 그 나라에 가져든 [중국의] 경전을 선양함으로써 대국의 유교가 성대함을 알게 해야 할 것이오."

○ 上謂璹曰, "新羅號爲君子之國, 頗知書記, 有類中華. 以卿學術, 善與講論, 故選使充此. 到彼宜闡揚經典, 使知大國儒敎之盛."

• 054
아울러 '그 나라 사람들 중에는 바둑을 잘 두는 자들이 많다'는 소리를 듣고 바둑을 잘 하는 솔부병조[730] 양계응[731]으로 하여금 [형]숙의 부관

---

730) 솔부병조(率府兵曹): 당대의 관직명. 태자좌우위솔(太子左右衛率)·좌우종위솔(左右宗衛率)·좌우청도솔(左右淸道率)·좌우감문솔(左右監門率)·좌우내솔치부(左右内率置府)를 통틀어 '태자 10솔부(太子十率府)'를 설치하고 솔마다 솔(率) 1명, 부솔(副率) 1~2명을 두었다. 속관(屬官)으로는 장사(長史)·녹사참군사(錄事參軍事)·창병조참군(倉兵曹參軍) 및 사계(司階)·중후(中候)·사과(司戈)·집극(执戟) 등을 두고 동궁의 의장·경비·호위 등의 직무를 담당하였다.

을 맡게 하였다.

○ 又聞其人多善奕碁, 因令善碁人率府兵曹楊季鷹爲璹之副.

• 055

[형]숙 등은 그 나라에 이르러 현지 사람들로부터 대단한 존경을 받았다. 그 나라에서 바둑을 두는 자들은 한결같이 [실력이 양]계응보다 못 하였다.[732)] 그리하여 [형]숙 등에게 금은보화며 약물 같은 것을 후하게 챙겨 주곤 하였다.[733)]

○ 璹等至彼, 大爲蕃人所敬. 其國碁者皆在季鷹之下. 於是, 厚賂璹等

---

731) 양계응(楊季鷹): 당대 중기에 명성을 떨친 기수(棋手). 고대의 점성술을 놀이로 변형시킨 것으로 전해지는 바둑은 그 기원이 확실하지 않으나 고고 유물들을 통하여 전한대부터 놀이로 유행한 것으로 보인다. 위진남북조시대까지는 상류층이나 문인들의 놀이로 치부되다가 당대에 궁중에 기대조(棋待詔)라는 관직을 두고 황제를 상대할 기사(棋士)를 전문적으로 양성하면서 본격적으로 발전하기 시작하였다.

732) 한결같이 계응보다 못 하였다[皆在季鷹之下]: 이 구절을 뒤집어서 생각해 보면 8세기 초까지만 해도 바둑이 신라에서 그다지 유행하지 않았음을 짐작할 수 있다. 국내의 경우, 경주 쪽샘 44호분 등 5세기 신라 고분 몇 곳에서 자연석 바둑알이 수백 알이나 출토된 바 있다. 또, 일본 나라현에 있는 천황가의 보고인 정창원(正倉院)에 백제의 의자왕이 선물로 보냈다는 화려한 채색과 상감 기법으로 제작된 바둑알과 서랍식 바둑판이 소장되어 있다. 이로써 한반도에서 4~5세기 삼국시대부터 상류층을 중심으로 바둑이 놀이로 유행했음을 확인할 수 있다. 다만, 이 기사를 보면 4~5세기에는 중국과 마찬가지로 아마추어 수준의 놀이로 머물렀으며, 7~8세기에 이르러 바둑이 성행하는 당나라에 다녀 온 '유학파'가 늘면서 프로 수준의 경기(sports) 수준으로 본격적으로 발전하기 시작한 것으로 보인다.

733) 후하게 챙겨 주곤 하였다[厚賂]: 〈동북아판4〉(제104쪽)에서는 "[형]숙 등에게 금보 및 약물 등의 푸짐한 선물을 주어 보냈다"고 했으나 오역이다. 이 대목은 형숙 일행이 본국으로 귀환할 때의 상황을 이야기한 것이 아니라 신라에 머무르며 바둑을 전수할 때의 상황을 소개하고 있기 때문이다. 게다가 각종 선물들을 챙겨 준 것도 한 차례로 그친 것이 아니라 수시로 여러 차례에 걸쳐 이루어진 것으로 보인다.

金寶及藥物等。

•056

천보734) 이년에 [김]승경이 죽었다. 735)

[이에 현종은] 조서를 내려 찬선대부 위요736)를 [신라로] 파견하여 조문을 하게 하였다. [그리고] 책서로 그의 아우 [김]헌영737)을 세워 신라왕으로 삼는 한편 그 형의 관작을 세습하게 해 주었다.

○ 天寶二年, 承慶卒。詔遣贊善大夫魏曜往弔祭之。册立其弟憲英爲新羅王, 幷襲其兄官爵。

---

734) 천보(天寶): 당나라 현종 이융기가 742~756년까지 15년 동안 사용한 연호. 천보 3년부터 한 동안은 해(year)를 세는 단위사(單位辭)를 '년(年)'에서 '재(載)'로 바꾸어 불렀다.

735) 천보 2년에 승경이 죽었다[天寶二年, 承慶卒]: 이 기사에서는 신라 효성왕(孝成王)이 천보 2년(743)에 죽은 것으로 소개하였다. 그러나《삼국사기》"효성왕 6년"조에는 이렇게 소개되어 있다. "왕이 죽으매 시호를 '효성'이라 하였다. 유언을 따라 법류사 남쪽에서 관을 태우고 뼈를 동해에 뿌렸다.(王薨, 諡曰孝成。以遺命燒柩於法流寺南, 散骨東海)" 효성왕 6년은 서기로는 742년이므로 천보 원년인 셈이다. 742년에 효성왕이 죽은 사실이 이듬해에 부고와 신왕 책봉을 요청하고자 파견한 사신을 통하여 당나라에 알려지면서 그 일이 "천보 2년"조에 추가되었을 가능성이 높다.

736) 위요(魏曜): 당대 중기의 대신. 중국 정사에는 열전이 보이지 않으며 북송대의 소설집《태평광기(太平廣記)》〈만이2(蠻夷二)〉"신라"조에 그 일화가 소개되어 있다. 당대의 전기소설집《기문(紀聞)》의 기사를 인용한 그 일화에 따르면, 영휘 연간에 신라·일본에 사신으로 갔던 어떤 손님을 우연히 마주친 위요가 자신이 신라에 사신으로 떠나게 된 사정을 알리자 그 손님이 일본에서 식인종을 만났다가 가까스로 탈출에 성공한 이야기를 들려주었다고 한다.

737) 헌영(憲英): 신라 제35대 국왕인 경덕왕(景德王, ?~765) 김헌영을 말한다. 742~765년까지 24년 동안 재위하면서 신라의 제도와 관직명을 중국식으로 고치고 지명도 한자로 고치는 등 당나라의 문물을 적극적으로 받아들였다. 아울러 국학을 설치하여 학술을 진흥하는 한편 불교 중흥에도 노력을 기울여 삼한 통일 이후로 신라 문화의 황금기를 이룩하였다.

• 057

대력738) 이년에 [김]헌영이 죽었다.739)

[그] 나랏사람들은 아들 [김]건운740)을 국왕으로 옹립하였다. 나아가 그 나라의 대신이던 김은거741)를 파견하여 표를 바치고 [조정에] 입조하여

---

738) 대력(大曆): 당나라 제9대 황제인 대종(代宗) 이예(李豫, 726~779)가 766~779년까지 14년 동안 사용한 연호. "대력 2년"은 서기 767년이며, 신라 혜공왕 3년에 해당한다.

739) 대력 2년에 헌영이 죽었다[大曆二年, 憲英卒]: 이 사실은 《당회요(唐會要)》·《자치통감》·《책부원구》·《흠정 만주원류고》 등에도 소개되어 있다. 특히, 《책부원구》〈외신부·봉책3〉에는 그 시점이 "대력 2년 2월(大曆二年二月)"로 명시되어 있다. 그래서 김부식은 이 일과 관련하여 《삼국사기》에 이런 주석을 붙였다. "옛 기록에 이르기를, '영태 원년 을사년(765)에 죽었다'고 하였다. 그러나 《구당서》와 《자치통감》에서는 한결같이 '대력 2년(767), 신라왕 헌영이 죽었다'고 하였다. 어찌 거기에 착오가 있을 리가 있겠는가?(古記云, 永泰元年乙巳卒. 而舊唐書及資治通鑑皆云, 大曆二年, 新羅王憲英卒. 豈其誤耶)" 그 역시 대력 2년이 맞다고 본 셈이다. 인터넷 〈국편위판〉 주278와 〈동북아판4〉 주109(제105쪽)에서는 "永泰 원년의 誤記"라고 보았는데, 두 역주서 모두 김부식의 저 주석을 잘못 이해한 것이 아닌가 싶다. 복수의 사서 기록들을 대조·분석해 볼 때 대력 2년 쪽이 옳다는 뜻이다.

740) 건운(乾運): 신라 제36대 국왕 혜공왕(惠恭王, 758~780) 김건운을 말한다. 부왕인 경덕왕이 일찍 죽자 8세의 나이로 왕위에 오른 뒤로 765~780년까지 16년 동안 재위하였다. 그러나 천재지변이 자주 일어나 민심이 흉흉함에도 불구하고 나이가 어린 탓에 정사를 돌보지 않은 채 사치와 향락에만 탐닉하였다. 결국 일길찬(一吉湌) 김대공(金大恭)의 반란(768)을 시작으로 김융(金融)(770), 김은거(775)의 반란을 거쳐 780년에 반란을 일으킨 이찬(伊湌) 김지정(金志貞)에게 죽음을 당하였다.

741) 김은거(金隱居): 신라의 진골 출신 대신. 이찬으로 있던 혜공왕 4년(768) 10월 김대공의 반란이 진압되자 집사부(執事部)의 시중(侍中)이 되었다. 그러나 770년 8월에 김융이 반란을 일으키자 12월에 시중 자리에서 물러났다가 5년 뒤인 775년 6월에 반란을 일으켰다. 아마 김융의 반란으로 실각되고 이찬이던 김정문(金正門), 김양상(金良相) 등이 각각 시중과 상대등으로, 이어서 김순(金順)이 시중으로 각각 정치적으로 부상하자 이에 앙심을 품고 반기를 든 것으로 보인다. 여기서 이해에 "그 나라의 '대신'이던 김은거를 파견하여 표를 바쳤다"고 한 것을

특산물을 바친 다음 책명742)을 더해 줄 것을 요청하였다.

○ 大曆二年, 憲英卒. 國人立其子乾運爲王, 仍遣其大臣金隱居奉表入朝, 貢方物, 請加冊命.

• 058

[대력] 삼년에 주상(대종)이 창부낭중743) 겸 어사중승744)으로 자·금어대745)의 예우를 받은 귀숭경746)을 [사신으로] 파견하여 정절과 책서를 지

보면 사신으로 파견되던 대력 2년에 이미 조정 대신으로 그 위상이 막중했던 셈이다. 《속일본기(續日本記)》의 "칭덕천황(稱德天皇) 보구(寶龜) 원년(770) 3월 정묘"조에서 김은거를 '숙위왕자(宿衛王者)'라고 한 것을 보면 당나라에 숙위로 파견된 적이 있는 것으로 보인다.

742) 책명(冊命): 책서(冊書)로 내리는 황제의 명령. '책서'란 적법한 절차에 따라 이루어진 황제의 명령이나 임면(任免) 사실을 증명하는 내용을 담은 일종의 인증서(certificate)를 말한다.

743) 창부낭중(倉部郎中): 중국 고대의 관직명. 황제를 보좌하여 군수물품의 조달을 관장한 창부조(倉部曹)의 수장. 창부조는 당대에 상서성(尚書省) 민부(民部, 户部)의 창부사(倉部司)로 개칭되었으며, 수장인 낭중은 품계가 종5품상이었다. 당대 중기 이후로는 다른 관서가 출납사(出納使)를 맡아 그 권한을 분점하는 경우가 많았다.

744) 어사중승(御史中丞): 중국 고대의 관직명. 한대에 설치된 어사대(御史臺)의 수장인 어사대부(御史大夫)의 업무를 보좌하였다. 당·오대에는 대부와 중승을 동시에 가동하면서도 대부는 임명하는 경우가 드물었다. 중승이 사실상 수장의 실질적인 역할을 수행했던 셈이다.

745) 자·금어대(紫金魚袋): 당·송대 전장제도의 하나. '사자금어대(賜紫金魚袋)'는 글자 그대로 풀면 '자주색 관복과 금제 어대를 하사하다'의 뜻이다. 당·송대에는 관복 색깔로 품계를 구분하여 9품 이상은 푸른색, 7품 이상은 초록색, 5품 이상은 주홍색이며 3품 이상은 자주색으로 입도록 규정되어 있었다. 이와 함께 관원들은 대궐을 출입할 때 신분을 증명하는 증표로 어대(魚袋, 물고기 모형이 든 주머니)를 지녀야 하였다. 5품 이상으로 주홍색 관복을 입는 관원은 허리에 은줄로 맨 어대를, 3품 이상으로 자주색 관복을 입는 관원은 금줄로 맨 어대를 찼다. 현종의 개원 연간 이후로는 자주색 관복과 금줄 어대, 주홍색 관복과 은줄 어대를 하사함

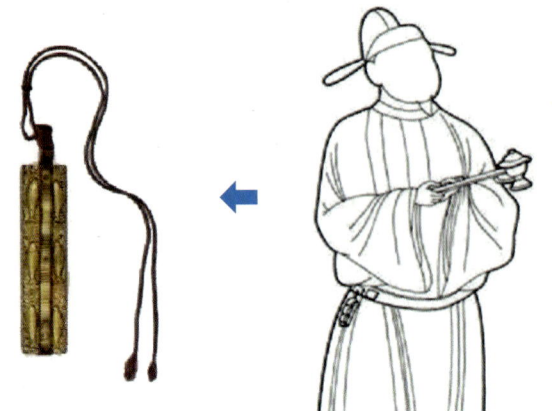

당대의 어대(魚袋) 및 이를 허리에 착용한 관원의 모습을 그린 돈황(敦煌) 막고굴(莫高窟) 156호 굴 벽화 모사도

니고 가서 그들에게 조문을 하고 [새 왕을] 책봉하게 하였다. [이에 김]건운을 [책봉하여] 개부의동삼사·신라왕으로 삼았으며, 나아가 [김]건운의 모후를 책립하여 [그 나라의] 태비로 삼았다.747)

○ 三年, 上遣倉部郎中·兼御史中丞·賜紫金魚袋歸崇敬持節齎册書往弔册之. 以乾運爲開府儀同三司·新羅王, 仍册乾運母爲太妃.

으로써 신료들에 대한 황제의 존경과 신임을 보여 주었다.

746) 귀숭경(歸崇敬, 712~799): 당대 중기의 대신. 자는 정례(正禮)이며, 소주(蘇州) 오군(吳郡, 지금의 소주시) 사람이다. 천보 연간 말기에 대책(對策)으로 대과에 급제하여 좌습유(左拾遺)에 제수되었다. 그 뒤로 기거랑(起居郎)·주객원외랑(主客員外郎)으로 사관수찬(史館修撰)을 겸하고 조정에서 거행하는 국가 대례(大禮)에 의견을 개진하였다. 대력 연간 초기에 신라에 사행을 다녀온 뒤로는 공부상서(工部尙書)·한림학사(翰林學士)를 지냈다.

747) 건운의 모후를 태비로 삼았다[仍册乾運母爲太妃]: 태비 책봉 시점이 《구당서》〈대종본기(代宗本紀)〉나 《책부원구》 등에는 "대력 3년, 정월 갑자일[三年正月甲子]"로 소개되어 있다. 신라에서 신년을 축하하는 하정사(賀正使)를 당나라에 파견했을 때에 태비를 책봉하는 책서를 내린 것으로 보인다.

• 059

[신라가 대력] 칠년에 사신 김표석을 파견하여 [중국에] 와서 새해 축하인사를 하였다.⁷⁴⁸⁾ [이에 그에게] 위위 원외소경⁷⁴⁹⁾을 제수한 다음 돌려보내었다.

○ 七年, 遣使金標石來賀正, 授衛尉員外少卿, 放還。

• 060

[대력] 팔년에 사신을 파견하여 [중국에] 입조하는 한편 [그 나라의] 금·은·우황⁷⁵⁰⁾·어아주⁷⁵¹⁾·조하주⁷⁵²⁾ 등을 바쳤다.

---

748) 새해 축하인사를 하였다[賀正]: "대력 7년"은 서기 772년이며, 신라 혜공왕 8년에 해당한다. 그 파견 시점과 관련하여 ①《삼국사기》"혜공왕"조에서는 "8년, 봄, 정월에 이찬 김표석을 파견하여 당나라에 입조하고 신년 인사를 하였다(八年, 春正月, 遣伊湌金標石, 朝唐賀正)"고 하였다. 반면에 ②《책부원구》〈외신부·포이3(褒異三)〉에는 "대력 … 5월 정미일에 신라에서 김표석을 파견하여 [당나라에] 와서 신년 인사를 하였다(大曆 … 五月丁未, 新羅遣金標石來賀正)"고 소개되어 있다.《삼국사기》와《책부원구》의 기록에 문제가 없다면 김표석이 신라를 출발하여 당나라 장안에 도착할 때까지는 "봄 정월"로부터 "5월 정미일(양력 7월 2일)"까지 대략 4개월 정도 소요된 셈이다.

749) 위위 원외소경(衛尉員外少卿): 당대의 관직명. '위위소경(衛尉少卿)'은 각종 무기·장비의 출납을 관장하는 위위의 수장인 위위경의 업무를 보좌하였다. 북위 때부터 위위에 설치했으며 품계는 4품상이었다. 수나라 양제 때에 이르러 정원은 2명, 품계는 종4품으로 조정되었으며, 당·오대에 다시 종4품상으로 조정되었다. 이 위위소경들 중에서 나라에서 정한 정원과는 별도로 추가로 발탁된 인원을 '원외소경(員外少卿)'이라고 불렀다. 당나라에서 김표석에게 이 직함을 내린 것도 사신을 예우하는 차원에서 내려진 조치였을 것이다.

750) 우황(牛黃): 중국의 전통적인 약재. 소의 위장에서 추출한 일종의 결석(結石)으로, 열을 내리거나 독을 풀거나 심장을 튼튼하게 만드는 데에 효과가 있는 것으로 알려져 있다.

751) 어아주(魚牙紬): 신라 특산 비단의 일종. 마지막 글자의 경우,《구당서》·《태평어람》·《책부원구》에는 '명주 주(綢)'로 되어 있는 반면,《신당서》·《삼국사기》·《문헌통고》등에는 '굵은 명주 주(紬)'로 소개되어 있다. 뒤따라 나오는 '조하주'라는

신라전(新羅傳) **313**

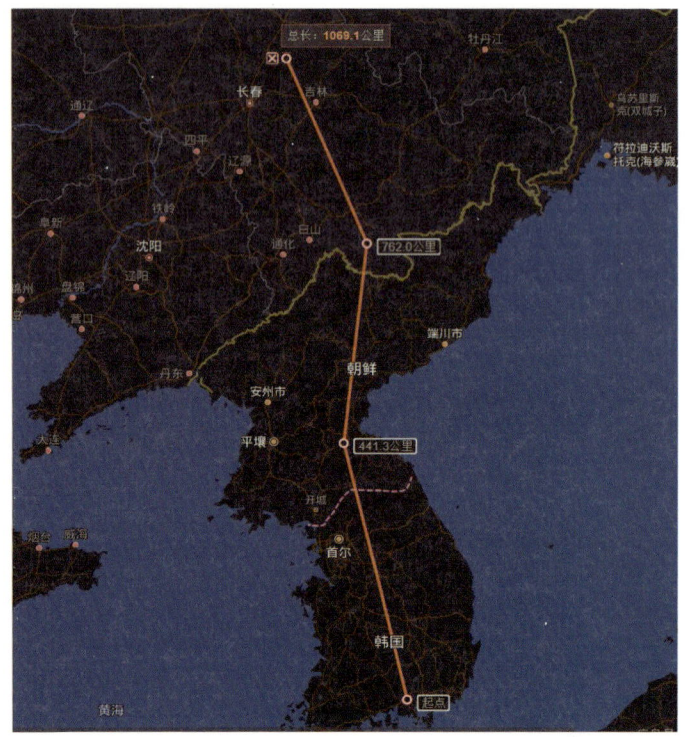

신라의 강역이 남북으로 3,000리였다는 《신당서》 기록은 그 북계가 지금의 압록강을 넘어섰다는 뜻으로 해석된다 게다가 6~7세기 사이에 1,000리나 확장된 것을 보면 그 사이에 적극적인 영토 개척이 이루어졌을 것이다.

○ 八年, 遣使來朝, 并獻金·銀·牛黃·魚牙紬·朝霞紬等。

이름에 착안할 때 '어아'는 비단에 짜 넣은 문양을 가리키는 것으로 보인다.《책부원구》〈조공4(朝貢四)〉에는 이런 내용이 보인다. "천보 7년 3월에 … 사신을 파견하여 조공하고 금은 및 육십종포·어아주·조하주·우황·두발(머리카락)·인삼을 바쳤다.(天寶七載三月, … 遣使朝貢獻金銀及六十綜布魚牙紬朝霞紬牛黃頭髮人蔘)" 흑수말갈·발해의 특산물을 소개하는 기사에 '어아주'와 '조하주'가 등장하는 것을 보면 그 이름들은 신라가 아니라 당나라에서 붙인 것이었을 가능성이 높다.

752) 조하주(朝霞紬): 신라 특산 비단의 일종. '조하'는 글자 그대로 풀면 '아침 노을'이므로, 그 이름에 착안해서 보자면, 아침 노을을 문양으로 짜 넣은 비단이었던 것으로 추정된다.《책부원구》〈조공4〉에는 앞의 '어아주'와 마찬가지로 흑수말갈의

• 061

[대력] 구년에서 십이년까지는⁷⁵³⁾ 해마다 사신을 파견하여 [중국에] 입조했는데 때로는 한 해에 두 차례나 오기도 하였다.⁷⁵⁴⁾

○ 九年至十二年, 比歲遣使來朝, 或一歲再至。

• 062

건중⁷⁵⁵⁾ 사년에 [김]건운이 죽었다.⁷⁵⁶⁾

특산물로 소개되어 있다.
753) 구년에서 십이년까지는[九年至十二年]: 서기로는 774년에서 777년까지의 4년 동안이며, 신라 기년으로는 혜공왕 10년에서 13년까지에 해당한다.
754) 한 해에 두 차례나 오기도 하였다[或一歲再至]: 이 구절을 통하여 당나라에 대한 신라의 사신 파견이 해마다 1~2회씩 이루어졌음을 짐작할 수 있다. 이기백은 신라의 사신 왕래가 나중으로 갈수록 잦아진 데 대하여 "당시의 신라 國內의 政權 變動과 관계가 있는 것"으로 해석하였다. 물론, 당나라에 대한 신라의 사신 파견은 가장 기본적인 목적이 국왕의 즉위나 부고 등 정권의 변동을 알리고 그에 따른 처분을 요청하는 데에 있었다. 그러나 역사적으로 신년을 축하하거나 중원 왕조의 길흉사에 대응하기 위하여 사신을 파견하는 경우도 많았으며, 등주를 공략한 발해에 대응하기 위하여 김사란 등의 사신이 양국을 오간 것처럼, 때로는 군사작전 등의 갑작스러운 변수에 대응할 목적으로 사신을 주고받기도 하였다.
755) 건중(建中): 당나라 제10대 황제인 덕종(德宗) 이괄(李适, 742~805)이 780~783년까지 4년 동안 사용한 연호. "건중 4년"은 서기 783년이며, 신라 선덕왕 4년에 해당한다.
756) 건중 4년에 건운이 죽었다[建中四年, 乾運卒]: 여기서는 혜공왕의 사망 시점을 "건중 4년" 즉 서기 783년으로 보았으나 인터넷 〈국편위판〉에서는 이렇게 소개하였다. "建中 4년(783)에 惠恭王이 死亡한 것으로 되어 있으나, 실제로 왕이 죽은 해는 建中 元年(780)이다." 혜공왕이 "건중 원년(780)"에 죽었다는 주장은 "여름, 4월에 … 왕과 왕비가 반란을 일으킨 병사들에게 죽음을 당하였다. 양상 등이 왕에게 '혜공'이라는 시호를 부여하였다"라는《삼국사기》"혜공왕 16년(780)"조 기사를 근거로 한 것이다. 사망 시점에서 4년이나 차이가 나는 것이다. 이기백(1974)은 이 문제를 "김양상이 당과 소원한 관계여서 혜공왕의 죽음을 제때에 알리지 않았기 때문에 나타난 착오"로 보았다. 그러나 이 기사나《삼국사기》

[그에게는] 아들이 없어서 나랏사람들이 그 나라의 상상[757]이던 김양상을 세워 국왕으로 삼았다.[758]

○ 建中四年, 乾運卒。無子, 國人立其上相金良相爲王。

기사만으로는 김양상이 당나라와 소원한 관계였다는 증거를 찾기 어렵다. 오히려 신라에서 잦은 정변·반란·천재지변 등으로 나라가 어지러워지면서 사신 파견이 뜸해지는 바람에 제때에 혜공왕의 부음을 알리지 못한 데서 착오가 발생한 것으로 보는 것이 합리적이다. 실제로《삼국사기》에 따르면, 혜공왕 치세에 신라에서 당나라에 마지막으로 사신을 파견한 시점은 혜공왕 12년(776) 10월이며, 그 뒤로 다시 사신을 파견한 것은 그로부터 6년이 지난 선덕왕 3년(782) 윤정월이었다. 혜공왕의 죽음과 선덕왕의 즉위 사실은 이때 당나라에 알려졌을 것이다.

757) 상상(上相): 인터넷 〈국편위판〉 주286에서는 이를 "관직"으로 해석하고 "上相이라는 공식적인 官職은 없다"라고 하였다. 실제로 '상상'은 글자 그대로 풀면 '높은 재상'이라는 뜻이다. 일반적인 재상보다 서열 또는 위상이 더 높다는 뜻이다. 중국 정사에 '상상'으로 소개된 인물은 김양상(金良相)·김경신(金敬信) 부자이다. 이 부자는 상상으로 있다가 차례로 국왕으로 즉위했는데, 이를 통하여 상상이 신라 17관등 중에서 최고위직임을 우회적으로 시사해 준다. 실제로 ① 김양상과 김경신의 공통 분모는 '상대등(上大等)'이다. ② 신라에서 '상대등'은 관원으로서 최고위직에 해당하였다. ③ '상상'과 '상대등'은 의미상으로 '상=상', '상=대등' 식으로 서로 대응된다. 그렇다면 전후 맥락을 따져 볼 때, ④ '상상'은 신라의 재상인 상대등을 중국식으로 '의역'한 호칭으로 보아야 옳다.

758) 그 나라의 상상이던 김양상을 세워 국왕으로 삼았다[立其上相金良相爲王]:《구당서》·《신당서》·《당회요》·《책부원구》·《문헌통고》 등에는 모두 김건운(혜공왕)이 죽었는데 아들이 없어서 나랏사람들(중앙 귀족)이 재상이던 김양상을 왕으로 삼았다고 하였다. 반면에 국내 사서인《삼국유사》에는 이렇게 기술되어 있다. "나라에 대란이 벌어져 결국 선덕과 김양상에게 시해되었다.(國有大亂, 終爲宣德與金良相所弑)" 김양상은 즉위하기 전의 선덕왕의 본명이다. 따라서 앞의 '선덕'이 김양상이라면 뒤의 '김양상'은 그와 함께 정변을 일으킨 아들 김경신(金敬信, 나중의 원성왕)을 잘못 적은 것으로 보아야 옳다. 김양상이 아들과 함께 정변을 일으켜 혜공왕을 제거하자 금성의 귀족들이 화백회의를 통하여 그를 국왕으로 추대한 셈이다.

•063

정원759) 원년에 [김]양상760)에게 검교태위761) · 도독계림주자사 · 영해군사 · 신라왕을 제수하였다.

나아가 호부낭중762) 개훈에게 명령하여 정절과 책명을 지니[고 가]게 하였다.763)

---

759) 정원(貞元): 당나라 제10대 황제인 덕종 이괄이 785~805년까지 21년 동안 사용한 연호. "정원 원년"은 신라 원성왕 원년에 해당한다.

760) 양상(良相): 신라 제37대 국왕인 선덕왕(宣德王, ?~785) 김양상을 말한다. 혜공왕 10년(774)에 상대등으로 기용되었으며 혜공왕이 780년에 반란을 일으킨 김지정에게 살해되자 그 뒤를 이어 왕위에 올라 780~785년까지 6년 동안 재위하였다. 혜공왕의 죽음은 《삼국사기》"혜공왕 16년"조에 "왕과 왕비가 반란군에게 살해되었다(王與后妃爲亂兵所害)"고 간단히 소개되어 있을 뿐이다. 그러나 《삼국유사》는 〈기이 제2(紀異第二)〉 "표훈대덕(表訓大德)"조에서 "결국 선덕과 김양상에게 시해되었다(終爲宣德與金良相所弑)" 하여 그 시해자로 김양상을 지목하였다.

761) 검교태위(檢校太尉): 당대의 관직명. '검교(檢校)'는 동진·북조의 검교어사(檢校御史)에서 비롯된 것으로, 글자 그대로 풀면 '조사하고 감독한다' 정도의 뜻이다. 처음 설치된 수나라 때에는 관직에 정식으로 제수되기 전에 해당 업무를 관장하는 것을 가리켰다. 그러나 당대 중기 이후로는 외국에 사절로 파견되거나 도성 밖 지방으로 부임하는 관원들은 중앙정부의 직함을 달 경우에 '검교-'를 붙여 지위가 높다는 것을 나타낼 뿐 독자적인 직무를 관장하지는 않았다. 인터넷 〈국편위 판〉 주288과 〈동북아판4〉 주128(제108쪽)에서는 "《册府元龜》에는 '簡較太師 都督 鷄林州刺史 寧海軍史 新羅王'으로 되어 있어 약간의 차이가 있으나 그 等級은 비슷하였다"고 했으나 잘못된 설명이다. ① '간교태사(簡較太師)'는 역사적으로 존재한 적이 없으며, ② '검교태사' 역시 북송대에 가서야 설치되며 당대에는 아직 존재하지 않았다. ③ 실제로 《책부원구》〈외신부·봉책3〉에는 "조서를 내려 양상에게 검교태위·도독·계림주자사·영해군사를 제수하였다(詔授良相檢校太尉都督鷄林州刺史寧海軍使)"고 되어 있다. '간교태사'는 사료를 오독한 결과라는 뜻이다.

762) 호부낭중(戶部郞中): 당대의 관직명. 나라의 토지·호적·조세 등 국가 재정 관련 업무를 관장하는 호부(戶部)의 수장인 상서(尙書)를 보좌하였다. 처음에는 '민부낭중(民部郞中)'으로 불렸으나 이치가 황제(고종)로 즉위한 뒤로 선황(태종) 이세민의 이름을 피하기 위하여 명칭을 '민부낭중 ⇒ 호부낭중'으로 바꾸었다.

763) 정절과 책명을 지니게 하였다[持節冊命]: 이 부분이 《신당서》〈신라전〉에는 이렇

○ 貞元元年, 授良相檢校太尉·都督鷄林州刺史·寧海軍使·新羅王。仍令戶部郎中蓋塤持節册命。

• 064
그해에 [김]양상이 죽었다.
[나랏사람들이] 상상이던 [김]경신764)을 국왕으로 옹립하매 [황제가] 그 관작을 세습하게 해 주었다. [김]경신은 바로 [선왕 김양상의] 종형제였다.
○ 其年, 良相卒。立上相敬信爲王, 令襲其官爵。敬信卽從兄弟也。

• 065
[정원] 십사년765)에 [김]경신이 죽었다.
그의 아들이 [김]경신보다 먼저 죽었기 때문에 [그] 나랏사람들이 [김]경신의 장손인 [김]준옹766)을 국왕으로 옹립하였다.

게 기술되어 있다. "호부낭중 개훈을 파견하여 정절을 지니고 가서 임명하게 하였다.(遣戶部郎中蓋塤持節册命之。)"
764) 경신(敬信): 신라 제38대 국왕인 원성왕(元聖王) 김경신(?~798)을 말한다. 미추마립간을 시조, 태종무열왕·문무왕을 중조로 하면서 그 직계인 조부와 부친을 합사한 '5묘(五廟)'를 세워 신라왕통을 재정비하였다. 또, 귀족들의 반발을 무릅쓰고 과거제도의 원형이라 할 수 있는 '독서삼품과(讀書三品科)'를 처음으로 시행하여 출신 배경과는 상관없이 역사·의례·유학·백가에 밝은 이들을 등급에 따라 인재를 등용하였다.
765) 십사년(十四年): "정원 14년"은 서기 798년이며, 신라의 원성왕 14년에 해당한다.
766) 준옹(俊邕): 신라 제39대 국왕인 소성왕(昭聖王) 김준옹(?~800)을 말한다. 원성왕의 장손으로, 당초 태자로 책립되었던 원성왕의 아들 김인겸(金仁謙)이 정원(貞元) 7년(791)에 급사하자 정원 11년에 태자가 되었으며, 원성왕이 죽은 다음해(799) 정월에 왕위에 올랐다. 같은 해 후반에 당나라에 즉위 사실을 알리자 덕종이 정원 16년(800)에 사봉낭중 위단(韋丹)을 파견하여 개부의동삼사·검교태

○ 十四年, 敬信卒。其子先敬信亡, 國人立敬信嫡孫俊邕爲王。

• 066

[정원] 십육년에 [김]준옹에게 개부의동삼사 · 검교태위 · 신라왕을 제수하였다. [황제는] 사봉낭중767) 겸 어사중승이던 위단768)에게 명령하여 정절과 책명을 지니고 [신라로] 가게 하였다.
[위]단이 운주769)에 이르렀을 때에 [황제는] '[김]준옹이 죽고 그의 아들 [김]중흥이 옹립되었다'는 소식을 듣고770) 조서를 내려 [위]단을 귀환시켰

위 · 계림주도독 · 신라왕에 봉하려 했으나 위단이 도착하기 전인 6월에 죽었다. 신라흥덕왕비(新羅興德王陵碑)에는 시호가 '소성(昭成)'으로 새겨져 있다.

767) 사봉낭중(司封郎中): 당대의 관직명. 관작의 봉작 · 표창 등과 관련된 업무들을 관장하는 관서인 사봉사(司封司)의 수장이다. 원래 남북조시대에 북제(北齊)에 주작사(主爵司)라는 이름으로 처음 설치되었으며, 당나라 고종의 용삭(龍朔) 연간에 이르러 '사봉사'로 개칭되었다. 그 수장인 낭중은 품계가 종5품상이었다.

768) 위단(韋丹, 753~810): 당대 중기의 대신. 자는 문명(文明)이며, 경조(京兆) 만년(萬年, 지금의 섬서성 서안시) 사람이다. 어려서 고아가 되어 당대의 명필이던 외조부 안진경(顏眞卿)에게서 글을 배웠다. 명경과(明經科)로 과거에 급제한 뒤로 교서랑(校書郎) · 함양위(咸陽尉)를 지냈으며, 정원 4년에 빈녕절도사(邠寧節度使) 장헌보(張獻甫)의 막부에서 일하다가 태자사인(太子舍人)을 거쳐 기거랑(起居郎) · 가부원외랑(駕部員外郎) 등을 역임하였다. 신라에 사신으로 다녀온 뒤인 17년에 용주자사(容州刺史)를 지내며 선정을 베풀었고, 그 뒤로는 간의대부(諫議大夫) · 진자습관찰사(晉慈隰觀察使)를 거쳐 홍주자사(洪州刺史) · 강남서도관찰사(江南西道觀察使) 등을 역임하였다.

769) 운주(鄆州): 중국 고대의 지명. 수나라 개황 10년(590)에 설치되었다. 관할 지역은 지금의 산동성 하택시(菏澤市) 지역 동북쪽에 해당하였다. 치소는 만안(萬安, 지금의 산동성 운성현)이었으며, 당나라 태종의 정관 연간에 수창(須昌)으로 이전되었다.

770) 준옹이 죽고 그의 아들 중흥이 옹립되었다는 소식을 듣고[聞俊邕卒, 其子重興立]: 이 구절을 통하여 책봉사 위단이 신라로 출발한 뒤에 원성왕이 죽자 신라에서 그 부음을 알리는 사신을 서둘러 당나라에 파견했음을 짐작할 수 있다.《삼국사기》"원성왕 2년"조에 따르면 "6월에 왕자를 태자로 책봉하였다. 왕이 세상을

다.

○ 十六年, 授俊邕開府儀同三司·檢校太尉·新羅王。令司封郎中·兼御史中丞韋丹持節册命。丹至鄆州, 聞俊邕卒。其子重興立, 詔丹還。

•067

영정[771] 원년에 조서를 내려 병부낭중[772] 원계방[773]을 [사신으로] 파견하여 [그로 하여금] 정절과 책명을 지니고 [가서 김]중흥[774]을 책봉하여 [신라]떠나자, [그의] 시호를 '소성'으로 정하였다.(六月, 封王子爲太子. 王薨, 諡曰昭聖.) 당나라 조정이 원성왕의 부음을 자신들이 파견한 위단이 아닌 제3자(신라 사신)를 통하여 들었다면 위단이 신라에 입국하기도 전에 신라에서 먼저 누군가가 당나라로 급파되었던 셈이다.

771) 영정(永貞): 당나라 제10대 황제인 덕종이 805년 한 해 동안 사용한 연호. "영정 원년"은 서기 805이며, 신라 애장왕 6년에 해당한다.

772) 병부낭중(兵部郎中): 당대의 관직명. 병부의 수장으로, 지금의 국방부 장관에 해당한다.

773) 원계방(元季方, 755~805?): 당대 중기의 대신. 낙양(洛陽) 사람으로, 명경과(明經科)로 급제하여 초구위(楚丘尉)에 제수되고 전중시어사(殿中侍御史)·탁지원외랑(度支員外郎)·금부낭중(金部郎中)·선부낭중(膳部郎中) 등을 역임하였다. 순종(順宗)이 즉위하면서 득세한 왕숙문(王叔文)이 그를 기피하여 신라에 사신으로 파견하였다. 당시에 신라에서 당나라의 혼란한 정국을 눈치채고 그를 억류하자 두문불출하면서 식음을 전폐하는 바람에 결국 귀국시켰다고 한다.

774) 중흥(重興): 신라 제39대 국왕인 애장왕 김중흥(?~809)을 말한다. 《삼국사기》 "애장왕 1년"조에는 "가을 7월에 왕이 이름을 '중희'로 바꾸었다(秋七月, 王更名重熙)"고 기술되어 있다. 두 번째 이름자가 《구당서》에는 '일어날 흥(興)', 《삼국사기》에는 '빛날 희(熙)'로 다르게 소개되어 있는 셈이다. 〈동북아판4〉 주136(제109쪽)에서는 이에 대하여 "《구당서》에 기록된 중흥은 誤記"라고 보았다. 다만, ①《구당서》뿐만 아니라 《신당서》·《당회요》·《흠정만주원류고》 등 복수의 사서들에 모두 '중흥'으로 소개되어 있는 점, ② '흥'과 '희'는 초서나 행서에서 글자 모양이 서로 비슷하다는 점, ③ 이름을 필사하거나 목판으로 새기는 과정에서 기록자가 글자를 혼동했을 수가 있는 점, ④ 이상의 가능성들을 종합해 볼 때, 오히려

 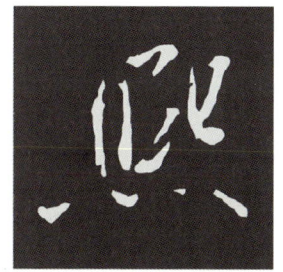

'일어날 흥(興)'은 읽거나 쓰기에 따라서는 '빛날 희(熙)'와 혼동될 수도 있다.

국왕으로 삼게 하였다.
○ 永貞元年, 詔遣兵部郞中元季方持節册重興爲王.

• 068

원화775) 원년 십일월에 [대궐의] 숙위776)로 있던 [신라] 왕자 김헌충777)을 놓아주어778) 대국(본국?)으로 귀환시키고 나아가 시비서감779)을 추가

'중흥'을 '중희'로 잘못 기재했다고 보는 편이 합리적이다.

775) 원화(元和): 당나라 제12대 황제인 헌종(憲宗) 이순(李純, 778~820)이 806~820년까지 15년 동안 사용한 연호. 혼란에 빠졌던 당나라가 이때에 이르러 통합되면서 잠시 안정되었다 하여 역사적으로 "원화의 중흥[元和中興]"으로 일컫는다. "원화 원년"은 신라 기년으로는 애장왕 7년에 해당한다.

776) 숙위(宿衛): 중국 고대의 경호제도. 글자 그대로 풀면 '[대궐에서] 숙직하면서 [황제를] 지킨다' 정도의 뜻이다. 본래는 대궐에서 번을 서면서 황제를 경호하거나 황성을 경비했으며, 그 방식이나 규모는 왕조마다 조금씩 편차를 보인다. 당대에는 귀족·공신의 자제들 또는 고구려·백제·신라·발해·돌궐·거란 등 주변 국가에서 일종의 볼모로 입국한 왕족·귀족 자제들 중에서 필요한 인원을 선발하였다. 13세기 몽골제국에서도 유사한 제도가 운영되었는데, '겁설(怯薛)', 즉 '히식(Хишиг, 봉사)'으로 일컬어진 숙위 친위대가 그것이다.

777) 김헌충(金獻忠): 신라의 왕자. 그 가계나 행적은 알려진 바가 없다.

778) 왕자 김헌충을 놓아주고[放還王子金獻忠]: 여기에 사용된 동사 '방환(放還)'의 경우, 〈동북아판4〉(제110쪽)에서는 정치·외교적으로 상당히 큰 의미를 부여하고

로 제수하였다.

○ 元和元年十一月, 放宿衛王子金獻忠歸大國。仍加試秘書監。

•069

[원화] 삼년에 김역기를 사신으로 파견하여 [중국에] 입조하였다. 그해 칠월에 [김]역기가 이렇게 진언하였다.

○ 三年, 遣使金力奇來朝。其年七月, 力奇上言,

•070

"정원 십육년에 조명을 받들어 신의 옛 군주인 김준옹을 신라왕으로 책립하고 모후 신씨를 태비로 삼았으며[780] 아내인 숙씨를 왕비로 삼

이렇게 해석하였다. "'放還'이란 추방의 의미를 갖고 있었다. 즉, 전에 볼 수 없었던 '放'字의 사용은 숙의 지위에 변화가 있었다는 뜻이니, 정치적·외교적 기능의 상실에 따른 정치적 추방이라는 점에서 숙위의 지위가 약화되었음을 알 수 있다." 그러나 언어학적 견지에서 본다면, '방환'은 일종의 복합동사로, '놓아주어 돌려보내다(released and send him back)' 정도의 의미만 나타낼 뿐이다. '정치적 추방' 식으로 정치·외교적으로 부정적이거나 징벌적인 의미를 담고 있는 것이 아니라, 단순히 숙위로서의 의무 복무 기간을 마친 외국 왕자를 본국으로 귀환시킨다는 의미로만 사용되었다는 뜻이다. 이 같은 정황은 뒤이어 나오는 김역기나 개성 원년(836)에 숙위가 되고 이듬해(837)에 '방환'되어 신라로 귀환하는 신라왕자 김의종 및 개성 5년(840)에 홍려시에서 황제에게 올린 상소문에서도 확인할 수 있다.

779) 시비서감(試秘書監): 당대의 관직명. 글자 그대로 풀면 '비서감을 시켜 보다' 정도의 뜻이다. 중국 고대의 행정 용어에서 '시도할 시(試)-'는 특정한 관직이나 직무를 시험 삼아 맡기는 것을 가리키므로 의미상으로는 지금의 '견습생, 수습생(intern)' 정도에 해당한다. 비서감은 중국 고대의 관직명으로, 후한의 환제(桓帝, 132~168) 때에 처음으로 설치되었으며, 남북조시대 말기 이후로는 비서성(秘書省)의 수장으로, 나라의 경전·장부·지도·서적·저작 등의 업무들을 관장하였다. 따라서 '시비서감'은 '비서감 수습직원' 정도의 뜻인 셈이다.

780) 모후 신씨를 태비로 삼았으며[母申氏爲太妃]: 《삼국사기》 "애장왕 6년"조에는 이

았나이다.[781] 그러나 책명을 지닌 사신인 위단이 [신라로 오던] 도중에 [김]준옹이 세상을 떠났다는 사실을 알고 그 책서를 도로 반려하여 중서성[782]에 두었습니다. [그러니] 이번에 신이 본국으로 귀환하게 되었으니 신이 지니고 귀환하게 해 주시기를 엎드려 부탁드리는 바입니다."

부분이 이렇게 기술되어 있다. "봄 정월에 어머니 김씨를 봉하여 대왕후로 삼았다.(春正月, 封母金氏爲大王后)" 그렇다면 애장왕의 모후는 소성왕의 왕비인 김씨인 셈이다. 모후를 '신씨'라고 한 《구당서》의 소개가 틀렸다는 뜻이다. 김부식은 이와 관련하여 이렇게 바로잡았다. "'신씨'란 김신술의 딸이다. '귀신 신'자와 발음이 같은 까닭에 '펼 신'을 성으로 본 것 같은데 착오이다.(申氏金神述之女, 以神字同韻, 申爲氏, 誤也)" 김진평을 '진평', 김선덕을 '선덕'으로 적듯이 김신술을 '신술'로 적은 것을 〈신라전〉 집필자가 '신'이 성씨인줄 착각했다는 뜻이다.

781) 숙씨를 왕비로 삼았나이다[妻叔氏爲王妃]:《삼국사기》"애장왕 6년"조에는 이 부분이 "봄 정월에 … 왕비 박씨를 봉하여 왕후로 삼았다.(春正月, … 妃朴氏爲王后)"고 기술되어 있다. 《삼국사기》"소성왕 원년"조에 따르면, "어머니는 김씨이며, 왕비는 김씨 계화부인으로 대아찬 숙명의 딸이다.(母金氏, 妃金氏桂花夫人, 大阿湌叔明女也)" 그렇다면 소성왕의 왕비는 김씨로, 대아찬 [김]숙명의 딸인 셈이다. 그런데 왕비의 부친 이름이 성씨가 빠진 채 '숙명'으로 적혀 있는 것을 〈신라전〉 집필자가 '숙씨'로 착각하고 잘못 소개했음을 알 수 있다. 이 역시 앞서 언급된 '김신술 ⇒ 신술 ⇒ 신씨'의 사례처럼, 〈신라전〉 집필자가 '김숙명 ⇒ 숙명 ⇒ 숙씨'로 착각했다는 뜻이다. 실제로 김부식은 주석에서 "왕모의 아버지 [김]숙명은 내물왕의 13세손이므로 어머니의 성은 김씨이다. [그런 것을] 아버지 이름(성)을 숙씨라 한 것은 잘못이다(王母父叔明, 奈勿王十三世孫, 則母姓金氏. 以父名爲叔氏, 誤也)"라고 바로잡고 있다. 이와 관련하여 국내 학계 일각에서는 "당시 왕실의 근친혼 사실을 당에 알리고 싶지 않은 신라가 당에 잘못된 정보를 알려주었기 때문으로 보기도 한다"(이병도 역주, 《삼국사기》(상), 제257쪽) 식으로 주장하는 경향이 있으나 근친혼 전통은 왕씨 고려시대까지 보란듯이 이어지고 있으므로 지나친 억측에 불과하다.

782) 중서성(中書省): 중국 고대의 관서명. '중서'는 본래 황제의 시중을 드는 측근 신하로서, 위·진대에 황제의 명령을 수행하고 국가의 중대사를 관장하게 할 목적으로 설치하였다. 그 수장으로는 감(監)과 영(令)을, 그 아래에는 중서시랑(中書侍郞)·중서사인(中書舍人) 등의 속관을 두었는데, 역대 왕조에 인습되었으나 그 직무나 조직에는 조금씩 편차를 보인다. 수나라 때에는 내사성(內史省), 당대에는 문하성(門下省)·상서성(尙書省)과 함께 '3성(三省)'으로 불렸으며, 무측천 당시에는 '봉각(鳳閣)'으로 개칭되기도 하였다.

○ "貞元十六年, 奉詔册臣故主金俊邕爲新羅王, 母申氏爲太妃, 妻叔氏爲王妃. 册使韋丹至中路, 知俊邕薨, 其册却迴在中書省. 今臣還國, 伏請授臣以歸."

• 071

그러자 [황제가 다음과 같이] 칙서를 내렸다.

"김준옹 등의 책서는 홍려시[783]에 일러 중서성에서 수령해 오게 함이 마땅하다. [홍려]시로 가서 '김역기에게 [그것을] 주도록' 전하여 [그로 하여금] 그것을 받들고 귀국하게 하라. 나아가 그의 숙부인 [김]언승에게 문극[784]을 하사하노니[785] 본국으로 하여금 [그동안의] 관례에 의거하여 [본인(김언승)에게] 전달하게 하라."

○ 勅, "金俊邕等册, 宜令鴻臚寺於中書省受領, 至寺宣授與金力奇,

---

783) 홍려시(鴻臚寺): 중국 고대의 관서명. 국가의 경조사·의전·외국의 조공 등의 업무들을 관장하였다. 자세한 소개는 《자치통감》의 해당 주석(제475쪽)을 참조하기 바란다.

784) 문극(門戟): 중국 고대의 의장의 하나. 갈래 창의 일종으로, 공권력의 위엄을 보이기 위하여 종묘·사직이나 궁전·관청의 대문 앞에 세워 놓곤 하였다. 나중에는 권문세가에서도 권력 과시용으로 세워 놓곤 했다고 한다. 여기서도 김언승에 대한 황제(헌종)의 권위와 신임을 보이기 위하여 그의 집 앞에 세워 두게 한 것이다.

785) 그의 숙부인 김언승에게 문극을 하사하노니[賜其叔彦昇門戟]:《삼국사기》"애장왕 9년"조에는 이 부분이 이렇게 기술되어 있다. "2월에 … 왕의 숙부 언승 및 그 아우 중공 등에게 문극을 하사하였다.(二月, … 仍賜王叔彦昇及其弟仲恭等門戟)" 그런데 《신당서》〈신라전〉에는 김역기가 국왕의 책서를 요청했다는 기사 뒤에 이렇게 기술되어 있다. "이어서 그 나라 재상 김언승·김중공과 왕의 아우 [김]소·김첨명을 위하여 문극[을 내려 줄 것]을 요구하기에 조서를 내려 [요구를] 모두 다 들어주게 하였다.(又爲其宰相金彦昇金仲恭王之弟蘇金添明丐門戟, 詔皆可)" 이를 통하여 문극을 받은 것이 김언승뿐만 아니라 그 아우 김중공, 그리고 애장왕의 아우 김소와 김첨명까지 4명이었으며, 그것을 하사한 것도 황제(헌종) 본인의 의지가 아니라 신라 귀족들의 요청에 따른 결정이었음을 알 수 있다.

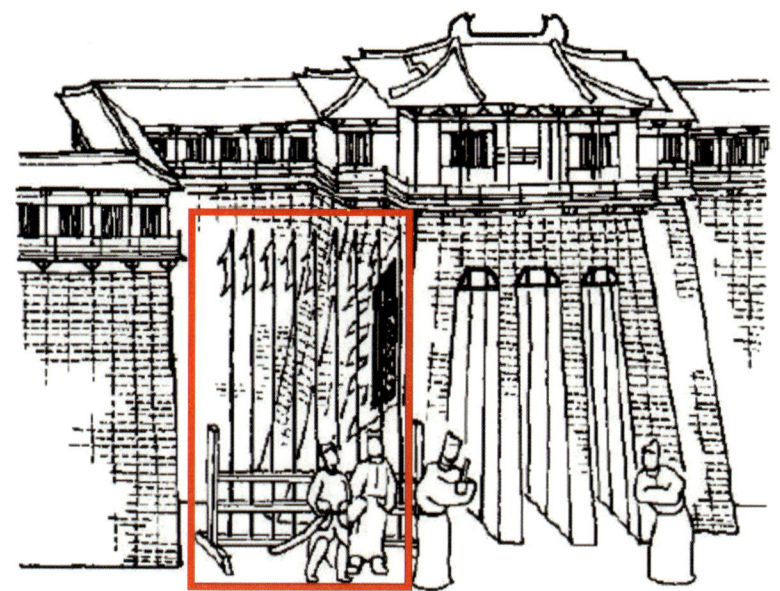

돈황 막고굴 벽화(모사도)의 미생원(未生怨) 궁문 앞의 문극. 문극의 수량은 서열에 따라 태묘·대궐은 좌우 24극, 정1품은 16극, 개부의동삼사·군왕·[상]주국·도성은 14극, 국공·[상]호군은 10극을 세웠다고 한다. (중국 치맹자(鴟甍子) 블로그)

令奉歸國。仍賜其叔彦昇門戟, 令本國準例給。"

• 072

[원화] 사년[786])에 사신 김육진[787]) 등을 파견하여 [중국으로] 와서 공물을

---

786) 사년(四年): "원화 4년"은 서기 809년이며, 신라 헌덕왕 원년에 해당한다.

787) 김육진(金陸珍): 신라의 귀족. 자세한 내력은 알 길이 없다. 《삼국사기》 "애장왕 10년(809)" 조에는 이렇게 소개되어 있다. "가을 7월에 대아찬 김육진을 당나라에 보내어 황은에 고마움을 표하고 특산물을 바쳤다.(秋七月, 遣大阿湌金陸珍, 入唐謝恩兼進奉方物)" '대아찬(大阿湌)'은 신라 17관등 중에서 제5등으로, 왕족인 진골(眞骨)부터 임용이 가능한 관직이었다. 그가 적어도 진골 출신의 귀족이었음을 알 수 있는 셈이다. 10세기 송대의 《당회요》 권68에는 이렇게 소개되어 있다. "수대남령을 지냈으며, 원화 4년에 조공사의 자격으로 당나라에 입국하기도 하였다.(官

바쳤다. [원화] 오년에는 [신라] 왕자 김헌장788)이 와서 입조하고 공물을 바쳤다.

○ 四年, 遣使金陸珍等來朝貢. 五年, 王子金憲章來朝貢。

• 073
[원화] 칠년, [김]중흥이 죽다.789)
[그 나랏사람들이] 재상이던 김언승790)을 국왕으로 옹립하고 김창남791) 등

守大南令. 元和四年, 入唐朝貢使)" 김육진은 원화 4년에 조공사로 입당했다가 황제로부터 수대남령에 제수되었을 것이다. '대남'은 대궐 남문의 뜻이므로 '수대남령'이라면 당나라 대궐의 남문을 지키는 책임자였던 것으로 보인다.

788) 김헌장(金憲章): 신라의 왕자. 어느 왕의 아들인지는 알 수가 없다. 그러나 조공 시점을 볼 때 당시의 국왕이던 헌덕왕의 아들이었을 가능성이 있다.

789) 중흥이 죽다[重興卒]: 인터넷 〈국편위판〉 주299 및 〈동북아판4〉 주154(제122쪽)에서는 "元和 7年(812, 憲德王 4년)에 憲德王(彦昇)이 즉위한 것으로 되어 있으나 이는 잘못된 것"이라고 보았다. 그러나 그것은 두 역주서가 중국 정사의 기사를 잘못 이해한 데서 빚어진 착오이다. "원화 7년"이라는 시점과 "중흥이 죽다"라는 사건은 하나로 연결되는 관계에 있지 않기 때문이다. 원화 7년은 애장왕이 '죽은' 시점이 아니라 그 '죽음이 알려진' 시점이라는 뜻이다. 말하자면 신라 사신이 애장왕 사후 4년 만인 원화 7년에 당나라로 파견되어 부고와 함께 헌강왕 책립을 요청한 것이다. 애장왕의 사망 연도가 《삼국사기》에 "원화 4년(809)"으로 명시되어 있는 것이 그 증거이다. 《구당서》에 소개된 신라 국왕의 생졸 연대에 시차를 보이는 사례는 앞의 김헌영(경덕왕)의 경우에서도 확인할 수 있다.

790) 김언승(金彦昇): 신라 제41대 왕인 헌덕왕(憲德王, ?~826)의 이름. 809~826년의 18년 동안 애장왕(哀莊王)이 13세의 나이로 왕위에 오르자 섭정을 맡았으나 애장왕 10년에 그 동생 김제옹(金悌邕)과 정변을 일으켜 왕을 살해하고 스스로 왕위에 올랐다. 재위 14년에 동생 김수종(金秀宗)을 태자로 세웠다.

791) 김창남(金昌南): 신라의 귀족. 자세한 내력은 알 길이 없다. 다만, 《삼국사기》 "헌덕왕 원년(809)"조에는 이렇게 소개되어 있다. "이찬 김창남 등을 당나라에 보내어 [왕의] 부음을 알렸다.(秋八月, 大赦. 遣伊湌金昌南等入唐告哀)" '이찬(伊湌)'은 신라 17개 관등 중에서 제2등에 해당한다. 김창남이 지위가 대단히 높은 진골 이상의 왕족이었음을 알 수 있는 셈이다.

을 사신으로 파견하여 부음을 고하였다.

○ 七年, 重興卒。立其相金彦昇爲王, 遣使金昌南等來告哀。

• 074

그해 칠월에 [황제가 김]언승에게 개부의동삼사·검교태위·지절[792]·대도독계림주제군사·겸지절·충영해군사[793]·상주국·신라국왕을 제수하고, [김]언승의 아내 정씨를 왕비로 책봉하였다.[794]

이어서 재상이던 김숭빈 등 세 사람에게 [문?]극을 하사하고 [그동안과] 마찬가지로 관례에 의거하여 [본인(세 사람)에게] 전달하게 하였다.

○ 其年七月, 授彦昇開府儀同三司·檢校太尉·持節大都督鷄林州諸軍事, 兼持節充寧海軍使·上柱國·新羅國王, 彦昇妻貞氏册爲妃,

---

792) 지절(持節): 중국 고대의 관직명. '사지절'이 '사절로서 부절을 지닌 자'라는 의미인 데 비하여 '지절'은 '[사절이 아니면서 황제가 내린] 부절을 지닌 자' 정도로 번역할 수 있다.

793) 충영해군사(充寧海軍使): 당대의 관직명. 글자 그대로 풀면 '영해군사에 충당하다' 정도의 뜻이다. 김언승이 다른 직함을 가지고 있으면서 임시로 영해군사의 직무를 수행했음을 알 수 있다. '영해군사'에 관해서는 앞의 해당 주석을 참조하기 바란다.

794) 언승의 아내 정씨를 왕비로 책봉하였다[彦昇妻貞氏册爲妃]: 헌덕왕 왕비의 성씨를 《구당서》·《신당서》에서는 '정씨(貞氏)', 《책부원구》에서는 '진씨(眞氏)', 《당회요》에서는 '박씨(朴氏)'로 각각 소개하였다. 이 중에서 '참 진(眞)'은 모양이 비슷한 '곧을 정(貞)'을 잘못 새긴 것이다. 다만, 왕비의 성씨는 두 쪽 모두 틀린 것으로 보인다. 《삼국사기》 "헌덕왕 원년(809) 8월"조 기사에서 김부식은 이런 주석을 붙였다. "따져 보건대, 왕비는 [김]예영 각간의 딸이다. 여기서 '정씨'라고 했으나 확실하지는 않다(按, 王妃禮英角干女也. 今云貞氏, 未詳)"고 하였다. 같은 원년 기사에 의하면, 헌덕왕후 귀승부인(貴勝夫人)은 헌덕왕의 숙부인 원성왕(元聖王)의 셋째 아들 김예영(金禮英)의 딸이다. 반면에 《삼국유사》〈왕력(王曆)〉에는 귀승랑(貴勝娘)이 황아왕후(皇娥王后)라는 시호를 받은 헌덕왕의 친동생 김충공(金忠恭)의 딸로 소개되어 있다. 김예영의 딸인지 김충공의 딸인지 알 수는 없지만 왕비의 성이 정씨도 진씨도 아닌 김씨임에는 틀림이 없는 셈이다.

仍賜其宰相金崇斌等三人戟, 亦令本國準例給。

• 075

아울러 직방원외랑[795] · 섭어사중승[796]이던 최정[797]에게 명령하여 정절을 지니고 가서 조문과 함께 책립을 하게 하였다. [신라에서는] 그 나라의 질자인 김사신을 [귀환하는] 그에게 딸려 보내었다.[798]

---

795) 직방원외랑(職方員外郞): 중국 고대의 관직명. 각지의 지도·성채·진수(鎭戍)·봉수(烽燧) 등의 업무를 관장하였다. 당나라 고조의 무덕 3년(620)에 다시 원외랑으로 환원되면서 종6품상으로 품계가 조정되었다. 고종의 용삭 2년(662)에 잠시 사역원외랑(司域員外郞)으로 개칭되었다가 함형 원년(670)에 도로 환원되었다.

796) 섭어사중승(攝御史中丞): 당대의 관직명. '섭(攝)'은 '대리하다'라는 뜻의 동사이므로, 글자 그대로 풀면 '어사중승의 직무까지 대리하다'라는 뜻이다. 이로써 최정이 다른 직함을 가지고 있으면서 임시로 어사중승의 직무를 대행했음을 짐작할 수 있다. '어사중승'에 관해서는 앞의 해당 주석을 참조하기 바란다.

797) 최정(崔廷, ?~852): 당대의 대신. 그 내력은 하남성 낙양시에서 출토된 장경(長慶) 4년(824)의 《최정묘지(崔廷墓誌)》와 역시 낙양시 주채촌(周寨村)에서 출토된 대중(大中) 6년(852)의 《최정처정씨묘지(崔廷妻鄭氏墓誌)》 등에 소개되어 있다.

798) 그 나라의 질자인 김사신을 딸려 보내었다[以其質子金士信副之]: 이 부분을 국내 역주서에서는 모두 "그 質子 金士信을 副使로 딸려 보냈다"고 번역하였다. 김사신이 최정의 부사(副使)로 신라에 파견된 것으로 해석한 셈이다. 그러나 그것은 원문을 잘못 이해한 데서 빚어진 착오이다. 바로 뒤에서 ① 김사신은 그로부터 4년 뒤인 원화 11년(816) 11월에 험한 바람을 만나는 바람에 초주 염성현까지 표류하였다. 이는 그가 원화 11년만 해도 당나라에 머물고 있었다는 증거이다. ② 그를 소개한 《책부원구》〈외신부·제역(鞮譯)〉의 기사는 또 다른 증거이다. 거기에는 "[원화] 15년 2월에 신라의 질자(볼모)인 시태자중윤·사자금어대 김사신…(十五年二月, 新羅質子試太子中允賜紫金魚袋金士信 …)" 식으로 소개되어 있다. 원화 15년이라면 서기 820년이다. 김사신이 그때까지 당나라에서 '시태자중윤·사자금어대'라는 상당히 비중이 있는 직함을 가지고 있었다는 뜻이다. 또, ③ 그 뒤에는 그가 같은 해(820)에 조정에 올린 상소문이 〈본국에의 부사로 충원해 주실 것을 요청하는 글[請充本國副使奏]〉이라는 제목으로 소개되어 있다. "신의 본국은 중국에 입조한 지가 200년이 넘어 일찍이 질자(볼모)를 보내 대궐에서 숙위를 서게 했으며, 칙사가 번국에 파견될 때마다 부사로 충원하여 어명을 전하

○ 兼命職方員外郎·攝御史中丞崔廷持節弔祭册立, 以其質子金士信副之。

• 076

[원화] 십일년⁷⁹⁹⁾ 십일월에, 그 나라에서 입조했던 왕자 김사신⁸⁰⁰⁾ 등이

여 나라에 고하게 해 왔습니다. 지금은 도성에서 숙위를 서는 질자의 몸이니 신이 다음에는 나서는 것이 옳으이다.(臣本國朝天二百餘載, 嘗差質子宿衛闕庭, 每有天使臨蕃, 卽充副使, 轉通聖旨, 下告國中. 今在城宿衛質子, 臣次當行之)" ④ 이 기사에서 김사신의 직함이 없는 것 역시 또 다른 증거이다. 만약 그가 당나라에서 신라로 파견되었다면, 앞서의 다른 사례들처럼, 칙사의 신분에 걸맞은 직함을 달고 파견되어야 정상이기 때문이다. ⑤ 이로써 김사신이 적어도 원화 15년까지는 당나라에 머무르고 있었고, 부사의 신분으로 본국으로의 귀환을 요청한 시점 역시 원화 15년 무렵임을 알 수 있다. 따라서 ⑥ 여기서 "그 나라의 질자인 김사신을 딸려 보내었다"는 '당나라 ⇒ 신라'가 아니라 '신라 ⇒ 당나라'로 파견된 것을 두고 한 말로 볼 수밖에 없다.

799) 십일년(十一年): "원화 11년"은 서기 816년이며, 신라 헌덕왕 8년에 해당한다.
800) 김사신(金士信): 신라의 왕자. 관련 기록이 부족해서 그 내력은 알 길이 없다. 원화 7년(812, 헌강왕 4)에 새 국왕 책봉을 위하여 신라에 온 최정의 귀환 길에 부사이자 질자로 따라 나섰고 원화 15년(820, 헌강왕 12)에 질자 생활을 마치고 귀국한 것으로 보인다. 〈국편위판〉 주302에서는 "金士信은 唐廷에서 官職도 못 받았으며, 일정한 직능도 없이 단지 本國王의 薨去에 哀悼使를 수행해 온 副使였다"고 주장하였다. 그러나 그것은 사실이 아니다. 앞서《책부원구》〈외신부·제역〉의 기사에서 보듯이, 질자로 당나라에 들어온 그는 원화 15년 2월까지 당나라에서 '시태자중윤·사자금어대(試太子中允賜紫金魚袋)'라는 직함을 지니고 있었기 때문이다. 그의 이 직함들은 당대의 명문들을 소개해 놓은《전당문(全唐文)》에도 기재되어 있어서 그것이 역사적 사실임을 뒷받침해 준다. 또, 인터넷 〈국편위판〉 주303에서는 "金士信은 元和 4년(809, 憲德王 元年)에 당의 弔祭副使로 귀국했는데,《舊唐書》에서 元和 11년(憲德王 8년)에 再入唐한 것으로 기록하고 있어 의문이 크다. 다른 문헌에는 이해에 金士信이 入唐하였다는 기록이 없으니, 元和 11년의 金士信은 同名異人일 수도 있다"고 의문을 제기하였다. 그러나 이 역시 앞서의 "그 나라의 질자인 김사신을 딸려 보내었다" 부분을 거꾸로 이해한 데서 빚어진 연쇄적인 착오이다.

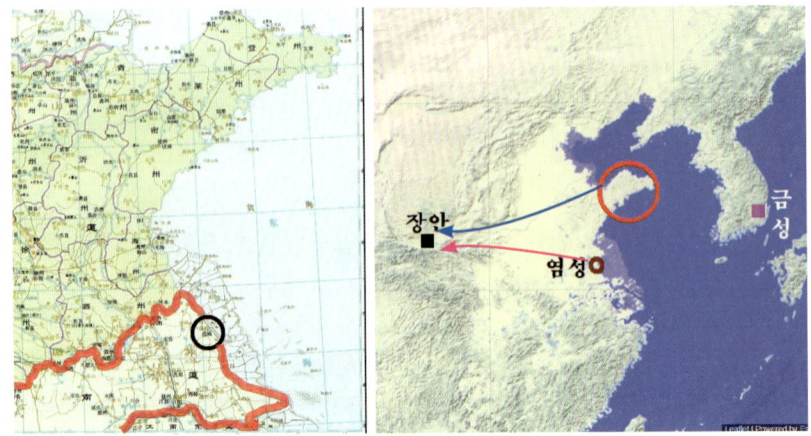

신라 왕자 김사신 일행이 표류한 초주 염성현(왼쪽 파란 동그라미) 위치. 원래는 등주·청주·내주 등 산동반도에서 배를 내려 육로로 장안으로 향하는 것이 보통이었다.

험한 바람을 만나는 바람에801) 표류해 간 끝에 초주802)염성현803)의 지경에 이르렀다. [나중에 그 일을] 회남 절도사804) 이용805)이 [황제에게] 보

---

801) 험한 바람을 만나는 바람에[遇惡風]: 여기서 각별히 유념해야 할 점은 이 "험한 바람"을 만난 시점이 언제인가 하는 것이다. 얼핏 보기에는 원화 11년(816) 11월의 일처럼 보인다. 그러나 사실은 11월은 '김사신 일행이 바람에 염성현까지 떠밀려 온 일'을 알리는 회남 절도사 이용의 보고가 조정에 도착한 시점으로 보아야 옳다. ① 김사신 일행이 염성현까지 떠밀려 오고, 그 일행에 대한 조사를 진행하고, 그 결과를 조정에 보고하기까지는 적어도 2~3개월의 시간이 소요되었을 것이다. 그렇다면 ② 김사신 일행이 당나라 사행에 나선 시점은 표류한 11월보다 이른 8~9월이었다고 보는 편이 합리적일 것이다. 일반적으로 ③ 음력 7~8월이 북태평양에서 발달한 태풍이 자주 북상하는 시점임을 감안할 때 김사신 일행은 태풍에 휩쓸려 회남의 염성현까지 떠밀려 갔을 가능성이 높다.

802) 초주(楚州): 중국 고대의 지역명. 지금의 강소성 회안시(淮安市) 일대에 해당한다.

803) 염성현(鹽城縣): 중국 고대의 지명. 지금의 중국 강소성 중동부에 자리잡고 있는 염성시(鹽城市) 일대에 해당한다.

804) 절도사(節度使): 당·송대에 지방 통치지역인 번진(藩鎭)을 통솔했던 행정 수장. '회남(淮南)'은 고대의 지역명으로, 지금의 안휘성 회남시 일대에 해당한다. "절

고하였다.

○ 十一年十一月, 其入朝王子金士信等遇惡風, 飄至楚州鹽城縣界。淮南節度使李鄘以聞。

•077

이해에 신라에 가뭄이 들었다. [그러자] 그 나라의 무리 일백칠십 명이 절동806)에서 먹을 것을 구하였다.807)

○ 是歲, 新羅饑。其衆一百七十人求食於浙東。

도사"에 관한 보다 상세한 설명은 〈말갈전〉의 해당 주석(제356쪽)을 참조하기 바란다.
805) 이용(李鄘, ?~820): 당대의 대신. 자는 건후(建侯)이며, 강하(江夏, 지금의 호북성 무한시) 사람이다. 대력 연간의 진사로, 비서성정자(秘書省正字)에 제수되고 하중절도사(河中節度使) 이회광(李懷光)의 막부에 있었다. 흥원(興元) 원년(784)에 조정에 이회광의 반란을 밀고했으며, 이듬해에 이회광이 죽자 하동종사(河東從事)를 거쳐 이부 원외랑(吏部員外郞)이 되었다. 나중에는 봉상농우절도사(鳳翔隴右節度使)·회남절도사(淮南節度使)를 지내고 환관 토돌승최(吐突承璀)의 추천으로 문하시랑(門下侍郞)·동평장사(同平章事)·태자소부(太子少傅)를 역임하였다.
806) 절동(浙東): 중국 당대의 지역명. 전통적으로 절강성(浙江省) 항주시(杭州市) 일대를 흐르는 전당강(錢塘江)을 중심으로 그 동쪽을 '절동(浙東)', 그 서쪽을 '절서(浙西)'로 불렀다.
807) 절동에서 먹을 것을 구하였다[求食於浙東]:《삼국사기》〈신라본기〉에서 이 무렵의 기사를 살펴보면, 헌덕왕 6년에는 "여름 5월에 나라 서쪽에 큰 홍수가 났다. 사자를 보내어 수해를 입은 주·군의 백성들을 위문하고 한 해의 조세를 면제해 주었다", 헌덕왕 7년(815)에는 "여름 5월에 눈이 내렸다. 가을 8월 기해일 초하루(양력 9월 7일)에 일식이 있었다. 서쪽 변경 주·군들에 큰 기근이 들어 도적들이 벌떼처럼 일어나는 바람에 군대를 내어 평정하였다", 헌덕왕 8년에는 "흉년이 되어 백성이 굶주리매 절동 지역까지 가서 먹을 것을 구하는 자가 170명이나 되었다." 이로써 헌덕왕 6년부터 8년까지 농사에 중요한 고비마다 천재지변이 잇따르면서 백성들이 생존을 위하여 유랑하거나 봉기하는 사태가 속출했음을 알 수 있다. 신라인들이 당나라의 절동까지 몰려 든 것은 이 같은 이유 때문이었다.

• **078**

[원화] 십오년 십일월에 사신을 파견하여 [중국에] 입조하고 공물을 바쳤다.808) 장경809) 이년 십이월에 김주필810)을 사신으로 파견하여 [중국에] 입조하고 공물을 바쳤다.

○ 十五年十一月, 遣使朝貢。長慶二年十二月, 遣使金柱弼朝貢。

---

808) 사신을 파견하여 입조하고 공물을 바쳤다[遣使朝貢]:《삼국사기》"헌덕왕 12년(820)"조에는 이와 관련하여 이렇게 기술되어 있다. "11월에 사신을 파견하여 당나라에 들어가 입조하고 공물을 바쳤다. 목종이 [사신들을] 인덕전으로 불러 접견하고 연회를 차등을 두어 베풀었다" 이해가 원화 15년이므로, 앞서 언급된 김사신은 이때 당나라에 들어 온 사신들과 함께 신라로 귀환했을 가능성이 높다.

809) 장경(長慶): 당나라 제14대 황제인 목종(穆宗) 이항(李恒, 795~824)이 821~824년까지 4년 동안 사용한 연호. "장경 2년"은 서기 822년으로, 신라 헌덕왕 14년에 해당한다.

810) 김주필(金柱弼): 9세기 초기의 신라 사신.《구당서》및《당회요》권85에는 "장경 2년(822) 12월에 [신라가] 사신 김주필을 파견하여 입조하고 공물을 바쳤다(長慶二年十二月, 遣使金柱弼朝貢)"고 간단하게 소개되어 있다. 그러나《당회요》권86에는 이보다 훨씬 비중 있게 다루어져 있다. "장경 3년 정월에 신라국 사신 김주필이 장계를 올렸다. 지난번에는 폐하께서 칙명으로 [신라] 백성들을 [노예로] 파는 것을 금하고 그들이 가고자 하는 곳으로 보내 주게 하셨나이다. … 엎드려 바라옵건대 바다를 낀 각 도의 주·현들에 하명하시어 배 편이 있을 때마다 [신라 백성들을] 귀국할 수 있게 해 주시고 해당 주·현들이 이를 제약하지 못하도록 해 주소서. [황제가 이에] 칙명을 내려 신라 백성들을 파는 일을 금하게 했으며, 얼마 지나지 않아 정식 칙명이 내려졌다. … (三年正月, 新羅國使金柱弼進狀. 先蒙恩敕, 禁賣良口, 使任從所適. … 伏乞牒諸道傍海州縣, 每有船次, 便賜任歸, 不令州縣制約. 敕旨, 禁賣新羅, 尋有正敕, …)" 사신으로 온 김주필이 해를 넘긴 장경 3년 정월에 해적에 의해 노예로 팔려 온 신라 백성들을 귀국시켜 달라고 당나라 조정에 요청하자 황제가 신라인의 인신매매를 금하는 칙명을 내린 것을 알 수 있다. 그렇다면 장경 2년 12월에 당나라에 들어온 김주필은 이 상소를 올릴 때까지 적어도 2개월 동안은 당나라에 체류하고 있었던 셈이다.

• 079

보력811) 원년에 [신라의] 왕자 김흔812)이 [중국에] 와서 입조하였다.

대화813) 원년 사월에도 어김없이814) 사신을 파견하여 [중국에] 입조하고

---

811) 보력(寶曆): 당나라 제15대 황제인 경종(敬宗) 이담(李湛, 809~826)이 825~826년까지 2년 동안 사용한 연호. "보력 원년"은 신라 헌덕왕 17년에 해당한다.

812) 김흔(金昕, 9세기): 신라의 왕자.《당회요》권85에는 이 부분이 이렇게 기술되어 있다. "보력 원년(825)에 그 나라 왕자인 김흔이 와서 입조함과 아울러 숙위로 충원되었다.(寶曆元年, 其王子金昕來朝, 兼充宿衛)" 이로써 사신으로 당나라에 온 김흔이 숙위로 새로 충원되었음을 알 수 있는 셈이다. 김흔의 당나라 사행과 관련하여《삼국사기》"헌덕왕 17년(825)"조에는 이렇게 기술되어 있다. "여름 5월에 왕자 김흔을 당나라에 보내어 입조하고 공물을 바치게 하였다. 나중에 [김흔은] 상주하여 말하기를, '앞서 대학에 있던 최이정·김숙정·박계업 등은 번국으로 돌려보내 주시고, 새로이 조정을 찾아 온 김윤부·김립지·박량지 등 12명은 머물며 숙위를 서게 해 주시기를 청합니다. 나아가 [그들을] 국자감에 배치하여 학문을 익히게 해 주시고, 홍려시로 하여금 [그들에게] 물자와 양식을 지급하도록 해 주시기를 청합니다'라고 하였다. [황제가] 그 말대로 따랐다.(夏五月, 遣王子金昕, 入唐朝貢, 遂奏言, '先在大學生崔利貞金叔貞朴季業等, 請放還蕃, 其新赴朝金允夫金立之朴亮之等一十二人, 請留宿衛. 仍請配國子監習業, 鴻臚寺給資糧, 從之)"

813) 대화(大和): 당나라 제16대 황제인 문종(文宗) 이앙(李昻, 809~840)이 827~835년까지 9년 동안 사용한 연호. 어떤 사서에서는 '태화(太和)'로 쓰기도 하였다. "대화 원년(827)"은 신라 흥덕왕 2년, "대화 5년(831)"은 흥덕왕 6년에 해당한다.

814) 어김없이[皆]: 〈동북아판4〉(제114쪽)에는 이 구문이 "대화 원년(827) 4월에 사신을 보내어 조공하였다"로 번역되어 있다. 여기서 유념해야 할 것은 이 대목에 범위를 설정하는 부사 '모두 개(皆)'가 사용되었다는 점이다. '개'는 고대 한문에서 '한결같이(uniformly)', '어김없이(without exception)'의 의미를 나타내며, 그 특성상 언제나 복수의 주체(시점)를 상정한다. 여기서도 '개' 앞의 주체가 "대화 원년 4월"인 것을 보면 원래는 그 앞에 비슷한 시점들이 몇 개 더 전제되어 있다고 이해해야 옳다. 집필자들이 사초(史草)를 정리하고 〈신라전〉을 집필하는 과정에서 다른 시점의 조공 사실들이 삭제되거나 누락되었을 가능성이 높다는 뜻이다.

공물을 바쳤다.

○ 寶曆元年, 其王子金昕來朝。大和元年四月, 皆遣使朝貢。

•080

[대화] 오년에 김언승이 죽었다.[815]

[이에 황제가 그 왕위를] 계승한 아들인 김경휘[816]를 개부의동삼사·검교태위·사지절·대도독계림주제군사·겸지절·충영해군사·신라왕으로 삼았다. [또 김]경휘의 모후 박씨를 태비로 삼고, 아내 박씨를 왕비로 삼았다.

[이에 황제가] 태자좌유덕[817] 겸 어사중승이던 원적[818]에게 명령하여 정

---

815) 오년에 김언승이 죽다[五年, 金彦昇卒]: 이 부분은 〈신라전〉 집필자가 연대를 계산하는 과정에서 착오를 범한 것으로 보인다. 국내 사서인《삼국사기》에는 헌덕왕이 서기 826년, 즉 당나라 보력(寶曆) 2년에 이미 죽었다고 소개되어 있기 때문이다. 그리고 보력 3년(827)으로부터 문제의 대화 5년(831)까지는 그다음 왕인 흥덕왕(興德王)의 원년으로부터 6년까지로 소개되어 있다. 그 세부 항목들을 비교해 보아도 없는 일을 억지로 지어낸 것은 아님을 확인할 수 있다. 대화 5년에 헌덕왕이 죽었다는 이 기사가 틀렸다는 뜻이다.

816) 김경휘(金景徽, ?~836): 신라의 제42대 국왕인 흥덕왕의 이름. 원래 이름은 수종(秀宗) 또는 수승(秀升)이었으나 나중에 '경휘'로 바꾸었다. 인터넷 〈국편위판〉 주308에서는 그는 "金彦昇(憲德王)의 아들로 기록되어 있으나 실제로는 憲德王의 同母弟"라고 보았다.

817) 태자좌유덕(太子左諭德): 당대의 관직명. '좌유덕'으로 줄여 부르기도 하였다. 태자에게 도덕을 가르치는 일을 맡았으며, 품계는 정4품이었다. 고종 용삭 2년(662)에 처음으로 태자좌유덕과 태자우유덕을 1명씩 설치하고 좌·우 춘방(春坊)을 각각 담당하게 하였다. 예종의 재위 기간에는 그 지위가 3품의 산기상시(散騎常侍)에 비견될 정도였다.

818) 원적(源寂): 당나라 중기의 정치가. 그 내력은 자세히 알 수가 없다. 다만, 당나라의 명문들을 모아 놓은 《전당문》 권658 [및《백씨문집(白氏文集》 권35] "중서제고 5(中書制誥五)"에 수록된 백거이(白居易, 772~846)의 제문(制文, 교지) 〈원적이 안왕부 장사로 적합하다는 교지[源寂可安王府長史制]〉에서 그 경력의 일단

절을 지니고 [신라로] 가서 조문을 하고 [그들을] 책립하게 하였다.

○ 五年, 金彦昇卒。 以嗣子金景徽爲開府儀同三司·檢校太尉·使持節大都督鷄林州諸軍事, 兼持節充寧海軍使·新羅王。 景徽母朴氏爲太妃, 妻朴氏爲妃。 命太子左諭德·兼御史中丞源寂持節弔祭册立。

• 081

개성819) 원년에 [신라] 왕자 김의종820)이 [중국에] 와서 [황제의] 은혜에 고

을 엿볼 수 있다. "칙명: 의성군절도판관·검교병부원외 원적은 … 옥대를 차고 조정에 출석하고 식객으로 번저를 거닐며 막료들을 보좌하고 왕궁(안왕부)에서 복무하게 해 줄 만하다.(勅: 義成軍節度判官檢校兵部員外源寂, 早膺慰薦, 累展才能, 謀畫有終, 恭勤無怠, 守臣推善, 列狀升聞。 可使束帶立朝廷, 曳裾遊藩邸, 俾從實佐, 入補王宮)" 이를 통하여 원적이 근면하고 공손했으며, 의성군절도사의 판관과 검교병부원외랑을 지내다가 황제(목종)의 명령으로 안왕부의 장사로 발탁되었음을 알 수가 있다. 그에 관한 자료는 당시의 시인 유우석(劉禹錫, 772~842)이 지은 7언 율시(七言律詩) 〈신라책립사로 임명된 원중승을 전송하며[送源中丞充新羅册立使]〉에서도 확인할 수 있다. 이 시에서 유우석이 그를 '중승(中丞)'으로 부른 것을 보면 원적이 신라에 파견된 대화 5년 무렵에 어사중승(御使中丞)을 지내고 있었음을 알 수가 있다. 또, '재상가의 재능 있는 자제[相門才子]'라고 한 것을 보면 원적은 상당히 지체 높은 명문가 출신이었을 것이다.

819) 개성(開成): 당나라 제14대 황제인 문종(文宗) 이앙(李昂, 809~840)이 836~840년까지 5년 동안 사용한 연호. "개성 원년"은 신라의 흥덕왕 11년이자 희강왕 원년에 해당한다.

820) 김의종(金義琮): 신라의 왕자. 《구당서》·《당회요》·《삼국사기》에 같은 내용이 소개되어 있으나 그의 내력이나 지위를 자세히 알 길이 없다. 인터넷 〈국편위판〉 주 309에서는 이렇게 소개하였다. "金義琮은 … 1년 정도의 숙위생활을 한 후 唐의 官職도 받지 못한 채 귀국하고 말았다. 특히 그의 귀국은 '唐文宗放還宿衛王子金義琮'한 것처럼 追放된 것이었다" 그가 개인적인 비리 때문에 당나라에서 강제로 추방된 것으로 해석한 것이다. 그러나 사실 여부를 증명해 줄 만한 기록이 없는 상태에서 그렇게 단정하는 것은 적절해 보이지 않는다. ① 앞서 설명했듯이 무엇보다도 당대의 '방환(放還)'은 사전적 의미 자체가 '추방하다(expel)'가 아니라

맙다는 인사를 하는 한편 [황제의] 숙위가 되었다.[821)

[개성] 이년 사월에 [김의종을] 놓아주어 본국으로 귀환시킬 때에 물건을 하사하고 그를[822) 보내 주었다.[823)

질자(숙위) 의무에서 '놓아서 돌려보내다(release and send back)'였다. ② 어떤 정치적 징벌이나 불이익과도 전혀 무관한 표현이라는 뜻이다. 그렇다면 ③ 김의종이 숙위 생활 1년여 만에 귀국한 것도 본인의 과실이 아니라 본국(신라) 내부의 사정 때문이었을 가능성이 더 높다고 보아야 옳다.

821) 은혜에 고맙다는 인사를 하는 한편 숙위가 되었다[謝恩, 兼宿衛]: 인터넷 〈국편위판〉 주309에 따르면 신형식은 '방환'의 '놓을 방(放)'과 관련하여 이렇게 설명하였다. "金獻忠의 숙위 귀국은 그 자신의 自意에 의한 것도 아니고 임기 만료에 따른 歸國도 아니었으니, 放還이라는 追放의 의미를 갖고 있었다. 즉, 전에 볼 수 없었던 '放'字의 사용은 숙위 지위에 변화가 있었다는 뜻이니, 정치적·외교적 기능의 상실에 따른 政治的 追放이라는 점에서 숙위의 지위가 약화되었음을 알 수 있다." 그러나 앞서 설명했듯이, '방환'의 '놓을 방(放)'은 '해방되다(released)'의 의미만 나타낼 뿐이지 '추방되다(expelled)'의 뜻으로 사용된 것이 아니다. 질자(볼모)로서의 의무기간을 채우고 자유의 몸이 된 것을 가리킬 뿐 어떠한 정치적 징벌이나 불이익과는 무관한 것이다.

822) 그[之]: 인터넷 〈국편위판〉에서는 '견지(遣之)'의 '지'를 목적지(신라)로 이해하고 "本國으로 돌려보냈다"고 번역하였다. '견지' 부분을 「동사+보어」 구조로 보고 "그곳으로 파견하였다" 식으로 해석한 것이다. 그러나 ① 고대 한문에서 "견지(遣之)"는, "견환지(遣還之)"와 마찬가지로, 문법적으로는 「동사+목적어」 구조에 해당한다. 거의 언제나 "그를 파견하였다" 식으로 번역하게 되어 있다는 뜻이다. 게다가 ② 앞서 '본국으로 귀환하게 했다'는 사실을 이미 전제한 이상, '지'는 자연히 그 파견 대상인 '그(김의종)'를 가리킨다고 볼 수밖에 없다.

823) 물건을 하사하고 그를 보내 주었다[賜物遣之]: 《삼국사기》에는 같은 해(837)의 기사가 "희강왕 2년"조에 보인다. "여름 4월에 당나라 문종이 숙위로 있던 [신라의] 왕자 김의종을 놓아주어 [본국으로] 돌려보냈다.(夏四月, 唐文宗放還宿衛王子金義琮.)" 그런데 인터넷 〈국편위판〉 주310와 동북아판 주171(제115쪽)는 모두 이 부분을 이렇게 해석하였다. "이 사실은 아마도 僖康王 2년의 '唐文宗賜宿衛金忠信等錦綵有差'를 의미한 것으로 풀이된다. 王子라고 했을 경우 金忠信(宿衛)을 지칭할 수 있기 때문이다." 두 역주 모두 "물건을 하사하고 그를 보내 주었다"는 이 기사와 "당나라 문종이 숙위 김충신 등에게 각종 비단을 차등을 두어 하사하였다"라는 《삼국사기》 기사를 동일한 인물과 사건을 다룬 동일한 기사로 이해한 셈이다. 그러나 그것은 두 사서의 원문을 잘못 이해한 데서 비롯된 착오이

○ 開成元年, 王子金義琮來謝恩, 兼宿衛。二年四月, 放還藩, 賜物遣之。

• 082

[개성] 오년 사월에 홍려시에서 상소를 올려 "신라국에서 [국왕의] 부음을 전해 왔다"고 아뢰었다. [이에 신라에서 인질로 와 있던] 왕자 및 [복무] 기간이 만료되어 귀국하게 되어 있던 [국자감 유학] 학생 등 모두 일백오 명을 일률적으로 놓아주어 [본국으로] 귀환시켰다.824)

다. 이 기사에서는 문종이 [김의종에게] 하사품을 내리고 그를 귀국시켰다고 되어 있지만, 《삼국사기》에서는 문종이 김충신에게 각종 비단을 차등을 두어 하사한 일만 기술했을 뿐이다. 김충신이 신라로 귀국한 것은 아니라는 뜻이다. 상황이 발생한 시점 역시 마찬가지이다. 김의종의 경우는 서기 837년의 4월의 일이지만 김충신의 경우는 837년의 6월 이후의 일로 소개되어 있는 것이다.

824) 놓아 주어 귀환하게[放還]: 이 대목을 인터넷 〈국편위판〉 주311 및 〈동북아판4〉 주173(제115쪽)에서는 대체로 이렇게 해석하였다. "이 기록은 滯唐新羅人의 歸國拒否現象을 의미한다. 朝貢使나 宿衛로서의 滯唐期間은 길어야 1년 미만이며 滯唐留學生의 修業年限은 10년이 한도였다. 여기서 放還된 사람들이 '質子及年滿合歸國學生'임을 고려할 때 質子는 宿衛를 말하고 學生은 宿衛學生을 뜻하기 때문에 주로 후자를 의미한다고 할 수 있다. 여기에서 무엇보다도 유학생이 法定時限을 넘기고 귀국을 거부하는 것이 양국 간에 정치 문제화되고 있음을 알 수 있다. … 滯唐留學生들이 귀국을 거부하는 이유는 대부분이 6두품 계열인 그들이 귀국해 봐야 미진한 대우밖에 받지 못하는 데 있었다. … 따라서 이러한 頭腦流出은 결국 신라 멸망의 원인이었다고 지적할 수 있다." 그러나 ① 신라에서 국상이 난 사실을 홍려시에서 황제에게 보고하자 ② 황제는 명령을 내려 질자(아마도 왕자?)는 물론이고 숙위로서의 교육기간을 채워 귀국하게 되어 있는 국자학의 학생 등 총 105명을 동시에 [본국으로] '방환(放還)'시키고 있다. ③ 기사 어디에도 당나라에 체류하던 신라인들이 귀국을 거부했다는 말은 없는 것이다. ④ 신라의 국왕이 죽는 중대사가 발생한 것을 인지한 황제가 출국일이 많이 남은 질자와 출국일이 임박한 신라 출신 유학생들을 막론하고 일률적으로 서둘러 귀국시켰다는 뜻이다. ⑤ 심지어 기사에는 그 당사자들이 당나라 조정의 이 같은 조치에 항의하

○ 五年四月, 鴻臚寺奏, "新羅國告哀." 質子及年滿合歸國學生等共一百五人, 並放還.

• 083

회창[825] 원년 칠월에 [황제는 이렇게] 조칙을 내렸다.

"귀국한 신라 출신[의 당나라] 관원으로서[826] 이전에 신라에 들어가 선위부사[827]의 직무를 수행했고 이전에 연주[828] 도독부 사마[829]로 충원되어[830] [황제로부터] 주홍색 관복과 어대를 하사받은[831] 김운경은 치주[832]

거나 거부했다는 내용조차 존재하지 않는다. 두 역주서의 이 같은 착오는 이 대목과 '방환'의 의미를 잘못 이해한 데서 빚어진 결과이다.

825) 회창(會昌): 당나라 제18대 황제 무종(武宗) 이염(李炎, 814~846)이 814~846년까지 6년 동안 사용한 연호. "회창 원년"은 서기 841년이며, 신라 문성왕 3년에 해당한다.

826) 귀국한 신라 출신 관원으로서[歸國新羅官]: '귀국신라관(歸國新羅官)'을 인터넷 〈국편위판〉에서는 "新羅로 귀국한 官員"으로 번역하였다. 그러나 정확하게 말하자면 '신라 출신으로 당나라에서 벼슬을 사는 관원들 중에서 본국(신라)에 귀환한 사람'을 말한다. 이로써 김운경이 당시에 당나라가 아닌 신라에 머무르고 있었음을 짐작할 수 있다.

827) 선위부사(宣慰副使): 당대의 관직명. 정식 명칭은 '선위사사 부사(宣慰使司副使)'로, 선위사사의 수장인 선위사(宣慰使)의 직무를 보좌하였다. 선위사는 특정 지역에 조정의 법령을 선포하고 현지 주민들을 위로하기 위하여 황제가 특별히 파견하였다.

828) 연주(兗州): 중국 고대의 지역명. 《상서(尙書)》〈우공(禹貢)〉의 '9주(九州)' 중의 하나로, 대체로 고대 황하와 제수(濟水) 사이, 즉 지금의 산동성 서부, 하남성 동북부, 하북성 동남부에 해당하는데, 그 영역은 시대에 따라 변동을 보인다.

829) 사마(司馬): 중국 고대의 관직명. 군정과 군부(軍賦, 군사 목적의 부역)를 관장하였다.

830) 이전에 연주 도독부 사마로 충원되어[前充兗州都督副司馬]: 이 부분을 인터넷 〈국편위판〉 및 〈동북아판4〉(제116쪽)에서는 "전충연주도독부사마" 식으로 전부 관직명으로 번역하였다. 그러나 해당 부분을 글자 그대로 풀면 "이전에 연주 도

장사833)로 적합할 듯하다."834)

○ 會昌元年七月, 勅, "歸國新羅官·前入新羅宣慰副使·前充兗州都督府司馬·賜緋魚袋金雲卿, 可淄州長史."

독부 사마로 충원되었던" 정도의 뜻이므로 유념할 필요가 있다.

831) 주홍색 관복과 어대를 하사받은[賜緋魚袋]: 이 부분을 인터넷 〈국편위판〉 및 〈동북아판4〉(제116쪽)에서는 "사비어대" 식으로 일종의 관직명처럼 번역하였다. 그러나 여기서의 '내릴 사(賜)'는 동사이고, '비어대'는 붉은색 관복과 어대를 아울러 일컬은 말이다. 글자 그대로 풀면 "붉은색 관복과 어대를 하사받은 이" 정도의 뜻인 셈이다. 당대의 관복과 어대(魚袋)에 관해서는 앞쪽의 "자금어대" 주석을 참조하기 바란다.

832) 치주(淄州): 중국 고대의 지역명. 수나라 문제의 개황 16년(596)에 설치되었으며, 치소는 패구현(貝丘縣, 지금의 산동성 치박시)이었다. 양제의 대업 연간 초기에 철폐되었다가 당나라 고조의 무덕 원년(618)에 도로 환원되었다. 관할 범위는 지금의 산동성 추평(鄒平)·고청(高靑)·치박(淄博) 및 환대(桓臺)·박흥(博興)의 일부 지역에 해당하였다. 천보 원년(742)에는 치천군(淄川郡)으로 개칭되고 건원(乾元) 원년(758)에 치주(淄州)로 개칭되었다.

833) 장사(長史): 중국 고대의 관직명. 자세한 소개는 부록 《자치통감》의 해당 주석(제368쪽)을 참조하기 바란다.

834) 치주 장사로 적합할 듯하다[可淄州長史]: 이 부분은 문법적으로 「형용사+보어」 구조에 해당한다. 이때에 '가능할 가(可)'는 '적합하다(appropriate)' 또는 '걸맞다(commensurate)'의 의미로 해석된다. 《삼국사기》 "문성왕(文聖王) 3년"조에는 이 뒤에 다음의 내용이 추가로 기술되어 있다. "[7월에] … 그리고 나서 사신으로 삼아 책서로 [문성]왕을 개부의동삼사·검교대위·사지절·대도독계림주제군사 겸 지절충영해군사·상주국·신라왕으로 삼고, 그 아내인 박씨를 왕비로 삼았다.(… 仍爲使, 冊王爲開府儀同三司·檢校大尉·使持節·大都督雞林州諸軍事兼持節充寧海軍使·上柱國·新羅王, 妻朴氏爲王妃)" 여기서 유념해야 할 것은 김운경에게 치주장사를 제수한 시점(현재)과 그를 사신으로 삼아 신라에 파견하거나 연주도독부 사마로 임명한 시점(과거) 사이에는 상당한 시차가 존재한다는 사실이다.

구당서-북적열전

석진(石晉) 감수국사추성수절보운공신(監修國史推誠守節保運功臣)
유후(劉煦) 등찬(等撰)
주명(朱明) 소주부유학훈도(蘇州府儒學訓導) 심동(沈桐) 동교(同校)

말갈전(靺鞨傳)
해제

　이 열전은 크게 세 부분으로 구성되어 있다. ① 전반부에서는 역대 중국 정사들에서 숙신(肅愼)·물길(勿吉) 등의 이름으로 이미 소개된 내용을 '말갈'이라는 이름으로 다시 소개하였다. ② 중반부에서는 당나라에 귀순한 말갈 수장 돌지계와 그 아들이자 당나라 공신인 이근행의 발자취를 소개하였다. ③ 후반부에서는 '말갈 7부' 중에서 당나라의 기미통치를 받던 흑수말갈의 연혁·지리·풍습 등을 소개하였다.
　열전에서 기존의 '숙신·물길'을 '말갈'이라는 이름으로 정의한 것은 선행 정사인 《수서》 및 《북사》의 전례를 따른 것이다. 다만, 선행 정사들에서는 말갈 관련 내용을 동쪽 이민족들의 열전인 "동이전(東夷傳)"에서 다루었던 것을 《구당서》에서는 북쪽 이민족들의 열전인 "북적전(北狄傳)"에서 다룬 것이 이채롭다. 그 이유는 여러 가지가 있겠지만 결정적으로 당나라가 고구려와의 전쟁 및 해·거란 등의 북방민족을 포섭하는 과정에서 그 영토가 고구려가 자리잡고 있던 요동까지 확장되었기 때문일 것이다. 그 이전인 수나라 때까지만 해도 중원 왕조의 강역이 말갈의 서남쪽(하북성 동북?)에 머물렀으나 당나라 때에 고구려와의 전쟁으로 요동(요녕성 일대)까지 판도가 확장되면서 말갈의 정남쪽과 경계를 접하기에 이르렀을 것이라는 뜻이다. 집필자가 "말갈 7부" 중 유독 흑수부만 소개한 것은 나머지 "말갈 6부"는 고구려의 영토로 인식하고 있었기 때문이다.

말갈전(靺鞨傳)

• 001

말갈은 아마도[1] 숙신[2]의 땅일 것이다.

○ 靺鞨, 蓋肅愼之地。

---

1) 아마도[蓋]: '덮을 개(蓋)'는 고대 한문에서 ① 명사(덮개), ② 동사(덮다), ③ 접속사(아마)로 주로 사용된다. 여기에는 접속사로 사용되어 그 뒤에 기술되는 상황들에 대하여 유보적인 입장을 나타내는 경향이 강하다. 예컨대, "靺鞨, 肅愼之地"는 "말갈은 숙신의 땅이다" 식으로 단정적인 입장을 나타내지만, '개'가 추가된 "靺鞨, 蓋肅愼之地"는 "말갈은 숙신의 땅이 아닌가 싶다" 정도의 추정의 어감이 강조된다. 말갈이 숙신의 후예라고 단정적으로 주장하기보다는 여러 정황에 비추어 보았을 때 숙신의 후예일 가능성이 높다는 완곡한 어감이 강하다는 뜻이다.

2) 숙신(肅愼): 고대 북방민족의 한 갈래. 그 이름이 중국사에 처음 등장하는 것은 춘추시대 노(魯)나라의 좌구명(左丘明)이 저술한 《춘추좌전(春秋左傳)》에서부터이다. 이 책의 "소공(昭公) 9년(BC533)"조에 따르면, 주(周)나라 대부(大夫) 첨환백(詹桓伯)은 이렇게 소개하였다. "무왕께서 상나라를 정벌하실 적에 포고·상엄은 우리나라의 동쪽 땅이며, 숙신·연·박은 우리나라 북쪽의 땅이다.(及武王克商, 蒲姑·商奄, 吾東土也. 肅愼·燕·毫, 吾北土也)" '숙신'은 그 이후로 《국어(國語)》 등에도 보이며, 《사기》에는 '식신(息愼)·직신(稷愼)' 등으로 소개되었다. 고구려의 경우, 서천왕(西川王, 270~292) 때 그 일부가 고구려에 복속되었으며, 광개토대왕 8년(398)에 고구려에 완전히 흡수되었다. 나중에 등장하는 읍루(挹婁)·말갈(靺鞨)은 숙신의 후예로 추정된다. 인터넷 〈국편위판〉 주035에서는 주대(周代) 이래의 숙신의 이름들을 소개하고 있다. 그중에서 '주신(朱申)·주리진(朱里眞)·여진(女眞)·노아진(奴兒眞)'은 모두 '주[르]첸(Ju[r]chen)'을 서로 다른 한자로 표기한 것이다. '숙신'도 '숙'에서 종성 'ㄱ(g)'이 약화/탈락되었다고 가정하면 음운상으로 이 이름들과 대응된다. 모두가 음운·어원에서 친연성을 공유하고 있다는 뜻이다. 다만, 인터넷 〈국편위판〉에서는 숙신이 한대에는 '주신(朱申)', 당대에는 '철아적(徹兒赤)'으로 일컬어졌다고 했으나 설명이 잘못되었다. '주신'은 송·금대, '철아적'은 13세기 원대의 표기('처르치'?)이기 때문이다.

가톨릭 선교사 마테오 리치(Matteo Ricci, 1552~1610)의 《곤여만국전도(坤輿萬國全圖)》에 그려진 말갈(동그라미). 그 바로 동남쪽에 장백산(長白山, 백산)이 보인다. 여진족의 발상지인 장백산은 지금의 백두산과는 다른 곳이다.

• 002

후위[3] 때에는 이들을 '물길'이라고 하였다.[4]

○ 後魏謂之勿吉。

---

3) 후위(後魏): 선비족 출신인 탁발규(拓跋珪)가 386년에 건국하여 534년까지 존속된 북위(北魏)를 말한다. 원래의 국호는 '위'이지만 삼국시대의 북방 군벌이던 조조(曹操)의 아들 조비(曹丕)가 세운 위(魏)나라를 이어 등장했다 하여 '나중의 위나라'라는 뜻에서 '후위', 화북 지역에 세워졌다 하여 '북위', 탁발씨(나중의 원씨)가 세웠다고 해서 '원위(元魏)' 등으로 불렸다.

4) '후위' 때에는 이들을 '물길'이라고 하였다[後魏謂之勿吉]: 북위 때에는 '물길'로 불리다가 수나라에 이르러 '말갈'로 불리기 시작했다는 뜻이다. '물길'과 '말갈'은 지금은 발음이 '우지(wuji)'와 '뭐허(모호, mohe)'로 변형된 탓에 다른 집단·지역으로 보는 경향이 있다. 그러나 사실은 같은 이름이 시대나 왕조마다 다른 한자·방식으로 표기되면서 변형되었을 뿐이지 사실상 동일한 족속이다. 음운·어원적 분석 등, 상세한 설명은 〈고려전〉의 해당 주석(제196~197쪽)을 참조하기 바란다.

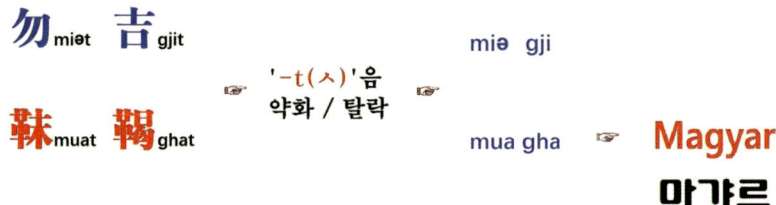

'물길'과 '말갈'은 같은 이름을 다른 한자로 표기한 경우이다. '말갈'의 발음은 '모호(moxo)'가 아니라 '마갸르(magjiar)'이다. 헝가리인들이 스스로를 '마갸르'로 일컫는 그들 스스로 자신들을 말갈의 후예임을 자각하고 있다는 언어적 증거이다.

• 003

[우리] 도성에서 동북방으로 육천 리 넘게 떨어져 있다.[5]

○ 在京師東北六千餘里。

• 004

동쪽으로는 바다[6]까지 이르고 서쪽으로는 돌궐[7]과 맞닿아 있으며, 남

---

5) 도성에서 동북방으로 육천 리 넘게 떨어져 있다[在京師東北六千餘里]: 여기서 "도성"은 당나라의 서울인 장안(長安, 지금의 섬서성 서안시)을 말한다.《구당서》에 앞서 편찬된《위서》·《북사》의 〈물길전〉에는 "낙양으로부터 5,000리 떨어져 있다(去洛陽五千里)"고 소개되어 있다. 장안에서 낙양까지의 거리가 900리 정도인 점을 감안할 때, 몇백 년 동안 말갈의 좌표에 큰 변동이 없었던 셈이다. 이로써 말갈이 당대에는 지리적으로 장안으로부터 동북방으로 6,000리 정도 떨어져 있었음을 알 수 있다. 중국 학자 곽성파(郭聲波)는《중국행정구획통사》(당대권)에서 1당리(唐里)를 0.44km로 보았다. 그렇다면 장안에서 직선으로 2,640km 정도 떨어진 지역에 말갈이 분포하고 있었다는 말이 된다.
6) 바다[海]: 열전 집필자는 여기서 말갈의 남쪽에 고구려가 있고 북쪽에 실위가 있다고 전제하였다. 그렇다면 동쪽에 있는 "바다"는 사할린 방면의 오호츠크 해 인근의 바다일 수밖에 없다.
7) 돌궐(突厥): 고대의 튀르크계 북방민족. 자세한 소개는《구당서》부분의 해당 주석(제72쪽)을 참조하기 바란다.

말갈전(靺鞨傳) **345**

쪽으로는 고려와 국경을 마주하고 북쪽으로는 실위[8]와 이웃해 있다.

○ 東至於海, 西接突厥, 南界高麗, 北鄰室韋.

• 005

그 나라는 대체로 몇십 개의 부락으로 구성된다. [그 부락들에는] 저마다 [독자적인] 추장이 있는데, 어떤 부락은 고려에 예속[9]되어 있지만 어떤 부락은 돌궐에 신하로 복종한다.

○ 其國凡爲數十部, 各有酋帥, 或附於高麗, 或臣於突厥.

• 006

그런데 흑수말갈은 [그중에서도] 가장 북방에 있다.[10] [그들은] 남달리 강인

---

8) 실위(室韋): 고대 북방민족의 한 갈래. 북위의 역사서 《위서》에는 '실위(失韋)'라는 이름으로 처음으로 등장한다. '실위'는 '시베리아'의 어원으로, 원래는 '숲'을 뜻하는 몽골어 '쇼고이(шугуй)'에서 유래한 것으로 알려져 있다. 남북조 말기인 북제 무렵에는 남실위·북실위·발(鉢)실위·심말단(深末怛)실위·대실위의 다섯 갈래로 구분했으며, 수나라 이후로는 20~25부락, 부락마다 1,000~수천 호로 구성되었다고 알려졌다. 동위(東魏)의 무정(武定) 2년(544)부터 중원 왕조에 공물을 바쳤고, 당대에 조공이 빈번하게 이루어지면서 현지에 '실위도독부'가 설치되었다. 그 종족의 경우, 《북사》에서는 "아마 거란의 족속일 것(蓋契丹之類)"이라고 소개했고, 《신당서》에서는 "정령의 후예(丁零後裔)"라고 하였다. 어원학적으로 따지면 '정령'은 '튀르크'를 한자로 표기한 이름이다. 그러나 중국 사서들에서 그 언어가 거란·고모해(庫莫奚)·두모루(豆莫婁)와 같다고 한 것을 보면 몽골계 족속이었을 가능성이 높다.

9) 예속[附]: '부(附)' 또는 '부용(附庸)'은 글자 그대로 풀면 '[큰 나라에] 붙어 부림을 당하다'의 뜻이다. 정치·군사·문화적으로 현격한 격차로 말미암아 종주국으로부터 자치권·왕위계승권은 보장받는 대신 내정·외교·조세에서 종주국의 간섭을 받는 종속국(vassal state)을 가리킨다.

10) 가장 북방에 있다[最處北方]: "가장 북방"이라는 말은 방향이 정북방이건 동북방이건 간에 고구려 강역으로부터 가장 멀리 떨어져 있다는 뜻으로 이해해야 옳다.

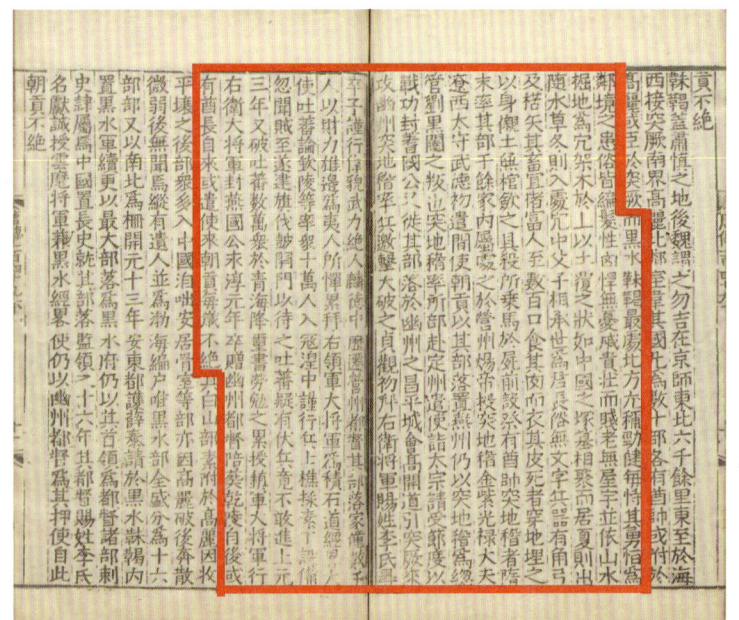

〈말갈전〉은 당나라와의 교섭이 가장 활발했던 흑수말갈이 주요 대상으로 다루어져 있다. 나머지 6부는 사실상 고구려의 지배하에 있어 고구려의 영역으로 간주되었기 때문에 관련 내용이 한두 줄에 그치고 있다.

하고 씩씩하여 번번이 그들의 용맹함을 과시하기에[11] 늘 이웃 집단의 근심거리가 되곤 한다.

○ 而黑水靺鞨最處北方, 尤稱勁健, 每恃其勇, 恒爲鄰境之患。

•007
[그들의] 습속에서는 한결같이 머리를 땋는다.

---

11) 번번이 그들의 용맹함을 과시하기에[每恃其勇]: 이 부분을 인터넷 〈국편위판〉에서는 "늘 그 용맹을 과시하므로", 〈동북아판2〉(제212쪽)에서는 "늘 그 용맹을 믿고"로 번역하였다. 그러나 뒤에 나오는 '항상 항(恒)'이 '언제나(always)'의 의미로 사용되는 반면, '매양 매(每)'는 특정한 조건이 부합될 경우라는 단서하에서 '그때마다(on all such occasions)' 정도의 어감을 나타내므로 유념할 필요가 있다.

[그들은] 기질이 거칠고 사나우며 걱정하거나 슬퍼하는 법이 없다.
[*12)] 건장한 것을 귀하게 여기고 늙은 것을 천하게 여긴다.

○ 俗皆編髮, 性凶悍, 無憂戚, 貴壯而賤老。

•008

집 건물이 없이 모두 산과 물[의 형세]에 따라 땅을 파서 움을 만들고 나무를 위에 얽은 다음 흙으로 그 위를 덮는데, 모양이 중국의 무덤을 닮았다.

[사람들은] 서로 모여서 사는데, 여름에는 [움] 밖으로 나와서 물과 풀을 따라 다니고13) 겨울에는 [움] 안으로 들어가서 움 속에서 지낸다.

○ 無屋宇, 並依山水掘地爲穴, 架木於上, 以土覆之, 狀如中國之塚墓, 相聚而居。夏則出隨水草, 冬則入處穴中。

•009

[그 나라에서는] 아버지와 아들이 대대로 [세습을 통하여] 군장이 된다.

---

12) *: 여기에는 생략되어 있지만 선행 정사인 《위서》의 〈물길전〉과 《수서》의 〈말갈전〉에는 말갈(물길)이 "언어가 유독 [그들만] 다르다(言語獨異)"고 소개되어 있다. 말갈(물길)이 언어적으로 주변 족속들과는 판이한 "언어의 섬(language island)"으로 존재하고 있었다는 뜻이다. 말갈의 언어에 관해서는 문성재, 《정역 중국정사 조선·동이전3》의 해당 주석(제633~634쪽)을 참조하기 바란다.

13) 여름에는 밖으로 나와서 물과 풀을 따라 다니고[夏則出隨水草]: 이 부분을 인터넷 〈국편위판〉에서는 "여름에는 水草를 따라 나오고", 〈동북아판2〉(제213쪽)에서는 "여름이면 나와 수초를 따라 다니며" 식으로 번역하였다. 그러나 여기서의 '水草'는 수초, 즉 '물풀(water plant)'이 아니라 '물과 풀(water and grass)'의 의미로 번역해야 옳다. 이 구절을 통하여 말갈이 한 곳에 정착해 사는 토착집단이 아니라 가축에게 먹일 물과 풀이 풍부한 곳을 찾아 이곳저곳으로 옮겨 다니는 유목집단임을 짐작할 수 있는 셈이다.

[그들] 습속에는 글자를 쓰는 일이 없다.14) 병기로는 각궁15) 및 호시16)가 있다.

○ 父子相承, 世爲君長。俗無文字。兵器有角弓及楛矢。

• 010

그들의 가축으로는 돼지가 잘 맞는다.17) [그래서] 부유한 사람은 [치는 돼지의 수가] 몇백 마리에 이르는데, 그 고기는 먹고 그 가죽은 [옷을 지어] 입

---

14) 글자를 쓰는 일이 없다[無文字]: 말갈 집단에는 고유한 문자가 없다는 뜻이다. 선행 정사인《위서》에는 "글자가 없기 때문에 말(구두)로 약속을 한다(無文字, 以言語爲約)"로 소개되어 있다.

15) 각궁(角弓): 말갈 집단이 사용한 활.《수서》·《북사》에도 소개되어 있으며, 연대가 그보다 앞선《삼국지》의〈예전〉이나《후한서》의〈고구려전〉등에서는 '단궁(檀弓)'으로 소개하였다. 8세기 당대의 역사가 장수절(張守節)은《사기정의(史記正義)》에서 이렇게 소개하였다. "【숙신】 … 그 나라 활은 네 자에 힘이 센 노궁인데 화살을 쏘면 400보를 날아간다. 지금의 말갈국에 마침 그런 화살이 있다.(【肅愼】 … 其弓四尺强勁弩, 射四百步, 今之靺鞨[鞈]國方有此矢)" 이로써 말갈(물길)의 '각궁' 또는 '단궁'이 노궁(弩弓, 쇠뇌)의 일종임을 짐작할 수 있다. 이에 관해서는《수서》〈말갈전〉의 "활은 길이가 석 자이고 화살은 길이가 한 자 두 치이다" 주석(제652쪽)을 참조하기 바란다.

16) 호시(楛矢): 고대에 숙신이 사용한 화살. 인터넷〈국편위판〉주066에서는 그 소재와 관련하여 "楛矢가 싸리나무로 만든 화살대라고 斷定하기는 어렵다. … 楛木은 곧으며 습기나 건조함에 따라 휘어지지 않아 화살대로 적합하다. 만주지역, 특히 밀림으로 덮여진 長白山脈의 山麓에서 많이 자라고 있다"고 소개하면서도 나무의 종류는 밝히지 않았다. 숙신의 화살에 사용되었다는 '호(楛)'는 북방에서 보편적으로 관찰되는 자작나무(Betula platyphylla)로 보아야 옳다. 이에 관한 논의는 문성재,《정역 중국정사 조선·동이전1》의 집해주(제281~284쪽)와 "자작나무" 주석(제277~279쪽)을 참조하기 바란다.

17) 가축으로는 돼지가 잘 맞는다[其畜宜豬]: 이 부분을 인터넷〈국편위판〉에서는 "가축은 돼지가 많아"라고 번역하였다. 그러나 '의(宜)'는 일종의 조동사로, '~하기에 적합하다(suit)' 또는 '~해야 옳다(must)' 정도의 의미를 나타낸다. 여기서도 단순히 돼지가 많다는 뜻이 아니라 돼지를 치기에 이상적인 풍토(환경)를 갖추고 있다는 뜻으로 이해해야 옳다.

는다.

○ 其畜宜猪, 富人至數百口, 食其肉而衣其皮。

• 011

[사람이] 죽으면 땅을 파서 시신을 묻는다. [이때 시신의] 몸이 땅에 [직접] 닿게 묻으며 입관하거나 염습하는 도구는 없다.18) [망자가] 타던 말을 잡아서 시신 앞에 놓고 [망자에게] 제사를 지내 준다.19)

○ 死者穿地埋之, 以身襯土, 無棺斂之具, 殺所乘馬於屍前設祭。

• 012

추장으로 돌지계20)라는 자가 있었다. 수나라 말기21)에 그 부락을 일

---

18) 몸이 땅에 닿게 묻으며 입관하거나 염습하는 도구는 없다[以身襯土, 無棺斂之具]: 이 부분은 선행 정사들에는 보이지 않는 새로운 사실이다. 아마 당대에 관찰된 것을 새로 추가한 것으로 보인다. 이를 통하여 말갈 집단이 당대까지만 해도 장례에 관(棺, 속널)이나 곽(槨, 덧널)을 쓰지 않고 시신 그대로 매장했음을 알 수 있다.

19) 타던 말을 잡아서 시신 앞에 놓고 제사를 지내 준다[殺所乘馬於屍前設祭]: 이 부분 역시 선행 정사들에는 보이지 않는 새로운 사실이다. 말은 고대에는 대단히 중요한 교통수단이자 값진 재산이었다. 그런 말을 제물로 쓴다는 것은 말갈 집단이 일상에서 말을 많이 사용하는 기마민족이었음을 시사해 준다. 망자가 타던 말을 제단에 바치는 행위 역시 망자의 말을 순장시켜 저승에서 탈 수 있게 해 준다는 당시 말갈의 내세관을 우회적으로 보여 주는 셈이다. 북방 기마민족의 제사에서는 말이 중요한 제물로 여겨졌다. 이에 관해서는 백제 부여융(扶餘隆)과 신라 문무왕(文武王)의 취리산(就利山) 회맹을 기술한 〈백제전〉의 "백마를 잡아[刑白馬]" 주석(제241쪽)을 참조하기 바란다.

20) 돌지계(突地稽, 7세기): 수나라 때의 흑수부 말갈 추장. 《수서》 〈말갈전〉에는 '도지계(度地稽)'로 소개되어 있다. 그러나 '도'의 중국식 발음이 '뚜(du)'이고, '돌'의 발음 '돗(tut)'이 시간이 흐르면서 종성 'ㅅ'이 탈락되고 '투(tu)'로 변하므로 한자 표기가 다를 뿐이지 사실상 동일한 인물이다. 자세한 소개는 부록 《자치통감》의 해당 주석(제737쪽)을 참조하기 바란다.

천 가22) 넘게 거느리고23) 중국에 귀순하였다.24) [황제는] 그들을 영주25)에 안치했으며26) [나중에] 양제가 돌지계에게 금자광록대부27)·요서

---

21) 수나라 말기[隋末]:《북사》에는 "[수나라] 양제 초기[煬帝初]"로 소개되어 있다. 이를 통하여 그 시점이 수나라 양제가 황제로 즉위한 604년 전후임을 짐작할 수 있다.

22) 가(家): 중국 고대의 호구 편제 단위. 후한의 학자 하휴(何休, 129~182)는 "10분의 1을 세금으로 걷으면 [백성들이] 칭송하는 소리가 자자해질 것이다(什一行而頌聲作矣)"라는《공양전(公羊傳)》〈선공 15년(宣公十五年)〉기사에 "5명이 1가이다(五口爲一家)"라는 주석을 붙였다. 그의 주장이 동시대 사람들의 인식에 근거한 것이라고 전제할 때, "수천 가"는 1만~4만 정도, "수백 가"는 1,000~4,000 정도에 해당하는 셈이다. 이에 대한 보다 자세한 소개는 문성재,《정역 중국정사 조선·동이전3》의 해당 주석(제550쪽)을 참조하기 바란다.

23) 그 부락을 1,000가 넘게 거느리고[率其部千餘家]: 선행 정사인《북사》에서는 이 부분을 "그 무리를 거느리고"로 애매하게 소개해 놓았으며, 그 구체적인 규모를 명시한 것은 이《구당서》〈말갈전〉이 최초이다. 인터넷〈국편위판〉에서는 이 부분을 "그 部族 1천여 명을 거느리고" 식으로 번역하였다. 그러나 '가'는 적게는 한 가구, 많게는 한 집안을 두루 가리키는 단위사이다. 중국의 대역판 역시 이 부분을 "부락 1,000여 가를 거느리고 귀순하였다(率領部落一千多家歸順)"고 번역하였다. 한 가구가 5~7명, 한 집안이 [사촌까지라고 칠 때] 그 두 갑절인 10~14명이라고 친다면 그 규모가 적게는 5,000명에서 많게는 1만 4,000명은 되었다고 보아야 옳다는 뜻이다.

24) 중국에 귀순하였다[內屬]: '내속(內屬)'은 이민족이 중원 왕조의 정치적 세계관을 수용하여 그 국가 시스템에 편입되고 그 지배를 받는 것을 완곡하게 표현한 것이다. 역사적으로 '내속'에는 ① 지도자가 그 영토와 백성들에 대한 처분권을 중원왕조에 위임하는 경우와 ② 추방·망명 등의 이유로 인하여 영토를 벗어난 지도자가 자기 백성들에 대한 처분권만 위임하는 경우의 두 가지가 보인다. 고려에 반기를 든 홍복원(洪福源, 1206~1258)이 원나라에 60여 개의 성과 그 백성들을 바치고 항복한 일이 전자라면, 고조선 왕을 등진 남려가 자기 거점을 떠나 백성들만 데리고 한나라에 항복한 일은 후자에 해당한다.

25) 영주(營州): 중국 고대의 지역명. 인터넷〈국편위판〉주090에서는 "지금의 朝陽"이라고 하면서《위서》〈지형지〉"영주"조의 기사를 근거로 그 좌표를 "대략 지금의 河北省에서 遼寧省에 이르는 지역"으로 소개하였다. 그러나 그 같은 고증에는 문제가 많다. 이 문제에 관한 설명과 상세한 논증은 부록《자치통감》의 해당 주석(제771~772쪽)을 참조하기 바란다.

태수[28]를 제수하였다.

○ 有酋帥突地稽者, 隋末率其部千餘家內屬, 處之於營州。煬帝授突地稽金紫光祿大夫·遼西太守。

• 013
[그는 당나라 고조의] 무덕[29] 연간 초기에 정탐 임무를 띤 사신[30]을 파견

---

26) 그들을 영주에 안치했으며[處之於營州]: 수나라에서 돌지계(도지계)의 무리를 안치한 장소를 《수서》와 《북사》에서는 모두 '유성(柳城)'으로 소개하였다. 이를 통하여 남북조시대의 유성이 당대의 영주와 동일한 지역임을 알 수가 있다.

27) 금자 광록대부(金紫光祿大夫): 중국 고대의 관직명. 황제의 고문을 담당하거나 조정에서의 의논을 관장하게 하였다. 한나라 무제 때에 전국시대 이래의 중대부(中大夫)를 고쳐 광록대부를 설치하고 황실의 국척이나 조정 대신에게 일종의 명예직으로 부여하였다. 당대 초기에는 좌·우 두 가지로 구분해 부여하다가 정관 연간 이후로는 종2품의 품계를 부여하고 광록대부·금자(金紫)광록대부·은청(銀靑)광록대부만 두었다.

28) 요서태수(遼西太守): 중국 고대의 관직명. 요서군의 행정 수장. '요서'는 글자 그대로 풀면 '요수 이서지역'이라는 뜻이 된다. 전한대에는 차려(且慮) 등 14개 현을 관할했고 후한대에는 공손씨의 요동속국(遼東屬國)이 확장되면서 양락(陽樂)·해양(海陽)·영지(令支)·비여(肥如)·임유(臨渝)의 5개 현으로 축소되었다. 동진·북조시대에는 북방민족들의 각축으로 더더욱 규모가 위축되다가 북제 때에 철폐되었다. 수나라 대업 연간 초기에 다시 설치되었지만 유성(柳城) 1개 현만 관할했으며 치소는 화룡성(和龍城)이었다. 돌지계가 '요서태수'를 지냈다는 것은 곧 그 당시까지만 해도 요서군이 존재하고 있었다는 뜻으로 해석된다. 당나라 무덕 원년(618)에 연주총관부(燕州總管府)로 통합되었다.

29) 무덕(武德): 당나라의 개국군주인 고조 이연(李淵)이 당나라를 건국한 직후인 618~626년까지 9년 동안 처음으로 사용한 연호. "무덕 연간 초기"라면 대체로 620년 전후였을 것이다.

30) 정탐 임무를 띤 밀사[間使]: '간사(間使)'는, 《구당서》〈왕세충전(王世充傳)〉의 "이어서 간사를 파견하여 왕세충과 안팎에서 호응하기로 약속하였다(又遣間使約世充共爲表里)" 등에서 볼 수 있듯이, 상대국이나 적진에 은밀히 파견되어 정탐·이간 등의 임무를 수행하였다.

하여 [당나라에] 입조하고 공물을 바쳤다. 그래서 그의 부락에 연주를 설치하고31) 돌지계를 [연주] 총관32)으로 삼았다.

---

31) 그의 부락에 연주를 설치하고[以其部落置燕州]: 이 부분은 당나라에서 돌지계의 무리를 안치한 곳에 새로 '연주'라는 행정 구역을 설치했다는 뜻이다. 북송의 《태평환우기(太平寰宇記)》 "하북도 연주(河北道燕州)"조에는 돌지계의 귀화 과정이 상세하게 소개되어 있다. "【연주】… [여기서의] '말갈'은 본래 속래(속말)말갈 종족이다. 수나라의 《북번풍속기》에 따르면, '당초인 개황 연간에는 속말말갈이 고려와 싸워 이기지 못하였다. 궐계부의 수장으로 돌지계라는 이가 있었는데 … 모두 8개 부락의 용맹스러운 군사 수천 명이 부여성 서북쪽으로부터 전 부락이 [임유]관 안으로 귀순해 들어오매 그들을 [관내의] 유성에 안치했'고 한다. … 양제 대업 8년, 그들을 위하여 요서군을 설치하고 요서·회원·여하 세 현을 합쳐 다스리게 하였다. … 당나라 무덕 원년에 연주총관부로 개칭하고 연주·여하·회원 세 현을 관할하게 하였다. …(【燕州】… 靺鞨本粟末靺鞨種也. 隋北蕃風俗記云, 初開皇中, 粟末靺鞨與高麗戰不勝, 有厥稽部渠長突地稽者, 率忽賜來部窟突始部悅稽防部越羽部步防賴部破奚部步步括利部凡八部勝兵數千人, 自扶餘城西北, 齊部落向關內附, 處之柳城, … 煬帝大業八年, 爲置遼西郡, 幷遼西懷遠瀘河三縣, 以統之.. 唐武德元年, 改爲燕州總管府, 領遼西瀘河懷遠三縣, …)" 이 기사를 통하여 몇 가지 대단히 중요한 사실을 알 수 있다. 수나라 때에 ① 돌지계가 무리를 이끌고 부여성 서북부로부터 ② 임유관 안(하북지역)으로 들어와 귀순하자 ③ 수나라에서 그들을 유성에 안치했다는 것이다. 그렇다면 ④ 임유관 안으로 들어온 돌지계의 무리를 유성에 안치했다면 유성은 자연히 하북 경내에 있는 어느 한 도시일 수밖에 없다. 임유관 너머에 있는 요녕 지역의 조양현이 아니라는 뜻이다. 아울러 ⑤ 돌지계의 무리를 안치한 곳에 요서군을 설치했다고 했으니 요서군 역시 요녕이 아닌 하북 경내에 있었으며, ⑥ 요서군 관할의 회원현이라는 지명을 통하여 고구려와의 요동전쟁의 중요한 도시인 회원진 역시 같은 하북 경내 즉 하북성 동북부에 자리잡고 있었음을 확인할 수 있는 셈이다. 유성이 하북성 경내에 있었다는 추가적인 증거들에 관해서는 문성재, 《정역 중국정사 조선·동이전3》의 해당 주석(제671~672쪽)을 참조하기 바란다.

32) 총관(總管): 중국 고대의 관직명. 우리나라의 '도(道)'에 해당하는 원대의 행정 구역인 로(路)의 군정과 민정을 총괄하는 행정 장관이다. 그 직함은 남북조 시대 말기인 북주(北周) 때에 비롯되었으며, 수나라를 거쳐 당대 초기에 각 주(州)에는 총관, 규모가 큰 주나 변방의 군사 도시인 진(鎭)에는 대총관을 각각 설치하고 군정을 총괄하게 하였다. 나중에는 그 이전에 사용하던 '도독(都督)'으로 개칭했으나 군사를 이끌고 정벌에 나서는 장수는 원래대로 '총관'으로 일컬었다.

○ 武德初, 遣間使朝貢. 以其部落置燕州, 仍以突地稽爲總管.

• 014

유흑달[33)의 반란이 일어났을 때에는 돌지계가 그 부족을 이끌고 정주[34)까지 달려와 [조정을 도와] 주었다. [그리고는] 사신을 파견해 태종을 알현하게 하고 절도[사35) 벼슬]를 줄 것을 요청하였다.

○ 劉黑闥之叛也, 突地稽率所部赴定州, 遣使詣太宗請受節度.

33) 유흑달(劉黑闥): 수나라 말기의 민중 봉기 지도자. 하북의 청하(淸河) 장남(漳南) 사람이다. 당나라 무덕 원년(618)에 무리를 이끌고 하북으로 도주하여 어린 시절의 친구인 두건덕(竇建德)의 휘하로 들어갔다. 무덕 4년에 두건덕이 관군에 진압되자 자립하고 이듬해에는 '한동왕(漢東王)'을 자처하고 낙주(洺州)를 도읍으로 삼았다. 얼마 뒤에 이세민에게 패하여 돌궐로 도주했으나 돌궐 귀족의 지원으로 여러 차례 하북을 공략하여 원래의 거점을 회복하였다. 그러나 무덕 6년에 당나라 관군의 맹공에 요양(饒陽)까지 도주했다가 죽음을 당하였다.
34) 정주(定州): 중국 고대의 지명. 북위의 천흥(天興) 3년(400)에 안주(安州)를 고쳐 설치하고, 노누(盧奴, 지금의 하북성 정주시)를 치소로 삼았다. 그 뒤로 북위에서는 중산군(中山郡), 수나라 때에는 박릉군(博陵郡)으로 불리다가 당대에는 정주로 개칭되었다. 인터넷〈국편위판〉주329에서는 "현재에는 直隷省 曲陽·深澤 2縣으로 되었다"고 소개했으나 그것들은 청대의 지명이므로 유념할 필요가 있다.
35) 절도사(節度使): 당·송대에 지방 통치지역인 번진(藩鎭)을 통솔했던 행정 수장. 당나라는 그 강역에 있어 비약적인 확장이 이루어진 태종 이세민의 정관 연간부터 도호부(都護府)·기미(羈縻)·부병(府兵)·진병(鎭兵) 등의 행정제도를 가동하여 지방 및 이민족들을 통치하였다. 로마 제국의 게르만 용병들이 그러했듯이, 이때 변방을 지키는 '진병'으로는 말갈·거란 등 이민족 출신의 '번장(蕃將)·번병(蕃兵)'을 많이 기용하였다. 처음에는 주로 서북 변방지역의 방위를 목적으로 운영되다가 현종대에 부병제(府兵制)가 제 기능을 상실하면서 절도사가 각지로 파견되기 시작했으며, 때로는 관찰사의 직책을 겸임하기도 하였다. 초기에는 휘하의 군사들에 대한 지휘권과 함께 군비·병력 충당을 위한 현지의 세수 집행권도 위임되었다. 그러나 나중에는 조정의 부패와 각종 전란의 빈발로 중앙 정부의 통제력이 약화되자 지방 군벌화한 절도사가 번진을 실질적으로 통치하기에 이르렀다. 당대와 송대 사이에 80여 년 동안 존재했던 5대 10국의 건국자들 중 다수가 절도사 출신인 것은 바로 이 같은 이유 때문이었다.

• 015

[조정에서는 그개] 전장에서 세운 공로에 의거하여 시국공에 봉하고, 이어서 그의 부락을 유주36)의 창평성37)으로 이주시켰다.

○ 以戰功封蓍國公。又徙其部落於幽州之昌平城。

• 016

공교롭게도 이때 마침 고개도38)가 돌궐[군사]을 이끌고 와서 유주를 공격하니 돌지계가 군사를 이끌고 [그들을] 도중에 공격하여 그들을 크게 무찔렀다.

○ 會高開道引突厥來攻幽州, 突地稽率兵邀擊, 大破之。

• 017

정관39) 연간 초기에는 [태종이 돌지계를] 우위장군40)에 배수하고 [국성인] 이

---

36) 유주(幽州): 중국 고대의 지역명. 고대는 물론 수·당대에도 교통·상업적으로도 중요한 지역으로 간주되었다. 치소는 계현(薊縣, 지금의 북경시 서남쪽 일대)이다. 자세한 소개는 《자치통감》의 해당 주석(제474쪽)을 참조하기 바란다.

37) 창평성(昌平城): 중국 고대의 지명. 지금의 중국 수도인 북경시의 창평구(昌平區) 일대에 해당한다. 인터넷 〈국편위판〉 주330에서는 "지금의 直隸省 順天府에 속한 縣名"이라고 소개했으나 '직예성'과 '순천부'는 지금의 하북성에 해당하는 19세기 청대의 지명이므로 유념할 필요가 있다.

38) 고개도(高開道, ?~624): 수나라 말기의 민중 봉기 지도자. 창주(滄州) 양신(陽信, 지금의 산동성 양신현) 사람으로, '개도'는 자(字)이다. 소금 생산을 생업으로 삼는 염호(鹽戶) 출신으로, 하북의 발해 연안 일대를 거점으로 삼아 반란을 일으켰다. 나중에는 북평(北平)·어양(漁陽) 등의 군을 공격하여 무리가 1만 명을 넘자 '연왕(燕王)'을 자처하고 연호를 '시흥(始興)'으로 정한 뒤 계현(薊縣)을 도읍으로 삼았다. 당나라 무덕 3년에는 고조 이연의 회유로 울주총관·상주국·북평군왕(蔚州總管上柱國北平郡王) 등의 봉작을 받았다. 그러나 이듬해에 도로 '연왕'을 일컬으며 반기를 들었다가 배신한 부하 장금수(張金樹)에게 패하고 자살하였다.

씨 성을 하사하였다. 얼마 되지 않아서 죽었다.[41]

○ 貞觀初, 拜右衛將軍, 賜姓李氏. 尋卒.

• 018

아들 [이]근행[42]은 덩치가 우람한 데다가 무예와 기운이 남달랐다. [그래서] 인덕[43] 연간에 다른 벼슬들을 거쳐 영주 도독에 임명되었다.[44]

---

39) 정관(貞觀): 당나라의 제2대 황제인 태종 이세민(李世民)이 627~649년까지 23년 동안 사용한 연호.

40) 우위장군(右衛將軍): 중국 고대의 관직명. '우위(右衛)'는 중국 고대의 군사 편제. 황제가 기거하는 궁궐의 경비를 서는 숙위(宿衛) 기구를 관장하였다. 서진대에 이르러 좌·우위로 분리시키고 장군을 1명씩 두었다.

41) 얼마 되지 않아 죽었다[尋卒]: 이상의 기사에 근거할 때 돌지계는 "말갈 ⇒ 임[유]관 ⇒ 영주(창려) ⇒ 연주 ⇒ 정주 ⇒ 창평성"의 경로로 남하하여 최종적으로 중원에 정착한 셈이다. 국내외 학계에서는 영주를 지금의 요녕성 조양시 일대로 비정해 왔다. 그러나 여기에 언급된 남하 경로를 통하여 돌지계가 유관으로 진입하고 나서 영주를 지나간 것을 확인할 수 있다. 영주는 요녕성이 아닌 하북성 동북부의 노룡현·창려현 인근에 있었던 것으로 보아야 자연스럽다는 뜻이다. 이 문제는 앞의 "그의 부락에 연주를 설치하고" 주석을 참조하기 바란다.

42) 이근행(李謹行, 7세기): 당대 초기의 명장. 당나라에 귀순한 흑수말갈 추장 돌지계(도지계)의 아들. 자세한 소개는 《자치통감》의 해당 주석(제692쪽)을 참조하기 바란다.

43) 인덕(麟德): 당나라의 제3대 황제인 고종 이치(李治)가 664~665년까지 2년 동안 사용한 4번째 연호. 참고로,《구당서》와《신당서》에는 나란히 용삭 3년 "12월 경자일에 황제의 명령에 따라 다음 해 정월 초하루를 '인덕 원년'으로 삼았다(十二月庚子, 詔改來年正月一日爲麟德元年)"라고 기술되어 있다. 그러나 신강(新疆)의 토로번(吐魯番, 트루판)에서 출토된《당기원초(唐紀元鈔)》에는 그보다 5개월 늦은 "용삭 4년 6월 1일에 개칭하다(龍朔四年六月一日改)"라고 기재되어 있어서 연도를 계산하는 과정에서 주의가 요구된다.

44) 다른 벼슬들을 거쳐 영주 도독에 임명되었다[歷遷營州都督]: 이 부분을 인터넷〈국편위판〉에서는 "營州都督으로 옮겼다"로 번역하였다. 그러나 이런 경우에 '역(歷)'은 '[여러 벼슬을 차례로] 거쳐'의 의미로 해석되는 것이 보통이다. 영주도독으로 임명되기 전에 다른 벼슬을 다수 거쳤다는 뜻이다.

○ 子謹行, 偉貌, 武力儞人。麟德中, 歷遷營州都督。

• 019

그의 부락에는 집에서 부리는 동자만 해도 몇천 명이나 되고 재력으로도 변방에서 이름이 높았기 때문에 이민족들에게는 두려움의 대상이었다.[45] [그는] 여러 차례[46] 우영군대장군[47]을 배수하고 적석도 경략대사[48]가 되었다.

○ 其部落家僮數千人, 以財力雄邊, 爲夷人所憚。累拜右領軍大將軍, 爲積石道經略大使。

• 020

[한번은] 토번의 논흠릉[49] 등이 무리 십만 명을 거느리고 황중[50] 땅에 침

---

45) 이민족들에게는 두려움의 대상이었다[爲夷人所憚]: 인터넷 〈국편위판〉에서는 '꺼릴 탄(憚)'을 '미워하다(hate)'로 해석하여 "오랑캐들로부터 미움을 받았다" 식으로 번역하였다. 그러나 꺼린다는 것은 '기피하다(avoid)'라는 뜻이므로 의미상으로 '미워하다'와는 다소 거리가 있다.

46) 여러 차례[累]: 인터넷 〈국편위판〉에서는 '루(累)'를 "여러 번의 승진으로"라고 번역하였다. 그러나 고대 한문에서 '루'는 빈도부사로 작동하여 특정한 행위가 반복적으로 이루어지는 것을 나타낸다. 따라서 '누배우영군대장군(累拜右領軍大將軍)'은 같은 관직('우영군대장군')에 여러 번 임명되었다는 뜻으로 이해해야 옳다.

47) 우영군대장군(右領軍大將軍): 중국 당대의 관직명. 남북조시대 북제의 문선제(文宣帝) 때에 처음 설치되었으며, 황궁의 경비를 맡은 군대들을 총괄하였다. 품계는 2품으로 영군장군보다 높았으며, 당대에 이르러 좌·우로 대장군을 1명씩 두었다.

48) 적석도 경략대사(積石道經略大使): 당대의 관직명. 글자 그대로 풀면 '적석산 방면의 군정을 담당한 군정 장관'이라는 뜻이 된다. 여기서 '적석(積石)'은 지금의 감숙성(甘肅省) 서남부에 자리잡은 소적석산(小積石山)을 말한다.

49) 논흠릉(論欽陵, ?~699): 당대 초기 토번의 정치가이자 군사가인 가르 트린링 첸드로(Gar Trinring Tsendro, ?~699)를 가리킨다. 여기서 '론(論)'은 티베트어로 '재상'이라는 뜻이다. 가르 톤첸유루순의 둘째아들로, 당나라 고종의 함형 원년

유제(劉齊, 1136)시기에 그려진 《화이도(華夷圖)》 왼쪽) 속의 황중 지역(빨간색). 아래쪽에 적석산(파란색), 오른쪽에 난주(고동색)가 보인다.

입하였다. [이때 이]근행의 병사들이 땔나무를 베고 있었기 때문에 전혀 대비를 하지 않고 있었다. [그러다가] 별안간 외적이 쳐들어왔다는 소식을 듣고 그제야 깃발을 세우고 북을 두드리며 성문을 열고 그들을 기다렸다. [그러자] 토번[의 군대는] 복병이 있다고 의심하여 끝내 [성 안으로] 들어올 엄두를 내지 못하였다.

○ 吐蕃論欽陵等率衆十萬人入寇湟中, 謹行兵士樵採, 素不設備, 忽聞賊至, 遂建旗伐鼓, 開門以待之。吐蕃疑有伏兵, 竟不敢進。

(670)에 당나라 안서(安西) 지역의 4개 진(鎭)을 점령하였다. 이에 고종이 설인귀를 보내 침공하려 했으나 대비천(大非川) 싸움에서 당나라의 10만 대군을 섬멸했으며, 의봉 3년(678)에는 청해 싸움에서 다시 18만 대군을 섬멸하였다. 무측천의 만세통천(萬歲通天) 원년(696)에는 소라한산(素羅汗山)에서 당나라군을 대파하는 등, 계속 적대 관계를 유지하다가 성력(聖曆) 2년(699)에 찬보(贊普, 첸포)와의 권력투쟁에서 패하고 자살하였다.

50) 황중(湟中): 중국 당대의 지역명. 지금의 청해성(靑海省)을 흐르는 황수(湟水) 유역을 말한다. 한대에는 강(羌)·월지(月氏)·한족 등의 민족들이 섞여 살았다고 한다.

• 021

상원[51]) 삼년에 [이근행은] 이번에도 토번의 무리 수만을 청해에서 무찔렀다. [그러자 고종은] 새서를 내려 그[의 노고를]를 위로하고 격려해 주었다.

○ 上元三年, 又破吐蕃數萬衆於靑海, 降璽書勞勉之。

• 022

그는 여러 차례에 걸쳐 진군대장군[52]) · 행우위대장군[53])에 제수되었으며 연국공[54])에 봉해졌다. 영순[55]) 원년에 죽으매 [고종이] 유주도독을 추증하고 [태종의] 건릉[56])에 배장하였다.

---

51) 상원(上元): 당나라 고종 이치가 674~676년까지 3년 동안 사용한 8번째 연호. "상원 3년"은 서기 676년으로, 신라 기년으로는 문무왕 16년에 해당한다.
52) 진군대장군(鎭軍大將軍): 당대의 관직명. 삼국시대 위(魏)나라의 문제(文帝) 조비(曹丕, 187~226)가 처음으로 설치했으며 품계는 2품이었다. 삼국을 통일한 서진의 개국 군주인 무제(武帝) 사마염(司馬炎)이 재위할 때에는 동오(東吳) 정벌을 지휘한 왕준(王濬)을 임명한 바 있다. 당대에는 품계가 종2품인 명예직[散官]이었다.
53) 행우위대장군(行右衛大將軍): 당대의 관직명. 임시로 우위대장군의 직무를 담당하는 장수에게 제수되었다. 참고로, '행(行)-'은 중국 고대에 결원이 생긴 관직에 적임자가 확보될 때까지 다른 관원이 해당 직무를 겸임시킬 경우에 붙여졌다. '행-'의 개념에 관해서는 문성재, 《정역 중국정사 조선·동이전2》의 "행(行)" 주석(제157~158쪽)을 참조하기 바란다.
54) 연국공(燕國公): 중국 고대의 봉호. 원래는 서주(西周)시대에 연나라 군주를 일컫던 존칭이었다. 나중에는 주로 '연(燕)', 즉 지금의 하북성 북경시 일대를 근거지로 삼아 활동하거나 그 지역을 영지로 하사받은 공신에게 내려졌다. 역사적으로 '연국공'에 봉해진 인물들로는 북주(北周)의 연국공 우근(于謹)의 증손인 우지녕(于志寧)을 시작으로 말갈 추장 돌지계의 아들 이근행(?~682), 백제 출신의 흑치상지(黑齒常之, 630~689), 무측천 시기의 거란계 장수 이해고(李楷固, 656~720), 발해 고씨 출신의 당대 군벌 고병(高騈, 821~887) 등이 있는데, 이들의 공통점은 그 근거지 또는 식읍이 한결같이 북경지역이었다는 데에 있다.
55) 영순(永淳): 당나라 고종 이치가 682~683년까지 2년 동안 사용한 연호.
56) 건릉(乾陵): 고종과 그 황후 무측천이 합장된 능침. 지금의 섬서성 건현(乾縣) 북량

○ 累授鎭軍大將軍, 行右衛大將軍, 封燕國公。永淳元年卒, 贈幽州都督, 陪葬乾陵。

• 023
그 뒤로 [말갈에서는] 때로는 추장이 직접 오기도 하고 때로는 사신을 파견해 [중국에] 와서 공물을 바치기도 하는 등, 해마다 [사절의 행렬이] 끊이지 않았다.
○ 自後, 或有酋長自來, 或遣使來朝貢, 每歲不絕。

• 024
그 [말갈 부족들] 가운데에서 백산부[57]는 예로부터 고려에 예속되어 있었

산(北梁山)에 있다. 그 주변에는 그 아들 장회태자(章懷太子) 이현(李賢)·손자인 의덕태자(懿德太子) 이중윤(李重潤)·손녀인 영태공주(永泰公主) 등의 황족들과 함께 유인궤·유심례(劉審禮)·설원초(薛元超)·고간(高侃)·이근행 등 17명의 황족·공신이 배장되어 있다.

57) 백산부(白山部): 수·당대 말갈의 한 갈래. 속말부·흑수부와는 달리 고구려에 예속되어 있었다. 고구려가 멸망한 뒤로는 고구려 유민 및 현지의 속말부 말갈과 함께 대조영(大祚榮)의 발해 건국에 힘을 모았다. 중국 사이트 빠이뚜[百度]에서는 "백산부는 말갈 7부 중에서 지역적으로 가장 남쪽에 있는 부락(白山部是靺鞨七部中地域最南的一部)"이라는 인식에 따라 이렇게 설명하고 있다. "흑수부의 정남쪽으로, 태백산(지금의 백두산) 가까이에 있었기 때문에 그렇게 일컬어졌다. 활동 지역은 대체로 지금의 중국 길림성 백산시와 북한 함경 남북도에 해당한다.(黑水部的正南 , 因毗邻太白山[今長白山]而得名. 活動區域大概相當於今中國吉林省白山市和朝鮮咸鏡南北二道)" 그러나 그것은 속말부와 혼동한 데서 비롯된 착각이 아닌가 싶다. 《수서》·《북사》·《통전》·《문헌통고》·《책부원구》 등 당·송대에 편찬된 정사·문헌들에서는 한결같이 백산부가 지리적으로 "속말부의 동남쪽에 있다(在粟末東南)"고 소개하고 있기 때문이다. '백산'을 지금의 백두산과 동일시하면서 빚어진 오류라는 뜻이다.

다. [그러나 당나라가 싸움에서 이겨] 평양[성]58)을 거둔 뒤에는 그 무리가 중국으로 흘러드는 일이 많았다.

○ 其白山部, 素附於高麗。因收平壤之後, 部衆多入中國。

중국에서 그린 말갈 7부 위치 추정도. 그러나 이 지도는 "중원에서 가장 가까운 것이 백산부와 속말부이며, 흑수부가 안거골부의 서북쪽에 있다"고 한 《수서》 기사와는 상반되게 그려져 있어서 고증에 문제가 많다.

58) 평양(平壤)[성]: 고구려의 후기 도읍. 장회태자 이현(655~684)은 《후한서》〈동이전〉에 붙인 주석에서 이렇게 소개하였다. "【개마】 … 그 산은 지금의 평양성 서쪽에 있다.(【蓋馬】 … 其山在今平壤城西)" 그렇다면 이 '평양성'은 이현이 생존해 있던 7세기의 고구려 도읍인 셈이다. 지금의 평안도에 있는 평양시가 아니라는 뜻이다. 사서 기록의 평양성과 평안도 평양의 지형이 서로 부합되지 않는다는 사실은 250여 년 전에 반도사관을 신봉하던 정약용조차 《아방강역고》에서 "그 산이 평양성 서쪽에 있다고 하니 이것이 무슨 말인가?"라며 문제를 제기했을 정도이다. '동고서저(東高西低)'의 우리 지형을 감안할 때 고구려 '평양성'의 자리로는 평양시보다는 중국 요녕성의 요양시 인근이 훨씬 근사하다는 뜻이다. 여기서 "평양을 거두었다"고 한 것은 당나라가 고구려와의 요동전쟁에서 최종적으로 승리하고 고구려 강역을 당나라 영토로 편입한 668년의 일을 두고 한 말이다.

•025

멱돌59) ·안거골60) ·호실61) 등의 [말갈] 부족도 고려가 정벌되어 [그 집단이] 도주하거나 흩어지면서 세력이 줄어 들고 약해지는 바람에 나중에는 그 [이름을] 들을 수가 없게 되어 버리고 말았다. 혹시 [그 땅에] 남은 사람들이 있다고 하더라도62) 일률적으로 발해[말갈]63)에 편입된 민호가

---

59) 멱돌(汨咄): 수·당대 말갈의 한 갈래.《수서》《북사》에는 '백돌(伯咄)'로 소개하였다. 수·당대에는 고구려에 예속되었고, 고·당 전쟁 당시에는 고구려를 도와 당나라군에 맞서 싸웠다. 고구려가 멸망한 뒤에는 그 무리가 뿔뿔이 흩어졌으며, 그 자리에 남은 무리는 나중에 대씨 발해에 흡수되었다. 중국 학계에서는 "속말의 북쪽에 있다"는 기사를 근거로 그 위치를 지금의 제2 송화강의 납림하(拉林河) 유역(길림성 부여현 경내)으로 비정하기도 한다. '백돌'과 '멱돌'은 음운상으로 서로 대응된다. 발음이 다르게 표기되었지만 같은 이름이라는 뜻이다. 말갈 7부 명칭의 고대문 문제에 관해서는《수서》〈말갈전〉의 해당 주석들을 참조하기 바란다.

60) 안거골(安居骨): 수·당대 말갈의 한 갈래. '안거골'의 두 번째 글자는 '수레 거(車)'와 통용되기도 한다. 중국 사이트 빠이뚜에서는 흑수부를 설명하면서 "안거골은 지금의 아십하(安車骨是現今的阿什河)"라고 하였다. "백돌의 동북쪽에 있다"는 소개에 주목할 때 그 위치는 대체로 지금의 흑룡강성 의란현(依蘭縣) 및 그 동쪽인 아륵초객(阿勒楚喀) 오상현(五常縣) 일대로 추정된다. 참고로, '안거골'의 두 번째 글자('車')는 '살 거(居)'와 통용되기도 한다. 이로써 말갈 부락 이름에 사용된 '車'의 발음이 '차 차'가 아니라 '수레 거'임을 확인할 수 있는 셈이다. 백돌부와 마찬가지로 고구려와 함께 당나라에 맞서 싸웠으며, 고구려가 멸망한 뒤에는 무리가 뿔뿔이 흩어지고 그 일부가 발해에 흡수되었다.

61) 호실(號室): 수·당대 말갈의 한 갈래. 그 위치의 경우, 중국 학계에서는 "불열부의 동쪽에 있다"는 소개에 근거하여 지금의 흥개호(興凱湖) 부근 및 수분하(綏芬河) 상·중류지역 일대로 비정한다. 백돌·안거골의 경우와 마찬가지로, 고구려와 함께 당나라에 맞서 싸웠으며 고구려 멸망과 함께 무리가 뿔뿔이 흩어지면서 발해에 흡수되었다고 한다.

62) 혹시 남은 사람이 있다 하더라도[縱有遺人]: 동북아판(제215쪽)에서는 이 부분을 "비록 사람을 보낸 적이 있었지만 [모두 발해의 편호가 되었다]" 식으로 번역하였다. '남을 유(遺)'를 '보낼 견(遣)'으로 오독하면서 그런 오류를 범한 것으로 보이는데, 전후 맥락을 따져 보더라도 앞뒤가 맞지 않는다.

63) 발해(渤海): 고구려 유민 대조영(大祚榮)이 세운 발해국(渤海國, 698~926)을 가리킨다. 원래 '발해'는 중국 동북쪽의 바다 또는 한대에 설치된 군의 이름이다. 국

미국의 비교언어사학자 주학연(朱學淵)은 백산부 등 고구려의 말갈 집단이 고구려 멸망을 계기로 서쪽으로 이동하여 지금의 헝가리에 정착했다고 보았다. 그림은 마갸르(말갈)의 유럽 대이동을 묘사한 유화 《혼포글라로 마갸록(Honfoglaló Magyarok, 말갈의 정착)》

되었다.64)

○ 汨咄·安居骨·號室等部, 亦因高麗破後奔散微弱, 後無聞焉, 縱有遺人, 並爲渤海編戶.

내외 학계에서는 발해국의 강역을 지금의 요동반도 이동으로 비정하는 것이 통설이다. 그러나 '발해'라는 국호에 착안할 때 기존의 지리 고증은 역사적 실제와는 상당히 편차가 커 보인다. ① 중국 역대 왕조에서 사용한 군명·봉호들 중에서 '발해'가 들어간 것들은 어김없이 발해를 거점으로 삼았다. 지리적인 랜드마크인 발해를 걸치고 있어야 '발해'라는 이름에 부합된다는 뜻이다. 이처럼 ② '발해'의 어원에 유념한다면 대조영이 고구려 유민 및 속말부 말갈과 함께 세운 '발해국'은 자연히 그 바다('발해')를 끼고 있어야 논리적인 설명이 가능해진다. ③ 이 점은 청대의 관찬 연혁지인 《성경통지(盛京通志)》에서도 "바다로서 산을 끼고 있는 것을 '발'이라고 하는데 요[동] 땅이 산세를 따라 바다를 둘러싸고 있어서 이로써 국명으로 삼았다(海之傍山者爲渤, 遼地依山環海, 因以爲國名)"라고 분명하게 소개한 바 있다. 발해국의 동쪽 지경은 접어 두더라도 서쪽 지경은 요동반도를 넘어 요서까지 확장시켜야 앞뒤가 맞는다는 뜻이다.

• 026

[말갈 부락들 중] 유독 흑수부65)만은 [그 세력이] 온전하게 번성하여66) 열여섯 부락으로 [갈래가] 나뉘고 그 부락들이 다시 남·북으로 [구분되어] 일컬어졌

---

64) 일률적으로 발해에 편입된 민호가 되었다[並爲渤海編戶]: 이 부분을 인터넷 〈국편 위판〉에서는 "더러는 [고구려의] 遺民과 함께 渤海에 편입되었다"라고 번역하였 다. 그러나 그 원문을 보면, 부사로 '아우를 병(並)'이 사용되었음을 확인할 수 있 다. 고대 한문에서 '병'이 부사로 사용되면 그 앞에는 어김없이 복수의 주체를 나타 내는 주어가 오게 되어 있다. 그 복수의 주체들이 한 사람도 빠짐이 없이 모조리 그 뒤의 상황을 만드는 행위 주체가 되는 것을 가리킨다는 뜻이다. 고구려 유민의 극 히 일부만 발해국에 편입된 것은 아닌 것이다. 따라서 적어도 원문에 따르면 고구 려 땅에 마지막까지 남아 있던 말갈 부족은 모두가 발해국에 편입되었다고 보아야 옳다.

65) 흑수부(黑水部): 수·당대 말갈의 한 갈래. 그 이름에서 짐작할 수 있듯이, 흑수 지 역을 근거지로 삼은 말갈 집단이다. 중국의 빠이뚜에서는 이렇게 소개하였다. "【흑 수부】안거골의 서북쪽에 있다. 안거골은 지금의 아십하이다. 전통적인 관점으로 는 흑수는 흑룡강의 대명사이며, 그 방향은 대체로 아십하의 동북쪽이다. 그동안의 상당한 고고적 연구를 통하여 흑수부는 흑룡강 유역 및 송화강과의 합류 지점에 이르는 광대한 지역에 있었을 것이다.(【黑水部】在安車骨西北, 安車骨是現今的阿 什河, 傳統觀點爲, 黑水是黑龍江的代稱, 其方向大致在阿什河的東北, 根據相當考 古研究發現, 黑水部應該在黑龍江流域以及與松花江滙合處的廣大地區)" 현재 중국 학계에서는 그 근거지를 안거골의 북쪽, 즉 지금의 흑룡강 중·하류 지역으로 추정 하고 있다. 그러나 정작 《구당서》에는 "안거골의 서북방에 있다(在安車骨之西北)" 고 기술되어 있다. 서북방이라면 흑룡강성과는 정반대이다. 빠이뚜의 설명이 앞 뒤가 맞지 않는다는 뜻이다. 나중에는 강성해진 발해국의 세력 확장과정에서 그 영 토로 흡수되었다.

66) 흑수부만은 온전하게 번성하여[唯黑水部全盛]: 인터넷 〈국편위판〉 주336에서는 이렇게 설명하였다. "渤海가 … 영역을 확장해 나가는 동안 … 黑水靺鞨만이 黑水 部로 남게 되었는데, 다른 南方의 諸部는 農耕定着生活을 통해 血緣共同體社會에 서 地緣社會로 넘어가서 그 氏族이 해체되었으나, 黑水部는 가장 北方에 있어서 農 耕을 하지 못하고 그대로 狩獵生活을 하였기 때문에 氏族·部族의 結集力이 강력하 게 유지되었다." 흑수말갈이 대씨 발해국의 정치적 간섭으로부터 상대적으로 자유 를 누리면서 끝까지 자신들의 종족적·문화적 정체성을 지킬 수 있었던 데에는 그 들의 생활의 터전이 발해국으로부터 멀리 떨어져 있다는 지정학적 위치도 크게 한 몫했을 것이다.

다.[67)]

○ 唯黑水部全盛, 分爲十六部, 部又以南北爲稱。

• 027

개원[68)] 십삼 년에 안동도호[69)]이던 설태[70)]가 흑수말갈 내부에 흑수군[71)]을 설치해 줄 것을 요청하였다. 이어서 다시 [그중에서] 가장 큰 부락을

---

67) 그 부락들이 다시 남북으로 일컬어졌다[部又以南北爲稱]: 이 대목은 흑수말갈이 16개 부락으로 갈라진 데 이어 그 거주 지역을 중심으로 '남[흑수부]'과 '북[흑수부]'으로 재편되었다는 뜻으로 해석된다. 마지막 글자 '일컬을 칭(稱)'의 경우, 무영전본(武英殿本)·백납본(百衲本) 등의 판본에는 '울짱 책(柵)'으로 되어 있다. 그러나 ① 이보다 연대가 수백 년이나 빠른 북송의 학자 왕부(王溥, 922~982)가 저술한 《당회요》에 이미 '칭'으로 되어 있는 데다가, ② 전후 맥락을 따져 보더라도, '책'은 의미상으로 이 부분에서 어울리지 않는다.
68) 개원(開元): 당나라 제7대 황제인 현종 이융기가 713~741년까지 29년 동안 사용한 연호. "개원 13년"은 서기 725년이며, 신라 기년으로는 성덕왕(聖德王) 24년에 해당한다.
69) 도호(都護): 중국 고대의 관직명. 전한대 선제(宣帝)의 신작(神爵) 2년(BC60)에 서역에 군대를 배치하고 현지의 나라들을 기미(羈縻, 간접통치)할 목적으로 '서역도호(西域都護)'를 처음으로 설치하였다. 위·진대에는 명칭을 '서역장사부(西域長史府)'로 바꾸었고, 당대에는 '6도호부(六都護府)'로 증설하였다. 당대에는 서역에 도독부·주·현 등의 중국식 지방 행정관청을 두고, 현지 원주민 수장들을 회유하여 도독·자사 등의 벼슬을 세습시키면서 돌궐·탕구트(黨項)·토욕혼(土谷渾)·거란·말갈 등의 족속들을 간접적으로 통치하였다.
70) 설태(薛泰, 8세기): 당대 중기의 장수. 개원 13년(725)에 안동도호를 지내면서 현종에게 글을 올려 흑수부에 흑수군(黑水軍)을 설치해 줄 것을 요청하였다. 그러자 현종은 〈설태에게 내리는 칙서[敕薛泰書]〉를 내리고 측근들과 계획을 잘 세워 변방을 안정시키게 하였다.
71) 흑수군(黑水軍): 안동도호 설태의 요청으로 흑수부의 본거지에 편성된 군대. 당나라는 725년에 행정 관청인 흑수부(黑水府)와 흑수말갈로 구성된 부대인 흑수군을 설치하고 당초의 말갈 추장들에게 도독·자사 등의 직함을 내렸다. 나중에 대조영이 발해를 건국하면서 발해국에 통합되었다.

흑수부[72)로 삼았다. 나아가[仍] 그 수장을 도독[73)으로 임명하여 각 부의 자사들을 그에게 예속시켰다. 중국에서는 [그곳에] 장사[74)를 두어 그 부락들[의 형편]에 따라서 그들을 감독하고 이끌게 하였다.

○ 開元十三年, 安東都護薛泰請於黑水靺鞨內置黑水軍. 續更以最大部落爲黑水府, 仍以其首領爲都督, 諸部刺史隸屬焉. 中國置長史, 就其部落監領之..

• 028
[개원] 십육년에 그[들의] 도독에게 [국성인] 이씨 성과 함께 '헌성'이라는 이름을 하사하였다.[75) [아울러 그를] 운휘장군[76) 겸 흑수경략사[77)에 제수하

---

72) 흑수부(黑水府): 당나라가 개원 13년에 설태의 주청을 받아들여 흑수말갈을 기미 통치 할 목적으로 설치한 관청. 정식 명칭은 '흑수도독부'이다. 지금의 흑룡강 중·하류 지역을 관할했으며, 홀한주도독부(忽汗州都督府, 발해도독부)와 함께 가동되었다. 유주도독(幽州都督)의 관할 아래에 있었으며 나중에 대씨 발해국에 흡수되었다.

73) 도독(都督): 중국 고대의 관직명. 특정 방면·지역의 군대를 통솔하면서 정벌·수비 등의 군사 업무 전반을 총괄하였다. 자세한 소개는 《자치통감》의 해당 주석(제630쪽)을 참조하기 바란다.

74) 장사(長史): 중국 고대의 관직명. '관리들의 수장[諸史之長]'이라는 뜻으로, 원래는 중국의 진(秦)나라에서 처음으로 설치하고 역대 왕조에 대대로 인습되었다. 관장하는 직무는 다양하지만 대부분 비서 또는 막료의 역할을 담당한 경우가 많았다. 남북조시대에는 각 주·군의 행정관 휘하에, 당대에는 자사(刺史) 휘하에 두었다.

75) 이씨 성과 함께 '헌성'이라는 이름을 하사하였다[賜姓李氏, 名獻誠]: '이헌성'은 당시의 흑수말갈 추장이던 예속이계(倪屬利稽)를 가리킨다. 개원 10년(722)에 당나라에 사신으로 파견되었다가 현종의 눈에 들어 발리주 자사(勃利州刺史)에 제수되었다. 개원 16년(728)에 '이헌성'이라는 중국식 이름을 하사받고 운휘장군 겸 흑수경략사에 제수되었으나, 행정적으로는 이전처럼 유주도독의 통제하에 있었다.

76) 운휘장군(雲麾將軍): 중국 고대의 관직명. 남북조시대 양나라 무제(武帝)의 천감(天監) 7년(508)에 처음 설치되었으며, 그 이후로 역대 왕조에 인습되다가 당나라에 이르러 종3품의 명예직으로 굳어졌다. 〈동북아판2〉 주15(제215쪽)에서는 "唐

고, 나아가 유주도독으로 하여금 그의 압사78)를 맡게 하였다. 이때부터 [흑수말갈에서는 중국에] 입조하여 공물을 바치는 [사신의] 행렬이 끊이지 않았다.

○ 十六年, 其都督賜姓李氏, 名獻誠, 授雲麾將軍兼黑水經略使, 仍以幽州都督爲其押使, 自此朝貢不絶。

代 외국인에게 수여한 무관직"이라고 했으나 외국인만 대상으로 한 것은 아니므로 주의할 필요가 있다.

77) 흑수경략사(黑水經略使): 당나라가 흑수부에 설치한 관직. '경략사'의 정식 명칭은 '경략대사(經略大使)'이며, 태종의 정관 2년(628)에 변방의 주(州)에 처음으로 설치한 변방의 군정장관이다. 숙종(肅宗) 대에 영남5부경략 겸 절도사(嶺南五府經略兼節度使)에 임명된 하란진명(賀蘭進明)의 경우처럼, 때로는 관찰사가 경략사를 겸임하기도 하였다.

78) 압사(押使): 당대의 관직명. 당나라가 '북방민족에게' 파견하는 사신이라는 뜻에서 '압번사(押蕃使)'로 일컫기도 하였다. 개원 20년(732)에 삭방절도사(朔方節度使)로 하여금 겸직으로 북방민족의 각 부락으로 파견되는 압번사들을 이끌게 하였다. 이 제도는 오대(五代) 시기까지 인습되어 후진(後晉) 출제(出帝)의 개운(開運) 2년(945)에는 황제의 동생 석중예(石重睿)가 요령웅무군절도·진계성등주관찰처치·압번낙등사(遙領雄武軍節度秦階等州觀察處置押蕃落等使)로 임명되어 관할 지역 내의 북방민족 집단들을 감시·통제하기도 하였다.

발해말갈전(渤海靺鞨傳)

해제

　이 열전은 크게 두 부분으로 구성되어 있다. ① 전반부에서는 대조영이 영주에서 요동으로 도주하여 동모산에서 진국을 세운 무측천의 만세통천 원년(696)으로부터 문종의 개성 연간(836~840)까지 145년 동안의 대씨 발해국의 역사를 소개하였다. 그 내용은 대조영의 건국과정, 발해국의 지리·풍속·문화·조공·책봉 등이 주종을 이룬다. 그중에서도 건국과정, 무왕(대무예)의 흑수말갈 견제 및 등주 공략 등에 관한 기사들은 발해사 연구에 대단히 중요한 단서들을 제공한다. ② 후반부는 양국 간의 조공·책봉·숙위 등의 기사들이 주종을 이루는데, 다수가 관례적·형식적 기술 내용으로 점철되어 있어서 아쉬움을 남긴다. 흥미로운 점은 《구당서》 편찬자들이 대씨 발해국을 주로 "발해말갈"로 일컬었다는 사실이다. 이는 집필자들이 대조영을 자국(당나라)에서 조정에 반기를 든 반란 세력으로 간주하여 하나의 독립된 국가로 인정하려 하지 않았다는 증거이다. '발해말갈'은 '흑수말갈·백산말갈' 등과 같이 나라가 아니라 분포지역에 따른 이름이기 때문이다.

　명심해야 할 것은 '발해말갈'은 대조영이 스스로 일컬은 국호(정식 국호는 '진국')가 아니라 당나라에서 '발해지역에 분포하는 말갈'이라는 뜻으로 대조영의 나라(진국)에 붙인 이름이라는 사실이다. 당나라에서 대씨 발해국을 '발해국'으로 부르기 시작한 것은 대조영이 '발해군왕·홀한주 도독'으로 책봉된 예종의 선천 2년(713)부터이다. 대조영의 내력의 경우, 《구당서》에서는 "고구려의 또 다른 갈래", 《신당서》에는 "속말발해"로서로 다르게 소개하였다. 그러나 사서로서의 공신력이나 열전에 소개된 발해국 건국과정이 상당히 구체적인 점 등에 주목할 때 《구당서》의 주장이 훨씬 설득력이 높다.

발해말갈전(渤海靺鞨傳)

• **001**

발해말갈[1)]의 대조영이라는 자는 본래 고려의 또 다른 갈래[2)]이다.

○ 渤海靺鞨大祚榮者, 本高麗別種也。

• **002**

고려가 멸망하고 나서 [대]조영[3)]은 가솔들을 데리고 [고구려 땅에서] 영주

---

1) 발해말갈(渤海靺鞨): 당나라가 고구려 유민 대조영(大祚榮)이 세운 진국(振國)을 낮추어 부른 이름. 글자 그대로 풀면 "발해 지역에 분포하는 말갈 집단"이라는 뜻으로 해석되는데, 여기서의 '발해'는 중국 동북방에 있는 바다 이름에서 유래하였다. 국내외 학계에서는 발해국이 요동반도 이동을 강역으로 삼았다고 보는 것이 통설이지만 잘못된 고증이다. '발해[국]'은 애초부터 그 좌표가 발해에 있다는 전제하에서 붙여진 이름이기 때문이다.

2) 고려의 또 다른 갈래[高麗別種]: '고려 별종(高麗別種)'은 글자 그대로 풀면 '고구려로부터 갈라져 나온 분파'라는 뜻이 된다. 간단하게 말하자면, 경주 이씨(본류)에 대한 전주 이씨(분파), 또는 김해 김씨(본류)에 대한 김해 허씨 또는 인천 이씨(분파)의 관계와 같은 경우인 것이다. 와타 세이(和田淸, 1890~1963)는 《구당서》에서 대조영을 '고려 별종(高麗別種)'으로 소개한 데 대하여 "'別'字를 붙이고 있는 것을 보면 그는 高句麗와는 同族이 아니라"는 논리에 따라 "韓國史에서 高句麗를 除外시켜야 한다"고 하였다(〈渤海國地理考〉, 제24~25쪽). 그러나 그것은 고대 한문을 제대로 깨우치지 못한 데서 비롯된 무지의 소치이다. 《신당서》에서는 "발해는 본래 속말말갈로서 고려에 복속한 무리로, 성은 대씨이다(渤海, 本粟末靺鞨附高麗者, 姓大氏)"라고 소개하였다. 그러나 《구당서》를 위시하여 《당회요》·《신오대사》·《오대회요》·《송사》·《책부원구》·《자치통감》 등 대부분의 정사·문헌들이 한결같이 발해를 고구려의 별종으로 본 소개하였다. 발해국은 고구려계 유민이 건국을 주도하고 속말부 말갈이 그 하부의 백성들을 구성하여 종족적으로 이원 구조를 가진 나라였다는 뜻이다.

3) 대조영(大祚榮, ?~719): 대씨 발해국의 개국군주. 고구려가 멸망하자 그 무리와 함께 당나라 경내의 영주로 이주하였다. 그러나 무측천의 만세통천 원년(696)에 영주

로 이주하여 살았다.

○ 高麗旣滅, 祚榮率家屬徙居營州。

•003

만세통천[4] 연간에 거란 출신의 이진충[5]이 [당나라에] 맞서 반란을 일

도독 조문홰(趙文翽)가 그 일족을 박해하자 부친 걸걸중상과 함께 무리를 거느리고 다시 요수를 건너 고구려 옛 땅(요동)으로 도주하였다. 이듬해에 걸걸중상이 죽자 그 자리를 계승하고 천문령에서 이해고가 지휘하는 당나라군을 대파하였다. 이어서 성력 원년(698)에 동모산에 성을 쌓고 정식으로 나라를 세운 뒤에 '진국왕(震國王)'을 자처하였다. 그 뒤로 동으로는 신라와 제휴하고 서로는 돌궐과 연합하는 외교 전략을 구사하면서 당나라의 침공에 대비하였다. 무측천 사후에 중종(中宗)이 장행급을 파견하여 봉작을 내리자 답례로 아들 대문예를 숙위로 보냄으로써 정식으로 당나라와 교류하기 시작하였다. 선천 2년(713)에 당나라로부터 좌교위원외대장군·발해군왕에 봉해지고, 당나라가 그 땅에 '홀한주(忽汗州)'를 설치하면서 추가로 홀한주 도독에 제수되었다. 이를 계기로 대조영이 세운 나라(진국)를 '발해말갈'로 부르던 당나라는 비하의 의미를 담은 '말갈'을 삭제하고 '발해[국]'를 그 국호로 사용하기 시작하였다. 대조영도 이때부터 당나라와 교류하면서 내부적으로는 주변 부족들을 정복하거나 회유하면서 영토를 확장하는 데에 집중하였다. 현종의 개원 7년(719)에 세상을 떠나자 발해 사람들은 '높은 왕'이라는 뜻의 '고왕(高王)'이라는 시호를 부여하였다.

4) 만세통천(萬歲通天): 당나라 중기에 무씨 주나라[武周]의 개국군주이자 중국 역사상 최초의 여황제인 무측천(武則天, 624~705)이 696~697년까지 2년 동안 사용한 8번째 연호. 여기에는 "만세통천 연간"으로 소개되어 있으나 이진충이 당나라에 반기를 든 정확한 시점은 만세통천 원년(696)이다. 신라 기년으로는 효소왕 5년에 해당한다.

5) 이진충(李盡忠, 635~696): 당대의 거란계 군벌. 거란의 명문가 대하씨(大賀氏) 출신으로, 만세통천 원년에 조문홰가 거란인을 박해하자 조문홰를 살해하고 영주를 점거하였다. 그 뒤에도 28명의 당나라 장수들을 차례로 격파하면서 계속 평주(平州, 노룡현)지역을 공략하다가 청변도부총관(淸邊道副總管) 장구절(張九節)의 결사대에 패하고 퇴각한 산에서 죽었다. 자세한 소개는 《자치통감》의 해당 주석(제763쪽)을 참조하기 바란다.

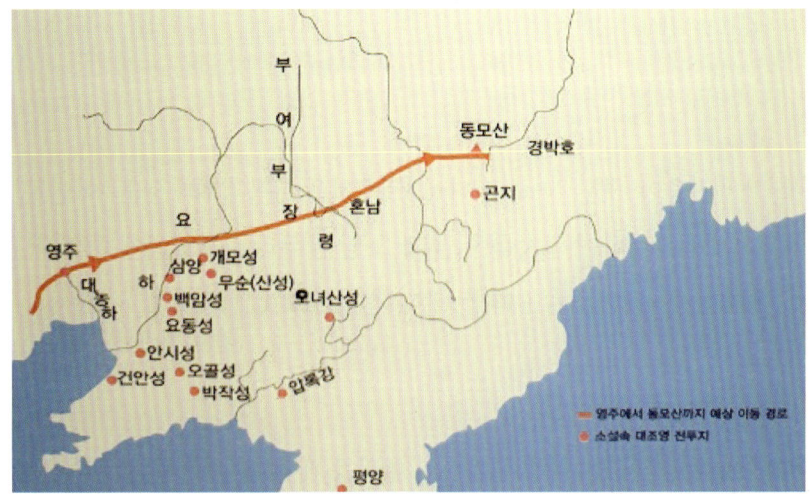

속초 소재 발해박물관에 게시되어 있는 대조영의 이동 경로 추정도. 영주와 동모산은 그 좌표에 논란이 있다.

으켰다. [그러자 대]조영은 말갈[추장 출신]의 걸사비우6)와 함께 각자 [당나라로부터] 망명한 무리를 이끌고 동쪽으로 도망치더니7) [군사적] 요충지를 거점으로 삼아 자기 세력을 공고하게 다졌다.

○ 萬歲通天年, 契丹李盡忠反叛。祚榮與靺鞨乞四比羽各領亡命東奔,

---

6) 걸사비우(乞四比羽, ?~698): 7세기 말 영주 방면 백산부 말갈의 추장. 조문홰의 박해에 반발하여 이진충과 함께 조문홰를 살해하고 걸걸중상을 따라 옛 고구려 땅(요동)으로 도주하였다. 이에 무측천은 "이진충을 토벌하면 허국공(許國公)에 봉하고, 걸걸중상을 진국공에 봉하겠다"고 회유하였다. 그러나 그 제안을 거부한 그는 죽음을 맞고 그 무리는 대조영에게 흡수되어 발해국 건국에 큰 힘이 되었다.

7) 각자 망명한 무리를 이끌고 동쪽으로 도망치더니[各領亡命東奔]: 이 부분을 인터넷 〈국편위판〉에서는 "각각 [그들의 무리를] 거느리고 동쪽으로 망명하여"라고 번역했으나 오역이다. 이 구절은 문법적으로 「부사+동사1+목적어+보어+동사2」 구조이므로, 동사1이 '이끌 령(領)', 동사2는 '달아날 분(奔)'이다. '망명(亡命)' 역시 품사가 동사가 아니라 '망명자들'을 뜻하는 명사이다. 따라서 동사1 뒤에 목적어로 충당되어 행위('이끌다')의 대상을 나타내므로 유념할 필요가 있다.

保阻以自固。

• 004

[나중에 이]진충이 [진압되어] 죽고 나서 [무]측천은 우옥검위대장군8)이던 이해고9)에게 명령하여 군사를 이끌고 그 남은 무리를 토벌하게 하였다.

○ 盡忠旣死, 則天命右玉鈐衛大將軍李楷固率兵討其餘黨。

• 005

[이해고는] 우선 걸사비우를 무찌르고 머리를 베었다. 이어서 천문령10)을 넘어서 [대]조영을 압박해[들어] 갔다.

○ 先破斬乞四比羽, 又度天門嶺以迫祚榮。

---

8) 우옥검위대장군(右玉鈐衛大將軍): 당대의 관직명. 우영군위대장군(右領軍衛大將軍)을 말한다. 예종의 광택 원년(684)에 우옥검위대장군으로 개칭되었다가 중종의 신룡 원년(705)에 도로 우영군위대장군으로 환원되었다.

9) 이해고(李楷固, 656~720): 무씨 주나라의 거란계 장수. 이진충과 같은 대하씨 출신이다. 만세통천 원년에 이진충·손만영을 따라 당나라에 반기를 들었다가 나중에 당나라에 투항하고 좌옥검위장군에 임명된 뒤로는 거꾸로 반당 세력 진압에 앞장섰다. 자세한 소개는 《자치통감》의 해당 주석(제773쪽)을 참조하기 바란다.

10) 천문령(天門嶺): 중국의 산맥 이름. 그 위치를 《구당서》·《신당서》·《태평어람》에서는 "【천문령】 토호진하 북쪽으로 300리 지점에 있다(【天文嶺】 在土護眞河北三百里)"고 하였다. 같은 열전에는 또 이렇게 소개되어 있다. "평로로부터 1,000리 넘게 가면 토호진하에 이르는데 바로 북황하이다.(去平盧千餘里, 至土護眞河, 卽北黃河也)" 토호진하의 경우, 인터넷 〈국편위판〉 주354에서는 '熱河省 老哈河인 바 唐軍에 쫓긴 高句麗 餘類가 이와 같은 地方으로 遁走할 수는 절대 없었을 것이다. 이것은 同名異地로 볼 수밖에 없다'고 보았다. 토호진하는 지금의 노합하(老哈河)이거나 그 옆의 샤르모른(Шар мөрн, 시라무렌) 강일 가능성이 높은 셈이다. 그렇다면 노합하 북쪽으로 3,000리 지점에 천문령이 있다는 추정이 가능해진다. 자세한 소개는 《자치통감》의 해당 주석(제774~775쪽)을 참조하기 바란다.

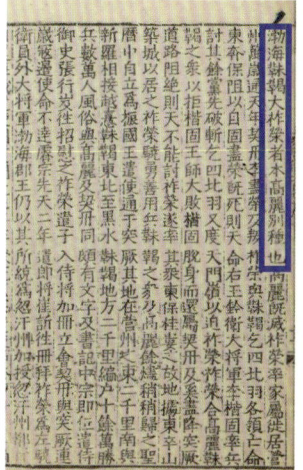  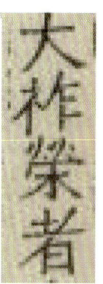 

대조영의 내력을 소개한 대목. '고려 별종'이란 고려와는 별개의 족속이 아니라 '고려로부터 갈라져 나온 한 갈래'라는 뜻이다. 이 표현 하나만으로도 대씨 발해국이 혈통·정체성에서 고구려를 계승한 나라였음을 확인할 수 있다.

• 006

[그러자 대]조영은 고려와 말갈의 무리를 합쳐 이해고에 맞섰다. [이에] 황제의 군대는 [결국] 크게 패하고 [이]해고만 간신히 탈출하여 [당나라로] 귀환하였다.

○ 祚榮合高麗·靺鞨之衆以拒楷固, 王師大敗, 楷固脫身而還。

• 007

[그리고 공교롭게도] 때마침 거란 및 해[11)]가 모조리 돌궐에 항복하여 [토벌할]

---

11) 해(奚): 고대 북방민족의 하나. 북위의 등국(登國) 3년(388)에 처음으로 '고막해(庫莫奚, 고모해?)'라는 이름으로 소개되었으며, 나중에는 줄여서 '해'로 불렸다. 911년 이후로 거란의 야율아보기(耶律阿保機, 872~926)에게 정복되었으며, 요나라 중기 이후에는 완전히 거란에 흡수되었다. 자세한 소개는 부록《자치통감》의 해당 주석(제474~475쪽)을 참조하기 바란다.

돌궐 석인상과 제주도 돌하루방. 알타이 및 신강지역에서 볼 수 있는 돌궐제국 시기의 석인상은 돌하루방의 원형이다.

길이 막히고 끊어지는 바람에 [무]측천도 [대조영의 무리를] 토벌할 수가 없게 되었다.

○ 屬契丹及奚盡降突厥, 道路阻絶, 則天不能討.

• 008

[이리하여 대]조영은 드디어 그 무리를 이끌고 동쪽으로 [가서] 계루[부]의 옛 땅12)을 장악하였다. [그러고는] 동모산13)을 거점으로 삼아 성을 쌓고 그

---

12) 계루의 옛 땅[桂婁故地]: 《신당서》에는 이 부분이 "읍루의 옛 땅[挹婁故地]"로 나와 있다. 그러나 그 전후 맥락이나 좌표를 따져 볼 때 '읍루'는 '계루'를 잘못 옮긴 것으로 보아야 옳다. 호삼성은 《자치통감》 "정관 19년(645)"조에서 장회태자 이현의 주를 인용하여 이렇게 주석을 붙였다. "장회태자는 이렇게 주를 달았다. '따져 보건대 지금의 고려의 5개 부는, 첫째는 내부로, 황부라고도 하는데 바로 계루부이다. 둘째는 북부로, … 절로부이다. 셋째는 동부로, … 순노부이다. 넷째는 남부로, … 관노부이다. 다섯째는 서부로, … 소노부이다.'(章懷注, 案, 今高驪五部, 一曰內部, 一名黃部, 卽桂婁部也. 二曰北部, … 卽絶奴部也. 三曰東部, … 卽順奴部也. 四曰南部, … 卽灌奴部也. 五曰西部, … 卽消奴部也)" 이현(655~684)은 태종의 손자이자 고종의 여섯 번째 아들로, 생시에 고구려 침공과정을 지켜 본 사람이다. 게

【東牟山】
在瀋陽衛東二十里.
唐高宗平高麗,
渤海大氏以衆保挹婁之東牟山卽此.

【동모산】
심양위에서 동쪽으로 20리에 있다.
당나라 고종이 고려를 평정하고 나서,
"발해[국의] 대씨가 무리를 데리고
읍루의 동모산을 지켰다"고 한 곳이
바로 이곳이다.

《대명일통지(大明一統志)》의 "동모산"조 기록

곳에 정착하였다.

○ 祚榮遂率其衆東保桂婁之故地, 據東牟山, 築城以居之.

다가 황제의 아들이라는 신분으로 각종 사서에 주석을 붙이면서 당시로서는 고급 정보들을 접할 수 있는 위치에 있었다. 그런 그가 주석에서 계루부를 '내부'로 소개한 점을 감안한다면, 대조영이 무리를 이끌고 갔다는 "계루부의 옛 땅"은 옛 고구려의 중심부로 수렴되는 셈이다. 국내외 학계에서는 이 "계루부의 옛 땅"을 지금의 중국 길림성 돈화현(敦化縣) 일대로 보는 것이 통설이다. 그러나 '계루'가 '읍루'를 잘못 쓴 것이 아니라면 돈화현은 지리적 좌표가 너무 동쪽으로 치우쳐 있다. 그 좌표가 고구려의 중부라기보다는 동부에 가깝다는 뜻이다.

13) 동모산(東牟山): 대조영이 발해국을 세운 산. 인터넷 〈국편위판〉 주354에서는 그 동안 그 좌표와 관련하여 ① 천문령(호삼성), ② 휘발하와 혼하의 분수령인 장령자(마츠이 히토츠), ③ 돈화현(정겸, 쓰다 소키치), ④ 노야산의 북증(와타 세이), ⑤ 백두산 동북쪽(정약용) 등의 주장들을 소개하였다. ⑥ 1949년에는 발해 고적을 조사한 중국 학자들이 제안한 돈화현 오동성이라는 주장이 정설로 급부상하였다. 흥미로운 점은 이상의 주장들을 제안한 국내외 학자들이 정작《대명일통지(大明一統志)》〈요동도지휘사사(遼東都指揮使司)〉 "산천(山川)"조의 이 기사는 한결같이 간과했다는 사실이다. 자세한 소개 및 고증은《자치통감》의 해당 주석(제775~776쪽)을 참조하기 바란다.

• **009**

[대]조영은 굳세고 용맹스러운 데다가 용병술에도 뛰어났다. [그래서] 말갈의 무리 및 고려의 남은 세력이 차츰 그에게로 귀순하였다.

○ 祚榮驍勇善用兵, 靺鞨之衆及高麗餘燼, 稍稍歸之。

• **010**

[그는] 성력14) 연간에 진국왕15)을 자처하면서 사신을 파견하여 돌궐과 교류[하기 시작]하였다.16)

○ 聖曆中, 自立爲振國王, 遣使通于突厥。

• **011**

그 [나라] 땅은 영주에서 동쪽으로 이천 리17) 지점에 있다.

---

14) 성력(聖曆): 무씨 주(周)나라 개국군주 무측천이 698~700년까지 3년 동안 사용한 10번째 연호.

15) 진국왕(振國王): 대조영이 스스로 붙인 왕호. 첫 글자의 경우,《구당서》·《책부원구》·《자치통감》 등에는 '떨칠 진(振)',《신당서》〈발해전〉을 위시하여《오대회요》·《문헌통고》·《옥해(玉海)》·《동국통감》 등에는 '벼락 진(震)'으로 나와 있다. 자세한 소개 및 고증은《자치통감》의 해당 주석(제777~778쪽)을 참조하기 바란다.

16) 사신을 파견하여 돌궐과 교류하였다[遣使通于突厥]: 역사적으로 대조영은 건국 초기에 당나라의 토벌을 피하기 위하여 자국에 돌궐의 토둔(吐屯, 감찰관)을 주둔시켰지만 신라와도 우호적인 관계를 유지하고자 노력한 것으로 보인다. 신라 하대의 최치원이 당나라 건녕(乾寧) 4년(897, 신라 효공왕 1)에 발해 왕자(대봉예)가 신라 사신보다 상석에 앉는 것이 부당하다고 여겨 작성한 〈사불허북국거상표(謝不許北國居上表)〉가 그 증거이다. 그 글에서 최치원은 대조영이 "초기에는 신의 나라(신라)에서 제5품 대아찬의 품계를 받았다(始受臣藩第五品大阿飡之秩)"고 밝혔다. 신라 17관등 중에서 제5등인 대아찬부터는 왕족인 진골(眞骨)만 받을 수 있었다. 최치원의 주장이 사실이라면 신라는 대조영을 왕족 수준으로 예우한 셈이다.

17) 영주에서 동쪽으로 이천 리[營州之東二千里]: 터널을 건설하고 현대적인 도로를 닦는 등 근대적인 교통 인프라 구축이 가능해진 것은 그 역사가 200년이 채 되지

영주를 조양(하양)으로 보면 발해의 좌표는 880km 너머 러시아의 연해주 변두리까지 밀리고 만다. 영주에 대한 학계의 기존 고증에 문제가 많다는 뜻이다.

○ 其地在營州之東二千里。

• 012

남쪽으로는 신라와 서로 [국경이] 맞닿아 있다.[18]

않았다. 근대적인 터널이나 도로가 존재하지 않던 고대에는 산지나 하천을 만나면 건너갈 수 있는 구간이 나타날 때까지 우회해서 돌아갈 수밖에 없었다. 따라서 "동쪽으로 이천 리"에는 직선거리와 함께 산지나 하천들을 돌아가는 우회거리까지 합산해야 옳다. 우회거리와 직선거리에 관한 논의는 문성재, 《한사군은 중국에 있었다》, 제267~272쪽을 참조하기 바란다.

18) 남쪽으로는 신라와 서로 맞닿아 있다[南與新羅相接]: 이 부분의 경우, 《신당서》 〈발해전〉에는 이렇게 소개되어 있다. "… 남쪽으로는 신라와 접하고 있는데 니하를 경계로 삼았다.(… 南比新羅, 以泥河爲境)" 그렇다면 7~8세기의 '니하(泥河)'는 발해국의 가장 남쪽(정남쪽)과 신라의 가장 북쪽(정북쪽) 사이에서 국경선 역할을 하는 물줄기였던 셈이다. '니하'라는 지명에 관한 소개와 고증은 《자치통감》의 "니하" 주석(제777쪽)을 참조하기 바란다.

○ 南與新羅相接。

• 013

[또] 월희말갈[19] 동북쪽으로 흑수말갈까지 이른다.[20]

19) 월희말갈(越喜靺鞨): 당대 말갈의 한 갈래. 개원(開元)-정원(貞元) 연간 (713~805)까지 여러 차례 당나라에 사신을 파견하였다. 그러나 대씨 발해국이 강성해지자 그 영토로 흡수되고 회원부(懷遠府)와 안원부(安遠府)가 설치되었다. 그 위치의 경우, ① 청대의 양동계(楊同桂, ?~1886)는 《성경강역고(盛京疆域考)》 "안동상도호부(安東上都護府)"조에서【월희주 도독부】지금의 철령현 경내에 있음이 분명하다(【越喜州都督府】當在今鐵嶺縣境)"고 비정하였다. 반면에, ② 중국 사이트 빠이뚜에서는 이 도독부의 "치소가 지금의 흑룡강성 삼강평원 일대에 있었다(治所在今黑龍江三江平原一帶)"고 보아서 그 지리적 편차가 매우 크다. ③ 인터넷 〈국편위판〉 주356에 따르면, 마츠이 히토츠는 월희말갈이 "遼代에 烏蘇里江 下流에 거주하던 兀惹"와 종족적으로 동일하다고 보았다. 그러나 이상의 고증은 반도사관을 근거로 도출된 것들이어서 재고되어야 할 필요가 있다.

20) 월희말갈 동북쪽으로 흑수말갈에 이른다[越喜靺鞨東北至黑水靺鞨]: 이 부분의 경우, 《책부원구》에는 "[발해국은] 서쪽으로는 월희말갈과 접하고, 동북으로는 흑수말갈에 이른다(西接越喜靺鞨, 東北至黑水靺鞨)"고 기술되어 있다. 《구당서》의 이 대목은 그 주안점을 발해국 소개에 두고 있다. 월희말갈이 주어로 기술될 수 없는 상황이라는 뜻이다. 그렇다면 이 구절은 편찬하는 과정에서 《책부원구》의 "서쪽으로는 ~와 접하고[西接]"에 해당하는 부분이 실수로 누락되었다고 보는 편이 합리적일 듯하다. 월희말갈과 흑수말갈 사이에 발해국이 자리잡고 있다고 보아 "월희말갈 동북쪽으로 흑수말갈에 이른다"가 아니라 "서쪽으로는 월희말갈과 접하고 동북으로는 흑수말갈에 이른다"로 새겨야 옳다는 뜻이다. … 《요사》〈지리지〉 "동경도(東京道)"조에는 '월희[말갈]'과 관련하여 이렇게 소개되어 있다. "【신주】본래 월희의 옛 성으로, 발해 때에는 회원부를 설치했으나 지금은 철폐되었다. 성종은 그 땅이 고려에 이웃한 점을 감안하여 개태 연간 초기에 주를 설치하였다.(【信州】本越喜故城, 渤海置懷遠府今廢, 聖宗以地鄰高麗, 開泰初置州)" 청대의 《성경통지》〈연혁지〉 "철령현(鐵嶺縣)"조에도 이렇게 소개되어 있다. "【당대】발해 대씨가 월희[말갈]의 땅을 취하고 부주를 고쳐 회원부에 귀속시켰다.(【唐代】渤海大氏取越喜地, 改富州屬懷遠府)" 이 연혁지들의 기록들에 근거할 때, 월희말갈의 좌표는 요녕성 철령현 연선에서 찾아야 옳은 셈이다. 중국 상해사서(上海辭書)판 《중국역사대사전》(2007)의 "월희(越喜)"조(제3425쪽)에는 "안동도호부에 속하였다(屬安東都護府)"고 소개되어 있다. 현재 국내외 학계에서는 당초에 안동도호부가 설치되

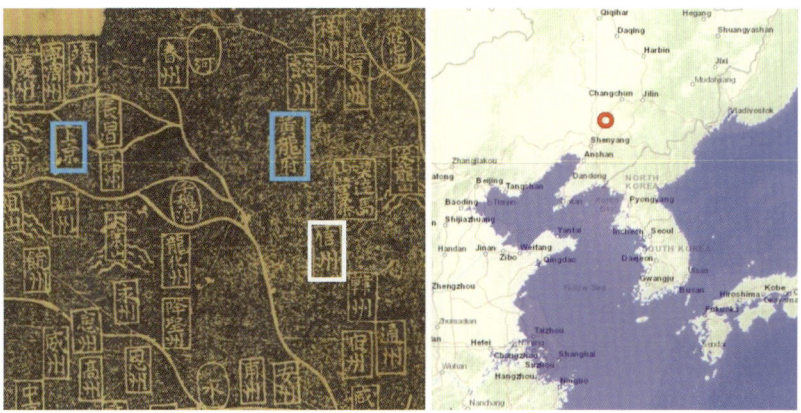

황상의 《지리도》에 상경(上京) 황룡부(黃龍府)와 함께 신주(信州, 흰색 네모)가 보인다. 학계에서는 신주를 지금의 요녕성 개원시(開元市) 일대로 보고 있다. 기술 내용대로 월희말갈의 읍성이 신주에 있었다면 그 중심지는 당연히 개원지역일 수밖에 없다.

○ 越熹靺鞨東北至黑水靺鞨。

• 014

[그] 땅은 사방으로 이천 리[21]나 된다.

었던 곳을 고구려의 평양성으로 보아 그 좌표를 평안남도 평양시로 비정하는 것이 통설이다. 그러나 그렇게 되면 월희말갈은 지금의 평양지역에 있었다는 소리가 되므로 앞뒤가 맞지 않는다. 기존의 지리 고증과 역사적 실제 사이의 편차가 너무 크다는 뜻이다.

21) 땅은 사방으로 이천 리[地方二千里]: "사방 2,000리"는 중국의 역대 정사에서 부여·고구려 등의 나라들의 강역을 소개할 때에도 자주 사용된 표현이다. 이 표현을 근거로 삼으면 대씨 발해국의 강역 규모를 대체로 추정할 수 있는 셈이다. 반면에, 《신당서》에는 "땅은 사방으로 5,000 리[地方五千里]"라고 소개되어 있다. 두 정사의 편찬 연대를 염두에 둘 때, 얼핏 보기에는 '2,000 리 ⇒ 5,000 리'의 변동이 발해국 초기와 전성기의 강역 변동이 반영된 것 같기도 하다. 그러나 그 뒤에 "민호로 편입된 가구는 십만 호가 넘으며, 정예 병력은 수만 명을 보유하고 있다"는 내용이 이어지는 등, 두 정사의 기록이 완전히 동일한 것을 보면 이 중 어느 한쪽은 착오일 가능성도 있다. 참고로, 《신당서》〈발해전〉에서는 발해국의 강역에 관하여

○ 地方二千里。

• 015

민호로 편입된 가구는 십만 호[22]가 넘으며 정예 병력은 수만 명을 보유하고 있다. [그 나라의] 풍속은 고려 및 거란과 동일하며[23], 글자 및 서적·기록도 제법 갖추고 있다.

○ 編戶十餘萬, 勝兵數萬人。風俗與高麗及契丹同, 頗有文字及書記。

• 016

중종[24]은 황제의 자리에 오르고 나서 시어사[25] 장행급을 파견하여 [그

"부여·옥저·변한·조선 등 바다 북쪽의 나라들을 모두 점유하였다(盡得扶餘沃沮弁韓朝鮮海北諸國)"고 소개했는데, "바다 북쪽"에 '변한'이 끼어 있는 것이 흥미롭다.

22) 민호로 편입된 가구는 십만 호가 넘으며[編戶十餘萬]: 고대사 학계에서 통상적으로 한 호(戶)를 7~8명으로 보는 편이다. 이 같은 관례를 따른다면, 여기서의 "10만 호"는 그 규모를 700~800만 명 정도로 추산할 수 있겠지만, 실제로는 규모가 어느 정도였는지 단정하기 어렵다.

23) 풍속은 고구려·거란과 동일하며[風俗與高麗及契丹同]: 이 기사가 역사적 사실을 토대로 작성되었다고 전제할 때, 이로써 대조영의 발해국이 그 종족·문화적 정체성을 고구려에 두고 있음을 짐작할 수 있다. 또, 학계에서는 거란이 종족·언어·풍속적으로 몽골계에 속한다는 인식이 일반적이다. 그런 점을 감안한다면, 이를 통하여 고구려·발해국·거란이 모두 몽골계, 바꿔 말하자면 고구려적 요소들을 공유하고 있었을 가능성이 높다고 본다.

24) 중종(中宗): 당나라 제4대 황제인 이현(李顯, 656~710)의 묘호(廟號). 고종 이치와 무측천이 낳은 7번째 아들로, 고종 사후에 황제로 즉위하였다. 사성(嗣聖) 원년(684)에 무측천에 의하여 폐위되어 방주(房州)에 안치되었다가 이듬해에 무측천이 죽자 황태자로 복귀하고, 신룡(神龍) 원년(705)에 황제로 복위하였다. 그 뒤로 전국에 사면을 내리고 공신들에게 상을 내리는 한편 각종 조세를 감면하고 3천 궁녀를 출궁시키는 등의 혁신을 단행하였다. 그러나 무측천의 조카 무삼사(武三思)와 결탁하여 실권을 장악한 위황후(韋皇后, ?~710)에게 죽음을 당하였다.

천문령은 대흥안령, 토호진하는 노합하(老哈河)인가. 빨간 표시 부분은 위키백과 지도에 표시된 노합하. 그 위로 샤르모른강이 보인다.

나라로] 가서 그들을 보내어 불러모으고 위로하였다. [그러자 대]조영은 아들26)을 [당나라로] 파견하여 입조하고 [황제를] 모시게 하는 것이었다.

○ 中宗卽位, 遣侍御史張行岌往招慰之.

• 017

[그래서 당나라에서 정식으로 그를 왕으로] 책립하려 하였다. [그러나] 공교롭게도 마침 거란과 돌궐이 해마다 [당나라의] 변방을 침범하는 바람에 [조정의] 사신

---

25) 시어사(侍御史): 중국 고대의 관직명. 관원들의 비리 감찰을 목적으로 진(秦)나라 때에 처음으로 설치되었으며 역대 왕조에 대대로 인습되었다.

26) 아들[子]: 대조영의 둘째아들 대무예(大武藝, ?~737)를 말한다. 발해국의 제2대 국왕으로, 역사적으로 '무왕(武王)'이라는 시호를 받았다.

이 임무를 완수할 수가 없었다.

○ 祚榮遣子入侍, 將加冊立。會契丹與突厥連歲寇邊, 使命不達。

• 018
예종27)은 선천28) 이년에 낭장 최흔29)을 파견하여 [그 나라로] 가서 책서

---

27) 예종(睿宗): 당나라의 제5대 황제인 이단(李旦, 662~716)의 묘호. 고종 이치와 무측천의 아들로, 684년에 무측천에 의해 황제로 즉위하였다. 그러나 수렴청정하던 무측천이 690년에 스스로 황제가 되고 국호를 '주(周)'로 바꾸면서 강제로 퇴위 당하고 성까지 '무'로 바꾸는 굴욕을 당하였다. 무측천이 죽고 중종이 복위하자 '상왕(相王)'에 봉해졌다가 중종이 급사하매 당시 국권을 농단하던 위황후 세력을 맞서 정변을 일으킨 아들 이융기(李隆基)에 의해 다시 황제로 올립되었다.

28) 선천(先天): 예종의 뒤를 이은 현종(玄宗) 이융기(685~762)가 712~713년까지 2년 동안 사용한 첫 번째 연호.《신당서》등 일부 정사는 연호 사용 기간이 예종의 재위 기간과 겹치는 점에 주목하여 이를 예종의 마지막 연호로 소개하기도 한다. 그러나 예종은 712년에 연호를 '연화(延和)'로 바꾸었다가 곧 아들 이융기에게 제위를 양보하였다. '선천'은 현종의 첫 번째 연호로 보아야 옳다는 뜻이다. 실제로 《책부원구》〈외신부·봉책(封冊)〉에는 '선천' 앞에 '현종'이라고 명기되어 있다. "선천 2년"은 서기 713년이며, 발해국 고왕(高王) 15년에 해당한다.

29) 최흔(崔忻, 8세기): 당대 중기의 장수. 정5품의 낭장을 거쳐 화주자사(華州刺史, 정4품), 홍려경(종3품) 등의 요직을 지냈다. 인터넷 〈국편위판〉 주360 및 〈동북아판2〉 주24(제220쪽)에서는 공통적으로 "관련되는 史料로는 鴻臚井의 碑가 있다. 이 碑文에는 '勅持節宣勞靺鞨使 鴻臚卿崔忻井兩□水 記驗開元二年五月十八日'이라고 되어 있다"고 소개하였다. 그러나 두 역주서는 일본 군인 토미오카 사다야스(富岡定恭, 1854~1917)의 탁본만 참고했을 뿐 실물은 확인하지 않은 것으로 보인다. '홍려정의 비'라는 문제의 유물은 비석이 아니라 바위에 글자를 새긴 각석(刻石)이기 때문이다. 1908년에 여순을 점령한 일본군이 전리품으로 약탈해 가서 지금은 일본의 황궁박물관에 소장되어 있는 이 각석의 문헌적 근거는 명대 중기의 《요동지(遼東志)》(1443)와 《전요지(全遼志)》(1565)의 "금주위(金州衛)"조에서도 찾아볼 수 있다. "【홍려정】금주 여순구 황산의 산자락에 있다. 우물의 바위에는 '칙명을 받든 지절·선로말갈사·홍려경인 최흔이 이틀 동안 우물을 파서 영원토록 기록으로 남긴다. 개원 2년 5월 18일(양력 715년 7월 4일)에 짓다'의 31자가 새겨져 있다.(【鴻臚井】在金州旅順口黄山之麓, 井上石刻有'勅持節宣勞靺鞨使鴻臚卿崔忻鑿井兩日, 永爲記驗. 開元二年五月十八日造', 凡三十一字])" 근대 학자 김육불

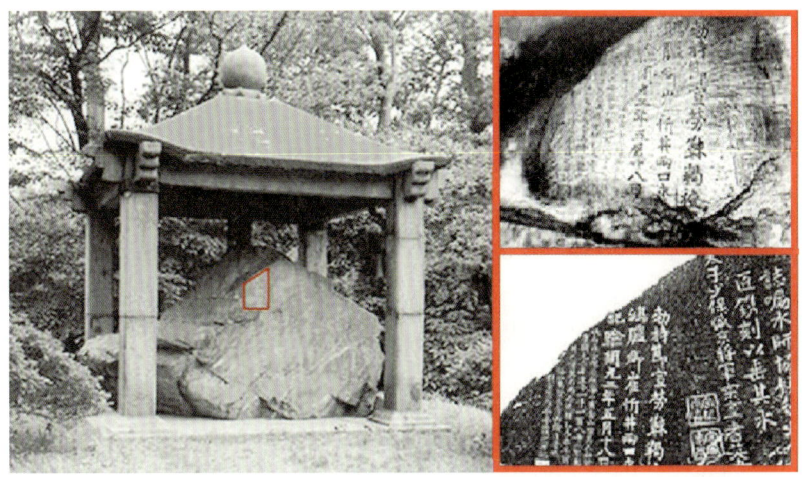

일본 황궁 박물관에 옮겨져 있는 《홍려경 각석》(왼쪽)과 비문이 새겨진 위치

로 [대]조영을 좌교위원외대장군[30]·발해군왕[31]으로 봉하였다.

은 《요해총서(遼海叢書)》〈요동지해제(遼東志解題)〉에서 이 각석이 여순 어귀[旅順口]에서 발견된 것과 관련하여 "유주 길이 거란에게 막히는 바람에 동래로부터 바다를 건너 발해 사이를 오간 것(因幽州之道爲契丹所梗塞, 故自東萊渡海而往來於渤海之間)"이라고 보았다. 참고로, 중국 동북사대의 교수 왕인부(王仁富)는 1990년대부터 이른바 "홍려정의 비"와 관련하여 여러 차례 논문을 발표하고 위조의 가능성을 제기하였다.

30) 좌교위 원외대장군(左驍衛員外大將軍): 수·당대의 관직명. 글자 그대로 풀면 '별정직의 좌교위 대장군'이라는 뜻이다. '좌교위'는 무측천의 광택 원년(684)에 좌무위(左武威)로 개칭되었다가 중종의 신룡 원년(705)에 도로 좌교위로 환원되었다. 좌교위대장군은 덕종(德宗) 때에는 정원(貞元) 2년(786)부터 궁중의 숙위(宿衛) 업무를 관장하였다. 여기서 '원외(員外)'는 나라에서 규정한 인원과는 별도로 임시로 발탁한 인원을 가리킨다. 좌교위 '원외'대장군은 당나라 조정이 대조영을 위하여 특별히 준비한 직함이었다는 뜻이다.

31) 발해군왕(渤海郡王): 당나라에서 대조영 이래의 발해 국왕에게 내린 봉호. 그동안 대씨 발해국을 '발해말갈'로 폄하하면서 정식 국가로 인정하지 않던 당나라는 이 봉호를 내린 것을 계기로 발해국을 정식으로 국가로 인정하고 '발해'로 부르기 시작하였다. '군왕(郡王)'은 중국 고대의 작호이다. 상해사서판 《중국역사대사전》(제1331쪽)에 따르면, "서진 이래로 왕을 책봉할 경우에는 군을 그 나라로 삼게 하였다. 남조의 양나라 때부터 군왕이라는 칭호가 생겼으며, 책봉되는 왕자들을 일률적

○ 睿宗先天二年, 遣郞將崔訢往册拜祚榮爲左驍衛員外大將軍·渤海郡王。

• 019

나아가 그가 통치하고 있던 지역을 홀한주[32)]로 삼아 홀한주 도독을 추가로 제수해 주었다. [＊[33)]] 이때부터[34)] [발해는] 해마다 사신을 파견하

으로 '군왕'으로 불렀다. … 수나라 때까지 인습되었는데 지위는 왕보다 낮아서 종1품이었다. 당대에는 황태자의 아들 및 황족과 다른 성씨의 공신을 봉하는 것으로 규정하였다. 9등작의 제2등으로, 종1품이었다."

32) 홀한주(忽汗州): 당대에 말갈지역에 설치한 도독부. 정식 명칭은 '홀한주도독부(忽汗州都督府)'이며, '발해도독부'로 부르기도 하였다. 맥락을 따져볼 때 '홀한주'는 발해와 대응되므로 '발해[주]'를 뜻하는 발해어였을 가능성이 높다. '홀한하'는 금대에는 호리개강(胡里改江), 청대에는 호이합하(呼爾哈河/瑚爾哈河)로 불린 것으로 전해진다. 현재 중국에서는 홀한주의 이름인 홀한이 '홀한하', 즉 길림성과 흑룡강성을 흐르는 전장 725km의 모란강(牡丹江)에서 유래한 것으로 보아 그 좌표를 지금의 길림성 돈화현 일대로 비정하고 있다. 자세한 소개는 《자치통감》의 해당 주석(제778~779쪽)을 참조하기 바란다.

33) ＊: 《신당서》 "발해"조에는 이 자리에 다음의 내용이 들어가 있다. "용원부 동남부로 바다와 마주한 것이 일본도이다. 남해는 신라도이다. 압록은 [중국에 대한] 조공도이다. 장령은 영주도이다. 부여는 거란도이다. 민간에서는 왕을 '가독부·성왕·기하'라고 하고, 그 명령을 '교'라 하고, 왕의 부친을 '노왕', 모친을 '태비', 처를 '귀비'라고 하며, 맏아들을 '부왕', [나머지] 아들들을 '왕자'라고 한다.(龍原東南瀕海, 日本道也. 南海, 新羅道也. 鴨淥, 朝貢道也. 長嶺, 營州道也. 扶餘, 契丹道也. 俗謂王曰可毒夫, 曰聖王, 曰基下. 其命爲教. 王之父曰老王, 母太妃, 妻貴妃, 長子曰副王, 諸子曰王子)"

34) 이때부터[自是]: "이때[是]"는 당나라 예종이 최흔을 보내어 대조영에게 봉작을 내린 선천 2년(713)을 가리킨다. 《신당서》·《신오대사》·《문헌통고》 등에는 이 뒤에 "이때부터 비로소 '말갈'이라는 호칭을 빼고 '발해[국]'로만 일컫기 시작하였다(自是始去靺鞨號, 專稱渤海)"는 내용이 들어가 있다. 예종 이전의 당나라는 대조영을 반란을 일으켜 발해 연안지역을 근거로 삼았다 하여 '발해말갈'로 격하하면서 독자적인 국가로 인정하지 않았다. 그러다가 선천 2년에 대조영에게 '발해군왕'이라는 봉작을 내리면서 정식으로 독립국가('발해국')로 인정해 준 것이다. 물론, 《책부원

여 [중국에] 입조하고 공물을 바치기 시작하였다.

○ 仍以其所統爲忽汗州, 加授忽汗州都督。自是, 每歲遣使朝貢。

• 020

개원35) 칠년에 [대]조영이 죽었다. 현종36)은 사신을 파견하여 조문을 하게 하고, 이에 책서로 그의 적자로 계루군왕37)이던 대무예38)를 [그

구》 기사들을 보면, 당나라는 한참 뒤인 개원 12년 전후까지도 간헐적으로 '발해말갈'로 일컫기도 한 것을 알 수 있다.

35) 개원(開元): 당나라 현종이 713~741년까지 29년 동안 사용한 연호. "개원 7년"은 서기 719년이며, 발해 기년으로는 무왕 원년에 해당한다.

36) 현종(玄宗): 당나라 제9대 황제 이융기(李隆基, 685~762)를 말한다. 예종 이단(李旦)의 셋째아들로, 712년부터 756년까지 재위하여 당나라에서 재위 기간이 가장 길다. 역사적으로 당나라 황제들은 도교의 시조인 노자(老子)가 이씨라는 전설에 주목하여 자신들을 노자의 후예로 일컬으면서 도교를 숭상하였다. 그 중에서도 독실한 도교 신자였던 현종은 국내외적으로 도교를 널리 권장하여 교세의 확장에 큰 영향을 주었다. 중국을 대표하는 4대 미인들 중 하나인 양귀비(楊貴妃)와의 사랑으로도 유명하다.

37) 계루군왕(桂婁郡王): 대씨 발해국의 봉호. 계루부는 고구려 당시에 5부 중에서 '내부(內部)'로 일컬어졌던 곳으로, 그 별칭에 착안할 때 관할 지역이 고구려의 중심부였을 가능성이 높다. 그렇다면 이 봉호를 통하여 발해국의 대씨 왕가가 자신들은 고구려인이라는 정체성을 가지고 있었으며, 마찬가지로 자신들이 '고구려 왕가의 정통성을 계승한다'는 역사인식을 고수하고 있었음을 짐작할 수 있는 셈이다.

38) 대무예(大武藝): 대씨 발해국의 제2대 국왕. 개국군주 대조영의 아들로, 현종의 개원 원년(713)에 계루군왕에 봉해졌다. 개원 7년(719)에 왕위를 계승하자 연호를 '인안(仁安)'으로 바꾸었으며, 당나라로부터 좌교위대장군·발해군왕·홀한주도독에 봉해졌다. 그 뒤로 당나라와 함께 해·거란을 토벌하기로 하고 여러 차례 자제를 당나라에 파견하고 공물을 바치는 등 우호관계를 유지하였다. 그러나 인안 7년(726, 개원 14)에 흑수말갈이 독자적으로 당나라에 사신을 파견하고 당나라도 거기에 호응하여 흑수부에 '흑수주'를 설치하자 위협을 느껴 흑수부를 정벌하니 "동북방의 이민족들이 그를 두려워하며 신하로 복속하였다.(東北諸夷畏臣之)" 이듬해에는 낭장 고인(高仁) 등 24명을 처음으로 일본에 사신으로 파견하였다. 인안 13년(732, 개원 20)에는 대장 장문휴(張文休)로 하여금 수군을 이끌고 당나라의 등

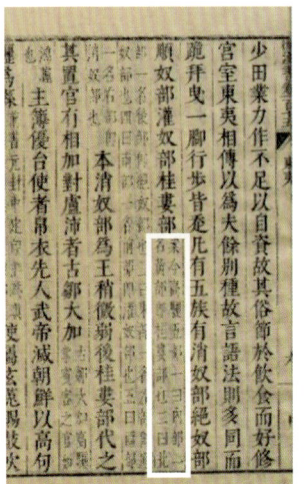

【桂婁部】
案高麗五部, 一日内部,
一名黃部, 即桂婁部也.

【계루부】
고려 5부를 따져 보건대,
하나는 내부인데,
황부로 불리는 것으로,
바로 계루부이다.

계루부는 고구려 당시에는 '내부(内部, 본영)'로 일컬어진 세력이었다. 이로써 발해 대씨 왕가가 고구려의 정통성을 계승했다는 역사인식을 지니고 있었음을 알 수 있다. 사진은 계루부를 '내부'로 소개한 장회태자 이현의 《후한서》 주석

나라] 왕으로 세우고 [그] 부왕의 작호를 세습하여 좌교위대장군·발해군왕·홀한주도독으로 삼았다.

○ 開元七年, 祚榮死, 玄宗遣使弔祭, 乃冊立其嫡子桂婁郡王大武藝襲父爲左驍衛大將軍·渤海郡王·忽汗州都督。

• 021
[개원] 십사년[39]에 흑수말갈에서 사신을 파견하여 [중국으로] 입조하였다.
[그러자 현종은] 조서를 내려 그 땅을 흑수주로 삼았으며, 나아가 장사[40]를

주(登州)를 공격하게 하여 등주자사 위준(韋俊)을 죽이고 유주의 마도산(馬都山)에까지 공세를 펴기도 하였다. 시호는 '무왕(武王)'이다.

39) 14년[十四年]: 당나라 현종의 개원 14년을 말한다. 서기로는 726년이며, 발해 기년으로는 무왕 8년에 해당한다.

설치하고 사신을 파견하여 현지에 주재하면서 감시하게[41) 하였다.

○ 十四年, 黑水靺鞨遣使來朝, 詔以其地爲黑水州, 仍置長史, 遣使鎭押。

• 022

[그러자 대]무예가 그 부하들에게 일러 말하였다.

"흑수말갈이 도중에 우리 지경을 지나서[42) 당나라와 서로 교류하기 시작하였다. [그들은] 예전에는 돌궐의 토둔[43)[관직]을 요구할 때에도 어

---

40) 장사(長史): 중국 고대의 관직명. '관리들의 수장[諸史之長]'이라는 뜻으로, 직무는 다양하지만 대부분 비서 또는 막료의 역할을 담당한 경우가 많았다.

41) 현지에 주재하면서 감시하게[鎭押]: '진압(鎭押)'의 경우, 인터넷〈국편위판〉에서는 "鎭押케 하였다", 〈동북아판2〉(제221쪽)에서는 "진압하게 하였다" 식으로 한자를 한글로 고친 정도에서 그쳤다. 그러나 두 글자를 글자 그대로 풀면 '현지에 주재하면서 [동태를] 감시하다' 정도로 번역되므로, 압번사(押蕃使)를 현지에 파견한 것으로 이해해야 옳다. '압번사'는 북방민족의 영토에 파견하던 사신의 하나로, 지금의 대사처럼, 당나라 측 연락관의 자격으로 현지에 주재하며 현지의 동태를 감시하는 직무를 수행하였다.

42) 도중에 우리의 지경을 지나서[途經我境]: 이 구절은 대씨 발해국의 좌표를 추정하는 데에 중요한 단서를 제공한다. 발해국이 당나라와 흑수말갈 사이에 자리잡고 있고, 그래서 흑수말갈이 당나라와 교류하자면 발해국을 지나갈 수밖에 없다는 뜻으로 해석되기 때문이다. 이 사실은 뒤에 이어지는 "당나라와 내통하고 모략을 벌여 앞뒤에서 우리를 공격하려 드는 것이 분명하다"는 대무예의 발언을 통해서도 뒷받침된다. 이 구절 하나만으로도 기존의 통설과는 달리, 발해국의 서쪽 지경을 요동반도 이서 지역까지 확장시켜야 한다는 것을 보여 주는 셈이다. 만약 발해국의 위치가 기존 통설과 일치한다면 흑수말갈이 굳이 대씨 왕조의 의심을 받아 가면서 발해국의 경내를 거쳐 가야 할 이유가 없다. 발해국을 거치지 않고 흑수부에서 바로 발해국 서쪽으로 돌아서 중원으로 남하하면 그만이기 때문이다. 발해국이 흑수말갈이 중국과 교류하려면 반드시 거쳐 갈 수밖에 없는 위치에 자리잡고 있었다는 뜻이다.

43) 토둔(吐屯, Tudun): 돌궐의 관직명. 칸[可汗]이 지배하는 각 부족의 땅으로 파견되어 해당 부족들, 특히 그 족장들을 감찰하면서 공물 납부를 독려하는 직무를 담

김없이 사전에 내게 알린 다음 [우리와] 함께 [중국으로] 가곤 했었다.[44] [그런데] 이번에는 [뜻밖에도 우리와는] 상의도 하지 않고 직접 중국의 관직[45]을 [자신들에게 내려 주기를] 요구했다고 한다. [놈들이] 당나라와 내통하고 모략을 벌여 앞뒤에서 우리를 공격하려 드는 것이 분명하다!"

○ 武藝謂其屬曰, '黑水途經我境, 始與唐家相通。舊請突厥吐屯, 皆先告我同去。今不計會, 卽請漢官, 必是與唐家通謀, 腹背攻我也。'

• 023
[대무예는] 친아우 대문예[46] 및 그의 외숙[47]인 임아[48]를 파견하여 군사

당하였다. 자세한 소개는 《자치통감》의 해당 주석(제781~782쪽)을 참조하기 바란다.

44) 어김없이 사전에 내게 알린 다음 함께 가곤 하였다[皆先告我同去]: 중국 정사들과 학계에서는 흑수말갈이 정치적으로 발해국으로부터 독립된 별개의 정치 집단인 것처럼 소개해 왔다. 그러나 이 구절을 통하여 흑수말갈이 당시까지만 해도 정치적으로 대씨 발해국에 종속되어 있었음을 확인할 수가 있다. ① 외부 세력과 접촉할 때에는 사전에 반드시 발해국에 통지하고, ② 그때마다 발해국의 관리와 현지에 동행해야 했으며, ③ '단 1번도 그 같은 관례를 깬 적이 없었다'고 한 점 등이 그 증거이다. 흑수말갈이 그동안의 관례를 깨고 당나라와 직접 교류하려 드는 것을 무왕 대무예가 자국에 대한 배신행위로 받아들인 것도 바로 이 같은 이유 때문이었을 것이다.

45) 중국의 관직[漢官]: '한관(漢官)'은 글자 그대로 풀면 '한나라 관직' 정도의 뜻으로 해석된다. 그러나 실제로는 중국의 고대(한)·중세(당)·근세(송)에 북방민족이 중원 왕조를 부르는 일종의 대명사로 간주되었다. 이민족들이 '중국' 또는 '중원 왕조'를 '한(漢)'으로 부르기 시작한 것은 유씨의 한나라 때부터임이 분명하다. 다만, 한나라가 멸망한 뒤에도 수·당대를 거쳐 송대에 이르러서도 거란(요)·여진(금)·몽골(원) 등의 북방민족들은 중원 왕조를 '한'으로 부르는 경우가 많았다. 송·원대 나아가 조선시대까지 중국인을 '한아(漢兒)', 중국어를 '한아 언어(漢兒言語)'라고 부른 것이 그 증거이다.

46) 대문예(大門藝): 대씨 발해국의 왕족·대신. 대무예의 친동생. 당나라 중종의 신룡 원년(705)에 대조영의 명령으로 장안에 체류하며 황제의 숙위로 있다가 현종의 개원 원년(713)에 귀국하였다. 개원 14년(726)에 무왕이 발해국에 종속된 흑수말

러시아 우수리스크 북서쪽 체르냐찌노(빨강)에서 출토된 발해 유물들. 유물 자체만 놓고 말하자면 발해의 지배를 받던 말갈의 것들로 보인다. (뉴시스, 2007년 8월 24일)

를 이끌고 [흑수로 가서] 흑수말갈을 치게 하였다.

○ 遣母弟大門藝及其舅任雅發兵以擊黑水。

갈이 당나라와 접촉한 일을 문제 삼아 흑수말갈 정벌을 명령하자 당나라로 망명하였다. 개원 20년(732)에는 현종의 명령에 따라 좌영군장군(左領軍將軍) 개복순(蓋福順)과 함께 유주(幽州)의 군사를 징용하여 발해 해군에 맞섰다. 이듬해에는 무왕이 당나라 낙양에 보낸 자객에게 암살될 위기에까지 몰렸으나 끝내 귀국하지 않았다.

47) 그의 외숙[其舅]: 이 부분을 인터넷 〈국편위판〉에서는 "그의 舅", 〈동북아판2〉(제221쪽)에서는 "장인"으로 번역했으나 잘못된 번역이다. '시아비 구(舅)'가 근·현대 중국어에서 주로 '장인(father-in-law)'의 의미로 사용되는 것은 사실이다. 그러나 고대 한문에서는 일률적으로 '외삼촌(uncle on mother's side)'이라는 뜻으로 사용되므로 각별히 주의할 필요가 있다. 실제로 《중국역사대사전》《중국소수민족사》등에도 "대무예 구부(大武藝舅父, 대무예의 외숙)"으로 소개되어 있다.

48) 임아(任雅): 발해국의 대신이자 인척. 청대의 무영전본(武英殿本)에는 '임아상(任雅相)'으로 소개되어 있다.

● 024

[대]문예는 일찍이 질자49)로 충원되어 [당나라의] 도성50)에 왔다가 개원 연간 초기51)에 본국에 귀환했었다. [그런 그가] 이때에 이르러 [대]무예에게 일러 말하였다.

○ 門藝曾充質子至京師, 開元初還國。至是, 謂武藝曰,

● 025

"흑수말갈에서 당나라의 관직을 요구한다고 해서 당장 놈들을 치려 한다면 그것은 당나라에 등을 돌리는 격입니다. 당나라는 인구가 많고 군사가 막강함이 우리보다 만 갑절은 될 텐데52) 하루아침에 원한을 품는다면 스스로 멸망을 부를 뿐입니다.

○ "黑水請唐家官吏, 卽欲擊之, 是背唐也。唐國人衆兵强, 萬倍於我, 一朝結怨, 但自取滅亡。

---

49) 질자(質子): 글자 그대로 풀면 '[담보로] 잡히는 아들'이라는 뜻이다. 중국 고대부터 상대방의 침공을 방지하기 위하여 다른 나라 적진에 보내던 볼모(hostage)를 말한다. 자세한 소개는 《자치통감》의 해당 주석(제782~783쪽)을 참조하기 바란다.

50) 도성[京師]: 중국 고대에 '경사(京師)'는 천자가 머무는 도읍을 일컫는 말로, 여기서는 당나라 서울인 장안(長安, 지금의 섬서성 서안시)을 가리킨다. 참고로, 당나라의 제2의 도성인 낙양(洛陽, 지금의 하남성 낙양시)은 장안의 동쪽에 있다고 해서 '동쪽 도읍'이라는 뜻에서 '동도(東都)'로 불렸다.

51) 개원 연간 초기[開元初]: '개원'은 당나라 현종이 713~741년까지 사용한 연호로, 발해 기년으로는 고왕(대조영) 15년으로부터 문왕(대흠무) 5년까지에 해당한다. 여기서 "개원 연간 초기"는 대문예가 당나라에서의 숙위 복무를 마치고 발해로 귀환한 개원 원년(713)이며, 발해 기년으로는 고왕 15년에 해당한다.

52) 인구가 많고 군사가 막강함이 우리보다 만 갑절은 될 텐데[人衆兵强, 萬倍於我]: 이 말의 경우, 당나라의 인구와 군사가 정말로 발해국의 1만 갑절이나 많다는 뜻으로 이해해서는 곤란하다. 무왕의 흑수말갈 정벌을 막을 생각으로 대문예가 되는 대로 과장해서 한 말이기 때문이다.

중국 길림성 장백조선족자치현에 있는 영광탑(靈光塔). 만주지역에서 유일하게 남아 있는 발해 시기(상경 용천부)의 건축물로 알려져 있다.

• 026

옛날에 고려는 온전하게 번성할 때에 강한 군사가 삼십만[53)]이 넘었습니다. [그래서] 당나라에 맞서 적대하며 [그들을] 섬기고 복종하지 않았지요. 그 바람에 당나라 대군이 한번 들이닥치자마자 땅을 쓴 듯이 모두 멸망하고 말았습니다.

○ 昔高麗全盛之時, 强兵三十餘萬, 抗敵唐家, 不事賓伏, 唐兵一臨, 掃地俱盡。

• 027

지금 [우리] 발해의 무리는 고려[당시]보다 몇 갑절이나 적지요.[54)] 그런

---

53) 온전하게 번성할 때에 강한 군사가 삼십만[全盛之時, 强兵三十餘萬]: 앞의 주석과 마찬가지로, 객관적인 계산이 아니라 대문예의 주관적인 추산이다. 다만, 대문예의 이 말을 통하여 고구려가 전성기에 30만이 넘는 군사를 보유했음을 간접적으로 확인할 수 있는 셈이다.

54) 발해의 무리는 고려보다 몇 갑절이나 적지요[渤海之衆, 數倍於高麗]: 이 역시 대문

마당에 당나라를 등지려 한다면 [우리가 도모하는] 일은 이룰 수 없을 것이 분명합니다!" [그러나 대]무예는 [그 말을] 듣지 않았다.

○ 今日渤海之衆, 數倍少於高麗, 乃欲違背唐家, 事必不可." 武藝不從。

• 028

[대]문예는 군사가 [흑수말갈의] 지경까지 이르렀을 때 다시 글을 올려 끝까지 [대무예를] 설득하였다. [그러나 대]무예는 성을 내면서 종형인 대일하[55)]를 파견하여 [대]문예 대신 군사를 통솔하게 하였다.

○ 門藝兵至境, 又上書固諫。武藝怒, 遣從兄大壹夏代門藝統兵。

• 029

[그러고는 대]문예를 소환하더니 그를 죽이려 하였다. [그래서 대]문예가 결국 그 군사를 버려두고 사잇길로 [중국으로] 도망쳐 오니 [황제가] 조서를 내려 [그를] 좌교위장군[56)]에 제수하였다.

○ 徵門藝, 欲殺之。門藝遂棄其衆, 間道來奔, 詔授左驍衛將軍。

예의 주관적인 추정으로 보인다. 이 말을 통하여 발해국 초기에는 군사력이 고구려 전성기의 30만보다 한참 적은 9~10만 정도에 머물렀음을 알 수 있다.

55) 대일하(大壹夏): 발해국의 왕족이자 대신. 무왕 대무예의 종형으로, 개원 14년 (726)에 무왕의 명령으로 정벌 중단을 호소하는 대문예 대신에 흑수말갈 정벌에 나섰다.

56) 좌교위장군(左驍衛將軍): 수·당대의 관직명. 수나라 대업 3년(607)에 좌비신부(左備身府)를 좌교위(左驍衛)로 개칭하고 정3품의 '12위 대장군(十二衛大將軍)'의 하나인 좌교위대장군 아래에 종3품의 좌교위장군을 두어 대장군의 업무를 보좌하게 하였다.

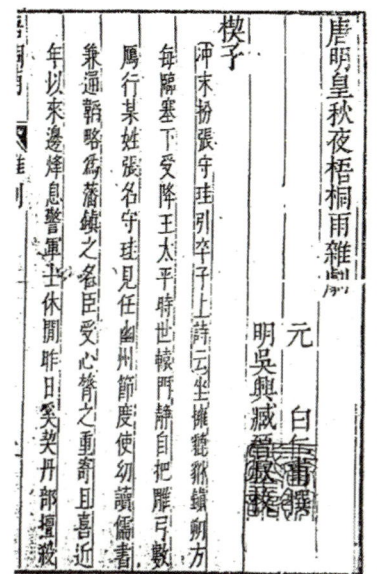

당현종과 양귀비의 사랑을 다룬 원대 잡극 희곡 《오동우(梧桐雨)》

• 030

[대]무예는 얼마 지나지 않아 사신을 파견하여 [중국에] 입조하고 공물을 바쳤다. 나아가 표를 올리면서 [대]문예가 죄를 지은 상황을 직설적으로 언급하고 그를 죽일 것을 요구하였다.

○ 武藝尋遣使朝貢。仍上表極言門藝罪狀, 請殺之。

• 031

[그러자] 주상(현종)은 은밀히 [대]문예를 파견하여 안서[57]로 가게 하고

---

57) 안서(安西): 당대의 지역명. 지금의 신강(新疆) 위구르 자치구 지역에 해당한다. 일반적으로 안서도호부(安西都護府) 또는 그 관할하에 있던 구자(龜玆)·소륵(疏勒)·우전(于闐)·언기(焉耆)의 4개 진(鎭)을 통틀어 일컫는다. 자세한 소개는《자치통감》의 해당 주석(제784쪽)을 참조하기 바란다.

나아가 [대]무예에게 이렇게 알려 주었다.

"[대]문예가 멀리서 와서 귀순했기 때문에 도의상으로 죽일 수가 없었소. [그래서] 이번에 영남58) 쪽으로 유배를 보내기로 했는데 벌써 출발시켰다고 하는구려."

○ 上密遣門藝往安西, 仍報武藝云, "門藝遠來歸投, 義不可殺. 今流向嶺南, 已遣去訖."

• 032

[그러고는] 그의 사신인 마문궤와 총물아는 [장안에] 머물게 하고 따로 사신을 [발해에? 대문예에게!] 파견하여 그 일을 알리게 하였다. [그런데] 얼마 되지도 않아 그 일을 누설한 자가 있었다. [그러자 대]무예는 이번에도 글을 올려 말하였다.

○ 及留其使馬文軌·葱勿雅, 別遣使報之。俄有洩其事者, 武藝又上書云,

• 033

"큰 나라는 사람들에게 신의를 보이는 것이 옳습니다. 그런데 어찌 남을 속이고 현혹하는 법이 있단 말입니까? 이번에 듣자 하니 '[대]문예는 영남으로 떠나지 않았다'고 합니다. 지난번에 드린 말씀대로 죽이시기를 삼가 부탁드리나이다!"

---

58) 영남(嶺南): 당대의 지역명. 중국 남부인 강서성 남부와 광서성·광동성 북부의 경계지역에 있는 월성령(越城嶺)·도방령(都龐嶺)·맹저령(萌渚嶺)·기전령(騎田嶺)·대유령(大庾嶺)의 5대 산맥 남쪽에 있는 지역을 말한다. 대체로 지금의 광동·광서·해남을 아울러 일컫지만 때로는 광동지역만 가리키기도 한다. 여기서도 광동지역을 가리키는 말로 사용되었다.

송대의 문집 《문원영화》에 소개된 〈발해왕 대무예에게 내리는 칙서[勅渤海王大武藝書]〉 대무예에게 아우 대문예와의 천륜을 저버리지 말 것을 충고하는 내용이다.

○ "大國示人以信, 豈有欺誑之理。今聞門藝不向嶺南, 伏請依前殺却。"

• 034

[＊59)] 이 일로 말미암아 홍려소경60)이던 이도수61)와 원복을 '관속들

---

59) ＊: 북송대에 편찬된 역대 시문집인 《문원영화(文苑英華)》 권471에는 당나라 현종이 직접 쓴 〈발해왕 대무예에게 내리는 칙서[敕渤海王大武藝書]〉가 소개되어 있다. 칙서는 문왕 대무예에게 형제간의 우애를 생각하여 동생 대문예의 잘못을 용서해 주라고 당부하는 내용으로 이루어져 있다.

60) 홍려소경(鴻臚少卿): 중국 고대의 관직명. 정식 명칭은 '홍려시 소경(鴻臚寺少卿)'으로, 품계는 종4품상이었으며, 국가의 경조사·의전·외국의 조공 등을 관장하는 관청인 홍려시(鴻臚寺)의 수장을 보좌하였다. 북위 때에 처음으로 홍려소경을 설

발해국 정혜공주(貞惠公主) 묘 내부에 그려진 벽화와 묘비 (중국 블로거 도도삼국사아(叨叨三國事兒) 사진)

을 제대로 단속하지 못하는 바람에 내막을 누설하는 사태가 벌어졌다' 하여 [이]도수는 조주62)자사로 좌천시키고 [원]복은 택주63)자사로 좌천시켰다. [그리고 대]문예는 잠시 영남 쪽으로 보내고 나서 [대무예에게] 그 일을 알려 주었다.

○ 由是, 鴻臚少卿李道邃·源復以不能督察官屬, 致有漏洩。左遷道邃

    치했으며, 북제(北齊)에 이르러 '홍려시 소경'으로 일컬어지면서 그 뒤로 역대 왕조에 계속 인습되었다. 당대의 홍려시 소경은 1명으로, 품계는 정4품이었다.

61) 이도수(李道邃): 당나라 종실의 후예. 중종의 신룡 연간 초기에 대국공(戴國公)에 봉해졌다. 현종의 개원 14년에 홍려소경이 되었으나 관속들을 제대로 감독하지 못한 죄로 조주자사로 좌천되었다. 나중에 대리경(大理卿)·종정경(宗正卿)을 거쳐 상서 우승(尙書右丞)이 되었다.

62) 조주(曹州): 중국 고대의 지명. 지금의 산동성 하택(荷澤) 조현(曹縣) 일대에 해당하며, 산동성 서남방, 하남성 개봉시 동북방에 있다. 예로부터 모란꽃의 도시로 유명하였다.

63) 택주(澤州): 중국 고대의 지명. 수나라 개황 연간 초기에 건주(建州)를 고쳐 설치하였다. 치소는 고도(高都)로, 지금의 산서성 진성시(晉城市) 동남쪽에 해당한다. 태종의 정관 연간 초기에 치소를 진성시로 이전하고, 지금의 산서성 동남부의 현들을 관할하게 하였다.

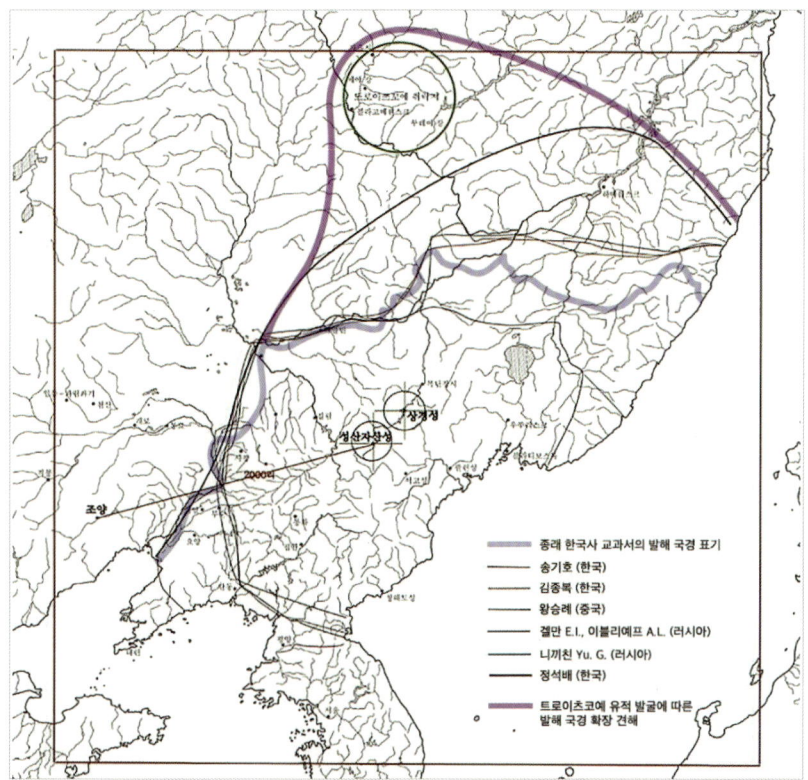

국내외 학자들의 발해 강역 추정도. 대부분 그 서계를 요동반도 밖으로 그려 놓았다. 발해가 발해인 것은 발해를 끼고 있어서이다. 기존의 강역 비정들은 수정되어야 옳다는 뜻이다. 위의 초록색 동그라미는 최근 발해 유적이 발견된 러시아 트로츠코이예.

爲曹州刺史, 復爲澤州刺史。遣門藝暫向嶺南以報之。

• 035

[*64)] [개원] 이십년에 [대]무예가 그의 장수 장문휴를 파견하여 해적들

---

64) *:《속일본기(續日本紀)》권10의〈성무천황(聖武天皇)〉"신구(神龜) 5년(728, 개원 16)"조에는 "봄, 정월의 갑인일(양력 3월 2일)에 천황이 중궁에 행차하니 고제덕 등이 그 나라 왕이 보낸 국서 및 특산물을 바쳤다.(春正月甲寅, 天皇御中宮, 高

을 이끌고 등주[65)]자사 위준을 공격하게 하였다.[66)]

○ 二十年, 武藝遣其將張文休率海賊攻登州刺史韋俊。

• 036

[그러자 현종은] 조서를 내려 [대]문예를 파견하여 유주[67)]로 가서 군사를 징용하여[68)] 그를 토벌하게 하였다. 아울러 태복원외경[69)]이던 [신라 출신의] 김사란에게 명령하여 신라로 가서 군사를 동원하여 그 나라의 남쪽 지

齊德等上其王書幷方物"라는 기사와 함께 무왕 대무예가 보낸 국서 전문과 성무천황의 답서가 소개되어 있다.

65) 등주(登州): 중국 고대의 지명. 무측천이 세운 주(周)나라의 여의(如意) 원년(692)에 설치되었으며, 치소는 모평(牟平, 지금의 산동성 연태시 모평구)이었다.
66) 해적들을 이끌고 등주자사 위준을 공격하게 하였다[率海賊攻登州刺史韋俊]: 기존의 무왕 대무예 재위 기간의 발해국 영역도를 보면 그 서쪽 지경이 내륙으로 들어가 있다. 그러나 장문휴가 해적들과 함께 당시의 해군 거점인 등주까지 공격하자면 발해국의 서쪽 지경이 최소한 요동반도 서쪽까지는 확장되어 있어야 가능해진다. 등주까지 작전을 벌이려면 발해 바다를 끼고 있어야 물리적으로 가능하기 때문이다. 기존의 위치에서는 그 일대의 제해권이 당나라에 쥐어지기 때문에 그 같은 작전이 원천적으로 불가능하다는 뜻이다. 따라서 발해국의 서쪽 지경을 요동반도 이동으로 끊어 놓은 기존의 발해 강역도는 수정되어야 옳다.
67) 유주(幽州): 당대의 지방 행정 구역. 지금의 북경시·천진시를 중심으로 산해관(山海關)까지의 하북성 동북부를 관할하였다.
68) 유주로 가서 군사를 징용하여[往幽州徵兵]: 이 부분은 《신당서》〈오승자전(烏承玭傳)〉에 이렇게 기술되어 있다. "[대]문예가 오자 조서를 내려 태복경 김사란과 함께 범양과 신라의 군사 10만을 징용하여 발해를 토벌하게 하였다.(門藝來, 詔與太僕卿金思蘭發范陽新羅兵十萬討之)" 이로써 대문예가 이때에 범양군의 군사를 징용했음을 알 수 있다.
69) 태복원외경(太僕員外卿): 당대의 관직명. 태복시(太僕寺)는 고대로부터 황제의 어용 마차·의장·군마(軍馬) 관련 업무를 관장했으며, 그 수장이 태복[시]경(太僕寺卿), 그를 보좌하는 관원이 태복[시]소경이었다. '원외경(員外卿)'은 글자 그대로 풀면 '정원과는 별도로 임명한 태복경'이라는 뜻으로, 정해진 인원과는 별도로 특별히 임용한 일종의 명예직함으로 이해하면 좋겠다.

경70)을 치게 하였다.

○ 詔遣門藝往幽州徵兵以討之。仍令太僕員外卿金思蘭往新羅發兵, 以攻其南境。

• 037

[그러나] 공교롭게도71) 산에 가로막히고 [날씨가] 추워지면서 눈이 한 길 넘게 내리는 바람에 병사들 중에 죽은 자가 태반이어서 결국은 세운 공도 없이 [본국으로] 귀환할 수밖에 없었다.

○ 屬山阻寒凍, 雪深丈餘, 兵士死者過半, 竟無功而還。

---

70) 남쪽 지경[南境]: '경(境)'은 고대 한문에서 일반적으로 ① 경계선(boundary line), ② 지경, 지역(region)의 뜻을 나타내는데, 이 경우에는 발해의 남쪽 지역 (southern region)을 말한다. 국내 학계의 경우,《당회요》의 "旣盡有百濟之地 及高句麗南境" 부분의 '경'의 해석과 관련하여 전덕재 등은 '[남쪽] 경역'으로 번역했으나 임기환·윤경진 등은 '[남쪽] 경계'로 번역하였다. 그러나 해당 대목은 신라의 영토가 백제와 고구려 강역까지 확장된 일을 소개한 내용이다. 따라서 문법적으로 여기서의 '경'은 당연히 '경역. 지역'의 의미로 해석해야 정상이다. 이런 경우는 동사로 '이를 급(及)' 대신 '이를 저(抵)'를 쓰더라도 마찬가지이다. 보어 부분은 일률적으로 "남쪽 경계에"가 아닌 "남쪽 지역까지"로 해석해야 한다는 뜻이다. 이때 신라군이 도달한 고구려 영토는 당연히 신라의 판도에 추가된다. "及高句麗南境"이 "고구려 남쪽 경계에 이르렀다"는 뜻이라면 굳이 그 여섯 글자를 쓸 필요가 없다. 경계선을 넘어 고구려 땅으로 들어가야 앞뒤가 맞는다는 뜻이다. 따라서 해당 부분은 "[신라가] 백제의 땅을 모두 점유하고 나서 [나아가 그 판도가] 고구려 남쪽 지역까지 이르렀다"로 번역해야 옳다. 그 증거가《신당서》〈신라전〉의 "백제 땅을 거의 다 차지하고 [그 판도가] 마침내 고구려의 남쪽 지경까지 이르러 상·양·강·웅·전·무·한·삭·명의 아홉 주를 설치하였다(多取百濟地, 遂抵高麗南境矣, 置尙良康熊全武漢朔溟九州)"이다.

71) 공교롭게도[屬]: '속할 속(屬)'은 고대 한문에서 동사로 사용되는 것이 보통이다. 그러나 여기서는 구문 맨앞에 사용된 것을 보면 앞 구문과 뒤 구문을 연결시켜 주는 일종의 접속사(conjunction)로 충당되었음을 알 수가 있다. 이런 경우에는 "공교롭게도 도성이 어지러워지는 바람에(屬京師亂)"의 경우처럼, '때마침(just in time)'의 의미를 나타낸다.

•038

[대]무예는 [그들에 대한] 원한이 사무친 나머지 은밀히 사신을 파견한 길에 동도[72)]에 이르렀을 때 자객[의 손]을 빌어 [대]문예를 천진교[73)] 남쪽에서 칼로 찔러 죽이게 하였다. 그러나 [대]문예가 그들과 격투를 벌인 끝에[74)] 죽음을 피할 수 있었다.

○ 武藝懷怨不已, 密遣使至東都, 假刺客刺門藝於天津橋南, 門藝格之, 不死.

•039

[＊[75)] [그 일을 안 현종은] 조서를 내려 하남부[76)]에서 그 도적들을 사로잡

---

72) 동도(東都): 글자 그대로 풀면 '동쪽 도읍'이라는 뜻으로, 낙양(洛陽, 지금의 하남성 낙양시)을 말한다. 한나라 및 당나라의 공식적인 도읍은 장안(長安), 즉 지금의 섬서성 서안(西安)이었다. 반면에, 낙양은 그 동쪽 900리 지점에 자리잡고 있어서 장안을 기준으로 하여 동쪽에 있다는 뜻에서 '동도'라고 불렀다.

73) 천진교(天津橋): 당대에 낙양 경내에 있던 다리 이름. 송대까지도 '낙양 8경(洛陽八景)'의 하나로 유명했으나 잦은 전란을 거치면서 금대에 자취를 감추었다. 《자치통감》의 해당 주석(제792~793쪽)을 참조하기 바란다.

74) 그들과 격투를 벌인 끝에[格之]: '격지(格之)'를 인터넷 〈국편위판〉에서는 "刺客들을 물리쳐서", 〈동북아판2〉(제223쪽)에서는 "그에 맞서 죽지 않았다"로 번역했으나 오역이다. '격(格)'은 고대 한문에서 격투, 즉 무기를 사용하지 않고 맨손으로 주먹다짐을 하는 것을 가리키므로, '치다(punch)'로 해석해야 옳다.

75) ＊:《신당서》〈오승자전〉에는 다음의 내용이 추가되어 있다. "[대]무예는 자객을 파견해 [동생 대]문예를 동도에서 척살하게 하고, [자신은] 군사를 이끌고 마도산에 이르러 성읍의 사람들을 모조리 학살하였다. [그러자 오]승자는 주요한 길목을 차단하고 구덩이에 큰 돌을 채우기를 400리(176km)나 하니 오랑캐들이 [더 이상] 들어오지 못하였다.(武藝遣客刺門藝於東都, 引兵至馬都山, 屠城邑. 承子窒要路, 塹以大石, 亘四百里, 虜不得入)" '마도산'은 지금의 하북성 동북방 청룡현(靑龍縣) 서북쪽에 있는 도산(都山)을 말한다. 이로써 발해의 무왕이 자객을 파견한 직후에 양동작전으로 지금의 하북성 동북부 청룡현 인근까지 공략한 사실을 확인할 수 있다.

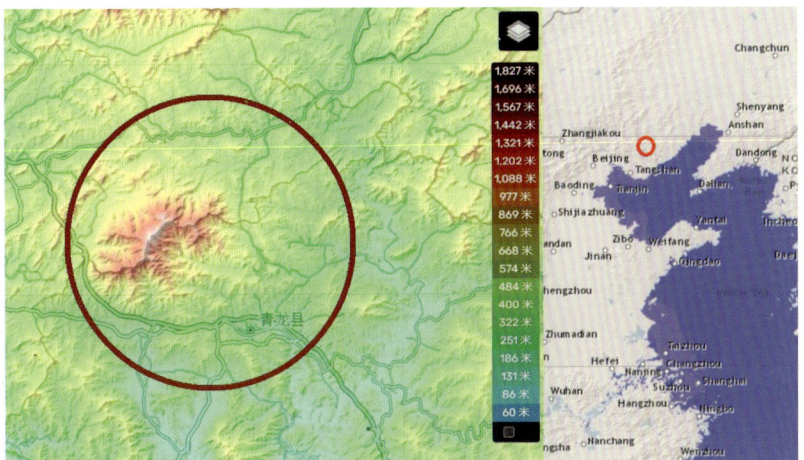

마도산(馬都山)은 하북성 청룡현(靑龍縣)의 서북방에 자리잡은 도산(都山, 빨강)을 가리킨다.

게 하여 그들을 남김없이 죽였다.

○ 詔河南府捕獲其賊, 盡殺之。

• 040

[개원] 이십오년77)에 [대]무예가 병으로 죽었다. [그리고] 그의 아들 [대]흠무

---

76) 하남부(河南府): 당대의 지방 행정 구역. 지금의 하남지역에 해당한다. 〈동북아판 2〉 주41(제223쪽)에서는 "현재 중국 洛陽에 설치된 府名"이라고 소개했으나 도시이름('-시')이 아니라 지역명('-도')이므로 유념할 필요가 있다. 낙양이 '서울'이라면 하남부는 '경기도'에 해당한다는 뜻이다. 《구당서》〈지리지〉에 따르면, "【하남부】 수나라의 하남군. 무덕 4년(621)에 왕세충을 토벌해 평정하고 낙주총관부를 설치하고 낙·정·웅·곡·숭·관·이·여·관의 9개 주를 관할하게 하고, 낙주는 하남·낙양·언사·공양성·구지·숭양·육혼·이궐 등 9개 현을 관할하게 하였다.(【河南府】 隋河南郡. 武德四年, 討平王世充, 置洛州總管府, 領洛鄭熊谷嵩管伊汝管九州. 洛州領河南洛陽偃師鞏陽城緱氏嵩陽陸渾伊闕等九縣)"

77) 25년(二十五年): 개원 25년을 말한다. 서기로 737년이며, 발해 기년으로는 제3대 국왕 문왕(文王)의 원년에 해당한다.

78)가 [그 왕위를] 계승하여 [국왕으로] 옹립되었다.79)

[이때 현종은] 조서를 내리고80) 내시 단수간81)을 파견하여 [발해로] 가서 책서로 [대]흠무를 발해군왕으로 봉하였다. 나아가 그 부왕[의 관작]을 계승하게 하여 좌교위대장군82)·홀한주도독으로 삼았다.

78) 대흠무(大欽茂): 대씨 발해국의 제3대 국왕. 무왕 대무예의 아들로, 개원 25년에 대무예가 죽자 임시로 국정을 맡다가 이듬해 정월에 정식으로 즉위하고 연호를 '대흥(大興)'으로 바꾸었다. 6월에 당나라로부터 '발해군왕'에 책봉되고 좌금오대장군·홀한주도독에 제수되었다. 당나라와 우호관계를 유지하면서 중국 사서·전적들을 요청하는 등 중국의 문물·제도를 도입하는 데에 적극적이었다. 대흥 2년(739)에 일본에 사신을 파견하는가 하면, '5경(五京)' 제도를 시행하여 대흥 18년(755)에는 도읍을 상경(上京)인 용천부(龍泉府, 지금의 흑룡강성 동경성?)로 옮기고 당나라를 견제하였다. 나중에는 태자첨사(太子詹事)·태자빈객(太子賓客)에 제수되었으며, 대흥 25년(762)에는 당나라 숙종(肅宗)에 의하여 국호가 '발해국'으로 격상되고 '발해국왕'에 봉해졌다. 37년(774)에 연호를 보력(寶曆)으로 바꾸고, 40년에는 일본에 무녀와 공물을 보내었다. 48년(785)에는 도읍을 동경(東京)인 용원부(龍原府, 지금의 길림성 훈춘시?)로 옮겼다.

79) 계승하여 옹립하였다[嗣立]: 《책부원구》〈외신부·봉책2(封冊二)〉에는 당나라 현종이 발해국 계루군왕 대무예의 죽음을 애도하는 조문과 그 아들 대흠무를 발해군왕으로 책봉하는 책서가 소개되어 있다.

80) 조서를 내리고[詔]: 현종 이융기가 직접 쓴 〈발해군왕 대흠무에게 조의를 표하는 글[弔渤海郡王大欽茂書]〉을 말한다. 무왕의 죽음을 애도하면서 문왕에게 즉위하여 충효를 다할 것을 당부하는 것이 주된 내용을 이루고 있다.

81) 단수간(段守簡): 현종의 측근 내시. 그 성씨와 관련하여 〈동북아판2〉 주42에서는 "무영전본·백납본「叚」, 중화서국·국사편찬위원회「段」.「段」는「叚」의 俗字이면서도「段」과 다른 글자이기도 하다. 또, 별도의 글자「叚」는 성씨로도 사용되었으므로「段」으로 교감하지 않고 둔다"고 하였다. 그 성씨를 '단(段)'이 아닌 '가(叚)'로 본 것이다. 그러나 ①「叚」의 한자 발음은 '단'이 아니라 '가'여서 엄연히 다른 글자이다. ② 역사적으로 '단'씨는 많이 확인되지만 '가'씨는 찾기 어렵다. ③ 문헌적으로도, 무영전본·백납본보다 연대가 앞서는 남감본 등에는 '단'으로 소개되었으며, ④ 문자상으로 보더라도, '단'을 필사하면 그 모양이 '가'와 비슷해 보이는 경우가 많다. 이상의 근거들을 종합해 볼 때 '단'을 '가'로 잘못 보았을 가능성이 높다.

82) 좌교위대장군(左驍衛大將軍): 수·당대의 관직명. 수나라 대업 3년(607)에 좌비신부(左備身府)에서 좌교위(左驍衛)로 개칭되고, 정3품 '12위 대장군(十二衛大將軍)'

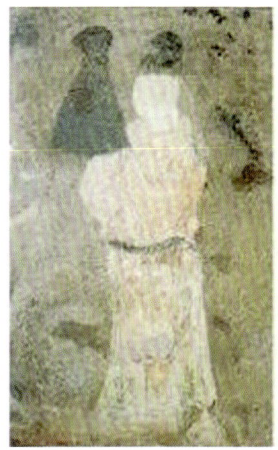  

발해 정효공주(貞孝公主)묘 벽화에 그려진 악기를 든 악사들. 덮개를 씌웠지만 형태를 볼 때 생황(좌)–공후(중)–비파(우)임을 짐작할 수 있다. (중국 블로거 도도삼국사아(叨叨三國事兒) 사진)

○ 二十五年, 武藝病卒, 其子欽茂嗣立。詔遣內侍段守簡往册欽茂爲渤海郡王, 仍嗣其父爲左驍衛大將軍·忽汗州都督。

• 041

[대]흠무는 [황제의] 조명을 받들고 [자국] 경내[죄인들의 죄]를 사면해 주고 사신을 파견하여 [단]수간을 따라서 [중국에] 입조하고 공물을 바쳤다. [*83)]

의 하나로 설치되었다. 당대에도 그대로 인습되었으며, 덕종의 정원(貞元) 2년 (786)부터 궁중의 숙위(宿衛) 업무를 관장하였다. 참고로, 발해국의 개국군주인 대조영이 당나라로부터 받은 작호는 '좌교위 원외대장군(左驍衛員外大將軍)'이었다.

83) *:《책부원구》〈외신부·청구(請求)〉에는 발해국 문왕 대흠무의 대흥 2년(738)의 일이 이렇게 소개되어 있다. "[개원 26년] 6월 갑자일(27일)에 발해에서 사신을 파견하여 《당례》 및 《삼국지》·《진서》·《삼십육국춘추》를 필사해 가기를 요청했기에 이를 허락하였다.(六月甲子日, 渤海遣使求寫唐禮及三國志·晉書·三十六國春秋, 許之)"

○ 欽茂承詔赦其境內, 遣使隨守簡入朝貢獻。

•042

[발해는] 대력[84)] 이년으로부터 십년까지 때로는 빈번하게 사신을 파견해 [중국에] 입조하기도 하고, 때로는 한 해를 거르기도 했으며 때로는 한 해에도 두세 차례나 오기도 하였다. [*[85)]]

○ 大曆二年至十年, 或頻遣使來朝, 或間歲而至, 或歲內二三至者。

•043

[대력] 십이년 정월에 사신을 파견하여 일본국[86)]의 무희 열한 명 및 [발해의] 특산물을 바쳤다. 사월과 십이월에도 사신이 왔다. [*[87)]]

---

84) 대력(大曆): 당나라의 제9대 황제인 대종(代宗) 이예(李豫, 726~779)가 766~779년까지 24년 동안 사용한 연호. "대력 2년"은 서기 767년, "대력 10년"은 서기 775년이며, 발해 기년으로는 문왕의 대흥 32년과 대흥 39년에 해당한다.

85) *: 《신당서》〈발해전〉과 《문헌통고》〈사예고(四裔考)〉 "발해"조에는 다음의 내용도 보인다. "보응 원년(762)에 조서를 내려 발해를 '-국'으로 격상시켰다. [그리고 대]무흠을 왕으로 삼고 검교태위에 제수하였다. … 정원 연간에 동남쪽의 동경으로 [도읍을] 옮겼다.(寶應元年, 詔以渤海爲國. 欽茂王之, 進檢校太尉. … 貞元時, 東南徙東京)" 여기서 '보응'은 당나라 대종(代宗) 이예(李豫)가 762~763년까지 2년 동안 사용한 연호이며, '정원'은 덕종 이괄이 785~805년까지 21년 동안 사용한 연호이다.

86) 일본국(日本國): 당대 일본의 국호. 7세기 후반에 중국과 외교관계를 이어가면서 기존의 '와(倭)' 대신 사용하기 시작하였다. 일본판 위키피디아 백과사전에 따르면, 그 발음은 오음(吳音, 남방음)으로는 '닛폰(ニッポン)', 한음(漢音, 북방음)으로는 '짓폰(ジッポン)' 식으로 읽혀졌을 것으로 추정된다. 헤이안(平安)시대에는 그 국호를 의역하여 '히노모토(ひのもと)'로 부르기도 하였다.

87) *: 일본 측 사서인 《속일본기》 권34의 〈광인천황(光仁天皇)〉 "보구(寶龜) 8년"조에는 이 사실이 소개되어 있지 않고 발해 사신들이 약속된 입국 경로를 이탈한 것을 항의한 일이 주로 기술되어 있다.

○ 十二年正月, 遣使獻日本國舞女一十一人及方物。四月·十二月, 使
復來。

• 044

[*88)] 건중89) 삼년 오월과 [*90)] 정원91) 칠년 정월에도 어김없이 사신을 파견하여 [중국에] 와서 입조하였다. [이에] 그 나라 사신 대상정을 위위경 동정92)에 제수하고 본국93)으로 귀환하게 하였다.

88) *:《구당서》〈덕종본기〉"건중 2년"조에는 다음의 내용이 기술되어 있다. "이해에 당나라의 평로치청절도관찰사·해운압신라발해양번사 이정기가 당나라에서 대역부도한 일을 도모하다가 8월에 병으로 죽었다.(是年, 唐平盧淄靑節度觀察使·海運押新羅渤海兩蕃使李正己, 在唐圖謀不軌, 于八月病死)" 이정기는 고구려 유민 출신의 당나라 군벌로, 그 관직명을 근거로 따져 볼 때 당시에 평주(平州)·노룡(盧龍) 등 하북지역과 치주(淄州)·청주(靑州) 등 산동 지역을 군사권·통치권과 함께 신라·발해·해·거란과의 해운권·통상권을 독점했던 것으로 보인다.
89) 건중(建中): 당나라 제10대 황제인 덕종(德宗) 이괄(李适, 742~805)이 780~783년까지 4년 동안 사용한 연호. "건중 3년"은 서기 782년이며, 발해 기년으로는 문왕 대흠무(大欽茂)의 대흥 46년에 해당한다.
90) *: 김부식의《삼국사기》〈신라본기〉"원성왕 6년(790)"조에는 다음과 같이 기술되어 있다. "3월에 일길찬 백어를 북쪽 나라(발해국)에 사신으로 파견하였다.(三月, 以一吉飡伯魚使北國)" 이를 통하여 문왕 대흠무 때에 발해와 신라가 교류했음을 짐작할 수 있다. "원성왕 6년"은 발해 기년으로는 문왕의 대흥(大興) 54년에 해당한다.
91) 정원(貞元): 덕종 이괄이 785~805년까지 21년 동안 사용한 연호. "정원 7년"은 서기 791년이며, 발해 기년으로는 문왕의 대흥 55년에 해당한다.
92) 위위경 동정(衛尉卿同正): 중국 고대의 관직명. '위위경'은 대궐 문의 경비를 관장하는 관서인 위위시(衛尉寺)의 수장을 말한다. 진나라 때에 처음으로 설치되었으며, 한대를 거쳐 역대 왕조에서 대대로 인습되었다. 수나라 때에는 병기·의장·장막 등으로 업무가 변경되었으며, 당대를 거쳐 송대까지 인습되다가 남송 고종(高宗)의 건염(建炎) 연간에 이르러 공부(工部)에 통합되었다. 여기서 '동정(同正)'은 글자 그대로 풀면 '[대우가] 정식 인원과 동등하다' 정도의 뜻이다. 정해진 인원이 아닌 특별히 임용한 관원이지만 해당 위위의 정규 관원과 동등한 대우를 하는 것

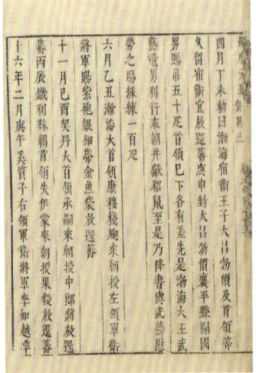

開元十五年 … 四月
丁未, 勅曰, 渤海宿衛王子大昌勃價及首領等
　　　　　久留宿衛, 宜放還蕃.
庚申, 勅　　大昌勃價襄平縣開國男.

[당 현종] 개원 15년 … 4월
정미일에 [현종이] 칙서를 내려 일렀다 :
"발해에서 숙위로 온 왕자 대창발가 및 수령 등은
[장안에] 오래 머물며 숙위로 복무했으니 풀어주어
본국(발해국)으로 귀환시키는 것이 옳다."
경신일에 [현종은 다시] 칙명을 내려
[발해 왕자] 대창발가를 양평현 개국남으로 봉하였다.

《책부원구》에는 당 현종이 개원 15년(727)에 귀국하는 발해 왕자 대창발가에게 양평현개국남이라는 봉호를 내린 사실이 소개되어 있다. 학계에서는 '양평'을 요녕성 요양시로 비정하는 것이 통설이지만 장회태자의 후한서 주석에 따르면 하북성 노룡현 일대이다.

팔월에는 그 나라 왕자인 대정한이 [중국에] 와서 입조하고 [대궐의] 숙위로 기용해 줄 것을 요청하였다.

○ 建中三年五月·貞元七年正月, 皆遣使來朝. 授其使大常靖爲衛尉卿同正, 令還蕃. 八月, 其王子大貞翰來朝, 請備宿衛.

• 045
[정원] 십년94) 정월에 [중국에] 와서 입조한 [그 나라] 왕자 대청윤을 우위장군95)동정으로 삼고 그 이하의 서른 명 넘는 수행원들에게도 차등을 두

으로, 쉽게 말하면 '위위경 대우'에 해당한다.

93) 본국[蕃]: '번(蕃)'은 고대 중국에서 이민족의 나라·부락을 뜻하는 표현이다. "당나라에서는 해와 거란을 '양번'으로 불렀다(唐謂奚契丹爲兩蕃)"는 원대 호삼성의 설명에서 볼 수 있듯이, 중국의 역대 정사에서는 북방민족 중에서도 해·거란·말갈 등의 족속을 일컫는 데에 주로 사용되었다.
94) 십년(十年): 덕종 이괄의 정원 10년을 말한다. 서기로는 794년이며, 발해 기년으로는 성왕(成王) 대화여(大華璵)의 중흥(中興) 원년에 해당한다.
95) 우위장군(右衛將軍): 중국 고대의 관직명. '우위(右衛)'는 중국 고대의 군사 편제.

어 관직을 내렸다. [＊96)]

○ 十年正月, 以來朝王子大淸允爲右衛將軍同正, 其下三十餘人, 拜官有差.

• 046

[정원] 십일년 이월에 [황제가] 내상시97) 은지섬을 파견하여 책서로 대숭린98)을 발해군왕99)으로 삼았다. [＊100)]

황제가 기거하는 궁궐의 경비를 서는 숙위 기구를 관장하였다. '우위장군 동정'은 글자 그대로 풀면 '정규 우위장군과 동등하게 대우하다' 정도의 뜻으로, '우위장군 대우'에 해당한다.

96) ＊ : 《신당서》〈발해전〉에는 다음의 내용이 소개되어 있다. "[대]흠무가 죽자 [발해에서] 자체적으로 '문왕'이라는 시호를 부여하였다. 아들 [대]굉림은 일찍 죽어서 족제인 [대]원의를 한 해 동안 [국왕으로] 세웠으나 의심이 많고 포학하였다. [이에] 나랏사람들이 그를 살해하고 굉림의 아들 [대]화여를 추대하여 왕으로 삼았다. [화여는] 다시 상경으로 돌아와 연호를 '중흥'으로 바꾸었다.(欽茂死, 私諡文王. 子宏臨早死, 族弟元義立一歲, 猜虐, 國人殺之, 推宏臨子華璵爲王. 復還上京, 改年中興)"

97) 내상시(內常侍): 중국 고대의 관직명 진(秦)나라 때에는 중상시관(中常侍官)으로 부르며 주로 환관을 썼으나 간혹 일반 관리를 임용하기도 하였다. 한대에도 같은 이름으로 부르다가 수나라 때에 '내상시'로 개칭하였다. 당대에는 내시성(內侍省)을 설치하고 내시(內侍) 4명과 내상시 6명을 두었는데, 내상시는 액정(掖廷)·궁위(宮闈)·해관(奚官)·내복(內僕)·내부(內府)의 5개 관서의 업무를 관장하였다.

98) 대숭린(大嵩璘): 대씨 발해국의 제6대 국왕. 문왕 대흠무의 막내 아들로,《신당서》에는 이름이 '숭린(嵩隣)'으로 나와 있다. 당나라 정원(貞元) 10년(794)에 제5대 국왕이던 성왕(成王) 대화여(大華璵)가 죽자 그 뒤를 이어 즉위하고 이듬해에 '정력(正曆)'으로 연호를 바꾸었다. 당나라로부터 발해군왕·좌교위대장군·홀한주도독에 봉해졌으나 조부인 대무흠 때에 발해국왕으로 봉해진 일을 지적하여 정원 14년(798)에 추가로 은청광록대부·검교사공·발해국왕에 제수되었다. 당나라와 우호관계를 지속하여 나중에 금자광록대부·검교사도(檢校司徒)에 이어 검교태위에 제수되고, 사후에는 발해에서 '강왕(康王)'이라는 시호를 받았다.

99) 발해군왕(渤海郡王): 중화서국본·국사편찬위원회본에는 '발해국왕(渤海國王)'으

○ 十一年二月, 遣內常侍殷志瞻冊大嵩璘爲渤海郡王。

• 047

[정원] 십사년101)에 [대숭린을] 은청광록대부102)·검교사공103)에 추가로 제수하고 격을 높여 발해국왕으로 봉하였다.104) [＊105)]

로 되어 있으나, 명대 가정 17년본(1538) 및 청대 무영전본·백납본에는 '발해군왕'으로 되어 있다. '나라 국'은 잘못 쓴 글자일 가능성이 높다는 뜻이다.

100) ＊: 원대의 호삼성은《자치통감》"덕종 정원 10년"조에 이런 주석을 붙였다. "발해는 대조영이 [현종의] 개원 연간에 나라를 세운 이래로 그 아들 [대]무예가 옹립되면서 더욱 강성해져서 동북방의 오랑캐들이 한결같이 그 나라를 두려워하며 신하로 복속하였다. [그러자 그는] '인안'으로 연호를 바꾸었다. [시대가] 오대로 바뀌고 송대에 이르러 야율씨(거란)가 아무리 여러 차례 침공했지만 [발해를] 복속시킬 수가 없었다. 그래서《자치통감》이 그 나라[국왕들]의 세계를 대대로 소상하게 기술할 수 있었던 것이다.(勃海磁大祚榮立國開元之間, 其子武藝立, 益以強性, 東北諸夷皆畏而臣之, 改元仁安. 更五代以至於宋, 耶律雖數加兵, 不能服也. 故通鑒歷叙其世爲詳)"

101) 십사년(十四年): 덕종 이괄의 정원 14년을 말한다. 서기 798년이며, 발해 기년으로는 강왕(康王) 대숭린(大嵩璘)의 정력(正曆) 4년에 해당한다.

102) 은청광록대부(銀靑光祿大夫): 중국 고대의 관직명. 8세기 두우의《통전》〈직관(職官)〉에 따르면, "【좌·우광록대부】광록대부는 모두 은제 관인과 푸른색 인끈을 지녔는데 그 지위가 막중한 경우에는 조서를 내려 금제 관인과 자주색 인끈을 추가했으니 그것을 '금자광록대부'라고 한다. 그 지위가 막중한 경우에는 '금자'라는 호칭이 추가되기에 본래의 광록대부는 '은청광록대부'로 부르게 되었다." 품계는 북위 때에 종2품 중(從二品中)이었다가 당대에 이르러 종3품으로 격상되었다.

103) 검교사공(檢校司空): 당대의 관직명. 동진·북조의 검교어사(檢校御史)에서 비롯된 '검교'는 글자 그대로 풀면 '조사하고 감찰한다'라는 뜻으로, 특정한 관직에 정식으로 제수되기 전에 해당 업무를 대리하는 것을 가리킨다. 뒤에 등장하는 '검교태위(檢校太尉)·검교비서감(檢校秘書監)'의 경우도 마찬가지이다. '검교사공'은 쉽게 말하자면 '사공 감독관' 정도로 해석할 수 있는 셈이다. 참고로, 사공(司空)은 고대에 수공업·토목공사 등의 업무를 관장하던 관직으로, 북위·북제·수·당·오대에는 태위(太尉)·사도(司徒)와 함께 '삼공(三公)'으로 일컬어졌다.

○ 十四年, 加銀靑光祿大夫·檢校司空, 進封渤海國王。

• 048

[대]숭린의 부왕인 [대]흠무는 개원 연간[106]에 부왕의 왕위를 세습하여 [발해]군왕 및 좌금오대장군[107]이 되었다. 천보[108] 연간에는 여러 차례에 걸쳐 특진[109] 태자첨사[110] 빈객[111]에 추가로 제수되었다.

---

104) 격을 높여 발해국왕으로 봉하였다[進封渤海國王]: 이전의 '군왕(郡王)'에서 격을 한 등급 높여 '국왕(國王)'으로 봉한 것을 두고 한 말이다.

105) *: 《일본후기(日本後紀)》·《유취국사(類聚國史)》·《일본일사(日本逸史)》 등의 일본 사서들에는 환무천황(桓武天皇)의 "연력(延曆) 18년(799)"조에 발해 국왕 대숭린이 보낸 국서가 소개되어 있다.

106) 개원 연간[開元中]: 문왕 대흠무가 즉위한 개원 25년(737)을 가리킨다. 1980년에 발견된 정효공주 묘비(貞孝公主墓碑)에 따르면 '대흥보력금륜성법대왕(大興寶曆金輪聖法大王)'이라는 존호를 사용했다고 한다. 재위 기간 동안 연호를 '대흥(大興) ⇒ 보력(寶曆) ⇒ 대흥'으로 사용했으며, 그 존호를 보면 독실한 불교 신자였음을 짐작할 수 있다.

107) 좌금오대장군(左金吾大將軍): 당대의 관직명. 정식 명칭은 좌금오위대장군(左金吾衛大將軍)이다. 금위군을 지휘하는 장군을 가리키는 '금오대장군'은 한대에 도성의 순시 및 도적·화재·수재 방지를 위하여 집금오(執金吾)를 설치한 데서 비롯되었다. 수나라 때에 금군(禁軍) 16위(十六衛)에 좌우 후위(候衛)를 설치했으며, 당나라 고종의 용삭 2년(662)에 그 제도를 인습하여 좌·우 금오위로 개칭하고, 정3품의 대장군을 각각 1명씩 두었다.

108) 천보(天寶): 현종 이융기가 742~756년까지 15년 동안 사용한 2번째 연호. 개원 29년에 현종의 형제 두 사람이 죽자 불운을 피하고 자신이 이룩한 제국의 성과를 누리겠다는 뜻에서 '천보'로 바꾸었다고 한다.

109) 특진(特進): 중국 고대의 관직명. 글자 그대로 풀면 '특별히 접견하는 사람'이라는 뜻이 된다. 전한대 말기부터 시행되었으나 정식 직함은 아니었다. 조정에 공로가 큰 열후(列侯)들 중에서 특별한 지위를 지닌 이들에게 부여되었으며, 조회(朝會)에서는 그 지위가 '삼공' 다음이었다. 당대 이후로는 고유한 직무가 없는 명예직으로 시행되었다. 품계는 북위 효문제(孝文帝)의 태화(太和) 17년(493)에 1품하(一品下)로 정했다가 23년에 2품으로 조정되었으며, 수·당대에 정2품으로 고정되었다.

《구당서》의 해당 대목. 당나라의 발해 왕에 대한 칭호는 대종(代宗)의 보응 원년(762)에 비로소 '군왕'에서 '국왕'으로 격상되었다.

○ 嵩璘父欽茂, 開元中, 襲父位爲郡王左金吾大將軍。天寶中, 累加特進‧太子詹事‧賓客。

110) 태자첨사(太子詹事): 중국 고대의 관직명. '첨사(詹事)'는 진(秦)나라 때에 처음 설치되었으며, 태자가 기거하는 동궁(東宮)의 가사를 관장하였다. 나중에는 직권이 차츰 막중해져서 동궁 안팎의 다양한 업무들을 관장하기에 이르렀다. 삼국시대 위나라에서 3품의 태자첨사를 설치했으나 수시로 존폐를 반복하다가 당대에 첨사부(詹事府)를 세우고 태자첨사와 소첨사(少詹事)를 각각 1명씩 두고 동궁 안팎의 업무들을 관정하게 하였다. 품계가 정3품인 당대의 태자첨사는 지위가 존귀한 대신 직무는 적어서 은퇴한 대신을 주로 임명하였다.

111) 빈객(賓客): 중국 고대의 관직명. 정식 명칭은 태자빈객(太子賓客)이다. 태자의 관속으로, 한대에는 비정규적인 관원으로 시행되었다. 그러다가 당나라 현경(顯慶) 원년(656)에 이르러 정식 관원으로 설치되어 태자에 대한 시중‧수행‧간언‧의례 등의 업무를 담당하였다. 정원은 4명으로, 지위가 제법 존귀하여 정3품의 예우를 받았으나 나중에는 은퇴한 대신에게 명예직함으로 내려졌다.

중국 학자 담기양이 그린 기괴한 발해 지도. 발해가 발해인 이유는 그 나라가 어떤 식으로든 발해(빨간 선)를 끼고 있었기 때문이다. 그러나 한중일 학계는 평양성은 지금의 평양시여야 한다는 강박관념(검은 동그라미) 탓에 한결같이 발해가 발해에서 멀리 떨어져 있는 이런 기괴한 지도를 역사적 사실로 가르치고 있다.

• 049

[당나라에서는] 보응112) 원년에 [그 격을 높여 발해]국왕에 봉했으며, 대력 연간에는 여러 차례에 걸쳐 사공·태위113)에 [추가로] 배수하였다.

○ 寶應元年, 進封國王。大曆中, 累加拜司空·太尉。

• 050

[대]숭린이 [그의] 왕위를 세습했을 무렵에는 [그의] 군왕·장군[작호]만 제수

---

112) 보응(寶應): 당나라 제9대 황제인 대종(代宗) 이예(李豫, 726~779)가 762~763년까지 2년 동안 사용한 연호. "보응 원년"은 서기 762년이며, 발해 기년으로는 문왕의 대흥 26년에 해당한다.

113) 태위(太尉): 중국 고대의 관직명. 진(秦)나라 때에 처음으로 설치되었으며, 군권을 장악하고 군사 업무를 관장하던 군사의 최고위직이었다. 품계는 정1품, 녹봉은 1만 석으로, 황금 관인과 자주색 인끈을 착용하는 특권을 부여하였다. 그 뒤로는 역대 왕조에 두루 인습되었으나 당대에 '삼공'으로 일컬어진 것처럼, 차츰 직함만 남고 실권은 없이 단순한 무관에 대한 존칭으로 사용되었다.

했을 뿐이었다. [이에 대]숭린이 사신을 파견하고 이치를 따지매 다시 책서로 추가로 [관작을] 임명하였다.

○ 及嵩璘襲位, 但授其郡王·將軍而已。嵩璘遣使敍理, 故再加冊命。

• 051

십일월에 [그 나라 국]왕의 조카인 대능신을 좌교위중랑장[114]·우후루[115]·번장[116]으로 삼고, 도독이던 여부구를 우무위장군으로 삼은 다음 놓아 주어 [본국으로] 귀환하게 해 주었다.[117]

---

114) 좌교위중랑장(左驍衛中郎將): 당대의 관직명. 수나라 대업 3년(607)에 정3품의 '12위 대장군(十二衛大將軍)'의 하나인 좌교위대장군 아래에 종3품의 좌교위장군을 두고 대장군을 보좌하게 하였다. 당대에는 중앙 군제인 16위(衛)에 낭장(郎將)을 좌·우로 1명씩 두고 중랑장의 직무를 대리하게 하였다.

115) 우후루(虞候婁): 당대에 대씨 발해국 주변에 있었던 이민족 이름. '우후(虞候)'만 보면 당·송대에 조정에 직속된 금군(禁軍)이나 지방 절도사(節度使) 휘하에서 복무하면서 시위(侍衛)의 임무를 수행한 같은 이름의 관직명처럼 보인다. 그러나 《책부원구》〈외신부·조공 5(朝貢五)〉에 "[덕종의 정원 18년에] … 우루·월희 등의 수령이 [황제를] 알현하였다(虞婁越喜等首領見)"고 기술되어 있는 것을 보면 말갈의 한 갈래인 '우루'의 또 다른 한자 표기임을 알 수 있다. 인터넷 〈국편위판〉에서는 '우후'를 '노후(虜侯)'로 소개했는데 글자를 잘못 읽은 것으로 보인다.

116) 번장(蕃長): 구체적으로는 어떤 관직인지 확인할 길이 없으나 글자 그대로 풀면 '현지인들의 우두머리'라는 뜻이므로, 한 부족의 수장을 뜻하는 추장(酋長)과 비슷한 호칭으로 보인다. 참고로, 당·송대에는 광주(廣州) 지역의 외국인 거주지역인 번방(蕃坊)에서 외국 상인들을 유치하는 등의 업무를 담당한 관리를 '번장'으로 부르기도 했으나 여기에 언급된 것은 남부가 아니라 북부의 발해국이므로 해당되지 않는 것으로 보인다.

117) 놓아 주어 귀환하게 해 주었다[放還]: 중국 정사, 특히 당대 사서에서 '방환(放還)'은 외국에서 당나라에 파견한 질자(質子, 볼모)가 숙위(宿衛) 등 당나라에서 정한 직무의 의무 복무기간을 채우면 해당 근무지에서 전출시켜 본국으로 귀환시킨 것을 가리키는 표현이다. 이 구절을 통하여 왕의 조카 대능신(大能信)이 질자로 당나라에 파견되어 숙위로 복무했으며 이해 11월에 복무기간을 다 채우고 '방환'되어 발해로 귀국했음을 알 수 있다.

당나라 명물 당삼채(唐三彩) 여인상. 흉노·선비·몽골 등 북방민족들은 물론이고 선비족이 주축을 이룬 당나라인들은 보름달 같은 얼굴과 풍만한 몸매에 생활력이 강한 여성을 미인으로 여겼다. (서안시 섬서성 고고박물관)

○ 十一月, 以王姪大能信爲左驍衛中郞將·虞候婁蕃長, 都督茹富仇爲右武衛將軍, 放還.

• 052

[정원] 이십일년[118)]에 [발해에서] 사신을 파견하여 [중국에] 들어와 입조하였다. [이에] 순종이 [대]숭린을 금자광록대부·검교사공에 추가로 제수하였다.

---

118) 21년(二十一年): 덕종 이괄의 정원(貞元) 21년(805)을 말한다. 발해 기년으로는 강왕(康王) 11년에 해당한다. '정원'은 785~805년까지 21년 동안 사용되었다.

○ 二十一年, 遣使來朝。順宗加嵩璘金紫光祿大夫·檢校司空。

• 053

원화[119) 원년 시월에 [대숭린에게] 검교태위[120)를 더해 주었다. 십이월에 사신을 파견하여 [중국에] 입조하고 공물을 바쳤다.
[원화] 사년 [대]숭린의 아들 [대]원유[121)를 은청광록대부·검교비서감·홀한주도독으로 삼고 앞서와 같이 발해국왕으로 삼았다.

○ 元和元年十月, 加檢校太尉。十二月, 遣使朝貢。四年, 以嵩璘男元瑜爲銀靑光祿大夫·檢校秘書監·忽汗州都督, 依前渤海國王。

• 054

[원화] 오년[122)에 사신을 파견하여 [중국에] 입조하고 공물을 바친 것이 두 차례였다. [원화] 칠년에도 마찬가지로 사신을 파견하여 [중국으로] 와서

---

119) 원화(元和): 당나라 제12대 황제인 헌종(憲宗) 이순(李純)이 806~820년까지 15년 동안 사용한 연호. 이 시기에는 오랜 혼란 속에서 잠시 통일의 국면을 이루었기 때문에 역사적으로 '원화의 중흥기[元和中興]'로 일컬어진다. "원화 원년"은 서기 806년, "원화 4년"은 809년으로, 발해 기년으로는 각각 강왕 대숭린 12년과 정왕(定王) 대원유 원년에 해당한다.

120) 검교태위(檢校太尉): 당대의 관직명. 글자 그대로 풀면 '태위 감독관' 정도의 의미를 나타낸다. '태위'에 관한 소개는 앞의 해당 주석(제413쪽)을 참조하기 바란다.

121) [대]원유(大元瑜, ?~812): 대씨 발해국의 제7대 국왕. 강왕 대숭린의 아들로, 당나라 원화 4년(809)에 대숭린이 죽자 국왕으로 즉위하였다. 당나라로부터 은청광록대부·검교비서감·홀한주도독·발해국왕에 봉해졌으며, 그 이듬해에 연호를 '영덕(永德)'으로 바꾸었다. 당나라·일본과 우호관계를 유지했으며 사후에 발해에서 '정왕(定王)'이라는 시호를 받았다.

122) 5년(五年): 당나라 헌종 이순의 원화 5년을 말한다. 서기로는 810년이며, 발해 기년으로는 정왕 2년에 해당한다. 또, "원화 8년"은 813년으로, 발해 희왕(僖王) 대언의의 원년에 해당한다.

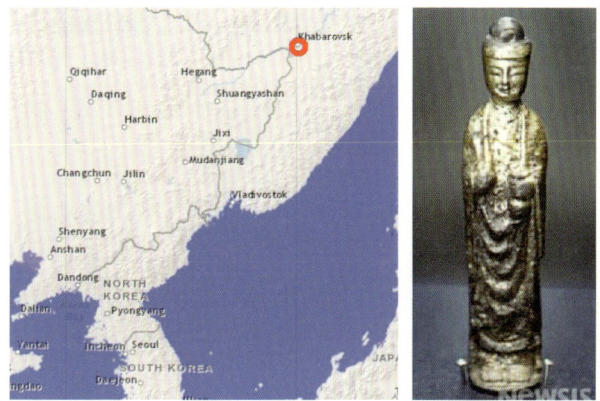
러시아 하바롭스크 시(빨간 동그라미) 인근에서 출토된 9세기 발해의 금동불상

입조하였다.

○ 五年, 遣使朝貢者二。七年, 亦遣使來朝。

• 055

[원화] 팔년 정월에 [대]원유의 아우로 권지국무[123)]이던 [대]언의[124)]를 은청광록대부·검교비서감·도독·발해국왕에 제수하고 내시 이중민을 파견하여 사신으로 보내었다.

---

123) 권지국무(權知國務): 대씨 발해국의 관직명. 글자 그대로 풀면 '임시로 국정을 대리한다'는 뜻이 되므로, 자신의 본래의 관직과는 별도로 다른 직무를 잠시 대리하는 관직이었던 셈이다. 지금으로 친다면 '국무총리 대행' 정도로 해석할 수 있겠다. 참고로, 뒤에 나오는 '지국무(知國務)'라는 대인수(大仁秀)의 직함은 '상임직 국무총리' 정도에 해당한다.

124) [대]언의(大言義, ?~817): 대씨 발해국의 제8대 국왕. 정왕 대원유의 동생으로, 헌종의 원화 7년(812)에 정왕이 죽자 권지국무를 맡았다. 이듬해 정월에 헌종에 의하여 은청광록대부·검교비서감·홀한주도독·발해국왕에 봉해졌다. 정식으로 즉위한 뒤에 연호를 '주작(朱雀)'으로 바꾸고 당나라·일본과 우호관계를 유지했으며, 사후에 발해에서 '희왕(僖王)'이라는 시호를 받았다.

○ 八年正月, 授元瑜弟權知國務言義銀靑光祿大夫·檢校秘書監·都督
·渤海國王, 遣內侍李重旻使焉。

• 056
[원화] 십삼년125)에 사신을 파견하여 [중국으로] 와서 입조하였다. 아울러 [대언의의] 부음을 알렸다. 오월에 [발해의] 지국무인 대인수126)를 은청광록대부·검교비서감·도독·발해국왕으로 삼았다.

○ 十三年, 遣使來朝, 且告哀。五月, 以知國務大仁秀爲銀靑光祿大夫·檢校秘書監·都督·渤海國王。

• 057
[원화] 십오년 윤정월에 사신을 파견하여 [중국으로] 와서 입조하였다. [이에 황제가] 대인수에게 금자광록대부·검교사공을 추가로 제수하였다. 십이월에 다시 사신을 파견하여 [중국으로] 와서 입조하고 공물을 바쳤다.

○ 十五年閏正月, 遣使來朝, 加大仁秀金紫光祿大夫·檢校司空。十二月, 復遣使來朝貢。

---

125) 13년(十三年): 헌종의 원화 13년을 말한다. 서기 818년이며, 발해 기년으로는 선왕(宣王) 원년에 해당한다.

126) 대인수(大仁秀): 대씨 발해국의 제10대 국왕. 고왕(高王) 대조영의 동생 대야발(大野勃)의 4세손이다. 원화 13년(818)에 즉위한 간왕(簡王) 대명충(大明忠, ?~818)이 죽자 권지국무를 맡았다. 같은 해에 당나라로부터 은청광록대부·검교비서감·홀한주도독·발해국왕에 봉해지고 연호를 '건흥(建興)'으로 바꾸었다. 15년에 추가로 금자광록대부·검교사공에 제수되었다. 당나라·일본과 우호관계를 유지하면서도 신라와는 숙적이 되어 수시로 무력 충돌을 일으켰다. 문무를 겸비하고 당나라 문화를 적극적으로 수입하는 등 발해의 문화를 풍성하게 발전시켜 '발해 동쪽에서 번성하는 나라', 즉 해동성국(海東盛國)'이라는 찬사를 받았다. 사후에 발해에서 '선왕(宣王)'이라는 시호를 받았다.

발해 상경(上京) 용천부(龍泉府)로 알려져 있는 흑룡강성 영안시(寧安市) 경내 발해 유적지의 석등. 지리적으로 볼 때 상경의 자리가 너무 동남쪽으로 내려와 있다.

•058

장경[127) 이년 정월에 이번에도 사신을 파견해 [중국으로] 왔다. [장경] 사년 이월에 대예 등 다섯 사람이 [중국으로] 와서 입조하고 [자신들을] 숙위로 기용해 줄 것을 요청하였다.

○ 長慶二年正月, 又遣使來。四年二月, 大叡等五人來朝, 請備宿衛。

•059

보력[128) 연간에는 해마다 공물을 바쳤다. 대화[129) 원년과 사년에도 똑

---

127) 장경(長慶): 당나라 제13대 황제인 목종(穆宗) 이항(李恒, 795~824)이 821~824년까지 4년 동안 사용한 연호. "장경 2년"은 서기 822년, "장경 4년"은 824년이며, 발해 기년으로는 각각 선왕 대인수 5년과 7년에 해당한다.
128) 보력(寶曆): 당나라 제14대 황제인 경종(敬宗) 이담(李湛, 809~827)이

같이 사신을 파견하여 [중국으로] 와서 입조하였다.

○ 寶曆中, 比歲修貢。大和元年·四年, 皆遣使來朝。

• 060

[대화] 오년에 대인수가 죽었다. [이에 황제가] 권지국무이던 대이진130)을 은청광록대부·검교비서감·도독·발해국왕으로 삼았다.

○ 五年, 大仁秀卒。以權知國務大彝震爲銀靑光祿大夫·檢校秘書監·都督·渤海國王。

• 061

[대화] 육년131)에 [발해의] 왕자 대명준132) 등을 파견하여 [중국으로] 와서 입

825~826년까지 2년 동안 사용한 연호. 이 연호는 대씨 발해국의 제3대 국왕인 문왕(文王) 대흠무(大欽茂, ?~793) 때에도 잠시 사용되었다. "보력 연간"은 발해 기년으로는 선왕 대인수 8~9년에 해당한다.

129) 대화(大和): 당나라 제14대 황제인 문종(文宗) 이앙(李昻)이 827~835년까지 9년 동안 사용한 연호. "대화 원년"은 서기 827년, "대화 4년"은 830년이며, 발해 기년으로는 각각 선왕 대인수 10년과 대이진 원년에 해당한다.

130) 대이진(大彝震): 대씨 발해국의 제11대 국왕. 선왕 대인수의 손자로, 건흥 12년(830)에 대인수가 죽자 권지국무를 맡았다. 이듬해에 연호를 '함화(咸和)'로 바꾸고 당나라로부터 은청광록대부·검교비서감·홀한주도독·발해국왕에 봉해졌다. 당나라·일본과 우호관계를 유지했으며, 중국 문물을 수용하는 데에 적극적이었다.

131) 6년(六年): 당나라 대화(大和) 6년을 말한다. '대화'는 제15대 황제인 문종(文宗) 이앙(李昻)이 827~835년까지 사용한 연호이다. "대화 7년"은 서기 833년이며, 발해 기년으로 대이진 4년에 해당한다.

132) 대명준(大明俊, ?~?): 대씨 발해국의 제11대 국왕인 대이진의 아들이다. 당나라 문종의 대화 6년(832)에 당나라에 사신으로 파견되고, 개성(開成) 2년(837)에도 하정사(賀正使)로 파견되었다. 이때 유학생 16명을 대동하고 당나라에 들어갔다가 청주(靑州, 지금의 산동반도)에서 억류되었으며 6명의 입국만 허가받고

'보배 보(寶)'는 읽거나 쓰기에 따라서는 '상 상(賞)'과 혼동될 수도 있다.

조하였다. [대화] 칠년 정월에 동중서우평장사¹³³⁾ 고보영¹³⁴⁾을 파견하여 [황제가 자신에게] 책서로 임명해 준 일에 고맙다는 인사를 하였다.

○ 六年, 遣王子大明俊等來朝。七年正月, 遣同中書右平章事高寶英來謝册命。

• 062
이어서 학생 세 사람을 파견하여 [고]보영을 수행하여 상도¹³⁵⁾로 와서

나머지 10명은 본국으로 귀환하였다.

133) 동중서우평장사(同中書右平章事): 대씨 발해국의 관직명. 글자 그대로 풀면 '중서성 우평장사와 동등한 예우를 받는 관직' 정도의 뜻이 된다.

134) 고보영(高寶英): 대씨 발해국의 대신. 당나라 문종의 대화 7년(833)에 벼슬이 동중서우평장사(同中書右平章事)에 이르렀다. 같은 해 정월에 사신으로 파견되면서 해초경(解楚卿) 등의 유학생 3명을 당나라에 입국시켰으며, 이전에 대인수가 유학시켜 당나라 문물을 익힌 이거정(李居正) 등 3명을 데리고 귀국하였다. 《책부원구》〈외신부·입근(外臣部·入覲)〉"경종(敬宗) 보력 2년"조에는 이름이 '고상영(高賞英)'으로 소개되어 있다. 그러나 《구당서》〈발해말갈전〉·《책부원구》〈외신부·조공5〉·《발해고(渤海考)》등, 다수의 사서·문헌들에는 '고보영'으로 소개되어 있다. 아마 '보배 보(寶)'의 모양이 '상 상(賞)'과 비슷한 데서 빚어진 착오인 것으로 보이는데, 전후 맥락을 따져 볼 때 '고보영'이 옳은 듯하다.

135) 상도(上都): 중국 고대에 '도읍'을 높여 부르던 이름. 여기서는 당나라의 초기 도읍인 장안(長安)을 가리킨다. 고대에는 나라에 도읍이 2개가 있을 때에 행정적·

발해 유적지에서 출토된 주사위 (부산일보 2014년 9월 15일)

학문을 닦게 하였다. [이에] 이전에 파견되었던 학생 세 사람은 학업이 거의 이루어져서 본국으로 귀환하기를 요청하기에 [그들의 부탁을] 윤허해 주었다.

○ 仍遣學生三人, 隨寶英請赴上都學問。先遣學生三人, 事業稍成, 請歸本國, 許之。

• 063

[대화 칠년] 이월에 [발해국] 왕자 대선성 등 여섯 사람이 [중국으로] 와서 입조하였다.

> 정치적 중요성에 따라 정식 도읍을 '상도', 제2의 도읍을 '하도(下都)' 식으로 구분하였다. 당대에는 숙종(肅宗)의 보응(寶應) 원년(762)에 동·서·남·북 네 방향에 새로 도읍을 한 곳씩 두면서 원래의 도읍인 장안을 '상도'로 높여 불렀다. 《신당서》〈지리지〉에는 다음과 같이 소개되어 있다. "【상도】처음에는 '경성'으로 불렸다. 천보 원년에 '서경'으로 부르다가 지덕 2재에 '중경'이라고 했으며, 상원 2년에 도로 '서경'으로 부르다가 숙종 [보응] 원년에 '상도'로 부르기 시작하였다.(【上都】初曰京城，天宝元年曰西京，至德二載曰中京，上元二年复曰西京，肅宗元年曰上都)"

온언박의 손자이자 당나라 시인 온정균(溫庭筠)의 시 〈발해 왕자를 전송하여 본국으로 돌려 보내며[送渤海王子歸本國]〉

개성[136]) 연간 이후에도 마찬가지로 조공의 소임을 다하는 [사신의 행렬이] 끊이지 않았다. [*[137])]

○ 二月, 王子大先晟等六人來朝。開成後, 亦修職貢不絶。

---

136) 개성(開成): 당나라 제15대 황제인 문종 이앙이 836~840년까지 5년 동안 사용한 연호. 개성 5년 정월에 즉위한 무종(武宗) 이전(李瀍, 814~846)도 한 동안 이 연호를 사용하였다. "개성 연간"은 발해 기년으로는 제11대 국왕 대이진의 7~11년에 해당한다.

137) *: 당대 후기의 시인인 온정균(溫庭筠, 812?~866?)은 당나라에 숙위로 머물다가 귀국하는 발해국의 왕자를 전송하면서 〈발해 왕자를 전송하여 귀국시키며[送渤海王子歸國]〉라는 5언 율시(五言律詩)를 지었는데, 그 내용은 다음과 같다. 그 영토가 멀리 바다(발해) 너머에 있으나, 수레며 문자[의 제도]는 한 뿌리에서 비롯되었지. 화려한 훈작 받고 고국으로 돌아가지만, [그가 지은] 아름다운 시구(詩句)는 중국에 남았네. 국경에서 강물 부는 가을에 헤어져, 돛 올리고 아침 해 뜨는 곳으로 떠나시네. 구중 대궐에서 풍월이 [그처럼] 훌륭하시더니, 고개 돌리니 [어느덧 그 자취] 하늘가로 사라지시네.("疆理雖重海, 車書本一家. 盛勳歸舊國, 佳句在中華. 定界分秋漲, 開帆到曙霞. 九門風月好, 回首是天涯")

찬자평(撰者評)

• 001

사관이 아뢰나이다.

"북쪽 오랑캐[138)]들은 중국과 아주 가까이에 있어서 [우리] 변방을 침입하는 일이 예로부터 있어 왔습니다. 동쪽 오랑캐들은 드넓은 바다 너머에 떨어져 있어서 [중국을] 어지럽힌다는 이야기는 내내 듣기 드물었습니다. [이는 지리적? 정치적?] 상황이 그렇게 만든 것이기도 하지만 아마 [그들이] 타고난 기질을 [그렇게] 부여받아서이기도 했을 것입니다. [그러니] '태평의 사람들은 어질고 공동의 사람들은 거칠다'[139)]라고 한 말이 맞

---

138) 북쪽 오랑캐[北狄]: 중국 고대 북방민족들을 두루 일컫던 이름. 그 이름은 주(周)나라 때에 화하(華夏, 중원) 주변의 이민족들을 방위에 따라 동이(東夷)·남만(南蠻)·서융(西戎)·북적(北狄)으로 구분하면서 사용되기 시작하였다. 주로 중원 북쪽에 살았기 때문에 '북'적으로 불렀으며, 나중에는 북방민족을 두루 일컫는 이름으로 사용되기도 하였다.《구당서》〈북적열전〉에서는 '철륵(鐵勒, 튀르크)·거란(契丹)·해국(奚國)·실위(室韋)·말갈(靺鞨, 마갸르)·발해말갈(渤海靺鞨, 발해국)·습(霫)·오라혼(烏羅渾, 오르혼)' 등의 족속들을 '북적'으로 소개하였다. 그러나 그중에서 말갈과 발해는 옛 고구려의 역사의 일부분이었다. 그래서 이번 책에서도 두 열전을 함께 소개하였다.

139) 태평의 사람들은 어질고 공동의 사람들은 거칠다[太平之人仁, 空峒之人武]: 한대의 백과전서《이아(爾雅)》에 나오는 말. 원문은 다음과 같다. "태평[동쪽으로 해가 뜨는 곳을 태평이라고 한다]의 사람들은 어질고, 단혈[제주로부터 남쪽에서 해를 이고 사는 곳(적도)을 태혈이라고 한다]의 사람들은 슬기롭고, 태몽[서쪽으로 해가 지는 곳을 태몽이라고 한다]의 사람들은 믿음직스럽고 공동의 사람들은 거칠다.(太平【東至日所出爲太平】之人仁, 丹穴【距齊州以南戴日爲太穴】之人知, 太蒙【西至日所入爲太蒙】之人信, 崆峒之人武)" 사람의 기질은 그가 사는 환경의 영향이 절대적이라는 뜻에서 한 말이다. 그래서 서진의 학자 곽박(郭璞, 276~324)도 "땅의 기운이 그들을 그렇게 만드는 것이다(地氣使之然也)"라는 주석을 붙였다. 여기서 '공동(空峒)'은 '공동(崆峒)'으로 적기도 하는데, '단혈'의 경우와는 정반대로 북

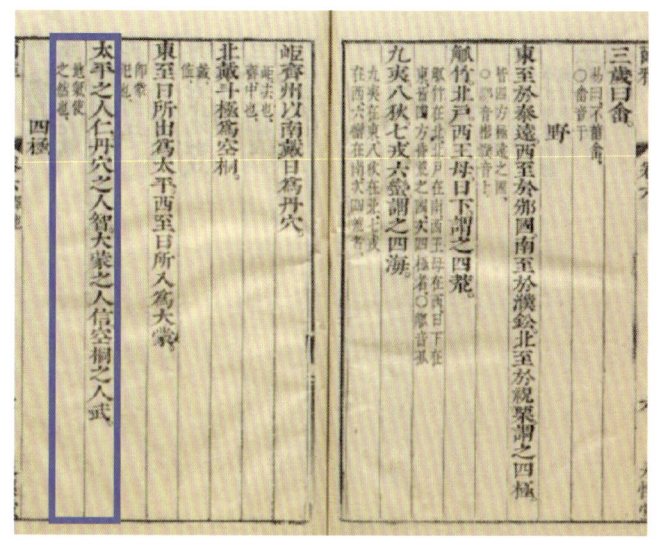

명간본 《이아(爾雅)》 "야(野)"조의 해당 대목

는 말이다 싶습니다.

○ 史臣曰, "北狄密邇中華, 侵邊蓋有之矣。東夷隔礙瀛海, 作梗罕常聞之。非惟勢使之然, 抑亦稟於天性。太平之人仁, 空峒之人武, 信矣。

• 002

수나라의 양제가 탐욕스럽고 무절제하게도 요동에 군사를 일으키고 가혹한 조세와 주체할 수 없는 [그의] 욕망은 이로 말미암아 생긴 것이었습니다. [급기야 질서를] 어지럽히는 신하와 막돼먹은 자들이 이를 빌미로 삼아 [불장난을] 멈추지 않다가 자기 몸을 불태우는 격이 되어 버리더니 급기야 그 나라까지 망치고 말았던 것이지요.

두칠성을 이고 사는 곳, 즉 북극지역을 가리키는 말로 사용되었다.

○ 隋煬帝縱欲無厭, 興兵遼左, 急斂暴欲, 由是而起。亂臣賊子, 得以爲資, 不戢自焚, 遂亡其國。

• 003

[그럼에도 불구하고] 우리의 태종 문황제께서는 몸소 원정의 수레를 몰아 동쪽으로 고려를 정벌하셨습니다. [그러나] 아무리 공을 이루었다고는 하나 잃은 것 역시 무척 많았습니다. [그래서 나중에] 개선하고 [우리나라로] 귀환하시는 날에 이르러 [태종께서는] 곁에서 모시던 신하들에게 고개를 돌리고 일러 말씀하셨습니다. '짐에게 위징이 [살아만] 있었더라면 이번 같은 정벌을 벌이는 일은 없었을 것을!'

○ 我太宗文皇帝親馭戎輅, 東征高麗, 雖有成功, 所損亦甚。及凱還之日, 顧謂左右曰, '使朕有魏徵在, 必無此行矣。'

• 004

이로써 [태종께서도 정벌의] 군사를 동원하신 일을 뒤늦게 뉘우치셨음을 알 수 있는 셈입니다. 어째서 그렇게 하셨겠습니까? 동쪽 오랑캐나 북쪽 오랑캐의 나라들은 돌밭과도 같기 때문입니다. 그것을 얻는다 한들 보탬이 될 일이 없으며, [또] 그것을 잃는다 해도 무슨 손해가 될 일이 있겠습니까? [그런데] 헛된 명성을 얻는 데에만 집착하시는 바람에 [덩달아 다른 데에서 얼마든지] 쓸모 있는 이들까지 수고롭게 만드셨던 것입니다![140]

---

140) 쓸모 있는 이들까지 수고롭게 만드셨던 것입니다[必務求虛名, 以勞有用]: 인터넷 〈국편위판〉에서는 마지막 구절을 "수고로움에나 쓸모가 있을 뿐이다" 식으로 번역했으나 오역이다. 마지막 구절의 '로유용(勞有用)'은 문법적으로 따져 볼 때 바로 앞의 '구허명(求虛名)'과 대구를 이루고 있기 때문이다. 따라서 세 글자를 「동사+목적어」 구조로 보아 '유용'을 명사('유용한 이들')로 해석해야 한다.

○ 則是悔於出師也可知矣. 何者? 夷狄之國, 猶石田也, 得之無益, 失之何傷, 必務求虛名, 以勞有用。

• 005

[그러니] 오로지 문화와 인덕을 닦음으로써 그들이 [자진해서 중국으로] 찾아오게 만들고, 명성과 교화를 통하여 그들을 복종하게 만들고, 믿음직한 신하를 가려 씀으로써 그들을 어루만지고, 변방의 수비에 전념함으로써 그들을 막음으로써 [스스로] 통역을 거듭하며 [중국의] 조정을 찾아오거나 바다를 건너서 [중국에] 들어와 공물을 바치게 만들어야 옳은 것입니다. [그리고] 그것이야말로 그 취지를 거의 달성한 것이라고 할 것입니다.

○ 但當修文德以來之, 被聲敎以服之, 擇信臣以撫之, 謹邊備以防之, 使重譯來庭, 航海入貢。茲庶得其道也。

• 006

[이에] 예찬하나이다.
'동쪽 오랑캐 땅 사람들과 북쪽 오랑캐 땅 풍속의 경우, 〈주관〉141)의 사례를 가만히 고찰해 보건대 그런 경우를 '만복142)'이라고 일컫나니

---

141) 《주관(周官)》: 주나라의 예법·전장제도를 소개한 《주례(周禮)》의 다른 이름. 전설에 따르면 주공(周公) 희단(姬旦)이 섭정으로 있을 때에 지었다고 한다. 지금 전해지는 것은 한나라 무제 때에 하간헌왕(河間獻王) 유덕(劉德, ?~BC130)이 산속을 뒤져 수습하고, 훗날 유흠(劉歆)이 왕망(王莽, BC45~AD23)에게 진상했다고 한다.
142) 만복(蠻服): 중국 고대에 중원왕조의 도읍으로부터 멀리 떨어진 이민족들('오랑캐')의 나라를 관념적으로 일컫던 이름. 고대에는 천자가 직접 다스리는 사방 1,000리의 왕기(王畿) 밖으로 사방 500리마다 '1복(一服)'으로 정하는 식으로

[그들을] 아직 얻지 못했다 해도 손해 볼 것이 없으며, [설사 그들을] 얻었다 한들 어디 만족할 수 있겠는가? [그러니 그들을] 보듬고 부드럽게 대하는 데에만 전념하는 것이 마땅하리니 이[런 헛된 수고]를 일컬어 '얽어매기'라고 하겠노라!'"

○ 贊曰, '東夷之人, 北狄之俗. 爰考周官, 是稱蠻服. 未得無傷, 已得何足. 宜務懷柔, 謂之羈束.'"

천하를 모두 '9복(九服)'으로 구분하였다. 만복은 제 6복으로 이민족들이 사는 지역들을 두루 일컫는 표현으로 주로 사용되었다.

자치통감-당기

조송(趙宋) 단명전학사 겸 한림시독학사(端明殿學士兼翰林侍讀學士)
사마광(司馬光) 수찬(修撰)
몽원(蒙元) 후학(後學) 호삼성(胡三省) 음주(音註)

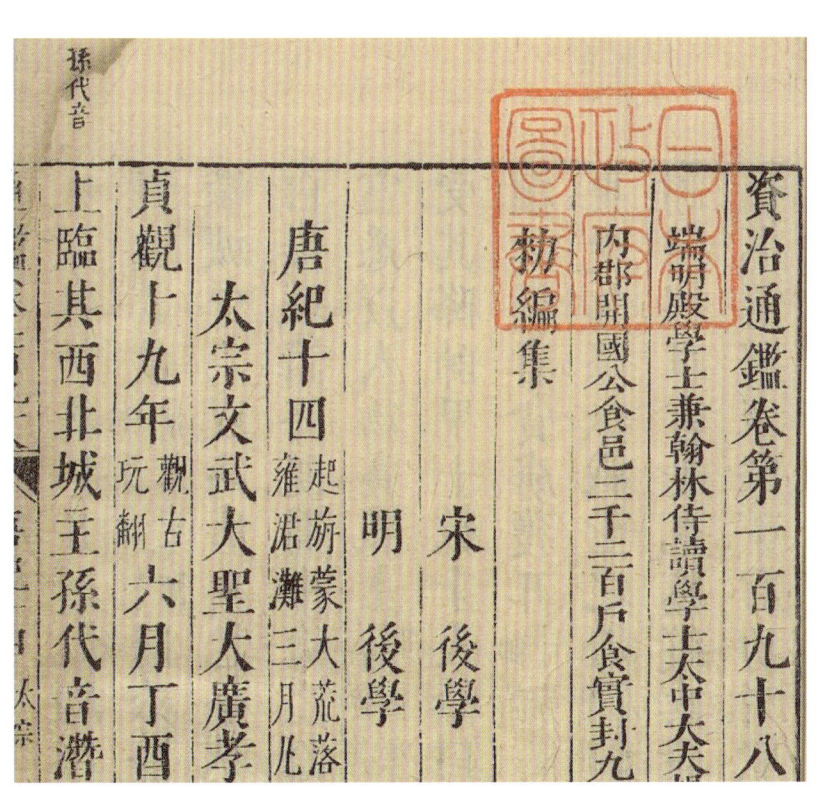

전국 시대 주(周)나라의 위열왕(威烈王) 23년(BC403)으로부터 오대(五代) 후주(後周) 세종(世宗)의 현덕(顯德) 6년(AD959)까지 총 1,362년 동안의 중국 역사를 다룬 편년체 통사. 당시의 정치가이자 학자이던 사마광(司馬光)이 주도하고 유반(劉攽)·유서(劉恕)·범조우(范祖禹) 등의 도움을 받으면서 작업을 진행한 끝에 20년 만에 완성하였다. 원래 제목은 《역대군신사적(歷代君臣事蹟)》이었으나 당시 황제이던 신종(神宗)이 역대 인물들과 주요 사건들을 망라하고 나라의 흥망성쇠를 소개하여 '황제가 나라를 통치하는 데에 보탬이 되는 보편적인 본보기'라는 뜻에서 《자치통감(資治通鑑)》이라는 제목을 내렸다. 내용은 〈주기(周紀)〉 5권, 〈진기(秦紀)〉 3권, 〈한기(漢紀)〉 60권, 〈양기(梁紀)〉 22권, 〈진기(陳紀)〉 10권, 〈수기(隋紀)〉 8권, 〈당기(唐紀)〉 81권, 〈후량기(後梁紀)〉 6권, 〈후당기(後唐紀)〉 8권, 〈후진기(後晉紀)〉 6권, 〈후한기(後漢紀)〉 4권, 〈후주기(後周紀)〉 5권 등, 총 294권으로 구성되었다.

사마광(1019~1086)은 자가 군실(君實)로, 섬주(陝州) 하현(夏縣) 사람이다. 철종(哲宗) 초기에 재상으로 기용되자 전임자 왕안석(王安石)이 시행한 '신법(新法, 혁신 정치)'을 파기하고 '구법(舊法, 기존의 정치 체제)'으로 환원시켰다. 사후에 온국공(溫國公)으로 추증되고 '문정(文正)'이라는 시호가 내려졌다. 《자치통감》이외에도 역사 고증을 추가한 《자치통감 고이(資治通鑑考異)》(30권), 전체 내용을 간추린 《통감거요력(通鑑擧要曆)》(80권), 내용에 대한 개요 격인 《자치통감 목록(資治通鑑目錄)》(30권)을 추가로 저술하였다.

주석본으로는 원대의 학자인 호삼성(胡三省)이 주석을 붙인 《자치통감 음주(資治通鑑音注)》(속칭 '호주')가 유명하다. 현재 널리 전해지는 판본은 청대 가경(嘉慶) 연간에 호극가(胡克家)가 '호주'를 부록한 것이며, 이 판본에 구두점을 찍고 기본적인 교감을 가한 것이 중화서국본이다. 《자치통감》을 모방한 것으로는 청대 건륭 연간에 한림원 편수(翰林院編修) 필원(畢沅)이 송·원대 역사를 소개한 《속자치통감(續資治通鑑)》(총 322권)이 있다. 〈이 밖에도 그 내용에 등장하는 지명들에 고증을 가한 송대 왕응린(王應麟)의 《통감지리통석(通鑑地理通釋)》, 남송 주희(朱熹)의 《자치통감 강목(資治通鑑綱目)》 등이 있다.〉

《자치통감(資治通鑑)》〈당기(唐紀)〉
고조 신요대성광효황제(高祖神堯大聖光孝皇帝)

무덕(武德) 원년(618, 무인년)

• 001

십이월, … 정유일[1)]에 수나라 [시절에 임명된] 양평태수 등고가 유성·북평 【호주】 두 군[의 관할권]을 들어 [당나라 조정에] 와서 투항하였다. [이에 등]고를 영주[2)]총관으로 삼았다.

○ 十二月, … 丁酉, 隋襄平太守鄧暠以柳城·北平【胡注】二郡來降。以暠爲營州總管。

【호주】 수나라 때에 양평군과 유성군을 설치했는데, [두 군] 모두 요서군 유성현의 지경에 있었다[3)]. 북평군은 바로 평주 노룡[현]의 땅인데, 이때 요서

---

1) 12월 정유일: 양력으로는 이듬해인 619년의 1월 17일에 해당한다.
2) 영주(營州): 중국 고대의 지역명. 인터넷〈국편위판〉주010에서는《구당서》〈지리지〉"영주"조의 기사를 근거로 "治所는 지금의 朝陽"이라고 보았다. 그러나 기존의 고증들에는 문제가 많다. 정확한 좌표에 관한 자세한 고증은 뒤의 "개원 원년"조의 해당 주석(제771~772쪽)을 참조하기 바란다.
3) 모두 요서군 유성현의 지경에 있었다[皆在遼西郡柳城縣界]: 원대 학자 호삼성(胡三省, 1230~1302)의 이 주석을 통하여 수·당대의 양평·유성·평주(노룡)가 지리적으로 서로 가까이 자리잡고 있었음을 확인할 수 있다. 인터넷〈국편위판〉·〈동북아판〉등 국내외 학계에서는 '양평'과 '유성'을 "지금의 遼寧省 朝陽縣", '평주'를 "지금의 遼寧省·熱河省 등의 滿洲 地域" 식으로 모두 요녕성 조양시 이동으로 보려는 경향이 지배적이다. 그러나 ① 당나라 고종의 아들 장회태자 이현(李賢)이《후한서》〈원소전(袁紹傳)〉에 붙인 주석에서 【양평현】 지금의 평주 노룡현 서남쪽에 있었다.(【襄平縣】在今平州盧龍縣西南)"라고 소개한 점이나, ② '평주' 뒤에 바로 "노룡[현]"이 명기되어 있는 점, ③《수서》와《구당서》의〈지리지〉에서 수·당대의 요서군을 지금의 하북성 동북부에 있다고 소개한 점 등을 종합해 볼 때 이 세 지역의 좌표는 하북성 동북부에서 찾아야 옳다. 요서군·유성군 등의 좌표에 관한 논의는 뒤의

군을 다시 영주로 삼았다.⁴⁾

무덕 4년(621, 신사년)

• 002

가을, 칠월 … 을축일⁵⁾에 고구려【호주1】의 국왕 [고]건무⁶⁾가 사신을 파견하여 입조하고 공물을 바쳤다. [고]건무는 [고]원【호주2】의 아우이다.

○ 秋, 七月 … 乙丑, 高句麗【胡注】王建武遣使入貢. 建武, 元【胡注】之弟也.

【호주1】구는 발음이 '구', 려는 린과 지의 반절('리')이다.⁷⁾

"유성" 주석(제497~498쪽)을 참조하기 바란다.
4)【胡注】隋置襄平·柳城郡, 皆在遼西郡柳城縣界. 北平郡, 卽平州盧龍之地. 時, 復以遼西郡爲營州.
5) 7월 을축일: 양력 8월 2일에 해당한다.
6) 고건무(高建武): 고구려의 제27대 국왕인 영류왕(榮留王)을 말한다. 평원왕 고탕(高湯, 고양?)의 아들이자 영양왕 고원(高元)의 이복동생이다. 당나라 건국 초기부터 여러 차례 사신을 파견하는가 하면 수나라 양제의 요동 출병 당시 고구려 땅으로 흘러 들어간 중국인 수만 명을 당나라로 송환하는 등 친당 정책을 고수하면서 우호관계를 유지하다가 당시 서부(西部) 대인(大人)이던 연개소문에게 시해되었다. 그 이름의 경우, 《수서》 이래의 중국 정사에는 '건무'로 소개되어 있다. 반면에 국내 사서인 《삼국유사》의 경우, 판본에 따라 '건세(建歲)·건성(建成)' 등으로 나와 있다. 그러나 '세(歲)'나 '성(成)'은 모양이 비슷한 '무(武)'를 잘못 새긴 것으로 보인다. 다만, ①《삼국사기》〈고구려본기〉 "영류왕"조에서 "이름이 건무이다['성'이라고도 한다](諱建武[一云成])", 《삼국유사》〈왕력편〉에서 "이름은 □, 또는 건무이다.(名□, 又建武)"라고 한 것이나 ② 낙양시에서 발견된 《고덕 묘지(高德墓誌)》에서 고구려 후예인 고덕(高德)의 내력을 소개하면서 "조부 고잠은 동부 출신으로, 건무태왕의 중리소형에 제수되었다(祖岑, 東部, 受建武太王中裏小兄)"고 한 것을 보면 ③ 실제로는 '성'이 본명이고 '건무'는 시호였다고 보아야 옳다.
7)【胡注】句, 音駒, 麗, 鄰知翻.

【호주2】 고원에 관해서는 《수서》〈본기〉를 보라.8)

무덕 5년 (622, 임오년)

• 003

십이월 … 임신일9)에 … 주상10)이 수나라 말기[에 요동전쟁에 종군했던] 전사들 다수가 고려11)에서 죽은 일을 들어 이해에 고려왕 [고]건무에게 조

---

8) 【胡注】高元, 見隋紀.
9) 12월 임신일: 양력으로는 다음해인 623년의 1월 31일에 해당한다.
10) 주상[上]: 이당(李唐) 왕조의 개국군주인 이연(李淵, 565~635)을 가리킨다. 자는 숙덕(叔德)이며, 북주(北周)의 귀족 출신으로 장안에서 태어나 7세 때에 부친의 작호인 당국공(唐國公)을 세습하였다. 의녕(義寧) 2년(618)에 장안에서 황제로 즉위하고 국호를 '당', 연호를 '무덕'으로 정하였다. 무덕 4년(621)에 중원을 통일했으나 둘째아들 이세민이 현무문(玄武門)에서 맏아들 이건성(李建成)을 죽이고 정변을 일으키자 낙심하여 제위를 이세민에게 물려주고 태상황(太上皇)으로 있다가 정관 9년(636)에 병사하였다. 시호는 태무황제(太武皇帝), 묘호는 고조(高祖)이다.
11) 고려(高麗): '위대한 구려' 또는 '고씨의 구려'라는 의미를 지닌 '고구려(高句麗)'를 중국식으로 두 글자로 축약해 일컬은 이름. 원대의 호삼성이 《자치통감》〈당기〉 "고조 무덕 4년(621)"조에 붙인 주석에 따르면, "구는 발음이 '구', 려는 '린과 지'의 반절(句, 音駒, 麗, 鄰知翻)"이므로 '[고]구리'로 읽혔던 셈이다. 인터넷 〈국편위판〉 주004에서는 고대 돌궐의 퀼테긴 비석에 등장하는 '뵈클리(Bökli)'와 당대의 산스크리트어 해석서 《범어잡명(梵語雜名)》의 '무구리(畝俱里)'를 근거로 "高句麗는 원래 句麗에 해당하는 土着語의 音에서 비롯하는 단어에 '高'字가 美稱으로 덧붙여진 것이며, 때로는 그 種族名에 따라 '貊' 字를 冠하기도 한 것"으로 해석하고 '무구리'의 발음을 '모쿨리(Mokuli)'로 추정하였다. 그러나 '뵈클리'와 '무구리'가 고구려(고구리)라는 주장을 뒷받침해 줄 음운적 증거는 없다. 또, 같은 주004에서는 '구려(句麗)'의 어원을 이렇게 소개하였다. "城 또는 谷·洞·邑 등을 뜻하는 고구려어 '溝漊'에서 비롯하였다는 說이 유력하다. '忽'을 이와 같은 말로 보기도 한다." 사실 여부는 논외로 치더라도, 고구려어에서 '구루'와 '홀'이 비슷한 의미를 나타내는 것은 맞지만 언어적 계통은 서로 다르다. '구루'는 만주-퉁구스계 언어의 '구룬(gurun)'인 반면, '홀'은 몽골계 언어의 '홋(xoτ)'이기 때문이다.

서를 내려[12] 모두 송환시키게 하였다. 아울러 [당나라의] 주·현들로 하여금 고려인들 중에 중원 땅에 있는 자들을 찾아내어 그 나라로 귀환시키도록 일렀다. [고]건무가 [고조의] 조명을 받들어 중국의 백성을 그 전후로 만 명 가까이 송환시켰다.

○ 十二月, … 壬申, … 上以隋末戰士多沒於高麗, 是歲, 賜高麗王建武書, 使悉遣還, 亦使州縣索高麗人在中土者, 遣歸其國。建武奉詔, 遣還中國民前後以萬數。

무덕 7년 (624, 갑신년)

• 004

이월 … 정미일[13]에 고려왕 [고]건무가 사신을 파견하여[14] [당나라로] 와서 [당나라의] 역서를 반포해 줄 것을 요청하였다. [그래서] 사신을 파견하여 [고]건무를 책봉하여 요동군왕·고려왕으로 삼았다. [이어서] 백제왕 부여장을 대방[15]군왕으로 삼고, 신라[16] 왕 김진평을 낙랑군왕[호주]으로

---

12) 고려왕 [고]건무에게 조서를 내리고[賜高麗王建武書]: 이때 고조 이연이 보낸 국서는 《신당서》〈고려전〉에 전문이 수록되어 있다. 그 원문과 번역은 우리역사연구재단의 다음 책《중국정사 조선·동이전5》(신당서권)을 기다려 주시기 바란다.

13) 2월 정미일: 양력으로는 3월 1일에 해당한다.

14) 건무가 사신을 파견하여[建武遣使]: 《구당서》〈고조본기〉에는 이렇게 기술되어 있다. "이해에 신라·구자·돌궐·고려·백제·당항에서 나란히 사신을 파견하여 입조하고 공물을 바쳤다.(是歲, 新羅·龜玆·突厥·高麗·百濟·党項並遣使朝貢)"

15) 대방(帶方): 조선시대 학자 정약용은《아방강역고》(이민수 역)의 〈대방고(帶方考)〉에서 이렇게 주장하였다. "대방은 … 곧 지금의 임진강이 바다로 들어가는 곳이다. … 온조가 나라를 세운 것은 곧 지금의 한양 땅인데, 이것을 대방의 옛 땅이라고 말했으니 열수 북쪽은 모두 옛 임둔 땅이다." 그러나 ① 대방의 옛 땅을 한반도의 서울(한양)로 비정한 것은 정약용 등 14세기 이래의 조선과 그 영향을 받은 17세기 이래의 청대 학자들뿐이다. ② '반도사관'의 한계를 극복하지 못한 정약용은 역사적·지리적으로 좌표가 요동에 있던 단일한 대방을 "대방은 모두 넷이다"(대방고,

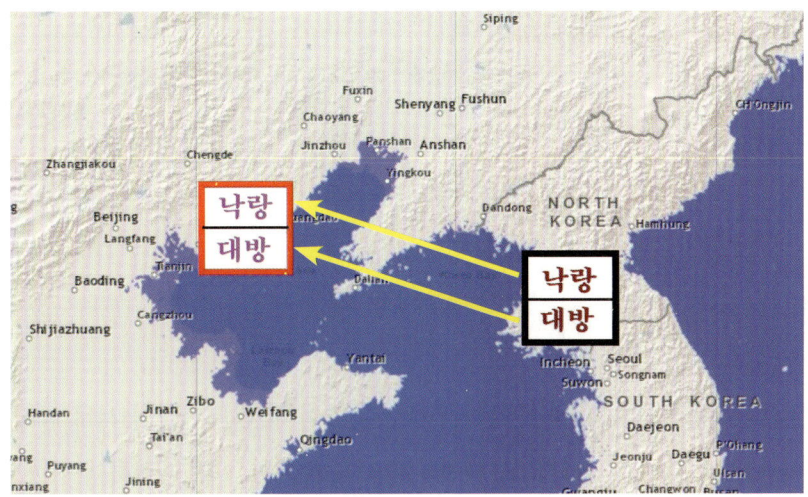

《구당서》의 〈백제전〉 및 〈신라전〉의 해당 대목. 여기서의 '대방'과 '낙랑'은 각각 백제와 신라의 발상지로 한반도가 아닌 중국의 지명이다.

삼았다.17)

제87쪽)라고 보고 그 좌표로 평양·요동·나주·남원을 제안하는가 하면, ③ [후연의 군주] 모용보가 광개토대왕을 평주목에 임명함과 동시에 "요동·대방 두 속국 왕으로 책봉했다"는 《북사》〈고려전〉의 기사에 대하여 "직명을 거짓으로 썼다"(제85쪽)며 사실이 아니라고 부정하기까지 하였다. 그러나 ④ 무엇보다도 《한서》 이후로 중국의 역대 정사들에서 대방을 중국 하북성 동북부로 지목해 왔고 ⑤ 《수서》〈백제전〉에서도 백제가 "옛 대방 땅"에 건국된 뒤에 "백 가를 거느리고 바다를 건넜다"고 소개했으므로 ⑥ 백제가 나라를 세운 장소와 바다를 건넌 뒤의 백제 강역(충청남북도)은 지리적으로 서로 다른 공간임을 알 수 있다. ⑦ 충격적인 사실은 중국에서는 현재 조선·청나라 학자들의 "대방=한양"설을 근거로 대방의 영역을 경기도 또는 충청도로까지 끌어내리고 있다는 것이다. 그러나 ⑧ 대방을 한반도 중부 지역으로 비정하는 한·중 학자들의 고증은 '반도사관'에 입각해 도출해 낸 결론으로, 역사적 사실과는 거리가 멀다.

16) 신라(新羅): 정약용은 신라는 건국 직후에는 나라 이름이 없다가 "지증왕(500~514)에 이르러 비로소 '신라'라 일컬었다"(《아방강역고》, 이민수 역, 제111쪽, 〈낙랑고〉)고 주장하였다. 그러나 ① 상식적으로 한 나라가 건국되고 500년 넘도록 국호도 없이 존재한다는 것은 말이 되지 않는다. 게다가 ② 진수의 《삼국지》

○ 二月, … 丁未, 高麗王建武遣使來請班曆。遣使册建武爲遼東郡王·高麗王, 以百濟王扶餘璋爲帶方郡王, 新羅王金眞平爲樂浪【胡注】郡王。

【호주】낙랑('락랑')은 발음이 '락랑'이다.[18]

무덕 9년 (626, 병술년)

• 005

신라·백제·고려 세 나라가 오랜 원한이 있어서【호주1】 번갈아 서로 공격하였다. 주상이 국자[감] 조교【호주2】이던[19] 주자사[20]를 파견하여 [고구려

〈위지·동이전〉 "한전(韓傳)"조에 마한에 부속된 소국들 중에 '사로국(斯盧國)'이라는 국호가 보이고, ③ '사로'는 '신라'의 또 다른 한자 표기의 사례로 역사적으로 서로 혼용되었으므로 ④ 한·위 시기, 즉 2~3세기에 이미 '신라'라는 국호가 존재했다고 보는 편이 합리적이다.

17) 낙랑군왕으로 삼았다[爲樂浪郡王]: 반도사관을 신봉한 정약용은 《북사》에 신라가 낙랑 땅에 살았다고 기술된 것과 관련하여 "기림왕 때에 춘천과 안변을 얻었기 때문"(《아방강역고》, 제111쪽, 〈낙랑고〉)이라고 보았다. 그러나 《북사》와 그보다 앞서 편찬된 《수서》에서는 ① 신라가 '한대'에 낙랑 땅에 살았다고 했고, ② 그 뒤에도 관구검이 고구려를 침공할 때 남하했다고 명시되어 있다. ③ 후한의 멸망이 220년, 관구검의 침공이 244~245년인 반면 기림왕은 그보다 50~70년 뒤인 298~310년 사이에 재위하였다. ④ 여기서의 낙랑은 그 좌표가 중국에 있으므로 한반도에 있다고 본 정약용의 주장이 잘못되었다는 뜻이다. ⑤ 역설적이지만 이 점은 반도사관을 신봉한 정약용조차 "경주를 낙랑이라고 한 것은 아니다"(《아방강역고》, 제40쪽)라고 뒷받침한 바 있다.

18) 【胡注】樂浪, 音洛郎。

19) 국자[감]조교이던[國子助敎]: 이때 삼국에 파견된 주자사의 직함과 관련하여 인터넷 〈국편위판〉 주176에서는 "《舊唐書》高句麗傳에는 '員外散騎侍郎(從5品下)'으로 되어 있는데, 《三國史記》〈高句麗本紀〉에는 '散騎侍郎(正5品下)'으로 되어 있고, 〈百濟本紀〉에는 '散騎常侍(從3品)'로 … 《舊唐書》·《新唐書》의 〈朱子奢列傳〉을 보면 使行時 그의 官名은 '假員外散騎侍郎'이라 되어 있다"고만 했을 뿐 어느 쪽이 맞는지는 밝히지 않았다. 그러나 전후의 맥락을 따져 볼 때, 삼국에 파견될 당시 주자사의 당나라에서의 정식 직함은 종6품상의 국자조교였다고 보아야 옳다. 다만,

로] 가서 설득하게 하였다. [나중에] 세 나라가 모두 표21)를 올리고 사죄하였다.

○ 新羅·百濟·高麗三國有宿仇【胡注】, 迭相攻擊。上遣國子助敎奢往諭指, 三國皆上表謝罪。

> 당나라 조정과 사절로 파견되는 주자사의 위신을 높이기 위하여 임시직으로 그보다 품계가 높은 종5품하의 '원외'산기시랑으로 품계를 높여 준 것이며, 삼국으로 나갔을 때에도 임시직임을 감추고 정5품하의 산기시랑으로 활동하게 해 준 것이다. 실제로 당대에는 하급 관원이 중요한 임무를 띠고 사신·칙사로 파견될 때에는 그 관복과 어대(魚袋)를 평소보다 높은 품계로 격상시켜 주곤 하였다. 인터넷 〈국편위판〉 주176에서는 '가원외산기시랑'도 직함(명사)으로 보았으나 '가(假)'는 사실은 '임시로 ~의 직함을 부여하다'라는 의미를 나타내므로 사실은 "원외산기시랑의 직함을 임시로 부여하였다"라는 뜻이다. 결국에는 '[원외]산기시랑'과 같은 뜻인 셈이다.

20) 주자사(朱子奢, ?~641): 수·당대의 대신. 오군(吳郡) 오현(吳縣, 지금의 강소성 소주시) 사람으로, 수나라 대업 연간(605~618)에 직비서학사(直秘書學士)를 지냈다. 당대에는 무덕 4년(621)에 오왕(吳王)이던 두복위(杜伏威)를 수행해 입조했다가 종6품상의 국자 조교(國子助敎)에 제수되었다. 국자 조교로 있던 정관 연간 초기에는 [원외]산기시랑의 직함으로 고구려에 파견되어 고구려·백제의 신라 공격을 저지하고《춘추》를 강의하기도 하였다. 그 뒤로는 산관직 국자학(散官直國子學)을 거쳐 간의대부(諫議大夫)·홍문관학사(弘文館學士)·국자사업(國子司業) 등을 두루 역임하였다. 언관 시절에는 당 태종이 자기 재위 기간의 기거주(起居注, 사초)를 보려 하는 것을 극력 반대하였다.《좌씨춘추(左氏春秋)》와《예기》에 밝은 데다가《오경정의(五經正義)》등을 편찬하여 경전의 통일에 이바지하였다. 고구려 파견 당시 직함의 경우, 여기에는 종5품하의 '원외산기시랑',《신당서》〈주자서전〉에는 '가원외산기시랑(假員外散騎侍郎)',《삼국사기》의 〈고구려본기〉에는 정5품하의 '산기시랑',〈백제본기〉에는 종3품의 '산기상시(散騎常侍)'로 소개되는 등, 사서마다 다소 편차를 보인다.

21) 표(表): 중국 고대에 신하가 군주에게 올리는 글을 일컫던 이름. 전국시대에는 일률적으로 '서(書)'라고 부르다가 진(秦)나라가 중원을 통일한 뒤로 '주(奏)'로 개칭되었다. 한대에는 그 용도에 따라 장(章)·주(奏)·표·소의 네 가지로 세분되었다. 남북조시대 유송(劉宋)의 문장가 유협(劉勰, 465~?)의《문심조룡(文心雕龍)》〈장표(章表)〉에 따르면, "'장'은 황제의 은혜에 고마워 할 때에, '주'는 관원을 탄핵할 때에, '표'는 관원의 의사를 개진할 때에, '의'는 황제와 다른 의견을 가지고 있을 때에 올렸다.(章以謝恩, 奏以按劾, 表以陳情, 議以執異)"

【호주1】《북사》에서 말하였다. "신라는 본래 진한의 종족으로, 고려 동남방에 [자리잡고] 있다. '진한'이라고도 하는데 전해지는 바에 따르면 진나라 시절에 망명해 온 이들이 국역을 피하여 마한까지 왔는데 [마한이 그] 동쪽 지경을 쪼개어 살게 해서 '진한'이라고 부르게 되었다고 한다. 처음에는 [진한에] 여섯 나라가 있었는데 차츰 쪼개져서 열두 나라로 되었는데 신라는 그 나라들 중의 하나이다. 어떤 사람들은 '위나라의 관구검이 고려를 무찌르매 [고구려 왕이] 옥저로 달아났다가 나중에 나라를 되살렸는데 그때 [진한 땅에] 남은 이들이 신라[인]가 되었다'고들 한다. [신라는] 옥저·불내·한·예의 땅들을 통합해 점유하였다. 그 왕은 본래 백제[에 살던] 사람이었는데 바다를 통하여 도주하여 신라로 들어갔다가 마침내 그 나라에서 왕이 되었다. [처음에는] 백제에 붙어 복속했으나22) 나중에는 강해지고 번성하였고 그리하여 [결국] 백제와 적수가 되었다. [그러나] 백제가 고려를 정벌할 때에는 [신라로] 와서 [군사력을] 지원해 줄 것을 요청했고, [그때마다?] 모두 병력을 이끌고 가서 그들(백제)을 무찔렀다. [신라와 백제는] 이때부터 서로 공격하기를 멈추지 않았으며, 나중에 백제왕을 사로잡았을 때 그를 죽이면서 더욱 깊은 원한을 품기에 이르렀다.23)

---

22) 백제에 붙어 복속했으나[附庸百濟]: 정약용은《북사》의 이 대목과 관련하여《아방강역고》〈진한고(辰韓考)〉에 이런 주장을 덧붙였다. "거기에 소속되었다는 것은 백제가 조공을 바칠 때 신라가 이를 따라 공물을 바쳤다는 말이다." 말하자면 초기에는 중국과의 교통로를 가지지 못했던 신라가 백제로부터 바닷길과 편의를 제공받아 백제 사신을 따라 중국에 조공한 것을 수나라 등 중원 왕조가 신라가 마치 백제의 속국인 것처럼 오해한 것이라는 말인 셈이다. 역사 기록과 당시의 정황들을 종합해서 따져 볼 때 상당히 설득력 있는 해석이라고 하겠다.

23)【胡注】北史曰,'新羅本辰韓種。在高麗東南, 亦曰秦韓。相傳秦世亡人避役, 來適馬韓, 割東界居之, 故名秦韓。始有六國, 稍分爲十二, 新羅其一也。或稱, 魏毋丘儉破高麗, 奔沃沮, 後復國, 其留者爲新羅, 兼有沃沮·不耐·韓·濊之地。其王本百濟人, 自海洮入新羅, 遂王其國, 附庸百濟。後致強盛, 因與百濟爲敵。百濟伐高麗, 來請救,

【호주2】 진나라 무제의 함녕 4년에 국자감을 설립하고, 제주와 박사를 각 1명씩, 조교 15명을 두어 학생들을 가르치게 하였다. [북위의] 효무제의 태원 10년에는 조교를 줄여 10명으로 조정하였다. 당나라에서 조교는 5명이었으며, [품계가] 종 6품상으로, 박사를 보좌하여 교수의 역할을 분담하였다.[24]

悉兵往破之. 自是相攻不置, 後獲百濟王, 殺之, 滋結怨.'
24) 【胡注】晉武帝咸寧四年立國子學, 置祭酒·博士各一人, 助教十五人, 以敎生徒. 孝武太元十年, 損助敎爲十人. 唐助敎五人, 從六品上, 掌佐博士分經敎授.

《자치통감(資治通鑑)》〈당기(唐紀)〉
태종 문무대성대광효황제(太宗文武大聖大廣孝皇帝)

정관(貞觀) 5년 (631, 신묘년)

• 001

가을, 팔월의 갑진일[25]에 [태종이] 사신을 파견하여 고려왕을 알현하게 하였다. [당나라 사신은] 수나라 당시에 전사한 [전사의] 해골들을 거두어들여 안장하고 제사를 지내 주었다.[26] [＊[27]]

○ 秋, 八月, 甲辰, 遣使詣高麗, 收隋氏戰亡骸骨, 葬而祭之.

• 002

겨울, … 십일월, … 정묘일[28]에 신라에서 미녀 두 사람을 바쳤다. 위징이 [그 미녀들을] 받아서는 안 된다고 여기니 주상이 기뻐하면서 말하는 것이었다.

"임읍의 앵무새도 '고통스럽다, 춥다' 스스로 표현하고 그 나라로 돌아

---

25) 8월 갑진일: 양력으로는 9월 18일에 해당한다.
26) 팔월의 갑진일에~[八月, 甲辰]: 이 부분은 시기 및 상황 전개에서 같은 내용을 기술한 《구당서》〈태종본기〉와는 편차를 보인다. "7월의 갑진일에 사신을 파견하여 고려가 [수나라의 고구려 침공 당시에] 세운 경관을 헐고 수나라 사람들의 해골을 거두어들여 그들을 제사 지내고 안장해 주게 하였다.(七月甲辰, 遣使毀高麗所立京觀, 收隋人骸骨, 祭而葬之)"
27) ＊: 《구당서》〈태종본기〉에는 "정관 11년(637)"조에 다음의 기사가 추가되어 있다. "[정관] 11년 … 12월 신유일(양력 638년 1월 1일)에 백제왕이 그 나라 태자 [부여]융을 파견하여 [중국으로] 와서 입조하였다.(十一年 … 十二月辛酉, 百濟王遣其太子隆來朝)"
28) 11월 정묘일: 양력으로는 12월 10일에 해당한다.

가고자 생각한다. 하물며 두 여인은 친척들과 멀리 여의게 되었음에랴!" [그러고는] 앵무새와 함께 각각 [본국의] 사자들에게 인계하여 그들을 돌려보내 주었다.

○ 冬, … 十一月, … 丁卯, 新羅獻美女二人。魏徵以爲不宜受, 上喜曰, "林邑鸚鵡猶能自言苦寒, 思歸其國。況二女遠別親戚乎。并鸚鵡, 各付使者而歸之。

• 003
신라의 국왕 [김]진평이 죽었다. [왕위를] 계승할 아들이 없어서 나랏사람들[29]이 그의 딸 [김]선덕을 세워 왕으로 삼았다.

○ 新羅王眞平卒。無嗣, 國人立其女善德爲王。

정관 14년 (640, 경자년)

• 004
[*[30]] [*[31]] 이월의 정축일[32]에 주상[33]이 국자감에 행차하여 석전

---

29) 나랏사람들[國人]: '국인(國人)'은 글자 그대로 풀면 '나랏사람' 즉 국민이라는 뜻이다. 그러나 고대에는 이 뜻과 함께 '도성에 사는 사람들'이라는 뜻으로 사용되기도 하였다. 7세기 당대의 학자인 가공언(賈公彦)은 《주례(周禮)》〈지관·천부(地官·泉府)〉에 붙인 주석에서 이렇게 설명하였다. "'국인'이란 국성 안(육향)에 사는 사람들을 말한다.(國人者, 謂住在國城之內, 即六鄉之民也)" '국성'은 국왕이 사는 도성, 즉 왕성(王城)을 가리킨다. 전후 맥락을 따져 볼 때, 여기서도 신라의 서울 즉 금성에 사는 사람들을 가리키는 말로 보아야 옳다.

30) *:《구당서》〈태종본기〉에는 이에 앞선 "정관 12년(638)"조에 다음의 기사가 추가되어 있다. "[정관] 12년 … 겨울, 10월 … 기해일(양력 12월 5일)에 백제에서 사신을 파견하여 금빛 갑옷과 화려하게 문양을 새긴 [의장용] 도끼를 바쳤다.(十二年 … 冬十月 … 己亥, 百濟遣使供金甲雕斧)"

31) *:《구당서》〈태종본기〉에는 "정관 13년"조에 다음의 기사가 추가되어 있다. "[정

석전대제(釋奠大祭)의 한 장면 (2023년 2월 1일 천지일보 보도)

[제]34)를 참관하였다. … 도성은 물론이고 고려·백제·신라·고창·토번 35) 등의 나라들의 추장들 역시 자제들을 파견하고 국학36)에 넣어 줄

관] 13년(639), … 이해에 … 고려·신라·서돌궐·토화라·강국·안국·파사·소륵·우전·언기·고창·임읍·곤명[의 사신들] 및 먼 이국의 오랑캐 추장들이 차례로 사신을 파견하여 [조정에] 입조하고 공물을 바쳤다."

32) 2월 정축일: 양력으로는 3월 7일에 해당한다.

33) 주상[上]: 여기서부터는 당나라의 제2대 황제인 태종(太宗) 이세민(李世民)을 가리킨다.

34) 석전제(釋奠祭): 중국 고대에 관립 학교에서 거행하던 유교 제례의식의 하나.《예기(禮記)》〈문왕세자(文王世子)〉에서는 "무릇 학교에서는 봄에 교관이 그 선대의 스승에게 석전제를 지내고, 가을·겨울에도 그렇게 한다. 무릇 처음으로 학교를 세우는 경우에는 선대의 성인 선대의 스승들에게 석전제를 지내야 한다.(凡學, 春官 釋奠于其先師, 秋冬亦如之. 凡始立學者, 必釋奠于先聖先師)"고 소개하였다. 후한대 학자 정현(鄭玄, 127~200)은 주석에서 "'석전'이란 음식을 차리고 술을 따라 놓는 정도이다(釋奠者, 設薦饌酌奠而已)"라고 하였다. 이를 통하여 공자(孔子)를 위시한 유가의 성인들에게 지낸 제사임을 알 수 있다.

35) 토번(吐番): 중국 고대에 티베트 민족이 618~842년까지 티베트 고원에 세운 나라. 낭일논찬(囊日論贊, 남리슬론찬, 570~629)으로부터 낭달마(朗達瑪, 랑다르마, 799~842)에 이르기까지 200년 넘게 존속하였다.

것을 요청하니 강연에 참여하는 이가 팔천여 명【호주】이나 되었다.

○ 二月, 丁丑, 上幸國子監, 觀釋奠。… 京師, 乃至高麗·百濟·新羅·高昌·吐蕃諸酋長亦遣子弟請入國學, 升講筵者至八千餘人【胡注】。

【호주】《자치통감 고이》에는 "《구당서》〈고려전〉에서는 '80여 명'이라고 하였다"고 되어 있다. 여기서는 《신당서》쪽 기록을 따랐다.[37]

• 005

삼월 … 신축일[38]에 유귀국【호주1】에서 사신을 파견하여 입조하고 공물을 바쳤다. 도성으로부터 일만오천 리나 떨어져 있는데, 북쪽 바다를 마주하고 남쪽으로는 말갈[39]과 이웃하고 있었다. [그 나라는] 지금까지

---

36) 국학(國學): 중국 고대의 국립 학교인 '국자학(國子學)'을 말한다. 진 무제(晉武帝)의 함녕(咸寧) 2년(276)에 처음으로 설치되었으며, 수나라 때부터는 최고 관립 학교인 국자감(國子監)의 별칭으로 사용되었다. 당대에는 수나라의 제도를 인습하면서 정관 원년(627)에 국자감으로 개칭하고 제주와 함께 승(丞)과 주부를 1명씩 두어 학교 행정을 담당하게 하였다. 《구당서》〈고종본기〉에서는 "여섯 학문이 모두 국자감에 예속되었다(凡六學, 皆隸於國子監)"고 했는데, 그 '여섯 학문'은 국자학(國子學)·태학(太學)·사문학(四門學)·율학(律學)·산학(算學)·서학(書學)을 말한다. 신라에서는 삼국통일 이후인 신문왕(神文王) 2년(682)에 설치되었다.

37) 【胡注】考異曰, 舊傳云, '八十餘人'。今從新書。

38) 3월 신축일: 양력으로는 3월 3일에 해당한다.

39) 말갈(靺鞨): 고대 북방민족의 한 갈래. 북위 시기까지는 '물길(勿吉)'로 불렸으며 수나라에 이르러 '말갈'로 불리기 시작하였다. 인터넷 〈국편위판〉 주188에서는 그레벤스치코프(Grebenščikov)의 주장을 근거로 "靺鞨이란 原音이 Moxo, 또는 Moho로서 滿洲의 女眞語의 물(水)을 뜻하는 Muke에서 나온 것이라 생각된다. … 이로 보아 靺鞨이란 말은 '물가에서 생활하던 사람들'을 가리키는 용어임에 틀림없다. 이것은 勿吉(Wu-tsi)이란 말이 '森林에서 生活하던 사람들'을 가리키는 것과 서로 對比된다"고 보았다. 그러나 그 같은 추론은 잘못된 것이다. ① '모허(Moho, Moxo)'는 고대의 한자음이 아니라 현대식 한자음이다. 실제의 고대음은 '막과 발의 반절[莫拔切, moat]'과 '호와 갈의 반절[胡葛切, ghɑt]'이므로 '맟갓(⇒ 뫄가)' 식으로 재구된다. '모허'와 '뫄가'는 음운적 성질이 상당히 다르다. 지금의

중국과 교류한 적이 없었는데 세 명의 통역을 거쳐서야 [중국까지] 온 것이었다. 주상은 그 나라 사자 사지를 기도위로 삼았다.【호주2】 [＊40)]

○ 三月 … 辛丑, 流鬼國遣使入貢。去京師萬五千里, 濱於北海, 南鄰靺鞨, 未嘗通中國, 重三譯而來。上以其使者佘【胡注】志爲騎都尉。

【호주1】 유귀국은 곧장 흑수말갈 동북쪽까지 가서 작은 바다의 북쪽에 있다. 삼면이 바다로 막히고, 남쪽으로는 막예말갈과 이웃해 있는데, 동남쪽에서 바다를 15일 동안 항해해 가면 도착한다. [그 나라] 사람들은 섬들에 의지해 흩어져 사는데 저[지대]습지가 많다. 처음에는 백제에 붙어 복속하다가 나중에 신라에 붙어 복속했는데 동이[의 한 갈래]이다. [8세기 당나라 사학자]

발음을 1,400년 전의 이름에 끼워 맞추는 것 자체가 잘못된 논증이라는 뜻이다. ② 미국 학자 주학연(朱學淵)은《진시황은 몽골어를 하는 여진족이다》에서 '말갈'의 고대음이 헝가리인의 선조 종족 이름 '마갸르(magyar)'와 어원적으로 일치한다고 보았다. 실제로 종성 '-ㅅ'이 탈락된 고대음 '뫄가'는 음운상으로 '마갸르'와 거의 완벽하게 대응된다. ③ 따라서 음운·어원적으로 첫 단추를 잘못 끼운 '모허'를 만주어 '무커(muke)'와 결부시키고 비교하는 것 역시 잘못된 결론을 도출할 수밖에 없다. ④ 역대 중국 정사에서는 말갈은 말을 방목하면서 수렵과 약탈을 일삼았다고 적고 있다. ⑤ 무엇보다도 '말(靺)'과 '갈(鞨)' 두 이름자에 모두 '가죽 혁(革)'이 들어 있다는 것 자체가 말갈의 기마민족적 특질을 잘 보여 준다. 말갈과 만주족은 생활 방식이 전혀 다른 것이다. '모허'가 '무커'에서 유래했다는 것은 어원학적으로도 역사적으로도 어불성설이라는 뜻이다. 애초에 '물길'과 '말갈'은 중원 왕조의 구성 종족 및 한자 표기 방식에 따라 북위까지는 '물길'로 표기하다가 수·당대부터 '말갈'로 표기한 경우일 뿐이다. 그 정확한 의미는 단정할 수 없으나 그 둘이 사실상 동일한 이름이며 동일 계통의 종족 집단이라는 뜻이다. '물길'과 '말갈'이 같은 의미를 가진 명사를 다른 한자로 표기한 것인데 이를 두고 '전자는 숲에 사는 집단, 후자는 물가에 사는 집단' 식으로 단정한다는 것 자체가 논리적 비약이다. 말갈의 연혁에 관해서는《구당서》의〈말갈전〉및〈발해말갈전〉을 참조하기 바란다.

40) ＊:《구당서》〈태종본기〉에는 "정관 14년"조에 다음의 내용이 기술되어 있다. "14년 … 12월 … 을묘일(양력 641년 2월 8일)에 고려의 세자 [고]상권이 [중국에] 와서 입조하였다.(十四年 … 十二月 … 乙卯, 高麗世子相權來朝)"

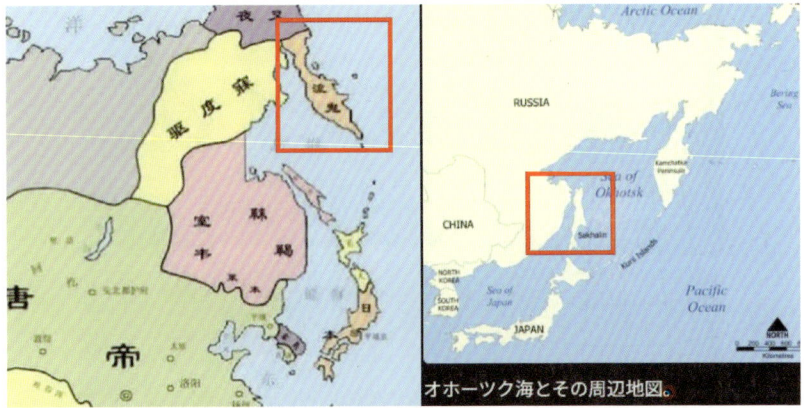

중국에서는 유귀국을 캄차카 반도(좌)로 비정하고 있다. 그러나 최근 일본에서는 고고조사를 토대로 사할린(우)이라고 결론을 내렸다. 실제로 고대에는 터널이나 교량이 존재하지 않았으므로 우회거리를 감안하면 물리적 거리상으로는 사할린 정도가 적합해 보인다.

두우는 "유귀국은 북해의 북쪽에 자리잡고 있다"고 하였다. … 말은 발음이 '말(末)', 갈은 발음이 '갈(曷)'이다.41)

【호주2】[8세기 당나라 음운학자인] 손면은 "'사'는 시와 차의 반절('사')이다. 성씨이다"라고 하였다.42)

정관 15년 (641, 신축년)

• 006

오월 … 병자일43)에 백제에서 [사신이] 와서 그 나라 왕 부여장의 부음을 알렸다. [그래서 고조가] 사신을 파견하여 책서로 그 나라의 [왕위] 계승자인

---

41)【胡注】流鬼國, 直黑水靺鞨東北, 少海之北, 三面阻海, 南與莫曳靺鞨鄰, 東南航海十五日, 行乃至。人依島嶼散居, 多沮澤, 初附百濟, 後附新羅, 東夷也。杜佑曰, '流鬼國在北海之北.' … 靺, 音末。鞨, 音曷。

42)【胡注】孫愐曰, 余, 視遮翻, 姓也。

43) 5월 병자일: 양력으로는 6월 30일에 해당한다.

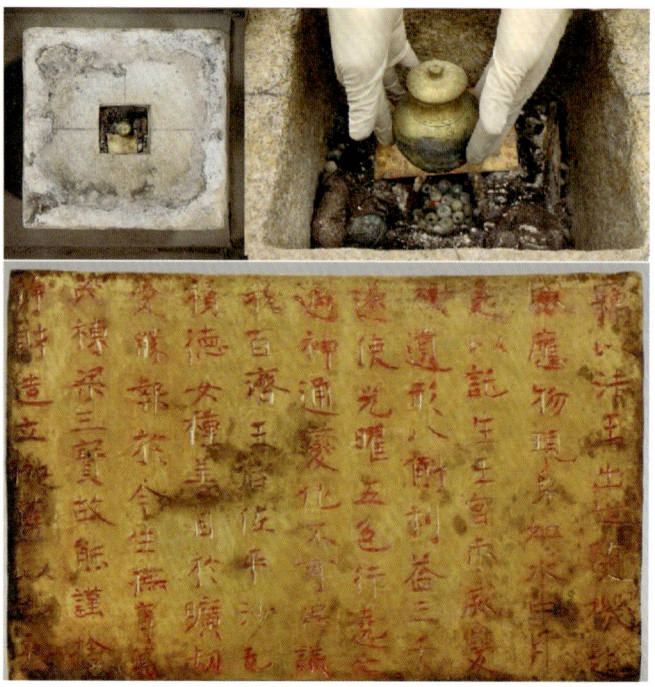

익산 미륵사지(彌勒寺址) 서탑(좌)에서 출토된 무왕 시기의 사리장엄구 (우)와 그 안에서 발견된 사리봉영기(아래) (문화재청 사진)

[부여]의자를 [국왕으로] 임명하였다.⁴⁴⁾

○ 五月 … 丙子, 百濟來告其王扶餘璋之喪, 遣使册命其嗣子義慈。

• 007

가을, 칠월 … 병자일⁴⁵⁾에 … 주상이 직방【호주】낭중 진대덕을 고려에

---

44) 그 나라 왕 부여장의 부음을 알렸다~[告其王扶餘璋之喪]:《구당서》〈태종본기〉의 "정관 15년"조에는 이 대목이 이렇게 기술되어 있다. "백제왕 부여장이 죽었다. [태종이] 조서를 내려 그의 세자 부여의자를 세워 그 부왕의 왕위를 계승하게 하고 원래대로 [그를] 대방군왕에 봉하였다."

45) 7월 병자일: 양력으로는 8월 28일에 해당한다.

사신으로 보냈다. 팔월의 기해일[46)]에 [그개] 고려로부터 귀환하였다.

○ 秋, 七月, … 丙子, … 上遣職方[胡注]郎中陳大德使高麗。八月, 己亥, 自高麗還。

【호주】 직방은 천하의 지도 및 성황묘·군사기점·봉화대 등의 시설들의 숫자를 관장하고 그 나라의 거리 및 주위 오랑캐(이민족)의 귀화 양상을 분류하는데, 무릇 5방의 구획이나 도읍의 존폐, 강역의 분쟁 등의 문제들을 들어서 바로잡는다.[47)]

• 008

[진]대덕이 처음에 그 나라 땅으로 들어갔을 때 [그 나라의] 산천과 풍습을 알고자 하여 이르는 성읍마다 비단을 그 성주들에게 주고 말하였다. "나는 산수를 즐깁니다. 여기에 풍광이 빼어난 곳이 있다니 내 그곳을 좀 보았으면 합니다."

[그러자] 성주들은 기뻐하면서 그를 안내하여 여기저기 구경을 시켜 주는데 이르지 않는 곳이 없을 정도였다.

○ 大德初入其境, 欲知山川風俗, 所至城邑, 以綾綺遺其守者, 曰, '吾雅好山水, 此有勝處, 吾欲觀之.' 守者喜, 導之遊歷, 無所不至。

• 009

[그 과정에서] 왕왕 중국 사람들을 마주치곤 했는데 [그들이] 스스로 말하는 것이었다.

---

46) 8월 기해일: 양력으로는 9월 20일에 해당한다.
47) 【胡注】職方, 掌天下地圖及城隍鎭戍烽候之數, 辨其邦國之遠近及四夷之歸化, 凡五方之區域, 都邑之廢置, 疆場之爭訟, 舉而正之。

"집은 어느 군에 있는데, 수나라 말기에 군대에 징용되었다가 고려에 남게 되었는데 고려에서 떠돌이 여자를 아내로 주기에 고려 사람들과 섞여서 지내고 있는 이가 거의 절반은 될 것입니다."

○ 往往見中國人, 自云, '家在某郡, 隋末從軍, 沒於高麗, 高麗妻以遊女, 與高麗錯居, 殆將半矣.'

• 010

[그들이] 내친 김에 '[자신들의] 친척들이 살았는지 죽었는지' 묻기에 [진]대덕이 그들을 속여 "다들 별고 없네" 하고 말하니 모두가 눈물을 흘리면서 서로 [진대덕에게 사정을] 하소연하는 것이었다. 며칠 뒤에는 [고구려에 남은] 수나라 사람들 중에 그를 보고 소리 내어 우는 이들이 교외 들판에 몰려들었다.

○ 因問親戚存沒, 大德紿之曰, '皆無恙.' 咸涕泣相告。數日後, 隋人望之而哭者, 徧於郊野。

• 011

[나중에 진]대덕이 주상에게 아뢰었다.
"그 나라는 '고창이 멸망하였다'는 소식을 듣고 몹시 두려워하면서 [사신이 머무는] 관사에 안부를 물으러 오는 열성이 평소보다 더 각별해졌사옵니다."

○ 大德言於上曰, '其國聞高昌亡, 大懼, 館候之勤, 加於常數.'

• 012

[그러자] 주상이 말하였다.

신강 위구르자치구 토로번(吐魯番, 트루판)에 남아 있는 고창국의 유적과 그 위치

"고려는 본래 [한나라가 설치한] 네 군[호주1]이었다. 내가 군사 몇 만만 동원하여 요동(고구려)을 공격하면 저들은 온 국력을 다 기울여 [자기 나라를] 구하려 할 것이 분명하다. [여기에] 별도로 수군을 파견하여 동래48)를 출발하여 바닷길을 따라 평양[성]까지 달려가서 수군과 육군이 합세한다면 그 나라를 가지는 일이 어렵지는 않을 것이다. 다만 [지금] 산동의 주·현들이 피폐한 상태로 아직 회복되지 않았으니 내 [그] 백성들을 수고롭게 하고 싶지 않을 뿐이다."[호주2]

○ 上曰, '高麗本四郡地【胡注】耳, 吾發卒數萬攻遼東, 彼必傾國救之, 別遣舟師出東萊, 自海道趨平壤, 水陸合勢, 取之不難。但山東州縣彫瘵未復, 吾不欲勞之【胡注】耳。'

---

48) 동래(東萊): 중국 고대의 지명. 전한의 고조(高祖) 때 군이 처음 설치되었다. 치소는 액현(掖縣)으로 지금의 산동성 내주시(萊州市) 일대에 해당하는데, 후한 이후로 그 위치가 여러 차례 변경되었다. 진대(晉代)에는 동래국(東萊國)으로 개칭되고, 남조시기에는 유송에서 다시 군으로 개칭되었다. 동래를 거쳐 바다(발해)를 건너갔다는 대목은 곧 남조와 고구려가 사신을 주고받는 해로를 추정하는 데에 유용한 단서를 제공해 준다.

【호주1】 한나라 무제가 임둔·진번·낙랑·현토의 네 군을 설치했으며, [지금은] 고려가 그 땅을 점유하고 있다.49)

【호주2】 황제의 이 말을 보니 [이때] 이미 고려를 가지려는 야심을 품고 있었던 셈이다.50)

정관 16년 (642, 임인년)

• 013

십일월 … 정사일51)에 영주도독 장검이 '고려의 동부52) 대인 천개소문

---

49) 【胡注】漢武帝置臨屯·眞番·樂浪·玄菟四郡, 高麗有其地.
50) 【胡注】觀帝此言, 已有取高麗之心.
51) 11월 정사일: 양력으로는 12월 2일에 해당한다.
52) 대인(大人): 고구려의 존칭. ① 초기 정사인 《후한서》〈고구려전〉에서 "고구려에는 다섯 부족이 있는 바, 소노부·절노부·순노부·관노부·계루부가 있다.(高句驪有五族, 有消奴部絶奴部順奴部灌奴部桂婁部)"라고 한 것이나, ② 《한원》〈번이부(蕃夷部)·고구려〉에서 인용한 삼국시대 사서 《위략(魏略)》의 기록에 따르면, "5부는 모두 귀인의 부족이다. 첫째가 내부로 바로 《후한서》의 계루부인데 '황부'라고도 한다. 둘째가 북부로 절노부인데 '후부'라고도 하고 '흑부'라고 부르기도 한다. 셋째가 동부로 순노부인데 '좌부'라고도 하고 '상부'라고 부르기도 한다. 넷째가 남부로 관노부인데 '전부'라고도 하며 '적부'라고 부르기도 한다. 다섯째가 서부로 소노부인데 '우부'라고도 한다. 그중 내부는 성이 '고'로 바로 왕족이다. 고려에서 '성이 없다'고 하는 경우는 모두가 내부이다. 또, 내부는 왕실이기는 하지만 동부에 속해 있으며, 그 나라에서 일을 처리할 때에는 동쪽을 으뜸으로 치기 때문에 동부가 가장 높다(五部, 皆貴人之族也. 一曰內部, 卽後漢書桂婁部, 一名黃部. 二曰北部, 卽絶奴部, 一名後部, 又名黑部. 三曰東部, 卽順奴部, 一名左部, 或名上部, 又名靑部. 四曰南部, 卽灌奴部, 一名前部, 又名赤部. 五曰西部, 卽消奴部, 一名右部. 其內部, 姓高, 卽王族也. 高麗稱無姓者, 皆內部也. 又內部雖爲王宗, 列在東部之下, 其國從事, 以東爲首, 故東部居上)"라고 한 것, 또 ③ 《자치통감》 "정관 16년"조에 호삼성이 "《북사》에서는 '고려 5부에 저마다 욕살이 있다'고 한 것을 보면 ['대인'은] 아마 그 추장에 대한 칭호였을 것"이라고 주석을 붙였다. ④ 이상의 단서들을 종합해 볼 때, 고구려의 '5부'는 연맹체제의 5개 부족을 아울러 일컫는 이름임을 알 수 있다. 따라서 '대인'은 부족의 수장을 뜻하는 셈이므로 '족장' 또는 '추장'의 의미로 이해

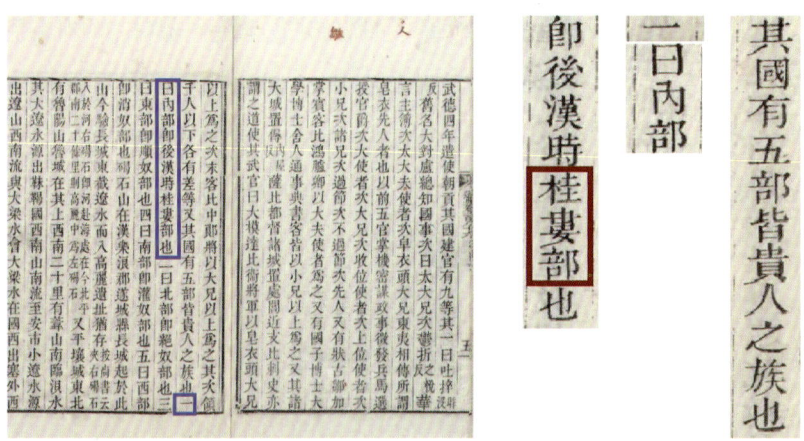

《자치통감》의 고구려 '5부'에 관한 호삼성의 주석

【호주】이 그 나라 왕 [고건]무를 시해했다'는 장계를 올렸다.

○ 十一月 … 丁巳, 營州都督張儉奏高麗東部大人泉【胡注】蓋蘇文弑其王武。

【호주】'천'은 [고구려의] 성씨이다. 《신당서》에서는 말하였다. "개소문이라는 자의 경우, 어떤 사람은 '개금'이라고 부르기도 하는데 성이 천씨이다. [그들은] 스스로 '물 속에서 태어났다'고 말하면서 사람들을 미혹하곤 하였다. … 《자치통감 고이》에는 《구당서》〈고려전〉에서는 '서부 대인'이라고 하였다. 여기서는 실록[의 기록]을 따르기로 한다."[53]

• 014

[천]개소문[54]은 거칠고 포악하여 법도를 지키지 않는 경우가 많았다. [그

할 수 있다고 본다.

53) 【胡注】泉, 姓也。新書曰, '蓋蘇文者, 或號蓋金, 姓泉氏。自云生水中, 以惑衆。' 麗, 力知翻, 考異曰, '舊傳云西部大人', 今從實錄。

래서] 그 나라 왕과 대신들이 '그를 주살할 것'을 의논하였다. [천]개소문은 그 일을 몰래 알아채고 휘하의 병력을 모두 소집하여 사열을 하는 척 꾸미는 한편 [평양]성 남쪽에 술과 음식을 성대하게 차려 놓은 다음 대신들을 불러 함께 참관하다가 병사들로 하여금 그들을 모조리 죽이게 하니 죽은 이가 일백여 명이나 되었다.

54) 개소문(蓋蘇文): 고구려 말기의 권신인 연개소문(603~666)을 말한다. 조부는 [천]자유(子遊), 부친은 [천]태조(太祚)로 모두 막리지를 지냈다고 한다. 《신당서》에 따르면, "'개소문'이라는 자가 있는데, '개금'이라고도 하였다. 성이 '천'으로, '물속에서 태어났다'고 스스로 말하면서 사람들을 현혹시켰다. 기질이 잔인하고 포악하여 아비가 동부대인·대대로를 지내고 죽자 개소문이 [그 자리를] 계승해야 했으나 나랏사람들이 그를 미워하여 추대될 수가 없었다. [하는 수 없이] 머리를 조아리며 그들에게 죄를 빌면서 '그 자리에 앉게 해 주시되 부적합한 구석이 있으면 그때 취소하셔도 후회하지 않겠습니다' 하고 간청하니 사람들이 그 모습을 딱하게 여기고 결국 그 자리를 이어받게 해 주었다.(有蓋蘇文者, 或號蓋金, 姓泉氏, 自云生水中以惑衆. 性忍暴, 父爲東部大人大對盧, 死, 蓋蘇文當嗣, 國人惡之, 不得立. 頓首謝衆, 請攝職, 有不可, 雖廢無悔, 衆哀之, 遂嗣位)"고 한다. 1922년에 중국 낙양에서 발굴된 《천남생묘지(泉男生墓誌)》에서 "아비 개금은 태대대로를 지냈다(父盍金, 任太大對盧)", 《천헌성묘지(泉獻誠墓誌)》에서 "조부 개금은 본국에서 태대대로에 임명되어 병마(군권)를 쥐고 있었다(祖蓋金, 本國任太大對盧, 捉兵馬)"고 한 것을 보면 최종적인 직함은 '태대대로'였던 셈이다. 《정관정요(貞觀政要)》의 주석에는 "개는 발음이 '합'이다.(蓋音盍)"라고 소개되어 있다. 곽석량의 《한자고음수책》(제18쪽)에 따르면, '개(蓋)'는 '고와 태의 반절[古太切, 까이]'인 반면 '합(盍)'은 고대음이 '갑과 엽의 반절[匣葉切, ghap]', 당송대 한자음(광운)으로는 '호와 랍의 반절[胡臘切, hap]'이다. 《정관정요》를 저술한 오긍(吳兢, 670~749)은 고구려 멸망 직후에 태어났지만 천남생 일족과는 시대가 같다. 그가 소개한 한자음 고증을 믿지 않을 이유가 없다는 뜻이다. 그렇다면 실제의 이름은 '개소문'이 아니라 '갑소문' 또는 '합소문'이었던 셈이다. 그는 당나라의 고구려 침공을 막아 구국의 영웅으로 평가하는 것이 보통이지만 한편으로는 대를 이은 철권통치와 권력투쟁으로 고구려의 멸망을 자초했다는 비판도 받고 있다. 중국의 《중국정사 고구려전 상주 및 연구(中國正史高句麗傳詳注及研究)》(제230쪽)에서는 이렇게 소개하였다. "수나라 때에 지금의 [북]조선 평양[시]에서 태어났고, 대대로 지금의 길림성 농안현에서 살았다."(제230쪽) 그러나 그 주장은 사실로 받아들이기 어렵다. 낙양에서 발견된 《천남생묘지명》에는 "[개소문의 아들인] 공은 … 요동군 평양성 사람이다(公 … 遼

○ 蓋蘇文凶暴多不法, 其王及大臣議誅之。蓋蘇文密知之, 悉集部兵若校閱者, 并盛陳酒饌於城南, 召諸大臣共臨視, 勒兵盡殺之, 死者百餘人。

• 015

[그리고 그] 기회를 타서 말을 몰고 왕궁으로 들어가 손으로 그 나라 왕을 시해하고 몇 토막을 내더니 도랑에 버렸다. [그러고는] 왕의 동생의 아들인 [고]장을 세워 왕으로 삼고 자신은 막리지가 되었다.[55] 그 관직은 중국의 이부[의 상서]가 병부 상서[56]를 겸한 것과 같았다.

○ 因馳入宮, 手弒其王, 斷爲數段, 棄溝中, 立王弟子藏爲王, 自爲莫離支。其官, 如中國吏部兼兵部尙書也。

東郡平壤城人也)"라고 소개되어 있기 때문이다. 요동군은 압록강 너머에 설치되었던 군인데 평양성이 그 경내에 있었다고 본다면 당연히 압록강 남쪽의 평양시와는 좌표가 다를 수밖에 없다.

55) 그 나라 왕을 시해하고 몇 토막을 내더니~[手弒其王, 斷爲數段]:《구당서》〈태종본기〉"정관 16년(642)"조에는 이 대목이 이렇게 기술되어 있다. "16년 … 이해에 고려의 대신이던 [천]개소문이 그 주군 고[건]무를 시해하고 [고건]무의 형의 아들인 [고]장을 국왕으로 옹립하였다.(十六年 … 是歲, 高麗大臣蓋蘇文弒其君高武, 而立武兄子藏爲王)"

56) 병부상서(兵部尙書): 지금의 국방부에 해당하는 중국 고대의 중앙 관서인 병부(兵部)의 수장. '상서(尙書)'는 중국 고대의 관직명으로, '문서[書]를 관장[尙]하다'라는 뜻인데, 궁중에서 문서·상소문을 담당한 일종의 서리 또는 비서였다. 전국시대에 처음 설치되었으며 진(秦)나라에서는 소부(少府)에 속하였다. 한대에는 진나라의 제도를 인습하는 토대 위에서 성제(成帝) 때부터 상서를 5명으로 정하고 도서·비망록·상소·조서 등의 문서 업무를 분담하게 했으며, 후한에 이르러 정식으로 황제를 보필해 정무를 처리하는 관원으로 격상되었다. 위·진대 이후로는 국가 규모가 커져 업무가 번잡해지면서 당대에는 이부(吏部)·호부(戶部)·예부(禮部)·병부(兵部)·형부(刑部)·공부(工部)의 '6부(六部)'가 그 직무를 분담하였다.

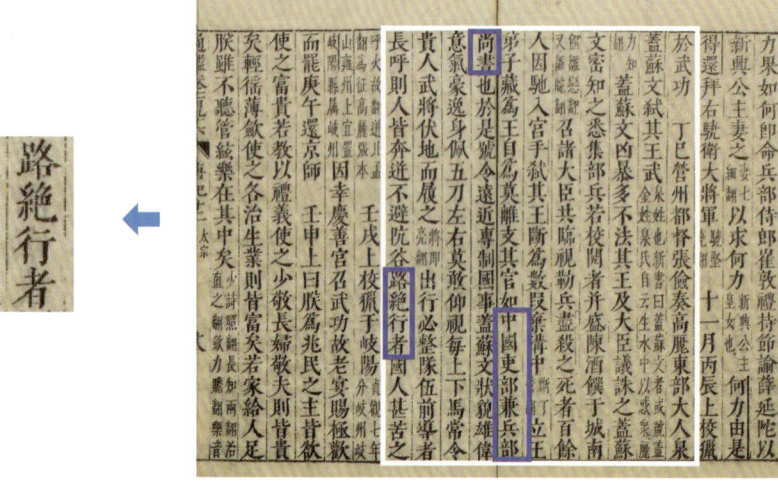

《자치통감》 "정관 18년"조의 연개소문 관련 대목. 《삼국사기》에는 '중국 이부 겸 병부상서'가 '당 이부상서 겸 중서령 직(唐吏部尙書兼中書令職)'으로 되어 있고 뒤의 '노절행자(路絶行者)' 부분은 생략되어 있다.

• 016

이렇게 해서 온 나라를 호령하며 나랏일을 도맡아 좌우하였다. [천]개소문은 기세와 용모가 씩씩하고 우람하며, 뜻과 기개가 호탕하고 거침이 없었다. [거기다가] 몸에는 칼을 다섯 자루나 지니고 다녀서 측근들조차 함부로 고개를 들고 바라보지 못할 정도였다.

○ 於是, 號令遠近, 專制國事。蓋蘇文狀貌雄偉, 意氣豪逸。身佩五刀, 左右莫敢仰視。

• 017

[그는] 말을 타고 내릴 때마다 늘 귀족이나 무장들로 하여금 땅바닥에 엎드리게 하고 그 등을 디디곤 하였다. [그리고] 외지로 나갈 때에는 어김없이 대열을 정비했는데 앞장을 서는 이가 길게 외치면 사람들이 다들

달아나면서 웅덩이나 구덩이를 가리지 않아서 길에는 다니는 사람들의 발길이 끊어질 정도여서 나랏사람들이 몹시 괴로워하였다.【호주】

○ 每上下馬, 常令貴人武將伏地而履之。出行必整隊伍, 前導者長呼, 則人皆奔迸, 不避阬谷, 路絶行者, 國人甚苦之【胡注】。

【호주】[이것이] 고려를 정벌하는 빌미가 되었다.57)

• 018

박주58) 자사 배행장이 장계를 올려 고려를 정벌할 것을 건의하였다. [그러자] 주상이 말하였다.

"고려왕 [고덕]무는 [우리나라에] 입조하여 공물을 바치는 소임59)을 끊은 적이 없거늘 적신에게 죽임을 당하고 말았구나! 짐이 그를 몹시 깊이 애도하는 것은 시로 [그를] 잊지 못해서이니라. 다만, 국상으로 [나라가] 어지러운 틈을 타서 그 나라를 가진다면 아무리 그 나라를 얻는다 해도 값진 것이 아닐 것이다. 더욱이 [지금] 산동은 피폐해져 있으니 내 차마

---

57) 【胡注】爲征高麗張本。
58) 박주(亳州): 중국 고대 지명. 북주(北周) 말기에 설치되었으며, 치소는 초현(譙縣, 지금의 안휘성 박현)이었다. 민국 이후인 1912년에 박현(亳縣)으로 개칭되었다.
59) 입조하여 공물을 바치는 소임[朝貢]: '조공(朝貢)'은 글자 그대로 풀이하면 '[황제의 조정에] 입조하고 [특산물을] 바친다(attend the royal court and offer tributes)'는 뜻으로 해석되는데 이를 줄여서 간단히 '조공'이라고 표현한다. 지금의 외교무대에서도 볼 수 있듯이, 원래는 단순히 중국 주변의 국가·종족들이 중국에 사절을 파견하여 그 통치자를 예방하고 일종의 상견례로 자국의 특산물을 선사하는 의례적인 외교행위의 일환이었다. 그런데 역대 중원 왕조에서 나중에 그 사절들을 서열화하고 그 행위들을 일방적·자의적으로 자신들에 대한 복종·충성의 표현으로 해석하면서 차츰 '조공'이니 '조헌(朝獻)'이니 하는 식의 불평등한 의미가 부여되고 관례로 인식하고 그 같은 주종관계를 강요한 것이다.

군사를 일으키겠다는 말을 꺼낼 수가 없도다!"

○ 亳州刺史裴行莊奏請伐高麗, 上曰, '高麗王武職貢不絶, 爲賊臣所弒, 朕哀之甚深, 固不忘也。但因喪乘亂而取之, 雖得之不貴。且山東彫弊, 吾未忍言用兵也。'

정관 17년 (643, 계묘년)

• 019

유월 … 정해일⁶⁰⁾에 태상승 등소가 고려에 사신으로 갔다가 귀환해서 [태종에게] 회원진⁶¹⁾에 경계 병력을 늘려 고려를 압박할 것을 건의하였다.

○ 六月 … 丁亥, 太常丞鄧素使高麗還, 請於懷遠鎭增戍兵以逼高麗。

---

60) 6월 정해일: 양력으로는 6월 30일에 해당한다.
61) 회원진(懷遠鎭): 중국 고대의 지명. ①《구당서》〈지리지〉 "하북도 영주상도독부(河北道營州上都督府)"조에는 【연주】 수나라 때의 요서군으로 … 요서·노하·회원의 3개 진을 관할하였다(領遼西瀘河懷遠三縣【燕州】隋遼西郡 … 領遼西瀘河懷遠三縣)", ②《신당서》〈지리지〉 "하북도 영주(河北道營州)"조에는 "【유성군】 … 이와 함께 여라·회원·무려·양평의 네 수착성이 있다(柳城郡 … 又有汝羅懷遠巫閭襄平四守捉城)"고 하였다. 이 두 기록만 보면 회원진·유성·요서군이 설치되었던 지역이 요녕인지 하북인지 알 수가 없다. 국내외 학계에서는 그 위치를 요녕성 북진시(北鎭市) 또는 그 인근의 요중현(遼中縣) 일대로 비정하고 있다. 그 두 좌표가 '반도사관'에 대입하여 산출된 것임은 물론이다. 그러나 ③ 10세기 북송의 학자 악사(樂史)는 연혁지《태평환우기(太平寰宇記)》의 〈하북도〉 대목에서 회원진, 나아가 그 진이 속했던 요서군(처음의 유성)이 "임유관 안[關內]"에 설치되었다고 밝히고 있다. 임유관은 지금의 산해관 서북쪽에 있었던 관문으로, 호삼성의 주석에 따르면 "임유관은 수나라 때에는 평주 노룡현에 속해 있었다. 바로 이른바 '노룡의 험지'라는 곳이다.(臨渝關, 隋屬平州盧龍縣, 卽所謂盧龍之險也)" 그런데 수·당대의 요서군과 회원진이 "임유관 안"에 설치되었다고 했으므로 그 좌표는 당연히 요녕이 아닌 하북(동북부) 경내에서 찾아야 옳은 것이다. 이 문제에 관해서는《구당서》 부분의 "그의 부락에 연주를 설치하고[以其部落置燕州]" 주석(제355쪽)을 참조하기 바란다.

국내외 고·수 전쟁도에서의 그려진 회원진의 위치. 그러나 북송 초기에 저술된 《태평환우기》에서는 그 좌표를 임유관 관내 즉 하북성 동북부로 소개하였다.

•020

[그러자] 주상이 말하였다.

"'먼 나라 사람들이 복종하지 않는다면 문화와 인덕을 닦음으로써 그들을 오게 해야 한다'[호주]고 했다. [기껏] 경계 병력 일이백 명으로 먼 땅까지 위엄을 떨친 사례는 지금껏 들어 본 적이 없느니라."

○ 上曰, '遠人不服, 則修文德以來之[胡注], 未聞一二百戍兵能威絕域

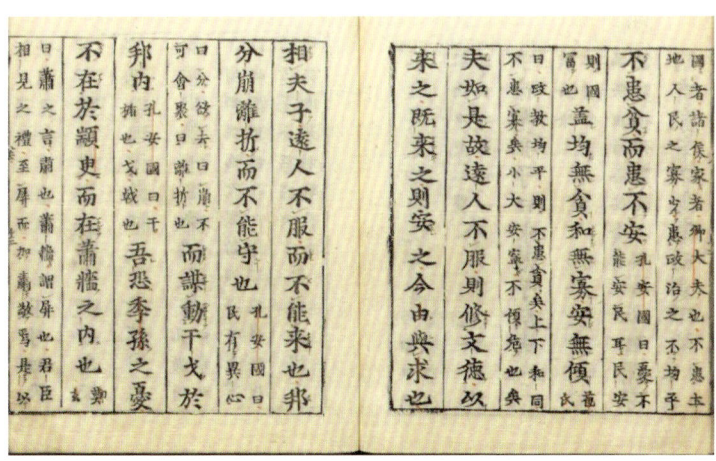

《논어집주(論語集註)》〈계씨(季氏)〉의 해당 대목 (일본 국립공문서관 소장)

者也.'

【호주】《논어》에서 공자가 한 말이다.[62)]

• 021

윤유월 … 정사일[63)]에 … 주상이 말하였다.

"[천]개소문이 그 나라 임금을 시해하고 국정을 독점한다고 하니[호주1] 참으로 넘겨 버릴 수 없는 일이다! 지금의 병력으로 그 나라를 가지는 것이야 어렵지 않다마는 백성들을 수고롭게 하고 싶지 않을 뿐이니라. 내 일단 거란·말갈[호주2]을 시켜 그 나라를 어지럽혀 볼까 하는데 어떤가?" [✱[64)]]

[그러자] 장손무기가 말하였다.

○ 閏六月 … 丁巳 … 上曰, '蓋蘇文弑其君而專國政[胡注], 誠不可忽. 以今日兵力, 取之不難, 但不欲勞百姓. 吾欲且使契[胡注]丹·靺鞨擾之[胡注], 何如.' 長孫無忌曰,

---

62) 【胡注】論語孔子之言.
63) 윤6월 정사일: 양력으로는 7월 30일에 해당한다.
64) ✱: 날짜를 밝히지는 않았지만 당대에 유숙(劉肅, 9세기)이 지은 《대당신어(大唐新語)》〈식량(識量)〉에는 이런 일화가 소개되어 있다. "고려의 막리지 [연]개소문이 백금을 바치자 저수량이 고하였다. '막리지는 그 나라 임금을 시해했나이다. 폐하께서는 그 일로 군사를 일으켜 [그 자를] 정벌함으로써 요동 사람들을 위하여 그 임금의 치욕을 갚고자 하십니다. 예로부터 임금을 시해한 적신을 토벌할 때에는 당사자의 뇌물은 받지 않았습니다. … 신하답지 않은 자의 뇌물을 받고 시해를 저지른 역적의 조공을 받으면서도 그것을 허물로 여기지 않아서야 후손들에게 무슨 본보기를 보이시겠습니까? 신은 막리지가 바친 것은 받아서는 안 된다고 아뢰나이다.' 그러자 태종이 그의 뜻을 따랐다.(高麗莫離支蓋蘇文貢白金, 楮遂良進曰, '莫離支弑其君, 陛下以之興兵, 將弔伐, 爲遼東之人報主之恥. 古者討弑君之賊, 不受其賂. … 受不臣之筐篚, 納弑逆之朝貢, 不以爲愆, 何以示後. 臣謂莫離支所 獻不宜受.' 太宗從之.)"

【호주1】 상권(앞)의 [정관] "16년"조를 보기 바란다.[65]

【호주2】 '거'는 기와 흘의 반절('글')로, 또 다른 발음은 '끽'이다. '말갈'은 발음이 '말갈'이다.[66]

•022

"[천]개소문은 [자신의] 죄가 크다는 사실을 누구보다도 잘 알고 있나이다. 큰 나라[67]의 토벌을 두려워하여 지키는 병력을 단단히 배치해 놓았을 것이 분명합니다. 폐하께서는 일단 고정하시지요. 놈은 평안해지면 더욱 교만해져서 그 악행이 갈수록 심해질 것이 분명합니다. 그렇게 된 다음에 그 나라를 토벌해도 늦지는 않을 것입니다."
[그러자] 주상이 "[그것이] 좋겠군!"이라고 하였다.【호주】

○ '蓋蘇文自知罪大, 畏大國之討, 必嚴設守備, 陛下少爲之隱忍, 彼得以自安, 必更驕惰, 愈肆其惡, 然後討之, 未晩也.' 上曰, '善.'
【호주】 이것을 보면 황제의 야심이 하루라도 고려를 떠난 적이 없음을 알 수가 있다.[68]

•023

[윤유월] 무진일[69]에 조서를 내려 고려왕 [고]장을 상주국[70]·요동군왕·

---

65) 【胡注】 見上卷十六年.
66) 【胡注】 觀此, 則知帝之雄心未嘗一日不在高麗也.
67) 큰 나라[大國]: '대국(大國)'은 여기서 당나라를 가리킨다.
68) 【胡注】 契, 欺訖翻, 又音喫. 靺鞨, 音末曷.
69) [윤6월] 무진일: 양력으로는 8월 10일에 해당한다.
70) 상주국(上柱國): 중국 고대의 관직명. 전국시대 초나라에 무관직인 주국(柱國)이 처음 설치되었으며, 전공이 혁혁한 장수에게는 그보다 지위를 높여 '상주국'으로

안악 3호분 묘주의 초상. 깃부채를 든 묘주 왼쪽에 시종이 서 있고 오른쪽에는 황제의 권위를 상징하는 정절(旌節)이 세워져 있다. 묘주가 중원 왕조로부터 관작을 받은 고위급 왕후장상임을 시사하는 셈이다.

고려왕으로 삼고, 사신을 파견하여 부절을 지니고[71] 가서 책서로 [그림]
예우하였다. 북위 후기에 효장제(孝莊帝)가 주국대장군을 설치했으며, 북주에서는 상주국대장군을 추가로 설치했는데 그 지위와 권력이 막중하였다. 수나라에 이르러 상주국과 주국을 나란히 설치하고 측근 중신의 공로를 치하하기 위하여 고유한 직무가 없는 일종의 명예직함으로 부여하기 시작하였다. 당대에는 그 체제를 인습하면서 상주국에게는 정2품, 주국에게는 종2품의 품계를 각각 부여하였다. 그 뒤로도 역대 왕조에서 계속 인습되다가 청대에 완전히 폐지되었다.

71) 부절을 지니고[持節]: '지절(持節)'은 글자 그대로 직역하면 '정절(旌節)을 지니다' 정도로 해석된다. 주례(周禮)》에서는 "하사품으로는 인장 부절을 쓰고 사절을 파견할 때는 깃대 부절을 쓴다(貨賄用璽節, 道路用旌節)"고 한 것을 보면, '정절'은 깃대 형태의 부절로 보인다. 후한대 유학자 정현(鄭玄, 127~200)은 《주례》에 주석을 붙여 "'정절'이란 오늘날 사자들이 지니는 신표가 그것(旌節, 今使者所擁節是

임명하게 하였다.

○ 戊辰, 詔以高麗王藏爲上柱國·遼東郡王·高麗王, 遣使持節册命。

• 024

구월의 경진일[72)]에 신라에서 사신을 파견하여 이르기를 '백제가 그 나라의 마흔 곳이 넘는 성을 공격해 차지하고, 이어서 고려와 연합하여 신라가 [당나라로] 입조하는 길을 끊으려 모의하고 있다'고 하면서 [신라를] 지원할 병력을 [보내 줄 것을] 간청하였다.

○ 九月, 庚辰, 新羅遣使言百濟攻取其國四十餘城, 復與高麗連兵, 謀絶新羅入朝之路, 乞兵救援。

【호주】'상리'는 성씨이며 '현장'은 이름이다. 《성보》[73)]에서는 "고도의 후예가 '이(리)'씨가 되었는데 상나라 말기에 이증의 손자인 중사가 [정치적으로] 어려운 고비를 만나자 '왕(王)'을 떼고 '리(里)'만 성씨로 사용하였다. 也)"이라고 설명하였다. 청대 말기의 학자 손예양(孫詒讓, 1848~1908) 또한 "《후한서》〈광무기〉에서 이현은 주석을 붙여 '절은 신표로 쓰는 것이다. 대나무를 그것으로 쓰는데 자루는 길이가 8자이고, 소꼬리를 그 장식으로 다는데 세 겹이다'고 하였다(後漢書光武紀李注云, 節, 所以爲信也. 以竹爲之, 柄長八尺, 以旄牛尾爲其眊, 三重)"고 소개하였다. 반면에 같은 당대의 학자인 안사고(顏師古)는 《한서》에 붙인 주석에서 "부절의 경우, 털로 그것을 만드는데 위아래가 서로 포개져 있는 것이 대나무 마디에서 형상을 땄기 때문에 그것으로 이름을 붙인 것(節, 以毛爲之, 上下相重, 取象竹節, 因以爲名)"이라고 소개하였다. 대나무로 만든 것이 아니라 그 형상을 본떴다는 뜻이다. 고대에는 정절을 지닌다는 것[지절]은 황제의 칙사에게만 부여되는 특권으로 그 권력이 상당히 컸다. 중국에서는 삼국시대부터 도독에게 병부와 정절을 내리는 방식과 지위가 사지절(使持節)·지절(持節)·가절(假節)의 세 등급으로 구분하였다.

72) 9월 경진일: 양력으로는 10월 21일에 해당한다.
73) 《성보(姓譜)》: 중국 남북조시대 제(齊)나라의 학자 왕검(王儉, 451~489)이 엮은 족보. 제나라의 100대 권문세족의 내력·혼맥·자손·추이·일화 등을 소개하여 '백가보(百家譜)'로 불리기도 하였다.

이극의 대에 이르러 진나라 조정에 의하여 주살되자 그의 아내가 어린 아들을 데리고 도망쳐 상성에 정착하였다. 그 일을 계기로 상리씨가 되었다"고 하였다.74)

• 025

주상이 사농승75) 상리현장[호주]에게 명령하여 새서76)를 지니고 가서 고려왕에게 전하고 이렇게 이르게 하였다.

"신라는 [우리] 나라에 충심을 다하며 조공을 게을리하지 않고 있다. [그러니] 그대는 백제와 각자 전쟁을 중단함이 마땅하다. 만약 또 그 나라를 공격한다면 이듬해에는 [내가] 군사를 일으켜 그대의 나라를 칠 것이다!"

○ 上命司農丞相里【胡注】玄奬齎璽書賜高麗 曰,'新羅委質國家, 朝貢不乏。爾與百濟各宜戢兵。若更攻之, 明年發兵擊爾國矣.'

---

74) 【胡注】相里, 姓, 玄奬, 名。姓譜,'皐陶之後爲理氏。商末, 理證孫仲師遭難, 去王姓里。至里克爲晉所誅, 其妻攜少子逃居相城, 因爲相里氏。'

75) 사농승(司農丞): 중국 고대의 관직명. 남조에서는 사농경 부이(司農卿副貳), 북조에서는 대사농승(大司農丞)으로 불렸다. 북제에 이르러 사농시(司農寺)에 속한 관원으로 설치했는데 그 지위는 사농경·사농소경(司農少卿) 다음으로, 품계는 7품이었다. 그 뒤로 역대 왕조에서 인습되었으며, 수·당·오대에는 조세·주전이나 관청의 재산·노비를 분배하는 등의 업무를 관장하였다. 수나라 때에는 5명을 정원으로 하고 처음에는 품계가 정7품이다가 양제 때 종5품으로 격상되었으며, 당대에는 6명으로 늘이고 종6품상으로 조정하였다. 고종 때에 잠시 '사가승(司稼丞)'으로 불리기도 하였다.

76) 새서(璽書): 중국 고대의 공문 양식. 춘추전국시대에는 제후·대부(大夫)의 서신을 밀봉하고 그 위에 인장을 찍은 문서를 두루 일컫는 말이었으며, 진(秦)·한(漢) 대 이후로는 천자가 내린 조서(詔書)를 밀봉하고 옥새를 찍은 문서를 가리키는 표현으로 전용되었다.

정관 18년 (644, 갑진년)

• 026

봄, 정월의 … 임인일[77]에 … 상리현장이 평양[성][78]에 당도하니 막리지[79]가 벌써 군사를 거느리고 신라를 공격하여 그 나라의 성 두 곳을

77) 1월 임인일: 양력으로는 3월 11일에 해당한다.

78) 평양성(平壤城): 고구려 제20대 국왕 장수왕(長壽王, 재위 413~490) 이래의 고구려 도읍. 국내외 학계에서는 지금의 평안도 평양시로 비정하고 있다. 그러나 그것은 조선시대 이래로 학계를 지배해 온 반도사관으로 인한 일종의 착시이다. ① 당나라 제3대 황제 고종(高宗)의 아들인 장회태자(章懷太子) 이현(李賢, 655~684)은 이 대목에 "【개마】그 산은 지금의 평양성 서쪽에 있다.(【蓋馬】其山在今平壤城西)"라는 주석을 붙였다. 여기에 언급된 '평양성'이 이현 당시(7세기)의 고구려 도읍인 것이다. 이 주석의 내용을 지형학적으로 검증해 보더라도 '평양성'은 지금의 평양시일 수가 없다. ② 국내에서는 통상적으로 '개마[대]산'을 백두산으로 비정한다. 그런데 개마대산이 백두산이라면 평양성은 그 동쪽이므로 지금의 평양시와는 좌표가 완전히 다르다. 더욱이 ③ 지금의 평양시 서쪽에는 드넓은 평야지대가 형성되어 있으며 개마대산같이 거대한 산줄기는 존재하지 않는다. 이 같은 지형적 특징 등을 교차·검증해 볼 때 고구려 평양성의 소재지로는 평안도 평양시보다는 중국 요녕성의 요양시(遼陽市) 일대가 더 근사해 보인다. 이 문제에 관해서는 문성재,《한국고대사와 한중일의 역사왜곡》, 제72~87쪽을 참조하기 바란다.

79) 막리지(莫離支): 고구려의 관직명. 인터넷〈국편위판〉주067에 따르면, "末松保和는 莫離支를 大人·大對盧 또는 大臣이라 稱하는 官職과 同一官職의 異稱"이라고 보았다. 또, "淸田正幸은 淵蓋蘇文이 맡은 莫離支는 곧 太莫離支이며 … 莫離支와 太莫離支와의 직무상의 相異點은 莫離支가 國事만을 총괄하는 관직임에 반하여 太莫離支는 軍事·國事를 모두 총괄하는 관직"이라고 보았다. 그러나 스에마쓰와 기요타의 해석은 둘 다 잘못된 것이다. 여기서 문제 해결의 관건이 되는 것은 '아닐 막(莫)'의 고대음이다. 곽석량《한자고음수책》에 따르면 '막'의 고대음은 '명과 탁의 반절[明鐸切, mɑk]'이다. 다만,《대당서역기(大唐西域記)》등 당대에 간행된 불교 관련 경전·문헌들에서 '위대하다(great)'라는 뜻의 산스크리트어 '마하(maha)'가 '막하(莫何)·막가(莫訶)' 등으로 표기되어 있다. '막'의 당대음이 '마(ma)' 또는 '뭐(mɔ)'로 재구되기도 했다는 뜻이다. 그렇다면 '막리지 ⇒ (마/뭐)리지'로 새기는 것도 가능한 셈이다. '뭐리'의 경우, 음운상으로 몽골어 '모리(морь)', 만주어 '모린(morin)'과 대응된다. 고구려어·신라어에서 '-지(支)', 몽골어 등에서 '-치'가 관직명 뒤에 일종의 접미사로 사용되어 '~하는 사람'을 뜻한다는 것은 누구나 다 아는 사실이다. 그렇다면 '모리+지(모리치?)'는 당연히 그 나라의 병마를 책임지는 고관

함락시킨 상태였다.

○ 春, 正月, … 壬寅, … 相里玄奬至平壤, 莫離支已將兵擊新羅, 破其兩城。

• 027

[이에] 고려왕이 [신라를 공략하고 있던] 막리지를 소환하니 그제야 [본국으로] 귀환하는 것이었다. [상리]현장이 [귀환한 막리지에게] '신라를 공격하지 말라'고 깨우쳤다.

○ 高麗王使召之, 乃還。玄奬諭使勿攻新羅。

• 028

[그러자] 막리지가 말하는 것이었다.

"지난날 수나라 사람들이 [우리나라를] 침공하자 신라가 그 틈을 타서 우리 땅 오백 리[80)]를 침탈했소.[호주] [신라가 자신들의] 잘못을 자책하고 우리

을 일컫는 직함으로 보아야 옳다. 그렇다면 이는 우리나라 식으로 따진다면 '병마사(兵馬使)', 즉 원수(元帥)의 의미와 딱 맞아 떨어지는 셈이다. 실제로 낙양에서 발굴된 당대의 금석 자료 《천헌성묘지(泉獻誠墓誌)》에도 이렇게 소개되어 있다. "조부 개금은 본국에서 태대대로에 임명되고 병마(군권)를 쥐고 있었다.(祖蓋金, 本國任太大對盧, 捉兵馬)" 여기서 '병마를 쥐었다'는 것은 곧 연개소문의 또 다른 직함인 막리지의 업무 분야와 일맥상통한다. 이 점은 이 《구당서》 편찬자가 이미 "중국에서 병부상서가 중서령을 겸임한 경우"라고 부연한 데서도 유추할 수 있는 사실이다. 이와 관련하여 스에마쓰는 막리지를 '대대로'와 의미상으로 같은 뜻으로 보았다. 그러나 의미상으로 막리지(모리지)는 '병부상서(국방장관)'이고 대대로는 '재상(국무총리)'인 셈이며, 역사적으로 재상이 국방장관을 겸임하는 사례도 많았던 점을 감안하면 양자를 동급이나 같은 관직으로 취급하는 것은 잘못이라고 본다. 여기서는 천개소문(연개소문)을 가리킨다.

80) 우리 땅 오백 리[我地五百里]: 당대에는 1리가 0.44km였으므로 500리라면 220km에 해당한다. 참고로 서울에서 대전까지가 140km, 강릉까지가 170km 정

에게 침탈한 땅을 돌려주지 않는다면 아마 전쟁은 중단하기 어려울 것이오!"

○ 莫離支曰, '昔隋人入寇【胡注】, 新羅乘釁侵我地五百里。自非歸我侵地, 恐兵未能已.' 玄奬曰,

【호주】 수나라 양제가 고려를 정벌한 때81)를 말한다.82)

• 029

[그래서 상리]현장이 말하였다.

"이미 지나간 일인데 어찌 추궁할 수 있단 말이오? 요동의 성들을 예로 들면 [그 성들은] 본래 모두 중국의 군·현들이었소.【호주】[그런 피해자인 우리] 중국에서조차 아무 불평도 하지 않고 있거늘 고려가 어째서 기어코 옛 땅을 내놓으라고 할 수가 있단 말이오!"

도이다. 인터넷 〈국편위판〉 주073에서는 "高句麗가 新羅에게 五百里 땅을 빼앗겼다 함은 陽原王 7年(新羅 眞興王 12年, 551)에 竹嶺 以北의 10郡의 땅을 잃은 것을 말하는 것"이라고 보았다. 그러나 그것은 원문을 제대로 이해하지 못한 데서 빚어진 착오이다. ① 고구려가 죽령 이북 10군을 상실한 일은 장리현장이 연개소문을 만나기 100년 전의 일이다. 무엇보다도 ② '피해 당사자'인 고구려(연개소문)가 바로 앞에서 "과거에 수나라가 침공해 왔을 때"라며 신라가 500리를 점유한 시점을 분명하게 밝히고 있다. ③ 고구려가 500리나 되는 영토를 빼앗긴 시점은 양원왕 7년(551)이 아닌 영류왕 23년(612) 전후로 보아야 옳다는 뜻이다. 그렇다면 연개소문이 거론한 시기는 고구려와 수나라가 총력전을 벌인 제2차 고-수 전쟁(612) 때라고 보아야 한다. 신라의 북쪽 지경은 아마 이 무렵 압록강 인근까지 확장되었을 가능성이 높다.

81) 수나라 양제가 고려를 정벌한 때[隋煬帝伐高麗時]: 고구려와 수나라의 요동전쟁에 관한 자세한 내용은 문성재,《정역 중국정사 조선·동이전3》을 참조하기 바란다.

82)【胡注】謂隋煬帝伐高麗時。

[그러나 그 말을] 막리지는 끝까지 듣지 않았다. [＊83)]

○ '旣往之事, 焉可追論。至於遼東諸城, 本皆中國郡縣【胡注】, 中國尚且不言, 高麗豈得必求故地.' 莫離支竟不從。

【호주】고려의 땅은 한나라·위나라 때만 해도 모두 다 [중국의] 군·현들이었다. [그러나] 진 왕조가 어지러워지면서 비로소 중국과의 연고가 단절되었다.84)

• 030

이월의 을사일 초하루85)에 [상리]현장이 귀환하여 그 나라의 상황을 소상하게 아뢰었다.

○ 二月, 乙巳朔, 玄獎還, 具言其狀。

• 031

[그러자] 주상이 말하였다.

"[천]개소문이 그 나라 임금을 시해하고 그 나라 대신들을 살해하고 그

---

83) ＊: 인터넷 〈국편위판〉 주074에서는 《신당서》〈장엄전(蔣儼傳)〉을 인용하여 "淵蓋蘇文은 玄獎의 新羅 공격 중지 요청을 거절하였을 뿐만 아니라 唐 太宗이 재차 使臣으로 파견한 藏儼을 窟室에 가두기까지 하였다"고 소개하였다. 태종 이세민이 상리현장에 이어 장엄을 파견했다는 것이다. 그러나 《구당서》와 《신당서》의 해당 열전을 각각 확인해 본 결과, 장엄이 고구려에 파견되고 지하실[窟室]에 구금된 것은 사실이지만 파견된 시점이 언제인지는 밝혀져 있지 않았다. 무엇을 근거로 한 주장인지는 알 수 없으나 장엄이 상리현장이 고구려를 다녀간 다음에 파견되었다는 것은 사실무근이라는 뜻이다.

84)【胡注】高麗之地, 漢魏皆爲郡縣, 晉氏之亂, 始與中國絶。
이 주석에 따르면 진나라가 어지러워진 시점은 영가 연간이므로 3세기에 '한나라 네 군'의 땅이 대부분 고구려에 편입되었음을 짐작할 수 있는 셈이다.

85) 2월 을사일 초하루: 양력으로는 3월 14일에 해당한다.

나라 백성들을 잔인하게 학대하더니 이번에는 내가 조서로 내린 명령
조차 어긴 채 이웃나라[86]를 침공하고 포악하게 구니 토벌하지 않을 수
가 없구나!"

○ 上曰, '蓋蘇文弑其君, 賊其大臣, 殘虐其民, 今又違我詔命, 侵暴鄰
國, 不可以不討.'

• 032

[그래서] 간의대부[87] 저수량[88]이 말하였다.

"폐하께서 깃발을 휘두르기만 하셔도 중원이 평정되고 눈을 돌리기만
하셔도 사방의 오랑캐들이 복종하니 [폐하의] 위엄과 명망이 크다 할 것
입니다. [그러니] 지금 당장 바다를 건너 멀리까지 하찮은 오랑캐를 정벌
하러 나서신다니 만약 단시간 내에 승리를 거두신다면 그런 대로 괜찮
을 것입니다. [그러나] 만에 하나 차질이라도 빚어진다면 [폐하의] 위엄과
명망을 잃을 것입니다. 거기다가 [수나라 때처럼 백성들이] 성난 군사들을 일
으키기라도 한다면 [당나라의] 안위를 예측하기 어려울 것입니다!"

○ 諫議大夫褚遂良曰, '陛下指麾則中原淸晏, 顧眄則四夷讋服, 威望

---

86) 이웃나라[鄰國]: 여기서는 신라를 가리킨다.
87) 간의대부(諫議大夫): 중국 고대의 관직명. 한대에 설치된 광록훈(光祿勳)의 속관
으로, 황제의 통치상의 득실을 바로잡거나 조언하는 일을 관장하였다. 당대에는 문
하성(門下省)에 귀속되었다.
88) 저수량(褚遂良, 596~659): 당대 초기의 명신. 자는 등선(登善)이며, 전당(錢塘,
지금의 절강성 항주시) 사람이다. 벼슬이 이부상서·좌복야(左僕射)·지정사(知政
事)에 이르렀으며, 나중에는 하남군공(河南郡公)에 봉해져 '저하남(褚河南)'으로
불리기도 하였다. 그러나 나중에 무측천을 황후로 격상시키려 하는 고종의 뜻을 거
역했다는 죄로 유배되었다가 죽었다. 《맹법사비(孟法師碑)》 등의 작품에서 보듯
이, 서예에도 뛰어나서 후대의 서예에 큰 영향을 주었다.

저수량의 초상(삼재도회)과 글씨

大矣。今乃渡海遠征小夷, 若指期克捷, 猶可也。萬一蹉跌, 傷威損望, 更興忿兵, 則安危難測矣。'

• 033

[그러자] 이세적89)이 말하였다.

---

89) 이세적(李世勣, 594~669): 당대 초기의 명장. 성은 서(徐), 이름은 세적(世勣), 자는 무공(懋功)이다. 조주(曹州) 이호(離狐, 지금의 산동성 하택) 사람으로, 처음에는 적양(翟讓)을 따라 봉기하여 와강군에 가담하고 공을 세워 동해군공(東海郡公)에 봉해졌다. 와강군이 와해되자 이밀과 함께 당나라에 귀순하여 우무후대장군(右武候大將軍)·조국공(曹國公)에 봉해졌다. 혁혁한 공로를 세워 조정으로부터 국성(國姓)을 하사 받아 이(李)씨가 되었으며 이세민이 황제로 즉위하자 그 이름을 피하여 적(勣)으로 개명하였다. 나중에는 이세민 휘하에서 두건덕(竇建德)·유흑달(劉黑闥) 등의 봉기군을 진압하였다. 정관 3년(629)에 이정(李靖)과 함께 동돌궐을 침공했으며, 병부상서·동중서문하삼품(同中書門下三品)·사공(司空)·태자태사(太子太師) 등을 역임하고 영국공(英國公)에 봉해졌다. 병주(幷州)를 16년간 지켜내자 태종이 '[만리]장성(長城)'이라고 칭찬했다고 한다. 태종·고종대에 고구려 침공에 종군하고, 총장(總章) 원년(668)에는 평양성을 함락시키고 보장왕을 생포하였다. 사후에는 태위(太尉)·양주대도독(揚州大都督)에 추증되고 '정무(貞武)'라는

설연타의 위치

"지난날 설연타[90]가 [우리나라를] 침범했을 때[호주] 폐하께서 군사를 내어 토벌하려 하시는 것을 위징[91]이 간언하여 중단하는 바람에 저들이 지금까지도 우환거리가 되게 만들고 말았나이다. [당시에 만약] 폐하의 지략을 활용했더라면 북쪽 변방이 평안해졌을 것입니다."

시호를 받았으며 태종의 능침인 소릉(昭陵)에 배장(陪葬)되었다.

90) 설연타(薛延陀): 중국 고대의 북방민족. 철륵(鐵勒, 튀르크)의 한 갈래로, '설'부와 '연타'부가 통합되면서 이름이 '설연타'로 굳어졌다. 처음에는 돌궐에 종속되어 있으나 629년에 독자적인 정권으로 발전하였다. 630년에 당나라를 도와 돌궐을 멸망시켰으나 646년에 내분이 일어나 당나라에 종속되었다.

91) 위징(魏徵, 580~643): 당대의 명신. 자는 현성(玄成)이며, 관도(館陶, 지금의 하북 지역) 사람이다. 성격이 강직하여 황제에게도 직설적으로 간언하기를 서슴지 않았다. 원래는 당나라 개국군주인 고조 이연(李淵)의 맏아들이자 태자이던 이건성(李建成)의 신하였다. 이세민이 정변을 일으켜 황제가 된 뒤로는 간의대부에 임명되어 200차례 넘게 간언을 하여 이세민이 '귀감'으로 삼을 정도로 신임이 각별하였다. 만년에는 수나라의 역사를 다룬 《수서(隋書)》의 편찬을 주도하고 정국공(鄭國公)에 봉해졌다.

[그래서] 주상이 말하였다.

"그렇다. 그것은 참으로 위징의 잘못이었지. 짐이 곧바로 그 일을 후회하면서도 입에 올리지 않으려 하는 것은 [신하들의] 좋은 계책을 막을까 걱정해서이니라!"

○ 李世勣曰, '間者薛延陀入寇【胡注】, 陛下欲發兵窮討, 魏徵諫而止, 使至今爲患。曏用陛下之策, 北鄙安矣.' 上曰, '然。此誠徵之失。朕尋悔之而不欲言, 恐塞良謀故也.'

【호주】 [태종의 정관] 15년에 [동]돌궐의 [귀족인 아사나(아시나)] 사마를 공격한 일을 말한다.92)

• 034

주상이 스스로 고려를 정벌하려 하자 저수량은 상소를 올리고 의견을 개진하였다.

"천하를 사람의 몸에 비유하자면, 두 도성93)은 심장이요 주·현들은 팔다리인 반면에 사방의 오랑캐들은 내 몸이 아닌 [남의] 물건인 셈입니다. 고려의 죄가 크니 참으로 토벌을 당해야 옳습니다. 다만 두세 명의 장수를 임명하시어 사오만의 무리를 이끌게 하신다면 폐하의 위엄과 신묘함으로 그 나라를 가지시는 일이야 손바닥을 뒤집는 것과 같을 것입니다.

○ 上欲自征高麗, 褚遂良上疏, 以爲, '天下譬猶一身。兩京, 心腹也,

---

92) 【胡注】謂十五年擊突厥思摩也。
93) 두 도성[兩京]: 당대의 장안(長安, 지금의 섬서성 서안시)과 낙양(洛陽, 지금의 하남성 낙양시)을 아울러 일컬을 말. 원래의 도읍은 장안이었는데 나중에 그 동쪽에 있는 낙양을 제2의 도읍으로 삼고 '동쪽의 도읍'이라는 뜻에서 '동도(東都)'로 불렀다.

州縣, 四支也, 四夷, 身外之物也。高麗罪大, 誠當致討, 但命二三將將四五萬衆, 使陛下威靈, 取之如反掌耳。

• 035

[그러나] 지금 태자를 막 세우신 데다가 [태자의] 나이도 아직 어리십니다. 나머지 황자들[의 실정]이야 폐하께서도 아실 것입니다. [고구려 원정은] 하루 아침에 철벽같은 성과 뜨거운 물이 채워진 해자처럼 안전한 지경을 떨쳐 버리시고 요수94)와 발해 너머 험난한 지경으로 건너가시는 격입니

---

94) 요수(遼水): 중국 고대사에 등장하는 하천 이름. 중국 검색 사이트 빠이뚜의 백과사전에서는 "【요수】 바로 지금의 요하의 옛 이름이다. 요수는 우리나라 고대의 6대 하천의 하나로서, 그 이름은 《산해경》 〈해내동경〉에서 가장 일찍 보인다(【遼水】 卽今遼河的古稱, 遼水爲我國古代六川之一, 其名最早見於山海經海內東經)"라고 소개하였다. 이 같은 요수 인식은 국내외 학계에서도 보편적이다. 인터넷 〈국편위판〉 주084에서 "遼水는 곧 遼河로 당시 高句麗와 隋간의 국경이다"라고 한 것이 그 증거이다. 그러나 이 같은 주장은 역사적 진실과 거리가 멀다. ① 요동[군]은 처음부터 요수의 동쪽에 있다고 해서 붙여진 이름인 반면에, ② '요하'라는 이름은 요나라의 역사를 다룬 14세기에 이르러서야 《요사(遼史)》에서 처음으로 등장한다. ③ '해내(海內)'란 중국의 동쪽 바다인 '발해'의 안쪽, 즉 중국 대륙을 일컫는 말이다. 〈해내경〉에 소개된 요수의 좌표는 중원 지역에서 찾아야 옳다는 뜻이다. 그렇다면 ④ 중원에서 멀리 떨어진 '해외(海外)'인 요동반도에 있는 [동]요하는 요수일 수 없다. ⑤ 요하가 '해외'에 있음을 의식한 중국 학계는 내몽고 고원에서 발원하는 황수(潢水), 즉 샤르모른(Шар мөрн, 누런 강)에 억지로 '서요하(西遼河)'라는 이름을 갖다 붙였다. 그러나 명심해야 할 것은 '서요하'라는 지리개념이 처음 등장하는 것은 청대 말기(19세기)부터라는 사실이다. 무엇보다도 ⑥ 요동군 치소 '양평현'의 경우, 당대의 이현이 《후한서》 〈원소전(袁紹傳)〉에 붙인 주석에는 "【양평】 지금의 평주 노룡현 서남쪽에 있었다(【襄平】 在今平州盧龍縣西南)"고 소개되어 있다. 노룡현은 중국에서 양평이라고 주장하는 요령성 요양시로부터 직선거리로 서쪽으로 250km 이상 떨어져 있다. ⑦ 또 다른 물증은 청대 중기 이전에 중국에서 제작된 수많은 고지도들에서 '요동'이라는 지역명이 시작되는 기점이 한결같이 요령성의 요동반도가 아닌 하북성 동북부의 산해관(山海關) 동쪽이라는 점에서도 확인할 수 있다. 게다가 이 지도들에서 '요동'으로 표시된 지역은 얼핏 요동반도인 것처럼 보이지만 사실은 해수면이 6~7m 상승된 2,000년 전의 하북성 동북부의 지형적 특

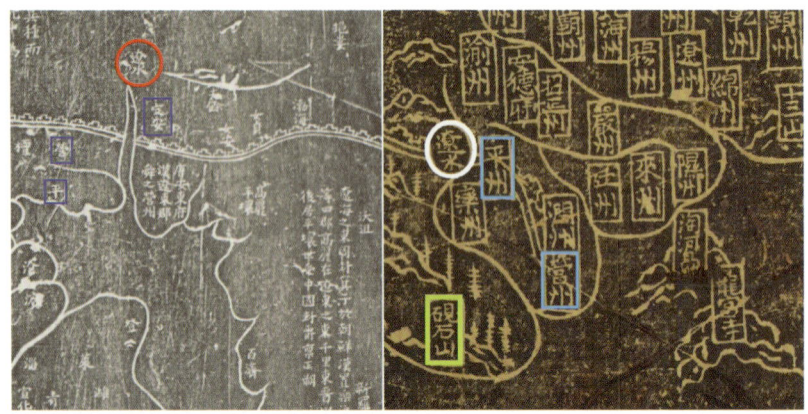

유제(劉齊, 1136) 시기의 《화이도(華夷圖)》와 남송 황상의 《지리도》에 그려진 요수(하얀색)의 위치. 두 지도 모두 요수가 하북성 동북방에 그려져 있다.

다. 천하를 다스리시는 군주의 지체로 먼 땅을 가는 일을 섣불리 실행하시는 것, 그 모든 일들이야말로 이 어리석은 신하가 몹시 우려하는 바입니다!"

[그러나 그 충언을] 주상은 받아들이지 않았다.

○ 今太子新立, 年尙幼牲, 自餘藩屛, 陛下所知, 一旦棄金湯之全, 踰遼海之險, 以天下之君, 輕行遠擧, 皆愚臣之所甚憂也.' 上不聽。

• 036

당시에는 신하들 중 다수가 고려를 정벌해야 한다는 간언을 올렸다.

[그러자] 주상이 말하였다.

징들과 정확하게 일치한다. 마지막으로 ⑧《구당서》〈위정전(韋挺傳)〉에서 고구려 침공을 준비하던 당나라 태종 스스로 "유주 '이북' 요수 2,000여 리 사이에는 [우리의] 주나 현이 없다(幽州以北, 遼水二千餘里, 無州縣)"고 한 것 역시 또 다른 증거라고 할 수 있다. 이상의 근거들을 종합해 볼 때, 고대의 요수는 지금의 요동반도의 요하일 수 없으며, 요동 역시 지금의 요동반도 일대일 수가 없는 것이다.

"요 임금이 여덟이나 되고 순 임금이 아홉이나 나선다고 해도 겨울에는 씨를 뿌릴 수 없는 법이지요. 들판의 사내와 아이들이 봄에 씨를 뿌려 [작물이] 생장하는 것은 [적절한] 때를 따랐기 때문입니다.

○ 時, 群臣多諫征高麗者, 上曰, '八堯·九舜, 不能冬種, 野夫·童子, 春種而生, 得時故也。

• 037

무릇 하늘에는 거기에 걸맞은 때가 있고 인간에게는 거기에 걸맞은 공이 있는 법입니다. [천]개소문이 윗사람을 능욕하고 아랫사람들을 학대하매 [그 나라] 백성들이 목을 빼고 [누가] 구원해 주기를 기다리고 있으니 지금이야말로 고려를 멸망시킬 수 있는 때입니다. [이번 원정을] 의논하는 자들[의 주장]이 제각각인 것은 그런 이치를 간파하지 못했기 때문인 것이옵니다!"

○ 夫天有其時, 人有其功。蓋蘇文陵上虐下, 民延頸待救, 此正高麗可亡之時也, 議者紛紜, 但不見此耳。'

• 038

주상이 장차 고려를 정벌하기로 [결심]하였다. [⋯] 가을, 칠월의 신묘일95)에 장작대감[호주] 염립덕 등에게 칙명을 내려 홍주·요주·강주 세 고을로 가서 배 사백 척을 만들고 군량을 싣게 하였다.

○ 上將征高麗, 秋, 七月, 辛卯, 敕將作大監【胡注】閻立德等詣洪·饒·江三州, 造船四百艘以載軍糧。

---

95) 7월 신묘일: 양력으로는 8월 27일에 해당한다.

홍주·요주·강주에서 전선 400척을 확보하여 군량을 싣고 유주·영주에서는 해·거란·말갈을 징용해 요동으로 출격하였다.

• 039

[그리고 칠월] 갑오일[96)]에 조서를 내려 영주도독 장검 등을 파견하여 유주[97)]·영주 두 지역의 병력 및 거란·해[98)]·말갈을 이끌고【호주】우선 요동

---

96) [7월] 갑오일: 양력으로는 8월 30일에 해당한다.

97) 유주(幽州): 중국 고대의 지역명.《주례(周禮)》〈직방(職方)〉에서는 "[중원의] 동북방은 '유주'이다(東北曰幽州)"라고 했고, 한대의 도참서인《춘추위원명포(春秋緯元命苞)》에서는 "기성이 흩어져 유주가 되고 쪼개져 연국이 되었다(箕星散爲幽州, 分爲燕國)"고 하였다. 한대에는 '13자사부(十三刺史部)' 중의 하나로서 주요한 군사 거점이었으며, 수·당대에도 교통·상업적으로도 중요한 지역으로 간주되었다. 치소는 계현(薊縣)으로, 지금의 북경시 서남쪽 광안문(廣安門) 인근이었으며, 초기에는 대군(代郡)·상곡군(上谷郡)·탁군(涿郡)·광양군(廣陽郡)·어양군(漁陽郡)·우북평군(右北平郡)·요서군(遼西郡)·요동군(遼東郡)·현토군(玄菟郡)·낙랑군(樂浪郡)·요동속국(遼東屬國)을 관할하였다. 위·진대에는 관할 군·국이 23개까지 증가했으나(태강 원년) 각지 군벌들의 발호와 북방민족들의 남하로 그 영역이 점차 축소되었다.

98) 해(奚): 고대 북방민족의 하나. 북위의 등국(登國) 3년(388)에 처음으로 '고막해(庫莫奚, 고모해?)'라는 이름으로 소개되었으며, 나중에는 줄여서 '해'로 불렸다.

을 공격한 다음 그 나라의 반응을 살피게 하였다.

○ 甲午, 下詔遣營州都督張儉等帥【胡注】幽·營二部督兵及契丹·奚·靺鞨先擊遼東以觀其勢。

【호주】 '장수 수(帥)'의 경우 [여기서는] '이끌 솔(率)'[의 의미]로 새겨야 한다.[99)](#)

• 040

구월 … 을미일[100)](#)에 홍려시[101)](#)에서 상소를 올려 "고려의 막리지가 백금을 [공물로] 바쳤다"고 아뢰었다. [그러자] 저수량이 말하였다.

"막리지는 그 나라 임금을 시해하여 구이들【호주1】마저 용납하지 않는 자입니다. 지금 그를 토벌하려 하시는 마당에 그의 금을 받으신다면 그것은 고나라의 큰 솥[을 받은 일][102)](#)과 같은 경우인 셈입니다.【호주2】 신

그 내력은 일반적으로 동호(東胡)에서 찾지만 언어적으로는 거란과 마찬가지로 몽골어족의 한 갈래로 추정된다. 북위 시기에는 지금의 샤르모른((Шар мөрн, 시라무렌) 강 및 노합하(老哈河) 유역에 분포하면서 유목·수렵을 주된 생업으로 삼았다. 수·당대부터 중원왕조에 조공하면서 당나라로부터 왕으로 책봉되거나 화친(정략결혼)을 맺는 경우도 있었다. 번성할 때에는 거란과 함께 '양번(兩蕃)'으로 일컬어졌으나 당대 중기 이후로는 거란이 강성해지자 그 일부가 하북성 회래(懷來) 방면으로 밀려나면서 '서해(西奚)'로 불렸다. 동·서해는 911년 이후로 거란의 야율아보기(耶律阿保機)에게 정복되었으며, 요나라 중기 이후에는 거란에 완전히 흡수되었다.

99)【胡注】帥, 讀曰率。
100) 9월 을미일: 양력으로는 10월 30일에 해당한다.
101) 홍려시(鴻臚寺): 중국 고대의 관서 이름. 정식 명칭은 '홍려시 소경(鴻臚寺少卿)'으로, 품계는 종4품상(從四品上)이었다. 국가의 경조사·의전·외국의 조공 등을 관장하는 홍려시의 수장 홍려경(鴻臚卿)의 업무를 보좌하였다. 품계는 홍려경이 종3품, 홍려소경은 정4품이었으며, 왕조마다 조금씩 편차를 보였다.
102) 고나라의 큰 솥[郜鼎]: 중국 춘추시대의 일화. 춘추시대의 제후국들 중의 하나인 고(郜)나라에서는 종묘에 큰 솥[大鼎] 등, 화려한 제기들을 갖추고 나라의 보배

중국에서 가장 오래된 상(商)나라의 3발 솥 '후모무정(后母戊鼎)' (북경, 국가박물관 소장)

은 '받아서는 안 된다'고 말씀드리겠나이다."

[그래서] 주상이 그 말을 따랐다.

○ 九月 … 乙未, 鴻臚奏, '高麗莫離支貢白金.' 褚遂良曰, '莫離支弒其君, 九夷【胡注】所不容, 今將討之而納其金, 此郜鼎【胡注】之類也。臣謂不可受.' 上從之。

【호주1】 [유송의 역사가 범엽의] 《후한서》에서는 다음과 같이 소개해 놓았다.

로 여겼는데 이웃의 송나라가 침공해 큰 솥을 약탈해 가 버렸다. 나중에 송나라가 그 솥을 노나라의 환공(桓公)에게 뇌물로 바치자 환공이 그것을 노나라의 태묘에 봉납했다고 한다. 태묘는 노나라 군주들의 위패를 안치하고 제사를 지내던 묘당을 말한다. 그런데 그런 거룩한 공간에 남의 나라에서 약탈해 온 물건을 바친 것은 마치 도둑이 훔친 장물을 제사상에 바치는 것과 같은 경우로, 조상에게 불경한 죄를 지은 셈이다.

"동방에 구이103)('아홉 갈래의 동이들')가 있는데, '견이, 간이, 방이, 황이, 백이, 적이, 현이, 풍이, 양이'이다"라고 하였다. [전한 말기의 역사가 반고 등이 저술한]《백호통》에서는 '[동]이'('오랑캐')라는 족속은 쪼그리고 앉는 자들로, 예의가 없는 것을 말한다. 한대의《예기(禮記)》〈왕제(王制)〉104) 등, 어떤 사람들은 '[동]이라는 것105)은 뿌리로서, [하늘께서] 어지셔서 생명을 가진 것들을 좋아하시매 온갖 생물이 땅을 만나면 [지상으로] 나오는 것을 두고 이른 말이다. 그래서 [동이들은] 천성이 부드럽고 순하여 도의로 다스리기 쉬운 것이다'라고 하였다."106)

【호주2】《춘추[좌전]》"환공[2년]"조에서는 "[여름, 4월에] 환공이 송나라에서 고나라의 큰 솥을 가져다 [무신일에] 태묘에 봉납한 것은 예법에 맞지 않

---

103) 구이(九夷): '구이', 즉 아홉 갈래의 동이들에 관한 자세한 소개는 문성재,《동이전1》주석을 참조하기 바란다.

104) 〈왕제(王制)〉: 중국의 유가 경전 중 하나인《예기(禮記)》의 편장(篇章) 제목. 책봉·관직·작록·제사·장례·형벌 등, 군주가 천하를 다스리는 데에 보탬이 되는 각종 법제에 관한 내용들을 담고 있다. 이 대목의 전체 구문은 "동방은 '이'라고 한다. 머리를 늘어뜨리고 몸에 무늬를 그리며, 불로 익혀 먹지 않는 이들도 있다(東方曰夷, 被髮文身, 有不火食者矣)"라고 되어 있다. 이 대목에 대한 정확한 해석은 문성재,《동이전1》의 해당 주석(제385~387쪽)을 참조하기 바란다.

105) '이'라는 것[夷者]: 허신은《설문해자》에서 "'이'는 편평한 것을 말한다. '크다'는 뜻을 따르고 '활'의 뜻을 따랐다. 동방의 사람들을 가리킨다(夷, 平也. 从大从弓. 東方之人也)"고 하였다. 중국인들이 동이들을 활을 잘 쏘는 족속으로 인식했음을 짐작할 수 있다. 범엽은《후한서》에서 반고 등의《백호통(白虎通)》을 인용하여 '이'자를 "어질어서 생명 가진 것들을 좋아한다(言仁而好生)"라고 했는데 이는 한대 이후로 오행(五行)사상의 영향을 받았음을 방증한다. 자세한 내용은 문성재,《동이전1》의 번역과 주석을 참조하기 바란다.

106)【胡注】後漢書, '東方有九夷, 曰, 畎夷·干夷·方夷·黃夷·白夷·赤夷·玄夷·風夷·陽夷.' 白虎通, '夷者, 蹲也, 言無禮儀.' 或云, '夷者, 抵也, 言仁而好生, 抵地而出, 故天性柔順, 易以道禦.'

는다"라고 하였다.107)

• 041

[그리고 나서] 주상이 고려 사자에게 일러 말하였다.

"너희는 모두가 고[건]무를 섬기기에 관작을 누린 것이다. 막리지가 [왕을] 시해하고 [나라에] 반역을 저질렀건만 너희는 복수조차 하지 못하는구나. 지금은 거기다가 그를 위하여 입을 놀려 큰 나라를 속이려 드니 죄가 얼마나 큰가!"

[그리고는 사신들을] 모조리 대리시108)에 넘겼다.

○ 上謂高麗使者曰, '汝曹皆事高武, 有官爵. 莫離支弑逆, 汝曹不能復讎. 今更爲之遊說以欺大國, 罪孰大焉.' 悉以屬大理.

• 042

겨울, … 십일월의 임신일109)에 … 전임 의주110)자사 정원숙이 벼슬살이를 마쳤다. 주상은 그가 과거에 수나라 양제를 수행하여 고려 정벌에 참여했었다 하여[호주] [그를] 불러 행재111)로 오게 하였다. [그리고 나서

---

107) 【胡注】春秋, '桓公取郜大鼎于宋, 納于太廟, 非禮也.'
108) 대리시[大理]: 중국 고대의 관청명. 남북조시대 북제에서 처음 설치된 최고 판결기관으로, 지금의 대법원에 해당한다. 그 수장은 대리시경(大理寺卿)으로, 직권이 진·한대의 '9경(九卿)' 중의 정위(廷尉)와 맞먹었다.
109) 11월 임신일: 양력으로는 12월 6일에 해당한다.
110) 의주(宜州): 당대의 지명. 지금의 광서성(廣西省) 장족 자치구(壯族自治區)에 해당한다. 진대의 계림군(桂林郡)으로, 당나라 태종의 정관 4년(630)에 용수현(龍水縣)이 설치되면서 월주(粵州)·용수군·의주로 차례로 불렸다.
111) 행재(行在): '행재소(行在所)'를 줄인 말. 중국 고대에 황제가 순행·전쟁을 수행하기 위하여 외지에 행차했을 때 잠시 머무르기 위하여 임시로 세운 행궁(行

[태종이] 그에게 묻자 대답하는 것이었다.

○ 十一月, 壬申, … 前宜州刺史鄭元璹【胡注】, 已致仕. 上以其嘗從隋煬帝伐高麗, 召詣行在, 問之. 對曰,

【호주】 정원숙은 수나라에서 벼슬을 살면서 우무후장군을 지냈는데 황제를 따라 고려 정벌에 종군하였다. '숙'은 수와 옥의 반절이다.[112]

• 043

"요동도는 멀어서 군량을 수송하기가 어렵습니다. 동이는 성을 지키는 데에 능하기 때문에 그들을 공격하더라도 금방 함락시킬 수는 없으실 것입니다."

[그러자] 주상이 말하였다.

"이제는 수나라 때와는 비교되지 않으니 공은 그곳 소식 듣기만 기다리시오!"【호주】[*113)]

○ '遼東道遠, 糧運艱阻. 東夷善守城, 攻之不可猝下.' 上曰, '今日非隋之比, 公但聽之.【胡注】

宮)을 말한다.

112) 【胡注】 鄭元璹仕隋, 爲右武候將軍, 從伐高麗. 璹, 殊玉翻.
113) *:《구당서》〈태종본기〉"정관 18년(644)"조에는 다음의 기사가 추가되어 있다. "18년 … 11월 임인일(양력 645년 1월 5일)에 어가가 낙양 황궁에 이르렀다. 경자일(645년 1월 3일)에는 태자첨사·영국공인 이적을 요동도 행군총관으로 임명하여 유성으로 출군하게 하고, 예부상서·강하군왕인 [이]도종이 그를 보좌하게 하였다. 형부상서·운국공인 장량은 평양도 행군총관으로 임명하고 수군으로 내주로 출행하게 하고, 좌영군 상하와 노주도독 좌난당으로 하여금 그를 보좌하게 하였다. [그리고] 천하의 갑옷을 갖춘 전사들을 징발해 10만을 모집하여 다함께 평양으로 달려가게 함으로써 고려 정벌에 나섰다." 이 기사에서 태종 이세민은 645년 1월 3일에 고구려 출병을 명령하고 나서 1월 5일에 낙양으로 간 것으로 보인다.

【호주】 황제(태종)가 말한 '나라가 크고 군사력이 강하며 책략이 넘치는 것에 의지하여 승리를 거둔다'는 말은 적국(고구려)에 [황제의] 위엄을 보이고자 한 것이었다.114)

• 044

장검 등은 마침 요수가 불어나는 바람에 한참 동안 건널 수가 없었다. [그러자] 주상은 [그가] 두려워서 소극적인 것이라고 여기고 [장]검을 소환하여 낙양으로 오게 하였다. [그는 낙양에] 오더니 [고구려] 산천이 [어디가] 험하고 수월한지, 물과 풀은 [어디가] 좋고 나쁜지 소상하게 아뢰었다. [그러자] 주상이 기뻐하였다.

○ 張儉等値遼水漲, 久不得濟, 上以爲畏懦, 召儉詣洛陽。至, 具陳山川險易, 水草美惡。上悅。

• 045

[십일월] 갑오일115)에 형부상서116) 장량117)을 평양도 행군대총관으로

---

114)【胡注】帝所謂恃國家之大, 甲兵之强, 算略之足, 以取勝, 欲見威於敵者也。
115) [11월] 갑오일: 양력으로는 12월 28일에 해당한다.
116) 형부 상서(刑部尙書): 중국 고대의 관직명. 전국의 형법 및 형옥(刑獄) 관련 직무를 관장한 관서인 형부(刑部)의 수장. 수나라 개황(開皇) 연간에 도관상서(都官尙書)를 고쳐 처음으로 설치했으며, 당대에 그대로 인습되었다. 당대에 그 명칭은 고종 때 사형태상백(司刑太常伯), 무측천·중종 때에는 추관상서(秋官尙書), 현종·숙종 때 헌부상서(憲部尙書) 식으로 변경되었다.
117) 장량(張亮): 당대 초기의 장수·대신. 형양(滎陽, 지금의 하남성 형양) 사람이다. 수나라 대업 연간에 농민봉기군 지도자인 이밀(李密)을 따라 수나라 조정에 맞서 싸우다가 당나라가 건국되자 귀순하였다. 그 뒤로 여러 차례 전공을 세워 정관 연간 초기에 우위장군(右衛將軍)을 배수받더니 어사대부(御史大夫)를 거쳐 우국공(鄅國公)에 봉해졌다. 나중에는 빈주(豳州)·하주(夏州)·부주(鄜州) 등지의 도독(都督)에 임명되고 공부(工部)·형부(刑部)의 상서(尙書)를 지냈다. 태종이 고구

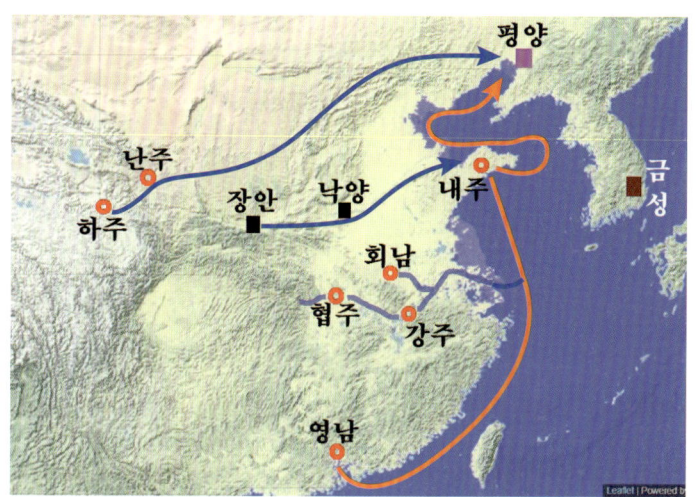

강·회·영·협에서 징용한 군사는 해로로 내주를 거쳐 평양성까지, 난주–하주의 군사는 육로로 요동까지 출격시켰다.

삼았다. [그리고] 강118)·회119)·영120)·협121)【호주】 네 주의 병력 사만과 장안·낙양에서 모집한 병사 삼천, 전함 오백 척을 이끌고 내주122)로부

려를 침공할 때에는 평양도 행군대총관에 임명되어 바다를 건너 사비성(沙卑城)을 함락시키는 등의 공을 세웠으나 정관 20년에 무고를 당하여 주살되었다.

118) 강(江): 중국 고대의 지역인 강주(江州)를 가리킨다. 치소는 지금의 강서성(江西省) 구강시(九江市)에 있었다.
119) 회(淮): 중국 고대의 지역인 회남도(淮南道)를 가리킨다. 치소는 지금의 강소성 양주시(揚州市)에 있었다.
120) 영(嶺): 중국 고대의 지역인 영남도(嶺南道)를 가리킨다. 치소는 지금의 광동성(廣東省) 광주시에 있었다.
121) 협(硤): 중국 고대의 지역인 협주(硤州)를 가리킨다. 치소는 지금의 호북성(湖北省) 의창시(宜昌市)에 있었다.
122) 내주(萊州): 중국 고대의 지명. 지금의 산동성 청도(靑島)·유방(濰坊)·즉묵(卽墨)·교남(膠南)·교주(膠州) 등지에 해당한다. 북위 당시에는 광주(光州)로 불리다가 수나라 개황 5년(585)에 이르러 내주로 개칭되었다. 치소는 지금의 산동성 액현(掖縣)에 있었다.

터 바다를 건너 평양[성]으로 달려가게 하였다. 이어서 태자첨사·좌위솔 이세적을 요동도 행군대총관으로 삼고, 보병·기병 육만 및 난주[123]·하주[124] 두 지역에 투항한 오랑캐들을 이끌고 요동으로 달려가게 하였다. [이리하여] 두 군대는 병력을 합쳐 나란히 진군하였다.

○ 冬, … 十一月 … 甲午, 以刑部尙書張亮爲平壤道行軍大總管, 帥江·淮·嶺·峽【胡注】兵四萬, 長安·洛陽募士三千, 戰艦五百艘, 自萊州泛海趨平壤。又以太子詹事·左衛率李世勣爲遼東道行軍大總管, 帥步騎六萬及蘭·河二州降胡趣遼東, 兩軍合勢並進。

【호주】협중 땅의 주들이라면 기주·협주·귀주가 그것이다.[125]

•046

[십일월] 경자일[126]에 군대를 유주에서 대규모로 집결시키고 행군총관[127] 강행본, 소부소감[128] 구행엄을 파견하여 우선 장인들을 독려하여

---

123) 난주(蘭州): 중국 고대의 지명. 진대의 농서군(隴西郡, 지금의 감숙성 지역)으로, 한대에 이르러 주로 금성현(金城縣) 또는 금성군(金城郡)으로 불리다가 수나라 문제의 개황(開皇) 3년(583)에 난주로 개칭되었다.

124) 하주(河州): 중국 고대의 지명. 진대의 농서군으로, 한대에는 금성군 또는 농서군에 속했으며, 남북조시대부터 포한군(枹罕郡)·북하주(北河州) 등으로 불리다가 당대에 이르러 비로소 하주로 굳어졌다.

125) 硤中諸州, 夔·硤·歸是也。帥, 讀曰率, 下同。

126) [11월] 경자일: 양력으로는 이듬해 645년의 1월 3일에 해당한다.

127) 행군총관(行軍總管): 당대의 관직명. 북주·수·당대에 비상시(전시)에 일정 기간 군사를 통솔하는 지휘관을 가리키는데, 지금의 사령관에 해당한다. 위·진대의 "도독□주군사(都督□州軍事)"에 해당하며, 북주에 이르러 '총관(總管)'으로 개칭되면서 특정 방면의 군정을 총괄하였다. 전시에는 '□□도 행군총관(□□道行軍總管)' 식으로 해당 방면의 군정을 총괄하게 하면서 그 총지휘관을 '행군대총관'으로 일컬었다. 당대 초기에는 군사 요충지에 총관부(總管府)를 설치하고 행군총관 또는 대총관이 현지의 군사를 통솔하게 하면서 '사지절(使持節)'의 직함을 추가해 주기도 하였다. 당대의 행군대총관 임명은 대부분 당대 초기·초중기에

안라산에서 사다리와 충거를 만들게 하였다. 이때 각지의 용사들이 모집에 응하는 한편 각종 공성용 도구며 장비들을 바친 것이 이루 셀 수조차 없을 정도였다. [그러자] 주상은 한결같이 몸소 줄이거나 보태면서 그것들 중에 [다루기] 편리하거나 수월한 것을 골랐다.

○ 庚子, 諸軍大集於幽州, 遣行軍總管姜行本·少府少監丘行淹先督衆工造梯衝於安蘿山。時, 遠近勇士應募及敵攻城器械者不可勝數, 上皆親加損益, 取其便易。

• 047

이어서 몸소 조서를 꾸미고 천하 사람들에 이렇게 널리 알렸다.

"고려의 [천]개소문은 임금을 시해하고 백성들을 학대하니 그 참상을 어찌 참을 수 있겠는가! 이제 유주·계주[129]를 순행하고 요수·갈석에서 [천개소문의] 죄를 따지려 하노라.[130] [짐이] 지나가는 각 군영들에서는 [백성

집중되었으며, 그중 상당수가 당 태종에 의하여 임명되었다.

128) 소부소감(少府少監): 수·당대의 관직명. 수나라 양제의 대업 3년(607)에 소부감(少府監)의 보좌관으로 처음 설치되었으며, 각종 공예와 그 장인 관련 업무를 관장하였다. 당대에는 고종의 용삭 2년(662)에 내부소감(內府少監), 무측천의 치세에 상방소감(尙方少監)으로 개칭되었다가 중종의 신룡 원년(705)에 원래대로 복원되고 종4품하로 굳어졌다.

129) 계주(薊州): 중국 고대의 지명. 고대로부터 무종(无終)·어양(漁陽)·계현(薊縣) 등으로 불렸으며, 지금의 하북성 천진시(天津市)의 계주구(薊州區) 일대에 해당한다. 《태평환우기》에 따르면, "[당나라 현종] 개원 18년에 유주의 어양현·삼하현·옥전현을 쪼개어 계주를 설치하고 옛 계문관을 따서 주의 이름으로 삼았다.(開元十八年, 分幽州之漁陽縣三河縣玉田縣三縣置薊州, 取古薊門關以名州)"

130) 요수·갈석에서 그 죄를 따지려 한다[問罪遼碣]: 여기서 '요갈(遼碣)'은 요수와 갈석[산]을 줄인 표현으로, 당나라와 고구려의 국경지대를 말한다. 즉, 양국의 국경지대에서 연개소문을 만나 그 죄를 따지겠다는 뜻으로 한 말인 것이다. 중국의 역대 사서들에서는 원래 중원 왕조와 고구려의 국경지대를 가리키는 말로 '발갈(渤碣)', 즉 "발해와 갈석[산]"이라는 표현을 자주 사용하였다. 그런데 《구당서》에서

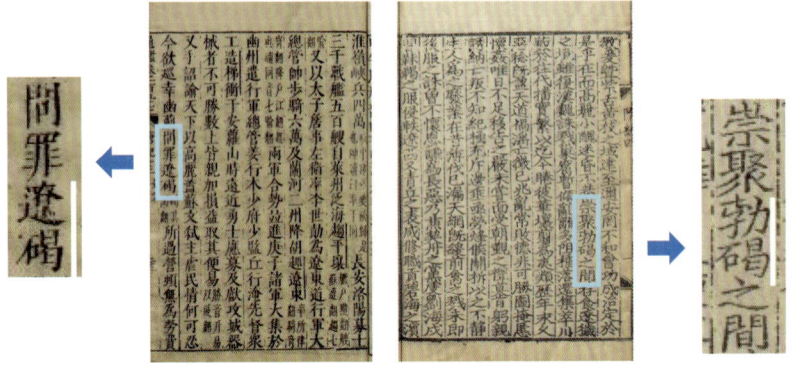

'요수와 갈석[遼碣]' 또는 '발해와 갈석[渤碣]'에서 보듯이, 요수–발해–갈석은 고대부터 역대 중국 정사에서 중원 왕조와 고구려의 국경지대를 뜻하는 표현이자 랜드마크로 자주 언급되었다. 그림에서 왼쪽은 《구당서》, 오른쪽은 《수서》이다.

들을] 수고롭게 하는 일이 없도록 하라!"

[태종은] 추가로 말하였다.

○ 又手詔諭天下, 以'高麗蓋蘇文弑主虐民, 情何可忍。今欲巡幸幽薊, 問罪遼碣, 所過營頓, 無爲勞費.'且,

• 048

"지난날 수나라 양제는 그 백성들을 잔인하고 포악하게 다루었으나 고려왕은 그 백성들을 인덕과 애정으로 대하였다. [이렇듯 수나라는] 어지러운 군대로 편안하고 화목한 [고구려의] 무리를 공격했으니 공을 이룰 수가 없었던 것이다. [그러나] 이번에는 기필코 이길 수 있는 길이 다섯 가지가 있음을 간략하게 일러 주겠노라.

는 발해를 요수로 바꾸어 양국의 국경지대를 표현한 것이다. 이를 통하여 ① 요수·발해·갈석이 7세기 당대에도 고구려와 당나라의 국경지대를 뜻하는 표현으로 사용되었으며, ② 이 세 랜드마크(landmark)가 지리적으로 서로 멀지 않은 곳에 자리잡고 있었음을 짐작할 수 있다.

○ '昔隋煬帝殘暴其下, 高麗王仁愛其民, 以思亂之軍擊安和之衆, 故不能成功。今略言必勝之道有五。

•049
첫째가 강대한 군대로 약소한 무리를 공략하는 셈이요, 둘째가 [하늘에] 순종하는 이들로 거역하는 자들을 토벌하는 셈이요, 셋째가 잘 다스려지는 [우리의] 정세로 저들의 어지러운 정세에 편승하는 셈이요, 넷째가 여유로운 군대로 저들이 지치기를 기다리는 셈이요, 다섯째가 기뻐하는 이들로 원망하는 이들과 맞서는 셈이다. [그러니] 이기지 않을 걱정이 어디 있겠는가? 백성들에게 널리 알리노니 [조금도] 의심하거나 두려워하지 말라!"【호주】이렇게 해서 무릇 [우리 군대가] 머물고 쉬는 과정에서 공급되거나 소비되는 도구들 중에는 줄어든 것이 대부분이었다.

○ 一曰以大擊小, 二曰以順討逆, 三曰以治乘亂, 四曰以逸待勞, 五曰以悅當怨。何憂不克。布告元元, 勿爲疑懼。【胡注】於是, 凡頓舍供費之具, 減者太半。

【호주】 태종이 고려를 분명히 제압할 수 있음에도 끝내 제압하지 못한 것은 이른바 '항상 이기는 장군은 좀처럼 적의 실정을 모른다'는 말과 같은 상황이라고 할 수 있다.[131]

•050
십이월의 신축일[132]에 무양 사람인 의공 이대량[133]이 장안에서 죽

---

131) 【胡注】太宗以高麗爲必可克而卒不克, 所謂常勝之家, 難與慮敵也。
132) 12월 신축일: 양력으로는 이듬 해인 645년 1월 4일에 해당한다.
133) 이대량(李大亮, 586~644): 수·당대의 대신. 자는 대량(大亮)으로, 경조(京兆)

었다. [그는 임종하기 전에 황제에게 바칠] 표를 남기고 고려를 정벌하는 군대[를 파견하려는 생각]를 철회할 것을 건의하였다. [그의] 집에 남은 쌀은 다섯 곡, 베는 쉰 필뿐이었다. [그리고 그의] 친척들이 일찍 세상을 떠나 홀로 된 아이들을 [이]대량이 길러 주었는데 [그 중에서] 그를 친아버지 대하듯이 상을 치른 이가 열다섯 사람이나 되었다.

○ 十二月, 辛丑, 武陽懿公李大亮卒於長安, 遺表請罷高麗之師。家餘米五斛, 布三十匹。親戚早孤爲大亮所養, 喪之如父者十有五人。

• 051
[십이월] 갑인일[134)]에 군대들과 신라·백제·해·거란에 조서를 내리고 길을 나누어 고려를 공략하도록 일렀다.

○ 甲寅, 詔諸軍及新羅·百濟·奚·契丹分道擊高麗。

• 052
처음에 … 주상은 이렇게 말했었다.
"오랑캐들 또한 인간들이다. 그들의 정서가 중국과 다르지 않은 것이

경양(涇陽, 지금의 섬서성 경양현) 사람이다. 문무를 겸비하여 젊어서부터 수나라 장수 방옥(龐玉) 휘하에서 행군병조(行軍兵曹)를 맡았다. 민중봉기군인 와강군(瓦崗軍)에게 포로가 되었다가 석방되자 당국공(唐國公) 이연(李淵)에게 귀순하여 사문현령(士門縣令)을 지냈다. 그 뒤로 선정을 베풀고 반란을 진압하면서 금주사마(金州司馬)·안주자사(安州刺史)·월주도독(越州都督)을 역임하였다. 태종 이세민이 즉위한 뒤로는 더욱 능력을 발휘하여 여러 관직을 두루 거쳐 정관 17년에는 태자우위솔(太子右衛率)·공부상서(工部尙書)를 겸임하며 황제의 경호기구인 숙위(宿衛)를 책임지면서 정국의 안정에 전념하였다. 이세민이 고구려 침공에 나서 요동전쟁을 벌일 때에는 당시 재상으로 장안의 유수(留守)를 맡았던 방현령을 도왔다.

134) [12월] 갑인일: 양력으로는 이듬해인 645년 1월 17일에 해당한다.

다. [무릇] 사람들의 군주라면 [자신의] 덕택이 [백성들에게] 미치지 않는 것을 걱정해야지 [우리와] 다른 무리를 샘내거나 미워해서는 안 되는 법이다.

○ 初 … 上曰, '夷狄亦人耳, 其情與中夏不殊。人主患德澤不加, 不必猜忌異類。

• 053

[군주의] 덕택을 고르게 베풀면 사방의 오랑캐들도 한 집안과 같이 만들 수가 있다. [그러나] 샘내고 미워하는 일이 많다면 피붙이들이 원수로 변하는 사태조차 피할 수 없게 된다. [과거에 수나라] 양제는 도의를 저버려 인심을 잃은 지가 오래 되었던 탓에 요동전쟁 당시에는 사람들이 저마다 손발을 자르면서까지 징용을 피하려 했던 것이다.

○ 蓋德澤洽, 則四夷可使如一家。猜忌多, 則骨肉不免爲讎敵。煬帝無道, 失人已久, 遼東之役, 人皆斷手足以避征役。

• 054

[그리고 양]현감[135)]이 군량을 수송하는 관리의 신분으로 여양[136)]에서 [양

---

135) 양현감(楊玄感, ?~613): 수나라 대신. 홍농(弘農) 화음(華陰) 사람으로, 수나라 대신 양소(楊素)의 아들이다. 대업 9년(613)에 양제의 명령으로 여양(黎陽)에서 군량 수송을 감독하였다. 그러나 양제의 폭정에 불만을 품고 6월에 반기를 드니 그 무리가 10만을 넘을 정도였다. 처음에는 낙양을 포위할 정도로 기세가 등등했으나 한 달이 넘도록 함락시키지 못하자 서쪽의 관중(關中)을 점령하려고 이동하다가 추격해 온 우문술(宇文述)의 관군에게 패하고 죽음을 당하였다.

136) 여양(黎陽): 중국 고대의 지명. 지금의 하남성 준현(浚縣) 서남쪽에 해당한다. 고대부터 군량을 비축하는 군량기지로 사용되어서 삼국시대에는 하북의 군벌 원소(袁紹)가 군량을 비축한 바 있다. 수나라 때에는 전국의 양곡을 모아 도읍으로 수송하는 곳이어서 번번이 농민 봉기군의 공격을 받았다.

제에게] 반기를 든 것도【호주1】오랑캐들 탓이 아니었다. [그러나] 짐이 지금 고려를 정벌하는 것은 한결같이 [원정에] 참여하기를 [스스로] 바라는 이들만 골랐건만 열 명을 모집하면 백 명이 모이고 백 명을 모집하면 천 명이 모여들었다. [심지어] 그들 중에서 군대에 참여하지 못하는 이들은 저마다 한숨을 쉬고 우울해 하니 어찌 수나라에서 원망하는 백성들을 끌고 간 일과 비교할 수 있겠는가?【호주2】…"

○ 玄感以運卒反於黎陽【胡注】, 非戎狄爲患也。朕今征高麗, 皆取願行者, 募十得百, 募百得千, 其不得從軍者, 皆憤歎鬱邑, 豈比隋之行怨民【胡注】哉。…'

【호주1】[《자치통감》의] 권182 "수나라 양제의 대업 9년"조를 참조하기 바란다.137)

【호주2】"행기민" 식의 표현은 [전한의 대신이던] 조조에게서 비롯된 것이다.138)

정관 19년 (645, 을사년)

• 055

이월 … 경술일139)에 주상이 몸소 군대들을 거느리고 낙양을 출발하였다. [이때] 특진140) 소우141)를 낙양궁의 유수로 삼았다. [그리고] 을묘일

---

137)【胡注】見一百八十二卷隋煬帝大業九年。
138)【胡注】行忌民, 語法本之晁錯。
139) 2월 경술일: 양력으로는 3월 14일에 해당한다.
140) 특진(特進): 중국 고대의 작호. 한대에 공덕이 특히 탁월하여 조정의 추앙을 받는 제후에게 부여했는데, 그 지위는 삼공(三公) 다음이었다. 위·진·남북조시대에도 원래의 관직에 추가시키는 방식으로 그대로 인습되었으나 독자적인 직무는 없었다. 수·당대에는 문관 산관(散官, 명예직) 제2계(第二階)로, 품계는 정2품에 해당되었다.

142)에 [태종이 다음과 같은] 조서를 내렸다.

"짐이 정주143)를 출발하고 나면 황태자로 하여금 감국144)을 맡게 하도록 하라."

[그러자] 개부·의동삼사145)로 이미 벼슬살이를 마친 위지경덕이 [이렇게] 글을 올려 말하였다.

○ 二月 … 庚戌, 上自將諸軍發洛陽, 以特進蕭瑀爲洛陽宮留守。乙

---

141) 소우(蕭瑀, 575~648): 수·당대의 대신. 자는 시문(時文)으로, 본관은 남난릉(南蘭陵, 지금의 강소성 상주시 서북)이다. 남조 양(梁)나라의 왕족 출신이자 수 양제의 부인 소후(蕭后)의 동생이다. 수나라에서 내사시랑·하지군수(河池郡守)를 역임하였다. 나중에 이연(李淵)이 당나라를 세운 뒤인 무덕 연간 초기에는 내사령(內史令)에 임명되어 황제의 신임을 받았다. 태종이 즉위하자 상서좌복야(尙書左僕射)로 기용되었으나 봉덕이(封德彝)·방현령(房玄齡) 등의 동료들과 사이가 좋지 못했다. 나중에는 태종의 뜻을 거역하는 바람에 상주자사(商州刺史)로 좌천되었다가 죽었다.

142) [2월] 을묘일: 양력으로는 3월 19일에 해당한다.

143) 정주(定州): 중국 고대의 지명. 북위의 천흥(天興) 3년(400)에 안주(安州)를 고쳐 설치했으며, 치소는 노노(盧奴, 지금의 하북성 정주시)였다. 관할 지역은 지금의 하북성 만성시(滿城市) 이남, 안국(安國)·요양(饒陽) 이서, 정형(井陘)·고성(藁城)·신집(辛集) 이북에 이르렀으나, 나중에는 규모가 차츰 줄어 들었다.

144) 감국(監國): 고대 중국의 정치제도. 황제가 외지에 대한 순시나 정벌에 나서거나 나이가 어릴 경우 조정의 요인(2인자)으로 하여금 궁정에 머물며 정사를 처리하게 한 일 또는 그 일을 맡은 사람을 가리킨다. 일반적으로 황제의 뒤를 이을 태자가 그 직무를 담당하였다.

145) 개부·의동삼사(開府儀同三司): 위·진·남북조 시기의 작호. 글자대로 직역하면 "독자적인 집무 관청과 함께 '삼사'에 준하는 의전 특혜를 누린다"는 뜻으로, 엄밀하게 말하면 관직이라기보다는 의전의 범위를 설정한 명칭이다. 지정된 지점에 독립적인 관부(官府)를 개설했는데 그 등급이나 의전은 동삼사(同三司). 즉 '삼사(三司)'에 준하는 수준으로 허용되었다. 품계가 정1품인 '삼사'는 태위(太尉)·사도(司徒)·사공(司空)의 '삼공(三公)'과 태사(太師)·태부(太傅)·태보(太保)의 '삼사(三師)'를 말하는데, '삼사'는 천자가 스승으로 받드는 관직으로 총괄하는 직무는 없었고 해당자가 없으면 자리를 비워 두기도 하였다. 또, '삼공'은 천자를 보필하는 관직으로 국정에 참여하였다.

《영평부지(永平府志)》·《임유현지(臨榆縣志)》 등에는 《진태강지리지(晉太康地理志)》를 인용하여 진·한대 "장성은 낙랑의 갈석산에서 시작되었다"고 소개되어 있다. 그것이 사실이라면 갈석산이 자리잡고 있는 현재의 창려현(昌黎縣)이 바로 낙랑군임이 저절로 입증되는 셈이다. 같은 맥락에서 '낙랑군이 한반도의 평양시'라는 기존의 주장들은 저절로 무너지는 셈이다.

卯, 詔, '朕發定州後, 宜令皇太子監國.' 開府儀同三司致仕尉遲敬德上言,

•056

"폐하께서 요동을 몸소 정벌하시고 태자가 정주에 머물면 [제국의] 심장인 장안·낙양은 비게 되니 [수나라 때의 양]현감의 정변이 생길까 두렵나이다. 더욱이 변방 외딴 땅의 하찮은 오랑캐는 만승146)[의 천자]께서 나서실 필요조차 없습니다. [그러니 지금보다 적은] 일부 군대만 파견하여 저들을 정벌하시기를 바라나이다. [그렇게 하기만 하셔도 적들을] 머지않아 섬멸할 수가 있을 것이옵니다!"
[그러나] 주상은 [그의 말을] 따르지 않았다. [그리고 위지]경덕147)을 좌일마군 총관으로 삼아 [이번] 정벌에 동참하게 하였다.

○ '陛下親征遼東, 太子在定州, 長安·洛陽心腹空虛, 恐有玄感之變。且邊隅小夷, 不足以勤萬乘, 願遣偏師征之, 指期可殄。'上不從。以敬德爲左一馬軍總管, 使從行。

• 057

주상은 도성을 출발하면서 방현령에게 명령하여 상황에 맞추어 일을 처리하되 더 이상 [태종의] 재가를 받을 필요가 없다고 일렀다.148) [나중에] 누군가가 [방현령의] 유수 근무처에 가서 '비밀 모의가 있다'고 말하기에 [방]현령이 비밀 모의 장소를 묻자 [그 자는] "공이 바로 그 자요!" 하고 대답하는 것이었다. [그래서 방]현령이 행재로 파발을 보내었다. 주상은 유

---

146) 만승(萬乘): 고대 중국에서 천자(天子, 황제)는 전차를 1만 대나 동원할 수 있는 권세를 가졌다는 뜻에서 황제나 대국을 가리키는 표현으로 사용되곤 하였다.
147) 경덕(敬德): 수·당대의 명장 위지경덕(尉遲敬德, 585~658)을 말한다. 수나라에 이어 당대에도 요동전쟁에 종군하여 큰 전공을 세워서 명성이 높았다. 중국에서는 악귀들을 막아 준다 하여 예로부터 그의 초상화를 대문에 붙이고 문을 지키는 신이라는 뜻에서 '문신(門神)'으로 부르며 받들어 모셨다.
148) 주상은 도성을 출발하면서~[上之發京師也]: 《구당서》〈태종본기〉 "정관 18년(644)"조에는 이 부분이 다음과 같이 기술되어 있다. "18년에 태종은 고려를 정벌하고자 하여 태자에게 명령하여 남아서 정주를 지키게 하였다. 어가가 출발할 날이 임박하자 [태자는] 며칠째 슬프게 울었다. [그리고] 그 일로 '파발을 통하여 신속하게 표를 전하고 안부를 여쭙는 동시에 [태종도 그때마다 자신에게] 칙명을 내려 줄 것'을 건의하니 [태종이 둘 다] 모두 윤허하였다. 신속하게 표를 올려 나랏일들을 고하는 일은 이때에 비롯되었다."

수의 근무처에 누가 표를 올려 밀고를 한 자가 있었다는 사실을 전해 들었다.

○ 上之發京師也, 命房玄齡得以便宜從事, 不復奏請。或詣留臺稱有密, 玄齡問密謀所在, 對曰, '公則是也.' 玄齡驛送行在。上聞留守有表送告密人。

• 058

[그러자] 주상은 성을 내며 사람들로 하여금 앞에서 긴 칼을 들게 한 다음 그 자를 접견하고 밀고자가 누구인지 물었다. [그래서 그 자가] "방현령입니다" 하고 말하자 주상은 "정말 그랬군!" 하더니 큰 소리로 밀고자의 허리를 자르도록 일렀다. 그러고는 몸소 새서149)를 내려 방현령에게 결단력이 부족하다고 나무라더니 이렇게 선언하였다.

"또 이런 일이 생길 때에는 독단적으로 처치해도 좋소!"

○ 上怒, 使人持長刀於前而後見之, 問告者爲誰, 曰, '房玄齡.' 上曰, '果然.' 叱令腰斬。璽書讓玄齡以不能自信, '更有如是者, 可專決之.'

당대 초기의 명신 방현령 (삼재도회)

---

149) 새서(璽書): 원래 진흙으로 밀봉하고 관인을 찍은 문서를 말한다. 위소(韋昭)는 《국어(國語)》〈노어하(魯語下)〉에서 "'새서'는 관인을 찍고 밀봉한 문서이다(璽書, 印封書也)"라고 주석을 붙였다. 진(秦)나라 때부터는 황제를 조서(詔書)를 가리키는 말로 전용되기 시작하였다.

059

[이월] 계해일150)에 주상이 업151)에 이르렀다. [태종은] 직접 글을 지어 위나라 태조의 제사를 지내 주었다.【호주1】 그러고는 말하였다.

"위기를 만나자 급변을 처리하고 적군을 염두에 두고 기습 병력을 배치했으니 장수로서는 지혜가 넘치지만 제왕으로서는 재능이 부족했노라."

이 달에 이세적의 군대가 유주에 이르렀다.【호주2】

○ 癸亥, 上至鄴, 自爲文祭魏太祖【胡注】, 曰, '臣危制變, 料敵設奇, 一將之智有餘, 萬乘之才不足.' 是月, 李世勣軍至幽州【胡注】.

【호주1】[북]위의 태조는 업성 서쪽에 안장되었다. 업현은 본래 상주의 치소였다. 후주의 대상 2년에 수나라 문제가 [황제의] 정사를 보필할 때에 위지형이 업에서 군사를 일으켰으나 결국 싸움에서 패하고 업성이 함락되었다. [그러자] 문제가 명령을 내려 업성을 불사르고 그 주민들을 이주시켜 그 남쪽 45리 지점으로 옮기고 안양성을 상주의 치소로 삼았다. [그것을 수나라] 양제가 다시 옛 업의 대자사에 업현을 설치하였다. [당나라] 정관 8년에 비로소 지금의 치소인 작은 성을 지었다.152)

【호주2】낙양에서 유주까지[의 거리]는 1,600리이다.153)

---

150) [2월] 계해일: 양력으로는 3월 27일에 해당한다.
151) 업(鄴): 중국 고대의 지명. 지금의 하북성 임장(臨漳) 서쪽 및 하남성 안양(安陽) 북쪽에 해당한다.
152) 【胡注】魏太祖葬鄴城西。鄴縣系本相州治所, 後周大象二年, 隋文帝輔政, 尉遲迥起兵於鄴, 兵敗, 鄴城破, 文帝令焚鄴城, 徒其居人, 南遷四十五里, 以安陽城爲相州治所。煬帝復於鄴故都大慈寺置鄴縣。貞觀八年, 始築今治所小城。
153) 【胡注】洛陽至幽州一千六百里。

• 060

삼월, 정축일[154]에 어가가 정주에 이르렀다.【호주1】 정해일[155]에 주상이 시중을 드는 신하들에게 말하였다.

"요동은 본래 중국의 땅이었다. 수나라 왕조가 네 번이나 군사를 동원했음에도 불구하고 얻지 못하였다.【호주2】 짐이 이번에 동쪽으로 정벌에 나서는 것은 중국을 위하여 자제들의 원수를 갚기 위함이요【호주3】 고려를 위하여 임금과 아비들의 치욕을 씻기 위함일 뿐이니라.【호주4】

○ 三月, 丁丑, 車駕至定州【胡注】。丁亥, 上謂侍臣曰, '遼東本中國之地, 隋氏四出師而不能得【胡注】。 朕今東征, 欲爲中國子弟之讎【胡注】, 高麗雪君父之恥【胡注】耳。

【호주1】 낙양에서 정주까지[의 거리]는 1,200리이다.[156]

【호주2】 수나라는 문제의 개황 18년에 고려를 정벌했으며, 양제의 대업 8년과 9년과 10년의 세 차례에 걸쳐 고려를 정벌하였다.[157]

【호주3】 중국[출신의] 사람들 중에서 그 아비나 형이 고려에서 죽은 이들을 말한다. 이때 그 나라(고구려)를 정벌한 것은 그 자제들을 위하여 아비나 형의 원수를 갚아 주려는 것이었다.[158]

【호주4】 [천]개소문이 그 임금을 시해한 것을 말한다. 그런데 그 신하들의 자제들은 [개소문을] 응징할 도리가 없었으니 치욕이 그처럼 큰일은 없었으리라. 이번에 그의 죄를 토벌하는 것은 고려[의 왕]를 위하여 치욕을 씻어

---

154) 3월 정축일: 양력으로는 4월 10일에 해당한다.
155) [3월] 정해일: 양력으로는 4월 20일에 해당한다.
156) 【胡注】洛陽至定州一千二百里。
157) 【胡注】隋文帝開皇十八年伐高麗, 煬帝大業八年·九年·十年, 三伐高麗。
158) 【胡注】言中國之人, 其父兄死於高麗, 今伐之, 是爲其子弟報父兄之讎。

주려는 것이었다.159)

• 061
거기다가 사방이 모두 평정되었건만 유독 그곳만 아직 평정되지 않았기에 짐이 늙기 전에 사대부들의 남는 기운을 빌어 그 나라를 가지려는 것이다. 짐이 낙양을 출발한 이래로 그저 고기에 밥만 먹을 뿐 아무리 봄이어도 채소조차 먹지 않는 것은 그 일로 [백성들을] 번거롭게 할까 두려워서이니라."

○ 且方隅大定, 惟此未平, 故及朕之未老, 用士大夫餘力以取之。朕自發洛陽, 唯噉肉飯, 雖春蔬亦不之進, 懼其煩擾故也.'

• 062
주상은 병이 든 병졸을 보고 [그를] 자신의 침상 앞까지 불러서 위로해 주었다. [그러고는 해당] 주·현[당국]에 인계하여 그를 치료해 주게 하니 병졸들 중에 감동하고 기뻐하지 않는 이가 없었다. 정벌 종군자 명단에 이름을 올리지 않은 채[호주] 자원하여 개인적으로 장비를 챙겨 군대를 따르는 이들도 매번 천 명이 넘을 정도였다. [그들은] 한결같이 말하는 것이었다.
"현 관리의 훈상은 바라지 않으며 그저 [폐하에 대한] 충성을 다하고 요동에서 죽기만을 바랄 뿐입니다"
[그러나 그 요청을] 주상은 윤허해 주지 않았다.

○ 上見病卒, 召至御榻前存慰, 付州縣療之, 士卒莫不感悅。有不預征

---

159) 【胡注】言蓋蘇文弑其主, 而其臣子不能討, 恥莫大焉。今討其罪, 是爲高麗雪恥。

名【胡注】, 自願以私裝從軍, 動以千計, 皆曰, '不求縣官勳賞, 惟願效死遼東.' 上不許.

【호주】 요동정벌 [종군자의] 명부에 [이름을] 올리지 않은 이들을 말한다.[160]

•063

주상이 출발하려 하는데 태자가 며칠이나 슬프게 우는 것이었다. [그래서] 주상이 말하였다.

"지금 너로 하여금 남아 [도읍을] 지키게 하고 준걸과 현자들이 보필하게 하여 천하가 너의 풍채를 알게 하려 하느니라. 무릇 나라를 다스림에 있어 중요한 것은 현자를 발탁하고 소인을 물리쳐 착한 이는 상을 내리고 못된 이는 벌을 줌으로써 지극히 공정하고 편파적으로 대하는 일이 없게 하는 데에 있다. 너는 이를 실천하도록 노력해야 옳거늘 슬프게 울기는 왜 우느냐!"

○ 上將發, 太子悲泣數日, 上曰, '今留汝鎭守, 輔以俊賢, 欲使天下識汝風采. 夫爲國之要, 在於進賢退不肖, 賞善罰惡, 至公無私, 汝當努力行此, 悲泣何爲.'

•064

[그러고는] 개부·의동삼사 고사렴으로 하여금 태자태부를 대신 담당하여 유계·마주, 소첨사 [호주] 장행성, 우서자 고계보와 함께 중요 업무들을 전담하여 태자를 보필하도록 일렀다. [또.] 장손무기·잠문본과 이부상서 양사도는 태종과 함께 출발하게 하였다.

---

160)【胡注】謂不預東征之名籍者.

○ 命開府儀同三司高士廉攝太子太傅, 與劉洎·馬周·少詹事張行成【胡注】·右庶子高季輔同掌機務, 輔太子。長孫無忌·岑文本與吏部尚書楊師道從行。

【호주】 첨사는 진대에 설치된 관직이다. 한대 이래로 동궁 안팎의 여러 업무들을 관장했으며, 정원은 1명이었다. 후위(북위) 때에는 2명을 두고 좌우로 나누었다가 얼마 뒤에 도로 1명으로 복원하였다. 당대에 이르러 새로 소첨사를 1명 두었는데 [품계는] 정4품상이었다.[161]

•065

[삼월] 임진일[162]에 어가가 정주를 출발하였다. [주상은] 활과 화살을 몸소 차고 손으로 비옷을 안장 뒤에 달았다. [그리고는] 장손무기에게는 잠시 시중의 직무를 수행하고, 양사도는 잠시 중서령을 대행하도록 일렀다.

○ 壬辰, 車駕發定州, 親佩弓矢, 手結雨衣 於鞍後。命長孫無忌攝侍中, 楊師道攝中書令。

•066

[같은 삼월 임진일에] 이세적의 군대가 유성[163]을 출발하였다.【호주1】 [그는] 크

---

161) 【胡注】詹事, 秦官。自漢以來, 掌東宮內外衆務, 員一人。後魏置二人, 分左右, 尋復置一人。至唐, 又置少詹事一人, 正四品上。
162) [3월] 임진일: 양력으로는 4월 25일에 해당한다.
163) 유성(柳城): 중국 고대의 지명. 한대의 요서군에 속한 현으로, 나중에 모용씨(慕容氏)가 세운 전연(前燕)·후연(後燕)의 근거지가 되었다. 인터넷 〈국편위판〉 주 214에서는 "隋代의 熱河省 朝陽縣을 말한다. 唐代에는 이를 營州라고 불렀다"라고 소개하였다. '유성(한) ⇒ 유성(수) ⇒ 영주(당) ⇒ 조양'이라고 주장한 셈이다. 그러나 이는 요수(遼水)를 지금의 요하(遼河)로 비정한 데 따른 착시의 산물이다.

게 기세를 떨치면서 마치 회원진164)을 나온 것처럼 꾸몄다.【호주2】 그러고는 은밀한 군대를 북상시켜 용도를 통하여 신속히 이동하게 함으로

그 위치와 관련하여 ①《수서》〈지리지〉"요서군"조에서는 이렇게 소개하였다. "【유성】후위 때에 영주를 화룡에 설치하고 건덕·기양·창려·요동·낙랑·영구 등의 군과, 용성·대흥·영락·대방·정황·석성·광도·양무·양평·신창·평강·유성·부평 등의 현을 관할하게 하였다. … [수나라 때에는 요서군을] 개황 원년에는 건덕의 1개 군과 용성의 1개 현만 유지했고 … [개황] 18년에는 [현 이름을 용성에서] 유성으로 개칭하였다. 대업 연간 초기에 [다시] 요서군을 설치하였다(【柳城】後魏置營州於和龍城, 領建德冀陽昌黎遼東樂浪營丘等郡, 龍城大興永樂帶方定荒石城廣都陽武襄平新昌平剛柳城富平等縣. … 開皇元年, 唯留建德一郡龍城一縣, … 十八年, 改爲柳城. 大業初置遼西郡)" ②《구당서》〈지리지〉"하북도 영주상도독부(營州上都督府)"조에는 더 나아가 그 좌표가 구체적으로 제시되어 있다. "【유성】한대의 현으로, 요서군에 속하였다. 실위·말갈의 부락들이 나란히 동북방에 있는데, 먼 경우는 6,000리, 가까운 경우는 2,000리로, 서북으로는 해와 경계가 맞닿아 있고 북으로는 거란과 경계가 맞닿아 있었다(【柳城】漢縣. 屬遼西郡. 室韋靺鞨諸部, 幷在東北, 遠者六千里, 近者二千里. 西北與奚接界, 北與契丹接界)" ③《수서》〈우작전(虞綽傳)〉에서 "행궁이 유성현의 임해돈에 멈추었네(行宮次于柳城縣之臨海頓焉)"라고 한 것도 그 증거이다. '임해돈'은 글자 그대로 풀면 '바다를 마주한 군영' 정도의 뜻이므로, 이를 통하여 유성현이 바다를 낀 도시였음을 짐작할 수 있는 셈이다. ④ 그 좌표를 바다에서 한참 멀리 떨어진 내륙 도시인 조양시에서 찾는 것은 번지수를 잘못 찾는 격이라는 뜻이다. 실제로 ⑤ 조선의 태종 2년(1402년)에 대신인 권근(權近)이 제작한 세계지도《혼일강리역대국도지도(混一疆理歷代國都之圖)》에도 "【영평】바로 용성 창려이다. 북연의 모용성이 근거지로 삼은 곳(【永平】卽龍城昌黎. 北燕慕容盛所據)"이라고 소개되어 있다. '용성'은 유성의 또 다른 이름이며, '영평'은 하북성 노룡현(盧龍縣), '창려'는 역시 하북성 창려현(昌黎縣)을 가리킨다. ⑥ 14세기 이전의 한·중 양국의 학자·사관들은 유성의 위치를 요녕성 조양시가 아닌 하북성 동북부 창려현 인근으로 확신하고 있었다는 뜻이다.

164) 회원진(懷遠鎭): 중국 고대의 지명. 국내외 학자들은 그 위치를 대체로 지금의 요녕성 북진시(北鎭市) 부근으로 비정해 왔으며, 최근에는 중국 학계에서 요녕성 요중현(遼中縣) 인근으로 비정하였다. 유감스럽게도 고구려-수나라 전쟁과 관련된 한·중·일 학자들의 기존의 지리 고증들은 대부분 반도사관에 대입하여 산출된 결과물이어서 역사적 사실에 부합된다고 하기 어렵다. 실제로 중국의 각종 사서·연혁지의 기사들을 종합해 볼 때, 회원진은 영주 경내에 있었음을 알 수가 있다. 그 근거들에 관해서는《수서》의 "회원진" 주석을 참조하기 바란다.

당 태종이 장수들에게 내린 〈장수들에게 고려 정벌을 명령하는 조서[命將征高麗詔]〉 (청대, 《흠정 전당문》)

써 고려의 허를 찔렀다.

○ 壬辰, … 李世勣軍發柳城【胡注】, 多張形勢, 若出懷遠鎮【胡注】者, 而潛師北趣甬道, 出高麗不意。

【호주1】 유성현은 영주의 치소였다.[165]

【호주2】 영주에 회원수착[의] 성이 있었다.[166]

• 067

여름, 사월의 무술일 초하루[167]에, [이]세적이 통정[진][168]【호주1】에서 요

---

165) 【胡注】柳城縣, 營州治所。

166) 【胡注】營州有懷遠守捉城。

167) 4월 무술일 초하루: 양력으로는 5월 1일에 해당한다.

168) 통정진(通定鎮): 중국 고대의 지명. 국내외 학계에서는 통정진을 신민현 서북쪽인 요하(遼河)의 서쪽 기슭으로 비정하는 것이 통설이다. 그러나 그 좌표에 관해서는 《책부원구》〈제왕부·사유2(帝王部·赦宥二)〉에 수록된 〈평요동대사조(平遼東大赦詔)〉가 참고할 만하다. 양제가 무려라에 요동군·통정진을 설치한 기념으

태종 문무대성대광효황제(太宗文武大聖大廣孝皇帝) **497**

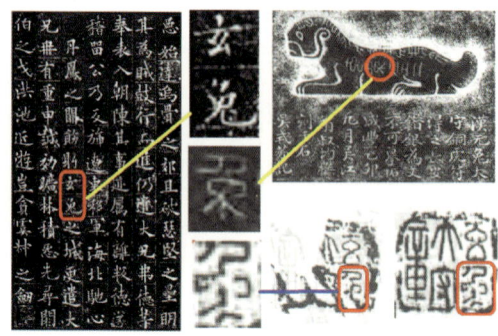

《한서》〈지리지〉(좌)의 '현토 대목'. 현토의 '토'가 '새삼 토(菟)'로 되어 있다. 그러나 《천남생 묘지명》(중)을 위시하여 현토태수 병부(상), 현토태수 봉니(하) 등 한·당대 당시에 제작된 각종 금석·유물에는 일률적으로 '토끼 토(兔)'로 되어 있다. 원래 '토끼 토'였던 것이 원대 이후로 '兔 ⇒ 菟' 식으로 '새삼 토'로 굳어졌다는 뜻이다

수를 건너서 현토169)에 이르렀다.【호주2】[그러자] 고려는 크게 놀라서 성읍들이 저마다 성문을 닫고 굳게 지키는 것이었다.

○ 夏, 四月, 戊戌朔, 世勣自通定【胡注】濟遼水, 至玄菟【胡注】。高麗大駭, 城邑皆閉門自守。

【호주1】 통정진은 요수 서쪽에 있었다. 수나라 [양제]의 대업 8년에 요동을 로 특별사면령을 내린 이 조서에는 국역에 동원된 백성들에 대한 상벌을 언급하면서 "그들 중 각 군에서 군사 물자를 공급하는 자는 일률적으로 급여를 다시 1년간 주고, 부역에 참여하는 장정·장인들로서 탁군까지 간 자는 다시 2년간 주며, 임유관 이서까지 간 자는 다시 3년을, 유성 이서까지 간 자는 다시 5년을, 통정진 이서까지 간 자는 다시 7년을, 요수 건너편 진지까지 간 자는 다시 10년을 주도록 하라(其諸郡供軍事者並給復一年, 其所役丁夫匠至涿郡者復二年, 至臨楡關已西者復三年, 至柳城已西者復五年, 至通定鎭已西者復七年, 至渡遼鎭者復十年)"고 하였다. 내지(중원)에서 변방(요동) 쪽으로 거리가 멀어질수록 더 큰 보상을 해주는 식인 셈이다. 여기서 그 지명들은 '[중원 ⇒] 탁군(유주) ⇒ 임유관 ⇒ 유성 ⇒ 통정진 ⇒ 요수[⇒ 요동]'의 순서로 나열되어 있으며, 통정진은 요수를 건너기 전의 위치에 소개되어 있다. 통정진이 요수와 유성 사이에 있는 곳임을 알 수 있는 셈이다. 양제가 이때 설치한 요동군과 통정진의 좌표는 요수 이동(요동)이 아니라 요수 이서(요서)에서 찾아야 한다는 뜻이다.

정벌하면서 설치하였다. '용도'는 수나라군이 부교를 만들어 요수를 건널 때에 지은 것이다.[170]

【호주2】 [서진의 역사가] 진수가 이렇게 말하였다. "한나라 무제가 현토군을 개설하고 옥저에 치소를 두었다. 나중에 동이의 [예]맥에게 침공을 받는 바람에 군을 [고]구려현으로 이전하였다. [현토군의] 서북방에 요산이 있는데, 요수가 발원하는 곳이다."[171]

•068

[사월] 임인일[172]에 요동도 부대총관 강하왕 [이]도종[173]이 병사 수천 명

---

169) 현토(玄菟): 당대의 지역명. 한나라 무제가 위만조선 땅에 설치한 현토군에서 유래하였다. '현토'의 '토'의 경우, 현재는 '세삼 토(菟)'로 표기하고 '도'로 읽는 학자가 많지만, ① 현재 산동성 박물관에 소장되어 있는 현토군 태수의 병부(兵符)나 ② 연개소문 아들의 묘지명인《천남생묘지명(泉男生墓誌銘)》의 "현토의 성(玄菟之城)" 부분에는 '토'가 '토끼 토(兔)'로 새겨져 있다. ③ 한대~당대까지는 '토끼 토'를 써서 '현토(玄兔)'로 적던 것을 시대가 바뀌고 오랫동안 여러 사람에 의하여 필사·전승되는 과정에서 '세삼 토'로 와전 되면서 '현토(玄菟)'로 잘못 전해졌다는 뜻이다. 따라서 '玄菟'를 '현도'로 읽는 것은 명백한 오독이므로 '현토'로 바로잡아야 옳다.

170)【胡注】通定鎭在遼水西。隋大業八年伐遼所置。甬道, 隋起浮橋渡遼水所築。

171)【胡注】陳壽曰, '漢武帝開玄菟郡, 治沃沮, 後爲夷貊所侵, 徙郡句驪縣。西北有遼山, 遼水所出。'

172) [4월] 임인일: 양력으로는 5월 5일에 해당한다.

173) 이도종(李道宗, 600~653): 당대 초기의 황족·대신. 자는 승범(承范)이며, 개국 군주 이연의 조카이다. 17세 때에 이세민과 함께 농민봉기 지도자인 두건덕(竇建德)과의 싸움에 종군하였다. 무덕 5년(622)에는 영주총관(靈州總管)에 임명되어 여러 차례 돌궐을 무찔러 임성왕(任城王)에 봉해졌다. 이세민이 황제로 즉위한 뒤에는 돌궐 침공에 종군하고 힐리가한을 생포한 공로로 형부상서에 기용되었다. 나중에 예부상서에 임명되고 강하왕(江夏王)에 봉해졌다. 정관 15년(641)에는 토번(吐蕃)의 통치자이던 송찬간포(松贊干布)와 정략결혼한 당나라 종실 문성공주(文成公主)를 현지까지 호송하였다. 그러나 고종의 영휘(永徽) 연간 초기에 장

을 거느리고 신성에 이르렀다.【호주】절충도위[174) 조삼량이 [기병을] 열 기 넘게 이끌고 곧바로 성문으로 돌격하였다. [그러자] 성 안에서는 놀라 불안해하면서 [성문을] 나설 엄두를 내는 이가 없었다.

○ 壬寅, 遼東道副大總管江夏王道宗將兵數千至新城【胡注】, 折衝都尉曹三良引十餘騎直壓城門, 城中驚擾, 無敢出者。

【호주】《당력》[175)에는 이렇게 기술되어 있다. "장검은 적을 두려워하여 함부로 깊숙이 진입하지 못하였다. [그래서] 강하왕 [이]도종이 1백 기를 이끌고 적들의 동태를 살피러 가기를 한사코 간청하니 황제가 윤허해 주었다. 그러면서 '갔다가 오는 데에 며칠이 걸리는지' 물었더니 [이도종이] 대답하였다. '가는 데에 열흘, 두루 살피는 데에 열흘, 돌아오는 데에 열흘입니다. 딱 한 달이 지나고 나서 폐하를 알현하고자 합니다!' 그러고는 말을 먹이고 병기들을 꾸려 험한 길을 지나서 곧바로 요동성 남쪽으로 올라가더니 그 일대 지형의 험하고 수월함, 병영을 세우고 진지를 구축한 장소를 살폈다. [그러고 나서] 귀환할 즈음이 되자 적들(고구려군)은 벌써 군사를 이끌고 그가 귀환할 길을 끊은 뒤였다. [그러자 이]도종이 그들을 공격하여 모조리 죽이고 [고구려] 관문을 돌파해 탈출한 다음 [약속한] 때에 맞추어 [황제를] 알현하였다. [그래서] 황제가 감탄하면서 말하였다. '맹분과 하육이 아무리 용

손무기(長孫無忌)의 무고로 상주(象州), 즉 지금의 광서성 유주(柳州) 동남쪽으로 유배되는 길에서 병으로 죽었다.

174) 절충(折衝): 수·당대의 무관직. 북위 때의 절충장군(折衝將軍)으로, 수 양제 때에 이르러 좌·우 비신부(備身府)에 금위군의 하나 절충낭장(折衝郎將)과 과의낭장을 3명씩 배치하였다. 당대에는 정관 10년(636)에 수나라의 제도를 인습하여 부병군부(府兵軍府)를 '절충부'로 개칭하였다.

175) 《당력(唐曆)》: 8세기 당나라의 역사가 유방(柳芳)이 저술한 편년체 당나라 역사서. 수나라 말기로부터 당나라 대력(大曆) 13년(778)까지를 다루었는데 특히 당나라의 제도를 상세하게 소개하여 후대에 편찬된 《신당서》·《자치통감》 등의 사서들에 자주 인용되었다.

맹스럽다 한들 어찌 그대를 능가할 수 있겠는가!' [그리고는] 금 50근과 명주 천 1천 필을 하사하였다." [그러나] 여기서는 실록의 기록을 따르기로 한다.176)

• 069
[이때] 영주도독 장검이 오랑캐 병력을 선봉대로 거느리고 진군하여 요수를 건너더니 [그 길로] 건안성177)으로 달려가서 [호주] 고려군을 무찌르

---

176) 【胡注】唐曆, "張儉懼敵, 不敢深入。江夏王道宗固請將百騎覘賊, 帝許之。因問往返幾日, 對曰, '往十日, 周覽十日, 返十日, 總經一月, 望謁陛下.' 遂秣馬束兵, 經歷險阻, 直登遼東城南, 觀其地形險易, 安營置陳之所。及還, 賊已引兵斷其歸路, 道宗擊之盡殪, 斬關而出, 如期謁見。帝歎曰, '賁·育之勇, 何以過此.' 賜金五十斤, 絹千匹。今從實錄。

177) 건안성(建安城): 고구려의 성 이름. 중국에서는 그 소재지 평곽현(平郭縣)을 요녕성 개주시(蓋州市) 일대로 비정하고 있다. 인터넷 〈국편위판〉 주106에서도 "蓋平 東北의 石城山. 一名 高麗城子"로 소개하였다. 국내외 학계 모두 평양성을 지금의 평양시, 건안성을 개주시(개평)로 비정한 셈이다. 그러나 그렇게 되면 두 도시는 직선거리로도 거의 400km나 떨어진 셈이 된다. 평양성과 건안성의 지리 고증이 잘못되었다는 뜻이다. 실제로, ① 당대 중기에 가탐(賈耽, 8세기)이 작성한《도리기(道里記)》에는 "안동도호부로부터 서남쪽으로 건안성까지는 300리 거리로, 옛 평곽현이다(自安東都護府西南至建安城三百里, 故平郭縣也)"라고 소개되어 있다. 같은 당대의 《한원(翰苑)》에서도 《고려기(高麗記)》를 근거로 "【평곽성】 지금은 건안성이라고 부른다. 나라 서쪽에 있는데, 본래는 한나라의 평곽현이다(【平郭城】今名建安城, 在國西. 本漢平郭縣也)"라고 하였다. ②《진서(晉書)》〈모용황재기(慕容皝載記)〉에서 모용황의 배다른 동생인 모용인(慕容仁)의 행적을 소개하면서 "모용인이 … 동쪽의 평곽으로 돌아갔다. … 이리하여 모용인은 요좌(요동)의 땅을 모두 점유하고 거기장군·평주자사·요동공을 자처하였다(仁知事發, … 東歸平郭。… 仁于是盡有遼左之地, 自稱車騎將軍平州刺史遼東公)"고 한 것도 그 증거이다. 모용황의 해코지를 피하여 '동쪽의' 평곽으로 도주한 모용인이 요동을 장악하고 평주자사·요동공을 자처했다는 것이다. ③ '평주'는 지금의 하북성 동북부 노룡현 일대에 대한 지역명이고, 고대의 '요동'은 지금과는 달리 산해관 이동지역을 가리킨다. 그렇다면 한대 이래의 평곽은 요동, 즉 지금의 하북성 동북부의 노룡현과 산해관 인근으로 보아야 옳은 셈이다. ④《신당서》〈고려전〉에서

고 수천 급이나 되는 머리를 베었다.

○ 營州都督張儉將胡兵爲前鋒, 進渡遼水, 趨建安城【胡注】, 破高麗兵, 斬首數千級。

【호주】요동성으로부터 서쪽으로 300리를 가면 건안성에 이른다. 한나라 때의 평곽현 땅이다.[178]

• 070

여름, 사월 … [＊[179]…] 정미일[180]에 어가가 유주를 출발하였다. 주상은 군영의 물자·군량·도구·장비·장부들을 모두 잠문본에게 위임하였다. [잠]문본은 새벽같이 일어나 한밤중까지 부지런히 일하면서 직접 [업무를] 처리하고 배치하느라 산가지와 붓[호주]이 [그의] 손을 떠날 틈이

태종 이세민이 "건안성은 지세가 험하고 깎아지른 곳에 있는 것을 믿고(建安恃險絕)" 식으로 말한 것도 중요한 단서이다. 안시성처럼, 건안성도 고도가 높고 외부로부터 차단되어 접근이 어려운 산 위에 지어진 산성이었음을 알 수 있기 때문이다. 또, ⑤ 같은 대목에서 이세적이 "그런데 서쪽으로 건안성을 친다면 적장이 우리 귀로를 차단할 것입니다. 차라리 안시성을 먼저 공략하심이 옳겠습니다(而西擊建安, 賊將梗我歸路, 不如先攻安市)"라고 한 것이나《자치통감》"정관 19년"조에서 이[세]적이 "건안은 남쪽에, 안시는 북쪽에 있습니다"라고 한 것도 중요한 단서가 된다. 이로써 건안성이 안시성보다 서남쪽에 있었을 가능성을 유추할 수 있기 때문이다. ⑥《자치통감》"정관 19년"조의 "진군해 요수를 건너 건안성으로 달려가서 고려 군사를 무찔렀다"라는 부분도 마찬가지이다. 이는 건안성이 요수를 건넌 당나라 군에게는 고구려 땅에서 처음 만나는 가장 서쪽 성이라는 뜻이다. 반면에 요녕성의 개주시는 학계에서 요수라고 주장하는 요하로부터 상당히 남쪽이다. 지리적으로 좌표가 맞지 않다는 뜻이다.

178)【胡注】自遼東城西行三百里至建安城, 漢平郭縣地。
179) ＊:《구당서》〈태종본기〉"정관 19년(645)"조에는 다음의 내용도 보인다. "여름 4월 계묘일(양력 5월 6일)에 유주 [주]성 남쪽에서 군사들을 사열하였다. 이에 육군에게 크게 향응을 베푼 다음 그들을 파견하였다.(夏四月癸卯, 誓師於幽州城南, 因大饗六軍以遣之)"
180) 4월 정미일: 양력으로는 5월 10일에 해당한다.

없을 정도였다. [결국 그는] 기력이 바닥나서 말투와 거동이 평소와는 무척 달랐다. [그러자] 주상은 [그를] 보고 걱정하면서 측근들에게 말하였다. "[잠]문본이 나와 함께 다니기는 한다마는 나와 함께 돌아가기는 어려울 것 같구나!"
[결국] 이날 갑작스러운 병을 만나 세상을 등지고 말았다.181) …

○ 夏, 四月 … 丁未, 車駕發幽州。上悉以軍中資糧·器械·簿書委岑文本, 文本夙夜勤力, 躬自料配, 籌筆【胡注】不去手, 精神耗竭, 言辭擧措, 頗異平日。上見而憂之, 謂左右曰, '文本與我同行, 恐不與我同返。' 是日, 遇暴疾而薨。

【호주】 산가지는 숫자를 세는 도구이고, 붓은 글씨를 쓰는 도구이다.182)

• 071
[사월] 임자일183)에 이세적과 강하왕 [이]도종이 고려의 개모성184)을 공

---

181) 잠문본은 새벽같이 일어나~[文本夙夜勤力]:《구당서》〈태종본기〉"정관 19년"조에는 이 대목을 "정미일에 중서령이던 잠문본이 군중에서 죽었다(丁未, 中書令岑文本卒于師)"라고 간단하게 기술되어 있다.

182)【胡注】籌, 所以計算, 筆, 所以書。

183) [4월] 임자일: 양력으로는 5월 15일에 해당한다.

184) 개모성(蓋牟城): 고구려 서부의 성 이름. 당나라가 고구려를 침공한 뒤에는 그 자리에 개주(蓋州)를 설치하였다. 이 기사를 보면 동쪽으로 요수를 건너서 얼마 떨어지지 않은 곳에 자리잡고 있었던 것으로 보인다. 그 좌표와 관련하여 인터넷〈국편위판〉주082에서는 "撫順 千金寨의 西쪽 古城子 露天堀"로 비정한 소노다 카즈미(園田一龜)의 주장을,〈동북아판2〉주104(제194쪽)에서는 "심양시 蘇家屯 陳相屯鎭 동쪽에 있는 塔山山城"이라는 중국 학자 손진기(孫進己) 등의 주장을 각각 소개하였다. 명대에 간행된 연혁지인《요동지(遼東志)》의〈개주위(蓋州衛)〉"개모(蓋牟)"조에는 "정관 연간에 개소문이 그 땅에 할거하였다(貞觀中, 蓋蘇文據守其地)"고 소개되어 있다. 그러나 이는 명대에 민간에 전승되었던 설화로 보이며, 일단 좌표부터가 일치하지 않는다. 위의《자치통감》의 기사 내용이 사실

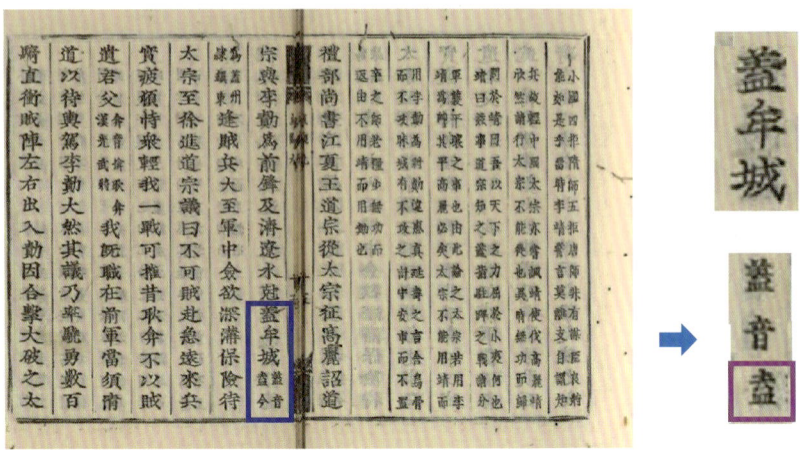

개모성 공격을 다룬 《정관정요》〈정벌 제35(征伐第三十五)〉 대목. 성의 이름과 관련하여 주석에서 '개는 발음이 합[蓋音盍]'이라고 소개해 놓았다. 《정관정요》는 연개소문과 거의 같은 시기의 책이므로 그 이름은 그동안 널리 알려져 있던 개모성이 아니라 '합모성'이었을 가능성이 크다.

략하였다.【호주1】 정사일 185)에 어가가 북평 186)에 이르렀다.【호주2】 계해일 187)에 이세적 등이 개모성을 함락시키고 이만이 넘는 포로 및 십수만 석의 군량을 노획하였다. [*188)]

이라고 전제할 때, 고구려의 개모성은 현토 땅에 있었다는 뜻이 된다.

185) [4월] 정사일: 양력으로는 5월 20일에 해당한다.
186) 북평(北平): 중국 고대의 지역명. 서진대에 우북평군(右北平郡)을 고쳐 설치한 군으로, 치소는 서무현(徐无縣), 즉 지금의 하북성 준화시(遵化市) 동쪽이었다. 관할 지역은 하북성 흥륭(興隆), 천진시(天津市) 계(薊) 운하 하류 이동, 준화·풍윤(豊潤)·당산(唐山) 등지 이서에 해당한다. 북위의 태평진군(太平眞君) 7년(446)에 잠시 철폐되었다가 나중에 요서군을 쪼개어 다시 설치하고 치소를 신창(新昌, 지금의 노룡현)으로 정하였다. 수나라 초기에 잠시 철폐되었다가 양제의 대업 연간에 평주(平州)를 고쳐 북평군으로 삼았다. 그래서 호삼성도 이 대목에 주석을 붙이고 "황제(양제)는 평주를 고쳐 북평군으로 삼았다(帝改平州爲北平郡)"라고 하였다.
187) [4월] 계해일: 양력으로는 5월 26일에 해당한다.

○ 壬子, 李世勣·江夏王道宗攻高麗蓋牟城【胡注】。丁巳, 車駕至北平【胡注】。癸亥, 李世勣等拔蓋牟城, 獲二萬餘口, 糧十餘萬石。

【호주1】 개모성은 요동성의 동북쪽에 자리잡고 있었다. 당나라가 그 성을 확보하고 나서 그 땅을 개주로 삼았다. 대원의 요양부로에는 개주·요해군 절도가 설치되었는데, 건안·탕지·웅악·수암의 네 현을 관할하였다.[189]

【호주2】 이곳은 옛날의 북평이다.《구당서》〈지리지〉에 따르면 "평주는 수나라 때에는 북평군이었다."[190]

• 072

장량이 수군을 이끌고 동래로부터 바다를 건너 비사성[191]을 습격하였

---

188) *:《구당서》〈태종본기〉 "정관 19년"조에는 이 부분이 이렇게 기술되어 있다. "계해일(5월 26일)에 요동도 행군총관·영국공 이적이 개모성을 공격하고 그 성을 함락시켰다.(癸亥, 遼東道行軍大總管英國公李勣攻蓋牟城, 破之)"

189)【胡注】蓋牟城在遼東城東北, 唐取之, 以其地爲蓋州。大元遼陽府路有蓋州·遼海軍節度, 領建安·湯地·熊岳·秀岩四縣。

190)【胡注】此古北平也。舊志, '平州, 隋爲北平郡。'

191) 비사성(卑沙城): 고구려의 성 이름. 그 이름은 문헌에 따라서는 '비사(卑沙, 또는 卑奢)'나 '사비(奢卑)'로 소개되기도 하였다.《당대조령집(唐大詔令集)》에 수록된 당 태종의 정관 19년 10월자〈고려반사조(高麗班師詔)〉에는 '은산(銀山)[성]'으로 소개되었는데, 이 조서를 당시 태종이 직접 작성한 점을 감안한다면 오자가 있을 확률이 낮다. '사비'가 고구려어일 가능성이 높아서 표기상의 편차가 있을 수는 있겠지만 그 어순으로 따져 볼 때 '비사'는 아닐 것이라는 뜻이다.《요사(遼史)》〈지리지〉 "동경도·탕주(東京道·湯州)"조에서는 그 위치를 이렇게 소개하였다. "【해주】 남해군절도. 본래 옥저국 땅으로, 고구려 때에는 사비성이었으며, 당나라의 이세민이 이곳을 공격한 바 있다. 발해 때에는 '남경남해부'로 불렀다. 돌을 쌓아 성을 만들었으며 규모는 9리에 이르는데 옥주·청주·초주 세 고을을 도독하였다.(【海州】南海軍, 節度. 本沃沮國地, 高麗爲沙卑城, 唐李世民嘗攻焉. 渤海號南京南海府. 疊石爲城, 幅員九里, 都督沃晴椒三州)" 반면에 500여 년 뒤의 청대 연혁지《흠정 성경통지(欽定盛京通志)》의〈고적(古迹)〉 "해주"조에서는 이렇게 소개하였다. "따져 보건대,《요사》〈지리지〉에서는 '이곳은 본래 옥저국의

이름 한글	이름 한자	수서	당대조령집	구당서	신당서	책부원구	자치통감	삼국사기	옥해	요사	대원일통지	대명일통지	요동지	당서지전	흠정만주고	대청일통지	발해고	독사방여기요	성경통지
사비	沙卑			○	○		○	○			○		○		○	○	○	○	○
비사	卑沙					○	○				○			○		○			
비사	卑奢	○				○				○			○						
	畢奢						○												
은산	銀山		○																

중국 역대 사서의 성 이름 비교표. 《당대조령집(唐大詔令集)》에 소개된 당 태종의 〈고려반사조(高麗班師詔)〉에는 '은산'으로 소개되어 있다. 또, '필사'는 '비사'를 잘못 적은 것이다.

다. 그 성은 사면이 깎아지른 듯이 높았으며 서면의 성문만 올라갈 수 [있게 되어] 있었다. 정명진[192)]이 병력을 이끌고 밤중에 [서면의 성문에] 이르

땅으로, 고구려 때에 사비성이 되었다'고 하였다. 《후한서》를 고찰해 보건대, '동옥저는 고구려 개마대산 동쪽에 있다'고 하였다. 한대의 개마는 당대의 개모로, 바로 지금의 개평현이다.(按遼志州, 本沃沮國地. 高麗爲沙卑城. 考後漢書, 東沃沮在高句麗蓋馬大山之東. 漢之蓋馬, 唐爲蓋牟, 卽今蓋平縣也)" 고조우(顧祖禹) 역시 《독사방여기요(讀史方輿紀要)》〈산동8〉 "해주위(海州衛)"조에서 "북위 말기의 옥저국 땅으로, 고구려의 사비성이다. 발해에서는 '남경남해부', 요나라는 '해주 남해군', 금나라는 '징주'라고 불렀다(後魏末, 爲沃沮國地. 高麗爲沙卑城, 渤海號南京南海府, 遼爲海州南海郡, 金曰澄州)"고 하였다. 사비성의 좌표를 지금의 요녕성 해성현(海城縣, 지금의 요녕성 해주시)에서 구한 셈이다. 현재 중국 학계에서는 ① 지금의 요녕성 금현(金縣) 동쪽의 대혁산(大赫山, 또는 대흑산)의 옛 성이라는 주장이 통설이지만, ②《요사》 기록을 근거로 해성시라는 주장과 ③ 복주(復州, 요녕성 복현)라는 주장도 제안되고 있다. 물론, 이 기사들은 조선의 반도 사관에 근거하여 그 위치를 추정한 것임에 유념해야 한다.

192) 정명진(程名振, ?~662): 수·당대의 장수. 명주(洺州) 평은(平恩, 지금의 하북성

고 부총관이던 왕대도가 먼저 [성으로] 올라갔다.

○ 張亮帥舟師自東萊渡海, 襲卑沙城, 其城四面懸絶, 惟西門可上。程名振引兵夜至, 副總管王大度先登,

•073

오월의 기사일193)[초하루]에 그 성을 함락시키고 남녀 팔천 명을 사로잡았다. [태종은] 총관 구효충 등을 따로 파견하고 압록수194)에서 군사를

곡주현 동남방) 사람이다. 수나라 말기에 보락령(普樂令)을 지냈으며, 당나라에 귀순한 뒤로 영녕령(永寧令)·명주자사를 거쳐 동평군공(東平郡公)에 봉해졌다. 고구려 침공 때에는 우효위장군(右驍衛將軍)·평양도 행군총관에 임명되어 사비성을 공격하고 독산(獨山) 진지를 격파하여 '명장'으로 일컬어졌다.

193) 5월 기사일: 양력으로는 6월 1일에 해당한다.

194) 압록수(鴨綠水): 중국 고대의 하천 이름.《한원》〈번이부(蕃夷部)〉 "고려"조에서는《고려기》의 기록을 인용하여 "마자수는 고려에서는 '엄체수'라고 부르기도 했는데 지금은 '압록수'라고 부른다(馬訾水, 高驪一名淹漉水, 今名鴨淥水)"라고 하였다.《신당서》〈지리지〉에서는 가탐의《도리기》를 인용하여 영주로부터 요수를 건너서 "남쪽으로 압록수에 이르며, 북으로는 박작성에 이른다(南至鴨淥水, 北泊汋城)"라고 하였다. 이 부분만 보면 '압록수'가 한·중 국경선을 흐르는 지금의 압록강(鴨綠江)인 것처럼 보인다. 그러나 양자가 역사적·지리적으로 서로 다른 하천이라는 단서는 같은《신당서》의 〈고려전〉에서 찾을 수 있다. 압록수는 말갈의 백산에서 발원하는 마자수로서, 국내성 서쪽을 거쳐서 염난수와 합쳐지며, 서남쪽으로는 안시에 이르러 바다로 들어간다는 것이다. 이 기사는 8세기 당대의 두우가 저술한《통전》의 내용을 참조해 작성한 것으로 보인다.《통전》〈변방2〉에는 이렇게 소개되어 있다. "… 수원은 동북방인 말갈의 백산에서 시작되는데 물빛이 오리 대가리 색깔을 닮아서 민간에서 그렇게 이름을 붙였다. 요동으로부터 500리 떨어져 있으며, 국내성 남쪽을 거쳐 다시 서쪽에서 한 하천과 합쳐지는데 [그 하천이] 바로 염난수이다. 두 하천은 물줄기가 합쳐져서 서남쪽으로 안평성에 이르러 바다로 흘러 들어간다. 고구려 경내에서는 이 하천이 가장 큰데, 물결이 맑고 투명하며 지나는 나루마다 어김없이 큰 배가 몰려 있다. 그 나라는 이 하천을 '천혜의 해자'라고 자부하는데 그 너비가 300보나 된다. 평양성에서 서북쪽으로 450리, 요수로부터 동남쪽으로 480리 떨어져 있다.(水源出東北靺鞨白山, 水色似鴨頭, 故俗名之. 去遼東五百里, 經國內城南, 又西與一水合, 卽鹽難水也. 二水合

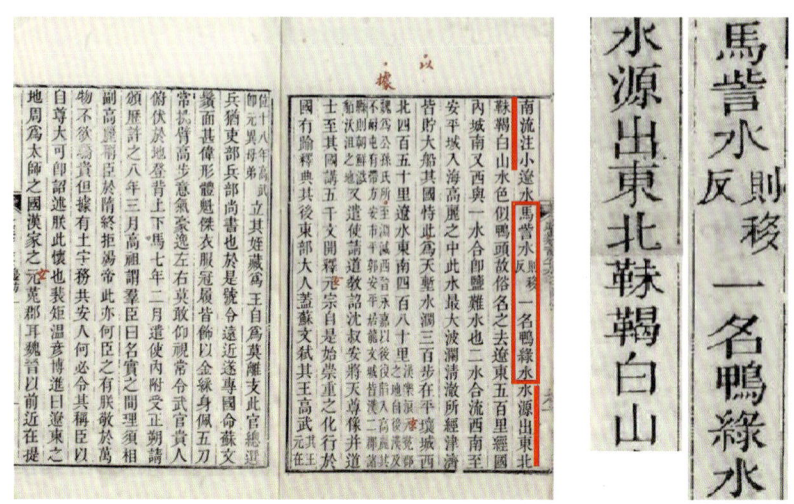

8세기 두우 《통전》 "고구려"조의 압록수 소개 대목. 원래 이름은 마자수이며 말갈 땅의 장백산에서 발원한다고 소개되어 있다. 지금의 백두산이 아니라는 뜻이다.

사열하였다.【호주】

○ 五月, 己巳, 拔之, 獲男女八千口. 分遣總管丘孝忠等曜兵於鴨綠水流, 西南至安平城, 入海. 高麗之中, 此水最大, 波瀾淸澈, 所經津濟, 皆貯大船. 其國恃此以爲天塹, 水闊三百步, 在平壤城西北四百五十里, 遼水東南四百八十里)"

그 지리적 특징들만 정리해 보면, 압록수는 ① 말갈의 백산에서 발원하고, ② 요동으로부터 500리 떨어져 있으며, ③ 국내성 남쪽을 지나 염난수와 합류되고, 이어서 서남쪽으로 안평성에 이르러 바다로 들어가며, ④ 평양성에서 서북쪽으로 450리, 요수로부터 동남쪽으로 480리 떨어져 있고, ⑤ 너비가 300보나 되는 등 고구려 경내에서 가장 큰 하천이라는 것이다. 그런데 '요동'의 기점이 임유관(또는 산해관)인 점을 감안할 때, 임유관에서 500~600리 범위를 흐르는 대형 하천은 대릉하(大凌河)와 요하(遼河) 정도를 꼽을 수 있다. 또, 지금의 압록강은 고구려 강역의 내지를 흐르는 하천이지 말갈의 세력권과는 관련이 적다. 백번 양보해서 고구려의 강역이 요동반도에서부터 시작된다고 치더라도 요하는 전체 길이가 1,345km인 반면에 압록강은 790km여서 크기가 1/2배 수준에 그친다. 고구려 경내에서 가장 큰 하천이 아닌 것이다. 게다가 《한서》〈지리지〉에도 "마자수는 서북쪽으로 흘러 염난수로 흘러 들어 서남쪽으로 서안평에 이르러 바다로 흘러 들어간다. 군을 2개나 지나서 2,100리를 흐른다(馬訾水西北入鹽難水, 西南至西安平入海, 過郡二, 行二千一百里)"고 소개되어 있어서 압록강의 흐름과는 차이를 보인다.

【胡注】。

【호주】 [8세기 당나라의 역사가] 두우는 "압록수는 평양성 서북방으로 450리 지점에 있다. 말갈 땅의 장백산에서 발원하며,《한서》에서는 그것을 '마자수'라고 하였고 지금은 그것을 '혼동강'이라고 한다"고 하였다. [남송대학자] 이심전(1167~1244)은 "압록수는 거란 동북방의 장백산에서 발원한다. 압록수의 원천은 대체로 옛 숙신의 땅으로, 지금은 여진[족]이 거기에 산다"고 하였다.[195]

• 074

이세적이 진군하여 요동성 아래까지 이르렀다. [오월] 경오일[196]에 어가가 요택[197]에 이르렀다. [요택은] 흙탕이 이백 리가 넘어서 사람이나 말

---

195) 【胡注】 杜佑曰,'鴨綠水, 在平壤城西北四百五十里, 源出靺鞨長白山, 漢書謂之馬訾水, 今謂之混同江.' 李心傳曰,'鴨綠水發源契丹東北長白山。鴨綠水之源, 蓋古肅愼氏之地, 今女眞居之.'

196) [5월] 경오일: 양력으로는 6월 2일에 해당한다.

197) 요택(遼澤): 중국 고대에 요수 인근에 형성되어 있던 소택지(沼澤地, 습지). 〈동북아판2〉 주108(제194쪽)에서는 그 좌표로 요녕성 "北鎭市 閭陽 동쪽으로부터 西沙河와 繞陽河로 진입하여 곧바로 요하 우안에 이르는 여러 지류가 모여 형성된 약 200여 리의 얕은 웅덩이와 소택지대"로 비정한 왕면후(王綿厚) 등 국내외 학계의 기존 통설을 소개하였다. 그러나 그 같은 결론은 조선시대 이래의 반도사관에 착안하여 임의로 도출된 것일 뿐이다. 지리적으로 편차가 큰 데다가 역사적·문헌적으로도 언급된 적이 없기 때문이다. 역사기록이나 입지환경에 착안할 때 현재 그 후보지로는 몇 군데가 제안되고 있다. ①《오대회요(五代會要)》(961)·《태평환우기(太平寰宇記)》(983)·《무경총요(武經總要)》(1044)·《요사(遼史)》(1344) 등 당나라 멸망 직후인 오대·북송대 사료·연혁서들은 공통적으로 그 좌표를 거기서 200km 정도 서쪽인 중경(북)-이주(동)-평주(남)-북안주(서)에 걸친 거대한 충적평원(沖積平原)에 자리잡고 있었던 택주(澤州) 일대에서 찾고 있다. 이 지역은 동서남북 네 지역의 고도가 상대적으로 높은 데다가 네 꼭지점으로부터 흘러내리는 하천들로 말미암아 광범한 호수·습지가 형성되어 있다. 이 지역의 경우, 지리적으로 기존의 요택보다 200km 이상 서쪽에 자리잡고 있으며, 나

이 오갈 수가 없을 정도였다. [그래서] 장작대장인 염입덕이 베를 땅에 깔고 다리를 지음으로써 군대가 멈추지 않고 행군을 이어갈 수 있었다. 임신일[198)]에 요택 동쪽으로 건너갔다. 을해일[199)]에 고려의 보병과 기병 사만이 요동 지원에 나섰다. [그러자] 강하왕 [이]도종이 기병 사천을 거느리고 그들을 맞아 공격하였다.

○ 李世勣進至遼東城下。庚午, 車駕至遼澤, 泥淖二百餘里, 人馬不可通, 將作大匠閻立德布土作橋, 軍不留行。壬申, 渡澤東。乙亥, 高麗步騎四萬救遼東, 江夏王道宗將四千騎逆擊之。

• 075

군대 안에서는 한결같이 [당나라군의] 인원이 너무도 적다고 여겨 깊은 참호와 높은 보루에 의지해 어가가 도착하기만을 기다렸다. [그러자 이]도종이 말하였다.

사(NASA) 위성사진 등을 분석해 보면 해발 고도가 0m 이하인 저지대 습지가 광범하게 펼쳐져 있는 것을 확인할 수 있다. 역사기록 뿐만 아니라 지구과학적으로도 요수로서의 가장 이상적인 입지환경을 가지고 있다는 뜻이다. ② 최근 중국의 지구과학 학자인 곽호(郭浩)·이붕(李鵬)·태신하(邰新河) 등은 〈요수·요택·요하고석(遼水·遼澤·遼河考釋)〉(2012)이라는 논문에서 내몽고자치구 오한기(敖漢旗)·내만기(奈曼旗)·개로현(開魯縣)·통료시(通遼市) 일대를 고대의 요택으로 추정하였다. 실제로 주변에 비하여 상대적으로 고도가 낮은 이 지역은, 앞의 '택주' 지역과 마찬가지로, 주변 하천의 영향으로 거대한 호수·습지가 형성되어 있다. 그러나 역대 사서·연혁서들에서는 이 지역에 대한 언급이 보이지 않는 데다가 이 지역의 지리적 좌표 역시 역사 기록 속의 요택과는 상당한 편차를 보이고 있다. 앞의 '택주' 지역에 비하여 상대적으로 신뢰도가 낮다는 뜻이다. 고대 요택에 관한 역사기록들과 '택주'의 지리적 좌표를 근거로 재구성한 요택의 좌표에 관해서는 이 책의 〈서문〉을 참조하기 바란다.

198) [5월] 임신일: 양력으로는 6월 4일에 해당한다.
199) [5월] 을해일: 양력으로는 6월 7일에 해당한다.

"적들은 수가 많은 것을 믿고 우리를 업신여기고 있다. [반면에 우리는] 멀리서 와서 지친 탓에 놈들을 치면 분명히 패하고 말 것이다. 게다가 우리는 선봉대이니 길을 치우고 어가를 맞이함이 마땅하다. 어찌 적들을 임금과 부로들 앞에 남겨 둘 수가 있겠는가?"【호주】

[이에] 이세적도 그렇다고 여겼다.

○ 軍中皆以爲衆寡懸絶, 不若深溝高壘以俟車駕之至。道宗曰, '賊恃衆, 有輕我心, 遠來疲頓, 擊之必敗。且吾屬爲前軍, 當淸道以待乘輿, 乃更以賊遺君父【胡注】乎.' 李世勣以爲然。

【호주】 '적들을 임금과 부로들 앞에 남겨 두지 마라'는 것은 후한의 [개국공신] 경엄(3~58)이 한 말이다.200)

• 076

[그러자] 과의도위201) 마문거가 말하였다.

"강적을 만나지 않고 어찌 군사들의 용맹함을 과시할 수가 있겠습니까?"

[그러고는] 말을 몰아 적진으로 쳐들어가니 이르는 곳마다 모조리 쓸어버려서 아군이 마음을 좀 놓는 것이었다.

○ 果毅都尉馬文擧曰, '不遇勍敵, 何以顯壯士.' 策馬趨敵, 所向皆靡,

---

200) 【胡注】 '不以賊遺君父', 漢耿弇之言。

201) 과의도위(果毅都尉): 당대의 관직명. 수나라 양제 때에 좌·우 비신부(備身府)에 절충낭장(折衝郎將)과 과의낭장을 3명씩 두었는데, 이때 종4품 품계의 과의낭장은 절충낭장을 보좌하여 군사들을 통솔하였다. 당나라 무덕 7년(624)에 이 둘을 통군(統軍)과 별장(別將)으로 개칭했고, 정관 10년(636)에 다시 절충도위와 좌·우 과의도위로 개칭되었다. 이때 과의도위는 일종의 부관으로, 절충도위와 함께 부병(府兵)들을 통솔했으며, 품계는 상부 과의도위는 종5품하, 중부 과의도위는 중6품상, 하부 과의도위는 종6품하였다.

衆心稍安。

•077

[그런데] 정작 맞붙어 싸울 때에는 행군총관[202] 장군예가 퇴각해 도주하는 바람에 당나라군이 불리해지고 말았다. [이]도종은 흩어진 군사를 거두어 고지대로 올라가 굽어보더니 고려 쪽 진영[호주]이 어지러운 것을 보고 용맹스러운 기병 수십 기를 이끌고 돌파하고 좌우로 드나들었다. 이세적은 이세적대로 군사를 이끌고 그를 도우니 고려가 크게 패하는 바람에 천 개가 넘는 머리를 잘리고 말았다.

○ 旣合戰, 行軍總管張君又退走, 唐兵不利, 道宗收散卒, 登高而望, 見高麗陳【胡注】亂, 與驍騎數十衝之, 左右出入。李世勣引兵助之, 高麗大敗, 斬首千餘級。

【호주】 '늘어놓을 진(陳)'은 '줄 진(陣)'[의 뜻]으로 새겨야 한다.[203]

•078

[오월] 정축일[204]에 어가가 요수를 건넜다. [그래서] 다리를 헒으로써 병사들의 의지를 다지게 하였다. 마수산에 군영을 세우고 강하왕 [이]도종의 노고를 치하하고 마문거를 파격적으로 중랑장에 배수하는 한편 장군예를 참수형에 처하였다.【호주】

○ 丁丑, 車駕渡遼水, 撤橋, 以堅士卒之心, 軍於馬首山, 勞賜江夏王

---

202) 행군총관(行軍總管): 당대의 관직명. 북주·수·당대에 비상시(전시)에 일정 기간 군사를 통솔하는 지휘관을 가리키는데, 지금의 사령관에 해당한다.
203) 【胡注】陳, 讀曰陣。
204) [5월] 정축일: 양력으로는 6월 9일에 해당한다.

道宗, 超拜馬文擧中郎將, 斬張君乂【胡注】。

• 079

주상은 스스로 기병 일백 기를 거두어 요동성205) 아래까지 이르렀다가 병사들이 흙을 지고 [고구려의] 참호를 메우는 광경을 발견하였다. 주상이 그중에서도 특히 무거운 것을 나누더니 말 위에서 그것을 드는 것이었다. [그러자 태종을] 수행하던 관리들이 앞다투어 흙을 지고 성 아래까지 갔다.

---

205) 요동성(遼東城):《북사》에는 이 부분이 "요동 땅[遼東城]"으로 되어 있다. 그러나 문법적으로나 맥락상으로나 '요동 땅' 쪽이 '요동성'보다 자연스럽다. 정황상으로도 요동성은 고구려 경내에 있는 고구려의 성이었으므로 양제가 요동성 안에 군영을 구축했다고 보기는 어렵다. 따라서 양제와 수나라 대군은 요동성을 공격하는 입장이었으므로 그 위치를 요동성 바깥, 즉 '요동성 아래' 또는 '요동성 가까이'로 이해하는 편이 합리적이다. 실제로《수서》〈우작전〉에서는 "'대업 8년 임신년(612) 여름 4월 병자일(양력 6월 1일)에 황제가 요수·갈석 일대를 평정하기에 이르매, … 행궁이 유성현의 임해돈에 멈추었네. …'(維大業八年, 歲在壬申, 夏四月丙子, 皇帝底定遼碣, … 行宮次于柳城縣之臨海頓焉)"라고 하였다. 양제가 군영을 세운 곳이 요동성 안이 아니라 유성현의 임해돈이라고 분명히 밝힌 것이다. 덧붙여, 인터넷〈국편위판〉주099에서는 "지금의 遼陽으로 종래 중국의 遼東郡의 郡治였으나 隋代에는 高句麗의 영역으로 遼東城이라 불렀으며,《三國史記》卷37〈地理志〉에 의하면 본시 烏列忽이라 하였다"라고 소개하였다. 그러나 ① 고대 '요동'의 기준점은 산해관이었으며 요동반도가 기준점이 된 시기는 길어도 200년을 넘지 못한다. 고대로부터 청대 중기까지의 '요동'은 예외 없이 산해관으로부터 그 동쪽을 가리키는 지역명이었다는 뜻이다. ② 이는 앞서 양제의 군영이 유성현 임해돈에 있다고 한 데서도 충분히 짐작할 수가 있는 일이다. '임해돈'은 글자 그대로 직역하면 '바다를 마주한 군영' 정도로 번역된다. 바로 그 임해돈이 있는 유성현이 바다를 끼고 있는 도시라는 뜻인 것이다. 그렇다면 ③ 유성의 좌표를 요동반도 인근에 있으면서 바다와 멀리 떨어진 내륙에 자리잡은 요녕성 조양시 인근에서 찾는 것은 적절하지 못한 셈이다.《자치통감》〈수기〉"대업 8년(612)"조에서 사마광은 "군대들이 이긴 기세를 타고 진격하여 요동성을 포위하니 바로 한대의 양평성이다(諸軍乘勝進圍遼東城, 卽漢之襄平城也)"라고 하였다. 양평은 지금의 평주 노룡현 인근이다.

○ 上自將收百騎至遼東城下, 見士卒負土塡塹, 上分其尤重者, 於馬上持之, 從官爭負土致城下。
【호주】 공이 있으면 기필코 상을 주고 물러서서 겁을 내면 기필코 주살한다면 장병들은 [군주가] 징계하고 권장하는 바를 알게 되는 법이다.206)

• 080
이세적은 요동성을 공격하기를 밤낮도 쉬지 않고 열흘 하고도 이틀이나 계속하였다. 주상은 정예 병력을 이끌고 그와 합류하였다. [그러고는] 그 성을 몇백 겹이나 에워싸니 북과 고함 소리로 온 천지가 다 울릴 지경이었다.
○ 李世勣攻遼東城, 晝夜不息, 旬有二日, 上引精兵會之, 圍其城數百重, 鼓譟聲震天地。

• 081
[오월] 갑신일207)에 남쪽에서 불어온 바람이 강하였다. [그래서] 주상이 정예 병사들을 파견하여 충간 끝에 올라타게 하고 그 [성의] 서남쪽 문루에 불을 놓으니 불길이 번져 성 안을 다 태우는 것이었다. 그 틈을 타서 장병들을 지휘하여 성 위로 올라가게 하니 고려군은 힘껏 싸웠으나 도저히 감당할 수가 없었다. 결국 성을 함락시키니 죽인 적군이 일만 명이 넘었고 정예 병력을 일만 명 넘게 남녀[포로]를 사만 명이나 사로잡았다.208) [그러고는] 그 성을 '요주209)'로 삼았다.【호주】

---

206)【胡注】有功必賞, 退懦必誅, 則將士知所懲勸矣。
207) [5월] 갑신일: 양력으로는 6월 16일에 해당한다.
208) 남쪽에서 불어온 바람이 강하였다~[南風急]:《구당서》〈태종본기〉"정관 19년"조

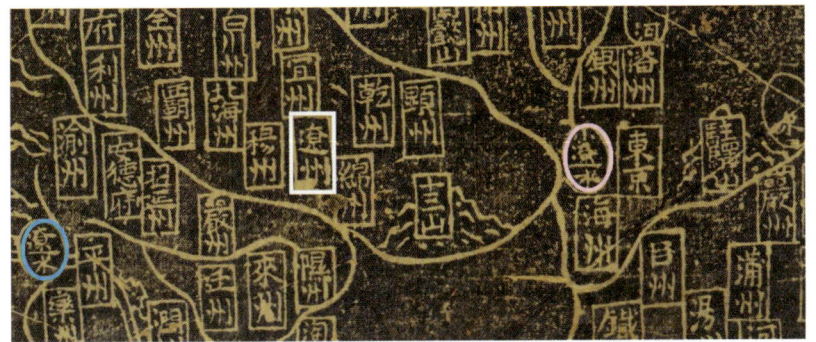

황상 《지리도》에 그려진 요주(遼州). 금주보다 서북쪽에 그려져 있다. 요동반도에 있는 지금의 요양시와는 다른 곳이라는 뜻이다. 그 왼쪽 평주에 요수가, 오른쪽 동경에 소요수(요하)가 보인다.

○ 甲申, 南風急, 上遣銳卒登衝竿之末, 蓺其西南樓, 火延燒城中, 因麾將士登城, 高麗力戰不能敵, 遂克之, 所殺萬餘人, 得勝兵萬餘人, 男女四萬口, 以其城爲遼州【胡注】。

<u>　　</u>에는 이 부분이 이렇게 기술되어 있다. "5월 … 갑신일에 주상은 직접 철기부대를 거느리고 이적과 요동성에 합류하고 [그 성을] 포위하였다. [마침] 매서운 바람이 불기에 [노궁으로] 불화살을 쏘니 삽시간에 성 위의 건물 및 성루들이 모두 불타 버리자 휘하의 전사들을 성 위로 올라가게 하여 성을 장악[하는 데에 성공]하였다.(五月 … 甲申, 上親率鐵騎與李勣會圍遼東城, 因烈風發火弩, 斯須城上屋及樓皆盡, 麾戰士令登, 乃拔之)."

209) 요주(遼州): 당나라가 고구려 요동성에 설치한 주. 원대의 호삼성은 《자치통감》 "정관 19년"조에 주석을 붙이고 "지금의 대원제국 요양부(今大元遼陽府)"라고 하였다. 이 '요양[부]'을 인터넷 〈국편위판〉 주094에서는 "지금의 遼陽"이라고 소개했으나 고증이 잘못 되었다. 고대 중국에서 '-양(陽)'은 산의 남쪽이나 강의 북쪽 땅, '-음(陰)'은 산의 북쪽이나 강의 남쪽 땅에 이름으로 붙여졌다. '한양(漢陽)'이 한강 북쪽 땅, '낙양(洛陽)'이 낙수 북쪽 땅, '화음(華陰)'이 화산 북쪽 땅을 뜻하는 것이 그 증거이다. '요양(遼陽)'도 마찬가지이다. 작명의 기준이 되는 대상이 하천('요수')이므로, 요양을 글자 그대로 풀면 '요수 북쪽 땅'을 가리키는 셈이다. 문제는 현재의 요양시는 학계에서 요수로 비정하는 요하의 북안(北岸)이 아니라 태자하(太子河) 북안에 자리잡고 있다는 데에 있다. 요양이 아니라 '태[자]음(太陰)'으로 불러야 옳은 것이다. 고대사의 평양성과 지금의 평양시가 별개의

【호주】지금은 대원의 요양부이다.210)

• 082

[오월] 을미일211)에 백암성212)까지 진군하였다. 병신일213)에 우위대장

지역이듯이, 여기에 거론되는 당·송·원대의 '요양'은 지금의 요양시와는 다른 곳이라는 뜻이다. 실제로 남송 학자 황상(黃裳)이 제작한 〈지리도(墜理圖)〉에는 요주가 지금의 요서 지역에 그려져 있다. '요양'의 언어학·지리학적 개념에 관한 설명은 문성재, 《정역 중국정사 조선·동이전3》의 〈서문〉, 제12~17쪽을 참조하기 바란다.

210) 【胡注】今大元遼陽府.
211) [5월] 을미일: 양력으로는 6월 27일에 해당한다.
212) 백암성(白巖城): 고구려의 성 이름.《구당서》〈고려전〉에는 '백애성(白崖城)'으로 소개되어 있다. ① '벼랑 애(崖)'는 해서나 초서로 쓸 때 모양이 '바위 암(巖)'의 속자(俗字)인 '암(岩)'과 비슷하다. 그러나 ②《자치통감》·《신당서》 등 복수의 사서들에 '백암성'으로 나와 있는 것을 보면 '백애성'은 '岩 ⇒ 崖'로 잘못 쓴 이름임이 분명하다. ③ 그 결정적인 증거가 바로 당나라가 이 성을 함락시킨 뒤에 설치한 주의 이름('암주')이다. 태종 이세민은 앞서 당나라군이 함락시킨 요동성과 개모성을 차례로 '요주'와 '개주'로 명명하였다. 그런 식으로 이 성을 함락시킨 뒤에 붙인 이름이 '암주(巖州)'라면 고구려에서 붙인 이름은 당연히 백애성이 아닌 '백암성'이어야 앞뒤가 맞는 것이다. ④ 한자가 다르기는 하지만《수서》〈설세웅전(薛世雄傳)〉에 "세웅을 옥저도 군장으로 삼았는데 우문술과 나란히 평양에서 패하였다. 귀환할 때에 백석산에 멈추어 …(以世雄爲沃沮道軍將, 與宇文述同敗績於平壤. 還次白石山 …)"의 '백석산'이나《수서》〈염비전(閻毗傳)〉에 "곡사정이 백애성을 거점으로 삼았다(政據柏崖城)"의 '백애성' 역시 백암성의 또 다른 이름일 가능성이 높다. 중국 학계에서는 지금의 요양시 동북방 57리 지점의 석성산(石城山) 옛 성을 백암성으로 비정하고 있다. 인터넷 〈국편위판〉 주094에서는 "지금의 太子河 北岸의 燕州城", 〈동북아판2〉 주110(제196쪽)에서는 미카미 츠키오의 주장을 인용하여 "요령성 燈塔市 동남, 西大窯鄕 官屯村城門口 북쪽의 燕州城山城"으로 비정하였다. 그러나 Ⓐ '백암'과 '백애'는 '흰 벼랑/바위' 식으로 그 일대의 지형·지질을 짐작할 수 있는 단서들을 가지고 있는 반면, Ⓑ 연주성은 그 주변에 흰 암석지대가 존재하지 않는다. 또, Ⓒ '연'주성은 첫 글자가 '암'주성과 같은 발음('옌')을 가졌다는 것 외에는 상관성을 찾기 어려우며 Ⓓ 역대 사서·연혁서에도 등장하거나 소개된 적이 없는 엉뚱한 곳이어서 기존의 고증에 의문을 품게 만

군[214] 이사마[215]가 노궁의 화살을 맞았다. 주상이 몸소 그를 위하여 피를 빨아 주니 장병들이 그 소식을 전해 듣고 감동하지 않는 이가 없었다.

○ 乙未, 進軍白巖城。丙申, 右衛大將軍李思摩中弩矢, 上親爲之吮血, 將士聞之, 莫不感動。

• 083

오골성에서 군사를 만 명 넘게 파견하여 백암성을 지원하니[호주][당나라] 장군 계필하력[216]이 정예 기병 팔백 기로 그들을 공격하였다. [계필]하

든다. ⓔ '요동반도로부터 요동이 시작된다'는 선입견에 따라 좌표가 잘못 설정되었을 가능성이 높다는 뜻이다.

213) [5월] 병신일: 양력으로는 6월 28일에 해당한다.

214) 우위대장군(右衛大將軍): 중국 고대의 관직명. '우위(右衛)'는 중국 고대의 군사편제로, 황제가 기거하는 궁궐의 경비를 서는 숙위(宿衛) 기구를 관장하였다. 서진대에 이르러 좌·우위로 분리되어 운영되면서 좌·우 각 1명의 장군을 두었으며, 당대에는 좌·우위에 각각 정3품 품계의 대장군과 종3품의 장군을 각각 1명씩 두었다.

215) 이사마(李思摩, ?~647): 당대 초기의 돌궐계 장수. 본래의 성은 아사나(阿史那, 아시나)이며, 동돌궐에서 캅 테긴(qap tegin, 夾畢特勤)을 지냈다. 수나라 개황 19년(599)에 계민가한이 수나라로 도망쳤을 때 카간으로 추대되었다가 계민가한이 귀국하자 그 자리를 넘겨주었다. 당나라에 사신으로 파견되었을 때 '화순군왕(和順郡王)'에 봉해졌으며, 나라가 어지러워져 돌궐 부락들이 차례로 당나라에 귀순해도 끝까지 일릭 카간(힐리가한)의 곁을 지켰다. 그 충성심에 감동한 태종이 우무후대장군(右武侯大將軍)·화주도독(化州都督)에 봉하고 하남지역에 안치한 일릭 카간의 백성들을 다스리게 해 주었다. 정관 13년(639)에는 을미니숙사리필 가한(乙彌泥熟俟利苾可汗)으로 책봉되고 국성인 이씨 성을 받았으며, 나중에는 태종의 숙위가 되면서 우무위장군(右武衛將軍)에 제수되었다. 고구려 침공에 종군했다가 빗나간 화살에 맞자 태종이 피고름을 빨아 주었으나 회군한 뒤에 장안에서 죽었다. 사후에 예부상서·하주도독(夏州都督)으로 추증되고 태종의 능인 소릉(昭陵)에 배장되었다.

《만리해방도설(萬里海防圖說)》(1524~1526)의 산동 – 하북 구간에 그려진 섬과 관아들. 왼쪽으로 오호도 ⇒ 도리진 ⇒ 도화산 ⇒ 청니도 ⇒ 득물도 ⇒ 낙타산. 오호도와 함께 호주에 언급된 지명들은 묘도군도(廟島群島)에 부속된 섬들이 아니라 산동에서 하북을 거쳐 요동에 이르는 해로에서 만나는 지명들이다. (네모는 지역 관청) 당대 초기까지만 해도 묘도군도를 통하여 요동반도로 직행하는 항로는 사용되지 않았다는 뜻이다.

력은 솔선해서 [고구려의] 진지를 무너뜨리다가 긴 창에 허리를 맞았다. [그러자] 상연봉어 설만비가 단기필마로 그를 구하러 가서 [계필]하력을 [뒤엉켜 있는 고구려군의] 만 명은 될 법한 무리 속에서 끌어내어 귀환하였다.

○ 烏骨城遣兵萬餘爲白巖聲援【胡注】。將軍契苾何力以勁騎八百擊之, 何力挺身陷陳, 槊中其腰, 尙輦奉御薛萬備單騎往救之, 拔何力於萬衆之中而還。

【호주】 등주로부터 동북방을 향하여 바닷길로 가면 오호도에 이른다. [거기서] 다시 500리(220km)를 가면 동쪽으로 해안지대를 끼고 청니포·도화포

---

216) 계필하력(契苾何力, ?~677): 당대 초기의 돌궐계 장수. 수나라 말기에 부친을 따라 서역 구자(龜玆)의 열해(熱海, 지금의 러시아 이식쿨 호수 일대)로 이주하였다. 정관 6년(632)에는 모친을 따라 돌궐족[鐵勒] 1,000여 가를 이끌고 사주(沙州)로 이주하여 당나라로부터 좌영군장군(左領軍將軍)에 임명되었다. 이듬해에는 토욕혼(吐谷渾) 침공에서 전공을 세우매 태종이 딸인 임조현주(臨洮縣主)를 출가시키고 북문숙위(北門宿衛)·검교둔영사(檢校屯營事)를 맡겼다. 그 뒤에 모친을 보러 양주에 갔다가 설연타(薛延陀)족에게 억류되었으나 끝까지 항복하기를 거부하였다. 나중에 태종이 그를 귀환시켜 우교위 대장군에 임명했으며, 고종이 즉위하자 고구려 침공에 종군하고 진군대장군(鎭軍大將軍)·양국공(凉國公)이 되었다. 사후에는 보국대장군(輔國大將軍)·병주도독(幷州都督)에 추증되고 '열(烈)'이라는 시호를 받는 동시에 태종의 능(소릉)에 배장되었다.

《자치통감》에는 성주 이름이 '벌음'으로 소개되어 있다. 모양이 비슷한 '대신할 대(代, 좌)'와 '칠 벌(伐, 우)'은 혼동되기 쉽다.

·행인포·석인왕·탁타만을 지나면 바로 오골강에 이른다.[217]

•084

[계필]하력은 감정이 더욱 격앙되었던지 상처를 묶고 나서 싸우겠다며 기병들을 따라서 힘껏 공격한 끝에 마침내 고려군을 무찔렀다. [그는 고구려군을] 수십 리나 추격하여 일천 급이 넘는 [고구려군의] 머리를 베고는 날이 어두워지고 나서야 멈추었다. [설]만비는 [설]만철의 동생이다.

○ 何力氣益憤, 束瘡而戰, 從騎奮擊, 遂破高麗兵, 追奔數十里, 斬首千餘級, 會暝而罷. 萬備, 萬徹之弟也.

정관 19년 (645, 을사년)

•085

유월의 정유일[218]에 이세적이 백암성의 서남쪽을 공격하매 주상이 그

---

217) 【胡注】自登州東北海行至烏湖島, 又行五百里東傍海壖, 過靑泥浦·桃花浦·杏人浦·石人汪·橐駝灣, 乃至烏骨江.
218) 6월 정유일: 양력으로는 6월 29일에 해당한다.

서북쪽에 행차하였다. [그러자] 성주 손대음이 은밀히 심복을 파견하여 항복할 것을 요청하면서 [자신이] 성 위에 나타났을 때 칼과 도끼를 던지는 것을 신호로 삼기로 하고 이렇게 말했다는 것이었다.

"소인은 항복하기를 바라지만 성 안에 [소인의 뜻을] 따르지 않는 자가 있습니다."

○ 六月, 丁酉, 李世勣攻白巖城西南, 上臨其西北。城主孫代音潛遣腹心請降, 臨城, 投刀鉞爲信, 且曰, '奴願降, 城中有不從者.'

• 086

[그래서] 주상이 당나라군의 깃발을 그의 사자에게 주고 말하였다.

"기필코 항복하겠다면 그것을 성 위에 세워야 할 것이다!"

[나중에] 대음이 깃발을 세우자 성 안의 사람들은 당나라군이 벌써 성 위로 올라온 것으로 여기고 모두 그의 뜻을 따랐다.

○ 上以唐幟與其使, 曰, '必降者, 宜建之城上.' 代音建幟, 城中人以爲唐兵已登城, 皆從之。

• 087

주상이 요동[성]을 함락시켰을 때에 백암성 성주가 항복하기를 요청했었다. [그런데] 그러고 나서 도중에 [입장을] 번복하였다. 주상은 그가 번복한 일에 성을 내면서 군사들에게 지시하였다.

"성을 얻으면 [우리 전사들에게] 빠짐없이 사람과 물건들을 전사들에게 상으로 주도록 하라!"[호주]

○ 上之克遼東也, 白巖城請降, 旣而中悔。上怒其反覆, 令軍中曰, '得城當悉以人物賞戰士[胡注].'

【호주】그 성의 남녀 및 재물을 상으로 준다는 말이다.219)

•088
이세적은 주상이 그 나라의 투항자들을 받아들이려 하자 무장을 한 병사 수십 명을 거느리고 이렇게 자청하였다.
"병졸들이 앞다투어 화살과 돌을 무릅쓰면서도 자신들의 죽음을 마다하지 않는 것은 노획할 사람과 물건들을 탐내기 때문일 따름입니다. 이제 성이 곧 함락할 판인데 어째서 이중으로 놈들의 항복을 받아들이셔서 전사들의 마음을 저버리시나이까!"【호주】
[그래서] 주상이 말에서 내려 사과하면서 말하였다.

○ 李世勣見上將受其降, 帥甲士數十人請曰, '士卒所以爭冒矢石, 不顧其死者, 貪虜獲耳。今城垂拔, 奈何更受其降, 孤戰士之心【胡注】。' 上下馬謝曰,

【호주】[이]세적의 이런 말을 보면 [당시에도] 젊은이들이 도둑질을 일삼는 습속은 아직 없어지지 않았던가 보다.220)

•089
"장군의 말이 맞소! 그렇기는 하나 병사들을 풀어 사람을 죽이고 그 아내와 자식들을 포로로 삼는 일을 짐은 참을 수가 없구려! 장군 휘하에 공을 세우는 자가 있다면 짐이 내탕고의 물건으로 상을 내리도록 하겠소. 장군이 이야기를 꺼낸 김에 [장군에게서] 이 성 하나를 사는 셈 칩시다!"

---

219)【胡注】言以其男女及財物爲賞也。
220)【胡注】觀世勣此言, 蓋少年爲盜之氣習未除耳。

○ '將軍言是也。然縱兵殺人而虜其妻孥, 朕所不忍。將軍麾下有功者, 朕以庫物賞之, 庶因將軍贖此一城.'

090

[이리하여 이]세적은 물러가고 성 안의 남녀를 일만 명 넘게 얻었다. 주상은 물을 마주한 채 장막을 세운 다음 그들의 항복을 받아들였다. 이어서 그에게 음식을 내리는 한편, 여든이 넘는 이들에게는 명주 천을 차등을 두어 하사하였다. [그리고] 다른 성의 병사로서 백암성에 머물던 자들은 모두 달래고 깨우친 다음 양식과 무기를 주고 가고 싶은 곳으로 가도록 해주었다.

○ 世勣乃退。得城中男女萬餘口, 上臨水設幄受其降, 仍賜之食, 八十以上賜帛有差。他城之兵在白巖者悉慰諭, 給糧仗, 任其所之.

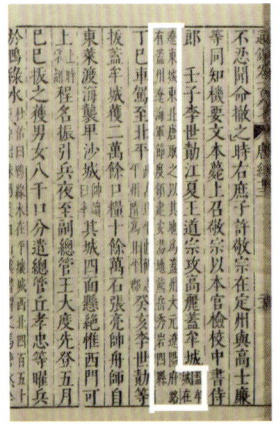

【胡注】
蓋牟城在遼東城東北. …
大元
遼陽府路有蓋州遼海軍節度,
領建安・湯地・熊岳・秀岩四縣.

개모성은 요동성 동북쪽에 있었다. …
대원[제국]에서는
요양부로에 개주요해군 절도[사]가 있어,
건안・탕지・웅악・수암 네 현을 거느렸다.

《자치통감》의 개모성 공방 대목. 호삼성의 주석에 따르면, 고구려 개모성은 원나라의 요양부 관할지역에 자리잡고 있었던 셈이다.

• 091

이에 앞서 요동성의 장사221)가 그 부하에게 죽음을 당하였다. [그러자] 그의 성사【호주】가 그 [장사의] 아내와 아들[호주]을 모시고 백암[성]으로 도주하였다. [그래서] 주상은 그가 의리를 지킨 것을 갸륵하게 여겨 명주 천 다섯 필을 하사하였다. [그리고] 장사를 위하여 상여를 만들어 그 일행을 평양[성]까지 귀환시켰다. [태종은] 백암성을 '암주'로 삼고, 손대음을 자사로 삼았다.

○ 先是, 遼東城長史爲部下所殺, 其省事【胡注】奉妻【胡注】子奔白巖. 上憐其有義, 賜帛五匹. 爲長史造靈輿, 歸之平壤. 以白巖城爲巖州, 以孫代音爲刺史.

【호주】'성사'는 [당나라의] 관리의 직함이다. 후위(북위) 이래로 존재해 왔으며, 하발악이 위지보살을 공격할 때 [위지]보살이 성사를 시켜 말을 전했다고 한 것이 그 경우이다.222)

• 092

계필하력의 상처가 심해지자 주상은 몸소 그에게 약을 발라 주는 한편, [계필]하력을 찌른 고돌발이라는 자를 찾아내어 [계필]하력에게 넘기고 직접 그를 죽이게 하였다. [그러자 계필]하력이 상소하여

---

221) 장사(長史): 중국 고대의 관직명. '관리들의 수장[諸史之長]'이라는 뜻으로, 원래는 중국의 진(秦)나라에서 처음으로 설치하고 역대 왕조에 대대로 인습되었다. 관장하는 직무는 다양하지만 대부분 비서 또는 막료의 역할을 담당한 경우가 많았다. 남북조시대에는 각 주·군의 행정관 휘하에, 당대에는 자사(刺史) 휘하에 두었다.

222)【胡注】省事, 吏職也. 自後魏以來有之, 賀拔岳之攻尉遲菩薩也, 菩薩使省事傳語是也.

"그는 그 주군을 위하여 죽음을 무릅쓰고 날카로운 ^[창]날로 신을 찔렀으니 충성스럽고 용감한 병사입니다. 그와는 애초부터 면식도 없었으니 원수를 품은 자도 아닙니다"

하는지라 결국 그를 놓아 주었다.

○ 契苾何力瘡重, 上自爲傅藥, 推求得刺何力者高突勃, 付何力使自殺之。何力奏稱, '彼爲其主冒白刃刺臣, 乃忠勇之士也, 與之初不相識, 非有怨讎。' 遂捨之。

•093

처음에 막리지는 가시성[223)]의 ^[병력] 칠백 명을 파견하여 개모성을 지키게 했었다. ^[그래서] 이세적이 그들을 모두 사로잡으니 그 사람들이 아군을 따르며 '충성을 보이겠다'고 자청하였다. ^[그러자] 주상이 말하였다.

"너희는 집이 모두 가시^[성]에 있다. 너희들이 나를 위하여 싸운다면 막리지가 너희 아내와 자식들을 죽일 것이 분명하다. 한 사람의 힘을 쓰겠다고 한 집안을 파멸시키는 짓을 나는 차마 ^[그런 짓은] 벌일 수 없느니라."

---

223) 가시성(加尸城): 고구려의 성 이름. 청대 중기의 학자 고조우가 저술한 《독사방여기요》〈산동9(山東九)〉에는 "【가시성】평양성 서남쪽에 있는데 고구려 때에 설치되었다. 당나라 정관 18년에 고구려를 침공하자 개소문이 가시성의 700명을 파견하여 개모성을 지켰다고 한 곳이 이곳이다(【加尸城】在平壤西南, 高麗置。唐貞觀十八年, 伐高麗, 蓋蘇文遣嘉尸城七百人戍蓋牟城, 是也)"라고 소개되어 있다. 중국 학계에서는 그 위치를 지금의 요녕성 본계 만족자치현(本溪滿族自治縣) 서남쪽의 연산관(連山關)으로 비정하지만 확실한 것은 아니다. 고조우의 고증이 정확하다고 전제할 때, 가시성은 고구려 평양성의 서남쪽에 있었던 셈이다. 물론, 여기서의 '평양성'이 지금의 평안도에 있는 평양시가 아님은 두말할 필요도 없다.

사서	주서	수서	한원	구당서	신당서		자치통감
연대	636	656	660	945	1060		1084
한자	褥	辱	傉	傉	耨		耨
발음 고대	而蜀切 [njiok]			內沃切 [nok]		內沃切 [nok]	
발음 현대	ru			nu		nou	

고구려 성주(추장) 첫 글자에 대한 사서별 발음 비교표

[오월] 무술일224)에 일률적으로 그들에게 녹봉과 상을 주고 돌려보내었다.

○ 初, 莫離支遣加尸城七百人戍蓋牟城, 李世勣盡虜之, 其人請從軍自效, 上曰, '汝家皆在加尸, 汝爲我戰, 莫離支必殺汝妻子, 得一人之力而滅一家, 吾不忍也.' 戊戌, 皆廩賜遣之.

• 094

[유월] 기해일225)에 개모성을 '개주'로 삼았다. 정미일226)에 어가가 요동을 출발하였다. 병진일227)에 안시성【호주】에 이르자228) 군사를 진격시

---

224) [5월] 무술일: 양력으로는 6월 30일에 해당한다.
225) [6월] 기해일: 양력으로는 7월 1일에 해당한다.
226) [6월] 정미일: 양력으로는 7월 9일에 해당한다.
227) [6월] 병진일: 양력으로는 7월 18일에 해당한다.
228) 병진일에 안시성에 이르자[丙辰至安市城]:《구당서》〈태종본기〉 "정관 19년 (645)"조에는 "6월 병진일에 군사가 안시성에 이르렀다(六月丙辰, 師至安市城)"고 기술되어 있다.

안시성은 "높은 산의 험준함에 의지하여" 쌓은 산성이다. 그러나 국내외 학계에서 비정한 영성자촌(營城子村) 유적(좌 고동색, 우 빨간색) 해발이 110~140m 정도이고 고도도 완만하여 지형이 험준하다고 보기 어렵다.

켜 성을 공략하였다.

○ 己亥, 以蓋牟城爲蓋州。丁未, 車駕發遼東, 丙辰, 至安市城【胡注】, 進兵攻之。

【호주】안시는 한대의 옛 현으로, 요동군에 속하였다.《구당서》〈설인귀전〉에는 '안지성'으로 되어 있다.[229]

• 095

[유월] 정사일[230]에는 고려의 북부 누살[231] [고]연수·[고]혜진이 고려·말

---

229) 【胡注】安市, 漢古縣, 屬遼東郡。舊書薛仁貴傳作'安地城'。
230) [6월] 정사일: 양력으로는 7월 19일에 해당한다.
231) 누살(耨薩): 고구려의 관직명. 선행 정사인《주서》·《수사》에는 '욕살(褥薩)',《구당서》에는 '녹살(傉薩)',《한원》에는 '욕살(辱薩)'로 소개되어 있으며,《신당서》에는 '녹살(傉薩)'과 '누살(耨薩)'이 함께 사용되었다. 그러나 사실상 고구려어의 같은 발음['루(ru)']을 각각 다른 한자로 달리 표기한 경우로 보아야 옳다. 이 같은 편차는 ① 시대별·지역별·주체별로 한자표기 원칙이 다른 데다가 ② 한자의 글자체 역시 규격화되어 있지 않아서 한 나라 안에서도 주체가 누구냐에 따라 서로

갈 [혼성?]병력 십오만을 이끌고 안시[성]232) 구원에 나섰다.[호주] 주상은 시중을 들던 신하들에게 말하였다.

○ 丁巳, 高麗北部[胡注]耨薩延壽·惠眞帥高麗·靺鞨兵十五萬救安市。 上謂侍臣曰,

달리 표기하는 경우가 많았으며 ③ '현토'의 '토(兔)'를 '토(菟)'로 쓴 것처럼, 보안 등의 이유로 글자를 따로 만들어 쓰기도 했기 때문이다. 누살의 정치적 성격과 관련하여 Ⓐ《한원》에서는《고려기》를 인용하여 "큰 성에는 욕살을 1명 두었는데, [중국의] 도독에 해당한다(大城置耨薩一人, 比都督)"고 소개하였다. 누살(녹살/욕살)을 일종의 군정장관으로 본 셈이다. 반면에 Ⓑ 호삼성은, 주석에서 보듯이, 고구려 각 부의 추장에 대한 호칭의 일종으로 보았다.

232) 안시성(安市城): 고구려의 성 이름.《구당서》〈설인귀전(薛仁貴傳)〉에서는 '안지성(安地城)'으로 소개하였다. 반고(班固)의《한서》〈지리지〉"요동군"조에 따르면, 원래 한나라의 요동군에 속한 현이었다. 나중에 고구려가 요동군을 점유하고 국왕이 중원 왕조로부터 '요동군공'으로 봉해지면서 사실상 그 영유권을 인정받았다. 여기서 문제가 되는 것은 그 좌표이다. 〈동북아판2〉 주115에서는 ① "요령성 해성시 동남쪽 약 75km의 영성자(英城子)산성"이라는 시마타 코·김육불·다나카 토시아키 등의 주장과 ② "대석교(大石橋)시 동쪽 해룡천(海龍川) 산성"이라는 왕면후 등의 주장을 소개하였다. 인터넷 〈국편위판〉 주095에서도 "지금의 海城 東南의 英城子"라고 하였다. 그러나 유념해야 할 것은 안시성이 지금의 해성현 영성자라고 본 것은 800여 년 전의 호삼성이 아니라 현대의 중국 학자들이라는 사실이다. 확실한 근거에 입각한 고증이 아니라 막연한 억측일 뿐이라는 뜻이다. 실제로 ①《요사》〈지리지〉"철주(鐵州)"조에서는 이렇게 소개하였다. "본래는 한나라의 안시현이며, 고구려 때에는 안시성이었다. … 발해국이 [철]주를 설치하였다. … [동]경 서남쪽 60리 지점에 있다. 관할 현은 하나로, 탕지현이다.(本漢安市縣, 高麗爲安市城. … 渤海置州. … 在京西南六十里. 統縣一, 湯池縣)" ② 8세기의 두우 역시《통전(通典)》에서 【대요수】말갈국 서남쪽의 산에서 발원하여 남쪽으로 흘러 안시까지 이른다(大遼水 源出靺鞨國西南山, 南流至安市)"고 하였다. 여기서 '말갈국'은 대씨 발해를 가리키며, 서남방에 있는 산에서 발원하여 그 남쪽의 안시성까지 흐른다고 밝히고 있는 것이다. 기존의 지리 고증과는 편차가 있다는 뜻이다. 또, ③《구당서》·《신당서》등에 "안시성은 지세가 험하다(安市地險)"는 묘사가 수시로 보이는 것을 보면 안시성은 고도가 높고 험한 산지에 세워진 [산?]성임을 짐작할 수 있다. 반면에, 국내외 학자들이 안시성으로 비정한 영성자 고성의 경우, 마을 주변이 30~40m의 평지이며, 주변의 산지조차 고도가 80~90m 내외여서 지형적으로 사서 기록과의 편차가 매우 크다.

【호주】《후한서》〈동이전〉에서는 "[고구려에는] 일반적으로 다섯 [부]족이 있는데, 소노부·절노부·순노부·관노부·계루부가 있다"고 하였다. [당나라의 장회태자 이]현은 [주석에서] 다음과 같이 말하였다. "따져 보건대 지금의 고려의 5개 부는 첫째는 내부로, '황부'라고도 하는데 바로 계루부이다. 둘째는 북부로, '후부'라고도 하는데, 바로 절로부이다. 셋째는 동부로, '좌부'라고도 하는데 바로 순노부이다. 넷째는 남부로, '전부'라고도 하는데 바로 관노부이다. 다섯째는 서부로, '우부'라고도 하는데 바로 소노부이다."《북사》에 따르면, 고려의 5부에는 저마다 '욕살'이 있는데 대체로 그 나라의 추장에 대한 호칭이다.《신당서》에서는 "고려의 큰 성에는 욕살을 1명 두는데, [중국의] 도독에 비견된다"고 하였다.233)

• 096

"지금 [고]연수에게는 세 가지 책략이 있다. 군사를 이끌고 전진하여 안시성과 연계해 보루로 삼아 높은 산의 험준함에 의지하고 성 안의 조를 먹는다면 설사 말갈[기병]이 우리 소와 말을 약탈한다 하더라도 공격한들 금세 함락시킬 수 없을 것이요 돌아가려 해도 진창에 [빠져] 지장을 받으니 앉아서도 아군을 곤경에 빠뜨리게 되므로 상책이다.【호주】

○ '今爲延壽策有三。引兵直前, 連安市城爲壘, 據高山之險, 食城中之粟, 縱靺鞨掠吾牛馬, 攻之不可猝下, 欲歸則泥潦爲阻, 坐困吾軍, 上策也【胡注】。

---

233)【胡注】後漢書東夷傳, '高句驪有五族。有消奴部·絶奴部·順奴部·灌奴部·桂婁部,' 賢曰, '按今高麗五部。一曰內部, 一名黃部, 卽桂婁部也。二曰北部, 一名後部, 卽絶奴部也。三曰東部, 一名左部, 卽順奴部也。四曰南部, 一名前部, 卽灌奴部也。五曰西部, 一名右部, 卽消奴部也.' 據北史, 高麗五部各有耨薩, 蓋其酋長之稱也。耨, 奴屋翻。新書, '高麗大城置耨薩一, 比都督也.'

【호주】 만약 고연수가 상책을 내었다면 태종이 어떻게 대응했을지 모르겠군. 오로지 강하왕 [이]도종의 계책만 있을 뿐이었을 것이다.[234]

• 097

성 안의 무리를 데리고 그들과 함께 밤중에 도망친다면 중책이다. 이성적으로 따져 보지도 않은 채 달려와 우리와 싸우는 것은 하책이다. 경들은 두고 보라. [놈들은] 하책을 써서 내 눈앞에서 사로잡히는 신세가 되고 말 것이다!"

○ 拔城中之衆, 與之宵遁, 中策也。不度智能, 來與吾戰, 下策也。卿曹觀之, 必出下策, 成擒在吾目中矣.'

• 098

[당시] 고려에 [어떤 대?]대로[235]【호주】가 있었는데 나이가 많고 물정에 밝았다. [그런데 그가 고]연수에게 말하였다.

"진왕[236]은 안으로는 군웅들을 제거하고 밖으로는 오랑캐들을 복속시

---

234) 【胡注】若高延壽出於上策, 不知太宗何以應之。唯有江夏王道宗之計策耳。
235) 대로(對盧): 고구려의 관직명. 진수《삼국지》와 범엽《후한서》의〈고구려전〉에 재상으로 보이는 '상가(相加)' 다음으로 소개된 것을 보면 그 지위가 대단히 높은 조정 대신이었음을 짐작할 수 있다.《삼국사기》"보장왕 3년(644)"조에도 "대로 고정의(對盧高正義)" 식으로 소개되어 있다. 호삼성은《자치통감》에 주석을 붙여 "[오대-송 초기의] 설거정이 '고구려의 관리의 경우, 큰 것을 대대로라고 부르는데 [우리의] 1품에 해당되며 정사를 총괄한다. 대로 밑의 관리로는 모두 31등급이 있다"고 소개하였다.《신당서》〈동이열전〉"고구려"조에는 '대로'가 아닌 '대대로(大對盧)'로 소개되어 있다.
236) 진왕(秦王): 당나라 제2대 황제 이세민을 가리킨다. 인터넷〈국편위판〉주099 및〈동북아판2〉주120(제198쪽)에서는 그 유래를 수나라를 멸망시킨 의녕(義寧) 원년(617)에 하사받은 '진국공(秦國公)'에서 찾았으나 오해이다. 그 이전에 조국

중국 정사에서 바다(발해) 안쪽(서쪽)을 뜻하는 '해내(海內)'는 고대부터 지금까지 언제나 중국대륙 또는 중원왕조를 뜻하는 말로 사용되었다.

킨 다음 혼자 힘으로 황제가 된 자이다. 이는 [하늘이] 세상에 내리신 재목이다. 이번에 해내[237]의 무리를 이끌고 왔으니 대적할 수 없을 것이다!

○ 高麗有對盧, 年老習事【胡注】, 謂延壽曰, '秦王內芟群雄, 外服戎狄, 獨立爲帝, 此命世之材, 今舉海內之衆而來, 不可敵也。

【호주】《삼국지》〈동이전〉에서는 "고구려에서 설치한 관직으로는 상가·대로·패자가 있다"고 하였다. 진수는 "그 나라에서 관직을 설치할 경우, 대로가 있으면 패자를 두지 않았고 패자가 있으면 대로를 두지 않았다"고 하

공(趙國公)이던 이세민이 의녕 원년에 진국공으로 봉해진 것은 맞지만 왕의 반열로 격상되어 '진왕'에 책봉된 것은 이연이 당나라를 건국하고 연호를 '무덕(武德)'으로 정한 이듬해(618)이기 때문이다. 무덕 원년에 이연이 황제로 즉위하면서 이세민도 상서령(尙書令)·우익위대장군(右翊衛大將軍)으로 제수되는 한편 '진왕'으로 격상된 것이다.

237) 해내(海內): 글자 그대로 직역하면 '바다 안쪽'이라는 뜻으로, 중국의 동쪽에 있는 바다인 '발해의 안쪽', 즉 중원 지역을 가리킨다. 여기서는 당나라를 뜻하는 말로 사용되었다.

였다. 설거정은 "고려의 관직의 경우, 그중에서 큰 것을 '대대로[238]'라고 부르는데, 1품에 해당하며, 나랏일을 총괄하였다. 대로 이하의 관직들은 모두 31개 등급이 있다. [그리고] 주·현은 60곳 넘게 설치했으며, 큰 성에는 욕살을 두었는데 [중국의] 도독과 맞먹고, 작은 성에는 운사를 두었는데, [중국의] 자사와 맞먹었다"고 하였다.[239]

•099

내가 계책을 세운다면 차라리 군사를 멈추고 싸우지 않으면서 여러 날을 허송하면서 오래 붙잡고 있다가 기습 병력을 나누어 파견해서 저들의 [병참] 수송로를 끊겠네. [그렇게 해서 저들의] 양식이 바닥나고 나면 싸움을 걸려고 해도 그렇게 할 도리가 없고 귀환하려 해도 길이 없으니 금방 승리할 수 있을 게야![호주]

○ 爲吾計者, 莫若頓兵不戰, 曠日持久, 分遣奇兵斷其運道, 糧食旣盡, 求戰不得, 欲歸無路, 乃可勝.【胡注】

【호주】 이것이 바로 황제가 말한 '상책'이다.[240]

---

238) 대대로(大對盧): 고구려의 관직명. 두우의 《통전》에는 "대당 무덕 4년, … 그 나라는 관직이 9등으로 나뉘어 있는데, 그 으뜸이 토졸로, 옛 이름은 대대구인데, 나랏일을 총괄하였다(大唐武德四年, … 其國建官有九等. 其一曰吐捽, 舊名大對胊, 總知國事)"라고 하였다. 7세기 당나라의 장금초(張金楚)의 《한원(翰苑)》 역시 《고려기(高麗記)》를 인용하여 "토졸은 [중국의] 1품에 해당하는데 예전에는 '대대로'라고 불렀다(吐捽, 比一品, 舊名大對盧)"라고 소개하였다. 그렇다면 품계가 중국의 1품에 해당하며, 원래는 '토졸'로 불렸던 셈이다.

239)【胡注】東夷傳, '高句驪置官, 有相加·對盧·沛者.' 陳壽曰, '其置官有對盧則不置沛者, 有沛者則不置對盧.' 薛居正曰, '高麗官, 其大者號大 對盧, 比一品, 總知國事。對盧以下官, 總卅一級. 列置州縣六十餘, 大城置褥薩, 比都督, 小城置運使, 比刺史.'

240)【胡注】此卽帝所謂上策也。

• **100**

[고]연수는 [그의 말을] 따르지 않고 군사를 이끌고 곧바로 진격하여 안시성에서 사십 리 떨어진 곳까지 이르렀다. 주상은 그가 망설이며 오지 않을 것을 우려하여 좌위대장군[241] 아사나 사이에게 명하여 돌궐[242] 기병 일천 기를 데리고 그를 유인하게 하였다.

○ 延壽不從, 引軍直進, 去安市城四十里。上猶恐其低徊不至, 命左衛大將軍阿史那社爾將突厥千騎以誘之。

• **101**

군사가 전투를 벌이기가 무섭게 도주하는 척하니 고구려군이 서로 "[이젠] 거저 이기겠군!" 하면서 앞다투어 진군하여 그 틈을 타서 안시성 동남쪽 여덟 리 지점[243]까지 이르렀을 때 산의 형세를 따라 진을 쳤다.

○ 兵始交而僞走。高麗相謂曰, '易與耳。' 競進乘之, 至安市城東南八

---

241) 좌위대장군(左衛大將軍): 중국 수·당대의 관직명. 황궁의 경비를 관장하는 한편 섭장위(攝仗衛)를 감독했으며, 품계는 정3품이다. 양제의 대업 3년(607)에 '좌익위대장군(左翊衛大將軍)'으로 개칭했다가 당대에 들어와 고종 무덕 5년(622)에 '좌위부대장군(左衛府大將軍)'으로 불렀으며, 용삭(龍朔) 2년(662)에 '좌위대장군'으로 개칭되었다. 소정방의 경우,《구당서》〈신라전〉및《신당서》〈고종본기〉·《자치통감》"현경 5년"조 등에는 '좌무위대장군(左武衛大將軍)',《신당서》의〈고려전〉에는 '우무위대장군',〈백제전〉에는 '좌위대장군'으로 다르게 소개되어 있다.

242) 돌궐(突厥): 중국 고대 북방민족의 하나. '돌궐'은 '튀르크(Türk)'를 한자로 표기한 것이다. 명명한 주체가 누구인가에 따라서 때로는 '정령(丁零)·철륵(鐵勒)' 등으로 적기도 하였다. 자세한 소개는 부록《구당서》의 해당 주석(제72쪽)을 참조하기 바란다.

243) 안시성 동남쪽으로 여덟 리 지점[安市城東南八里]: 곽성파에 따르면 당대에는 '1리=0.44km'이므로 안시성 동남쪽으로 3.5km 정도 떨어진 산지에 진을 친 셈이다.

里, 依山而陳。

•102
주상이 장수들을 모두 소집해 계책을 묻자 장손무기가 대답하였다. "신이 듣기로는 적에 맞서 싸우자면 반드시 병졸들의 기분을 먼저 살펴야 한다고 합니다. 신이 방금 병영들을 지나오는데 병졸들이 고려군이 온다는 소식을 듣고 다들 칼을 뽑고 깃발을 달며 기뻐하는 표정이 역력했나이다. 이는 기필코 이기고자 하는 병졸들입니다.

○ 上悉召諸將問計, 長孫無忌對曰, '臣聞臨敵將戰, 必先觀士卒之情。臣適行經諸營, 見士卒聞高麗至, 皆拔刀結旆, 喜形於色, 此必勝之兵也。

•103
폐하께서는 스물이 되시기 전부터 몸소 전장을 누비면서 [우리 당나라가] 이기는 싸움에서는 어김없이 주상께서 훌륭한 계책을 내놓으셨고 장수들은 그저 그 계책을 받들 뿐이었지요. 오늘의 싸움도 폐하께서 지시를 내려 주시기만 바랄 뿐입니다."【호주】

○ 陛下未冠, 身親行陣, 凡出奇制勝, 皆上稟聖謀, 諸將奉成算而已。今日之事, 乞陛下指蹤【胡注】。

【호주】 사냥에 빗대어 말하자면 짐승을 따라가도록 지시해야 개가 쫓아가 [그 짐승을] 물어 죽일 수 있다는 뜻인 셈이다.244)

---

244)【胡注】以獵爲喩, 指示獸蹤, 則狗得以追殺。

• 104

그러자 주상이 웃으면서 말하였다.

"공들이 이렇게 겸양하니 짐도 공들을 위하여 생각을 해보리다."

그러고는 [장손]무기 등과 수백 기를 거느리고 높은 곳으로 가서 [아래쪽을] 굽어보았다. 그런데 산천의 형세를 살피니 군사를 매복시키고 드나들게 할 만한 장소가 보였다. [이때] 고구려와 말갈은 군사를 합쳐 진지를 구축했는데 그 길이가 사십 리[245)나 되었다.

○ 上笑曰, '諸公以此見讓, 朕當爲諸公商度.' 乃與無忌等從數百騎乘高望之, 觀山川形勢, 可以伏兵及出入之所. 高麗·靺鞨合兵爲陳, 長四十里.

• 105

강하왕 [이]도종이 말하였다.

"고구려가 국력을 다 기울여 폐하의 군사에 맞서고 있으니 평양성의 수비가 허술할 것이 분명합니다. 신에게 정예 병력 오천을 빌려 주시어 그들의 뿌리를 엎어 버린다면 수십만이나 되는 무리가 싸우기도 전에 투항할 것입니다!"

○ 江夏王道宗曰, '高麗傾國以拒王師, 平壤之守必弱, 願假臣精卒五千, 覆其本根, 則數十萬之衆可不戰而降.'

---

245) 그 길이가 사십 리나 되었다[長四十里]: 당대에는 '1리=0.44km'라고 하므로 고구려-말갈 혼성부대가 구축한 진지의 길이가 17.6km나 되었던 셈이다. 서울 광화문에서 신림동 관악산까지의 직선거리가 16~17km 정도이므로 엄청난 규모였음을 짐작할 수 있다. 아마 진을 친 곳이 평지가 아니라 산지이다 보니 진지가 방형이나 원형으로 집중되지 못하고 장사진(長蛇陣)으로 길게 연결되었던 것일 것이다.

• 106

[그러나] 주상은 허락하지 않고[호주] 대신 사자를 파견해 [고]연수에게 일렀다.

"나는 너희 나라의 적신이 그 군주를 시해해서 죄를 물으러 온 것이다. 전쟁을 벌이게 된 것도 내 본심은 아니다. 너희 경내에 들어왔으나 군량을 제대로 공급받지 못하는 바람에 너희 성을 몇 곳만 확보한 데서 그쳤다. 너희 나라가 신하의 예를 갖춘다면 잃은 성을 반드시 돌려받게 될 것이다."

[그러자 고]연수는 그 말을 믿고 더 이상 대비하지 않았다.

○ 上不應【胡注】。遣使紿延壽曰, '我以爾國强臣弑其主, 故來問罪, 至於交戰, 非吾本心。入爾境, 芻粟不給, 故取爾數城, 俟爾國脩臣禮, 則所失必復矣。'延壽信之, 不復設備。

【호주】[이는] 태종이 [이]도종의 책략을 채용하지 않은 일을 후회하게 되는 단서가 된다.246)

• 107

주상은 밤에 문무 대신들을 소집하여 계책을 상의하였다. [그러고는] 이세적에게 명령하여 보병·기병 일만 오천을 이끌고 [안시성] 서쪽 고개에 진을 치게 하였다. 장손무기는 정예 병력 일만 일천을 기습 병력으로 삼아 산 북쪽으로부터 좁은 골짜기에서 나와 그 후미를 돌파하게 하였다.

○ 上夜召文武計事, 命李世勣將步騎萬五千陳於西嶺。長孫無忌將精

---

246)【胡注】爲上悔不用道宗策張本。

명대 희곡 《이탁오선생비평 옥합기(李卓吾先生批評玉盒記)》
에서 북방인이 호각을 부는 모습

兵萬一千爲奇兵, 自山北出於狹谷以衝其後。

• 108

[그리고] 주상은 스스로 보병·기병 사천을 데리고 북과 호각을 감추고 기치들을 눕힌 채로 [적 진영에 있는] 북쪽 높은 산 위로 올라갔다. [그리고 나서] 전군으로 하여금 북과 호각 소리를 듣자마자 일제히 돌격하게 하였다. [＊247)] [태종은] 겸사겸사 담당 관원에서 항복을 받을 장막을 조당의 옆쪽에 치게 하였다.【호주】

○ 上自將步騎四千, 挾鼓角, 偃旗幟, 登北山上。敕諸軍聞鼓角齊出奮擊。因命有司張受降幕於朝堂【胡注】之側。

【호주】 출정 중인 병영에도 궁궐의 체제를 갖추고 있었으므로 역시 조당이 있었다.248)

---

247) ＊:《구당서》〈태종본기〉"정관 19년(645)"조에는 다음의 내용도 보인다. "이적이 군사를 이끌고 힘써 공격할 때 주상이 높은 봉우리에서 군사를 이끌고 그곳에 자리잡았다.(李勣率兵奮擊, 上自高峰引軍臨之)"

248)【胡注】行營備宮省之制, 故亦有朝堂。

• 109

[유월] 무오일249)에 [고]연수는 홀로 이세적이 진을 친 것을 보고 군사를 이끌고 싸우려 하였다. 주상은 멀리 [장손]무기의 군사 쪽에서 먼지가 이는 것을 보고 [군사들에게] 북과 호각을 울리고 기치들을 들게 하였다. [그러고는] 전군이 북을 울리고 고함을 지르면서 일제히 진군하니 [고]연수 등이 몹시 두려워하면서 군사를 나누어 당나라군을 막으려 하였다. 그러나 그 진영은 이미 흐트러진 뒤였으며, [거기다가] 때마침 우레와 번개까지 쳤다.【호주】

○ 戊午, 延壽等獨見李世勣布陳, 勒兵欲戰。上望見無忌軍塵起, 命作鼓角, 擧旗幟, 諸軍鼓譟並進, 延壽等大懼, 欲分兵禦之, 而其陳已亂。會有雷電【胡注】。

【호주】[양쪽이] 막 뒤얽혀 싸움을 시작하자마자 우레와 번개가 동시에 쳤다.250)

• 110

[바로 그때] 용문【호주1】 출신인 설인귀251)가 기이한 복장을 하고 큰 고함을

---

249) [6월] 무오일: 양력으로는 7월 20일에 해당한다.
250)【胡注】方合戰而雷電皆至。
251) 설인귀(薛仁貴, 614~683): 당대 초기의 거란계 장수. 이름은 례(禮)이며, 강주(絳州) 용문(龍門, 지금의 산서성 하진현 서쪽) 사람이다. 출신이 빈천하여 농사를 생업으로 삼았으나 말타기와 활쏘기에 능통하여 정관 연간에 고구려를 침공할 때 유격장군(遊擊將軍)·우영군중랑장(右領軍中郎將) 등을 역임하였다. 고종의 현경 연간에는 거란의 추장을 생포한 공으로 좌무위장군(左武衛將軍)·하동현남(河東縣男)에 봉해졌으며, 나중에는 철륵(鐵勒, 튀르크) 침공에도 큰 공을 세웠다. 고구려와의 전쟁에서 공을 세우고 우위위대장군(右威衛大將軍)·검교안동도호(檢校安東都護) 및 평양군공(平陽郡公)에 봉해졌다. 그 뒤로도 나사도행군대총관(邏娑道行軍大總管)·우영군위장군(右領軍衛將軍)·검교대주도독(檢校代州都

당나라 명장 설인귀(薛仁貴)와 연개소문의 싸움을 소재로 다룬 중국 만화 《대전개소문(大戰蓋蘇文)》. 말을 탄 연개소문이 언월도로 당나라 장수를 베는 장면. 그러나 실제로는 연개소문은 설인귀와 대면한 적이 없다.

지르면서 [고려의] 진지를 함락시키는데 [그가] 향하는 곳에는 대적하는 자가 없을 정도였다. [그러자] 고려군이 무너지고 [당나라의] 대군이 그 틈을 타[고 추격하]니 고려군은 참패하고 머리를 이만 급 넘게 베이고 말았다.[252) 주상이 멀리서 [설]인귀를 발견하고 [그를] 불러 와서 유격장군에 배수하였다.[호주2] [설]인귀는 [설]안도[호주3]의 육세손으로, 이름이 례였지만 [남들에게는] 자253)로 불리곤 하였다.

督) 등을 역임하였다. 사후에는 좌교위대장군(左驍衛大將軍)·유주도독(幽州都督)에 추증되었다. 후대인 명·청대에는 각종 연극·소설에서 가난한 농민에서 대장군까지 영달하고 연개소문과 맞서 '화살 3대로 천하를 평정했다[三箭定天下]' 식의 전설적인 인물로 미화되었다.

252) 고려군이 무너지고~[高麗軍大潰]: 《구당서》〈태종본기〉"정관 19년"조에는 이 부분이 이렇게 기술되어 있다. "[이에] 고려는 크게 무너져 [당나라군이] 죽이거나 사로잡은 자가 이루 셀 수조차 없을 정도였다.(高麗大潰, 殺獲不可勝紀)"

253) 자(字): 고대 중국에서 성년이 되면 지어 주던 정식 이름. 《주례(周禮)》에 따르면, 고대인들은 높은 사망률 때문에 아기가 태어난 후 3개월이 지나야 이름을 지어 주었다. 그 이름도 언제 죽을지 알 수가 없어서 신체적 특징이나 생년월일에 따라 대충 짓는 일이 많았다. 자를 지어 주는 시점은 성별에 따라 차이가 있어서 《예

○ 龍門【胡注】人薛仁貴 著奇服, 大呼陷陳, 所向無敵。高麗兵披靡, 大軍乘之, 高麗兵大潰, 斬首二萬餘級。上望見仁貴, 召拜游擊將軍【胡注】。仁貴, 安都【胡注】之六世孫, 名禮, 以字行。

【호주1】 용문은 한대의 피지현 땅이다. 후위(북위)에서는 용문현이었으며 용문군과 나란히 설치되었다. 수나라 때에는 군이 철폐되고 현은 포주에 속하였다. 당나라 [고조의] 무덕 연간 초기에는 태주의 치소였는데, 정관 17년에 [태]주가 철폐되면서 강주에 귀속되었다. 설인귀는 편호(평민) 신분으로 [원정군에] 응모하였다.254)

【호주2】 당대의 제도로, 무관 산직에 해당하며, 유격장군은 [품계가] 종5품 하이다.255)

【호주3】 설안도가 장수일 때에는 용맹함으로 송나라와 위나라 일대에서 명성이 자자하였다.256)

• 111

[고]연수 등은 남은 무리를 거느리고 산의 형세에 기대어 단단히 지켰다.

주상은 전군에 명령을 내려 그들을 포위하게 했으며, 장손무기는 다리라는 다리는 모조리 헐어 그들이 돌아갈 길을 끊었다. [퇴로가 끊기자 유월

기》〈곡례(曲禮)〉에 따르면 남자는 관례를 치르는 20세 때, 여자는 그보다 빨라서 출가해서 비녀를 꽂는 15세가 되면 지어 주었다고 한다. 자의 유형과 이름과의 관계에 관해서는 문성재,《처음부터 새로 읽는 노자도덕경》, 제197~198쪽을 참조하기 바란다.

254) 【胡注】龍門, 漢皮氏縣地。後魏曰龍門縣, 并置龍門郡。隋廢郡, 以縣屬蒲州。唐武德初, 爲泰州治所。貞觀十七年州廢, 屬絳州。薛仁貴自編戶應募。

255) 【胡注】唐制, 武散階, 游擊將軍, 從五品下。

256) 【胡注】薛安都爲將, 以勇聞於宋·魏之間。

기미일[257)]에 [고]연수·[고]혜진이 그 무리 삼만 육천팔백 명을 이끌고 항복하기를 요청하였다.[호주]

○ 延壽等將餘衆依山自固, 上命諸軍圍之, 長孫無忌悉撤橋梁, 斷其歸路. 己未, 延壽·惠眞帥其衆三萬六千八百人請降[胡注].

【호주】《자치통감 고이》에는 이렇게 전한다. "실록에서 이르기를 「이적이 상소하여 '만약 폐하께서 몸소 가지 않으시고 신과 [이]도종이 수만 명을 거느리고 안시성을 공격했다가 함락시키지 못한다면 [고]연수 등 십여 만이 창을 뽑아 들고 일제히 밀어닥치고 [그때] 성 안의 병사들까지 대문을 열고 나올 것입니다. [그렇게 되면] 신은 전군을 구하고 후미를 구하려다 금세 패하고 말테니, [신들이 고]연수 등에 의해 결박된 채 평양[성]으로 끌려가서 막리지 등에게 비웃음을 당할 것이 분명합니다! 이제 신이 외람되게도 폐하께서 목숨을 살려 주신 은혜에 감사드려야겠나이다.' 하였다. 황제는 평소 이적과 농담을 주고받는 사이였던지라 웃으면서 그에게 고개를 끄덕였다」고 하였다. 따져 보건대, 이적은 나중에 혼자서 군사를 거느리고 고구려를 취하러 갔으니 어찌 꼭 태종이 몸소 가야만 했겠는가? 이 일화는 사관이 괜히 미사여구를 쓴 것이 아니라 이적이 [황제에게] 아부하는 말이었을 것이다. 여기서는 반영하지 않기로 하겠다.[258)]

---

257) [6월] 기미일: 양력으로는 7월 21일에 해당한다.

258) 【胡注】考異曰, 實錄云, "李勣奏曰, '向若陛下不自親行, 臣與道宗將數萬人攻安市城未克, 延壽等十餘萬抽戈齊至, 城內兵士復應開門而出, 臣救首救尾, 旋踵卽敗, 必爲延壽等縛送向平壤, 爲莫離支等所笑. 今日臣敢謝陛下性命恩澤.' 帝素狎勣, 笑而頷之. 按, 勣後獨將兵取高麗, 豈必太宗親行邪. 此非史官虛美, 乃勣諛辭耳. 今不取.

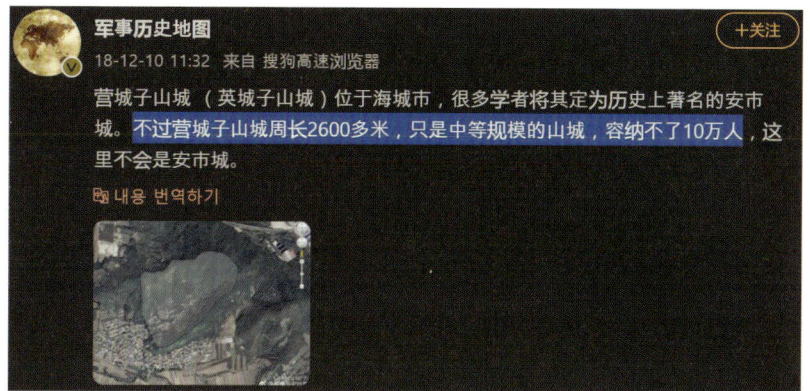

국내외 학자들이 안시성으로 비정하고 있는 영성자 산성은 둘레가 2,600m 정도의 중형 산성이다. 안시성은 10만 명 이상을 수용할 수 있는 대형 산성이어야 정상이라는 뜻이다. 이 점에 관해서는 중국에서조차 과학적·논리적으로 문제를 제기하고 있다. (중국 블로거 '군사역사지도(軍事歷史地圖)')

• 112

[두 장수는] 군영 문을 들어서자 무릎걸음으로 앞으로 오더니[259] 엎드려 절을 하면서 [자신들에 대한 처벌의] 명령을 내려 주기를 요청하였다. [그러자] 주상이 그들에게 말하였다.

"동이 땅 애송이들이야 변방 바다 끝에서나 득세할 수 있겠지만 그 견고한 보루를 부수고 결전을 벌여 이긴다 한들 이 노인을 당해 낼 수 있겠는가? 이래도 감히 천자와 싸울 테냐?"

[그러자] 다들 바닥에 엎드려 대답조차 하지 못하였다.

○ 入軍門, 膝行而前, 拜伏請命. 上語之曰, '東夷少年, 跳梁海曲, 至

---

259) 무릎걸음으로 앞으로 오더니[膝行而前]: '슬행(膝行)'은 상대방에게 굴복하거나 애걸하는 뜻에서 양쪽 무릎을 꿇은 채로 앞으로 기어가는 것을 가리킨다. 《장자(莊子)》〈재유(在宥)〉나 《사기》〈항우본기(項羽本紀)〉에도 같은 표현이 보이는 것을 보면 중국에서도 예로부터 복종의 뜻으로 행해졌던 것으로 보인다.

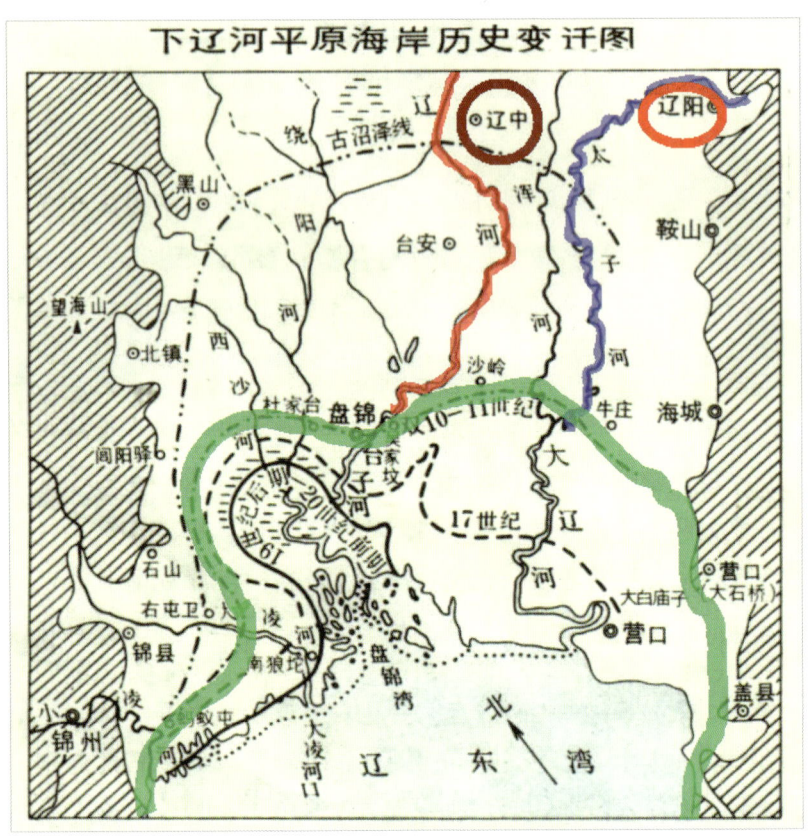

중국 지구과학 학자가 추정한 요하 유역 변천도(녹색은 당시 해안선). 요하(빨강)가 요중(遼中)으로 흐르는 반면 요양 쪽에는 태자하(파랑)가 흐르고 있다. 어원상으로 '요양(遼陽)'은 요수 이북 땅을 말한다. 지금의 요양시는 고대 요양과 전혀 관련이 없다는 뜻이다.

於摧堅決勝, 故當不及老人, 自今復敢與天子戰乎.' 皆伏地不能對。

• 113

주상은 누살 이하의 추장 삼천오백 명을 추려서 무관의 관직을 내리고 그들을 [당나라] 내지로 이주시켰다. [그리고] 남은 이들은 모두 풀어 주어 평양[성]으로 돌아가게 해주었다. [그러자] 사람들은 모두 두 손을 들고 머리를 땅에 조아렸으며 환호하는 소리가 수십 리 밖에까지 들릴 정도였다. 말갈[기병] 삼천삼백 명은 거두어 모조리 구덩이에 파묻었다.【호주】 [이때] 노획한 것은 말이 오만 필260), 소가 오만 두, 철제 갑옷이 일만 벌이었으며, 다른 도구와 장비들도 그만큼에 상당하였다.

○ 上簡耨薩以下酋長三千五百人, 授以戎秩, 遷之內地, 餘皆縱之, 使還平壤, 皆雙擧手以額頓地, 歡呼聞數十里外。收靺鞨三千三百人, 悉阬之【胡注】, 獲馬五萬匹, 牛五萬頭, 鐵甲萬領, 他器械稱是。

【호주】 말갈이 [황제인 태종의] 진지를 침범했기 때문이다.261)

•114

[이때의 패전으로] 고려는 온 나라가 크게 놀라서 후황성262) ·은성263)은 나

---

260) 말이 오만 필[馬五萬匹]:《구당서》〈고려전〉에는 "말은 3만 필[馬三萬疋]"로 소개되어 있다.

261)【胡注】以靺鞨犯陣也.

262) 후황성(后黃城): 고구려의 성 이름. 청대의 고조우는《독사방여기요》〈산동8〉 "안시성"조에서 이렇게 소개하였다. "후황성은 [정료중?]위의 동쪽에 있는데 역시 고구려에 의해 설치되었다. … 호씨(호삼성)는 '고구려 동쪽 지경의 성이다. 안시성과 가까웠다. 당시에 이 밖에도 그들의 횡산·마미·맥곡 등 몇 군데의 성들도 장악하였다'고 하였다.(后黃城在衛東, 亦高麗所置. … 胡氏曰, 高麗東境城也. 與安市相近. 時又拔其橫山磨米麥谷等數城)" 중국에서는 그 위치를 요녕성 본계현(本溪縣) 서남부의 마권구(馬圈溝) 산성이나 이가보(李家堡) 산성으로 보고 있으나 정확하다고 단언하기는 어렵다. 또, 중국의《중국 정사 고구려전 상주 및 연구》(제238쪽)에서는 그 이름의 유래와 관련하여 이렇게 주장하였다. "성 이름이 '후황성'인 것은 아마 '전'황성과 대응해서 붙인 이름일 것이다. 전황성은 곧 평양 동쪽의 황성이다. 남은 '전', 북은 '후'라고 한 것이다.(城名爲'後黃城', 應是與'前'黃城相對而言的, 前黃城卽平壤東之黃城. 南爲前, 北爲後)" 그러나 이는 중국 학자들이 원문을 확인하지 않은 데서 비롯된 잘못된 해석이다.《자치통감》에는 첫 글자를 '뒤 후(後)'로 썼으나 그보다 이른《구당서》〈신당서〉와 청대의《어정 자사정화(御定子史精華)》에는 '임금 후(后)'로 되어 있기 때문이다. 현대 중국에서는 '뒤 후'의 약자를 '임금 후'와 똑같이 '후(后)'로 배우고 적는다. '뒤 후=임금 후'로

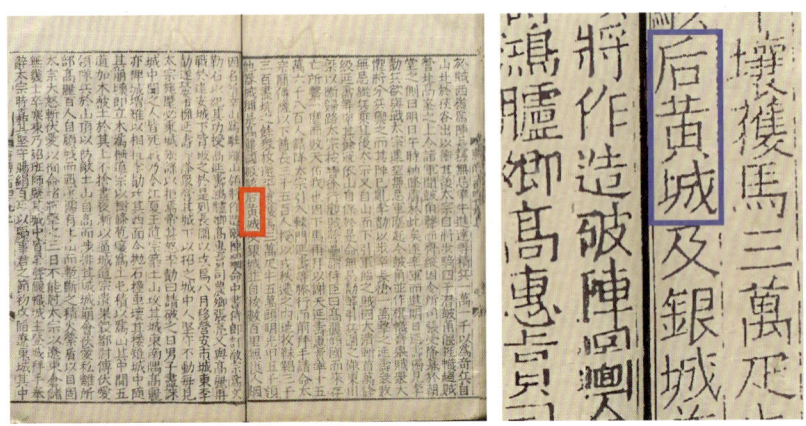

16세기 말 명대에 간행된 《구당서》〈고려전〉의 "후황성" 대목. 첫 글자가 '뒤 후(後)'가 아닌 '왕 후(后)'로 되어 있다. 중국 학자들은 '뒤 후'로 곡해하여 엉뚱한 해석을 했으나 원문도 확인하지 않은 상태에서 내놓은 억측에 불과하다.

란히 저절로 무너져 [고려군들이] 도주해 [그곳을] 떠나는 바람에 [그 일대] 몇 백 리 안에서 인가의 [밥 짓는] 연기를 더 이상 찾아 볼 수 없게 되었다.

○ 高麗舉國大駭, 后黃城·銀城皆自拔遁去, 數百里無復人煙.

혼동한 중국 학자들이 원문도 확인하지 않은 상태에서 일방적으로 논리적 비약을 범한 셈이다. '후'에 대한 분석부터 잘못되었으니 중국 학자들의 위의 고증은 전부 사실무근이라는 뜻이다.

263) 은성(銀城): 고구려의 성 이름. 태종이 정관 19년 10월에 내린 〈고려반사조(高麗班師詔)〉에는 '은산(銀山)[성]'으로 소개되어 있다. 이 조서는 북송 학자 송민구(宋敏求, 1019~1079)가 엮은 《당대조령집》에 수록되었다. 정관 19년과 300여 년의 시차가 존재하는 셈이다. 물론, 황제가 직접 작성한 글이므로 오자가 있을 가능성은 낮다. 성의 이름이 원래는 '은산성'임을 확신할 수 있다는 뜻이다. 《삼국사기》〈지리지〉에는 "압록수 이북에서 공격해 획득한 성 3곳[鴨淥以北打得城三]" 조를 표제로 혈성(穴城)·사성(似城)과 함께 "은성, 본래의 '절홀'이다(銀城, 本折忽)"라고 소개되어 있다. 학계에서는 이 '압록수'를 지금의 압록강으로 비정하는 경향이 있다. 그러나 지리적으로는 평안북도와 요녕성의 경계를 흐르는 압록강과는 엄연히 다른 곳이다. 그 결정적인 증거는 당대 후기의 《한원》에서 찾을 수 있다. 〈번이부(蕃夷部)〉 "고려"조에는 이렇게 소개되어 있다. "《제서》〈동이전〉에서는 '【은산】 나라 서북쪽에 있다. 고려에서 채굴하여 재화로 삼았다'고 했으며, 《고

• 115

주상은 파발을 띄워 태자에게 소식을 알렸다. 이어서 고사렴 등에게 서신을 보내어 말하는 것이었다.

"짐이 이렇게 장수 노릇을 했는데 어떠한가?"[호주1]

[태종은 이때] 행차한 산의 이름을 바꾸어 '주필산264)'이라고 불렀다. 265)[호

려기》에서는 '[은산] 안시 동북쪽 100여 리 거리에 있다. 수백 가에서 그것(은)을 채굴하여 나라에 공급하여 사용하게 한다'고 하였다.(齊書東夷傳曰,【銀山】在國西北. 高驪采以爲貨. 高驪記云,【銀山】在安市東北百餘里, 有數百家采之以供國用也)" 이로써 은[산]성이 고구려 서북쪽인 안시성 동북방 100여 리 지점에 있었음을 알 수 있는 셈이다. 안시성의 좌표는 지금도 알 길이 없으나 고구려의 서북쪽에 있는 하천이라면 압록강과는 방향이 정반대이다.

264) 주필산(駐蹕山): 중국 고대의 산 이름. 국내외 학자들은 안시성의 위치를 찾는 데에 중요한 단서를 제공하는 이 산의 좌표를 대체로 요동반도 해성(海城) 지역에서 찾는 경향이 있다. 그러나 역대 사서·문헌들을 살펴보면 그 좌표와 관련하여 ① 요서의 '의무려산(醫巫閭山)', ② 요양의 수산(首山) 등의 주장이 제기되었다. 먼저, "의무려산설"의 경우, Ⓐ《구당서》〈유학전(儒學傳)〉 "경파(敬播)"조에는 이렇게 소개되어 있다. "태종이 고려를 무찌르고 나서 [자신이] 싸운 [장소인] 육산에 '주필'이라는 이름을 붙였다.(太宗之破高麗, 名所戰六山爲駐蹕)" 이 사실은 이 대목에 원대 호삼성이 붙인 위의 "그 산은 원래 이름이 '육산'이었다"는 주석을 통해서도 확인된다. '주필산'의 원래 이름이 '육산'임을 알 수 있는 셈이다. 물론, 여기에 언급된 '육산(六山)'이 어느 산인지는 확인할 길이 없다. 그 단서를 제공하는 기록들은 명대부터 보이기 시작한다. Ⓑ 15세기의 관찬 연혁서인 《대명일통지(大明一統志)》〈요동도지휘사사(遼東都指揮使司)〉에 이런 소개가 보인다. "[의무려산] 광녕위(요서) 서쪽 5리 지점에 있다. 순 임금이 12곳의 산에 봉작을 내릴 때 이 산을 유주의 진산으로 삼으니 이때부터 드디어 이를 '북진'으로 삼았다. 그 산은 여섯 겹으로 덮이고 싸여 있어서 '육산'으로도 불렀다.([醫巫閭山] 在廣寧衛西五里. 舜封十有二山, 以此山爲幽州之鎭. 自是遂以爲北鎭. 其山掩抱六重, 故又名六山)" 이 주장은 《대청일통지》·《흠정만주원류고》·《독사방여기요》·《흠정성경통지》·《요사습유》 등의 지지를 받았다. 반면에, Ⓒ 16세기의 또 다른 연혁서 《전요지(全遼志)》 "요양"조에는 이렇게 소개되어 있다. "[수산] [요양]성 서남쪽 15리 지점에 있다. … 당 태종이 고구려를 정벌할 때 주둔하여 바위에 새겨 전공을 기린 바 있는데 그 일로 '주필산'으로 이름을 바꾸었다.([首山] 城西南十五里. … 唐太宗伐高麗, 嘗駐蹕勒石紀功, 因改駐蹕山.)" 주필산을 요양시 서남쪽의 '수

명대의 관찬 연혁서 《대명일통지(大明一統志)》에 소개된 요양 인근의 수산(首山)과 요서 북진시의 의무려산(醫巫閭山). 당 태종이 '주필산'으로 명명한 '육산(六山)'은 이 두 산 중의 하나였을 것이다. 두 산은 직선거리로도 125km 이상 떨어져 있다

주2)

○ 上驛書報太子, 仍與高士廉等書曰, '朕爲將如此, 何如【胡注】.' 更名所幸山曰駐驛山【胡注】.

산(首山)'으로 본 셈이다. 《삼국지》〈위서(魏書)〉에는 이와 관련하여 이런 기사가 보인다. "[위나라 명제의] 경초 2년(238)에 사마의가 공손연을 정벌할 때 그 군대가 요동까지 이르렀다. 8월 병인일에 길이가 수십 장이나 되는 큰 유성이 수산 쪽에서 양평성 남쪽으로 떨어졌다.(景初二年, 司馬懿征公孫淵軍至遼東. 八月丙寅, 大流星長數十丈, 從首山墜襄平城南)" 또 다른 기사에는 이런 내용도 보인다. "사마의가 공손연을 정벌할 때 몰래 요수를 건너 수산까지 진격하고 공손연의 군대를 크게 무찔렀다. 이리하여 양평성을 포위하기에 이르렀다.(司馬懿伐公孫淵, 潛濟遼水, 進至首山, 大破淵軍, 遂圍襄平)" 이 두 기사를 통하여 요동의 수산이 양평성에서 멀지 않은 북쪽에 자리잡고 있는 산임을 알 수가 있는 셈이다. 그렇다면 이세민이 '주필'이라는 이름을 붙인 육산은 의무려산과 수산 둘 중의 하나일 가능성이 높다. 요동반도 해성시의 산은 엉뚱한 곳이라는 뜻이다.

265) 행차한 산의 이름을 바꾸어~[更名所幸山]: 《구당서》〈태종본기〉 "정관 19년"조에는 이 부분이 이렇게 기술되어 있다. "[황제는] 행차한 산에 '주필산'이라는 이름을 붙이고 돌을 새겨 [자신의] 공을 기렸다. [그리고] 천하[사람들]에 이틀 동안

【호주1】 사관은 '태종에게 공을 세운 것을 자랑하려는 마음이 있었다'고 하였다.[266]

【호주2】 이전의 사서에 따르면, 그 산의 원래 이름은 '육산'이었다.[267]

• 116

가을, 칠월 [*[268]] 신미일[269]에 주상은 진영을 안시성 동쪽 산등성이로 옮겼다. 기묘일[270]에는 조서를 내려 전사자의 시신에 표찰을 달고 군대가 귀환할 때에 모두 함께 실어 가게 하였다. 무자일[271]에는 고연수를 홍려경[272]으로 삼고 고혜진을 사농경[273]으로 삼았다.

○ 秋, 七月, 辛未, 上徙營安市城東嶺。己卯, 詔標識戰死者尸, 俟軍還與之俱歸。戊子, 以高延壽爲鴻臚卿, 高惠眞爲司農卿。

큰 잔치를 베풀어 주었다.(因名所幸山爲駐蹕山, 刻石紀功焉. 賜天下大酺二日)"

266) 【胡注】史言太宗有矜功之心。

267) 【胡注】據舊史, 其山本名六山。

268) *:《구당서》"정관 19년"조에는 이 자리에 이런 내용이 들어 있다. "가을, 7월에 이적이 군사를 진격시켜 안시성을 공격하였다. 그러나 9월이 되도록 함락시키지 못하자 이에 군사를 되돌렸다.(秋七月, 李勣進軍攻安市城, 至九月不克, 乃班師)"

269) 7월 신미일: 양력으로는 8월 2일에 해당한다.

270) [7월] 기묘일: 양력으로는 8월 10일에 해당한다.

271) [7월] 무자일: 양력으로는 8월 19일에 해당한다.

272) 홍려경(鴻臚卿): 당대의 관직명. 정식 명칭은 홍려시 경(鴻臚寺卿)이며, 의례나 외교를 관장하였다. 주나라 때에는 대행인(大行人), 진·한대까지 전객(典客)을 두었으며 한나라 무제 때에 홍려로 개칭되었다. 후한대 이후로는 주로 조정의 의례들을 주재했으며, 남북조시대인 북제(北齊)에 이르러 홍려시가 설치되면서 경과 소경(少卿)을 1명씩 두었다.

273) 사농경(司農卿): 당대의 관직명. 정식 명칭은 사농시 경(司農寺卿)으로, 양식을 비축하거나 창고·녹미(祿米, 녹봉으로 지급하는 쌀)를 관리하는 등의 업무를 관장하였다. 북제 때에 사농시가 처음 설치된 이래로 역대 왕조에서 차례로 인습되었다.

• 117

장량의 군대가 건안성 아래를 지나갈 때는 보루를 미처 다지기 전이어서 병졸들이 나가서 땔감을 하거나 가축을 치는 일이 많았다. [그런데] 고구려군이 갑자기 들이닥치자 당나라군이 놀라 혼란에 빠졌다. 장량은 평소에 겁이 많았던지라 접이식 걸상에 쪼그린 채로 바라만 보면서 아무 말도 하지 못하였다. 장병들은 그 모습을 보고 더더욱 용감하게 여겼다. 총관 장금수 등이 북을 울리며 군사를 이끌고 고구려군을 공격하고 나서야 물리쳤다.

북방에서 중국으로 전래된 접이식 걸상 '호상(胡床)'의 모습

○ 張亮軍過建安城下, 壁壘未固, 士卒多出樵牧, 高麗兵奄至, 軍中駭擾. 亮素怯, 踞胡床, 直視不言, 將士見之, 更以爲勇. 總管張金樹等鳴鼓勒兵擊高麗, 破之.

• 118

팔월의 갑진일274)에 순찰을 돌던 기병이 막리지의 첩자 고죽리를 사로잡아 뒤로 결박한 다음 [태종의] 군영으로 왔다.【호주】주상은 [그를] 불러 접견하면서 결박을 풀어 주고 물었다.

"어째서 이렇게 말랐는가?"

그래서 [고죽리가] "은밀히 오솔길로 다니다 보니 며칠째 먹지 못해서입

---

274) 8월 갑진일: 양력으로는 9월 4일에 해당한다.

신강 위리현(尉犁縣)에서 출토된 당나라 안서군(安西軍) 갑옷의 찰갑(좌). 외형상으로 보기에도 공주시 공산성에서 출토된 찰갑(우)과 같은 종류의 것임을 알 수 있다.

니다" 하고 대답하니 명령을 내려 그에게 먹을 것을 주게 하고 말하였다.

○ 八月, 甲辰, 候騎獲莫離支諜者高竹離, 反接【胡注】詣軍門, 上召見, 解縛問曰, '何瘦之甚.' 對曰, '竊道問行, 不食數日矣.' 命賜之食, 謂曰,

【호주】두 손을 뒤로 붙잡고 결박한 것이다.[275]

• 119

"너는 첩자이니 서둘러 돌아가 복명함이 마땅하다. [그때] 나를 위하여 막리지에게 말을 전해 주기 바란다. '[우리] 군영의 상황을 알고 싶으면 사람을 보내 곧바로 내 처소로 찾아오면 될 일이지 굳이 은밀히 다니

---

275)【胡注】反接兩手縛之也。

면서 고생을 할 필요가 있겠느냐?'라고 말이다."
[그러고는 고]죽리가 맨발인 것을 발견하더니 주상이 짚신을 내리고 돌려보내 주었다. …

○ '爾爲諜, 宜速反命。爲我寄語莫離支。欲知軍中消息, 可遣人徑詣吾所, 何必間行辛苦也.' 竹離徒跣, 上賜屨而遣之。…

• 120

[팔월] 병오일²⁷⁶⁾에 군영을 안시성 남쪽으로 옮겼다. 주상은 요수 너머에 있으면서 무릇 군영을 설치할 때면 [겉으로] 드러난 데에만 척후병을 배치했을 뿐 참호나 보루는 건설하지 않았다. [그렇다 보니 당나라군이] 아무리 그들의 성으로 접근해 가도 고려군은 끝까지 함부로 [성을] 나와 소란을 일으킬 엄두를 내지 못하는 것이었다. [그래서 당나라] 병사들은 혼자서 [길을] 다니거나 중국에서처럼 노숙을 하였다.【호주】

○ 丙午, 徙營於安市城南。上在遼外, 凡置營, 但明斥候, 不爲塹壘, 雖逼其城, 高麗終不敢出爲寇抄, 軍士單行野宿如中國焉【胡注】。

【호주】 사관은 "황제가 먼 외국에서 위세로 겁을 준 것은 이른바 '군대를 잘 쓰는 이는 진을 치지 않는다'는 경우인 셈이다"라고 하였다.²⁷⁷⁾

• 121

주상이【호주】 고려 정벌에 나서려 할 때였다. 설연타에서 사신을 파견하여 입조하고 공물을 바쳤다. [그래서] 주상이 그에게 말하였다.
"너희 가한²⁷⁸⁾에게 전하라. 이번에 우리 부자는 동쪽으로 고려 정벌에

---

276) [8월] 병오일: 양력으로는 9월 6일에 해당한다.

277)【胡注】史言帝威懾絶域, 所謂'善師者不陳'.

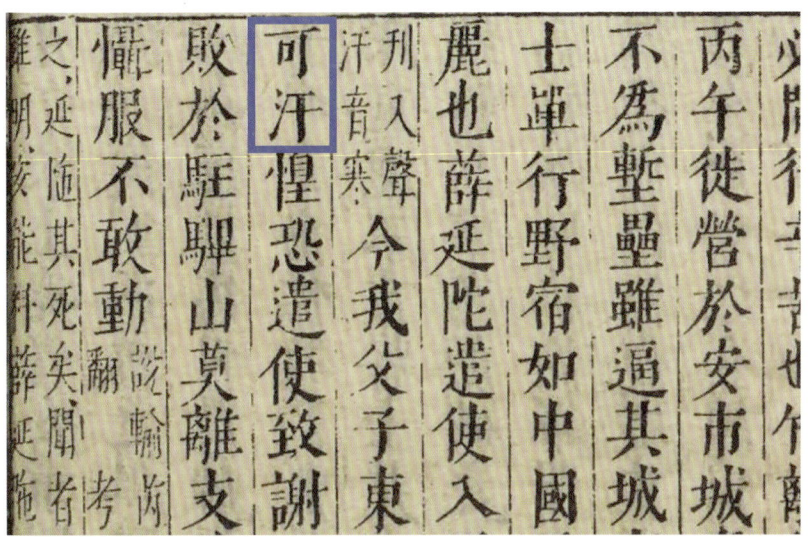

'가한(可汗)' 또는 '칸(Khan)'은, 주로 돌궐계 족속들에서 등장하는 것을 보면 튀르크어임을 짐작할 수 있다. 삼한의 '한(韓)'이나 신라의 '[각]간(干)' 역시 마찬가지이다.

나설 것이다. 네가 [당나라를] 침범할 작정이라면 당장 오거라!"

278) 가한(可汗): 중국 고대의 정사에서 북방민족의 통치자를 뜻하는 칭호. 중국 정사들 중에서는 《진서(晉書)》에 등장하는 토욕혼(吐谷渾)의 군주 이름인 '무인가한(戊寅可汗)'에서 처음으로 그 용례가 확인된다. 그러나 편찬 연대나 사용 빈도를 보면, 《위서(魏書)》에서 훨씬 많이 확인되며 그 뒤에 편찬된 《수서》·《북사》·《당서》 등 북조계 정사들에도 빈번하게 등장한다. ① 북위는 선비족의 한 갈래인 탁발씨(拓跋氏)가 세운 나라이며 수·당 역시 선비계 왕조인 점, ② 그 주된 사용자가 토욕혼·선비·유연·돌궐·몽골·철륵(鐵勒)·튀르크·회골(回鶻)·위구르·거란·아바르 등 북방민족의 군주들에서 보편적으로 볼 수 있다는 점 등을 고려할 때 ③ '가한(可汗)'은 언어적으로 알타이계 언어인 몽골어·튀르크어의 '카간(qaɤan[kagan])'을 발음대로 한자로 표기한 것임을 알 수가 있다. ④ 한자가 다르기는 하지만 신라의 '각간(角干)' 역시 같은 말('카간')을 한자로 표기한 사례에 해당한다. ⑤ 고구려의 경우, 고구려를 근거로 할 때 종족적으로 몽골계로 분류되므로 역시 '가한' 식의 표현을 사용했을 것이다. 그러나 ⑥ '가한'으로 표기한 것은 수·당대에 중원 왕조에서 집중적으로 확인되는 것을 보면 당나라의 선비계 표현일 가능성도 있으나, ⑦ 《구당서》〈고려전〉에서 부여신(扶餘神)·등고신(登高

○ 上之【胡注】伐高麗也, 薛延陀遣使入貢。上謂之曰, '語爾可汗今我父子東征高麗, 汝能爲寇, 宜亟來.'

• 122

[그 말을 전해들은] 진주가한은 어쩔 줄을 모를 정도로 몹시 두려워하였다. [나중에 그는 당나라에] 사신을 파견하여 사죄하고, 거기다가 군사를 동원하여 당나라군을 도울 것을 자청했으나 주상이 윤허하지 않았다.

○ 眞珠可汗惶恐, 遣使致謝, 且請發兵助軍。上不許。

• 123

고구려가 주필산에서 패했을 때였다. 막리지는 말갈인을 사자로 보내어 진주가한을 설득하게 하였다. [그러나] 엄청난 재물로 유혹했으나 진주가한은 [당나라 태종의 엄포에] 겁을 먹고 군사를 움직일 엄두를 내지 못하였다.【호주】구월의 임신일279)에 진주[가한]이 죽자 주상이 그를 위하여 애도의식을 거행하였다.

○ 及高麗敗於駐蹕山, 莫離支使靺鞨說眞珠, 啗以厚利, 眞珠懾服不敢動【胡注】。九月, 壬申, 眞珠卒, 上爲之發哀。

【호주】《자치통감 고이》에는 "실록에서 「주상이 측근 신하에게 말하였다. '내가 헤아려 보건대, [설]연타가 죽은 것 같군.' [그 말을] 들은 자는 [그 뜻을] 예측할 길이 없었다」라고 기술되어 있다. 따져 보건대, 태종이 아무리 현명하다 한들 어떻게 설연타가 죽은 것을 알 수가 있다는 말인가? 여기서

神)과 함께 고구려에서 섬기는 신으로 소개된 것을 보면 '가한'이라는 호칭은 고구려에서도 사용되었을 개연성도 염두에 둘 필요가 있다.

279) 9월 임신일: 양력으로는 10월 2일에 해당한다.

영화 《안시성》의 공성 장면. 그러나 안시성은 평지가 아니라 산세를 따라 지은 산성이었다.

는 [그 대목은] 채택하지 않기로 하겠다.[280]

•124

주상이 백암성을 함락시켰을 때에 이세적에게 말하였다.

"내가 듣자 하니, '안시는 성도 험하고 군사도 정예이며, 그 성주는 재능이 있고 용감하여 막리지가 난리를 일으켰을 때에도 성주는 복종하지 않았으며, [그래서] 막리지가 [그의] 안시성을 공격했으나 함락시키지 못하자 결국 그에게 주었다'고 하오.

○ 上之克白巖也, 謂李世勣曰, '吾聞安市城險而兵精, 其城主材勇, 莫離支之亂, 城守不服, 莫離支擊之不能下, 因而與之。

•125

[반면에] 건안[성]은 군사도 약하고 군량도 적어서 만약 저들이 예상하지

---

[280] 【胡注】考異曰, 實錄, "上謂近臣曰, '以我量之, 延陀其死矣.' 聞者莫能測. 按, 太宗雖明, 安能料薛延陀之死。今不取。

《자치통감》에 인용된 《손자병법》의 〈구변(九變)〉 대목

못하고 있을 때에 건안성을 공격한다면 함락될 것이 분명하오. 공은 먼저 건안성을 공격하는 편이 좋겠소. 건안성이 함락되면 안시성은 내 뱃속에 있는 셈이요. 이것이 병법에서 말하는 '성도 공격하지 않는 것이 있다'281)는 경우요."[호주]

○ 建安兵弱而糧少, 若出其不意, 攻之必克。公可先攻建安, 建安下, 則安市在吾腹中, 此兵法所謂城有所不攻【胡注】者也.'

【호주】 손자(孫子)의 병법에 나오는 말이다.282)

---

281)【胡注】城有所不攻, 指有的城池, 不宜攻占.《孫子兵法》〈九變〉, '軍有所不擊, 城有所不攻.' 張預注, "拔之而不能守, 委之而不爲患, 則不須攻也. 又若深溝高壘, 卒不能下, 亦不可攻. 如士匄請伐偪陽, 荀罃曰, '城小而固, 勝之不武, 弗勝爲笑,' 是也.

282)【胡注】孫子兵法之言.

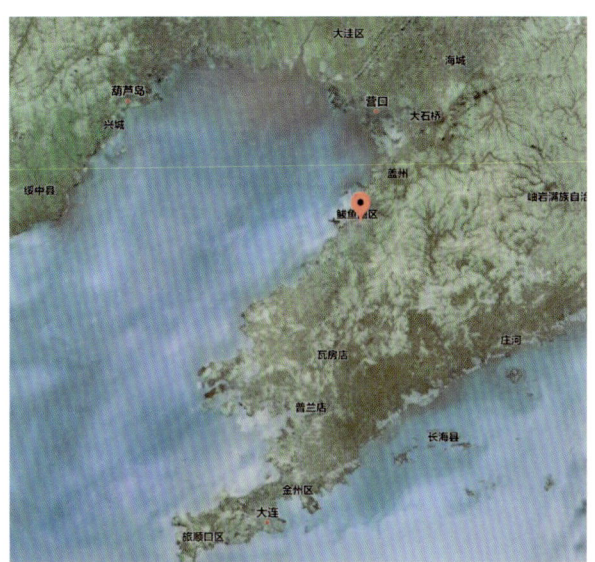

중국 학계에서 건안성(평곽현)으로 비정하는 개주시 웅악진의 위치. 그러나 "나라(고구려) 서쪽에 있다(在國西本漢平城縣也)"고 한 점과 고구려의 서계는 요동반도를 지나 요동만 서안(西岸)까지였을 가능성이 높다는 점에 착안할 때 옳은 고증이 아니다.

• 126

[그러자 이세적이] 대답하였다.

"건안[성]은 남쪽에 있고 안시[성]는 북쪽에 있는데 아군의 군량은 모두 요동[성]에 있지요. 지금 안시[성]를 건너뛰고 건안[성]을 공략하다가 만약 [고려군이] 우리 수송로를 끊기라도 한다면 그 난처한 상황을 어떻게 감당하겠나이까? 오히려 먼저 안시[성]를 공략하는 것만 못합니다. 안시[성]가 함락되면 그 여세를 몰아 [단숨에] 건안[성]을 장악할 수 있을 것입니다!"

○ 對曰, '建安在南, 安市在北, 吾軍糧皆在遼東. 今踰安市而攻建安, 若斷吾運道, 將苦之何? 如先攻安市, 安市下, 則鼓行而取建安耳.'

• 127

[그래서] 주상이 말하였다.

"공을 장수로 삼은 이상 어찌 공의 책략을 채택하지 않을 수가 있겠소? [다만] 내 중대사에 차질이 있어서는 안 될 것이요!"

[이리하여 이]세적이 마침내 안시[성]를 공격하게 되었다.

○ 上曰, '以公爲將, 安得不用公策。勿誤吾事。' 世勣遂攻安市。

• 128

안시[성]의 사람들은 멀리서 주상의 기치와 일산을 확인하고 수시로 성 위에 올라가 북을 치고 고함을 질렀다. [그래서] 주상이 성을 내자 [이]세적은 "성을 함락시킨 날 [성 안의] 남녀를 모조리 파묻겠다"고 자청하고 나섰다. [그러자] 안시[성]의 사람들이 그 소리를 듣고 더욱 단단히 지키는 바람에 아무리 오래 공략해도 함락될 기미가 보이지 않았다. [이에] 고연수·고혜진이 주상에게 요청하였다.

○ 安市人望見上旗蓋, 輒乘城鼓譟。上怒, 世勣請克城之日, 男女皆阬之, 安市人聞之, 益堅守, 攻久不下。高延壽·高惠眞請於上曰,

안악 3호분 벽화에 그려진 고구려의 군대. 중무장을 하고 방패를 든 창병(좌), 중무장 한 말을 탄 기병(우), 환두대도와 도끼를 멘 경무장 전투병(하)이 좌우로 줄 지어 행진하고 있다. (문화재청)

• **129**

"소인들이 큰 나라에 몸을 의탁한 이상 감히 충성을 다하지 않을 도리가 없나이다. 천자께서 빨리 큰 공을 이루시게 해 드리고자 합니다. [그래야] 소인들도 아내와 자식들과 다시 만날 수 있을 테지요. 안시[성] 사람들은 자신들의 가족을 걱정하여 다들 스스로 싸움에 나섰기에 금방 함락시키기는 쉽다고 장담할 수 없나이다. [다만] 지금 소인들이 고려의 십수만의 무리를 이끈다면 [저들은 저희] 깃발을 보기만 해도 주눅이 들어 대열이 흐트러져 나랏사람들283)의 간담이 다 서늘해질 것입니다.

○ '奴旣委身大國, 不敢不獻其誠, 欲天子早成大功, 奴得與妻子相見。安市人顧惜其家, 人自爲戰, 未易猝拔。今奴以高麗十餘萬衆, 望旗沮潰, 國人膽破。

• **130**

오골성의 누살은 나이가 많아264) 굳게 지키기 어려우니 [폐하께서] 군사를 이동시켜 현장에 모습을 드러내시면 아침에서 저녁나절이면 함락시킬 것입니다. 그 나머지로 [당나라군이 진격하는] 길목에 있는 작은 성들도 상황을 깨닫고 [저절로] 도망치고 무너질 것이 분명합니다. 그러고 나서 그들의 물자와 군량들을 거두어들이고 북소리를 울리며 전진한다면 평양[성]도 지킬 수 없게 될 것이 분명합니다!"

---

283) 나랏사람들[國人]: '국인(國人)'은 글자 그대로 풀면 '나랏사람들'의 뜻으로, 넓게는 고구려 국민들, 좁게는 고구려 도성인 평양성 사람들을 가리키는 것으로 해석된다.

284) 나이가 많아[老耄]: 고대 한문에서 '노모(老耄)'는 나이가 70~80세인 노인을 뜻하는 표현이다. 이로써 당시 오골성 성주가 나이가 칠팔십이나 되는 노인이었음을 알 수가 있다. 마찬가지로 이를 근거로 고구려의 성주(욕살)는 특별한 경우가

○ 烏骨城耨薩老耄, 不能堅守, 移兵臨之, 朝至夕克。其餘當道小城, 必望風奔潰。然後收其資糧, 鼓行而前, 平必不守矣.'

•131

[그러자 당나라의] 신하들도 이렇게 말하였다.

"장량의 병력이 [비?]사성[호주]에 있으니 그를 부르신다면 이틀 밤이면 당도할 것입니다. 고려가 웅성거리며 두려워하는 틈을 타서 [장량의 군대와] 합세하여 오골성을 함락시키신다면 압록수를 건너 곧바로 평양[성]을 점령하는 것도 이번에 가능하게 되겠지요."

[그래서] 주상이 그들의 의견을 따르려 하는데 유독 장손무기만 이런 의견을 내었다.

○ 群臣亦言, '張亮兵在沙城【胡注】, 召之信宿可至, 乘高麗兇懼, 併力拔烏骨城, 渡鴨綠水, 直取平壤, 在此舉矣.' 上將從之。獨長孫無忌以爲,

【호주】 사성은 바로 비사성이다.[285]

•132

"천자께서 몸소 정벌에 나서시는 것은 여느 장수들과는 경우가 다릅니다. 위험을 무릅쓰고 요행을 바라서는 안 된다는 뜻입니다. 지금 건안[성]과 신성의 오랑캐는 그 무리가 아직도 십만이나 됩니다. 만약 [아군이] 오골[성의]로 향한다면 [저들도] 모조리 아군의 뒤를 추격할 테지요. 오히

아닌 이상 해당 지역의 수장(추장)이 맡았을 것임을 짐작할 수 있다. 모르기는 몰라도 큰 변수가 없는 이상 각 지역의 수장과 그 일족이 성주의 자리를 세습했을 가능성이 높다.

285) 【胡注】沙城卽卑沙城。

중국 학계에서 고구려 오골성으로 비정한 봉황성(鳳凰城) 산성의 사진과 좌표

려 먼저 안시[성]를 함락시키고 건안[성]을 점령한 다음 신속히 멀리까지 진격하는 것보다 못합니다. 그것이야말로 만전을 기할 수 있는 계책이옵니다!"
주상은 그제야 [오골성을 공략하려던 논의를] 멈추었다.【호주】

○ '天子親征, 異於諸將, 不可乘危徼幸。今建安·新城之虜, 衆猶十萬, 若向烏骨, 皆蹑吾後, 不如先破安市, 取建安, 然後長驅而進, 此萬全之策也.' 上乃止【胡注】。

【호주】 태종이 천하(중원)를 평정할 때에는 기발한 계책을 내어 승리를 얻은 경우가 많았다. [그러나] 요동전쟁에서만큼은 적국(고구려)을 제압하는 데에 만전을 기하려 했던 탓에 [대단한] 공은 세우지 못하였다.286)

• 133
[당나라] 군대들은 서둘러 안시[성]를 공략하였다. [나중에] 주상은 성 안에서 닭과 돼지들이 우짖는 소리를 듣고 이세적에게 일렀다.

"성에 대한 포위가 지속될수록 성 안의 [밥 짓는] 연기는 날이 갈수록 드물어지는 법. 지금 닭과 돼지들이 몹시 요란한데 이는 병사들에게 잔치를 베푸는 것이 분명하다. 밤중에 [성을] 나와 아군을 기습하려 하는 것이니 병사들을 엄격히 통제하여 저들에게 대비해야 할 것이다!"

○ 諸軍急攻安市, 上聞城中雞彘聲, 謂李世勣曰, '圍城積久, 城中煙火日微, 今雞彘甚喧, 此必饗士, 欲夜出襲我, 宜嚴兵備之.'

• 134

이날 밤, 고려군 수백 명이 성[벽]에 밧줄을 늘어뜨리고 [성 밖으로] 내려왔다. 주상은 그 소식을 듣고 몸소 성 아래로 갔다. [그러고는] 병사들을 불러 서둘러 공격하게 하여 [고려군의] 머리를 수십 급 베니 고려군이 [도로 성 안으로] 물러갔다.

○ 是夜, 高麗數百人縋城而下。上聞之, 自至城下, 召兵急擊, 斬首數十級, 高麗退走。

• 135

강하왕 [이]도종이 군사들을 독려하여 흙산을 성 동남쪽 귀퉁이에 쌓음으로써 그 성을 차츰 밀어붙이게 하였다. 성 안에서는 성 안대로 성벽을 늘리고 높이면서 그들에게 맞섰다. [당나라] 병졸들은 번갈아 가며 싸움을 벌였는데 날마다 예닐곱 번이나 맞붙었다. [당나라군이] 충거와 [포거로 날려 보낸] 돌로 [안시]성의 망루와 성가퀴들을 부수면 성 안에서는 금세 목책을 세움으로써 허물어진 곳을 막았다. [이때 이]도종이 다리를 다치자 주상이 몸소 그에게 침을 놓아 주었다.

---

286)【胡注】太宗之定天下, 多以出奇取勝, 獨遼東之役, 欲以萬全制敵, 所以無功。

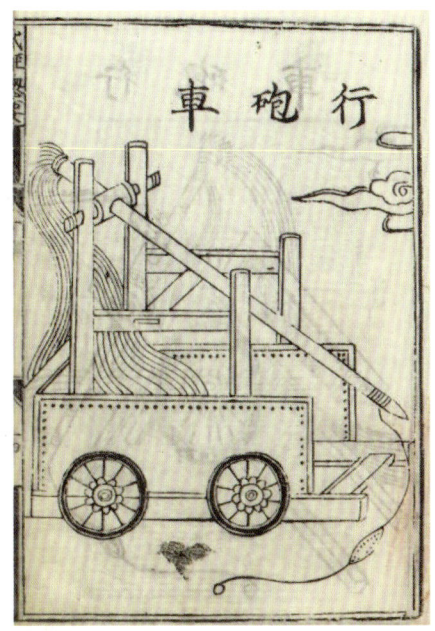

송대 병서 《무비총요(武備總要)》에 소개된 포거

○ 江夏王道宗督衆築土山於城東南隅, 浸逼其城, 城中亦增高其城以拒之。士卒分番交戰, 日六七合, 衝車祿石, 壞其樓堞, 城中隨立木柵以塞其缺。道宗傷足, 上親爲之針。

• 136

[그렇게] 산을 쌓으면서 밤낮을 쉬지 않았다. 그렇게 예순 날을 쌓고 연인원을 오십만이나 동원한 끝에 산꼭대기가 성채로부터 몇 장[287)]밖에 남지 않게 되어 아래로 [안시]성 안을 굽어볼 수 있게 되었다. [이]도종은 과의[도위] 부복애로 하여금 병사들을 데리고 산꼭대기에 주둔하면서 적군[의 접근]에 대비하게 하였다. [...] [그렇게] 흙산이 기울어지면서 성채를 밀어붙이는 바람에 성채가 무너지기 시작하였다.

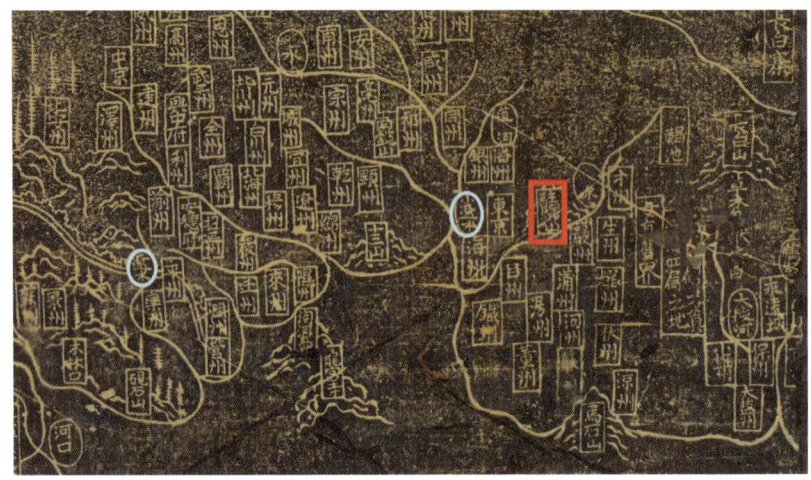

황상 《지리도》 속에 그려져 있는 주필산. 지금의 요동반도 북쪽 요양시 가까이에 그려져 있는 것이 보인다.

○ 築山晝夜不息。凡六旬，用功五十萬，山頂去城數丈，下臨城中。道宗使果毅傅伏愛將兵屯山頂以備敵。山頹，壓城，城崩。

• 137

[그런데] 공교롭게도 [부]복애가 [자신이] 소속된 부대를 멋대로 이탈하자 고려군 수백 명[288)]이 [벌어진] 성 틈으로 나와서 싸우더니 결국 흙산을 빼

---

287) 몇 장[數丈]: '장(丈)'은 중국 고대에 길이를 재는 단위사로, 시대에 따라 편차를 보이기는 하지만 대체로 3.3m 정도이다. 따라서 "몇 장"이라면 10m 정도 격차까지 따라 잡은 셈이다.

288) 수백 명[數百人]: 이때 파견된 고구려 특공대의 규모에 대해서는 사서마다 소개된 숫자가 다르다. 《구당서》 및 《책부원구》 〈제왕부·호변공(帝王部·好邊功)〉에는 "100명[百人]", 〈장수부·공취2(將帥部·攻取二)〉에는 "몇백 명[數百人]", 《신당서》 "정관 19년"조에는 그저 '오랑캐 병사들[虜兵]' 식으로 서로 다르게 소개되어 있다. 어느 쪽이 정확한지는 확인할 길이 없으나 기민한 처치와 귀환을 고려한다면 100명 정도의 소수 인원이 파견된 것으로 보는 편이 합리적이지 않을까 싶다.

앗아 점거하고 참호를 파서 그곳을 지키는 것이었다. 주상은 성을 내면서 [부]복애의 목을 배어 조리돌림을 시켰다. [그리고는] 장수들에게 명령하여 그들을 공격하게 했으나 사흘이 되도록 탈환하지 못하였다.

○ 會伏愛私離所部, 高麗數百人從城缺出戰, 遂奪據土山, 塹而守之. 上怒, 斬伏愛以徇, 命諸將攻之, 三日不能克.

• 138

[그러자 이]도종이 맨발로 걸어 대장기 아래에서 [태종을] 알현하고 죄를 빌었다. 그러자 주상이 말하였다.

"네 죄는 죽어 마땅하다. 그러나 짐은 한나라 무제가 왕회289)를 죽인 일[호주1]이 진나라 목공이 맹명을 등용한 일만 못하다고 여기노라.[호주2] 게다가 [네게는] 개모성과 요동성을 함락시킨 공이 있으니 특별히 너를 용서하겠다!"

명대 백과전서 《삼재도회》 속의 한 무제 초상

○ 道宗徒跣詣旗下請罪, 上曰, '汝罪當死, 但朕以漢武殺王恢【胡注】, 不如秦穆用孟明【胡注】, 且有破蓋牟·遼東之功, 故特赦汝耳.'

【호주1】《자치통감》권18의 "원광 2년"조를 참조하기 바란다.290)

---

289) 왕회(王恢): 여기서 왕회(王恢, ?~BC133)는 흉노 정벌에 나섰다가 병력을 지키기 위해 소극적으로 작전한 죄를 추궁당하자 자살하였다. 맹명(孟明, ?~?)은 숙적인 진(晉)나라와의 전쟁에서 연전연패했지만 진목공이 처벌은커녕 오히려 자신의 탓으로 돌렸다고 한다.

290)【胡注】見十八卷元光二年.

【호주2】 진나라 목공은 맹명으로 하여금 군사를 거느리고 동쪽으로 [진(晉)나라를] 정벌하게 했다가 또다시 진나라 군대에 패했으나 목공은 그래도 맹명을 기용하였다. 맹명은 그 나라의 정사에 더욱 정성을 기울인 다음 [십기일전하여] 군사를 거느리고 진나라 정벌에 나섰다. [그러자] 진나라 사람들이 함부로 성을 나오지 못하여 [목공이] 마침내 서융 땅을 제패하는 데에 성공하였다.291)

• 139

주상은 요수 동쪽이 일찍 추워져 풀이 메마르고 물이 얼어 병사와 말이 오래 머물 수 없는 데다가 양식도 곧 바닥 날 것이라고 여기고 [구월] 계미일292)에 회군하라는 칙명을 내렸다[✱293)]. [그러고는] 먼저 요주와 개주 두 고을의 민호들을 끌고 요수를 건너 안시성 아래에서 군대를

---

291) 【胡注】秦穆公使孟明帥師東伐, 再爲晉師所敗, 穆公復用孟明. 孟明增脩其政, 帥師伐晉, 晉人不敢出, 遂霸西戎.
292) [9월] 계미일: 양력으로는 10월 13일에 해당한다.
293) ✱ : 《대당신어》〈지미(知微)〉에는 태종 이세민이 군사를 돌린 이유와 관련하여 다음과 같은 일화가 소개되어 있다. "태종은 고려군을 안시성 동남쪽에서 무찌르고 2만여 급의 목을 베고 투항자가 2만여 명이나 되었으며 노획한 소와 말이 10만여 필이나 되었다. 이 일을 계기로 [황제가] 행차한 산을 '주필산'으로 명명하고 허경종이 지은 글을 바위에 새겨 공로를 기렸다. [그러자] 중서사인 경파가 말했다. '거룩한 분(황제)은 천지와 덕을 함께 하시는 법이다. 산 이름을 주필로 지으셨으니 이는 아마 하늘께서도 어가가 더 이상은 동쪽으로 가지 마시라는 계시를 내리신 것이리라.' 7월부터 안시성을 공략한 끝에 성을 함락시키자 드디어 군사를 돌렸다.(太宗破高麗於安市城東南, 斬首二萬餘級, 降者二萬餘人, 俘獲牛馬十萬餘匹. 因名所幸山爲駐蹕山. 許敬宗爲文刻石紀功焉. 中書舍人敬播曰, '聖人與天地合德, 山名駐蹕, 此蓋天意鑾輿不復更東矣.' 自七月攻安市, 城拔, 乃班師焉.)" 이 이야기에서는 태종의 결정이 경파의 예언에 따른 것으로 해석한 셈이다. 그러나 그보다 더 결정적인 이유는 요동에 비축해 놓았던 군량이 바닥나고 겨울이 되면서 혹한과 동상으로 장병들의 사기가 떨어진 데에 있었다.

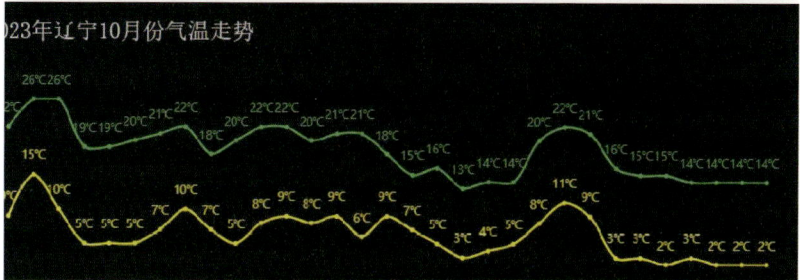

중국 요녕지역의 산지(상)와 10월의 평균 기온(2023년). 위도와 고도가 높은 요동지역에는 추위가 일찍 찾아와 풀이 마르고 물이 얼어서 군사와 군마가 버틸 수 없다. 그러나 음력 8월(양력 9~10월)은 평균기온이 5~17도 수준으로 물이 흐르고 풀이 남아 있다. 안시성에서 승산이 없자 태종 이세민이 출구전략으로 그런 궁색한 핑계를 대었을 가능성이 높은 것이다.

사열한 다음 회군하였다.

○ 上以遼左早寒, 草枯水凍, 士馬難久留, 且糧食將盡, 癸未, 勅班師。先拔遼·蓋二州戶口渡遼, 乃燿兵於安市城下而旋。

• 140

성 안[의 사람들]은 모두 자취를 감추고 모습을 드러내지 않았다. [이윽고 안시]성주294)가 성루에 올라 작별인사를 하자 주상은 그가 굳게 지킨 일

---

294) 성주(城主): 안시성 성주의 신분에 대한 소개는 사서마다 편차를 보인다. 《구당서》 및 《삼국사기》에는 '성주', 《신당서》에는 '추장(酋長)'으로 각각 소개되어 있

을 가상하게 여기고 겸백[호주] 일백 필을 하사하여 [그가] 주군을 섬기는 충성심을 치하하였다. [이어서] 이세적과 강하왕 [이]도종에게 명령하여 보병·기병 사만을 데리고 후미를 맡게 하였다.

다. '성주'나 '추장'은 중국식 표현이고, 고구려어로는 아마 '누살(욕살)'에 해당하는 인물이었을 것이다. 다만, 성주의 이름은 당·송대 이래로 국내외 정사에 소개된 적이 없었다. 그러다가 '양만춘(梁萬春)'이라는 이름이 처음 등장한 것은 고구려와 당나라 사이의 요동전쟁 이래로 1,000여 년이 지난 뒤였다. 인터넷 〈국편위판〉 주108에서는 양만춘을 성주의 이름으로 언급한 최초의 기록을 17세기 송준길(宋浚吉)의 《동춘당선생별집(同春堂先生別集)》과 18세기 박지원(朴趾源) 《열하일기(熱河日記)》에서 찾았다. 실제로 송준길의 문집에 수록된 〈경연일기(經筵日記)〉 "을유(1669) 4월 26일"조에는 "주상이 '안시의 성주는 이름이 무엇이었는가?' 하고 묻자 준길이 '양만춘입니다. 태종의 대군에 맞설 수 있었으니 성을 잘 지킨 이라고 하겠습니다' 하고 대답하였다(上曰, '安市城主, 其名爲誰', 浚吉曰, '梁萬春也. 能拒太宗之師, 可謂善守城者也')"는 현종과의 대화가 소개되어 있다. 박지원 역시 〈도강록(渡江錄)〉 "6월 28일 을해"조에 "세상에는 안시의 성주 양만춘이 황제를 쏘았다가 눈을 맞혔는데 황제가 [안시]성 아래에서 사열하면서 비단 100필을 하사하여 그가 주군을 위하여 굳게 지킨 일을 격려했다는 이야기가 전해진다(世傳安市城主楊萬春射帝中目, 帝耀兵城下, 賜絹百匹, 以賞其爲主堅守)"고 소개하였다. 100년 사이에 양만춘이 화살로 태종의 눈을 명중시켰다는 줄거리가 추가된 셈이다. 그러나 '안시성 성주 양만춘'이라는 스토리텔링이 처음 등장한 것은 사실은 그보다 100여 년 전인 16세기의 중국이었다. 명나라 가정(嘉靖) 32년(1553)에 웅대목(熊大木, 1506?~1578)이라는 소설가가 짓고, 만력 21년(1593)에 재판된 장편소설 《당서지전 통속연의(唐書志傳通俗演義)》가 바로 그것이다. 《삼국지》를 소설화한 것이 《삼국지연의》인 것처럼, 《당서》를 소설화한 이 1,000년 뒤의 소설에는 그동안 중국 정사에는 보이지 않던 안시성 성주는 물론이고 고구려의 크고 작은 장수들의 이름들이 상세하게 소개되어 있다. 물론, 그들이 모두 명대에 문학적으로 가공된 허구적인 인물들임은 두말할 필요도 없다. 이 소설이 16세기 이후로 조선에 전래되고, 17세기에 '안시성 성주 양만춘' 스토리텔링이, 다시 별도로 민간에 전승되던 '화살로 태종의 눈을 맞힌 일화'가 18세기를 전후하여 새로 합쳐지면서 오늘날의 전쟁 영웅 양만춘의 신화가 완성된 것이다. 국내에서 양만춘은 때로 '양만춘(楊萬春)'으로 전해지기도 했는데 이는 '량(梁)'의 발음이 우리나라에서 두음법칙의 영향으로 '양'으로 변형되었다가 '양(楊)'으로 굳어진 '량(梁) ⇒ 양 ⇒ 양(楊)' 식의 민간 전승 및 와전의 결과로 해석된다.

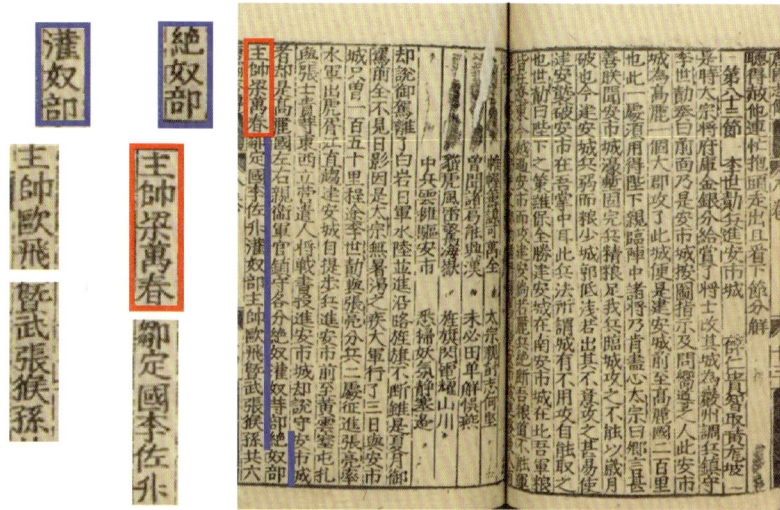

명대에 지어진 역사소설 《당서지전 통속연의(唐書志傳通俗演義)》의 안시성 전투 대목. 왼쪽 끝에 '양만춘(梁萬春, 빨강)'이라는 이름과 고구려 장수들의 이름이 보인다. 안시성주 양만춘에 관한 모든 전승은 이 소설에서 비롯되었다.

○ 城中皆屛跡不出。城主登城拜辭, 上嘉其固守, 賜縑【胡注】百匹, 以勵事君。命李世勣·江夏王道宗將步騎四萬爲殿。

【호주】'겸'은 명주실을 합사해 짠 견직물이다.295)

• 141

[구월] 을유일296)에 요동에 이르고, 병술일297)에 요수를 건넜다. 요택298)

---

295) 【胡注】縑, 幷絲繒也。
296) [9월] 을유일: 양력으로는 10월 15일에 해당한다.
297) [9월] 병술일: 양력으로는 10월 16일에 해당한다.
298) 요택(遼澤): 글자 그대로 풀면 '요수 유역에 형성된 저지대 습지'라는 뜻으로, 원래는 보통명사이지만 고유명사처럼 사용되고 있다. 그 좌표에 관해서는 이설이 많으나 지금의 자리가 아닌 하북성 동북방 이북의 적봉(赤峰) 인근으로 추정된다. 자세한 고증은 〈서문〉을 참조하기 바란다.

은 흙진창이어서 수레와 말들이 거동할 수가 없었다. [이에] 장손무기에게 명령하여 만 명을 데리고 풀을 베고 길을 메우게 하되 물이 깊은 곳은 수레를 다리로 삼게 하였다. 주상도 스스로 짚단을 말안장【호주】에 매면서 작업을 도왔다.

○ 乙酉, 至遼東。丙戌, 渡遼水。遼澤泥潦, 車馬不通, 命長孫無忌將萬人, 翦草塡道, 水深處以車爲梁, 上自繫薪於馬鞘【胡注】以助役。

【호주】마초를 말한다. 따져 보건대, 공영달은 《예기정의》에서 "활머리를 '초'라고 한다"고 하였다. 여기서 말하는 '마초'란 아마 말안장 머리를 말할 것이다.299)

• 142

겨울, 시월의 병신일 초하루300)에 주상이 포구에 이르러 말을 멈추고 길을 메우는 작업을 독려하여 전군이 발조수를 건넜다.【호주】[그러나] 거친 바람과 눈 때문에 병졸들이 몸이 젖어 죽는 이가 많아지자 칙명을 내려 길목에 불을 붙이고 그들을 기다리게 하였다.

○ 冬, 十月, 丙申朔, 上至蒲溝駐馬, 督塡道諸軍渡渤錯水【胡注】, 暴風雪, 士卒沾濕多死者, 敕然火於道以待之。

【호주】포구와 발착수는 모두 요택 안에 있었던 것이다.301)

---

299)【胡注】鞘, 所交翻, 鞭鞘也。按, 孔穎達禮記正義曰, '弓頭爲鞘。' 此所謂馬鞘, 蓋馬鞍頭也。

300) 10월 병신일 초하루: 양력으로는 10월 26일에 해당한다.

301)【胡注】蒲溝・渤錯水, 皆在遼澤中。

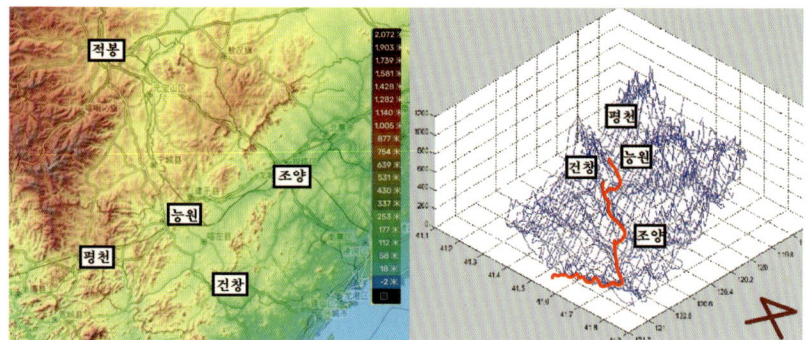

요택 추정지와 3D로 구현한 발조수 추정 좌표. 지형적 특징들을 종합해 볼 때 지금의 하북성과 요녕성의 동북방임을 알 수 있다. 기존의 자리는 실제와는 거리가 멀다는 뜻이다.

•143

[이번에] 무릇 고려를 정벌하면서 현토·횡산·개모·마미·요동·백암·비사·맥곡·은산·후황의 열 곳의 성을 함락시키고 요주·개주·암주 세 고을의 호구를 이주시켜 중국에 편입시킨 자가 칠만이었다.【호주】

○ 凡征高麗, 拔玄菟·橫山·蓋牟·磨米·遼東·白巖·卑沙·麥谷·銀山·後黃十城, 徙遼·蓋·巖三州戶口入中國者七萬人【胡注】。

【호주】《자치통감 고이》에는 "실록에는 '세 주의 호구를 이주시켜 내지에 편입시킨 자가 전후로 칠만 명이었다'고 하였다"라고 되어 있다. 계축일에 내린 조서에서는 "노획한 민호가 십만[호?], 인구는 십팔만이었다"라고 했지만 아마 이주시킨 이들을 언급한 것은 아닐 것이다.[302]

•144

신성·건안·주필에서의 세 차례의 큰 싸움에서 사만 급이 넘는 [고려군의]

---

302) 【胡注】考異曰, 實錄上云, '徙三州戶口入內地者, 前後七萬人.' 下癸丑詔書云, '獲戶十萬, 口十有八萬.' 蓋并不徙者言之耳.

머리를 베었으나 [우리] 전사들 중에서 죽은 이가 거의[호주] 이천 명이나 되고 전마도 죽은 것이 열에 칠팔 필이나 되었다.

○ 新城·建安·駐蹕三大戰, 斬首四萬餘級, 戰士死者幾【胡注】二千人, 戰馬死者什七八。

【호주】'어찌 기'는 발음이 '기'로, '가깝다'는 뜻이다.303)

• 145

주상은 공을 이룰 수 없었던 일을 깊이 후회하고 한숨을 쉬더니 말하였다. "위징이 만약 살아 있었더라면 내가 이 정벌을 벌이도록 내버려두지 않았을 것을!"

[그러고는] 명령하여 소뢰304)의 예법에 따라 [위]징에게 제사를 지내고 [당초에] 만들었던 비석을 다시 세우게 하였다.【호주】[이어서] 그 아내와 자식들을 불

당 태종 이세민이 신임했던 위징의 초상(삼재도회)

러 행재로 알현을 오게 하여 그들을 위로하고 상을 내렸다.

○ 上以不能成功, 深悔之, 歎曰, '魏徵若在, 不使我有是行也.' 命馳驛祀徵以少牢, 復立所製碑【胡注】, 召其妻子詣行在, 勞賜之.

【호주】'북비'에 관해서는 [자치통감]〈당기〉"태종본기" 상권의 "[정관] 17년"조

---

303)【胡注】幾, 音祁, 近也.
304) 소뢰(小牢): 중국 고대의 제사 예법. 제물로 양과 돼지를 올리는 제사를 말한다. 《예기》〈왕제(王制)〉에 따르면, "천자가 사직에 제사를 올릴 때는 언제나 '태뢰'를 따르고 제후가 사직에 제사를 올릴 때에는 언제나 '소뢰'를 따랐다.(天子社稷皆太牢, 諸侯社稷皆小牢)"

를 참조하기 바란다.305)

• 146

[시월] 병오일306)에 영주에 이르렀다.【호주】[태종이] 조서를 내려 요동전쟁 당시에 전사한 병사들의 유해를 모두 유성 동남쪽에 모으게 하였다. [그리고] 관련 관청에 명령하여 태뢰307)의 예법에 따른 제사를 마련하게 하고 주상이 몸소 제문을 지어 그들에게 제사를 지내 주었다.

○ 丙午, 至營州【胡注】。詔遼東戰亡士卒骸骨並集柳城東南, 命有司設太牢, 上自作文以祭之。

【호주】영주에서 낙양까지는 2,910리308)이다.309)

---

305) 【胡注】踣碑見上卷十七年。
306) [10월] 병오일: 양력으로는 11월 5일에 해당한다.
307) 태뢰(太牢): 중국 고대의 제사 예법. 제물로 소뢰에 올리는 양과 돼지 외에도 추가로 소까지 올리는 제사를 말한다. 앞의 주석에서 볼 수 있듯이, 천자(황제)가 사직에 제사를 지낼 때에만 적용되었다.
308) 【胡注】營州至洛陽二千九百一十里。
309) 영주에서 낙양까지는 2,910리이다[營州至洛陽二千九百一十里]: ① "1당리=0.44km"라고 한 곽성파의 주장에 근거할 때, 영주-낙양까지는 2,910리, 즉 1,368.4km인 셈이다. 이와 관련하여 ② 호삼성은 "현종 천보 원년(天寶元年, 742)"조에서는 "안동도호부는 영주 동쪽으로 200리 지점에 있었다(安東都護府在營州東二百里)"는 주석을 붙였다. 안동도호부는 고구려 평양성 자리에 설치되었다. 그렇다면 안동도호부(평양성)와 영주는 200리, 즉 88km 정도밖에 떨어져 있지 않았다는 말이 된다. 마찬가지로, ③《구당서》〈지리지〉"안동도호부"조에 따르면 안동도호부, 즉 고구려 평양성에서 "동도(낙양)까지는 3,820리이다.(至東都三千八百二十里)" 그 거리가 1680.8km 정도 되는 셈이다. 이 세 계산의 결과가 역사적 실제에 근접한 데이터라고 전제할 때, 역사 속의 영주는 물리적으로 지금의 조양시가 될 수가 없다. 학계에서 영주로 주장하는 조양시로부터 지금의 낙양시까지는 최단 거리가 1,299km를 넘어서기 때문이다. 마찬가지로, 고구려의 평양성 또는 안동도호부 역시 물리적으로 절대로 지금의 평양시일 수가 없다. 조양시로부터 평양시까지 역시 가장 짧은 직선거리로 따져도 600km를 가볍게

•147

[주상은 현장에] 행차하여 통곡을 하면서 그렇게 애통해 할 수가 없었다. 그 부모들이 그 [통곡] 소리를 듣고 말하는 것이었다.

"우리 아들이 죽었다고 천자께서 통곡까지 해 주시니 죽기는 했으나 무슨 여한이 있겠는가!"

[나중에] 주상은 설인귀에게 말하였다.

"짐의 장수들이 다들 늙어서 새로 씩씩하고 용감한 자를 영입하여 장수로 삼으려 해도 경만한 자가 없구려! 짐으로서는 요동을 얻은 것이 기쁘기보다는 [오히려] 경을 얻은 것이 기쁘오!"

○ 臨哭盡哀。其父母聞之, 曰, '吾兒死而天子哭之, 死何所恨.' 上謂薛仁貴曰, '朕諸將皆老, 思得新進驍勇者將之, 無如卿者, 朕不喜得遼東, 喜得卿也.'

•148

[시월] 병진일[310)]에 주상은 '태자가 영접하러 곧 온다'는 말을 듣고 날쌘 기병 삼천 기를 따라 서둘러[311)] 임유관[312)][호주]으로 들어가서 길에서

넘어서기 때문이다.

310) [10월] 병진일: 양력으로는 11월 15일에 해당한다.
311) 서둘러 임유관으로 들어가서~[馳入臨渝關]:《구당서》〈태종본기〉"정관 19년"조에는 이 부분이 이렇게 기술되어 있다. "겨울 10월 병진일에 [태종이] 임유관으로 들어오매 황태자가 정주로부터 [와서 그를] 맞이하고 알현하였다.(冬十月丙辰, 入臨渝關, 皇太子自定州迎謁)"
312) 임유관(臨渝關): 중국 고대의 관문 이름. 수나라 개황 3년(583)에 설치하였다. 연산(燕山) 동록에서 발원한 유수(渝水)의 급한 물줄기를 따라 세웠기 때문에 '유수를 마주한 관문'이라는 뜻에서 그렇게 명명했으며, 때로는 유관(渝關)으로 불리기도 하였다. 나중에는 유관(楡關)·임유관(臨楡關)으로 불리기도 하였다. 그러나 Ⓐ '물이름 유(渝)'를 모양이 비슷한 '느릅나무 유(楡)'로 잘못 쓴 경우이며 Ⓑ

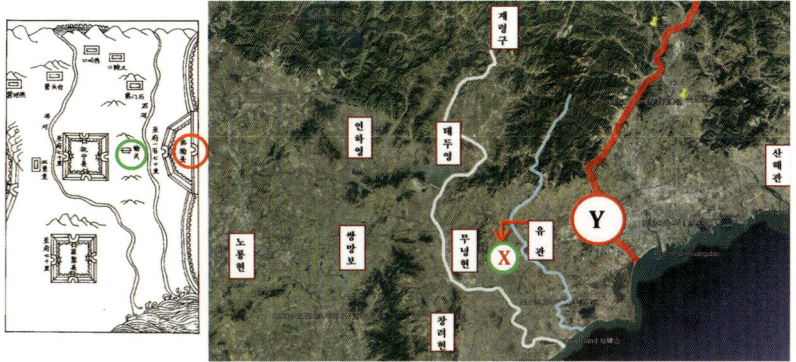

강희 50년(1711)에 간행된 《영평부지(永平府誌)》에 소개된 임유관(초록)의 위치. 무녕현(撫寧縣) 바로 동쪽으로 임유현 사이에 임유관(X)이 보인다.

태자와 상봉하였다. [처음에] 주상이 정주313)를 출발할 때에 입고 있던 갈색 전포를 가리키면서 태자에게 말하였다.

"너를 [다시] 보면 [그때] 이 전포를 바꾸어야 겠다!"

한대 이래로 '마주할 임(臨)'이 사용된 지명은 대부분 하천을 끼고 있는 도시이므로 이견이 있을 수 없다. ⓒ 임려관(臨閭關)으로 쓴 경우도 있는데 발음이 와전된 경우이다. 그 좌표의 경우, ① 북송 허항종(許亢宗)《행정록(行程錄)》, 홍호(洪皓)《송막기문(松漠紀聞)》, 장체(張棣)《금로도경(金虜圖經)》, 《대명일통지(大明一統志)》, 이노우에 히데오 등의 기록들을 근거로 지금의 하북성 동북부인 무녕현(撫寧縣) 동쪽 20리 지점의 유관진(榆關鎭)으로 보거나, ② 청대의 현지 연혁지인 《임유현지(臨渝縣志)》·《가경일통지(嘉慶一統志)》, 이병도 등을 근거로 지금의 산해관(山海關)으로 보기도 한다. ③ 고조우는 《독사방여기요》〈직예8(直隸八)〉에서는 중립적인 입장을 취했다. 그러나 ④ 후자는 전자보다 1,000년 뒤에 제기되는 주장이므로 전자가 확실하다. 뒤에서 볼 수 있듯이, 호삼성은 이 대목에서 "한나라 요서군에 임유현이 있었다.《당서》〈지리지〉에서는 '영주에 유관수착성이 있다'고 했으며, 두우는 '임유관이 평주 노룡현 [현]성 동쪽 180리 지점에 있다'고 하였다"라고 그 지리적 좌표를 분명하게 확인시켜 주었다. "180리"라면 79.2km 정도이다.

313) 《구당서》〈지리지〉 "하동도(河東道)"조에서는 정주에서 "동도까지가 1,200리(至東都一千二百里)"라고 하였다.

사마광 《자치통감》 "정관 19년"조에 호삼성이 요서군과 임유관에 관련하여 붙인 주석. 요서군은 요녕이 아닌 하북 또는 하북과 요녕의 경계에 있었다고 보아야 옳다.

[그리고는] 요수 동쪽에 있는 동안에는 아무리 [한여름] 무더위가 극심하여 땀이 쏟아져도 그 전포를 바꾸지 않았다.

○ 丙辰, 上聞太子奉迎將至, 從飛騎三千人馳入臨喩關【胡注】, 道逢太子。上之發定州也, 指所御褐袍謂太子曰, '俟見汝, 乃易此袍耳。' 在遼左, 雖盛暑流汗, 弗之易。

【호주】 한대에 요서군에 임유현이 있었다. 《당서》〈지리지〉에서 "영주에 유관수착성이 있다"고 한 것에 대하여 두우는 "임유관은 평주 노룡현 동쪽으로 180리 지점에 있다"고 하였다.314)

---

314) 【胡注】漢遼西郡有臨渝縣。唐志, '營州有渝關守捉城。' 杜佑曰, '【臨渝關】在平州盧龍縣城東百八十里。'

• **149**

[그러다가] 가을이 되고 [전포를] 하도 입어 헤져서 측근들이 [새 것으로] 바꾸라고 권하자 주상이 말하였다.

"군사들도 옷이 대부분 낡아 버렸는데 나만 혼자 새 옷을 걸쳐서야 되겠는가?"

[그런데] 이때에 이르러 태자가 새 옷을 바치니 그제야 바꾸어 입는 것이었다. [*315)]

○ 及秋, 穿敗, 左右請易之, 上曰, '軍士衣多弊, 吾獨御新衣, 可乎.' 至是, 太子進新衣, 乃易之。

• **150**

군대들이 사로잡아 온 고려의 백성은 일만사천 명이었다. [그들을] 일단 유주에 집결시켜 군사들에게 상으로 주었다. [이때] 주상은 그들의 부자며 부부들이 생이별을 한 것을 딱하게 여겼다. [그래서] 해당 관청에 명령하여 그 값에 따라 일률적으로 [내탕고의] 돈과 베로 사 들여 평민으로 삼도록 이르니 [그들이 기뻐서] 환호하는 소리가 사흘 내내 그치지 않을 정도였다.

○ 諸軍所虜高麗民萬四千口, 先集幽州, 將以賞軍士, 上愍其父子夫婦離散, 命有司平其直, 悉以錢布贖爲民, 讙呼之聲, 三日不息。

---

315) *: 《구당서》〈태종본기〉 "정관 19년"조에는 이런 내용도 보인다. "무오일(양력 11월 17일)에 한무대에 [어가를] 멈추고 돌을 새겨 [자신의?] 공덕을 기렸다. … 11월 신미일(11월 30일)에 유주에 행차하였다. 계유일(12월 9일)에 크게 향연을 베풀고 [도성으로] 회군하였다.(戊午, 次漢武臺, 刻石以紀功德. 十一月辛未, 幸幽州, 癸酉, 大饗, 還師)"

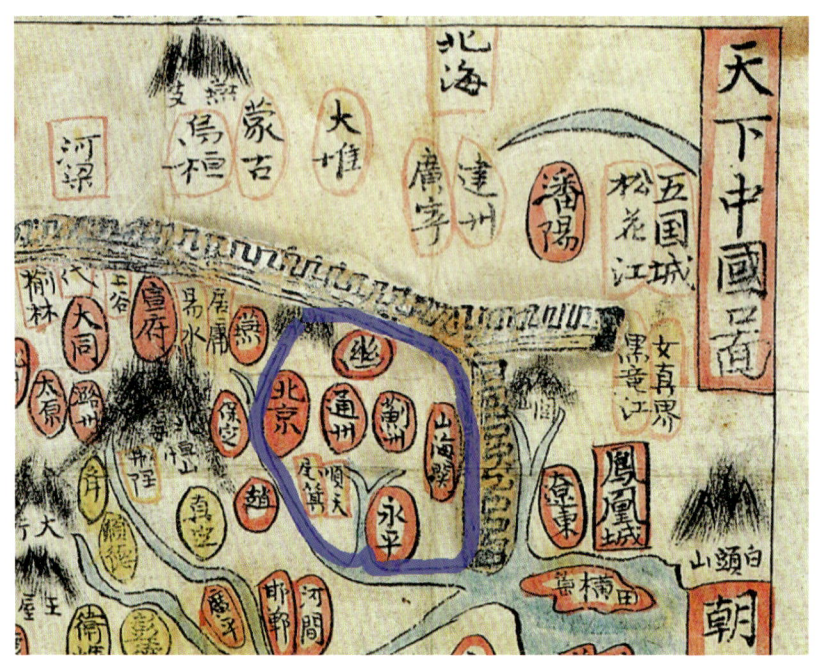

《천하중국도(天下中國圖)》에 그려진 유주(幽州)의 관할 범위(파랑). 만리장성을 축으로 동쪽으로 장벽 안의 산해관까지가 유주이고 산해관 동쪽의 만리장성 너머부터 요동으로 표시되어 있다.

• 151

[시월] 신미일316)에 어가가 유주에 이르렀다. [그러자] 고려의 백성들이 성 동쪽에서 [태종을] 맞이하였다. [그들은] 절하고 춤추고 환호하면서 그의 곁을 맴돌아 흙먼지가 자욱하게 일어날 정도였다.

○ 十一月, 辛未, 車駕至幽州, 高麗民迎於城東, 拜舞呼號, 宛轉於地, 塵埃彌望.

---

316) [10월] 신미일: 양력으로는 11월 30일에 해당한다.

• 152

경진일[317)]에 역주의 지경을 지났다. [이때 현지의] 사마 진원숙이 백성들을 시켜 움 속에서 불씨를 지펴 채소를 데워서 진상하게 하였다. 주상은 그가 아첨하는 것을 괘씸하게 여겨 [진]원숙의 관직을 박탈하였다. 병술일[318)]에 어가가 정주에 이르렀다.

○ 庚辰, 過易州境。司馬陳元璹使民於地室蓄火種蔬而進之。上惡其諂, 免元璹官。丙戌, 車駕至定州。

• 153

임진일[319)]에 어가가 정주를 출발하였다.

○ 壬辰, 車駕發定州。

• 154

십이월의 신축일[320)]에 주상이 고치기 어려운 종기가 생겨 보련을 타고 다녔다. 무신일[321)]에 병주에 이르렀다. [이날] 태자가 주상을 위하여 종기를 빨고 [태종이 탄] 보련을 부축하며 걸어서 수행한 것이 며칠이나 되었다.[322)] 신해일[323)]에 주상의 병이 낫자 [문무] 백관이 저마다 축하해

---

317) [10월] 경진일: 양력으로는 12월 9일에 해당한다.
318) [10월] 병술일: 양력으로는 12월 15일에 해당한다.
319) [10월] 임진일: 양력으로는 12월 30일에 해당한다.
320) 12월 신축일: 양력으로는 3월 1일에 해당한다.
321) [12월] 무신일: 양력으로는 이듬해인 646년 1월 6일에 해당한다.
322) 태자가 주상을 위하여 종기를 빨고~[太子爲上吮癰]:《구당서》〈태종본기〉에는 이 부분이 이렇게 기술되어 있다. "[정관 18년 … 나중에 태종이 정벌을 마치고] 군사를 되돌렸을 때에는 태자가 [태종을] 수행하여 병주까지 왔다. 당시에 태종은 [악성] 종기가 나 있었는데 태자가 그것을 직접 빨고 어가를 부축하면서 걸어

당대 화가 염립본(閻立本)이 그린 《당태종보련도(唐太宗寶輦圖)》. '보련'은 가마를 허리춤까지 내려 메는 요여(腰輿)의 일종이다.

주었다.

O 十二月, 辛丑, 上病癰, 卽步輦而行。戊申, 至幷州, 太子爲上吮癰, 扶輦步從者數日。辛亥, 上疾瘳, 百官皆賀。

•155

주상이 고려를 정벌할 때에 우영군대장군 집실사력[324]으로 하여금 돌서 며칠 동안 따라다녔을 정도였다.(十八年, 太宗將伐高麗, 命太子留鎭定州. 及駕發有期, 悲啼累日, 因請飛驛遞表起居, 幷遞勅垂報, 並許之. 飛表奏事, 自此始也. 及軍旋, 太子從至幷州. 時, 太宗患癰, 太子親吮之, 扶輦步從數日.)"

323) [12월] 신해일: 양력으로는 646년 1월 9일에 해당한다.
324) 집실사력(執失思力): 돌궐계 추장이자 당나라 장수. 정관 연간에 수나라의 소후(蕭后)를 호송한 공로로 당나라에 입조하고 좌영군장군(左領軍將軍)에 제수되었다. 태종 이세민이 고구려와 전쟁을 벌일 때 침공한 설연타 다미가한의 군사를 패퇴시키고 나중에는 이도종과 함께 설연타·토욕혼을 차례로 평정하였다. 구강공

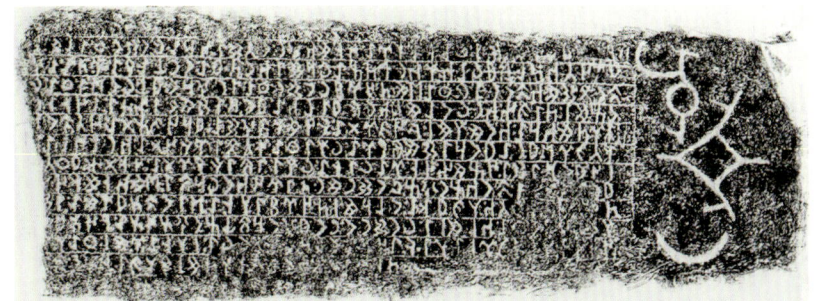

일본 오사카대 고고조사단이 몽골 동부에서 발견한 7세기 비석에 새겨진 돌궐문자 (일본 모지모지카페(もじもじカフェ) 사진)

궐[기병]을 거느리고 하주의 북쪽에 주둔하며 설연타[의 침범]에 대비하게 하였다. 설연타의 다미가한[325)]은 [통치자로] 옹립된 뒤에 주상이 정벌을 나가 아직 귀환하지 않은 틈을 타서 군사를 이끌고 하남[326)]을 침범하였다. [호주] [그러자] 주상은 좌무후 중랑장인 장안 출신의 전인회를 파견하여 [집실]사력과 합세하여 그들을 공격하게 하였다.

주(九江公主)와 혼인하고 부마도위(駙馬都尉)에 제수되고 안국공(安國公)에 봉해졌다.

325) 다미가한(多彌可汗): 설연타의 제2대 칸. 정식 명칭은 '힐리구리실설사 다미가한(頡利俱利失薛沙多弥可汗)'이다. 일리토씨(壹利吐氏)로, 이름은 발작(拔灼)이다. 당나라 정관 19년에 부친 이남(夷男)이 죽자 배다른 형 돌리실(突利失)가한을 죽이고 자립하였다. 성질이 급하여 살인을 일삼는 바람에 민심을 얻지 못하였다. 태종 이세민이 고구려와의 전쟁으로 당나라를 비운 틈을 타서 하남 일대를 침공했다가 패하였다. 이듬해에 당나라군의 공세에 참패하고 나라가 해체되더니 회흘(回紇, 위구르)에게 죽음을 당하였다.

326) 하남(河南): 당대의 지방 행정 구역 이름. 관할 지역은 대략 지금의 산동·하남 두 성의 황하(黃河) 고도(故道) 이남과 산서성 중조산(中條山) 이남, 그리고 강소·안휘 두 성의 회하(淮河) 이북 지역에 해당한다. 정식 명칭은 '하남도(河南道)'이다. 정관 원년(627)에 '10도(十道)' 중의 하나로 설치되었으며, '황하 이남에 있다'고 하여 그렇게 불렀다. 치소는 변주(汴州, 지금의 하남성 개봉시)이며, 건원(乾元) 원년(758)에 철폐되었다.

○ 上之征高麗也, 使右領軍大將軍執失思力將突厥屯夏州之北以備薛延陀。薛延陀多彌可汗旣立, 以上出征未還, 引兵寇河南【胡注】, 上遣左武候中郎將長安田仁會與思力合兵擊之。

【호주】'하남'이란 북하의 남쪽이라는 뜻으로, 바로 삭방·신진 일대의 땅이다.327)

• 156

[집실]사력은 약한 척 위장하고 후퇴하는 척하면서 그들을 유인하여 깊숙이 들어오게 하였다. [그리고] 하주의 지경에 이르렀을 때 진영을 정비하고 그들[이 나타나기만]을 기다렸다. [결국] 설연타는 크게 패했고 [당나라군은 도주하는 그를] 육백 리나 추격하여 적북328)에서 위세를 떨치고 나서야 귀환하였다.【호주1】[나중에] 다미는 다시 군사를 동원하여 하주를 침범하였다.【호주2】

○ 思力贏形僞退, 誘之深入, 及夏州之境, 整陳以待之。薛延陀大敗, 追奔六百里, 耀威磧北而還【胡注】。多彌復發兵寇夏州【胡注】。

【호주1】《자치통감 고이》에는 이렇게 기술되어 있다. "고종실록에서는「때마침 [설]연타가 죽자 막북에서 위세를 떨치고 나서 귀환하였다」고 하였다. 그 의미는 곧 '진주'를 [설]연타로 이해한 셈이다. 따져 보건대, 진주가한이 태종의 위엄과 영특함을 꺼려 함부로 [중국으로] 들어와 침범할 엄두를 내지 못했고 이어서 9월에 죽었다. 그러나 이 대목에서 겨울에 [중국에] 와서 침범한 것은 진주가한이 아님이 분명하다. 〈전인회전〉은 18년에 지어졌으니

---

327)【胡注】河南者, 北河之南, 卽朔方·新秦之地。
328) 적북(磧北): 중국 고대의 지역명. 몽골고원의 고비사막 이북 지역을 가리킨다.

담기양 역사지도의 하주와 적북 지역(동그라미 부분)

이 역시 오류인 셈이다."[329]

【호주2】 [당나라 고조의] 무덕 3년(620)에 병주의 악평·요산·평성·석애를 쪼개어 요주 악평군을 설치하였다. [무덕] 8년에는 '기주'로 개칭하였다. 후주에서는 울주를 한대 대군의 영구에 설치했고, 수나라 때에는 주를 철폐하고 영구현을 사주에 귀속시켰다. 당나라 무덕 6년(623)에는 사주의 영구, 역주의 비호 땅을 쪼개어 울주를 설치하였다. 운주는 운중군이다. [태종의] 정관 14년(640)에 삭주 북쪽의 정양성으로부터 치소를 정양현으로 이전했는데 그 땅이 사실은 수나라 마음군의 운내현 항안진으로, 바로 한·위 당시에 도읍으로 삼았던 평성이다. [현종의] 개원 18년(730)에 정양현을 고쳐 운중현으로 삼았다.[330]

---

329) 【胡注】考異曰,"高宗實錄云,'會延陀死,耀威漠北而還.'其意指眞珠爲延陀也. 按, 眞珠憚太宗威靈, 不敢入寇, 又死在九月. 而此云冬來寇, 必非眞珠也. 田仁會傳作 十八年, 亦誤也."

330) 【胡注】武德三年, 分并州之樂平·遼山·平城·石艾置遼州樂平郡. 八年, 改曰箕州.

•157

우위대장군·대주도독 설만철[331], 좌교위대장군[332] 아사나 사이가 승주·하주·은주·수주·단주·연주·부주·방주·석주·습주 열 주의 병력을 징용하여 승주를 지켰다.[호주1] [이때] 승주도독 송군명, 좌무후장군 설고오가 영주·원주·녕주·염주·경주 다섯 주의 병력을 징발하여 영주를 지켰다.[호주2]

○ 右衛大將軍代州都督薛萬徹, 左驍衛大將軍阿史社爾, 發勝·夏·銀

後周置蔚州於漢代郡之靈丘, 隋廢州, 以靈丘縣屬肆州. 唐武德六年, 分肆州之靈丘·易州之飛狐地置蔚州. 雲州, 雲中郡, 貞觀十四年自朔州北定襄城徙治定襄縣, 其地實隋馬邑郡之雲內縣恒安鎭, 卽漢魏所都平城也. 開元十八年, 改定襄縣爲雲中縣.

331) 설만철(薛萬徹, ?~653): 당대 초기의 장수. 옹주(雍州) 함양(咸陽, 지금의 섬서성 함양시 동북쪽) 사람이다. 수나라 양제의 신하였으나 당나라 고조에게 귀순하고 거기장군(車騎將軍)·무안현공(武安縣公)에 제수되었다. 귀순한 뒤에는 태자 이건성(李建成) 휘하에서 진왕(秦王) 이세민에 맞서 싸웠으며, 이세민이 그 죄를 사면하자 그에게 충성하였다. 힐리가한(頡利可汗, 일릭 카간) 정벌에 종군하여 통군(統軍)·군공(郡公)이 되었다. 설연타(薛延陀)를 침공할 때에는 선봉에 나서서 좌위장군(左衛將軍)에 임명되었으며, 단양공주(丹楊公主)와 혼인하여 부마도위(駙馬都尉)에 제수되면서 대주도독(代州都督)·우무위대장군(右武衛大將軍)으로 중용되었다. 고구려 침공 당시에는 청구도(青丘道) 행군총관(行軍總管)으로 3만의 군사를 이끌고 대행성(大行城)을 점령하였다. 고종의 영휘 연간에 녕주자사(寧州刺史)에 제수되었으나 형왕(荊王)을 황제로 옹립하려던 계획이 발각되는 바람에 주살되었다.

332) 좌교위대장군(左驍衛大將軍): 수·당대의 관직명. 수나라 대업 3년에 좌비신부(左備身府)를 좌교위(左驍衛)로 개칭하고 정3품의 '12위 대장군(十二衛大將軍)'의 하나로 설치되었다. 당대에도 그대로 인습되어 예종 때에 좌무위대장군(左武威大將軍)으로 개칭되었다가 중종이 즉위하자 본래의 이름으로 환원되었다. 덕종의 정원(貞元) 2년(786)부터 궁중의 숙위(宿衛) 업무를 관장하였다. 대조영의 아들인 대무예(大武藝)도 같은 작호를 하사받았다. 참고로, 이 명칭의 두 번째 글자 '驍'의 경우, 우리 발음은 '효'로 되어 있으나 호삼성은 《자치통감》에서 '견과 요의 반절[堅堯翻]' 또는 '고와 요의 반절[古堯翻]'로 소개하였다. '교'로 읽어야 옳다는 뜻이다.

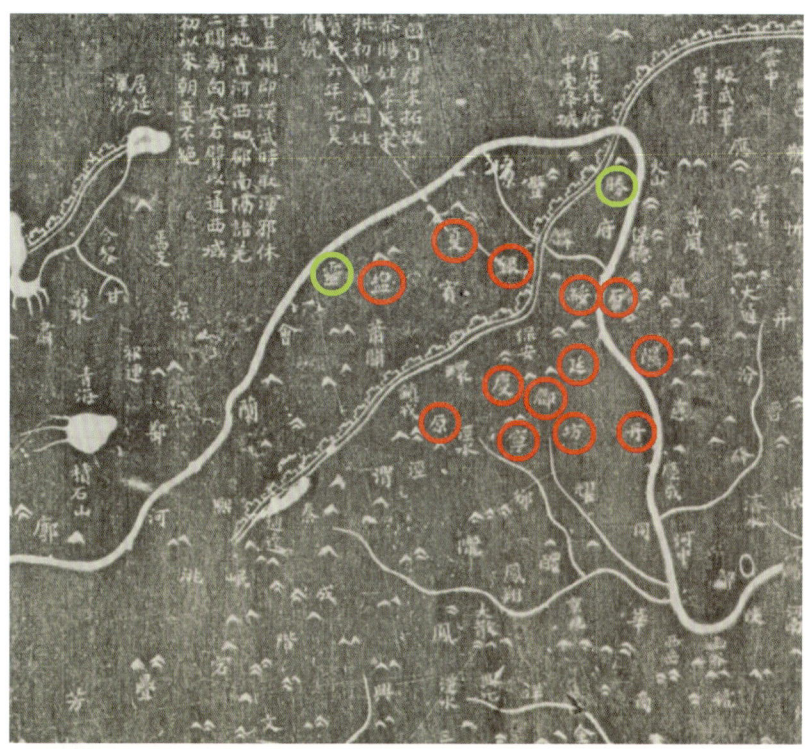

유제(劉齊, 1136) 시기에 그려진 《화이도(華夷圖)》에 표시된 10주와 5주의 위치. 연두색은 왼쪽이 영주, 오른쪽이 승주(유림현)이다.

·綏·丹·延·鄜·坊·石·隰十州兵鎭勝州【胡注】. 勝州都督宋君明, 左武候將軍薛孤吳, 發靈·原·寧·鹽·慶五州兵鎭靈州【胡注】.

【호주1】 승주는 수나라의 유림군이다. 후위(북위)에는 예전에 은주가 있었는데 수나라 때에 철폐하고 유림현으로 삼았으며 수주에 귀속시켰다. [당나라 태종의] 정권 2년(628)에 수주의 유림·진향현을 쪼개어 도로 은주 은천군을 설치하니, 바로 한대 서하의 은음·은양현 땅이다. … 두우는 이렇게 말하였다. "은주는 춘추시대에는 백적의 땅이었다. 치소는 유림현으로 한대의 은음현 땅이다. 단주는 옛 맹문하 서쪽의 땅으로, 서위 시기에는

분주 의천군을 설치했으며, 나중에 주의 이름을 '단주'로 고쳤다. 수나라 때에는 주와 군을 철폐하고 의천현을 연주에 귀속시켰다. [수나라 마지막 황제 공제의] 의녕 원년(617)에는 연주의 의천·함녕·분주를 쪼개어 단주 함녕군을 설치하였다. 방주는 춘추시대에는 백적의 땅이었다. 요여는 중부현을 설치했고 후위 시기에는 중부군을 설치했는데 수나라 때에 군을 철폐하고 중부현을 부주에 귀속시켰다. [당나라 고조의] 무덕 2년(619)에 부주를 쪼개어 방주 중부군을 설치하고, [무]주의 천화 7년(572)에 원황제가 부주에서 방목을 했다 하여 이곳에 마방을 설치하였다.333)

【호주2】 서위 시기에는 오원에 서안주를 설치하였다. 나중에는 고쳐 염주로 삼았다. 수나라 때에는 주를 철폐하고 염천군으로 삼았다가 [당나라] 정관 2년에 도로 염주를 설치하였다.334)

• 158

이어서 집실사력에게 명령을 내려 영주·승주 두 주의 돌궐[기]병을 동원하여 [이]도종 등과 서로 호응하게 하였다. [이때] 설연타는 변경 부근까지 이르렀을 때에 [당나라군이] 방비를 갖추고 있는 것을 눈치채고 [안으로] 들어올 엄두를 내지 못하였다.

○ 又令執失思力發靈·勝二州突厥兵, 與道宗等相應。薛延陀至寒下,

---

333) 【胡注】勝州, 隋之榆林郡。後魏舊有銀州, 隋廢爲儒林縣, 屬綏州。貞觀二年, 分綏州之儒林眞鄕縣復置銀州銀川郡, 漢西河之圁陰·圁陽縣地也。… 杜佑曰, '銀州, 春秋白狄地, 治儒林縣, 漢圁陰縣地。丹州, 古孟門河西之地。西魏置汾州義川郡, 後改州爲丹州。隋廢州及郡, 以義川縣屬延州。義寧元年, 分延州之義川·咸寧·汾川置丹州咸寧郡。坊州, 春秋白狄之地。姚與置中部縣, 後魏置中部郡。隋廢郡, 以中部縣屬鄜州。武德二年分鄜州, 置坊州中部郡, 以周天和七年, 元皇帝放牧鄜州, 於此置馬坊也。'

334) 【胡注】西魏於五原置西安州, 後改爲鹽州。隋廢州爲鹽川郡, 貞觀二年復置鹽州。

知有備, 不敢進。

• 159

처음에 주상은 시중335) 유계를 [본국에] 남겨 정주에서 황태자를 보필하게 하면서 [그때] 그대로 좌서자336)·검교민부상서·총이예호부삼상서사337)를 겸하게 했었다.【호주】[나중에] 주상은 [요동으로] 떠나기에 앞서 [유]계에게 말하였다.

○ 初, 上留侍中劉洎輔皇太子於定州, 仍兼左庶子·檢校民部尙書·總吏禮戶部三尙書事【胡注】。上將行, 謂洎曰,

【호주】유계를 검교민부상서이면서 거기다가 이부와 예부와 호부를 총괄하여 삼상서사로 삼았다고 했지만 민부 말고 또 어떻게 호부가 있을 수 있는가?《당육전》에는 "[태종의] 정관 23년(649)에 비로소 민부를 고쳐 호부로 삼았다"고 소개되어 있다.338)

---

335) 시중(侍中): 중국 고대의 관직명. 진·한대까지만 해도 천자를 수행하면서 시중을 드는 하급 관리였으나 전한의 무제 이후로는 서열이 시랑(侍郞)보다 더 높아졌다. 남북조시대 이후로는 문하성(門下省)의 대신(大臣)으로서, 상서성(尙書省)의 상서령(尙書令), 중서성(中書省)의 중서령(中書令)과 함께 국정을 주재하였다.

336) 좌서자(左庶子): 수·당대의 관직명. 태자문하방(太子門下坊)의 수장으로, 시중의 업무를 관장하게 했으며, 정원은 2명, 품계는 정4품상이었다. 당대에도 이를 인습하다가 고종의 용삭 2년에 '태자좌중호(太子左中護)'로 개칭되었다가 함형(咸亨) 원년(670)에 도로 환원되었다. 예종의 경운(景雲) 3년(711)에 문하방을 '좌춘방(左春坊)'으로 바꾸고 그 수장으로 삼았다.

337) 총이예호부삼상서사(總吏禮戶部三尙書事): 당대의 관직명. 글자 그대로 풀면 '이부·예부·호부 세 상서의 업무를 총괄하는 관원' 정도의 뜻이다.

338)【胡注】劉洎旣檢校民部尙書, 又總吏·禮, 是爲三尙書事, 民部之外, 安得復有戶部哉。唐六典, '貞觀二十三年, 始改民部爲戶部。'

정주의 위치. 지금의 하북성 보정시(保定市) 인근에 해당한다.

•160

"내 이제 멀리 정벌을 나서니 자네는 태자를 보필하도록 하라. [자네에게 나라의] 안위를 맡기니 내 뜻을 깊이 새기도록 하라!"

[그래서 유계가] 대답하였다.

"폐하께서는 심려하지 마시기 바랍니다. 대신으로서 죄를 지은 자에게는 신이 삼가 즉시 주살하도록 하겠나이다!"

○ '我今遠征, 爾輔太子, 安危所寄, 宜深識我意.' 對曰, '願陛下無憂, 大臣有罪者, 臣謹卽行誅.'

•161

[그러자] 주상은 그가 말을 함부로 내뱉는 것을 매우 괴이하게 여기고 주의를 주었다.

"경은 성정이 허술하면서도 지나치게 강직하니 그것 때문에 신세를 망칠 것이 분명하다. 신중하게 처신함이 옳다!"

[나중에] 주상이 병을 앓을 때에 [유]계가 내실에서 나오는데 표정이 몹시

슬프고 겁에 질려 있었다.

○ 上以其言妄發, 頗怪之, 戒曰, '卿性疏而太健, 必以此敗, 深宜愼之.' 及上不豫, 洎從內出, 色甚悲懼.

• 162

[그가] 동료들에게 "병세가 그 정도이니 성상의 옥체가 우려스럽구나!" 하고 말하니 어떤 자가 주상에게 이렇게 모함하였다.
"[위]계가 '나라[의 명운]는 걱정할 것 없겠소. 다만 어린 군주를 보필하자면 이윤·곽광의 선례를 좇아 대신들 중에 다른 마음을 품은 자는 주살해야 나도 안심이 되겠구려'라고 하더이다!"
[그러자] 주상이 [그 말을] 곧이들었다.【호주】

○ 謂同列曰, '疾勢如此, 聖躬可憂.' 或譖於上曰, '洎言國家不足憂, 但當輔幼主行伊·霍故事, 大臣有異志者誅之, 自定矣.' 上以爲然【胡注】.

【호주】[위]계가 주상 앞에서 앞서 죄를 지은 대신은 주살로 다스리겠다고 한 적이 있었기에 [태종도] 결국 [그를] 모함한 자의 말을 곧이들었던 것이다.339)

• 163

[나중에 태종은 십이월] 경신일340)에 조서를 내려 말하였다.
"[위]계는 남들과 은밀히 모의하여 [짐에게] 불의의 사태가 발생했을 때를 노려 조정의 정사를 독점하고 이윤·곽광을 자처하면서 대신들을 시샘

---

339)【胡注】因洎於上前先有誅有罪大臣之言, 遂信譖者之言爲然.
340) [12월] 경신일: 양력으로는 1월 18일에 해당한다.

《삼재도회》에 수록된 이윤과 곽광의 초상

하고 멀리하며 모두 도륙하려 하였다. [그러니 본인에게는] 자진[의 벌]을 내리고 [호주] 그 아내와 자식들은 사면함이 마땅하다!"

○ 庚申, 下詔稱, '洎與人竊議, 窺窬萬一, 謀執朝衡, 自處伊·霍, 猜忌大臣, 皆欲夷戮。宜賜自盡[胡注], 免其妻孥。'

【호주】 자진을 내렸다는 것은 곧 죽음을 내렸다는 말로, 그 목숨을 스스로 끊도록 명령한 것이다. 《자치통감 고이》에는 다음과 같이 기술되어 있다. "실록에 이르기를, 「황문시랑 저수량이 [유계를] 무고하여 이렇게 상소하였다. '나라는 우려할 것 없겠소. 다만 어린 군주를 보필하자면 이윤·곽광의 선례를 좇아 대신들 중에 다른 마음을 품은 자는 주살해야 나도 안심이 되겠구려.' 태종이 완쾌되고 나서 [유계에게] 조서를 내리고 그 까닭을 물으니, [유]계가 사실대로 대답하였다. 그래도 [저]수량이 집요하게 증언을 멈추지 않자 [유]계는 중서령이던 마주를 끌어들여 자신의 결백을 밝히려 하였다. [그래서] 태종이 [마주에게] 묻자 [마]주는 [유]자가 아뢴 것과 다르지 않게 대답하였다. [그러자] 황제는 [저]수량을 꾸짖었지만 그래도 '[마]주가 틀렸다'고 증언하여 [유]계가 결국 죄를 입고 말았다." 따져 보건대, 이 일화 속

의 사람은 하지 않은 일이다. [저]수량은 충직한 신하로, 거기다가 평소에 원한도 없었는데 어찌 이렇게까지 했겠는가? 아마 [실록을 저술한] 허경종이 [저]수량을 미워하여 실록을 저술할 때에 [유]계가 죽음에 이른 책임을 [저]수량에게 돌린 것이리라. [그래서] 여기서는 채택하지 않기로 하겠다.³⁴¹⁾

정관 20년 (646, 병오년)

• 164

윤[삼]월 … 무술일³⁴²⁾에 요주도독부 및 암주를 철폐하였다.【호주】[＊³⁴³⁾]

○ 閏月 … 戊戌, 罷遼州都督府及巖州【胡注】。

【호주】고려를 정벌하여 얻은 주들이다.³⁴⁴⁾

• 165

오월의 갑인일³⁴⁵⁾에 고려왕 [고]장 및 막리지 [천]개금이 사신을 파견하

---

341)【胡注】賜自盡, 卽賜死也, 令自盡其命。考異曰, 實錄云, "黃門侍郎褚遂良誣奏之曰, '國家之事不足慮也, 正當輔少主行伊·霍, 大臣有異志者誅之, 自然定矣.' 太宗疾愈, 詔問其故, 洎以實對。遂良執證之不已。洎引中書令馬周以自明, 太宗問周, 周對與洎所陳不異。帝以詰遂良。又證, 周諱之, 洎遂及罪。按, 此事中人所不爲, 遂良忠直之臣, 且素無怨仇, 何至如此。蓋許敬宗惡遂良, 故修實錄時以洎死歸咎於遂良耳。今不取。

342) 윤3월 무술일: 양력으로는 4월 26일에 해당한다.

343) ＊:《구당서》〈태종본기〉"정관 22년(648)"조에는 이런 내용도 보인다. "[12월] 계미일(양력 649년 1월 25일)에 신라왕이 그 나라 재상인 이찬간 김춘추 및 그 아들 문왕을 파견하여 [중국에] 와서 입조하였다.(癸未, 新羅王遣其相伊贊干金春秋及其子文王來朝)"

344)【胡注】伐高麗所得二州。

345) 5월 갑인일: 양력으로는 7월 11일에 해당한다.

여 사죄하였다. [이때] 미녀 둘을 바쳤으나 주상이 돌려보내 주었다.346) [개]금은 바로 [개]소문이다.

○ 五月, 甲寅, 高麗王藏及莫離支蓋金遣使謝罪。幷獻二美女, 上還之。金, 卽蘇文也。

• 166

주상이 교위347) 우문법을 파견하여 오라호348)·말갈을 예방하게 하였다.【호주】

○ 上遣校尉宇文法詣烏羅護【胡注】·靺鞨,

---

346) 주상이 돌려보내 주었다[上還之]: 두 미녀의 고구려 귀환 시점에 대한 표현은 사서마다 조금씩 다르기는 하지만 연도가 서기 646년으로 수렴된 셈이다. 그러나 태종 이세민보다 100여 년 뒤에 오긍(吳兢, 670~749)이 저술한 《정관정요》의 〈공부(貢賦)〉에는 그 전 해인 "정관 19년"의 일로 소개되어 있다. 명대 초기의 대신 양사기(楊士奇)가 저술한 《역대명신주의(歷代名臣奏議)》〈사예(四裔)〉 역시 마찬가지이다. 편찬 연대만 놓고 본다면 《정관정요》의 "정관 19년"이 그보다 몇 백 년 뒤의 송대 이래의 사서들의 "정관 20년"보다 신뢰도가 높다고 보아야 한다. 그러나 전후 맥락을 따져 볼 때, "정관 19년"은 고구려에서 두 미녀를 보낸 시점에, "정관 20년"은 두 미녀를 귀국시킨 시점에 각각 주안점을 두고 작성되었을 것이다.

347) 교위(校尉): 중국 고대의 관직명. 전한대에 장군(將軍)을 보좌하면서 도성 경비를 전담하는 무관으로 설치되었다. 나중에는 '호동이교위(護東夷校尉), 중루교위(中壘校尉)' 식으로 직무에 따라 명칭을 달리했으며, 당대 이후로는 하급 무관직으로 굳어졌다.

348) 오라호(烏羅護): 고대 북방민족의 하나. 수나라 때에는 '오락후(烏洛侯)'로 불렸으나, 한자 표기만 다를 뿐 사실상 같은 이름이다. 중국 학계에서는 남북조시대에 지금의 눈강(嫩江) 서쪽에서 유목생활을 했으며, 남으로는 지두우, 동으로는 실위, 서로는 지금의 흥안령(興安嶺)과 유연(柔然)을 접하고 있었다고 주장한다. 정치적으로 '막불(莫弗)'이라는 추장이 부락마다 지배했으며, 종교적으로는 샤머니즘을 믿었다고 한다. 당대의 사서에서는 '오라혼(烏羅渾)' 또는 '오라호(烏羅護)'로 표기하고 실위의 한 갈래로 소개하였다.

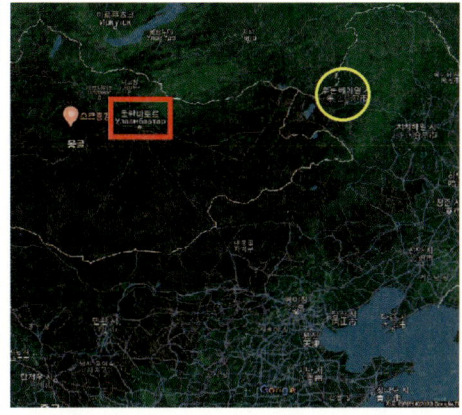

사서	연대	족명	발음
삼국지	289	烏丸	Owan
후한서	445	烏桓	Ohuan
위서	554	烏洛侯	Olohu
북사	659	烏落侯	Olohu
당육전	738	烏羅護	Olohu
구당서 신당서	945 1060	烏羅渾	Olohun

오라호(오라혼)의 사서별 명칭 추이표. 중국에서는 그 좌표를 흑룡강성의 훌룬보이르(노랑)로 비정하고 있다. 그러나 역대 사서기록들을 따져볼 때 그 어원과 중심지는 몽골 수도 울란바타르(빨강) 서남방의 오르혼(Orkhon)에서 찾아야 할 것이다

【호주】 오라호는 도성으로부터 곧장 동북방으로 육천 리 떨어진 곳이다. '오라혼'이라고도 하는데 바로 후위(북위) 시기의 오락후이다. '동쪽으로 말갈과 이웃하고 있었다'고 하니 대체로 [그] 풍속은 모두 말갈과 같았을 것이다.349)

• 167

[구월 … 갑진일350)에 …] 주상이 고려로부터 귀환하자 [이에 고구려의 천]개소문은 더욱 교만하고 방자해졌다. [그래서] 비록 사신을 파견하고 [황제에게] 표를 바치기는 했으나 그 언사가 한결같이 해괴하였다. 거기다가 당나라 사신을 대할 때에도 거만했고 늘 [당나라] 변경을 어지럽힐 기회만 엿보고 있었다. [태종이] 여러 차례 칙명으로 '신라를 공격하지 말라'고 일

---

349) 【胡注】烏羅護直京師東北六千里, 一曰烏羅渾, 卽後魏之烏洛侯也. 東鄰靺鞨, 大抵風俗皆靺鞨也.

당 태종이 내린 《고려의 조공을 거절하라는 조서[絶高麗朝貢詔]》 《흠정 전당문》

렀으나 침공하고 분란을 일으키기를 그치지 않았다.

○ 上自高麗還, 蓋蘇文益驕恣, 雖遣使奉表, 其言率皆誕。又待唐使者
倨慢, 常窺伺邊隙。屢勅令勿攻新羅, 而侵陵不止。

• 168

[시월351), …] 임신일352)에 조서를 내려 그 나라353)의 조공을 받지 말도
록 이르고 다시 그 나라에 대한 토벌을 논의하였다. 병술일354)에 어가

---

350) 9월 갑진일: 양력으로는 10월 29일에 해당한다.
351) [시월](十月): 이 사이에 월 표시가 없으나 앞의 갑진일과 여기서의 임신일 사이에는 한 달의 편차를 보인다. 같은 "9월"의 임신일이 아니라 "10월"의 임신일이라는 뜻이다. 뒤의 병술일 역시 마찬가지이다.

가 장안으로 귀환하였다.

○ 壬申, 詔勿受其朝貢, 更議討之.　丙戌, 車駕還長安.

정관 21년 (647, 정미년)

• 169

이월 … 정축일³⁵⁵⁾에 … 주상이 다시 고려 정벌에 나서려 하였다. [그러자] 조정에서 의논하여 이렇게 말하는 것이었다.
"고려는 산세를 따라 성을 지어서 공략한다 해도 금방 함락시킬 수가 없나이다. 지난번에 어가로 몸소 정벌에 나서셨을 때 [그] 나랏사람들이 농사를 제대로 지을 수가 없었습니다. 함락된 성들은 모조리 그들의 곡식을 몰수당했고 거기다 가뭄까지 이어지는 바람에 백성들 대다수가 먹을 것이 부족했나이다.

○ 二月 … 丁丑 … 上將復伐高麗, 朝議以爲, '高麗依山爲城, 攻之不可猝拔. 前大駕親征, 國人不得耕種, 所克之城, 悉收其穀, 繼以旱災, 民太半乏食.

• 170

이번에도 만약 여러 차례 군대를 파견하여 그 영토를 번갈아가며 어지럽히신다면 쟁기를 내려놓고 보루로 숨을 것입니다. [그렇게 되면] 몇 년 사이에 천 리나 되는 땅이 황폐해질 테니 압록수 북쪽은 싸우지 않고

---

352) [10월] 임신일: 양력으로는 11월 26일에 해당한다.
353) 그 나라[其]: 고구려를 말한다.
354) [10월] 병술일: 양력으로는 12월 10일에 해당한다.
355) 2월 정축일: 양력으로는 3월 31일에 해당한다.

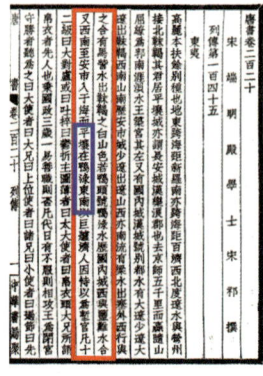

《신당서》〈고려전〉의 압록수 소개 대목. 압록수가 말갈의 백산에서 발원하며 고구려의 평양성은 그 물줄기의 동남방에 자리잡고 있다고 소개되어 있다. 그러나 평양시는 정반대로 압록강(파랑)의 서남방에 있다. 보라색 물줄기는 압록수로 추정되는 지금의 요하.

도 장악할 수 있을 것이옵니다!"

[그러자] 주상이 그 말을 따랐다.

○ 今若數遣偏師, 更迭擾其疆場, 使彼疲於奔命, 釋耒入堡, 數年之間, 千里蕭條, 則人心自離, 鴨綠之北, 可不戰而取矣.' 上從之.

• 171

삼월에 좌무위대장군 우진달[356]을 청구도[357] 행군대총관[358]으로 삼

---

356) 우진달(牛進達): 당대 초기의 장수. 처음에는 진왕부(秦王府)의 총관(總管)을 지냈다. 왕세충(王世充)을 공격할 때 화살을 무릅쓰고 혼자서 적진을 돌파한 뒤로 용맹함으로 명성이 높았다. 토욕혼(吐谷渾)을 침공할 때에는 선선도(鄯善道) 행군부총관(行軍副總管)에 제수되어 큰 전공을 세웠고, 정관 12년(638)에는 우무위장군(右武衛將軍)에 임명되어 토번(吐蕃)을 격파하였다. 14년에는 고창(高昌) 침공에 나서 시라만산(時羅漫山)·가한부도(可汗浮圖) 성 등을 점령했고, 21년에는 청구도(靑丘道) 행군대총관(行軍大總管)에 임명되어 고구려를 침공하였다.

357) 청구도(靑丘道): 후한대 학자 복건(服虔, 2세기)은 《자허부(子虛賦)》의 "가을에는 청구에서 사냥을 하지(秋獵于靑丘)"에 대하여 주석을 붙이고 "청구국은 바다

고[호주] 우무후장군 이해안이 그를 보좌하게 하였다. [그리고는] 군사를 일만 명 넘게 차출하여 누선359)을 타고 내주로부터 바다를 건너 [고구려로]

동쪽 300리 지점에 있다(靑丘國, 在海東三百里)"고 하였다. 여기에 등장하는 '바다'는 중국의 동해인 발해(渤海)를 가리킨다. 그렇다면 한대의 청구는 발해 동쪽으로 300리 떨어진 곳에 자리잡고 있었던 셈이다. 인터넷 〈국편위판〉 주114에서는 "靑丘道는 平壤道와 같은 海路"라고 보았으나 경로가 중복된다고 단정할 근거는 없다. 실제로 중국 학자들이 펴낸 《중국정사 고구려전 상주 및 연구》 〈구당서·고려전〉, 제241쪽에 따르면, '청구'의 좌표와 관련하여 중국 국내외의 학자들은 고문헌 기록들을 근거로 ① 요동반도설과 ② 한반도설을 거론하고 있다고 한다. 아마 전자는 고조선의 중심(평양성)을 요동반도로 보는 학자들이, 후자는 한반도로 보는 학자들이 각각 제안했을 것이다. 여기서 주목해야 할 것이 '청구도'라는 표현의 출현 시점이다. 중국의 역대 정사들 중에서 이 표현이 최초로 등장하는 것은 《구당서》부터이다. 역사적으로 산동반도에서 요동반도로의 해로가 사용되기 시작한 것이 당대부터라는 점에 주목한다면 '청구[도]'는 요동반도를 가리키는 표현으로 해석하는 편이 더 합리적이라고 생각된다.

358) 행군대총관(行軍大總管): 당대 초기의 최고 군사지휘관 명칭. 북주·수·당대에 비상시(전시)에 임시로 군사를 통솔하는 총지휘관을 말하는데, 지금의 총사령관에 해당한다. 위·진대의 "도독□주군사(都督□州軍事)"에 해당하며, 북주에 이르러 '총관(總管)'으로 개칭되면서 특정한 방면의 군정을 총괄하였다. 전시에는 '□□도 행군총관(□□道行軍總管)' 식으로 해당 방면의 군정을 총괄하게 하면서 이들을 통솔하는 총지휘관을 '행군대총관'으로 일컬었다. 필요에 따라서는 황제가 행군총관감군(行軍總管監軍)을 파견하여 행군총관을 감독하게 하기도 했는데, 그 막료들의 수장을 장사(長史)라고 불렀다. 당대 초기에는 군사 요충지에 총관부(總管府)를 설치하고 행군총관이나 대총관이 현지의 군사를 통솔하게 하면서 '사지절(使持節)'의 직함을 추가해 주기도 하였다. 당대의 경우, 행군대총관은 대부분 초기인 태종 때에 임명되었다.

359) 누선(樓船): 중국 고대의 전선. 《사기》 〈남월열전(南越列傳)〉에 응소(應劭)가 붙인 주석에 따르면, 조선 침공 직전인 전한의 원정(元鼎) 5년(112) "당시 남월을 공격하려 했으나 수로로는 갈 수가 없어서 대형 선박을 건조하고 그 배에 누각을 세워 '누선'이라고 불렀다(時欲擊越, 非水不至, 故作大船, 船上施樓, 故號樓船也)"고 한다. 실제로 무제가 양복을 최초의 누선 장군에 임명하여 남월국을 침공할 때 만들어진 전선은 상부 구조가 3~4층이나 되고 높이가 10장(丈), 즉 대략 27.6m나 되는 대형 선박으로, 한 척에 한꺼번에 1,000명을 태울 수 있을 정도로 컸다고 한다. 그러나 많은 병력을 태우고 적들에게 위압감을 줄 만큼 거대한 누선은 정작 작전이나 항해에는 상당히 취약하였다. 이 문제에 관해서는 문성재, 《한

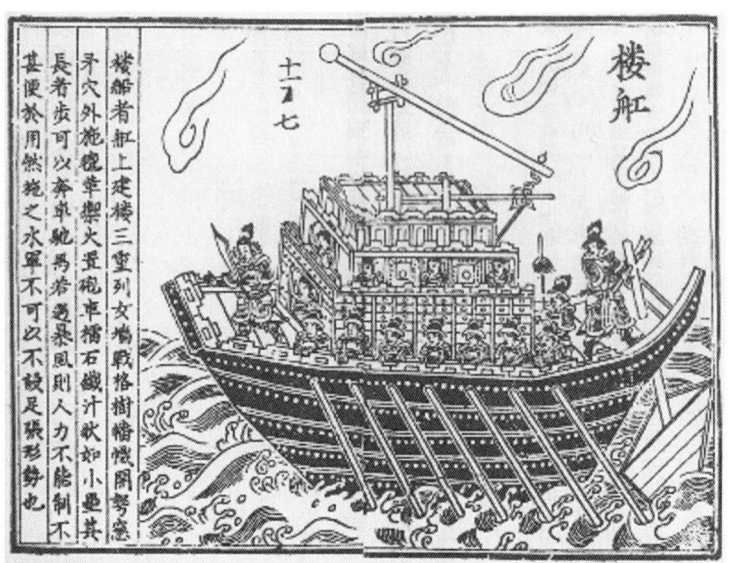

송대 병서 《무경총요》에 소개된 누선의 모습. 외형은 웅장하지만 하중(무게중심)이 위쪽에 쏠려 있어서 파도가 치는 바다를 이동하거나 해전을 벌이기에는 불안정하였다.

진입하게 하였다.

O 三月, 以左武衛大將軍牛進達爲靑丘道行軍大總管【胡注】, 右武候將軍李海岸副之, 發兵萬餘人, 乘樓船自萊州汎海而入。

【호주】[사마]상여의 《자허부》에서는 "무릇 제나라 동쪽에는 큰 바다가 버티고 있어 … 성산에서 풍광을 보고 지부[산]에서 활을 쏘고 … 가을에는 청구[산]에서 사냥을 하고 바다 너머에서 노닌다네"라고 하였다. [이 대목에서] 복건은 이런 주석을 붙였다. "청구국은 바다(중국의 동해) 동쪽으로 300리 지점에 있다. 《진서》〈천문지〉에서는 '청구의 일곱 별은 진[성]의 동

사군은 중국에 있었다》, 제70~73쪽을 참조하기 바란다.

남방에 있는데, 오랑캐의 나라이다'라고 하였다."³⁶⁰⁾

•172

이어서 태자첨사³⁶¹⁾ 이세적을 요동도 행군대총관으로 삼고 우무위장군 손이랑 등이 그를 보좌하게 하고 병사 삼천 명을 거느리게 하였다. [그리고] 이 일을 계기로 영주도독부의 군사가 신성도로부터 진입하게 하였다. 두 군대에는 한결같이 물에 익숙하고 전투를 잘하는 자들을 선발하여 배치하였다.

○ 又以太子詹事李世勣爲遼東道行軍大總管, 右武衛將軍孫貳朗等副之, 將兵三千人, 因營州都督府兵自新城道入。兩軍皆選習水善戰者配之。

•173

오월 … 경진일³⁶²⁾에 … 이세적의 군대는 요수를 건너고 나서 남소[성]³⁶³⁾ 등 몇 곳의 성들을 지나왔는데[호주] 고려군은 성벽을 등지고 맞서 싸우는 경우가 많았다. [그래서 이]세적은 그 군사들을 공격해 무찌르

---

360) 【胡注】相如子虛賦曰, '夫齊東陼鉅海, 觀乎成山, 射乎之罘, 秋獵乎靑丘, 彷徨乎海外.' 服虔曰, '靑丘國在海東三百里。晉天文志有靑丘七星, 在軫東南, 蠻夷之國也.'

361) 태자첨사(太子詹事): 중국 고대의 관직명. '첨사(詹事)'는 진(秦)나라 때에 처음 설치되었으며, 태자가 기거하는 동궁(東宮)의 가사를 관장하였다. 나중에는 직권이 차츰 막중해져서 동궁 안팎의 다양한 업무들을 관장하기에 이르렀다. 자세한 소개는 〈발해말갈전〉의 해당 주석(제412쪽)을 참조하기 바란다.

362) 5월 경진일: 양력으로는 6월 2일에 해당한다.

363) 남소(南蘇): 호삼성은 《자치통감》〈진기〉 "함강(咸康) 4년(338)"조에 주석을 붙여 "【신성】 고구려의 서쪽 변경. 소남으로는 산을 끼고 동북으로는 남소·목저 등의 성을 접하고 있다【新城】 高句麗之西鄙, 西南傍山, 東北接南蘇木底等城)"라고 하였다. 남소의 좌표를 고구려 서단의 신성 동북방에서 찾아야 하는 셈이다.

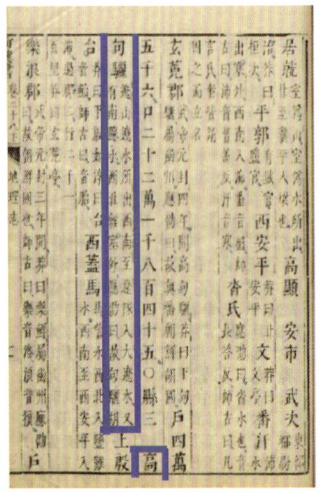

【高句驪[縣]】
遼山遼水所出.
…
又有南蘇水,
西北經塞外.

【고구려[현]】
요산은 요수가 발원하는 곳이다.
…
또 남소수라는 물이 있는데,
서북방으로 국경 너머를 지난다.

《한서》〈지리지〉의 '남소수(南蘇水)' 대목. 고구려의 남소성(南蘇城)은 이 남소수를 끼고 있었을 것이다.

고 그 성곽을 불태운 다음 귀환하였다.

○ 五月 … 庚辰 … 李世勣軍旣渡遼, 歷南蘇【胡注】等數城, 高麗多背城拒戰, 世勣擊破其兵, 焚其羅郭而還.

【호주】《전한서》에는 이렇게 소개되어 있다. "현토군의 고구려현364)에는 남소수가 있는데, 서북쪽에서 변방 너머로 지나간다."365)

---

364) 고구려현(高句驪縣): 반도사관 신봉자로 고구려의 도읍 '평양성'이 지금의 평양시라고 믿은 정약용은 《후한서》·《진서》 등에 고구려현이 소개되어 있는 것에 대하여 "땅을 옮겨 그 이름을 멋대로 가져다 쓴 것"(이민수 역 《아방강역고》, 제50쪽, 〈현토고(玄菟考)〉)이라고 주장하였다. 그러나 이 책의 《구당서》의 "현토[군]" 주석에서도 볼 수 있듯이, ① 현토군의 지리적 좌표는 애초부터 한반도가 아니라 중국 하북성 동북부에 있었고, ② 현토군이 한반도 또는 요녕성 동남부(무순 등)에 있었다고 주장하는 최초의 역사 기록이나 고증은 왕씨 고려 이후에 비로소 등장한다. ③ '한반도에 있던 고구려현을 반고·범엽 등의 고대 역사가들이 멋대로 중국에 갖다 놓았다'는 정약용의 해석은 본말이 전도된 주장이라는 뜻이다.

365)【胡注】前漢書, '玄菟郡高句驪縣有南蘇水, 西北經塞外.'

• 174

가을, 칠월에 우진달·이해안이 고려 경내로 진입하였다. [두 사람은] 대략 백 번 넘게 싸웠는데 [그때마다] 이기지 않은 일이 없었다. [당나라군은] 석성366)을 공략하여 함락시키고 진격하여 적리성367) 아래에까지 이르렀다. [그러자] 고려군이 일만 명 넘게 [성을] 나와서 싸웠으나 [이]해안이 그들을 공격해 무찌르고 머리를 이천 급이나 베었다.

○ 秋, 七月, 牛進達·李海岸入高麗境。凡百餘戰, 無不捷, 攻石城, 拔之。進至積利城下, 高麗兵萬餘人出戰, 海岸擊破之, 斬首二千級。

• 175

[구월368) …] 무술일369)에 [태종이] 송주370) 자사 왕파리 등에게 칙서를 내려 강남 열두 주의 목수들을 징발하여 대형 전선 수백 척을 건조하게 하여 고려 정벌에 나서려 하였다.【호주】

○ 戊戌, 敕宋州刺史王波利等發江南十二州【胡注】工人造大船數百艘, 欲以征高麗。

---

366) 석성(石城): 고구려의 성 이름. 중국 학계에서는 그 위치를 지금의 요녕성 장하시(莊河市) 서북쪽에 자리잡은 성산(城山) 산성으로 비정하고 있으나 확실하지 않다.
367) 적리성(積利城): 고구려의 성 이름. 당나라가 이 성을 점령하고 '적리주'를 설치하였다. 중국 학계에서는 그 위치를 지금의 요녕성 와방점시(瓦房店市) 북쪽의 득리사진(得利寺鎭) 일대로 비정하고 있으나 확실한 것은 아니다.
368) [구월 …]: 이 사이에 월 표시가 없지만 무술일은 "9월"에 보인다.
369) [9월] 무술일: 양력으로는 10월 18일에 해당한다.
370) 송주(宋州): 중국 당대의 지명. 수나라 개황 16년(596)에 처음 설치되었으며, 치소는 수양현(睢陽縣, 지금의 하남성 상구)이었다. 대업 연간 초기에는 '양군(梁郡)'으로 개칭되었다가 당나라 무덕 연간 초기에 원래 이름으로 환원되었다.

중국 역사지리학자 담기양이 그린 역사지도 속의 석성과 적리성(적리주). 모두 지금의 요녕성 대련시 인근에 있는 것으로 표시해 놓았으나 평양시가 고구려의 평양성이 아니라는 점에 착안할 때 옳은 고증이라고 보기 어렵다.

【호주】 "열두 주"는 의주·윤주·상주·소주·호주·항주·월주·태주·무주·괄주·강주·홍주이다.371)

• 176

겨울 … 십이월 … 임신일372)에 … 고려왕이 그 아들이자 막리지인 [고] 임무를 사신으로 [당나라에] 입조시켜 사죄하고자 하니 주상이 그것을 윤허하였다.

○ 冬 … 十二月 … 壬申 … 高麗王使其子莫離支任武入謝罪。上許之。

---

371)【胡注】十二州, 宣·潤·常·蘇·湖·杭·越·台·婺·括·江·洪也。

372) 12월 임신일: 양력으로는 이듬해인 648년 1월 20일에 해당한다.

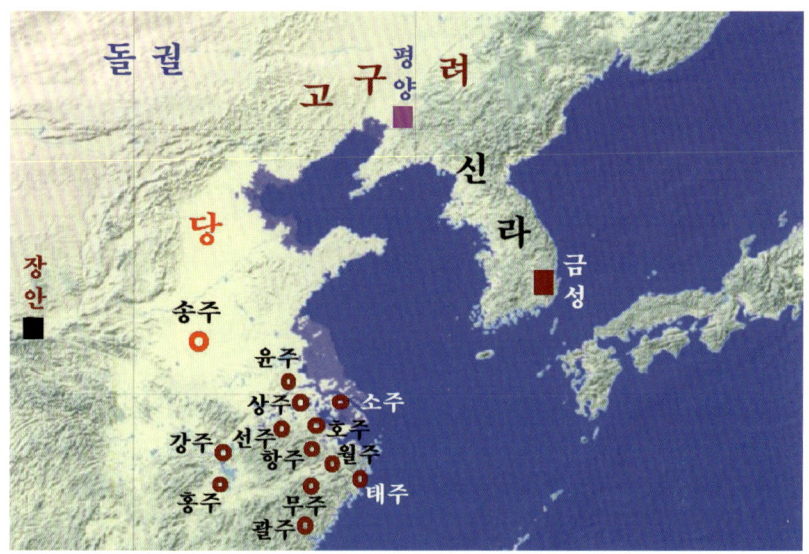

당 태종이 강남 12주에서 전선을 건조하여 고구려 침공에 나서라는 칙명을 송주자사에게 내렸다.

정관 22년 (648, 무신년)

• 177

봄, 정월 … 기해일373)에 … 신라왕 김선덕374)이 죽었다.375) [김]선덕

---

373) 1월 기해일: 양력으로는 2월 16일에 해당한다.

374) 김선덕(金善德): 신라 제27대 국왕이자 한국 역사상 최초의 여왕인 선덕여왕을 말한다. 《구당서》·《신당서》·《자치통감》 등 중국 정사에서는 성씨와 함께 '김선덕' 식으로 소개하여 자칫 '선덕'이 이름인 것으로 착각할 수 있으나 본래 이름은 덕만(德曼)이다. 진평왕과 마야부인의 딸로, 632년에 즉위하여 16년간 나라를 다스리며 선정을 베풀었다 하여 신라 사람들로부터 '선덕'이라는 시호를 부여받았다. 《신당서》〈신라전〉 및 《문헌통고》 등의 중국 사서·문헌들에 따르면, "[신라의] 국인들이 '성조황고'라고 불렀다(國人號聖祖皇姑)"고 한다. '성조황고'는 '거룩하신 선조로 금상의 고모(자매?)' 정도로 해석된다. '황고'는 중국 고대에는 남편을 여읜 모친이나 조모 또는 황제의 고모나 자매를 높여 부르는 호칭으로 사용되곤 하였다. 국편위판 《삼국사기》 "선덕여왕"조의 주004에서는 '국인(國人)'을

의 누이 [김]진덕을 주국376)으로 삼는 한편 낙랑군왕377)【호주】에 봉하고 사신을 파견하여 책서로 [국왕으로] 임명하였다.

- '나랏사람들'로 번역하였다. 그러나 중국에서는 '국인' 자체가 도읍에 거주하는 상류층을 가리키는 경우가 많다. 따라서 선덕여왕을 '성조황고'로 부른 '국인'들은 단순히 금성에 거주하는 백성들이 아니라 왕족인 김씨(나아가 왕비를 배출하는 박씨) 집단에서 선덕여왕을 높여 부른 존칭으로 이해하는 편이 합리적일 것이다.
- 375) 봄 정월 … 기해일에 … 신라왕 김선덕이 죽었다[春正月 … 己亥 … 新羅王金善德卒]:《구당서》〈태종본기〉"정관 22년(648)"조에서는 시점을 밝히지 않고 이렇게 소개하였다. "이해에 신라의 여왕 김선덕이 죽었다. [황제는 사신을] 파견하여 책서로 그 누이동생 [김]진덕을 세워 신라왕으로 삼았다.(是歲, 新羅女王金善德死, 遣冊立其妹眞德爲新羅王)"
- 376) 주국(柱國): 중국 고대의 작호. 전국시대에 도읍을 방어하는 직무를 수행하는 관직으로 초(楚)·조(趙) 등의 나라에 처음으로 설치되었다. 남북조시대에는 북위와 서위에서 주국대장군(柱國大將軍)·상(上)주국대장군을 설치했으며, 북주에서는 대장군 2명을 통솔하고 금위군을 관장하는 8명의 주국을 두었다. 수나라에 이르러 상주국과 주국을 설치하고 측근 중신의 공로를 치하하는 일종의 명예직함으로 부여되었으며, 당대에는 상주국에 정2품, 주국에 종2품의 품계를 각각 부여하였다.
- 377) 낙랑군왕(樂浪郡王): 당대의 봉호. 주로 신라 국왕에게 부여되었다. 학계에서는 그동안 '낙랑'을 평안도 평양 지역으로, 7세기 초기까지도 고구려의 영토이자 도읍이었다고 주장해 왔다. 인터넷 〈국편위판〉 주010에서는 "高句麗王에 대한 樂浪公의 封爵은 唐代에 이르러 高句麗의 首都였던 平壤에 樂浪郡의 중심지가 있었다는 說이 성립되는 것과 일정한 상관관계가 있는 것"으로 보았다. 그러나 그것은 이 봉호는 초기에는 고구려왕에게 내려졌으나 중기 이후부터는 신라 국왕들에게 독점되었다. 인터넷 〈국편위판〉의 해석대로라면, 삼국을 통일하기 전에 신라의 국왕들이 '낙랑공' 또는 '낙랑왕'의 봉작을 받은 일은 제대로 해명되지 않는다. 그것은 우회적으로 '낙랑' 땅이 적어도 7세기 초기에는 고구려의 영토가 아니었음을 증명하기 때문이다. 신라가 평양지역을 실질적으로 영유하고 있었다는 의미라는 뜻이다. 엄밀하게 따진다면, 고구려왕에 대한 중원 왕조의 봉호가 '낙랑공/낙랑[군]왕 ⇒ 요동공/요동[군]왕'으로 변경되고 신라왕에 대한 봉호로 '낙랑[군]왕'을 부여했다면 그 사실 하나만으로도 봉호가 변경되는 시점을 전후하여 고구려가 낙랑 지역을 상실하거나 신라가 그 지역을 확보했다는 의미로 해석할 수 있는 여지가 생기게 된다.

신라 선덕여왕 재위기간에 조성된 분황사(芬皇寺)와 황룡사(皇龍寺) 9층 목탑(축소복원품)

○ 春正月, … 己亥, … 新羅王金善德卒。以善德妹眞德爲柱國, 封樂浪【胡注】郡王, 遣使册命。

【호주】 낙랑('락랑')은 발음이 '락랑'이다.[378]

•178

[정월] 병오일[379]에 [태종이] 조서를 내려 우무위대장군 설만철을 청구도 행군대총관으로 삼고, 우위장군 배행방이 그를 보좌하게 하였다. [그리고] 삼만 명 넘는 군사 및 누선·전함들을 거느리고 내주로부터 바다를 건너가서 고려를 공격하게 하였다.

○ 丙午, 詔以右武衛大將軍薛萬徹爲靑丘道行軍大總管, 右衛將軍裴行方副之, 將兵三萬餘人及樓船戰艦, 自萊州泛海以擊高麗。

---

378) 【胡注】樂浪, 音洛琅。
379) [1월] 병오일: 양력으로는 2월 23일에 해당한다.

•179

여름, 사월 … 갑자일380)에 오호진【호주1】의 장수 고신감이 군사를 거느리고 바다를 건너 고려를 공격하였다. [그는] 고려의 보병·기병 오천을 마주치자 역산【호주2】에서 전투를 벌여 그들을 무찔렀다. 그날 밤, 고려의 만 명이 넘는 군사가 [고]신감의 배를 기습했으나, [고]신감은 복병을 매복시켰다가 이번에도 그들을 무찌르고 귀환하였다.

○ 夏四月 … 甲子, 烏胡鎭【胡注】將古神感將兵浮海擊高麗, 遇高麗步騎五千, 戰於易山【胡注】, 破之. 其夜, 高麗萬餘人襲神感船, 神感設伏, 又破之而還.

【호주1】 오호진은 물론 바다 한 가운데의 오호도381)에 설치되었을 것이다. 등주로부터 동북쪽으로 바닷길로 가면 대사도·구흠도382)·어도를 지

---

380) 4월 갑자일: 양력으로는 5월 11일에 해당한다.
381) 오호도(烏胡島): 중국 고대의 지명. 인터넷 〈국편위판〉 주118에서는 "遼東半島 남단"에 있다고 보았으며, 〈동북아판2〉 주150에서는 중국 학계와 마찬가지로 "山東省 煙臺市 北隍城島"로 비정하였다. 《신당서》〈지리지〉에서는 "등주 동북방으로 바닷길로 가되 대사도를 지나 구흠도·말도·오호도까지 300리(132km)를 가며, 북쪽으로 오호해를 건너 마석산 동쪽의 도리진까지 200리(88km)를 간다(登州東北海行, 過大謝島, 龜歆島末島烏湖島三百里. 北渡烏湖海, 至馬石山東之都里鎭二百里)"고 하였다. 얼핏 보기에는 등주에서 오호도를 거쳐 지금의 묘도군도(廟島群島)를 징검다리 삼아 요동반도로 항해하는 것처럼 보인다. 그러나 명대의 《주해도편(籌海圖編)》(1556)의 〈요동계도(遼東界圖)〉나 청대의 《산동·직예·성경 해강도(山東直隷盛京海疆圖)》(1652) 등에는 대사도와 구도·흠도가 산동성, 도리진이 산동성과 하북성 사이의 빈주(賓州) 동쪽 해상에 그려져 있다. 묘도군도를 거치지 않은 것이다. 이를 통하여 당대 초기만 해도 역시 전통적인 연안항법(沿岸航法)에 따라 '산동 ⇒ 하북 ⇒ 요동'으로 항해했음을 알 수 있는 셈이다. 연안항법에 관해서는 문성재,《한사군은 중국에 있었다》, 제99~110쪽을 참조하기 바란다.
382) 구흠도(龜歆島): 명대 호종헌(胡宗憲, 1512~1565)이 저술한 《주해도편(籌海圖編)》의 〈산동계도(山東界圖)〉에는 구도(龜島)와 흠도(歆島) 2개의 섬으로 그려져 있다.

명대 중기의 병서 《주해도편》〈산동16〉에 그려진 오호도. 이 책에 따르면 오호도와 함께 언급된 지명들은 묘도군도(廟島群島)에 부속된 섬들이 아니라 산동에서 하북을 거쳐 가는 해로에서 만나는 지명들이다. 이때까지만 해도 '산동⇒ 하북 ⇒ 요동'으로 우회하는 연안 항법이 여전히 보편적으로 사용되었다는 뜻이다.

난 다음에 오호도에 이른다. 이어서 300리를 가서 북쪽으로 오호해를 건너다.383)

【호주2】 '역산'이 《신당서》에는 '갈산'으로 나와 있다.384)

• 180

주상은 고려가 지치고 피폐해졌다고 여겨 [대신들과] 의논을 거쳐 이듬해

---

383) 【胡注】烏胡鎭當置於海中烏胡島。自登州東北海行, 過大謝島·龜歆島·淤島而後至烏湖島。又 三百里北渡烏湖海。

384) 【胡注】易山, 新書作'曷山'。

에 삼십만을 징발하여 단숨에 멸망시키기로 하였다. [그러자] 어떤 사람이 이런 의견을 내놓았다.

○ 上以高麗困弊, 議以明年發三十萬衆, 一擧滅之。或以爲,

• 181
"대군이 요동 정벌에 나서려면 한 해를 버틸 만한 식량을 준비해야 하는데 [그처럼 엄청난 양은] 가축이나 마차로는 실을 수 있는 것이 아니므로 반드시 배를 마련해 수로로 수송해야 합니다. 수나라 말기에 검남385) 지역만 유독 도적이 없었고 거기다가 근래의 요동전쟁이 있었으나 [그 것조차] 검남에는 피해를 당하지 않았나이다. 그 지역의 백성들은 풍족하게 지냈으므로 그들을 시켜 선박을 건조하게 함이 옳겠습니다."
[그래서] 주상이 그의 말을 따랐다.

○ '大軍東征, 須備經歲之糧, 非畜乘所能載, 宜具舟艦爲水運。隋末劍南獨無寇盜, 屬者遼東之役, 劍南復不預及, 其百姓富庶, 宜使之造舟艦。' 上從之。

• 182
가을, 칠월에 우영좌우부 장사(호주)강위를 검남도에 파견하고 나무를 베어 선박들을 건조하게 하였다. [그 결과 배 중에서] 큰 것들 중에 어떤 것은 길이가 일백 자386), 너비는 그 절반이나 되는 것도 있었다. [태종은]

---

385) 검남(劍南): 당대의 지역명. 지금의 사천성 검각 이남과 장강 이북은 물론 감숙성 반총산(蟠冢山) 이남과 운남성 동북방을 아우른다. 정관 연간에 처음 설치되었으며, 해당 지역이 사천 지역에서 유명한 검각(劍閣) 남쪽에 자리잡고 있어서 '검각 남쪽'이라는 뜻으로 붙인 이름이다.

386) 일백 자[一百尺]: 당대 초기의 '1척(尺)'은 지금의 30.7cm 정도에 해당한다. 따

검남도 각지에서 건조한 당나라 전선의 수송 경로. 완성된 전선들은 무협·강주·양주를 거쳐 내주까지 이동시킨 다음 요동 전선으로 군량과 군사를 수송하였다.

별도로 사신을 파견하여 수로를 통하여 무협387)으로부터 강주388)·양주389)에 당도한 다음 [다시] 내주까지 달려가게 하였다.

○ 秋, 七月, 遣右領左右府長史【胡注】强偉於劍南道伐木造舟艦,。大者或長百尺, 其廣半之。別遣使行水道, 自巫峽抵江·揚, 趣萊州。

【호주】영좌우부는 다시 좌와 우로 나뉘며, 각각 장사가 있다. 여기서는 좌

라서 100척은 3,070cm, 즉 30.7m, 그 절반은 15.3m 정도인 셈이다.

387) 무협(巫峽): 중국 당대의 지역명. 장강 유역의 3대 협곡의 하나로, '대협(大峽)'으로 불리기도 한다. 서로는 사천성 무산현(巫山縣) 대녕하구(大寧河口)로부터 동으로는 호북성 파동현(巴東縣) 관도구(官渡口)까지 총 40km에 이르는데 풍광이 수려하기로 유명하다. 고도가 높아서 전 구간이 해발 1,000m 이상이며, '무협 12봉(巫峽十二峰)'이 가장 유명하다.

388) 강주[江]: 중국 당대의 지명. 지금의 강서성(江西省) 구강시(九江市) 일대에 해당한다. 당대 중기의 시인 백거이(白居易)가 사마(司馬)로 좌천되어 이곳에서 벼슬을 살았다 하여 후대에는 '강주사마'가 백거이의 대명사로 일컬어지곤 하였다.

389) 양주[揚]: 중국 고대의 지명. 지금의 강소성(江蘇省) 양주시에 해당한다. 수나라 때에는 '강도(江都)'로 불렸으며, 양제가 지은 대운하(大運河)의 종착지이기도 하다.

·우천우부를 말한다.³⁹⁰⁾

•183

구월 … 계미일³⁹¹⁾에 설만철 등이 고려를 정벌하고 귀환하였다. [설]만철은 군영에서 마음대로 행동하면서 사람들을 무시하였다. [그래서] 배행방이 상소하여 그가 [조정에] 불만을 품고 있다고 고하는 바람에 관직을 박탈당하고 상주【호주】에 유배되었다. 기축일³⁹²⁾에 신라에서 [태종에게] 상소하여 백제의 공격으로 그 나라의 성 열세 곳을 점령당했다고 고하였다.

○ 九月 … 癸未, 薛萬徹等伐高麗還。萬徹在軍中, 使氣陵物, 裴行方奏其怨望, 坐除名, 流象州【胡注】。己丑, 新羅奏爲百濟所攻, 破其十三城。

【호주】배행방은 [설]만철을 보좌하여 요동 정벌에 종군하였다. 상권의 "상년"조를 참조하기 바란다. 상주는 한대 담중 중류현 땅으로, 수나라 때에는 시안군 계림현이었다. 당나라 무덕 4년에는 상주 계군을 설치하고 상산을 주의 이름으로 삼았다.³⁹³⁾

•184

십이월 … 계미일³⁹⁴⁾에 신라의 재상 김춘추³⁹⁵⁾와 그 아들 [김]문왕이 [당

---

390) 【胡注】領左右府, 亦分爲左·右, 各有長史, 此卽左·右千牛府也。
391) 9월 계미일: 양력으로는 9월 27일에 해당한다.
392) [9월] 기축일: 양력으로는 10월 3일에 해당한다.
393) 【胡注】裴行方副萬徹東伐, 見上卷上年。象州, 漢潭中中溜縣之地, 隋爲始安郡桂林縣, 唐武德四年, 置象州桂郡, 以象山名州。
394) 12월 계미일: 양력으로는 이듬해인 649년 1월 25일에 해당한다.

나라에] 입조하고 [태종을] 알현하였다. [＊396)]

○ 十二月 … 癸未, 新羅相金春秋及其子文王入見。

---

395) 김춘추(金春秋, 603~661): 신라 제29대 국왕인 무열왕(武烈王)의 이름. 진지왕(眞智王)의 손자이자 진평왕(眞平王)의 외손자이다. 젊은 시절부터 조정 중신에 해당하는 이찬(伊飡)의 신분으로 고구려·왜국·당나라와의 외교를 담당하고 당나라의 문물을 받아들이는 데에 적극적이었다. 654년에 진덕여왕의 뒤를 이어 최초의 진골(眞骨) 출신 국왕이 되자 외교는 아들 김법민, 군사는 매부 김유신(金庾信)에게 일임함으로써 삼국통일의 기초를 다졌다. 대야성 전투에서 사위 김품석 일가를 참살한 백제에 앙심을 품고 659년에 당나라에 백제 토벌을 요청하여 우이도 행군총관에 제수되어 당나라군과 연합하여 백제를 멸망시켰다. '무열'은 시호이고 묘호는 태종이어서 일반적으로 '태종무열왕'으로 불린다.

396) ＊:《삼국사기》"문무왕 11년(671) 7월 26일(양력 671년 11월 3일)"조의 〈설인귀에게 답하는 글[答薛仁貴書]〉에서 문무왕은 이때(정관 22년, 648) 태종 이세민이 김춘추 부자를 접견한 자리에서 이런 발언을 했다고 증언하였다. "짐이 이번에 고려를 정벌하는 것은 다른 이유가 있어서가 아니다. 너희 신라가 두 나라에게 치이며 번번이 침공당하고 능욕당하며 편안한 해가 있은 적이 없는 것을 딱하게 여겨서이니라. 산천이며 토지야 내가 탐할 바가 아니요 옥백이며 자녀들이야 나도 가지고 있는 바이다. [그러니] 내가 두 나라를 평정하면 평양[성] 이남과 백제의 토지는 일률적으로 너희 신라에게 주어 영원토록 평안하게 해 줄 것이다! … (朕今伐高麗, 非有他故, 憐你新羅攝乎兩國, 每被侵陵, 靡有寧歲. 山川土地非我所貪, 玉帛子女是我所有. 我平定兩國, 平壤已南百濟土地, 並乞你新羅, 永爲安逸. …)" 학계에서는 '이세민이 이때 김춘추에게 약속한 땅이 어디까지냐'를 놓고 논란을 벌이고 있다. 그러나 ① 문법적으로 범위를 설정하는 부사로 '일률적으로, 예외 없이(uniformly)'라는 뜻의 '아우를 병(並)'이 사용된 점, ② 따라서 하사의 대상인 '平壤已南百濟土地'은 당연히 단일한 대상물이 아니라 복수의 대상물을 나타내어야 하므로 4자씩 끊어서 '平壤已南'과 '百濟土地'의 두 가지로 이해해야 한다는 점, ③ 무엇보다도 이세민이 첫 마디에서 '내가 두 나라를 평정하면'이라고 전제하면서 애초부터 당나라가 신라에 주는 영토로 '백제의 토지'뿐만 아니라 고구려의 '평양성 이남'까지가 그 범위에 포함시켰다는 점이다. 이런 점들을 종합해 볼 때, ④ 이세민이 백제의 영토뿐만 아니라 고구려 '평양성 이남'의 영유권까지 김춘추에게 보장한 것으로 이해해야 옳다. 다만, 여기서 유념해야 할 것은 이 '평양[성]'은 평안도의 평양시가 아니라는 사실이다. 평양지역은 김춘추가 이세민을 알현하기 전에 이미 신라의 영토로 존재하고 있었기 때문이다.

• **185**

[김]춘추는 [김]진덕의 동생이었다.[397]

○ 春秋, 眞德之弟也。

• **186**

주상은 [김]춘추를 특진으로 삼고, [김]문왕은 좌무위장군[398]으로 삼았다. [이때 김]춘추가 [자국의] 전장제도와 관복을 고쳐 중국을 따를 것을 요청하자 대궐에서 동복을 내어 그에게 하사하였다. [*[399]]

○ 上以春秋爲特進, 文王爲左武衛將軍。春秋請改章服從中國, 內出冬服賜之。

---

397) 진덕의 동생이었다[眞德之弟也] : 이 부분은 〈신라전〉 집필자의 착오이다. 김춘추의 항렬을 따져 보면 진덕여왕의 조카에 해당하기 때문이다.

398) 좌무위장군(左武威將軍) : 당대의 관직명. 정식 명칭은 좌교위장군(左驍衛將軍)이다. 예종의 광택(光宅) 원년(684)에 좌무위장군, 중종의 신룡(神龍) 원년(705)에 좌교위장군으로 각각 개칭되었다. 좌교위장군은 수나라 양제의 대업(大業) 3년(607)에 좌비신부(左備身府)를 '좌교위(左驍衛)'로 개칭하고 정3품의 '12위 대장군(十二衛大將軍)'의 하나인 좌교위대장군 아래에 종3품 품계의 좌교위장군을 두고 대장군의 업무를 보좌하게 하였다.

399) * : 이와 관련하여 김부식 《삼국사기》 〈신라본기〉 "진덕여왕 2년(648)"조에는 다음과 같이 기술되어 있다. "[태종 이세민이] 하루는 연회에 [김춘추를] 불러 만나고 금과 명주천을 각별히 후하게 내리고 물었다. '경은 품은 뜻이 있는가?' [그래서 김]춘추가 무릎을 꿇고 말하였다. '신의 본국은 바다 저편에 외진 곳에 있으나 천자의 조정을 엎드려 섬긴 지 여러 해 되었나이다. 그런데 백제가 강하고 교활하여 몇 번이나 방자하게 침공하였습니다. 더욱이 지난해에는 [군사를] 크게 일으켜 [우리 지경을] 깊숙이 쳐들어와 수십 개의 성을 공격해 함락시킴으로써 [신라가] 당나라에 입조할 길을 막고 말았나이다. 만약 폐하께서 천자의 군사를 빌려주시어 흉악한 무리를 잘라 없애지 않으신다면 저희 나라 백성들은 모두 포로가 될 것이요, 그렇게 되면 산 넘고 바다 건너 받드는 조공의 의무도 다시는 바랄 수 없을 것입니다!' [그러자] 태종은 몹시 옳다고 여겨 군사를 출정시킬 것을 윤허해 주었다."

정관 23년 (649, 기유년)

•187

[＊400)] 유월의 갑술일 초하루401)에 고종이 즉위하고 천하에 사면령을 내렸다. … 정축일402) … 이에 앞서 태종의 두 이름자['세민']의 경우, 천하 사람들로 하여금 [그 두 글자를] 연달아 사용하지 않는 이들은 피하지 말[고 사용하]도록 하였다. 이때에 이르러 비로소 관직명에서 선제의 휘를 범한 것들을 고쳤다.【호주】[＊403)]

○ 六月, 甲戌朔, 高宗卽位, 赦天下. 丁丑, … 先是, 太宗二名, 令天下不連言者勿避. 至是, 始改官名犯先帝諱者.

---

400) ＊:《구당서》〈태종본기〉 "정관 23년(649)"조에는 다음의 내용이 보인다. "5월 기사일(양력 7월 10일)에 태종이 세상을 떠났다.(五月己巳, 太宗崩)"

401) 6월 갑술일 초하루: 양력으로는 7월 15일에 해당한다.

402) [6월] 정축일: 양력으로는 7월 18일에 해당한다.

403) ＊:《구당서》〈태종본기〉 "정관 23년"조에는 다음의 내용도 보인다. "가을 7월의 병오일(양력 8월 16일)에 해당 관청에서 치서시어사를 어사중승으로, 제주치중을 사마로, 별가를 장사로, 치례랑을 봉례랑으로 고쳐 부를 것을 건의하였다. 주상의 이름을 피하기 위한 조치였다. 정관 연간에는 선제(태종)의 이름 두 글자를 피하지 않았기 때문이다. [고종이] 윤허하지 않자 해당 관청에서 이렇게 상소하였다. '선제의 두 글자 휘는 예법상으로 어느 한 이름자만 피할 수 없나이다. 그러나 주상(고종)께서는 [휘가] 외자이오니 신하들이 무례를 범해서는 안 될 것입니다.' 주상이 그제야 그 말을 따랐다.(秋七月丙午, 有司請改治書侍御史爲御史中丞, 諸州治中爲司馬, 別駕爲長史, 治禮郎爲奉禮郎, 以避上名. 以貞觀時不諱先帝二字, 詔有司, 奏曰, '先帝二名, 禮不偏諱. 上旣單名, 臣子不合指斥.' 上乃從之)"

《자치통감(資治通鑑)》〈당기(唐紀)〉
고종 천황대성대홍효황제(高宗天皇大聖大弘孝皇帝)

영휘(永徽) 2년 (651, 신해년)

• **001**

십이월 … 이해에 백제에서 사신을 파견하여 입조하고 공물을 바쳤다. [그래서] 주상404)이 그에게 주의를 주면서 전하도록 일렀다.

"[그 나라가] 신라·고려와 서로 공격하지 말라. 그렇지 않으면 내가 장차 군사를 일으켜 너희를 토벌할 것이다!"

○ 十二月 … 是歲, 百濟遣使入貢, 上戒之, 使'勿與新羅·高麗相攻, 不然, 吾將發兵討汝矣.'

영휘 3년 (652, 임자년)

• **002**

봄, 정월의 기미일 초하루405)에 토욕혼406) ·신라·고려·백제에서 나란

---

404) 주상[上]: 여기서부터는 당나라의 제3대 황제인 고종(高宗) 이치(李治)를 가리킨다.

405) 1월 기미일 초하루: 양력으로는 2월 15일에 해당한다.

406) 토욕혼(吐谷渾, 313~663): 중국 고대의 선비계 북방민족. 모용선비의 한 갈래로 원래 요수 서쪽의 창려(昌黎) 극성(棘城) 북쪽에서 유목생활을 하던 모용토욕혼(慕容吐谷渾)이 지금의 감숙(甘肅)·청해(靑海) 지역에 정착하면서 수립되었으며, 나중에 그 손자인 엽연(葉延)이 조부의 이름을 종족 이름으로 일컫기 시작하였다. 동진 안제(安帝)의 의희(義熙) 원년(405)에 그 지도자 수락간(樹洛干)이 '대선우(大單于)·토욕혼왕(吐谷渾王)'을 자처하면서 송·제·북위에 예속되었다. 양나라 대동(大同) 원년(535)에 그 왕 과려(夸呂)가 '한(汗, 칸)'을 일컬으면서 동위·수나라와 통혼 관계를 유지하였다. 당대 초기에는 두 세력으로 분화되어 서

중국 역사지도에서의 토욕혼(吐谷渾)의 위치. 지금의 티베트와 사천성 사이의 분홍색 부분에 해당한다.

히 사신을 파견하여 입조하고 공물을 바쳤다.

○ 春, 正月, 己未朔, 吐谷渾·新羅·高麗·百濟並遣使入貢。

영휘 5년 (654, 갑인년)

• 003

윤오월 … 임진일[407)]에 신라의 여왕 [김]진덕이 죽었다. 조서를 내려 그 동생 [김]춘추를 세워 신라왕으로 삼았다.

○ 閏五月, … 壬辰, 新羅女王金眞德卒, 詔立其弟春秋爲新羅王。

• 004

겨울, 시월 … 계축일[408)]에 … 고려에서 그 나라의 장수 안고를 파견

부는 토번(吐蕃)에, 동부는 당나라에 복속하였다.
407) 윤5월 임진일: 양력으로는 7월 7일에 해당한다.
408) 10월 계축일: 양력으로는 11월 25일에 해당한다.

경주시 통일전(統一殿)에 봉헌된 태종무열왕 김춘추의 표준 영정

하여 고려·말갈 군사들을 거느리고 거란을 공격하게 하였다. [이때] 송막도독409) 이굴가410)가 그들을 막고 고려군을 신성에서 크게 무찔렀

---

409) 송막도독(松漠都督): 당대에 동이도호부에 속한 기미도독부의 하나로, 거란을 관리하던 송막도독부의 수장. '송막(松漠)'은 글자 그대로 풀면 '소나무숲과 [고비]사막의 접경지대'라는 뜻이다. 도독부는 서남으로는 요락도독부와 맞닿아 있고 남쪽으로는 영주와 접해 있었다. 중국의 빠이뚜 백과에서는 역사적으로 지금의 내몽골자치구 적봉(赤峰)·통료(通遼) 일대를 관할했다고 설명하고 있다. 그러나 여기서의 맥락을 따져 볼 때 통료 쪽보다는 적봉 쪽으로 보는 편이 훨씬 합리적이다. 도독부는 696~717년에 거란이 당나라와 대립하면서 한 동안 철폐되었다가 안록산이 반란을 일으켰을 때 직함으로만 존재하다가 그 역시 숙종 이후로 폐지되었다. 당나라 말기에 이르면 야율아보기(耶律阿保機)가 송막도독부의 관할 지역을 거점으로 삼고 거란 세력을 통일하여 요나라를 건국한다. 이 사실을 거꾸로 뒤집어 본다면 정치적 진공 상태의 권력의 공백기인 오대-송대는 몰라도 적어

황상 《지리도》에 묘사된 '송림천리(松林千里)'(중앙). 당송대까지만 해도 북경에서 정북으로 소나무숲이 천 리에 걸쳐 펼쳐져 있었던 것으로 보인다. 정남쪽에 연경(북경), 정동쪽에 중경과 택주가 보인다.

다.

○ 冬十月 … 癸丑 … 高麗遣其將安固將高麗·靺鞨兵擊契丹。松漠都督李窟哥禦之, 大敗高麗於新城。

도 당대까지만 해도 거란은 제국이 아니라 어디까지나 한·위·진·남북조 시기의 물길처럼 부족국가라고 하기에도 부족한 중소집단이었다는 뜻이 된다.

410) 이굴가(李窟哥): 당대의 거란족 수장 굴가(窟哥)를 말한다. 원래는 거란의 통치집단인 대하씨(大賀氏) 연맹의 수장 출신으로, 태종의 정관 22년(648)에 당나라가 거란 지역에 송막도독부를 설치하고 10개 주를 관할하게 하자 무리를 거느리고 당나라에 귀순하였다. 그 대가로 송막도독에 임명되고, '무극남(無極男)'에 봉해지는 한편 국성인 이씨를 하사받았다. 북방민족이던 거란은 이때에 이르러 비로소 중원의 역사로 다루어지기 시작한다.

영휘 6년 (655, 을묘년)

• **005**

봄, 정월 … 경인일[411]에 … 고려가 백제·말갈과 합세하여 신라의 북쪽 지경을 침공하고 서른세 곳의 성을 점령하였다. [그러자] 신라왕 [김]춘추가 [당나라에] 사신을 파견하고 [군사]지원을 요청하였다.

○ 春正月 … 庚寅 … 高麗與百濟·靺鞨連兵, 侵新羅北境, 取三十三城。新羅王春秋遣使求援。

• **006**

[이에] 이월의 을축일[412]에 영주도독 정명진과 좌위중랑장 소정방[413]을 파견하여 군사를 징발하여 고려를 공격하게 하였다. [*[414]]

○ 二月, 乙丑, 遣營州都督程名振·左衛中郎將蘇定方發兵擊高麗。

---

411) 1월 경인일: 양력으로는 3월 2일에 해당한다.
412) 2월 을축일: 양력으로는 4월 6일에 해당한다.
413) 소정방(蘇定方, 592~667): 당대 초기의 장수. 기주(冀州) 무읍(武邑) 사람으로, 본명은 열(烈)이며 '정방'은 자이다. 수나라 말기에 농민 봉기를 진압했으며 태종의 정관 연간 초기에는 동돌궐을 공략하는가 하면 고구려를 침공할 때에도 공을 세워 우둔위장군(右屯衛將軍)·임청현공(臨淸縣公)에 임명되었다. 현경 2년(657)에 서역 원정에 나서서 이려도 행군대총관(伊麗道行軍大總管)에 임명되었다. 서돌궐을 공략할 때에는 연전연승하여 아사나 하로를 생포한 공으로 좌교위대장군(左驍衛大將軍)·형국공(邢國公)을 배수 받았다. 나중에는 안무대사(安撫大使)가 되어 서역 침공에 나서 곤륜산(昆侖山) 일대를 평정한 공으로 좌무위 대장군(左武衛大將軍)이 되더니 신구도 대총관(神丘道大總管)에 임명되어 백제 침공에 나서 의자왕을 생포하였다. 그 뒤에는 요동도 행군총관(遼東道行軍總管)에 임명되어 평양성 공략에 나섰으나 악천후로 철수했으며, 나중에는 양주안집대사(凉州安集大使)에 배수되었다.
414) * : 《구당서》〈고종본기〉 "영휘 6년(655)"조에는 다음의 내용도 보인다. "6년 … 3월에 영주도독 정명진이 고려를 귀단수에서 무찔렀다.(六月 … 三月, 營州都督程名振破高麗於貴端水)"

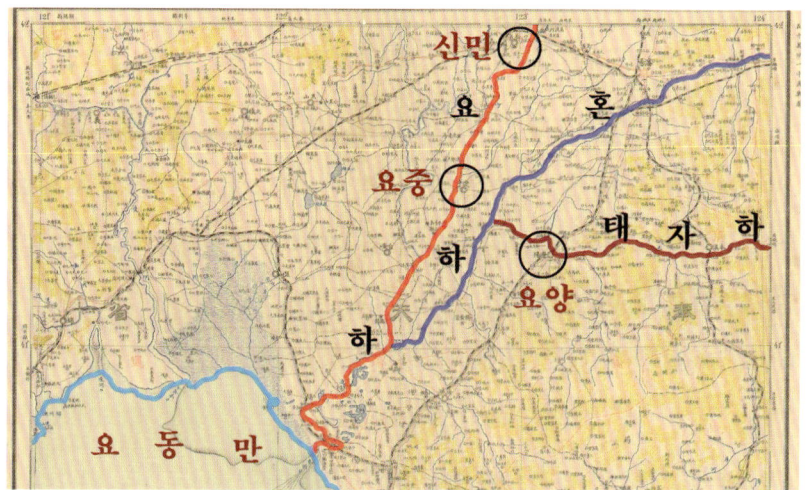

1917년에 제작된 중국 지도 속의 요하와 요양의 좌표. '요양'은 '요수 이북' 땅이란 뜻이다. 그런데 요하(빨강) 유역에는 신민과 요중만 보이고 지금의 요양시는 엉뚱하게도 태자하(고동) 남안(태음)에 있다. 지리적으로 요하 북안(요양)과는 무관한 곳인 셈이다.

• 007

여름, 오월의 임오일415)에 [정]명진 등이 요수를 건넜다. 고려군은 그들의 병력이 적은 것을 보더니 성문을 열고 귀단수【호주】를 건너와 [당나라군을] 맞아 싸웠다.

○ 夏, 五月, 壬午, 名振等渡遼水。高麗見其兵少, 開門渡貴端水【胡注】逆戰。

【호주】《구당서》〈정명진전〉을 따져 보건대, 귀단수416)는 신성 서남쪽에

---

415) 5월 임오일: 양력으로는 6월 22일에 해당한다.

416) 귀단수(貴端水): 고구려의 하천 이름. 청대 학자 고조우는《독사방여기요》〈산동8(山東八)〉 "금주위(金州衛)"조에서 "【귀단수】[금주]위의 서남쪽에 있다(【貴端水】在衛西南)"고 하였다. "금주위"는 지금의 요녕성 대련시(大連市)의 금주구(金州區) 일대에 해당한다. 중국 학계에서는 혼하(渾河)로 비정하고 있으나 확실한 것은 아니다. 분명한 것은《구당서》기록에 따를 때 그 위치가 요수와 신성 사이

있어야 옳다.417)

• 008

[그러자 정]명진 등은 힘써 공격하여 그들을 크게 무찌르고, 일천 명이 넘는 고구려군을 죽이거나 사로잡은 다음 그 [성의] 외성과 촌락을 불태우고 귀환하였다. [*418)]

○ 名振等奮擊, 大破之, 殺獲千餘人, 焚其外郭及村落而還。

현경(顯慶) 3년 (658, 무오년)

• 009

유월에 영주도독 겸 동이도호 정명진과 우영군중랑장 설인귀가 군사를 거느리고 고려의 적봉진419)을 공략하였다.420) [그리고] 그 성을 함락

라는 사실이다. 혼하는 지금의 요녕성 신빈(新賓) 만주족자치현 서북방의 곤마령(滾馬嶺)에서 발원하여 서남쪽으로 심양시(瀋陽市) 동북방을 지나 요양시 40리 지점에서 요하와 합쳐진다.

417) 【胡注】按舊書程名振傳, 貴端水, 當在新城西南。

418) *:《일본서기(日本書紀)》권26 〈제명천황기(齊明天皇紀)〉에는 백제와 관련하여 이런 내용이 소개되어 있다. "서쪽 바다로 보낸 사신이 백제에서 귀환하여 낙타 한 마리와 나귀 두 마리를 바쳤다.(西海使自百濟還, 獻駱駝一箇, 驢二箇)" 백제에서 귀환했다면 백제의 특산물을 실어 온 것일 텐데 그중에 낙타가 끼어 있는 것이 이채롭다. 낙타는 당시 백제는 물론이고 고구려의 강역보다 위도가 높은 몽골고원의 사막에서 서식하는 동물이다. 사막에서 한참 남방에 자리잡고 있는 백제와는 너무 동떨어진 동물이라는 뜻이다.

419) 적봉진(赤烽鎭): 고구려의 군사도시. 고조우는《독사방여기요》"금주위(金州衛)" 조에서 "【적봉진】철폐된 신성의 동쪽에 있었다(【赤烽鎭】在廢新城東)"고 하였다. 그러나 고조우의 고증은 정확한 것으로 보이지 않는다. 적봉진의 좌표가 금주위, 즉 지금의 대련시 서남부 인근에 있다면 지리적으로 정명진의 관할지역(영주)으로부터 너무 멀리 떨어져 있기 때문이다. 어떤 학자는 "지금의 요녕성 무순시 동쪽에 있다(在今遼寧撫順市東)"고 주장하지만 역시 동쪽으로 너무 치우쳐 있

《자치통감》에 등장하는 적봉진은 어디인가. 고조우는 대련 서남으로, 현대 중국 학자들은 무순 인근으로 비정했으나 지리적으로 영주로부터 너무 멀리 떨어져 있다. 역자는 그 이름 그대로 지금의 적봉시 일대일 가능성도 상정할 수 있다고 본다.

시키고 [고려군의] 머리를 사백 급 넘게 베고 일백 명 넘는 포로를 사로잡았다. [그러자] 고려에서 그 나라의 대장인 두방루를 파견하여 그 무리 삼만 명을 이끌고 당나라군에 맞서게 하였다. [이에 정]명진이 거란의 군대로 [고려군을] 맞아 공격하여 크게 무찌르고 머리를 이천오백 급이나 베었다.[호주]

○ 六月, 營州都督兼東夷都護程名振·右領軍中郞將薛仁貴將兵攻高

어서 동의하기 어렵다. 한 가지 분명한 것은 그 지명을 따져 볼 때 그곳에는 붉은 봉수대[烽] 또는 봉우리[峰]가 있었던 것으로 보인다. 참고로, 국내외 학계에서 영주로 비정하는 요녕성 조양시(朝陽市)에서 북서쪽으로 150km 지점에는 적봉시(赤峰市)가 자리잡고 있는데 시내에 붉은 산이 있어서 '적봉'이라고 부르게 되었다고 한다.

420) 고려의 적봉진을 공략하였다[攻高麗之赤烽鎭]:《구당서》〈고종본기〉"현경 3년(658)"조에는 공략한 지역을 밝히지 않고 "3년 … 6월에 정명진이 고려를 공략하였다(三年 … 六月, 程名振攻高麗)"라고만 소개되어 있다.

고종 천황대성대홍효황제(高宗天皇大聖大弘孝皇帝) **619**

麗之赤烽鎭。拔之，斬首四百餘級，捕虜百餘人。高麗遣其大將豆方
婁帥衆三萬拒之。名振以契丹逆擊，大破之，斬首二千五百級[胡注]。

【호주】《자치통감 고이》에는 다음과 같이 소개되어 있다. "《구당서》〈설인
귀전〉에서는 '현경 2년(657)에 정명진을 보좌하여 요동을 경략하면서 귀
단성에서 고려군을 무찌르고 [적의] 머리를 3,000급이나 베었다'고 하였다.
여기서는 실록을 따르기로 하겠다.421)

현경 4년 (659, 기미년)

• 010

[*422)] 십일월, 병오일423)에 … 우영군중랑장 설인귀 등이 고려 장수
온사문과 횡산424)에서 싸워서 그들을 무찔렀다.

○ 十一月，丙午 … 右領軍中郞將薛仁貴等與高麗將溫沙門戰於橫山，
破之。

---

421) 【胡注】考異曰，舊書仁貴傳云，'顯慶二年，副程名振經略遼東，破高麗於貴端城，斬
首三千級.' 今從實錄。

422) *：《구당서》〈고종본기〉 "현경 4년(659)"조에는 이런 내용도 보인다. "4년 … 3
월에 [고종이] 좌효위대장군·성국공이던 계필하력을 요동으로 보내어 [고구려
를] 경략하게 하였다.(四年 … 三月, 以左驍衛大將軍戚國公契苾何力往遼東經略)"

423) 11월 병오일: 양력으로는 12월 22일에 해당한다.

424) 횡산(橫山): 고구려의 산 이름. 중국의 지명사전에 따르면, 중국에는 같은 이름을
가진 산이 27군데가 넘는다. 그중에서 하북성 이동 지역에 자리잡고 있는 것들만
살펴보면, ①《위서》〈지형지(地形志)〉에 소개된 "평주 해양현(平州海陽縣, 지금
의 하북성 난현 북쪽)", ②《독사방여기요》에 소개된 "무녕현(撫寧縣, 지금의 하
북성 무녕현)", ③《요사》〈지리지〉에 소개된 "횡주(橫州, 지금의 요녕성 창무현
서남쪽?)" 정도가 있다. 또, ④ 일부 중국 학자는 지금의 요녕성 요양현(遼陽縣)
동쪽에 자리잡고 있는 화표산(華表山)으로 비정하기도 한다. 이 중 어느 것이 진
짜 횡산인지는 다른 지명들과의 유기적인 비교·분석을 통하여 밝혀낼 수 있을 것
으로 보인다.

'언덕 구(丘)'는 보거나 쓰기에 따라서는 '병졸 병(兵)'과 혼동되기 쉽다. '신병도'가 아니라 '신구도'가 옳다는 뜻이다.

현경 5년 (660, 경신년)

• 011

삼월, 병오일[425]에 … 백제가 고려의 지원을 믿고 여러 차례 신라를 침공하였다.[426] [그래서] 신라왕 [김]춘추가 [태종에게] 표를 올리고 지원을 요청하였다.

○ 三月, 丙午 … 百濟恃高麗之援, 數侵新羅。新羅王春秋上表求救。

• 012

[삼월] 신해일[427]에 좌무위대장군 소정방을 신구도【호주1】행군대총관으로 삼고, 좌교위장군 유백영 등의 수군·육군 십만을 이끌고 백제를 정벌

---

425) 3월 병오일: 양력으로는 4월 20일에 해당한다.
426) 백제가 고려의 지원을 믿고 여러 차례 신라를 침공하였다[百濟恃高麗之援, 數侵新羅]: 당나라가 백제를 침공할 때 표면적인 명분으로 내세운 것이 이것이다. 당나라 황제가 여러 차례 설득하고 경고했지만 이를 무시하고 고구려와 합세하여 수시로 신라를 도발했다는 것이다.
427) [3월] 신해일: 양력으로는 4월 25일에 해당한다.

하게 하였다.428)【호주2】 [그리고 김]춘추를 우이도【호주3】행군총관으로 삼고 신라의 무리를 거느리고 그들과 합세하게 하였다.

○ 辛亥, 以左武衛大將軍蘇定方爲神丘道【胡注】行軍大總管, 帥左驍衛將軍劉伯英等水陸十萬以伐百濟【胡注】。以春秋爲嵎夷道【胡注】行軍總管, 將新羅之衆, 與之合勢。

【호주1】《신당서》에는 '신병도'로 나와 있다.429)

【호주2】《자치통감 고이》에는 다음과 같이 기술되어 있다. "《구당서》의 〈소정방전〉과 〈신라전〉에서는 모두 '소정방이 웅진도 대총관으로 임명되었다'고 했으며, 실록의 〈소정방전〉 역시 마찬가지이다." 여기서는 이해의 실록과 《신당서》〈고종본기〉의 기록을 따르기로 하겠다. 이와 함께, 《구당서》〈고종본기〉와 《당력》에서는 모두 "4년 12월 계해일에 소정방을 신구도 대총관으로 삼고, 유백영을 우이도 행군총관으로 삼았다"고 소개하였다. 따져 보건대 소정방은 당시 도만430)을 토벌하고 있어서 아직 신구도 총관이 아니었다. 《구당서》와 《당력》 모두 잘못된 것이다. 여기서는 실록의 기록을 따르기로 하겠다.431)

---

428) 좌무위대장군 소정방을[以左武衛大將軍]:《구당서》〈고종본기〉 "현경 5년(660)" 조에는 "신해일에 신구도의 군사를 동원하여 백제를 정벌하였다(辛亥, 發神丘道軍伐百濟)"고 간단하게 기술되어 있다.

429)【胡注】新書作'神兵道'。

430) 도만(都曼): 서돌궐 아실길부(阿悉吉部)의 추장인 도만특근(都曼特勤)을 말한다. 현경 4년(659)에 소륵(疏勒)·주구파(朱俱波)·갈반타(渴般陀) 세 나라의 군사를 일으켜 당나라의 책봉을 받은 몽지도호(濛池都護) 아사나 보진(阿史那步眞)에 반기를 들고 우전(于闐)을 공략하였다. 그러나 안무대사로 파견된 좌교위대장군 소정방의 군사에게 패하고 낙양으로 압송되었다가 소정방의 건의로 사면되었다.

431)【胡注】考異曰, 舊書定方傳·新羅傳皆云, '定方爲熊津道大總管.' 實錄定方傳亦同. 今從此年實錄·新唐書本紀. 又舊本紀·唐曆皆云, '四年十二月癸亥, 以定方爲神丘道大總管, 劉伯英爲嵎夷道行軍總管.' 按, 定方時討都曼, 未爲神丘道總管, 舊書·

【호주3】《서경》〈요전〉의 "우이를 집으로 삼으니 '양곡'이라 한다"를 근거로 이름을 붙인 것이다.[432]

• 013

[*[433]] 팔월에 … 소정방이 군사를 이끌고 성산[434]으로부터 바다를 건너니 백제군이 웅진의 강[435] 어귀를 거점으로 삼아 그들에 맞섰다.

唐曆皆誤。今從實錄。

432) 【胡注】因堯典'宅嵎夷曰暘谷'而命之。
433) *: 김부식《삼국사기》〈신라본기〉에는 이 자리에 백제 명장 계백과 신라 명장 김유신의 황산벌 전투가 소개되어 있다. "가을 7월 9일에 김유신 등이 황산 들판으로 진군하였다. [이에] 백제의 장군 계백이 군사를 거느리고 와서 먼저 [지세가] 험한 곳을 거점으로 삼고 세 군데에 병영을 세우고 기다리고 있었다. [김]유신 등은 군사를 세 길로 나누고 네 차례나 싸웠으나 불리하여 병졸들은 기운이 바닥나 버렸다. … 삼군이 [반굴과 관창의 희생하는] 그 광경을 보고 비분강개하여 죽기를 각오하고 북을 치고 함성을 지르며 진격하였다. [그러자 마침내] 백제의 무리가 크게 패하여 계백은 죽고 좌평 충상과 상영 등 20여 명이 사로잡혔다." 김부식은《삼국사기》〈지리지〉에서 황산 들판의 위치와 관련하여 "【황산군】 본래 백제 때에는 황등야산군이었다. [신라] 경덕왕 때 이름을 고쳤으며, 지금(고려)은 연산현이다(【黃山郡】本百濟黃等也山郡. 景德王改名, 今連山縣)"라고 하였다. 그런데 조선시대의 연혁지《신증동국여지승람》〈충청도·연산〉"건치연혁(建置沿革)"조에서는《삼국사기》〈지리지〉의 기록을 근거로 연산을 지금의 충청남도 연산 일대로 비정하였다. 다만, ① '연산'이라는 이름이나 ② 계백이 지세가 험한 곳에 병영을 3곳 세웠다는 점, ③ 지금의 연산의 지형은 계백과 김유신의 공수 방향과 반대의 양상을 보인다는 점에서 보다 면밀한 고증이 필요하지 않을까 싶다.
434) 성산(成山): 중국 고대의 지명. 고조우의《독사방여기요》〈산동7(山東七)〉에는 "【성산】 [문등]현 동북방으로 150리 지점에 있다(【成山】 [文登]縣東北百五十里)"고 소개되어 있다.《백제역사편년》(제287쪽)에서는 "[여기서의] 성산은 [문등현의] 성산이 분명하다. 문등현 동북방 150리 지점(즉 지금의 산동성 영성시의 성산) 부근에 자리잡고 있다(城山, 當卽成山. 位於文登縣東北百五十里[卽今山東榮成市成山]附近)"고 해석하였다.
435) 웅진의 강[熊津江]: 이 하천과 관련하여 인터넷〈국편위판〉주209 및〈동북아판 4〉(제145쪽)에서는 모두 "지금의 금강"으로 추정하였다. 다만, 원문에는 '웅진강

[이에 소]정방이 [* 436)] 진격해 그들을 무찌르니 백제군들 중에서 죽은 이가 수천 명이나 되었으며, 나머지는 모두 [대열이] 흐트러져 도주하였다.

○ 八月 … 蘇定方引兵自成山濟海。百濟據熊津江口以拒之 定,方進擊破之, 百濟死者數千人, 餘皆潰走。

• 014

[소]정방은 수로와 육로로 동시에 진군하여 곧바로 그 나라 도성으로 달려갔다.【호주】이십여 리도 못 갔을 때 백제에서 온 국력을 다 기울여 [현장으로] 와서 싸웠으나 [소정방이] 그들을 크게 무찔러 일만 명 넘게 죽이고 [계속] 추격하여 그 성곽 안까지 쳐들어갔다.

○ 定方水陸齊進, 直趣其都城【胡注】。未至二十餘里, 百濟傾國來戰, 大破之, 殺萬餘人, 追奔, 入其郭。

【호주】《북사》에는 다음과 같이 소개되어 있다. "백제는 구발성에 도읍을 두었는데, '고마성'이라고 하기도 한다. 그 바깥으로는 따로 5방이 있는데, 중방을 '고사성', 동방을 '득안성', 남방을 '구지하성', 서방을 '도선성', 북방

(熊津江)'으로 소개되어 있을 뿐이어서 '웅진강'이라는 고유명사인지 '웅진 지역의 여러 하천들 중 하나'인지 단정하기 어렵다.

436) *:《구당서》〈소정방전〉에는 이 자리에 "[소]정방이 [웅진강의] 동쪽 기슭으로 올라가(定方升東岸)"라는 내용이 추가되어 있다. 이는 곧 소정방의 당나라군이 서쪽에서 배를 타고 들어와 웅진강 동쪽 기슭으로 상륙했다는 뜻이 된다. 그렇다면 이로써 여기에 등장하는 웅진강이 지형적으로 북쪽에서 남쪽으로 흐르는 하천임을 알 수 있는 셈이다. 참고로,《백제역사편년》(제287~288쪽)에서는 ① 금강에서 부여로부터 강경까지의 구간이 물줄기가 크게 꺾여 북쪽에서 남쪽으로 흐른다는 점에 착안하여 ② 강경 부근의 고다진(古多津) 일대의 물길이 험해서 방어 설비를 구축하기 적합하다고 보고 ③ 여기서의 "웅진강 어귀"를 고다진 일대로 비정하였다.

을 '웅진성'이라고 한다."437)

• 015

백제왕 [부여]의자와 태자 [부여]융438)이 [백제의] 북쪽 지경439)까지 도주하였다. [그러자 소]정방은 진군하여 그 성을 포위하였다. [그러자 부여]의자의 둘째아들 [부여]태가 왕을 자처하면서440) 무리를 이끌고 [성을] 굳게 지켰다. [이때 부여]융의 아들 [부여]문사가 말하였다.

"왕과 태자께서 모두 건재하신데 숙부가 갑자기 군사를 모아 왕을 자처하니 [이번에] 당나라군을 물리칠 수 있다 하더라도 우리 부자는 온전

---

437) 【胡注】北史, '百濟都俱拔城, 亦曰固麻城, 其外更有五方, 中方曰古沙城, 東方曰得安城, 南方曰久知下城, 西方曰刀先城, 北方曰熊津城.'

438) 부여융(扶餘隆, 614~682): 백제 의자왕의 아들. 중국 낙양시에서 발굴된 영순(永淳) 원년(682)의 《부여융묘지(扶餘隆墓誌)》에 따르면, 백제가 멸망한 뒤에는 "웅진도독으로 삼고 백제군공에 봉하는 한편 그대로 웅진도 총관 겸 마한도 안무대사로 삼았다. … 춘추 예순여덟에 사저에서 돌아가셨다. 영순 원년 임오년 12월 경인월 초하루 24일 계유일(양력 683년 1월 26일)에 북방산 청선리에 안장하여 예의를 갖추다(爲熊津都督, 封百濟郡公. 仍爲熊津道總管兼馬韓道安撫大使. … 春秋六十有八, 薨於私第. 以永淳元年歲次壬午十二月庚寅朔廿四日癸酉葬於北芒淸善里禮也)"라고 소개되어 있다. 묘지명이 진품이라면 68세에 682년에 죽었으니 태어난 해는 614년쯤인 셈이다.

439) 북쪽 지경[北境]: 전후 맥락을 따져 볼 때 백제 5방 중의 북방에 해당하는 웅진성을 가리키는 것으로 보인다.

440) 태가 왕을 자처하면서[泰自立爲王]: 《신당서》의 〈소열전(蘇烈傳)〉에도 같은 내용이 보인다. 부여태가 왕이 된 것은 《구당서》〈백제전〉에 잠시 언급된 '소왕(小王)'과 같은 경우로 보아야 할 것이다. 임진왜란 때에 선조(宣祖)가 조정의 기능과 국왕의 지위를 한시적으로 쪼개어 왕자들 중 한 사람인 광해군(光海君)에게 부여한 조선시대의 '분조(分朝)'와 유사한 경우로 보인다. 다만, 《삼국사기》"의자왕 20년"조에서는 "[소]정방이 왕 및 태자 효, 왕자 태·융·인 … 을 도성으로 압송하였다(定方以王及太子孝·王子泰·隆·演, … 送京師)"하여 부여효만 태자로 소개하고 부여태·부여융·부여인은 일률적으로 왕자로 일컬었다.

할 수 없을 것이 분명합니다!"

○ 百濟王義慈及太子隆逃于北境, 定方進圍其城。義慈次子泰自立爲王, 帥衆固守。隆子文思曰, '王與太子皆在, 而叔遽擁兵自王, 借使能卻唐兵, 我父子必不全矣。'

• 016

[그렇게 해서] 마침내 측근들을 데리고 성벽을 넘어 [당나라군의 진영으로] 와서 항복하였다. [그러자] 백성들도 모두 그들을 따르니 [부여]태가 [그들을] 막을 수가 없었다. [이에 소]정방이 군사들에게 명령하여 성 위로 올라가 [당나라] 깃발을 세우게 하니 [부여]태는 궁지에 몰려 성문을 열고 자신의 죄를 빌었다. 이렇게 하여 [부여]의자, [부여]융을 위시한 [백제 각 성의] 성주들이 모두 항복하였다.⁴⁴¹⁾

○ 遂帥左右踰城來降, 百姓皆從之, 泰不能止。定方命軍士登城立幟, 泰窘迫, 開門請命。於是, 義慈·隆及諸城主皆降。

• 017

백제에는 예전에 다섯 부⁴⁴²⁾가 있었는데, 서른일곱 군⁴⁴³⁾과 이백 곳의

---

441) 모두 항복하였다[皆降]: 《구당서》〈고종본기〉 "현경 5년"조에는 이 부분이 이렇게 기술되어 있다. "8월 경진일(양력 9월 21일)에 소정방 등이 토벌에 나서 백제를 평정하고 그 나라 왕이던 부여의자를 뒷짐을 지워 결박하였다.(八月庚辰, 蘇定方等討平百濟, 面[反?]縛其王扶餘義慈)"

442) 다섯 부[五部]: '5부(五部)'는 백제 도읍의 5개 구역(district)을 아울러 일컬은 이름으로, 상부(上部, 동부), 전부(前部, 남부), 중부(中部, 중앙), 하부(下部, 서부), 후부(後部, 북부)를 말한다. 인터넷 〈국편위판〉 주127에서는 백제가 어째서 도읍에서 5부제를 시행했는가에 관하여 이마니시 류의 주장을 근거로 이렇게 설명하였다. "諸貴族을 首都에 定住시키고 部名을 官名에 冠하여 大小貴族의 住居地 또

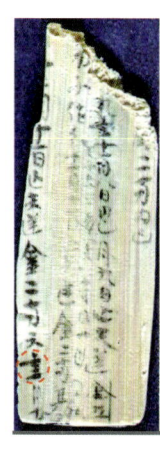

2022년 3월에 충남 부여군 동남리에서 출토된 백제 목간

성, 칠십육만 호를 나누어 다스렸다. [태종은] 조서를 내려 그 나라 땅에 웅진 등 다섯 개의 도독부444)【호주】를 설치하고 그 나라 추장들을 [도독부

는 住處地를 표시케 함으로써 貴族들에 대한 지역적 통제를 용이하게 하고자 하였다." 이마니시 류의 해석은 일본 근세에 도쿠가와(德川) 막부(幕府)가 전국의 지방 영주(다이묘)들 가족을 에도(江戶, 지금의 도쿄)에 인질로 억류함으로써 영주들을 통제한 '산킨교다이(參勤交代)' 제도에서 착안한 것으로 보인다. 그러나 백제 5부제의 실체가 밝혀지지 않은 상태에서 양자를 결부시키는 것은 지나친 일반화의 오류가 아닌가 싶다.

443) 서른일곱 군[三十七郡]: 《수서》 등 선행 정사의 〈백제전〉에서는 "다섯 방에 저마다 방령이 있으며 … 방마다 열 개의 군이 있다(五方各有方領, … 方有十郡)"고 하였다. 그렇다면 다섯 방에 총 50개의 군이 있었던 셈이다. 그런데 여기서 의자왕 당시 백제의 군이 37개에 불과한 것을 보면 신라와 전쟁을 주고 받는 과정에서 13개 군을 상실했다는 추론도 가능해진다.

444) 다섯 개의 도독부[五都督府]: 여기에는 웅진·마한·동명의 3개 도독부만 소개되어 있지만 《신당서》〈지리지〉에는 "그 땅에 웅진·마한·동명·금련·덕안의 다섯 도독부를 설치하였다(以其地置熊津馬韓東明金連德安五都督府)"고 소개되어 있다. 인터넷 〈국편위판〉 주199에서는 "百濟 後期의 地方行政區劃은 王城 扶餘 外에 固麻城·得安城·久知下城·古沙城·刀先城이 5개 지점을 각각 治所로 하는 5方

의] 도독445)이나 자사로 삼게 하였다. 446) [＊447)]

○ 百濟故有五部, 分統三十七郡·二百城·七十六萬戶, 詔以其地置熊等五都督府【胡注】, 以其酋長爲都督·刺史.

【호주】웅진·마한·동명·금련·덕안의 다섯 도호부이다. 448)

• 018
십일월, 무술일의 초하루449)에 주상이 측천문 문루450)에 행차하였

의 制였다. 唐은 이 舊制를 답습하여 扶餘에 총사령부를 두었다. … 그리고 그 下位 單位로 5方에 각각 熊津·德安(得安)·金漣(金連)·馬韓·東明의 5都督府를 둔 것이다. … 百濟가 완전히 멸망하자 唐은 664년에 5都督府制를 고쳐 이것을 熊津都督府로 單一化"했다고 보았다.

445) 도독(都督): 중국 고대의 관직명. 특정한 방면·지역의 군사를 관할하면서 정벌·수비 등의 군사 업무 전반을 총괄하였다. 고대에는 군사지휘권의 관할 범위를 명시하여 '도독□주제군사(都督□州諸軍事)' 식으로 일컫는 경우가 많았다. 그 범위는 '도독영주제군사'처럼 적게는 1개의 고을로부터 많게는 10개가 넘는 고을까지 확장되기도 하였다. 강주·양주·형주·상주·광주·교주 등지의 군정을 총괄했던 동진(東晉)의 대신 왕돈(王敦, 266~324)이 '도독강·양·형·상·광·교등주제군사(都督江揚荊湘廣交等州諸軍事)'라는 직함을 지녔던 것이 그 예이다.

446) 이 대목의 경우, 정약용은《아방강역고》〈마한고〉에서 이렇게 기술하였다. "당나라 고종 때에 백제가 평정되고 나서 다섯 도독부를 나누어 두었는데, 금마저군(金馬渚郡)으로 마한도독부를 삼았다"(이민수 역, 제105쪽)《세종실록지리지》등 조선시대 이래의 사서·연혁지들에 따르면 '금마저군'은 지금의 전라북도 익산시를 말한다. 문제는 마한도독부의 좌표를 금마저군에서 찾은 것은 정약용 등 조선시대 학자들과 그 이후의 청나라 학자들뿐이라는 데에 있다. 정작 그보다 1,000여 년 전 당나라와 백제의 전쟁을 소개한《구당서》·《신당서》등 중국 정사에는 다섯 도독부를 둔 일만 소개되어 있을 뿐 금마저군은 전혀 언급한 일이 없다.

447) ＊:《구당서》〈고종본기〉"현경 5년"조에는 이런 내용도 보인다. "[이에] 신구도·우이도 총관 이하의 관원들[이 혹시라도 지은 죄들]을 특별히 사면하고 천하[사람들]에게 사흘 동안 크게 잔치를 베풀었다.(曲赦神丘嵎夷道總管已下, 賜天下大脯三日)"

448)【胡注】熊津·馬韓·東明·金連·德安五都督府.

449) 11월 무술일 초하루: 양력으로는 12월 8일에 해당한다.

다.【호주】[이때 소정방으로부터] 백제의 포로들을 인계받았으나[451] 그 나라 왕 [부여]의자 이하의 인사들을 일률적으로 풀어 주었다.[452]

○ 十一月, 戊戌朔, 上御則天門樓【胡注】, 受百濟俘, 自其王義慈以下皆釋之.

【호주】《당육전》에는 이렇게 소개되어 있다. "동도(낙양)의 궁성 남면에는 문이 3개 있는데 가운데 것이 '응천[문]'이다. 나중에 무후[453]가 '측천'을

---

450) 문루(門樓): 중국 고대에 성문 위에 세운 누각을 말한다.
451) 백제의 포로들을 인계받았으나[受百濟俘]: 소정방이 당나라 장안으로 압송한 백제인들의 성격과 인원은 사서마다 조금씩 편차를 보인다. ①《삼국사기》"태종 무열왕 6년(659)"조에는 9월 3일에 "백제왕과 왕족, 신료 93인, 백성 1만 2천 인"을 압송했다고 기술되어 있다. ②《당유인원기공비(唐劉仁願紀功碑)》에는 "그 나라 왕 부여의자와 태자 [부여]융 및 좌평·달솔 이하의 신하 700여 명을 사로잡았다(執其王扶餘義慈幷太子隆及佐平達率以下七百餘人)"고 새겨져 있다. ③《일본서기》〈제명천황기〉주석에는 이렇게 기술되어 있다. "11월 1일에 장군 소정방 등에게 생포된 백제왕 이하 태자 융 등 왕자들 13명, 대좌평 사택천복·국변성 이하 37명, 총 50여 명을 조당으로 들이고 서둘러 이끌고 천자에게로 데려갔다. 이에 천자가 칙명을 내리매 현장에서 [결박을] 풀어 주었다. 19일에 [연회를] 베풀어 [그들의] 노고를 위로하고 24일에 동경(낙양)을 출발하였다.(十一月一日, 爲將軍蘇定方等所捉百濟王以下, 太子隆等, 諸王子十三人, 大佐平沙宅千福·國辨成以下卅七人. 幷五十許人, 奉進朝堂. 急引趍向天子. 天子恩勅, 見前放着. 十九日, 賜勞. 廿四日, 發自東京)"
452) 주상이 측천문 문루에 행차하였다~[上御則天門樓]:《구당서》〈고종본기〉"현경 5년"조에는 이 부분이 다음과 같이 기술되어 있다. "형국공 소정방이 백제왕인 부여의자, 태자 [부여]융 등 58명의 포로를 측천문에서 [고종에게] 바쳤다. [그러자 고종은] 그들을 꾸짖고 나서 [그 죄를] 사면해 주었다.(邢國公蘇定方獻百濟王扶餘義慈·太子隆等五十八人俘於則天門, 責而宥之)"
453) 무후(武后): 중국 역사상 최초의 여황제 무측천(武則天, 624~705)을 말한다. 이름은 조(曌)이며, 병주(幷州) 문수(文水, 지금의 산서성 문수현) 사람이다. 14살 되던 해에 입궁하여 태종 이세민의 재인(才人, 후궁)으로 '미낭(媚娘)'이라는 호를 얻었다. 태종이 죽자 당시의 관례에 따라 다른 후궁들과 함께 태종의 명복을 빌기 위하여 불가에 출가했다가 우연히 절에 행차한 고종 이치의 눈에 들어 소의(昭儀, 후궁)가 되면서 다시 대궐로 복귀하였다. 공손무기 등 조정 대신들의 반대

새로 복원된 당대 낙양 도성의 남면. 중앙의 대문이 측천문으로 나중에 무측천의 시호를 피하여 '응천문(應天門)'으로 개칭되었다.

호로 사용하면서 나중에는 '측천[문]'으로 고쳤다.[454]

• 019

소정방은 [이때를] 전후하여 세 나라를 멸망시켰는데 그때마다 그 나라 군주를 산 채로 사로잡았다.【호주】 [이날 고종이] 천하에 사면령을 내렸다.[455]

○ 蘇定方前後滅三國, 皆生擒其主【胡注】。赦天下。

에도 불구하고 황후로 봉해져 '천후(天后)'라는 존칭으로 불리며 수렴청정에 나섰다. 고종이 죽자 67세의 나이로 스스로 황제를 일컬으며 낙양을 도읍으로 삼고 무씨 주나라[武周]를 세웠다. 신룡(神龍) 원년(705)에 복위하여 당나라를 중흥시킨 중종(中宗)에 의하여 '측천대성황후(則天大聖皇后)'로 추존되고 현종 때에 '측천황후'라는 시호가 부여되었다.

454)【胡注】唐六典, '東都宮城南面三門, 中曰應天, 後以武后號則天, 遂更曰則天也。'
455) 천하에 사면령을 내렸다[赦天下]:《책부원구》〈제왕부·사유제3(帝王部·赦有第三)〉에 따르면 "[현경 5년] 8월 계미일에 [고종은] 소정방 등이 백제를 토벌해 평정했다 하여 신구도 행군대총관 이하의 병사들 및 그들의 부모·처자들 중 죽을 죄 이하의 죄를 지은 이들을 두루 사면하고 천하에 사흘 동안 큰 잔치를 베풀어 주게 하였다.(八月癸未, 以蘇定方等討平百濟. 曲赦神丘道行軍大總管以下兵士及其父母妻子大辟罪已下, 賜天下大酺三日)"

【호주】 가로[456]·도만·의자[왕]을 말한다.[457]

• 020

십이월 … 임오일[458]에 [태종이] 좌교위대장군 계필하력을 패강[459]도【호주1】 행군대총관, 좌무위대장군 소정방을 요동도 행군대총관, 좌교위장군 유백영을 평양도 행군대총관, 포주[460] 자사 정명진을 누방도[461] 총

---

456) 가로(駕魯): 서돌궐 칸국의 명장 아사나 하로(阿史那賀魯, ?~659)를 말한다. 실점밀 가한(室點密可汗)의 5세손으로 나중에 서돌궐의 사발라(沙鉢羅) 가한으로 자립하였다. 646년에 서돌궐 칸으로 추대된 을비사궤(乙毗射匱)가 당초의 칸이던 을비돌륙(乙毗咄陸)을 토화라(吐火羅)로 축출하자 보복을 당할 것을 두려워하여 무리 3,000명을 데리고 당나라로 망명하였다. 그러자 당나라는 그를 곤구도(昆丘道) 행군총관으로 임명하고 구자(龜玆)를 침공하게 하였다. 649년에는 요지도독(瑤池都督)으로 임명되었으나 고종이 즉위하자 당나라에 반기를 들었다가 658년 소정방에게 진압되고 장안으로 압송되었다가 다음해에 죽었다.

457)【胡注】謂駕魯·都曼·義慈也。

458) 12일 임오일: 양력으로는 이듬해인 661년 1월 21일에 해당한다.

459) 패강(浿江): 평양성 주위를 흐르는 패수의 다른 이름. 학계에서는 평양시를 흐르는 대동강으로 비정하고 있으나 잘못된 고증이다. '누방'을 참조하기 바란다.

460) 포주(蒲州): 당대의 지명. 남북조시대에 북주에서 처음 설치되었으며, 치소는 포판(蒲坂, 지금의 산서성 포주)이었다. 당나라 현종의 개원 연간에는 하중부(河中府)로 승격되기도 하였다.

461) 누방(鏤方): 중국 고대의 지명. 그 위치를 ① 근대 중국의 학자 양수경(楊守敬, 1839~1915)은 함경남도 영흥군(永興郡) 이남, ② 담기양(譚其驤)·이병도는 지금의 평안남도 성천(成川)·양덕(陽德) 두 군 사이로 보았다. 그러나 ③ 한대의 허신은《설문해자》에서 "패수는 낙랑군의 누방현에서 발원한다(浿水出樂浪鏤方)", ④ 같은 한대 상흠(桑欽)의《수경》에서는 "패수는 낙랑군 누방현에서 발원하여, 동남쪽으로 임패현을 지난다(浿水出樂浪鏤方縣, 東南過於臨浿縣)"고 각각 소개하였다. 국내외 학계의 통설에서 '패수'는 대동강이다. 문제는 대동강의 발원지는 평안남도의 동북방인 낭림산맥의 서쪽 자락 대흥군 쪽이라는 데에 있다. 한참 남쪽인 성천·양덕 쪽 물줄기와는 다른 하천인 것이다. 패수는 동쪽으로 흘러 바다로 들어가는 하천인데 '동고서저'의 지형인 국내에는 서쪽으로 흘러 바다로 들어가는 하천이 대부분이다. 누방은 대부분의 하천이 동쪽으로 흘러 바다로 들어가

관으로 삼고 군사를 이끌고 길을 나누어 고려를 공격하게 하였다. 청주[462]자사 유인궤[463]는 바닷길로의 군량 수송을 감독하다가 배가 뒤집힌 일에 연루되어 백의로 종군하면서 자발적으로 충성을 다하게 하였다.[호주2] [＊[464]]

○ 十二月 … 壬午, 以左驍衛大將軍契苾何力爲浿江[胡注]道行軍大總

는 중국 하북성 동북부에서 찾을 수밖에 없다는 뜻이다.

462) 청주(靑州): 당대의 지역명. 지금의 산동성 유방시(濰坊市)가 관할하는 청주시 일대에 해당한다. '교동(膠東)'은 근대까지 사용되었고 지금은 쓰지 않는 표현이므로 유념할 필요가 있다.

463) 유인궤(劉仁軌, 601~685): 당대 초기의 장수. 자는 정칙(正則)으로, 변주(汴州) 위지(尉氏) 사람이다. 집안이 가난했으나 문예·역사에 밝아 당대 초기에 식주참군(息州參軍)·진창위(陳倉尉)·신안령(新安令)을 역임하고 태종의 정관 연간에는 급사중(給事中)을 거쳐 청주자사(靑州刺史)가 되었다. 현경 5년(660)에 백제를 침공하고 검교대방주자사(檢校帶方州刺史)에 임명되었다. 현경 6년에는 백제 땅에 주둔하던 당나라군이 백제 부흥군에게 포위되자 신라군과 합세하여 격퇴하였다. 나중에 와국에서 백제 부흥을 돕기 위하여 원군을 보내자 백촌강 어귀[白江口]에서 4번 격돌하여 모두 이기고 그 전선 400여 척을 불태웠다. 그 공로로 6계급을 승진하여 대방주자사에 임명되었다. 부흥군을 평정한 뒤인 665년에는 부여융과 신라의 문무왕이 취리산(鷲利山)에서 회맹할 때는 맹약문을 작성하였다. 본국으로 귀환한 뒤인 건봉(乾封) 원년(666)에는 우상(右相)인 중서령(中書令)을 지내고 함형(咸亨) 원년(670)에 은퇴하였다. 함형 3년에 재상으로 복귀했다가 5년에 계림도(鷄林道) 대총관이 되어 신라를 침공하기도 하였다. 무측천(武則天)이 섭정으로 있을 때에는 상서좌복야(尙書左僕射)·동중서문하삼품(同中書門下三品)을 거쳐 서경유수(西京留守)로 도읍인 장안의 치안을 담당하였다. 사후에는 무측천이 사흘 동안 조회를 중지하고 경직(京職) 관원들에게 조문하게 했으며, 개부의동삼사(開府儀同三司)·병주대도독(并州大都督)으로 추증되어 태종의 능인 건릉(乾陵)에 배장되면서 '문헌(文獻)'이라는 시호를 받았다. 인터넷 〈국편위판〉 주207에서는 "《舊唐書》卷84와《新唐書》卷108에 그의 列傳이 있으며, 686년에 卒하였다"라고 했으나 중국 쪽에는 685년 3월에 죽은 것으로 알려져 있다.

464) ＊:《구당서》〈고종본기〉"현경 6년(661)"조에는 이런 내용도 보인다. "6년 봄 정월의 을묘일(양력 2월 23일)에 하남·하북·회남의 67주에서 44,646명을 모집하여 평양·대방도 행영으로 향하게 하였다.(六年春正月乙卯, 於河南河北淮南六十七州募得四萬四千六百四十六人, 往平壤帶方道行營)"

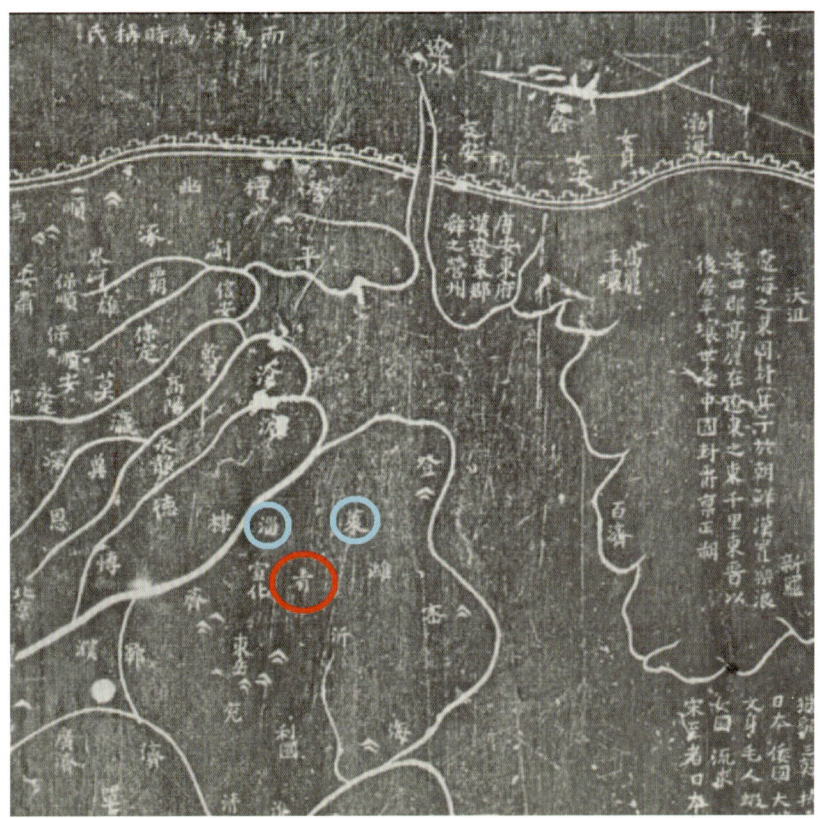

유제 시기에 제작된 《화이도》. 치주(淄州)와 내주(萊州) 사이에 청주(青州)가 보인다.

管, 左武衛大將軍蘇定方爲遼東道行軍大總管, 左驍衛將軍劉伯英 爲平壤道行軍大總管, 蒲州刺史程名振爲鏤方道總管, 將兵分道擊 高麗。青州刺史劉仁軌坐督海運, 覆船, 以白衣從軍自效【胡注】。

【호주1】 패수는 고려국 경내에 있었다. … [발음은] 보와 개의 반절('패')이다.465)

【호주2】《자치통감 고이》에는 다음과 같이 기술되어 있다. "《구당서》〈유

---

465) 【胡注】浿水, 在高麗國中。驍, 堅堯翻。契, 欺訖翻。浿, 普蓋翻。

인궤전)에서는 '수군을 통솔하여 요동을 정벌했으나 [당초 약속한] 기한보다 늦었다 하여 그 죄에 연루되어 면직되었다." 따져 보건대 유인궤가 종군한 것은 바로 백제[와의 전쟁]에서이지 요동 정벌 때가 아니다. 여기서는 장작의 《조야첨재》466)의 기록을 따르기로 하겠다.467)

용삭(龍朔) 원년 (661, 신유년)

• 021

봄, 정월의 을묘일468)에 하남·하북·회남의 예순일곱 주의 군사를 모집하여 [그중에서] 사만사천여 명을 징용하고 평양과 누방의 행영으로 집결하게 하였다. 무오일469)에 홍려경 소사업을 부여도470) 행군총관으

---

466) 《조야첨재(朝野僉載)》: 당대의 소설가 장작(張鷟, 660~740)이 지은 필기소설집. 수·당대에 조야(朝野)에 나도는 가십(gossip)들을 소재로 삼았는데, 무측천 치세의 조정에 대해서는 상당히 냉소적인 시각을 담고 있다. 사마광의 《자치통감》에서도 인용하곤 했지만 황당무계한 전설도 더러 섞여 있다.

467) 【胡注】考異曰, 舊傳云, '監統水軍征遼, 以後期坐免官.' 按, 仁軌從軍乃在百濟, 非征遼也. 今從張鷟朝野僉載.

468) 1월 을묘일: 양력으로는 2월 23일에 해당한다.

469) [1월] 무오일: 양력으로는 2월 26일에 해당한다.

470) 부여도(扶餘道): 수·당대에 옛 부여의 강역에 세워졌던 부여성(扶餘城) 지역 일대를 가리킨다. 수나라 때에 흑수말갈(黑水靺鞨)의 지도자 돌지계(突地稽)가 중원으로 남하할 때 거쳐간 곳으로, 《요사》〈지리지〉 "동경도(東京道)"조에는 "【통주】안원군, 절도. 본래 부여국의 왕성으로, 발해에서는 '부여성'으로 불렸다(【通州】安遠軍, 節度. 本扶餘國王城, 渤海號扶餘城)"라고 소개되어 있다. 그 위치에 관해서는 ① 당대의 경우는 지금의 하북성 천진시(天津市) 계현(薊縣) 서북쪽, ② 요대의 경우는 지금의 길림성 사평시(四平市) 일면성(一面城) 옛 성터의 두 가지 주장이 제기되었다. 그러나 수나라 때 사평시는 고구려의 후방이기 때문에 정확하다고 보기 어렵다. 《자치통감》〈수기(隋紀)〉에서는 부여도가 '제9군(第九軍)'으로 소개된 바 있다.

로 삼아 회흘[471] 등의 부족들의 군사를 이끌고 평양으로 향하게 하였다. [＊[472]]

○ 春, 正月, 乙卯, 募河南北·淮南六十七州兵, 得四萬四千餘人, 詣平壤·鏤方行營。戊午, 以鴻臚卿蕭嗣業爲扶餘道行軍總管, 帥回紇等諸部兵詣平壤。

• 022

처음에 소정방이 백제를 평정하고 났을 때였다. [대총관 소정방은] 낭장

---

471) 회흘(回紇): 중국 고대 북방민족의 하나. 주로 지금의 악이혼하(鄂爾渾河, 오르혼 강) 유역에 분포했으며, 원래는 돌궐과 같은 족속이었으나 나중에는 돌궐에 종속되었다. 당대 중기에 당나라를 도와 반란을 일으킨 안록산(安祿山)과 사사명(史思明)을 토벌했으며, 문종 치세에 이르러서는 서방으로 이동하여 지금의 신강(新疆) 남부에 분포하였다. 역사적으로 당대에는 '회흘' 또는 '회골(回鶻)'로, 민국 이래 현재까지는 '유오이(維吾爾)'로 불리는데, 한자 표기는 서로 다르지만 사실상 같은 이름('위구르')이다.

472) ＊: 이 대목과 관련하여《일본서기》〈천지천황기(天智天皇紀)〉에서는 다음과 같이 기술하고 있다. "원년 … 3월 … 이달에 당인과 신라인들이 고려를 정벌하였다. [이에] 고려가 나라(와국)에 지원을 요청하매 전처럼 군장을 파견하고 소류성(주류성)을 거점으로 삼았다. 이때부터 당인들은 그 나라(고구려)의 남쪽 지경을 공략하지 못하게 되었고 신라는 신라대로 그 나라의 서쪽 보루를 옮기지 않을 수 없었다.(元年 … 三月 … 是月, 唐人新羅人伐高麗. 高麗乞救國家. 仍遣軍將, 據疏留城. 由是, 唐人不得略其南界, 新羅不獲輸其西壘)"《일본서기》의 이 기사를 통하여 천지천황 원년(662) 3월에 당나라군과 신라군이 합세하여 고구려의 남쪽 지경을 공략했음을 알 수 있다. 다만,《백제역사편년》(제328쪽)에서는 와국(倭國)의 파병 사실과 관련하여 "당시 한반도에는 와국 군대가 없었다. [파병 언급은 와국이] 과장해서 한 말로, 믿을 수 없다"고 보았다. 실제로 7세기의 고구려 남쪽 지경이라면 하한선을 아무리 내린다 해도 지금의 휴전선 밑에까지는 내릴 수가 없다. 그런데 와국에서 파병한 군대가 백제 땅의 소류성(주류성)에 주둔하는 것이 나·당 연합군의 고구려 공략과 무슨 상관이 있으며 어떤 영향을 미쳤을지 납득이 되지 않는다.

473)이던 유인원474)으로 하여금 남아 백제 [웅진도독]부성475)에 주둔하며

473) 낭장(郎將): 중국 고대의 관직명. 진(秦)나라 때 처음 설치되었으며, 숙위나 수레·말 등의 직무를 관장하였다. 중서령(郎中令)이 관할한 세 관서인 오관중랑장(五官中郎將)·'좌중랑장(左中郎將)·우중랑장(右中郎將)이다. 한대에도 그대로 인습되어 광록훈(光祿勳)에 속하였다. 당·송대에는 중랑장 이외에도 그 직무를 보좌하는 낭장을 추가로 설치하였다.

474) 유인원(劉仁願, ?~?): 당나라 초기의 장수. 자는 사원(士元)으로, 조음군(雕陰郡) 대빈현(大斌縣) 사람이다. 《원화성찬(元和姓纂)》에 따르면, 서진 왕조에 귀순한 [남]흉노 우현왕(右賢王) 유표(劉豹)의 후예이다. 처음에는 집안 배경 덕분에 홍문관(弘文館) 학생(學生)이 되고 나중에 우친위(右親衛)에 발탁되어 태종의 경호를 맡으면서 과의도위(果毅都尉)가 되었다. 이어 고구려와의 전쟁에서 세운 공으로 상주국(上柱國)·여양현공(黎陽縣公)에 제수되었다. 고종이 즉위하자 소정방을 따라 백제를 침공하여 백제 부흥운동을 진압하였다. 총장(總章) 원년(668)에 고구려 침공 과정에서 실책을 범했다 하여 요주(姚州)로 유배된 뒤로 행적이 묘연해졌다. 중국 정사에는 자세한 열전이나 기록이 보이지 않으며 국내에는 부여시(국립 부여박물관)에 〈유인원기공비(劉仁願紀功碑)〉가 남아 있다. 기공비의 직함은 '우일군총관·선위장군·행좌교위랑장·상주국·우이도행군자총관(右一軍摠管宣威將軍行左驍衛郎將上柱國嵎夷道行軍子摠管)'으로 소개되어 있다. 동시대의 하수량(何遂亮, 7세기)이 썼다는 또 다른 기공비인 〈대당평백제비명(大唐平百濟碑銘)〉에는 '우일군총관·선위장군·행좌교위랑장·상주국(右一軍摠管宣威將軍行左驍衛郎將上柱國)'으로 소개되어 있어서 업적이 다소 과장된 느낌을 준다. 이런저런 이유 때문에 중국 학자 배근흥(拜根興)·호정(葫婷)(2015)은 〈당장 유인원의 유배 생활 및 비참한 결말[唐將劉仁願的流配生涯及悲慘結局]〉《당사논총(唐史論叢)》(제20집)에서 '그 비석은 유인원이 자의적으로 비문을 지어 비석을 만든 것'으로 추정하였다.

475) 부성(府城): 도독부가 설치된 성. 중국에서는 지방 행정단위인 주(州)·부(府)·군(郡)의 행정 관청이 있는 성이나 도시를 가리키는 말로 사용된다. 이 대목에서 '부(府)'에 해당하는 행정 관청은 '도독부(都督府)'이므로 '부성'은 웅진성으로 보아야 옳다. 이 점은《삼국사기》"문무왕 3년"조 기사에서도 확인된다. 그 기사에는 "[황제가] 조서를 내려 우위장군 손인사를 파견해 군사 40만을 이끌게 하매 덕물도(덕적도Ⅹ)에 이르러 웅진부성으로 입성하였다(詔遣右威衛將軍孫仁師. 率兵四十萬, 至德物島, 就熊津府城)"라고 기술되어 있기 때문이다. 학계 일각에서는 '중부 구마노리성'을 웅진성으로 비정하고 있다. 그러나 ① 당시 웅진성은 당나라가 임명한 웅진도독의 거점이었으며, ② '중부=중방'이라는 전제하에서 사비백제 시절의 중방의 성은 고사성(古沙城)이므로 ③ '구마노리'를 '웅진', '구마노

지키게 하였다.[476]

○ 初, 蘇定方旣平百濟, 留郎將劉仁願鎭守百濟府城。

• 023

이어서 좌위 중랑장 왕문도[477]를 웅진도독으로 삼아 그 나라의 남은 무리를 안무하게 하였다. [*[478]] [왕]문도는 바다를 건너가서 [재임 중에

리성'을 '웅진성'으로 비정하는 것은 물리적으로 맞지 않다.
476) 백제 부성에 주둔하며 지키게 하였다[鎭守百濟府城]:《삼국사기》"문무왕 11년 (671) 7월 26일"조에 소개된 문무왕의〈설인귀에게 답하는 글〉에는 이렇게 기술되어 있다. "[소정방은 백제를] 평정하고 나서 … 중국의 병력 1만을 남겨 놓았소. 신라 역시 아우 [김]인태를 파견하여 병력 7천을 거느리고 함께 웅진[성]에 주둔하였소.(平定已後, … 留漢兵一萬, 新羅亦遣弟仁泰, 領兵七千, 同鎭熊津)"
477) 왕문도(王文度, ?~660): 당대 초기의 장수로, 태원(太原) 기현(祁縣) 사람이다. 태종의 정관 19년에는 수군 부도독에 제수되어 평양도 행군대총관 장량을 따라 해로로 고구려를 침공하였다. 영휘 6년에는 행군 부총관으로 낙주자사(洛州刺史) 정명진을 따라 비사성 공략에 종군하여 백제군을 대파한 공으로 우무위장군에 발탁되었다. 현경 원년(656)에는 총산도(葱山道) 행군부총관에 제수되어 돌궐의 아사나 하로(阿史那賀魯) 침공에 참여하였다. 이때 일개 부장(部將)의 신분으로 잇따라 공로를 세운 소정방을 시기하여 그 공로를 폄하하는 한편 황제의 명령을 사칭하여 작전의 주도권을 장악하였다. 그러나 조정으로 귀환한 뒤에 황제가 내린 조서를 조작하고 군사를 제대로 지휘하지 못한 죄로 백의종군하다가 나중에 좌위 중랑장(左衛中郎將)으로 복귀하였다. 현경 5년에는 부하이던 소정방이 신구도(神丘道) 행군대총관의 신분으로 백제 침공을 지휘할 때 좌위 중랑장으로 종군하는 굴욕을 당하였다.
478) *:《책부원구》〈제왕부·위로(慰勞)〉에는 이 자리에 이런 내용이 소개되어 있다. "용삭 원년(661)에 … 좌위 [중]랑장 왕문서를 파견하여 새서를 지니고 [소]정방 이하의 장병 및 백제 백성들을 위로하여 다들 예전처럼 안심하게 하는 한편, 재능이 있는 자는 절차에 따라 등용하고, 만약 바로 고려 경략에 참여할 수 있는 자는 [소]정방에게 장병의 선발을 위임하여 그 가부를 보고하게 하였다.(龍朔元年, … 遣左衛郎將王文庶齎璽書慰勞定方已下將士及百濟百姓各令安堵如舊, 有才者節級錄用. 若能便經略高麗者委定方揀擇將士可否聞奏)" 여기서 왕문서는 왕문도를 가리킨다. '건널 도(度)'와 '여러 서(庶)'의 모양이 비슷한 탓에《책부원구》편찬자가

《유인원기공비》와 비문(국립문화재연구원 탁본). 《대당평백제비》와 비교할 때 유인원의 직함 및 공로에서 미묘한 편차를 보인다. 그래서 일부 중국 학자는 일부 내용이 과장되었을 가능성을 제기한 바 있다.

백제에서] 죽었다.[479)]

○ 又以左衛中郞將王文度爲熊津都督, 撫其餘衆。文度濟海而卒。

• 024

백제의 승려 도침[480)]과 옛 [백제의] 장수 복신[481)]이 무리를 모아 주류성

잘못 옮겨 적은 것이다.

479) 문도는 바다를 건너가서 죽었다[文度濟海而卒]: 〈동북아판4〉(제144쪽)에서는 이 부분을 "[왕]문도가 바다를 건너다가 죽었다"라고 번역했으나 사실이 아니다. 역사적으로 왕문도는 소정방이 백제를 평정하자 그 뒤에 웅진도독에 배수되어 백제로 와서 주둔하면서 당시 낭장이던 유인원과 함께 백제 유민들을 안무하다가 병사하였다. 그 사실은 《삼국사기》 "태종무열왕 7년(660) 9월 28일(양력 11월 6일)"조에서도 확인할 수 있다. "삼년산성에 이르러 [대왕에게 황제의] 조명(詔命)을 전달하였다. [이때] 문도는 동쪽을 보고 서고 대왕은 서쪽을 보고 섰다. 조명을 알리고 나서 문도가 황제가 보낸 예물을 왕에게 전달하려는데 갑자기 발작을 일으키더니 급사하였다. 이에 수행원이 그 일을 대신하여 행사를 마쳤다."

480) 도침(道琛): 백제의 승려이자 부흥군의 지도자. 신채호는 도침이 중국 정사에 등

을 거점으로 삼았다.482) [두 사람은] 옛 왕자 [부여]풍을 외국에서 맞아들여 [왕으로] 옹립하고483) 군사를 이끌고 [유]인원이 지키는 부성을 포위하였

장하는 백제왕족 부여자진(扶餘自進)인 것으로 보았다. 이름 자체만 놓고 보면 승려이지만 또 다른 지도자인 복신보다 먼저 언급되는 것을 보면 백제 왕족이었을 가능성이 높다. 실제로, 삼국시대나 고려시대까지만 해도 승려는 종교계의 지도자로 예우받았기 때문에 왕실에서 불교 보호에 적극적이었을 뿐만 아니라 왕족들 중에서도 승려로 출가하는 사례가 많았다.

481) 복신(福信): 백제 부흥군 지도자. 663년에 제작된 것으로 알려져 있는《유인원기공비》에는 "위한솔 귀실복신(僞扞率鬼室福信)"으로 소개되어 있다. 이 비석이 진품이라는 전제하에서 말한다면 복신은 성씨가 '귀실(鬼室)'로, 백제가 멸망할 즈음(또는 이후?)에 '한솔'을 지냈음을 알 수 있는 셈이다.《주서》·《북사》·《책부원구》등, 중국 사서마다 명칭에 편차를 보이기는 하지만 한솔은 품계가 5품에 해당하는 신하였던 것으로 보인다.

482) 주류성을 거점으로 삼았다[據周留城]: 인터넷〈국편위판〉주203에서는《유인원기공비》비문 및《일본서기》〈제명천황기〉"6년 9월 계묘일(양력 660년 10월 14일)"조 기사를 근거로 이병도·사카모토 요시타네가 도침·복신이 거점으로 삼은 곳을 임존성으로 비정한 일을 소개하였다. 실제로《유인원기공비》에는 해당 대목이 이렇게 새겨져 있다. "… 요망한 무리가 발호하여 여전히 반역을 도모하였다. 바로 가짜 중 도침과 가짜 한솔 귀실복신의 경우는 민간 출신으로 그 무리의 괴수가 되어 광분하는 무리를 불러 모으더니 임존에 보루를 짓고 할거하였다.(妖孼侏張, 仍圖反逆, 即有偽僧道琛·偽扞率鬼室福信, 出自閭巷, 爲其魁首, 招集狂狡, 堡據任存)" 또,《일본서기》〈제명천황기〉에는 이렇게 기술되어 있다. "[6년] 9월에 … 서부의 은솔 귀실복신이 벌컥 의분을 느껴 임사기산[어떤 책에는 '북임서리산']을 거점으로, 달솔 [부?]여자진은 중부의 구마노리성[어떤 책에는 '도도기류산']을 거점으로 삼았다.(九月, … 西部恩率鬼室福信赫然發憤, 據任射岐山[或本云北任敍利山也], 達率餘自進, 據中部久麻怒利城[或本云都都岐留山])" 여기에 언급된 '임사기산'과 '도도기류산'은 그 한자 이름을 따져 볼 때 각각 임존과 주류일 가능성이 높다. 그렇다면 귀실복신은 임존에서, 부여자진은 주류를 거점으로 할거하다가 나중에 세력을 합쳐 저항운동을 펼친 셈이다.《구당서》·《신당서》는 당나라 역사를 다룬 정사이지만 연대상으로 두 근거보다 100~200년의 시차를 보인다. 거기다가 중국·일본의 사서들에서 동일한 곳(임존성)을 지목한 점도 주목할 필요가 있다. 두 기록을 종합해 볼 때, 도침·복신의 거점은 주류성이 아니라 임존성으로 보는 편이 합리적이라는 뜻이다.

483) 옛 왕자 풍을 외국에서 맞아들여 옹립하고[迎故王子豊於倭國而立之]:《일본서

다. [그러자 고종은] 조서를 내려 유인궤를 검교대방주자사[호주]로 기용한 다음에 왕문도의 무리를 거느리고 그 길에 신라의 군사를 징발하여 [유]인원을 구하게 하였다.

○ 百濟僧道琛·故將福信聚衆據周留城, 迎故王子豐於倭國而立之, 引兵圍仁願於府城. 詔起劉仁軌檢校帶方州[胡注]刺史, 將王文度之衆, 便道發新羅兵以救仁願.

【호주】대방주484)는 백제의 지경에 설치된 것으로, 옛 지명('대방')에 착기》〈천지천황기〉에는 이렇게 기술되어 있다. "[원년(662)] 5월에 대장군 대금중 아담비라부련 등이 수군과 전선 170척을 이끌고 [부여]풍장 등을 백제국에 보내주고, 천황의 칙명으로 풍장 등의 사신에게 그 나라 왕위를 계승하게 하였다.(五月, 大將軍大錦中阿曇比邏夫連等率船師一百七十艘, 送豐璋等於百濟國, 宣勅以豐璋等使繼其位)" 백제왕자 부여풍(扶餘豊)은 《일본서기》에서는 "3월 경신일 초하루에 백제왕 의자가 왕자 풍장을 볼모로 들였다(三月庚申朔, 百濟王義慈入王子豊章爲質)"는 〈서명천황기(舒明天皇紀)〉 "3년(631) 3월 경신일"조 기사를 위시하여 〈천지천황기〉 "원년(662) 5월"·"12월" 기사 등 여러 차례 '[부여]풍장(豊章/豊璋)'이라는 이름으로 등장한다. 그래서 학계 일각에서는 그 왕자를 부여풍과 동일한 인물로 보기도 한다. 그러나 ① 중국에서는 복수의 사서들에서 그 이름이 일관되게 '부여풍'으로 소개되고 있고, ② 역사적으로 백제 말기에 즉위한 국왕들 중에 부여풍장이라는 이름을 가진 이는 없었으며, ③ 사관·학자들이 백제 멸망 후에 당나라에서 부여씨와 백제 유민들을 통하여 얼마든지 사실 여부를 확인할 수 있었을 것이다. ④ 연대 착란이나 사실 오류가 많은 《일본서기》의 기사는 상대적으로 사서로서의 공신력이 떨어진다는 점 등을 감안하면 '부여풍'이 바른 이름일 가능성이 높다.

484) 대방주(帶方州): 중국 당대 초기의 지역명. 국내외 학계에서는 백제 국왕들이 대대로 '대방군공, 대방군왕'에 책봉된 일을 근거로 '대방'을 백제 지역, 즉 지금의 충청지역으로 비정하는 경향이 있다. 그러나 〈대방고(帶方考)〉에서의 정약용의 대방인식과 마찬가지로, '대방'이 백제 건국세력이 바다를 건너기 직전의 백제 연고지(중국 하북)라면 '대방주'는 바다를 건너온 이후의 백제 땅(경기·충청)에 새로 붙인 이름으로 이해해야 한다. 백제가 대방에서 왔다는 사실에 착안해 당나라가 새로 붙인 이름이라는 뜻이다. ①《수서》〈지리지〉 "요서군 유성"조 등, 중국 정사에서 대방이 낙랑·창려 등과 함께 요서군, 즉 지금의 하북성 동북부 일대의 지명으로 소개되어 있는 점, ② 무엇보다도 《자치통감》에 주석을 붙인 호삼성이

안하여 주의 이름으로 삼은 것이다.《자치통감 고이》에는 다음과 같이 기술되어 있다. "《조야첨재》에서는 유인원이 [유]인궤를 검교대방주자사로 삼았다." 여기서는 본전을 따르기로 하겠다.[485]

•025

[가까스로 관직에 복귀한 유]인궤는 기뻐하면서 말하였다.

"하늘께서 부귀를 이 몸에게 주시는구나!"

[그리고는 청주] 현지의 태수로부터 당나라의 역서와 선황의 휘[486]를 넘겨 받은 다음【호주】[백제로] 가면서 말하였다.

○ 仁軌喜曰, '天將富貴此翁矣.' 於州司請唐曆及廟諱【胡注】以行, 曰,

【호주】따져 보건대, 유인궤는 청주자사 때부터 백의로 종군하였다. 이는 아마 청주 주사가 그에게 요청한 것이었으리라.[487]

•026

"내 동이를 쓸어 평정하고 위대한 당나라의 역서를 바다 너머에 전해

"대방주는 백제의 지경에 설치되었다. 옛 지명을 근거로 [백제의] 주에 이름을 붙인 것이다(帶方州置於百濟界, 因古地名以名州)"라고 한 것이 그 증거이다. 영·미 지명을 빌어 설명하면, 대방이 영국의 욕(York)이라면 대방주는 미국의 뉴욕(New York)과 같은 관계라고 하겠다. 대방과 대방주는 이름이 비슷하기는 하지만 그 연혁이나 지리적 좌표는 크게 다르다는 뜻이다. 당대의 사서《대당신어(大唐新語)》〈포석(襃錫)〉에는 "대장군 유인원이 백제를 점령하고 나서 [고종에게] 상소를 올려 [유인궤를] 대방주자사로 삼을 것을 건의하였다(大將軍劉仁願克百濟, 奏以爲帶方州刺史)"라고 기술되어 있다.

485)【胡注】帶方州置於百濟界, 因古地名以名州。考異曰, 僉載云, '劉仁願以仁軌檢校帶方州刺史.' 今從本傳。

486) 선황의 휘[廟諱]: '묘휘(廟諱)'는 황제의 아버지의 이름을 가리키는 표현으로, 여기서는 고종의 아버지인 태종의 이름, 즉 '세민(世民)'을 말한다.

487)【胡注】按, 劉仁軌自靑州刺史白衣從軍, 此蓋於靑州州司請之也。

야겠다!"

[유]인궤는 군사를 엄격하게 정비하고 전투를 벌이면서 전진하니 가는 곳마다 모조리 함락되었다. [이때] 백제에서는 웅진강 어귀에 목책을 두 군데에 세워 놓고 있었다.⁴⁸⁸⁾ [그런데 유]인궤가 신라 군사와 합세해 공격하고 그들을 무찌르니 [그들이] 죽이거나 강물에 빠져 죽인 자가 일만 명이 넘었다.

○ '吾欲掃平東夷, 頒大唐正朔於海表.' 軌御軍嚴整, 轉鬪而前, 所向皆下。百濟立兩柵於熊津江口, 仁軌與新羅兵合擊, 破之, 殺溺死者萬餘人。

• 027
도침은 바로 부성에 대한 포위를 풀고 퇴각하여 임존성【호주】을 지켰다. [이때] 신라는 군량이 바닥나자 [자국의] 군대를 데리고 [본국으로] 귀환하였다. [그러자] 도침은 '영군장군'⁴⁸⁹⁾을 자처하고 복신은 '상잠장군'을 자처

---

488) 목책을 두 군데에 세워 놓고 있었다[立兩柵]: 이 부분과 관련하여 〈동북아판4〉 주 48(제145쪽)에서는 이렇게 주장하였다. "《신당서》〈백제전〉에는 '道琛立二壁熊津江'이라 나오고, 《삼국사기》 무열왕 7년조에는 '上泗沘南嶺竪四五柵'이라 나오므로 '두 겹의 목책'으로 보는 것이 타당할 듯하다" 그러나 ① 한문 문법에서는 '2개'라는 뜻을 나타내려면 '둘 량(兩)'이나 '두 이(二)'를, '2겹(2중)'이라는 뜻을 나타내려면 '짝 쌍(雙)'이나 '포갤 중(重)'을 사용한다. 또, ② 〈동북아판3〉에서 예로 든 《신당서》의 '이벽(二壁)'은 '2개의 장벽'이라는 뜻이므로 "도침이 웅진강에 2개의 장벽(목책)을 세웠다"로만 번역해야 한다. ③ 《삼국사기》의 '사오책(四五柵)' 역시 '4~5개의 목책'이라는 뜻으로 "사비의 남쪽 고개로 올라가더니 목책을 4~5군데에 세웠다"라고 번역된다. ④ '양책'을 '2개의 목책', '2군데의 목책' 식으로 해석해야지 '2겹의 목책'으로 이해해서는 곤란하다. '사오책'은 이 뒤에 나오는 "지라성·윤성·대산·사정 등의 목책(支羅城尹城大山沙井等柵)"과 관련이 있을 것이다.

489) 영군장군(領軍將軍): 중국 고대의 관직명. 후한대 헌제(獻帝)의 연강(延康) 원년

하면서 무리를 불러 모으니 그 기세가 갈수록 등등해졌다.

○ 道琛乃釋府城之圍, 退保任存城【胡注】。新羅糧盡, 引還。道琛自稱領軍將軍, 福信自稱霜岑將軍, 招集徒衆, 其勢益張。

【호주】 임존성490)은 백제 서부의 임존산에 있었다. 《자치통감 고이》에는 "실록에는 '임효성'으로 나오기도 한다"고 소개되어 있다. 어느 쪽이 옳은지 아직 확실하지 않으므로 여기서는 사례가 많은 쪽을 따르기로 하겠다.491)

• 028

[유]인궤는 무리가 적어서 [유]인원과 군대를 합친 다음 병졸들을 쉬게 해 주었다. [그래서?] 주상이 조서를 내려 신라에 출병하도록 이르니 신라왕 [김]춘추가 조명을 받들어 그 나라의 장수인 김흠을 파견하여 군사

---

(220)에 조비(曹丕, 187~226)가 처음 설치하였다. 직무는 중령군(中領軍)과 동일하지만 임명되는 사람의 위상이 그보다 막중하였다. 위·진을 거쳐 남북조 시대까지 계속 인습되다가 당대에 이르러 좌·우영군위(左右領軍衛)를 금위군으로 삼고 상장군(上將軍)·대장군·장군을 설치하였다.

490) 임존성(任存城): 백제 부흥군의 근거지. 《신당서》에는 '임효성(任孝城)'으로 소개되어 있으나, 사관들이 필사할 때 '존(存)'을 모양이 비슷한 '효(孝)'로 잘못 베꼈을 가능성이 높다. 그 위치와 관련하여 〈동북아판4〉 주49(제145쪽)에서는 ① 예산 봉수산성, ② 홍성 학성산성 등의 주장을 소개하였다. 해당 주석에서는 "봉수산성의 지표조사에서는 '任存·存官·任存官' 등의 명문 기와가 수습된 바 있다(예산군, 충남개발연구원, 2000)"고 하는데, 그 기와의 글자들이 정확하다면 봉수산성 쪽일 가능성이 높다. 호삼성은 《자치통감》 주석에서 이렇게 소개하였다. "【임존성】 백제 서부의 임존산에 있었다.(【任存城】 在百濟西部任存山)" 그렇다면 사비성(부여시) 서쪽의 산성인 셈이다. 그런데 공주·예산은 사비백제의 북방이고 홍성은 서북방으로 맞지 않으므로 보령·서천 방면일 가능성이 높다.

491) 【胡注】任存城, 在百濟西部任存山。考異曰, '實錄或作任孝城, 未知孰是。今從其多者。

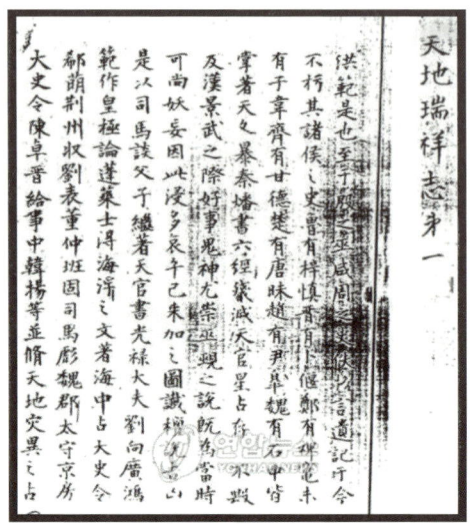

8세기 신라인 살수진(薩守眞)이 저술한 《천지서상지(天地瑞祥志)》(2007년 6월 6일 연합뉴스 보도)

를 이끌고 [유]인궤 등을 구하게 하였다. [그런데] 고사[성]492)에 이르렀을 때 복신이 [신라군을] 요격하여 패퇴시켰다. [그러자 김]흠은 갈령도를 통하여 도주하여 신라로 귀환하더니 다시 출병할 엄두를 내지 못하였다. 복신은 얼마 뒤에 도침을 죽이고 국정과 병권을 혼자서 농단하였다. [＊493)]

○ 仁軌衆少, 與仁願合軍, 休息士卒。上詔新羅出兵, 新羅王春秋奉

---

492) 고사(古泗): 백제 경내의 성 이름. 전후 맥락을 따져 볼 때 사비백제 '5방' 중에서 중방(中方)의 치성(治城)이었던 고사성(古沙城)의 다른 이름일 가능성도 있다. 당나라 태종의 아들 위왕(魏王) 이태(李泰, 620~652) 등이 엮은 《괄지지(括地志)》에서는 고사성과 관련하여 "국성의 남쪽 260리 지점에 있으며, … [크기는] 사방으로 150보(國南二百六十里, … 方百五十步)"라고 하였다.

493) ＊: 《구당서》〈백제전〉에는 이 대목에 "부여풍은 고작 제사를 주재하는 정도에서 그쳤다(但主祭而已)"는 내용이 들어 있다.

詔, 遣其將金欽將兵救仁軌等。至古泗, 福信邀擊, 敗之。欽自葛嶺道遁還新羅, 不敢復出。福信尋殺道琛, 專總國兵。

• 029

여름, 사월 … 경진일494)에 임아상495)을 패강도 행군총관으로, 계필하력을 요동도 행군총관으로, 소정방을 평양도 행군총관으로 삼고 소사업과 오랑캐 부족들의 군사 삼십오군과 함께 수로와 육로로 길을 나누어 일제히 진군하게 하였다. 주상은 주상대로 스스로 대군을 거느리고 그 뒤를 따르려 하였다.

○ 夏四月 … 庚辰, 以任雅相爲浿江道行軍總管, 契苾何力爲遼東道行軍總管, 蘇定方爲平壤道行軍總管, 與蕭嗣業及諸胡兵凡三十五軍, 水陸分道並進。上欲自將大軍繼之。

• 030

[그런데 사월] 계사일496)에 황후가 [그 뜻에] 거역하는 표를 올리고 [고종이] 고려를 몸소 정벌하는 일[의 부당성]을 간언하니 조서를 내리고 그 뜻을 따랐다.497)

---

494) 4월 경진일: 양력으로는 5월 19일에 해당한다.
495) 임아상(任雅相, ?~662): 당대 초기의 재상. 위남(渭南, 지금의 섬서성 위남 동남쪽) 사람이다. 고종의 현경(顯慶) 2년(657)에 행군 부총관(行軍副總管)이 되어 소정방과 함께 서돌궐을 침공하고 그 통치자인 아사나 하로(阿史那賀魯)를 생포하면서 서역으로 진출하는 계기를 마련하였다. 현경 4년(659)에 재상이 되고 병부상서(兵部尙書)·동중서문하 3품(同中書門下三品)에 임명되었으며 악안현공(樂安縣公)에 봉해졌다. 용삭(龍朔) 원년(661)에는 패강도 대총관(浿江道大總管)에 임명되어 고구려를 침공했다가 이듬해에 전장에서 병사하였다.
496) [4월] 계사일: 양력으로는 6월 1일에 해당한다.

○ 癸巳, 皇后抗表諫親征高麗。詔從之。

• 031

가을, 칠월[498]의 갑술일[499]에 소정방이 고려군을 패강에서 무찔렀다. [그리고] 여러 차례 싸워 모두 이기고 마침내 평양성을 포위하였다.

○ 秋, 七月, 甲戌, 蘇定方破高麗於浿江, 屢戰皆捷, 遂圍平壤城。

• 032

구월, 계사일 초하루[500]에 특진·신라왕 [김]춘추가 죽었다. [*[501]] [이

---

497) 임아상을 패강도 행군총관으로~[以任雅相爲浿江道行軍總管]:《구당서》〈고종본기〉 "용삭 원년(662)" 조에는 이 부분이 좀 다르게 기술되어 있다. "여름 5월 병신일에 [고종은] 좌교이대장군·양국공이던 계필하력을 요동도대총관으로, 좌무위대장군·형국공이던 소정방을 평양도대총관으로, 병부상서·동중서문하삼품·악안현공이던 임아상을 패강도대총관으로 임명하고 고려를 정벌하게 하였다. 이날, 황후가 천하의 부녀자들이 배우의 유희를 벌이는 것을 금하게 해줄 것을 건의하매 조서를 내려 그 말에 따랐다.(夏五月丙申, 命左驍衛大將軍凉國公契苾何力爲遼東道大總管, 左武衛大將軍邢國公蘇定方爲平壤道大總管, 兵部尙書同中書門下三品樂安縣公任雅相爲浿江道大總管, 以伐高麗. 是日, 皇后請禁天下婦人爲俳優之戲, 詔從之)" 무측천이 표를 올린 목적은 고종의 원정을 만류하자는 것이 아니라 아녀자들이 각종 놀이판에 나서는 것을 금지하자는 것이었던 셈이다.

498) 칠월(七月): 원문에는 "7월"로 표시되어 있으나 착오가 아닌가 싶다. 7월에는 갑술일이 없고 8월에 열초하루로 들어가 있기 때문이다. 8월 11일은 양력으로 9월 10일이다.

499) 7월 갑술일: 양력으로는 9월 10일에 해당한다.

500) 9월 계사일 초하루: 양력으로는 9월 29일에 해당한다. 태종무열왕 김춘추가 죽은 시점의 경우,《구당서》 "용삭 원년"조에는 "이해[是歲]"로 막연하게 소개했으나, 여기에는 "9월 초하루"로 일자를 구체적으로 밝혀 놓았다. 그러나《삼국사기》 "문무왕 11년"조의 〈설인귀에게 답하는 글〉에서는 "6월에 이르러 선왕이 세상을 떠나셨소(至六月, 先王薨)"라고 하여 김춘추가 6월에 죽은 것으로 소개해 놓았다. 〈설인귀에게 답하는 글〉이 진품이라고 전제할 때, ① 그 서신의 발신자가 김춘추의 아들이자 왕위 계승자였던 문무왕 김법민이었다는 점을 고려할 때 김춘

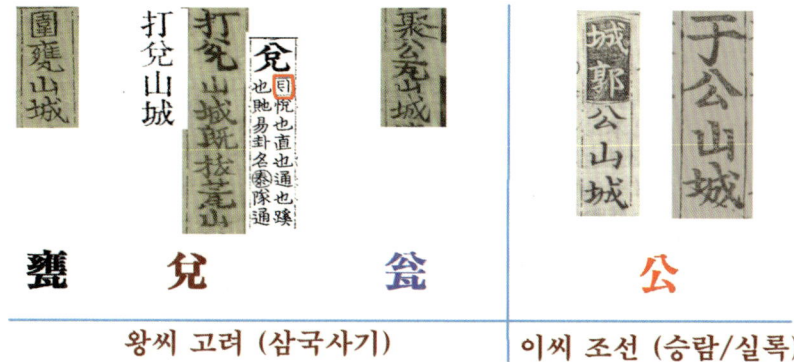

| 왕씨 고려 (삼국사기) | 이씨 조선 (승람/실록) |

《삼국사기》에 등장하는 옹산산성은 지금의 공주시 금강 남안에 자리잡고 있는 공산산성일 수도 있다. '옹(甕·瓮)' 또는 '태(兌)'가 수백년의 전승과정에서 '공(公)'으로 굳어졌을 가능성이 높다는 뜻이다. '공산'이라는 이름은 조선시대에 들어와서야 보이기 시작한다.

에] 그 아들 [김]법민502)을 낙랑군왕·신라왕으로 삼았다.

추가 죽은 시점은 6월임에 틀림이 없다. 그렇다면 ②《자치통감》에 소개된 "9월 초하루"는 당연히 수신자인 당나라 사관이 김춘추의 부음을 접하고 사초에 기록한 시점일 가능성이 높다.

501) *: 〈설인귀에게 답하는 글〉에는 무열왕 김춘추가 죽은 현경 6년(661) 6월부터 12월까지 벌어진 상황들이 자세하게 언급되어 있다. "[태종무열왕의] 안장은 가까스로 마쳤으나 상복은 아직 벗지 않은지라 간단히 응락하고 달려갈 수가 없었소. [그런데 거기다가 황제께서] 칙명으로 '군사를 일으켜 북쪽으로 오라'고 하시고 함자도 총관 유덕민 등까지 [신라로] 오매 [할 수 없이] 칙명을 받드니 신라군을 파견하여 평양까지 군량을 공수하게 하셨소. 이때 웅진은 웅진대로 사람을 보내와 '부성이 고립되고 위태롭다'고 자세히 알렸소. … 유 총관은 결국 이 몸과 함께 따라서 먼저 공산성을 쳤고, 공산[성]을 함락시킨 다음에는 이어서 웅진에 성을 짓고 웅진의 길을 열리게 만든 것이오. 12월에는 웅진에 양식이 바닥났소. [그래서] 먼저 웅진부터 공수하자니 칙명을 어길까 두렵고, [그렇다고] 만약 평양으로 공수했다가는 웅진에 양식이 떨어질까 두려웠소. 그래서 늙거나 약한 자를 골라 파견하여 웅진으로 공수하고 튼튼하고 건강한 정예 병력은 평양으로 향하게 하려 했소. [그런데] 웅진으로 양식을 공수하던 군사들은 도중에 눈을 만나 사람과 말들이 죽어 나가는 바람에 100명에서 하나도 돌아오지 못했소." 여기서 문무왕 김법민이 총관 유덕민과 함께 함락시킨 산성의 경우, 국편위판·한국인문고전연구소판·올제판 등에는 모두 '옹산성(甕山城)'으로 옮겨져 있다. 다만, ① 16세

○ 九月, 癸巳朔, 特進新羅王春秋卒。以其子法敏爲樂浪郡王·新羅王。

•033
고려의 [천]개소문이 그 아들 [천]남생503)을 파견하여 정예 병력 수만 명

기의 정덕본과 옥산서원본 모두 뒷 글자는 '옹(瓮)'으로 되어 있으나 ② 앞 글자는 '태(兊)'로 다르게 표기되어 있다. 이 글자는 '빛날 태(兊)'의 이체자(異體字)이므로 세 글자가 온전히 소개된 앞 글자를 따른다면 '태산성'으로 읽어야 하는 셈이다. ③ 이체자 '태(兊)'의 모양이 '공변될 공(公)'과 비슷하여 오독되기 쉬운 점을 감안하면 공주시의 대표적인 랜드마크인 '공산성(公山城)'은 '태산성(兊山城)'이 와전된 결과일 가능성이 높다.

502) 김법민(金法敏, 626~681): 나중의 제30대 국왕 문무왕(文武王)의 이름. 태종무열왕 김춘추의 아들이자 명장 김유신의 외조카. 진덕여왕 당시에 사신으로 당나라에 입조하여 〈태평송〉을 바치고 태부경(太府卿)에 제수되었다. 나중에는 당나라군과 함께 백제와의 전쟁에 이어 백제 부흥군을 평정하고 고구려와의 전쟁에도 참여함으로써 삼한 통일을 이룩하였다. 그러나 나중에는 당나라가 신라까지 넘보자 옛 백제·고구려 유민들과 합세하여 그 세력을 완전히 축출하는 데에 성공하였다. 《당문습유(唐文拾遺)》"신라문무왕 김법민(新羅文武王金法敏)"조에는 다음과 같이 소개되어 있다. "… 용삭 원년에 왕위를 이어받으매 그 나라를 계림주대도독부로 삼고 [김]법민을 도독으로 제수하였다. [그러나] '고려에서 반란을 일으킨 무리를 거두어들이는가 하면 백제 땅까지 공략하여 점유했다' 하여 조서를 내려 관작을 삭탈하고 군사를 징발하여 토벌에 나섰으나 상원 연간에 사신을 파견해 입조하고 사죄하매 조서를 내려 당초의 관작을 회복시켜 주었다.(龍朔元年襲王, 以其國爲鷄林州大都督府, 授法敏都督, 以納高麗叛衆, 略百濟地守之, 詔削爵, 發兵窮討. 上元中, 遣使入朝謝罪, 詔復官爵)"

503) 남생(男生, 634~679): 연개소문의 맏아들. 자는 원덕(元德)이며 평양성 사람이다. 당나라 고종의 건봉 원년(666)에 연개소문의 막리지(莫離支)를 세습하였다. 그러나 나라를 순행하는 동안 사이가 나빴던 둘째인 남건(男建), 셋째인 남산(男産) 두 동생이 정변을 일으키는 바람에 국외로 추방되었다. 이에 휘하의 거란·말갈족 군사를 이끌고 국내성에 할거하다가 아들 헌성(獻誠)과 함께 당나라에 투항하였다. 나중에는 평양도 행군대총관(平壤道行軍大總管)·안무요동대사(安撫遼東大使)·지절(持節)에 제수되었으며, 고구려 침공에 앞장을 선 공로로 요동대도독(遼東大都督)·현토군공(玄免郡公)을 거쳐 나중에는 우위대장군(右衛大將軍)·변국공(卞國公)에 봉해졌다. 의봉(儀鳳) 2년(677)에는 고종의 명령에 따라 고구려 유민의 민심을 수습하는 데에 공을 세웠다. 사후에 애도의식을 거행한 고종은

《翰苑》 "高驪" 조

● 《高驪記》云,
"【馬訾水】, 高驪一名 '淹水', 今名 '鴨淥水'. ⋯
去遼東五百里, 經國內城南, 又西與一水合, 即鹽難[水]也.
二水合流, 西南至安平城入海. ⋯"

● 《고려기》에는 이렇게 소개되어 있다.
"【마자수】, 고려에서는 '엄수'라고 부르기도 하는데 지금은 '압록수'라고 부른다. ⋯
요동으로부터 500리를 가서 국내성 남쪽을 지날 때 서쪽으로 한 물줄기와 합쳐지는데 바로 염난[수]이다.
두 물은 합쳐져 흐르다가 서남쪽 안평성에 이르러 바다로 진입한다. ⋯"

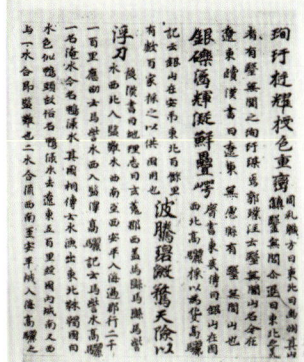

《한원(翰苑)》 "고려"조에 소개된 압록수 관련 내용. 진대덕(陳大德)의 보고를 인용하여 압록수가 주몽이 넘은 엄수라고 소개해 놓았다 (쿄토대 소장)

으로 압록수를 지키게 하니 [당나라] 군대들이 건너지 못하였다. 계필하력이 이르렀을 때는 마침 얼음이 얼어붙은 때였다. [계필]하력은 무리를 이끌고 얼음을 디디며 압록수를 건넜다.

○ 高麗蓋蘇文遣其子男生以精兵數萬守鴨綠水, 諸軍不得渡。契苾何力至, 值冰大合, 何力引衆乘冰渡水。

• 034

[그러고는] 북을 울리고 고함을 지르면서 진군하니 고려군의 대열이 크게

병주대도독(并州大都督)을 추증하고 빈소를 도읍(장안)으로 옮겨 5품 이상의 고관들에게 조문하게 하고 '양(襄)'이라는 시호를 내렸다. 1921년에 하남성 낙양시 북쪽의 동령두촌(東嶺頭村)에서 고종의 조로(調露) 원년(679)에 당대의 재상인 왕덕진(王德眞, 7세기)이 짓고 문장가 구양통(歐陽通)이 쓴 《천남생묘지(泉男生墓誌)》가 출토되었는데, 표제에는 "대당의 고 특진·행우위대장군겸검교·우우림군장·내공봉·상주국·변국공·증병주대도독 천군 묘지명 및 서문[大唐故特進行右衛大將軍兼檢校右羽林軍仗內供奉上柱國卞國公贈并州大都督泉君墓志铭并序]"이라고 새겨져 있다.

무너지고 말았다. [당나라군은] 수십 리를 추격하여 [고려군의] 머리를 삼만 급이나 베니 나머지 무리는 모두 항복하고 [천]남생만 가까스로 탈출에 성공하였다. [당나라군은] 공교롭게도 마침 [고종으로부터] 군사를 되돌리라는 조서가 내려지자 바로 [본국으로] 귀환하였다.

○ 鼓譟而進。高麗大潰, 追奔數十里, 斬首三萬級, 餘衆悉降, 男生僅以身免。會有詔班師, 乃還。

용삭 2년 (662, 임술년)

• 035
봄, 이월 … 갑술일504)에 패강도【호주】[행군]대총관505) 임아상이 군영에서 죽었다. …

○ 春, 二月, … 甲戌, 浿【胡注】江道大總管任雅相薨于軍。…

【호주】'패'는 보와 대의 반절('패')이다.506)

• 036
[이월] 무인일507)에 좌교위장군508) · 백주509)【호주】자사 · 옥저도510) 총관

---

504) 2월 갑술일: 양력으로는 3월 9일에 해당한다.
505) 패강도 행군대총관(浿江道大總管):《구당서》〈고종본기〉"용삭 2년(663)"조에는 이 부분이 이렇게 소개되어 있다. "사융태상백·패강도총관·악안현공 임아상이 군영에서 죽었다.(司戎太常伯·浿江道總管·樂安縣公任雅相卒於軍)"
506)【胡注】浿, 普大翻。
507) [2월] 무인일: 양력으로는 3월 13일에 해당한다.
508) 좌교위장군(左驍衛將軍): 당대의 관직명. 예종의 광택(光宅) 원년(684)에 좌무위장군(左武威將軍), 중종의 신룡(神龍) 원년(705)에 좌교위장군으로 각각 개칭되었다. 수나라 양제의 대업(大業) 3년(607)에 좌비신부(左備身府)를 '좌교위(左驍衛)'로 개칭하고 정3품의 '12위 대장군(十二衛大將軍)'의 하나인 좌교위대장군

환두대도를 들고 있는 고구려 무사 (중국 집안 삼실총 고분 벽화)

방효태가 고려군과 사수[511]에서 전투를 벌였으나 군대가 패하는 바람에 그 아들 열세 명과 모두 전사하였다. 소정방은 평양을 포위했으나 오래도록 함락시키지 못하였다. [거기다가] 공교롭게도 큰 눈까지 내리자 포위를 풀고 귀환하였다. [＊512)]

아래에 종3품 품계의 좌교위장군을 두고 대장군의 업무를 보좌하게 하였다.

509) 백주(白州): 당대의 지명. 지금의 광서성 박백현(博白縣)에 해당한다.

510) 옥저도(沃沮道): 옥저 방면으로 난 길.《요사》〈지리지〉"동경도"조에서는 "【해주】남해군, 절도. 본래 옥저국의 땅이다. 고려의 비사성이며, … 발해 때에는 '남경 남해부'로 불렀다【海州】南海軍, 節度. 本沃沮國地. 高麗爲沙卑城, … 渤海號南京南海府"라고 하였다. 국내에서는 남경 남해부의 좌표를 지금의 함경북도 함흥이나 북청(北靑)에서 구하지만 두 곳은 고구려 후방이므로 해당되지 않는다.《자치통감》에는 낙랑도(제12군)의 총관을 우익위대장군(右翊衛大將軍) 설세웅(薛世雄)으로 소개하였다.

511) 사수(蛇水): 고구려의 하천명. 중국에서는 지금의 요녕성 단동시(丹東市)를 흐르는 혼강(渾江)으로 비정하고 있으나 확실한 것은 아니다.

512) ＊:《구당서》"용삭 2년"조에는 이런 내용도 보인다. "3월 갑신일에 [고종이] 동도

○ 戊寅, 左驍衛將軍白州【胡注】刺史沃沮道總管龐孝泰與高麗戰於蛇水之上, 軍敗, 與其子十三人皆戰死。蘇定方圍平壤久不下, 會大雪, 解圍而還。

【호주】 백주는 본래 한대 합포현의 땅이다. [당나라 고조] 무덕 4년에 남주를 설치했는데 6년(623)에 '백주'로 개칭하였다.513)

• 037

가을, 칠월 … 정사일514)에 웅진도독 유인원과 대방주자사 유인궤가 백제[부흥]군을 웅진의 동쪽에서 크게 무찌르고 진현성515)을 함락시켰다.

(낙양)로부터 도성으로 귀환하였다. 계축일에 [고종이] 동주로 행차하였다. 소정방이 위도에서 고려를 무찔렀다. 이어서 진군하여 평양성을 공격했으나 함락시키지 못하고 귀환하였다.(三月甲申, 自東都還京. 癸丑, 幸同州. 蘇定方破高麗于葦島. 又進攻平壤城, 不克而還.")

513)【胡注】白州, 本漢合浦縣地。武德四年置南州, 六年, 改白州。
514) 7월 정사일: 양력으로는 8월 19일에 해당한다.
515) 진현성(眞峴城): 백제의 성 이름. 여기서 "강을 마주한 데다가 높고 험하다"고 한 것이나 성의 이름('진현')을 보면 하천을 마주보고 해발 고도가 높은 산 위에 지어진 산성이었던 셈이다. 그 위치에 대해서는 ① 공주의 진령(쓰다 소키치), ② 대전 유성산성(이케우치 히로시), ③ 대덕 진잠설(노도양), ④ 대전 흑석동산성(심정보, 지헌영) 등의 주장이 제시되었다. 이와 관련하여 《삼국사기》〈지리지3〉 "웅주 황산군(黃山郡)"조에서는 "【진령현】 본래 백제의 진현현['진'은 '정'으로 적기도 한다]으로, 경덕왕이 이름을 바꾸었다. 지금의 진잠현이다(【鎭嶺縣】本百濟眞峴縣[眞, 一作貞], 景德王改名. 今鎭岑縣)", 〈지리지4〉 "웅주(熊川州)"조에서는 "진현현['정현[현]이라고 하기도 한다(眞峴縣[一云貞峴])"고 소개하였다. 문자학·금석학적으로 따져 볼 때, '참 진(眞)'과 '곧을 정(貞)'은 서로 혼용되는 경우가 많으므로 크게 문제가 될 것이 없다. 세부적으로는 편차가 있을 수 있겠지만, 진현현, 즉 진현성이 웅천주의 관할하에 있는 지역인 것은 확실하므로 그 좌표는 공주시 동부나 대전시 서부(유성구?) 일대에서 해발 고도가 높으면서 하천을 마주보고 있는 곳에서 찾을 수 있을 것이다. 국편위판 《삼국사기》 "의자왕 22년 7월"

○ 秋, 七月, … 丁巳, 熊津都督劉仁願·帶方州刺史劉仁軌大破百濟 於熊津之東, 拔眞峴城。

• 038

처음에 [유]인원·[유]인궤 등은 웅진성【호주】에 주둔하고 있었다. [그런데] 주상이 그들에게 칙서를 내리고 이렇게 일렀다.

"평양의 군대를 되돌리라. 성 하나로는 홀로 굳게 지킬 수 없으니 [군사를] 빼서 신라로 가는 것이 옳다. 만약 김법민이 경[들?]을 위로하며 [신라에] 남아 주둔하게 해 주면 일단 그곳에 머무는 것이 옳다. 만약 그가 그럴 필요가 없다고 한다면 바다를 넘어 귀환하도록 하라!"

[이때 당나라] 장병들은 모두 서쪽[의 본국]으로 돌아가고 싶어하였다. [그런데 유]인궤가 말하는 것이었다.

○ 初, 仁願·仁軌等屯熊津城【胡注】。上與之敕書, 以'平壤軍回, 一城不可獨固, 宜拔就新羅。若金法敏藉卿留鎭, 宜且停彼, 若其不須, 卽宜泛海還也。'將士咸欲西歸。仁軌曰,

【호주】《자치통감 고이》에는 다음과 같이 기술되어 있다. "지난해에 '도침과 복신이 [유]인원이 지키는 백제의 [도독]부성을 포위했다'고 하였다. 그런데 여기서는 '그대로 웅진성에 있다'고 하니 어쩌면 [부성과 웅진성] 둘 다 같은 성이 아닌가 싶다. 그렇지 않다면 포위를 풀고 나서 웅진성으로 옮겨 주둔한 것이 되기 때문이다."516)

조 주006에서는 부흥군이 이 성에 웅거한 것이 "신라의 군량 운송로인 熊津道를 다시 차단하여 웅진부성의 당나라 군대를 고립시키기 위한 목적이었을 것"으로 보았다.

516)【胡注】考異曰, 去歲道琛·福信圍仁願於百濟府城, 今云尚在熊津城, 或者共是一城。不則圍解之後, 徙屯熊津城耳。

• 039

"신하 된 이는 나라에 이익이 되는 일을 좇으며 [거기에는] 죽음만 있을 뿐 다른 길은 없나니 어찌 사사로운 이득을 먼저 마음에 둘 수가 있겠소? 주상께서는 고려를 멸망시키고자 하시오. 그래서 먼저 백제를 주륙하고 군사를 남겨 그 땅을 지키면서 저들의 심장을 제어하려 하는 것이외다. 아무리 [백제의] 잔당이 가득하고 그 수비가 몹시 삼엄하다고는 하나 병기를 갈고 말을 먹이며 저들이 예상하지 못할 때에 공격한다면 이기지 못할 이유가 없소. [싸움에서] 이기고 나면 병사들도 마음을 놓을 것이오.

○ '人臣徇公家之利, 有死無貳, 豈得先念其私。主上欲滅高麗, 故先誅百濟, 留兵守之, 制其心腹。雖餘寇充斥而守備甚嚴, 宜礪兵秣馬, 擊其不意, 理無不克。旣捷之後, 士卒心安。

• 040

그러고 나서 병력을 나누어 험한 곳을 거점으로 삼아 형세를 펼치고 신속히 표를 올려 [황제께] 고하여 새로 병력을 늘려 주기를 건의해야 하오. 조정에서 거기에 성과가 생길 것을 알고 나면 명령을 내려 군사를 파견할 것이 분명하며, [그렇게 조정의] 성원이 이어진다면 흉악한 무리들은 저절로 섬멸될 것이오. 굳이 [이곳을] 버리지 않고도 공을 이룰 수가 있으니 [그렇게 되면] 실로 마찬가지로 바다 너머도 길이길이 평정되겠지요. 지금 평양의 군사들이 [당나라로] 귀환하고 웅진에서조차 [군사를] 뺐으니[호주] 백제의 남은 불씨가 조만간 되살아날 텐데 고려의 분탕질을 어느 세월에 끝장낼 수 있단 말이오!

○ 然後分兵據險, 開張形勢, 飛表以聞, 更求益兵。朝廷知其有成, 必命將出師, 聲援纔接, 凶醜自殲。非直不棄成功, 實亦永清海表。今平壤之軍既還, 熊津又拔【胡注】, 則百濟餘燼, 不日更興, 高麗逋寇, 何時可滅。

【호주】 '뺐으니'는 군대를 빼서 신라로 간가거나 군대를 빼서 서쪽[의 본국]으로 귀환한 일을 말한다.517)

• 041

더욱이 지금은 성 하나[에 해당하는 적의] 땅으로 적들의 한가운데에 [고립되어] 있는 셈이오. 간신히 발은 운신할 수 있다지만 [그야말로] 오랑캐에게 잡혀 있는 격이올시다. [그렇다고 해서] 설사 신라로 들어간다고 하더라도 역시 뜨내기 신세이니 [거기서] 벗어나려 해도 뜻대로 할 수 없는바 [그렇게 되면 나중에] 후회해도 수습할 수가 없게 되오.

○ 且今以一城之地居敵中央, 苟或動足, 即爲擒虜, 縱入新羅, 亦爲羈客, 脫不如意, 悔不可追。

• 042

더욱이 복신은 흉포하고 잔학하여 군주와 신하가 시샘하고 괴리된 채로 서로가 도륙을 일삼고 있소. [그러니 이곳을] 굳게 지키며 [상황의] 변화를 관망하다가 적절한 틈을 타서 성을 장악해야 옳소. 움직여서는 안 된다는 뜻이오!"

그러자 사람들이 그의 말을 따랐다.

○ 況福信凶悖殘虐, 君臣猜離, 行相屠戮。正宜堅守觀變, 乘便取之,

---

517) 【胡注】拔, 謂拔軍就新羅, 或拔軍西還也。

不可動也.' 衆從之。

•043

이때, 백제왕 [부여]풍과 복신 등은 [유]인원 등이 외로운 성 하나로 [외부의] 지원조차 없자 사신을 파견하여 그에게 말하였다.
"대사, 언제가 되어야 서쪽[본국]으로 귀환할 작정이오? [그때가 되면 우리가] 배웅해 드리는 것이 도리올시다!"

○ 時, 百濟王豐與福信等以仁願等孤城無援。遣使謂之曰, '大使等何時西還, 當遣相送.'

•044

[유]인원과 [유]인궤는 그들이 방비를 하지 않고 있는 것을 알고 갑자기 [성을] 나가 그들을 공격하여 그들의 지라성[518] 및 윤성[519]·대산[520]·

---

518) 지라성(支羅城): 백제의 성 이름. 그 위치의 경우, 인터넷〈국편위판〉주212에서는 "忠南 大德郡 鎭岑面으로 … 比定하는 것이 通說"이라고 했으나 정확한 위치는 알 수가 없다. 김부식은《삼국사기》〈지리지4〉에서 "【지라성】어떤 사람은 '주류성'이라고도 한다【支羅城】或云周留城"라는 주석을 붙였다. 국편위판《삼국사기》"의자왕 20년 7월"조의 주001에서는 "[김부식이] 지라성과 주류성을 같은 곳으로 설명하였다"고 하였다 그러나 그것은 김부식의 의도를 제대로 이해하지 못한 해석이다. 김부식은 "어떤 사람(someone)은 지라성을 '주류성'이라고 주장한다"라는 뜻에서 한 말이기 때문이다. 유보적인 입장을 취한 것이다. 또, 음운상의 유사성을 거론하는 학자들의 경우, '지라'에 대하여 ① 인터넷〈국편위판〉주석에서는 '질현(迭峴)', ② 중국의《백제 역사편년》(제324쪽)에서는 계룡산(鷄龍山)의 '계룡' 등으로 추정하기도 한다. 그러나 ③ '질(迭)'의 고대음은 '뎃(diet)' 이어서 1,400년 전의 발음이 '질'이었다고 단정하기 어려운 데다가, ④ '계룡'의 경우, 지리적으로는 부합되지만 고대음은 '께이롱(kiei-loŋ)'이어서 '지라(제라, ʨie-lɑ)'와는 계통이 달라 대응된다고 보기 어렵다.

519) 윤성(尹城]: 백제의 성 이름. 인터넷〈국편위판〉주212에서는 "忠南 靑陽郡 定山에 比定하는 것이 通說"이라고 했으나 정확한 위치는 알 수가 없다. 그 위치의 경

사정521) 등의 목책들을 제거하고 [고려군을] 몹시 많이 죽이거나 사로잡고 군사를 나누어 그곳을 지켰다.

○ 仁願·仁軌知其無備, 忽出擊之, 拔其支羅城及尹城·大山·沙井等

우, 국편위판《삼국사기》"의자왕 22년 7월"조의 주002에 따르면, ① 청양설(이마니시 류, 노도양), ② 부안설(전영래), ③ 대전설(이케우치 히로시, 지헌영), ④ 금산설(이병도) 등의 주장이 제시되고 있다. 윤성의 정확한 이름과 관련하여 노중국(2003)은 "윤성이 아니라 급윤성(及尹城)으로 읽어야 한다"고 보았는데 일리가 있는 주장이다. 다만, 지라성과 윤성을 백제 부흥군의 가장 중요한 거점이자 성채(castle)로서 먼저 제시하고 이어서 목책(wooden fort)으로서 나머지 두 곳을 나열했을 가능성도 배제할 수 없기 때문에 여기서는 그대로 "지라성 및 윤성"으로 번역하였다.

520) 대산(大山): 백제의 산 이름. 정구복(2012)은 한중연판《역주 삼국사기3》(주석편 상)에서 "지금의 충남 부여군 홍산(鴻山)"으로 비정했으나 확실한 위치는 알 수가 없다. 국편위판《삼국사기》"의자왕 22년 7월"조 주003에서는 ① 대산과 홍산의 관계를 설명하면서 "'홍(鴻)'은 '대(大)'와 뜻이 같으므로 대산(大山)과 홍산(鴻山)은 통한다"라고 해석하였다. 그러나 ② 어원학적으로 따져 볼 때, 두 지명에서 '큰 대(大)'와 '기러기 홍(鴻)'이 '크다(great)'라는 의미에서 서로 대응될 개연성이 없는 것은 아니지만 반드시 그렇게만 대응된다는 보장도 없다. ③ 같은 주석에서 "대산을 지금의 부여 방면에 비정할 경우 '웅진 동쪽'이라는 지리 방향과 어긋난다"고 한 것이 그 증거이다. 따라서 그 같은 해석은 언어학적으로 확실한 근거가 확보되지 않은 이상 신중할 필요가 있다.

521) 사정(沙井): 백제의 지명. 그 위치와 관련하여 국편위판《삼국사기》"의자왕 22년 7월"조 주004에서는 대전시내의 ① 사정동산성(성주탁, 심정보), ② 유성산성(이케우치 히로시), ③ 사정리(지헌영) 등의 주장을 소개했으나 정확한 위치는 알 수가 없다. 여기서 주의해야 할 것이《삼국사기》〈백제본기〉"성왕 4년(526) 겨울 10월"조의 "웅진성을 보수하고 사정 목책을 세웠다(修葺熊津城, 立沙井柵)"는 기록이다. 이 두 구절만을 놓고 따질 경우, ① 웅진성과 사정 목책이 서로 다른 지역에 자리잡고 있다고 볼 수도 있지만, ② 역으로 웅진성 인근에 사정 목책이 있다는 해석도 충분히 가능하기 때문이다. ③ 사정 목책의 좌표는 대전이 아니라 공주 인근의 산지에서 찾을 수도 있다는 뜻이다. 이 목책의 이름과 관련하여 〈동북아판3〉 주54(제146쪽)에서는 "원문은 '沙井'이지만, '沙井'으로 교감한다"라고 하면서도 그렇게 교감하게 된 근거는 밝히지 않았다.《구당서》와《삼국사기》의 역대 판본들을 대조해 본 결과 '사정'으로 읽어야 옳다.

栅, 殺獲甚衆, 分兵守之。

•045

복신 등은 진현성이 험하고 중요한 거점이라고 여겨 병력을 늘려 오랫동안 그 성을 지켰다. [유]인궤는 그들의 경계가 다소 느슨해진 틈을 타서 신라군을 이끌고 밤중에 성 아래로 가서 풀을 붙잡으면서 [성으로] 올라간 끝에 동이 틀 무렵에 그 성 안으로 들어가 점거[하는 데에 성공]하였다. 마침내 신라군이 군량을 수송할 길이 열린 것이다.

○ 福信等以眞峴城險要, 加兵守久之。仁軌伺其稍懈, 引新羅兵夜傅城下, 攀草而上, 比明, 入據其城, 遂通新羅運糧之路。

•046

[그렇게 되자 유]인원은 바로 상소하여 [고종에게] 병력을 늘여 줄 것을 건의하였다. [이에 고종이] 조서를 내려 치주[522) ·청주523) ·내주524) ·해주525)]의 병력 칠천 명을 징발하여 웅진으로 달려가게 하였다.【호주】

---

522) 치주[淄]: 당대의 지역명. 지금의 산동성 치박시(淄博市) 치천구(淄川區)에 해당한다. 인터넷 〈국편위판〉과 〈동북아판〉에 언급된 '제남부(濟南府)'는 명·청대에 사용된 지역명으로, 현재와는 그 관할 지역에 상당한 편차가 있으므로 유념할 필요가 있다.

523) 청주[靑]: 당대의 지역명. 지금의 산동성 유방시(維坊市)가 관할하는 청주시(靑州市) 일대에 해당한다. '교동(膠東)'은 근대까지 사용된 지역명이므로 유념할 필요가 있다.

524) 래주[萊]: 당대의 지역명. 지금의 산동성 연대시(烟臺市)가 관할하는 내주시(萊州市) 일대에 해당한다.

525) 해주[海]: 당대의 지역명. 지금의 산동성 남쪽인 강소성 연운항시(連雲港市)의 해주구(海州區)에 해당한다. '회안(淮安)'은 명·청대에 사용된 지역명으로 지금과는 그 관할 지역에 상당한 편차가 있으므로 유념할 필요가 있다.

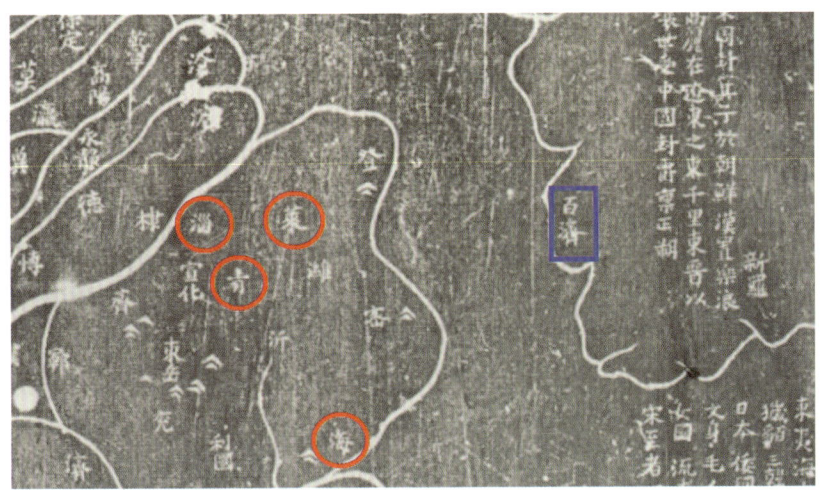

유제(1136)시기의 《화이도》에 그려진 당나라의 치주·청주·내주·해주. 바다 건너편에 백제가 보인다.

○ 仁願乃奏請益兵。詔發淄·青·萊·海之兵七千人以赴熊津【胡注】。

【호주】 사관은 "유인궤가 꾹 참으면서 틈을 노리면서 지원 병력을 기다려서 백제를 모두 평정하였다"고 말하였다.[526]

•047

복신은 권력을 농단하면서 백제왕 [부여]풍과 차츰 서로 시샘하고 꺼리기 시작하였다. [그러다가] 복신은 병이 들었다는 핑계를 대고 지하에 만든 방[527]에 드러누웠다. [그러고는 부여]풍이 병문안을 오기를 기다려 그

---

526) 【胡注】史言劉仁軌能堅忍伺間, 待援兵以盡平百濟.
527) 지하에 만든 방[窟室]: '굴실(窟室)'을 인터넷 〈국편위판〉에서는 '굴방', 〈동북아판4〉(제147쪽)에서는 '깊숙한 내실'로 각각 번역하였다. 그러나 고대 한문에서 '굴실'은 옆으로 깊숙이 뚫어 만든 방이 아니라 밑으로 깊이 파서 만든 방을 말한다. ① 중국의 온라인 사전《한전(漢典)》에서는 "정백이 … '굴실'을 만들어 밤마

를 죽이려 하였다. [부여]풍은 그 일을 눈치채고 가깝게 신임하는 심복들을 이끌고 복신을 습격하여 죽였다.528)【호주1】[그러고는] 사신을 파견하여 고려와 왜국【호주2】으로 가서 군사를 빌어 와서 당나라군에 맞섰다.

○ 福信專權, 與百濟王豊浸相猜忌。福信稱疾, 臥於窟室, 欲俟豊問疾而殺之。豊知之, 帥親信襲殺福信【胡注】。 遣使詣高麗·倭【胡注】國乞師以拒唐兵。

【호주1】 참으로 유인궤가 예상한 대로이다.529)

【호주2】 '와'는 [발음이] 오와 화의 반절이다.530)

다 술을 마시고 술잔을 두드리곤 하였다(鄭伯 … 爲窟室而夜飮酒擊鍾焉)"는 《좌전(左傳)》 "양공 30년(襄公三十年)"조를 근거로 "땅을 파서 방으로 삼는 경우로, 바로 지하실을 말한다(掘地爲室, 卽地下室)"고 설명하였다. 또, ②《진서》〈은일전(隱逸傳)〉에서 "땅을 파서 '굴실'을 만들었다(鑿地爲窟室)", ③《삼국사기》〈신라본기〉에서 "[일선]군 사람 모례가 집 안에 '굴실'을 만들어 안치하였다(郡人毛禮, 于家中作窟室安置)"고 한 것도 그 증거이다.

528) 복신을 습격하여 죽였다[襲殺福信]:《일본서기》〈천지천황기〉 "2년(663) 6월"조에는 복신의 죽음이 이렇게 기술되어 있다. "전장군 상모야군치자 등이 신라의 사비기노강의 성 2곳을 빼앗았다. 백제왕 풍장은 복신이 모반하려는 마음을 품었다고 의심하여 가죽으로 손바닥을 꿰어 묶었다. 이때 스스로 결정하기 어려워 어쩔 줄을 몰라 하면서 신하들에게 '복신의 죄가 이와 같은 이상 목을 베어 마땅한데 어떻소?' 하고 물었다. 그래서 달솔 덕집득이 '이 악독한 역적은 풀어 주시면 안 됩니다!' 하니 복신은 바로 집득에게 침을 뱉으며 '개 같은 어리석은 놈!' 하고 말하였다. [이에] 왕은 병정들에게 [그] 머리를 베어 소금에 절이도록 일렀다.(前將軍上毛野君稚子等, 取新羅沙鼻岐奴江二城, 百濟王豊璋, 嫌福信有謀反心, 以革穿掌而縛. 時難自決 不知所爲, 乃問諸臣曰, 福信之罪, 旣如此焉, 可斬以不? 於是, 達率德執得曰, 此惡逆人, 不合放捨, 福信卽唾於執得曰, 腐狗癡奴. 王勒健兒, 斬而醢首)"

529)【胡注】果如劉仁軌所料。

530)【胡注】倭, 烏禾翻。

• 048

[*531)] 십이월의 무신일532)에 [고종이] 조서를 내리고 '지금 고려와 백제를 토벌하고 있어 하북의 백성들이 [그로 인한] 정벌과 노역에 시달리고 있다' 하여 [그들의 수고를 줄여 주기 위하여 짐이] 태산533)에서 거행하는 봉선의식과 동도534)로 행차하는 일을 모두 중단하게 하였다.

○ 十二月, 戊申, 詔以方討高麗·百濟, 河北之民, 勞於征役, 其封泰山·幸東都並停。

용삭 3년 (663, 계해년)

• 049

여름, 사월 … 을미일535)에 계림[주] 대도독부를 신라국에 설치하고 김법민이 그 일을 맡게 하였다.

○ 夏, 四月, … 乙未, 置雞林大都督府於新羅國, 以金法敏爲之。

---

531) *:《구당서》〈고종본기〉"용삭 2년"조에는 이런 내용도 보인다. "2년 … 겨울 10월 … 계해일(양력 622년 12월 23일)에 고려왕 고장이 그 아들 [고]복남을 파견하여 [중국에] 와서 입조하였다.(二年 … 冬十月 … 癸亥, 高麗王高藏遣其子福男來朝)"

532) 12월 무신일: 양력으로는 이듬해인 663년 2월 6일에 해당한다.

533) 태산(泰山): 중국의 산 이름. 산동성 곡부(曲阜)에 자리잡고 있으며, 고대에는 제왕들이 제천의식을 거행하여 성산으로 숭배되었다. 중원의 동부에 있다고 하여 '동쪽 석산'이라는 뜻에서 '동악(東嶽)'이라는 별칭으로 일컬어지기도 했는데, 도교에서는 '동악대신(東嶽大神)'으로 신격화하고 숭배의 대상으로 삼곤 하였다.

534) 동도(東都): '동쪽 도읍'이라는 뜻으로, 당대에는 지금의 하남성 낙양(洛陽)을 가리키는 말로 사용되었다. 당나라의 공식적인 도읍은 장안(長安), 즉 지금의 서안(西安)이었으며, 낙양은 그 동쪽에 자리잡고 있었기 때문에 장안을 기준으로 하여 '동도'로 부른 것이다.

535) 4월 을미일: 양력으로는 5월 24일에 해당한다.

•050

병오일536)에 봉래궁의 함원전537)이 완성되었다. 주상은 비로소 그곳으로 옮겨 머물게 되었기에 원래 머물던 궁궐을 '서내'로 고쳐 부르게 하였다.【호주1】 무신일538)에 비로소 자신전에 행차하여 정사를 보기 시작하였다.【호주2】

○ 丙午, 蓬萊宮含元殿成, 上始移仗居之, 更命故宮曰西內【胡注】。戊申, 始御紫宸殿【胡注】聽政。

【호주1】 '궁궐[이름]을 바꾸었다'는 곳은 태극궁을 말한다. [고조의] 무덕 연간 이래로 황제가 거기했으며, 이때부터 '서내'로 불렀다.539)

【호주2】 봉래궁의 정전은 '함원전'이라고 하였다. 함원[전] 뒤에 있는 것은 '선정전'이며, 선정전 북쪽에 있는 문은 '자신문'이라고 하는데 그 안에 자신전이 있었다. 바로 내아의 정전인 것이다.540)

---

536) [4월] 병오일: 양력으로는 6월 4일에 해당한다.
537) 함원전(含元殿): 당대의 궁전 이름. '함원'은 '원기(정기)를 머금고 있다' 정도의 의미로 직역된다. 《책부원구》〈제왕부·도읍 2(帝王部·都邑二)〉 "용삭 2년"조에는 다음과 같이 소개되어 있다. "6월에 황제가 풍습에 걸려 궁 안이 습하자 왕년의 대명궁을 보수하여 '봉래궁'으로 개명하였다. … 그리고 함형 원년 3월, 봉래궁을 고쳐 '함원궁'으로 불렀다.(長安元年十一月, 又改爲大明宮. 十二月, 又改爲大明殿. 神龍元年二月, 復改爲含元殿)" 다만, 호삼성이 이 대목에 함원전이 "봉래궁의 정전(蓬萊宮正殿)"이라는 주석을 붙인 것을 보면, 함원전은 봉래궁의 다른 이름이 아니라 봉래궁의 부속 건물(전각)이었던 셈이다.
538) [4월] 무신일: 양력으로는 6월 6일에 해당한다.
539) 【胡注】改宮, 謂太極宮, 自武德以來人主居之, 自是以後, 謂之西內。
540) 【胡注】蓬萊宮正殿曰含元殿, 含元之後曰宣政殿, 宣政殿北曰紫宸門, 內有紫宸殿, 卽內衙之正殿。

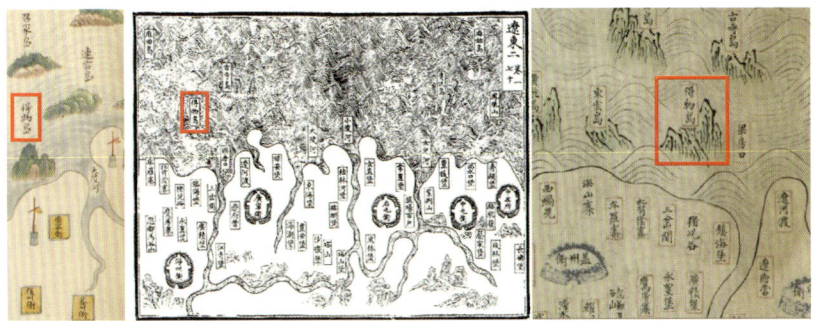

《만리해방도설》(좌, 16세기), 《주해도편》〈요동3〉(중, 16세기), 《성경해강도(盛京海疆圖)》(우, 17세기) 등 명·청대 지도에 그려진 득물도. 광평위와 개주위 사이, 즉 요하를 건너는 나루 동남방에 자리잡고 있는 것을 확인할 수 있다.

• 051

구월의 무오일541)에 웅진도 행군총관이자 우위위장군이던 손인사 등이 백제의 남은 무리와 왜국 군사를 백강542)에서 무찌르고 그들의 주류성을 함락시켰다.

○ 九月, 戊午, 熊津道行軍總管·右威衛將軍孫仁師等破百濟餘衆及倭兵於白江, 拔其周留城。

• 052

처음에 유인원과 유인궤가 진현성을 함락시키고 났을 때였다.【호주】[고종이] 손인사에게 조서를 내려 군사를 거느리고 바다를 건너가543) 그들을

---

541) 9월 무오일: 양력으로는 10월 14일에 해당한다.
542) 백강(白江): 충청도를 흐르는 금강(錦江) 물줄기 중에서 충남 부여 지역을 흐르는 하류 구간을 가리킨다. 《일본서기》 등 일본 쪽에는 '백촌강(白村江)'으로 소개되어 있으며, 또 다른 이름인 '백마강(白馬江)'은 민간에 소정방(蘇定方) 관련 전설이 전승되면서 후대에 붙여진 것이다.
543) 바다를 건너 가[浮海]: 국편위판 《삼국사기》에서는 기사에 등장하는 '덕물도'를 지금의 인천시 옹진군의 덕적도(德積島)로 보았다. 이는 서해를 횡단했을 경우를

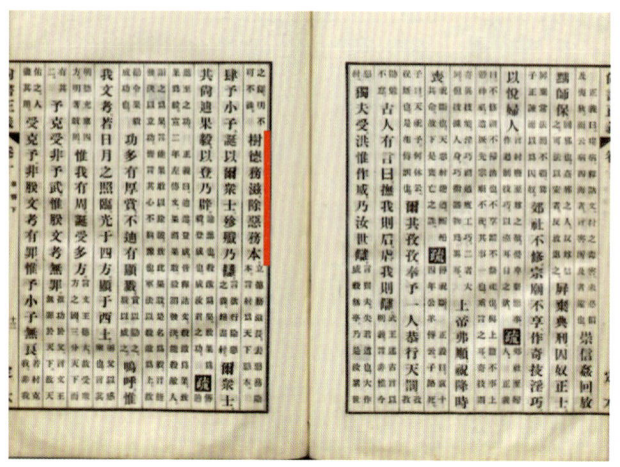

《서경》〈태서〉의 해당 대목

돕게 하였다.

○ 初, 劉仁願·劉仁軌既克眞峴城【胡注】, 詔孫仁師將兵, 浮海助之.

염두에 둔 비정으로 보인다. 그러나 ① 음운학적으로 볼 때 첫 글자 '덕'은 대응된다고 치더라도, 두 번째 글자 '물(物)'의 경우, 고대음이 '문과 불의 반절[文弗切, miwət]'인 반면 '적(積)'은 '자와 석의 반절[資昔切, tsiek]'이다. '몃'과 '젹'은 초성-중성-종성에서 모두 전혀 공통점이 없다. 게다가 ② 당대 초기까지만 해도 '연안항법'에 따라 항해하는 것이 관례였다는 점에 유념할 필요가 있다. 게다가 1만에 가까운 인원을 태우고 목숨을 건 모험을 한다는 것은 어불성설이다. 지리적으로 덕적도는 이상적인 위치가 아니라는 뜻이다. ③ 실제로 명대의 《주해도편(籌海圖編)》(1556)의 〈요동계도(遼東界圖)〉나 청대의 《산동·직예·성경 해강도(山東直隸盛京海疆圖)》(1652) 등에는 득물도가 요하가 요동만(遼東灣)으로 유입되는 바다 어귀의 동남쪽에 그려져 있다. ④ '득물'과 '덕물'의 경우, 두 번째 글자 '물'은 발음이 완전히 일치하며 '득(得)'과 '덕(德)' 역시 한국식 발음은 중성이 'ㅡ'와 'ㅓ'로 달라 보이지만 중국에서는 고대음이 둘 다 '다와 칙의 반절[多則切, tək]'이다. 둘 다 '떡'과 '떡'으로 역시 완벽하게 일치한다. '덕물도'와 '득물도'는 사실상 같은 섬의 다른 이름이라는 뜻이다. 당대 학자 가탐(賈耽, 730~805)의 〈도리기(道里記)〉에는 섬 이름이 '덕물(德勿)'로 표기되어 있으나 고대음은 역시 '득물'과 동일하다. 이를 통하여 득물도를 덕적도로 비정해 온 국내외 학계의 기존 주장들은 반도사관의 결과물로, 그 좌표를 '경기도 옹진군 ⇒ 요녕성 요동만' 식으로 서북방으로 대폭 조정하는 작업이 불가피함을 알 수가 있다.

【호주】 진현성 함락에 관해서는 상권의 "2년"조를 참조하기 바란다.544)

• 053

[바다를 건너자] 백제왕 [부여]풍이 남쪽으로 왜인들을 끌어들여 당나라군에 맞섰으나 [손]인사가 [유]인원·[유]인궤와 합세하면서 그 기세를 크게 떨쳤다. [당나라] 장수들은 가림성을 수로와 육로의 요충지로 여겨 먼저 공략하려 하였다. [그러자 유]인궤가 말하였다.

○ 百濟王豐南引倭人以拒唐兵, 仁師與仁願·仁軌合兵, 勢大振。諸將以加林城水陸之衝, 欲先攻之, 仁軌曰,

• 054

"가림[성]은 험하면서도 견고하오. 성급하게 공략한다면 병사들을 다치게 할 것이고 천천히 공략한다면 여러 날을 허송하면서 오래 붙잡고 있어야 할 거요. 주류성은 저 오랑캐들의 소굴이요 저 고약한 놈들의 온상이니, 나쁜 놈들을 없애고 본래의 직무에 집중하자면【호주】 먼저 저 성을 함락시켜야 하오. 만약 주류[성]만 함락시킨다면 [나머지] 성들은 저절로 무너지게 될 게요."

○ '加林險固, 急攻則傷士卒, 緩之則曠日持久。周留城, 虜之巢穴, 群凶所聚, 除惡務本【胡注】, 宜先攻之, 若克周留, 諸城自下。'

【호주】《서경》〈태서〉에 나오는 말이다.545)

---

544)【胡注】克眞峴城, 見上卷二年。
545)【胡注】書泰誓之言。

• 055

이렇게 해서 [손]인사와 [유]인원이 신라왕 [김]법민과 육군을 거느리고 진군하고, [유]인궤는 별장 두상546), 부여융과 함께 수군 및 군량을 실은 배를 거느리고547) 웅진으로부터 백강으로 진입하여 [앞서의] 육군과 합

---

546) 별장 두상[別將杜爽]: '별장'은 주력부대가 아닌 지원부대의 통수권자를 가리키는데, 《구당서》〈백제전〉에는 "별수(別帥)"로 소개되어 있다. 장수 이름의 경우, 같은 〈백제전〉 원문에는 그 이름이 '사상(社爽)'으로 나와 있다. 그러나 같은 《구당서》의 〈유인궤전〉는 물론이고 《자치통감》"고종 용삭 3년(663)"조 및 《신당서》·《책부원구》에도 '두상(杜爽)'으로 소개되어 있다. 중국 성씨에는 '사'씨가 드문 데다가 복수의 사서 기록에 따르더라도 '두상'으로 보는 것이 합리적이라고 본다.

547) 수군 및 군량을 실은 배들을 거느리고[率水軍及糧船]: 이와 관련하여 당대 중기의 장작(張鷟, 660~740)이 지은 《조야첨재(朝野僉載)》에서도 "청주자사 유인궤는 해상 운송을 담당했으나 배를 너무 많이 잃는 바람에 관작이 박탈되고 평민이 되어 요동전쟁에 종군하였다(青州刺史劉仁軌知海運, 失船極多, 除名爲民, 遂遼東効力)"고 하였다. 그 뒤에 유숙(劉肅, 9세기)이 저술한 《대당신어(大唐新語)》〈징계 제25(懲戒第二十五)〉에는 이렇게 기술되어 있다. "유인궤가 … 청주자사로 나가 있었다. 당시에 요해 쪽에 큰일이 생기매 [이]의부가 인궤에게 군량을 수송하도록 다그쳤는데 결국 [바람에 휩쓸려] 떠내려가서 침몰하였다. … 그 죄로 파면되었다.(劉仁軌 … 出爲青州刺史. 時有事遼海, 義府逼仁軌運糧, 果漂沒. … 坐此除名)" 7~8세기에 저술된 두 문헌 기록을 통하여 다음의 사실들을 확인할 수 있다. ① 유인궤가 청주자사로 좌천된 때는 현경 4년(659)이고, ② 이듬해인 현경 5년(660)에 고종이 백제 침공을 선포하면서 그 명령에 따라 수군과 군량의 해상 수송을 전담하였다. ③ 여기서 "요동전쟁"이나 "요해 쪽에 일이 있었다"는 것은 백제와의 전쟁을 두고 한 말이다. ④ 국내의 역사 지도에는 당나라군이 산동반도에서 황해를 횡단한 것으로 그려 놓았으나, 이로써 당시까지만 해도 해로로 청주(산동반도)에서 백제로 갈 때에는 황해를 횡단하지 못하고 연안항법에 따라 '청주 ⇒ 요해 ⇒ 백제'로 우회해 갔음을 알 수가 있다. ⑤ 엔진이 없던 고대에 군량은 물론 수군까지 가득 실은 상태에서 그것도 태풍 철에 망망대해를 횡단한다는 것은 자살행위가 같았다. ⑥ 실제로 호삼성이 주석에서 "바닷길로 가는 것은 순풍을 타지 않고서는 불가능하다(海行非遇順風不可)"라고 한 것도 그 증거이다. ⑦ 결국 유인궤는 이의부가 출항을 강요하는 바람에 억지로 수군과 군량을 싣고 백제로 향하다가 태풍(?)을 만나는 바람에 엄청난 사상자를 내었고 그 죄로 귀환하자마자 결국 파면되어 백의로 종군하였다.

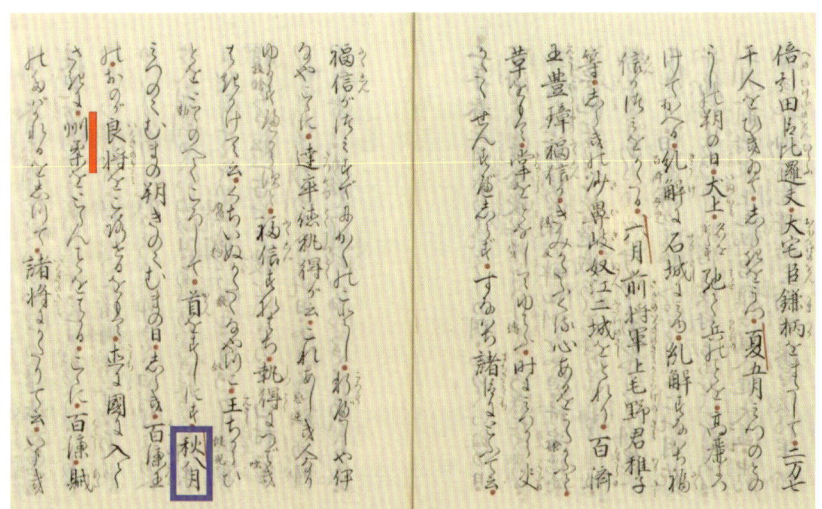

《일본서기》〈천지천황기〉 "2년 8월"조의 백촌강 전투 대목. 왼쪽 위로 '주유(州柔, 주류)'라는 성 이름이 보인다. (일본 국립공문서관 소장)

류한 다음 동시에 주류성으로 달려갔다. [그들은] 와국의 군사들과 백강 어귀에서 마주치자 네 차례 전투를 벌여 모두 이기고548) 그들의 배

---

548) 네 차례 전투를 벌여 모두 이기고[四戰皆捷]: 이 전쟁의 시말은 중국 측 사서·문헌들에 상세하게 묘사되어 있다. 《책부원구》만 보더라도 〈장수부·입공11(將帥部·立功十一)〉에는 "현경 5년에 대군이 요동을 정벌하였다. 유인궤는 그대로 따로 수군 2만을 이끌고 와적 수만 명을 백강에서 습격해 무찌르고 전선 400여 척을 약탈하였다(顯慶五年, 大軍征遼. 仁軌仍別領水軍二萬, 襲破倭賊數萬於白江, 虜掠船艦四百餘艘)", 〈장수부·기략6(機略六)〉에는 "4번 싸워 모두 이기고 그 전선 400척을 불사르니 연기와 불길이 하늘까지 치솟고 바닷물이 온통 붉게 변하였다(四戰皆捷, 焚其舟四百艘, 煙焰漲天, 海水皆赤)"고 소개되어 있다. 일본 측 사서인 《일본서기》의 〈천지천황기〉에는 당시의 전투 상황이 이렇게 기술되어 있다. "[2년] 8월 … 무술일(양력 663년 9월 24일)에 적장이 주유(주류성)에 이르러 그 왕성을 포위하였다. 대당의 장군이 전선 170척을 이끌고, 백촌강(하쿠스키노에)에 진을 쳤다. 무신일(양력 10월 4일)에 일본 수군 중 처음에 온 사람들이 대당 수군과 싸웠다. 그러나 일본이 패하고 물러나자 대당은 진영을 굳히고 지켰다. 기유일(10월 5일)에 대당이 즉시 좌우에서 [일본] 배를 끼고 싸우매 얼마 지나지 않아 관군(일본)이 패하였다. 이때 물에 뛰어들어 익사한 자가 많아서 뱃머리와 고물을 돌릴 수

사백 척을 불태우니 그 연기와 불길이 하늘까지 치솟았고 바닷물이 온통 붉어질 정도였다.

○ 於是, 仁師·仁願與新羅王法敏將陸軍以進. 仁軌與別將杜爽·扶餘隆將水軍及糧船自熊津入白江, 以會陸軍, 同趣周留城. 遇倭兵於白江口, 四戰皆捷, 焚其舟四百艘, 煙炎灼天, 海水皆赤.

• 056

[이에] 백제왕 [부여]풍은 혼자 빠져나와 고려로 도주하고 왕자인 [부여]충승·[부여]충지 등은 무리를 이끌고 항복함으로써 백제가 모두 평정되었다. 다만 별수549)인 지수신만은 임존성을 거점으로 삼아 [좀처럼?] 함락시킬 수 없었다. [＊550)]

○ 百濟王豐脫身奔高麗, 王子忠勝·忠志等帥衆降, 百濟盡平, 唯別帥遲受信據任存城, 不下.

가 없었다. 그러자 박시전래진은 하늘을 우러러 맹세하더니 이를 갈며 분노하면서 수십 명을 죽이고 결국 전사하였다.(八月, … 戊戌, 賊至於州柔, 繞其王城. 大唐軍將, 率戰船一百七十艘, 陣烈於白村江. 戊申, 日本船師初至者, 與大唐船師合戰. 日本不利而退. 大唐堅陣而守. 己酉, 大唐便自左右夾船繞戰. 須臾之際, 官軍敗績. 赴水溺死者衆. 艫舳不得廻旋. 朴市田來津, 仰天而誓, 切齒而嗔, 殺數十人. 於焉戰死)"

549) 별수(別帥): 별동부대의 통수권자를 말한다.
550) ＊:《구당서》〈유인궤전〉에는 지수신의 농성과 관련하여 이렇게 기술되어 있다. "적의 괴수인 지수신은 임존성을 지키며 항복하지 않았다. 이에 앞서, 백제의 수령 사탁상여·흑치상지는 소정방이 군사를 돌린 뒤로 흩어졌던 무리를 규합하고 각자 험지를 거점으로 삼아 복신과 호응하였다. [그러다가] 이때에 이르러 그 무리를 데리고 항복하매 유인궤는 은덕과 신용으로 설득하여 [두 사람이] 스스로 자제들을 데리고 임존성을 취하도록 지시하는 한편 [자신도] 군사를 나누어 돕기로 하였다. … 마침내 임존성을 함락시키니 지수신은 그 처자식을 버리고 도주하여 고구려에 의탁하였다. 이리하여 백제의 남은 불씨가 모두 평정되었다.(賊帥遲受信據任存城不降. 先是, 百濟首領沙吒相如·黑齒常之自蘇定方軍廻後, 鳩集亡散,

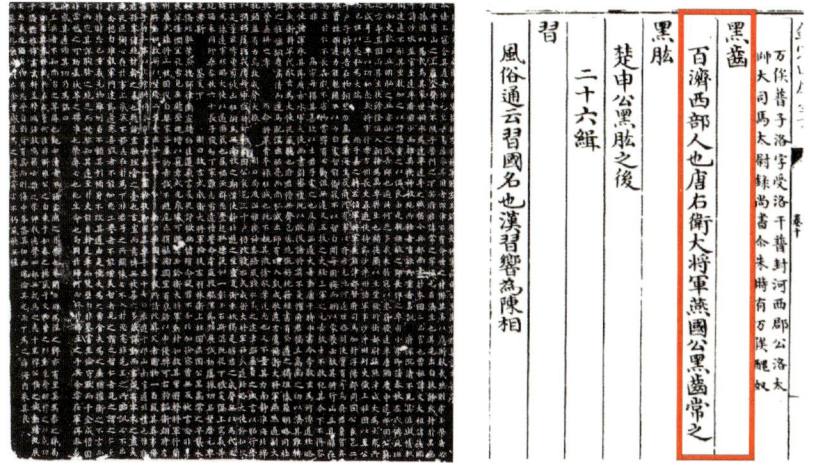

하남성 낙양시에서 출토된 《흑치상지 묘지명》(699)과 당대의 성씨보 《원화성찬(元和姓纂)》의 '흑치씨' 소개 대목

• 057

처음에 백제 서부 사람인 흑치상지[551]는 키가 일곱 자 남짓으로, 용맹

各據險以應福信. 至是率其衆降. 仁軌諭以恩信, 令自領子弟以取任存城, 又欲分兵助之. … 遂拔任存城. 遲受信棄其妻子走投高麗. 於是, 百濟之餘燼悉平)"

[551] 흑치상지(黑齒常之, 630~689): 백제 부흥군의 지도자. 9세기 당나라에서 저술된 《원화성찬(元和姓纂)》 "흑치"조에 따르면 "백제 서부 사람(百濟西部人也)"이다. 《전당문 보유(全唐文補遺)》에 수록된 《대주 고좌무위위대장군검교좌우림군증좌옥검위대장군연국공흑치부군묘지문(大周故左武威衛大將軍檢校左羽林軍贈左玉鈐衛大將軍燕國公黑齒府君墓誌文)》에 따르면, "자는 항원으로, 백제인이다. 그 선조는 부여씨에서 나왔는데 흑치[국]에 봉해지면서 자손들이 이를 계기로 씨로 삼게 된 것이다. 그 가문은 대대로 달솔을 지냈다. 달솔이라는 관직은 [중국의] 지금의 병부상서와 같은 것으로, 본국의 2품 벼슬이었다. … [그는] 약관(20세)이 되기도 전에 지연으로 달솔에 제수되었다. 당나라 현경 연간에 형국공 소정방을 파견하여 그 나라를 평정하게 했을 때 그 군주 부여융과 함께 [당나라 조정에] 입조하고 만년현 호구로 귀속되었다.(字恒元, 百濟人也. 其先出自扶餘氏, 封於黑齒, 子孫因以爲氏焉. 其家世相承爲達率, 達率之職, 由今兵部尙書, 於本國二品官也. … 未弱冠, 以地籍授達率. 唐顯慶中, 遣邢國公蘇定方平其國, 與其主扶

스러우면서도 지략을 가지고 있었다. [그는] 백제에서 벼슬살이를 할 때 달솔552) 겸 군장으로 있었는데, 중국의 '자사'와 같은 자리였다.[호주] [나중에] 소정방이 백제와의 전쟁에서 이기자 [흑치]상지는 휘하의 부하들을 거느리고 사람들을 따라 항복하였다.

○ 初, 百濟西部人黑齒常之, 長七尺餘, 驍勇有謀略, 仕百濟爲達率【胡注】兼郡將, 猶中國刺史也。蘇定方克百濟, 常之帥所部隨衆降。

【호주】 신라의 관등에는 열여섯 품급이 있는데553), 좌평이 1품, 달솔이 2품이었다. [백제의] 5방에는 각각 방령이 한 사람씩 있었는데 달솔에게 그 일을 맡겼다. [그리고 각] 방에는 열 개의 군이 있고, 군마다 장수 세 명이 있었는데 덕솔에게 그 일을 맡겼다. 덕솔은 제4품이었다. 백제에 설치된 관

餘隆俱入朝, 隷爲萬年縣人也)" 이 묘지명의 내용이 사실이라면 흑치씨는 원래 부여씨의 한 갈래로, 흑치국에 봉해지면서 성씨를 바꾼 셈이다.

552) 달솔(達率): 백제의 관직명. 《수서》와 《책부원구》에는 '대솔'로 소개했으나 당대의 《주서》·《북사》·《괄지지》·《통전》과 고려의 《삼국사기》, 일본의 《일본서기》 등에는 '달솔(達率)', 《문헌통고》에는 '좌솔(佐率)'로 소개되어 있다. 다만, 《책부원구》의 주석에서 "'달솔'이라고 하기도 한다(一名達率)"라고 한 것을 보면 '대'와 '달'의 차이는 내용(직무)상의 구분이라기보다는 같은 발음을 서로 달리 표기한 경우인 것으로 보인다. 《북사》·《한원》에서는 "달솔은 30명으로, 2품이다. … 5방에 각자 방령이 1명씩 있는데, 달솔을 임명한다(達率三十人, 二品. … 五方各有方領一人, 以達率爲之)"라고 하였다. 좌평 다음의 관직으로, 그 명칭은 사서마다 편차를 보인다. 〈동북아판3〉(제093쪽)에서는 《수서》와 《책부원구》에는 달솔이 '대솔(大率)'로 소개되어 있는 점에 착안하여 이렇게 소개하였다. "'달솔'은 '크다'는 뜻의 백제어를 소리 나는 대로 한자로 옮겨 적은 것이고, '대솔'은 뜻을 살펴 한자로 번역한 것이다." 그러나 '대'와 '달'은 똑같이 동일한 발음을 한자로 표기한 음차(音借)의 사례에 해당한다. '달솔'의 고대음 분석은 문성재, 《정역 중국정사 조선·동이전3》의 해당 주석(제543쪽)을 참조하기 바란다.

553) 신라의 관등에는 열여섯 품급이 있는데~[新羅官有十六品]: 이 부분에서 '신라'는 호삼성이 백제를 잘못 적은 것으로 보인다. 신라의 관직은 17등으로 나뉘었으며, '좌평'이나 '달솔'은 백제의 관직명이기 때문이다.

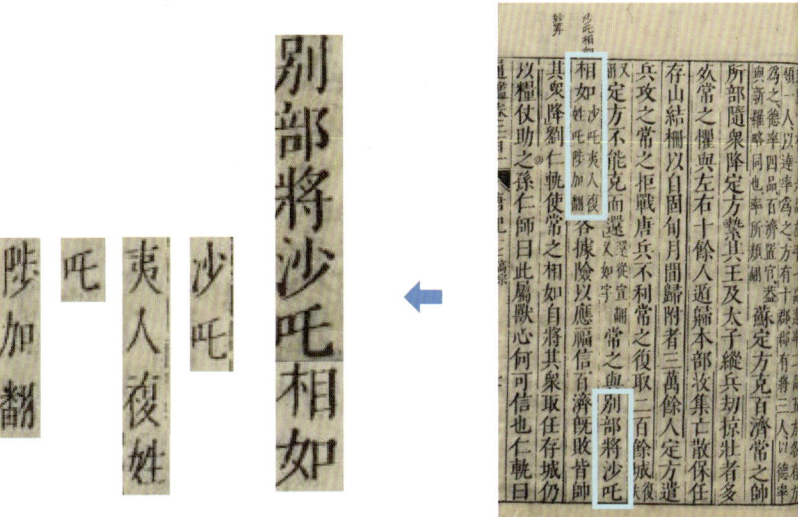

'사타'의 발음을 소개한 호삼성의 주석(왼쪽). 사타는 백제의 대표적인 성씨인 사택의 또다른 표기이다. 사서마다 '사타·사탁' 등으로 적기도 하는데 이 주석대로라면 '타·탁·택'은 발음이 '[사]차' 정도였던 셈이다. '척과 가의 반절[陟加翻]'이라면 '차'가 되기 때문이다. 호삼성의 주석대로라면 기존의 사탁·사타는 '사차'를 잘못 표기한 셈이 된다.

직은 신라와 대체로 같았다.[554]

• 058

[이때 소]정방은 그 나라 왕과 태자를 결박하고 군사를 풀어 노략질을 일삼는 바람에 건장한 사람 다수가 죽고 말았다. [그러자 흑치]상지는 측근 십여 명과 함께 도주하여 본부로 귀환하였다. [그러고는] 도망하거나 흩어졌던 병사들을 거두어 모아 임존산을 지키며 목책을 엮어 [거점을] 견고하게 다지니 한 달도 되지 않아서 귀순해 온 사람이 삼만 명이 넘을

---

554) 【胡注】新羅官有十六品, 左平一品, 達率二品。五方各有方領一人, 以達率爲之。方有十郡, 郡有將三人, 以德率爲之, 德率四品。百濟置官, 蓋與新羅略同也。

정도였다.

○ 定方繫其王及太子, 縱兵劫掠, 壯者多死. 常之懼, 與左右十餘人遁歸本部, 收集亡散, 保任存山, 結柵以自固, 旬月間歸附者三萬餘人.

•059

[그러자 소]정방이 군사를 파견하여 그를 공격했으나 [흑치]상지가 맞서 싸우는 바람에 당나라군이 불리해졌다. [이에 흑치]상지는 이백 곳이 넘는 성을 도로 회복했으며, [소]정방은 이기지도 못한 채 [당나라로] 귀환하였다. [흑치]상지는 다른 부의 장수인 사탁상여[호주]와 각자 험한 곳을 거점으로 삼아 복신과 호응하다가 백제가 [전쟁에서 최종적으로] 패하자 모두 그 무리를 데리고 항복하였다.

○ 定方遣兵攻之, 常之拒戰, 唐兵不利. 常之復取二百餘城, 定方不能克而還. 常之與別部將沙吒【胡注】相如各據險以應福信, 百濟既敗, 皆帥其衆降.

【호주】사타는 동이의 복성이다. '타'는 [발음이] 척과 가의 반절['차]이다.555)

•060

[그러자] 유인궤는 [흑치]상지와 [사탁]상여로 하여금 스스로 그 무리를 이끌고 임존성을 확보하고 계속 군량과 무기로 그를 돕게 하였다. [그래서] 손인사가 "저들은 짐승의 마음을 가졌는데 어디 믿을 수 있겠소?" 하니 [유]인궤가 말하였다.

○ 劉仁軌使常之·相如自將其衆, 取任存城, 仍以糧仗助之. 孫仁師曰,

---

555)【胡注】沙吒, 夷人複姓. 吒, 陟加翻.

'此屬獸心, 何可信也.' 仁軌曰,

• 061
"내가 두 사람을 보아하니 한결같이 충성스럽고 용감하며 지략을 지닌 데다가 신용과 의리를 중요하게 여깁디다. 다만 지난날에 [두 사람이 백제에] 의탁했을 때에는 그 주인을 찾지 못했으나 지금이야말로 두 사람이 감격하며 바로 충성을 바칠 때이니 의심할 것 없소."
○ '吾觀二人皆忠勇有謀, 敦信重義。但曩者所託, 未得其人, 今正是其感激立效之時, 不用疑也.'

• 062
[이리하여] 마침내 그에게 군량과 무기를 지급하고 군사를 나누어 그를 따르게 하여 임존성을 공략해 함락시켰고, 지수신은 아내와 자식들을 포기하고 고려로 달아나고 말았다.
○ 遂給其糧仗, 分兵隨之, 攻拔任存城, 遲受信棄妻子, 奔高麗。

• 063
[고종은] 유인궤에게 조서를 내려 군사를 거느리고 백제에 주둔하게 하고 손인사와 유인원은 소환하여 [본국으로] 귀환하게 하였다. 백제는 전쟁을 겪은 뒤인지라 집집마다 부서지고 메마른 시체들이 온 들판에 널려 있었다.
○ 詔劉仁軌將兵鎭百濟, 召孫仁師·劉仁願還。百濟兵火之餘, 比屋彫殘, 僵尸滿野。

●064

[그래서 유]인궤는 그때부터 유해들을 묻어 주고 호구를 등재하고 마을들을 관리하고 관리와 수장들을 임명하였다. [계다가] 길을 열고 다리를 세우고 제방을 보수하고 연못을 복구하고 농사와 양잠을 독려하고 고아와 노인들을 부양하면서 당나라의 사직556)을 세우고 [당나라식] 역서와 선황의 휘를 반포하였다.[호주]

○ 仁軌始命瘞骸骨, 籍戶口, 理村聚, 署官長, 通道塗, 立橋梁, 補隄堰, 復陂塘, 課耕桑, 賑貧乏, 養孤老, 立唐社稷, 頒正朔及廟諱[胡注]。

【호주】 결국 [유]인궤의 뜻대로 된 셈이다. 이른바 '뜻을 가진 이는 그 일을 기필코 이루고 만다'는 경우인 셈이다.557)

●065

[그러자] 백제 사람들이 크게 기뻐하면서 [그 나라] 전역에서 저마다 편안히 생업에 집중할 수 있었다. [유인궤는] 그런 다음에 둔전을 정비하고 곡식을 비축하고 병사들을 훈련시키면서 고려를 도모할 준비를 하였다.558)

---

556) 사직(社稷): 원래는 토지신[社]과 곡식신[稷]을 뜻하는 말이지만 고대 중국에서는 제왕이나 제후들이 두 신에게 제사를 지내는 사당을 일컫는 표현으로 사용되기도 하였다. 여기서도 후자의 뜻으로 사용되었다.

557) 【胡注】卒如仁軌之志, 所謂有志者事竟成也。

558) 둔전을 정비하고 곡식을 비축하고~[脩屯田, 儲糗糧, 訓士卒, 以圖高麗]: 이 부분이 《책부원구》〈방계부·둔전(邦計部·屯田)〉에는 "고종의 현경 연간에 유인궤는 대방주자사가 되어 백제에 주둔하였다. 이리하여 [나중에는] 둔전을 차츰 운영하고 양곡을 비축하고 병사들을 육성함으로써 고려를 경략하고자 하였다(高宗顯慶中, 劉仁軌爲帶方州刺史, 鎭守百濟. 于是, 漸營屯田, 積糧撫士, 以經略高麗)"고 기술되어

○ 百濟大悅, 闔境各安其業。然後修屯田, 儲糗糧, 訓士卒, 以圖高麗。

• 066

[한편] 유인원이 도성에 이르렀을 때 주상이 그에게 물었다.

"경이 바다 동쪽에 있으면서 차례로 상황을 상소한 것을 보니 한결같이 시의적절하고 거기다 문리까지 갖추었더구려. 경은 본래 무인 출신인데 어찌 그렇게 할 수 있는 게요?"

[그래서 유]인원이 말하였다.

○ 劉仁願至京師, 上問之曰, '卿在海東, 前後奏事, 皆合機宜, 復有文理。卿本武人, 何能如是。' 仁願曰,

• 067

"그것은 모두 유인궤가 한 일이지 신이 해낸 것이 아니옵니다!"

[그러자] 주상은 기뻐하면서 [유]인궤를 여섯 계급이나 승진시켜【호주】 정식으로 대방주 자사에 제수하였다. [그러고는] 그를 위하여 장안에 저택을 지어 주고 그 아내와 자식들에게 후한 상을 내리는 한편, 사신을 파견하여 새서를 지니고 가서 그를 위로하고 격려하게 하였다.

○ '此皆劉仁軌所爲, 非臣所及也。' 上悅, 加仁軌六階【胡注】, 正除帶方州刺史, 爲築第長安, 厚賜其妻子, 遣使齎璽書勞勉之。

【호주】 훈작은 '급'으로 구분하고, 관직은 '계'로 구분하였다.559)

있다. 백제 부흥군을 평정한 뒤로 유인궤가 계속 백제에 주둔한 것이 백제를 고구려 경략을 위한 전초기지로 삼으려는 속셈이었음을 짐작할 수 있다. 이로써 몇 년 뒤에 당나라와 고구려가 격돌할 때 당나라군이 기존에 알려져 있던 서부전선뿐만 아니라 부흥군을 평정한 백제의 웅진도독부를 거점으로 신라군과 합세하여 남부전선을 통한 고구려와의 전투도 수행했을 가능성을 상정해 볼 수 있는 셈이다.

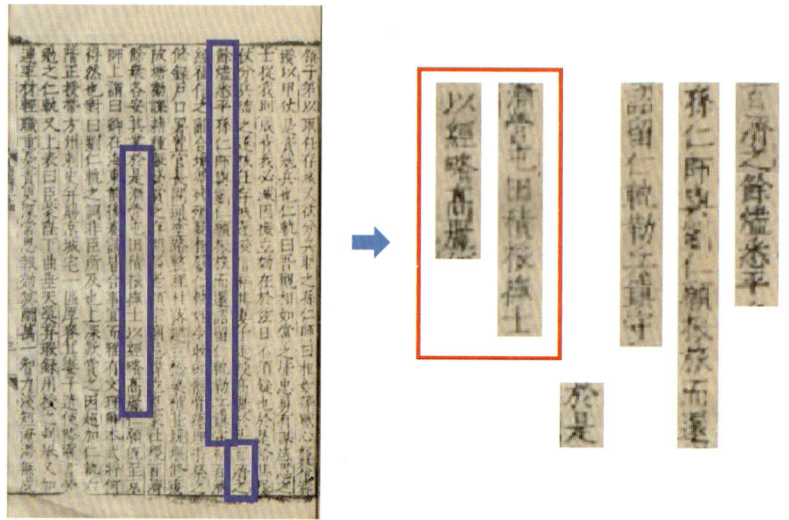

《구당서》〈유인궤전〉. 부흥군을 진압한 유인궤가 계속 백제에 주둔하면서 황무지를 개간하고 농사를 독려한 것은 미래에 있을 고구려와의 전쟁에 대비하기 위한 포석이었다.

• 068

[그러자] 상관의560)가 말하였다.

"[유]인궤는 [지난날] 관직을 출삭[호주]당했으면서도 충성을 다했고 [유]인원은 지휘권을 쥐었으면서도 현자를 추천했으니 [두 사람은] 한결같이 군자라고 할 수 있습니다!"

○ 上官儀曰, '仁軌遭黜削[胡注]而能盡忠, 仁願秉節制而能推賢, 皆可謂君子矣.'

---

559) 【胡注】勳有級, 官有階.

560) 상관의(上官儀, 608~665): 당대 초기의 정치가·시인. 자는 유소(游韶)이며, 섬주(陝州) 섬현(陝縣, 지금의 하남성 섬현 동북쪽) 사람이다. 홍문관 직학사(弘文館直學士)·서대시랑(西臺侍郎) 등을 역임하였다. 나중에 폐립된 태자 이충(李忠)과 반역을 도모했다는 무고로 옥사하였다.

【호주】'출삭'은 백의로 종군하여 자진해서 충성하는 것을 말한다.561)

인덕(麟德) 원년 (664, 갑자년)

• 069

겨울, 시월의 경진일562)에 검교웅진도독563)이던 유인궤가 장계를 올렸다.

"신이 이곳에 남은 병사들을 살펴보니 지치고 병약한 자가 다수이고 용감하고 건장한 자는 소수입니다. 옷은 얇고 낡아서 그저 [바다] 서쪽의 고향으로 돌아가고자 하는 마음만 간절하고 이곳에서 충성을 다하겠다는 마음은 없더이다.

○ 冬, 十月, 庚辰, 檢校熊津都督劉仁軌上言, '臣伏觀所存戍兵, 疲羸者多, 勇健者少, 衣服貧敝, 唯思西歸, 無心展效.

• 070

[그래서] 신이 그들에게 물었나이다.

'왕년에 서쪽의 고향에 있을 때에는 백성들이 자발적으로 징용에 호응하여 앞다투어 정벌에 나서려 했었다. 어떤 자들은 스스로 옷과 군량을 장만하고 이른바 의로운 징용을 자청했었다. [그런데] 어째서 지금의 병졸들은 [사기가] 이 지경이 된 것인가?'

○ 臣問, '以往在海西, 見百姓人人應募, 爭欲從軍, 或請自辦衣糧, 謂

---

561) 【胡注】黜削, 謂白衣從軍自效也.
562) 10월 경진일: 양력으로는 10월 30일에 해당한다.
563) 검교웅진도독(檢校熊津都督): 당대의 관직명. 글자 그대로 풀면 '웅진도독 감독관' 정도의 뜻으로, 웅진도독(부여융)을 보좌·감독하는 임무를 수행하였다.

之義征, 何爲今日士卒如此.'

• 071

[그러자] 다 같이 말하는 것이었습니다.

'지금의 관청은 지난날과 다르고 인심 또한 다르니까요. 지난날에는 동서로 정벌을 다니면서 폐하를 위하여 헌신하면 한결같이 칙사를 파견하여 제사를 지내 주고 관작을 사후에 더해 주셨습니다. 어떤 사람은 죽은 이의 관작을 그 자제들이 받게 해주기도 하셨지요.

○ 咸言, '今日官府與曩時不同, 人心亦殊。曩時東西征役, 身沒王事, 並蒙敕使弔祭, 追贈官爵, 或以死者官爵回授子弟。

• 072

무릇 요해564)를 건너온 이들에게는 저마다 일계급씩 훈작을 내리셨나이다. [그런데] 현경 오년부터는 요동 정벌에 참가한 이들이 여러 차례 바다를 건넌 데다가 관청에서도 기리거나 기록하지 않다 보니 [누가] 죽더라도 아무도 그가 누구인지 어떻게 죽었는지 묻는 사람이 없었지요.[호주]

---

564) 요해(遼海): 당나라에서 고구려의 영해에 붙인 이름. 글자 그대로 풀면 '요동의 바다'라는 뜻이다. 대체로 발해 동쪽에서 요동만(遼東灣)에 이르는 범위의 바다를 가리킨다. ① 중국의 검색 사이트 빠이뚜에서는 '요해'를 "지역명. 요하 유역 이동으로부터 바다까지에 이르는 지역을 두루 가리킨다(地區名. 泛指遼河流域以東至海地區)"고 소개하였다. 요동반도 북쪽의 바다만 가리키는 것으로 본 셈이다. 그러나 여기서는 '요동 또는 요수 동쪽의 바다'라는 뜻으로 새겨 발해 동북쪽으로부터 요동반도 서안까지의 바다를 가리키는 것으로 이해해야 옳다. 요하는 무관하다는 뜻이다. 또, ② 인터넷 〈국편위판〉 주033에서는 "遼는 遼河, 그리고 海는 渤海의 略稱"으로 해석하였다. '그러나 정말 그런 의미로 사용되었다면 애초부터 '요·해'가 아니라 '요·발(遼渤)'로 표시했어야 옳다.

○ 凡渡遼海者, 皆賜勳一轉。自顯慶五年以來, 征人屢經渡海, 官不紀錄, 其死者亦無人誰何【胡注】。

【호주】'누구이고 어째서'는 묻는 것이다. 그 사람들이 누구이며 어떻게 해서 죽었는지 묻는 것이다.[565]

• 073

주나 현의 관리들이 백성들을 병사로 징용할 때마다 힘 있고 돈 많은 자들은 뇌물을 써서 사람을 매수하여 한결같이 징용을 피하기 일쑤입니다.【호주】[그런데] 가난한 이들은 몸이 아무리 늙고 병약해도 징용되자마자 바로 전쟁터로 떠나야 했습니다.

○ 州縣每發百姓爲兵, 其壯而富者, 行錢參逐【胡注】, 皆亡匿得免, 貧者身雖老弱, 被發卽行。

【호주】주나 현의 관리들이 백성들을 징발하여 병사로 충당할 때 그 [관청의] 관리나 병졸들 중에 뇌물에 매수되는 자들에게 부자들은 돈을 써서 그들에게 주어 서로 덮고 감추어서 [병역을] 피한 것을 말한다. 따져 보건대, 원화 4년(809)에 어사대에서는 이렇게 상소를 올렸다. "근래에 늘 탄핵으로 파직된 자는 광범문과 중서성을 들어가는데 매수를 하려는 자의 수가 제법 많습니다."[566]

• 074

얼마 전에 백제[부흥]군을 무찌를 때와 [고구려의] 평양[성]에서 고전을 면치

---

565) 【胡注】誰何, 問也。問其爲誰, 緣何而死也。
566) 【胡注】謂州縣官發人爲兵, 其吏卒之參陪隨逐者, 富民行錢與之, 相爲掩蔽, 得以亡匿。按, 元和四年御史臺奏, '比來常參官入光範門及中書省, 所將參從人數頗多。'

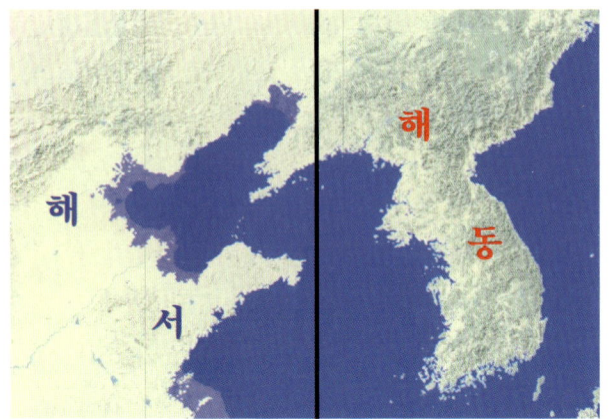

중국의 역대 정사에서는 발해와 황해를 기준으로 그 동쪽을 '해동(海東)', 그 서쪽인 중국은 '해서(海西)'로 부르곤 하였다.

못할 때에도 당시 장수들은 명령을 내릴 때마다 '훈작과 포상을 내리겠다'고 약속했기에 [저희들도] 가지 않은 곳이 없었습니다. [헌데 막상] 바다 서쪽에 도착하기만 하면 그저 '칼을 쓰고 쇠사슬에 묶인 채 [감옥에] 갇혔다'느니 '[조정에서 내린] 하사품을 빼앗기고 훈작을 박탈당했다'느니 '주나 현의 관리들이 닦달해댄다'느니 하는 소리만 들릴 뿐입니다.

○ 頃者, 破百濟及平壤苦戰【胡注】, 當時將帥號令, 許以勳賞, 無所不至。及達西岸, 惟聞枷鎖推禁, 奪賜破勳, 州縣追呼。

【호주】 백제를 무찌르는 경위는 상권의 "현경 5년"조를 참조하기 바란다. 평양[성]에서의 어려운 싸움은 "용삭 2년"조이다.[567]

• 075

[이렇듯] 스스로 살아갈 길이 막막하건만 공적으로든 사적으로든 수난을

---

567)【胡注】破百濟見上卷顯慶五年。平壤苦戰龍朔二年。

당하고 피폐해지는 사례들을 일일이 다 말할 수조차 없을 지경입니다! 그렇다 보니 얼마 전에는 바다 서쪽에서 출발을 기다리고 있을 때부터 벌써 [병역을 피하고자] 도망치거나 스스로 자해하는 이들이 생겼습니다. 바다 너머로 건너오고 나서야 그렇게 된 것이 아닌 게지요.

○ 無以自存, 公私困弊, 不可悉言。以是昨發海西之日已有逃亡之自殘者, 非獨至海外而然也。

• 076

또, 본래는 정벌로 얻는 훈작을 영광으로 여겼습니다. 그러나 근래에는 정벌을 나가면 훈작을 받은 관리들에게조차 밀고 끌게 하니【호주】그 수고와 고통이 일반 인부들과 다를 바가 없나이다. 백성들이 종군하기를 바라지 않는 것은 아마 모두 이 때문일 것입니다!'

○ 又, 本因征役勳級以爲榮寵。而比年出征, 皆使勳官挽引【胡注】, 勞苦與白丁無殊, 百姓不願從軍, 率皆由此。'

【호주】'밀고 끈다'는 것은 배와 수레를 밀거나 끄는 것을 말한다.[568]

• 077

신이 이어서 물었나이다.

"이전에는 병사들이 이곳에서 오 년 동안 복무했네. 그래도 잘 버텨낼 수가 있었어. [헌데] 지금 너희들은 겨우 한 해를 지냈을 뿐인데 어째서 [옷차림이] 이렇게도 허름한 것인가?"

[그러자 병사들이] 다 같이 말하는 것이었사옵니다.

---

568)【胡注】挽引, 謂挽引舟車。

"애초에 고향집을 떠날 때 한 해치 물자와 의복만 준비하게 하시더군요. [허나] 이제 벌써 두 해가 된 데다 돌아갈 기약조차 없습니다요!'

○ 臣又問, '曩日士卒留鎭五年。尙得支濟, 今爾等始經一年, 何爲如此單露。'咸言, '初發家日, 惟令備一年資裝。今已二年, 未有還期。'

• 078

[그래서] 신이 병사들이 남겨 놓은 옷가지들을 점검해 보았나이다. [그런데] 이번 겨울은 그럭저럭 해결할 수 있으나 내년 가을부터는 전혀 준비된 것이 없었나이다! 폐하께서 [군사들을] 바다 너머에 남게 하신 것은 고려를 섬멸하기 위함이었나이다. 백제와 고려는 이전에는 서로 작당하여 지원하곤 했으며, 와인들 또한 [거리가] 멀기는 하나 다 같이 영향을 끼쳤나이다. [그러니] 만약 [이곳에] 주둔하는 [당나라] 군사가 없다면 [저들은] 도로 한 나라로 돌아갈 것입니다!

○ 臣檢校軍士所留衣, 今冬僅可充事, 來秋以往, 全無準擬。陛下留其海外, 欲殄滅高麗·百濟, 高麗舊相黨援, 倭人雖遠, 亦共爲影響, 若無鎭兵, 還成一國。

• 079

이번에 병사들의 수성에 힘입고 거기다가 둔전569)까지 설치하자면 기댈 곳이라고는 병사들로 하여금 한마음 한뜻으로 뭉치게 하는 길밖에 없나이다. 그럼에도 불구하고 그들에게 이런 여론이 형성되어 있으니

---

569) 둔전(屯田): 중국 고대에 정부가 병사들을 활용하여 특정 지역에 주둔하면서 황무지를 개간하여 군량을 확보하게 하던 제도. 한대에 처음 시행되었으며 그 뒤로 역대 왕조에서 인습되었다.

어찌 공을 이룰 수가 있겠나이까?

○ 今旣資戍守, 又置屯田, 所藉士卒同心同德, 而衆有此議, 何城功.

•080

만약 개혁이 이루어져【호주】[병사들에게] 위로를 후하게 베풀고 상벌을 분명히 하시어 병사들의 마음을 북돋우지 않으시고 그저 이전과 똑같이 넘기고 마신다면 병사들은 지치고 투지가 저하되어 공을 이루는 일은 기약조차 할 수 없게 될 것이옵니다! [이 같은] 귀에 거슬리는 일들을 아무도 폐하를 위하여 소상히 아뢰지 않을 테지요. 그래서 신이 속내를 드러내어 죽음을 무릅쓰고 고하나이다!"

○ 自非有所更張【胡注】, 厚加慰勞, 明賞重罰以起士心, 若止如今日以前處置, 恐師衆疲老, 立效無日。逆耳之事, 或無人爲陛下盡言, 故臣披露肝膽, 昧死秦陳.'

【호주】 동중서가 "금이나 슬의 [소리가] 조화롭지 못하다면 반드시 [현을] 고쳐 새로 끼워야 하는 법이다"라고 하였다.570)

•081

주상은 그의 말을 깊이 새기고 우위위장군 유인원을 파견하여 군사를 거느리고 바다를 건너가서 기존의 주둔 병력을 대체하게 하였다. [그리고] 이어서 칙서를 내려 [유]인궤 등에게 모두 [당나라로] 귀환하도록 일렀다. [그러자 유]인궤가 [유]인원에게 말하였다.

○ 上深納其言, 遣右威衛將軍劉仁願將兵渡海以代舊鎭之兵。仍敕仁

---

570)【胡注】董仲舒曰, 琴瑟不調, 必改而更張之.

軌俱還。仁軌謂仁願曰,

•082

"나라에서 군대를 바다 너머에 남겨 놓은 것은 고려를 경략하고자 해서입니다. [그러나] 그 일은 쉽지 않지요. 지금 [농작물을] 미처 수확하기도 전에 군리와 병사들을 동시에 교체하고 장수까지 귀환시키시다니요! 오랑캐들이 이제 막 복종하기 시작했고 사람들의 마음도 아직 안정되지 않았으니 장차 변란이 발생할 것이 분명합니다. 오히려 일단 기존의 병력을 남겨 놓고 차츰 [농작물을] 수확하게 해서 물자와 식량을 잘 갖추도록 처리한 다음 절차대로【호주】귀환시키느니만 못합니다. 장수들도 일단 남아 주둔하면서 [이곳 백성들을] 안정시키게 해야지 아직은 귀환시키면 안 됩니다!"

○ '國家懸軍海外, 欲以經略高麗, 其事非易。今收穫未畢, 而軍吏與士卒一時代去, 軍將又歸。夷人新服, 衆心未安, 必將生變。不如且留舊兵, 漸令收穫, 辦具資糧, 節級【胡注】遣還。軍將且留鎭撫, 未可還也。'

【호주】'절급'이란 지금의 사람들이 말하는 '절차'와 같은 것이다.571)

•083

[그래서 유]인원이 말하였다.

"내가 지난번에 바다 서쪽572)으로 귀환했을 때 [남들로부터] 내가 군사들

---

571)【胡注】節級, 猶今人言節次也。
572) 바다 서쪽[海西]: 여기서 '바다 해(海)'는 한반도와 중국 대륙 사이에 있는 황해(黃海)를 말한다. 그래서 바다 서쪽을 뜻하는 '해서(海西)'는 중국 대륙 또는 중원

을 많이 남겨 놓은 것은 바다 동쪽573)을 거점으로 삼으려고 모의하는 것이었습니다. 그러나 [그때마다] 그래 봤자 불행을 피하기는 어려울 것이라며 비방을 톡톡히 당했습니다. 오늘은 칙명을 따르는 것만 알 뿐【호주】, 어찌 감히 함부로 사사로운 주장을 하겠소?"

○ 仁願曰, '吾前還海西, 大遭譏謗, 吾多留兵衆, 謀據海東, 幾不免禍. 今日唯知准【胡注】敕, 豈敢擅有所爲.'

【호주】 '승인할 준'은 '준거 준'과 같다. 우리 왕조(북송)의 구준이 재상이 되자 관리들이 그 이름을 피하여 문서에서 '준거 준'자가 나올 때마다[凡] [아래의] '열 십'을 생략하곤 했는데 나중에 마침내 이를 계기로 [원래의 글자로] 고치지 않고 그대로 [승인할 준으로] 쓰게 되었다.574)

• 084

[그러자 유]인궤가 말하였다.

"신하 된 사람은 나라에 조금이라도 보탬이 된다면 명령하신 일이라면 하지 않는 것이 없어야 하오. 어찌 개인적인 형편에 연연할 수가 있겠소?"

그러더니 바로 표를 올려 [나라를 위한] 적절한 대책을 건의하고 바다 동쪽에 남아 지킬 것을 자청하는 것이었다. [그러자] 주상은 그 말을 좇아서 원래대로 부여융을 웅진도위575)로 삼고【호주】 그 나라의 남은 무리

왕조, 즉 당나라를 가리키는 표현으로 사용된다.
573) 바다 동쪽[海東]: '바다(황해) 동쪽'을 뜻하는 '해동(海東)'은 일반적으로 한반도 또는 한국을 일컫는 표현으로 사용되지만 여기서는 그중에서도 백제를 가리킨다.
574) 【胡注】准, 與準同. 本朝寇準爲相, 省吏避其名, 凡文書準字皆去'十', 後遂因而不改.
575) 웅진도위(熊津都尉): 이와 관련하여 호삼성은 "실록(당서)에서는 '웅진도독'이라

를 불러 모으게 하였다.

○ 仁軌曰, '人臣苟利於國, 知無不爲, 豈恤其私.' 乃上表陳便宜, 自請留鎭海東, 上從之. 仍以扶餘隆爲熊津都尉【胡注】, 使招輯其餘衆.

【호주】《자치통감 고이》에는 이렇게 기술되어 있다. "실록에는 '웅진도독'으로 되어 있다. 따져 보건대 당시 유인궤는 검교웅진도독이었는데 어떻게 새로 부여융을 [웅진도독에] 임명할 수가 있겠는가? '이듬해'조의 경우, 실록에서는 '웅진도위 부여융이 김법민과 회맹하였다'고 기술하였다. 여기서는 그 기사를 따르기로 하겠다."[576]

인덕 2년 (665, 을축년)

• 085

칠월의 기축일[577]에 … 주상이 웅진도위 부여융과 신라왕 [김]법민에게 명령하여 지난날의 원한을 풀게 하였다. 팔월의 임자일[578]에 [두 사람이]

고 적었다. 따져 보건대, 당시 유인궤는 검교웅진도독이었는데 어떻게 새로 부여융을 [웅진도독에] 임명할 수가 있겠는가? 이듬해 조의 경우, 실록에서는 '웅진도위 부여융이 김법민과 회맹하였다'고 했으니 여기서는 그 기사를 따른다"면서 '웅진도독'을 '웅진도위'로 고쳐 적었다. 그러나 웅진도독을 감독하는 '검교웅진도독'은 웅진도독이 존재하거나 서로 별개의 직함이라는 전제하에서 그 의미를 가진다. 게다가, 다른 사서들에는 김법민과 회맹하는 부여융의 직함을 대부분 '웅진도독'으로 전하고 있다. 부여융의 직함을 웅진도위로 고친 것은 호삼성의 지나친 확대해석이라고 볼 수밖에 없다. '웅진도위 ⇒ 웅진도독'이 옳다는 뜻이다.

576) 【胡注】考異曰, 實錄作'熊津都督'. 按, 時劉仁軌檢校熊津都督, 豈可復以隆爲之. 明年, 實錄稱熊津都尉扶餘隆與金法敏盟. 今從之.

577) 7월 기축일: 양력으로는 9월 4일에 해당한다.

578) 8월 임자일: 양력으로는 9월 27일에 해당한다.

중국 '5악(五嶽)' 중 하나인 태산(泰山)과 숭배대상으로 형상화한 동악대제(東嶽大帝) 신상

웅진성[근교]에서 동맹을 맺었다. [＊579)]

579) ＊: 이때 부여융과 김법민이 백마의 맹약을 맺은 장소의 경우, 중국의 당·송대 정사에는 맹약을 맺은 사실과 맹약문만 소개해 놓았을 뿐 정작 맹약의 장소에 관한 언급은 보이지 않는다. 반면에, 7세기 살수진의 《천지서상지》와 12세기 김부식의 《삼국사기》에만 '취리산(就利山)'이라는 이름으로 소개되어 있다. … 국편위판 《삼국사기》 해당 대목의 주001에 따르면, 현재 학계에서는 조선시대의 연혁지 《신증 동국여지승람(新增東國輿地勝覽)》 권17 "공주·고적"조의 "【취리산】[공]주 북쪽 6리 지점에 있다.(就利山 在州北六里)"를 근거로 이 맹약이 맺어진 취리산을 ① 충청남도 공주시 우성면의 연미산과 ② 공주생명과학고등학교 뒤쪽의 작은 산('취리산')으로 비정하였다. 〈또, 국편위판 《삼국사기》 "문무왕 11년"조의 주003에 따르면, 김영관(2009)은 연미산이 금강 물줄기를 마주하고 있는 점에 착안하여 신라가 이 회맹으로 웅진도독부와의 경계를 금강으로 조정했다고 해석하였다.〉 그러나 유념해야 할 것은 《신증동국여지승람》은 이 맹약으로부터 거의 900여 년이나 지난 뒤에 저술된 책이라는 사실이다. 이 연혁지의 집필자들이 시도한 지리 고증이 정확한 것이라고 단정하기 어렵다는 뜻이다. 실제로 주001에 따르면, "연미산은 … 정상부에 석축 기단 시설도 남아 있다. … 공주대학교 박물관에서는 1997년에 현재의 '취리산'에 대한 시굴조사도 실시하여 보고서까지 발간하였지만 뚜렷한 증거는 제시되지 못하였다"고 한다. 연미산이든 '취리산'이든

○ 七月, 己丑 … 上命熊津都尉扶餘隆與新羅王法敏釋去舊怨。八月, 壬子, 同盟于熊津城。

•086

유인궤는 신라·백제·탐라[호주]·와국의 사자들을 데리고 바다를 건너 서쪽580)으로 귀환하였다. [이들이 당나라의 군신들과] 태산에서 회합을 가지고 제사를 지냈다. [이때] 고려 역시 태자 [고]복남을 파견하여 [당나라로] 와서 제사에 배석하였다.

○ 劉仁軌以新羅·百濟·耽羅【胡注】·倭國使者浮海西還, 會祠泰山, 高麗亦遣太子福男來侍祠。

【호주】 탐라국은 '담라'라고도 한다. 신라의 무주 남쪽 섬에서 사는데, 처음에는 백제에 부속되었다가 나중에는 신라에 복속되었다.581)

맹약 당시의 산이라는 결정적인 증거는 어디에도 없는 셈이다. 그런데 《삼국사기》〈지리지 4〉 "백제·노산주 6현(百濟·魯山州六縣)"조에 흥미로운 내용이 보인다. "【지모현】본래 '지마마지'이다.(【支牟縣】本只馬馬知)" 여기서 살수진이《천지서상지》〈맹서〉에서 취리산의 소재지로 "백제 땅이다. … 지마현에 있다(百齊地也. … 在只馬縣也)"고 한 설명을 상기할 필요가 있다. '지마현'과 '지마마지'는 ① 글자 수에서 차이를 보이지만 ② 이름에 해당하는 '지마'의 한자가 동일한 것을 확인할 수 있다. 만약 ③ '마지'가 '현'을 뜻하는 백제어라고 전제할 때, '지마현'과 '지마마지'는 같은 곳일 가능성이 높은 셈이다. ④ 한중연판 《역주 삼국사기》의 주482에서는 '노산주'의 노산현·당산현·순지현을 전북 지역으로 비정하였다. 노산주를 대체로 충남과 전북 사이의 지역으로 비정한 셈이다. 그러나 충남과 전북 사이라면 지리적으로 웅진성으로부터 너무 멀리 떨어져 있다. ⑤ 살수진이 취리산이 웅진성 인근에 있다고 전제했으므로 그 소재지인 '지마현', 나아가 '노산주'는 공주시 동남쪽 일대일 가능성이 높다. 그렇다면 ⑥ 지마현의 취리산은, 그 좌표·규모 등의 정황들을 따져 볼 때, 오히려 공주 동남부에 자리잡은 계룡산(鷄龍山)일 가능성도 상정할 필요가 있다.

580) 서쪽[西]: 황해 서쪽 즉 중국 대륙을 말한다. 여기서는 당나라를 가리킨다.
581)【胡注】耽羅國, 一曰儋羅, 居新羅武州南島上, 初附百濟, 後附新羅。

건봉(乾封) 원년 (666, 병인년)

• **087**

고려의 천개소문이 죽었다.[582)] [*[583)]] 맏아들 [천]남생이 [그를] 대신하여 막리지가 되었다. [천남생이] 마악 국정을 담당했을 때 여러 성들로 나가 순시하면서 그 아우 [천]남건[584)]·[천]남산[585)]으로 하여금 [도성에] 남아

---

582) 고려의 천개소문이 죽었다[高麗泉蓋蘇文卒]: 연개소문이 사망한 시점은 사서마다 편차를 보인다. ①《구당서》의 경우, 〈고려전〉에서 "그 해[其年]", 〈고종본기〉에서 "건봉 원년 … 6월 임인일[六月壬寅] 양력 666년 7월 14일]"로 명시되어 있다. 《구당서》·《신당서》·《자치통감》·《삼국사기》·《문헌통고》 모두 건봉 원년(666) 또는 "보장왕 25년"으로 보았다. 반면에, ②《일본서기》〈천지천황기〉에는 "[3년(664)] 여름, 5월, … 이 달에 고려 대신 개금이 그 나라에서 임종을 맞았다"고 소개되어 있다. ③ 인터넷 〈국편위판〉 주123에서는 이케우치 히로시의 주장을 근거로 "淵蓋蘇文의 죽음은 寶藏王 24年(665) 末(10월)로 봄이 타당할 것"이라고 보았다. 그러나 ④《신당서》와《문헌통고》〈사예고(四裔考)〉에는 이렇게 기술되어 있다. "건봉 원년에 고장이 아들 남복을 파견하여 천자를 따라 태산 봉선의식에 참석하게 했고, [그들이] 귀환하고 나서 개소문이 죽었다.(乾封元年, 藏遣子男福從天子封泰山, 還而蓋蘇文死)" 건봉 원년에 봉선의식에 참석한 보장왕의 아들 고복남이 귀환하고 얼마 뒤에 연개소문이 죽었다는 뜻이다. ⑤ 사마광의 《자치통감》 "고종 건봉 원년"조에서 "5월에 고려의 천개소문이 죽었다"고 한 것도 그 증거이다. 한두 달의 시차는 있지만 건봉 원년(666)에 죽은 것은 확실하다는 뜻이다.

583) *: 연개소문의 죽음과 관련하여 《일본서기》〈천지천황기〉 "3년(664)"조에는 다음과 같은 일화가 소개되어 있다. "여름, 5월(양력 6월) … 이 달에 고려 대신 개금이 그 나라에서 임종을 맞았다. [이때] 아들들에게 이렇게 유언을 남겼다. '너희 형제는 물고기와 물 사이처럼 사이좋게 지내되 작위를 놓고 다투지 말아라. 만약 그렇게 하지 않는다면 이웃나라의 비웃음을 사고 말 것이니라!(夏, 五月, … 是月, 高麗大臣蓋金, 終於其國. 遺言於兒等曰, 汝等兄弟, 和如魚水, 勿爭爵位. 若不如是, 必爲鄰笑)"

584) 남건(男建, ?~?): 연개소문의 둘째아들. 고종의 건봉 원년에 동생 남산과 모의하여 막리지이던 형 남생을 축출하고 그 자리를 차지하였다. 총장 원년(668)에 당나라가 남생을 앞세워 고구려를 침공하자 대장이던 설인귀(薛仁貴)에게 패하고 평양성으로 돌아왔다. 나중에 보장왕이 수령 98명과 함께 항복할 것을 종용했으나 끝까지 거부하고 성을 지키다가 남생을 지지하는 승려 신성(信誠)의 배신으로

1922년 낙양시에서 출토된 것으로 알려져 있는 《천남산 묘지명》

뒷일을 처리하게 하였다. [그런데] 어떤 자가 두 아우에게 말하였다.

"남생은 두 아우님을 몹시 미워합니다. 그를 제거할 작정이시라면 차라리 선수를 치는 편이 낫습니다."

성을 빼앗기고 당나라군에게 사로잡혔다. 나중에는 보장왕과 그 전에 사로잡힌 백제의 의자왕과 함께 당나라 장안으로 압송되었다. 고종이 그 죄를 물어 사형에 처하려 했으나 남생의 청원으로 검주(黔州, 지금의 사천성 중경시 인근)에 유배되었다가 죽었다.

585) 남산(男産, 639~701): 연개소문의 셋째 아들. 남건과 합세하여 남생을 추방하고 남건을 막리지로 추대하였다. 총장 원년에 당나라가 신라와 함께 고구려 침공에 나서자 보장왕의 명령에 따라 수령 98명과 함께 이적에게 투항하였다. 당나라로 들어간 뒤로는 사재소경(司宰少卿) 및 금자광록대부 원외치동정원(金紫光祿大夫

○ 高麗泉蓋蘇文卒。長子男生代爲莫離支, 初知國政, 出巡諸城, 使其弟男建·男産知留後事。或謂二弟曰, '男生惡二弟之逼, 意欲除之, 不如先爲計.'

• 088
[그러나] 두 아우는 처음에는 그래도 그 말을 곧이듣지 않았다. 이번에는 남생에게 고한 자가 말하는 것이었다.
"두 아우는 형이 돌아가면 그 권력을 빼앗을까 두려워 형의 뜻을 거역하고 받아들이지 않을 것입니다."
[그래서 천]남생이 은밀히 측근을 파견해 평양에 가서 염탐하게 했는데 두 아우가 [그를] 체포해 신병을 확보하였다. [그리고는] 왕명으로 그를 소환하였다.

○ 二弟初未之信。又有告男生者曰, '二弟恐兄還奪其權, 欲拒兄不納.' 男生潛遣所親往平壤伺之, 二弟收掩, 得之, 乃以王命召男生。

• 089
[그러자 천]남생은 겁을 먹고 돌아갈 엄두를 내지 못하였다. [이에 천]남건이 스스로 막리지가 되어 군사를 동원해 그를 토벌하기에 이르렀다. [천]남생은 다른 성으로 달아나 지키면서 그 아들 [천]헌성586)으로 하여금 [황

員外置同正員)에 제수되었다. 무측천의 치세에는 상호군(上護軍)·요양군 개국공(遼陽郡開國公)에 봉해지고 영선감대장 원외치동정원(營繕監大匠員外置同正員)을 지내다가 사후에 낙양에 안장되었다. 1922년에 중국 하남성 낙양시 북망산 인근에서 무측천의 장안(長安) 2년(702)에 제작된 《천남산묘지(泉男産墓誌)》 표제에는 "대주의 고 금자광록대부·행영선대장·상호군·요양군개국공 천군 묘지명 및 서문[大周故金紫光祿大夫行營繕大匠上護軍遼陽郡開國公泉君墓誌銘并序]"이라고 새겨져 있다.

제의] 대궐로 예방하고 구명을 요청하게 하였다.[587)]

○ 男生懼, 不敢歸。男建自爲莫離支, 發兵討之。男生走保別城, 使其子獻誠詣闕求救。

•090

유월의 임인일[588)]에 우교위대장군 계필하력을 요동도 안무대사로 삼아 군사를 이끌고 그를 구하도록 일렀다.[589)] [천]헌성을 우무위장군으

---

586) [천]헌성(獻誠, 651~692): 연남생의 아들. 남생과 함께 당나라에 귀순하고 우무위장군(右武衛將軍)에 제수되었다. 천수(天授) 연간(690~692)에 우위대장군(右衛大將軍)으로서 우림위(羽林衛)를 겸하였다. 무측천이 금화를 꺼내 활을 잘 쏘는 명사수를 뽑으려 하자 "폐하께서는 활을 잘 쏘는 이를 고르셨으나 중국인은 전혀 아닙니다! 신은 당나라 관원들이 활쏘기로 굴욕을 당할까 두려우니 차라리 중단하소서!(陛下擇善射者, 然絕非華人。臣恐唐官以射為恥, 不如罷之)"하고 간언하여 중단시켰다는 일화가 전해진다. 나중에는 반란을 모의했다는 간신 내준신(來俊臣)의 무고로 강제로 교살형에 처해졌다. 그 뒤에 진상을 안(?) 무측천이 우우림위대장군(右羽林衛大將軍)을 추증하고 대족(大足) 원년(701)에 예의를 갖추어 다시 안장해 주었다. 1922년에 낙양시 북방산에서 오대 시기의 양유충(梁惟忠, 10세기)이 지은 《천헌성묘지(泉獻誠墓誌)》가 출토되었는데, 표제에는 "대주의 고 좌위대장군·우우림위·상하주국·변국공·증우우림위대장군 천군 묘지명 및 서문[大周故左衛大將軍右羽林衛上下柱國卞國公贈右羽林衛大將軍泉君墓志銘并序]"이라고 새겨져 있다. 그 묘지명에 따르면 죽기 직전인 장수 2년(693)까지도 측천무후의 명령에 따라 "검교천구자래사에 충원되는 한편 현무문압운대의동등사를 겸하였다(奉敕充檢校天樞子來使, 兼于玄武門押運大儀銅等事)"고 한다.

587) 구명을 요청하게 하였다[求救]: 《구당서》 "건봉 원년(666)"조에는 이 부분이 다음과 같이 기술되어 있다. "[천]남생이 그 아비의 지위를 계승했으나 그 아우 [천]남건에게 쫓겨났다. [이에] 그 아들 [천]헌성을 사신으로 보내어 대궐을 찾아와 항복할 것을 요청하였다.(男生繼其父位, 爲其弟男建所逐, 使其子獻誠謁闕請降)"

588) 6월 임인일: 양력으로는 7월 14일에 해당한다.

589) 그를 구하도록 일렀다[將兵救之]: 《구당서》 "건봉 원년"조에는 이렇게 기술되어 있다. "[고종이] 조서를 내려 좌교위대장군 계필하력으로 하여금 군사를 이끌고 호응하여 그(남생)를 맞이하게 하였다.(詔佐驍衛大將軍契苾何力率兵以應接之)"

로 임명하여 그를 길잡이로 삼았고.[호주] 이어서 우금오위장군 방동선과 영주도독 고간590)을 행군총관으로 임명하여 함께 고려를 토벌하게 하였다.

○ 六月, 壬寅, 以右驍衛大將軍契苾何力爲遼東道安撫大使, 將兵救之. 以獻誠爲右武衛將軍, 使爲鄕【胡注】導. 又以右金吾衛將軍龐同善·營州都督高侃爲行軍總管, 同討高麗.

【호주】 '시골 향'은 '향할 향'의 뜻으로 새긴다.591)

• 091

처음에 [유]인궤가 급사중을 지낼 때 필정의592) 사건【호주1】을 심문한 적 있었다. [그때 당시의 권신] 이의부593)가 그에게 원한을 품어 [그를 도성에서] 나

---

590) 고간(高侃, ?~?): 당대 초기의 장수. 발해군(渤海郡) 수현(蓨縣, 지금의 하북성 경현) 사람이다. 고종의 영휘 원년(650)에 돌궐의 거비가한(車鼻可汗)을 생포한 공으로 위장군(衛將軍)에 봉해지고 건봉 원년(666)에는 계필하력을 따라 고구려 침공에 종군하였다. 고구려를 평정한 뒤에는 안동도호부에 머물며 좌감문위 대장군(左監門衛大將軍)으로 승진했으며, 함형 원년(670)에는 동주도 행군총관에 임명되어 고구려 부흥군을 진압하고 3년(672)에는 백수산(白水山)에서 잔여 세력과 그들을 지원하는 신라군을 격파하였다. 사후에는 좌무위대장군에 추증되고 고종이 묻힌 건릉(乾陵)에 배장되었다.

591)【胡注】鄕, 讀曰嚮.

592) 필정의(畢正義): 당대의 대리사승(大理寺丞). 하루는 미모를 가진 순우씨(淳于氏)가 체포되어 대리시 감옥에 갇혔는데 당시 황제의 신임을 믿고 국정을 농단하던 이의부가 필정의에게 석방하게 해서 첩으로 삼았다. 그래서 대리시의 책임자인 단보현(段寶玄)이 보고하니 고종이 당시 급사중이던 유인궤 등에게 심문하게 하였다. 사실이 발각될까 두려워진 이의부는 필정의를 압박해 감옥에서 목을 매어 죽게 만들었으나 고종은 그 사실을 알고도 이의부를 처벌하지 않았다. 그러자 이의부는 유인궤에게 앙심을 품고 그를 청주자사로 좌천시켰다.

593) 이의부(李義府, 614~666): 당대 초기의 권신. 영주(瀛州) 요양(饒陽, 지금의 하북 지역) 사람이다. 조정 대신들과는 달리 무측천을 황후로 격상시키려 하는 고

가 청주자사를 지내게 하였다. [그런데] 공교롭게도 [당나라가] 마침 백제 토벌에 나서면서 [유]인궤가 바다를 건너 군량을 수송해야 하였다. [그러 나] 시기가 아직 [항해를] 할 수 있는 때가 아니었다.【호주2】[그래도 이]의부가 독려하는 바람에 [큰] 바람을 만나 배들을 잃고 장정들도 물에 빠져 죽은 이가 매우 많았다.

○ 初, 仁軌爲給事中, 按畢正義事【胡注】, 李義府怨之, 出爲靑州刺史。 會討百濟, 仁軌當浮海運糧, 時未可行【胡注】, 義府督之, 遭風失船, 丁夫溺死甚衆。

【호주1】 이 일은 상권의 "현경 원년"조를 참조하기 바란다.594)

【호주2】 바닷길을 다닐 때에는 순풍을 만나지 않으면 안 된다.595)

• 092

[이에] 감찰어사596) 원이식에게 명령하여 가서 그를 국문하게 하였다. [이때 이]의부가 [원]이식에게 말하였다.

"그대가 일을 잘 처리해 준다면 [밭을] 벼슬이 없다고 걱정하지 않아도 될 것이오!"

[그러자 원]이식이 [현장(청주?)으로] 가서 [유]인궤에게 이렇게 말하였다.

"그대는 조정의 누구와 원수가 된 게요? 서둘러 스스로 대책을 세우셔

종의 편을 들어서 중서령(中書令)으로 중용되었다. 심성이 음험하여 남들이 '웃음 속에 칼을 감추고 있다[笑中有刀]'며 비난할 정도였다. 나중에 황제에게 밉보여 유배형에 처해졌다.

594)【胡注】事見上卷顯慶元年。
595)【胡注】海行非遇順風不可。
596) 감찰어사(監察御史): 당대의 관직명. 진(秦)나라 때 '어사'라는 이름으로 처음 설치되었으며, 수나라 때에 '감찰어사'로 개칭되었다. 중앙과 지방의 관리들을 규찰하거나 각 주·현의 옥사·소송·제사 등의 업무들을 주관하였다.

야 되겠소."

○ 命監察御史袁異式往鞫之. 義府謂異式曰, '君能辦事, 不憂無官.' 異式至, 謂仁軌曰, '君與朝廷何人爲讎, 宜早自爲計.'

• 093

[그래서 유]인궤가 말하였다.

"[이 유]인궤가 벼슬살이를 하면서 걸맞지 않은 짓을 저질렀다면 나라에 정해진 형벌이 있으니 공께서 국법으로 저를 죽이십시오. [저 역시] 죽음을 피할 명분이 없으니까요. [그러나] 만약 갑자기 [절더러] 알아서 자결해서 그 원수를 기쁘게 해주라고 하신다면 저로서야 달가울 리가 없지요."

그래서 사건을 종결시키고 조정에 보고하였다. [그러고는 원]이식이 [유인궤를 끌고] 길에 오를 때에 평소처럼 그의 자물쇠를 직접 채웠다.【호주】

○ 仁軌曰, '仁軌當官不職, 國有常刑, 公以法斃之, 無所逃命. 若使遽自引決以快讎人, 竊所未甘.' 乃具獄以聞. 異式將行, 仍自掣其鎖【胡注】.

【호주】 자물쇠를 채우면서 확실히 잠그지 않았다가는 출발한 뒤에 몰래 딸까 두렵[기 때문이]다. 597)

• 094

[원이식이] 상황을 보고한 뒤에 [이]의부가 주상에게 말하였다.

"[유]인궤를 참형에 처하지 않고서는 백성들에게 사죄할 길이 없나이

---

597)【胡注】恐鎖不入簧, 行後得私開之也.

다!"

[그래서] 사인[598] 원직심이 말하였다.

"바닷바람이 거칠게 몰아쳐서 그렇게 된 것이니 사람의 힘으로 어떻게 할 수 있는 일이 아니었나이다!"

[그러자] 주상은 바로 명령을 내려 [유인궤를 장군 명부에서] 제명하고 백의로 종군하면서 자발적으로 충성을 다하도록 일렀다.【호주】

○ 獄上, 義府言於上曰, '不斬仁軌, 無以謝百姓.' 舍人源直心曰, '海風暴起, 非人力所及.' 上乃命除名, 以白衣從軍自效【胡注】.

【호주】이 일은 상권의 "현경 5년"조를 참조하기 바란다.[599]

• 095

[이]의부가 이번에는 유인원에게 눈치를 주어 그를 해치게 했으나 [유]인원이 차마 [유인궤를] 죽이지 못하였다. [나중에 유인궤가] 대사헌이 되었을 때 [원]이식은 두려워하면서 마음을 가누지 못하는 것이었다. [그러자 유]인궤가 술잔에 술을 따라 주고 그에게 이렇게 말하였다.

"[이 유]인궤가 만약 지난날의 일을 마음에 두고 있다면 이 술잔과 같을 것이오!"

○ 義府又諷劉仁願使害之, 仁願不忍殺. 及爲大司憲, 異式懼, 不自安, 仁軌瀝觴告之曰, '仁軌若念疇昔之事, 有如此觴.'

---

598) 사인(舍人): 중국 고대의 관직명. 원래는 권문세가의 문객(門客)들에 대한 호칭이었으나 진·한대부터 태자사인(太子舍人)·중서사인(中書舍人) 등으로 직무에 따라 달리 불려졌다.

599)【胡注】事見上卷顯慶五年.

• 096

[나중에 유]인궤가 정사를 맡고 나서 [원]이식은 곧 첨사승으로 승진하였다.【호주1】[그래서 그 일을 놓고] 당시 사람들이 의견이 분분하자 [유]인궤가 그것을 듣고 갑자기 [그를] 추천하여 사원대부를 맡게 해 주었다.【호주2】[그러자] 감찰어사 두역간이 사람들에게 말하였다.

"이것이 이른바 '굽은 것을 바로잡으려다가 도를 지나치게 만들었다'는 경우인데 말입니다!"

○ 仁軌旣知政事, 異式尋遷詹事丞【胡注】, 時論紛然。 仁軌聞之, 遽薦爲司元大夫【胡注】。 監察御史杜易簡謂人曰, '斯所謂矯枉過正矣。'

【호주1】 첨사승은 [품계가] 정 6품상이었다.[600]

【호주2】 사원대부란 바로 호부낭중이다.[601]

• 097

구월에 방동선이 고려군을 크게 무찔렀다. [이때] 천남생이 무리를 이끌고 [방]동선과 합류하였다. [이에 고종이] 조서를 내려 [천]남생을 특진·요동대도독 겸 평양도 안무대사로 삼고 현토군공[602]으로 봉하였다.

○ 九月, 龐同善大破高麗兵, 泉男生帥衆與同善合。 詔以男生爲特進·

---

600)【胡注】詹事丞, 正六品上。
601)【胡注】司元大夫, 卽戶部郎中。
602) 군공(郡公): 당대의 작호. 위·진대부터 설치되기 시작했으며, 그 뒤로 역대 왕조에서 인습되었다. 서진 무제(武帝)의 함녕(咸寧) 3년(277)에 대국왕(大國王)·차국왕(次國王)·소국왕(小國王) 제도를 제정하면서 군공을 소국왕 수준으로 예우하였다. 북위의 도무제(道武帝) 때에는 식읍(영지)과 신하·관리들을 하사했는데 그 규모는 50~100명 수준이었다. 나중에는 특정한 지역을 처음으로 식읍으로 하사받는 초대(제1대) 군공은 '□□군 개국공(□□郡開國公)'으로 높여 예우하였다. '현토군공(玄菟郡公)'은 '현토군을 영지로 하사받은 제후(공)'를 뜻한다.

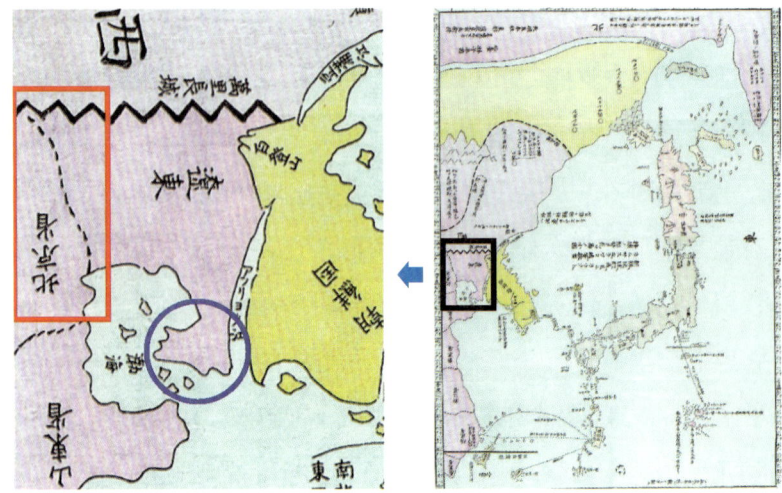

일본 학자 하야시 시헤이(林子平, 1738~1793)가 1785년에 그린 《삼국접양지도(三國接壤之圖)》. 요동(검정)의 서쪽 끝이 요동반도(파랑)와 요서를 넘어 하북성(북경성)까지 이어져 있다. 한중일 3국에서는 200년전만 해도 산해관 동쪽부터 요동으로 인식하고 있었던 것이다. (서울지도아카이브)

遼東大都督, 兼平壤道安撫大使, 封玄菟郡公。

• 098

겨울, 십이월의 기유일603)에 이적을 요동도 행군대총관으로 삼고【호주】 사열소상백이던 안육 사람 학처준이 그를 보좌하여【호주1】 고려를 공격하게 하였다. 604) 방공선과 계필하력은 나란히 전과 같이 요동도 대총관605) 겸 안무대사로 삼았다. [그리고] 그의 수륙제군총관 및 운량사606)

---

603) 12월 기유일: 양력으로는 이듬해인 667년 1월 17일에 해당한다.
604) 겨울, 십이월의 기유일에~【冬十二月己酉】: 《구당서》〈고종본기〉 "건봉 원년"조에는 이렇게 기술되어 있다. "10월 기유일(양력 11월 18일)에 [고종이] 사공·영국공이던 [이]적을 요동도 행군대총관으로 임명하고 고려 정벌에 나서게 하였다.(十月己酉, 命司空英國公勣爲遼東道大總管, 以伐高麗)"
605) 대총관(大總管): 당대의 관직명. 고조의 무덕 연간 초기에 관중(關中) 지역을 12

인 두의적·독고경운·곽대봉 등은 일률적으로 [이세]적의 지휘를 받도록 하였다. 하북 각 주의 조세는 모두 요동으로 수송하여 군용으로 공급하게 하였다. 대봉은 [곽]효각의 아들이다.【호주2】

○ 冬, 十二月, 己酉, 以李勣爲遼東道行軍大總管【胡注】, 以司列少常伯安陸【胡注】郝處俊副之, 以擊高麗. 龐同善·契苾何力並爲遼東道行軍副大總管兼安撫大使如故. 其水陸諸軍總管幷運糧使竇義積·獨孤卿雲·郭待封等, 並受勣處分. 河北諸州租賦悉詣遼東給軍用. 待封, 孝恪【胡注】之子也.

【호주1】 안육현은 한대에는 강하군에 속했으며, 유송대에는 [거기서] 쪼개져 나와 안육군에 속하였다. 수·당대에는 안주에 속하였다.607)

【호주2】 곽효각은 태종을 섬겼는데 구자에서 전사하였다.608)

건봉 2년 (667, 정묘년)

• 099

구월 … 신미일609)에 이적이 고려의 신성을 함락시키고 계필하력으로

개 도(道, 방면)로 나누고 도마다 대장군(大將軍)을 1명씩 '대총관'으로 배치하였다. 태종 이세민 때에는 원래 부임한 지역에서는 '대도독(大都督)'으로 불렸으나 반란을 평정하거나 외국을 침공할 목적으로 군사를 외부 지역으로 이동시켰을 때에는 '대총관'으로 일컬었다. 그래서《당육전(唐六典)》에서도 도독은 호부 항목에서, 총관은 병부 항목에서 각각 소개하고 있다. 실제로 당대에 도독은 지방의 행정장관으로서 관할 지역의 군사행정을 겸하기는 했으나 군대 통솔권은 행사할 수 없었다. 만약 도독이 군사를 지휘해 작전에 나서려면 반드시 조정으로부터 그에 상응하는 직함을 부여받아야 하였다.

606) 운량사(運糧使): 당대의 관직명. 군량 수송을 전담하였다.
607)【胡注】安陸縣, 漢屬江夏郡. 宋分屬安陸郡, 隋唐屬安州.
608)【胡注】郭孝恪事太宗, 戰死於龜茲.
609) 9월 신미일: 양력으로는 10월 6일에 해당한다.

하여금 그 성을 지키게 하였다. [이세]적이 처음에 요수를 건넜을 때[610] 장수들에게 말했었다.

"신성은 고려의 서쪽 요충지요. 그 성을 먼저 확보하지 않으면 나머지 성들고 쉽게 얻는다고 장담할 수가 없소!"

○ 九月 … 辛未, 李勣拔高麗之新城, 使契苾何力守之。勣初度遼, 謂諸將曰, '新城, 高麗西邊要害, 不先得之, 餘城未易取也。'

• 100

[그러고는] 마침내 그 성을 공격하매 성 안의 사람 사부구 등이 성주를 결박한 다음 성문을 열고 항복하였다. [이세]적은 군사를 이끌고 진격하여 열여섯 성을 모두 함락시켰다.

○ 遂攻之, 城人師夫仇等縛城主開門降。勣引兵進擊, 一十六城皆下之。

---

610) [이세]적이 처음에 요수를 건넜을 때[勣初度遼]: 이적이 요수를 건넌 시점의 경우, ①《구당서》〈고려전〉에는 "[건봉] 2년 2월(二年二月)", ②《신당서》〈고려전〉에는 "이듬해(건봉 2년) 정월(明年正月)"으로 사서마다 조금씩 다르게 소개되어 있다. 아마 두 정사 기록이 정확한 것이라면 대체로 정월 말에서 2월 초 사이였을 가능성이 높다. 인터넷 〈국편위판〉 주132에서는 "《新唐書》〈高宗本紀〉·《資治通鑑》乾封 2年條에는 9月 辛未(14일)로 되어 있다"고 하여 ③ 두 사서에서 이적이 건봉 2년 9월에 요수를 건넜다고 기술한 것으로 소개하였다. 그러나 그것은 기사 원문을 오독한 데서 빚어진 착오이다. 두 사서의 "9월" 기사는 모두 그 주안점을 이적이 신성을 함락시킨 일에 두고 작성되었기 때문이다. 즉, 이적이 9월에 신성을 함락시킨 일을 기술하면서 그 이전인 2월에 이적이 요수를 건너자마자 신성을 함락시키겠다고 장수들 앞에서 다짐한 일화를 추가로 소개한 셈이다. 그 두 기사에서 이적이 요수를 건넌 일을 언급하면서 "처음에[初]"라고 단서를 단 것이 그 증거이다. 과거 시점을 전제하는 "처음에"라는 표현이 이적이 신성을 함락시킨 일이 요수를 건넌 뒤에 발생한 일임을 시사해 주기 때문이다.

●101

방동선과 고간은 그때까지도 신성에 있었다. [그런데] 천남건이 군사를 파견해 그 병영을 기습하자 좌무위장군 설인귀가 그들을 공격해 무찔렀다. [고]간은 진격하여 금산까지 이르러 고려와 전투를 벌였으나 [전황이] 불리하였다.

○ 龐同善·高侃尙在新城, 泉男建遣兵襲其營, 左武衛將軍薛仁貴擊破之。侃進至金山, 與高麗戰, 不利。

●102

[이에] 고려군이 승세를 타고 북쪽으로 밀려오자 [설]인귀는 군사를 이끌고 측면으로 공격하여 고구려군을 크게 무찌르고 [고구려군의] 머리를 오만 급 넘게 베었다.【호주1】 [이어서] 남소[611]·목저[612]·창암 세 성을 함락시키고【호주2】 천남생의 군대와 합류하였다.

○ 高麗乘勝逐北, 仁貴引兵橫擊, 大破之, 斬首五萬餘級【胡注】, 拔南蘇·木底·蒼巖三城【胡注】, 與泉男生軍合。

---

611) 남소(南蘇): 호삼성은 《자치통감》〈진기(晉紀)〉 "함강(咸康) 4년(338)"조에 주석을 붙여 "【신성】 고구려의 서쪽 변경. 서남으로는 산을 끼고 동북으로는 남소·목저 등의 성을 접하고 있다(【新城】 高句麗之西鄙, 西南傍山, 東北接南蘇木底等城)"라고 하였다. 남소의 좌표를 고구려 서단의 신성 동북방에서 찾아야 하는 셈이다.

612) 목저(木底): 고구려의 성 이름. 곽석량에 따르면, '목저(木底)'는 목데ㅣ(mok-diei)' 식으로 읽혀졌을 것이다. 〈동북아판2〉 주52(제122쪽)에 따르면, 일본 학자 야나이 와타리(箭內亘)는 "遼寧省 新賓縣 木奇鎭이 明代의 요충지였고 '목저'와 음이 유사하다는 점에서 이곳에 목저성이 있었다고 보았다. 그러나 음운상으로 따져 볼 때, 목'저'와 목'기'는 ① 앞 글자만 발음이 같다는 것뿐 뒷글자는 ② 자음(ㅈ⇔ㄱ)이 서로 다르며 ③ 모음(ㅓ⇔ㅣ)도 유사한 데가 없다. 같은 곳이라고 단정하기 어려운 것이다. 또, ④ 북위에서 명대까지 1,000년이나 시간이 흐르면서 그 사이에 발음·문법에 상당한 변동이 있었을 것을 감안한다면 같은 곳으로

【호주1】《신당서》에는 "머리를 오천 급 베었다"고 기술되어 있다.613)

【호주2】세 성은 나중에 모두 주로 [개편]되었다.614)

•103

곽대봉615)은 수군을 거느리고 다른 길로 평양[성]으로 달려갔다. [이때 이세]적은 별장이던 풍사본을 파견하여 군량과 무기를 싣고 가서 그들을 지원하게 하였다. [그러나 풍]사본은 [군량과 무기를 실은] 배들이 파손되어 제때에 당도할 수 없게 되었다.

○ 郭待封以水軍自別道趣平壤, 勣遣別將馮師本載糧仗以資之。師本船破, 失期。

•104

[곽]대봉은 군영에서 굶주리고 어려워지자 글을 써서 [이세]적에게 전달하려 했으나 오랑캐들 손에 들어가서 그들의 허실을 눈치챌까 두려웠다. 그래서 이합시를 지어서 [이세]적에게 전달하였다.【호주】[그러자 이세]적은 성을 내면서 말하였다.

○ 待封軍中飢窘, 欲作書與勣, 恐爲虜所得, 知其虛實, 乃作離合詩【胡注】以與勣。勣怒曰,

단정하는 것은 대단히 무모한 일이 아닐 수 없다.

613) 【胡注】新書作'斬馘五千'。
614) 【胡注】三城, 後皆置爲州。
615) 곽대봉(郭待封): 당대 초기의 장수. 허주(許州) 양적(陽翟, 지금의 하남성 우현) 사람이다. 고종 때에 좌표도위장군(左豹韜衛將軍)을 지냈으며 함형(咸亨) 연간 (670~674)에는 거란계 장수 설인귀(薛仁貴)와 함께 토번(吐蕃) 침공에 종군했다가 대비천(大非川, 지금의 청해 회족자치구) 싸움에서 패하고 관직을 박탈당하였다.

이합시의 개념 예시. 첫글자들을 시작으로 '뒤글자만봐 ⇒ 가운데만봐 ⇒ 앞글자봐' 식으로 지시어들을 찾아가면 가운데에서 작성자가 의도한 목적('정말사랑해')을 발견하게 된다. 이처럼 요즘 인터넷 공간에서 유행하는 세로드립 역시 일종의 이합시라고 할 수 있다

【호주】'이합시616)'에서는 [한자의] 글자를 빼거나 쪼갠 다음 그것을 [다시] 합쳐서 문장으로 만들어서 그 의미를 재구성한다.617)

• 105

"군사 상황이 바야흐로 급박한데 어째서 시나 깨작거리고 있단 말인가? 놈의 머리를 베고 말리라!"

[그래서] 행군관기통사사인이던 원만경【호주】이 그에게 그 뜻을 풀이해 주니 [이세] 적도 그제야 새로 군량과 무기를 파견해 그들에게 전달하게 하였다.

○ '軍事方急, 何以詩爲? 必斬之.' 行軍管記【胡注】通事舍人元萬頃爲釋

---

616) 이합시(離合詩): 시를 창작할 때 한자의 획수를 첨삭하거나 그 순서를 재배열함으로써 제3의 의미나 메시지를 나타내게 하는 일종의 문자 유희. 현대문학에서는 '어구전철(語句轉綴, anagram)'이라고 부르는데, 인터넷 공간에서 유행하는 '세로드립'이 그 대표적인 예이다.

617)【胡注】離合詩, 離析字畫, 合之成文, 以見其意.

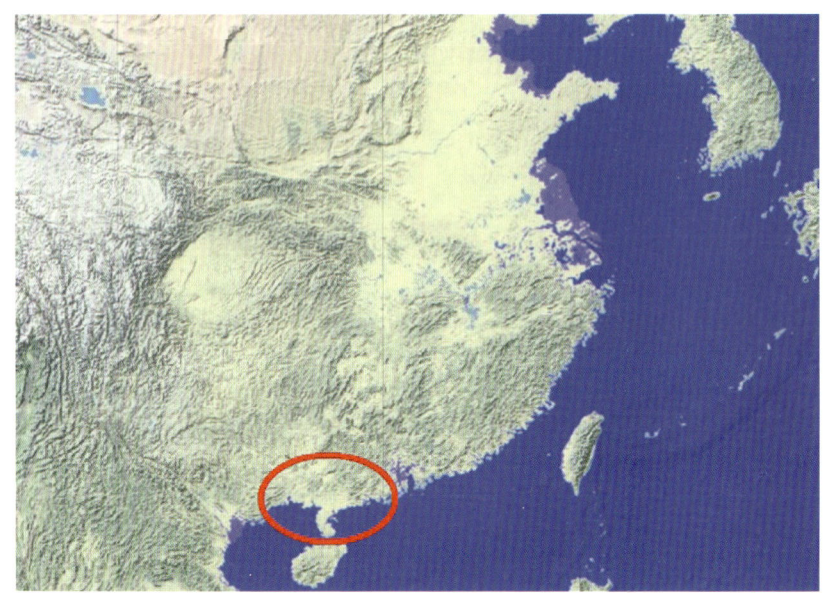

중국의 '영남'. 일반적으로 지금의 광동성(廣東省)과 광서성(廣西省) 지역을 아울러 가리킨다.

其義, 勣乃更遣糧仗赴之。

【호주】'관기'는 군영에서 서찰이나 격문을 작성하는 업무를 관장하였다.[618]

• 106

[이때 원]만경이 〈격고려문〉[619]을 지어 "압록수의 험한 땅을 지키는 줄도 모르고" 식으로 말하였다. [그러자 그 구절에서 영감을 얻은] 천남건이 "삼가 명령을 받들겠습니다!" 하고 대답하고 즉시 병력을 이동시켜 압록수의

---

618) 【胡注】管記, 掌軍中書檄。爲, 于僞翻。

619) 〈격고려문(檄高麗文)〉: 당대 초기에 이세적 휘하의 군중기사(軍中記事)이던 원만경(元萬頃)이 지은 격문.

나루를 거점으로 삼는 바람에 당나라군이 건널 수가 없었다. [그래서] 주상이 그 말을 듣고 [원]만경을 영남620)으로 유배시켰다.

○ 萬頃作檄高麗文曰, '不知守鴨綠之險.' 泉男建報曰, '謹聞命矣.' 卽移兵據鴨綠津, 唐兵不得渡. 上聞之, 流萬頃於嶺南.

•107

학처준은 고려 성 아래에 있었다. [그런데 그의 군대가] 미처 대열을 이루기도 전에 고려군이 별안간 들이닥치는 바람에 군사들이 크게 놀라고 말았다. [학]처준은 접이식 걸상621)에 앉아서 마침 말린 식량【호주】을 먹

---

620) 영남(嶺南): 당대의 지역명. 중국 남부인 강서성 남부와 광서성·광동성 북부의 경계 지역에 있는 월성령(越城嶺)·도방령(都龐嶺)·맹저령(萌渚嶺)·기전령(騎田嶺)·대유령(大庾嶺)의 5대 산맥 남쪽에 있는 지역을 말한다. 대체로 지금의 광동·광서·해남을 아울러 일컫지만 때로는 광동 지역만 가리키기도 한다. 여기서도 광동 지역을 가리키는 것으로 보인다.

621) 접이식 걸상[胡床]: 다리를 접어서 휴대할 수 있게 만든 걸상의 일종. 고대 이집트 및 그리스에서 기마 또는 유목 북방민족의 이동과 함께 중동·중앙아시아·간다라·서아시아·남아시아 등을 통하여 차츰 동아시아까지 전해졌다. 중국의 경우, 산동성의 효당산(孝堂山) 화상석(畫像石)에서 볼 수 있듯이, 한대에 유행하기 시작하였다. 문헌상으로는 "[후한의] 영제가 호복(복장)·호상(접이식 걸상)·호좌(평상)·호반(식사)·호공후(하프)·호적(피리)·호무(춤)를 즐겨서 도읍의 귀족·국척들이 앞다투어 따라 하였다(靈帝好胡服胡床胡坐胡飯胡箜篌胡笛胡舞, 京都貴戚皆競爲之)"라는 《후한서》〈오행지(五行志)〉의 기사가 최초의 것이다. 여기서 '호(胡)'는 북방민족, 즉 당시의 흉노를 뜻하는 표현으로, 흉노와 전쟁을 벌인 전한대를 거쳐 흉노가 대규모로 귀화하는 후한대에는 그들의 문화·습속이 중국에 전방위적으로 영향을 미쳤음을 알 수가 있다. 물론, 이 같은 문물들은 상류층을 중심으로 유행한 것으로 일반 백성들에게까지 보급되지는 않았던 것으로 보인다. 4세기 진대의 소설집인 《수신기(搜神記)》에 따르면, "흉노의 접이식 걸상과 맥족(고구려)의 쟁반은 적족이 사용하는 도구이다. 강족의 삶은 고기와 맥족의 구운 고기(맥적)는 적족이 먹는 음식이다. 태시 연간 이래로 중국에서도 그것들을 선호하여 귀족이나 부자들이라면 어김없이 그런 도구들을 갖추었고 경사스러운 잔치나 귀한 손님들에게는 한결같이 그것들을 먼저 사용하곤 하였다.(胡床貊槃, 翟

고 있다가 몰래 정예 병력을 추려서 그들을 공격해 무찌르니 장병들이 그의 대담한 지략에 탄복하였다.

○ 郝處俊在高麗城下, 未及成列, 高麗奄至, 軍中大駭。處俊據胡床【胡注】, 方食乾糒, 潛簡精銳, 擊敗之, 將士服其膽略。

【호주】'호상'은 지금의 교상이다.⁶²²⁾

총장(總章) 원년 (668, 무진년)

•108

봄, 정월의 임자일⁶²³⁾에 우상⁶²⁴⁾이던 유인궤를 요동도 부대총관으로 삼았다.

○ 春, 正月, 壬子, 以右相劉仁軌爲遼東道副大總管。

•109

이월의 임오일⁶²⁵⁾에 이적 등이 고려의 부여성⁶²⁶⁾을 함락시켰다.【호주】

之器也. 羌煮貊炙, 翟之食也. 自太始以來, 中國尙之. 貴人富室, 必備其器, 吉享嘉賓, 皆以爲先)" '태시(太始)'는 한나라의 기원전 96~93년과 진나라의 265~274년에 각각 사용된 연호인데, 여기서는 정황상 후자로 보아야 옳다. 흉노의 문물이 전쟁·교역·이주 등을 통하여 전한대에 처음 중원으로 전래되고 후한대에 유행했으며 서진에 이르러 널리 보급되었다는 뜻이다.

622) 【胡注】胡床, 卽今之交床。

623) 1월 임자일: 양력으로는 3월 15일에 해당한다.

624) 우상(右相): 당대의 관직명. 고종의 용삭 2년(662)에 중서령(中書令)을 고쳐 설치했으며, 상황에 따라 중서령과 우상을 교대로 사용하였다. 참고로, 당대의 또 다른 재상인 시중(侍中)은 중서령에 대응하여 '좌상(左相)'으로 불렸다.

625) 2월 임오일: 양력으로는 4월 14일에 해당한다.

626) 부여성(扶餘城): 고구려의 성 이름. 그 위치의 경우, ① 인터넷 〈국편위판〉 주059에서는 "北滿洲 農安", 즉 지금의 길림성 장춘시(長春市) 관할의 농안현, ② 부여

```
百官家口咸預士流至於衝路之間豈可全無障蔽婦人
耳                    禁帷帳勅
為轉運於是艱辛理有便宜所以行也故召卿等為宴別
責謬自從去歲關中旱儉禾稼不收有之絕百姓不足
朕雖居九重常以萬姓為心而誠不動天遠使陰陽
錯                    賜京城父老勅
平壤軍迴一城不可獨固宜就拔新羅共其屯守若金法
敏藉卿等留鎮宜且停彼若其不須即宜泛海還也
聞                    與劉仁軌劉仁願勅
裁被兹真俗而瀕鄉之基克成天構連河之化付以國王
教選還遵舊貫朕稟天經以揚孝貴地義而宣禮獎以名
皇太子其父母所致拜或恐爽其恆情付有司詳議奏
之地不行拜跪之禮因循日久迄乎兹辰朕朝暫革此風
然釋老二門雖理絕常境恭孝之蹈事叶儒津遂於尊極
少  之由諒歸斯矣今欲令道士冠僧尼於君皇后及
```

당 고종 이치가 내린 《유인궤 유인원에게 주는 칙명[與劉仁軌劉仁願勅]》《흠정 전당문》

[이때] 설인귀는 고려군을 금산에서 무찌르고 나서 싸움에서 이긴 기세를 빌어 삼천 명을 이끌고 부여성을 공략하려던 참이었다. [그러자] 장수들은 그의 병력이 적다고 여기고 그를 만류하였다.

○ 二月, 壬午, 李勣等拔高麗扶餘城[胡注]. 薛仁貴既破高麗於金山, 乘勝將三千人將攻扶餘城, 諸將以其兵少, 止之.

의 초기 도읍인 지금의 길림시, 또는 ③ 길림성 유하현(柳河縣)의 나통산성(羅通山城) 등으로 비정하고 있으나 단정하기 어렵다. 참고로, 북송의 학자 악사(樂史, 930~1007)가 편찬한 연혁지인 《태평환우기(太平寰宇記)》〈하북도(河北道)〉 "연주(燕州)"조에서는 수나라 때에 저술된 《북번풍속기(北蕃風俗記)》를 인용하여 흑수말갈의 수장인 도지계(度地稽)의 남하 과정을 소개하면서 "부여성 서북쪽으로부터 부락을 모두 이끌고 임유관 안으로 들어와 귀순하매, 그들을 유성에 안치하였다(自扶餘城西北擧部落向關內附, 處之柳城)"고 소개하였다. 그렇다면 ① 부여성이 임유관(하북 경내) 너머의 모처에 자리잡고 있고, ② 관련 소개 내용이 〈하북도〉 "연주"조에 소개돼 있고, ③ "燕의 慕容皝(文明帝)에게 멸망당한 (346)"(인터넷 〈국편위판〉 주059) 것을 보더라도 부여성은 임유관 인근의 모 지역에 자리잡고 있었을 가능성이 높다.

【호주】부여국의 옛 터로, 옛 성에 그 이름[의 흔적]이 남아 있었다.627)

• 110

[그러자 설]인귀가 말하는 것이었다.

"군사는 [그 중점이] 많은 데에 있지 않고 그것을 어떻게 사용하느냐에 있소."

[그러고는] 마침내 선봉이 되어 진군하여 고려군과 싸워 그들을 크게 무찌르고 [고구려군을] 만 명 넘게 죽이거나 사로잡으니 결국 부여성을 함락시켰다. [이리하여 고구려] 부여성 인근 하천[유역]에 있는 마흔 곳이 넘는 성들이 한결같이 상황을 눈치채고 투항할 것을 자청하였다.

○ 仁貴曰, '兵不在多, 顧用之何如耳.' 遂爲前鋒以進, 與高麗戰。大破之, 殺獲萬餘人, 遂拔扶餘城。扶餘川中四十餘城皆望風請服。

• 111

시어사628)인 낙양 사람 가언충이 사신으로 갔다가 요동으로부터 귀환하였다. 주상이 [고려 쪽] 군사 상황을 묻자 [개]언충이 대답하였다.

"고려는 평정될 것이 분명하옵니다."

"경이 어째서 그것을 아는가?"

주상이 이렇게 물으니 대답하는 것이었다.

○ 侍御史洛陽賈言忠奉使自遼東還。上問以軍事, 言忠對曰, '高麗必

---

627) 【胡注】扶餘國之故墟, 故城存其名。
628) 시어사(侍御史): 중국 고대의 관직명. 관원들의 비리 감찰을 목적으로 진(秦)나라 때에 처음으로 설치되었으며 역대 왕조에 대대로 인습되었다. 품계는 어사대부(御史大夫)나 어사중승(御史中丞)보다 낮았다. 그러나 조정 대신이 국법을 어기면 어사중승을 거쳐 황제에게 보고했으며 하급 관리는 직접 탄핵하였다.

平.' 上曰, '卿何以知之.' 對曰,

• 112

"수나라 양제가 요동 정벌에 나섰지만 항복시키지 못한 것은 인심이 이반되고 [조정에 대한] 원성이 있었기 때문입니다.【호주1】 선대 황제629)께서 요동 정벌에 나서셨지만 항복시키지 못하신 것은 고려에 아직 내분이 일어나지 않았기 때문이었습니다.【호주2】 [그러나] 지금 고장은 하찮고 약한 반면 권신이 국권을 농단하고 있나이다.

○ '隋煬帝東征而不克者, 人心離怨故也【胡注】. 先帝東征而不克者, 高麗未有釁【胡注】也. 今高藏微弱, 權臣擅命.

【호주1】 이 일은 〈수양제기〉를 참조하기 바란다.630)

【호주2】 이 일은 〈태종기〉를 참조하기 바란다.631)

• 113

[천]개소문이 죽자 [천]남건 형제가 내부에서 서로 공격하고 쟁탈을 일삼으매 [천]남생이 정성을 다하여 [우리] 조정에 귀순하고 우리의 길잡이【호주】가 되었습니다. 저들의 상황을 알지 못하는 이는 없나이다. 폐하께서 밝고 거룩하신 덕택에 나라는 부강해지고 장병들은

당나라 명장 이적의 초상(삼재도회)

---

629) 선대 황제[先帝]: 고종 이치의 아버지인 태종 이세민을 가리킨다.
630)【胡注】事見隋煬帝紀.
631)【胡注】事見太宗紀.

충심을 다하고 있습니다. [이때] 고려가 어지러운 틈을 탄다면 그 세력은 항복할 것이 분명하오니 두 번까지 기다리실 필요조차 없을 것이옵니다!

○ 蓋蘇文死, 男建兄弟內相攻奪, 男生傾心內附, 爲我鄕【胡注】導, 彼之情僞, 靡不知之。以陛下明聖, 國家富强, 將士盡力, 以乘高麗之亂, 其勢必克, 不俟再擧矣。

【호주】'시골 향'은 '향할 할'의 뜻으로 새긴다.632)

• 114

더욱이 고려는 해마다 가뭄이 들고 요망하고 해괴한 기운이 잇따라 나타나 인심이 두려워하고 놀라고 있으니 그 나라의 멸망을 기약할 수 있을 것이옵니다." [그래서] 주상이 또 물었다.

"요동[에 가 있는] 장수들【호주】중에는 누가 현명합디까?"

그러자 [이렇게] 대답하였다.

○ 且高麗連年饑饉, 妖異屢降, 人心危駭, 其亡可翹足待也。'上又問,' 遼東諸將【胡注】孰賢。' 對曰,

【호주】요동 정벌에 종군한 장수들을 말한다.633)

• 115

"설인귀는 용맹스럽기가 삼군634) 중에 으뜸이옵니다. 방동선은 전투

---

632) 【胡注】鄕, 讀曰嚮。
633) 【胡注】謂征遼東之諸將也。
634) 삼군(三軍): 중국 고대의 군사 편제.《주례(周禮)》〈하관·사마(夏官司馬)〉에 따르면, 주나라 천자는 6군(六軍)을 거느렸으며, 제후들 중에서 대국은 '중·상·하' 또는 '중·좌·우'의 3군을 거느렸는데 그 규모는 1군이 1만 2,500명이었다고 한다.

당나라의 명물 당삼채(唐三彩) 낙타 위의 악단 (중국 북경 국가박물관)

를 잘 하지는 못하오나 군사를 엄격하고 가지런하게 통제할 줄 압니다. 고간은 근검한 것으로 자처할 뿐 아니라 충성스럽고 과감한 데다 지략까지 갖추고 있습니다. 계필하력은 침착하고 의연하면서도 판단력이 탁월합니다. 비록 자신을 앞서는 이들을 꽤 꺼리기는 하지만【호주】, 통솔력을 갖추고 있습니다. 그러나 밤낮으로 신중하게 처신하면서 자신을 잊고 나라를 걱정하기로는 그들 모두 이적을 따라잡지 못하나이다!" 그러자 주상은 그 말에 깊이 동감하였다.

○ '薛仁貴勇冠三軍, 龐同善雖不善鬪, 而持軍嚴整。高侃勤儉自處, 忠果有謀。契苾何力沈毅能斷, 雖頗忌前【胡注】, 而有統御之才, 然夙夜小心, 忘身憂國, 皆莫及李勣也.' 上深然其言。

【호주】 '앞서는 것을 꺼린다'는 남이 자기 앞에 있는 것을 꺼린다는 뜻이다.635)

---

635)【胡注】忌前, 忌人在己前也。

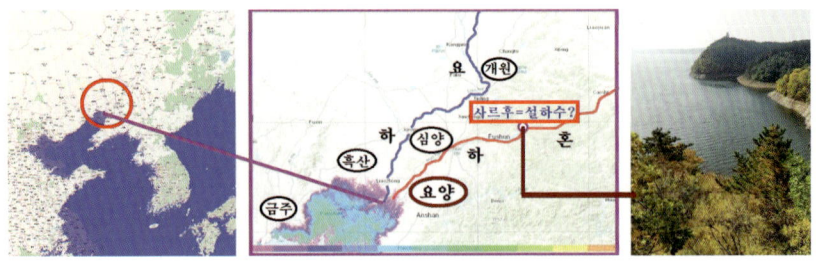

살하수는 《신당서》에는 '설하수'로 소개되어 있다. 살하수와 설하수는 음운상으로 수나라와의 전쟁에 등장하는 살수와 서로 대응된다. 훗날 만주족이 조·명 연합군에 대승을 거둔 사르후도 같은 곳으로 추정된다.

• 116

[이때] 천남건은 다시 군사 오만 명을 파견하여 부여성을 구하였다. [그리고] 이적 등과 설하수【호주】에서 마주쳤다. [이세적은 고려군과] 맞붙어 싸워서 그들을 크게 무찌르고 [고려군] 삼만 명 넘게 [머리를] 베거나 사로잡았다. 636) [그러고는] 진군하여 대행성637)을 공략하여 그 성을 함락시켰다. [*638)]

636) 천남건은 다시 군사 오만 명을 파견하여 부여성을 구하였다~[泉男建復遣五萬人救扶餘城]: 《구당서》〈고종본기〉 "총장 원년(668)"조에는 이 부분이 다음과 같이 기술되어 있다. "2월 무오일(양력 3월 21일)에 요동도에서 설하수의 [고구려군] 5만 명을 무찔렀다. [이날] 진지에서 [고구려군의] 머리를 5,000개 넘게 베고 포로를 3만 명 넘게 사로잡았으며 [노획한] 공성도구와 군사장비와 소·말이 이루 셀 수도 없을 정도였다.(二月戊午, 遼東道破薛賀水五萬人, 陣斬首五千餘級, 獲生口三萬餘人, 器械牛馬不可勝計)"

637) 대행성(大行城): 고구려의 성 이름. 중국에서는 그 위치를 지금의 요녕성 ① 단동시 남서쪽 32리 지점의 낭낭성(娘娘城) 또는 ② 단동시 동북쪽의 구련성(九連城) 일대로 비정하고 있으나 확실한 것은 아니다.

638) *: 《구당서》 "총장 원년"조에는 이런 일화도 소개되어 있다. "여름 4월 병진일(양력 5월 18일)에 혜성이 필성과 요성 사이에서 관측되었다. [이에] 을축일(3월 28일)에 주상이 정전을 피하고 음식을 줄였다. [그리고] 조서를 내려 [대궐] 안팎의 관원들에게 각자 밀봉한 채로 정사[에 관한 건의]를 올리되 [자신의] 과실을

○ 泉男建復遣兵五萬人救扶餘城, 與李勣等遇於薛賀水【胡注】, 合戰。大破之, 斬獲三萬餘人, 進攻大行城, 拔之。

【호주】《신당서》에는 '살록수639)'로 되어 있다.640)

직설적으로 지적하도록 하였다. 그래서 신하들이 이렇게 상소를 올렸다. … 신하들은 이어서 이렇게 진언하였다. '혜성이 동북방에 나타났사오니 이는 고려가 장차 멸망할 징조이옵니다!' 그러자 황제는 '고려의 백성들은 곧 짐의 백성이오. 만국의 군주로서 어찌 하찮은 번국에 책임을 떠맡긴단 말인가!' 하면서 끝까지 그들의 간청을 따르지 않았다. 을해일(4월 7일)에 혜성이 사라졌다."

639) 설하수(薛賀水): 고구려의 하천 이름.《구당서》〈고려전〉에도 '설하수'로 소개되어 있으나,《신당서》〈고려전〉에는 '살하수(薩賀水)'로 나와 있다. 호삼성은 '살'의 발음을 "살은 상과 갈의 반절(薩, 桑葛翻)"이라고 하였다. '설하수' 또는 '살하수'는《구당서》와《신당서》에만 보이는 하천으로, 그 이후의 정사에는 확인되지 않는다.《수서》〈고려전〉에는 유명한 고구려 명장 을지문덕(乙支文德)이 수나라 대군을 상대로 대첩을 거둔 역사적 장소로 살수(薩水)가 소개되어 있다. 그 음운학적 대응 관계를 따져 볼 때 '설하수'와 '살하수'는 '살수'의 또 다른 표기의 사례일 가능성이 높다. 실제로《흠정 성경통지(欽定盛京通志)》〈산천4(山川四)〉"살수(薩水)"조에서는 다음과 같이 해석하였다. "【살수】《신당서》에는 '남건이 군사 5만으로 부여를 습격하자 이적이 그들을 살하수에서 무찔렀다'고 되어 있고,《대명일통지》에는 '살수는 압록강 동쪽과 평양성 서쪽에 있다'고 되어 있다. 따져 보건대, 살수는 바로 살하수로, 변경지대에 있었을 것이 분명하다.(【薩水】新唐書, 男建以兵五萬襲扶餘, 李勣破之薩賀水上. 明一統志, 薩水在鴨淥江東平壤城西. 按, 薩水卽薩賀水, 應在邊界)"《신당서》와《대명일통지》의 기사에 대한 분석을 토대로 압록수 동쪽과 평양성 서쪽을 흐르는 '살하수'가 '살수'라고 본 것이다. 살수의 경우, 국내외 학계에서는 그 위치를 지금의 평안북도에 있는 청천강(淸川江)으로 비정하는 것이 통설이다. 그러나 요수와 요동의 좌표가 지금의 요동반도가 아닌 산해관 인근에 있다고 본다면 요동반도에서 산해관만큼의 거리를 서쪽으로 끌어내야 제대로 된 좌표를 도출해 낼 수가 있다. 요동을 요동반도로 볼 때 청천강에 해당하는 살수는 요동을 산해관 인근으로 볼 경우 자연히 그 좌표가 훨씬 더 서북쪽에 가 있어야 옳다는 뜻이다. 그러나 바로 위 주석에 소개한《구당서》"총장 원년"조와《자치통감》의 이 기사를 교차 검증해 보면, '설하수'는 부여성 인근에 자리잡고 있는 하천임을 확인할 수 있다. 기존의 통설에서도 부여와는 무관한 지역인 평안북도의 청천강은 살[하]수일 수 없다는 뜻이다.

• 117

팔월의 신유일641)에 비열도 행군총관이자 우위위장군이던 유인원이 고려 정벌 과정에서 지체한 일로 연루되어 요주로 유배되었다.

○ 八月, 辛酉, 卑列道行軍總管·右威衛將軍劉仁願坐征高麗逗留, 流姚州。

• 118

구월의 계사일642)에 이적이 평양[성]을 함락시켰다.643) [이세]적이 대행성을 함락시키니 다른 길로 나갔던 군대들이 모두 [이세]적과 합류했었다. [이들이] 진격하여 압록[수에 세운 목]책까지 이르자 고려군은 군사를 징용하여 맞서 싸웠다.

○ 九月, 癸巳, 李勣拔平壤。勣旣克大行城, 諸軍出他道者皆與勣會。進至鴨綠柵, 高麗發兵拒戰。

• 119

[이세]적 등은 힘써 공격하여 그들을 크게 무찌르고 이백 리644) 넘게 추격하고 욕이성을 함락시켰다. [그러자 다른] 성[의 고구려군]들 중에서 도주하

---

640) 【胡注】新書作薩賀水。
641) 8월 신유일: 양력으로는 9월 20일에 해당한다.
642) 9월 계사일: 양력으로는 10월 22일에 해당한다.
643) 이적이 평양성을 함락시켰다[李勣拔平壤城]:《구당서》"총장 원년"조에는 "사공·영국공 [이]적이 고려를 무찌르고 평양성을 함락시켰다(司空英國公勣破高麗, 拔平壤城)"고 기술되어 있다.
644) 이백리(二百里): 곽성파에 따르면, '1리=0.44km'이므로 "200리가 넘는다"면 88km가 넘었던 셈이다.

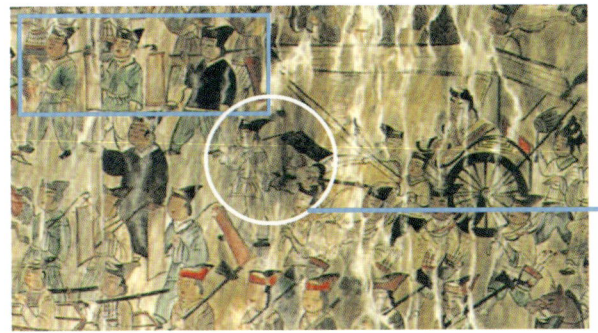

안악 3호분 고구려 벽화에 묘사된 번(幡)을 든 의장병들. 뒤의 의장병은 국왕의 의장인 '성상번(聖上幡)'을 들고 있다 (문화재청)

거나 투항하는 자들이 잇따랐다.

○ 勣等奮擊。大破之, 追奔二百餘里, 拔辱夷城, 諸城遁逃及降者相繼。

• 120

계필하력이 먼저 군사를 이끌고 평양성 아래에 도착하고 [이세]적의 군대가 그 뒤를 이었다. [그리고 그들이] 평양[성]을 포위한 지 한 달이 넘었을 때 고려왕 [고]장이 천남산을 파견하여 수령 아흔여덟 명을 데리고 흰 번645)을 들고 [이세]적을 찾아가 항복하였다. [그러자 이세]적이 예의를 갖추어 그를 맞이하였다.

○ 契苾何力先引兵至平壤城下, 勣軍繼之, 圍平壤月餘, 高麗王藏遣泉男產帥首領九十八人, 持白幡詣勣降, 勣以禮接之。

---

645) 번(幡): 중국 고대에 사용한 의장. 일반적으로 깃대에 달아 바람에 나부끼게 하는 깃발과는 달리 장대에서 길게 아래로 늘어뜨려 사용하곤 하였다.

• 121

천남건은 그래도 성문을 닫은 채 [당나라군에] 맞서 지키면서 수시로 군사를 파견해 [성 밖으로] 나가 싸웠으나 번번이 패하고 말았다. [이에 천]남건이 군사 업무를 승려 신성에게 위임하니 신성이 은밀히 사람을 파견해 [이세]적을 찾아가 [성 안에서 그들과] 호응하기를 자청하였다.

○ 泉男建猶閉門拒守, 頻遣兵出戰, 皆敗。男建以軍事委僧信誠, 信誠密遣人詣勣, 請爲內應。

• 122

[그러고 나서] 닷새가 지나 신성이 성문을 열자 [이세]적은 병사들을 풀어 성 위로 올라가 북을 치고 고함을 지르면서 성의 사방[호주]을 불태우게 하였다. [그래서 천]남건이 자신에게 칼을 휘둘렀으나 죽지 않아서 마침내 [당나라군이] 그를 사로잡았다. [이리하여] 고려가 모두 평정되었다.646)

○ 後五日, 信誠開門, 勣縱兵登城鼓譟, 焚城四月【胡注】, 男建自刺, 不死, 遂擒之。高麗悉平。

【호주】'달 월'은 '뿔 각'이 되어야 옳다. 그렇지 않으면 '두루 주'가 되어야 한다.647)

• 123

이적이 당도할 즈음에 주상이 명령을 내려 먼저 고장 등을 소릉에 바

---

646) 평양을 포위한 지 한 달이 넘었을 때~[圍平壤月餘]:《구당서》"총장 원년"조에는 이 부분이 이렇게 기술되어 있다. "[이적은] 그 나라 왕인 고장 및 그 대신 남건 등을 사로잡아 귀환하였다. [이리하여 고구려군이 고구려] 경내에서 모두 항복하기에 이르렀다.(擒其王高藏及其大臣男建等以歸, 境內盡力降)"

647)【胡注】月, 當作'角', 否則作'周'。

당 태종 이세민의 소릉(昭陵). 꼭대기의 소릉 앞 2km 지점에 생전에 신임했던 신하 위징의 묘(빨간색)가 보인다. (중국 블로거 화소초지예(誂小俏芷蕊) 사진)

치고 나서 군대의 위용을 갖추고 개가를 울리며 도성으로 행진해 들어와 [다시 고장 등을] 태묘648)에 바치게 하였다.

십이월의 정사일649)에 주상이 함원전【호주】에서 [이세적이 바친] 포로들을 거두었다.

○ 李勣將至, 上命先以高藏等獻于昭陵, 具軍容, 奏凱歌, 入京師, 獻于太廟。十二月, 丁巳, 上受俘于含元殿【胡注】。

【호주】대궐 안의 동편 정전이 '함원전'이다.《당육전》에는 다음과 같이 소개되어 있다. "함원전은 바로 용수산의 동쪽 언저리로, 계단 위는 평지보다 40여 자나 높다. 남쪽으로는 단봉문으로부터 400여 걸음 떨어져 있는데, 동서 너비는 500 걸음이다. 전각 앞에는 옥으로 만든 계단이 세 단 만들어

---

648) 태묘(太廟): 중국 고대에 황제의 조상들을 봉안하고 중대사가 발생하거나 외지로 출행하거나 제사를 지낼 때 출입한 묘당.
649) 12월 정사일: 양력으로는 이듬해인 669년 1월 14일에 해당한다.

져 있는데 단마다 용머리를 하나씩 끌어내었다. 그 아래는 '용미도'인데 뱀처럼 구불구불 이어지는 길이가 일곱 굽이나 된다.650)

•124

[그러고는] '고창의 [반당]정책은 본인에게서 비롯된 것이 아니다'고 여겨 [그를] 사면하고 사평태상백651)·원외동정652)으로 삼았다.【호주1】[그리고] 천남산을 사재소경【호주2】, 승려 신성은 은청광록대부653)로, 천남생은 우

---

650) 【胡注】東內正殿曰含元殿。唐六典曰,'含元殿卽龍首山之東趾,階上高於平地四十餘尺。南去丹鳳門四百餘步,東西廣五百步。殿前玉階三級,每級引出一螭頭,其下爲龍尾道,委蛇屈曲,凡七轉。'

651) 사평태상백(司平太常伯): 당대의 관직명. 용삭 2년(662)부터 함형 원년(670)까지 공부상서(工部尙書)를 부르던 이름으로, 당대 이후로는 공부상서의 별칭으로 사용되었다. 당나라 두우의 《통전》〈직관5〉 "공부상서"조에서 "대당의 용삭 2년에 공부상서를 고쳐 '사평태상백'으로 일컬었다. 함형 원년에 원래대로 회복시켰다(大唐龍朔二年, 改工部尙書爲司平太常伯, 咸亨元年復舊)"고 한 것이 그 증거이다.《구당서》〈직관지〉 "공부상서"조에는 "용삭 연간에는 '사평태상백'이라고 했으며 광택 연간에는 '동관상서'로 개칭했다가 신룡 연간에 원래대로 환원되었다.(龍朔爲司平太常伯, 光宅改爲冬官尙書, 神龍復舊也)"고 소개되어 있다.《자치통감》 "총장 원년"조에는 "사평태상백·원외동정" 식으로 직함이 좀 다르게 소개되어 있다.

652) 원외동정(員外同正): 당대의 관직명. 여기서 '원외(員外)'는 나라에서 규정한 인원과는 별도로 임시로 발탁한 인원을 가리키므로, '원외동정'은 곧 규정된 정원 이외로 추가로 임용된 인원이지만 정직원과 동등한 예우를 받는 관원이라는 뜻이 되는 셈이다.

653) 은청광록대부(銀靑光祿大夫): 중국 고대의 관직명. 8세기 당대의 역사가 두우(杜佑)의 《통전(通典)》〈직관(職官)〉에 따르면, "【좌·우광록대부】광록대부는 모두 은제 관인과 푸른색 인끈을 지녔는데 그 지위가 막중한 경우에는 조서를 내려 금제 관인과 자주색 인끈을 추가했으니 그것을 '금자광록대부'라고 한다. 그 지위가 막중한 경우에는 '금자'라는 호칭이 추가되기에 본래의 광록대부는 '은청광록대부'로 부르게 되었다.(【左右光祿大夫】光祿大夫, 皆銀章靑綬, 其重者詔加金章紫綬, 則謂金紫光祿大夫. 其重者旣有金紫之號, 故謂本光祿爲銀靑光祿大夫)" 품계는 북위 때에 종2품중(從二品中)이었다가 당대에 이르러 종3품으로 격상되었다.

'검중(黔中)'은 지금의 귀주성(貴州省, 빨간색), '영남'은 지금의 광동성과 광서성 일대(하얀색)에 해당한다.

위대장군으로 삼았다.

○ 以高藏政非己出, 赦以爲司平太常伯, 員外, 同正【胡注】。以泉男産爲司宰少卿【胡注】, 僧信誠爲銀靑光祿大夫, 泉男生爲右衛大將軍。

【호주1】'사평태상백'은 바로 공부상서이다.《구당서》에 따르면, [고종의] 영휘 5년에 상약봉어 장효장을 정원 이외로 특별히 설치하고 정식 인원과 동일하게 예우하였다. 원외동정이라는 직함은 이때에 비롯되었다.654)

【호주2】'사재소경'은 바로 광록소경이다.655)

• 125

이적 이하[의 장수들]에게는 봉작과 포상을 차등을 두어 내렸다. [또] 천남건은 검중656) 땅으로 유배하고, 부여풍은 영남으로 유배하였다.

---

654) 【胡注】司平太常伯, 卽工部尙書。按, 舊書永徽五年, 尙藥奉御蔣孝璋員外特置, 仍同正員。員外同正, 自此始。

655) 【胡注】司宰少卿, 卽光祿少卿。

○ 李勣以下, 封賞有差。泉男建流黔中, 扶餘豐流嶺南。

• 126
[이어서657)] 고려의 다섯 부658), 백칠십육 성, 육십구만여 호659)를 쪼

656) 검중(黔中): 중국 고대의 지역명. 지금의 중국 남부지방인 귀주성(貴州省)의 중부 지역 일대에 해당한다.

657) [이어서]: 고구려에 중국식 주·군·현을 설치한 시점과 관련하여 김부식의 《삼국사기》〈지리지〉에는 이렇게 기술되어 있다. "총장 2년(669)에 영국공 이적이 칙명을 받들어 고구려의 성들마다 도독부 및 주·현을 설치하였다. 목록에서 '압록수 이북으로 이미 항복한 성이 열한 곳인데, 그중 하나가 국내성이다. 평양[성]으로부터 이 성까지 17개의 역이 있었다'고 했으니, 이 성 역시 북조(금나라)의 경내에 있겠지만 그것이 어느 곳인지는 알 수가 없다." 그러나 중국 사서들에는 조금씩 시차를 보인다. ①《구당서》와《신당서》의〈고려전〉에는 "총장 원년 … 12월(十二月)", ②《구당서》〈지리지〉"하북도"조에는 "그해(총장 원년) 12월(其年十二月)", ③《신당서》〈지리지〉"안동상도호부"조에는 "총장 원년", ③《자치통감》"총장 원년"조에는 "12월 정사일[十二月丁巳]", ④《당회요》"안동도호부"조에는 "12월 7일에 이르러 고려 땅을 쪼개어 … (至十二月七日, 分高麗地 …)" 등으로 각각 소개하였다. 그렇다면 고구려의 지방행정체제를 중국식으로 개편한 시점은 정확하게 총장 원년(668)의 12월 7일(정사일), 양력으로는 다음해(669) 1월 12일이었던 셈이다. 김부식이 이것을 "총장 2년"의 일로 소개한 것은 아마 12월의 일이다 보니 해가 넘어가면서 날짜를 계산하는 과정에서 착오가 생겼기 때문일 것이다.

658) 다섯 부[五部]: 고구려의 지방 행정체제. 고구려 '5부'에 관한 가장 상세한 설명은 《한원》〈번이부(蕃夷部)·고구려〉에서 찾아볼 수 있다. 해당 대목에서는 삼국시대 사서《위략(魏略)》을 인용하여 다음과 같이 소개하였다. "5부는 모두 귀인의 부족이다. 첫째가 내부로 바로《후한서》의 계루부인데 '황부'라고도 한다. 둘째가 북부로 절노부인데 '후부'라고도 하고 '흑부'라고 부르기도 한다. 셋째가 동부로 순노부인데 '좌부'라고도 하고 '상부'라고 부르기도 한다. 넷째가 남부로 관노부인데 '전부'라고도 하며 '적부'라고 부르기도 한다. 다섯째가 서부로 소노부인데 '우부'라고도 한다. 그중 내부는 성이 '고'로 바로 왕족이다. 고려에서 '성이 없다'고 하는 경우는 모두가 내부이다. 또, 내부는 왕실이기는 하지만 동부에 속해 있으며, 그 나라에서 일을 처리할 때에는 동쪽을 으뜸으로 치기 때문에 동부가 가장 높다.(五部, 皆貴人之族也。一曰內部, 卽後漢書桂婁部, 一名黃部; 二曰北部, 卽絶奴部, 一名後部, 又名黑部; 三曰東部, 卽順奴部, 一名左部, 或名上部, 又名靑部;

개어 아홉 도독부660) 마흔두 주 일백 현으로 삼았다.661)【호주1】[그리고]

四曰南部, 卽灌奴部, 一名前部, 又名赤部; 五曰西部, 卽消奴部, 一名右部. 其內部, 姓高, 卽王族也. 高麗稱無姓者, 皆內部也. 又內部雖爲王宗, 列在東部之下, 其國從事, 以東爲首, 故東部居上)》《자치통감》 "정관 16년"조에서 호삼성은 《북사》에서는 '고려 5부에 저마다 욕살이 있다'고 한 것을 보면 ['대인'은] 아마 그 추장에 대한 칭호였을 것"이라고 보았다. 이로써 5부가 고구려의 지방 행정체제이며 그 행정 수장을 '욕살', 그에 대한 존칭을 '대인'이라고 했음을 짐작할 수 있는 셈이다.

659) 호(戶): 중국 고대의 편제 단위. 그 규모는 시대·환경·밀도에 따라 편차를 보인다. ①《진서(晉書)》〈지리지(地理志)〉에 따르면, 전한대 초·중기인 문·경(文景)~평제(平帝) 원시(元始) 2년(AD2)까지 민호(民戶)는 12,233,062호, 인구는 59,594,978명(1:4.9)이고, 후한대 후기인 환제(桓帝) 영수(永壽) 3년(157)에는 민호가 10,677,960호, 인구가 56,486,856명(1:5.3)이었다. 또, ② 삼국시대의 경우, 촉(蜀, 장무 원년)에는 200,000호, 900,000명(1:4.5)이고, 오(吳, 적오 5년)에는 523,000호, 2,400,000(1:4.6)명이었으며, 중원을 통일한 서진의 태강(太康) 원년(265)에는 2,459,840호, 16,163,863명(1:6.6)이었다. 그리고 ③ 《송서(宋書)》〈주군지2(州郡志二)〉 "기주(冀州)"조에 따르면, 평원군(平原郡)은 5,913호, 29,267명(1:4.9)이고, 청화군(淸和郡)은 3,794호, 29,274명(1:7.7)이며, 악릉군(樂陵郡)은 3,103호, 16,661명(1:5.4)이고, 위군(魏郡)은 6,405호, 33,682명(1:5.3)이었다. ④《구당서》의 경우에는 〈지리지2·하북도(河北道)〉 "유주(幽州)"조에 따르면, 천보(天寶) 연간(742~756)을 기준으로 할 때 계주(薊州)는 5,317호, 28,521명(1:5.4)이고, 단주(檀州)는 6,054호, 30,246명(1:5)이며, 평주(平州)는 3,113호, 25,086명(1:8)이고, 귀덕주(歸德州)는 1,037호, 4,469명(1:4.3)이었다. 다소 불완전한 통계이기는 하지만, 이상의 데이터들에 근거할 때, 고대 중국에서 '1호'는 평균 5~6명 정도로 수렴되는 것을 알 수 있다. 〈동북아판3〉(제065쪽)에서는 '호'를 설명하면서 윤용구의 이른바 '初元 4년 호구부'를 예로 들었다. 그러나 ① 해당 '호구부'에는 근대에 위조되었을 가능성이 높으며, ② 군치 일대의 호구수가 외곽·산지보다 더 낮다는 것은 상식적이지 않다. 그 위조 의혹에 관해서는 문성재,《한사군은 중국에 있었다》, 제325~341쪽을 참조하기 바란다.

660) 도독부(都督府): 당대에 군사적으로 중요한 지역에 설치하던 지방 행정기구. 정식 명칭은 '도독□주제군사부(都督□州軍事府)'이며, 그 수장을 '도독'이라고 불렀다. 위·진·남북조시대에 처음으로 등장했는데, 군사지휘권의 관할 범위를 명시하여 '도독□주제군사(都督□州諸軍事)' 식으로 일컫는 경우가 많았다. 수나라에 이르러서는 각 방면군의 수장을 '총관(總管)'으로 불렀으며, 당대에는 수나라의 제도를 인습하면서도 비상시에 군사를 통솔하는 경우에는 '행군[대]총관'으로

《자치통감》의 "안동도호부" 대목. 호삼성은 이 대목에 주석을 붙이고 당나라가 고구려를 멸망시킨 뒤에 설치한 9개의 도독부와 14개의 주를 소개하였다.

안동도호부를 평양[성]에 설치하고[662] 그들을 다스리게 하였다. 또, 그

불렀다. 그러다가 고조의 무덕 7년(624)에 총관부는 '도독부'로, 대총관은 '대도독부'로 각각 개칭되었다.

661) 다섯 부, 백칠십육 성, 육십구만여 호를~[五部·百七十六城·六十九萬餘戶]: 《구당서》 "총장 원년"조에는 이 부분이 다소 편차를 보인다. "그 나라는 성이 170개, 민호가 69만 7천 호였다. [이에] 그 땅을 안동도호부로 삼고 [그 땅을] 쪼개어 42주를 설치하였다.(其城一百七十, 戶六十九萬七千, 以其地爲安東都護府, 分置四十二州)"

662) 안동도호부를 평양에 설치하고[置安東都護府於平壤]: 이와 관련하여 원대 학자 호삼성은 《자치통감》 "현종 천보 원년(天寶元年, 742)"조에 이런 주석을 붙였다. "【안동도호부】는 영주 동쪽으로 200리 지점에 있었다.(【安東都護府】在營州東

나라의 추장·수장들 중에 공이 있는 이들을 발탁하여 도독·자사·현령으로 삼고 중국인들과 함께 [정사에] 참여하여 [백성들을] 보살피게 하였다.[호주2] [또] 우위위대장군 설인귀를 검교안동도호663)로 삼아, 군사 이만 명을 총괄하며 [그 나라에] 주둔하며 [그 백성들을] 안무하게 하였다. [*664)]

○ 分高麗五部·百七十六城·六十九萬餘戶, 爲九都督府, 四十二州, 百縣【胡注】。置安東都護府於平壤以統之, 擢其酋帥有功者爲都督·刺史·縣令, 與華人參理【胡注】。以右威衛大將軍薛仁貴檢校安東都護, 總兵二萬人以鎭撫之。

【호주1】 신성주·요성주·가물주·위락주·사리주·거소주·월희주·거단주·건안주의 9곳의 도독부가 있었다. 42개 주 중에서 기록에 남아 있는 것

二百里)" 당대에는 1리가 0.44km였으므로 200리라면 88km 정도에 해당한다. 국내외 학계에서는 안동도호부를 지금의 평안도 평양시, 영주를 지금의 중국 요령성 조양시(朝陽市)로 각각 비정해 왔다. 그러나 호삼성의 이 주석에 따르면, 안동도호부 및 영주에 대한 기존의 지리 고증은 적어도 둘 중 하나는 틀린 셈이다. 조양시에서 동쪽으로 평양시까지는 직선거리로도 620km, 즉 1,000리 넘게 떨어져 있기 때문이다. 만약 영주가 조양시라면 안동도호부는 지리적·물리적으로 절대로 평양시일 수가 없다는 뜻이다. 안동도호부와 영주의 지리적 요건을 충족시키려면 두 곳 모두 그 좌표를 압록강 북쪽 요동반도 서쪽까지 올라가서 구해야 옳다.

663) 검교안동도호(檢校安東都護): 당대의 관직명. 글자 그대로 풀면 '안동도호 감독관' 정도의 뜻이 된다. 안동도호를 보좌·감독하는 역할을 수행한 것으로 보인다.

664) *:《속일본기(續日本紀)》〈원정천황기(元正天皇紀)〉에는 백제와 고구려의 멸망 전후의 와국내 백제·고구려 유민들의 상황이 다음과 같이 기술되어 있다. "[양로 원년(717) 11월 갑자일에] 고구려·백제 두 나라의 병졸들이 본국이 난리를 당하자 일본에 귀화해 오매 조정에서 그 진퇴양난의 처지를 딱하게 여겨 평생 동안 부양해 주었다.(高麗百濟二國士卒, 遭本國亂, 投於聖化, 朝廷憐其絶域, 給復終身)" 이 밖에《신찬성씨록(新撰姓氏錄)》《일본영이기(日本靈異記)》 등의 문헌들을 보면, 백제·고구려의 멸망을 계기로 양국 유민들의 일본 이주·귀화가 매우 많았음을 짐작할 수 있다.

으로는 남소·개모·대나·창암·마미·적리·여산·연진·목저·안시·제북·식리·불열·배한의 14개 주에서 그친다.⁶⁶⁵⁾

【호주2】'리'는 다스린다는 말과 같은 것이다. 당시에는 주상(고종)의 휘를 피하기 위하여 '치'를 '리'로 바꾼 것이다.《자치통감》은 당나라 사서를 근거로 기술된 것[이기에 그대로 '리'로 되어 있는 것]이다.⁶⁶⁶⁾

•127

정묘일⁶⁶⁷⁾에 주상이 [도성의] 남쪽 교외에서 제사를 지내고 고려를 평정한 일을 고하였다. [이때] 이적을 아헌[관]⁶⁶⁸⁾으로 삼았다.

기사일⁶⁶⁹⁾에 태묘를 배알하였다.

○ 丁卯, 上祀南郊, 告平高麗, 以李勣爲亞獻。 己巳, 謁太廟。

•128

이때 칙서가 내려져 요동 정벌에 종군한 군사들 중에 도망친 자들은 기한 내에 출두하지 않거나 출두했다가 도로 도망친 경우에는 참형에

---

665)【胡注】新城州·遼城州·哥勿州·衛樂州·舍利州·居素州·越喜州·去旦州·建安州·凡有九都督府。四十二州, 存於志者, 南蘇·蓋牟·代那·倉巖·磨米·積利·黎山·延津·木底·安市·諸北·識利·拂涅·拜漢十四州而已。

666)【胡注】理, 猶治也, 時, 避上名, 以'治'爲'理', 通鑑因唐史成文。

667) 정묘일: 양력으로는 1월 24일에 해당한다.

668) 아헌(亞獻): 중국 고대에 국가가 주관하여 태묘(太廟)·문묘(文廟)에서 지내는 각종 제의에서 두 번째 술잔을 올리는 행위나 그 역할을 맡는 제관을 가리킨다. 고대의 제사에서는 '삼헌(三獻)'이라 하여 술을 세 번 올렸다. 일반적으로 첫 잔을 올리는 일[사람]을 '초헌(初獻)[관]', 두 번째 잔을 올리는 것을 '아헌[관]', 세 번째 잔을 올리는 것을 '종헌(終獻)[관]'이라고 불렀으며, 품계가 높은 대신이 초헌을 맡는 것이 보통이었다.

669) 기사일: 양력으로는 1월 26일에 해당한다.

처하고 그 아내와 자식들은 호적을 박탈하게[670] 하였다.

○ 時, 有敕, 征遼軍士逃亡, 限內不首及首而更逃者, 身斬, 妻子籍沒.

•129

[그러자] 태자가 표를 올려 이렇게 의견을 개진하였다.

"그렇게 추궁하신다면 그 수가 매우 많습니다. 누구는 병이 들어 제때에 입대하지 못했다가 겁을 먹고 도망치기도 하고, 누구는 나무를 하다가 적들에게 끌려가기도 하고, 누구는 바다를 건너다가 표류하기도 하고, 누구는 적들의 소굴에 깊숙이 들어갔다가 다치거나 죽기도 했을 것이옵니다. [그러나] 군법이 엄하고 무겁다 보니 같은 부대의 병사들도 똑같이 죄를 덮어 쓸 것이 두려워 '[그들이] 도주했습니다'라고 바로 보고하고도 전쟁터에서 [그 일을] 확인할 겨를이 없어 곧바로 대장이 통보한 상황에 따라 [병사가] 속한 지방 관청에 이관했을 수도 있는 것이옵니다.

○ 太子上表, 以爲, '如此之比, 其數至多. 或遇病不及隊伍, 怖懼而逃. 或因樵採爲賊所掠, 或渡海漂沒. 或深入賊庭, 爲所傷殺. 軍法嚴重, 同隊恐幷獲罪, 卽擧以爲逃, 軍旅之中, 不暇勘當, 直據隊司通狀關移所屬.

•130

그런데도 그들의 아내와 자식들을 관청에서 호적을 몰수하신다면 그

---

670) 호적을 박탈하게[籍沒]: 원래 '적몰(籍沒)'은 글자 그대로 직역하면 '호적을 말소한다' 정도의 의미로 번역된다. 그러나 이와 함께 특정인의 재산이나 가솔을 현지 관청의 장부에 기재한 다음 그것들을 몰수하여 공적인 용도에 충당하는 모든 과정을 아울러 일컫기도 한다. 여기서는 편의상 원래의 의미 그대로 "호적을 박탈하였다"로 번역하였다.

《서경》〈대우모〉의 해당 대목

정상이 가여울 수밖에 없나이다. 《서경》[671]에서도 '죄 없는 이들을 죽이느니 차라리 [법을] 따르지 않은 이들을 처벌할 책임을 져버리겠다'고 했습니다.【호주】 도망친 집에 대하여 그들을 유배하거나 호적을 박탈하는 처벌을 면제해 주시기를 엎드려 바라나이다!"

○ 妻子沒官, 情實可哀. 書曰, 與其殺不辜, 寧失不經.【胡注】伏願逃亡之家, 免其配沒.' 從之.

【호주】 《서경》〈대우모〉에 나오는 말이다. 그 주석에서는 이렇게 말하였다. "'경'은 일상적이라는 말이다. 차라리 일상적이지 않은(우연한) 죄[에 대한 처

---

671) 《서경(書經)》: 중국 고대의 유가 경전 '사서(四書)'의 하나인 《상서(尙書)》의 다른 이름. 우서(虞書)·하서(夏書)·상서(商書)·주서(周書) 등, 당우(唐虞) 이래로 하·상·주 세 나라의 역사·사상·사건 등을 비교적 자세하게 소개한 사서로, 일설에는 당시의 사관(史官)들이 기록한 것을 공자(孔子)가 정리해 편찬했다고 한다.

벌의 의무]를 져버리느니 죄 없는 이들의 착한 심성을 그르치지 않겠다는 뜻이다.672)

총장 2년 (669, 기사년)

• 131

여름, 사월의 기유일 초하루673)에 … 고려의 백성들 중에 [그 땅을] 이탈하거나 [당나라에] 모반하는 자들이 많았다. [이에] 칙명을 내려674) 고려의 백성 삼만팔천이백 명675)을 장강·회수 이남 및 산 남쪽676), 도성 서쪽의 여러 주의 빈 땅들에 이주시키되 그들 중에서 가난하거나 병약한 자들만 [그 땅에] 남겨677) 안동을 지키게 하였다. [＊678)]

---

672) 【胡注】書大禹謨之言。註云, '經, 常也。寧失不常之罪, 不枉不辜之善。'

673) 4월 기유일 초하루: 양력으로는 5월 6일에 해당한다.

674) 칙명을 내려[敕]:《자치통감》"총장 2년"조에서는 고구려 백성들을 중원의 각 주·현으로 강제 이주시킨 일자를 "5월 경자일[五月庚子]"로 밝혀 놓았다. 4월 기유일(양력 5월 6일)에 고구려 유민의 유출 사실이 보고되자 5월 경자일(양력 6월 26일)에 칙명을 내린 것이다.

675) 고구려의 백성 삼만팔천이백 명[高麗戶三萬八千二百]: 이때 강제로 이주된 고구려 백성의 규모는 사서마다 조금씩 편차를 보인다. ①《자치통감》에는 "38,300명"이지만 ②《신당서》〈고려전〉 및《통전》〈식화(食貨)〉에는 "3만(三萬)", ③《통전》〈변방2〉"고구려"조에는 "28,300명(二萬八千三百)"으로 소개되어 있는 것이다.《자치통감》에 제시된 인원수가 가장 많기는 하지만 복수의 사서와 출현 빈도를 따져 볼 때 대체로 3만 전후였던 것으로 보는 편이 합리적일 듯하다.

676) 산 남쪽[山南]: '산남(山南)'은 고대에는 태화산(太華山)과 종남산(終南山) 이남의 땅을 두루 일컫는 말로 사용되었다.

677) 그들 중에서 가난하거나 병약한 자들만 남겨[留其貧弱者]: 이를 바꿔서 생각해 보면 경제를 성장시키거나 국력을 강화시키는 원동력이 되는 부유한 재력가나 튼튼한 장정들은 대부분 당나라로 끌고 갔다는 뜻으로 해석된다. 어쩌면 당시 고종 등 당나라 지배층은 고구려 땅에 가난하거나 병약한 자들만 남겨 놓으면 조만간 스스로 멸망하거나, 최소한 다시는 과거처럼 동북아의 패자로 성장하여 중원 왕조의 위협이 되지 못할 거라고 믿었을는지도 모른다.

○ 夏四月, 己酉朔, … 高麗之民多離叛者, 敕徙高麗戶三萬八十二百於江·淮之南, 及山南·京西諸州空曠之地, 留其貧弱者, 使守安東。

• 132

가을, 팔월의 정미일 초하루679)에 … 상형대부이던 내공민이 혼자서만 이렇게 의견을 개진하였다.【호주】

"영토를 순행하고 지키는 것이 제왕으로서 일상적인 일입니다. 그렇기는 하나 고려는 이제 막 평정된 데다가 남은 저항 세력이 아직도 많사옵니다. 서쪽 지역의 경략 역시 아직 전쟁이 끝나지 않았나이다. 농우680) 지역은 호구가 피폐해져 어가가 행차하시는 곳마다 공급해야 할 것들이 몹시 많으니 참으로 [업무 수행이] 아직은 쉽지 않나이다. 바깥에서는 실로 사사로운 논란이 있사오나 칙명이 이미 내려진 탓에 신하들도 섣불리 논의를 하지 못할 뿐이옵니다!"

○ 秋, 八月, 丁未朔, … 詳刑大夫【胡注】來公敏獨進日, '巡守雖帝王常

---

678) ＊:《구당서》"총장 2년(669)"조에는 이런 내용도 보인다. "5월 경자일(양력 6월 26일)에 고려의 민호 2만 8,200 호, [마]차 1,080 승, 소 3,300 두, 말 2,900 필, 낙타 60 두를 옮겼다. [그리고 중국] 내지로 들여와서 내주·영주 두 고을에 지나는 길에 차례로 보내 주고 상황에 맞추어 [장]강·회[하] 이남 및 산남·병주·양주 이서의 각 주의 비거나 여유가 있는 자리에 안치하였다.(五月庚子, 移高麗戶二萬八賤二百, 車一千八十乘, 牛三千三百頭, 馬二天九百匹, 駝六十頭, 將入內地, 萊營二州般次發遣, 量配於江淮以南及山南幷凉以西諸州空閑處安置)"

679) 8월 정미일 초하루: 양력으로는 9월 1일에 해당한다.

680) 농우(隴右): 당대의 지방 행정 구역 이름. 정식 명칭은 '농우도(隴右道)'이다. 태종 정관 원년(627)에 전국의 주·군·현에 대한 대규모 개편을 통하여 농산(隴山)을 기준으로 이서 지역을 '농우도', 이동 지역을 '관내도(關內道)'로 구분하였다. 진(秦)·성(成)·위(渭)·무(武)·란(蘭)·하(河)·조(洮)·민(岷)·첩(疊)·탕(宕)·림(臨)·선(鄯)·곽(廓)의 13개 주를 관할했으며, 이민족들이 거주하는 지역은 현지 부족의 수장이 자치하는 기미주(羈縻州)로 남겨 두었다.

농우지역(빨간 동그라미). 오른쪽에 당나라 도읍 장안(長安, 지금의 서안시)이 보인다.

事, 然高麗新平, 餘寇尚多, 西邊經略, 亦未息兵。隴右戶口彫弊, 鑾輿所至, 供億百端, 誠爲未易。外間實有竊議, 但明制已行, 故群臣不敢陳論耳.'

【호주】'상형대부'는 바로 대리소경681)이다.682))

• 133

[그러자] 주상은 그 말을 옳다고 여겨 그를 위하여 서쪽을 순행하려던 계획을 중단하였다. 얼마 지나지 않아 [고종이 내]공민을 발탁하여 황문시랑으로 삼았다.

○ 上善其言, 爲之罷西巡。未幾, 擢公敏爲黃門侍郞。

---

681) 대리소경(大理少卿): 중국 고대의 관직명. 형벌과 옥사를 관장하는 대리시의 수장인 대리시경(大理寺卿)의 업무를 보좌하였다.

682)【胡注】詳刑大夫, 卽大理少卿。

함형(咸亨) 원년 (670, 경오년)

• 134

[*683)] 여름, 사월의 … 경오일684)에 … 고려의 추장이던 검모잠이 반란을 일으켜 고장의 외손자인 안순685)을 세워 임금으로 삼았다. [그래서] 좌감문대장군이던 고간을 동주도 행군[호주]총관으로 삼고 군사를 징발하여 그들을 토벌하게 하였다. [나중에] 안순은 검모잠을 살해하고 신라로 도주하였다. [*686)]

○ 夏四月 … 庚午 … 高麗酋長劍牟岑反, 立高藏外孫安舜爲主。以左監門大將軍高侃爲東州道【胡注】行軍總管, 發兵討之。安舜殺劍牟岑, 奔新羅。

【호주】고려가 동쪽에 있었기 때문이다. 이때는 [고구려에] 이미 모두 [당나라의] 주·부가 설치되어 있었기 때문에 [그 길 이름도] '동주도'라고 한 것이다.687)

---

683) *:《구당서》〈고종본기〉"함형 원년(670)"조에는 이런 내용도 보인다. "[총장] 3년 봄 정월 정축일(양력 670년 1월 29일)에 우상·악성남이던 유인궤가 관직에서 물러났다. 신묘일(2월 12일)에 요동의 땅들을 개편하여 [중국의] 주·현으로 삼았다.(三年春正月丁丑, 右相樂城男劉仁軌致仕. 辛卯, 列遼東地爲州縣)" 서기 670년이 〈고종본기〉에는 "총장 3년"으로 기재되어 있는 것은 그해에 고종이 연호를 '함형'으로 바꾸었기 때문이다.

684) 4월 경오일: 양력으로는 5월 22일에 해당한다.

685) 안순(安舜): 고구려의 마지막 국왕 고장(高藏)의 외손자.《삼국사기》에는 '안승(安勝)'으로 소개되어 있다.

686) *:《구당서》"함형 원년"조에는 이런 내용도 보인다. "이해 겨울에 좌감문대장군 고간이 신라의 무리를 횡수에서 크게 무찔렀다.(是冬, 左監門大將軍高侃大敗新羅之衆於橫水)"

687)【胡注】高麗在東, 時已列置州府, 故曰東州道。

일본으로 전래된 고구려 무악 《나소리(納曾利)》의 한 장면. 다수의 고구려 무악이 지금도 아악(雅樂, 가가쿠)의 중요 레퍼토리로 연행되고 있다

함형 2년 (671, 신미년)

• 135

가을, 칠월의 을미일 초하루688)에 고간689)이 고려의 남은 무리를 안시성에서 무찔렀다.

○ 秋, 七月, 乙未朔, 高侃破高麗餘衆於安市城.

---

688) 7월 을미일 초하루: 양력으로는 8월 10일에 해당한다.

689) 고간(高侃): 김부식은 《삼국사기》〈신라본기〉에서 이 대목을 기술할 때 이를 "문무왕 12년"조에 '고보(高保)'라는 이름으로 소개하였다. 그러나 ① 문무왕 12년이면 함형 3년이어서 실제로 사건이 발생한 뒤로 1년이 지난 시점이다. 아마 중국 사서들을 참조하는 과정에서 착오가 생긴 것으로 보인다. 또, ② '강직할 간(侃)'은 글자 모양이 쓰기에 따라서는 '지킬 보(保)'와 혼동될 가능성이 없지 않으므로 필사본의 글자를 잘못 읽어 '보'로 기록했을 가능성이 높다.

함형 3년 (672, 임신년)

• 136

십이월에 고간이 고려의 남은 무리와 백수산[690]에서 싸워 무찔렀다. [이때] 신라에서 군사를 파견하여 고려를 구하려 했으나 [고]간이 그들을 공격해 무찔렀다.

○ 十二月, 高侃與高麗餘衆戰于白水山, 破之。新羅遣兵救高麗, 侃擊破之。

함형 4년 (673, 계유년)

• 137

윤오월에 연산도총관·우영군대장군[691] 이근행[692]이 고려 반군을 호

---

690) 백수산(白水山): 고구려의 산 이름.《신당서》〈고려전〉에는 백수산이 '천산(泉山)'으로 소개되어 있다. 세로로 내려 적은 '백수'를 후대의 누군가가 '샘 천'으로 잘못 읽은 것으로 보인다. 중국에서는 그 위치를 지금의 요녕성 와방점시(瓦房店市) 복주성진(復州城鎭) 남쪽 50리 지점으로 비정하고 있으나 확실한 것은 아니다.

691) 우영군대장군(右領軍大將軍): 중국 당대의 관직명. 남북조시대 북제(北齊) 문선제(文宣帝)의 천보(天保) 연간(550~559)에 영군부(領軍府)의 수장으로 처음 설치되었으며, 황궁의 경비를 맡은 군대들을 총괄하였다. 품계는 2품으로 영군장군보다 높았으며, 지위가 상서령(尙書令) 다음이어서 권세가 대단하였다. 당대에는 좌·우로 1명씩 대장군을 두었다.

692) 이근행(李謹行, 7세기): 중국 당나라 초기의 명장. 당대 초기에 당나라에 귀순한 흑수말갈 추장 도지계의 아들. 인덕(麟德) 연간(664~665)에 영주도독(營州都督), 함형 연간(670~674)에 우영군대장군(右領軍大將軍)을 거쳐 연산도총관(燕山道總管)이 되었다. 상원(上元) 원년(674)에 계림도 부대총관(鷄林道副大總管)에 임명되어 대총관 유인궤를 수행하여 신라를 침공한 데에 이어 적석도 경략대사(積石道經略大使)가 되어 토번(吐蕃)을 격파하고 연국공(燕國公)에 봉해졌다. 사후에는 고종의 능침인 건릉(乾陵)에 배장되었으며 그 묘지명이 섬서성 건현(乾縣)의 건릉박물관에 소장되어 있다.

호삼성이 소개한 호교 《함북기(咸北記)》의 '호로하' 대목. 이름이 같아 소개하기는 했으나 정작 자신은 호로하를 고구려 남쪽 지경의 하천으로 보았다.

로하의 서쪽에 크게 무찔렀다.【호주】[이때] 수천 명을 포로로 사로잡았으나 남은 무리는 모두 신라로 도주하였다.693)

○ 閏五月, 燕山道總管·右領軍大將軍李謹行大破高麗叛者於瓠盧河【胡注】之西, 俘獲數千人, 餘衆皆奔新羅。

---

693) 윤오월에~[閏五月]: 《구당서》〈고종본기〉 "함형 4년(673)"조에는 시점을 명시하여 이렇게 기술되어 있다. "윤5월 정묘일(양력 7월 2일)에 연산도 총관 이근행이 고려의 반란을 일으킨 무리를 호로하의 서안에서 무찔렀다. [이때] 고려 평양[성]의 남은 무리는 도망쳐 신라로 들어갔다.(閏五月丁卯, 燕山道總管李謹行破高麗叛黨於瓠盧河之西. 高麗平壤餘衆遁入新羅)"

【호주】 호교는 이렇게 말하였다.694) "흑거자의 북쪽에 우제돌궐이 있는데 사람 몸에 소 발이 달렸다. 그들의 땅은 몹시 추우며 '호로하'라는 하천이 있는데 여름·가을에도 얼음이 두 자나 되도록 두껍게 얼고 가을·겨울에는 얼음이 바닥까지 얼어붙어서 늘 그릇에 불을 지펴 얼음을 녹여야 마실 수가 있다." 내가 《당서》〈유인궤전〉을 따져 보건대, 이 호로하는 고려 남쪽 지경이자 신라 칠중성의 북쪽에 있다고 보아야 옳다.695)

• 138

이때 [이]근행의 아내 유씨는 벌노성에 남아 있었다. [그런데] 고려가 말갈 [기병]을 이끌고 그 성을 공격하자 유씨는 갑옷을 두른 채 무리를 데리고 성을 지켰다. [그렇게] 시간이 오래 지나자 오랑캐696)들이 물러가니 주상이 그의 공을 가상하게 여겨 '연국부인'으로 봉하였다.

○ 時, 謹行妻劉氏留伐奴城, 高麗引靺鞨攻之。劉氏擐甲帥衆守城, 久之, 虜退。上嘉其功, 封燕國夫人。

---

694) 호교는 이렇게 말하였다[胡嶠曰]: 오대 후진·요나라(10세기)의 학자 호교가 요나라 이북(시베리아 평원) 각지의 내력·풍물·습속을 소개한 《함북기(陷北記)》에 언급된 우제돌궐(牛蹄突厥)의 '호로하'는 고구려의 호로하와는 다른 곳이다. 그의 설명대로라면 고구려의 호로하는 위도가 최소한 흑룡강성 일대까지는 올라가 있어야 한다. 그 아래 지역에서는 여름은 물론 가을에도 얼음이 두껍게 어는 법이 없기 때문이다.

695) 【胡注】 胡嶠曰, '黑車子之北, 有牛蹄突厥, 人身牛足。其地尤寒, 水曰瓠盧河, 夏秋冰厚二尺, 秋冬冰徹底, 常燒器銷冰, 乃得飲。余按, 唐書劉仁軌傳, 此瓠盧河當在高麗南界, 新羅七重城之北.'

696) 오랑캐[虜]: 여기서는 고구려군을 두고 한 말이다.

• 139

[이]근행은 말갈인 돌지계697)【호주】의 아들이다. 무예와 기운이 여느 사람들을 압도하여 뭇 오랑캐들이 기피할 정도였다.

○ 謹行, 靺鞨人突地稽【胡注】之子也, 武力絕人, 爲衆夷所憚。

【호주】 돌지계에 관해서는 제189권 "고조 무덕 4년"조를 참조하기 바란다.698)

---

697) 돌지계(突地稽, 7세기): 수·당대의 속말부 말갈 추장.《수서》〈말갈전〉에는 '도지계(度地稽)'로 소개되어 있다. 그러나 '도'의 중국식 발음이 '뚜(du)'이고, '돌'의 발음 '뜻(tut)'이 시간이 흐르면서 종성 'ㅅ'이 탈락되고 '투(tu)'로 변하므로 한자 표기가 다를 뿐이지 사실상 동일한 인물임을 알 수 있다. 문제(文帝)의 개황 연간 초기에 수나라에 조공한 뒤로 그 무리를 데리고 귀순하였다. 그러자 수나라는 요서군을 설치하여 그들을 안치하고 그를 금자광록대부·요서태수로 제수하는 한편 부여후(扶餘侯)로 봉하였다. 북송대의 악사(樂史)가 저술한 연혁지《태평환우기》의 〈하북도〉 "연주(燕州)"조에서는 수나라 때에 저술된《북번풍속기(北蕃風俗記)》를 인용하여 이렇게 소개하였다. "홀사래부·굴돌시부·열계몽부·월우부·보호뢰부·파해부·보보괄리부 등 8개 부락 및 강병 수천 명을 거느리고 부여성 서북쪽으로부터 부락을 모두 임유관 안으로 들어와 귀순하매, 그들을 유성에 안치하니 [그곳이] 바로 연군의 북쪽이다.(率忽使來部·窟突始部·悅稽蒙部·越羽部·步護賴部·破奚部·步步括利部, 凡八部, 勝兵數千人, 自扶餘城西北擧部落向關內附, 處之柳城, 乃燕郡之北)" 양제의 대업 연간에 유성(柳城, 지금의 하북성 동북부)에 정착한 그는 양제가 고구려를 침공하자 용병으로 종군하여 여러 차례 공을 세웠다. 당나라 무덕(武德) 연간(618~626) 초기에는 당나라에 조공을 바치자 고조 이연(李淵)이 그 무리가 머물던 곳에 '연주(燕州)'를 설치하고 총관(總管)으로 임명하였다. 얼마 뒤에는 무리를 이끌고 정주(定州)로 가서 유흑달(劉黑闥) 반란군을 진압하고 그 공로로 기국공(蓍國公)에 봉해졌다. 이에 그 무리를 유주(幽州) 창평성(昌平城, 지금의 북경시 창평구)으로 이주시켰으며 때마침 유주를 공격한 돌궐을 대파하였다. 태종의 정관 연간(627~649) 초기에는 우위장군(右衛將軍)에 배수되고 국성인 이씨 성을 하사받았다. 그 아들은 고구려와의 요동전쟁에서 큰 공을 세운 이근행(李謹行)이다.

698)【胡注】突地稽, 見一百八十九卷高祖武德四年。

함형 5년 | 상원(上元) 원년 (674, 갑술년)

• **140**

봄, 정월의 임오일[699]에 좌서자·동중서문하삼품 유인궤를 계림도 대총관[호주]으로 삼았다. 위위경[700] 이필과 우영군대장군[701] 이근행으로 하여금 그를 보좌하게 하여 군사를 징발하여 신라를 토벌하였다.[702]

○ 春, 正月, 壬午, 以左庶子·同中書門下三品劉仁軌爲雞林[胡注]大

---

699) 1월 임오일: 양력으로는 3월 14일에 해당한다.

700) 위위경(衛尉卿): 중국 고대의 관직명. 정식 명칭은 '위위시 경(衛尉寺卿)'이다. 북제 때에 처음으로 위위시를 설치하고 경(卿)을 그 수장으로 삼았는데 수·당대까지 인습되었다. 《당육전》에 따르면, "경은 1명으로 종3품이며, 소경은 2명으로 종4품상이다. 위위경의 직무는 나라의 무기·장비·문물의 정령이나 무고·무기·수궁 세 관서의 관속을 총괄하였다. 소경은 경을 보좌한다. 천하의 병기들 중에서 도성으로 들여오는 것들은 일률적으로 그 이름을 기재하고 소장한다. 큰 제사나 큰 조회가 있을 때에는 거기에 사용되는 각종 의장·장비 따위를 제공한다. [특히] 숙위에 제공하는 물품들의 경우는 해마다 두 차례 검열을 하는데 그중에서 손상되거나 부정이 있을 경우에는 소부감 또는 금오위로 옮겨 수리하였다."

701) 우영군대장군(右領軍大將軍): 중국 고대의 관직명. 후한대 헌제(獻帝)의 연강(延康) 원년(220)에 조비(曹丕, 187~226)가 설치한 영군장군(領軍將軍)에서 유래하였다. 직무는 중령군(中領軍)과 동일하지만 임명되는 사람의 위상이 그보다 막중하였다. 위·진을 거쳐 남북조시대까지 계속 인습되다가 당대에 이르러 좌·우영군위(左右領軍衛)를 금위군으로 삼고 상장군(上將軍)·대장군·장군을 설치하였다.

702) 봄 정월의 임오일에~[春正月壬午]: 《구당서》"함형 5년(674)"조에는 이 부분이 시점에서 다소 편차를 보인다. "[함형] 5년 봄 2월의 임오일에 태자좌서자·동중서문하삼품이던 유인궤를 파견하여 계림도 대총관으로 삼고 신라를 토벌하게 하였다. [그리고] 나아가 위위경 이필, 우영대장군 이근행으로 하여금 그를 보좌하게 하였다.(五年春二月壬午, 遣太子右庶子同中書門下三品劉仁軌爲雞林道大總管, 以討新羅, 仍令衛尉卿李弼·右領大將軍李謹行副之)" 이 상황이 발생한 시점(달)이 《구당서》에는 "2월"로 되어 있지만 《자치통감》에는 "정월"로 되어 있는 것이다. 함형 원년 연초의 "임오일"은 양력으로는 3월 14일에 해당하므로, 《구당서》의 기록대로 정월이 아닌 "2월"로 해석해야 옳다. 사마광이 날짜 계산을 잘못했다는 뜻이다.

總管, 衛尉卿李弼·右領軍大將軍李謹行副之, 發兵討新羅.

【호주】 황제가 신라국을 계림주로 삼았다.[703]

•141

이때 신라왕 [김]법민은 고려의 반군 무리를 거두어들이는 한편 백제의 옛 땅을 거점으로 삼고 사람들로 하여금 그 땅을 지키게 하였다. [그러자] 주상은 크게 성을 내면서 조서를 내려 [김]법민의 관작을 삭탈하였다. [그러고는 마침] 그 아우로 우교위원외대장군·임해공이던 [김]인문[704]이 도성에 머무르고 있어서 [그를] 세워 신라왕으로 삼고 귀국하게 하였다.

○ 時, 新羅王法敏旣納高麗叛衆, 又據百濟故地, 使人守之. 上大怒, 詔削法敏官爵. 其弟右驍衛員外大將軍·臨海郡公仁問在京師, 立以爲新羅王, 使歸國.

상원 2년 (675, 을해년)

•142

이월에 유인궤가 신라의 무리를 칠중성[705]에서 크게 무찔렀다. 이어

---

703) 【胡注】帝以新羅國爲雞林州.
704) 인문(仁問): 문무왕 김법민의 동생 김인문(629~694)을 말한다. 자는 인수(仁壽)이며, 무씨 주나라의 연재(延載) 원년에 66살의 나이에 당나라 장안에서 죽었다.
705) 칠중성(七重城): 신라의 성 이름. 그 위치에 관해서는 ①《세종실록》〈지리지〉"양주도호부(楊州都護府)"조에서는 "【적성현】 본래 고구려의 칠중성(【積城縣】 本高句麗七重城)"이라고 보았다. ② 국편위판《삼국사기》〈신라본기〉"태종무열왕 7년 11월 1일(양력 660년 12월 8일)"조의 주001에서도 이를 근거로 "지금의 경기도 파주시 적성면 구읍리 중성산에 있는 테뫼식 산성"이라고 보았다. 그러나 한강 유역을 장악한 6세기 진흥왕 때에 이미 신라의 강역이 함경도까지 확장되었

서 말갈[군대]로 하여금 바다를 건너가서 신라의 남쪽 지경을 공략하게 하여 머리를 베거나 사로잡은 자가 무척 많았다.

O 二月, 劉仁軌大破新羅之衆於七重城。又使靺鞨浮海, 略新羅之南境, 斬獲甚衆。

• 143

[그러고 나서 유]인궤는 군사를 이끌고 [당나라로] 귀환하였다. [주상은] 조서를 내려 이근행을 안동진무대사로 삼았다. [이근행은] 신라의 매초성706)에 주둔하면서 그 나라를 경략하면서 세 번 싸워 모두 이겼다.707) [*708)]

으며, 그 뒤로 고구려와 치열한 국지전을 벌이기는 했으나 도로 한강 유역까지 밀려났다는 증거는 찾을 수 없다. ③ 문무왕의 〈설인귀에게 답하는 글[答薛仁貴書]〉에서 "일단 고려의 칠중성을 쳐서 길을 열고(且打高麗七重城, 開通道路)" 하면서 칠중성을 고구려의 성으로 소개한 것 역시 그 성이 7세기 중반의 고구려 경내에 자리잡고 있었음을 방증해 준다. 그 좌표는 경기도 파주 지역보다 훨씬 위도가 높은 곳에서 찾는 편이 합리적이라는 뜻이다.

706) 매초성(買肖城): 신라의 성 이름. 국편위판《삼국사기》〈김유신전〉에 부록된 〈원술전〉의 주110에서는 매초성을 '매소천성(買蘇川城)'과 같은 곳으로 보아 '매소성'으로 읽고 "매소천성(매소성)은 대체로 지금의 경기 연천의 대전리산성(大田里山城)으로 비정된다"고 보았다. 그러나 ① 발음의 유사성을 제외하면 매초성과 매소천성이 같은 곳이라는 증거가 없는 데다가, ② 그 좌표 역시 앞의 "칠중성" 주석에서 설명했듯이, 임진강 유역인 경기도 연천 인근보다는 더 위도가 높은 곳에서 찾아야 옳다. 고조우의《독사방여기요》〈산동7〉에서는 "【칠중성】 경주의 북쪽 지경에 있다. 경내에는 매초성도 있다(【七重城】 在慶州北境, 境内又有買肖城)"고 하여 매초성이 경주시 인근에 있었던 것으로 비정했으나 실제와는 거리가 멀다.

707) 유인궤가 신라의 무리를 칠중성에서 크게 무찔렀다~[劉仁軌大破新羅之衆於七重城]:《구당서》〈고종본기〉 "상원 2년(675)"조에는 이 부분이 비교적 간략하게 기술되어 있다. "계림도 행군대총관이 신라의 무리를 칠중성에서 크게 무찌르고 [신라군의] 머리를 베거나 사로잡은 자가 무척 많았다.(鷄林道行軍大總管大破新羅之衆於七重城, 斬獲甚衆)"

708) *:《구당서》등 중국 사서에는 신라가 번번이 패한 것으로 소개되어 있으나 국내

○ 仁軌引兵還。詔以李謹行爲安東鎭撫大使, 屯新羅之買肖城以經略之。三戰皆捷。

• 144

신라는 이에 사신을 파견하고 [당나라에] 입조하여 공물을 바치고 사죄하였다. [그러자] 주상은 [김법민을] 사면하고 신라왕 [김]법민의 관작을 회복시켜 주었다. 김인문은 [신라로] 가던 길에 [당나라로] 귀환하여 임해군공으로 새로 봉해 주었다. [＊709)]

○ 新羅乃遣使入貢, 且謝罪。上赦之, 復新羅王法敏官爵。金仁問中道而還, 改封臨海郡公。

상원 3년 | 의봉(儀鳳) 원년 (676, 병자년)

• 145

이월의 갑술일710)에 [당나라 조정에서] 안동도호부를 [고려 치하의] 요동 옛 성

정사인《삼국사기》의 기술 내용은 다르다. "문무왕 11년(671) 6월" 석성에서 싸워 신라가 이기고, "11년 9월" 평양성의 고간이 [신라의] 대방을 침공하고, "11년 10월"에는 신라가 당나라 조운선을 공격해 이기고, "12년(672) 정월"에 백제의 고성성을 함락시키고, "12년 2월" 백제의 가림성을 공격하고 "12년 8월" 고구려 부흥군과 합세해 당나라군과 싸우는 등, 당나라 및 백제의 연합군과 밀고 당기는 치열한 전투를 벌인 것으로 기술되어 있다.《구당서》는 당나라의 시각에서 편찬된 정사이다 보니 외국이자 적국이던 신라와의 전쟁에 관한 기술을 자국에 유리하게 승리한 전투 위주로 간략하게 소개하고 만 것으로 보인다.

709) ＊:《구당서》 "상원 2년(675)"조에는 이런 내용도 보인다. "8월 경자일(양력 9월 23일)에 태자좌서자·동중서문하삼품·악성후이던 유인궤를 좌복야로 임명하고 예전처럼 국사를 감수하게 하였다.(八月庚子, 太子左庶子同中書門下三品樂成侯 劉仁軌爲左僕射, 依舊監修國史)"

710) 2월 갑술일: 양력으로는 2월 24일에 해당한다.

안동도호부 이전에 대한 호삼성의 주석. 호삼성은 안순(안승)의 반란을 계기로 안동도호부를 평양성으로부터 요동주(옛 고구려 요동성)으로 이전한 것으로 보았다.

으로 이전하였다.711)【호주】 이에 앞서 중국 사람들712) 중에 요동713)에서

711) 안동도호부를 요동 옛 성으로 이전하였다[徙安東都護府於遼東故城]: 《구당서》 "상원 3년"조에는 이 부분이 이렇게 기술되어 있다. "[상원] 3년 … 2월 갑술일(양력 2월 24일)에 안동도호부를 [평양에서] 요동으로 옮겼다.(三年 … 二月甲戌, 移安東都護府於遼東)" 서기 676년은 원래 상원 3년에 해당하지만 《자치통감》에는 "의봉 원년"조에 이 사실이 소개되어 있는 것을 보면 이해에 고종이 연호를 '의봉'으로 바꾸었음을 알 수 있다.
712) 중국 사람들[華人]: '화인(華人)'은 '중국 사람'을 미화하여 일컫는 표현이다. 유념해야 할 것은 여기서 '중화(中華)' 또는 '중국(中國)'은 한족 식의 종족 개념이 아니라 국가 개념이라는 점이다. 따라서 여기서의 "중국 사람들"은 수나라 문제·양제 양대에 걸쳐 고구려와의 요동전쟁에 종군했다가 생포되고 고구려에 억류된 한족은 물론이고 선비·거란·토번 등의 이민족들까지 아울러 일컬은 표현으로 이해하는 것이 합리적이다.

벼슬을 살던 관리들이 있었는데 모두 면직시켰다.

○ 二月, 甲戌, 徙安東都護府於遼東故城。先是有華人任東官者, 悉罷之。

【호주】《자치통감 고이》에서는 다음과 같이 기술하였다. "실록에서는「함형 원년에 양방·고간이 안순을 토벌하였다. 그제야 안동도호부를 함락시키고 평양[성]으로부터 요동주로 이전하였다. 의봉 원년(676) 2월의 갑술일에 고려의 남은 무리가 [당나라에] 반기를 들어 반란을 일으키매 안동도호부를 요동성으로 이전하였다. 대개 '함형 원년에 [도호]부를 이전했다'고 하는 것은 결국에는 이[경위]를 말하는 것이다. 의봉 원년에 '고려가 반기를 들었다'고 하는 것은 본래 이전된 [이후의] 것이다」라고 하였다.《당회요》에는 함형 원년에 [도호]부를 이전한 일을 언급한 기사가 없으며, 이해에 관하여 '요동 옛 성으로 이전하였다'고 소개하였다. 여기서는 그것을 따르기로 하겠다.[714]

• 146

[조정에서는 이어서] 웅진도독부를 건안 옛 성으로 이전하였다. 그 성의 백제 백성들 중에서 앞서 서주[715] · 연주[716] 등의 고을로 이주했던 자들

---

713) 요동[東]: '동(東)'은 '요동'을 줄인 말로, 여기서는 고구려를 가리키는 표현으로 사용되었다.

714) 【胡注】考異曰, "實錄, '咸亨元年, 楊昉·高侃討安舜, 始拔安東都護府, 自平壤城移於遼東州。儀鳳元年二月甲戌, 以高麗餘衆反叛, 移安東都護府於遼東城。' 蓋咸亨元年言移府者, 終言之也。儀鳳元年言高麗反者, 本其所以移也。會要無咸亨元年移府事。此年云 '移於遼東故城', 今從之。

715) 서주[徐]: 중국 고대의 지역명. 지금의 강소성 북부 서주시에 해당한다.

716) 연주[兗]: 중국 고대의 지역명.《상서(尙書)》〈우공(禹貢)〉의 '9주(九州)' 중의 하나로, 대체로 고대 황하와 제수(濟水) 사이, 즉 지금의 산동성 서부, 하남성 동북

웅진도독부를 옛 백제 웅진성으로부터 옛 고구려 건안성으로 이전했다는 것은 당나라가 백제의 통치권을 부여융에게 인계했다는 뜻으로 해석된다.

은 일률적으로 건안[성]에 안치하였다. [＊717)]

○ 徙熊津都督府於建安故城。其百濟戶口先徙於徐·兗等州者, 皆置於建安。

부, 하북성 동남부에 해당하는데, 그 영역은 시대에 따라 변동을 보인다.

717) ＊：《구당서》〈고종본기〉 "의봉 원년(676)"조에는 이런 내용도 보인다. "12월 병신일(양력 677년 1월 11일)에 황태자 [이]현이 [자신이] 주석을 붙인 《후한서》를 진상하였다. [이에 고종이] 비단 3만 단을 하사하였다.(十二月丙申, 皇太子賢上所注後漢書, 賜物三萬段)"

의봉 2년 (677, 정축년)

• **147**

처음에 유인궤가 군사를 이끌고 웅진으로부터 귀환하자 부여융은 신라가 [백제를] 압박할까 두려워 섣불리 [본국에] 남을 엄두를 내지 못하고 얼마 뒤에 [유인궤와] 마찬가지로 조정으로 귀환했었다.【호주】

○ 初, 劉仁軌引兵自熊津還【胡注】。扶餘隆畏新羅之逼, 不敢留, 尋亦還朝。

【호주】 상권의 "인덕 2년"조를 참조하기 바란다.718)

• **148**

[그래서 이해의] 이월 정사일719)에, 공부상서이던 [옛 고구려 보장왕] 고장을 요동주 도독으로 삼았다. [또한] 조선왕720)【호주】으로 봉하고 [그를] 파견해

---

718) 【胡注】見上卷麟德二年。
719) 2월 정사일: 양력으로는 4월 2일에 해당한다.
720) 조선왕(朝鮮王): 당대 초기의 봉호. 중국의 역대 정사에서 '조선(朝鮮)[군·현]'은 평주(平州), 즉 지금의 하북성 동북부 노룡현(盧龍縣) 일대를 일컫는 지역명으로 주로 등장한다. 국내외 학계에서는 고대사에 등장하는 '조선'을 반도사관에 입각하여 평안도 평양시에 대입하려 하는 경향이 지배적이다. 그러나 여기에 언급된 '조선군'을 평양 지역과 동일시하는 것은 곤란하다. 지리적 좌표가 완전히 뒤틀어져 버리기 때문이다. 게다가 6~7세기의 평양 지역은 엄연히 고구려의 영토였다. 처음부터 고구려 경내에 있는 지역에 대한 영유권·통치권을 남의 왕조가 왈가왈부한다는 것 자체가 앞뒤가 맞지 않는다는 뜻이다. 참고로, 2013년에 북경의 대흥구(大興區) 삼합장촌(三合莊村)에서는 조선현 출신의 한현도(韓顯度)의 무덤이 발견되었는데, 그 무덤의 벽돌에 동위(東魏)의 '원상 2년 4월 17일(양력 539년 5월 21일) 낙랑군 조선현 사람 한현도 묘지명(元象二年四月十七日樂良郡朝鮮縣人韓顯度銘記)'이라는 문구가 적혀 있었다. '낙량(樂良)'은 북위 당시에 낙랑을 일컫던 이름이다. 북위의 역사서인 《위서》에서는 태무제(太武帝) 탁발도(拓跋燾, 408~452)가 화북지역을 통일하는 과정에서 연화(延和) 원년(432)에 조선군의 백성들을 비여(肥如)로 옮겨 살게 하고 그곳에 조선현을 설치했다고 소개하

요동으로 돌려보내어 고려의 남은 무리들을 안정시키고 불러모으게 하였다.721) [이때] 고려인으로서 앞서 [중국의] 여러 주들에 이주시켰던 자들을 모두 파견하여 [고]장과 함께 귀국시켜 주었다.

○ 二月, 丁巳, 以工部尙書高藏爲遼東州都督, 封朝鮮【胡注】王, 遣歸遼東, 安輯高麗餘衆。高麗先在諸州者, 皆遣與藏俱歸。

【호주】'아침 조'는 발음이 '조'이며, '고을 선'은 발음이 '선'이다.722)

였다. 그렇다면 한현도 일족은 그 이후에 삼합장촌으로 이주했을 것이다. ① 432년이라면 광개토대왕을 지나 장수왕이 왕위에 오른 지 20년째 되는 해로 고구려가 최고의 전성기를 구가하던 때이다. 게다가 ② 당시 북위는 고구려의 장수왕과 대단히 우호적인 관계를 유지하고 있었다. 우방인 고구려를 침공하고 그 백성들을 포로로 끌고 갈 이유가 없는 것이다. ③ 실제로 《위서》에도 탁발도가 고구려를 침공했다는 기록은 어디에도 보이지 않는다. 따라서 ④ 탁발도가 포로로 끌고 간 조선군의 백성들은 한중일 학계에서 통설로 주장하는 한반도의 평양시(또는 평안도) 주민들이 아니라 고구려 강역 너머에 거주하던 화북성이나 최소한 요녕성(요서 지역) 모처의 주민이었다고 보아야 합리적이다. ⑤ 실제로 《위서》〈지형지〉 "낙랑군"조에는 이렇게 소개되어 있다. "전한의 무제가 설치함. 두 한나라와 진나라에서는 '낙랑'으로 일컬음. 나중에 개칭되었다가 축소되었다가 정광 말기에 회복됨. 치소는 연성(前漢武帝置. 二漢晉曰樂浪, 後改罷. 正光末復, 治連城)" 그렇다면 북위의 낙랑군 자리가 한나라 무제가 '한사군'의 낙랑군을 설치한 바로 그 자리임에 의심의 여지가 없는 셈이다. ⑥ 이 밖에도 동진 조정에서 모용외(慕容廆)에게 '조선군공' 봉호를 내렸다는 《진서》〈모용황재기(慕容皝載記)〉, 백제 동성왕이 남제 조정에 그 신하인 양무(楊茂)를 '조선태수'로 제수해 줄 것을 요청했다는 《남제서》〈백제전〉 등의 기사 역시 여기서의 "조선"이 물리적으로 절대로 지금의 평양 지역일 수 없음을 잘 방증해 준다.

721) 고장을 요동주 도독으로 삼았다~[高藏爲遼東州都督]: 《구당서》 "의봉 2년(677)" 조에는 이 부분이 이렇게 기술되어 있다. "공부상서 고장에게 요동도독을 제수하고 조선군왕에 봉한 다음 [그를] 파견하여 안동[도호]부로 돌아가서 고려의 남은 무리를 편안하게 모아들이도록 일렀다.(工部尙書授遼東都督, 封朝鮮郡王, 遣歸安東府, 安輯高麗餘衆)"

722) 【胡注】朝, 音潮。鮮, 音仙。

• 149

이어서 사농경723) 부여융을 웅진도독으로 삼았다.724) [또한] '대방왕'으로 봉하고 [고장과] 마찬가지로 [그를] 파견하여 [본국으로] 돌아가 백제의 남은 무리들을 안정시키고 끌어모으게 하였다.725)

---

723) 사농경(司農卿): 당대의 관직명. 양식을 비축하거나 창고를 관리하는 등의 업무를 관장하였다. 이에 앞서 안시성 전투 당시 태종 이세민에게 항복한 고구려 왕족 남부 욕살 고혜진 역시 같은 직함을 하사받은 바 있다.

724) 부여융을 웅진도독으로 삼았다[扶餘隆爲熊津都督]: 부여융에 대한 웅진도독 제수의 경우, 〈동북아판3〉 주66(제148쪽)에서는 부임한 시점은 665년 7월이지만, 임명된 시점은 664년 10월(박지현, 1212)이나 665년 3월(김영관, 2012)이라는 최근의 주장들을 소개하였다. 그러나 그 같은 주장들 역시 원문을 제대로 이해하지 못한 데서 비롯된 착오가 아닌가 싶다. 이 기사만 잘 따져 보더라도 ① 용삭 2년(662) 7월에 조서를 내려 유인궤로 하여금 유인원 대신 군사를 거느리고 웅진에 주둔하게 했고, 이어 ② 부여융에게 웅진도독을 제수하고 백제로 귀환시켜 '신라와 화친을 맺고 백제의 남은 무리를 불러모으게 했으며, ③ 인덕 2년(665) 8월에 부여융이 웅진성에 도착하여 정식으로 웅진도독으로서의 직무를 수행했다고 기술되어 있다. 또, ④《자치통감》"인덕 원년"조에는 이렇게 기술되어 있다. "겨울 10월 경진일(양력 664년 10월 30일) 검교웅진도독 유인궤가 … 표를 올려 자체판단의 필요성을 개진하고 해동(백제)에 남아 주둔하기를 자청하였다. 주상이 그 요청에 따랐다. 이어서 부여융을 웅진도위로 삼았다" 이와 관련하여 호삼성은 "실록(당서)에서는 '웅진도독'이라고 적었다. 따져 보건대, 당시 유인궤는 검교웅진도독이었는데 어떻게 새로 부여융을 [웅진도독에] 임명할 수가 있겠는가? 이듬해 조의 경우, 실록에서는 '웅진도위 부여융이 김법민과 회맹하였다'고 했으니 여기서는 그 기사를 따른다(實錄作'熊津都督'. 按, 時劉仁軌檢校熊津都督, 豈可復以隆爲之. 明年, 實錄稱'熊津都尉扶餘隆與金法敏盟', 今從之)"고 하면서 '웅진도독'을 '웅진도위'로 고쳐 적었다. 그러나 ⑤ 웅진도독을 감독하는 '검교웅진도독'은 웅진도독이 존재하거나 서로 별개의 직함이라는 전제하에서 그 의미를 가진다. 더욱이 ⑥ 다른 사서들에는 김법민과 회맹하는 부여융의 직함을 대부분 '웅진도독'으로 전하고 있으므로 호삼성의 지나친 확대해석이라고 볼 수밖에 없다. 사실은 '웅진도위 ⇒ 웅진도독'이 옳다는 뜻이다. 그렇다면 부여융이 정식으로 웅진도독에 제수된 시점은 고종의 인덕 원년(664) 10월 무렵이었던 셈이다.

725) 사농경 부여융을 웅진도독으로 삼았다~[以司農卿扶餘隆爲熊津都督]: 《구당서》〈고종본기〉"의봉 2년"조에는 이 부분이 이렇게 기술되어 있다. "사농경 부여융에

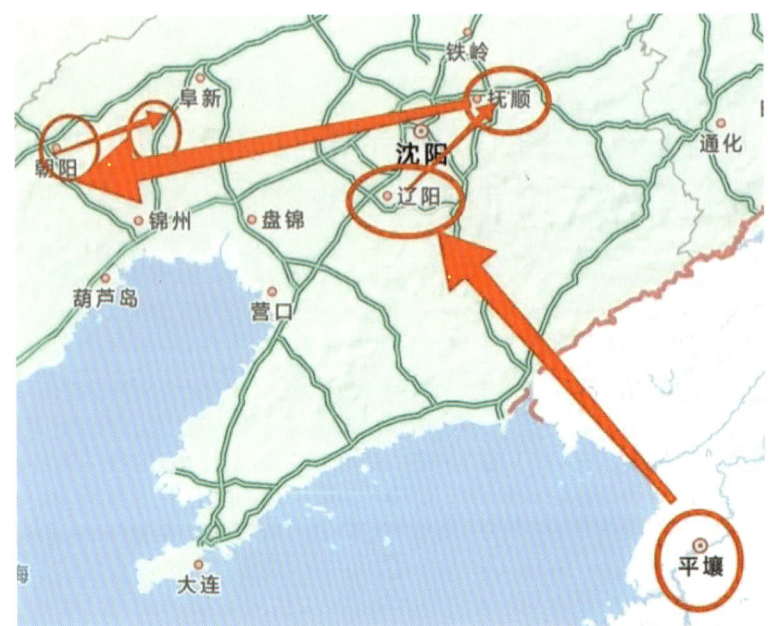

중국에서 추정한 안동도호부의 이전 추이. 발해는 의봉 원년(676)에 평양성에서 요동성으로 다음해에 다시 신성으로 개원 2년(714)에 중국 경내의 영주로 이전하였다. 천보 2년(742) 옛 요서군 군성으로 이전되었다가 안사의 난이 일어난 뒤인 숙종 상원 2년(761)에 철폐되었다는 것이다. 그러나 이는 고증의 첫 단추인 고구려 평양성의 좌표를 지금의 평양시에서 구함으로써 연쇄적으로 빚어진 오류일 뿐이다.

○ 又以司農卿扶餘隆爲熊津都督, 封帶方王。亦遣歸安輯百濟餘衆。

• 150

[그리고 고장에게는] 그대로 안동도호부를 신성으로 이전하여 그 나라를 다스리게 하였다. 726)【호주】이때 백제는 황폐해지고 허물어져 있었다. [그래

게는 웅진주 도독을 제수하고 대방군왕에 봉한 다음 [역시 백제로] 가서 백제의 남은 무리를 편안하게 모아들이도록 일렀다.(司農卿扶餘隆熊津州都督, 封帶方郡王, 令往安輯百濟餘衆)"

726) 그대로 안동도호부를 신성으로 이전하여 그 나라를 다스리게 하였다[仍移安東都

서 고종은 부여]융에게 명령하여 고려 지경에서 잠시 머물도록 일렀다. [그런데 괴]장은 요동에 이르자 반란을 도모하여 은밀히 말갈과 내통하였다. [그래서 그를] 소환하여 귀환시키매 공주727)로 이주했을 때에 죽었다.

○ 仍移安東都護府於新城以統之【胡注】。時, 百濟荒殘, 命隆寓居高麗之境。藏至遼東, 謀叛, 潛與靺鞨通。召還, 徙邛州而死。

【호주】 작년 봄에 안동도호부를 요동 옛 성으로 이전했는데 이번에 다시 신성으로 이전한 것이다.728)

• 151

[그리고] 그 나라 사람들을 하남·농우 지역의 여러 주에 나누어 이주시켰으며, 가난한 자들은 안동성729) 옆에 남게 해 주었다. [나중에] 고려의 예전의 성[들?]은 신라로 넘어가 버리고 나머지 무리들은 뿔뿔이 흩어져 말갈과 돌궐 땅으로 흘러들어갔다. [부여]융 역시 끝내 고국 땅으로

護府於新城以統之]: 이 부분은 조선군왕에 봉해져 안동으로 파견된 고장에게 해당되는 일인데 대방군왕에 봉해진 부여융의 기사 뒤에 배치되어서 혼동을 일으킨다. 《구당서》〈고종본기〉에도 같은 내용이 소개되어 있다.

727) 공주(邛州): 중국 고대의 지명. 관할 지역은 지금의 사천성 공래(邛崍)·포강(蒲江)·대읍(大邑) 등지에 해당한다. 남북조시대 양나라의 무릉왕(武陵王) 소기(蕭紀)가 포수구(蒲水口)에 처음으로 설치하였다. 당대 말기(813)의 연혁지 《원화군현지(元和郡縣志)》에 따르면, "남쪽으로 공래산을 접하고 있어서 그 인연으로 이름으로 삼았다(南接邛來山, 因以爲名)"고 한다. 수나라 대업 연간 초기에 철폐되었다가 당나라 무덕 원년(618)에 아주(雅州)를 쪼개어 다시 설치하였다. 천보(天寶) 원년(742)에 임공군(臨邛郡), 건원(乾元) 원년(758)에 공주(邛州)가 되었다. 치소는 의정현(依政縣, 공래시 동남방)이었다가 현경 2년(657)에 임공현(臨邛縣, 지금의 공래시)으로 이전되었다.

728)【胡注】去年春, 移安東都護府於遼東故城, 今又移於新城。

729) 안동성(安東城): 옛 고구려 도읍 평양성의 패망 이후의 이름. 자세한 소개는 "안동도호부"(제162쪽)이나 "평양성"(제363쪽) 주석을 참조하기 바란다.

당나라에 반기를 든 보장왕이 최후를 맞은 공주(邛州)의 위치(보라). 그와 뜻을 함께했던 고구려 부흥세력은 이때 하남(파랑)·농우(빨강) 등지에 안치되었다.

귀환할 엄두를 내지 못하니 고씨와 부여씨가 마침내 멸망하고 말았다.

○ 散徙其人於河南·隴右諸州, 貧者留安東城傍。高麗舊城沒於新羅, 餘衆散入靺鞨及突厥, 隆亦竟不敢還故地, 高氏·扶餘氏遂亡。

의봉 3년 (678, 무인년)

• 152

구월, 신유일[730] … 주상이 군사를 징발하여 신라를 토벌하려 하였다. [그러자] 시중 장문관이 병으로 집에서 몸져누워 있다가 스스로 가마를 타고 [대궐로] 들어와 [고종을] 알현하고 간언하였다.

○ 上將發兵討新羅, 侍中張文瓘臥疾在家, 自輿入見, 諫曰,

---

730) 9월 신유일: 양력으로는 9월 28일에 해당한다.

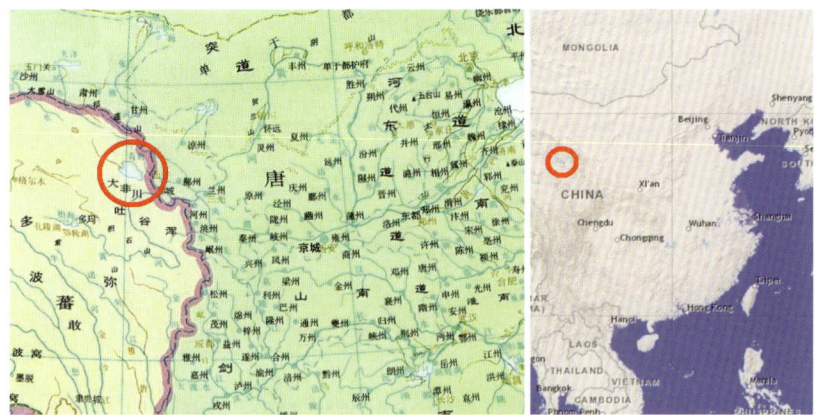

중국의 역사지리학자 담기양이 비정한 대비천(빨간 동그라미)의 위치

• 153

"지금 토번이 [당나라를] 침범한 까닭에 바야흐로 군사를 징발하여 서쪽을 토벌하고 있나이다. 신라가 아무리 [폐하의 뜻을] 따르지 않는다고는 하지만 여태까지 [우리] 변경을 침범한 적이 없었습니다. 만약 [서쪽에 이어] 동쪽까지 정벌하신다면 신으로서는 관청도 백성들도 그 부담을 감당하지 못할까 두렵사옵니다!"

[그러자] 주상이 바로 [그 계획을] 중단하였다. [구월] 계해일731)에 [장]문관이 세상을 떠났다.

○ '今吐蕃爲寇, 方發兵西討。新羅雖云不順, 未嘗犯邊, 若又東征, 臣恐公私不勝其弊。' 上乃止。癸亥, 文瓘薨。

• 154

주상이 흑치상지의 공을 가상하게 여겨 [그를] 발탁하여 좌무위장군으로

---

731) [9월] 계해일: 양력으로는 9월 30일에 해당한다.

배수하고 하원군 부사로 충원하였다.【호주】

○ 上嘉黑齒常之之功, 擢拜左武衛將軍, 充河源軍副使【胡注】。

【호주】《자치통감 고이》에는 다음과 같이 기술되어 있다. "《어사대기》에는 '하원군사에 충원되었다'라고 기록되어 있다. 여기서는《구당서》〈흑치상지전〉의 기록을 따르기로 하겠다.732)

•155

[구월] 병인일733)에 … 태학의 학생이던 송성 사람 위원충이 [고종에게] 밀봉한 상소를 올려 … 토번을 막을 대책을 아뢰었다. [그는 이렇게] 의견을 개진하였다.

"… 소정방이 요동을 정벌하고【호주1】 이적이 평양[성]을 무찌를 때부터【호주2】 [종군한 병사들에게 조정이 내리는] 상은 끊어져 이루어지지 않고 훈작 역시 지체되고 있나이다. 그럼에도 불구하고 '대랑734)을 하나라도 목 베거나 영사735)를 하나라도 도륙함으로써 [공을 세웠으나] 훈작을 받지 못한 이들에게 사죄했다는【호주3】 소리를 들은 적이 없사옵니다.

○ 丙寅 … 太學生宋城魏元忠上封事, 言禦吐蕃之策。以爲, '… 自蘇

---

732)【胡注】考異曰, 御史臺記'充河源軍使'。今從舊傳。
733) [9월] 병인일: 양력으로는 10월 3일에 해당한다.
734) 대랑(臺郎): 중국 고대의 관직명. 일반적으로 상서랑(尙書郎)의 별칭으로 사용되었다. 후한대에는 효렴(孝廉) 중에서 재능이 있는 자를 상서대(尙書臺)에 발탁하여 황제의 측근으로 정무를 처리하게 했는데 근무한 지 얼마 되지 않은 신참을 '수상서랑중(守尙書郎中)', 1년을 채운 자를 '상서랑', 3년을 채운 자를 '시랑(侍郎)'이라고 불렀다.
735) 영사(令史): 중국 고대의 관직명. 한대에는 난대상서(蘭臺尙書)의 속관으로 문서 업무를 관장했으며, 수나라 이후로는 3성(三省), 6부(六部) 및 어사대(御史臺)의 하급 관리를 일컫는 이름이었다.

定方征遼東【胡注】, 李勣破平壤【胡注】, 賞絕不行, 勳仍淹滯, 不聞斬一臺郎, 戮一令史【胡注】, 以謝勳人。

【호주1】 제200권의 "용삭 원년"조와 "용삭 2년"조를 참조하기 바란다.736)

【호주2】 상권의 "총장 원년"조를 참조하기 바란다.737)

【호주3】 '상서제조랑'이란 일률적으로 '대랑'을 말한다. 훈작이 지체된 것은 사훈의 책임일 것이다. [당대에] 사훈영사는 33명이었다.738)

•156

무릇 대비천739)에서 패하기는 했으나 설인귀·곽대봉 등이 즉시 중벌을 받은 적이 없습니다.【호주】 설사 [설]인귀 등을 일찍 주살하게 하셨다 한들 나머지 장수들이 어찌 나중에 실리할 엄두를 낼 수가 있겠나이까? 신은 토번을 평정하는 일이 단시일에 기대할 수 있는 일은 아니지 않을까 두렵나이다! …"

○ 大非川之敗, 薛仁貴·郭待封等不卽重誅【胡注】, 曏使早誅仁貴等, 則自餘諸將豈敢失利於後哉。臣恐吐蕃之平, 非旦夕可冀也。'

【호주】 상권의 "함형 원년"조를 참조하기 바란다.740)

---

736) 【胡注】見二百卷龍朔元年·二年。
737) 【胡注】見上卷總章元年。
738) 【胡注】尚書諸曹郎, 皆謂之臺郎。勳轉淹滯, 則司勳之責耳。司勳令史三十三人。
739) 대비천(大非川): 지금의 중국 청해성(青海省) 공화시(共和市) 서남쪽의 하천. 청해호(青海湖) 서쪽을 흐르는 포합하(布哈河)라는 주장도 있다.
740) 【胡注】見上卷咸亨元年。

정주를 침범한 돌궐에 당나라가 정형과 용문을 기지로 삼아 맞서자 돌궐은 해와 거란을 부추겨 영주를 공격하게 하였다.

의봉 4년 | 조로(調露) 원년 (679, 기묘년)

• 157

겨울, 시월에 … 돌궐이 정주를 침범하였다. … 임자일741)에 좌금오위장군742) 조회순을 파견하여 정형【호주1】에 주둔하고 우무위장군 최헌을 파견하여 용문743)에 주둔함으로써 돌궐에 대비하게 하였다. [이때] 돌궐

---

741) 10월 임자일: 양력으로는 11월 13일에 해당한다.
742) 좌금오장군(左金吾將軍): 당대의 관직명. 정식 명칭은 '좌금오위장군(左金吾衛將軍)'으로, 금위군을 지휘하는 금오위대장군(정3품)을 보좌하였다. 한대에 도성의 순시 및 도적·화재·수재 방지를 위하여 집금오(執金吾)를 설치한 데서 비롯되었다. 수나라 때에 금군(禁軍) 16위(十六衛)에 좌우 후위(候衛)를 설치했으며, 당나라 고종의 용삭(龍朔) 2년(662)에 그 제도를 인습하여 좌우 금오위로 개칭하고 다시 좌우금오위(左右金吾衛)으로 확장하였다.
743) 용문(龍門): 당대의 지명. 지금의 산서성 하진현(河津縣) 서북쪽에 해당한다. 황하가 여기에 이르면 황하 양편으로 깎아지른 절벽이 대궐 문처럼 펼쳐져 있다고 해서 '용문'이라는 이름이 붙었다고 한다.

이 해족과 거란을 꼬드겨 영주를 침략하매 도독 주도무가 호조[744)]의 시평 사람 당휴경을 파견하여 군사를 이끌고 그들을 공격하여 무찔렀다.【호주2】

○ 冬, 十月, … 突厥寇定州, … 壬子, 遣左金吾衛將軍曹懷舜屯井陘【胡注】, 右武衛將軍崔獻屯龍門, 以備突厥。突厥扇誘奚·契丹侵掠營州, 都督周道務遣戶曹始平【胡注】唐休璟將兵擊破之。

【호주1】 정형현은 한·진·후위(북위) 때에 한결같이 상산군에 속했으며, 당대에는 항주에 속하였다.[745)]

【호주2】 조위 때에 시평현을 설치하고 진나라 무제 때에 시평군을 설치했는데, 후위 때에 군을 철폐하고 그 현을 부풍[군]에 귀속시켰다. 수·당대에는 옹주에 속하였다.[746)]

조로 2년 | 영륭(永隆) 원년 (680, 경진년)

• 158

가을, 칠월에 토번이 하원[747)]을 침범하였다. 좌무위장군 흑치상지가 그들을 공격하여 물리쳤다.【호주】 [이에 흑치]상지를 발탁하여 하원군 경략대사[748)]로 삼았다.[749)]

---

744) 호조(戶曹): 당대의 관서명. 호구·제사·농업·양잠 등과 관련된 업무들을 관장하였다.
745) 【胡注】井陘縣, 漢·晉·後魏皆屬常山郡, 唐屬恒州。
746) 【胡注】曹魏置始平縣, 晉武帝置始平郡, 後魏廢郡, 以縣屬扶風, 隋·唐屬雍州。
747) 하원(河源): 중국 수·당대의 지명. 수나라 양제가 대업(大業) 5년(609)에 토욕혼(吐谷渾)을 공략하고 설치한 군으로, 치소는 고적수성(古赤水城), 즉 지금의 청해성(靑海省) 흥해현(興海縣)이다. 수나라 말기에 토욕혼이 수나라의 혼란을 틈 타 잠시 수복했으나 당대에 다시 당나라 영토로 편입되었다.
748) 경략대사(經略大使): 당대의 관직명. '하원군 경략대사'를 글자 그대로 직역하면

당대 중기의 하원(河源)과 토번(吐蕃, 지금의 티베트)의 위치.

○ 秋, 七月, 吐蕃寇河源。左武衛將軍黑齒常之擊卻之【胡注】。擢常之爲河源軍經略大使。

• 159

[흑치]상지는 하원이 요충지라고 여겨 병력을 늘여 그곳을 지켰다. 그러나 [군수물자를] 수송하는 과정에서 [길이] 멀고 험난하였다. 그래서 봉화대와 초소를 일흔 곳이 넘게 두루 설치하고 둔전도 오천 경[750)]이 넘게

'적석산 방면의 군정을 담당한 군정 장관'이라는 뜻이다.

749) 토번이 하원을 침범하였다~[吐蕃寇河源]:《구당서》〈고종본기〉 "조로 2년(680)" 조에는 이 부분이 이렇게 기술되어 있다. "토번이 하원을 침범하여 양비천에 주둔하였다. [이에] 하서진무대사 이경현이 토번의 장수 찬파와 황중에서 전투를 벌였으나 관군이 크게 패하였다. 당시에 좌무위장군이던 흑치상지가 힘써 싸워 토번의 군대를 크게 무찌르고 마침내 하원군 경략대사로 발탁되었다.(吐蕃寇河源, 屯于良非川. 河西鎭撫大使李敬玄與吐蕃將贊婆戰于湟中, 官軍敗績. 時, 左武衛將軍黑齒常之力戰, 大破蕃軍, 遂擢爲河源軍經略大使)"

750) 경(頃): 중국 고대의 도량형 단위. 미터법으로 환산하면 1경은 대략 6.7헥타르(ha) 정도이므로, '5,000경'이라면 거의 33,500헥타르 정도 되었던 셈이다.

흑치상지가 활동한 하원지역(빨간 동그라미)과 신강 위구르자치구 경내의 당대 봉수대 유적

개간하여 해마다 오백여 만 석이나 수확하기에 이르렀다. 이리하여 [현지에서의] 전쟁과 수비에 대비할 수 있게 되었다.

○ 常之以河源衝要, 欲加兵戍之, 而轉輸險遠, 乃廣置烽戍七十餘所, 開屯田五千餘頃, 歲收五百餘萬石, 由是, 戰守有備焉。

영륭 2년 | 개요(開耀) 원년 (681, 신사년)

• 160

여름, 오월 … 기축일[751]에 하원도 경략대사이던 흑치상지가 군사를 이끌고 토번의 논찬파[752]를 양비천에서 공격하여 그들을 무찌르고 그

---

751) 5월 기축일: 양력으로는 6월 12일에 해당한다.
752) 논찬파(論贊婆): 당대 초기의 토번 장수. 토번의 명문이던 가르(mgar)씨 출신으로, 논흠릉(論欽陵)의 동생이다. 논흠릉과 함께 권력을 장악하고 영토 확장에 집중하여 서역과 토욕혼 지역의 영유권을 놓고 당나라와 경쟁을 벌였다. 여러 차례 당나라의 하원군(지금의 청해성 서녕시 부근)·양비천 등지를 공략했으나 군주이던 지도송찬(墀都松贊)이 성년이 되면서 가르씨를 제거하려 하자 반기를 들었다가 논흠릉은 자살하고 자신은 당나라에 투항하여 무측천으로부터 특진·보국대장

공중에서 내려다 본 문무대왕릉 (문화재청)

들의 군량과 가축들을 거두어 귀환하였다. [흑치]상지가 칠 년 동안 군영을 지키니 토번이 그를 몹시 두려워하면서 변경을 침범할 엄두를 내지 못하였다.

○ 夏五月 … 己丑, 河源道經略大使黑齒常之將兵擊吐蕃論贊婆於良非川。破之, 收其糧畜而還。常之在軍七年, 吐蕃深畏之, 不敢犯邊。

• 161

겨울, 시월 … 정해일753)에 신라왕 [김]법민이 죽었다. 사신을 파견하여

군·귀덕군왕(歸德郡王)에 봉해졌다.

그 아들 [김]정명754)을 [왕으로] 세웠다. [*755)]

○ 冬十月 … 丁亥, 新羅王法敏卒。遣使立其子政明。

753) 10월 정해일: 양력으로는 12월 7일에 해당한다.
754) 정명(政明): 신라 제31대 국왕인 신문왕(神文王) 김정명(?~692)을 말한다. 자는 일소(日炤)이며 문무왕의 아들이다. 당나라의 고등교육기관이던 국학(國學)의 제도를 도입하고 15~30세의 귀족 자제들에게 《논어》·《효경》·《예기》·《주역》·《좌전》·《서경》·《춘추》·《문선》과 산학(算學) 등을 가르쳤으며, 전 과정을 이수하면 10~11품의 관리로 발탁하였다. 정치적으로는 국가 제도들의 정비를 통하여 귀족 세력을 제압함으로써 왕권 중심의 강력한 중앙집권체제를 구축하였다.
755) *:《구당서》〈고려전〉에는 "고장이 영순 연간 초기에 죽었다(高藏以永淳初卒)"고 기술되어 있다. 고장 사후의 고씨 왕가의 행보에 관해서는 《구당서》〈고려전〉을 참조하기 바란다.

《자치통감(資治通鑑)》〈당기(唐紀)〉
측천 순성황후(則天順聖皇后)

수공(垂拱) 2년 (686, 병술년)

• 001

[시월756) …] 기사일757)에 … 돌궐이 [당나라 경내로] 침입하여 분탕을 쳤다. [이에] 좌응양위대장군758) 흑치상지가 그들에 맞섰다. [흑치상지는] 양정에 이르렀을 때 돌궐[군] 삼천여 명과 마주쳤다. [돌궐군이] 당나라군을 발견하고 모두 말에서 내려 갑옷을 두르기에 [흑치]상지가 [기병] 이백여 기로 그들에게 돌진하자 모조리 갑옷을 버리고 도망쳤다. 날이 저물자 돌궐[군]이 대거 밀려왔다. [이에 흑치]상지가 병영에 불을 붙이게 했고, 동남쪽에서도 불길이 일어나니 오랑캐들은 [그들과] 호응하는 군사가 있는 것으로 의심하여 결국 밤중에 달아나 버렸다.

○ 己巳 … 突厥入寇。左鷹揚衛大將軍黑齒常之拒之。至兩井, 遇突厥三千餘人, 見唐兵, 皆下馬擐甲, 常之以二百餘騎衝之, 皆棄甲走。日暮, 突厥大至, 常之令營中然火, 東南又有火起, 虜疑有兵相應, 遂夜遁。

---

756) 시월(十月): 이 기사는 "9월 정미일(양력 10월 2일)" 기사 다음에 기재되어 있다. 달 표시는 빠져 있지만 "기사일"은 이해의 "10월 초이틀"에 해당하기 때문에 9월의 일로 이해하면 곤란하다.

757) [10월] 기사일: 양력으로는 10월 24일에 해당한다.

758) 좌응양위대장군(左鷹揚衛大將軍): 당대의 무관직인 좌무위대장군(左武衛大將軍)을 말한다. 품계는 정3품이며, 그 아래에는 종3품의 장군을 2명 두어 대장군을 보좌하게 하였다. 예종의 광택(光宅) 원년(684)에 좌응양위대장군으로 개칭되었다가 중종의 신룡(神龍) 원년(705)에 본래의 이름으로 환원되었다.

수공 3년 (687, 정해년)

• 002

가을, … 칠월의 임진일[759]에 … 돌궐의 골독록과 원진이 삭주[760]에서 분탕을 쳤다. [이에] 연연도대총관이던 흑치상지를 파견하여 그들을 공격하게 하고 좌응양대장군 이다조를 부관으로 삼아 돌궐군을 황화퇴【호주】에서 크게 무찌르고 사십여 리를 추격하니 돌궐[군]이 모조리 흩어져 적북으로 도주하였다. [이]다조는 대대로 말갈의 추장이었는데 군대에서 세운 공으로 숙위[761]로 들어갔다. 흑치상지는 [황제로부터] 상을 하사 받을 때마다 어김없이 장병들에게 나누어 주었다. [한번은] 좋은 말이 병사[의 부주의]에 의하여 다치자 관속이 그를 채찍질 할 것을 건의하였다. [그러자 흑치]상지는 "어때서 나 개인의 말 때문에 관병에게 채찍질을 한단 말인가!" 하면서 끝까지 문제 삼지 않았다.

○ 秋 … 突厥骨篤祿·元珍寇朔州。遣燕然道大總管黑齒常之擊之, 以左鷹揚大將軍李多祚爲之副, 大破突厥於黃花堆【胡注】, 追奔四十餘里, 突厥皆散走磧北。多祚世爲靺鞨酋長, 以軍功得入宿衛。黑齒常之每得賞賜, 皆分將士。有善馬爲軍士所損, 官屬請笞之, 常之曰,

---

759) 7월 임진일: 양력으로는 9월 12일에 해당한다.

760) 삭주(朔州): 중국 고대의 지명. 남북조시대의 북제(北齊)에서 처음 설치되었다. 수나라 대업 3년(607)에 '마읍군(馬邑郡)'으로 개칭되었다가 당나라 건원(乾元) 원년(758)에 원래의 이름으로 환원되었다.

761) 숙위(宿衛): 중국 고대의 경호제도. 글자 그대로 직역하면 '[대궐에서] 자면서 [황제를] 지킨다' 정도의 뜻이다. 본래는 대궐에서 번을 서면서 황제를 경호하거나 황성을 경비했으며, 그 방식이나 규모는 왕조마다 조금씩 편차가 있었다. 당대에는 귀족·공신의 자제들 또는 고구려·백제·신라·발해·돌궐·거란 등 주변 국가에서 일종의 볼모로 입국한 왕족·귀족 자제들 중에서 필요한 인원을 선발하였다. 몽골제국에서도 유사한 제도가 운영되었는데, '겁설(怯薛)', 즉 '히식(Хишиг, 봉사)'으로 일컬어진 숙위 친위대가 그것이다.

'奈何以私馬笞官兵乎.' 卒不問。

【호주】 뜻은 황과퇴이다. 따져 보건대 삭주에는 황화퇴라는 곳이 있는데 신무천에 자리잡고 있다.762)

영창(永昌) 원년 (689, 기축년)

• 003

윤구월 … 무신일763)에 … 주흥 등이 우무위대장군·연공 흑치상지가 반란을 모의했다고 무고하여 [조정에서 그를] 소환하여 감옥에 가두었다. 겨울, 시월의 무오일764)에 [흑치]상지가 교살당하였다.

○ 閏九月, … 戊申 … 周興等誣右武衛大將軍燕公黑齒常之謀反, 徵下獄。冬, 十月, 戊午, 常之縊死。

장수(長壽) 2년 (693, 계사년)

• 004

이월 병자일765)에 신라왕 [김]정명이 죽었다. 사신을 파견하여 그 아들 [김]이홍766)을 세워 왕으로 삼았다.

---

762) 【胡注】 意卽黃瓜堆。按朔州有黃花堆, 在神武川。
763) 윤9월 무신일: 양력으로는 11월 16일에 해당한다.
764) 10월 무오일: 양력으로는 11월 26일에 해당한다.
765) 2월 병자일: 양력으로는 3월 28일에 해당한다.
766) 이홍(理洪): 신라의 제 32대 국왕인 효소왕 김이홍을 말한다. 《삼국사기》에 따르면 때로는 그 이름을 '리공(理恭)'으로 적기도 한 것으로 보인다. 《삼국사기》 "효소왕 원년(692)"조에서 "[신라의] 좌·우 이방부를 '좌·우 의방부'로 개칭하였다. '리'자가 [효소왕의] 이름자였기 때문이다(改左右理方府爲左右議方府. 理, 犯諱故也)"라고 한 것을 보면 신라에서도 이 무렵에 중국식 피휘(避諱)를 도입했음을 알 수 있다. 그가 죽자 당시의 통치자 무측천은 그의 죽음을 애도하는 의식을 거

○ 二月, 丙子, 新羅王政明卒。遣使立其子理洪爲王。

만세통천(萬歲通天) 원년 (696, 병신년)

• 005

여름, 오월, 임자일⁷⁶⁷⁾에 영주의 거란계 송막도독 이진충⁷⁶⁸⁾과 귀성주⁷⁶⁹⁾ 자사 손만영이 군사를 일으켜 [조정에] 반기를 들었다. [두 사람은] 영주【호주】를 공격해 함락시키고 도독이던 조문홰를 살해하였다. [이]진충은 [손]만영의 매부로, 둘 다 영주 성 옆에 살았다. [조]문홰는 고집이 세어 거란인들이 굶주려도 먹을 곡식을 추가해 주기는커녕 추장조차 종복처럼 취급하였다. 그러자 두 사람은 앙심을 품고 반기를 든 것이었다.

○ 夏, 五月, 壬子, 營州契丹松漠都督李盡忠、歸誠州刺史孫萬榮擧兵反, 攻陷營州【胡注】, 殺都督趙文翽。盡忠, 萬榮之妹夫也, 皆居於營

행하고 조회를 중지함으로써 예의를 갖추었다. 이로써 김이홍이 국왕이 되기 전에 당나라에 머물 때 무측천과의 관계가 각별했음을 짐작할 수 있다.

767) 5월 임자일: 양력으로는 6월 16일에 해당한다.
768) 이진충(李盡忠, 635~696): 당대의 거란계 군벌. 거란의 명문가 대하씨(大賀氏) 출신으로, 추장 대하굴가(大賀窟哥)의 손자이다. 처음에는 당나라에 복속하며 우무위대장군·송막도독에 임명되었다. 그러나 만세통천 원년에 조문홰가 거란인을 박해하자 자형 손만영(孫萬榮)과 함께 조문홰를 살해하고 영주를 점거하였다. 그 뒤로 '무상가한(無上可汗)'을 자처하면서 주변 지역을 차례로 함락시켜 그 무리가 열흘 만에 수만 명으로 불어났다. 분노한 무측천은 그 이름을 '이진멸(李盡滅)'로 바꾸고 토벌대를 파견했으나 그의 복병에 참패하였다. 8월에는 28명의 당나라 장수를 서협석 황장곡(西硤石黃獐谷, 하북성 노룡현·창려현 일대)에서 격파하고 계속 평주(平州, 노룡현) 지역을 공략하였다. 그러나 단주(檀州, 북경시 밀운현)를 야습했다가 청변도부총관(淸邊道副總管) 장구절(張九節)의 결사대에 패하고 퇴각한 산에서 죽었다.
769) 귀성주(歸誠州): 당대의 지역명. 수공 연간 초기에 당나라에 귀순한 거란인들을 안치할 목적으로 '거란 17주(契丹十七州)' 중의 하나로 설치되었다.

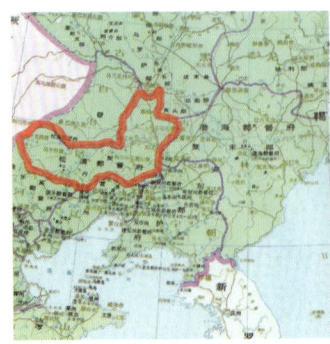
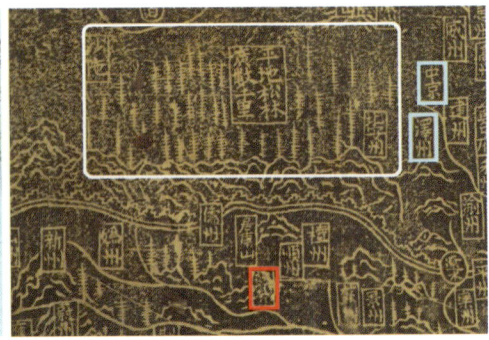

담기양 역사지도(좌)에 그려진 '천리송림(千里松林)'. 그러나 황상《지리도》(우) 등 송대의 고지도들에는 한결같이 천리송림이 연경(북경)의 정북방에 그려져 있다. 현재의 중국 학계의 기존 고증에 문제가 많다는 뜻이다.

州城側。文蔚剛愎, 契丹饑不加賑給, 視酋長如奴僕, 故二人怨而反。

【호주】 개원 연간의《십도지》770)에는 이렇게 소개되어 있다. "순 임금이 유성을 쌓았는데, 바로 우 임금 이전의 유성의 땅이다. 그렇기 때문에 '영주'라는 이름이 생겼다." [서진대 역사가 사마표(?~306)의]《군국지》에는 이렇게 소개되어 있다. "영실771) 자리에 자리잡고 있어서 '영주'라고 한다. 후한 말기에 요서의 오환[추장] 탑돈이 살았다." 후위(북위) 때에는 평주의 지경에 요서군을 설치했으며, 주나라가 제나라를 평정한 뒤에도 그대로 고보녕이 거점으로 삼았다. 수나라 때에는 [고]보녕을 토벌해 평정하고 나

---

770) 《십도지(十道志)》: 당대 중기 학자 양재언(梁載言)이 저술한 연혁지. 정식 제목은 《십도사번지(十道四蕃志)》이다. 원전은 일실되었으나 제목을 통하여 개원 연간의 당나라 강역과 4개 북방민족 지역을 주로 다루었을 것임을 유추할 수 있다.

771) 영실(營室): 중국 고대의 별 이름. '정성(定星)'으로 부르기도 하는데, 처음에는 '실(室)'과 '벽(壁)'의 두 별을 가리켰다. 하력(夏曆) 10월의 황혼 무렵이 되면 이 별이 정남쪽에서 모습을 드러내는데, 고대 중국인들은 그때를 농사를 마치고 집을 짓기에 가장 좋은 시기로 믿었다고 한다.

서 비로소 영주를 설치하였다. 송막도독부 및 귀성주는 태종이 중국으로 귀순한 거란 부락들을 안치하였다.⁷⁷²⁾

•006

[구월] 정사일⁷⁷³⁾ … 안동도호[호주] 배현규가 성 안에 있었다.

○ 丁巳, …安東都護【胡注】裴玄珪在城中.

【호주】 고종의 총장 원년(668)에 안동도호부를 평양성에 설치하였다. [그리고] 상원 원년에 [도호부를] 요동군의 옛 성으로 이전했으며, 의봉 2년(677)에 다시 신성으로 이전하였다. [현종의] 개원 2년(714)에는 평주로 이전했고 천보 2년(743)에 요서의 옛 군성으로 이전했다고 하니 이때 벌써 [도호부가] 평주로 이전해 있었던 것이 아닌가 싶다. 송백⁷⁷⁴⁾은 말하였다. "영주에서 동남쪽으로 270리 지점에 보정군이 주둔하고 있었는데, 예전의 안동도호부이다."⁷⁷⁵⁾

---

772) 【胡注】開元十道志曰, 舜築柳城, 卽虞巳前柳城之地, 因有營州之稱。郡國志云, 當營室分, 故曰營州。後漢末, 遼西烏丸蹋頓所居。後魏於平州界置遼西郡, 周平齊, 猶爲高寶寧所據, 隋討平寶寧, 始置營州。松漠都督府及歸誠州, 太宗以內屬契丹部落置。

773) [9월] 정사일: 양력으로는 10월 19일에 해당한다.

774) 송백(宋白, 936~1012): 북송대 학자. 자는 태소(太素)이며, 대명(大名) 사람이다. 건덕(乾德) 연간 초기 저작좌랑(著作佐郞)을 지낼 때 태종의 발탁을 받아 좌습유(左拾遺)와 연주(兗州) 태수를 지냈다. 옹희(雍熙) 연간에는 이방(李昉) 등과 함께《문원영화(文苑英華)》편찬에 참여하고 마지막에는 이부상서를 지냈다.

775) 【胡注】高宗總章元年置安東都護府於平壤城。上元元年, 徙遼東郡故城, 儀鳳二年又徙新城。開元二年徙平州, 天寶二年徙遼西故郡城, 疑此時已徙平州。宋白曰, 營州東南二百七十里有保定軍, 舊安東都護府。

장안(長安) 3년 (703, 계묘년)

• 007

윤[사]월 … 기묘일776)에 … 신라왕 김이홍이 죽었다. 사신을 파견하여 그 동생 [김]숭기777)를 세워 왕으로 삼았다.

○ 閏月, … 己卯, … 新羅王金理洪卒。遺使立其弟崇基爲王。

당 고종 이치의 건릉에 합장된 무측천의 무자비(無字碑). 일설에는 자신의 생전의 공과를 미화하지 않고 후세 사람들에게 평가를 맡기기 위해서 한 글자도 새기지 않았다고 한다.

776) 윤[4]월 기묘일: 양력으로는 6월 7일에 해당한다.

777) 숭기(崇基): 신라 제33대 국왕인 성덕왕(聖德王) 김흥광(金興光, ?~737)을 말한다. 《삼국사기》 "성덕왕 원년(702)"조에는 이렇게 소개되어 있다. "본래 이름은 융기였는데 현종과 이름이 같아서 선천 연간에 개명하였다.(本名隆基, 與玄宗諱同, 先天中改焉)" 김부식은 당나라 현종(玄宗)의 이름이 이융기(李隆基, 685~762)임에 착안하여 이렇게 설명한 것으로 보인다. 그러나 여기서는 이름을 '융기'가 아닌 '숭기'로 소개해 놓았다. 《자치통감》은 《삼국사기》보다 61년 앞서 편찬되었다. 《자치통감》에 '김숭기'로 소개되어 있던 것을 61년 뒤에 김부식이 '김융기'로 수정했다는 뜻이다. 김부식이 무슨 근거로 그렇게 수정해서 소개했는지는 확인할 길이 없다. 다만, 만약 《자치통감》의 이 기사가 정확한 것이라고 전제할 때, 성덕왕과 현종의 이름에서 겹치는 글자는 두 번째 이름자인 '터 기(基)'였던 셈이다.

《자치통감(資治通鑑)》〈당기(唐紀)〉
중종 대화대성대소효황제(中宗大和大聖大昭孝皇帝)

신룡(神龍) 원년 (705, 을사년)

• 001

봄, 정월 … 경술일[778]에 … 이다조[779]에게 요양군왕[780]의 작호를 내렸다.

○ 春, 正月, … 庚戌, … 李多祚賜爵遼陽郡王。

---

778) 1월 경술일: 양력으로는 2월 27일에 해당한다.

779) 이다조(李多祚): 당대의 장수. 말갈 추장의 후손으로 전장에서 세운 공으로 우우림군대장군에 임명되어 20여 년 동안 [대궐] 북문 숙위를 담당하였다. 나중에 흑수말갈과 실위를 평정하고 만세통천 원년(696)에 영주를 점거하고 있던 거란계 송막도독 이진충의 반란을 평정하였다. 신룡 원년(705)에 무측천의 병세가 위독해지자 정변을 일으켜 중종을 복위시키는 데에 큰 공을 세우고 요양군왕에 봉해졌다. 신룡 3년에 태자 이중준(李重俊)을 따라 무삼사(武三思)를 공격하다가 패하고 죽음을 당했으나 사후에 중종으로부터 관작을 추증 받았다.

780) 요양군왕(遼陽郡王): 당대의 작호.《구당서》〈중종본기〉"정월 정미일"조 및《전당문》〈예종〉"추복이다조관제(追復李多祚官制)"에서는 이다조에 대하여 "삼한의 귀종이며 백전의 영웅[三韓貴種, 百戰餘雄]"이라고 칭찬하면서 "우우림대장군·요국공 이다조를 높여 '요양군왕'에 봉한다(右羽林大將軍遼國公李多祚進封遼陽郡王)"고 하였다.《당회요》·《책부원구》등에는 거란의 추장 이토간(李吐干)을 '요양군왕'에 봉한 사례도 보인다. "[현종의 개원] 13년, (十三年。 咄於復與可突于相猜阻, 攜公主來奔。 改封遼陽郡王。 國人立其弟邵固)" 여기서의 '요양'은 일반적으로 국내외 학자들이 지금의 요녕성 요양시로 비정하고 있다. 그러나《구당서》에서 이다조를 '요양군왕'으로 추봉한 시점을 "신룡 원년 정월 정미일"로 소개되어 있다. "신룡 원년"과 "개원 13년"이라면 중종이 당나라 황제로 복위한 첫 해인 705년과 현종 치세인 725년에 해당한다. 요동반도에 대조영이 세운 발해국이 버젓이 자리잡고 있던 때라는 뜻이다. 그렇다면 지리적으로 지금의 요녕성 요양시와는 별개의 지역인 셈이다. 요양군왕의 '요양'은 엄연히 발해국의 영역이므로 당나라에서 임의로 그 지역을 자국 장수의 작호에 사용했을 리가 없기 때문이다.

《자치통감(資治通鑑)》〈당기(唐紀)〉
예종 현진대성대흥효황제(睿宗玄眞大聖大興孝皇帝)

경룡(景龍) 4년 | 경운(景雲) 원년 (710, 경술년)

• 001

[십이월, …] 임진일781)에 해와 습782)이 [노룡]새를 침범하여 어양(호주)·옹노를 노략질하고 노룡새783)를 통하여 사라졌다. 유주도독 설눌이 그

---

781) [12월] 임진일: 양력으로는 이듬해인 702년 1월 9일에 해당한다.

782) 습(霫): 북방민족의 한 갈래. 수·당대에 황수(潢水, 지금의 샤르모른 강) 이북에 분포하면서 동으로는 말갈, 서로는 돌궐, 남으로는 거란, 북으로는 오락후(烏洛侯)와 접하고 있었다. 사방이 산으로 둘러싸여 있어서 사냥을 생업으로 삼았는데, 습속은 거란과 비슷했다고 한다. 정관 3년(629)에 처음으로 당나라에 조공을 하고 나중에는 황수 이남으로 이동하여 해족에게 흡수되었다.

783) 노룡새(盧龍塞): 중국 고대에 동북방의 요새. 일반적으로 만리장성의 연산(燕山)산맥 동쪽인 하북성 천서현(遷西縣)과 관성현(寬城縣)이 맞닿는 지금의 희봉구(喜逢口) 일대를 말한다. 그 주변은 200여 m 수준의 남쪽으로부터 북쪽으로 갈수록 1,000여 m로 높아지면서 좌우로 높은 벼랑이 병풍처럼 늘어서고 지형이 가파르고 험하여 외부인(이민족)의 접근이 불가능하다. 또, 굽이치며 흐르는 난하에 의하여 형성되는 계곡 길은 고대는 물론 근대까지도 남북으로 오가는 거의 유일한 통로여서 대대로 천혜의 요새로 간주되었다. 반면에 노룡새를 나가서 동쪽으로 꺾어 계속 가면 대릉하 유역 방면으로 이르고, 북상하면 서요하 상류(샤르모른) 및 몽고고원 동부까지 연결되며, 서남쪽으로 준화시와 기주 북쪽의 군사 도시였던 계주(薊州, 지금의 천진시 계현)를 지나 곧장 북경까지 직행할 수 있어서 군사·교통의 요지로도 중시되었다. 중국고대사에서 '새(塞)'라는 표현은 그 지리적 범위를 동방으로 국한할 때에는 거용관(居庸關)·고북구(古北口)·냉구(冷口)·희봉구 등, 연산산맥을 따라 구축된 유주(幽州) 북부 만리장성 주변의 네 요새만 가리키는 것이 보통이다. 이 중에서 역사적으로 북방민족과의 교섭·분쟁이 가장 많이 언급되는 것이 바로 이 노룡새(희봉구)이다. '새'는 그 자체가 특정한 지역성을 내포하고 있는 것이다. 그 좌표를 학자들이 요동반도나 한반도 근처로 인위적으로 옮기려 해도 그럴 수가 없다는 뜻이다. 이에 관한 상세한 소개는 문성

담기양(譚其驤)의 《중국역사지도집》(당대권)에 그려진 어양현(빨강)·옹노현(파랑)과 노룡새(검정)

들을 쫓아가 공격했으나 이기지 못하였다.

○ 壬辰, 奚·霫犯塞, 掠漁陽·雍奴, 出盧龍塞而去【胡注】. 幽州都督薛訥追擊之, 弗克.

【호주】 어양현은 본래 유주에 속했는데 중종의 신룡 원년에 쪼개어 영주에 귀속시켰다.784) 옹노현은 한대 이래로 어양군에 속했으며 수대에는 탁군에 속하고 당대에는 유주에 속하였다. 노룡은 한대의 비여현으로 요서군에 속했는데 수나라 개황 18년(598)에 '노룡'으로 이름을 바꾸고 북평군에 귀속시켰다. 당대에는 평주를 거느렸다.785)

재, 《정역 중국정사 조선·동이전1》의 주석(제55~56쪽)을 참조하기 바란다.

784) 쪼개어 영주에 귀속시켰다[分屬營州]: 어양의 연혁을 소개한 이 구절을 통하여 유주와 영주가 지리적으로 어양현을 사이에 두고 서로 인접해 있었음을 짐작할 수 있다.

785) 【胡注】漁陽縣本屬幽州, 中宗神龍元年分屬營州. 雍奴縣, 漢以來屬漁陽郡, 隋屬涿郡, 唐屬幽州. 盧龍, 漢肥如縣也, 屬遼西郡. 隋開旺十八年, 更名盧龍, 屬北平郡, 唐帶平州.

《자치통감(資治通鑑)》〈당기(唐紀)〉
현종 지도대성대명효황제(玄宗至道大聖大明孝皇帝)

선천(先天) 2년 | 개원(開元) 원년 (713, 계축년)

• 001

처음에 고려가 패망하고 나서[호주1] 그 나라의 또 다른 갈래인 대조영786)이 영주787)로 옮겨 와 살았다. [그러다가] 이진충이 반란을 일으켰을

---

786) 대조영(大祚榮, ?~719): 대씨 발해국의 개국군주. 자세한 소개는 《구당서》〈발해말갈전〉의 해당 주석(제371~372쪽)을 참조하기 바란다.

787) 영주(營州): 중국 고대의 지역명. 인터넷 《국편위판》 주010에서는 《구당서》〈지리지〉 "영주"조의 "【영주】 상도독부. 수나라의 유성군으로, 무덕 원년에 영주총관부로 개칭되면서 요주와 연주를 관할했고 유성현을 관할하였다. [무덕] 7년에는 도독부로 개칭되어 영주와 요주를 관할하였다. [당나라] 정관 2년에는 [거기다] 추가로 창주를 감독하더니 [정관] 3년에는 추가로 사주와 숭주를 감독하고 [정관] 6년에는 추가로 순주를 감독하였다(【營州】上都督府. 隋柳城郡, 武德元年. 改爲營州總管府. 領遼·燕二州, 領柳城一縣. 七年, 改爲都督府, 管營·遼二州. 貞觀二年, 又督昌洲, 三年, 又督師·崇二州, 六年, 又督順州)"는 기사를 근거로 "치소는 지금의 朝陽"이라고 보았다. 그러나 그 원문을 확인해 보면 "【영주】 치소는 화룡성. 태연 2년에 영주진으로 삼고, 진군 5년에 영주로 고쳐 설치하였다. 영안 연간 말기에 함락되었다가 천평 연간 초기에 회복하였다(【營州】治和龍城. 太延二年爲鎭, 眞君五年改置, 永安末陷, 天平初復)"라고 소개되어 있을 뿐 그 어디에도 지금의 요녕성 조양이라는 증거가 없다. 실제로 ①《수서》〈지리지〉 "요서군 유성"조에는 "【유성】 후위 때에 영주를 화룡에 설치하고 건덕·기양·창려·요동·낙랑·영구 등의 군과, 용성·대흥·영락·대방·정황·석성·광도·양무·양평·신창·평강·유성·부평 등의 현을 관할하게 하였다(【柳城】 後魏置營州於和龍城, 領建德冀陽昌黎遼東樂浪營丘等郡, 龍城大興永樂帶方定荒石城廣都陽武襄平新昌平剛柳城富平等縣)"라고 소개되어 있다. ② 8세기 당대의 역사가 두우(杜佑)는 백제의 요서 경략 사실을 언급하면서 《통전》에 "진대에 … 백제 또한 요서·진평 두 군[지금의 유성·북평 일대]을 점유하였다(晉時, … 百濟亦據有遼西晉平二郡[今柳城北平之間])"라고 주석을 붙였다. ③《구당서》〈지리지〉 "하북도·영주상도독부(營州上都

때【호주2】[대]조영이 말갈【호주3】[추장] 걸사북우 788)와 함께 무리를 모아 동쪽으로 가서 험한 곳을 거점으로 삼아 세력을 다져 갔다.

督府)"조에서도 이렇게 소개하였다. "【유성】한대의 현으로, 요서군에 속하였다. 실위·말갈의 부락들이 나란히 동북방에 있는데 먼 경우는 6,000리, 가까운 경우는 2,000리인데, 서북으로는 해와 경계가 맞닿아 있고 북으로는 거란과 경계가 맞닿이 있었다.(【柳城】漢縣. 屬遼西郡. 室韋靺鞨諸部, 幷在東北, 遠者六千里, 近者二千里. 西北與奚接界, 北與契丹接界)" 이상의 기록들을 종합해 볼 때 유성의 좌표는 요녕성이 아닌 하북성 동북부를 벗어날 수 없다. 또, ④ 호삼성이《자치통감》"태종 정관 19년"조에서 영주의 거리와 관련하여 주석을 붙이고 "영주에서 낙양까지는 2,910리 떨어져 있다"고 한 것도 그 증거이다. 낙양에서 조양시까지는 직선거리로 따져도 1,100km가 넘는다. 만약 우회거리까지 고려한다면 조양은 유성의 위치로서는 너무 거리가 멀다. ⑤《수서》〈우작전(虞綽傳)〉도 그 증거이다. "대업 8년 임신년 여름 4월 병자일에 황제가 요수·갈석 일대를 평정하기에 이르매, … 행궁이 유성현의 임해돈에 멈추었네. …'(維大業八年, 歲在壬申, 夏四月丙子, 皇帝底定遼碣, … 行宮次于柳城縣之臨海頓焉)" '임해돈'은 글자 그대로 직역하면 '바다를 마주한 군영' 정도로 번역된다. 임해돈이 있는 유성은 바다를 끼고 있었다는 뜻이다. 따라서 유성의 좌표를 요동반도 인근에 있으면서 바다와 멀리 떨어진 내륙에 자리잡은 조양시에서 찾는 것은 적절하지 못하다. ⑥ 7세기 신라인 살수인(薩守眞)의《천지서상지(天地瑞祥志)》에서는 "북진 의무려산은 영주의 지경에서 제사 지낸다(北鎭醫閭無山, [祭]於營州界)"라고 하였다. 그런데 지금의 의무려산은 조양시에서 지리적으로 멀리 떨어져 있을 뿐만 아니라 산줄기조차 서로 독립된 별개의 산맥에 있다. 지형적으로 따져볼 때 조양시는 영주로 보기 어렵다는 뜻이다. ⑦ 실제로 조선 초기인 태종(太宗) 2년(1402년)에 대신인 권근(權近)이 주도하여 제작한 세계 지도인《혼일강리역대국도지도(混一疆理歷代國都之圖)》의 서문 설명에는 "【영평】바로 용성 창려이다. 북연의 모용성이 근거지로 삼은 곳으로, 풍발이 그 뒤를 이었다(【永平】卽龍城昌黎. 北燕慕容盛所據. 馮跋繼之)"라고 소개되어 있다. '용성'은 유성의 또 다른 이름이며, '영평'은 하북성 노룡현(盧龍縣), '창려'는 역시 하북성 창려현(昌黎縣)을 가리킨다. 이 지도가 12~13세기 중국의 지리 지식과 지도 제작술을 집대성한 것임을 감안할 때, 이로써 송·원대의 중국인 나아가 조선 초기의 조선인들은 한결같이 용성 즉 유성을 요녕성 조양현이 아니라 하북성의 창려현 인근으로 인식하고 있었음을 확인할 수 있는 셈이다.

788) 걸사북우(乞四北羽): 다른 사서들에는 '걸사비우(乞四比羽)'로 소개되어 있다. 여기서 '북(北)'은 모양이 비슷한 '비(比)'를 잘못 적은 것이다. 걸사비우에 관해서는《구당서》〈발해말갈전〉의 해당 주석(제373쪽)을 참조하기 바란다.

○ 初, 高麗旣亡【胡注】, 其別種大祚榮徙居營州。及李盡忠反【胡注】, 祚榮與靺鞨【胡注】乞四北羽聚衆東走, 阻險自固。

【호주1】 고려의 패망에 관해서는 제201권 "고종 총장 원년"조를 참조하기 바란다.789)

【호주2】 이진충의 반란에 관해서는 제205권 "[측천]무후 만세통천 원년"조를 참조하기 바란다.《풍속통》에는 '대승은 대정씨의 후손이다. 대관은 전제(전욱)의 스승이다'라고 하였다. 따져 보건대 《예기》에서는 '대련씨는 상을 지내기를 잘 한다'고 했는데 [대련씨는] 동이의 자손이다. 동이의 나라에서는 '큰 대'를 성씨로 쓰는 것을 선호하는 습속이 있었던 것으로 보인다.790)

【호주3】 '말갈'은 발음이 말갈이다.791)

• 002

[이]진충이 죽자 [측천]무후는 장군 이해고792)로 하여금 그 남은 무리를

---

789) 【胡注】高麗亡, 見二百一卷高宗總章元年。

790) 【胡注】李盡忠反, 見二百五卷武后萬歲通天元年。風俗通, 大勝, 大庭氏之後。大款爲顓帝師。按禮記曰, 大連善居喪, 東夷之子也。蓋東夷之有大姓尚矣。

791) 【胡注】靺鞨, 音末曷。

792) 이해고(李楷固, 656~720): 무씨 주나라의 거란계 장수. 이진충과 같은 대하씨 출신이다. 만세통천 원년에 이진충·손만영을 따라 당나라에 반기를 들었다. 그러나 이듬해 6월 돌궐에게 신성(新城)을 잃은 데 이어 당나라 장수 양현기(楊玄基)에게 참패하자 당나라에 투항하였다. 무측천이 신임하던 위주자사(魏州刺史) 적인걸(狄仁傑, 630~700)의 중재로 죄를 사면 받고 좌옥검위장군에 임명된 뒤로는 거꾸로 반당 세력 진압에 앞장섰다. 걸걸중상과 걸사비우가 끝까지 저항하자 걸사비우의 머리를 베었으나 천문령 싸움에서는 대조영에게 참패하였다. 나중에는 거란 토벌에서 세운 공로로 좌옥검위대장군에 임명되는 한편, 국성('무씨')을 하사받고 연국공(燕國公)에 봉해졌다.

토벌하게 하였다. [에]해고는 걸사북우를 공격하여 그 머리를 베고 나서 군사를 이끌고 천문령793)[호주1]을 넘어가 [대]조영을 압박하였다. [대]조

---

793) 천문령(天門嶺): 중국의 고개 이름. 그 위치를《구당서》·《신당서》·《태평어람》에서는 "천문령은 토호진하 북쪽으로 300리 지점에 있다(天門嶺, 在土護眞河北三百里)"고 하였다. 같은 열전에는 또 이렇게 소개되어 있다. "평로로부터 1,000리 넘게 가면 토호진하에 이르는데 바로 북황하이다.(去平盧千餘里, 至土護眞河, 卽北黃河也)" 말하자면 평로(平盧)로부터 1,000리 떨어진 곳에 토호진하(북황하)가 있고, [북으로] 1,300리 떨어진 곳에 천문령이 있다는 뜻이 된다. 이 점은 원대의 호삼성과 청대의 고조우도 지적한 바 있다. 그 위치에 대하여 ① 근대의 학자 정겸(丁謙)은《당서북적전 고증(唐書北狄傳考證)》에서 이렇게 주장하였다. "옛 천문령은 지금의 숭령이다, 민간에서는 '장광재령'이라고 부르는데,《신당서》에서 기술한 방향과 대체로 부합된다.(故天門嶺爲今嵩嶺, 俗呼張廣才嶺, 與新唐書所述方位較合)" 또, ② 김육불(金毓黻)은《발해국지 장편(渤海國志長篇)》에서《구당서》〈발해전〉이 대조영은 "동쪽으로 도망하여 요충지를 거점으로 삼아 자기 세력을 공고하게 다졌다"고만 했을 뿐 요수를 건넜다고는 하지 않은 점, 또《구당서》〈서(叙)〉에서 대조영이 "동쪽 계루의 옛 땅을 고수하며 동모산을 거점으로 삼아 성을 쌓고 머물렀다"는 일련의 상황이 천문령을 건넌 뒤에 발생한 점 등을 근거로 천문령은 "분명히 대요수의 우안에 있을 것(必在大遼水之右岸)"이라고 보았다. 반면에, ③ 일본 학자 마츠이 히토츠(松井等)는 휘발하(輝發河)와 혼하(渾河)의 분수령인 장령자(長嶺子)로, ④ 쓰다 소키치는 길림성 돈화현(敦化縣)으로, ⑤ 와타 세이는 지금의 노야산맥(老爺山脈)의 북증(北甑)으로 각각 비정하였다. ⑥ 최근 중국 학계에서는 길림성의 합달령(哈達嶺)으로 비정하는 것이 보통이다. 토호진하의 경우, 인터넷〈국편위판〉주354에서는 '土護眞河는 熱河省 老哈河인 바 唐軍에 쫓긴 高句麗 餘類가 이와 같은 地方으로 遁走할 수는 절대 없었을 것이다. 이것은 同名異地로 볼 수밖에 없다'고 보았다. 토호진하는 지금의 노합하(老哈河)이거나 그 옆의 샤르모른(Шар мөрн, 潢水) 강일 가능성이 높은 셈이다. 그렇다면 노합하 북쪽으로 3,000리 지점에 천문령이 있다는 추정이 가능해진다. 노합하 북쪽으로 펼쳐진 산맥이라면 대흥안령(大興安嶺) 뿐이다. 대흥안령이 천문령일 가능성이 높다는 뜻이다. 우리가 반도사관에 구애되지 않고 ① '요동'을 산해관 이동으로 재인식하고 ②《구당서》·《신당서》등 중국 정사의 기록에 충실하게 토호진하와 천문령의 좌표를 재구한다면 ③ '토호진하=노합하'나 '천문령=대흥안령'이라는 추론이 불가능한 것도 아니다. ④ 이와 관련하여 청대의《흠정만주원류고》"천문령"조에는 이렇게 소개되어 있다. "[이]해고가 패하고 나서 [무]측천이 [대조영을] 토벌하기 어려워지자 [대]조영이 마침내 동쪽의 동모산을 보전하였다'고 했으니 천문령은 지금의 승덕현 서쪽 지경에 있어야 옳다.(楷固旣敗

영이 [그들을] 맞아 싸우니 [이]해고가 크게 패하여 간신히 자신만 [죽음을] 모면할 수 있었다. [대]조영은 마침내 그 무리를 이끌고 동쪽으로 [가서] 동모산【호주2】을 거점으로 삼아 성을 쌓고 그곳에 터를 잡았다.

○ 盡忠死【胡注】, 武后使將軍李楷固討其餘黨。楷固擊乞四北羽, 斬之, 引兵踰天門嶺【胡注】, 逼祚榮。祚榮逆戰, 楷固大敗, 僅以身免。祚榮遂帥其衆東據東牟山【胡注】, 築城居之。

【호주1】《신당서》에서는 "【천문령】토호진하 북쪽으로 300리 지점에 있다"고 하였다.[794)]

【호주2】동모산[795)]은 읍루국의 지경에 자리잡고 있는데, 그 땅은 곧바로

則天不能討, 祚榮遂東保東牟山, 則天門嶺當在今承德縣西境)" 승덕현은 지금의 하북성 승덕시로, 북경에서 동북방에 자리잡고 있으므로, "승덕현 서쪽"이라면 대체로 북경의 정북방인 셈이다.

794) 【胡注】新書, 天門嶺在土護眞河北三百里。

795) 동모산(東牟山): 대조영이 진국을 세운 산. 신라 말대의 학자 최치원(崔致遠, 857~?)의 〈북국이 상석에 앉는 것을 불허하신 결정에 감사하는 표[謝不許北國居上表]〉에는 '황구(荒丘)'로 소개되어 있다. '황구'를 글자 그대로 풀면 '헐벗은 동산'을 뜻한다. 동모산이 나무도 없고 풀조차 듬성듬성한 데다가 고도도 낮은 산이었을 가능성이 높다는 뜻이다. 인터넷 〈국편위판〉 주354에서는 그동안 그 좌표와 관련하여 ① 천문령(호심성), ② 휘발하와 혼하의 분수령인 장령자(마츠이 히토츠), ③ 돈화현(정겸, 쓰다 소키치), ④ 노야산의 북증(와타 세이), ⑤ 백두산 동북쪽(정약용) 등의 주장들을 소개하였다. ⑥ 1949년에는 발해 고적을 조사한 중국 학자들이 제안한 돈화현 오동성이라는 주장이 정설로 급부상하였다. 흥미로운 점은 이상의 주장들을 제안한 국내외 학자들이 정작《대명일통지(大明一統志)》〈요동도지휘사사(遼東都指揮使司)〉"산천(山川)"조의 이 기사는 한결같이 간과했다는 사실이다. "【동모산】심양위 동쪽 20리 지점에 있다. 당나라 고종이 고구려를 평정하고 나서 '발해 대씨가 무리를 거느리고 읍루의 동모산을 고수했다'는 곳이 바로 이곳이다. 만세통천 연간에 거란 출신 [이]진충의 압박을 받을 무렵에 걸걸중상이라는 이가 요수를 건너 자기 세력을 공고하게 다졌다. 무후가 [나중에 그를] 진국공으로 봉하였다.(【東牟山】在瀋陽衛東二十里. 唐高宗平高麗, 渤海大氏以衆保挹婁之東牟山, 卽此. 萬歲通天中爲契丹盡忠所逼, 有乞乞仲象者, 度遼水自固. 武后封爲震國公)" 이로써 요동 지역, 즉 심양시 인근의 이 산이 대조

사서 제목	구당서	오대회요	책부원구	신당서	지치통감	문헌통고	동국통감
편찬 연도	945	961	1005	1060	1084	1317	1485
글자 振	O	-	O	-	O	-	-
글자 震	-	O	-	O	-	O	O

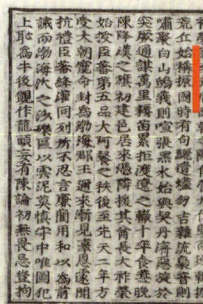

중국 사서의 경우 가장 이른 《구당서》 등에는 '떨칠 진(振)', 상대적으로 늦은 《신당서》 등에는 '벼락 진(震)'으로 나와 있다. 그러나 《구당서》보다 50년 이상 이른 신라 학자 최치원(857~908)의 〈사불허북국거상표(謝不許北國居上表)〉에는 전자로 나와 있다. '떨칠 진'이 옳다는 뜻이다.

영주 동쪽으로 2,000리를 가야 한다.796) 남북으로 신라와 니하797)를 경영 당시의 동모산임을 확인할 수 있는 셈이다. 그동안 국내외 학계에서는 근대의 중국 학자인 정겸(丁謙, 1843~1919)·김육불(金毓黻, 1887~1962) 등의 고증을 기정사실로 여기고 동모산의 좌표를 길림성 돈화현 주변에서 찾아 왔다. 그런데 알고 보니 그보다 직선거리로 350km 정도 더 서쪽에 있었던 것이다. 동모산의 존재를 소개한 《대명일통지》는 명나라에서 황제의 명령으로 당대의 석학들을 동원하여 편찬한 관찬(官撰) 연혁지이다. 그 학술적 권위가 당시로서는 으뜸이었다는 뜻이다. 이 동모산은 원대의 《대원일통지(大元一統志)》, 명대의 《요동지(遼東志)》('동산'), 청대의 《흠정 만주원류고(欽定滿洲源流考)》 등, 근세 500년 동안 차례로 간행된 권위 있는 연혁지들에도 공통적으로 소개되어 있다. 500년 사이에 지리 고증을 시도한 중국의 학자들에게는 거의 '일반상식'이었다는 뜻이다. 그런데도 근대 이후의 국내외 학계에서 이 요동(심양) 동모산의 존재를 간과한 것은 도저히 납득이 되지 않는다. 이 동모산이 대조영이 건국한 자리와 동일한 곳이라고 전제할 때, 천문령, 그리고 발해국의 서쪽 지경은 자연히 그 좌표를 동모산과 정비례해서 서쪽으로 300km 이상 옮겨 놓아야 옳다. 그동안 중·일·한 세 나라에서 이루어진 동모산에 관한 고증들은 재고되어야 한다는 뜻이다.

796) 영주 동쪽으로 2,000리를 가야 한다[地直營州東二千里]: 이 부분은 《신당서》〈발해전〉의 기사를 참조한 것으로 보인다. '1당리=0.44km'라고 할 때, 영주로부터 동쪽으로 880km 떨어진 곳에 동모산이 있었다는 말이 된다. 물론, 여기서의 영주는 지금의 요녕성 조양시라고 보기 어렵다. 조양시에서 직선으로 880km라면

계로 삼는데 [그 강역은] 동으로는 바다에서 끝나고 서로는 거란과 마주하고 있었다.⁷⁹⁸

• 003

[대]조영은 용맹스럽고 싸움에 능하여 고려와 말갈의 무리가 차츰 그에게 귀순하였다. [그 나라] 강역은 사방 이천 리에 이르고 백성은 십여 만 호, 정예 병력은 수만 명이나 되었다. [대조영은] '진국왕⁷⁹⁹'을 자처하면

동북방으로는 하얼빈 북쪽의 흑룡강성 수화시(綏化市), 정동방으로는 길림성 모란강시(牡丹江市) 인근에 해당하기 때문이다.

797) 니하(泥河): 국내 사서에서 니하는 "지마이사금 14년(125)"조, "자비마립간 11년(468) 9월"조, "소지마립간 3년(481) 3월"조와 "동 18년(496) 7월"조 등, 모두《삼국사기》의〈신라본기〉에 집중적으로 등장한다. 국편위판《삼국사기》"지마이사금 14년(125)"조의 주002에 따르면, 그동안 학계에서는 이런 점들에 착안하여 ① 강릉의 이천수(泥川水, 정약용), ② 남한강 상류 일대의 하천(이병도), ③ 대관령 북쪽 이현(泥峴)에서 발원하는 연곡천(連谷川, 서병국·김택균) ④ 남한강 상류설 등, 그 좌표를 주로 한반도 중부에서 구해 왔다. 그러나 기존 학자들이 제안한 이상의 지역과 하천들은 그 좌표가《신당서》에 등장하는 '니하'와는 지리적으로 편차가 너무 크다. 그래서 송대 이후에 간행된 중국의 각종 연혁지들은 한결같이 지금의 요동반도 일대에서 그 좌표를 찾아 왔다.《구당서》등 중국 정사의 기사들을 교차 검토해 볼 때, 니하는 그 좌표를 한반도 중부의 강원 지역보다는 중국 동북부의 요녕성 요동반도에서 찾는 편이 훨씬 설득력이 높아 보인다.

798)【胡注】東牟山在挹婁國界, 地直營州東二千里, 南北[與?]新羅以泥河爲境, 東窮海, 西契丹.

799) 진국왕(振國王): 대조영이 스스로 붙인 왕호. 첫 글자의 경우,《구당서》·《책부원구》·《자치통감》등에는 '떨칠 진(振)',《신당서》〈발해전〉을 위시하여《오대회요》·《문헌통고》·《옥해(玉海)》·《동국통감》등에는 '벼락 진(震)'으로 나와 있다. 송기호는 '벼락 진'의 '진국(震國)'은 그 부친 걸걸중상이 받은 작호인 '진국공(震國公)'을 잘못 쓴 것이므로 '떨칠 진'으로 써야 옳다고 보았다. 그러나 ① 하나의 사서에서 '떨칠 진'과 '벼락 진' 두 글자를 혼용한 사례는 보이지 않는다. 더욱이 ② 고대에 아들은 부친의 왕호를 그대로 계승하는 것이 보편적이었다. ③ 대조영 역시 걸걸중상과 같은 왕호를 썼다고 보아야 옳다는 뜻이다. 두 글자 중에서 선택해야 한다면 연대와 권위에서 모두 앞서는《구당서》·《책부원구》·《자치통감》의 '떨

서 돌궐에 복속하였다. 이때 해와 거란이 모두 반란을 일으켜 [발해로 가는] 길이 막히고 끊어지는 바람에 [측천]무후가 [대조영을] 토벌할 도리가 없었다.

○ 祚榮驍勇善戰, 高麗·靺鞨之人稍稍歸之, 地方二千里, 戶十餘萬, 勝兵數萬人, 自稱振國王, 附于突厥。時奚·契丹皆叛, 道路阻絶, 武后不能討。

• 004

[측천무후가 죽자] 중종이 황제가 되어 시어사 장행급을 파견하고 그를 부르고 달래니 [대]조영이 아들을 파견하여 [당나라로] 들어와 [황제의] 시중을 들었다. 이때에 이르러 [당나라는 대]조영을 좌교위대장군·발해800)군왕으로 삼았으며, 그 영토에 홀한주801)를 설치하고 [대]조영으로 하여금 도

칠 진(振)'을 쓴 것으로 보는 것이 합리적이다. 〈동북아판2〉 주17(제219쪽)에서는 "중국 학계 일부에서는 靺鞨을 초기 국명으로 보고 … 震國을 별칭으로 이해하고 있다"고 하였다. 그러나 '말갈'은 어디까지나 종족명이며, 심지어 '발해말갈'처럼 중원 왕조가 당사자들을 비하하는 의도로 붙인 이름이다. 그런 이름을 자기 나라 국호로 썼을 리는 없다.

800) 발해(勃海):《자치통감》에는 첫 글자가 '바다이름 발(渤)'이 아닌 '갑자기 일어날 발(勃)'로 되어 있으나 그 의미에는 변동이 없다.

801) 홀한주(忽汗州): 당대에 말갈지역에 설치한 도독부. 정식 명칭은 '홀한주도독부(忽汗州都督府)'이며, '발해도독부'로 부르기도 하였다. '홀한하'는 금대에는 호리개강(胡里改江), 청대에는 호이합하(呼爾哈河/瑚爾哈河)로 불린 것으로 전해진다. 현재 중국에서는 홀한주의 이름인 홀한이 '홀한하', 즉 길림성과 흑룡강성을 흐르는 전장 725km의 모란강(牡丹江)에서 유래한 것으로 보아 그 좌표를 지금의 길림성 돈화현 일대로 비정하고 있다.《중국역사대사전》(제999쪽)에서는 이렇게 소개하였다. "성력 원년(698)에 속말말갈의 수령 대조영이 홀한하(지금의 모란강) 상류 지역에 발해국을 세우고 처음에는 '진국'으로 일컬었다. … 관할 지역은 동으로는 지금의 동해를 마주보고, 서로는 지금의 길림성 농안현 일대에 이르며, 북으로는 모란강 하류에 닿고 남으로는 지금의 북한 용흥강에 이른다. 주의

독을 겸하게 하였다.【호주】

○ 中宗卽位, 遣侍御史張行岌招慰之, 祚榮遣子入侍。至是, 以祚榮爲左驍衛大將軍、勃海郡王。以其所部爲忽汗州, 令祚榮兼都督。【胡注】

【호주】 말갈(발해)은 이때부터 흥성해진 셈으로, 비로소 [당나라도 그 국호에서] '말갈'을 지우고 '발해[국]'로만 부르기 시작하였다.802)

개원 5년 (717, 정사년)

• 005

[이월 갑술일803)에] 해와 거란이 [당나라] 경내로 귀순해 왔다. [그러자] 패주804) 자사 송경례가 [측천무후에게] 건의하여 '영주를 다시 설치해 줄 것'을 요청하였다. [그러자 측천무후는] 삼월 경술일805)에 명령을 내려 영주도독[부]를 유성에 다시 설치하고 평로군사806)를 겸하게 하였다. [이리하여 영주

치소는 지금의 길림성 돈화시의 오동성에 있었는데 나중에는 상경 용천부(지금의 흑룡강성 영안시 동경성 부근 발해진)로 이전되었다." 그러나 홀한주의 내력이나 좌표는 재고가 필요하지 않을까 싶다.

802)【胡注】靺鞨自此盛矣。始去靺鞨, 專號勃海。
803) [2월 갑술일]: 양력으로는 3월 20일에 해당한다.
804) 패주(貝州): 당대의 지역명. 지금의 하북성 청하(淸河)·위현(威縣)·임서(臨西), 산동성 임청(臨淸)·무성(武城)·하진(夏津) 등지를 관할했는데, 치소(무성) 인근의 패구(貝丘)에서 이름을 땄다. 송대에 왕칙(王則)의 반란을 진압한 뒤부터 '은주(恩州)'로 개칭되었다.
805) 3월 경술일: 양력으로는 4월 25일에 해당한다.
806) 평로군사(平盧軍使): 당대의 관직명. 글자 그대로 풀면 '평로 방면의 군사'라는 뜻이다. '군사(軍使)'는 당대에 변방 수비를 담당한 군관을 일컫는 호칭이었다. 현종의 천보 연간 이전에는 각 방면마다 도독 또는 절도사 휘하에 군사를 1명씩 두고, 1만 명 이상의 군사를 지휘하게 하였다. 그 아래로는 창조(倉曹, 군량 담당)·병조(兵曹, 병력 담당)·주조(冑曹, 군장 담당)의 참군(參軍)을 각각 1명씩 거느렸다.

도독이] 경내의 각 주·현·진·수를 모두 그 이전과 마찬가지로 관할하게 되었다.【호주】

○ 奚契丹旣內附, 貝州刺史宋慶禮建議, 請復營州。三月, 庚戌, 制復置營州都督於柳城, 兼平盧軍使, 管內州縣鎭戍皆如其舊。【胡注】

【호주】 [측천]무후의 만세통천 원년에 영주가 함락되었는데 이때에 이르러 비로소 복구된 것이다.807)

개원 7년 (719, 기미년)

• 006

[삼월, 을묘일808)]에 발해 왕 대조영이 죽었다.【호주】 병진일809)에 그 아들 [대]무예에게 왕위를 잇게 해주었다.

○ 勃海王大祚榮卒【胡注】。丙辰, 命其子武藝襲位。

【호주】《자치통감 고이》에는 이렇게 기술되어 있다. "실록에서는 '6월 정묘일(양력 7월 1일)에 [대]조영이 죽었다. 좌감문솔 오사겸을 파견하여 홍려경의 직무를 대행하여 사신을 맡겨 제사에 조문을 하게 하였다'고 하였다. 따져 보건대 이달 병사일이 지나서 [대]조영이 죽었으며 6월이 되어서야 [오]사겸을 파견해 제사에 조문을 하게 한 것으로 보인다."810)

---

807) 【胡注】武后萬歲通天元年營州陷, 至是乃復。
808) [3월 을묘일]: 양력으로는 4월 20일에 해당한다.
809) [3월] 병진일: 양력으로는 4월 21일에 해당한다.
810) 【胡注】考異曰, 實錄 '六月, 丁卯, 祚榮卒, 遣左監門率吳思謙攝鴻臚卿, 充使弔祭。' 按此月丙巳去祚榮卒, 蓋六月方遣思謙弔祭耳。

개원 13년 (725, 을축년)

•007

[십이월 정사일811) …] 이해에 흑수말갈【호주1】에서 사신을 파견하여 [당나라에] 입조하고 [황제를] 알현하였다. 주상이 그 나라를 '흑수주'로 삼고, 관례대로 장사【호주2】를 설치하여 그 땅에 주둔하게 하였다.

○ 是歲, 黑水靺鞨【胡注】遣使入見。上以其國爲黑水州, 仍爲置長史【胡注】以鎭之。

【호주1】 흑수말갈은 유귀국 서남방에 있었다. 여진은 바로 그들의 남은 족속이다. '말갈'은 발음이 말갈이다.812)

【호주2】 '장사'는 '장리'로 써야 옳지 않을까 싶다.813)

•008

[그러자] 발해말갈의 왕 [대]무예가 말하였다.

"흑수[부]가 당나라로 들어가자면 도중에 우리 지경을 거쳐가게 되어 있다. [그래서] 과거에 [놈들이] 돌궐로부터 토둔814)【호주】을 파견해 줄 것을 요청

---

811) [12월 정사일]: 양력으로는 이듬해인 726년 1월 15일에 해당한다.
812) 【胡注】黑水靺鞨在流鬼國西南, 女眞卽其遺種也。靺鞨, 音末曷。
813) 【胡注】長史, 恐當作長吏。
814) 토둔(吐屯, Tudun): 돌궐의 관직명. 칸[可汗]이 지배하는 각 부족의 땅으로 파견되어 해당 부족들, 특히 그 족장들을 감찰하면서 공물 납부를 독려하는 직무를 담당하였다. 《신당서》〈돌궐전〉에는 이렇게 소개되어 있다. "그 다른 부락에서 군사를 관장하는 이를 '설', 자제를 '특근', 대신을 '엽호'라고 하며, '굴률철·아파·사리발·토둔·사근·염홍달·힐리발·달간' 식으로 대체로 28개 관등이 있는데, 한결같이 그 관직을 세습하며 인원 제한은 없다.(其別部典兵者曰設, 子弟曰特勤, 大臣曰葉護 曰屈律啜 ·曰阿波·曰俟利發·曰吐屯·曰俟斤·曰閻洪達·曰頡利發·曰達干, 凡二十八等, 皆世其官而無員限)" 그 위상은 당나라로 치면 대체로 어사(御史), 원나라로 치면 다루가치[達魯花赤] 정도에 해당하는데, 주로 돌궐의 명문가인 아시

할 때에도 미리 나에게 알리고 나와 함께 갔었지. [그런데] 이번에는 내게 알리지도 않은 채 당나라에 관리를 [보내 줄 것을] 요청했다니 이는 당나라와 같이 모의하여 배후에서 나를 공격하려는 속셈이 분명하다!" [그러고는] 그 친아우 [대]문예를 파견하여 그 외숙 임아815)와 함께 군사를 이끌고 흑수[부]를 공격하게 하였다.

○ 勃海靺鞨王武藝曰, "黑水入唐, 道由我境。 往者請吐屯【胡注】於突厥, 先告我與我偕行。 今不告我而請吏於唐, 是必與唐合謀, 欲腹背攻我也。 遣其母弟門藝與其舅任雅將兵擊黑水。

【호주】 돌궐은 토둔을 설치하여 [자국에] 붙어 복종하는 나라들을 지배하였다.816)

• 009

[대]문예는 왕년에 당나라에서 질자817)로 지낸 적이 있었다. [그래서 형을

나[阿史那]씨에게 독점되었으며, 권력이 무척 컸다. 몽골의 경우, 징기스칸의 선대에 '멸년토돈(蔑年土墩)'이라는 이름이 보이는데, 이 '토돈(土墩)'은 돌궐어 '투둔(Tudun)'의 또 다른 표기법이다.

815) 임아(任雅): 발해국의 대신이자 인척. 청대의 무영전본(武英殿本)에는 '임아상(任雅相)'으로 소개되어 있다. 그러나 임아상은 당대 초기 대신의 이름이어서 연대가 맞지 않다. 그리고 대부분의 판본에 '임아'로 소개되어 있는 것을 보면 '상(相)'은 잘못 들어간 글자이거나 어쩌면 '재상'이라는 뜻으로 사용되었을 것이다. 개원 14년에 무왕의 명령으로 흑수말갈 정벌에 나섰다가 지휘관이던 대문예가 당나라로 망명하자 뒤이어 파견된 무왕의 종형 대일하(大壹夏)를 보좌하였다.

816) 【胡注】 突厥置吐屯, 以領諸附從之國。

817) 질자(質子): 글자 그대로 풀면 '[담보로] 잡히는 아들'이라는 뜻이다. 중국 고대부터 상대방의 침공을 방지하기 위하여 다른 나라 적진에 보내던 볼모(hostage)를 말한다. 《사기정의(史記正義)》를 저술한 당대의 장수절(張守節)에 따르면, "강대국이 약소국에게 [자국으로] 와서 일을 논의하고자 해서 [약소국이] 왕자나 신임하는 신하를 질자로 보냈고, 약소국이 강대국의 침공을 두려워하여 왕자나 신

이렇게] 설득하였다.

"흑수[부]가 당나라에 관리를 요청하기는 했으나 우리가 그 이유로 그들을 공격한다면 그것은 당나라에 반기를 드는 격입니다. 당나라는 큰 나라입니다. 과거에 고려가 전성기에 있을 때에는 강한 군사가 삼십여 만이나 되었지요. [그럼에도 불구하고] 당나라의 명령을 따르지 않아 땅을 쓸어버린 듯 남아난 것이 없었습니다.【호주】하물며 우리는 군사가 고려의 십분의 일에도 미치지 않습니다. [그런데도] 하루아침에 당나라와 원수가 된다면 그것은 [곧] 나라가 망하는 형세가 되고 말 것입니다!"
[그러나 대]무예는 [그 말을] 듣지 않고 기어이 그를 파견하였다.

○ 門藝嘗爲質子於唐, 諫曰, "黑水請吏於唐, 而我以其故擊之, 是叛唐也。唐, 大國也。昔高麗全盛之時, 强兵三十餘萬, 不遵唐命, 掃地無遺【胡註】。況我兵不及高麗什之一二, 一旦與唐爲怨, 此亡國之勢也。武藝不從, 强遣之。

【호주】'땅을 쓸어버린 듯 남아난 것이 없었다'는 것은 나라가 망하여 살아남은 것이 없었다는 뜻으로 한 말이다. 이 일에 관해서는 〈태종본기〉·〈고종본기〉를 참조하기 바란다. '려'는 [발음이] 력과 지의 반절('리')이다.818)

임하는 신하를 질자로 가게 하였다. 또, 두 나라가 적대할 경우에는 질자를 주고받았다(國彊欲待弱之來相事, 故遣子及貴臣爲質, 國弱懼其侵伐, 令子及貴臣往爲質, 又二國敵亦爲交質)"고 한다. 당대에는 주변 이민족들에 대한 통제 및 기미(羈縻) 정책의 일환으로 '숙위(宿衛)'의 명목으로 질자를 당나라에 보내어 일정 기간 체류하게 하고 당나라의 관작을 내려 회유하곤 하였다. 그리고 복무기간이 만료되면 당사자를 본국으로 돌려보냈는데 이를 '놓아 주어 돌려보낸다'는 뜻에서 '방환(放還)'이라고 하였다.

818)【胡註】掃地無遺, 言國亡無遺育也。事見太宗·高宗紀。麗, 力知翻。

- 010

[대]문예는 [흑수부의] 지경에 이르렀을 때 다시 서신으로 [형을] 최선을 다하여 설득하였다. [그러자 대]무예는 성을 내면서 그의 종형인 대일하를 파견하여 [대문예] 대신 군사를 이끌게 하고 [대문예는 본국으로] 불러들여 죽이려 하였다. [그러자 대]문예는 무리를 버리고 사잇길로 [당나라로] 와서 망명하였다. [그래서 황제가] 칙명으로 [그를] 좌교위장군으로 삼았다. [그러자 대]무예는 사신을 파견하여 [황제에게] 표를 올리고 [대]문예의 죄상을 열거하고 그를 죽일 것을 요청하였다.

○ 門藝至境上, 復以書力諫。武藝怒, 遣其從兄大壹夏代之將兵, 召, 欲殺之。門藝棄衆, 間道來奔, 制以爲左驍衛將軍。武藝遣使上表罪狀門藝, 請殺之。

- 011

[그래서] 주상은 [대]문예를 비밀리에 파견하여 안서⁸¹⁹⁾로 보내고 그 나라의 사자는 잡아 놓은 채로 따로 [사자를 대무예에게] 파견하여 "벌써 [대]문

---

819) 안서(安西): 당대의 지역명. 지금의 신강(新疆) 위구르 자치구 지역에 해당한다. 일반적으로 안서도호부(安西都護府) 또는 그 관할하에 있던 구자(龜玆)·소륵(疏勒)·우전(于闐)·언기(焉耆)의 4개 진(鎭)을 통틀어 일컫는다. 예종의 경운(景雲) 원년(710)에 안서도호에게 이 4개 진의 경략대사(經略大使)를 겸하게 한 이래로 개원 6년(718)부터 '4진 절도사(四鎭節度使)'로 일컫기 시작하였다. 그 뒤로는 '4진' 또는 '적서(磧西)'로 부르기도 하였다. 치소가 안서도호부에 있고 절도사가 의례적으로 이 지역의 행정·군사 수장인 안서도호를 겸했기 때문에 '안서' 또는 '안서 4진'으로 부르곤 하였다. 대력(大曆) 연간에는 '진서(鎭西)'로 개칭되었으며, 정원(貞元) 6년(790) 이후로 관할 지역이 토번(吐蕃)에 장악되면서 철폐되었다. 인터넷 〈국편위판〉 주365에서는 "新疆省 全域을 포함하는 行政區域"이라고 소개했으나 '신강성(新疆省)'은 19세기 근대에 사용된 명칭으로 지금은 사용하지 않는 표현이므로 주의할 필요가 있다.

예를 영남으로 유배 보냈다"고 알렸다. [그러나 대]무예는 그 내막을 알고 표를 올려

"큰 나라는 남들에게 믿음을 보여야 마땅하거늘 어찌하여 이런 식으로 [사람을] 속이는 짓을 벌일 수 있소!"

하면서 한사코 [대]문예를 죽일 것을 요청하는 것이었다.

○ 上密遣門藝詣安西, 留其使者, 別遣報云, 已流門藝於嶺南。武藝知之, 上表稱"大國當示人以信, 豈得爲此欺誑!"固請殺門藝。

• 012

[그러자] 주상은 '홍려소경【호주】이도수와 원복이 부하들을 제대로 감독하지 못하여 [비밀을] 누설하는 사달을 내었다' 하여 [그들을] 모두 연좌로 좌천시켰다. [그러고는] 잠시 [대]문예를 파견해 영남으로 보내고 [그 사실] 대무예에게 알렸다.

○ 上以鴻臚少卿【胡注】李道邃·源復不能督察官屬, 致有漏泄, 皆坐左遷。暫遣門藝詣嶺南以報之。

【호주】 당대에는 '9시'에 저마다 소경을 2명씩 두었다. 홍려[시]는 사방의 외국과의 외교를 관장하고 있었다. 그래서 [비밀을] 누설한 것을 죄로 삼은 것이다.820)

• 013

신 [사마]광 아뢰나이다.

"임금 된 이가 사방의 오랑캐들을 복종하게 만드는 것은 [황제의] 위엄과

---

820)【胡注】唐九寺皆有少卿二人。鴻臚掌四夷之客, 故以漏泄爲罪。

믿음뿐입니다. [대]문예가 충성으로도 죄를 뒤집어쓰고 자연히 천자에게 귀순할 수밖에 없었습니다. [그렇다면] 천자는 그 일의 그르고 옳음을 따져 보고 [대]문예에게는 상을 내리고 [대]무예에게는 벌을 내림으로써 정사의 원칙으로 삼았어야 옳습니다. [그렇게 했다면 대무예를] 토벌하는 것까지는 할 수 없을지언정 그래도 정정당당하게 [대]문예에게 죄가 없음을 그에게 알렸어야 옳았습니다. [그런데] 이때 명황821)은 위엄으로는 [대]무예를 복종시키지 못하고 은덕으로는 [대]문예를 비호해 주지도 못한 채 그저 소인배를 흉내내어 남을 속이는 말을 함으로써 작은 나라에게 궁색한 꼴만 보이고 말았나이다. 그러고도 홍려시가 [진상을] 누설한 일만 죄로 삼았으니 이 또한 치욕스러운 일이 아니겠나이까!"

개원 20년 (732, 임신년)

• 014

[삼월] 기사일822)【호주1】에 [신안왕 이]의 등이 해와 거란을 크게 무찌르고 사로잡거나 머리를 벤 자가 무척 많았다. … [이]의가 군사를 이끌고 귀환하였다. [황제는] 이시에게 '귀의왕'이라는 작호를 내리고 귀의주【호주2】 도독으로 충원하는 한편 그 부락은 옮겨 유주의 지경에 안치하였다.

○ 己巳【胡注】, 禕等大破奚·契丹, 俘斬甚衆, … 禕引兵還。賜李詩爵歸義王, 充歸義州【胡注】都督, 徙其部落置幽州境。

【호주1】《자치통감 고이》에는 "《당력》에는 '경진[일](5월 6일)'로 나와 있

---

821) 명황(明皇): 당나라 현종 이융기에 대한 또 다른 호칭. 원래는 도교에 탐닉했던 그의 도교식 시호 '지도대성대명 효황제(至道大聖大明孝皇帝)'를 두 글자로 줄인 것으로, 후세의 문학 작품들에는 '명황'으로 일컬어지기 시작하였다.
822) [3월] 기사일: 양력으로는 4월 25일에 해당한다.

다"고 되어 있다. 여기서는 실록을 따르기로 한다.823)

【호주2】고종의 총장 연간에 신라의 투항자들로 양향현824) 광양성에 귀의주를 설치했다가 나중에 철폐하였다. [그런데] 이때 다시 설치하여 이시의 부락을 안치한 것이다.825)

• 015

[구월, 을사일826) …] 발해말갈의 왕 [대]무예가 그 나라 장수 장문휴를 파견하여 해적들을 지휘하여 등주827)를 침공하고 자사이던 위준828)을 살해하였다. [그러자] 주상은 우영군장군 갈복순【호주】에게 명령을 내려 군사를 징발하여 그를 토벌하게 하였다.

823) 【胡注】考異曰, 唐曆作庚辰。今從實錄。
824) 양향현(良鄕縣): 중국 고대의 지명. 전한대에 처음으로 설치되었으며, 치소는 지금의 북경시 방산구(房山區) 동남쪽에 있었다. 당나라 성력(聖曆) 원년(698)에 고절현(固節縣)으로 개칭되었다가 신룡 연간에 원래의 이름으로 고쳤으며 1958년에 최종적으로 철폐되었다.
825) 【胡注】高宗總章中, 以新羅降戶置歸義州於良鄕縣廣陽城。後廢, 今復置以處李詩部落。
826) [9월 을사일]: 양력으로는 9월 28일에 해당한다.
827) 등주(登州): 중국 고대의 지명. 무측천이 세운 주(周)나라의 여의(如意) 원년(692)에 설치되었으며, 치소는 모평(牟平, 지금의 산동성 연태시 모평구)이었다. 중종의 신룡 연간에 치소를 봉래(蓬萊)로 이전하고, 지금의 산동성 봉래·용구(龍口)·서하(棲霞)·해양(海陽) 이동 지역을 관할하였다. 지리적으로 산동반도의 동쪽 끝에 자리잡고 있어서 고대부터 해로로 북방(요동·한반도·일본)과 남방(절강·복건·광동)을 오가는 데에 중요한 교통의 요충지로 간주되었다.
828) 위준(韋俊, 676~732): 당대 중기의 대신. 자는 원준(元俊)이며, 경조(京兆) 두릉(杜陵, 지금의 섬서성 서안시) 사람이다. 20세 때에 사거(射擧, 일종의 무과)에 급제한 이래 태자좌사 어솔부중후(太子左司御率府中候)·좌금오위사계(左金吾衛司階)·태자좌찬선대부(太子左贊善大夫) 등을 역임하고 상주별가(商州別駕)·등주도독(登州都督)에 임명되었다. 개원 20년(732) 9월 28일에 발해국 부장 장문휴의 공격을 받아 죽었다.

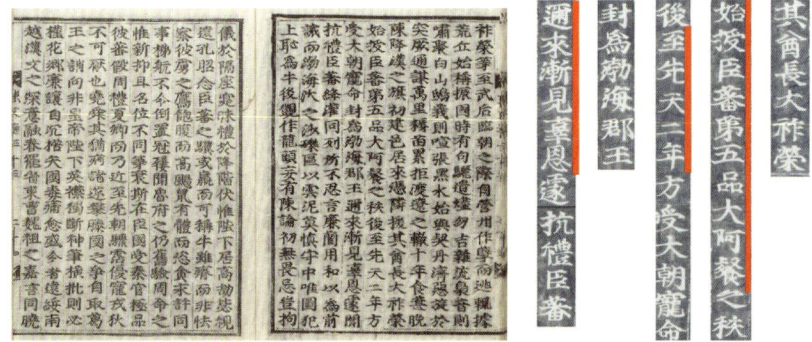

《동문선(東文選)》에 소개된 최치원의 〈사불허북국거상표〉. 그 내용을 통하여 간접적으로 나마 대조영이 건국 초기에 생존 전략의 일환으로 신라로부터 책봉을 받았음을 알 수 있다.

○ 勃海靺鞨王武藝遣其將張文休帥海賊寇登州, 殺刺史韋俊。上命右領軍將軍葛福順【胡注】發兵討之。

【호주】 작년 봄까지만 해도 갈복순은 왕모중 쪽에 붙어 있었다. [그런데] 이제는 그대로 숙위로 있는 것을 보면 [왕]모중이 주살되고 나서 [갈]복순 등이 다시 기용된 것으로 보인다. 개원 9년(721)에 왕사를 재주에 좌전시켰다가 나중에 다시 상서로 삼고 도로 변방의 업무를 맡게 한 것도 이 경우와 비슷하다.829)

• 016

이해에 유주절도사로 하여금 하북채방[사]을 겸하게 하고 [그로 하여금] 추가로 관할하게 한 위주·상주·낙주·패주·기주·위주·심주·조주·항주·정주·형주·덕주·박주·체주·영주·막주의 열여섯 주 및 안동도호부

---

829)【胡注】去年春, 葛福順方以黨附王毛仲貶, 今則仍爲宿衛, 蓋毛仲既誅, 福順等復敘用也。開元九年, 貶王晙梓州, 己而復爲尚書, 復居邊任, 事亦類此。

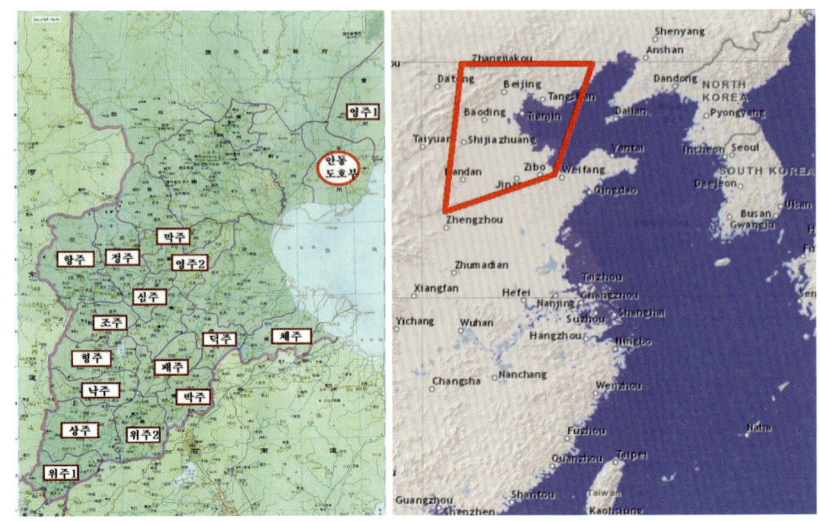

평양성에서 하북 평주 경내로 이전된 마지막 안동도호부의 위치와 16새 주

【호주】를 설치하게 하였다.

○ 是歲, 以幽州節度使兼河北采訪處置使增領衛·相·洛·貝·冀·魏·深·趙·恒·定·邢·德·博·棣·營·鄆十六州及安東都護府【胡注】.

【호주】 … 안동도호부는 이때 치소가 평주에 있었다.830)

개원 21년 (733, 계묘년)

• 017

[봄, 정월] 정사일831)에 … 주상이 대문예를 파견하여 유주에 가서 군사를 징용한 다음 발해왕 [대]무예를 토벌하게 하였다.【호주】

○ 丁巳, … 上遣大門藝詣幽州發兵, 以討勃海王武藝【胡注】.

---

830)【胡注】… 安東都護府, 時治平州.
831) [1월] 정사일: 양력으로는 2월 7일에 해당한다.

【호주】《자치통감 고이》에는 이렇게 기술되어 있다. "《신당서》〈오승자전〉에서는 … 또 이렇게 말하였다. '발해의 대무예가 군사를 이끌고 마도산832)까지 가서 성읍에서 학살을 벌였다. [그래서 외]승자는 중요한 길목을 막고 큰 돌을 채우기를 400리나 [작업을 이어 나감으로써 발해군의 침범을 막고자] 하였다. 이리하여 [외지로] 흘러나갔던 사람들은 터전으로 돌아오고 쉬는 일이 적어졌으며 갑옷을 벗고 농사에 열중하니 해마다 드는 경비가 절약되었다.' 따져 보건대 [당대 중기의 시인] 한유는 [큰일을 한] 오중윤을 위하여 사당과 비석을 세웠을 때 [외]중윤의 부친 [외]승흡에 관하여 이렇게 언급하였다. '여러 차례 거란을 무찌르고 날록(나록) 싸움에 참가하여 [돌궐의] 가돌간을 쫓아내었으나 [이번에는] 발해군이 [침공하여] 마도산까지 올라가니 관리며 백성들이 도망치고 이주하여 생업을 잃고 말았다. [그때 외]상서(승자)께서 지휘하는 군사들이 그 길을 막고 들판에 돌을 쌓아 채우기를 400리나 이어갔으며 깊이와 높이가 모두 3장이나 되었다. [그러자 발해의] 도적들은 더 이상 진군하지 못하게 되니 백성들이 그 터전으로 돌아와 해마다 내지 않는 돈이 3,000만이나 되었다.' 아마도 《신당서》는 그 비문을 요약하여 〈오승자전〉을 작성한 것이 아닌가 싶다. 따져 보건대 《구당서》와 《신당서》의 〈본기〉 및 〈발해[말갈]전〉에는 한결같이 [대]무예가 [당나라 경내로] 들어와 마도산까지 진군한 일이 보이지 않는다. 어떤 사람은 한유 비석의 '가돌간을 쫓아내었으나 [이번에는] 발해군이 [침공하여] 마도산까지 올라가니' 대목을 놓고 '가돌간을 무찔러 발해에서 쫓아내고 그를 추격하여 마두산까지 이르렀다'고 해석하였다. 21년에 곽영걸은 가돌간과 도산에서 전투를 벌였

---

832) 마도산(馬都山): 중국 고대의 산 이름. 지금의 하북성 동북부의 청룡현(靑龍縣) 서북방에 자리잡은 도산(都山)을 말한다. 청대 학자 고조우(顧祖禹)의 《독사방여기요》 "대녕위(大寧衛)"조에서 "【도산】'마도산'으로 부르기도 한다(【都山】亦作馬都山)"라고 한 것이 그 증거이다.

다. 그렇다면 도산은 거란의 땅이었을 것이다. '관리와 백성들이 도망치고 이주하여 생업을 잃었다'고 한 것도 아마 가돌간이 [당나라 경내를] 침범함으로써 그렇게 된 것으로, 위의 내용과는 같은 일인 것을 《신당서》가 그대로 반영함으로써 빚어진 착오일 것이다. 그런데 《신당서》〈오승자전〉의 나머지 일들을 미처 모르는 상태에서 달리 무슨 사서를 근거로 삼는다는 말인가?833)

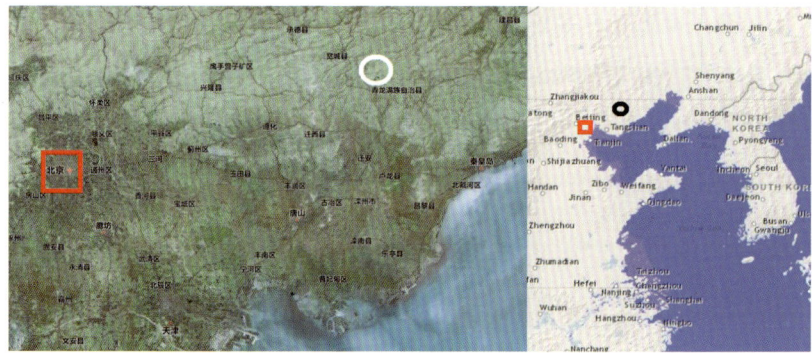

호삼성이 주석에서 언급한 '마도산'은 지금의 하북성 동북부 관성현(寬城縣)과 청룡현(靑龍縣) 사이에 자리잡고 있는 도산(都山)이다. 호삼성의 주석은 발해 서계의 좌표를 찾는 데에 중요한 단서를 제공한다. 발해는 어떤 방식으로든 발해를 끼고 있어야 옳다는 뜻이다.

833)【胡注】考異曰, 新書烏承玼傳云,'可突干殺其王邵固, 降突厥, 而奚亦亂。是歲, 奚·契丹入寇, 詔承玼擊之, 破於捺祿山。'又云,'勃海大武藝引兵至馬都山, 屠城邑, 承玼室要路, 塹以大石, 亘四百里, 於是流人得還土少休, 脫鎧而耕, 歲省度支運錢。'按韓愈爲烏重胤作廟碑, 敍重胤父承洽云,'屢破契丹, 從戰捺祿, 走可突干勃海上, 至馬都山, 吏民逃徙失業。尙書領所部兵塞其道, 塹原累石, 綿四百里, 深高皆三丈。寇不得進, 民還其居, 歲罷錢三千萬。'疑新書約此碑作承玼傳。按, 新舊帝紀及勃海傳, 皆無武藝入寇至馬都山事。或者韓碑云'走可突干勃海上, 至馬都山', 謂破走可突干勃海上, 追之至馬都山耳。二十一年, 郭英傑與可突干戰都山。然則都山蓋契丹之也。吏民逃徙失業, 蓋因可突干入寇而然, 與上止是一事, 新書承之致誤。然未知新書承玼傳中餘事, 別據何書。

• 018

[정월] 경신일[834)]에 태복원외경 김사란[호주]에게 명령하여 신라에 사신으로 가서 [신라] 군사를 동원하여 그 나라의 남쪽 변경을 공격하게 하였다. 공교롭게도 [이때] 큰 눈이 한 장 넘게[835)] 내려 산길이 막히는 바람에 병사들 중에 죽은 자가 반이 넘어서 [세운] 공도 없이 [본국으로] 귀환하고 말았다.

○ 庚申, 命太僕員外卿金思蘭[胡注]使于新羅, 發兵擊其南鄙。會大雪丈餘, 山路阻隘, 士卒死者過半, 無功而還。

【호주】[김]사란은 [황제의] 시중을 들도록 [당나라에] 파견한 신라왕의 아들이다. 도성(장안)에 머물며 벼슬로는 태복경을 지냈는데 [그 벼슬은] 정원과는 별도로 둔 것이었다.[836)]

• 019

[이 사건을 계기로 대]무예는 [대]문예를 원망해 마지 않았다. [대무예는] 비밀리에 자객을 파견하여 천진교[837)] 남쪽에서 [대]문예를 암살하려 했으나

---

834) [1월] 경신일: 양력으로는 2월 10일에 해당한다.
835) 한 장 넘게[丈餘]: '장(丈)'은 중국 고대에 길이를 재는 단위사로, 시대에 따라 편차를 보이기는 하지만 대체로 3.3m 정도에 해당한다. 따라서 "한 장 넘게"라면 3~4m 정도의 큰 눈이 내린 것으로 해석할 수 있는 셈이다.
836)【胡注】思蘭, 新羅王之侍子。留京師, 官爲太僕卿, 員外置。
837) 천진교(天津橋): 당대에 낙양 경내에 있던 다리 이름. 수나라 대업 원년(605)에 도읍을 장안에서 낙양으로 옮긴 양제(煬帝)가 도성을 관통해 흐르는 낙수(洛水)에 은하수 다리의 분위기를 조성하기 위하여 낙양 서남쪽에 부교를 만들었다. 그리고 쇠사슬을 큰 배에 연결하고 길을 끼고 남북으로 네 군데에 누각을 세운 다음 '하늘 나루'라는 뜻에서 '천진(天津)'이라고 불렀다고 한다. 수나라 말기에 민란을 일으킨 이밀(李密)이 불태워 없앤 것을 당·송대에 여러 차례 보수하여 돌다리[石橋]로 만들었다. 송대까지도 '낙양 8경(洛陽八景)'의 하나로 유명했으나 잦

죽지 않았다. 주상은 하남[호주]에 명령을 내려 그 무리를 색출하게 해서 그들을 모두 죽였다.

○ 武藝怨門藝不已, 密遣客刺門藝於天津橋南, 不死。上命河南[胡注]搜捕賊黨, 盡殺之。

【호주】'하남'은 하남부838)를 말한다.839)

• 020

윤[삼]월, 계유일840)에 유주도 부총관 곽영걸이 거란과 [매]도산에서 전투를 벌이다가 패하고 죽었다. 이때, 절도[사] 설초는 [곽]영걸을 파견하여 정예 기병 일만 및 투항한 해족을 이끌고 거란을 공격한 다음 유관【호주】너머에 주둔하고 있었다. …

○ 閏月, 癸酉, 幽州道副總管郭英傑與契丹戰于都山, 敗死。時, 節度薛楚遣英傑將精騎一萬及降奚擊契丹, 屯於榆關[胡注]外。…

【호주】'느릅나무 유'는 '물이름 유'로 써야 옳다. 이 유관841)은 영주와 평

은 전란을 거치면서 금대에 자취를 감추었다.

838) 하남부(河南府): 당대의 지방 행정 구역. 지금의 하남 지역에 해당한다. 〈동북아판2〉 주41(제223쪽)에서는 "현재 중국 洛陽에 설치된 府名"이라고 소개했으나 도시 이름('-시')이 아니라 지역명('-도')이므로 유념할 필요가 있다. 낙양이 '서울'이라면 하남부는 '경기도'에 해당한다는 뜻이다.《구당서》〈지리지〉에 따르면, "【하남부】수나라의 하남군. 무덕 4년(621)에 왕세충을 토벌해 평정하고 낙주총관부를 설치하고 낙·정·웅·곡·숭·관·이·여·관의 9개 주를 관할하게 하고, 낙주는 하남·낙양·언사·공양성·구지·숭양·육혼·이궐 등 9개 현을 관할하게 하였다.(【河南府】隋河南郡. 武德四年, 討平王世充, 置洛州總管府, 領洛鄭熊谷嵩管伊汝管九州. 洛州領河南洛陽偃師巩陽城緱氏嵩陽陸渾伊闕等九縣)"

839)【胡注】河南, 謂河南府。

840) 윤[3]월 계유일: 양력으로는 4월 24일에 해당한다.

841) 유관(渝關): 중국 고대의 중요한 관문인 임유관(臨渝關)을 말한다. 자세한 소개는 부록《자치통감》"정관 19년"조의 "임유관" 주석(제574~575쪽)을 참조하기

주 사이에 자리잡고 있었는데, 예로부터 '유수를 마주한 험지'로 일컬어지던 곳이다. 《한서음의》에 따르면 '물이름 유'는 발음이 '깨우칠 유'와 같다. 또, 당나라 승주의 지경에는 [느릅나무 유'자] '유관'이 있다. 수나라의 유림군 지경이다. 이 두 관문은 [첫 글자가] '물이름 유'이냐 '느릅나무 유'이냐에서 차이를 보인다. [그래서 역대] 역사가들이 전하고 기록하는 과정에서 뒤섞이면서 차이가 없는 것처럼 되어 버린 것이다. 그래서 [여기서] 그 내력을 상세하게 따져 놓았다.842)

개원 22년 (734, 갑술년)

• 021

유월, 임진일843)에 유주 절도사 장수규844)가 거란[호주]을 크게 무찌르고 사자를 파견하여 [조정에] 대첩 소식을 알렸다.

○ 六月, 壬辰, 幽州節度使張守珪大破契丹【胡注】, 遣使獻捷。

【호주】《자치통감 고이》에는 이렇게 기술되어 있다. "실록에서는 '[장]수규가 임호845)를 크게 무찔렀다'고 하였다. 《당회요》의 거란 관련 기사들을

바란다.
842) 【胡注】榆當作渝。此渝關在營平之間, 古所謂臨渝之險者也。漢書音義, 渝音喻。又, 唐勝州界有榆關。隋之榆林郡界二關, 有渝榆之異。史家傳寫混淆無別, 故詳辯之。
843) 6월 임진일: 양력으로는 7월 7일에 해당한다.
844) 장수규(張守珪, 684~740): 당대의 장수. 섬주(陝州) 하북(河北, 지금의 산서성 평륙현 동북쪽) 사람이다. 말타기와 활쏘기를 잘하여 북쪽 변경을 지키며 여러 차례 돌궐을 격퇴하였다. 개원 15년 이래로 과주자사(瓜州刺史)·묵리군사(墨離軍使)를 지낼 때에는 과주성을 쌓아 돌궐에 대비하고 하북절도대사로 유주에 주둔할 때에는 거란의 침입을 막았다. 그 뒤로 보국대장군·우우림대장군을 지냈으나 괄주자사(括州刺史)로 좌천되었다가 병으로 죽었다.
845) 임호(林胡): 고대 북방민족의 한 갈래. 전국시대에 지금의 산서성 삭현(朔縣) 이

따져 보건대, [개원] 22년에 [장]수규가 그들을 크게 무찔렀다." 실록에서는 거란이 바로 전국 시대의 임호라고 여기고 그렇게 말한 것으로 보인다.846)

• 022

[겨울, 십이월] ··· 을사일847)에【호주1】 유주절도사 장수규가 거란 왕 굴렬과 가돌간의 목을 베고 그 머리를 [장안으로] 전달하였다. ··· [장]수규는 자몽주848)【호주2】에서 출사하여 대규모 사열을 하고 주둔하며 거란인들[의 민심]을 달랬다. [그리고] 굴렬과 가돌간의 머리를 천진[교]의 남쪽에 매달았다.

○ 乙巳【胡注】, 幽州節度使張守珪斬契丹王屈烈及可突干, 傳首。

··· 守珪出師紫蒙州【胡注】, 大閱以鎮撫之。梟屈烈、可突干首于天津之南。

【호주1】《자치통감 고이》에는 이렇게 기술되어 있다. "《구당서》〈장수규전〉에는 '굴렬'이 '굴랄'로 되어 있다. 〈거란전〉에서는 '이듬해 정월에 머리

북에 주로 분포했으며, '담림(澹林)'으로 불리기도 하였다. 글자 그대로 풀면 '숲 속의 오랑캐'의 뜻이 되므로, 북경 이북인 음산(陰山) 방면의 숲에서 생활한 것으로 보인다. 말타기와 활쏘기를 잘했으며, 유목을 생업으로 삼았다. 조(趙)나라 무령왕(武靈王)에게 격파된 뒤로 조나라에 복속하였다.

846)【胡注】考異曰, 實錄, '守珪大破林胡.' 按會要契丹事, 二十二年, 守珪大破之。蓋實錄以契丹卽戰國時林胡地, 故云然。

847) [12월] 을사일: 양력으로는 이듬해인 735년 9월 20일에 해당한다.

848) 자몽주(紫蒙州): 중국 고대의 지명. 일반적으로 '자몽천(紫蒙川)'으로 알려져 있다. 〈진·한대에는 동호(東胡), 서진대에는 선비족의 한 갈래인 우문부(宇文部)가 각각 터전으로 삼았다. 중국 학계에서는 그 위치를 지금의 요녕성 조양시 서북쪽 노합하(老哈河) 상류 지역으로 비정하고 있으나 확실하지 않다.

를 전달했다'고 했으나 여기서는 실록을 따랐다.849)

【호주2】《진서》〈재기〉에 따르면, 진·한대에는 동호가 자몽의 들판에 읍락을 이루고 있었다. 《구당서》〈지리지〉에서는 '평주에는 자몽·백랑·창려 등의 초소가 있었다'고 했는데, 아마 평주의 북쪽 지경은 거란의 남쪽 지경이었을 것이다.850)

개원 23년 (735, 을해년)

• 023

이해에 거란 왕 과절이 그 신하 열례에게 죽음을 당하였다. … 그의 아들들을 통틀어 일자랄건만 안동【호주】으로 달아나 위기를 벗어날 수 있었다.

○ 是歲, 契丹王過折爲其臣涅禮所殺。… 幷其諸子, 一子刺乾奔安東【胡注】得免。

【호주】 개원 2년(714)에 안동도호부가 평주로 이전되었다.851)

개원 25년 (737, 정축년)

• 024

[이월] 무진일852)에 신라왕 [김]흥광853)이 죽었다. 아들 [김]승경이 왕위

---

849) 【胡注】考異曰, 舊守珪傳屈烈作屈刺。 契丹傳來年正月傳首。 今從實錄。
850) 【胡注】據晉書載記, 秦漢之間, 東胡邑于紫蒙之野。 唐書地理志, 平州有紫蒙·白狼·昌黎等戍。 蓋平州之北境, 契丹之南界也。
851) 【胡注】開元二年移安東都護府於平州。
852) [2월] 무진일: 양력으로는 3월 29일에 해당한다.
853) 흥광(興光, ?~737): 신라 제33대 국왕인 성덕왕(聖德王) 김흥광을 말한다. 신문왕의 아들이자 효소왕의 동생이다. 원래 이름은 '숭기(崇基)'였으나 나중에 당나

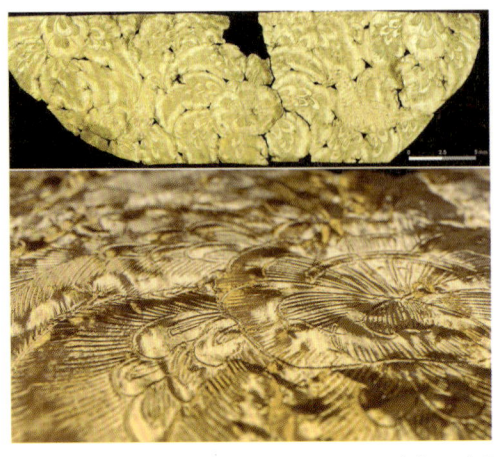

경주시 동궁 월지에서 발굴된 8세기 통일신라 금박 화조도. 오른쪽은 출토 당시 상태. 왼쪽은 구겨진 것을 편 모습(위)과 세부 확대도(하) (국립경주문화재연구소)

를 이어 받았다.

○ 戊辰, 新羅王興光卒。子承慶襲位。

개원 26년 (738, 무인년)

• 025

[윤]팔월 신사일854)에 발해 왕 [대]무예가 죽었다. 아들 [대]흠무가 옹립되었다.

○ 八月, 辛巳, 勃海王武藝卒。子欽茂立。

라의 왕족이던 이융기(李隆基)가 황제로 즉위하면서 그 이름을 피하여 '흥광'으로 고쳤다. 효소왕이 후계자 없이 죽자 화백 회의를 거쳐 국왕으로 옹립되었다. 당시 장구령(張九齡, 673~740)이 황제 현종의 칙명에 따라 작성한 국서가 〈칙신라왕김흥광서(勅新羅王金興光書)〉라는 제목으로 《전당문(全唐文)》 권285에 자세하게 소개되어 있다.

854) [윤]8월 신사일: 양력으로는 10월 3일에 해당한다.

개원 27년 (739, 기묘년)

• 026

유월, 계유일[855]에 … 유주의 장수 조감과 백진질이 [유주]절도사 장수규의 명령을 조작하여 평로군사 오지의로 하여금 [조정에] 반기를 든 해족의 남은 무리를 횡수【호주】의 북쪽에서 공격하게 하였다.

○ 六月, 癸酉, … 幽州將趙堪、白眞妭羅矯節度使張守珪之命, 使平盧軍使烏知義擊叛奚餘黨於橫水【胡注】之北。

【호주】[가로 '횡'자] 횡수는 [웅덩이 '황'자] '황수'로 써야 옳다. 《구당서》〈장수규전〉에는 '황수'로 되어 있으므로 여기서는 그 표기를 따랐다. 황수는 요나라에 있는데, 지금의 임황부 지경이다. 《구당서》〈지리지〉에는 이렇게 소개되어 있다. "영주로부터 송형령[856]으로 건너가 북쪽으로 400리를 가면 황수에 이른다.[857]

개원 29년 (741, 신사년)

• 027

팔월, 을미일[858]에 [안]록산을 영주도독으로 삼았다. [그러고는] 평로군사

---

855) 6월 계유일: 양력으로는 7월 22일에 해당한다.
856) 송형령(松陘嶺): 중국 고대의 지명. '송견령(松岍嶺)'으로 쓰기도 하는데, 중국 학계는 지금의 요녕성 건평현(建平縣) 북쪽, 내몽고 노합하 동쪽으로 비정하고 있다. 노합하를 따라 남북으로 산맥과 연결되는데 수·당대에는 해족과 거란족의 자연적인 경계선으로 간주되었다. 《신당서》〈지리지〉에는 이렇게 소개되어 있다. "영주 서북쪽으로 100리 지점을 '송형령'이라고 하는데, 그 서쪽에 해족이 그 동쪽에 거란이 있다.(營州西北百里曰松陘嶺, 其西奚, 其東契丹)"
857)【胡注】橫水當作潢水。新書作湟水, 舊書張守珪傳作潢水, 今從之。潢水, 在遼國, 今臨潢府界。志云, 自營州度松陘嶺北行四百里至潢水。
858) 8월 을미일: 양력으로는 10월 1일에 해당한다.

【호주1】 및 양번【호주2】·발해·흑수 사부경략사로 충원하였다.

○ 八月, 乙未, 以祿山爲營州都督, 充平盧軍使【胡注】, 兩蕃【胡注】·勃海·黑水四府經略使.

【호주1】《자치통감 고이》에는 이렇게 기술되어 있다. "실록에서는 이해 '8월 을미일에 유주절도 부대사 안록산859)을 영주자사로 삼고 평로·발해·흑수군사로 충원하였다'고 하였다.《구당서》〈본기〉에서는 '유주절도 부사 안록산을 영주자사로 삼았다'고 하였다. 평로병마사로서 유주절도 부사의 직함까지 지녔던 것이다. 실록에는 '큰 대'자가 잘못 들어간 셈이다. [역사적으로는] 천보 원년(742)부터 비로소 평로를 절도사로 삼았으므로《당회요》가 착오를 범한 것이다.860)

【호주2】당대에는 해와 거란을 '양번'으로 불렀다.861)

---

859) 안록산(安祿山, 703?~757): 당나라 중기 영주(營州) 유성(柳城) 출신의 돌궐계 군벌. 본래는 성이 강(康)씨였는데, 생모가 돌궐족 장수 안연언(安延偃)에게 재가하면서 안씨가 되었다. 6개국의 말에 능통할 정도로 머리가 좋아서 당시 유주(幽州) 절도사이던 장수규에게 발탁되고 곧 양자가 되었다. 그 후 여러 차례의 싸움에서 전공을 세우면서 현종과 양귀비의 총애를 받아 평로(平盧)·범양(范陽)·하동(河東) 세 지역의 절도사를 겸할 정도로 권세가 대단하였다. 그러나 양귀비의 사촌 오라비로 당시 재상이던 양국충(楊國忠, ?~756)과 정치적으로 반목하면서 천보 14년(755) 범양에서 반란을 일으켜 낙양과 장안을 차례로 함락시켰다. 이어서 다음해에는 국호를 '대연(大燕)'으로 일컫고 '웅무황제(雄武皇帝)'를 자칭하면서 당나라를 혼란과 파괴의 도가니로 몰아넣었다. 그러나 애첩의 아들을 편애하는 데에 앙심을 품은 둘째아들 안경서(安慶緒)에게 살해되었다.

860)【胡注】考異曰, '實錄此年八月乙未, 以幽州節度副大使安祿山爲營州刺史, 充平盧·渤海·黑水軍使.' 舊紀以幽州節度副使安祿山爲營州刺史, 平盧兵馬使帶幽州節度副使之名耳. 實錄衍大字也. 天寶元年, 始以平盧爲節度, 會要誤也.

861)【胡注】唐謂奚·契丹爲兩蕃.

찾아보기

ㄱ

가돌간 787, 792
갈복순 784
감국 487
강주 607
개부·의동삼사 487
거란 373, 456, 472, 774, 776, 783, 791
건안 558
걸사북우 769
걸사비우 371
검교사공 408
〈격고려문〉 704
계룡산 688
계루부 374
계필하력 148, 517
고려 369, 391, 424
고려 별종 369
고보영 419
고보원 170
고복남 688
고연수 528
고장 168, 170, 709, 747
고종 148, 170, 747, 784
공주 747
과절 793
곽영걸 790
교위 590
굴렬 792
귀단수 617
귀의주 784
금자광록대부 351

김사란 398, 789
김숭기 764
김승경 793
김이홍 760, 764
김춘추 215, 289, 616
김흥광 793

ㄴ

낙랑 434
남소 597
남쪽 지경 399
낭장 224
내상시 407
내주 607
노룡새 766
녹살 128
농우 747
누살 557
누선 595
뉴욕 641
니하 773

ㄷ

단수간 402
달솔 669, 670
《당력》 500, 783
당례 295
《당육전(唐六典)》 129, 200, 221, 585, 629, 717, 736
대대로 41, 462, 529, 531

대리시 476
대무예 393, 396, 777, 778, 780, 782, 787, 789, 794
대문예 392, 400, 780, 782, 786, 789
대방 185, 187, 190, 432, 496, 641, 768
대방군왕 194, 202, 256, 257, 258, 293, 444
대방왕 745
대방주 225, 640, 641, 675
대숭린 407, 411
대요수 527
대일하 392, 781
대조영 369, 371, 768, 772, 774, 777
대행성 712
대형 118, 151
대흠무 402, 409, 794
도독 366, 628
도독부 219, 627
도침 223
돌궐 175, 345, 346, 387, 747, 759
돌지계 351, 735
동도 400
동래 80, 101, 383, 447, 505
동모산 374, 772
등소 454
등주 301, 398, 784
땅을 내려 주신 일에 감사하며 올리는 표 305

ㅁ

마갸르 345, 363, 422, 442
마도산 787, 790
마문궤 394

마자수 507, 508, 509
마테오 리치 344
마한 185, 219, 434, 436, 627, 628
막리지 552
막예말갈 442
만복 425
말갈 40, 119, 128, 168, 174, 175, 215, 261, 289, 303, 343, 348, 349, 353, 364, 371, 373, 376, 441, 442, 456, 457, 472, 507, 528, 534, 543, 616, 738, 747, 769, 770, 776, 778
멱돌 362
명광갑 129, 200
명황 783
무협 607
《문관사림(文館詞林)》 205, 295, 297
물길 344

ㅂ

바둑 48, 307
박작성 144
발해 796
발해국왕 408, 411
발해군왕 386, 402, 407
발해말갈 259, 301, 362, 369, 778, 784
방령 670
배행방 603
백강 663
백랑 793
백산부 360
백암성 516, 517, 523
벌노성 734
변한 263

병부 225
복신 223
봉선 256
부성 224
부여 634
부여경 258
부여성 634, 712
부여융 256, 745, 747
《부여융 묘지명》 293
부여의자 444
부여장 444
부여풍 223, 235
북적 422
북평군 505
비사성 505
비장 154
빈객 409

ㅅ

사공·태위 411
사농경 745
살수 713
살하수 713
삼한 208, 209, 551, 765
상도 419
샤르모른 469, 473, 766, 771
설만철 143, 603
설초 790
설하수 712
성사 523
소정방 148
손대음 523
손인사 235, 663

손호 222
송경례 776
송막도독 614
송형령 795
수산 545
숙신 343
숙위 759, 785
습 766
신라 263, 377, 773
신성 155, 156, 558, 746
실위 346

ㅇ

안거골 362
안동 168, 793
안동도호 365
안동도호부 746, 747, 785, 793
안동성 747
안록산 796
안서 393, 781
안시성 119
압록수 144, 507, 558, 593, 649, 704, 713, 720
압사 367
야나이 와타리 701
양번 796
양제 66, 351, 423, 476, 482, 485, 492, 709, 735
양주 607
양평 406, 429, 469, 513, 768
양현감 485
어양 766
연안항법 71, 96, 196, 604, 605, 666

연호 408
영남 394, 781
영주 351, 376, 472, 768, 773, 776, 795
영해군사 303
예종 382, 766
오골강 519
오골성 517, 557, 559
오라호 590, 591
오락후 591
오승자 788
옹노 766
와국 187, 213, 223, 235, 245, 635, 639, 660, 663, 667, 688, 723
와타 세이 369, 771, 772
요동 423, 744
요동성 500
요수 155, 498, 597, 617
요양 109, 515, 516, 542, 545, 617
요양군왕 765
요양부 505
요양시 47, 61, 104, 109, 361, 461, 469, 516, 617, 765
요주 109
요하 14, 61, 98, 104, 109, 469, 497, 508, 509, 542, 617
우제돌궐 734
운휘장군 366
웅진도독 256, 257
원복 782
월희말갈 378
위위경 170, 258
위준 398, 784
위지경덕 487, 489
위징 424

유관 790
유귀국 441, 778
유성 429, 454, 768, 776
유인궤 225, 256, 652, 675
유인원 224, 256, 652
유주 472, 783
은청광록대부 408
읍루국 772
의무려산 545
이굴가 614
이다조 759, 765
이도수 395, 782
이사마 517
이적 154
이진충 768
이해고 770
일본국 404
일자랄건 793
일품 41
임아 779
임아상 148
임유관 141, 353, 454, 508, 572, 735, 790
임호 791
임황부 795

ㅈ

자몽 793
자몽주 792
자사 628
장검 472, 501
장량 505, 558
장문휴 397, 784
장백산 344

장사 43, 339, 366, 386, 523, 607, 778
장손무기 456, 558
장수규 791, 795
장안 675
장행급 775
정약용 260, 432, 628, 640
정이품 42
정인보 37
정주 487
조감 795
조선군 744
조선군공 744
조선군왕 168, 170, 257, 747
《조선사연구》 37
조선태수 744
조주 396
좌교위대장군 402
좌금오대장군 409
좌평 189, 670
주관 425
주국 202
주류성 223
주필산 131, 552
주학연 363, 442
중종 765
〈지리지〉 634
지마현 242, 688
지모현 688
진국왕 376, 774
진대덕 80, 444
진숙보 222
《진시황은 몽골어를 하는 여진족이다》 442
진주가한 131, 552

진한 436
진현성 652, 663
질자 390, 779

ㅊ

창려 793
천남건 704, 712
천문령 372, 771
《천지서상지(天地瑞祥志)》 242, 244, 245, 247, 687, 769
천진교 400, 789, 792
철갑 200
청구도 143, 594, 603
체르냐찌노 389
최흔 382
취리산 242, 688
측천문 628
칠중성 734

ㅌ

탐라 688
태대형 42, 157
태복원외경 303, 398, 789
태산 688
태자첨사 409
태종 424
택주 396
토둔 387, 778
토호진하 772
통정진 498
특진 409

ㅍ

패강 631, 646
패강도 650
평로 796
평로군사 776, 795
평로병마사 796
평양성 128, 534
평주 786, 793

ㅎ

하남 747
하남부 400, 790
하북채방사 785
《한서음의》 791
한유 787
해 373, 472, 766, 776, 783
해내 272, 469, 530
해서 684
행재 476
현종 398, 764, 768
현토 498
형숙 305
호로하 734
호실 362
홀한주 384, 775
홍려소경 395
황수 795
회원진 454, 496
회원현 353
횡수 795
흑수경략사 366
흑수군사 796
흑수말갈 346, 365, 378, 386, 387, 389, 390, 778
흑수부 364, 366
흑수주 386, 778
흑치상지 759

정역 중국정사 조선·동이전 4

2023년 12월 20일 1쇄 발행

지은이 | 이세민 외
옮긴이 | 문성재
펴낸이 | 이세용
펴낸곳 | 우리역사연구재단
주　간 | 정재승
교　정 | 배규호
디자인·편집 | 배경태
출판등록 | 2008년 11월 19일 제321-2008-00141호
주　소 | 서울시 서초구 서초동 1689-2번지 서흥빌딩 401호
전　화 | 02-523-2363
팩　스 | 02-523-2338
이메일 | admin@koreahistoryfoundation.org

ISBN | 979-11-85614-10-6　93910

잘못된 책은 구입하신 서점에서 바꾸어 드립니다.
이 책의 저작권은 우리역사연구재단에게 있습니다.
우리역사연구재단의 허락 없이 내용을 인용하거나 발췌하는 것을 금합니다.